Günter Born

Inside Windows Script Host

Günter Born

Inside Windows Script Host

Microsoft Press

Günter Born: Inside Windows Script Host
Microsoft Press Deutschland, Konrad-Zuse-Str. 1, 85716 Unterschleißheim

15 14 13 12 11 10 9 8 7 6 5 4 3 2 1
04 03 02

ISBN 3-86063-673-1

Fachlektorat: Georg Weiherer, Münzenberg
Korrektorat: anjasiebellektorat, Siegen
Satz: mediaService, Siegen (www.media-service.tv)
Umschlaggestaltung: Hommer Design GmbH, Haar (www.HommerDesign.com)
Layout und Gesamtherstellung: Kösel, Kempten (www.KoeselBuch.de)

Inhaltsverzeichnis

Vorwort

Mit Windows 2000 führt Microsoft auch die Version 2.0 des Windows Script Host ein. Weiterhin stehen mittlerweile einige interessante Technologien unter den Stichworten ADO, ADSI und WMI für Skriptprogrammierer zur Verfügung. All dies war Grund genug, die bisherige Auflage des Buches »Inside Windows Scripting Host« zu überarbeiten und zu erweitern.

Dabei verlief die Entstehungsgeschichte dieses Buches ganz und gar nicht so geradlinig, wie man sich dies als Autor wünschen würde. Streckenweise durfte ich alle Höhen und Tiefen des Autorendaseins durchleben. Die ersten Ideen zu diesem Thema entstanden im Sommer 1998, als ich für Microsoft Press den Titel »Windows 98 Power Toolkit« schrieb und mindestens vier Kapitel zum damals brandneu herausgekommenen Windows Scripting Host (WSH) verfassen wollte. Mangels Dokumentation (ich konnte lediglich auf ein »White Paper« zurückgreifen) reduzierte sich die Sache auf knapp 100 Seiten. Im Herbst 1998 wurde auf der Buchmesse in Gesprächen mit meinen Lektoren von Microsoft Press (USA und Deutschland) die Idee zu einem eigenen Buch zum Windows Scripting Host geboren. Bis zu diesem Zeitpunkt hatten verschiedene Autoren in Deutschland und den USA das Handtuch zum Thema geworfen. Die folgenden Wochen stellten eine große Herausforderung an mich dar. Aus minimalen Informationen der Programmierreferenz und den mit Microsoft Windows 98 ausgelieferten WSH-Beispielen begann ich mit der Skriptprogrammierung. Zu Hilfe kamen mir Erfahrungen aus JavaScript- und VB-/VBA-Projekten. Nach etwa zwei Wochen hatte ich genügend Ideen und Material, um mit dem Buch zu beginnen. Und nachdem ich noch einige ActiveX-Steuerelemente mit Erweiterungen zum WSH geschrieben hatte, ließen sich plötzlich gänzlich neue Lösungen realisieren. In dieser Zeit wurde auch die Newsgroups zum Windows Scripting Host im Internet gegründet. Dort konnte ich mit Leuten wie Ian Morish und Clearance Washington über spezielle Fragestellungen diskutieren und Tipps austauschen.

Der Titel »Inside Windows Scripting Host« erschien zum Jahreswechsel 1998/1999 bei Microsoft Press Deutschland. Mein Ziel, eine englischsprachige Ausgabe zu publizieren, verlief über einige Umwege. Der erste Projektvorschlag wurde irrtümlich von Microsoft Press USA abgelehnt, der zuständige Lektor saß vor einem Berg von Manuskripten zu Microsoft Office 2000. Als dann die Zusage für das Projekt kam, hatte ich das englischsprachige Manuskript einem anderen Verlag vertraglich zugesichert. Das Projekt scheiterte aber nach Einreichen des Manuskripts. Müßig zu erwähnen, dass dieser Verlag kurze Zeit später ein Buch zum gleichen Thema von einem konkurrierenden Autor angekündigte (der in die Bearbeitung meines Manuskripts eingebunden war). Mein Glück im Unglück: Durch diese Entwicklung war ich frei, den Titel bei Microsoft Press USA erneut einzureichen. Da zu diesem Zeitpunkt (im Frühjahr 1999) bereits die ersten Pläne zu Windows Script Host 2.0 vorlagen, kam ich mit Microsoft Press USA überein, das Projekt bis zur Verfügbarkeit von Microsoft Windows 2000 zurückzustellen. Zwar erschienen in der Zwischenzeit einige WSH-Bücher in den USA, die auch die Version 2.0 im Titel führten. Die Autoren konnten aber günstigstenfalls die Ankündigung dieser Version kennen, echte WSH 2.0-Erfahrungen ließen sich aber erst lange nach Erscheinen dieser Titel erwerben. Mir eröffnete dies die Möglichkeit, das Konzept des Buches im Hinblick auf WSH 2.0 neu zu überarbeiten. Die verfügbare

Zeit wurde genutzt, um den »WSH Bazaar«, eine Webseite mit Beispielen zur Skriptprogrammierung, aufzubauen, an Diskussionen in der WSH-Newsgroup teilzunehmen und sich mit neuen Technologien wie ADO, ADSI oder WMI zu befassen. In dieser Zeit wurde von mir auch ein Kurs zur Thematik in der Zeitschrift »Computer BILD« verfasst. Die Rückmeldungen zeigten mir, dass ein entsprechender Informationsbedarf besteht. Außerdem hatte ich Gelegenheit zur Erweiterung meiner Erfahrungen in der WSH-Programmierung. Zum Jahreswechsel 1999/2000, nachdem mir die Final-Version von Windows 2000 vorlag, entstanden dann die englischsprachigen Manuskripte der beiden Microsoft Press Titel »Microsoft Windows Script Host 2.0 Developer's Guide« und »Advanced Development with Microsoft Windows Script Host 2.0«. Das in diesen beiden Titeln enthaltene Material wurde anschließend in die deutsche Fassung des Titels »Inside Windows Script Host 2.0« eingearbeitet. Dem deutschsprachigen Leser liegt daher das gesammelte Wissen in einem Werk vor.

Rückblickend lässt sich feststellen, dass mir die letzten Monate keinesfalls langweilig wurden. Jeder Tag bot neue Überraschungen (sowie Höhen und Tiefen). Ich hatte erneut die Gelegenheit, die Entwicklung einer faszinierenden neuen Technologie mitzubegleiten. Mit dem Windows Script Host hat Microsoft allen Windows-Anwendern ein kostenloses Werkzeug zur Programmierung unter Windows an die Hand gegeben. An dieser Stelle bleibt mir nur noch der Dank an die Mitarbeiter bei Microsoft Press. Stephen Guty (Microsoft Press USA) und Thomas Pohlmann (Microsoft Press Deutschland) glaubten zu einem Zeitpunkt an meine Ideen, als noch kaum Informationen zum WSH geschweige denn ein anderes Buch zum Thema vorlagen – und das unter dem Eindruck, dass seinerzeit gerade zwei Autoren das Handtuch geworfen hatten. Besonders erwähnt sei auch Thomas Braun-Wiesholler (Microsoft Press Deutschland), der den deutschen Titel sowohl in der Erstausgabe als auch in der überarbeiten Fassung betreute. Er verlor nie die Contenance ob der »Ideen« des Autors und unterstützte mich, wo es nur ging. Für meine Leser hoffe ich, mit dem behandelten Stoff die richtige Auswahl getroffen zu haben. Jedenfalls wünsche ich Ihnen beim Lesen die gleichen Erfolgserlebnisse, die ich beim Schreiben hatte. Mein Dank gilt natürlich auch meiner Familie, die mich vor allem moralisch beim Verfassen des Manuskripts unterstützte.

Günter Born
www.borncity.de

Einleitung

Arbeiten Sie mit Microsoft Windows? Dann interessiert Sie bestimmt die Frage, was sich mit dem Windows Script Host anfangen lässt. Diese Funktion wurde ja standardmäßig in das oben erwähnte Betriebssystem integriert. Anwender von Windows können sich die jeweils neueste Version kostenlos aus dem Internet von der Microsoft-Website (*http://msdn.microsoft.com/scripting*) herunterladen oder von der Begleit-CD-ROM zu diesem Buch installieren.

Zumindest die Tatsache, dass Sie dieses Buch in Händen halten, beweist Ihr Interesse für diese Thematik. Der Windows Script Host (früher Windows Scripting Host genannt und in diesem Buch auch als WSH bezeichnet) eröffnet im Betriebssystem gänzlich neue Möglichkeiten. Endlich verfügt Windows über eine adäquate Programmiersprache, mit der Sie bestimmte Aufgaben lösen und automatisieren können. Leider gibt es aber eine riesige Hürde zu nehmen: Windows enthält selbst keine (bzw. kaum) Dokumentation zu diesem Thema. Die Programmierreferenz zu den WSH-Objekten liefert zwar die meisten Informationen, und seit WSH 2.0 ist die Referenz sogar ganz brauchbar. Aber die Beispiele helfen kaum beim Einstieg oder Umstieg. Eigentlich muss man bereits alles wissen, bevor man in der Referenz mit Erfolg nachschlagen kann. Weiterhin bietet es sich an, in WSH-Skripten die unter Windows installierten Automatisierungsobjekte (z.B. Internet Explorer, Microsoft Office-Anwendungen, ADO, ADSI, WMI etc.) zu nutzen. Und hier hilft die Programmierreferenz zum WSH überhaupt nicht weiter.

Das vorliegende Buch entstand aus dem Ansatz heraus, diesen Informationsmangel zu beheben, den Lesern die Möglichkeiten des Windows Script Hosts aufzuzeigen und vor allem einen schnellen und effizienten Einstieg in die Thematik zu ermöglichen.

Zur Benutzung dieses Buches

Diese Buch beschreibt den Umgang mit dem Windows Script Host aus verschiedenen Sichten. Durch eigene leidvolle Erfahrungen weiß ich, wo es bei den ersten Schritten klemmt und was bereits fortgeschrittene Anwender suchen. Das Buch gliedert sich daher in drei Teile.

- Teil I: Dieser Teil enthält eine Einführung in die Grundlagen. Einsteiger finden in ▶ Kapitel 1 einige Hinweise, was sich hinter dem WSH verbirgt und was sich damit anstellen lässt. Hier setze ich lediglich voraus, dass Sie zumindest rudimentäre Kenntnisse einer Programmiersprache besitzen. Nachdem ich mich nun bereits fast zwei Jahre mit der Thematik auseinandersetze (und seit mehreren Jahren mit JScript, VBScript und VBA arbeite), kenne ich aber auch die Probleme der »Profis«. Daher habe ich ▶ Kapitel 2 eigens dem Thema Entwicklungsumgebungen und Debugging gewidmet. Der Windows Script Host bietet keine Entwicklungsumgebung und unterstützt die Fehlerbehebung nur rudimentär. Mit einigen Tricks und Zusatzwerkzeugen lässt sich aber sehr schnell eine halbwegs komfortable Entwicklungsumgebung schaffen. Die ▶ Kapitel 3 und 4 enthalten Kurzeinführungen in die Skriptsprachen VBScript und JScript. Sie können diese Kapitel nutzen, um die Sprachen (z.B. beim Umstieg von JavaScript oder VB/VBA) kennen zu lernen. Details zu den jeweiligen Sprachen liefert dann die Online-Hilfe. Eine Einführung in die objektorientierte Programmierung erhalten Sie in ▶ Kapitel 5.

- Teil II: In diesen Kapiteln finden Sie dann eine schrittweise Einführung in die Möglichkeiten und Techniken des Windows Script Host. Sie erstellen einfache Programme in VBScript und JScript. Sie lernen beispielsweise einige einfache Möglichkeiten zur Anzeige von Benutzermeldungen kennen oder erfahren, wie sich Benutzereingaben abfragen lassen. Von Kapitel zu Kapitel wird dann die Thematik anspruchsvoller und auch kniffliger. Sofern Sie bereits mit JavaScript, Visual Basic oder VBScript gearbeitet haben, dürfte dies aber kein Problem darstellen. Die benötigten Informationen zu Objekten, Eigenschaften und Methoden lernen Sie in den betreffenden Abschnitten kennen. Weiterhin vermitteln diese Kapitel wertvolle Hintergrundinformationen zu verschiedenen Themen.
- Teil III: So richtig in die »Vollen« geht es dann in diesem Teil, denn die Stärke des WSH kommt erst bei Verwendung von Automatisierungskomponenten zum Tragen. Wie wäre es, wenn Sie sich eigene Erweiterungen in Form so genannter ActiveX-Komponenten erstellen? Die Techniken dazu lernen Sie in ▶ Kapitel 13 kennen, die Werkzeuge befinden sich auf der Begleit-CD-ROM. Mit einigen Anweisungen und dem richtigen Know-how ist auch eine systemnahe Programmierung kein Problem. Windows per Skript herunterfahren, Zugriffe auf die Registrierung, Arbeiten mit der Zwischenablage, Fenstermanipulation und mehr bleiben keine »böhmischen Dörfer«. In ▶ Kapitel 14 befassen wir uns mit der Nutzung von Microsoft Office-Funktionen aus Skripten. Mit wenigen Anweisungen »basteln« Sie sich mächtige Anwendungen. Weitere Kapitel sind besonders für Administratoren im Bereich Windows NT bzw. Windows 2000 interessant. Ein Kapitel über ActiveX Data Objects (ADO) zeigt Ihnen den Zugriff auf Datenbanken per Skript. Mit dem Active Directory Services Interface (ADSI) wird die Verwaltung von Benutzerkonten und Gruppen in Netzwerken stark erleichtert. Den Einstieg in diese Technik finden Sie in ▶ Kapitel 16. Mit Windows Management Instrumentation (WMI) führt Microsoft eine neue »heiße« Technologie für Netzwerkumgebungen ein. Basierend auf der Arbeit der Web Based Enterprise Management-Initiative (WBEM) hat Microsoft die notwendigen Werkzeuge zur Verwaltung unternehmensweiter Netzwerke geschaffen. Als dieses Manuskript entstand, waren Informationen zu WBEM/WMI noch spärlich gesät. Werfen Sie einen Blick in ▶ Kapitel 17, dort finden Sie die notwendigen Informationen, um schnell in die neue Technik einzusteigen. Die CD-ROM zum Buch enthält das erforderliche Software Development Kit (SDK) mit Unterstützungswerkzeugen. Für die besonders Eiligen unter Ihnen gibt es noch eine Sammlung an Rezepten, Tipps und Tricks sowie Erweiterungen, die ab ▶ Kapitel 18 aufgezeigt werden.

Im ▶ Anhang finden Sie dann noch einige zusätzliche Hinweise auf Webseiten zum Thema Windows Script Host etc.

Um Ihnen das Arbeiten mit diesem Buch zu erleichtern, wurden die nachfolgenden Begriffe zur Auszeichnung im Text verwendet.

Begriff	Bemerkung
HINWEIS	Zusätzliche Hinweise zu bestimmten Optionen oder Hintergrundinformationen wurden mit dem nebenstehenden Vermerk im Text versehen.
TIPP	Arbeitstechniken, die eine besonders elegante Vorgehensweise erlauben, oder Wissenswertes sind mit der nebenstehenden Auszeichnung markiert.
WICHTIG	Einige Funktionen (wie z.B. das Formatieren einer Festplatte) bergen Risiken. Um Sie auf diese Gefahren hinzuweisen, finden Sie an den betreffenden Stellen den nebenstehenden Vermerk.

Zusätzlich wurden Begriffe wie Dateinamen und so weiter im Text kursiv hervorgehoben. Vermutlich haben Sie keine Zeit, das gesamte Buch von der ersten bis zur letzten Seite zu lesen. Die Gliederung in mehrere Kapitel träg thematisch verwandten Funktionen und unterschiedlichen Schwierigkeitsgraden Rechnung. Über das Inhaltsverzeichnis sowie über das Stichwortverzeichnis erhalten Sie einen direkten Zugriff zu den jeweiligen Themen.

Abschließend noch ein kurzer Hinweis: Ich habe mich in diesem Buch bemüht, deutschsprachige Begriffe zu verwenden (was durch Microsoft Press forciert wurde). Allerdings muss ich im Bereich des Programmierens immer wieder feststellen, dass sich Vieles doch durch englische Begriffe leichter und eindeutiger ausdrücken lässt. Anstelle des Begriffs »Steuerelemente« werden Sie daher gelegentlich auf den Terminus »Controls« stoßen. Um die Sprache nicht zu stark zu »verkomplizieren«, wurden auch Abkürzungen wie OLE, ADO, ATL etc. benutzt. Dort, wo die Begriffe eingeführt werden, finden Sie die jeweilige Erläuterung zur betreffenden Abkürzung. Sie können ggf. über das Stichwortverzeichnis nachschlagen, was die eine oder andere Abkürzung bedeutet.

Noch ein paar Hinweise

Die Beispiele auf der Begleit-CD-ROM zu diesem Buch wurden unter Windows 98 sowie Windows 2000 entwickelt und unter Windows XP getestet. Ein Großteil der Beispiele läuft sowohl unter WSH 1.0 als auch unter WSH 2.0. Allerdings setzen verschiedene Beispiele zwingend WSH 5.6, ein bestimmtes Betriebssystem oder eine installierte Zusatzkomponente voraus. Entsprechende Hinweise erhalten Sie in den jeweiligen Abschnitten.

Weitere Hinweise zum Inhalt der CD-ROM entnehmen Sie bitte der auf dem Medium enthaltenen Dokumentation. Hierzu laden Sie die im Hauptverzeichnis der CD-ROM enthaltene Datei *Start.htm* im Internet Explorer (ein Doppelklick auf das Dateisymbol genügt zur Anzeige). Die auf der CD-ROM zusammengestellten Programme und Informationen werden auf der Basis »AS-IS« weitergegeben. Autor und Verlag übernehmen weder eine Unterstützung beim Einsatz noch eine Haftung für die Folgen der Anwendung. Für Rückmeldungen und Hinweise auf Fehler bin ich aber dankbar. Bitte haben Sie jedoch Verständnis, wenn ich nicht jedes Problem, welches vielleicht bei Ihnen auftritt, für Sie lösen kann. Sollte bei Ihnen ein Beispiel nicht laufen, überprüfen Sie, ob die Voraussetzungen erfüllt sind (z.B. Dateien installiert, ActiveX-Komponenten registriert, Pfadangaben korrekt etc.). An den betreffenden Stellen liefert das Buch die entsprechenden Hinweise. Beachten Sie auch: Ein Autor kann und soll kein Ersatz für den Microsoft-Support sein (auch wenn einige Leser dies glauben).

Eigentlich gäbe es noch einige hundert Seiten zum Thema WSH-Programmierung zu füllen. Leider musste ich aus Platzgründen auf die Vertiefung spezieller Themen wie ADO, ADSI, WMI etc. verzichten. Microsoft Press bietet hier teilweise eigene Bücher (z.B. zu ADO) an. Mit den in diesem Buch vermittelten Kenntnissen sollte der interessierte Leser jedoch in die Thematik einsteigen können.

Teil I
Einführung, Werkzeuge, VBScript und JScript

Dieser Teil enthält die einführenden Kapitel zur Windows Script Host-Programmierung.

- In Kapitel 1 erfahren Sie, wie Skripte per Editor erstellt, gespeichert und anschließend über Windows oder MS-DOS aufgerufen werden. Das Kapitel geht auch auf die Besonderheiten des *.wsf*-Dateiformats von WSH 2.0/5.6 ein.
- Kapitel 2 bietet Ihnen zusätzliche Informationen zu Werkzeugen, die die Skripterstellung und das Testen (debuggen) unterstützen.
- In den Kapitel 3 und 4 erhalten Sie eine Kurzeinführung in die Sprachen VBScript und JScript. Dies ist beim Ein- oder Umstieg recht hilfreich bzw. kann eine erste Orientierung geben.
- Lesen Sie in Kapitel 5 nach, wenn Ihnen die Grundbegriffe wie Objekte, Objektmodelle, Auflistungen, Methoden und Eigenschaften bisher noch unbekannt sind.

Mit diesem Informationen stellt der Einstieg in die WSH-Skriptprogrammierung kein Buch mit sieben Siegeln mehr für Sie dar.

1 Einführung in den WSH

In diesem Kapitel finden Sie eine kurze Einführung in die Thematik des Windows Script Host.

- Erfahren Sie, was sich hinter dem Begriff Windows Script Host verbirgt.
- Lesen Sie nach, welche Programmiersprachen durch den Windows Script Host unterstützt werden.
- Lernen Sie, wie sich Skriptprogramme unter Windows und aus der Eingabeaufforderung heraus aufrufen lassen.
- Schlagen Sie nach, wenn Sie wissen möchten, wie die Eigenschaften der Skriptdateien eingestellt werden.
- Lesen Sie auch, was es zu den *.wsf*-Dateien zu wissen gibt.

Mit dem Wissen aus diesem Kapitel kennen Sie die grundlegenden Konzepte des Windows Script Host. Weiterhin können Sie WSH-Skriptdateien unter Windows ausführen.

Was ist der Windows Script Host (WSH)?

Die beiden nachfolgenden Abschnitte beleuchten, wofür der WSH gebraucht wird und welche Programmiersprachen er unterstützt.

Was kann man mit dem WSH tun?

Der erstmals mit Windows 98 mitgelieferte und in allen nachfolgenden Windows-Versionen enthaltene Windows Script Host (WSH) erlaubt es, in VBScript bzw. JScript verfasste und in Dateien gespeicherte Skriptprogramme zu laden und auszuführen. Der Aufruf eines Meldungsfelds (Abbildung 1.1) mit einem Text ist beispielsweise mit einem einzigen Befehl der Art:

```
MsgBox "Hallo"
```

möglich, wobei hier die Notation der Programmiersprache VBScript gewählt wurde.

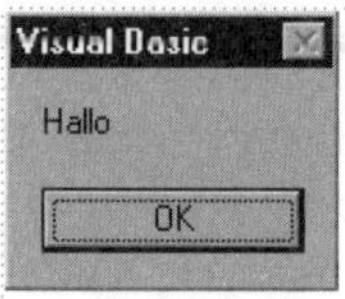

***Abbildung 1.1:** Einfaches Dialogfeld*

In diesem Buch werden aber nur die beiden standardmäßig unterstützten Skriptsprachen VB-Script und JScript besprochen, wobei der Schwerpunkt auf VBScript liegt.

Sobald Sie über geeignete Skripte verfügen, eröffnet der Windows Script Host vielfältige Möglichkeiten:

- Sie können direkt Dialogfelder zur Benutzerführung anzeigen. Weiterhin bietet sich die Möglichkeit, Benutzereingaben abzurufen.
- Durch geeignete Objekte können Sie direkt auf die Windows-Shell zugreifen. Dies erlaubt Ihnen, Verknüpfungen anzulegen oder Netzwerkverbindungen herzustellen.
- Sie können die Umgebungsvariable auslesen und Informationen über Windows abrufen. Zusätzlich lassen sich Programme starten und als Automatisierungsobjekte nutzen.
- Mit den geeigneten Automatisierungsobjekten stehen Ihnen aber auch Operationen zur Handhabung von Dateien oder zum Zugriff auf beliebige Windows-Funktionen zur Verfügung.
- Sie können über ActiveX-Komponenten auf die Windows-API zugreifen oder über die WSH-Funktionen direkt die Windows-Registrierung manipulieren.

Besonders interessant dürfte WSH für Administratoren werden, bietet er doch Möglichkeiten, immer wiederkehrende Aufgaben zu automatisieren. Mit dem Active Directory Services Interface (ADSI) bietet sich die Möglichkeit einer automatischen Verwaltung von Benutzerkonten, zum Anlegen von Benutzern oder zum Freischalten gesperrter Konten. Die Möglichkeiten, die der WSH bietet, sind äußerst interessant. Benötigt werden lediglich etwas Know-how (was das Buch vermitteln soll) sowie einige Zusatzkomponenten (die Microsoft sowie die Begleit-CD-ROM liefern).

Welche Sprachen unterstützt der WSH?

Der bisher von Microsoft in Windows bereitgestellte Windows Script Host unterstützt zwei Programmiersprachen:

- **VBScript:** Diese Sprache setzt auf der Syntax von Visual Basic auf, lässt aber verschiedene spezielle Sprachkonstrukte wie Datentypen für Variablen, Declare-Anweisungen etc. weg. Wer in Visual Basic programmiert hat, kommt mit VBScript sehr schnell zurecht. Mit etwas Übung lassen sich sogar VB- bzw. VBA-Programme direkt in VBScript umsetzen (es müssen lediglich die nicht unterstützten Sprachkonstrukte entfernt werden).
- **JScript:** Dies ist die Microsoft-Implementierung der Sprache ECMAScript. Bei ECMAScript handelt es sich um die herstellerübergreifende Standardisierung einer Programmiersprache, die ihre Wurzeln in der von Netscape im Navigator eingeführten Sprache JavaScript besitzt. Wer mit JavaScript gearbeitet hat, kann nahtlos auf JScript umsteigen.

Mit diesen beiden Programmiersprachen stehen Ihnen eigentlich alle Möglichkeiten zur Skriptprogrammierung offen. Microsoft hat aber die Schnittstelle des WSH offen gehalten. Dies bedeutet, Dritthersteller können ihre eigenen Parser integrieren und auf diese Weise weitere Skriptsprachen wie Pearl, TCL und Rexx unterstützen. In diesem Buch werden aber nur die beiden standardmäßig unterstützten Skriptsprachen VBScript und JScript besprochen, wobei der Schwerpunkt auf VBScript liegt.

HINWEIS: Sofern Sie bereits in VBA bzw. VB programmiert oder Skripte in VBScript bzw. JScript für HTML-Dokumente erstellt haben, dürfte der Umstieg zur WSH-Skriptprogrammierung kein Thema sein. Allerdings bietet WSH keine Entwicklungsumgebung wie Visual Basic und auch die Übersetzung der Skriptprogramme in EXE-Dateien ist nicht möglich. Alle Skriptanweisungen werden in Textdateien mit den Erweiterungen *.vbs* oder *.js* hinterlegt und direkt aus diesen Dateien interpretiert. Der Vorteil: Sie können Ihre Skripte mit einem einfachen Texteditor erstellen. Die in VB und VBA verfügbaren Sprachkonstrukte zur Deklaration externer Funktionen und Prozeduren fehlen ebenfalls – in VBScript erhalten alle Variablen den Datentyp *Variant*. Einige in JavaScript verfügbare interne Objekte und Funktionen lassen sich in WSH-Skripten nicht verwenden. So macht das in einem Browser hinterlegte Objektmodell zum Zugriff auf die Dokumentobjekte *document* im WSH-Skript keinen Sinn. Auch die in HTML-Seiten benutzbaren Ereignisse wie *onClick* fehlen in WSH-Skripten, da diese keine Benutzeroberfläche besitzen.

Ist der WSH installiert?

In Windows ME, Windows 2000 ist WSH 2.0 und Windows XP ist WSH 5.6 integraler Bestandteil des Betriebssystems. In Windows 98 und Windows 98 Zweite Ausgabe ist der WSH 1.0 zwar Bestandteil des Betriebssystems, die Funktion muss aber als optionale Windows-Komponente installiert werden. Windows 95 und Windows NT wurden nicht mit WSH ausgeliefert, lassen sich aber aktualisieren. Sind Sie unsicher, ob der WSH auf Ihrem System installiert ist, hilft ein einfacher Test. Legen Sie einige Dateien mit den Dateinamenerweiterungen *.js*, *. vbs* und *.wsc* an. Die zugehörigen Dateisymbole müssen der in Abbildung 1.2 (linke drei Symbole) gezeigten Darstellung entsprechen. Verwendet Windows für *.wsc*-Dateien das rechte Symbol, ist wahrscheinlich die Version 1.0 des WSH installiert.

Die jeweils aktuelle Version des WSH lässt sich samt den Skript-Engines kostenlos unter der Adresse *http://msdn.microsoft.com/scripting/* herunterladen. Diese Seiten enthalten auch Hinweise bezüglich der Anforderungen. Ab WSH 5.6 gibt es unterschiedliche Pakete für Windows 2000 und Windows 9x – Windows 95 wird durch WSH 5.6 nicht mehr unterstützt. Bei Windows 95 muss OSR2 oder der Internet Explorer 4.0 installiert sein, um WSH 2.0 korrekt nutzen zu können. Für Systeme ohne Internet Explorer 4.0 müssen erst die DCOM-Komponenten installiert werden, bevor WSH eingerichtet werden darf (siehe *msdn.microsoft.com/scripting*). In Windows NT 4.0 empfiehlt es sich, mindestens das Service Pack 3 vor der WSH 2.0-Installation zu installieren. Auf der Begleit-CD-ROM findet sich im Ordner *\Tools\WshEngine* ebenfalls eine Fassung des WSH.

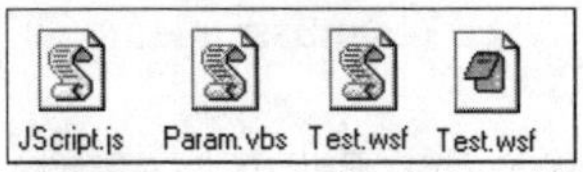

Abbildung 1.2: *Symbole für WSH-Skriptdateien*

WICHTIG: An dieser Stelle noch ein Hinweis. Einige Benutzer von Windows 95 und Windows NT 4.0 berichteten über Schwierigkeiten, die im Buch gezeigten Beispiele der Windows-Shell zu nutzen. Shell-Zugriffe benötigen die Version 4.71 der Windows-Shell (die in Windows 95 und Windows NT 4.0 fehlt, Windows 98 besitzt die Version 4.72 und Windows 2000 die Version 5.0 der Datei *Shell32.dll*). Um die anderen Windows-Versionen auf die Version 4.71 zu aktualisieren, muss zwingend der Internet Explorer 4.0 mit Active Desktop-Option installiert werden. Anschließend können Sie ggf. auf den Internet Explorer 5.x aktualisieren.

Der WSH besteht dabei aus zwei Dateien: *Wscript.exe* stellt den Windows-basierenden Host zur Ausführung von Skripten dar, während *Cscript.exe* die Skriptausführung von der MS-DOS-Eingabeaufforderung erlaubt. Die Datei *Wscript.exe* befindet sich unter Windows 98 im Windows-Ordner, während *Cscript.exe* im Unterordner *\Command* hinterlegt wird.

Skripte erstellen und ausführen

Der folgende Abschnitt zeigt exemplarisch, wie Sie ein Skript erstellen und anschließend ausführen. Diese Schritte werden an einem sehr einfachen Skript demonstriert, welches ein Meldungsfeld mit dem Text *Hallo* ausgibt.

Das erste Skript erstellen

Das erste Skript soll in VBScript verfasst werden und lediglich ein Dialogfeld (siehe Abbildung 1.1) mit dem Text *Hallo* auf dem Bildschirm anzeigen. Hierzu gehen Sie folgendermaßen vor:

1. Öffnen Sie den Windows-Editor. Anschließend geben Sie die Anweisungen aus Listing 1.1 im Textfenster ein.
2. Speichern Sie die Datei in einem Ordner der Festplatte, wobei der Dateiname beliebig sein darf. Als Dateinamenerweiterung müssen Sie allerdings *.vbs* verwenden.

Beim Speichern müssen Sie unbedingt die Dateinamenerweiterung *.vbs* im Dialogfeld *Speichern unter* angeben, da der WSH sonst die Skriptsprache beim Ausführen des Skripts nicht erkennen kann.

TIPP: Auf der Begleit-CD-ROM finden Sie im Ordner *\Beisp\Kap01* die Dateien *VBScript.vbs*, *JScript.js* und *WSHFfile.wsf*. Es handelt sich um Vorlagen, die Sie in einen Editor laden können. Ergänzen Sie dann den Skriptcode und speichern Sie das Ergebnis unter einem neuen Namen. Eine bestehende Skriptdatei laden Sie in den Windows-Editor, indem Sie die Datei mit der rechten Maustaste anklicken und im Kontextmenü den Befehl *Bearbeiten* wählen.

Kommen wir nochmals zum Quellcode des ersten Skriptbeispiels zurück. Vereinbarungsgemäß soll als Programmiersprache VBScript gewählt werden. Dann müssen die Programmanweisungen der Syntax dieser Sprache entsprechen. Das folgende Listing zeigt die Anweisungen.

```
'************************************************
' File:   Hallo.vbs (WSH-Beispiel in VBScript)
' Autor:  (c) G. Born

' Zeige einen einfachen Dialog.
'************************************************

 MsgBox "Hallo"

'*** Ende
```

Listing 1.1: *Das erste VBScript-Programm*

Sofern Sie bisher noch nicht mit VBScript oder anderen Skriptsprachen gearbeitet haben, sollten Sie sich nicht durch die obigen Zeilen verwirren lassen. Jede Programmiersprache erlaubt Ihnen, Kommentarzeilen zu hinterlegen. Diese Kommentarzeilen werden vom Übersetzer oder Interpreter des Programms ignoriert. In der Regel benutzt man solche Kommentare, um dem Leser Hinweise zur Funktion bestimmter Anweisungen oder zur Funktion des Programms zu geben. Persönlich habe ich mir seit Jahren angewöhnt, die Programme ausgiebig zu kommentieren, um später sehr leicht den Sinn der jeweiligen Anweisungen nachvollziehen zu können (spätestens drei Tage nach der Erstellung des Quellcodes weiß ich meist nicht mehr, was das Programm tun sollte – und dies gilt insbesondere, wenn mehrere Versionen eines Programms vorliegen). In ▶ Kapitel 3 lernen Sie, dass Zeichen, die mit einem Hochkomma beginnen, Kommentare enthalten. Ein Blick in das obige Listing zeigt, dass dort heftig mit Kommentaren gearbeitet wurde. Eigentlich hätte die Anweisung:

```
MsgBox "Hallo"
```

zur Anzeige des gewünschten Dialogfeldes gereicht. Zur Erhöhung der Transparenz leite ich jedoch alle Beispiele dieses Buches mit einem Kommentarblock ein.

HINWEIS: Sie finden die Beispieldatei *Hallo.vbs* im Ordner *\Beisp\Kap01* auf der Begleit-CD-ROM zu diesem Buch.

Gleiches Beispiel, aber in JScript

Möchten Sie das erste Skriptprogramm lieber in JScript erstellen, gehen Sie wie beim Erstellen eines VBScript-Programms vor. Anstelle der obigen Anweisungen müssen Sie jedoch JScript-Befehle im Editor eingeben. Das Beispiel sieht in JScript folgendermaßen aus:

```
//************************************************
// File:   Hallo.js (WSH-Beispiel in JScript)
// Autor:  (c) G. Born
//
// Zeige einen einfachen Dialog.
//************************************************

 WScript.Echo("Hallo");

//*** Ende
```

***Listing 1.2:** Beispiel in JScript*

HINWEIS: Beim Speichern müssen Sie unbedingt die Dateinamenerweiterung *.js* im Dialogfeld *Speichern unter* angeben, da der WSH sonst die Skriptsprache beim Ausführen des Skripts nicht erkennen kann.

In JScript ergeben sich einige Änderungen gegenüber dem obigen VBScript-Beispiel. Als Erstes sind Kommentare in JScript durch zwei Slash-Zeichen // einzuleiten. In obigem Beispiel sehen Sie diese Kommentarzeilen zu Beginn und am Ende des Skripts. Die zweite Neuerung kommt bei der eigentlichen Anweisung zur Ausgabe des Dialogfelds. JScript kennt die *MsgBox*-Funktion nicht. Sie müssen sich daher etwas anderes einfallen lassen. In der WSH-Objektreferenz können Sie aber nachlesen, dass der Windows Script Host im Objekt *WScript* die Methode *Echo* unterstützt (auf die Feinheiten der Begriffe Objekt, Methode etc. kommen wir später noch zu sprechen). Mit der Anweisung:

```
WScript.Echo("Hallo");
```

erreichen Sie die Anzeige eines Dialogfelds mit dem Text *Hallo*. Eine weitere Neuerung besteht darin, dass in JScript alle Anweisungszeilen (bis auf einige wenige Ausnahmen) mit einem Semikolon abzuschließen sind.

HINWEIS: Auf der Begleit-CD-ROM finden Sie das Beispiel *Hallo.js* im Ordner *\Beisp\Kap01*.

WSH-Skripte ausführen

Sie können die in diesen Dateien gespeicherten Skriptprogramme sowohl unter Windows als auch über die MS-DOS-Eingabeaufforderung ausführen.

Skript unter Windows ausführen

Unter Windows genügt zur Ausführung des Skripts ein Doppelklick auf das Symbol der Skriptdatei. Bei der Installation des Windows Script Host wird der Dateityp für die Skriptsprachen registriert. Beim Doppelklick führt Windows daher das betreffende Skript direkt über das Programm *Wscript.exe* aus.

Sie können zum ersten Test den Ordner *\Beisp\Kap01* auf der Begleit-CD-ROM im Explorer-Fenster öffnen. Dann genügt zum Starten der Skriptprogramme ein Doppelklick auf die jeweilige Skriptdatei. Das Ergebnis der Skripte *Hallo.vbs* und *Hallo.js* sehen Sie in Abbildung 1.3. Das Programm meldet sich in beiden Fällen mit einem einfachen Dialogfeld, welches Sie per *OK*-Schaltfläche schließen können.

Abbildung 1.3: *Ausgabe des Programms* Hallo.js

HINWEIS: Das Verhalten der Skriptdatei (ob diese beispielsweise einen Dialog anzeigt) hängt von den internen Programmanweisungen ab. Die unterschiedlichen Texte in der Titelzeile resultieren aus den unterschiedlichen Funktionen, die in den beiden Skripten zur Ausgabe verwendet wurden. In Abbildung 1.1 wurde beispielsweise die interne VBScript-Funktion *MsgBox* benutzt, folglich erscheint der Text *Visual Basic* in der Titelzeile. Bei der *Echo*-Methode weist die Titelzeile darauf hin, dass eine Methode des WSH zur Ausgabe verwendet wurde. Sie haben aber die Möglichkeit, den Inhalt der Titelzeile selbst zu definieren. Auf diese Fragestellungen kommen wir in späteren Kapiteln noch zurück.

Natürlich können Sie auch per Startmenü den Befehl *Ausführen* wählen. Dann lässt sich der Befehl (z.B. *WScript C:\Test\Hallo.vbs*) direkt im Dialogfeld *Ausführen* eintippen, um beispielsweise das Skript *Hallo.vbs* im Ordner *C:\Test* auszuführen.

Skripte in der Eingabeaufforderung ausführen

Im MS-DOS-Fenster wird die Ausführung von Skriptdateien ebenfalls unterstützt. Geben Sie im Fenster der Windows-Eingabeaufforderung einen der folgenden Befehle ein:

```
cscript pfad\Skriptname [Host-Optionen] [Skriptoptionen]
wscript pfad\Skriptname [Host-Optionen] [Skriptoptionen]
```

Als Skriptname ist der Name der betreffenden Skriptdatei mitsamt Laufwerk und Pfad anzugeben. An diesen Skriptnamen lassen sich Optionen für den Host und/oder für das Skript anhängen (Abbildung 1.4).

HINWEIS: Bei *Cscript* wird das Fenster der Windows-Eingabeaufforderung (das MS-DOS-Fenster) geöffnet, während *Wscript* die Ausführung unter Windows erzwingt.

Abbildung 1.4 zeigt ein Beispiel für den Aufruf eines Beispielprogramms aus dem Fenster der Eingabeaufforderung, wobei *Cscript.exe* als Host benutzt wurde. Hier kam das Programm *Hallo.vbs* zum Einsatz, welches die *MsgBox*-Funktion zur Ausgabe des Dialogfelds verwendet. Daher erscheint auch bei Verwendung von *Cscript.exe* ein Dialogfeld. Je nach benutzter WSH-Version können Sie verschiedene Schalter beim Aufruf des Hosts angeben. Die Host-Optionen ermöglichen es, bestimmte Windows Script Host-Funktionen zu- oder abzuschalten. Diesen Optionen sind immer zwei Slash-Zeichen // vorangestellt.

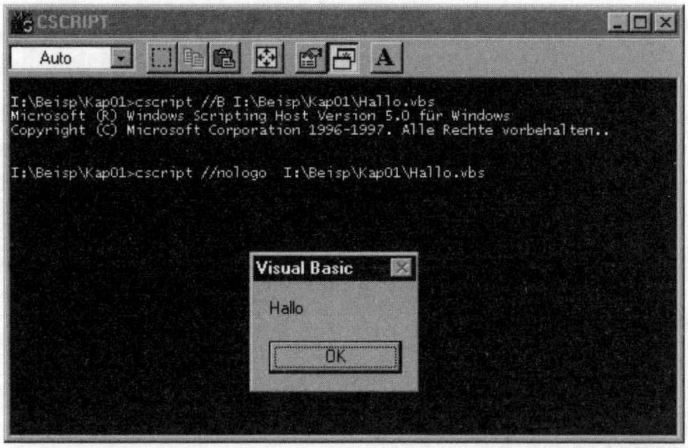

Abbildung 1.4: *MS-DOS-Fenster mit Aufrufen des Windows Script Host*

Die Tabelle 1.1 enthält eine Aufstellung dieser Optionen für die vorliegenden Versionen des WSH.

Option	**WSH-Version** 1.0	2.0/5.6	**Bemerkungen**
//I	X	X	Interaktiver Modus: Erlaubt die Anzeige von Benutzer- und Fehlerdialogen (Standard, //B hebt den Modus auf).
//B	X	X	Batch-Modus: Unterdrückt in der Befehlszeilenebene die Anzeige von Benutzer- und Fehlerdialogen. Benutzt ein Skript die *Echo*-Methode, werden Benutzermeldungen unterdrückt. In WSH 2.0 ist die Option auch für *Wscript.exe* verfügbar.
//T:nn	X	X	Setzt einen Time-out-Wert, d.h. die maximale Zeitdauer zur Ausführung des Skripts.
//logo	X	X	Zeigt ein Banner an (der im Fenster der Eingabeaufforderung angezeigte Text beim Aufruf eines Skripts, siehe Abbildung 1.4). Dies ist die Standardeinstellung, *//nologo* schaltet die Ausgabe des Texts ab.
//nologo	X	X	Verhindert die Anzeige eines Bannertexts beim Aufruf von *Cscript.exe*.
//H:Cscript //H:Wscript	X	X	Registriert *Cscript.exe* oder *Wscript.exe* als Standard-Host zur Skriptausführung (*//H:Cscript* oder *//H:Wscript*). Ohne diese Option wird standardmäßig *Wscript.exe* verwendet.
//S	X	X	Speichert die aktuelle Befehlszeile des Benutzers.
//?	X	X	Zeigt eine Hilfeseite mit den Host-Optionen an (Abbildung 1.5).
//D		X	Aktiviert Active Debugging für *.js* und *.vbs*-Skriptdateien (siehe ▶ Kapitel 2).
//E:engine		X	Definiert die Script-Engine zur Skriptausführung.

Option	WSH-Version 1.0	2.0/5.6	Bemerkungen
//Job:xxx		X	Führt den Job mit der angegebenen ID *xxx* innerhalb der *.wsf*-Datei aus.
//X		X	Skript im Debugger ausführen.

***Tabelle 1.1:** Host-Optionen*

HINWEIS: Bevor Sie über die Bedeutung des Schalters *//logo* lange rätseln: unter dem Begriff »logo« verstehen die Microsoft-Entwickler die Textmeldung, die bei der Ausführung des Skripts auf der MS-DOS-Befehlszeilenebene ausgegeben wird. Mit *//logo* wird dieser Text angezeigt. Sie sehen dies in Abbildung 1.4 in der obersten Zeile. Beim zweiten Aufruf wurde diese Ausgabe dagegen mit *//nologo* unterdrückt.

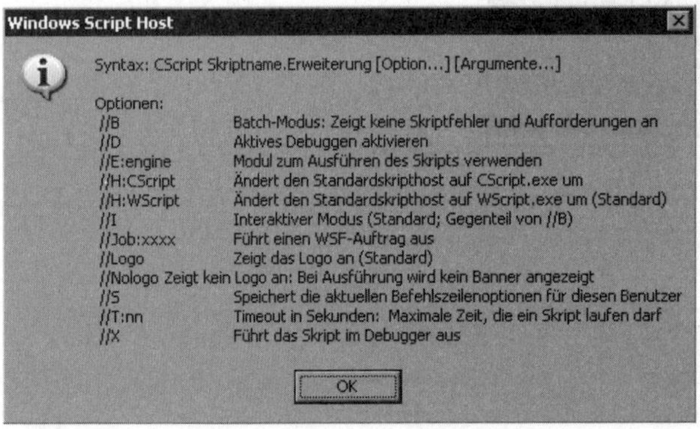

***Abbildung 1.5:** Hilfeseite mit Aufrufoptionen für* WScript.exe (Version 5.6)

Skript mit Parametern starten

Bei den obigen Beispielen werden zwar keine Parameter benötigt, es gibt aber sicherlich Fälle, in denen dem Skript der Name einer zu bearbeitenden Datei übergeben wird. Das folgende VBScript-Programm demonstriert diesen Sachverhalt, indem es alle beim Aufruf übergebenen Parameter in einem Dialogfeld anzeigt (Abbildung 1.6).

***Abbildung 1.6:** Anzeige der Aufrufparameter*

```
'************************************************
' File:   Param.vbs (WSH-Beispiel in VBScript)
' Autor:  (c) G. Born
'
' Anzeige des übergebenen Parameters in einem
' Dialogfeld.
'************************************************
```

```
text = "Argumente" & vbCRLF & vbCRLF

Set objArgs = Wscript.Arguments    ' Objekt erzeugen

For I = 0 to objArgs.Count - 1     ' über alle Argumente
 text = text & objArgs(I) & vbCRLF ' hole Argument
Next

 Wscript.Echo text ' zeige Argument per Echo
'*** Ende
```

***Listing 1.3:** Programm zur Abfrage der Aufrufparameter*

Das Skript greift auf die *Arguments*-Auflistung des *WScript*-Objekts zurück und liest dann die jeweiligen Parameter aus. Auf die Einzelheiten des Zugriffs auf die Parameter komme ich in weiteren Kapiteln detaillierter zurück. An dieser Stelle interessiert nur die Frage, wie sich ein solcher Parameter unter Windows angeben lässt. Ein Doppelklick auf den Dateinamen hilft nicht weiter, da er nur das Skript ausführt.

Um ständig wechselnde Parameter an ein Skript zu übergeben, lässt sich das Dialogfeld *Ausführen* (Befehl *Ausführen* im Startmenü) verwenden. In Abbildung 1.7 sehen Sie ein Beispiel für einen solchen Aufruf. Sie müssen beim Aufruf den Pfad zur Skriptdatei direkt angeben. Die Parameter sind getrennt durch Leerzeichen an den Namen der Skriptdatei anzuhängen. Das obige Skript liest die Parameter aus und zeigt diese in dem in Abbildung 1.6 gezeigten Dialogfeld zur Demonstration an.

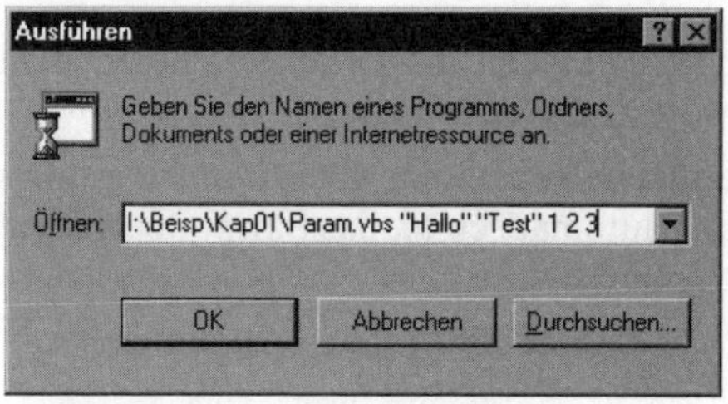

***Abbildung 1.7:** Skriptaufruf über das Dialogfeld* Ausführen

TIPP: An dieser Stelle möchte ich Sie gleich auf einige besondere Probleme im Zusammenhang mit Parametern hinweisen. In Abbildung 1.7 sehen Sie, dass ich einige Parameter in Anführungszeichen gesetzt habe. Dies ist immer dann erforderlich, wenn Sie einen Text als Parameter übergeben, der Leerzeichen enthält. Ich hatte ja bereits ausgeführt, dass das Leerzeichen als Separator dient. Möchten Sie beispielsweise den Namen »Windows Script« als Parameter übergeben, könnten Sie dies in der Form:

```
I:\Beisp\Kap01\Param.vbs Windows Script
```

tun. Das Skript interpretiert die beiden Zeichenketten »Windows« und »Script« jedoch als getrennte Parameter, d.h. Ihr Programm wird mit hoher Wahrscheinlichkeit einen Fehler liefern. Um Zeichenketten, die Leerzeichen enthalten, als Parameter zu übergeben, müssen Sie diese in Anführungszeichen setzen.

Aber es gibt noch ein weiteres Problem bei der Parameterübergabe. Falls der Pfad zur Skriptdatei lange Dateinamen enthält, sollten Sie den Pfad zur Skriptdatei in Anführungszeichen setzen. Wenn Sie beispielsweise folgenden Aufruf verwenden:

```
Wscript D:\Beisp\Kap01\Param Test.vbs "Hallo"
```

um das Programm *Param Test.vbs* zu aktivieren, erscheint häufig eine Fehlermeldung, dass das Programm *Param* nicht gefunden wurde bzw. keine Dateinamenerweiterung enthält. Ich habe aber auch Fälle gesehen, in denen Windows das Skript ausführte, aber die falschen Parameter ermittelte (dies hängt davon ab, wie Windows die Befehlszeile auswertet). Um dieses Problem zu vermeiden, setzen Sie den Pfad einfach in Anführungszeichen:

```
Wscript "D:\Beisp\Kap01\Param Test.vbs" "Hallo"
```

Diese Anführungszeichen sorgen dafür, dass Windows den Befehl richtig erkennt und die korrekten Parameter an das Skript weiterreicht.

Sie können dieses Verhalten selbst testen. Auf der Begleit-CD-ROM finden Sie im Ordner *\Beisp\Kap01* die Skriptdateien *Param.vbs* und *Param.js*, die die übergebenen Parameter anzeigen. Benennen Sie die Dateien zum Testen beispielsweise in *Param Test.vbs* und *Param Test.js* um.

Vermutlich wird Ihnen die Übergabe der Parameter über das Dialogfeld *Ausführen* zu aufwendig sein. Sofern sich die Parameter selten ändern, können Sie aber zu einem Trick greifen und eine Verknüpfung zur Skriptdatei einrichten.

1. Klicken Sie mit der rechten Maustaste auf das Symbol der Skriptdatei.
2. Wählen Sie im Kontextmenü den Befehl *Verknüpfung erstellen*.
3. Anschließend klicken Sie mit der rechten Maustaste auf die Verknüpfungsdatei und wählen im Kontextmenü den Befehl *Eigenschaften*.
4. Auf der Registerkarte *Verknüpfung* können Sie nun im Feld *Ziel* die Parameter hinter dem Namen der Skriptdatei eintragen (Abbildung 1.8).

Sobald Sie das Eigenschaftenfenster über die *OK*-Schaltfläche schließen, übernimmt Windows die Parameter. Diese werden beim Aufruf der Verknüpfung automatisch an das Skript übergeben.

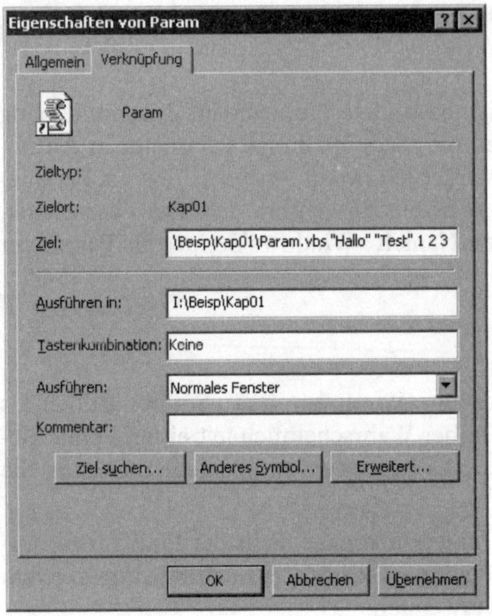

Abbildung 1.8: *Verknüpfungseigenschaften auf eine Skriptdatei*

HINWEIS: Gemäß den Ausführungen auf den vorhergehenden Seiten müssen Sie Parameter und Dateinamen, die Leerzeichen enthalten, in Anführungszeichen einfassen. Beim Anlegen der Verknüpfung belässt Windows übrigens die Dateinamenerweiterung (z.B. *.vbs* oder *.js*), während die Dateinamenerweiterung bei anderen Verknüpfungsobjekten ausgeblendet wird. Die Ursache liegt darin, dass bei Skriptdateien zusätzliche Eigenschaften über WSH-Dateien definiert werden können (siehe den ▶ Abschnitt »Skripteigenschaften festlegen« weiter unten in diesem Kapitel).

TIPP: Auf der Begleit-CD finden Sie im Ordner \Beisp die Entwicklungsumgebung *ScriptIDE.nta*, die die Übergabe von Parametern erleichtert (siehe auch ▶ Kapitel 2).

Parameterübergabe beim Aufruf von *Cscript.exe*

Benötigt Ihr Skript bestimmte Parameter beim Aufruf (z.B. den Namen einer Datei)? Dies ist auf der MS-DOS-Befehlsebene sehr einfach möglich. Neben den Host-Optionen, die mit zwei vorangestellten Slash-Zeichen markiert sind, können Sie dem Skript bestimmte Parameter als zusätzliche Skriptoptionen übergeben. Den Skriptparametern kann ein einfaches Slash-Zeichen vorangestellt werden. Das bereits erwähnte Beispiel von der Begleit-CD-ROM lässt sich dann unter MS-DOS folgendermaßen aufrufen:

```
cscript G:\Beisp\Kap01\Param.js //S /"hallo" 1 2 3
```

Hierbei wird vorausgesetzt, dass das CD-ROM-Laufwerk dem Buchstaben *G:* zugeordnet ist. Sie können aber auch auf das Slash-Zeichen verzichten, wenn Sie die Host-Optionen vor dem Namen der Skriptdatei angeben. Dies ist in Abbildung 1.9 zu sehen.

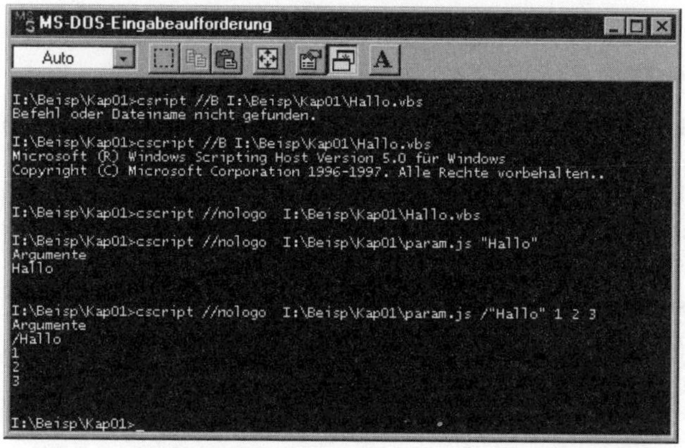

Abbildung 1.9: *Beispiel für die Parameterübergabe an das Skript in MS-DOS*

HINWEIS: Beachten Sie: Da die einzelnen Parameter optional sind, müssen Sie in der Befehlszeile mindestens den Namen der Skriptdatei angeben.

In Abbildung 1.9 wurde übrigens die JScript-Variante des Skripts aufgerufen. Diese Variante benutzt die *Echo*-Methode des *WScript*-Objekts zur Anzeige der Parameter. Die Folge: Anstelle eines Dialogfelds zeigt die *Echo*-Methode die Ausgaben direkt in der MS-DOS-Befehlszeile an. Gleiches gilt für VBScript, wenn anstelle von *MsgBox* die *Echo*-Methode benutzt wird. Sie können dies an den beiden Skriptdateien *Hallo1.vbs* und *Hallo.vbs* testen. Einzelheiten zum JScript-Beispiel können Sie dem nachfolgenden Listing entnehmen.

```
//************************************************
// File:    Param.js (WSH-Beispiel in JScript)
// Autor:  (c) G. Born
//
// Anzeige des übergebenen Parameters in einem
// Dialogfeld.
//************************************************

var text = "Argumente \n";

 var objArgs = WScript.Arguments;        // Objekt erzeugen

 for (var i=0; i < objArgs.length; i++) // über alle Argumente
  text = text + objArgs(i) + '\n';      // hole Argument

  WScript.Echo (text); // zeige Argument per Echo
  WScript.Quit();
//*** Ende
```

***Listing 1.4:** Parameterauswertung in JScript*

HINWEIS: Im Vorgriff auf kommende Kapitel möchte ich an dieser Stelle noch auf eine weitere Besonderheit hinweisen. JScript unterstützt zwar die *Arguments*-Auflistung des *WScript*-Objekts, sobald Sie jedoch die *Counts*-Eigenschaft des Aufzählungsobjekts abfragen wollen, löst dies einen Laufzeitfehler aus. In JScript müssen Sie daher auf die *length*-Eigenschaft ausweichen, die aus Kompatibilitätsgründen eingeführt wurde. Sie finden das Programm *Param.js* im Ordner *\Beisp\Kap01* auf der Begleit-CD-ROM.

Skripteigenschaften festlegen

Unter MS-DOS können Sie gemäß der obigen Beschreibung bestimmte Skriptoptionen beim Aufruf angeben. In Windows lässt sich das Skript zwar über das Dialogfeld *Ausführen* aufrufen, meist wird man jedoch ein Skript direkt per Doppelklick auf die betreffende Datei (oder auf ein Verknüpfungssymbol dieser Datei) starten. Sie haben aber die Möglichkeit, unter Windows die Eigenschaften zur Ausführung einer Skriptdatei zu definieren.

1. Klicken Sie mit der rechten Maustaste auf das Dateisymbol der Skriptdatei und wählen Sie im Kontextmenü den Befehl *Eigenschaften*.
2. Auf der Registerkarte *Skript* können Sie dann die Eigenschaften für die Skriptausführung einstellen (Abbildung 1.10).

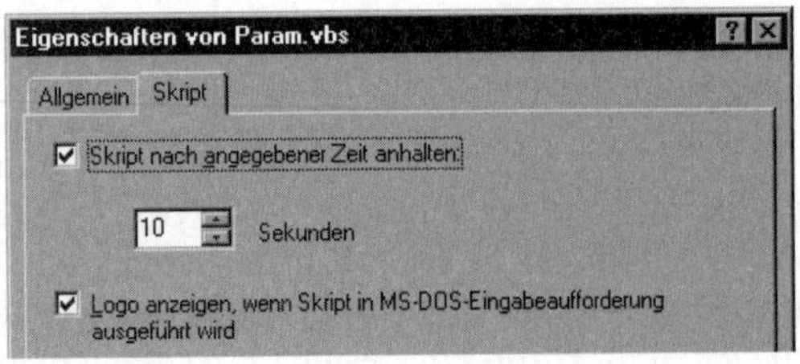

***Abbildung 1.10:** Die Registerkarte* Skript

Über das Kontrollkästchen *Skript nach angegebener Zeit anhalten* (bzw. in Windows 2000 *Skript nach der folgenden Anzahl von Sekunden anhalten*) und das zugehörige Drehfeld lässt sich der Time-out-Wert zum Beenden des Skripts angeben. Stellt Windows fest, dass das Skript auch nach dieser Zeit noch aktiv ist, wird dieses abgebrochen.

Sobald Sie die Registerkarte schließen, legt Windows im Ordner der Skriptdatei eine neue Datei mit dem Namen der Skriptdatei, aber der Dateinamenerweiterung *.wsh* an. Rufen Sie diese Datei auf, wird auch unter Windows die Time-out-Zeit überwacht. Die *.wsh*-Datei ist als Textdatei ähnlich wie eine *.ini*-Datei aufgebaut und lässt sich mit einem beliebigen Texteditor öffnen:

```
[ScriptFile]
Path=D:\Beisp\Kap01\Hallo.vbs

[Options]
Timeout=10
DisplayLogo=1
BatchMode=0
```

Listing 1.5: *Beispiel für den Inhalt einer WSH-Datei*

Die absolute *Path*-Angabe im Abschnitt *[ScriptFile]* identifiziert die auszuführende Skriptdatei. Die Schlüsselwörter im Abschnitt *[Options]* legen die Ablaufeigenschaften fest. *Timeout* gibt die im Eigenschaftenfenster auf der Registerkarte *Skript* eingestellte Time-out-Zeit an. *Display-Logo=1* erzwingt die Anzeige eines Logos (d.h. der Textzeile beim Aufruf des Hosts gemäß Abbildung 1.4) im Fenster der Eingabeaufforderung.

HINWEIS: Die Datei *Param.wsh* von der Begleit-CD-ROM wird auf Ihrem System wegen der absoluten Pfadangabe vermutlich nicht funktionieren. Kopieren Sie die Skriptdatei *Param.vbs* bzw. *Param.js* in einen Ordner der lokalen Festplatte und legen Sie die WSH-Datei neu an (siehe den Abschnitt vor Listing 1.5) oder setzen Sie eine relative Pfadangabe der Art .*Param.vbs* ein.

Was ist neu in WSH 2.0?

Mit Windows 2000 wurde WSH 2.0 mit einigen Neuerungen ausgeliefert. WSH 1.0-Skriptprogramme können auch unter WSH 2.0 ausgeführt werden. Der WSH unterstützt aber ab der Version 2.0 erstmals *.wsf*-Dateien, bei denen der Skriptcode im XML-Format hinterlegt ist. Entwickler können daher ihre Skriptdateien unter WSH 2.0 bzw. WSH 5.6 wahlweise unter der Dateinamenerweiterung *.vbs* bzw. *.js* oder unter *.wsf* ablegen. Der nachfolgende Abschnitt befasst sich mit Fragen rund um *.wsf*-Dateien.

HINWEIS: Dieses Kapitel ist zur Einführung gedacht, Leser, denen die Thematik des WSH neu ist, sollten den folgenden Abschnitt daher übergehen oder nur kurz durchlesen. Sobald Sie dann die Technik des WSH beherrschen, können Sie schrittweise mit *.wsf*-Dateien arbeiten und deren Vorteile nutzen. Trotz der unbestreitbaren Vorteile agieren *.wsf*-Dateien überwiegend als Container, haben also mit der eigentlichen WSH-Programmierung weniger zu tun. Die folgenden Kapitel des Buches sind daher so gehalten, dass überwiegend *.vbs*- bzw. *.js*-Dateien zum Einsatz kommen, die auch unter WSH 1.0 noch laufen. Nur an besonderen Stellen wird auf WSH 2.0-Spezifika zurückgegriffen.

WSF-Dateien – der kleine Unterschied

Obwohl Sie in WSH 2.0 auch weiterhin Dateien mit den Erweiterungen *.vbs* und *.js* nutzen können (und sollen), hat Microsoft das neue Dateiformat mit der Erweiterung *.wsf* definiert. Bei Skriptdateien mit der Dateinamenerweiterung *.wsf* handelt es sich ebenfalls um Textdokumente (ähnlich wie bei *.js*- und *.vbs-Dateien*). Die Neuerung bei *.wsf*-Dateien besteht darin, dass diese Extensible Markup Language- (XML-) Anweisungen enthalten. Eine typische *.wsf*-Datei besitzt die folgende Struktur:

```
<Job id="T1">
<script language="VBScript">
 WScript.Echo "Hallo "
</script>
</Job>
```

Listing 1.6: *Typische .wsf-Datei*

Die als Tags bezeichneten und in spitze Klammern gestellten Anweisungen beschreiben XML-Elemente. Das <script> ... </script>-Element enthält den eigentlichen Skriptcode. Durch Verwendung dieses XML-Codes können Sie die nachfolgend beschriebenen Vorteile des WSH 2.0/5.6 nutzen.

HINWEIS: Da *.wsf*-Dateien letztendlich XML-Dokumente darstellen, können Sie auch XML-Werkzeuge zur Erstellung der Dateien nutzen. In den meisten Fällen reicht aber ein einfacher Texteditor aus.

Bemerkungen über »wohlgeformte« XML-Dokumente

Dem vorhergehenden Beispiel lässt sich entnehmen, dass eine *.wsf*-Datei nicht zwingend mit der *<?xml version="1.0"?>* Processing Instruction (siehe auch die folgenden Seiten bzw. /1/ im Literaturverzeichnis) beginnen muss. Dies ist auch der Grund, warum viele *.wsf*-Dateien (auch Microsoft-Beispiele) diese Anweisung nicht enthalten. Leider gibt es einen Haken, falls Sie auf die Anweisung *<?xml version="1.0"?>* verzichten: Die meisten XML-Werkzeuge erlauben nur die Bearbeitung »wohlgeformter« XML-Dokumente, d.h. die Dokumente müssen bestimmten Regeln begnügen. Ein so genanntes »wellformed« XML-Dokument verlangt beispielsweise, dass alle Tag- und Attributnamen mit Kleinbuchstaben geschrieben werden. Ein Start-Tag der Art <Script> ist daher unzulässig und müsste als <script> geschrieben werden. Attributwerte sind zwingend in Anführungszeichen (" oder ') einzufassen. Lassen Sie aber die Processing Instruction *<?xml version="1.0"?>* am Beginn der *.wsf*-Datei weg, prüft WSH das Dokument nicht auf Wohlgeformtheit. Es können sich also entsprechend problematische Konstruktionen in die Dateien »einschleichen«. Werfen wir doch einmal einen Blick auf den folgenden Code:

```
<job id=T1>
<Script language="VBScript">
 WScript.Echo "Hallo Welt Nummer 2"
</script>
</Job>
```

Listing 1.7: *Fehlerhafter XML-Code*

Das Beispiel enthält einige XML-Elemente. Falls der Code in einer *.wsf*-Datei gespeichert wird, lässt sich dieser in WSH 2.0/5.6 ohne Beanstandungen ausführen. Eine Analyse der Anweisungen ergibt aber, dass das XML-Dokument nicht »wellformed« ist. Der Wert des *id*-Attributs steht nicht in Anführungszeichen. Der Start-Tag des <script>-Elements stimmt nicht mit dem Ende-Tag überein. Während der Start-Tag mit einem Großbuchstaben beginnt, weist der Ende-Tag nur Kleinbuchstaben auf. Ähnliches gilt für das <job>-Element. Logische Folgerung: ein XML-Parser wird das Dokument zurückweisen. Dies bedeutet andererseits, dass Sie mit solchen Dateien immer das potentielle Risiko eingehen, dass spätere WSH-Versionen plötzlich die Skriptdateien nicht mehr akzeptieren (falls Wohlgeformtheit gefordert wird).

Dieses Risiko vermeiden Sie, indem Sie an den Anfang einer *.wsf*-Datei immer die Anweisung *<?xml version="1.0"?>* stellen. Die Anweisung zwingt WSH zur Überprüfung des Inhalts der *.wsf*-Datei auf Wohlgeformtheit. Liegt kein wohlgeformtes Dokument vor, bricht der WSH die Ausführung mit einer entsprechenden Fehlermeldung ab. Das folgende Listing enthält wohlgeformten XML-Code.

```
<?xml version="1.0"?>
<job id="T1">
<script language="JScript" src="Hallo.js "/>
<script language="VBScript">
 WScript.Echo "Hallo Welt Nummer 2"
</script>
</job>
```

Listing 1.8: *Wohlgeformter XML-Code*

Hier wurde die Processing Instruction *<?xml version="1.0"?>* an den Dateianfang gestellt und die anderen Anforderungen an wohlgeformte XML-Dokumente wurden ebenfalls beachtet.

HINWEIS: Sie finden die beiden Dateien *Test.wsf* and *Test-bad.wsf* im Ordner *\Beisp\Kap01*. Die Datei *Test-bad.wsf* ist keine wohlgeformte *.wsf*-Datei, wird aber trotzdem anstandslos vom WSH ausgeführt.

Falls Sie Ihre *.wsf*-Dateien gemäß den obigen Ausführungen aufbauen, sollten eigentlich keine Probleme auftreten. Leider gibt es einige weitere Klippen, die ich nachfolgend (basierend auf meinen Erfahrungen) aufzeigen möchte. Während der ersten Tests mit *.wsf*-Dateien entstand auch das folgende Listing.

```
<?xml version="1.0"?>
<job id="T1">

<script language="VBScript">
text = "Welt"
WScript.Echo "Hallo " & text
</script>
</job>
```

Listing 1.9: *XML-Beispiel*

HINWEIS: Die *.wsf*-Datei *WSHXMLbad.wsf* finden Sie im Ordner *\Beisp\Kap01* auf der Begleit-CD-ROM.

Die Datei erfüllt auf den ersten Blick die Regeln für wohlgeformte XML-Dokumente. Das Programm soll lediglich ein einfaches Meldungsfeld mit dem Inhalt »Hallo Welt« ausgeben. Der Text wird dabei aus einer Konstante und einer Variablen zusammengefügt. Hierzu wird in VBScript vorzugsweise der *&*-Operator benutzt. Das Beispiel erzeugt bei der Ausführung den in Abbildung 1.11 dargestellten Laufzeitfehler.

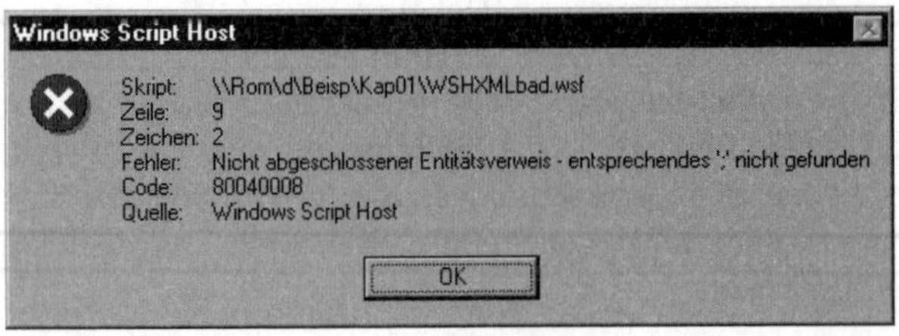

Abbildung 1.11: *Fehlerhinweis auf einen nicht abgeschlossenen Entitätsverweis*

Wird versuchsweise der &-Operator (zur Zeichenkettenverknüpfung) durch den Additions-Operator + ersetzt, wird das Skript fehlerfrei ausgeführt. Anfangs glaubte ich noch an einen Fehler in der VBScript-Sprach-Engine. Nachdem ich die beiden Anweisungen:

```
text = "World"
WScript.Echo "Hello " & text
```

in eine separate Datei *Test4.vbs* kopierte, konnte das Beispiel ebenfalls ausgeführt werden. Ein zweiter Blick auf die Fehlermeldung (Abbildung 1.11) brachte dann die Erleuchtung. Das Dialogfeld teilt mit, dass die Script-Engine einen nicht abgeschlossenen Entitätsverweis gefunden hat, sprich das abschließende ;-Zeichen fehlte. Dummerweise kennt VBScript aber keine Entitätsverweise. In XML werden Entitäten aber zur Spezifikation von Namen verwendet. Beim Parsen eines XML-Dokuments werden alle auftretenden Entitäten durch die zugehörigen Werte ersetzt und eine Entität wird in XML folgendermaßen geschrieben:

```
&name;
```

Das &-Zeichen aktiviert im XML-Parser den Teil zur Bearbeitung der Entität. *Name* ist dabei ein Platzhalter für den gewählten Entitätennamen. Die Entität muss durch ein ;-Zeichen abgeschlossen werden. Wird eine Entität beispielsweise als *&name;* im Dokument eingefügt und ist der Wert der Entität auf »Born« gesetzt, tauscht der XML-Parser alle im Dokument gefundenen Entitäten &name; durch die Zeichenkette »Born« aus. Schön und gut, aber was hat dieses Verhalten mit der oben gezeigten *.wsf*-Datei zu tun? Nun, die Zeile:

```
WScript.Echo "Hallo " & text
```

enthält den Ausdruck *& text*, der einer XML-Entitätendefinition gleicht, aber nicht mit einem Semikolon abgeschlossen wird. XML behandelt das Leerzeichen zwischen & und Namen als so genanntes »white space«, d.h. das Leerzeichen wird ignoriert. Folglich muss es also zu der erwähnten Fehlermeldung kommen. Glücklicherweise bietet die XML-Spezifikation mit der CDATA-Processing Instruction die Lösung. Diese Anweisung kapselt Datenbereiche innerhalb eines XML-Dokuments. Nachdem der Code in der *.wsf*-Datei folgendermaßen umgeschrieben wird, läßt sich das Skript problemlos ausführen:

```
<?xml version="1.0"?>
<job id="T1">

<script language="VBScript">
<![CDATA[
text = "Welt"
WScript.Echo "Hello " & text
]]>
```

```
</script>
</job>
```

Listing 1.10: *WSF-Datei mit CDATA-Abschnitt*

Der Inhalt des *<script>*-Elements wird in die Struktur:

```
<![CDATA[ ... ]]>
```

eingeschlossen. Die Processing Instruction CDATA signalisiert dem XML-Parser, dass er die betreffenden Inhalte nicht analysieren darf. Da diese Funktionalität in der WSH 2.0-Hilfe nicht dokumentiert ist, wurden auch nicht alle Beispiele in diesem Kapitel mit einer *<![CDATA[]]>* -Processing Instruction versehen. Ich empfehle Ihnen jedoch, Ihre *.wsf*-Dateien entsprechend auszustatten, falls Sie Wert auf wohlgeformte XML-Dokument legen.

HINWEIS: Der in ▶ Kapitel 2 vorgestellte PrimalSCRIPT-Skripteditor fügt beispielsweise eine CDATA-Processing Instruction ein, falls eine *.wsf*-Datei mit der <?!xml ...> Processing Instruction geladen wird. Im Ordner *\Beisp\Kap01* finden Sie die Dateien *WSHXMLbad.wsf*, *WSHXMLvalid.wsf* und *Test4.vbs*.

.vbs/.js – Skripte in WSH 2.0-WSF-Dateien portieren

Das Portieren bereits bestehender WSH 1.0-Skriptdateien (*.vbs* oder *.js*) in *.wsf*-Dateien stellt eigentlich ein Kinderspiel dar. Sie benötigen lediglich eine XML-Struktur wie hier gezeigt, um die bestehenden Skriptanweisungen der Quelldatei aufzunehmen.

```
<?xml version="1.0"?>
<job id="MySample">
<?job debug="true"?>
<script language="VBScript">
<![CDATA[
' Hier VBScript-Code einfügen
]]>
</script>
</job>
```

Listing 1.11: *Struktur zur Aufnahme eines bestehenden Skripts*

Anschließend sollte es ausreichen, die WSH 1.0-Skriptdatei im *<script>*-Element einzufügen. Das CDATA-Element kapselt den kompletten Code.

Abbildung 1.12: *Fehler beim Umsetzen eines Skripts*

Mein Versuch, bestehende Skriptdateien entsprechend umzusetzen, scheiterte aber häufig mit der in Abbildung 1.12 gezeigten Fehlermeldung. Als dieser Fehler erstmals auftrat, war guter Rat teuer. Nachdem ich Teile des Skriptcodes entfernt hatte, lief das Skript plötzlich fehlerfrei.

Da ich diese Fehlermeldung bei fast jedem umgesetzten Skript erhielt, ging ich der Sache nach. Die Beispiele funktionierten, sobald der Kopf des Skripts mit den Kommentaren entfernt wurde. Zuerst glaubte ich an einen Fehler in der Skriptdatei (defektes Zeichen etc.). Aber schließlich kam ich doch der Ursache auf die Spur. Obwohl die Beispiele seinerzeit in Englisch verfasst waren, tauchte im Programmkopf mein Vorname auf, und dieser enthält den Umlaut *ü*. Da die *.wsf*-Datei mit der Anweisung *<?xml version="1.0"?>* begann, muss der XML-Parser den Dateiinhalt auf Wohlgeformtheit überprüfen. Tja, und die Standardcodierung des Zeichensatzes für XML-Dateien enthält keine deutschen Umlaute. Der XML-Parser bemängelte also zu Recht die vorliegende Datei und konnte deren Inhalt nicht in Unicode umsetzen.

```
<?xml version="1.0" encoding="ISO-8859-1"?>
```

Die Anweisung definiert ein XML-Dokument, welches mit dem ISO-8869-1-Zeichensatz codiert wurde. Dieser Zeichensatz enthält die meisten Zeichen der westeuropäischen Sprachen. Durch Austausch des Wertes des *encoding*-Attributs lassen sich auch fremdsprachliche Zeichenketten im Skript einbinden. Mit *encoding="BIG5"* wird beispielsweise der Zeichensatz für chinesische Schriften aktiviert.

HINWEIS: Sie können dieses Verhalten mit der Datei *WSHXMLbad1.wsf* im Ordner *\Beisp\Kap01* sowie mit den Dateien *ExcelReference1.wsf*, *ExcelReference3.wsf* und *ExcelReferenceBad.wsf* im Ordner *\Beisp\Kap14* testen.

In WSF-Dateien unterstützte XML-Elemente

WSH 2.0 unterstützt verschiedene XML-Elemente innerhalb der *.wsf*-Dateien. Nachfolgend sollen einige Elemente und Optionen der *.wsf*-Dateien vorgestellt werden.

<?XML version="version" [standalone="DTDflag"] ?>

Gemäß den vorhergehenden Erläuterungen ist dies die erste Anweisung in einem XML-Dokument bzw. in einer *.wsf*-Datei. Es handelt sich um eine XML-Processing Instruction (PI), die den XMP-Parser informiert, dass ein XML-Dokument folgt. Das *version*-Attribut ist für die aktuelle XML-Version auf "*1.0*" zu setzen. Gemäß der XML-Spezifikation ist ein optionales Attribut *standalone* zulässig. Dieses lässt sich verwenden, um eine Referenz auf die Document Type Definition (dtd) zu definieren. WSH 2.0 benutzt dabei eine vordefinierte dtd. Daher wird der Wert des Attributs auf "*yes*" gesetzt (d.h. es gibt keine externe dtd-Datei).

<?job error="flag" debug="flag"?>

Es handelt sich um eine XML-Processing Instruction, die zum Setzen der Attribute für Fehlerbehandlung und Debugging verwendet werden kann. Jedes der beiden Flags darf auf "*true*" oder "*false*" gesetzt werden, um die Fehlerbehandlung und das Debugging ein-/auszuschalten. In ▶ Kapitel 2 finden Sie weitere Hinweise zum Thema Debugging.

<comment>

Dieses XML-Element erlaubt Ihnen, zusätzliche Kommentare in einem *<job>*-Element zu hinterlegen. Diese Kommentare sind unabhängig von den Kommentaranweisungen innerhalb des *<script>*-Elements.

<job id="xxx">

Das Element definiert einen Job innerhalb der *.wsf*-Datei. Das *<job>*-Element schließt die anderen Elemente (wie die *<?job ...?>*-Processing Instruction oder den *<script>*-Tag) ein. Gemäß der WSH 2.0 dtd darf ein *<job>*-Element die Unterelemente *comment, script, object, reference* und *resource* aufnehmen. Das *id*-Attribut wird verwendet, um einen eindeutigen Bezeichner für den Job zu vereinbaren (siehe auch den ▶ Abschnitt »Mehrere Jobs in einer Datei« weiter unten in diesem Kapitel).

HINWEIS: Falls eine Datei mehrere *<job>*-Elemente aufweist, müssen diese in einem *<package>*-Element eingeschlossen werden.

<object id="objID" [classid="classid:GUID"|progID="progID"]>

Dieses Element erlaubt Ihnen die Definition eines Objekts innerhalb einer Komponentendatei. Das Objekt lässt sich dann aus Skripten heraus ansprechen.

<package>

Enthält eine *.wsf*-Datei mehrere Jobs, muss dieses Element die entsprechenden *<job>*-Elemente einschließen.

<reference [object="progID"|guid="typlibGUID"] [version="xx"] />

Mit diesem Element wird eine Referenz zu einer externen Type Library (Typbibliothek) definiert. Sie können das Element benutzen, um benannte Konstanten aus solchen Bibliotheken in das Skript zu importieren. Details finden Sie im ▶ Abschnitt »Type Library-Unterstützung« weiter unten in diesem Kapitel.

<resource id="xxx" />

Ein Element, mit dem sich Texte oder Werte an einer vordefinierten Stelle innerhalb der Skriptdatei definieren lassen. Diese Daten lassen sich im Skript über die *getResource(id)*-Methode abrufen (siehe die folgenden Seiten).

<script language="language" [src="file"]>

Dieses Element schließt den Skriptcode ein. HTML-Programmierer kennen eine ähnliche Konstruktion vom *<script>*-Tag. Das Attribut *language* definiert dabei die im Skript verwendete Sprache (die *.wsf*-Dateinamenerweiterung lässt ja keine Rückschlüsse auf die Sprache zu). Das Attribut *src* ist optional und ermöglicht Ihnen, Verweise auf externe Dateien anzugeben. In diesem Fall wird das Kurzformat ohne abschließenden Tag *<script ......* /> verwendet. Dieses Feature ist hilfreich, falls Sie eine Include-Funktion benötigen, um externe Skriptdateien in einer *.wsf*-Datei zu verwenden (siehe auch die folgenden Seiten).

HINWEIS: Weitere Details können Sie auch der WSH-Hilfe entnehmen. Auf den folgenden Seiten dieses Buches finden Sie weitere Beispiele zum Einsatz dieser Elemente.

Include-Anweisungen

Verfügen Sie über *.js*- und *.vbs*-Dateien aus bereits abgeschlossenen Windows Script Host-Projekten, können Sie deren Code in *.wsf*-Dateien direkt nutzen. Vereinbaren Sie einfach eine Referenz auf die externe *.vbs*- oder *.js*-Datei per <script>-Tag. Sie müssen den Pfad zur Datei im *src*-Attribut des Start-Tags angeben. Das folgende Beispiel macht die Datei *Hallo.vbs* per Include-Anweisung im neuen WSH-Skript *Test.wsf* zugänglich.

```
<?xml version="1.0"?>
<job id="T1">
<script language="JScript" src="Hallo.js"/>
<script language="VBScript">
 WScript.Echo "Hallo Welt Nummer 2"
</script>
</job>
```

Listing 1.12: *Include-Anweisung in .wsf-Dateien*

Wird das Skript ausgeführt, lädt WSH zuerst den Inhalt der Datei *Hallo.js* und führt den Code aus. Nachdem die Kontrolle an die *.wsf*-Datei zurückgegeben wurde, wird der Code mit der *Wscript.Echo*-Anweisung im zweiten *<script>*-Element ausgeführt. Sie können das *src*-Attribut ebenfalls nutzen, um eine Referenz auf eine Skriptdatei anzulegen, die lediglich eine Funktion enthält. Dann lässt sich diese Funktion direkt aus einem Skript der *.wsf*-Datei aufrufen.

HINWEIS: Sie finden die Dateien *Hallo.js* und *Test.wsf* im Ordner *\Beisp\Kap01* der Begleit-CD-ROM. In obigem Codebeispiel wurden übrigens die CDATA-Anweisungen sowie das *encoding*-Attribut weggelassen, um das Grundgerüst der Include-Funktion zu demonstrieren. Bei Ihren Skripten sollten Sie die beiden Elemente aber im Skript verwenden.

Multiple-Engine-Unterstützung

Windows Script Host erlaubt Ihnen, Skripte verschiedener Sprachen innerhalb einer *.wsf*-Datei zu kombinieren. Diese als »Multiple Engine-Support« bezeichnete Eigenschaft erleichtert viele Aufgaben bei der Skriptprogrammierung. Das folgende Beispiel zeigt eine *.wsf*-Datei, die sowohl VBScript- als auch JScript-Code enthält.

```
<?xml version="1.0" encoding="ISO-8859-1"?>
<job id="T1">
<script language="JScript">
 function message ()
  {
   WScript.Echo ("Hallo JScript");
  }
</script>

<script language="VBScript">
 WScript.Echo "JScript aufrufen"
 message
 WScript.Echo "fertig!"
</script>
</job>
```

Listing 1.13: *Kombination verschiedener Skriptsprachen*

Führen Sie dieses Beispiel aus, werden drei Dialogfelder von den Skripten angezeigt.

HINWEIS: Sie finden die Testdatei *Test1.wsf* im Ordner *\Beisp\Kap01* auf der Begleit-CD-ROM. Auch hier meine Empfehlung, die im Beispiel fehlende CDATA-Anweisung in Ihren Listings zu verwenden.

Funktionsaufrufe zwischen Skripten

Falls Ihnen bestimmte Funktionalitäten in einer Skriptsprache fehlen, können Sie in WSH 2.0/ 5.6 einfach eine *.wsf*-Datei benutzen, um die fehlenden Funktionen über eine zweite Skriptsprache zu implementieren. Das folgende Beispiel zeigt eine *.wsf*-Datei, die sowohl VBScript- als auch JScript-Code enthält.

```
<?xml version="1.0" encoding="ISO-8859-1"?>
<job id="OrderExample">
<comment>
Datei: OrderGood.wsf (WSH 2.0)
Autor: G. Born
Zeigt den Einfluss der Reihenfolge in Skripten
sowie den Aufruf von Skripten aus verschiedenen
Skriptsprachen.
</comment>
<script language="VBScript">
<![CDATA[
Sub Test1()  ' Erste Testprozedur
 WScript.Echo "Test 1 aufgerufen"
End Sub
]]>
</script>

<script language="VBScript">
<![CDATA[
Sub Test2()  ' Zweite Testprozedur
 WScript.Echo "Test 2 aufgerufen"
End Sub
]]>
</script>

<script language="JScript">
<![CDATA[
// Hauptprogramm
 Test1 ();  // Prozeduren aufrufen
 Test2 ();
</script>
]]>
</job>
```

Listing 1.14: *VBScript und JScript kombinieren*

Führen Sie das Skript aus, ruft das JScript-Skriptprogramm die in separaten *<script>*-Elementen enthaltenen beiden Prozeduren *Test1* und *Test2* auf.

HINWEIS: Das oben gezeigte Beispiel enthält ein *<comment>*-Element, welches einen Kommentar mit Dateinamen, Autorenname und Bemerkungen enthält. Das Beispiel finden Sie in der Datei *OrderGood.wsf* im Ordner *\Beisp\Kap01* auf der Begleit-CD-ROM.

WICHTIG: Beachten Sie, dass auf *<script>*-Elemente bezogene Funktions- oder Prozeduraufrufe nur innerhalb des gleichen *<job>*-Elements funktionieren. Aufrufe über die Grenzen eines *<job>*-Elements sind unzulässig.

Die Elementreihenfolge beeinflusst die Skriptausführung!

Vielleicht regt Sie das oben gezeigte Beispiel zu weiteren Experimenten an. Mit wenig Aufwand lassen sich ganze Skriptbibliotheken in *.wsf*-Dateien anlegen. Obwohl dies eine gute Sache ist, sollten Sie peinlich auf die Reihenfolge der *<script>*-Elemente achten. Der WSH bearbeitet *.wsf*-Dateien sequentiell und interpretiert die gelesenen Anweisungen sofort. Funktions- und Prozeduraufrufe sowie Bezüge auf Variablen funktionieren nur, falls diese in *<script>*-Elementen definiert wurden, die oberhalb der aktuellen Skriptanweisung im Quellcode residieren (sprich: die Funktionsdefinition etc. muss bereits gelesen worden sein). Das folgende Listing wurde aus dem vorhergehenden Beispiel abgeleitet. Einzige Änderung: das *<script>*-Element der Prozedur *Test2()* folgt erst auf das *<script>*-Element des JScript-Hauptprogramms.

```
<?xml version="1.0"?>
<job id="OrderExample">
<comment>
File:   OrderBad.wsf (WSH 2.0)
Autor: G. Born
Zeigt den Einfluss der Reihenfolge in Skripten
sowie den Aufruf von Skripten aus verschiedenen
Skriptsprachen.
</comment>
<script language="VBScript">
Sub Test1()  ' Erste Testprozedur
 WScript.Echo "Test 1 aufgerufen"
End Sub
</script>

<script language="JScript">
// Hauptprogramm
 Test1 ();  // Prozeduren aufrufen
 Test2 ();
</script>

<script language="VBScript">
Sub Test2()  ' Zweite Testprozedur
 WScript.Echo "Test 2 aufgerufen"
End Sub
</script>
</job>
```

Listing 1.15: *Falsche Anordnung der* <script>*-Elemente*

Führen Sie dieses Beispielskript aus, meldet WSH einen Laufzeitfehler, dass das Objekt *Test2* nicht gefunden wurde. Die Skript-Engine liest die *.wsf*-Datei sequentiell und interpretiert die Anweisungen zeilenweise. Wird der Befehl zum Aufruf von *Test2();* erreicht, ist diese Prozedur noch unbekannt. Die Anweisung führt dazu, dass die Script-Engine einen Laufzeitfehler auslöst.

HINWEIS: Die Datei *OrderBad.wsf* finden Sie im Ordner *\Beisp\Kap01* der Begleit-CD-ROM.

Type Library-Unterstützung

WSH 1.0 erlaubt Ihnen nicht, auf Konstanten zuzugreifen, die in externen Typbibliotheken (Type Libraries) definiert sind. Diese Typbibliotheken werden mit vielen Anwendungen mitgeliefert und erlauben in Programmiersprachen wie Visual Basic oder auch VBA, die Definitionen für benannte Konstanten der jeweiligen Anwendung zu nutzen. Dies erleichtert die Programmierung beim Zugriff auf fremde Objekte erheblich. WSH ab Version 2.0 erlaubt Ihnen, über *.wsf*-Dateien ebenfalls auf diese Typbibliotheken zuzugreifen und ggf. Konstanten zu nutzen. Hierzu verwenden Sie das bereits oben erwähnte *<reference>*-Element.

Nach meinen Erfahrungen ist die Verwendung dieses neuen Elements allerdings alles andere als trivial. Lassen Sie mich daher nachfolgend noch auf einige Aspekte eingehen. Eine Typbibliothek (Type Library) enthält die Schnittstellendefinitionen (Interface Definitions), die zum Aufruf der Methoden und Eigenschaften eines Objekts benötigt werden. Falls ein WSH-Skript ein solches Objekt verwenden möchte, gibt es Methoden, um eine Objektreferenz zu holen und die Schnittstellen zu Methoden und Eigenschaften abzufragen. Dies wird in den Beispielen des Buches ausführlich gezeigt. Leider ist dies nur die Hälfte der Miete. Häufig verwenden Applikationen interne benannte Konstanten. Beispielsweise kennt Microsoft Word viele benannte Konstanten, die in VBA (der Programmiersprache von Microsoft Office) zugänglich sind. Statt numerischer Werte setzen Sie einfach den Konstantennamen im VBA-Programm ein. Ein WSH-Skript kennt diese vordefinierten Konstanten leider nicht. Daher ist es typisch für Skripte, dass im Programmkopf die Namen und Werte dieser benannten Konstanten erneut manuell definiert werden. Neben dem zeitlichen Aufwand ist dieser Ansatz auch fehlerträchtig. Sie benötigen nicht nur die Konstantennamen, sondern auch deren Werte (die meist aber nicht dokumentiert sind und mühsam ermittelt werden müssen).

Ab WSH 2.0 steht aber eine Möglichkeit bereit, die benannten Konstanten aus der Typbibliothek zu importieren, Sie können also auf eine manuelle Deklaration im Skript verzichten. Nehmen wir die in den nachfolgenden Kapiteln vorgestellten Beispiele, die Funktionen der Windows-Shell verwenden. Das *Shell.Application*-Objekt stellt beispielsweise Funktionen zur Abfrage der Spezialordner wie *Recycle, Desktop, Printers* etc. bereit. Die Pfade dieser Spezialordner müssen über vordefinierte Konstanten wie *ssfDESKTOP, ssfCONTROL, ssfPROGRAMS* etc. mittels Methoden abgerufen werden. Falls Sie die Methoden des *Shell.Application*-Objekts in WSH-Skripten verwenden, können Sie die obigen Konstanten manuell vereinbaren, oder Sie definieren eine Referenz auf die *Shell.Application* Typbibliothek. Das folgende Listing demonstriert den Zugriff auf diese Bibliothek. Hauptsächlich wird nur eine Anweisung benötigt, um den Zugriff zu ermöglichen:

```
<reference guid='{50A7E9B0-70EF-11D1-B75A-00A0C90564FE}' />
```

Das Attribut *guid* definiert den globalen, aber eindeutigen Bezeichner *{50A7E9B0-70EF-11D1-B75A-00A0C90564FE}*, der zum Registrieren des *Shell.Application*-Objekts in Windows benutzt wird. Sobald diese Referenz definiert ist, können alle von der Bibliothek exportierten Konstanten im Skript direkt benutzt werden. Das folgende Listing liest einige dieser Konstanten ein und zeigt deren Wert in einem Dialogfeld an (Abbildung 1.13).

Abbildung 1.13: *Shell-Konstante*

Innerhalb des Skripts lassen sich Konstanten (wie *ssfDESKTOP*) ähnlich wie andere im Code definierte Konstanten verwenden.

```
<?xml version="1.0" encoding="ISO-8859-1"?>
<job id="RefExample">
<?job debug="true"?>
<reference guid='{50A7E9B0-70EF-11D1-B75A-00A0C90564FE}' />
<script language="VBScript">
<![CDATA[
 WScript.Echo " ssfDESKTOP " & ssfDESKTOP & vbCRLF, _
              "ssfPROGRAMS " & ssfPROGRAMS & vbCRLF, _
              "ssfCONTROLS " & ssfCONTROLS & vbCRLF, _
              "ssfPRINTERS " & ssfPRINTERS
]]>
</script>
</job>
```

***Listing 1.16:** Zugriff auf eine Typbibliothek per* guid-*Wert*

HINWEIS: Sie finden die Datei *ShellReference.wsf* im Ordner *\Beisp\Kap01* der Begleit-CD-ROM.

Wie lässt sich der *guid*-Code einer Typbibliothek ermitteln?

Die schwierigste Aufgabe an diesem Beispiel besteht darin, den *guid*-Code der Typbibliothek für das *<reference>*-Element zu ermitteln. Der direkte Weg bedeutet nämlich, den Registrierungseditor aufzurufen, den *Suchen*-Dialog zu wählen, dann den Programm-Bezeichner (ProgID) *Shell.Application* einzutippen und nach diesem Ausdruck suchen zu lassen. Existiert ein solcher Schlüssel im Zweig *HKCR*, werden dessen Einträge im Registrierungseditor angezeigt (Abbildung 1.14).

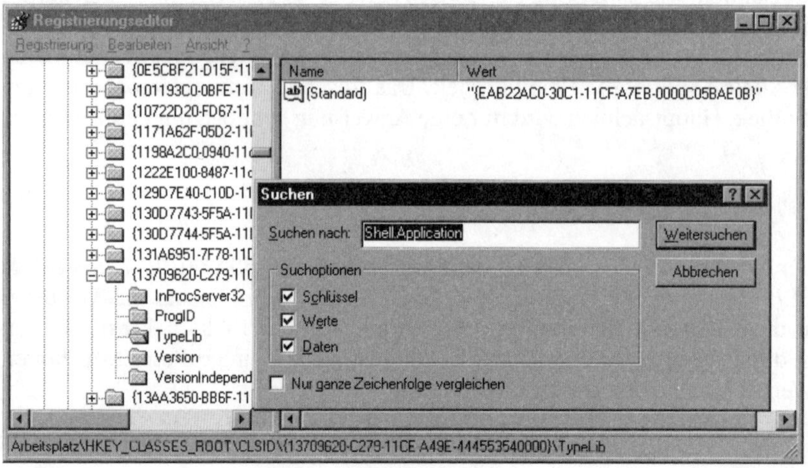

***Abbildung 1.14:** Eintrag für eine Typbibliothek*

HINWEIS: Alle registrierten Objekte enthalten einen Schlüssel im Zweig *HKEY_CLASSES_ROOT\Class*. Der Schlüssel enthält verschiedene Unterschlüssel, die die In-Prozess-Server (InProServer32), die ProgID, die TypeLib, die Version etc. definieren. Enthält die Komponente eine gültige Typbibliothek, findet sich ein entsprechender Eintrag. Dann lässt sich der im (Standard)-Wert angezeigte Text in das Skript übernehmen.

Eine andere Möglichkeit besteht darin, ein Werkzeug zu benutzen, welches alle Typbibliotheks-Einträge aus der Registrierung ermittelt. In ▶ Kapitel 2 wird der Microsoft OLE/COM Viewer vorgestellt. Mit diesem Werkzeug lässt sich die Registrierung im Hinblick auf ActiveX-, OLE- und COM-Komponenten inspizieren. Dieses Werkzeug liefert auf Anfrage auch eine Liste aller gefundenen Type-Library-Einträge (Abbildung 1.15, links oben). Verwenden Sie den Type Library-Viewer (auf den Eintrag in der Type Library-Liste doppelklicken), um den gültigen *guid*-Wert abzufragen. Der Viewer ermöglicht Ihnen auch, den Inhalt der Typbibliothek einschließlich der Import/Export-Schnittstellen und Konstanten abzufragen (Abbildung 1.15, rechts unten).

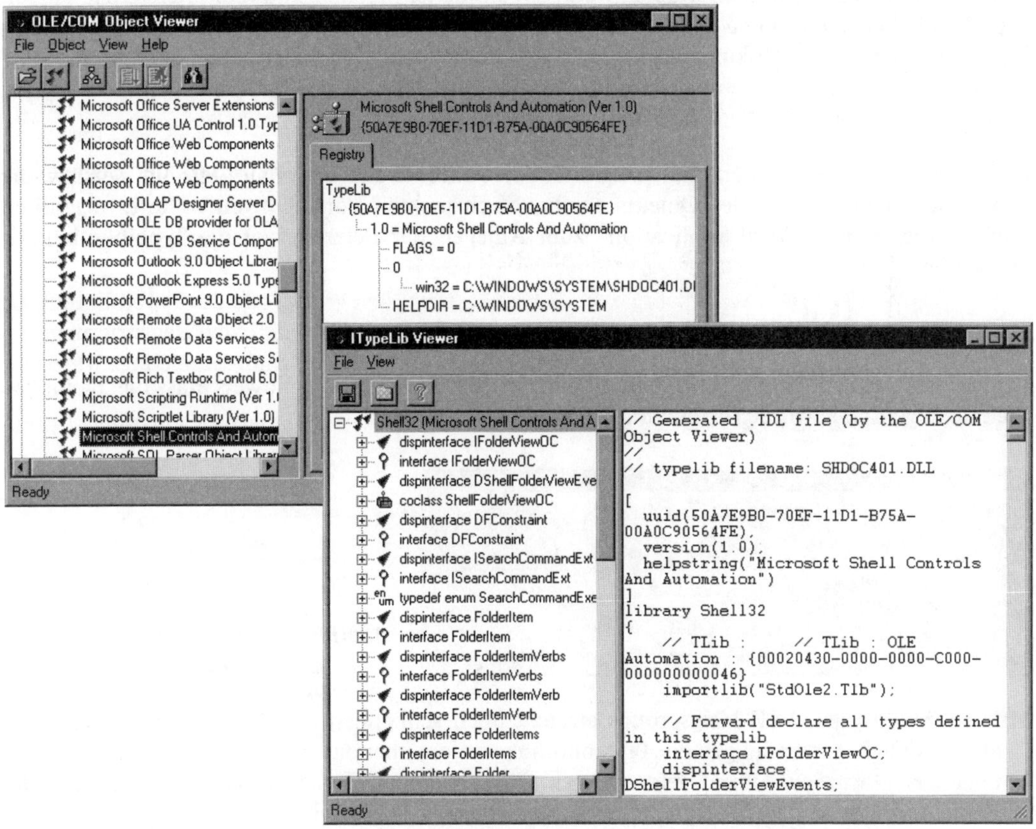

***Abbildung 1.15:** OLE-Viewer mit Type Library-Einträgen*

Im rechten Fenster des ITypeLib-Viewers können Sie die Definitionen der Typbibliothek abrufen.

Beispiel: Referenz auf die Typbibliothek von Microsoft Word

Falls Sie Word-Objekte in WSH-Skripts nutzen, ist es hilfreich, wenn Sie direkt auf die Word-Konstanten zugreifen können. Da Word eine Typbibliothek bereitstellt, können Sie eine Referenz innerhalb der *.wsf*-Datei anlegen. Mit der im vorhergehenden Abschnitt beschriebenen Technik lässt sich der *guid*-Code der Typbibliothek ermitteln. Das *<reference>*-Element lässt sich folgendermaßen angeben:

```
<reference guid='{00020905-0000-0000-C000-000000000046}'/>
```

Die Anweisung verwendet den *guid*-Code, unter dem die Typbibliothek unter Windows registriert ist. Ist die Referenz gültig, kann das Skript auf die Konstanten der Typbibliothek zugreifen.

Das Problem bei diesem Ansatz besteht darin, dass die meisten Programmierer den *guid*-Code der Typbibliothek eines gegebenen COM-Moduls selten kennen. Wenn Sie beispielweise per Skript auf die Objekte von Microsoft Word zugreifen möchten, benötigen Sie keinen *guid*-Code. Stattdessen wird eine Objektreferenz auf das Microsoft Word-*Application*-Objekt über die *ProgID* erzeugt (z.B. *CreateObject("Word.Application")*). Sie lernen diesen Mechanismus später noch kennen. Dieser *ProgID*-Code ist direkt von Menschen lesbar und lässt sich leicht merken. Daher wäre es auch komfortabler, wenn ein ähnlicher Mechanismus zum Referenzieren von Typbibliotheken bereitstehen würde. Das *<reference>*-Element unterstützt in der Tat solche Attribute. Gemäß der WSH-Dokumentation lässt sich die Referenz folgendermaßen definieren:

```
<reference object="progid" version="x.x" />
```

Das Attribut *object* definiert den *progid*-Code, während das optionale Attribut *version* die Haupt- und Unterversion des Objekts angibt. Nach meinen Vorstellungen sollte es eigentlich reichen, die *Progid* "Word.Application" zum Anlegen der Referenz auf die Typbibliothek zu verwenden:

```
<reference object="Word.Application">
```

Leider löste das betreffende Skript einen Laufzeitfehler aus mit dem Hinweis, dass die Typbibliothek nicht gefunden wurde (Abbildung 1.16).

***Abbildung 1.16:** Laufzeitfehler bei fehlender Typbibliothek*

HINWEIS: Aus den WSH-Newsgroups erreicht mich schließlich der Hinweis, dass Word und andere Office-Anwendungen die Typbibliotheken nicht über das *Application*-Objekt, sondern über das *Document*-Objekt referenzieren. Dies bedeutet: der *clsid*-Schlüssel, auf den die *Word.Application progid* zeigt, besitzt keinen *TypeLib*-Schlüssel.

Nachdem dieser Sachverhalt klar war, wurde die Referenz über folgende Anweisung definiert:

```
<reference object="Word.Document" version="9.0">
```

Die Version 9.0 sollte Word 2000 adressieren. Obwohl das Skript in der Lage war, auf die Typbibliothek zuzugreifen, kam es zu Laufzeitfehlern. Das Skript meldete, dass der WSH keine Referenz hinzufügen konnte (Abbildung 1.17). Nach langem Suchen kam ich zu dem Ergebnis, dass eine falsche Versionsangabe in der *<reference>*-Definition der Grund war. Der im Fehlerdialog angegebene *classid*-Code war auf dem System zwar registriert, der WSH konnte mit dem Wert aber nichts anfangen. Erst als dann das *<reference>*-Element versuchsweise in der Form:

```
<reference object="Word.Document" version="8.0">
```

geschrieben wurde, funktionierte das Skript. Die Versionsnummer "*8.0*" ist erklärbar, da Word 2000 das Word 97-Dateiformat verwendet (welches die Version 8.0 besitzt). Selbst ohne das *version*-Attribut lässt sich per Skript auf die Typbibliothek zugreifen. Wichtig ist lediglich, dass die richtige Klasse der Typbibliothek (hier *Document*) angegeben wird. Leider sind diese Sachverhalte nirgendwo dokumentiert, andere Software oder zukünftige Office-Versionen könnten hier andere Vereinbarungen verwenden. Dies bedeutet, Sie müssen mit geeigneten Werkzeugen die Registrierung inspizieren und die Parameter manuell ermitteln.

Abbildung 1.17: *Fehler bei falscher Versionsangabe*

Nachdem diese Hürden überwunden waren, war es recht einfach, die Word-Konstanten in einem Dialogfeld per Skript auszugeben. Das folgende Listing demonstriert diesen Ansatz.

```
<?xml version="1.0" encoding="ISO-8859-1"?>
<job id="WordReference">
<?job debug="true"?>
<comment>
File:   WordReference.wsh (WSH 2.0)
Autor: G. Born
Verwendung des "reference"-Elements zum Zugriff auf Word-Konstanten.
Wir können das Element:
reference guid='{00020905-0000-0000-C000-000000000046}'
oder:
reference object="word.document" version="8.0"
zum Zugriff auf die Type Library verwenden.
</comment>

<reference object="Word.Document" version="8.0" />
<script language="VBScript">
<![CDATA[
' zeige einige Word-Konstanten
 WScript.Echo " wdBlack = " & wdBlack, vbCRLF, _
             "wdInches = " & wdInches, vbCRLF, _
             "wdCentimeters = " & wdCentimeters, vbCRLF, _
             "wdMillimeters = " & wdMillimeters, vbCRLF, _
             "wdPoints = " & wdPoints
]]>
</script>
</job>
```

Listing 1.17: *Anzeige von Word-Konstanten per Skript*

HINWEIS: Sie finden die Datei *WordReference.wsf* im Ordner *\Beisp\Kap01* der Begleit-CD-ROM. Bitte beachten Sie dabei, dass Microsoft Word 97 oder Microsoft Word 2000/XP (oder das entsprechende Office-Paket) auf Ihrem System installiert sein muss.

Mehrere Jobs in einer Datei

WSH 1.0 unterstützt nur die Verwendung eines Skripts pro Skriptdatei. Sie können diesen Ansatz natürlich auch in WSH 2.0/5.6 verwenden. Allerdings geht es auch anders. Anstatt alle Skripte in separaten Dateien zu speichern, können Sie auch eine *.wsf*-Datei anlegen und die Skripte in unterschiedlichen Jobs in dieser Datei hinterlegen. Jeder Job lässt sich dann separat gemäß folgender Syntax aufrufen:

```
CScript //Job:T1 Test2.wsf
WScript //Job:T2 Test2.wsf
```

Die obigen Befehle gehen davon aus, dass die Skriptdatei *Test2.wsf* existiert und zwei *<job>*-Elemente enthält. Eine solche Datei kann folgende Struktur aufweisen:

```
<?xml version="1.0" encoding="ISO-8859-1"?>
<package>
<job id="T1">
<script language="JScript">
   WScript.Echo ("Hallo von Job 'T1'");
</script>
</job>

<job id="T2">
<script language="VBScript">
 WScript.Echo "Hallo von Job 'T2'"
</script>
</job>
</package>
```

Listing 1.18: *Unterschiedliche Jobs in einer .wsf-Datei*

Das *<package>*-Element ist erforderlich und fungiert als Container für die *<job>*-Elemente des XML-Dokuments. Jedes *<job>*-Element muss aber einen eindeutigen Bezeichner besitzen, der über das *id*-Attribut festgelegt wird. Dann lässt sich die Job-*id* beim Aufruf des WSH-Skripts gemäß obigem Beispiel über die *//Job:i*d-Option angeben. Fehlt diese Option, führt WSH den ersten Job innerhalb der *.wsf*-Datei aus.

HINWEIS: Sie finden die Datei *Test2.wsf* im Ordner *\Beisp\Kap01* der Begleit-CD-ROM. Auch hier wurde aus Gründen der Übersichtlichkeit auf die CDATA-Anweisungen verzichtet.

Arbeiten mit dem *<resource>*-Element

Die Hinterlegung von Textkonstanten in *<script>*-Elementen birgt bei sehr umfangreichen *.wsf*-Dateien mit vielen Skripten die Gefahr, dass einzelne Einträge übersehen werden. WSH 2.0/5.6 erlaubt Ihnen aber, Konstanten vom eigentlichen Skriptcode zu trennen. Dies erleichtert beispielsweise die Lokalisierung von Skripten. Sie können beispielsweise Textkonstanten an einem zentralen Ort in der *.wsf*-Skriptdatei hinterlegen. Die zentrale Ablage der Konstanten ist in WSH 2.0 mittels des *<resource>*-Elements möglich. Dieses wird folgendermaßen eingesetzt:

```
<resource id="xxx">
 data
</resource>
```

Das Attribut *id* definiert einen eindeutigen Bezeichner zur Identifikation der Ressource. Der Bereich zwischen Start- und Ende-Tag enthält die Daten der Ressource. Innerhalb des Skripts lässt sich die *getResource*-Methode zum Abrufen der Daten benutzen. Die Methode erwartet den *id*-Wert der Ressource als Parameter. Der folgende Code definiert eine solche Ressource und zeigt deren Werte in einem Dialogfeld an (Abbildung 1.18).

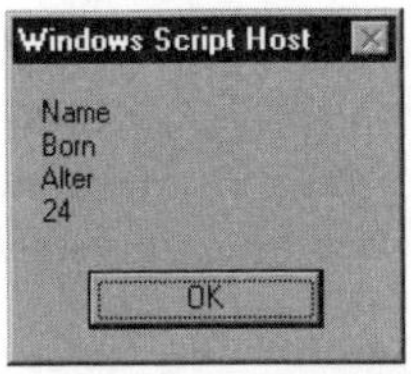

Abbildung 1.18: *Anzeige der Ressourcen*

HINWEIS: Beachten Sie, dass die mit *getResource* abgefragten Ressourcenwerte einen Zeilenumbruch enthalten. Daher zeigt das Skript die Werte in getrennten Zeilen an.

```
<?xml version="1.0" encoding="ISO-8859-1"?>
<job id="Resource">
<?job debug="true"?>
<comment>
File:   Resource.wsh (WSH 2.0)
Autor: G. Born
Definiert verschiedene Ressourcen
</comment>

<resource id="name">
Born
</resource>
<resource id="age">
24
</resource>
<script language="VBScript">
<![CDATA[
' hole Ressource und zeige den Wert an
 WScript.Echo "Name " & getResource("name") & _
             "Alter " & getResource("age")
]]>
</script>
</job>
```

Listing 1.19: *Einsatz einer Ressource*

HINWEIS: Das Beispiel finden Sie in der Datei *Resource.wsf* im Ordner *\Beisp\Kap01*.

WSF-Erweiterungen in WSH 5.6

Mit WSH 5.6 wurden von Microsoft einige zusätzliche XML-Elemente eingeführt, die nachfolgend vorgestellt werden.

Das <runtime>-Element

Das *<runtime>*- Element wird im Kopf einer *.wsf*-Datei benutzt (Listing 1.20), um die nachfolgenden Elemente aufzunehmen, die dann von der *ShowUsage*-Methode benutzt werden.

Das <description>-Element

Das *<description>*-Element wird im *<runtime>*-Block benutzt, um Texte zu vereinbaren:

```
<runtime>
    <description>
        Das Skript gibt einen Dialog aus
    </description>
</runtime>
```

Listing 1.20: *<description>-Element*

Der zwischen den Tags enthaltene Text wird von der *ShowUsage*-Methode übernommen und in einem Dialogfeld angezeigt (Abbildung 1.19, oberste Zeile).

Abbildung 1.19: *Anzeige der Aufrufparameter mit ShowUsage*

Das <example>-Element

Mit dem *<example>*-Element innerhalb des *<runtime>*-Blocks lässt sich dem Benutzer ein Beispielaufruf mittels der *ShowUsage*-Methode anzeigen (Abbildung 1.19, unterste Zeile).

```
<runtime>
    <description>
      Das Skript gibt einen Dialog aus
    </description>
    <example>Example: ShowUsage.wsf /Name:Born</example>
</runtime>
```

Listing 1.21: *<example>-Element*

Das <named>-Element

Dieses Element wird ebenfalls innerhalb des *<runtime>*-Blocks benutzt und erlaubt dem Benutzer mittels der *ShowUsage*-Methode anzeigen, welche benannten Parameter das Skript benötigt (Abbildung 1.19, Zeile unter dem Wort »Optionen:«). Folgendes Listing benutzt die betreffenden XML-Elemente um den Inhalt des in Abbildung 1.19 gezeigten Dialogfelds zu definieren.

```
<runtime>
    <description>
      Das Skript gibt einen Dialog aus
    </description>
    <named
     name = "Name"
     helpstring = "Auszugebender Text"
     type = "String"
     required = "false"
     />
    <example>Example: ShowUsage.wsf /Name:Born</example>
</runtime>
```

Listing 1.22: *<named>-Element*

Beim *<named>*-Element handelt es sich um ein leeres XML-Element, d.h. es gibt keinen abschließenden Tag sondern nur die Form *<named .../>*. Innerhalb des Elements kommen verschiedene Attribute zum Einsatz. Dem *named*-Attribut wird ein Zeichenkettenwert zugewiesen, der den Namen des benannten Parameters angibt. In obigem Beispiel wird der Parameter mit *Name* benannt. Beim Aufruf des Skripts muss der Parameter in der Form:

```
... /Name:Born
```

angegeben werden. Dabei ist */Name* der Schalter für den benannten Parameter und »Born« der Wert des betreffenden Parameters. Im Attribut *helpstring* lässt sich ein Textwert hinterlegen, der dem Benutzer einen Hinweis zur Bedeutung des Parameters liefert. Im Attribut *type* kann der Typ (hier "String") hinterlegt werden und das Attribut *required* bestimmt über den Wert, ob der Parameter beim Skriptaufruf erforderlich (Wert auf *true* gesetzt) oder optional (Wert auf *false* gesetzt) ist. Ein optionaler Parameter wird im Dialog durch eckige Klammern [..] markiert.

Das <*unnamed*>-Element

Dieses Element wird ebenfalls innerhalb des *<runtime>*-Blocks benutzt und erlaubt dem Benutzer mittels der *ShowUsage*-Methode anzeigen, welche unbenannten Parameter das Skript benötigt. Folgendes Listing benutzt das betreffende XML-Element.

```
<runtime>
    <description>
      Das Skript gibt einen Dialog aus
    </description>
    <unnamed
     name = "Datei"
     helpstring = "Dateinamen"
     type = "String"
     many = "true"
     required = "3"
     />
    <example>Example: ShowUsage.wsf Datei1 Datei2 Datei3</example>
</runtime>
```

Listing 1.23: *<unnamed>-Element*

Mit diesen Anweisungen wird der Parameter mit dem Namen *Datei* vereinbart. Das Attribut *many* ist optional und gibt an, dass der Parameter mehrfach auftreten darf. Das Attribut *required* vereinbart, wie oft der Parameter in der Befehlszeile anzugeben ist. Beim Aufruf des Skripts mit *required* = "3" muss der Parameter in der Form:

```
... Datei1 Datei2 Datei3
```

angegeben werden. WSH zeigt dann in der Zeile »Syntax« des Dialogfelds eine entsprechende Anzahl der unbenannten Parameter. Im Attribut *helpstring* lässt sich ein Textwert hinterlegen, der dem Benutzer einen Hinweis zur Bedeutung des Parameters liefert. Im Attribut *type* kann der Typ (hier "String") hinterlegt werden.

Ein Beispiel zur Anwendung der Elemente

Das nachfolgende Listing demonstriert die Anwendung der neuen WSH 5.6-Elemente. Das Ergebnis ist in Abbildung 1.19 zu sehen.

```
<?xml version="1.0"?>
<job id="T1">
<runtime>
    <description>
      Das Skript gibt einen Dialog aus
    </description>
    <named
     name = "Name"
     helpstring = "Auszugebender Text"
     type = "String"
     required = "false"
     />
    <named
     name = "Extension"
     helpstring = "Dateinamenerweiterung"
     type = "String"
     required = "true"
     />
    <unnamed
     name = "Datei"
     helpstring = "Dateiname"
     type = "String"
     required = "2"
     />
    <example>Example: ShowUsage.wsf /Name:Born /Extension:.txt Dateinamen</example>
</runtime>

<script language="VBScript">
<![CDATA[
WScript.Arguments.ShowUsage
]]>
</script>
</job>
```

Listing 1.24: *Anwendung der ShowUsage*-Methode

Das Listing definiert im *<runtime>*-Element die benannten und unbenannten Parameter. Anschließend wird im eigentlichen *<script>*-Block die *ShowUsage*-Methode:

```
WScript.Arguments.ShowUsage
```

zur Ausgabe benutzt. Diese Methode wertet die Inhalte der XML-Elemente in *<runtime>* aus und erzeugt dann das Dialogfeld aus Abbildung 1.19.

HINWEIS: Das Beispiel finden Sie in der Datei *ShowUsage.wsf* im Ordner *\Beisp\Kap01*.

Das <*usage*>-Element

Der Nachteil der obigen Elemente besteht darin, dass die *ShowUsage*-Methode den Inhalt des Dialogfelds selbst zusammenstellt. Mit dem *<usage>*-Element können Sie ähnlich wie mit dem *<description>*- oder *<example>*-Element dem Benutzer Informationen anzeigen. Sie haben dabei die Möglichkeit, mehrere Zeilen sowie Spezialzeichen wie Tabulatoren etc. mit im Text einzubinden. Verwenden Sie Hochkommas und Anführungszeichen aber nur, falls diese Zeichen auch im Dialogfeld sichtbar sein sollen. Folgendes Listing benutzt das betreffende XML-Element.

```
<?xml version="1.0" encoding="ISO-8859-1"?>
<job id="T1">
<runtime>
 <usage>Text des &lt;usage&gt; blocks.
 Es sind dabei mehrere Zeilen
        und Tabulatoren "zulässig".
 </usage>
</runtime>

<script language="VBScript">
<![CDATA[
WScript.Arguments.ShowUsage
WScript.Echo "Meldung des Skripts"
]]>
</script>
</job
```

Listing 1.25: *<usage>-Element*

Sie dürfen die Zeichen < > nicht direkt im Text benutzen, da sonst der XML-Parser ein Element erkennen würde. Ich habe daher in der ersten Zeile die beiden Entitäten *<* und *>* benutzt, um die Zeichen < > im Text einzufügen. In der dritten Zeile des *<usage>*-Blocks wird der Text durch ein Tabulatorzeichen etwas eingerückt. Der Ergebnisdialog der *ShowUsage*-Methode ist in Abbildung 1.20 zu sehen.

Abbildung 1.20: *Anzeige des <usage>*-Blocks mit ShowUsage

HINWEIS: Das Beispiel finden Sie in der Datei *Usage.wsf* im Ordner *\Beisp\Kap01*. Weitere Details zu den XML-Elementen finden Sie in der WSH-5.6-Hilfe.

Debugging in WSH 2.0

Gemäß den in ▶ Kapitel 2 enthaltenen Ausführungen können Sie einfache Anweisungen wie *stop* und *debugger* innerhalb des Skripts (*.vbs*- und *.js*-Dateien) verwenden, um den (hoffentlich installierten) Debugger zu aktivieren. Leider ist diese Aussage so nur unter WSH 1.0 ganz richtig. Ab WSH 2.0 gibt es Einschränkungen. Skripte mit diesen Anweisungen werden in WSH 2.0/5.6 keine Auswirkungen zeigen. Um unter WSH 2.0/5.6 Skripte zu debuggen, müssen Sie diese aus der Befehlszeile heraus entweder mit der Option //D oder mit //X aufrufen.

Das Debuggen von *.wsf*-Dateien erlaubt, dass die Processing Instruction *<?job debug="true"?>* im *<job>*-Element vorkommt. Diese Anweisung fordert WSH zum Starten des Skript-Debuggers auf, sobald eine *stop*- oder *debugger*-Anweisung im Skript gefunden wird. Fehlt die Anweisung, wirkt dies wie *debug="true"*. Eine Anweisung *<?job debug="false"?>* im *<job>*-Element deaktiviert dagegen das Debuggen. Das folgende Listing demonstriert, wie die Processing Instruction *<?job .... ?>* innerhalb einer *.wsf*-Datei genutzt wird.

```
<?xml version="1.0" encoding="ISO-8859-1"?>
<job id="T1">
<?job debug="true"?>
<script language="VBScript">
 stop
 WScript.Echo "Hallo"
</script>
<script language="JScript">
 debugger
 WScript.Echo ("Hallo1");
</script>
</job>
```

Listing 1.26: *Anweisungen zum Debuggen*

HINWEIS: Sie finden die Beispieldatei *Test3.wsf* im Ordner *\Beisp\Kap01*. In Kapitel ▶ 2 wird eine kleine Entwicklungumgebung SkriptIDE.nta beschrieben, die das Aufrufen des Debuggers stark vereinfacht.

Hilfe, der Debugger funktioniert nicht!

Funktioniert der Skript-Debugger bei Ihnen unter WSH 2.0 nicht mehr? Einige Benutzer berichten von diesem Problem, nachdem WSH 2.0 installiert wurde. Es handelt sich um ein bekanntes Problem. Drei Softwareprodukte beeinflussen sich gegenseitig mit Registrierungseinträgen. Es gibt aber eine einfache Lösung: Die Registrierung weist den Schlüssel

```
HKEY_CURRENT_USER\Software\Microsoft\Windows Script\Settings
```

mit dem DWORD-Wert *JITDebug* auf. Der Wert 0 deaktiviert den Debugger. Setzen Sie *JITDebug* auf 1, klappt das Debuggen wieder.

Die Datei *DebugOn.reg* im Ordner *\Beisp\Kap01* der Begleit-CD-ROM ermöglicht Ihnen, diesen Wert per Doppelklick in der Registrierung auf 1 zu setzen.

Bei Windows 2000 bzw. Windows XP kann es Ihnen passieren, dass der Skriptdebugger trotz obiger Erläuterungen nicht funktioniert. Die Ursache liegt darin, dass in der Registrierung unter:

```
HKEY_CLASSES_ROOT\CLSID\{834128A2-51F4-11D0-8F20-00805F2CD064}\LocalServer32
```

ein Verweis auf den Machine-Debug-Manager MDM.EXE eingetragen ist. In diesem Falls müssen Sie den Wert des Schlüssels auf den Pfad zum Script Debugger MSSCRDBG.EXE umsetzen. Falls Office 2000 installiert ist, sollten Sie übrigens auf den Script-Debugger verzichten und den Microsoft Script Editor (MSE) für diesen Zweck verwenden.

Der Skript-Debugger lässt sich kostenlos aus dem Internet (msdn.microsoft.com/scripting) herunterladen, bzw. Sie finden eine Version im Verzeichnis *Tools* auf der Begleit-CD-ROM zu diesem Buch. In Windows 2000 ist der Debugger optionaler Bestandteil des Betriebssystems und kann nachträglich installiert werden. Beachten Sie aber, dass es getrennte Versionen Windows 9x und für Windows NT/XP gibt. Details finden Sie auf den betreffenden Webseiten. Ist Microsoft Office 2000 installiert, kann der WSH auch den Skript-Editor dieser Anwendung zum Debuggen aufrufen. Weitere Details zum Debugger finden Sie in ▶ Kapitel 2 sowie in der WSH-Hilfedatei.

2 Entwicklungshilfen für WSH-Skripte

Der Windows Script Host besitzt keine eigene Entwicklungsumgebung zur Erstellung der Skripte. Im Prinzip reicht ein einfacher Texteditor aus, um den Quellcode einzugeben. Um effizienter zu arbeiten, benötigen Sie aber Entwicklungshilfen. In diesem Kapitel lernen Sie verschiedene Werkzeuge und Techniken kennen, mit denen sich die Skripterstellung vereinfachen lässt.

- Lesen Sie nach, warum ein einfacher Editor zwar für die Skripteingabe ausreicht, aber sonst kaum Hilfestellung liefern kann.
- Erfahren Sie, wie sich die Skripterstellung mit geeigneten Programmen erheblich erleichtern lässt.
- Setzen Sie die restlichen in diesem Buch erwähnen Hilfsmittel ein, um die Entwicklung Ihrer Skripte auf eine professionelle Basis zu stellen.
- Schlagen Sie nach, um zu erfahren, wie sich Skriptprogramme auf Fehler testen (neudeutsch: debuggen) lassen.

Mit dem Wissen aus diesem Kapitel sollte die effiziente Entwicklung von Skripten kein größeres Problem mehr darstellen. Wer gerade in die Thematik der Programmerstellung für den WSH einsteigt, mag dieses Kapitel vorerst übergehen.

Hilfen zur Skriptbearbeitung

In diesem Abschnitt erfahren Sie, wie sich Skripte erstellen und ändern lassen. Sie lernen auch die Werkzeuge kennen, mit denen dieser Vorgang effizienter von der Hand geht.

Wie wird ein Skriptprogramm erstellt?

Ein Skript lässt sich direkt im Windows-Editor als Textdatei erstellen. Sie müssen lediglich die Anweisungen in der Syntax der benutzten Sprache im Editor eintippen.

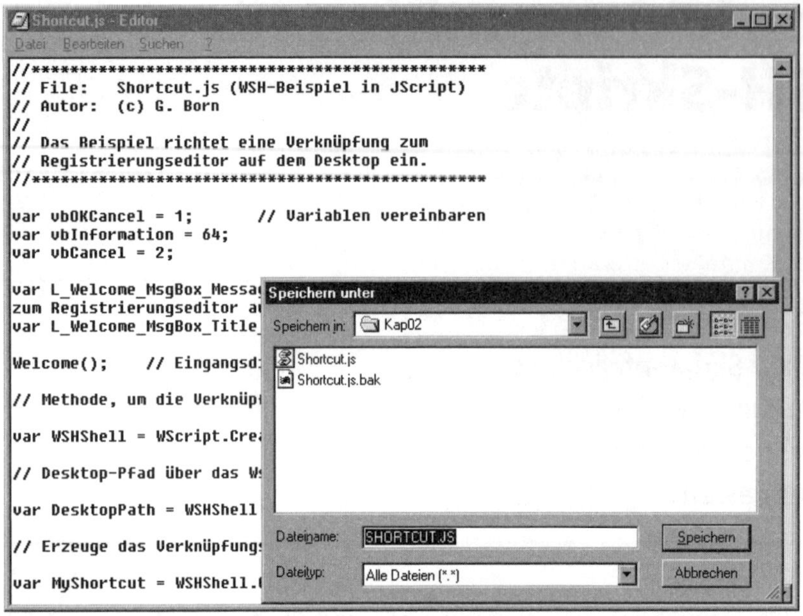

Abbildung 2.1: *Speichern eines Skripts im Windows-Editor*

Anschließend speichern Sie das Programm in einer Skriptdatei. Bei VBScript verwenden Sie die Dateinamenserweiterung *.vbs*, und bei JScript *.js* (Abbildung 2.1).

TIPP: Stellen Sie den Dateityp beim Speichern im Dialogfeld *Speichern unter* auf *Alle Dateien (*.*)*. In diesem Fall werden Ihnen die bereits im Zielordner abgelegten Skriptdateien angezeigt.

Die einzelnen Anweisungen müssen der Syntax der gewählten Skriptsprache entsprechen. In JScript sind beispielsweise alle Anweisungen mit einem Semikolon abzuschließen. Die geschweiften Klammern { } fassen Anweisungen zu Blöcken zusammen. Auf die Details der Realisierung komme ich zu einem späteren Zeitpunkt zurück.

So lässt sich eine Skriptdatei auch erstellen

Möchten Sie eine neue Skriptdatei erstellen, können Sie auf die auf der Begleit-CD-ROM im Ordner *\Beisp\Kap01* enthaltenen Vorlagen *VBScript.vbs*, *JScript.js* und *WSFFile.wsf* zurückgreifen. Kopieren Sie die beiden Dateien in einen lokalen Ordner der Festplatte. Anschließend laden Sie die gewünschte Vorlage in den Editor, ergänzen die benötigten Programmanweisungen und speichern das Ergebnis unter einem neuen Namen.

HINWEIS: Die von der CD-ROM kopierten Dateien sind automatisch mit dem Attribut »Schreibgeschützt« versehen. Dies verhindert, dass Sie die Vorlagen irrtümlich überschreiben.

Die Alternative besteht darin, dass Sie im Ordnerfenster per Kontextmenü eine leere Textdatei anlegen (mit der rechten Maustaste auf eine freie Stelle klicken und im Kontextmenü den Befehl *Neu/Textdatei* wählen). Anschließend benennen Sie die gerade erstellte Textdatei mit dem gewünschten Namen und der Dateinamenerweiterung *.vbs* oder *.js* (je nachdem, welche Skriptsprache Sie im Programm verwenden). Die Windows-Warnung, dass sich durch das Umbenennen der Dateinamenerweiterung die Datei nicht mehr öffnen lässt, können Sie ignorieren. Anschließend laden Sie die (leere) Textdatei in einen Editor und bearbeiten diese.

Eine Vorlage für Skriptdateien

Die beiden im obigen Abschnitt beschriebenen Vorgehensweisen sind nicht so ganz optimal. Besser wäre es, wenn im Windows-Kontextmenü ein Befehl zum Anlegen einer neuen VBScript- oder JScript-Datei angeboten wird (Abbildung 2.2). Dies ist mit wenigen Schritten möglich.

1. Kopieren Sie die Vorlagedateien *VBScript.vbs*, *JScript.js* und *WSFFile.wsf* aus dem Ordner *\Beisp\Kap01* der Begleit-CD-ROM in einen lokalen Ordner der Festplatte. Wichtig: Löschen Sie anschließend das Schreibschutzattribut der Dateien (Datei mit der rechen Maustaste anklicken, im Kontextmenü den Befehl *Eigenschaften* wählen und auf der Registerkarte *Allgemein* die Markierung des Kontrollkästchens für das Schreibschutzattribut löschen).
2. Starten Sie jetzt das Hilfsprogramm Tweak UI (befindet sich in der Regel im Ordnerfenster der Systemsteuerung) und wählen Sie die Registerkarte *New.*
3. Ziehen Sie die Vorlagedateien aus dem Ordnerfenster zur Registerkarte *New* (Abbildung 2.3). Sobald Sie die linke Maustaste loslassen, richtet Tweak UI einen Eintrag für die betreffende Datei auf der Registerkarte ein.

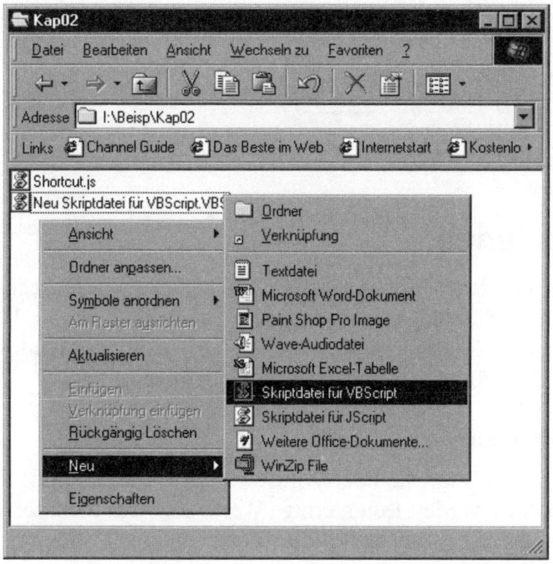

***Abbildung 2.2:** Anlegen einer neuen Skriptdatei per Kontextmenü*

Wenn Sie die Registerkarte *New* über die *OK*-Schaltfläche schließen, übernimmt Tweak UI die Vorlagedateien in den Windows-Ordner *\ShellNew* und setzt auch die entsprechenden Registrierungseinträge (siehe / 2/ im Literaturverzeichnis). Öffnen Sie anschließend das Kontextmenü gemäß Abbildung 2.2, finden Sie bereits die neuen Befehle vor.

HINWEIS: Das Hilfsprogramm Tweak UI müssen Sie explizit installieren. Windows 98-Benutzer finden dieses Modul auf der Windows-98-CD-ROM im Ordner *\tools\reskit\powertoy.* Windows 95-, Windows NT 4.0- und Windows 2000-Benutzer finden eine Version von Tweak UI auf der Begleit-CD-ROM zu diesem Buch im Ordner *\Tools\PowerToy\Tweakui*. Klicken Sie mit der rechten Maustaste auf die Datei *Tweakui.inf* und wählen Sie im Kontextmenü den Befehl *Installieren*. Nach der Installation finden Sie das Tweak UI-Symbol im Ordnerfenster der Systemsteuerung vor. Neuere Versionen von Tweak UI (z.B. für Windows XP) finden Sie auf den Microsoft Webseiten www.microsoft.com.

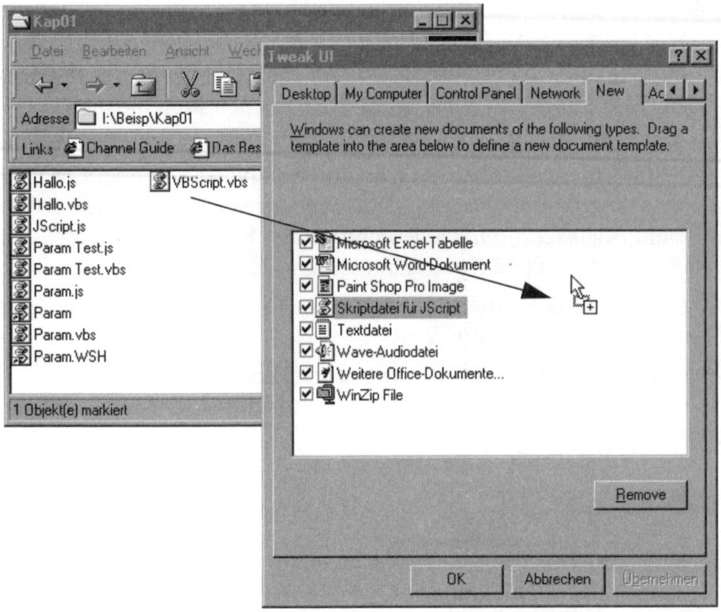

Abbildung 2.3: *Einrichten einer Vorlage für Skriptdateien*

So können Sie Skriptdateien laden

Um eine bereits existierende Skriptdatei im Windows-Editor zu laden, klicken Sie mit der rechten Maustaste auf die Datei. Anschließend wählen Sie im Kontextmenü den Befehl *Bearbeiten*. Windows startet den Editor und lädt die Datei zum Bearbeiten. Bei der Registrierung des Windows-Script Host wird der betreffende Befehl in der Windows-Registrierung eingetragen.

So richten Sie neue Befehle zum Bearbeiten ein

In den folgenden Abschnitten zeige ich Ihnen, warum sich der Windows-Editor nicht sonderlich zum Entwickeln von Skripten eignet. Weiterhin werden Ihnen einige Werkzeuge zur Skripterstellung vorgestellt. Allerdings stehen Sie vor der Frage, wie sich diese Werkzeuge im Kontextmenü der Skriptdateien eintragen lassen. Es soll ja nicht so sein, dass Sie erst das Programm starten und dann die Skriptdatei laden müssen.

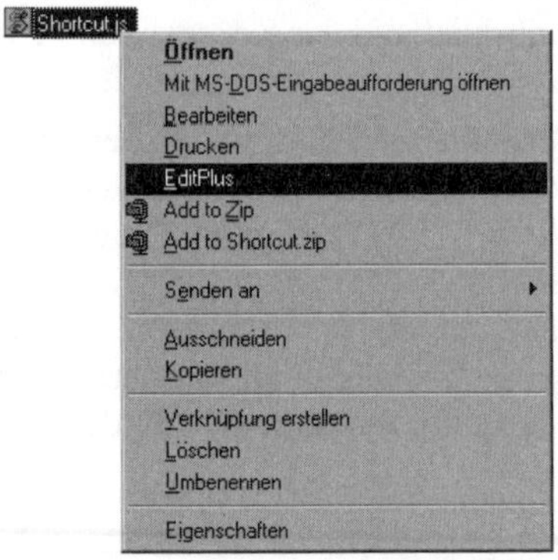

Abbildung 2.4: *Kontextmenü zum Bearbeiten der Skriptdatei*

In Abbildung 2.4 sehen Sie im Kontextmenü den Befehl *EditPlus*, mit dem sich die Skriptdatei in dem nachfolgend vorgestellten Programm *EditPlus* zum Bearbeiten laden lässt. Um diese Erweiterung des Kontextmenüs vorzunehmen, gehen Sie in folgenden Schritten vor:

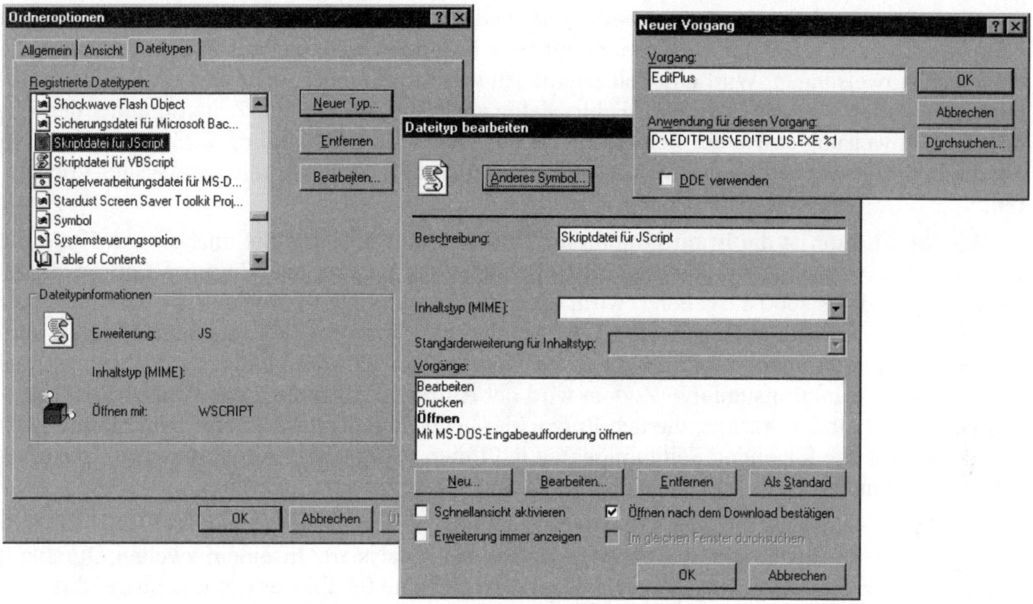

Abbildung 2.5: *Registrieren eines Kontextmenübefehls (Windows 98)*

1. Wählen Sie im Ordnerfenster oder im Explorer-Fenster im Menü *Ansicht* den Befehl *Ordneroptionen*.
2. Suchen Sie auf der Registerkarte *Dateitypen* den Eintrag für die gewünschte Skriptdatei (Abbildung 2.5, links). Markieren Sie den Eintrag und klicken Sie auf die Schaltfläche *Bearbeiten*.
3. Im Dialogfeld *Dateityp bearbeiten* (Abbildung 2.5, Mitte) wählen Sie die Schaltfläche *Neu*.
4. Anschließend tragen Sie im Dialogfeld *Neuer Vorgang* den Namen für den Kontextmenübefehl im Feld *Vorgang* ein (Abbildung 2.5, rechts).
5. Im Feld *Anwendung für diesen Vorgang* tragen Sie den ausführbaren Befehl (Pfad sowie Name der Anwendung) ein. Die Zeichen %1 stellen den Platzhalter für die aktuelle Datei dar.

Sobald Sie die Dialogfelder und Registerkarten schließen, wird der neue Dateityp registriert. Bei der nächsten Anwahl der betreffenden Dateien erscheint der neue Befehl im Kontextmenü.

HINWEIS: Denken Sie daran, alle Dateitypen für Skriptdateien zu registrieren (d.h. *.vbs*, *.wsf* und *.js*). Hintergrundinformationen zur Registrierung von Dateitypen finden Sie in dem im Literaturverzeichnis unter / 2/ aufgeführten Titel.

TIPP: Über den Kontextmenübefehl *Drucken* können Sie den Quellcode der Skriptdatei auf dem Drucker ausgeben. Sofern Sie einen der nachfolgend erwähnten Editoren verwenden, wird dieser Ausdruck mit Zeilennummern versehen, was beim Testen recht hilfreich ist. Die nachfolgend vorgestellte Script-IDE stellt mit Windows-Bordmitteln ebenfalls einigen Komfort bereit.

Werkzeuge zur Skriptentwicklung

Das Erstellen von Skriptdateien im Windows-Editor ist eigentlich kein Problem. Wenn man von den spartanischen Möglichkeiten des Windows-Editors einmal absieht, können Sie die Anweisungen recht einfach eintragen, anpassen und wieder speichern. Die Probleme kommen jedoch beim Testen des Skripts. Der Windows Script Host liest den Quellcode des Skripts und parst die einzelnen Anweisungen. Wird eine fehlerhafte Anweisung gefunden oder tritt ein Laufzeitproblem auf, erhalten Sie lediglich einen Fehlerdialog angezeigt, in dem die Zeilennummer der fehlerhaften Anweisung sowie ein Fehlerhinweis aufgeführt sind (Abbildung 2.23). Dann müssen Sie die Skriptdatei erneut in den Windows-Editor laden und die fehlerhafte Anweisung korrigieren.

Im Windows-Editor ist die Ermittlung dieser Zeile jedoch schwierig. Sie müssen von Hand die Zeilen zählen, was schnell zu Fehlern führt. Lediglich die Version des Windows-Editors, die ab Microsoft Windows 2000 ausgeliefert wird, unterstützt einen Befehl, über den Sie direkt zu einer vorgegebenen Zeilennummer gehen können. In dieser Variante des Editors finden Sie auch eine neue Funktion zum Suchen und Ersetzen von Codestellen. Trotzdem bleibt der Editor mehr als spartanisch im Funktionsumfang. Zudem wird der Aufruf von Skripten nicht unterstützt. Nützlich wären deshalb Werkzeuge, die den Entwickler beim Erstellen und Pflegen von Skripten unterstützen. Auf den folgenden Seiten möchten ich Ihnen daher einige Alternativen zur Skriptbearbeitung vorstellen, die Ihnen die Aufgabe des Zeilenzählens abnehmen.

HINWEIS: Als »parsen« wird der Vorgang bezeichnet, bei dem der Interpreter der WSH-Sprach-Engine den Quellcode auf syntaktische Korrektheit analysiert. In einem zweiten Durchlauf werden dann die Anweisungen erneut geparst, in einzelne Befehle zerlegt und ausgeführt.

CR Editor

Eine sehr elegante Unterstützung zur Skriptentwicklung bietet der CR Editor von Plamen Parvanov aus Bulgarien. Dieser englischsprachige Editor erlaubt nicht nur die Bearbeitung mehrerer Dateien, sondern bietet neben einer zuschaltbaren Zeilennummerierung (Abbildung 2.6). auch eine Syntaxunterstützung für VBScript- oder Jscript-Anweisungen.

Die Hervorhebung der Schlüsselwörter einer Skriptsprache erfordert jedoch, dass Sie die betreffenden INI-Dateien manuell importieren. Weiterhin erlaubt der Editor dem Benutzer ausführbare Befehle im *Tools*-Menü festzulegen. In Abbildung 2.6 habe ich Befehle zum Ausführen und Debuggen eines Skripts definiert.

HINWEIS: Das Programm ist Freeware und kann samt Unterstützungsdateien direkt aus dem Web unter *http://www.thecredit.f2s.com* geladen werden. Die Homepage des Autors findet sich unter *http://www.geocities.com/plamen_p*. Details zum Einrichten und zur Nutzung des Programms entnehmen Sie der Programmhilfe.

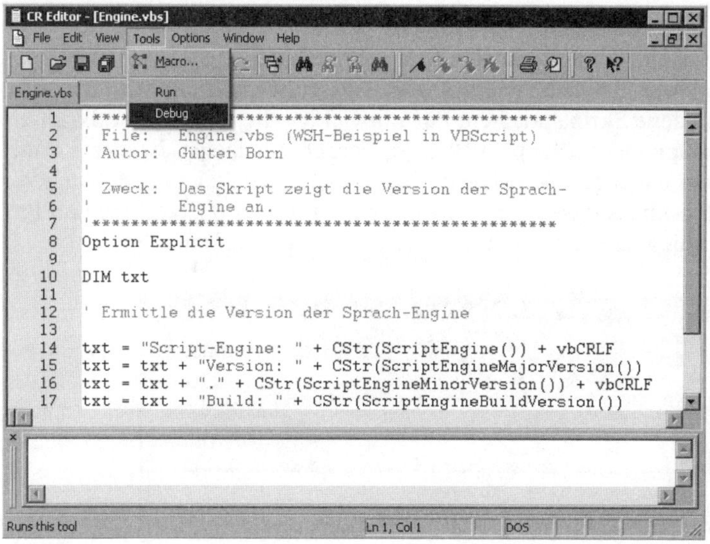

Abbildung 2.6: *CR Editor mit Zeilennummerierung und Syntax-Highlighting*

EditPlus

Eine Alternative zur Skriptbearbeitung bietet das englischsprachige Programm *EditPlus* (Abbildung 2.7).

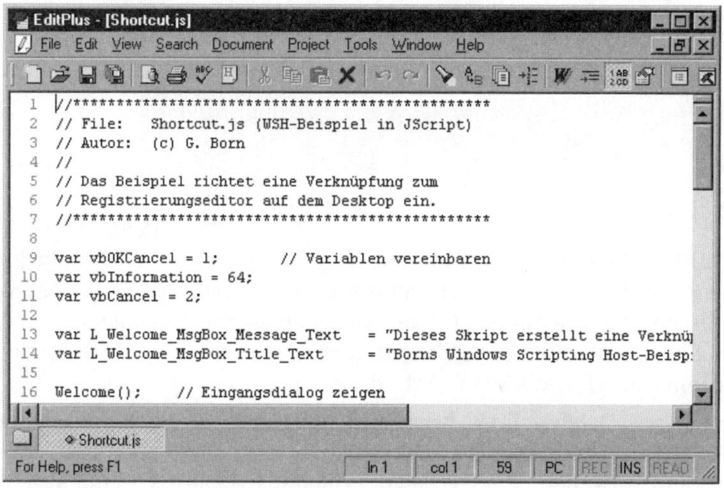

Abbildung 2.7: *EditPlus mit Zeilennummerierung im Skript*

Bei diesem Editor können Sie ebenfalls eine Nummerierung zuschalten. Der Editor besitzt zusätzlich den Vorteil, dass Sie Vorlagen für verschiedene Skriptsprachen nutzen und selbst definieren können.

HINWEIS: Sie finden die Shareware-Version (30 Tage-Testversion) dieses englischsprachigen Programms auf der Begleit-CD-ROM im Ordner *\Tools\EditPlus*.

PrimalSCRIPT-Editor

PrimalSCRIPT ist quasi der »Dampfhammer« für den Skript-Entwickler. Dieser von dem Deutschen Alex Riedel für die US-Firma SAPIEN Technologies, Inc. entwickelte Editor unterstützt die Skripterstellung für verschiedene Skriptsprachen. Für Entwickler, die sich mit der Skriptentwicklung in unterschiedlichen Sprachen (JScript, VBScript, Perl etc.) befassen, ist dieses Werkzeug erste Wahl. Das Programm bietet eine konsistente Bedienoberfläche zur Entwicklung von Skriptdateien. Mit wenigen Mausklicks lassen sich Codeeinschübe (*for ...*, *if ... else* etc.) im Programm einfügen, wobei unterschiedliche Skriptsprachen berücksichtigt werden.

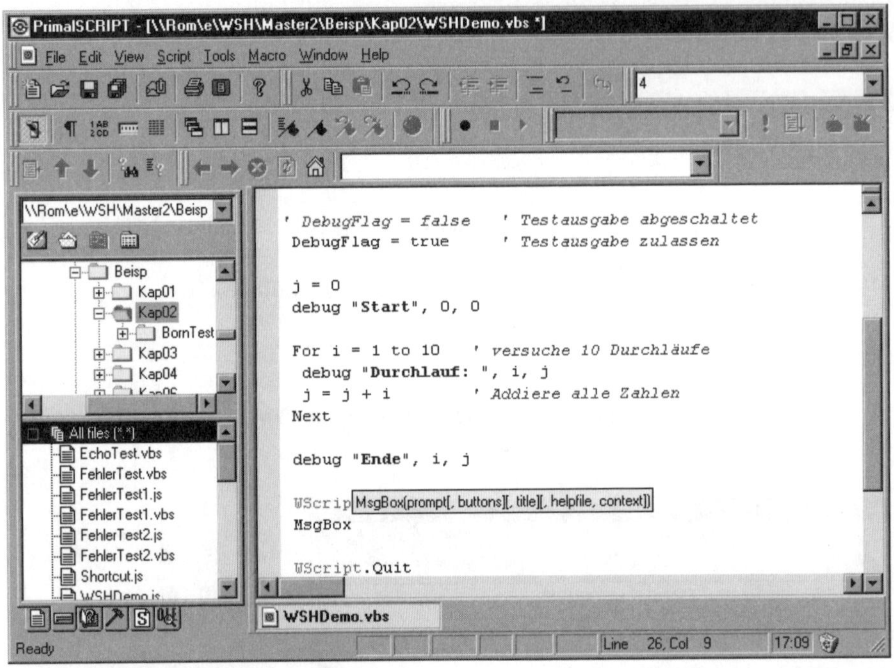

Abbildung 2.8: *PrimalSCRIPT-Editor*

Ab Version 2.0 ist PrimalSCRIPT perfekt an die Anforderungen zur Erstellung von WSH-Skripten angepasst. Diese Version unterstützt Zeilennummerierung, ein COM-, und Type Libray-Interface-Viewer erlaubt dem Editor, die Definitionen für Methoden als Quickinfo einzublenden und vieles mehr. Sobald Sie ein Schlüsselwort eintippen, blendet der Editor vielfach diese Definitionen für Methoden oder Funktionen als Quickinfo ein (Abbildung 2.8).

In PrimalSCRIPT 2.0 lassen sich *.wsf*-Dateien direkt bearbeiten, Sie sehen nur noch die Inhalte (sprich den Code) der *<job>*- oder *<script>*-Elemente. Die Attribute der betreffenden Elemente werden als Eigenschaften im Editor verwaltet. Und vor allem: PrimalSCRIPT beachtet die Regeln für »wellformed« XML-Dokumente. Sobald Sie eine *.wsf*-Datei laden, die mit der Processing Instruction *<?xml ... ?>* beginnt, packt der Editor den Inhalt der *<script>*-Elemente automatisch in CDATA-Abschnitte ein. Das Testen von Skripten wird ebenfalls direkt unterstützt. Aus dem Editor heraus lässt sich der installierte Script-Debugger direkt aufrufen. Sie können daher direkt eine geladene *.js*-, *.vbs*- oder *.wsf*-Datei aufrufen. Der Editor übergibt dabei ggf. definierte Parameter an das Skript.

HINWEIS: Eine 30-Tage-Testversion finden Sie auf der Begleit-CD-ROM im Ordner *\Tools\PrimalSCRIPT*. Alternativ können Sie sich die neueste Testversion von der SAPIEN Website *www.sapien.com* herunterladen.

UltraEdit 32

UltraEdit 32 ist ein weiterer leistungsfähiger Editor für Microsoft Windows 9x und Windows NT/2000, der als Shareware verfügbar ist. Das Programm unterstützt die Bearbeitung von Textdateien mit unterschiedlichen Formaten (BAT, INI, HTML etc.). Der Editor besitzt verschiedene Funktionen zur Skripterstellung, wie beispielsweise die farbige Hervorhebung von Schlüsselwörtern. Zusätzlich können Sie auch eine Zeilennummerierung einschalten (Abbildung 2.9).

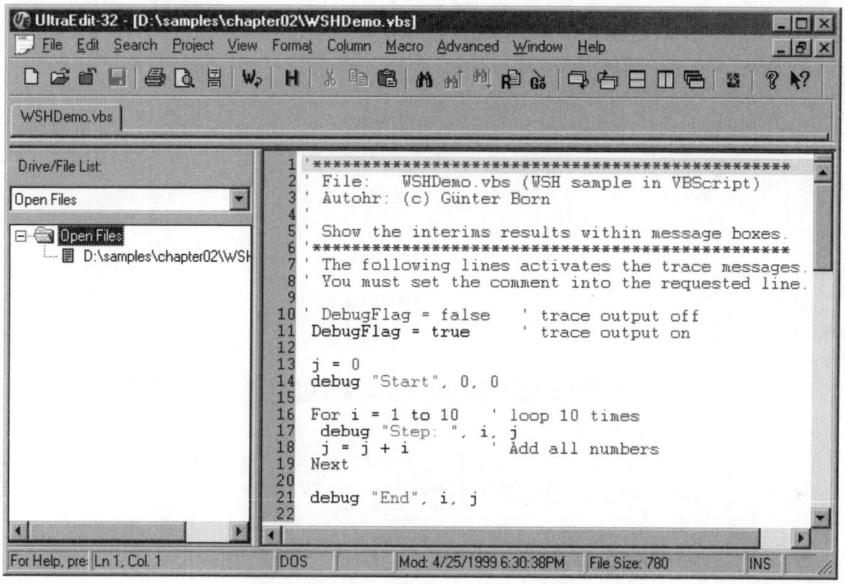

***Abbildung 2.9:** UltraEdit 32*

HINWEIS: Eine 45-Tage-Testversion lässt sich von der Webseite *www.ultraedit.com* herunterladen. Unter dieser Adresse werden unterschiedliche Versionen von UltraEdit zum Download angeboten.

Microsoft Script Editor (MSE)

Prinzipiell können Sich auch den Microsoft Script Editor (MSE) zur Skripterstellung verwenden. Dieser Editor wird automatisch mit Microsoft Office 2000, Microsoft Office XP, Visual Interdev und weiteren Produkten mitgeliefert. Um den MSE zu nutzen, müssen Sie diesen zuerst als optionale Komponente des Pakets installieren. Bei Microsoft Office 2000 findet sich eine entsprechende Option im Installationsdialog (*Microsoft Office/Office Tools/HTML-Quellcodebearbeitung/Webscripting*). Sie können nach der Installation der betreffenden Komponente im Menü *Extras/Macro* einer Anwendung wie Microsoft Word 2000 prüfen, ob der Script Editor im Untermenü aufgeführt ist.

HINWEIS: Beachten Sie jedoch, dass die Nutzung des MSE auf eigenes Risiko erfolgt. Es kann keine Unterstützung gegeben werden, falls etwas nicht so wie erwartet funktioniert.

Im zweiten Schritt müssen Sie den MSE noch für die Bearbeitung der Skriptdateien (.vbs, .js und .wsf) einrichten. Hierzu ist ein Eingriff in die Registrierung erforderlich.

1. Suchen Sie im Registrierungseditor Regedit den Schlüssel *HKEY_LOCAL_MACHINE\SOFTWARE\Microsoft\MSE\9.0\Editors* und wählen Sie dann den Unterschlüssel *{C76D83F8-A489-11D0-8195-00A0C91BBEE3}\Extensions*.
2. Im rechten Teil des Editorfensters werden Ihnen dann die vom Editor unterstützten Dateitypen angezeigt. Fügen Sie einen DWORD-Wert mit dem Namen *vbs* hinzu und setzen Sie dessen Wert auf 28 hexadezimal (Abbildung 2.10).
3. Wiederholen Sie diese Schritte für die DWORD-Werte *js* und *wsf* und schließen Sie den Registrierungseditor.

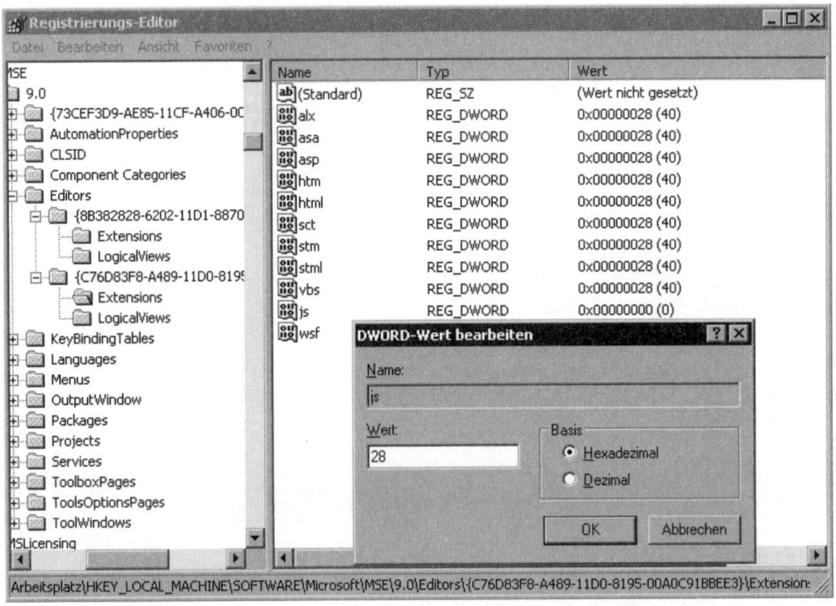

***Abbildung 2.10:** Registrierungseinträge für Skriptdateien*

Nach dieser Vorbereitung müssen Sie den MSE starten und die betreffende Skriptdatei laden. Hierzu gibt es zwei Möglichkeiten:

- Sie starten eine Office-Anwendung und wählen im Menü *Extras* den Befehl *Makro/Microsoft Script Editor*.
- Sie richten eine Verküpfung zur Datei *MSE.EXE* auf dem Desktop ein. Das Programm *MSE.EXE* finden Sie im Ordner *Programme\Microsoft Visual Studio\Common\IDE\IDE98*.

Anschließend lassen sich Skriptdateien über den Befehl *Datei öffnen* des Menüs *Datei* laden. Eine bereits einmal geladene Skriptdatei lässt sich ggf. auch über das Fenster des Projektexplorers (Abbildung 2.11, rechts oben) per Doppelklick laden. Sollte der Skriptcode nicht sauber mit Zeilenumbrüchen angezeigt werden, prüfen Sie bitte, ob der Anzeigemodus *Quelle* (der Registerreiter befindet sich am unteren Rand des Dokumentfensters) gewählt ist.

TIPP: Der Inhalt einer geladenen *.wsf*-Datei wird bereits farbig ausgezeichnet, d.h., der Microsoft Script Editor kennt die Syntax des XML-Formats sowie der eingebundenen VBScript- bzw. JScript-Anweisungen. Um die Syntax der VBScript-Anweisungen einer *.vbs*-Datei farbig hervorzuheben, fügen Sie als erste Zeile '<% in der Quelldatei ein. Bei *.js*-Dateien ist dagegen die Anweisung //<% erforderlich.

Wenn Sie eine Anweisung bearbeiten, blendet der Editor ggf. eine QuickInfo mit der Syntax einer Funktion (siehe Abbildung 2.11) ein. Bei Objekten können Sie die Tastenkombination Strg+Leer drücken, um ein Fenster mit den verfügbaren Funktionen, Eigenschaften und Objekten einzublenden. Allerdings unterstützt der Microsoft Script Editor diese Funktion nicht sauber, die WSH-Objekte werden nicht angezeigt.

Zum Speichern der Skriptdatei wählen Sie den betreffenden Befehl im Menü *Datei*. Im Dialogfeld *Datei speichern unter* müssen Sie den Dateityp auf **.html* stellen und die Dateinamenerweiterung manuell auf *.vbs*, *.js* oder *.wsf* setzen.

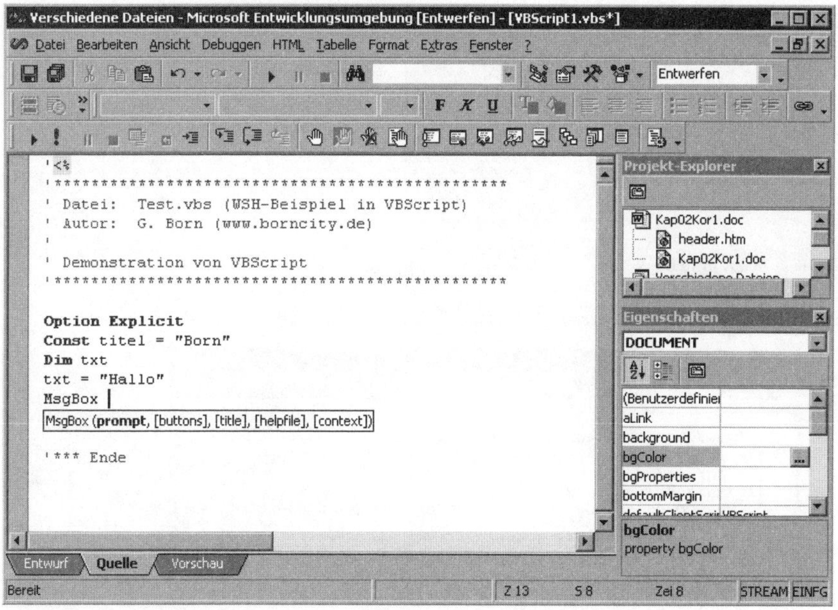

***Abbildung 2.11:** Word zur Bearbeitung von Skriptdateien*

HINWEIS: Das Debuggen von Skripten direkt aus dem MSE ist nicht möglich, Benutzerdialoge werden sofort geschlossen. Sie müssen vielmehr das Skript auf der Windows-Oberfläche ausführen. Sind die Debug-Optionen gesetzt, führt WSH das Skript im Debugger von MSE aus (siehe auch folgende Seiten).

WSH Script-IDE

Die obigen Werkzeuge eignen sich für Entwickler, die häufiger Skripte erstellen. Ein Problem dabei ist, dass Sie für jede Maschine eine eigene Lizenz benötigen und die Programm zusätzlich installieren müssen. Bei Freeware fallen keine Lizenzkosten an, aber die Installation ist auf jeden Fall erforderlich. Daher stellt sich die Frage, ob nicht mit Windows-Bordmitteln eine kleine Entwicklungsumgebung realisierbar ist.

Ich habe mir vor ca. einem Jahr eine solche Entwicklungsumgebung zusammengestellt, die auf den Windows-Editor (oder einen beliebigen anderen Editor) sowie auf den Internet Explorer (ab Version 5.0) zurückgreift. Das Programm *ScriptIDE.hta* ist eine HTML-Anwendung, d.h., enthält nur ein HTML-Formular sowie etwas Skriptcode (der auch Teile des WSH benutzt). Durch die Verwendung der Dateinamenerweiterung *.hta* lassen sich die ActiveX-Elemente des WSH ohne Sicherheitswarnungen einbinden.

HINWEIS: Zur Nutzung der IDE kopieren Sie die Datei *ScriptIDE.hta* sowie die Vorlagedateien *VBScript.vbs*, *JScript.js* und *WSFFile.wsf* in ein Verzeichnis der Festplatte. Sie finden die Dateien auf der Begleit-CD-ROM im Ordner *Beisp*.

Sobald der Internet Explorer 5.0 (oder eine höhere Version) auf dem System vorhanden sind, lässt sich die Entwicklungsumgebung per Doppelklick aufrufen. Der Internet Explorer zeigt dann ein Formular, welches die verfügbaren Funktionen über Optionsfelder, Textfelder und Schaltflächen anbietet (Abbildung 2.12, links oben).

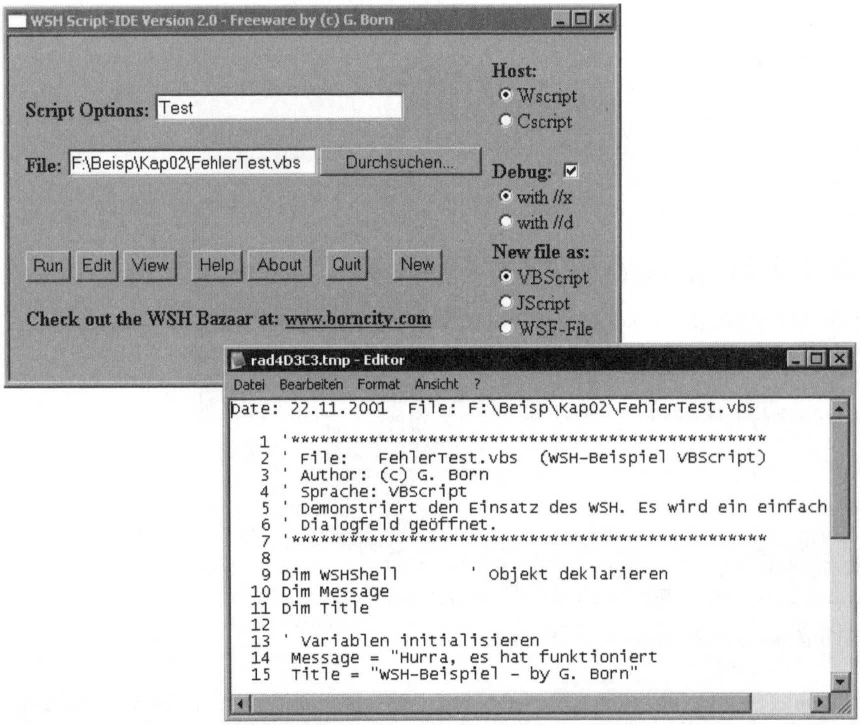

***Abbildung 2.12:** Fenster der ScriptIDE sowie ein geöffnetes Editorfenster*

Im Textfeld *Script Options* lassen sich Parameter eintragen, die dem Skript beim Aufruf zu übergeben sind. Die Optionen der Gruppe *Host* ermöglichen Ihnen die Auswahl, ob das Skript unter Windows (WScript) oder in der Eingabeaufforderung (CScript) auszuführen ist. Soll das Skript im Debugger ausgeführt werden, markieren Sie die betreffenden Optionen der Gruppe *Debugger*.

Über die Schaltfläche *Durchsuchen* lässt sich die Skriptdatei interaktiv auswählen; der Pfad der Datei findet sich anschließend im Textfeld *File*. Mit der Schaltfläche *Run* wird die gewählte Skriptdatei mit den Optionen im WSH und ggf. unter Kontrolle des Debuggers ausgeführt. Wählen Sie die Schaltfläche *Edit*, wird der Quellcode des Skripts im Windows-Editor geladen. Mit der Schaltfläche *View* erzeugt die Entwicklungsumgebung eine temporäre Datei, in der der Skriptcode mit Zeilennummern versehen ist und lädt diese dann im Windows-Editor (Abbildung 2.12, rechts unten). Diese Funktion ist bei der Fehlersuche recht hilfreich, da die von der WSH-Laufzeitumgebung gemeldeten Zeilennummern mit dem Fehler direkt ablesbar sind.

Über die Schaltfläche *Neu* lässt sich eine Vorlagedatei für VBScript, JScript oder eine WSF-Datei im Windows-Editor laden. Die betreffenden Vorlagedateien müssen im gleichen Verzeichnis wie die Datei *ScriptIDE.hta* hinterlegt sein. Versehen Sie diese Dateien mit dem Schreibschutzattribut, um ein Überschreiben zu verhindern.

TIPP: Sie können den Quellcode der Datei *ScriptIDE.hta* im Windows-Editor laden. Die Namen der Vorlagedateien sind als Konstante im Programmkopf hinterlegt. Vielleicht ist es auch ganz interessant die Skriptteile zur Auswertung des Formulars oder zum Aufruf der Funktionen zu studieren. In der HTA-Anwendung wird auf den WSH zurückgegriffen.

HINWEIS: Neben den hier erwähnten Editoren gibt es weitere Programme zum Erstellen von Skriptdateien. Erwähnt sei beispielsweise das Programm *CodeMagic*, eine Skripting-IDE, die in der ersten Version frei nutzbar ist. Das Programm lässt sich von der Webseite *http://www.petes-place.com/codemagic.html* laden. Auch TextPad und NoteTab sind zwei Shareware-Editoren, die sich zur Skripterstellung eignen. Von NoteTab gibt es eine Light-Version, die als Freeware nutzbar ist. Diese Editoren unterstützen aber nicht die farbliche Hervorhebung von Schlüsselwörtern im Code. TextPad lässt sich von *www.textpad.com* und NoteTab von *www.notetab.com* herunterladen.

Zusatzwerkzeuge zur Skriptentwicklung

Im vorhergehenden Abschnitt haben Sie einige Programme kennen gelernt, mit denen die Eingabe des Quellcodes für Skripte unterstützt wird. Kern- und Angelpunkt war dabei die Anzeige einer Zeilennummerierung, um die Fehleranalyse zu erleichtern. Aber bei der Entwicklung von Skripten ist die Eingabe des Quellcodes nur die halbe Miete. Sie benötigen zusätzliche Informationen über die im Betriebssystem unterstützten Objekte. Weiterhin wäre es schön, wenn ggf. Informationen über die Objektschnittstellen, die verfügbaren Methoden und Eigenschaften etc. angezeigt werden. Nachfolgend möchte ich Ihnen noch einige Hilfsmittel und Techniken vorstellen, die bei der Skripterstellung recht hilfreich sind. Vorab: Sofern Sie allerdings nur ein oder zwei kleinere Skripte mit wenigen Zeilen schreiben, können Sie den folgenden Abschnitt übergehen. Der Aufwand zum Einstieg in die Technik lohnt sich nicht. Wer sich jedoch bereits mit Visual Basic auskennt oder mit Automatisierungsobjekten arbeiten möchte, wird die folgenden Ausführungen sicherlich mit Interesse zur Kenntnis nehmen. Welche der Werkzeuge bzw. Techniken Sie nutzen, bleibt dabei Ihnen überlassen.

OLE/COM Object Viewer

Sobald Sie in einem Skript auf externe Automatisierungsobjekte zugreifen möchten, benötigen Sie Informationen über deren Schnittstellen. Sie müssen beispielsweise die Programm-Identifikationsbezeichnung (kurz auch *ProgID* genannt) kennen, um Objektreferenzen mit *GetObject* oder *CreateObject* anzulegen. Weiterhin ist es wichtig zu wissen, ob das Automatisierungsobjekt überhaupt unter Windows registriert ist.

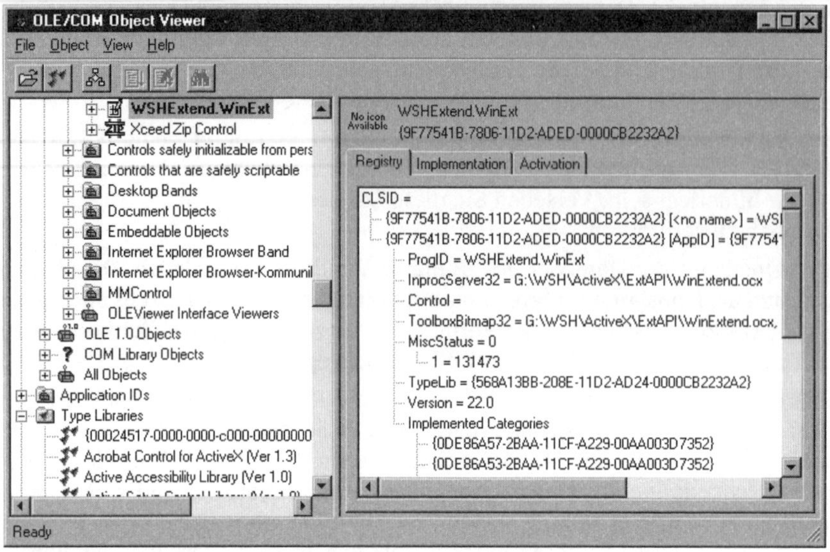

Abbildung 2.13: *Anzeige des OLE/COM Object Viewer*

Diese Informationen stellt Ihnen der Microsoft OLE/COM Object Viewer zur Verfügung. Dieses von den Microsoft-Entwicklern geschriebene Programm analysiert die Windows-Registrierung und zeigt Ihnen die Objektklassen, die Programm-IDs, die Typenbibliotheken (Type Libraries) sowie die (hier weniger interessierenden) Interface-Definitionen auf dem aktuellen System an (Abbildung 2.13). Sie können das Programm dabei ähnlich wie den Windows-Explorer handhaben. Beim Aufruf zeigt der Viewer Ihnen im linken Fenster die verfügbaren Kategorien an Registrierungseinträgen an. Doppelklicken Sie auf ein Symbol, öffnet das Programm den Zweig mit den unterlagerten Informationen. Existieren keine Unterzweige mehr, blendet das Programm bei Anwahl eines Eintrags im linken Fenster die zugehörigen Registrierungseinträge im rechten Fenster ein. Der Viewer wertet hierzu lediglich die Registrierungseinträge im Zweig *HKEY_CLASSES_ROOT* aus. Für den Skriptentwickler sind diese Informationen gelegentlich recht interessant.

Sie erfahren beispielsweise die *ProgID*, unter der die betreffende Komponente unter Windows registriert ist. Diese Angabe benötigen Sie zum Zugriff auf das Objekt. Weiterhin zeigt Ihnen der Viewer den Pfad für den jeweiligen Inprozess-Server der Komponente an. Hierbei handelt es sich in der Regel um eine EXE-, DLL- oder OCX-Datei, aus der die Funktionen der Komponente geladen werden. Anhand der Pfadangabe können Sie sehr leicht herausfinden, ob die betreffende Komponente noch benötigt wird und wo die zugehörigen Dateien liegen. Dies ist zum Deinstallieren von ActiveX-Komponenten beispielsweise sehr hilfreich (▶ siehe folgende Seiten). Weiterhin benötigen Sie ggf. den Pfad zu einer OCX-Datei, falls Sie im Objektkatalog Informationen über die Automatisierungsschnittstelle aufrufen wollen, diese Komponente aber noch nicht als Verweis definiert ist.

HINWEIS: Sie finden den OLE/COM Object Viewer auf der Begleit-CD-ROM zu diesem Buch im Ordner *\Tools\OleView*. Sie können das Programm *Oleview.exe* direkt von der CD-ROM laden.

Unterstützung bei der VBScript-Codeeingabe

Sofern Sie VBScript-Code zur Erstellung der Skripte verwenden, können Sie noch einige Tricks nutzen. In der VBScript-Laufzeitumgebung sind bereits eine Reihe benannter Konstanten definiert. Um beispielsweise die Schaltflächen und Symbole im Dialogfeld beim Aufruf der *MsgBox*-Funktion zu setzen, können Sie die folgende Konstante verwenden:

```
MsgBox "Hallo", 1+64, "WSH by Günter Born"
```

Diese Anweisung bewirkt, dass ein Dialogfeld mit dem vorgegebenen Titel und dem Text *Hallo* angezeigt wird. Dieses Dialogfeld besitzt weiterhin die beiden Schaltflächen *OK* und *Abbrechen* sowie das *Info*-Symbol (Abbildung 2.14).

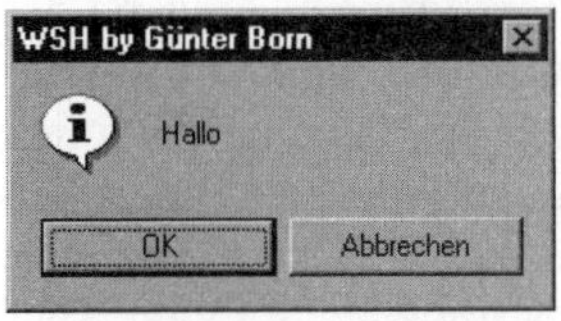

Abbildung 2.14: *Beispiel für ein Dialogfeld*

Wesentlich einfacher geht es, wenn Sie mit symbolischen Konstanten arbeiten. Dann sieht die Anweisung folgendermaßen aus:

```
MsgBox "Hallo", vbInformation + vbOKCancel, "WSH by Günter Born"
```

Gleiches Ergebnis, aber ein wesentlich besser lesbarer Code. Auch ohne tiefgreifende VBScript-Kenntnisse dürfte klar sein, dass im Meldungsfeld ein *Information*-Symbol erscheinen soll. Weiterhin ist die Schaltflächenkombination *OK* und *Cancel* gewünscht. Es erfordert dabei vermutlich kaum Phantasie, den Begriff *Cancel* mit der deutschen Schaltflächenbeschriftung *Abbrechen* gleichzusetzen.

Bleibt noch die Frage, wie sich diese Konstanten eingeben lassen. Meist ahnt man ja den Namen der Konstante, kennt aber die genaue Schreibweise nicht. Folglich sind Laufzeitfehler und Fehlfunktionen vorprogrammiert. Aber dies muss nicht unbedingt sein. Vieles lässt sich (dank der Microsoft-Entwickler) wesentlich intelligenter per Mausklick abrufen.

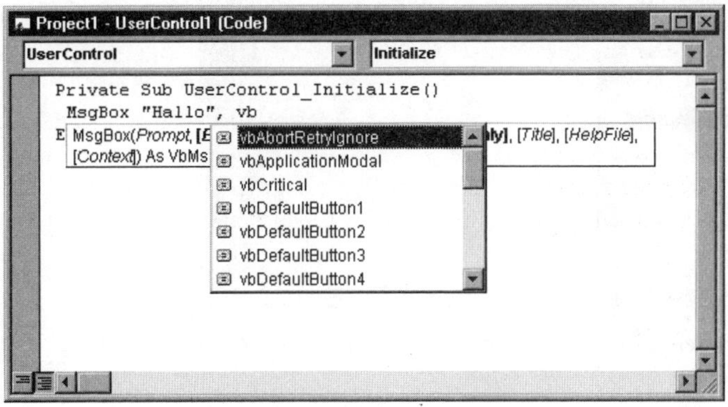

Abbildung 2.15: *Unterstützung bei der VBScript-Codeeingabe*

Sobald Sie eine der Microsoft-Entwicklungsumgebungen zur Unterstützung der Visual Basic-Dialekte verwenden, können Sie sehr viele Informationen über diese Sprache direkt abrufen. Nehmen wir an, Sie kennen sich mit den Konstanten und der Syntax der Funktionsaufrufe noch nicht sonderlich gut aus. In Abbildung 2.15 sehen Sie das Fenster zur Codeeingabe in einer solchen Entwicklungsumgebung. Im Codefenster wurde der Befehl *MsgBox* eingeben. Sobald Sie dieses Schlüsselwort eintippen, blendet die Entwicklungsumgebung bereits ein Beispiel zur Nutzung der Funktion per QuickInfo am Bildschirm ein (allerdings sollten Sie wissen, dass in VB-Script die beiden letzten Parameter *Helpfile* und *Context* entfallen). In Abbildung 2.15 befindet sich die Anweisungszeile gerade in der Phase, in der die Konstanten einzugeben sind. Die Entwicklungsumgebung zeigt dann die in Visual Basic definierten Konstanten in einer zweiten QuickInfo an. Sie brauchen dann nur noch einige Buchstaben einzutippen, um die richtige Konstante im Fenster anzuzeigen.

TIPP: Wird das QuickInfo-Fenster nicht automatisch geöffnet, drücken Sie nach Eingabe des Befehls die Tastenkombination Strg+Leertaste. Verfügt die Entwicklungsumgebung über Informationen zu dem jeweiligen Thema, blendet diese das QuickInfo-Fenster ein. Alternativ können Sie die Stelle mit der rechten Maustaste anklicken und per Kontextmenü Informationen abrufen. Haben Sie die gewünschten Informationen erhalten bzw. die Konstante ausgewählt, lässt sich diese durch Drücken der Leertaste im Quellcode einfügen. Dies ermöglicht Ihnen, sehr schnell den benötigten Code einzutragen.

Aber es geht noch weiter. In einigen Fällen liefert Ihnen die Entwicklungsumgebung sogar noch Informationen zu den Methoden und Eigenschaften, die ein bestimmtes Objekt betreffen. In Abbildung 2.15 ist ein solches QuickInfo-Fenster zu sehen. Die mit einem grünen Block gekennzeichneten Einträge stehen für Methoden, die stilisierte Karteikarte mit der Hand symbolisiert eine Eigenschaft.

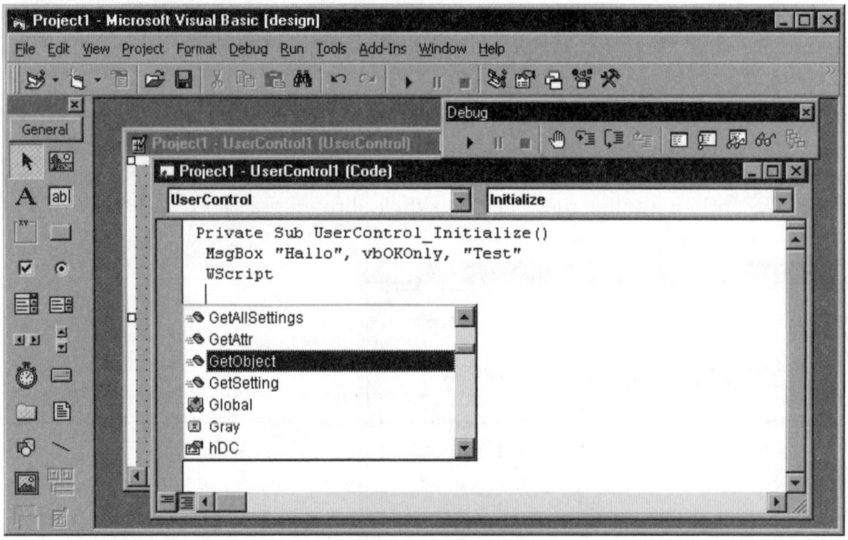

Abbildung 2.16: *Anzeige von Methoden und Eigenschaften in der VB-Entwicklungsumgebung (VB 5 CCE)*

WICHTIG: Leider gibt es noch einen kleinen, aber gravierenden Haken: Diese Anzeigen der Entwicklungsumgebung gelten nur für Programme, die in dieser Umgebung erstellt werden. Folglich werden auch Methoden oder Eigenschaften angezeigt, die in VBScript nicht verfügbar sind. Aber wenn ich einmal voraussetze, dass Sie schon eine Ahnung haben, welche Objekte vorhanden sind, dann dürfte es auch ein Leichtes sein, die gewünschten Einträge in den QuickInfo-Fenstern zu selektieren. Notfalls müssen Sie den Code so lange anpassen, bis er VBScript-konform ist.

Sie haben nach der Codeeingabe die Möglichkeit, den Programmcode über die Exportfunktion der jeweiligen Entwicklungsumgebung in eine Textdatei mit der Dateinamenerweiterung *.vbs* zu exportieren. In diesem Fall müssen Sie aber die Kopfzeile, die von der Entwicklungsumgebung automatisch hinzugefügt wird, wieder in einem Editor entfernen. Die zweite Möglichkeit besteht darin, den Quellcode der jeweiligen Prozeduren in der Entwicklungsumgebung einzugeben und dann per Zwischenablage in den Editor einzufügen, zu speichern und zu testen. Dies ist zwar nicht sonderlich optimal, aber immer noch besser, als stundenlang Bücher zu wälzen, um bestimmte Konstanten herauszufinden.

Letzte Frage: Wo bekommen Sie die Entwicklungsumgebungen her? Wer mit Visual Basic arbeitet, verfügt automatisch über eine solche Entwicklungsumgebung. Nutzen Sie Microsoft Word 97/2000/XP Die mit Office 97/2000/XP ausgelieferten Programme unterstützen Visual Basic für Applikationen (VBA). Verwenden Sie Word 97/2000 zur Skriptentwicklung, genügt das Drücken der Tastenkombination Alt+F11, um zur Entwicklungsumgebung zu gelangen. Microsoft hat zudem die Visual Basic 5 Control Creation Edition (VB 5 CCE) geschaffen, um die Entwicklung von ActiveX-Steuerelementen zu forcieren. Diese VB 5 CCE befindet sich für die Leser dieses Buches zur freien Nutzung auf der Begleit-CD-ROM (Ordner *\Tools\Cce*). Bei der VB 5 CCE handelt es sich im Grunde genommen um die Visual Basic 5.0-Entwicklungsumgebung, bei der lediglich die Funktion zum Erstellen von EXE-Programmen gesperrt wurde. Sobald Sie also die VB 5 CCE installieren und aufrufen, verfügen Sie über die entsprechende Entwicklungsumgebung (allerdings mit der Einschränkung der englischsprachigen Benutzerführung). Diese Umgebung werden wir in diesem Buch noch nutzen, um ActiveX-Steuerelemente zur Erweiterung des Windows Script Host zu erstellen.

Der Objektkatalog, das Fenster zu Automatisierungsobjekten

Das gesamte Windows-Automatisierungskonzept für OLE, COM, ActiveX etc. beruht auf dem Ansatz, dass die Automatisierungsobjekte untereinander über bestimmte Schnittstellen kommunizieren. Ohne jetzt die Einsteiger mit allzu vielen Details zu langweilen, lässt sich doch eine Schlussfolgerung ziehen: Irgendwo muss es unter Windows Informationen geben, mit denen die betreffenden Automatisierungsmodule (allgemein als Objekte bezeichnet) Informationen über die Schnittstellen beschaffen. Sie brauchen jetzt noch ein Werkzeug, welches diese Schnittstellendefinitionen automatisch erkennt und Ihnen möglichst die benötigten Informationen im Klartext anzeigt. Und genau dieses Werkzeug liefert Ihnen die VB/VBA/CCE-Entwicklungsumgebung in Form des Objektkatalogs. Dieser Objektkatalog lässt sich über die gleichnamige Schaltfläche der Symbolleiste ein- und ausblenden (Abbildung 2.17). Lassen Sie sich in Abbildung 2.17 nicht von der Titelzeile des Objektkatalogs verwirren. Die in dieser Abbildung benutzte VB 5 CCE liegt nur in englisch vor, und dort heißt die Funktion nun mal »Object Browser«. Falls Sie jedoch mit VBA oder Visual Basic arbeiten, wird die betreffende Titelzeile »Objektkatalog« lauten.

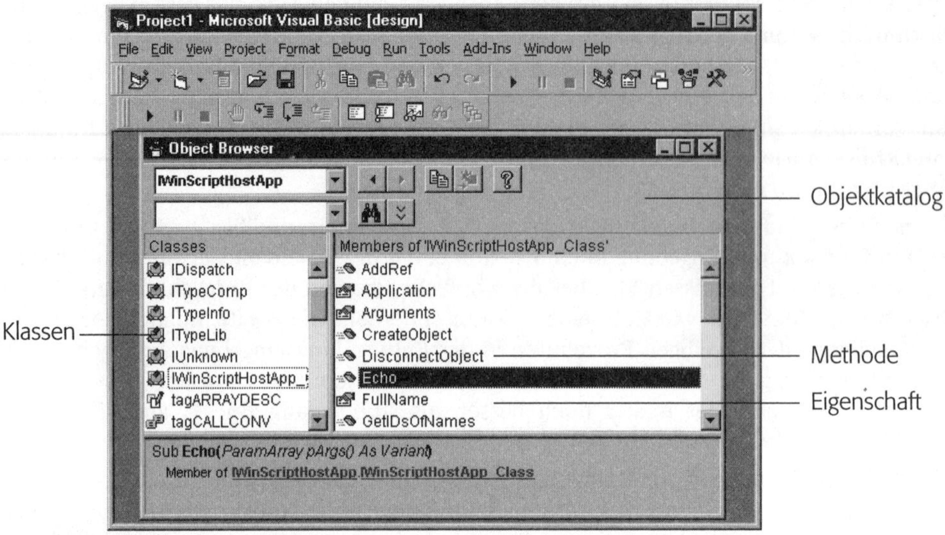

Abbildung 2.17: *VB 5 CCE mit geöffnetem Objektkatalog*

Der Objektkatalog listet im linken Fenster die aktuell im Projekt verfügbaren Klassen (Objekte) auf. Zu jeder Klasse sehen Sie dann im rechten Fenster die vom Objekt unterstützten Methoden (werden mit einem grünen Symbol markiert) und Eigenschaften (werden mit einer stilisierten Hand dargestellt).

Abbildung 2.18: *Auswahl der Bibliotheken*

Welche Objekte im Fenster *Classes* angezeigt werden, lässt sich über das Listenfeld des Objektkatalogs einstellen (Abbildung 2.18). Wählen Sie den Eintrag »All Libraries«, zeigt der Objektkatalog alle Objekte an, die der Entwicklungsumgebung aktuell bekannt sind. Sie haben aber die Möglichkeit, die Auswahl auf eine bestimmte Bibliothek zu begrenzen, indem Sie den betreffenden Eintrag im Listenfeld wählen. Wie Sie Verweise auf zusätzliche Bibliotheken einrichten, wird im folgenden Abschnitt erläutert.

Klicken Sie auf ein Objekt, zeigt der Objektkatalog die Eigenschaften und Methoden an. Wählen Sie einen solchen Eintrag aus, sehen Sie in der Fußzeile des Objektkatalogs die betreffende Definition des Eintrags. Bei einer Eigenschaft erhalten Sie Informationen, ob diese nur gelesen oder auch verändert werden kann, welcher Datentyp vorliegt und zu welcher Klasse die Eigenschaft gehört. Bei einer Methode liefert der Objektkatalog zusätzlich Hinweise zur Aufrufschnittstelle samt dem benötigten Parametern. In Abbildung 2.17 wird beispielsweise die Schnittstelle der *Echo*-Methode angezeigt. Dort sehen Sie, dass die *Echo*-Methode als Parameter ein Feld (Parameterarray) akzeptiert. Dies wurde von mir gleich ausprobiert. Die folgende Anweisung:

```
WScript.Echo "Hallo", "Test", 1, 2, 3, 4
```

wird vom Windows Script Host in das in Abbildung 2.19 gezeigte Dialogfeld umgesetzt. Sie finden die Beispieldatei *EchoTest.vbs* im Ordner *\Beisp\Kap02* auf der Begleit-CD-ROM.

Abbildung 2.19: *Ausgabe mehrerer Parameter im Meldungsfeld*

HINWEIS: Die VB/VBA-Entwicklungsumgebung mit dem Objektkatalog ist Bestandteil von Visual Basis. Sie finden die Entwicklungsumgebung auch in der auf der Begleit-CD enthaltenen VB 5 CCE sowie in Microsoft Office 97/2000 und XP. Starten Sie ggf. ein Programm wie Microsoft Word und wählen Sie im Menü *Extras* den Befehl *Makro/Visual Basic-Editor*, um die Entwicklungsumgebung aufzurufen.

So beeinflussen Sie die Anzeige des Objektkatalogs

Der Objektkatalog zeigt Ihnen nur die Klassen (Objekte sowie deren Methoden und Eigenschaften) an, die aktuell in der Entwicklungsumgebung registriert sind.

HINWEIS: Die Entwicklungsumgebung benötigt die Informationen über die im aktuellen Projekt benutzten Bibliotheken primär, um die Modulschnittstellen bereitzustellen und anschließend bei der Übersetzung der Module die Verweise auf diese externen Bibliotheken aufzulösen. Beim Erstellen eines VB-Programms lässt sich durch Nutzung der Objektvariablen festlegen, ob die Anbindung an die externen Module bereits bei der Übersetzung oder erst zur Laufzeit erfolgt. Experten sind diese Mechanismen unter den Stichwörtern »Early Binding« und »Late Binding« geläufig (siehe auch /3/ im Literaturverzeichnis). In Skripten lässt sich nur ein »Late Binding« nutzen, d.h. die Objektvariable wird zur Laufzeit über die *CreateObject*-Methode an die Objektinstanz gebunden.

Unter Windows können aber wesentlich mehr Automatisierungsobjekte registriert sein. Gegebenenfalls müssen Sie daher vor dem Aufruf des Objektkatalogs die für die Skriptentwicklung erforderlichen Bibliotheken angeben. Hierzu bietet die Entwicklungsumgebung eine entsprechende Funktion.

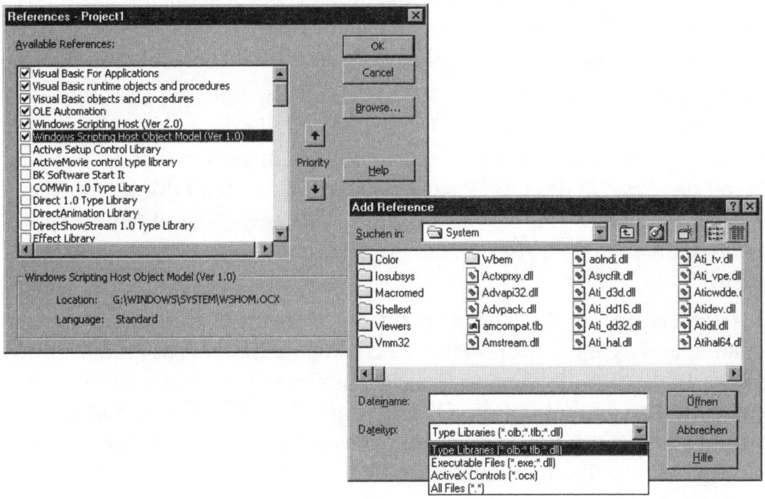

Abbildung 2.20: *Auswahl neuer Verweise auf Bibliotheken*

1. Öffnen Sie das Dialogfeld *Verweise* (bzw. *References* in der englischen Version). Der Befehl *References* zum Aufruf des Dialogfelds befindet sich in der VB 5 CCE im Menü *Project*. In der VBA-Entwicklungsumgebung wählen Sie dagegen den Befehl *Verweise* im Menü *Extras*.
2. In Abbildung 2.20 sehen Sie links oben das geöffnete Dialogfeld *Verweise* (bzw. *References*) in der englischen Fassung. In der Liste *Verfügbare Verweise* (bzw. *Available References*) finden Sie die Namen der Bibliotheken, die der Entwicklungsumgebung bekannt sind. Ein markiertes Kontrollkästchen vor dem Namen der Bibliothek signalisiert, dass deren Verweise im Projekt einbezogen werden und folglich auch im Objektkatalog angezeigt werden. Enthält die Liste eine benötigte Bibliothek, die nicht im Objektkatalog angezeigt wird, markieren Sie das zugehörige Kontrollkästchen.
3. Fehlt die Bibliothek in der Liste, ist noch nicht alles verloren. Klicken Sie auf die Schaltfläche *Suchen* (bzw. *Browse*) des Dialogfeldes. Die Entwicklungsumgebung öffnet ein zweites Dialogfeld (Abbildung 2.20, rechts), in dem Sie die gewünschte Bibliotheksdatei auswählen.

Sobald Sie das Dialogfeld schließen und das Kontrollkästchen im Dialogfeld *Verweise* markieren, zeigt der Objektkatalog die in der Bibliothek enthaltenen Klassen, Methoden und Eigenschaften an.

HINWEIS: Für interessierte Leser schließt sich hier der Kreis. Weiter oben hatte ich im ▶ Abschnitt »OLE/COM Object Viewer« bereits erwähnt, dass dieses Werkzeug den Pfad zum Inprozess-Server einer registrierten Automatisierungskomponente anzeigt. Diese Datei enthält aber die Beschreibung aller exportierten Schnittstellen. Sobald Sie also wissen, wo der Inprozess-Server der registrierten Automatisierungskomponente gespeichert ist, können Sie den Pfad zur betreffenden Datei angeben. Hierbei gibt es mehrere Dateien, aus denen die Entwicklungsumgebung die Schnittstellenbeschreibungen herausziehen kann:

- EXE, DLL: Dies sind die Dateien mit dem ausführbaren Programmcode der Inprozess-Server.
- OCX: In diesen Dateien werden ActiveX-Module gespeichert.
- TLB, OLB, DLL: Standardmäßig bezieht die Entwicklungsumgebung die Schnittstelleninformationen aus den Type Libraries. Diese werden in drei Dateitypen gehalten: *Technical Libraries* (TLB), *Object Libraries* (OLB) und *Dynamic Link Libraries* (DLL).

Die betreffenden Dateitypen lassen sich über den Dateityp im Listenfeld auswählen. Die einzige Schwierigkeit besteht darin, dass Sie den Pfad zu den betreffenden Dateien kennen müssen. Weiterhin liefert nicht jede Datei die benötigten Informationen in aller Ausführlichkeit. Trotzdem empfinde ich diese Funktion als äußerst hilfreich beim Zugriff auf Objekte und deren Schnittstellen.

Ein Problem stellt noch das Herausfinden der *ProgID* dar, da dieser Wert als Parameter der *CreateObject*-Methode übergeben werden muss. Im Objektkatalog werden Ihnen zwar Namen für die Typbibliotheken sowie für die Klassen der Objekte angezeigt, häufig stimmen diese Namen aber nicht mit der *ProgID* des Objekts überein. Wenn Sie den OLE/COM-Viewer aufrufen, zeigt dieser Ihnen die Registrierungseinträge der jeweiligen Komponenten an. Im rechten Fenster finden sich dann auch die *ProgID*-Namen, sofern diese für die gewählte Komponente registriert wurden.

Abschließend noch ein Hinweis: Sie können mit den Informationen des Objektkatalogs die Methoden und Eigenschaften eines Objekts ansehen. Das Dialogfeld *References* erlaubt Ihnen dabei, beliebige aber gültige Bibliotheksdateien im Projekt zu referenzieren. Mit diesen Informationen können Sie per Skriptprogramm auf die Objekte zugreifen. Die Referenzen werden zur Laufzeit des Skripts aufgelöst (Late Binding). Damit dieser Ansatz funktioniert, müssen die betreffenden Objekte aber auf der Zielmaschine registriert sein. Wie dies geht, erfahren Sie im folgenden Abschnitt.

Objektkatalog im Microsoft Script Editor

Sofern Sie Skripte mit dem Microsoft Script Editor bearbeiten, können Sie in dieser Entwicklungsumgebung auch direkt auf den Objektkatalog zugreifen. Das Fenster des Objektkatalogs (Abbildung 2.21) können Sie über die gleichnamige Schaltfläche in der Symbolleiste des MSE ein- oder ausblenden. Der Objektkatalog besitzt eine gegenüber dem Visual Basic-Editor leicht modifizierte Darstellung. In der linken Spalte sehen Sie die Objekte und Klassen während die rechte Spalte die Klassen auflistet, die ein markiertes Objekt enthalten. In der Fußzeile wird dann die Definition des markierten Elements angezeigt. In Abbildung 2.21 ist die Definition für die *Popup*-Methode des WSH zu sehen.

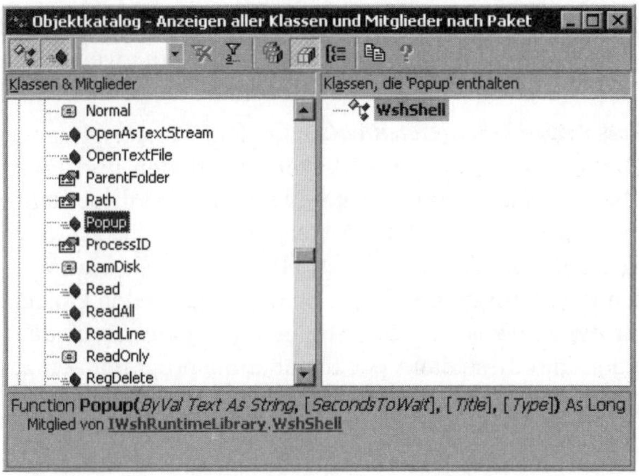

Abbildung 2.21: *Objektkatalog im MSE*

Um Verweise auf Objekte aufzunehmen, klicken Sie im Fenster des Objektkatalogs auf die Schaltfläche *Aktuelle Pakete/Pakete auswählen*. Der MSE öffnet ein Dialogfeld, über dessen Schaltfläche *Hinzufügen* Sie eine Liste der verfügbaren COM-Bibliotheken abrufen können. Durch Setzen oder Löschen der Markierung der Kontrollkästchen lassen sich die angebotenen Objekte im Projekt einbinden. Sobald Sie die Dialogfelder schließen, werden die Objekte samt ihren Eigenschaften und Methoden im Objektkatalog angezeigt.

ActiveX-Module installieren/deinstallieren

Ein komplexes Thema stellen ActiveX-Objekte dar, über die Sie die Funktionalität des Windows Script Host erweitern können. Sobald eine ActiveX-Komponente auf dem System registriert ist, können Sie aus einem Skript auf die von dieser Komponente exportierten Objekte, Methoden und Eigenschaften zugreifen. Nachfolgend möchte ich zeigen, wie sich solche ActiveX-Komponenten installieren und wieder deinstallieren lassen. Die gleichen Techniken können Sie auch zum Registrieren von DLL-Dateien verwenden, die entsprechende Funktionen bereitstellen.

ActiveX-Komponenten installieren

Um die Objekte einer ActiveX-Komponente per Skript nutzen zu können, muss die ActiveX-Komponente auf dem lokalen Rechner vorliegen und registriert sein. Wie kommt man nun an solche ActiveX-Komponenten und wie lassen sich diese installieren? ActiveX-Steuerelemente werden in OCX-Dateien hinterlegt. Sobald sich die OCX-Datei auf der Festplatte befindet, lässt sich diese zur Nutzung registrieren. Bei diesem Schritt werden die durch den bereits weiter oben erwähnten OLE/COM Object Viewer angezeigten Informationen in der Registrierung eingetragen.

Installation per Webseite

Die gebräuchlichste Variante zur Verteilung von ActiveX-Komponenten besteht darin, dass diese auf Webseiten angeboten werden. Der Autor der Webseite bindet die ActiveX-Komponente als Objekt ein (siehe /5/ im Literaturverzeichnis und spezifiziert einen Pfad zur OCX-Datei auf dem Webserver.

```
<object id="Demo" name="Demo"
classid="clsid:37DDEAA9-5235-11D2-ADED-0000CB2232A2"
codebase="BornActive.ocx" align="baseline" border="0" width="197"
height="59"></object>
```

Listing 2.1: *HTML-Code zum Einbinden eines ActiveX-Steuerelements*

Erkennt der Browser beim Zugriff auf die Seite das fehlende ActiveX-Element, wird dieses automatisch auf den lokalen Rechner geladen und registriert. Auf diese Weise kommen Sie ggf. auch an ActiveX-Komponenten mit Erweiterungen für den Windows Script Host. Wenn Sie eine Webseite mit solchen ActiveX-Objekten aufrufen, erscheint oft die Frage, ob die betreffenden Objekte installiert werden sollen. Alternativ bieten einige Webseiten die Möglichkeit, eine Archivdatei durch Anklicken eines Links herunterzuladen und diese dann per Installationsprogramm einzurichten. Dies ist aber nicht der typische Ansatz, um Active X-Elemente für den WSH zu registrieren.

ActiveX-Komponente per Entwicklungsumgebung registrieren

Sobald Sie ActiveX-Objekte mit einer Entwicklungsumgebung (z.B. mit Visual Basic oder mit der auf der Begleit-CD-ROM enthaltenen Control Creation Edition) selbst erstellen, wird die betreffende Komponente als OCX-Datei in einem Ordner auf der lokalen Festplatte hinterlegt. Dies passiert, sobald Sie das Projekt in eine OCX-Datei übersetzen. Gleichzeitig übernimmt die Entwicklungsumgebung automatisch die Registrierung des Moduls (dabei wird der dem ActiveX-Modul zugewiesene ClassID-Code in die Registrierung eingetragen). Diesen Ansatz nutzen Sie beispielsweise, wenn Sie ActiveX-Komponenten mit der auf der Begleit-CD-ROM mitgelieferten VB 5 CCE erstellen.

So können Sie eine lokale OCX-Datei auch registrieren

Verfügen Sie über eine fertige ActiveX-Datei mit der Erweiterung *.ocx*? Um diese als ActiveX-Steuerelement im WSH abrufen zu können, muss das Steuerelement als Objekt registriert sein. Wie lässt sich so etwas aber bewerkstelligen, speziell wenn Sie über keine Entwicklungsumgebung verfügen? Dies ist beispielsweise der Fall, wenn die fertige OCX-Datei mit den Skriptdateien per Diskette weitergegeben wird. Eine Möglichkeit besteht darin, dass Sie von der Entwicklungsumgebung eine Installationsdatei erstellen lassen. Oder Sie nutzen die in den vorherigen Abschnitten beschriebenen Techniken. Aber es gibt eine wesentlich einfachere Lösung: Hier kommt das Programm *RegSvr32.exe* zum Tragen. Sie können das Programm mit der Anweisung:

RegSvr32.exe /?

aufrufen. Das Programm meldet zwar einen Fehler, der Schalter /? wird nicht erkannt, aber es zeigt ein Dialogfeld mit den verfügbaren Optionen an (Abbildung 2.22).

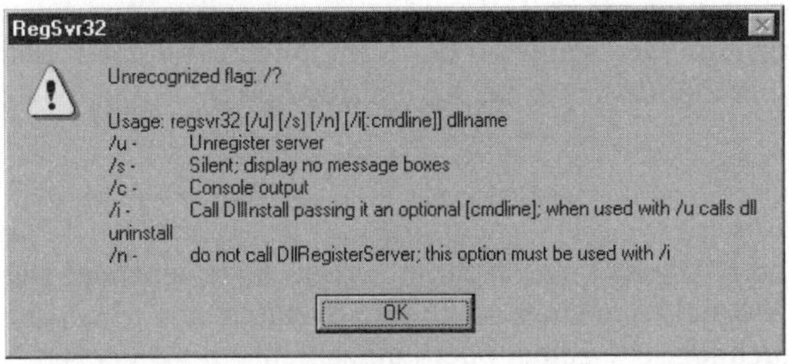

Abbildung 2.22: *Schalter und Optionen des Programms* RegSvr32

Um den Inhalt der OCX-Datei als ActiveX-Komponente zu registrieren, reicht es aus, wenn Sie beispielsweise den Befehl:

RegSvr32.exe C:\Beisp\Kap02\BornTest\BornActive.ocx

eingeben. Das Programm sucht dann die Datei im angegeben Pfad, wertet deren Inhalt aus und trägt alle erforderlichen Informationen in die Registrierung ein. Sie können anschließend die betreffenden ActiveX-Komponenten direkt im WSH-Skript nutzen.

HINWEIS: *RegSvr32.exe* ist Bestandteil aller Microsoft-Entwicklungsumgebungen und erlaubt das Registrieren von OCX-Modulen. Glücklicherweise wird das Programm aber auch direkt unter Windows 98 bzw. Windows 2000/XP im Systemordner installiert. Dies bedeutet, Sie können das Programm direkt aufrufen.

Die Registrierung für eine OCX-Datei entfernen

In den vorherigen Abschnitten wurde gezeigt, wie Sie eine ActiveX-Komponente mit *RegSvr32.exe* registrieren oder über den Internet Explorer per HTML-Seiten laden können. Sie haben auch erfahren, dass die Entwicklungsumgebung (z.B. VB 5 CCE) beim Erstellen einer solchen Komponente diese automatisch registriert. Daher stellt sich die Frage, wie Sie später die OCX-Komponente wieder entfernen können. Es genügt sicherlich nicht, wenn Sie lediglich die OCX-Datei löschen.

Sie benötigen hierzu das Programm *RegSvr32.exe*. Geben Sie unter Windows den folgenden Befehl ein:

RegSvr32.exe /u C:\Beisp\Kap02\BornTest\BornActive.ocx

Das Programm sucht das im Pfad angegebene OCX-Modul. Der Schalter */u* veranlasst das Programm, die OCX-Datei auszuwerten und alle Registrierungsinformationen aus der Registrierung zu löschen. Anschließend können Sie die OCX-Datei löschen, es bleiben keine »Leichen« im System zurück.

TIPP: Möchten Sie häufiger eine OCX-Datei registrieren und wieder deinstallieren? Dann empfiehlt es sich, den betreffenden Befehl in einer Stapelverarbeitungsdatei abzulegen und die BAT-Datei im Verzeichnis der OCX-Datei zu speichern. Mit dem Befehl *Start RegSvr32.exe BornActive.ocx* wird das aktuelle Modul registriert. Der Befehl *Start* bewirkt den Aufruf des Windows-Programms. Der Pfad kann entfallen, da die BAT-Datei im gleichen Ordner wie die OCX-Datei vorliegt. Sie finden im Ordner *\Beisp\Kap02\BornTest* der Begleit-CD-ROM die beiden Dateien *RegisterOcx.bat* und *UnRegisterOcx.bat*, mit denen Sie die OCX-Datei *BornActive.ocx* registrieren und wieder aus der Registrierung austragen können. In diesem Ordner finden Sie auch die Datei *OCXReg.reg*. Doppelklicken Sie auf diese Datei, erweitert diese das Kontextmenü von *ocx*-Dateien um die Befehle *Register OCX* und *Unregister OCX*. Wenn Sie anschließend eine .ocx-Datei mit der rechten Maustaste anklicken, finden Sie die neuen Befehle im Kontextmenü.

HINWEIS: Einige ActiveX-Objekte werden aber mit einem eigenen Installationsprogramm geliefert. Dann finden Sie meist einen Eintrag zum Deinstallieren der Komponente auf der Registerkarte *Installieren/Deinstallieren* (Symbol *Software* in der Systemsteuerung).

Skriptdateien testen

Das Testen von WSH-Skriptdateien ist ohne Hilfsmittel eine recht mühsame Angelegenheit. Der nachfolgende Abschnitt zeigt Ihnen einige Möglichkeiten, mit denen sich Skriptdateien testen lassen. Dabei gilt es sowohl Syntaxfehler als auch logische Fehler oder Laufzeitfehler aufzudecken.

So zeigt der WSH auftretende Fehler an

Starten Sie ein Skript, welches einen Fehler enthält, meldet der Windows Script Host dies in einem Fehlerdialog. Der Dialog hängt dabei etwas von der WSH-Version ab. Abbildung 2.23 zeigt den Dialog aus WSH 2.0. Das betreffende Dialogfeld enthält den Pfad und den Namen des Skripts sowie einen Hinweis auf die Fehlerkategorie samt Fehlerbeschreibung. Es wird teilweise sogar die Zeilennummer und die Spalte gemeldet, in der der Fehler auftrat.

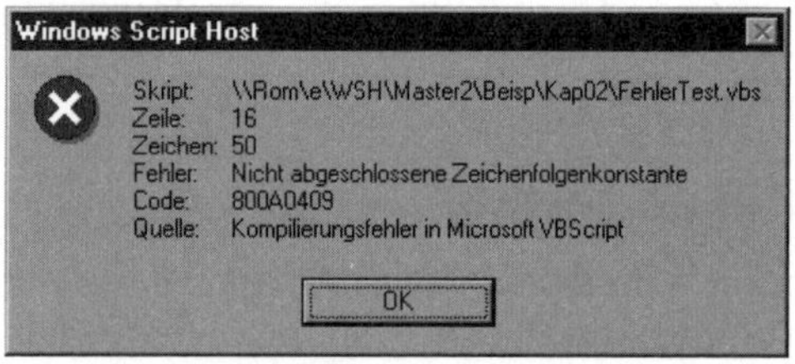

Abbildung 2.23: *Fehlerdialog (WSH 2.0) bei der Skriptausführung*

Beim Testen wird dabei noch unterschieden, ob es sich um Laufzeitfehler handelt, oder ob eine fehlerhafte Anweisung vorliegt, die bereits bei der Übersetzung zu dem in Abbildung 2.23 gezeigten Dialog führt. In beiden Fällen heißt es für Sie als Entwickler, die Skriptdatei im Editor zu laden und die fehlerhafte Zeile zu korrigieren.

Bei Syntaxfehlern in den Anweisungen führt kein Weg an der obigen Vorgehensweise vorbei. Sie müssen das Skript im WSH starten, damit dieser beim Parsen des Quellcodes die Syntax prüft und ggf. die Fehler anzeigt. Sofern Sie die Skriptdateien mit einem der weiter oben erwähnten Werkzeuge bearbeiten, erhalten Sie über die Zeilennummern zumindest einen schnellen Hinweis auf die fehlerhafte Zeile. Am besten positionieren Sie das Ordnerfenster und das Fenster des Editors nebeneinander.

Auf der Begleit-CD-ROM finden Sie beispielsweise die Datei *FehlerTest.vbs* im Ordner *\Beisp\Kap02*. In dieser Datei wurde der in Abbildung 2.23 in Zeile 16 gezeigte Fehler bewusst eingebaut. Die Zeichenfolgenkonstante in dieser Zeile wurde nicht mit einem Anführungszeichen abgeschlossen. Rufen Sie das Skript auf, löst der WSH den Fehler aus. Sie müssen dann den Fehler korrigieren, das Ergebnis speichern und das Skript erneut ausführen.

Den Programmablauf verfolgen

Sobald das WSH-Skript fehlerfrei geladen wird, kann mit dem Funktionstest begonnen werden. Selten tritt der Idealfall auf, dass das Skript das erwartete Ergebnis liefert. Sofern Sie nur sehr einfache Skripte haben, kann eine Ausgabe von Meldungen und Zwischenergebnissen in Dialogfeldern recht hilfreich sein. Das folgende Listing zeigt diese Technik.

```
'**********************************************
' File:   WSHDemo.vbs (WSH-Beispiel in VBScript)
' Autor:  (c) Günter Born
'
' Zweck: Zeige, wie sich der Programmablauf mit
' Meldungen verfolgen läßt.
'**********************************************
' Die folgenden Zeilen schalten die Ausgabe der
' Testmeldungen ein oder aus. Sie müssen nur den
' Kommentar in die entsprechende Zeile setzen.

' DebugFlag = false   ' Testausgabe abgeschaltet
 DebugFlag = true     ' Testausgabe zulassen

 j = 0
 debug "Start", 0, 0

 For i = 1 to 10   ' versuche 10 Durchläufe
  debug "Durchlauf: ", i, j
  j = j + i        ' Addiere alle Zahlen
 Next

 debug "Ende", i, j

 WScript.Echo "Ergebnis: ", j

Sub debug (text, count, val)
 If DebugFlag Then   ' Debug-Modus aktiviert?
  WScript.Echo text, count , "Teilergebnis: ", val
 End if
End sub
'*** Ende
```

Listing 2.2: *Skript mit Testausgaben*

Die eigentliche Programmfunktion ist recht trivial: Das Programm berechnet in einer Schleife die Summe der Zahlen von 1 bis 10. Dieses Ergebnis wird anschließend mittels der *Echo*-Methode angezeigt.

Für Testzwecke möchten Sie aber wissen, wann das Programm in die Schleife eintritt und wie viele Schleifendurchläufe wirklich ausgeführt werden. Hierzu lässt sich in der Schleife oder an den betreffenden Stellen ebenfalls die *Echo*-Methode aufrufen. Um den Aufbau des Programms nicht zu stark durch diese Ausgabeanweisungen zu »verwässern«, habe ich hier einen besonderen Ansatz gewählt. Alle Testausgaben wurden in eine eigene Prozedur mit dem Namen *debug* ausgelagert. Daher braucht im Programm zur Testausgabe nur noch die Anweisung

```
debug "Start", 0, 0
```

hinterlegt zu werden. Der erste Parameter definiert den (links erscheinenden) Text, der im Meldungsfeld erscheinen soll. Die beiden anderen Parameter können Zahlen aufnehmen, die ebenfalls im Meldungsfeld ausgegeben werden. Wenn Sie das obige Listing ansehen, werden Sie die Testanweisungen an verschiedenen Stellen sehen. Innerhalb der Schleife werden beispielsweise der Schleifenindex *count* und der berechnete Zwischenwert angegeben (Abbildung 2.24).

Nun kommt aber noch eine Besonderheit zum Tragen: Solange Sie das Programm testen, sollen die Fehlerwerte gemäß Abbildung 2.24 angezeigt werden. Sobald aber das Programm fehlerfrei läuft, stören diese Ausgaben. Sie sind dann gezwungen, alle Testanweisungen aus dem Programm zu entfernen. Ändern Sie später etwas am Programm, müssten Sie die Testanweisungen erneut einbauen.

Abbildung 2.24: *Meldung beim Testen*

Diesen ganzen Weg können Sie sich sparen, indem Sie die Ausgabe der Testanweisungen in Abhängigkeit von einer Option steuern. In obigem Listing wird in der Prozedur *debug* eine Abfrage der Art:

```
If DebugFlag Then    ' Debug-Modus aktiviert?
```

ausgeführt. Nur wenn der Wert der globalen Variable *DebugFlag* auf *true* gesetzt ist, werden die *Echo*-Ausgaben angezeigt. Diese Variable wird im Kopf des Skripts auf den Wert *true* gesetzt.

```
' DebugFlag = false    ' Testausgabe abgeschaltet
 DebugFlag = true     ' Testausgabe zulassen
```

An dieser Stelle finden Sie aber auch die mit einem Kommentar versehene Anweisungen, um die Variable auf den Wert *false* zu setzen. Dieser Wert unterdrückt die Ausgabe.

HINWEIS: Sie finden das Testprogramm *WSHDemo.vbs* (bzw. *WSHDemo.js*) im Ordner *\Beisp\Kap02* auf der Begleit-CD-ROM.

Test mit dem Microsoft Script Debugger

Gehen wir einen Schritt weiter. In den vorherigen Abschnitten haben Sie erfahren, wie sich einfache Skripte per Editor und durch Ausgaben von Testanweisungen testen lassen. Diese Vorgehensweise ist aber bei umfangreicheren Skripten recht aufwendig und ist bei manchen Laufzeitfehlern kaum noch einsetzbar. Dann ist guter Rat teuer. Wie lässt sich feststellen, was das Programm macht und welche Werte bestimmte Variablen besitzen? Es gibt aber einen trickreichen Ausweg, mit dem Sie sogar kostenlos an einen Debugger gelangen. Von Microsoft wird der Microsoft Script Debugger zum Testen von Skripten angeboten. Dieses Programm wurde zwar ursprünglich zum Testen von Skripten in HTML-Dateien oder in Active Server Pages (ASP-Dateien) entwickelt. Es lässt sich aber mit einigen Tricks auch zum Testen von WSH-Skripten verwenden.

HINWEIS: Bei Microsoft Windows 2000 ist der Skriptdebugger bereits im Lieferumfang enthalten. In anderen Windows-Versionen (auch in Windows XP) müssen Sie das Programm selbst installieren. Beachten Sie dabei, dass es unterschiedliche Fassungen für Windows 9x und Windows NT gibt. Die neueste Version lässt sich von der Microsoft Webseite *msdn.microsoft.com/scripting* kostenlos herunterladen. Sie finden ebenfalls eine Version des Microsoft Script Debuggers auf der Begleit-CD-ROM im Ordner *\Tools\Debug*. Die EXE-Datei installiert den Debugger unter Windows. Sie finden das Programm nach der Installation im Ordner *\Programme\Microsoft Script Debugger*.

TIPP: Ist Microsoft Office 2000 oder XP auf dem System installiert, verzichten Sie auf den Skriptdebugger. Der Skripteditor (MSE) unterstützt ebenfalls die betreffenden Funktionen und erlaubt so das Testen von Skriptprogrammen.

Skriptdebugger in WSH 1.0 aktivieren

Das Problem beim Testen mit dem Microsoft Script Debugger besteht darin, das Skript zur Ausführung zu bringen. Der Debugger selbst besitzt keine Optionen, um das Skript zu laden und dann auszuführen. Vielmehr muss das Skript selbst den Debugger aktivieren. Dies passiert automatisch, sobald ein Laufzeitfehler auftritt. Alternativ können Sie den Debugger auch gezielt aus einem Skript aufrufen.

- In VBScript fügen Sie den Befehl *stop* im Quellcode ein.
- Bei JScript ist der Befehl *debugger* einzufügen.

Beide Befehle bewirken den Aufruf des Debuggers, sobald die betreffende Anweisung erreicht wird. Der Debugger übernimmt dann die Kontrolle über das Skript.

***Abbildung 2.25:** Dialogfeld mit Aufforderung zum Starten des Debuggers*

HINWEIS: In der WSH-Newsgroup gibt es gelegentlich Hinweise, dass die obigen Befehle den Debugger nicht aktivieren. Falls dies bei Ihrem System der Fall ist, können Sie einen Trick nutzen: Fügen Sie im Skriptcode einfach einen Befehl zur Anzeige eines Dialogfelds ein (z.B. *WScript.Echo ("Debugger starten")* in VBScript oder *WScript.Echo ("Debugger starten");* in JScript). Sobald das Dialogfeld angezeigt wird (Abbildung 2.25), pausiert das Skriptprogramm. Sie können dann den Debugger starten und die Kontrolle über das Skript übernehmen (Befehl *Running Documents* im *View*-Menü des englischsprachigen Debuggers wählen und dann den Skriptnamen im Fenster *Running Documents* wählen, siehe Abbildung 2.26). In der deutschsprachigen Version des Debuggers wählen Sie im Menü *Ansicht* den Befehl *Laufende Dokumente* oder Sie klicken in der Symbolleiste auf die gleichnamige Schaltfläche (Abbildung 2.29). Erst wenn Sie das Dialogfeld über die *OK*-Schaltfläche schließen, wird der Ablauf fortgesetzt.

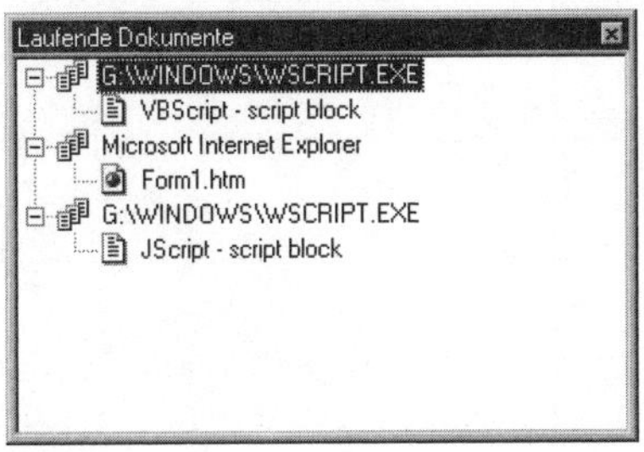

***Abbildung 2.26:** Auswahl der Debug-Datei*

HINWEIS: Die beiden Testdateien *FehlerTest1.vbs* und *FehlerTest1.js* im Ordner *\Beisp\Kap02* auf der Begleit-CD-ROM sind aber bereits mit solchen Anweisungen zum Debuggen vorbereitet. Sie finden in diesem Ordner auch die beiden Dateien *FehlerTest2.js* und *FehlerTest2.vbs* mit den Befehlen zum Aufruf des Debuggers.

Debuggen unter WSH 2.0/ WSH 5.6

Im Windows Script Host ab Version 2.0 sieht das Debuggen etwas anders aus. Dieser Host stellt einen Befehl bereit, mit dem sich der Debugger automatisch aktivieren lässt. Leider führt dies dazu, dass sich gewisse Unterschiede beim Debuggen zu WSH 1.0 ergeben.

Um den Debugger bei der Ausführung des Skripts zu verwenden, müssen Sie das Skript mit dem Schalter //D aufrufen (siehe ▶ Kapitel 1). Die folgende Anweisung ruft ein Skript in WSH auf und schaltet den Debug-Modus ein:

```
Wscript //D D:\Beisp\Kap02\FehlerTest2.vbs
```

Sobald jetzt im VBScript-Programm ein *stop*-Befehl oder in JScript eine *debugger*-Anweisung erreicht wird, startet WSH den Debugger und gibt die Kontrolle an dieses Programm weiter (Abbildung 2.27). Anschließend können Sie das Skriptprogramm unter der Kontrolle des Debuggers ausführen.

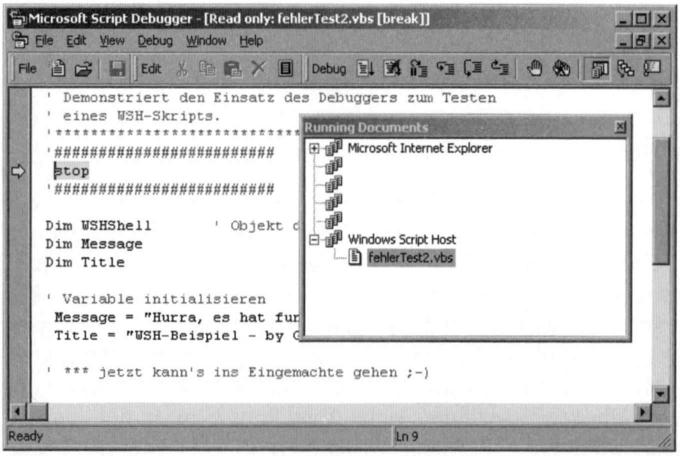

Abbildung 2.27: *Skript im Debugger aufrufen*

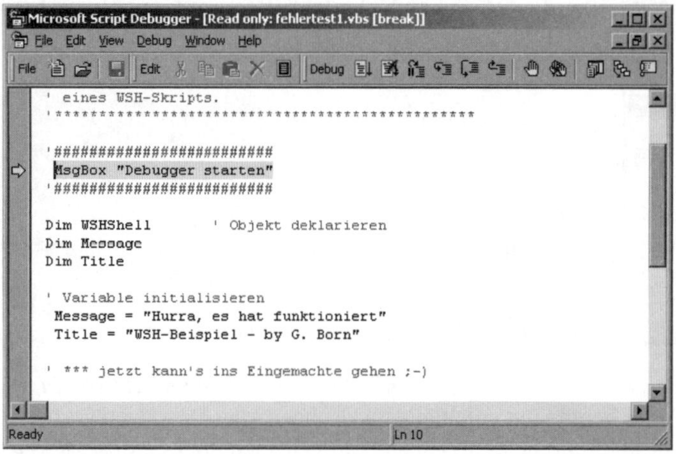

Abbildung 2.28: *Anhalten der Skriptausführung im Debugger beim ersten Befehl*

Falls Ihnen das Einfügen der *stop*- und *debugger*-Anweisungen im Skriptcode zu umständlich ist, erlaubt WSH ab Version 2.0 eine zweite Methode zum Aufruf des Debuggers. Hierzu müssen Sie das Skript über den Schalter //X aufrufen. Der Befehl:

```
Wscript //X FehlerTest2.vbs
```

benutzt den Schalter //X, um den Debugger sofort zu aktivieren und das angegebene Skriptprogramm unter dessen Kontrolle auszuführen. Der Debugger stoppt die Skriptausführung, sobald der erste ausführbare Befehl erreicht ist (Abbildung 2.28).

.wsf-Dateien debuggen

Das Debuggen von *.wsf*-Dateien in WSH ab Version 2.0 erlaubt bestimmte Einstellungen in der Processing Instruction *<?job ... ?>*. In dieser Zeile ist das Attribut *debug* auf den Wert *true* zu setzen. Nur dann lässt sich der Debugger aktivieren. Das folgende Listing zeigt die Anwendung dieses Attributs:

```
<?xml version="1.0"?>
<job id="T1">
<?job debug="true"?>
<script language="VBScript">
 stop
 WScript.Echo "Hello VBScript"
</script>
<script language="JScript">
 debugger
 WScript.Echo ("Hallo JScript");
</script>
</job>
```

Listing 2.3: *.wsf-Datei mit* debug-*Attribut*

Eine .wsf-Datei lässt sich mit oder ohne die Optionen //X bzw. //D aufrufen. Das Attribut *debug="true"* erzwingt im WSH 2.0/ 5.6 aber den Aufruf des Debuggers, sobald ein *stop*- (VBScript) oder *debugger*-Befehl (JScript) erkannt wird. Die Anweisung:

```
<?job debug="false"?>
```

innerhalb einer *.wsf*-Datei deaktiviert den Debugger in WSH 2.0/ 5.6 (unabhängig von den Schaltern //X bzw. //D beim Skriptaufruf).

Hinweise zum Start des Debuggers

Sie können ein Skript, welches noch syntaktische Fehler enthält, nicht im Debugger testen. Beim Aufruf des Skripts prüft die Sprach-Engine des WSH automatisch die Syntax des Programms. Wird ein Syntaxfehler erkannt, bricht diese Analyse mit einer Fehlermeldung ab. Erst wenn sich das Skriptprogramm ausführen lässt, können Sie mit dem Debugger den Code auf logische Fehler untersuchen.

Wurde das Skript gemäß den obigen Ausführungen vorbereitet, reicht zum Ausführen ggf. ein Doppelklick auf das Symbol der *.wsf*-Datei. Findet sich eine Anweisung zum Aufrufen des Debuggers im Quellcode, wird dieser automatisch gestartet und die Seite mit dem Code geladen. Sie können direkt mit dem Test beginnen. Bei *.js*- und *.vbs*-Dateien müssen Sie das Skript über den Befehl *Ausführen* des Startmenü mit den Schaltern *//D* oder *//X* aufrufen.

Der PrimalSCRIPT-Editor besitzt eine Schaltfläche, über die sich der Debugger direkt aus dem Editorfenster aufrufen lässt. Der Editor verwendet automatisch die richtigen Schalter zum Aufruf des Programms. Voraussetzung ist aber, dass der Skriptdebugger korrekt installiert wurde. Ähnliches gilt für die auf der Begleit-CD enthaltene Datei *ScriptIDE.hta*.

HINWEIS: Der Debugger erlaubt Ihnen auch, den Quelltext des Skripts zum Bearbeiten im Editierfenster zu laden. Hierzu wählen Sie im Menü *Datei* den Befehl *Öffnen* (oder klicken Sie auf die Schaltfläche *Öffnen*). Im Dialogfeld *Öffnen* ist der Dateityp auf *Alle Dateien (*.*)* zu setzen, um die Skriptdateien anzuzeigen. Dann wählen Sie die Skriptdatei und schließen das Dialogfeld. Der Debugger zeigt den Quellcode in einem eigenen Editierfenster an. Im Gegensatz zum Debug-Fenster können Sie die Anweisungen im Editierfenster jederzeit ändern. Denken Sie aber daran, dass vor dem Ausführen des Tests der geänderte Quellcode gespeichert werden muss. Leider besitzt der Script Debugger keine Funktion zum Zurücksetzen des Skripts im Windows Script Host. Sie müssen daher die obigen Schritte erneut ausführen, d.h. die aktuelle Debug-Sitzung abbrechen, das Skript neu starten und das laufende Dokument erneut im Debugger öffnen (einfacher geht es leider nicht).

Haben Sie im Debugger die Kontrolle über die Skriptausführung übernommen? Klicken Sie jetzt auf die Schaltfläche *Bei nächster Anweisung anhalten*. Dies stellt sicher, dass das Skript nicht in einem Stück ausgeführt wird. Wird ein Dialogfeld angezeigt, müssen Sie dieses erst schließen, bevor die Skriptausführung im Debugger fortgesetzt wird. Die als nächstes auszuführende Zeile wird im Debug-Fenster gelb hervorgehoben. Um das Skript auszuführen, können Sie jetzt die Befehle im Menü *Debuggen* oder die Schaltflächen der gleichnamigen Symbolleiste verwenden.

Bedienung und Befehle des Debuggers

Neben dem Befehl *Bei nächster Anweisung anhalten* besitzt der Debugger weitere Befehle, die sich per Menü *Debuggen* oder über die Schaltflächen der Symbolleiste abrufen lassen (Abbildung 2.29).

- *Einzelschritt:* Wählen Sie diese Schaltfläche oder die Funktionstaste F8, um die nächste Anweisung des Skripts auszuführen.
- *Prozedurschritt:* Diese Schaltfläche bzw. der Befehl bzw. die Tastenkombination Umschalt+F8 bewirkt, dass ein Prozeduraufruf komplett bis zum Rücksprung in das übergeordnete Modul ausgeführt wird. Liegt kein Prozeduraufruf vor, wirkt der Befehl wie der Einzelschritt-Modus.
- *Rücksprung:* Dieser Befehl führt alle Anweisungen innerhalb einer Prozedur bis zum Rücksprung zum übergeordneten Modul aus.
- *Haltepunkte ein/aus:* Klicken Sie auf eine ausführbare Anweisung, lassen sich mit diesem Befehl (bzw. mit der Funktionstaste F9) Haltepunkte setzen bzw. gesetzte Haltepunkte aufheben. Haltepunkte im Skript werden am linken Fensterrand mit einem braunen Punkt markiert. Bei der Ausführung des Skripts unterbricht der Debugger den Ablauf beim Erreichen eines solchen Haltepunkts.
- *Alle Haltepunkte löschen:* Der Befehl löscht alle im Debugger gesetzten Haltepunkte.

Über die Schaltfläche *Befehlsfenster* lässt sich das gleichnamige Fenster öffnen. In diesem Fenster können Sie direkt Befehle eingeben und ausführen lassen. Die Schaltfläche *Aufrufliste* öffnet ein Fenster, in dem die Aufrufliste zur Aktivierung verschiedener Prozeduren angezeigt wird. Diese Liste ist leer, wenn das Skript einen linearen Ablauf ohne Prozeduraufrufe besitzt.

Um das gesamte Skript ablaufen zu lassen, wählen Sie den Befehl *Ausführen*. Der Ablauf wird lediglich durch gesetzte Haltepunkte unterbrochen.

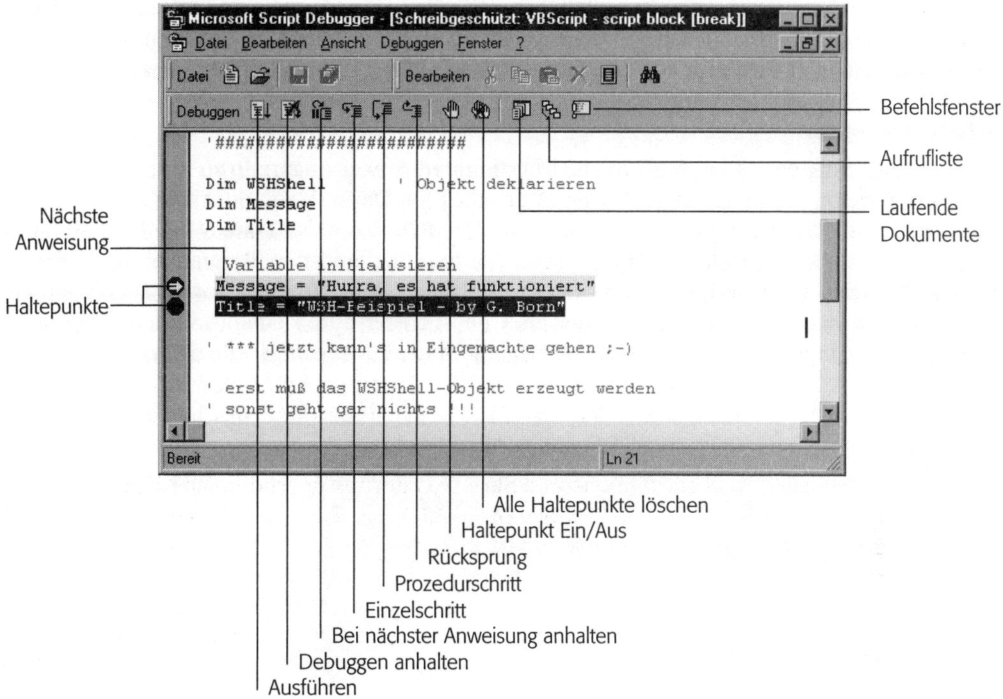

***Abbildung 2.29:** Debug-Fenster mit gesetzten Haltepunkten*

Mit dem Befehl *Debuggen anhalten* lässt sich der Debug-Prozess beenden. Der Windows Script Host zeigt ein Dialogfeld mit dem Hinweis an, dass das Skript abgebrochen wurde. Schließen Sie dann das noch geöffnete Testfenster mit dem angezeigten Quellcode.

HINWEIS: Je nach Sprachversion des Debuggers werden natürlich deutsche bzw. englische Befehle für die Schaltflächen bzw. Menüs angezeigt. Es sollte aber keine Schwierigkeiten bereiten, die hier vorgestellten deutschen Befehle ggf. auf die englischsprachigen Anweisungen/Schaltflächentitel des Debuggers umzusetzen.

Die Anweisungen schrittweise ausführen

Beim Testen ist häufig ein schrittweiser Ablauf des Programms erforderlich. Durch Anklicken der Schaltfläche *Einzelschritt* oder durch Drücken der Funktionstaste F8 wird die nächste Anweisung als *Einzelschritt* ausgeführt.

Die nächste auszuführende Anweisung wird dabei im Code-Fenster durch einen gelben Pfeil und eine farbliche Markierung hervorgehoben (Abbildung 2.29).

Den Ablauf gezielt unterbrechen

Verwenden Sie bereits ausgetestete Prozeduren, ist es im Einzelschrittmodus recht umständlich, wenn jede Anweisung der Prozedur unterbrochen wird. Sie können jedoch die Schaltfläche *Prozedurschritt* oder die Tastenkombination Umschalt+F8 verwenden. Enthält die Anweisung einen Prozeduraufruf, wird die Prozedur ohne Unterbrechung ausgeführt. Das Programm wird dann bei der Anweisung hinter dem Prozeduraufruf unterbrochen. Bei anderen Anweisungen wirkt der Befehl wie die Schaltfläche *Einzelschritt*.

Wurde der Ablauf des Programms innerhalb einer Prozedur unterbrochen, lässt sich die Schaltfläche *Rücksprung* (oder die Tastenkombination Strg+Umschalt+F8) benutzen. Dann führt das System alle Anweisungen der Prozedur aus und unterbricht den Programmablauf am Prozedurende.

Haltepunkte setzen

Um die Ausführung des Programms in einer bestimmten Anweisungszeile zu unterbrechen, wählen Sie die betreffende Anweisungszeile per Mausklick an. Dann setzen Sie einen Haltepunkt mit Hilfe der Schaltfläche *Haltepunkt Ein/Aus* bzw. durch Drücken der Taste F9. Sie können hierbei mehrere Haltepunkte pro Skript setzen. Wenn Sie anschließend den Programmablauf über die Schaltfläche *Ausführen* starten, unterbricht der Debugger den Programmablauf, sobald ein Haltepunkt erreicht wird. Haltepunkte werden im Code-Fenster durch einen braunen Punkt in der *Kennzeichenleiste* und eine farbliche Hinterlegung in der Anweisungszeile markiert (Abbildung 2.30).

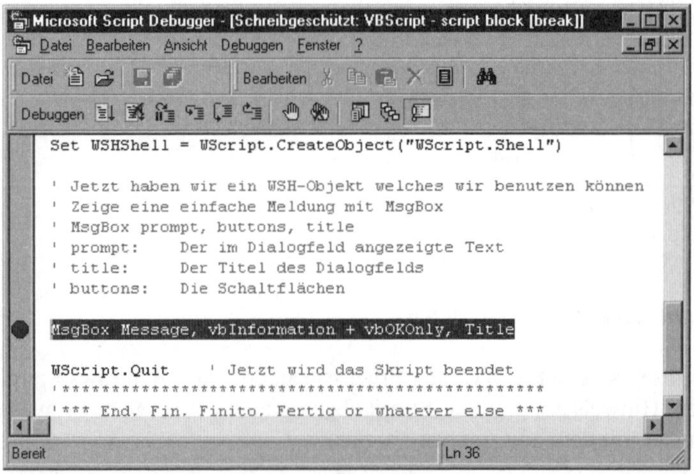

Abbildung 2.30: *Code-Fenster mit einer Anweisung zum Prozeduraufruf*

Um Haltepunkte zu entfernen, klicken Sie erneut auf die betreffende Anweisungszeile und wählen wiederum die Funktion zum Setzen des Haltepunkts. Der Befehl *Alle Haltepunkte löschen* im Menü *Debuggen* (bzw. die gleichnamige Schaltfläche oder die Tastenkombination Strg+Umschalt+F9) entfernen alle gesetzten Haltepunkte aus dem aktuellen Modul.

HINWEIS: Im Gegensatz zu den anderen Entwicklungsumgebungen lassen sich die Haltepunkte im Debugger nicht durch Anklicken der *Kennzeichenleiste* der Zeile direkt setzen oder entfernen.

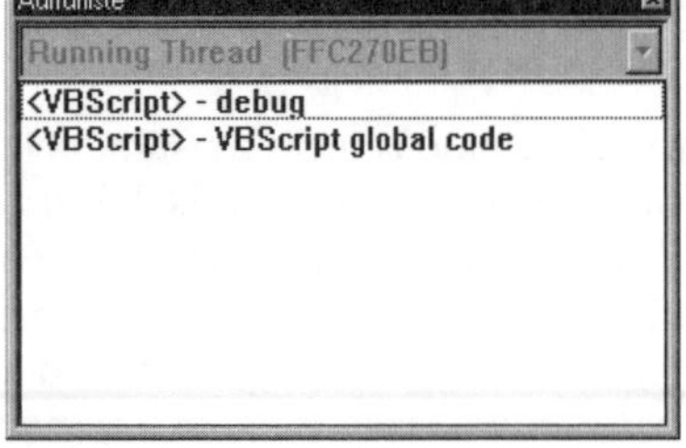

Abbildung 2.31: *Anzeige der Aufrufliste*

Anzeige der Aufrufeliste

Die Reihenfolge der Prozeduraufrufe lässt sich über den Befehl *Aufrufeliste* im Menü *Debuggen* oder über die entsprechende Schaltfläche einblenden. Das System zeigt dann das Fenster aus Abbildung 2.31 mit den Namen der aufgerufenen Funktionen und Prozeduren an. In diesem Beispiel wurde beispielsweise gerade die Prozedur *debug* aus dem Hauptprogramm aufgerufen.

Werte anzeigen

Wird ein Programm im Ablauf unterbrochen, können Sie sich auf recht einfache Weise die aktuellen Werte einer Variablen (oder einer Eigenschaft) anzeigen lassen. Öffnen Sie das Fenster *Befehlsfenster.* Bei VBScript geben Sie anschließend ein Fragezeichen gefolgt von dem Sie interessierenden Variablennamen ein. Der Debugger gibt dann den Wert in einer neuen Zeile aus (Abbildung 2.32).

Bei JScript-Programmen müssen Sie eine Anweisung zur Ausgabe einer Meldung (z.B. *WScript.Echo (variable);*) angeben. Dann führt der Debugger den Befehl aus, das Meldungsfeld mit der angegebenen Variable *variable* wird angezeigt.

HINWEIS: Möchten Sie den Wert einer Variablen gezielt setzen, öffnen Sie das Direktfenster und geben anschließend die Anweisung mit der Wertzuweisung an die Variable ein. Im *Befehlsfenster* können Sie natürlich auch Programmanweisungen ausprobieren (dies wurde beim Einsatz der *WScript.Echo*-Methode ja bereits genutzt). Die in der Sprachreferenz aufgeführte Möglichkeit, in VBScript mit *debug.print* Ausgaben zu tätigen, bezieht sich auf den Internet Explorer und funktioniert bei WSH-Skripten leider nicht.

***Abbildung 2.32:** Anzeige von Werten*

Mit den obigen Funktionen lassen sich Skripte sehr komfortabel testen. Allerdings kommt der Debugger in seiner Funktionalität nicht an die Debugger der Microsoft-Entwicklungsumgebungen heran. Beachten Sie auch, dass der Microsoft Debugger nicht benutzt werden darf, falls Sie die Entwicklungsumgebung *Visual InterDev* installiert haben. Diese Entwicklungsumgebung besitzt einen eigenen Debugger, der beim Auftreten eines Fehlers im (HTML- bzw. ASP-) Skript automatisch aufgerufen wird (siehe folgender Abschnitt).

Debuggen mit dem Microsoft Script Editor

Falls Sie Microsoft Office 2000 oder Microsoft XP auf dem Testsystem installiert haben, ist auch der Microsoft Script Editor (MSE) vorhanden. Diese Umgebung stellt auch einen integrierten Debugger zur Verfügung, der sich zum Testen der WSH-Skripte hervorragend nutzen lässt.

WICHTIG: Ist eine Microsoft Office 2000/XP-Anwendung installiert, dürfen Sie den Microsoft Script Debugger nicht installieren! Entfernen Sie den Debugger ggf. über die Systemsteuerung (Symbol *Software*). Bei Windows 2000 findet sich der Debugger als optionale Systemkomponente. Bezüglich der notwendigen Voraussetzungen (z.B. Registrierungseinstellungen) lesen

Sie ggf. in Kapitel 1 nach. In Windows XP konnte ich den Debugger des MSE aber ohne Probleme aktivieren.

Um den Debugger des MSE aus einem Skript aufzurufen, gehen Sie wie im vorherigen Abschnitt beim Script Debugger beschrieben vor. Verwenden Sie entweder eine Entwicklungsumgebung (z.B. *ScriptIDE.hta*) mit aktivierter Debug-Option oder rufen Sie das Skript mit den Schaltern //X bzw. //D auf. Mit dem Schalter //X wird der Debugger des MSE automatisch beim Erreichen der ersten ausführbaren Anweisungen aktiviert. Mit dem Schalter //D übernimmt der Debugger nur dann die Kontrolle, wenn eine Anweisung *stopp* (VBScript) oder *debugger* (JScript) im Skript erreicht wird. Sobald der WSH die Kontrolle an den Debugger des MSE übergibt, meldet dieser sich mit einem Dialogfeld (Abbildung 2.33, rechts unten).

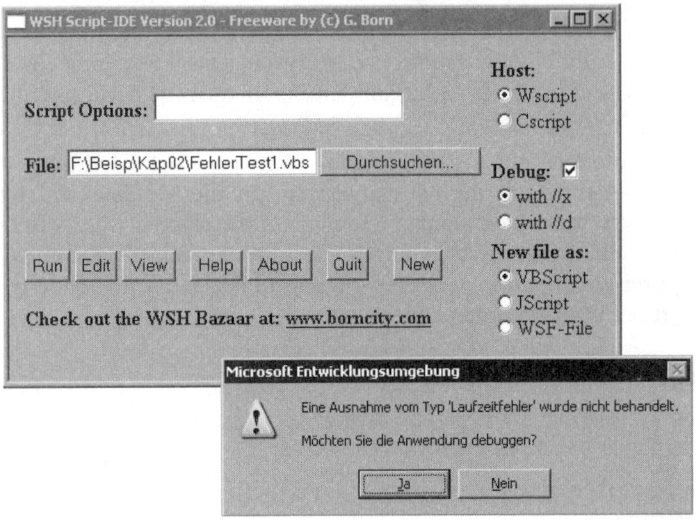

Abbildung 2.33: *ScriptIDE und Dialogfeld zum Aktivieren des Debuggers*

Lassen Sie sich nicht von dem angezeigten Text verblüffen. Der Debugger weiß nichts von Ihrem Ansinnen sondern wurde nur von einer Laufzeitumgebung aufgerufen. Dies ist aber üblicherweise nur dann der Fall, wenn in einem Skript ein Fehler auftritt. Über die *Nein*-Schaltfläche schließen Sie das Dialogfeld und ignorieren die Debug-Anforderung. Sobald Sie das Dialogfeld *Microsoft Entwicklungsumgebung* über die *Ja*-Schaltfläche schließen, wird das Fenster des Debuggers geöffnet (Abbildung 2.34). Beim Aufruf des Debuggers wird die Ausführung des Skriptprogramms aber angehalten. Sie können anschließend das Skript unter der Kontrolle des MSE-Debuggers ausführen.

Über die Schaltflächen der Symbolleiste können Sie verschiedene Fenster (Projektexplorer, Eigenschaftenfenster, Objektkatalog, Direktfenster etc.) ein- oder ausblenden. Die Funktion der Schaltflächen wird beim Zeigen über eine QuickInfo signalisiert. Im automatisch geöffneten Codefenster wird der Quellcode des aktuell ausgeführten Skripts angezeigt. Die nächste auszuführende Anweisung wird Codefenster gelb hervorgehoben.

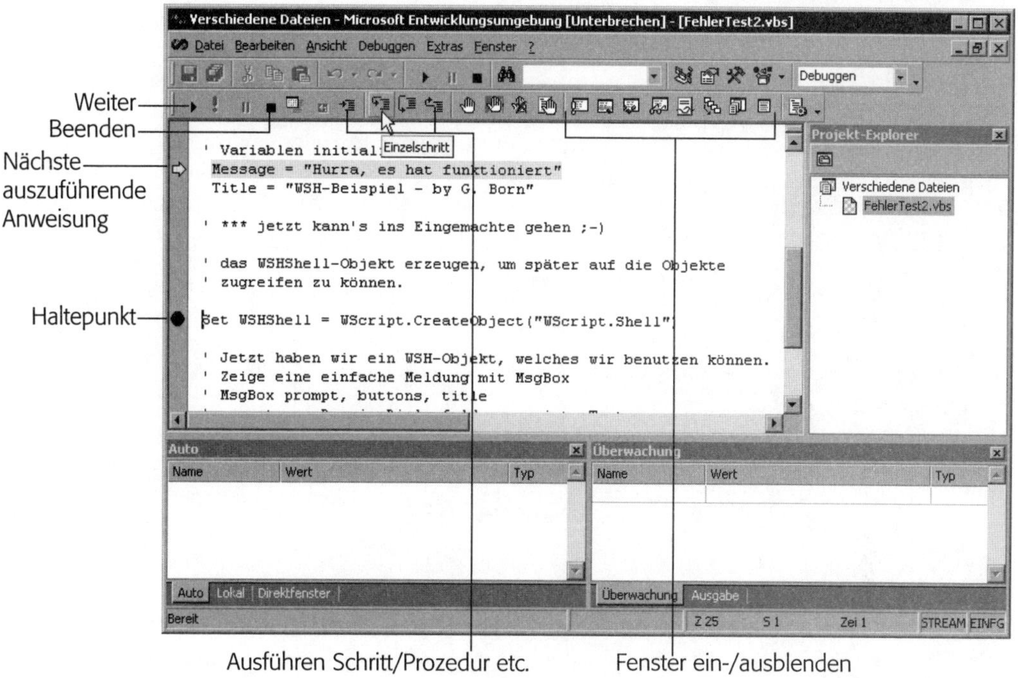

Abbildung 2.34: *Debuggen im Microsoft Script Editor (MSE)*

Verwenden Sie die Befehle des Menüs *Debuggen* oder die Schaltflächen der Symbolleiste *Debuggen*, um das Skript schrittweise, prozedurweise oder bis zu einem gesetzten Haltepunkt auszuführen. Die Bedienung entspricht weitgehend der Vorgehensweise beim Microsoft Script Debugger. Lesen Sie ggf. auf den vorhergehenden Seiten nach, was es zu wissen gilt. Weiterhin verfügt der Microsoft Script Editor über eine gute Programmhilfe, in der Sie Hinweise und Tipps zum Debuggen finden.

3 Einführung in VBScript

In diesem Kapitel erhalten Sie eine kurze Einführung in die Sprache VBScript. Wer von Visual Basic oder Visual Basic für Applikationen umsteigt, wird sich mit VBScript sofort zurechtfinden.

- Lernen Sie, wie ein VBScript-Programm aufgebaut ist und wie Sie mit Variablen oder Konstanten umgehen.
- Erfahren Sie, welche Konstrukte VBScript zur Programmsteuerung bietet.
- Lesen Sie nach, wie Prozeduren und Funktionen in VBScript gehandhabt werden.
- Weiterhin finden Sie als VB-Umsteiger Hinweise zu den Restriktionen, die bei VBScript gelten.

Mit diesen Informationen sollten Sie sehr schnell eigene Skripte erstellen können. Wer die Sprache VBScript sehr gut beherrscht, kann dieses Kapitel problemlos übergehen.

Anweisungen, Folgezeilen und Kommentare

VBScript ist die Microsoft-Implementierung von Visual Basic (VB) für den Internet Bereich. Aus dem VB-Funktionsumfang wurden verschiedene Komponenten entfernt, die im Internetbereich weniger relevant sind. Sofern Sie mit VB oder VBA umgehen können, dürfte die Programmierung von VBScript keine größeren Probleme aufwerfen. Nachfolgend finden Sie einige prinzipielle Hinweise zur Gestaltung von VBScript-Programmen.

VBScript-Anweisungen

VBScript-Anweisungen sind im Editor gemäß den jeweils geltenden Syntaxregeln einzugeben. Die nachfolgenden Zeilen enthalten gültige Anweisungen:

```
Wert = 10
Wert = Wert + 10
If Wert > 100 Then Wert = 100
Mwst = 0.16 : Brutto = Netto * Mwst
```

Sie können auch mehrere Anweisungen in einer Zeile aufnehmen, sofern Sie diese durch Doppelpunkte (:) trennen. Dies wurde beispielsweise in der letzten Zeile genutzt. Aus Gründen der Übersichtlichkeit und Programmtransparenz sollten Sie jedoch auf diese Möglichkeit verzichten.

TIPP: Bei der Eingabe der Befehle wird in VBScript (im Gegensatz zu JScript) keine Unterscheidung zwischen Groß- und Kleinschreibung getroffen. Dezimalzahlen sind im VBScript-Code mit einem Punkt und nicht mit einem Komma anzugeben.

Fortsetzungszeilen

Bei sehr langen Anweisungszeilen leidet die Übersichtlichkeit erheblich. Die folgende Anweisung:

```
MsgBox "Sie haben einen falschen Namen eingegeben", vbOkOnly, "Eingabefehler"
```

zeigt einen Text in einem Meldungsfeld an. Die Anweisung ist zu lang für eine Zeile. Enthält Ihr Programm viele solcher Anweisungen, leidet die Handhabbarkeit und Lesbarkeit des Listings erheblich. VBScript bietet Ihnen daher die Möglichkeit, lange Anweisungen auf mehrere Zeilen aufzuteilen. Sie müssen am Ende einer Zeile jeweils ein Leerzeichen gefolgt von einem Unterstrich (_) einfügen.

```
MsgBox "Sie haben einen falschen Namen eingegeben", _
        vbOkOnly, _
        "Eingabefehler"
```

Der Unterstrich am Zeilenende signalisiert dem WSH-Interpreter, dass die Anweisung in der folgenden Zeile fortgesetzt wird. Dieses Fortsetzungszeichen darf durchaus in mehreren Zeilen auftreten. Lediglich die letzte Zeile der gesamten Anweisung enthält kein solches Zeichen.

HINWEIS: Beachten Sie, dass hinter einer Fortsetzungszeile kein Kommentar folgen darf. Bei Fortsetzungszeichen in Zeichenketten müssen diese mit einem Anführungszeichen abgeschlossen und mit einem &- bzw. +-Zeichen verknüpft werden. Das Fortsetzungszeichen muss weiterhin durch mindestens ein Leerzeichen von dem letzten Zeichen der Anweisung getrennt werden.

Kommentare

Möchten Sie, dass VBScript eine Zeile oder einen Teil einer Zeile nicht als Anweisung interpretiert? Dann müssen Sie diese Anweisung als Kommentar markieren. Kommentare werden in VBScript durch ein Hochkomma (Zeichen ') eingeleitet. Der VBScript-Interpreter überliest dann den gesamten folgenden Text bis zum Zeilenende. Die beiden nachfolgenden Zeilen enthalten jeweils Kommentare:

```
' Dies ist eine komplette Kommentarzeile
Wert = Wert * Mwst        ' Ermittle Steuersatz
```

In der zweiten Zeile beginnt der Kommentar erst hinter der Anweisung, d.h. VBScript führt die am Zeilenanfang befindliche Anweisung noch aus. Dies erlaubt Ihnen, Kommentare am Zeilenende hinter einzelnen Anweisungen einzufügen.

Hinweise zur Struktur eines VBScript-Programms

Ein VBScript-Programm kann aus Kommentaren und den bereits oben erwähnten Anweisungen bestehen. Die in diesem Buch benutzten Skriptdateien besitzen jedoch eine besondere Struktur, die in dem folgenden Listing gezeigt wird.

```
'************************************************
' Datei:   WSHTest.vbs (VBScript WSH)
' Autor: (c) G. Born
'
' Demonstriert den Einsatz des WSH. Es wird ein einfaches
' Dialogfeld geöffnet.
'************************************************

Dim WSHShell       ' Objekt deklarieren
Dim Message
Dim Title

' Variable initialisieren
 Message = "Hurra, es hat funktioniert"
 Title = "WSH-Beispiel - by G. Born"

' *** Jetzt kann's ins Eingemachte gehen ;-)

' Erst muss das WSHShell-Objekt erzeugt werden,
' sonst geht (meistens) gar nichts !!!
Set WSHShell = WScript.CreateObject("WScript.Shell")

' Jetzt haben wir ein WSH-Objekt, welches wir benutzen können.
' Zeige eine einfache Meldung mit MsgBox an
' MsgBox prompt, buttons, title
' prompt:   Der im Dialogfeld angezeigte Text
' title:    Der Titel des Dialogfelds
' buttons:  Die Schaltflächen

MsgBox Message, _
       vbInformation + vbOKOnly, _
       Title
'*** Ende
```

Listing 3.1: *VBScript-Programm*

Das obige Skript besitzt eine ganze Reihe von Kommentaren. Um bestimmte Funktionen zu realisieren, benötigen Sie diese Kommentarzeilen zwar nicht; es entspricht aber einer guten Programmierpraxis, jedes Skript am Programmanfang mit einem so genannten Kommentarkopf zu versehen. Als Erstes ist der Name der Skriptdatei sowie die Sprachvariante einzutragen. Vielleicht sehen Sie dies als überflüssig an, Sie wissen ja, dass Sie gerade ein Skript mit dem Namen »xy« erstellen. Nun, der obige Ansatz wurde durch die Erfahrungen des Autors bei der Realisierung großer, teilweise international geführter Softwareprojekte geprägt. Nehmen wir einmal an, Sie erhalten einen Stapel Ausdrucke mit dem Quellcode verschiedener Programme. Sofern der

Editor beim Drucken den Dateinamen nicht mit ausgibt, beginnt die Raterei, in welcher Datei der Code wohl zu suchen ist. Und die Angabe der Sprachversion kommt auch aus dieser Ecke. Gelangt ein fremdes Skript in Ihre Hände, sind Sie sicherlich dankbar, wenn der Autor im Programmkopf vermerkt hat, für welche Sprachvariante der Code geschrieben wurde. Es könnte sich ja auch um VB, VBA oder VBScript für den Internet Explorer handeln. Und dieser Code läuft vermutlich nicht im WSH als VBScript-Programm.

Äußerst hilfreich ist es auch, wenn sowohl der Autor vermerkt ist als auch der Zweck des Skripts angegeben wird. Gerade bei der Entwicklung umfangreicher Skripte wird die Nachwelt solche Angaben dankbar zur Kenntnis nehmen.

HINWEIS: Sie finden das obige Beispielprogramm *WSHTest.vbs* im Ordner *\Beisp\Kap03* auf der Begleit-CD-ROM. VBScript-Programme lassen sich auch in HTML-Dokumente einbinden und im Internet Explorer ausführen. Es gibt aber geringfügige Abweichungen im Hinblick auf die zulässigen Funktionen zwischen VBScript-Programmen im WSH und den VBScript-Anweisungen in einem HTML-Dokument. So ist die komplette Ereignisverwaltung, die VB-Script-Skripte in HTML-Dokumenten unterstützen müssen, im WSH-Skript weitgehend ohne Bedeutung. Hinweise zum Einbinden von VBScript-Anweisungen in HTML-Dokumente sowie Beispiele finden Sie in dem im Literaturverzeichnis unter /6/ aufgeführten Titel.

Variablen und Konstanten

In VBScript können Sie wie in anderen Sprachen Variablen und Konstanten zum Speichern von Werten verwenden.

Konstanten

In den VBScript-Anweisungen lassen sich feste Werte direkt als Konstanten angeben. Die folgende Anweisung verwendet eine solche Konstante:

```
Betrag = Preis * Menge + 100.0
```

Der Wert »100.0« ist eine Konstante, die in die Berechnung eingeht. Häufig besteht jedoch der Wunsch, eine Konstante zentral zu vereinbaren und als Bezeichner im VBScript-Programm zu verwenden. Hierzu muss die Konstante im Deklarationsteil des Moduls explizit definiert werden.

```
Const Zuschlag = 100.0
```

Mit dem Schlüsselwort *Const* wird eine Konstantendeklaration eingeleitet. Daran schließt sich der Name der Konstanten an. Weiterhin wird in der Anweisungszeile der Wert der Konstanten gesetzt. Die Konstante lässt sich anschließend unter ihrem Namen im VBScript-Programm benutzen.

```
Betrag = Preis * Menge + Zuschlag
```

Der Vorteil besteht darin, dass Sie den Wert der Konstanten zentral im Deklarationsteil ändern können. In einer Zeile lassen sich auch mehrere Konstanten definieren:

```
Const MwSt = 0.16, Zuschlag = 10
```

VBScript weist der Konstanten neben dem Wert den betreffenden Datentyp zu. VBScript verwendet allerdings (abweichend von VB bzw. VBA) nur den Datentyp *Variant* (siehe auch die nachfolgenden Ausführungen). Benannte Konstante sind standardmäßig als public (öffentlich) deklariert. Verwenden Sie eine benannte Konstante in einer Prozedur, besitzt diese eine lokale Gültigkeit. Sie können die Gültigkeit aber durch Schlüsselwörter *Public* und *Private* angeben (siehe auch die folgenden Seiten).

TIPP: Numerische Konstanten werden üblicherweise im Dezimalsystem angegeben (z.B. »10.14«). Sie können aber auch Konstanten im Hexadezimalsystem in der Form *&Hxxxx* verwenden, wobei *xxxx* für eine Hexadezimalzahl steht. Der Wert *&H0C* entspricht beispielsweise der Zahl 12 (siehe den ▶ Abschnitt »Vergleichsoperatoren« weiter unten in diesem Kapitel).

Vordefinierte Konstanten

VBScript kennt eine Reihe vordefinierter Konstanten (z.B. *vbOkOnly* etc.), die Sie direkt angeben können. Ich hatte ja bereits in ▶ Kapitel 2 das Beispiel des Aufrufs der *MsgBox*-Funktion gebracht. Die Anweisung:

```
MsgBox "Hallo", 0 + 64, "Test"
```

ist sicherlich wesentlich kryptischer, als wenn Sie mit den in VBScript vordefinierten Konstanten arbeiten. In diesem Fall sieht die Anweisung beispielsweise folgendermaßen aus:

```
MsgBox "Hallo", vbOkOnly + vbInformation, "Test"
```

Die einzige Schwierigkeit besteht darin, dass Sie beim Schreiben des Codes die Namen der jeweiligen Konstanten kennen sollten. Hier hilft Ihnen aber der nachfolgende Tipp weiter.

TIPP: Einmal finden Sie auf der Begleit-CD-ROM im Ordner *\Infos\VBScript* die VBScript-Sprachreferenz, in der auch die jeweiligen Konstanten aufgeführt sind. Alternativ können Sie die VB-Entwicklungsumgebungen (z.B. die VB 5 Control Creation Edition) benutzen, um die Konstantennamen direkt im Code-Fenster (siehe ▶ Kapitel 2) abzurufen. Eine Liste der Konstanten erhalten Sie auch, indem Sie in der VB 5 CCE (oder in der VBA-Entwicklungsumgebung von Word 97/2000/XP) den Objektkatalog öffnen, die Bibliothek VBA wählen und dann auf die Klasse *Constants* (bzw. *Konstanten*) klicken. Allerdings sollten Sie in diesem Fall bedenken, dass VBScript nicht alle (VBA- bzw. anwendungsspezifischen) Konstanten unterstützt. Für einen schnellen Zugriff z.B. auf Konstanten der *MsgBox*-Funktion etc. bevorzuge ich diese Variante gegenüber dem Nachschlagen in der Sprachreferenz.

Variablen

Variablen sind Platzhalter, die im Programm in einzelnen Anweisungen auftreten können. Dabei kann der Wert der Variablen (im Gegensatz zu Konstanten) im Programm verändert werden. Eine Variable kann direkt im Programm auftreten:

```
Preis = 45      ' Preis festlegen
MwSt = 16
```

Sobald der Name einer Variablen erstmals im Programm vorkommt, legt *VBScript* die zugehörige Variable an. Der Datentyp für eine VBScript-Variable wird dabei immer auf *Variant* gesetzt (d.h. die Variable kann verschiedene Werte wie Zahlen, Texte etc. aufnehmen).

Hinweise zu VBScript-Datentypen

Abweichend von Visual Basic oder VBA kennt VBScript nur den Datentyp *Variant*. Dies ist ein spezieller Datentyp, der verschiedene Arten von Informationen aufnehmen kann. Das Format der in der Variablen gespeicherten Daten richten sich dabei nach dem Kontext des zugewiesenen Wertes. Weisen Sie der Variablen eine Zahl zu, wird ein numerischer Wert gespeichert. Erhält die Variable einen Datumswert zugewiesen, speichert der Interpreter diesen im Datumsformat in der Variablen. Ähnliches gilt für Zeichenketten, die als Text zugewiesen werden.

HINWEIS: Da *Variant* der einzige in VBScript unterstützte Datentyp ist, liefern Funktionsaufrufe ebenfalls *Variant*-Werte zurück. Dies kann zu einigen Problemen beim Aufruf von API-Funktionen führen.

Bei Operationen auf Variablen versucht VBScript die am logischsten erscheinende Operation durchzuführen. Addieren Sie den Inhalt zweier Variablen, die numerische Werte aufweisen, wird auch das Ergebnis numerisch. Der Befehl:

```
Summe = Preis + 15.0
```

liefert ein numerisches Ergebnis in der Variablen *Summe* ab. Die folgende Anweisung:

```
Result = "Wert " + Summe
```

birgt jedoch ein Problem: Der erste Teil des Ausdrucks stellt eine Zeichenkette dar, während die Variable *Summe* einen numerischen Wert enthält. Der VBScript-Interpreter kann dann keine Zuweisung vornehmen, sondern liefert eine Fehlermeldung (Abbildung 3.1). In diesem Fall müssen Sie eine explizite Konvertierung des Subtyps (▶ siehe den folgenden Absatz) vornehmen.

```
Result = "Wert " + CStr(summe)
```

In diesem Fall übernimmt die VBScript-Funktion *CStr()* die Aufgabe, den numerischen Wert von *summe* in einen *Variant*-Datentyp vom Format Zeichenkette umzuwandeln. Das Ergebnis lässt sich dann mit der zweiten Zeichenkette "*Wert* " zu einer Gesamtzeichenkette verknüpfen (was auch als Konkatenation bezeichnet wird).

Sie können auch Zahlen als Strings behandeln, falls diese als Konstanten vorliegen. Hierzu müssen Sie die Konstante in Anführungszeichen setzen. Die Anweisung:

```
Text = "15" + "30"
```

Wird beispielsweise nicht als Wert 45 sondern als "1530" in *Textform* gespeichert! VBScript bietet weiterhin verschiedene Funktionen zur Typkonvertierung an.

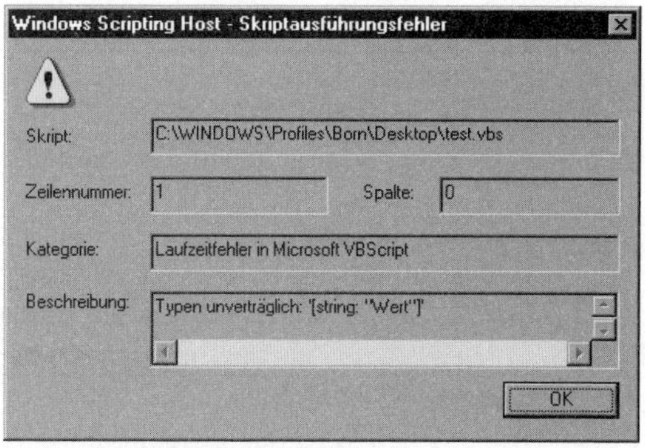

Abbildung 3.1: *Fehlerabbruch wegen Typenunverträglichkeiten (WSH 1.0)*

HINWEIS: Zur Verknüpfung zweier Zeichenketten sollten Sie in VBScript aber den *&*-Operator anstatt das +-Zeichen verwenden. Dieser Operator erlaubt VBScript auch die automatische Typumwandlung, falls Sie einen numerischen Wert an eine Zeichenkette anhängen möchten (z.B. bei der Ausgabe in Dialogfeldern).

Variant-Subtypen

Der VBScript-Interpreter kann im *Variant*-Datentyp zusätzliche Subtypen unterscheiden. Sie haben bereits im vorherigen Abschnitt gelernt, dass der Interpreter den Inhalt einer Variablen nach numerischen Werten oder Zeichenketten unterscheidet. Aber es gibt noch mehr Varianten. Sie können beispielsweise ein Datum oder eine Uhrzeitangabe in einer Variable speichern. Der Wert ist zwar numerisch, benötigt aber ein besonderes Format. Andere Datentypen können logische Werte wie *wahr* oder *falsch* annehmen. Oder es werden Ganzzahlen bzw. Kommazahlen verwendet.

HINWEIS: Letztendlich liegt zwar immer der gleiche Datentyp *Variant* vor. Sie können sich dies aber so vorstellen, dass innerhalb der Variablen ein bestimmtes »Format« zur Speicherung des eigentlichen Werts verwendet wird. Und dieses Format sieht bei einer Zeichenkette halt anders als bei einem numerischen Wert oder bei einem Datumswert aus.

Die Unterscheidung erfolgt über die Subtypen des *Variant*-Datentyps. Vom VBScript-Interpreter werden intern die in der folgenden Tabelle aufgeführten *Variant*-Subtypen unterschieden.

Subtyp	Bemerkung
Empty	Uninitialisierte *Variant*-Variable. Der Wert ist 0 für numerische Variablen oder es wird eine leere Zeichenkette ("") für Zeichenkettenvariablen benutzt.
Null	Die *Variant*-Variable enthält unbeabsichtigter Weise keine gültigen Daten.
Boolean	Logische Variable, die die Werte *True* oder *False* (bzw. *Wahr* oder *Falsch*) annehmen kann.
Byte	Enthält einen Integer-Wert im Bereich 0 bis 255.
Integer	Enthält einen Integer-Wert im Bereich –32.768 bis 32.767.
Currency	Währungswert im Bereich –922.337.203.685.477,5808 bis 922.337.203.685.477,5807.
Long	Enthält einen Integer-Wert im Bereich –2.147.483.648 bis 2.147.483.647.
Single	Enthält einen einfach genauen Gleitkommawert im Bereich –3,402823E38 bis –1,401298E–45 für negative Zahlen und 1,401298E–45 bis 3,402823E38 für positive Zahlen. ▶

Subtyp	Bemerkung
Double	Enthält einen Gleitkommawert doppelter Genauigkeit im Intervall –1,79769313486232E308 bis –4,94065645841247E–324 und 4,94065645841247E–324 bis 1,79769313486232E308.
Date (Time)	Enthält eine Zahl, die ein Datum oder eine Zeit ausgehend vom 1. Januar 100 bis zum 31. Dezember 9999 repräsentiert.
String	Enthält eine Zeichenkette variabler Länge (bis zu 2 Milliarden Zeichen).
Object	Enthält ein Objekt.
Error	Enthält eine Fehlernummer.

***Tabelle 3.1:** Datentypen für Variant*

HINWEIS: Im Gegensatz zu VB oder VBA können Sie nicht explizit festlegen, welchen Datentyp die Variable besitzt. Der VBScript-Interpreter nimmt automatisch die Klassifizierung in die Untertypen vor. Sie können aber die VBScript-Konvertierfunktionen *Asc, CBool, CByte, CCur, CDate, CDbl, Chr, CInt, CLng, CSng, CStr, Hex* und *Oct* verwenden. Weiterhin lässt sich über die *VarType*-Funktion der Subtyp abfragen.

Variablendeklaration mit *Option Explicit* erzwingen

Die implizite Vereinbarung von Variablen birgt eine große Gefahr: Sobald Sie sich vertippen, legt der VBScript-Interpreter eine neue Variable an. Dies führt zu Fehlern im Programm. Stellen Sie sich vor, Sie haben versehentlich in einer Anweisung *Pris* statt *Preis* eingetippt.

```
MwSt = 16.0
Preis = 0
Netto = 115.00
Pris = Preis + Netto * (1.0 + MwSt/100)
MsgBox Preis, vbOkOnly, "Preis"
```

Das obige Programm wird nicht funktionieren. Eigentlich sollte in der Variablen *Preis* der Bruttopreis hinterlegt und anschließend in einem Meldungsfeld ausgegeben werden. Der Tippfehler in der Zuweisung führt jedoch dazu, dass die neue Variable *Pris* vom Interpreter angelegt wird. Das Meldungsfeld gibt immer den Wert 0 aus. Solche Fehler sind schnell passiert, aber sehr schwer zu finden. Den obigen Fehler können Sie noch ohne Aufwand finden, da das Programm sehr trivial und recht kurz ist. Aber bei umfangreicheren Skripten sieht dies anders aus. Fast jeder Basic-Programmierer kennt die Fälle, wo solche Fehler stundenlang gesucht wurden.

Bei JScript tritt dieses Dilemma nicht auf, da alle Variablen zwangsweise deklariert werden müssen. Glücklicherweise hilft Ihnen VBScript ebenfalls aus diesem Dilemma. Sie können erreichen, dass Tippfehler in einer Variablen von *VBScript* erkannt werden, indem Sie in der ersten Zeile des Skripts die Anweisung *Option Explicit* einfügen. Dann müssen alle Variablen explizit im Modulkopf oder im Kopf der Prozedur mit *Dim* deklariert werden (siehe unten). Vergessen Sie dies bei einer Variablen, meldet der WSH beim Übersetzen des Skripts alle nicht deklarierten Variablen als Fehler. Auf diese Weise werden auch falsch geschriebene Variablennamen gefunden.

Sie können dies testen, indem Sie die auf der Begleit-CD-ROM im Ordner *\Beisp\Kap03* enthaltene Datei *FehlerTest2.vbs* aufrufen.

```
Option Explicit
'************************************************
' Datei:  FehlerTest2.vbs  (VBScript WSH)
' Autor:  (c) G. Born
'
' Demonstriert den Einsatz des Debuggers zum Testen
' eines WSH-Skripts sowie die Option Explicit-Wirkung.
'************************************************

'##########################
 stop   ' Debugger aufrufen
'##########################

Dim WSHShell       ' Objekt deklarieren
Dim Message
Dim Title

' Variable initialisieren
 Message = "Hurra, es hat funktioniert"
 Title = "WSH-Beispiel - by G. Born"
 Titel = "Hallo"
' *** Jetzt kann's ins Eingemachte gehen ;-)

' Erst muss das WSHShell-Objekt erzeugt werden,
' sonst geht gar nichts !!!
Set WSHShell = WScript.CreateObject("WScript.Shell")

' Jetzt haben wir ein WSH-Objekt, welches wir benutzen können.
' Zeige eine einfache Meldung mit MsgBox
' MsgBox prompt, buttons, title
' prompt:    Der im Dialogfeld angezeigte Text
' title:     Der Titel des Dialogfelds
' buttons:   Die Schaltflächen

MsgBox Message, vbInformation + vbOKOnly, Title
'*** Ende
```

Listing 3.2: FehlerTest2.vbs

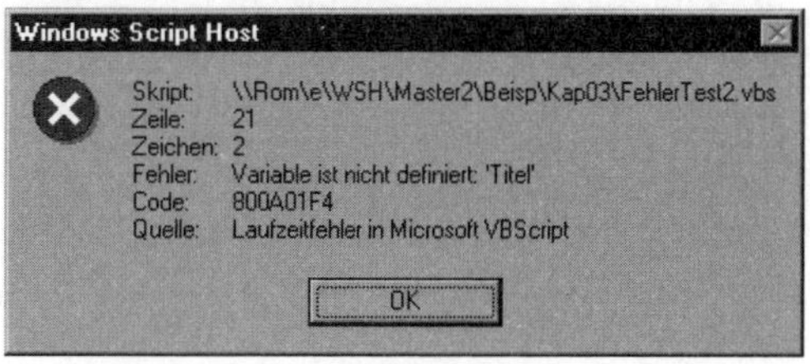

Abbildung 3.2: *Meldung einer nicht definierten Variable im WSH 2.0*

In diesem Skript ist eine nicht deklarierte Variable *Titel* enthalten. Starten Sie das Skript, aktiviert dieses zuerst den Debugger. Anschließend können Sie das Skript schrittweise ausführen. Sobald Sie zur Zuweisung an die Variable *Titel* kommen, merkt der WSH-Interpreter, dass die Variable noch nicht deklariert ist. Dann löst er den in Abbildung 3.2 gezeigten Fehlerdialog aus. Programmfehler durch nicht deklarierte Variablen fallen also sofort auf.

HINWEIS: Auch wenn die vielen Fehlermeldungen beim ersten Start eines Skripts (oder bei der nachträglichen Einführung der *Option Explicit*-Anweisung) stören, verwenden Sie diese Option. Dies erspart Ihnen nachträglich viel Zeit bei der Fehlersuche.

Option Explicit in .wsf-Dateien

Falls Sie *.wsf*-Dateien verwenden, müssen Sie darauf achten, das die Anweisung *Option Explicit* in jedem *<script ...>* ... *</script>*-Element vorkommt. Andernfalls werden nur die Skriptteile auf fehlende Variablendeklarationen geprüft, die eine *Option Explicit* Anweisung enthalten. Das nachfolgende Codebeispiel zeigt das Problem:

```
<?xml version="1.0" encoding="ISO-8859-1"?>
<!--
  Datei:   WSHDemo2.wsf (WSH 2.0)
  Autor: G. Born
-->
<job id="T1">
<script language="VBScript">
<![CDATA[
Option Explicit
Dim name
name = "Microsoft"
WScript.Echo name
]]>
</script>

<script language="VBScript">
<![CDATA[
Text = "Hallo "
WScript.Echo Text
]]>
</script>
</job>
```

Listing 3.3: *.wsf-Datei mit Option Explicit-Anweisungen*

Das erste *<script>*-Element enthält die Anweisung *Option Explicit*. Daher muss die Variable *name* deklariert werden. Im zweiten *<script>*-Element fehlt die *Option Explicit*-Anweisung. Bei der Ausführung des Skripts sollte eigentlich die fehlende Variablendeklaration für *Text* reklamiert werden (was nicht passiert). Dies ist eine By-Design-Eigenschaft, die Ihnen die selektive Verwendung der *Option Explicit*-Anweisung in *.wsf*-Dateien ermöglicht. Nachteil: Sie laufen immer Gefahr, diese Anweisung in einem *<script>*-Element zu vergessen. Die Datei *WSHDemo2.vbs* finden Sie im Ordner *\Beisp\Kap03* auf der Begleit-CD-ROM.

Einsatz der Dim-Anweisung

In VBScript-Programmen stoßen Sie früher oder später auf *Dim*-Anweisungen. Dieses Schlüsselwort wurde beispielsweise bereits in dem vorhergehenden Abschnitt erwähnt. Das *Dim*-Schlüsselwort erlaubt zweierlei:

- Die explizite Definition von Variablen (auf Prozedur-, Funktions- oder Skriptebene).
- Die Definition von Feldvariablen (Arrays).

Sofern Sie die Anweisung *Option Explicit* verwenden, müssen Sie die Variablen vor deren erstem Auftreten mit *Dim* explizit deklarieren. Dies kann beispielsweise im Programmkopf oder am Anfang einer Prozedur/Funktion (ähnlich wie eine Konstante) erfolgen:

```
Dim text
Dim x
Dim Preis, MwSt
```

Weiterhin beeinflussen Sie mit der *Dim*-Anweisung die Gültigkeit der Variablen. Falls Sie eine Variable innerhalb einer Funktion/Prozedur deklarieren, beschränkt sich deren Gültigkeit auf diesen Bereich. Variablen, die im Kopf des Skripts mit *Dim* deklariert werden, gelten dagegen in allen Prozeduren des Skripts.

HINWEIS: Eine Variable wird bei der Definition automatisch mit einem Wert initialisiert. Bei numerischen Variablen ist dies der Wert 0, während bei Zeichenketten ein Leerstring ("") hinterlegt wird.

Public und *Private* in der Variablendeklaration

Es wurde bereits im vorherigen Abschnitt erwähnt: Eine im Skript mit *Dim* global vereinbarte Variable ist global auch in allen Prozeduren gültig. Eine in einer Prozedur oder Funktion mit *Dim* vereinbarte Variable ist dagegen nur innerhalb der Prozedur gültig. Eigentlich wäre damit bereits alles geklärt. Die VBScript-Sprachreferenz kennt aber noch die beiden Schlüsselwörter *Public* und *Private*, um die Gültigkeit von Variablen explizit zu begrenzen.

```
Private Test
Public Preis, MwSt
```

Das Schlüsselwort *Private* bewirkt, dass die Variable innerhalb des Skripts bekannt ist. Verwenden Sie dagegen *Public*, ist die Variable in allen Skripten und Prozeduren bekannt.

WICHTIG: Die Anweisungen *Public xWert* oder *Private xWert* sind innerhalb einer Prozedur/Funktion nicht zulässig und führen zu einem Übersetzungsfehler. Arbeiten Sie mit der *Option Explicit*-Anweisung müssen Sie die *Dim*-Anweisung zur Deklaration der Variablen verwenden. Sie können dies testen, indem Sie die im Ordner *\Beisp\Kap03* enthaltene Datei *WSH-Public.vbs* aufrufen. Diese Datei löst beim Übersetzen einen Fehler aus.

HINWEIS: Vielleicht fragen Sie sich nun, was für einen Sinn *Private* und *Public* machen? Eigentlich reicht ja die *Dim*-Anweisung aus, um die Gültigkeit zwischen Prozeduren/Funktionen und im Skript eindeutig festzulegen. VBScript wurde aber ursprünglich für HTML-Seiten entwickelt. Und ein solches Dokument kann im HTML-Code mehrere mit dem *<script>*-Tag vereinbarte Skripte enthalten. Mit dem Schlüsselwort *Public* erreichen Sie, dass eine Variable auch außerhalb des lokalen Skripts in anderen Skripten gültig ist. In den *.wsf*-Dateien des WSH 2.0kommt das *<script>*-Element ebenfalls zum Einsatz.

Felder mit Dim deklarieren

Weiterhin können Sie Felder in der Variablendeklaration vereinbaren. Hierzu wird die Zahl der Feldelemente in der Deklaration angegeben.

```
Dim wert (10)
wert (1) = 11
```

Die erste Zeile definiert ein Feld mit 11 Elementen (die Untergrenze des Feldes wird immer mit dem Index 0 belegt). Das erste Element lässt sich mit *wert(0)* ansprechen. Die zweite Anweisung in obigem Beispiel setzt folglich den zweiten Feldwert auf 11. Bei der *Dim*-Anweisung können Sie dabei mehrdimensionale Felder vereinbaren. Die Anweisung:

```
Dim Wert (10,10)
```

vereinbart ein Feld mit zwei Dimensionen. Mit *Wert (0,0)* greifen Sie auf den ersten Feldwert in Zeile 0 und Spalte 0 zurück. VBScript lässt bis zu 60 Dimensionen in der Felddeklaration zu. Die Untergrenze für den Feldindex liegt immer bei 0, d.h. Sie können in der Felddeklaration immer nur die Obergrenze für den Feldindex vereinbaren.

TIPP: Sie können die *Dim*-Anweisung mit leeren Klammern einsetzen (z.B. *Dim Wert ()*), um dynamische Felder zu vereinbaren. Sie können dann mittels der *ReDim*-Anweisung die Dimension des Feldes innerhalb einer Prozedur neu definieren. Wurde ein Feld dagegen in der *Dim*-Anweisung mit festen Dimensionen vereinbart, löst die Redefinition der Felddimensionen einen Laufzeitfehler aus.

Variablennamen

Die Namen für Variablen dürfen bis zu 255 Zeichen lang sein. Sie können den Namen weitgehend frei wählen, sofern dieser den nachfolgenden Kriterien genügt:

- Der Variablenname muss immer mit einem Buchstaben beginnen (*Test* ist ein gültiger Name, während *123* ungültig ist).
- Innerhalb des Namens sind Leerzeichen, Punkte, Kommas und einige Sonderzeichen (z.B. !, –, +) nicht zulässig.

Sie dürfen die deutschen Umlaute im Variablennamen verwenden. Beachten Sie aber, dass die Namen von Schlüsselwörtern wie *Sub, If, End, Dim* etc. nicht für Variablennamen benutzt werden dürfen.

TIPP: Es empfiehlt sich, sprechende Variablennamen zu verwenden, die im Hinblick auf den Tippaufwand nicht länger als 10 bis 15 Zeichen sind.

Zuweisung von Objektreferenzen mit *Set*

Der *Set*-Operator besitzt in VBScript noch eine besondere Bedeutung. Zum Zugriff auf Objekte benötigen Sie häufig eine Referenz auf dieses Objekt. Diese Referenzen lassen sich mit dem *Set*-Operator realisieren. Im Vorgriff auf spätere Kapitel möchte ich hier kurz einen solchen Befehl zeigen. Mit der Anweisung:

```
Set objAdr = WScript.Arguments
```

erzeugen Sie eine Objektvariable *objAdr*. Die Variable besitzt in VBScript zwar immer den Datentyp *Variant*, aber der Subtyp wird hier auf *Object* gesetzt. Hier wird konkret auf die *Arguments*-Eigenschaft des *WScript*-Objekts zugegriffen. Die *Arguments*-Eigenschaft liefert ein Objekt, welches den Zugriff auf die Aufrufparameter des Skripts erlaubt. Der *Set*-Operator bewirkt, dass das Objekt ermittelt und eine Referenz auf dieses Objekt in der Objektvariablen *objAdr* hinterlegt wird. Sie können dann später die Objektvariable im Programm verwenden:

```
MsgBox objAdr.Item(0)
```

Diese Anweisung gibt das erste Argument in einem Dialogfeld aus.

HINWEIS: An dieser Stelle noch eine kurze Erläuterung zu dem Punkt, der in vielen Namen auftritt. Der Punkt trennt die Namen von Objekten, Methoden oder Eigenschaften voneinander. In der letzten Anweisung bildet *objAdr* den Objektnamen, während *Item* eine Eigenschaft darstellt. Durch den Punkt weiß der Interpreter, wo der Objektname aufhört und wo der nächste Name beginnt. Dies ist auch der Grund dafür, dass Sie im Variablennamen keinen Punkt verwenden dürfen. Was Objekte, Methoden und Eigenschaften sind, erfahren Sie noch genauer in ▶ Kapitel 5.

Operatoren

In VBScript werden verschiedene Typen von Operatoren (arithmetische Operatoren für mathematische Berechnungen, logische Operatoren für logische Vergleiche, Vergleichsoperatoren für sonstige Vergleiche und Verkettungsoperatoren zur Verkettung von Zeichenfolgen) unterstützt. Nachfolgend finden Sie eine kurze Übersicht über die jeweiligen Operatoren.

Arithmetische Operatoren

Die nachfolgende Tabelle enthält eine Aufstellung der in VBScript verfügbaren arithmetischen Operatoren.

Operator	Erklärung
^	Potenzieren (x = y^Exponent)
+	Addition (x = a + b)
–	Subtraktion oder negatives Vorzeichen (x = –10 oder x = a – 100)
*	Multiplikation (x = b * 30)
/	Gleitkomma-Division (x = a / b)
\	Integer-Division (x = a \ b)
Mod	Modulo, Rest aus einer Division (x = a Mod b)

Tabelle 3.2: *Arithmetische Operatoren*

HINWEIS: Beachten Sie, dass sich der +-Operator auch zur Verknüpfung von Zeichenketten einsetzen lässt (z.B. *Name* = *"Müller"* + *"in"*). Alternativ kann aber der &-Operator zur Verkettung von Zeichenketten verwendet werden. Enthält ein Operand den Wert *Null* oder *Empty*, ist das Ergebnis der Operation ebenfalls *Null* (ungültig) oder *Empty* (leer). Weitere Hinweise entnehmen Sie bitte der VBScript-Hilfe.

Logische Operatoren

VBScript stellt auch einige logische Operatoren zur Auswertung von Ausdrücken zur Verfügung. Diese logischen Operatoren sind in Tabelle 3.3 aufgeführt.

Operator	Bedeutung
Not	NEGATION (x = Not y)
And	UND (x = a And b)

▶

Operator	Bedeutung
Or	ODER (x = a Or b)
Xor	EXKLUSIV ODER (x = a Xor b)
Eqv	ÄQUIVALENZ (x = a Eqv b)
Imp	IMPLIKATION (x = a Imp b)

***Tabelle 3.3:** Logische Operatoren*

Logische Operatoren werden häufig in Verzweigungen benutzt. Mit der Anweisung:

```
If a > 100 And a < 1000 Then
```

werden zwei Vergleiche auf a > 100 und a < 1000 durchgeführt, die beide einen Wert *true* oder *false* liefern können. Anschließend werden beide Ergebnisse mit *And* verknüpft. Nur wenn beide Ergebnisse zutreffen (a liegt im Bereich zwischen 101 und 999) wird die *If*-Anweisung ausgeführt.

Sie können die Operatoren *Not, And, Or* und *Xor* auch verwenden, um Bitoperationen auf Ganzzahlen (Byte, Integer) auszuführen. Für die *Not*-Operation gilt Folgendes:

Not	Bit
0	1
1	0

Tabelle 3.4: Not-*Operation*

Die Funktion liest das jeweilige Bit und invertiert dessen Wert. Aus einer 0 wird eine 1 und aus einer 1 wird eine 0. Solche Operatoren lassen sich am besten im Binär- oder Hexadezimalsystem demonstrieren. Die Dezimalzahl 3 lässt sich beispielsweise als Binärzahl folgendermaßen darstellen:

0011

Hier wurden nur 4 Bit zur Darstellung verwendet. Wenden Sie die *Not*-Operation auf diesen Wert an, ergibt sich die Darstellung:

1100

was der Hexadezimalzahl 0CH oder der Dezimalzahl 12 entspricht. Beim *And*-Operator werden zwei Bits miteinander verglichen. Nur wenn beide Werte 1 sind, ist auch das Ergebnis 1. Dies lässt sich an folgender Tabelle ablesen, in der die beiden Eingangswerte in den Spalten *Bit* stehen, während das Ergebnis der Verknüpfung in der linken Spalte *And* auftaucht.

And	Bit	Bit
0	0	0
0	0	1
0	1	0
1	1	1

Tabelle 3.5: And-*Operation*

Die folgende *And*-Verknüpfung:

```
MsgBox (3 And 7)
```

liefert beispielsweise den Wert 3 im Meldungsfeld. In dieser Anweisung werden die beiden Zahlen bitweise mit *And* verknüpft. In der Binärdarstellung besitzt 3 den Wert 0011 und 7 den Wert 0111. Die *And*-Operation liefert folglich das Ergebnis 0011, was dem Wert 3 entspricht.

Der *Or*-Operator verknüpft die einzelnen Bits mit *Oder*, d.h. sobald eines der Bits gesetzt wird, erscheint im Ergebnis der Wert 1. Dies lässt sich in folgender Tabelle ablesen.

Or	Bit	Bit
0	0	0
1	0	1
1	1	0
1	1	1

Tabelle 3.6: Or-*Operation*

Die *Or*-Verknüpfung:

```
MsgBox (3 Or 7)
```

liefert beispielsweise den Wert 7 im Meldungsfeld. In der Binärdarstellung besitzt 3 den Wert 0011 und 7 den Wert 0111. Die *Or*-Operation liefert folglich das Ergebnis 0111, was dem Wert 7 entspricht. Der letzte häufig benutzte Binäroperator ist *Xor*. Die Ergebnisse der *Xor*-Operation werden in Tabelle 3.7 wiedergegeben.

Xor	Bit	Bit
0	0	0
1	0	1
1	1	0
0	1	1

Tabelle 3.7: Xor-*Operation*

Vergleichsoperatoren

VBScript stellt auch einige Vergleichsoperatoren zur Verfügung. Den ersten Operator haben Sie bereits im vorherigen Abschnitt in einem Beispiel kennen gelernt. Die Vergleichsoperatoren erlauben den Vergleich von Ausdrücken (die auch Zahlen und Zeichenketten beinhalten können). Die nachfolgende Tabelle enthält die in VBScript verfügbaren Vergleichsoperatoren.

Operator	Erklärung
<	Kleiner als (a < b)
>	Größer als (a > b) ▶

Operator	Erklärung
=	Gleich (a = b)
<=	Kleiner oder gleich (a <= b)
>=	Größer oder gleich (a >= b)
<>	Ungleich (a <> b)

Tabelle 3.8: *Vergleichsoperatoren*

Solche Vergleichsoperatoren werden häufig in Schleifen und Verzweigungen eingesetzt:

```
While a < 10
..
Wend

If a > 100 Then
...
End If
```

Sie werden in den folgenden Kapiteln noch viele Beispiele zum Einsatz solcher Operatoren kennen lernen.

HINWEIS: Auf der Begleit-CD-ROM finden Sie im Ordner *\Beisp\Kap03* die Datei *WSH-Logic.vbs*. Diese demonstriert Ihnen die Wirkung einiger logischer und Vergleichs-Operatoren durch die Ausgabe der Werte in einem Meldungsfeld. Für die logischen Operatoren habe ich dabei die Darstellung im Hexadezimalzahlenformat gewählt. In diesem Format werden jeweils 4 Bit eines Dezimalwerts zu einer Ziffer im Bereich 0 bis F zusammengefasst. Die folgende Tabelle enthält eine Gegenüberstellung der Codierung einer 4-Bit-Zahl in verschiedenen Zahlensystemen. Beachten Sie beim Ausführen des Beispiels, dass in VBScript die Zahlen dort automatisch als 16-Bit-Integer, also mit 4 Hexadezimalziffern angegeben werden. Der Vergleich *Not 3* liefert daher das Ergebnis *FFFC* als Hexadezimalzahl zurück, da der Wert 3 als 16-Bit-Zahl der Form *0003* im Hexadezimalsystem dargestellt wird.

Dezimal	Hexadezimal	Binär
0	0	0000
1	1	0001
2	2	0010
3	3	0011
4	4	0100
5	5	0101
6	6	0110
7	7	0111
8	8	1000
9	9	1001
10	A	1010 ▶

Dezimal	Hexadezimal	Binär
11	B	1011
12	C	1100
13	D	1101
14	E	1110
15	F	1111

Tabelle 3.9: *Codierung in verschiedenen Zahlensystemen*

WICHTIG: Beachten Sie beim Einsatz von logischen und Vergleichsoperatoren, dass VBScript bei ungleichen Subtypen in der *Variant*-Variablen automatisch eine Konvertierung vornimmt. Dadurch kann es vorkommen, dass ungleiche Werte durch die Konvertierung als gleich interpretiert werden.

Prioritäten von Operatoren

Operatoren lassen sich klammern, um bestimmte Prioritäten bei der Abarbeitung zu erzwingen. Ohne Klammerung gelten implizite Prioritäten (Potenzieren, Negation, Multiplikation/Division, Ganzzahldivision, Modulo, Addition/Subtraktion, Zeichenfolgenverkettung). In obiger Folge besitzt die Potenzierung die höchste Priorität. Bei Vergleichen gilt die Reihenfolge (=, <>, <, >, <=, >=), wobei das Gleichheitszeichen = die höchste Priorität besitzt. Bei logischen Vergleichen besitzt der *Not*-Operator die höchst Priorität. Es gilt die folgende Reihenfolge *Not, And, Or, Xor, Eqv, Imp, &*.

Kontrollstrukturen

VBScript kennt verschiedene Kontrollstrukturen zur Steuerung des Programmablaufs. Der nachfolgende Abschnitt enthält eine kurze Übersicht über die für diese Zwecke in VBScript verfügbaren Anweisungen.

If ... Then

Die *If*-Anweisung lässt sich benutzen, um eine einfache Verzweigung oder eine Anweisung aufgrund eines Vergleichs durchzuführen. Die Anweisung:

```
If a > 100 Then a = 100
```

setzt die Variable *a* auf den Wert 100 zurück, falls dieser größer als 100 war. Mit der folgenden Sequenz:

```
If a > 100 Then
 a = 100
 b = 20
End If
```

erreichen Sie, dass der Wert der Variablen *a* überprüft wird. Ist der Wert größer als 100, werden die Anweisungen zwischen *If .. Then* und *End If* ausgeführt. Trifft die Bedingung nicht zu, wird das Programm hinter der *End If*-Zeile fortgesetzt.

If ... Then ... Else

Diese Variante der *If*-Anweisung lässt sich benutzen, um zwei Blöcke mit zu verarbeitenden Anweisungen zu definieren. Die Sequenz:

```
If a > 100 Then
 a = 100
 b = 20
Else
 a = a + 10
 b = a \ 10
End If
```

überprüft den Wert der Variablen *a*. Ist der Wert größer als 100, werden die Anweisungen zwischen *If .. Then* und *Else* ausgeführt. Trifft die Bedingung nicht zu, werden die Anweisungen zwischen *Else* und *End If* bearbeitet.

If ... Then ... ElseIf

Diese Variante der *If*-Anweisung erlaubt eine Schachtelung mehrerer *If*-Blöcke. Die folgende Sequenz wendet diese Konstruktion an:

```
If a = 1 Then
 b = 100
 c = 20
ElseIf a = 2 Then
 b = 200
 c = 40
ElseIf a = 3 Then
 b = 300
 c = 60
End If
```

Hier wird die Variable *a* auf verschiedene Werte überprüft. Liefert ein Vergleich den Wert *true*, werden die Bedingungen zwischen *ElseIf* und der nächsten *ElseIf*- oder *End If*-Anweisung ausgeführt.

HINWEIS: Diese Art der Abfrage ist aber sehr undurchsichtig und fehlerträchtig. Sie sollten daher die *Select Case*-Anweisung vorziehen.

Select Case

Mit dieser Anweisung können Sie eine Variable auf mehrere Werte überprüfen und in Abhängigkeit vom Wert bestimmte Anweisungsblöcke formulieren. Die folgende Sequenz wendet diese Konstruktion an:

```
Select Case a
 Case 1
```

```
  b = 100
  c = 20
 Case 2
  b = 200
  c = 40
 Case 3
  b = 300
  c = 60
 Case Else
  b = 0
  c = 0
  a = 1
End Select
```

Hier wird die Variable *a* ebenfalls ausgewertet. Die nachfolgenden *Case*-Anweisungen geben den zu überprüfenden Wert vor. Trifft die Bedingung zu, werden die Anweisungen hinter der *Case*-Anweisung bis zur nächsten *Case*-Anweisung ausgeführt. Trifft keine der Abfragen zu, wird der (optionale) *Case Else*-Zweig ausgeführt.

HINWEIS: Die *Select Case*-Anweisung eignet sich sehr gut, um mehrfache Vergleiche auf einen bestimmten Wert durchzuführen. Der Code bleibt trotz der vielen Abfragen übersichtlich.

Schleifen

Schleifen erlauben die wiederholte Ausführung bestimmter Anweisungen innerhalb der VB-Script-Programme. Der nachfolgende Abschnitt enthält eine kurze Übersicht über die für diese Zwecke in VBScript verfügbaren Anweisungen.

Do While ... Loop

Die *Do While*-Anweisung erzeugt eine Schleife, die in Abhängigkeit von einer am Schleifenanfang ausgewerteten Bedingung die Anweisungen des Blocks ausführt oder überspringt. Die Anweisungen der Schleife werden ausgeführt, wenn die Bedingung den Wert *true* liefert. Die folgende Sequenz zeigt den Einsatz dieser Anweisung:

```
a = 1
Do While a < 10
 a = a +1

Loop
```

In dieser Schleife wird beim Eintritt die Bedingung *a < 10* geprüft. Solange diese erfüllt ist, führt das System die Anweisungen bis zum *Loop*-Statement aus. Danach wird die Bedingung am Schleifenanfang erneut geprüft. Trifft die Bedingung nicht mehr zu, führt VBScript den auf die *Loop*-Anweisung folgenden Befehl aus.

HINWEIS: Die Bedingung am Schleifenanfang muss die Werte *false* oder *true* liefern, damit die Schleife ausgeführt und irgendwann beendet wird.

Do Until ... Loop

Die *Do Until*-Anweisung erzeugt eine Schleife, die beim Eintritt in die Schleife überprüft wird. Ist die Bedingung falsch (*false*), wird die Schleife ausgeführt. Die Schleife wird unterbrochen, sobald die Bedingung wahr (*true*) wird. Die folgende Sequenz zeigt den Einsatz dieser Anweisung:

```
a = 1
Do Until a > 10
 a = a +1

Loop
```

In dieser Schleife wird beim Eintritt die Bedingung *a > 10* geprüft. Solange die Bedingung *nicht* erfüllt ist, führt das System die Anweisungen bis zum *Loop*-Statement aus. Danach wird die Bedingung am Schleifenanfang erneut geprüft. Trifft die Bedingung zu, führt VBScript den auf die *Loop*-Anweisung folgenden Befehl aus.

Do ... Loop While

Mit *Do ... Loop While* lässt sich eine Schleife erzeugen, die erst am Schleifenende überprüft wird. Ist die Bedingung *true*, wird die Schleife weiter ausgeführt. Die Schleife wird unterbrochen, sobald die Bedingung *false* wird. Die folgende Sequenz zeigt den Einsatz dieser Anweisung:

```
a = 1
Do
 a = a +1

Loop While a < 10
```

In dieser Schleife wird am Ende die Bedingung *a < 10* geprüft. Solange die Bedingung erfüllt ist, führt das System die Anweisungen zwischen *Do* und *Loop* aus. Danach wird die Bedingung am Schleifenanfang erneut geprüft. Trifft die Bedingung nicht mehr zu, führt VBScript den auf die *Loop*-Anweisung folgenden Befehl aus.

Do ... Loop Until

Mit *Do ... Loop Until* lässt sich eine Schleife erzeugen, die erst am Schleifenende überprüft wird. Ist die Bedingung *false*, wird die Schleife weiter ausgeführt. Die Schleife wird unterbrochen, sobald die Bedingung *true* wird. Die folgende Sequenz zeigt den Einsatz dieser Anweisung:

```
a = 1
Do
 a = a +1

Loop Until a > 10
```

In dieser Schleife wird am Ende die Bedingung *a > 10* geprüft. Solange die Bedingung *nicht* erfüllt ist, führt das System die Anweisungen bis zum *Loop*-Statement aus. Danach wird die Bedingung am Schleifenanfang erneut geprüft. Trifft die Bedingung zu, führt VBScript den auf die *Loop*-Anweisung folgenden Befehl aus.

Exit Do

Die Anweisung *Exit Do* lässt sich in alle *Do*-Schleifen einsetzen, um die Schleife direkt abzubrechen. Erreicht der Interpreter diese Anweisung, beendet er die Schleife und setzt die Programmausführung mit jener Anweisung fort, die auf das Schleifenende folgt.

For ... Next

Mit einer *For*-Schleife lässt sich eine vordefinierte Anzahl an Durchläufen erzeugen. Die Anweisungen innerhalb des *For ... Next*-Blocks werden bei jedem Durchlauf ausgeführt. Die folgende Sequenz zeigt den Einsatz dieser Anweisung:

```
For i = 1 To 10
 a = a +1
Next
```

Diese Schleife wird 10-mal durchlaufen. Der Wert *i* gibt dabei den Schleifenindex an.

HINWEIS: Die Schrittweite in der Schleife wird standardmäßig auf 1 gesetzt. Sie können aber die Variante *For i = start To ende Step x* wählen, wobei der Wert *x* für die Schrittweite steht.

WICHTIG: VB oder VBA-Programmierer werden häufig über eine VBScript-Einschränkung stolpern (zumindest geht es dem Autor so). Üblicherweise gibt man hinter *Next* den Namen der Schleifenvariable an, um die Lesbarkeit des Programms zu erhöhen. Bei VBScript wird der Name der Schleifenvariable hinter der *Next*-Anweisung nicht akzeptiert. Der Interpreter löst einen Fehler aus!

For Each ... Next

Mit einer *For Each*-Schleife lässt sich eine Auflistung (Collection) oder ein Feld (Array) bearbeiten. Die Schleife wird für jedes Element der Auflistung oder des Feldes durchlaufen. Die folgende Sequenz zeigt den Einsatz dieser Anweisung für den Zugriff auf eine Auflistung:

```
For Each x In Worksheets
...
Next
```

Exit For

Die Anweisung *Exit For* lässt sich in alle *For*-Schleifen einsetzen, um die Schleife vorzeitig zu beenden. Erreicht der Interpreter diese Anweisung, beendet er die Schleife und setzt die Programmausführung mit jener Anweisung fort, die hinter *Next* folgt.

While ... Wend

Mit einer *While ... Wend*-Schleife können Sie eine Folge von Anweisungen wiederholt bearbeiten. Die Schleife wird beendet, sobald die Eingangsbedingung falsch wird. Die folgende Sequenz zeigt den Einsatz dieser Anweisung:

```
Dim zahl
Zahl = 1
While Zahl < 10
```

```
 Zahl = Zahl + 1
...
Wend
```

Die obige Schleife wird so lange durchlaufen, bis der Wert der Variablen *Zahl* den Wert 10 erreicht. Mit der *Do ... Loop*-Anweisungen können Sie aber die gleichen Effekte erreichen. Daher wird die *While ... Wend*-Konstruktion kaum noch eingesetzt.

Prozeduren und Funktionen

In VBScript können Sie sowohl vordefinierte Prozeduren und Funktionen aufrufen als auch eigene Funktionen und Prozeduren definieren. Nachfolgend erfahren Sie, was in VBScript beim Erstellen von Prozeduren und Funktionen zu beachten ist.

Funktionen

Verwenden Sie Funktionen, falls nur ein einziger Wert als Ergebnis an das rufende Programm zurückgegeben wird. Eine Funktion wird mit den Anweisungen:

```
Function Name (Argumente)
...
 Name = xxx
End Function
```

definiert. Der Rückgabewert muss dem Funktionsnamen explizit innerhalb der Funktion zugewiesen werden. In VBScript liefern die Funktionen immer einen Wert vom Datentyp *Variant* zurück. In den Klammern lassen sich die Parameter (d.h. Argumente) für den Funktionsaufruf übergeben. Das folgende Listing verdeutlicht den Einsatz einer Funktion in VBScript.

```
'************************************************
' File:   Function.vbs (WSH-Beispiel in VBScript)
' Autor:  (c) Günter Born
'
' Zweck: Zeigt den Einsatz einer Funktion.
'************************************************
Dim i, j

j = 0

 For i = 1 to 10   ' Versuche 10 Durchläufe
  j = addiere (i, j)  ' Addiere per Funktion
 Next

 WScript.Echo "Ergebnis: ", j

Function addiere (wert1, wert2)
 addiere = wert1 + wert2
End Function
'*** Ende
```

Listing 3.4: *Beispiel für eine Funktion*

In diesem Beispiel wird die Funktion *addiere* vereinbart, die zwei Parameter *wert1* und *wert2* erwartet. Diese Parameter werden innerhalb der Funktion addiert und an das rufende Programm zurückgegeben. Dies erfolgt durch eine einfache Zuweisung innerhalb der Funktion:

```
addiere = wert1 + wert2
```

Mit *addiere* ist der Funktionsname gemeint, an den das Ergebnis der Funktion zugewiesen wird. Die Funktion wird beendet, sobald die Anweisung *End Function* erreicht wird.

HINWEIS: Sie haben in VBScript aber zusätzlich die Möglichkeit, eine *Exit Function*-Anweisung einzubauen. Dann wird die Funktion bei Erreichen dieser Anweisung vorzeitig beendet.

Der Aufruf einer Funktion erfolgt wie der Zugriff auf eine der internen VBScript-Funktionen. Sie geben den Funktionsnamen sowie die benötigten Parameter auf der rechten Seite einer Zuweisung an. In obigem Listing 3.4 ist dies die Anweisung:

```
j = addiere (i, j)
```

Mit diesem Ansatz können Sie den VBScript-Funktionsumfang sehr elegant erweitern. Nehmen wir an, Sie müssen häufiger die Berechnung von Bruttopreisen einschließlich Mehrwertsteuer vornehmen. Dann können Sie sich eine Funktion *Brutto* mit folgenden Anweisungen erstellen:

```
Function Brutto(Netto, MwSt) ' Ermittle Bruttobetrag
 Brutto = Netto * (1.0 + MwSt/100.0)
End Function
```

***Listing 3.5:** Funktion zur Ermittlung des Bruttobetrags*

Der Mehrwertsteuersatz lässt sich dann direkt als Prozentwert an die Funktion übergeben. Um die Funktion in einer Anweisung zu verwenden, geben Sie nur noch den Namen sowie die Argumente an.

```
Netto = 10.0
MwSt = 16.0
Preis = Brutto (Netto, MwSt)
Preis1 = Brutto (100.0, 16.0)
```

Die obigen Anweisungen zeigen, dass Sie als Argumente sowohl Konstanten als auch Variablen verwenden dürfen.

Gültigkeit von Funktionen

An dieser Stelle möchte ich Ihnen noch einige Hinweise zur Gültigkeit von Funktionen geben. Sofern Sie die Funktion gemäß der obigen Beschreibung deklarieren, ist der Funktionsname innerhalb des kompletten Skripts gültig. Sie haben aber die Möglichkeit, die Gültigkeit durch Voranstellen der Schlüsselwörter:

```
Public Function xxx ()
Private Function xxx ()
```

explizit festzulegen. Mit *Private* erreichen Sie, dass die Funktion nur innerhalb des Skripts gültig ist. *Public* vereinbart dagegen eine Gültigkeit, die über das Skript bzw. Modul hinausgeht.

HINWEIS: Auf den ersten Blick ist diese Gültigkeitsbetrachtung für WSH-Skripte nicht relevant. Die Schlüsselwörter benötigen Sie aber, wenn Sie VBScript in einem HTML-Dokument verwenden, welches mehrere *<script>* ...*</script>*-Blöcke aufweist. Sie können beispielsweise aus WSH-Skripten auf solche *Public*-Funktionen in einem HTML-Skript zugreifen. Daher habe ich die obigen Erläuterung an dieser Stelle mitaufgenommen.

WICHTIG: Sie können keine Funktion innerhalb einer anderen Funktion oder Prozedur definieren. Der Code muss daher auf der Ebene des Skripts erstellt werden. Weiterhin ist zu beachten, dass lokale Variablen innerhalb der Funktion nur während des Funktionsaufrufs Gültigkeit haben.

Funktionsargumente mit ByRef/ByVal übergeben

Beim Funktionsaufruf können Sie die Argumente mittels Call by Value oder mittels Call by Reference übergeben. Dies kann durch die Schlüsselwörter *ByVal* bzw. *ByRef* erfolgen:

```
Public Function Brutto(ByRef Netto, ByVal MwSt) ' Ermittle Bruttobetrag
 Brutto = Netto * (1.0 + MwSt/100.0)
End Function
```

Findet der Interpreter die Angabe *ByVal*, wird lediglich der Wert des Arguments an die Funktion übergeben. Verwenden Sie dagegen *ByRef*, erhält die Funktion eine Adresse des Arguments als Parameter (siehe auch die folgenden Abschnitte).

Interne Funktionen

VBScript ist mit einer ganzen Reihe interner Funktionen ausgestattet. Sie können diese Funktionen wie selbst definierte Funktion verwenden, um bestimmte Operationen auszuführen. Mit der Anweisung:

```
i = Asc ("A")
```

weisen Sie beispielsweise der Variablen *i* den ANSI-Code des Zeichens *A* zu. Dies wird durch die interne Funktion *Asc* erreicht.

HINWEIS: Weitere Informationen zu Funktionen (und insbesondere zu den internen Funktionen) finden Sie in der VBScript-Sprachreferenz auf der Begleit-CD-ROM.

Prozeduren

Neben den Funktionen sind Prozeduren die Hauptbestandteile der VBScript-Anwendungen. Prozeduren werden in der Form:

```
Sub Name (Parameter)
...
End Sub
```

innerhalb eines Skripts definiert. Eine Prozedur liefert im Gegensatz zu einer Funktion keinen Rückgabewert zurück. Um Variablenwerte mit der Prozedur auszutauschen, haben Sie mehrere Möglichkeiten:

- Sie deklarieren die Variablen auf Skriptebene. Dadurch sind diese Variablen global, also auch innerhalb der Prozedur gültig.

- Sie übergeben die Variable als Parameter an die Prozedur. Hierbei wird noch unterschieden, ob die geänderten Werte im rufenden Programm wirksam werden.

Die folgende Codesequenz zeigt den Einsatz einer Prozedur zur Berechnung der Bruttopreise.

```
'*********************************************
' File:   Prozedur.vbs (WSH-Beispiel in VBScript)
' Autor:  (c) Günter Born
'
' Zweck: Zeigt den Einsatz einer Prozedur.
'*********************************************
Dim Preis, Netto, MwSt

MwSt = 16.0
Netto = 100.0

Brutto Netto, MwSt
WScript.Echo "Ergebnis: ", Preis

Sub Brutto (net, tax)
 Preis = net * (1.0 + (tax/100.0))
End Sub
'*** Ende
```

Listing 3.6: *Einsatz einer Prozedur*

Hier werden gleich mehrere Techniken demonstriert. Auf der Skriptebene werden die globalen Variablen definiert. Diese lassen sich folglich innerhalb der Prozedur nutzen, was bei der Variablen *Preis* recht hilfreich ist. Diese wird in der Prozedur direkt verändert. Weiterhin erwartet die Prozedur zwei Parameter, die beim Aufruf mit übergeben werden. Beachten Sie die Syntax des Prozeduraufrufs. Es ist der Name gefolgt von den durch Kommas getrennten Parametern anzugeben. Eine Zuweisung wie bei einer Funktion ist nicht zulässig.

WICHTIG: Die *Call*-Anweisung ist beim Prozeduraufruf nicht erforderlich. Verwenden Sie dieses Schlüsselwort, müssen Sie beim Prozeduraufruf die Parameter in Klammern setzen. Die Anweisung *Call Brutto (100.0, 0.16)* entspricht funktional dem Aufruf *Brutto 100.0, 0.16*.

HINWEIS: Genau wie bei Funktionen können Sie einer Prozedur noch die Schlüsselwörter *Public* und *Private* in der Deklaration voranstellen, um die Gültigkeit über die Skriptebene hinaus zu beeinflussen.

Anmerkungen zur Parameterübergabe (ByRef, ByVal)

Beim Aufruf von Funktionen und Prozeduren sind die Parameter in der rufenden Prozedur durch Kommas getrennt anzugeben. Die Parameter stellen für die Prozedur eine Art lokale Variable dar. Hierbei werden nicht die Werte der Variablen, sondern deren Adressen an die Prozedur übergeben. Dies erlaubt es, die Werte der Parameter in der Prozedur zu verändern. Diese Veränderungen werden unter Umständen auch im rufenden Programm wirksam.

In obigem Listing wurde die Variable *Preis* auf Skriptebene vereinbart, damit der berechnete Wert aus der Prozedur an das Skript zurückgegeben werden kann. Dies ist aber nicht erforderlich, wie der nachfolgende leicht modifizierte Code zeigt.

```
'************************************************
' File:   Prozedur1.vbs (WSH-Beispiel in VBScript)
' Autor:  (c) Günter Born
'
' Zweck: Zeigt den Einsatz einer Prozedur.
'************************************************
Dim Preis, Netto, MwSt

MwSt = 16.0
Netto = 100.0

Call Brutto (Preis, Netto, MwSt)
WScript.Echo "Ergebnis: ", Preis

Sub Brutto (pris, net, tax)
 pris = net * (1.0 + (tax/100.0))
End Sub
'*** Ende
```

***Listing 3.7:** Modifizierter Prozeduraufruf*

Beim Prozeduraufruf wird als zusätzlicher Parameter die Variable *Preis* mit angegeben. Dieser Parameter wird innerhalb der Prozedurdefinition von *Brutto* als *Pris* vereinbart. Verändert die Prozedur *Brutto* den Wert für *Preis*, wirkt sich dies auf die beim Aufruf der Prozedur als Parameter angegebene Variable *Preis* aus. In der Folge kann das rufende Programm direkt das in der Prozedur berechnete Ergebnis auswerten. Die Definition globaler Variablen entfällt. In diesem Beispiel wurde weiterhin die *Call*-Anweisung zur Demonstration verwendet. Diese hat aber keinen Einfluss auf die Funktion der Prozedur.

HINWEIS: Sie finden das Programm *Prozedur1.vbs* im Ordner *\Beisp\Kap03* auf der Begleit-CD-ROM.

Diese Art der Parameterübergabe an Prozeduren ist in VBScript Standard und wird als *Call by Reference* bezeichnet. Der Interpreter übergibt die Adresse der jeweiligen Variablen an die Prozedur. Diese kann über die Adresse direkt den Wert der betreffenden Variablen manipulieren. Die Übergabe als Referenz lässt sich durch das Schlüsselwort *ByRef* innerhalb der Prozedurdefinition auch explizit angeben.

In verschiedenen Fällen ist es jedoch unerwünscht, wenn eine Prozedur die übergebenen Parameter ändert und sich dies auf Variable im rufenden Programm auswirkt (dies kann beim Aufruf externer DLL-Routinen sogar »tödlich« sein). In obigem Beispiel müssen die beiden Parameter *net* und *tax* nicht durch die Prozedur verändert werden. Um zu verhindern, dass sich Änderungen im rufenden Programm auswirken, können Sie in VBScript die Übergabe der Parameter als Wert vereinbaren. Dies wurde in folgendem Beispiel genutzt.

```
'************************************************
' File:   Prozedur2.vbs (WSH-Beispiel in VBScript)
' Autor:  (c) Günter Born
'
' Zweck: Zeigt den Einsatz von Call-by-Value an einer Prozedur.
'************************************************
Dim Preis, Netto, MwSt

MwSt = 16.0
Netto = 100.0
```

```
Call Brutto (Preis, Netto, MwSt)
WScript.Echo "Ergebnis: ", Preis, " MwSt: ", MwSt

Sub Brutto (ByRef pris, ByVal net, ByVal tax)
 pris = net * (1.0 + (tax/100.0))
 tax = 17.0
End Sub
'*** Ende
```

Listing 3.8: *Parameterübergabe mit ByVal*

Hier wurde innerhalb der Deklaration jeweils angegeben, ob der Parameter *ByVal* oder *ByRef* zu übergeben ist. *Preis* wird als Referenz übergeben, während *net* und *tax* als Werte der gerufenen Prozedur zur Verfügung gestellt werden. Änderungen an *net* oder *tax* dürften sich daher auf das rufende Programm nicht mehr auswirken. Zur Überprüfung wird innerhalb der Prozedur der Wert des Parameters *tax* verändert. Gemäß der Definition *ByVal* in der Parameterdeklaration sollte sich dies nicht auf das rufende Programm auswirken. Der Aufruf erfolgt mit der Anweisung:

```
Call Brutto(Preis, Netto, MwSt)
```

Aber das Programm verhält sich jetzt anders. Während das Ergebnis im Parameter *Preis* zurückgegeben wird, bleibt der ursprünglichen Wert von *tax* erhalten. Sie sehen dies, sobald Sie das Beispiel ausführen.

HINWEIS: Den Beispielcode für *Prozedur2.vbs* finden Sie im Ordner *\Beisp\Kap03* auf der Begleit-CD-ROM.

WICHTIG: Beachten Sie, dass VBScript verschiedene aus VB und VBScript bekannte Konstruktionen wie *On Error Goto* nicht unterstützt! Es wird lediglich die *On Error Resume Next*-Anweisung unterstützt. Auf diesen Sachverhalt komme ich später noch zurück. Sie finden eine Übersicht über die fehlenden Konstrukte in der VBScript-Referenz.

Eine Falle bei VBScript-Prozeduraufrufen

An dieser Stelle möchte ich noch auf einen häufig beim Aufruf von Prozeduren gemachten Fehler zu sprechen kommen (der Fehler unterläuft mir auch gelegentlich). In VBScript dürfen Parameter einer Prozedur nicht in Klammern eingefasst werden (es sei denn, Sie arbeiten mit *Call*). Der folgende Code enthält drei Prozeduraufrufe:

```
'************************************************
' File:   WSHDemo4.vbs (VBScript WSH)
' Autor:  (c) G. Born
'
' Demonstriert die Verwendung von Prozeduren in VBScript.
'************************************************
Option Explicit
Dim x, y

Sub Test (x, y)
 x = x + y
End Sub

x = 10
```

```
y = 20
' Prozedur Test aufrufen
Test (x, y)      ' illegal
WScript.Echo "x= " & x

Test x, y        ' ok
WScript.Echo "x = " & x

Call Test (x, y) ' gültig
WScript.Echo "x " & x
' Ende
```

Listing 3.9: *Test von Prozeduraufrufen*

Test ist als Prozedur mit zwei Parametern definiert. Innerhalb der Prozedur werden die Werte der Parameter addiert und das Ergebnis wird im ersten Parameter an die rufende Routine zurückgegeben. Dies funktioniert, da beide Parameter als Referenz übergeben werden.

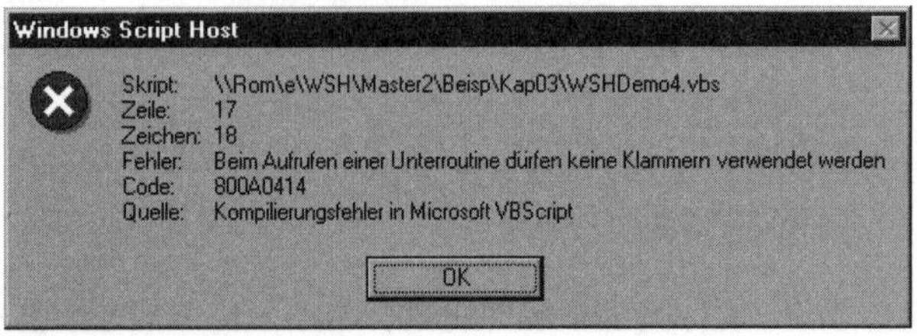

Abbildung 3.3: *Fehler beim Prozeduraufruf*

Ein gültiger Prozeduraufruf muss dann als:

```
Test x, y
```

geschrieben werden, d.h. es werden (im Gegensatz zu JScript) keine Klammern verwendet. Dummerweise passiert es aber häufiger, dass der Programmierer den Prozeduraufruf folgendermaßen schreibt:

```
Test (x, y)
```

Dieser Versuch endet bei unserem Beispielprogramm mit der Fehlermeldung aus Abbildung 3.3, die Script-Engine meldet einen Fehler beim Prozeduraufruf. Möchten Sie Klammern beim Prozeduraufruf verwenden, müssen Sie den *Call*-Präfix einsetzen:

```
Call Test (x, y)
```

So weit, so gut. Leider gibt es eine Falle, wo die irrtümlich gesetzten Klammern nicht auffallen und zu fehlerhaften Ergebnissen führen. Dies wird in folgendem Listing demonstriert.

```
'************************************************
' Datei:  WSHDemo5.vbs (VBScript WSH)
' Autor:  (c) G. Born
'
' Demonstriert den Aufruf einer Prozedur in VBScript.
'************************************************
```

```
Option Explicit
Dim x

Sub Test (x)
 x = x + 1
End Sub

x = 10
' Prozedur Test aufrufen
Test(x)        ' illegal, falsches Ergebnis
WScript.Echo "x = " & x

Test x         ' Ok
WScript.Echo "x = " & x
WScript.Quit
' Ende
```

Listing 3.10: *Aufruf einer Prozedur mit Klammern*

Das Programm enthält die Prozedur *Test*, die nur einen Parameter verwendet. Der übergebene Wert wird um 1 erhöht und zurückgegeben. Mit dem Wert *x= 10* sollte die Prozedur:

```
Test x
```

das Ergebnis *11* zurückgeben. Bei der Skriptausführung ergeben sich aber seltsame Resultate. Der erste Aufruf:

```
Test (x)
```

führt trotz der Klammer um den Parameter zu keiner Fehlermeldung, liefert aber das Ergebnis 10 statt 11 zurück. VBScript wertet den Inhalt der Klammer als Ausdruck aus und übergibt dann den Wert (statt der Adresse der Variablen *x*) an die Prozedur (dies ist ein By-Design-Verhalten). Folglich kann die Prozedur keinen Wert über die Adresse des Parameters zurückliefern. Als Folge bleibt *x* auf dem Wert 10. Zur Vermeidung dieser Problematik sollten Sie daher Parameter bei Prozeduraufrufen niemals in Klammern setzen, während Funktionen diese Klammern zwingend erfordern. Das Beispielprogramm *WSHTest5.vbs* finden Sie im Ordner *\Beisp\Kap03* auf der Begleit-CD-ROM.

VBScript-Erweiterungen

Mit VBScript 5.0 führte Microsoft einige Erweiterungen ein, die kurz skizziert werden sollen. Zusätzlich finden Sie nachfolgend Hinweise zur Behandlung von Laufzeitfehlern.

Fehlerbehandlung

Laufzeitfehler in einem Skript sind fatal, wird doch ein Fehlerdialog angezeigt und das Skript anschließend beendet. Sie können dieses Verhalten aber durch die folgende Anweisung beeinflussen:

```
On Error Resume Next
```

Die Anweisung bewirkt, dass die VBScript-Sprach-Engine nach einem Laufzeitfehler die Folgeanweisung ausführt. Sie können in der Folgezeile dann den Fehlercode über das *Err*-Objekt prüfen.

HINWEIS: Die Fehlerbehandlung ist immer auf die Prozedurebene bezogen. Löst ein Skript in einer Prozedur einen Fehler aus, prüft VBScript, ob auf dieser Ebene eine Fehlerbehandlung implementiert ist. Ist dies nicht der Fall, geht die Kontrolle eine Ebene tiefer (zur rufenden Prozedur). Gibt es dort ebenfalls keine Fehlerbehandlung, wird die Kontrolle wiederum eine Ebene tiefer übergeben. Dies setzt sich so lange fort, bis entweder die unterste Modulebene erreicht ist oder Code zur Laufzeitfehlerbehandlung gefunden wird. Fehlt die *On Error*-Anweisung, wird die Kontrolle auf der Hauptebene an die interne VBScript-Laufzeitfehlerbehandlung übergeben. Diese zeigt dann den Fehlerdialog an und bricht das Skript ab. Sie können daher die *On Error*-Anweisung auf jeder Ebene des Skripts (also auch in Prozeduren) einbauen.

WICHTIG: Um die Behandlung von Laufzeitfehlern im Skript wieder abzuschalten, verwenden Sie die Anweisung:

```
On Error GoTo 0
```

Diese Anweisung sollte möglichst schnell im Programmcode folgen, da sonst unerwartete Effekte auftreten können. So setzt OnError Resume Next die Erkennung nicht deklarierter Variablen bei Optionen Explicit außer Kraft (der durch die Variable ausgelöste Laufzeitfehler wird ja abgefangen!).

Das Beispielprogramm *RunTimeError.vbs* im Ordner *\Beisp\Kap03* demonstriert, wie Sie eine Fehlerbehandlung in einem VBScript-Skript realisieren können. Das Programm verwendet zwei Prozeduren: *Test1* und *Test2*. *Test1* enthält keine Behandlung von Laufzeitfehlern, so dass ein Fehler eine Rückkehr zum rufenden Programm bewirkt. Laufzeitfehler lassen sich mit:

```
Err.Raise 6
```

simulieren. Details sind dem Programm zu entnehmen.

Reguläre Ausdrücke (VBScript 5.1)

Ab Version 5.1 unterstützt VBScript auch reguläre Ausdrücke. Dies lässt sich zur Suche nach Mustern oder zum Austauschen von Texten verwenden. Die Unterstützung für reguläre Ausdrücke wird durch das Regular Expression-Objekt bereitgestellt. Dieses Objekt erzeugen Sie mit:

```
Set regEx = New RegExp
```

Anschließend enthält die Objektvariable *regEx* einen Verweis auf das Regular Expression-Objekt, dessen Methoden Sie anschließend nutzen können. Ein Beispiel: In einem Text soll der Buchstabe »b« gefunden werden. Hierzu muss die Eigenschaft *Pattern* gesetzt werden:

```
regEx.Pattern = "b"
```

Hier wird das zu suchende Zeichen der Eigenschaft zugewiesen, als Name kommt der Name der Objektvariablen zum Einsatz. Im zweiten Schritt muss noch festgelegt werden, ob Groß-/Kleinbuchstaben berücksichtigt werden sollen. Hierzu kann die *IgnoreCase*-Eigenschaft auf *true* oder *false* gesetzt werden. Die Anweisung:

```
regEx.IgnoreCase = True
```

schaltet die Unterscheidung für Groß-/Kleinschreibung ab. Die Eigenschaft *Global* definiert, ob das Muster in der gesamten Zeichenkette gesucht werden soll. Für unseren Zweck wird der Wert auf *true* gesetzt:

```
regEx.Global = True
```

Anschließend können Methoden des Objekts wie Prozeduren aufgerufen werden. Das Objekt unterstützt folgende Methoden:

- **Test:** Führt eine Suche mit dem regulären Ausdruck aus und liefert einen *Boolean*-Wert zurück, der angibt, ob ein Muster gefunden wurde. Die Methode benutzt die Syntax *object.Test(string)*, wobei *string* die Zeichenkette ist, in der die Suche stattfinden soll.
- **Execute:** Führt eine Suche mit regulärem Ausdruck in einer Zeichenkette aus. Es gilt die Syntax *object.Execute(string)*, wobei *string* die Zeichenkette ist, in der die Suche stattfinden soll.
- **Replace:** Ersetzt Muster im Text durch den regulären Ausdruck. Es gilt die Syntax *object.Replace(string1, string2). String1* ist die Zeichenkette, in der die Ersetzungen vorzunehmen sind, *string2* enthält den Ersetzungstext.

Details hinsichtlich der Anwendung der Methoden und Eigenschaften liefert die VBScript-Hilfe. Das folgende Listing demonstriert die Anwendung eines *RegExp*-Objekts:

```
'************************************************
' Datei:  RegExpression.vbs  (VBScript WSH)
' Autor:  G. Born
'
' Demonstriert die Anwendung regulärer Ausdrücke.
'************************************************
Option Explicit
Const Test = "The big brown fox jumps over the lazy dog..."

Function RegExpTest(patrn, strng)
  Dim regEx, Match, Matches' Variable anlegen
  Dim retStr                     ' Ergebnis
  Set regEx = New RegExp' Regulärer Ausdruck Objekt
  regEx.Pattern = patrn       ' Muster setzen
  regEx.IgnoreCase = True' Groß-/Kleinschreibung beachten
  regEx.Global = True         ' global anwenden
  Set Matches = regEx.Execute(strng)' Execute ausführen
  For Each Match in Matches' Treffer bearbeiten
    RetStr = RetStr & "Treffer gefunden an Position "
    RetStr = RetStr & Match.FirstIndex & ". Wert ist  '"
    RetStr = RetStr & Match.Value & "'." & vbCRLF
  Next
  RegExpTest = RetStr                ' Ergebnis zurückgeben
End Function

WScript.Echo RegExpTest("b.", Test)
' Ende
```

***Listing 3.11:** Anwendung eines regulären Ausdrucks*

Die Funktion *RegExpTest* wurde direkt der VBScript-Hilfe entnommen. Sie erzeugt ein Regular Expression-Objekt, setzt die Eigenschaften für das Suchmuster, die Groß-/Kleinschreibung und führt die *Execute*-Methode auf der Zeichenkette aus. Die Methode liefert eine Auflistung der gefundenen Textstellen in einer Objektvariablen zurück. Die Textstellen lassen sich in einer *For Each*-Schleife extrahieren.

```
For Each Match in Matches
...
Next
```

Die Schleife bearbeitet alle Einträge und fügt diese in einer Zeichenkettenvariable zusammen. Dieses Ergebnis wird von der Funktion zurückgeliefert. Das Hauptprogramm ruft die Funktion auf und zeigt die Ergebnisse in einem Dialogfeld an.

HINWEIS: Die Datei *RegExpression.vbs* finden Sie im Ordner *\Beisp\Kap03* auf der Begleit-CD-ROM.

Classes (VBScript 5.x)

Diese Neuerung erlaubt Ihnen, in Skripten intern Objekte mit VBScript anzulegen. Klassen lassen sich beispielsweise verwenden, um benutzerdefinierte Variablen mit Datenstrukturen zu definieren. In Visual Basic kann Folgendes definiert werden:

```
Private Type MyType
 MyName As String
 MyAge As String
End Type
```

Anschließend lässt sich über diesen Datentyp eine Variable erzeugen:

```
Dim customer As MyType
```

Die Variable *customer* hat die Mitglieder *customer.MyName* und *customer.MyAge*. Leider ist diese Definition in VBScript unzulässig. In VBScript 5.x können Sie aber eine Klassendefinition für diesen Zweck benutzen. Hier ein Beispiel: Kundendaten lassen sich durch Name, Adresse, Telefonnummer etc. beschreiben. Diese werden normalerweise in VBScript so definiert:

```
Dim Name, Strasse, Plz, Tel
```

Gibt es neben Kunden noch Lieferanten, müssen Sie einen zweiten Variablensatz anlegen:

```
Dim sName, sStrasse, sPlz, sTel
```

Hier wurde der Buchstabe *s* vor die Variablennamen gestellt. Wäre es nicht eleganter, wenn es einen Datentyp *Kunden* geben würde, der dann neuen Variablen zugewiesen wird? Die folgenden Anweisungen definieren genau das unter Verwendung der neuen *Class*-Konstruktion:

```
Class MyType
 Dim Name
 Dim Strasse
 Dim Plz
```

```
 Dim Tel
End Class
```

Im Skript können Sie eine Instanz der Klasse *MyType* anlegen und der neuen Objektvariable *x* zuweisen:

```
Set customer = new MyType
```

Die Objektvariable *customer* erbt jetzt alle Mitglieder der Klasse (d.h. *Name, Strasse, Plz* und *Tel*). Die Telefonnummer lässt sich dann folgendermaßen setzen:

```
Customer.Tel = "0987-333444"
```

Der Vorteil wird sichtbar, falls Sie eine Variable für den Lieferanten benötigen. Mit:

```
Set supplier = new MyType
```

erzeugen Sie eine neue Instanz der Klasse *MyType*, die unterschiedliche Daten aufnehmen kann. Dies wird in folgendem Listing demonstriert, welches zwei Instanzen der Klasse anlegt und Werte zuweist.

```
'************************************************
' Datei:  ClassSample.vbs (WSH-Beispiel in VBScript)
' Autor: (c) Günter Born
'
' Demonstriert die Anwendung von Classes in
' VBScript 5.x.
'************************************************
Option Explicit

Dim customer, supplier

' Hier kommt die Class-Definition
Class MyType
 Dim Name
 Dim Str
 Dim Plz
 Dim Tel
End Class

' Variable customer
 Set customer = new MyType
' Werte zuweisen
 customer.Name = "Maria Braun "
 customer.Tel = "0123-45698"

' Neue Variable supplier
 Set supplier = new MyType
' Werte zuweisen
 supplier.Name = "Burger King"
 supplier.Tel = "0931-333444"
```

```
WScript.echo " Kunde:", customer.Name, _
              customer.Tel, vbCRLF, _
             "Lieferant:", supplier.Name, _
              supplier.Tel
' *** Ende
```

***Listing 3.12:** Arbeiten mit Klassen*

HINWEIS: Die Datei *ClassSample.vbs* finden Sie im Ordner *\Beisp\Kap03* auf der Begleit-CD-ROM. Die Datei *ClassSample1.vbs* zeigt ein weiteres Beispiel, wie sich eine Klasse erweitern lässt. Sie finden die Datei im gleichen Ordner.

With-Anweisung (VBScript 5.x)

Skripts stellen so etwas wie den Kleber zur Verwendung von Objekten und deren Methoden/Eigenschaften dar. Der Zugriff auf Methoden und Eigenschaften erfordert, dass der Objektname jeweils durch einen Punkt getrennt vorangestellt wird. Dies ist nachfolgend zu sehen:

```
Set regEx = New RegExp      ' Regular Expression erzeugen
regEx.Pattern = patrn
regEx.IgnoreCase = True
regEx.Global = True
```

Sobald die Objektinstanz erzeugt und der Objektvariablen *regEx* zugewiesen wurde, können Sie deren Methoden/Eigenschaften verwenden. In den Anweisungen taucht der Name *regEx* ständig auf. Dies bedeutet nicht nur Tippaufwand, auch die Sprach-Engine muss die Anweisungen ständig neu berechnen. Das *With*-Schlüsselwort erlaubt Ihnen, ein Objekt für eine Reihe von Anweisungen festzulegen. Der obige Code lässt sich also auch folgendermaßen schreiben:

```
Set regEx = New RegExp
With regEx
 .Pattern = patrn
 .IgnoreCase = True
 .Global = True
End With
```

Die VBScript-Sprache-Engine kann diese Anweisungen dann optimieren, was zu einer schnelleren Ausführung beiträgt. Diese Funktion wird aber erst ab VBScript 5.1 unterstützt.

An dieser Stelle möchte ich die Einführung in VBScript beenden. Sie finden die komplette VB-Script-Sprachreferenz auf der Begleit-CD-ROM im Ordner *\Infos\VBScript*.

4 Einführung in JScript

In diesem Kapitel erhalten Sie eine kurze Einführung in die Sprache JScript. Wer von JavaScript oder Java umsteigt, wird sich mit JScript sofort zurechtfinden.

- Lernen Sie, wie ein JScript-Programm aufgebaut ist und wie Sie mit Variablen oder Konstanten umgehen.
- Erfahren Sie, welche Konstrukte JScript zur Programmsteuerung bietet.
- Lesen Sie nach, wie Funktionen in JScript gehandhabt werden und was es sonst noch zu beachten gilt.

Mit diesen Informationen sollten Sie sehr schnell eigene Skripte erstellen können. Wer die Sprache JScript sehr gut beherrscht, kann dieses Kapitel problemlos übergehen.

Grundlagen und Hinweise

In diesem Abschnitt erhalten Sie einige grundsätzliche Hinweise zur Sprache sowie zu den Ursprüngen von JScript.

Was ist JScript?

JScript ist die Microsoft-Implementierung von ECMA 262 Script. ECMA steht als Abkürzung für European Computer Manufacturer. Diese Gruppe übernahm die herstellerübergreifende Standardisierung dessen, was von Netscape seinerzeit als JavaScript im Navigator (als »Subset« von Java) implementiert wurde. JavaScript stimmt daher weitgehend mit der ECMA 262-Spezifikation überein. Grob gesagt können Sie die Kenntnisse über die Sprache JavaScript für JScript-Programme nutzen, da lediglich einige Netscape-spezifische Anweisungen sowie bestimmte Objekte und Methoden im WSH entfallen. JScript stellt dabei eine vollständige Implementierung der ECMA 262-Spezifikation dar, die lediglich durch einige Verbesserungen im Hinblick auf die Funktionen des Microsoft Internet Explorers erweitert wurde. Diese Erweiterungen brauchen Sie in WSH-Programmen aber kaum zu berücksichtigen.

Bei JScript handelt es sich wie bei VBScript um eine interpretierte Sprache. Sie brauchen daher nur den Quellcode einzutippen und können die betreffende *.js*-Datei sofort im WSH ausführen. JScript ist (ähnlich wie C++ und Java) vollständig objektorientiert. Nachfolgend finden Sie einige Hinweise zur Gestaltung von JScript-Programmen.

Die Struktur eines JScript-Programms

Sofern Sie mit JScript oder JavaScript im Zusammenhang mit HTML-Dokumenten gearbeitet haben, hier die erste wichtige Neuerung: JScript-Programme besitzen im Gegensatz zu in HTML-Dokumenten eingebundenem JavaScript-Code keinerlei HTML-Tags. Vielmehr wird das komplette Skript in der *.js*-Datei in der JScript-Syntax hinterlegt. Das folgende Listing zeigt den typischen Aufbau eines JScript-Programms:

```
//************************************************
// File:   FehlerTest1.js
// Autor: (c) G. Born
// Sprache: JScript (WSH)
//
// Testbeispiel mit einem Fehler zum Test im Debugger.
//************************************************
// Windows Script ()

//###############################
debugger;     // Debugger starten
//###############################

var vbOKCancel = 1;        // Variablen vereinbaren
var vbInformation = 64;
var vbCancel = 2;

var L_Welcome_MsgBox_Message_Text   = "Testbeispiel";
var L_Welcome_MsgBox_Title_Text = "Borns Windows Scripting Host-Beispiel";

Welcome();    // Eingangsdialog zeigen

WScript.Echo("Das Beispiel wurde ausgeführt");

//////////////////////////////////////////////////////////////////////
//
// Welcome
//
function Welcome() {
    var WSHShell = WScript.CreateObject("WScript.Shell");
    var intDoIt;

    intDoIt =  WSHShell.Popup(L_Welcome_MsgBox_Message_Text,
                              0,
                              L_Welcome_MsgBox_Title_Text,
                              vbOKCancel + vbInformation );
    if (intDoIt == vbCancel) {
        WScript.Quit();
    }
}
//*** Ende
```

***Listing 4.1:** JScript-Programm*

Sofern Sie das vorherige Kapitel zu VBScript gelesen haben, ergeben sich einige Unterschiede, die ich kurz zusammenstellen möchte.

HINWEIS: Sie finden das obige Beispielprogramm *FehlerTest1.js* im Ordner *\Beisp\Kap04* auf der Begleit-CD-ROM. JScript-Programme lassen sich auch in HTML-Dokumente einbinden und im Internet Explorer ausführen. Es gibt aber geringfügige Abweichungen im Hinblick auf die zulässigen Funktionen zwischen JScript-Programmen im WSH und den JScript-Anweisungen in einem HTML-Dokument. So ist die komplette Ereignisverwaltung, die JScript-Skripte in HTML-Dokumenten unterstützen müssen, im WSH-Skript weitgehend ohne Bedeutung. Bei einem WSH-Skript treten solche Ereignisse wie das Anklicken einer Schaltfläche nicht auf. Hinweise zum Einbinden von JScript-Anweisungen in HTML-Dokumente sowie Beispiele finden Sie in dem im Literaturverzeichnis unter /6/ aufgeführten Titel.

Kommentare

Möchten Sie, dass JScript eine Zeile oder einen Teil einer Zeile nicht als Anweisung interpretiert? Dann müssen Sie diese Anweisung als Kommentar markieren. Kommentare werden in JScript durch zwei Slash-Zeichen eingeleitet.

```
// Dies ist ein Kommentar
WScript.Quit();   // Jetzt sind wir fertig ...
```

Ein Kommentar kann am Zeilenanfang oder hinter einer Anweisung folgen. Der Rest der Zeile wird dann vom Übersetzer/Interpreter ignoriert.

Hinweise zu JScript-Anweisungen

JScript-Anweisungen sind im Editor gemäß den jeweils geltenden Syntaxregeln einzugeben. Gegenüber VBScript und vielen anderen Programmiersprachen ergeben sich allerdings einige gravierende Abweichungen.

WICHTIG: Ganz wichtig: Da sich JScript stark an die Syntax von C anlehnt, müssen Sie im Programm auf die Schreibweise achten. Bei Funktionen und Variablen wird die Groß-/Kleinschreibung im Namen unterschieden. Es ist daher nicht egal, ob Sie beispielsweise eine Funktion mit *res = Born()* oder mit *res = born()* aufrufen. Gerade dieser Fehler wird beim Einstieg in die JScript-Programmentwicklung häufig gemacht.

Weiterhin sollte jede Anweisung in der Regel mit einem Semikolon (;) abgeschlossen werden. Einzige Ausnahme stellen Anweisungen dar, die vor einer schließenden Klammer (}) stehen, die das Blockende markiert sowie Kontrollanweisungen wie if, do etc. Die folgenden Zeilen enthalten einige gültige JScript-Anweisungen:

```
Wert = 10;
Wert = Wert + 10;
Mwst = 0.16;
```

TIPP: Dezimalzahlen sind im JScript-Code mit einem Punkt und nicht mit einem Komma anzugeben.

Fortsetzungszeilen

JScript kennt keine Zeichen für Fortsetzungszeilen. Durch den Abschluss einer Anweisung per Semikolon ist das Ende einer Anweisung eindeutig erkennbar. Daher dürfen Sie einen JScript-Befehl ggf. auf mehrere Zeilen aufteilen. Die folgenden Zeilen enthalten einen gültige JScript-Befehl:

```
WScript.Echo ("Hallo",
   "Du da ");
```

HINWEIS: Bei Zeichenketten in Fortsetzungszeilen müssen diese mit einem Anführungszeichen abgeschlossen und die Teilzeichenketten mit dem +-Zeichen verknüpft werden.

Mehrere Anweisungen pro Zeile

In VBScript ist der Doppelpunkt zur Trennung mehrerer in einer Zeile enthaltenen Anweisungen zulässig (siehe ▶ Kapitel 3). Dies funktioniert in JScript aber nicht. Vielmehr müssen Sie mehrere Anweisungen innerhalb einer Zeile mit Kommas trennen. Die folgende Sequenz:

```
var x = 15, y = 20;
WScript.Echo (x + y);
```

liefert den Wert 35 in einem Meldungsfeld. Aus Gründen der Übersichtlichkeit und Programmtransparenz sollten Sie aber (wie in VBScript) auf diese Konstruktion verzichten. Oder erkennen Sie beispielsweise sofort bei der Anweisung:

```
For (var i = 0; i <= 10; i++, j++)
```

den tieferen Sinn? Hier wird das Komma benutzt, um innerhalb des Schleifenkopfes zusätzlich die Variable *j* bei jedem Durchlauf zu erhöhen. Es ist aber sicherlich kein Problem, die Anweisung zum Erhöhen der Variable *j* in den Schleifenrumpf zu verlagern.

Konstanten

Konstanten sind Zahlen oder Zeichenketten, die in JScript-Programmen direkt in den betreffenden Anweisungen angegeben werden. JScript unterstützt verschiedene Möglichkeiten, um Konstanten direkt in Anweisungen anzugeben.

```
Ergebnis = 15 + 10;
Name = "Born";
Pi = 3.14;
```

Die erste Anweisung besitzt die beiden Konstanten 15 und 10, die hier addiert (es sind also Berechnungen in Anweisungen möglich) und der Variablen *Ergebnis* zugewiesen werden. In der zweiten Zeile wird die Textkonstante "*Born*" einer Variablen zugewiesen. Die letzte Zeile definiert ebenfalls eine Konstante mit dem Wert *3.14*.

HINWEIS: JScript kennt keine vordefinierten symbolische Konstanten wie VBScript. Möchten Sie mit symbolischen Konstanten (z.B. *vbOkOnly*) arbeiten, müssen Sie diese Konstanten als Variablen deklarieren.

Variablen

Variablen ermöglichen Ihnen, in JScript Werte unter einem Namen zu speichern und im Programm zu verwenden. Variablen müssen in JScript vor ihrer Verwendung zunächst deklariert werden. Dies kann implizit durch Zuweisung eines Werts zu einem Namen geschehen. Die folgenden Anweisungen nutzen dies:

```
Preis = 17;
MwSt = 16;
```

Eine gute Praxis ist es aber, die Variable über das Schlüsselwort *var* explizit zu deklarieren. Dies wird in den folgenden Zeilen genutzt:

```
var text;     // Variable ohne Initialisierungswert
var x = 19;
var Preis = 19;
var y = Math.sin(x);
var x += y;
var text = "Wert ";
```

Die erste Zeile definiert lediglich eine Variable, der noch kein Wert zugewiesen wird. In den restlichen Zeilen werden die Variablen vereinbart und gleichzeitig erhalten sie einen Initialisierungswert zugewiesen.

HINWEIS: Felder (Arrays) werden in JScript mit dem *new*-Operator angelegt (siehe auch den ▶ Abschnitt »Felder« am Ende dieses Kapitels). Beispielsweise erzeugt die Anweisung *var tage = new Array(6);* ein Feld mit sieben Einträgen. Anschließend lässt sich mit *tage[0] = "Montag";* ein Wert zuweisen.

Bemerkungen zur Gültigkeit von Variablen

Vielleicht fragen Sie sich, was die Unterscheidung bei der Variablendefinition im vorhergehenden Abschnitt soll? Warum soll ich denn eine Variable mit *var* definieren, wenn auch die Zuweisung eines Werts zu einem Namen ausreicht? Hier ein Argument, welches den kleinen, aber feinen Unterschied herausstellt: Die Art der Deklaration beeinflusst den Gültigkeitsbereich (Scope) einer Variablen. Der Scope bestimmt, wie Sie auf die Variable zugreifen können:

- Eine innerhalb einer Funktion mit *var* deklarierte Variable ist nur lokal innerhalb der Funktion gültig (z.B. *var summe = 0;*).
- Deklarieren Sie eine Variable innerhalb oder außerhalb einer Funktion durch eine einfache Wertzuweisung (z.B. *MwSt = 16;*), ist diese Variable global gültig, d.h. Sie können deren Wert im kompletten Skript verwenden.

Persönlich kann ich Ihnen daher folgende Tipps geben: Arbeiten Sie in Funktionen ausschließlich mit der *var*-Anweisung, um den Scope der Variablen zu begrenzen. Benötigen Sie global gültige Variablen, deklarieren Sie diese am Anfang des Skripts. Dies erleichtert auch die Wartung der betreffenden Programme, da Sie ggf. Konstanten leicht im Programmkopf anpassen können.

Variablennamen

JScript ist eine case-sensitive Programmiersprache, d.h. bei der Benennung von Variablen wird die Groß-/Kleinschreibung im Variablennamen unterschieden. Eine Variable *Born* ist daher nicht mit dem Namen *born* gleichzusetzen. Deshalb müssen Sie sich bei der Vergabe eines Variablennamens und bei dessen Benutzung peinlich genau an die Schreibweise halten. Zusätzlich sind die folgenden Regeln bei der Bestimmung des Variablennamens einzuhalten:

- Das erste Zeichen im Variablennamen muss ein Buchstabe, ein Unterstrich (_) oder ein Dollarzeichen ($) sein. Der Name *Born12* ist zulässig, während *123* keine gültige Variable darstellt, da sich dieser Name nicht von einer Zahl unterscheiden lässt.
- Die Folgezeichen im Variablennamen können Buchstaben, Ziffern, der Unterstrich oder das Dollarzeichen sein. Der Name darf aber keine Leerzeichen und keine Sonderzeichen wie Umlaute enthalten (z.B. enthält die Anweisung *Straßenname und Hausnummer* gleich zwei Fehler: mehrere Leerzeichen und das Sonderzeichen ß). Die Anweisung *Straßenname_und_Hausnummer= "Haferpfad 19"* definierte dagegen eine gültige Variable).

In JavaScript galt, dass ein Name nicht länger als 32 Zeichen sein sollte. In JScript darf ein Variablenname beliebig lang werden. Aus nahe liegenden Gründen sollten Sie aber Namen zwischen 8 und 15 Zeichen bevorzugen. Dies spart vor allem Tipparbeit und reduziert die Wahrscheinlichkeit, dass Schreibfehler auftreten.

Lassen Sie sich auch von der Regel für Programmierer leiten, die besagt, dass Sie sinnvolle Namen für die Variablen wählen sollten. Können Sie sich noch nach einem halben Jahr erinnern, was die Variable *X1* für einen Sinn hatte? Ach ja, es gibt noch eine Einschränkung hinsichtlich Ihrer Kreativität bei der Namensfindung: der Name für eine Variable darf nicht mit den reservierten JScript-Schlüsselwörtern übereinstimmen. Die folgende Tabelle enthält eine Liste reservierter Schlüsselwörter. Beim Vergleich mit der JScript-Hilfe werden Sie einige zusätzliche Schlüsselwörter finden. Diese sind JavaScript entlehnt. Es kann nicht schaden, wenn Sie diese Schlüsselwörter ebenfalls meiden.

abstract	enum	int	super
boolean	export	interface	switch
break	extends	long	synchronize
byte	false	native	this
case	final	new	throw
catch	finally	null	throws
char	float	package	transient
class	for	private	true
const	function	protected	typeof
continue	goto	public	try
debugger	if	return	var
default	implements	short	void
delete	import	static	while
do	in		with
double	instanceof		
else			

***Tabelle 4.1:** Reservierte Schlüsselwörter in JScript*

Die Namen *_pagecount* oder *Part9* sind zulässig, während *19Jahr* unzulässig ist, da der erste Buchstabe eine Ziffer enthält. Sobald Sie eine Variable ohne weitere Wertzuweisung deklarieren, wird diese zwar vom Interpreter eingerichtet, der Wert ist aber auf *undefined* gesetzt. Dies kann zu Problemen führen, wenn Sie eine solche Variable weiterverwenden:

```
var Faktor;                   // Wert noch undefiniert
var Preis = 100 * Faktor;     // Preis wird "auf NaN" gesetzt
```

Die beiden obigen Anweisungen verdeutlichen diesen Sachverhalt. Da die erste Variable *Faktor* undefiniert ist, weist der Interpreter der Variable *Preis* den Wert *NaN* zu. *NaN* steht hier für die Abkürzung »Not a Number«. Möchten Sie der Variablen bereits bei der Instantiierung einen Wert zuweisen, lässt sich dies in der Variablendeklaration vornehmen. Sie können dabei den speziellen Wert *null* oder einen anderen Wert zuweisen:

```
var fact1 = null;             // spezieller Wert
var note = 3 * fact1;         // Wert wird auf 0 gesetzt
```

Die Möglichkeit zum impliziten Deklarieren von Variablen bietet eine Fehlermöglichkeit. Sie können zwar eine Variable ohne *var* deklarieren und dann einen Wert zuweisen. Tritt eine neue Variable jedoch erstmals auf der rechten Seite einer Zuweisung auf, löst dies eine Fehlermeldung aus:

```
Name = "";                    // Die Variable wird implizit definiert
var aMess = Name + vorname;   //
```

Die zweite Zeile führt zu einem Laufzeitfehler, da die Variable *vorname* nicht definiert wird.

Hinweise zu Werten und Datentypen

In JScript besitzen die Variablen typischerweise keinen festen Datentyp. Sie geben ja keinen Datentyp bei der Deklaration an. Vielmehr nimmt die Variable den Wert auf und speichert diesen in einem Format, der diesem Wert entspricht. Der JScript-Interpreter nimmt dabei u.U. eine Konvertierung vor. In einigen Fällen können Sie diese automatische Konvertierung der Werte in verschieden Formate beeinflussen. Zahlen lassen sich beispielsweise ohne Probleme in Zeichenketten einbetten (z.B. "*Zeichen*" + *99*). Bei der Zuweisung einer Zeichenkette der Art "*99*" zu einer numerischen Variablen müssen Sie aber auf Konvertierfunktionen (z.B. *parseInt()* und *parseFloat()*) zurückgreifen.

Die folgende Codesequenz demonstriert diese automatische Typkonvertierung, indem einer Zeichenkette numerische Variablen zugewiesen werden:

```
var Von = 1;
var Bis = 10;
var Aktion = "Zähle von ";
Aktion += Von + " bis " + Bis + ".";
```

Wird dieser Code ausgeführt, enthält die Variable *Aktion* den Inhalt die Zeichenkette "*Zähle von 1 bis 10.*". Die numerischen Werte werden automatisch in Zeichenketten umgewandelt. Die folgende Anweisungsfolge weist der Variablen *x* einen Wert zu:

```
var x = 0;
x += 1 + "10";
```

Führen Sie diese Anweisungen aus, enthält *x* den Wert *"0110"*. Die Anweisung stammt aus der JScript-Hilfe, ist äußerst trickreich und sollte nicht angewandt werden. Die Anweisung *1 + "10"* auf der rechten Seite der Anweisung bewirkt die Addition einer numerischen Zahl zu einer Zeichenkette. Der JScript-Interpreter wandelt alles in eine Zeichenkette der Form *"110"* um. Nun muss diese Zeichenkette der Variablen *x* zugewiesen werden. Der Zuweisungsoperator enthält jedoch ein vorangestelltes +-Zeichen, was eine Addition zum ursprünglichen Wert von *x* erzwingt. Die Variable *x* enthält jedoch den numerischen Wert 0. Um die Zeichenfolge der rechten Seite zur Variablen hinzuzufügen, muss deren Wert ebenfalls in eine Zeichenkette *"0"* konvertiert werden. Der +=-Operator bewirkt die Zusammenführung des Werts 0 und der Zeichenkette *"110"* zum Endergebnis *"0110"*.

HINWEIS: Die obigen Erläuterungen zeigen, was sich mit der Sprache JScript so alles anstellen lässt. C-Programmierer werden sich daher sofort heimisch fühlen. Persönlich möchte ich Ihnen aber den Verzicht auf solche Tricks nahe legen. Verwenden Sie einen klaren Programmierstil. Die halbe Sekunde, die Sie beim Eintippen solcher »gewagten« Konstruktionen sparen, geht mit Sicherheit bei der nachfolgenden Fehlersuche drauf.

Hinweise zu Untertypen

JScript unterscheidet bei Konstanten und Variablen nur sehr wenige Unterdatentypen:

- *Numerische Zahlen:* Sie können Konstanten wie 423 oder 3.14159 direkt angeben. Als Dezimalpunkt wird kein Komma verwendet, sondern ein Punkt. JScript unterscheidet bei Variablen im Datentyp nicht zwischen Gleitkomma- (Real) und Ganzzahlwerten (Integer). Konstanten lassen sich in verschiedenen Zahlensystemen angeben. Sind die Zeichen 0x (oder 0X) vorangestellt, signalisiert dies eine Hexadezimalzahl (dann sind die Ziffern 0 bis F zulässig). Beginnt eine Zahl mit einer 0 (Null), weist dies auf eine Oktalzahl hin (die Zahl darf nur die Ziffern 0 bis 7 enthalten). Dezimalzahlen umfassen die Ziffern 0 bis 9. Gleitkommazahlen sind durch einen Dezimalpunkt auszuweisen. Zusätzlich lässt sich ein Exponent durch ein vorangestelltes »e« oder »E« ausdrücken (z.B. 12.30, 10.0E20 oder 20E–10). Zusätzlich dürfen Sie die Vorzeichen »+« oder »–« angeben.
- *Logische (Boolean) Werte:* Hier wird einer Variablen die Konstante *true* oder *false* zugewiesen. Zusätzlich liefern natürlich auch die Ergebnisse einer Auswertung (z.B. ein Vergleich) logische Werte.
- *Zeichenketten (Strings):* Zeichenketten werden direkt durch Konstanten wie "*Dies ist ein Text*" oder '*1234*' einer Variablen dieses Datentyps zugewiesen. Zeichenketten werden in JScript in Hochkommas (') oder Anführungszeichen (") eingeschlossen.
- *Null:* Dies ist ein spezieller Wert, der einer Variablen zugewiesen wird, die keinen Wert besitzt.

Mit diesen wenigen Datentypen müssen und können Sie in JScript-Programmen auskommen.

Spezielle Zeichen in Zeichenketten

Verwenden Sie Zeichenketten, sollten Sie noch einige Spezialzeichen kennen, die in JScript für besondere Funktionen reserviert sind. Diese Zeichen steuern die Ausgabe von Texten auf Ausgabemedien (z.B. Dialogfeldern).

\b	Backspace
\f	Form Feed (Zeilenvorschub)
\n	New Line (neue Zeile)

\r Carriage Return
\t Tab-Zeichen
\' Hochkomma
\" Anführungszeichen
\\ Backslash

Das Backspace-Zeichen werden Sie wohl seltener verwenden. Die Zeichen für einen Zeilenumbruch (\n\r) sind aber zur Formatierung von Texten in Dialogfeldern recht hilfreich.

Ein besonderer Fall liegt vor, wenn Sie in einer Zeichenkette Anführungszeichen oder Hochkommata verwenden müssen. Die Anweisung:

```
Preis = "Er sagte: "Windows 98 WSH ist Klasse!""
```

können Sie so nicht anwenden, da Sie anderenfalls eine Fehlermeldung erhalten. Der Übersetzer findet zwei Zeichenketten und eine Konstante, die er nicht interpretieren kann. In diesem Fall sind die Anführungszeichen " oder Hochkommta ' durch ein vorangestelltes Backslash-Zeichen (\" bzw. \') zu kennzeichnen. Mit der Anweisung:

```
Preis = "Er sagte: \"Windows 98 WSH ist Klasse!\""
```

erkennt der Übersetzer, was Sie vorhaben, und übernimmt die ausgezeichneten \"-Zeichen als Textkonstanten in der Zeichenkette.

Ausdrücke und Operatoren

JScript erlaubt innerhalb einer Anweisung die Verwendung von Ausdrücken und Operatoren. Der nachfolgende Abschnitt enthält eine kurze Übersicht über die Möglichkeiten in JScript.

Zuweisungsoperator

Den Zuweisungsoperator (=) haben Sie bereits weiter oben bei der Definition von Variablen kennen gelernt. Mit der Anweisung:

```
var MwSt = 16;
```

definieren Sie eine Variable und weisen dieser den Wert *16* mit dem Zuweisungsoperator zu. Weiter unten wird gezeigt, wie Sie zusätzliche Operatoren mit dem Zuweisungsoperator kombinieren können.

Vergleichsoperatoren

Bei *If*-Anweisungen sind beispielsweise Vergleichsoperatoren erforderlich, um zwei Werte zu überprüfen. Die Vergleichsoperatoren liefern einen Wahrheitswert (*true*, *false*) zurück. JScript unterstützt die folgenden Vergleichsoperatoren:

== gleich
!= ungleich
>= größer gleich
<= kleiner gleich

<	kleiner
>	größer

Die folgende Anweisung zeigt den Einsatz eines solchen Operators:

```
if (MwSt == 16) res1 = 1;
```

Die Anweisung setzt den Wert der Variablen *res1* auf 1, wenn die Variable *MwSt* den Wert 16 enthält.

HINWEIS: Bei den Operatoren == bzw. != wird ggf. beim Vergleich zweier Werte eine automatische Typkonvertierung vorgenommen. Mit den beiden Operatoren ==== und !== führt JScript ebenfalls diese Vergleiche (auf gleich bzw. ungleich) aus, verzichtet aber auf eine Typkonvertierung.

Berechnungsoperatoren

Bei numerischen Berechnungen kommen Berechnungsoperatoren zum Einsatz. Den einfachsten Berechnungsoperator bildet die Addition, die Sie bereits kennen gelernt haben. Nachfolgend finden Sie einige weitere Beispiele solcher Berechnungsoperatoren:

```
var preis = 10 + 1;
brutto = netto * Mwst;
netto = butto - MwSt;
var res = 100 / 25;
```

In diesen Beispielen kommen die Berechnungsoperatoren für die Grundrechenarten +, –, * und / zum Einsatz. JScript verwendet die üblichen Regeln zur Priorisierung der Operatoren (d.h. Punktrechnung geht vor Strichrechnung). Die Sprache kennt folgende Berechnungsoperatoren:

+	Addition (a = a + b)
–	Subtraktion (a = a – b)
*	Multiplikation (a = a * b)
/	Division (a = a / b)
%	Modulo-Division (a = a % b)

Diese Berechnungsoperatoren können Sie (wie in der Sprache C) mit dem Zuweisungsoperator = kombinieren (z.B. +=). Beispiele finden Sie auf den folgenden Seiten.

HINWEIS: Bei Zeichenketten können Sie für eine Verknüpfung (Konkatenation) mehrerer Teilstrings den Plusoperator verwenden (z.B. *var name* = "*Günter*" + "*Born*").

Inkrement- und Dekrement-Operatoren

Zum Erhöhen (Inkrementieren) oder Erniedrigen (Dekrementieren) numerischer Variablenwerte sind in JScript die Inkrementations- und Dekrementations-Operatoren zu verwenden.

++i	inkrementiert i
—i	dekrementiert i
*=	Multiplikations-Inkrementation
/=	Divisions-Inkrementation
%=	Modulodivisions-Inkrementation

Diese Anweisungsform ist für viele Programmierer, die von Pascal oder Basic kommen, recht ungewohnt. Da sie Tipparbeit spart, lieben insbesondere C-Programmierer diese Schreibweise. Um transparentere Programme zu erstellen, können Sie aber die gewohnten Berechnungsoperatoren (siehe den vorhergehenden Abschnitt) in Ihren Anweisungen verwenden. Die folgenden Anweisungen verdeutlichen diesen Ansatz:

a += b wirkt wie die Angabe a = a + b

a –= b wirkt wie die Angabe a = a – b

a *= b wirkt wie die Angabe a = a * b

a /= b wirkt wie die Angabe a = a / b

a %= b wirkt wie die Angabe a = a % b (Modulo-Division)

a = ++i erhöht i um 1 und weist den Wert a zu

a = i++ weist a den Wert i zu und erhöht i anschließend um 1

a = —i erniedrigt i um 1 und weist den Wert a zu

a = i— weist a den Wert i zu und erniedrigt i um 1

Lediglich in Schleifen etc. müssen Sie die obigen Inkrement-/Dekrement-Operatoren benutzen.

HINWEIS: Beachten Sie die Schreibweise (z.B. des Inkrement-Operators). Die Stellung des Operators bestimmt, wie JScript die Variable handhabt. Mit *a = ++b;* steht der Operator vor der zuzuweisenden Variablen. Der Interpreter findet daher erst den ++-Operator und wendet diesen auf die Variable *b* an. Deren Wert wird erhöht und dann der Variablen *a* zugewiesen. Bei der Anweisung *a = b++;* erfolgt erst die Zuweisung des Wertes *b* zu *a*. Dann wird *b* erhöht.

Logische Operatoren

Bei komplexeren Auswertungen sind logische Operatoren gemäß den folgenden JScript-Operatoren erforderlich:

&& *Und*-Verknüpfung

|| *Oder*-Verknüpfung

>> Bits nach rechts verschieben

<< Bits nach links verschieben

>>> unsigned bitshift right

! Logisches *Not*

~ Bitweises *Not*

& Bitmaske mit *Und*-Bedingung

| Bitmaske mit *Oder*-Bedingung

^ Bitmaske mit exklusiver *Oder*-Bedingung (*Xor*)

HINWEIS: Eine Übersicht über die Wirkung der Bitoperatoren *And*, *Or* oder *Xor* finden Sie in ▶ Kapitel 3. Beim Einsatz der auf den vorhergehenden Seiten aufgeführten Operatoren gelten bestimmte Prioritäten. Diese kommen zur Anwendung, sobald eine Anweisung mehrere nicht geklammerte Operatoren enthält. Die Tabelle 4.2 gibt die Prioritäten wieder. Die obersten Einträge der Tabelle besitzen die niedrigste Priorität.

<table>
<tr><th>Operatoren</th></tr>
<tr><td>Komma ,</td></tr>
<tr><td>Zuweisungen: = += -= *= /= %= <<= >>= >>>= &= ^= |=</td></tr>
<tr><td>Bedingung ? :</td></tr>
<tr><td>Logisches Oder ||</td></tr>
<tr><td>Logisches Und &&</td></tr>
<tr><td>Bitweises Oder |</td></tr>
<tr><td>Bitweises Xor ^</td></tr>
<tr><td>Bitweises Und &</td></tr>
<tr><td>Gleich, ungleich == !=</td></tr>
<tr><td>Relational < <= > >=</td></tr>
<tr><td>Bitweises shift << >> >>></td></tr>
<tr><td>Addition/Subtraktion + -</td></tr>
<tr><td>Multiplikation/Division * / %</td></tr>
<tr><td>Negation/Inkrement ! ~ - ++ --</td></tr>
<tr><td>Call, Member () [] .</td></tr>
</table>

Tabelle 4.2: *Reihenfolge der Prioritäten bei Operatoren*

Kontrollstrukturen

In den seltensten Fällen werden Ihre Skriptprogramme einen linearen Ablauf aufweisen. In der Regel müssen Sie Kontrollstrukturen zur Programmsteuerung verwenden. Nachfolgend finden Sie die wichtigsten JScript-Kontrollstrukturen beschrieben.

if-Anweisung

Eine *if*-Anweisung lässt sich in zwei verschiedenen Formen formulieren. Mit:

```
if (Bedingung)
  {
    Befehle bei erfüllter Bedingung
  }
```

realisieren Sie eine einfache Abfrage. Die Bedingung ist hinter *if* in runden Klammern anzugeben und setzt sich aus den weiter oben erwähnten Vergleichsoperatoren zusammen. Trifft die Bedingung zu (z.B. *MwSt == 16*), führt das Skript die im folgenden Ja-Zweig aufgeführte(n) Anweisung(en) aus. Handelt es sich nur um eine Anweisung, kann diese direkt in der nächsten Zeile folgen. Bei mehreren Anweisungen müssen Sie diese mit den Zeichen { } zu einem Block zusammenfassen. Die folgenden Zeilen verdeutlichen die Anwendung:

```
if (MwSt <= 16.0)
  {
     WScript.Echo ("Achtung! Reduzierter MwSt-Satz");
     MwSt = MwSt_red
  }
```

In dieser Struktur wird der Variablen *MwSt* ein neuer Wert zugewiesen, sofern der aktuelle Wert kleiner gleich 16 ist. In diesem Beispiel wurden die Klammern { } zur Blockbildung benutzt. Die letzte Zeile im Block muss übrigens nicht durch ein Semikolon abgeschlossen werden, da das Blockende das Anweisungsende definiert.

Möchten Sie sowohl auf eine zutreffende als auch auf eine nicht zutreffende Bedingung gleichermaßen reagieren? Dann setzen Sie die *if ... else*-Variante ein. Diese besitzt die folgende Syntax:

```
if (Bedingung)
  {
    Befehle bei erfüllter Bedingung
  }
else
  {
    Befehle bei nicht erfüllter Bedingung
  }
```

Die Abfrage prüft die Bedingung und führt dann – abhängig vom Ergebnis – die Anweisungen im Ja- oder Nein-Zweig aus. Die folgende Sequenz zeigt den Einsatz dieses Befehls:

```
if (MwSt <= 16.0)
  {
     WScript.Echo ("Achtung! Reduzierter MwSt-Satz");
     MwSt = MwSt_red
  }
else
{
     WScript.Echo ("Achtung! Normaler MwSt-Satz");
}
```

TIPP: Eine der häufigsten Fehlerquellen ist die falsche Schachtelung von *if*-Anweisungen. Folgt nur ein Befehl, können Sie auf die Klammern { } verzichten. Die letzte Anweisung in einem Block benötigt auch kein Semikolon. Persönlich habe ich mir aber angewöhnt, diese nicht benötigten Strukturelemente trotzdem einzutippen (da diese nicht schaden). Dies macht die Struktur deutlicher und verhindert, dass falsche Anweisungen unbeabsichtigt aus dem Block »herausfallen«.

Conditional-Operator

JScript unterstützt einen Conditional-Operator, der eine Zuweisung in Abhängigkeit von einem bestimmten Wert ermöglicht. Der Operator besitzt folgende Form:

```
(Bedingung) ? Wert1 : Wert2
```

In der Klammer wird eine Bedingung angegeben. Hinter der Klammer folgt ein Fragezeichen sowie zwei durch einen Doppelpunkt getrennte Werte. Trifft die Bedingung zu, wird *Wert1* zugewiesen. Andernfalls ist *Wert2* zu verwenden. Die folgende Anweisung nutzt diesen Operator:

```
Status = (Alter >=18) ? "Erwachsener" : "Kind";
```

Ist der Wert von *Alter* größer/gleich 18, wird die Zeichenkette *Erwachsener* in die Variable *Status* geschrieben. Andernfalls wird die Zeichenkette *Kind* verwendet.

for-Schleife

for-Schleifen erlauben Ihnen, bestimmte Anweisungsfolgen auf definierte Weise zu wiederholen. Die Zahl der Wiederholungen wird durch einen Zähler angegeben. Die *for*-Schleife besitzt folgende feste Syntax:

```
for(var count = 1; count <= 100;  count++)
 {
  Anweisungen
  }
```

Die Variable *count* am Schleifenanfang wird beim Eintritt auf den Startwert gesetzt. Das Schlüsselwort *var* veranlasst, dass die Variable lokal definiert wird. Bei jedem Schleifendurchlauf wird der Zähler *count* im dritten Parameter erhöht (*count++* erhöht um 1) oder erniedrigt (*count--* erniedrigt um 1). Die Endebedingung wird im zweiten Parameter (*count <= 100*) definiert. Das folgende Listing zeigt den Einsatz einer solchen Schleife in einem WSH-Skript.

```
//************************************************
// File:   WSHDemo.js (WSH-Beispiel in JScript)
// Autor:  (c) Günter Born
//
// Zweck: Zeigt, wie sich der Programmablauf mit
// Meldungen verfolgen lässt.
//************************************************
// Die folgenden Zeilen schalten die Ausgabe der
// Testmeldungen ein oder aus. Sie müssen nur den
// Kommentar in die entsprechende Zeile setzen.

// var DebugFlag = false;   // Testausgabe abgeschaltet
var  DebugFlag = true;      // Testausgabe zulassen

 j = 0;
 debug ("Start", 0, 0);

 for (var i = 1; i <= 10; i++)  // Versuche 10 Durchläufe
  {
   debug ("Durchlauf: ", i, j);
   j = j + i;                   // Addiere alle Zahlen
  }

 debug ("Ende", i, j);

 WScript.Echo ("Ergebnis: ", j);

function debug (text, count, val)
{
```

```
 if (DebugFlag)    // Debug-Modus aktiviert?
  WScript.Echo (text, count , "Teilergebnis: ", val)
}
//*** Ende
```

***Listing 4.2:** Ausgabe in einer* for-*Schleife*

HINWEIS: Sie finden die Beispieldatei *WSHDemo.js* im Ordner *\Beisp\Kap04* auf der Begleit-CD-ROM.

for ... in-Schleife

Zum Zugriff auf Objekte oder Feldelemente erlaubt JScript zusätzlich eine *for*-Schleife mit dem Schlüsselwort *in* gemäß der folgenden Syntax:

```
for (variable in [object | array])
{
  Anweisungen
  }
```

Hinter dem Schlüsselwort *in* lässt sich entweder ein Objekt oder ein Feld angeben. Die *for*-Schleife sorgt dann dafür, dass alle Elemente des Feldes oder der Auflistung (Collection) in die Variable *variable* übergeben werden. Sobald alle Elemente bearbeitet wurden, terminiert die Schleife.

Zugriffe auf Auflistungen in JScript

In Visual Basic können Sie die Anweisung *For Each item In collection* verwenden, um einzelne Elemente einer Auflistung (Collection) zu bearbeiten. Obwohl JScript auch eine *for- (xxx in yyy)* Struktur kennt, lässt sich diese leider nicht zur Bearbeitung von Auflistungen verwenden. Sie müssen stattdessen mit dem *Enumerator*-Objekt gemäß folgender Codesquenz arbeiten:

```
var fso = WScript.CreateObject("Scripting.FileSystemObject");

// Ordner-Aufzählung
var oFolder = fso.GetFolder("Test");
for (var oFiles = new Enumerator(oFolder.Files);
     !oFiles.atEnd(); oFiles.moveNext())    // Alle Dateien
{
...
}
```

Im Beispiel wird ein *Enumerator*-Objekt über die Auflistung aller Dateien erzeugt und der Objektvariablen *oFiles* zugewiesen. Die *atEnd()*-Methode testet, ob das letzte Element der Auflistung erreicht ist. Mit der *moveNext()*-Methode bewegen Sie den Lesezeiger auf das nächste Element der Auflistung.

while-Schleife

while-Schleifen ermöglichen es, JScript-Anweisungen mehrfach zu wiederholen, bis die Schleifenbedingung nicht mehr erfüllt ist. Hierbei gilt folgende Syntax:

```
while (Bedingung)
{
  Anweisungen
}
```

Die Bedingung wird bei jedem Durchlauf im Schleifenkopf geprüft. Ist die Bedingung erfüllt (*true*), werden die Anweisungen im { }-Block ausgeführt. Ähnlich wie bei der *for*-Schleife können Sie aber bei einer Folgeanweisung auf diese Klammern verzichten. Die folgende Sequenz zeigt den Einsatz dieses Schleifenbefehls:

```
var i = 0;

 while (i <= 10)   // Versuche 10 Durchläufe
  {
   WScript.Echo ("Durchlauf: ", i);
   i++;                     // Addiere alle Zahlen
  }
```

Das Programm durchläuft die Schleife so lange, bis der Index auf 11 gesetzt ist. Bei jedem Durchlauf wird der Index in einem Meldungsfeld angezeigt.

do ... while-Schleife

Die *do ... while*-Schleifen verhalten sich ähnlich wie *while*-Schleifen und ermöglichen es, JScript-Anweisungen mehrfach zu wiederholen, bis die Schleifenbedingung nicht mehr erfüllt ist. Hierbei gilt folgende Syntax:

```
do
 {
  Anweisungen
 }
while (Bedingung);
```

Im Gegensatz zur *while*-Schleife wird die Schleifenbedingung aber am Schleifenende abgeprüft, d.h. die Schleife wird zwangsweise einmal durchlaufen. Ist die Bedingung erfüllt (*true*), werden die Anweisungen im { }-Block erneut ausgeführt. Ähnlich wie bei der *for*-Schleife können Sie aber bei einer Folgeanweisung auf diese Klammern verzichten. Die folgende Sequenz zeigt den Einsatz dieses Schleifenbefehls. Die folgende Codesequenz stammt aus der JScript-Hilfe und benutzt eine *do ... while*-Schleife, um alle Laufwerke einer *Drives*-Auflistung zu bearbeiten:

```
function GetDriveList()
{
  var fso, s, n, e, x;
  fso = new ActiveXObject("Scripting.FileSystemObject");
  e = new Enumerator(fso.Drives);
  s = "";
  do
```

```
  {
    x = e.item();
    s = s + x.DriveLetter;
    s += " - ";
    if (x.DriveType == 3)
      n = x.ShareName;
    else if (x.IsReady)
      n = x.VolumeName;
    else
      n = "[Laufwerk nicht bereit]";
    s +=  n + "<br>";
    e.moveNext();
  }
  while (!e.atEnd());
  return(s);
}
```

switch-Anweisung

Die *switch*-Anweisung erlaubt Ihnen, einzelne Blöcke in Abhängigkeit von einem Wert auszuführen. Die Anweisung besitzt folgende Syntax:

```
switch (Ausdruck)
{
  case label :
   Anweisungen
  case label :
   Anweisungen
...
  default :
Anweisungen
}
```

Am Beginn der Anweisung wird die Bedingung formuliert. Je nach Wert dieser Bedingung wird dann einer der *case*-Zweige ausgeführt. Der Bezeichner *label* steht dabei als Platzhalter für den Wert des Ausdrucks. Entspricht der Wert des Bezeichners dem Ausdruck, werden die Anweisungen des Blocks ausgeführt. Trifft keine Bedingung zu, werden die Anweisungen des *default*-Zweigs ausgeführt. Die folgende Sequenz zeigt den Einsatz der *switch*-Anweisung:

```
function Test(x)
{
 switch (x){
  case 1:
  ...
  case 2:
  ...
  case 3:
  ...
  default:
  ...
}
```

In diesem Beispiel werden die Zweige in Abhängigkeit vom Wert *x* durchlaufen. Bei *x = 1* wird z.B. der Zweig *case 1:* bearbeitet.

break- und *continue*-Anweisungen

In Microsoft JScript ist es mit der *break*-Anweisung möglich, eine Schleife vorzeitig zu unterbrechen. Sobald der Interpreter in einer Schleife auf eine solche Anweisung stößt, wird die Schleife beendet und das Skript hinter dem Schleifenende fortgesetzt.

Genau entgegengesetzt arbeitet der *continue*-Befehl. Sobald der Interpreter diesen Befehl erkennt, werden die restlichen Anweisungen im Block übersprungen. Gleichzeitig wird der Schleifenindex (z.B. bei *for*-Schleifen) erhöht. Anschließend erfolgt ein neuer Schleifendurchlauf. Mit der *continue*-Anweisungen erreichen Sie also, dass der Programmablauf zum Schleifenanfang verzweigt.

Built-in-Objekte und -Funktionen

In JScript sind bereits einige Objekte (String-Objekt, Math-Objekt, Date-Objekt) und Funktionen integriert. Nachfolgend finden Sie einige Hinweise zu diesen Themen.

Funktionen

Funktionen kombinieren mehrere Operationen unter einem Namen und lassen sich in einem Programm direkt unter ihrem Namen aufrufen. Beim Beenden liefert die Funktion einen Ergebniswert zurück. JScript unterstützt dabei sowohl benutzerdefinierte Funktionen als auch interne (Built-in-Funktionen). Benutzerspezifische Funktionen werden in JScript durch einen Namen gemäß folgender Form definiert:

```
function test (Argumente)
{
Funktionsrumpf mit Anweisungen
return;
}
```

Die Funktion wird durch das Schlüsselwort *function*, den Funktionsnamen sowie die Argumentliste eingeleitet. Die Anweisungen im Funktionsrumpf sind durch geschweifte Klammern { } einzufassen. Die *return*-Anweisung beendet die Ausführung der Funktion.

Diese Funktion lässt sich dann innerhalb des Skripts durch Angabe des Funktionsnamens und der Parameter aufrufen. Die folgende Anweisung aktiviert beispielsweise die Funktion *test*:

```
result = test ();
```

In der Funktionsdefinition lassen sich Parameter (Argumente) angeben. Dann müssen Sie beim Aufruf der Funktion diese Parameter in den Klammern übergeben. Die einzelnen Parameter werden durch Kommata getrennt. Besitzt eine Funktion keine Argumente, ist beim Aufruf eine leere Klammer an den Funktionsnamen anzuhängen.

Built-in-Funktionen

Die Sprachdefinition von JScript besitzt bereits einige Built-in-Funktionen, mit denen Sie Ausdrücke handhaben, spezielle Zeichen behandeln oder Zeichenketten und numerische Werte zueinander konvertieren können.

Die *eval*-Funktion wertet beispielsweise eine Zeichenkette als Argument aus und liefert das Ergebnis zurück (z.B. *Wert = eval("14+15");*). *parseFloat* wertet ein Argument aus und versucht eine Gleitkommazahl zurückzugeben. Kommt ein ungültiges Zeichen im String vor (nicht +, – oder 0 bis 9, . oder e), wird der String lediglich bis zu diesem Zeichen konvertiert. Handelt es sich nicht um eine Zahl, wird *NaN* (Not a Number) zurückgeliefert. Die Funktion *parseInt* erwartet als erstes Argument einen String und im zweiten Argument eine Zahlenbasis (10 = dezimal, 8 = oktal, 16 = hexadezimal etc.) Bei fehlerhaften Strings wird ebenfalls *NaN* zurückgegeben. *parseInt* liefert immer Integer-Werte zurück.

HINWEIS: Eine detaillierte Auflistung der Built-in-Funktionen finden Sie in der JScript-Sprachreferenz.

Objekte

Neben den Funktionen unterstützt JScript verschiedene Objekte, um direkt Operationen auf Zeichenketten auszuführen, um mathematische Operationen auszuführen oder um Datums- und Zeitwerte zu manipulieren. Bei diesen JScript-Objekten handelt es sich um Auflistungen von Eigenschaften und Methoden:

- Das *String*-Objekt wird benutzt, sobald Sie einer Variablen oder einer Eigenschaft eine Zeichenkette zuweisen (z.B. *name = "Born";*). Das Objekt besitzt verschiedene Methoden, um die Zeichenkette zu manipulieren.
- Das *Math*-Objekt stellt Eigenschaften und Methoden zur Verfügung, um mathematische Operationen und Funktionen auf Ausdrücken auszuführen (z.B. *wert = Math.PI;* weist die Eigenschaft *Pi* einer Variablen zu).
- Das *Date*-Objekt erlaubt Ihnen, mit Datums- und Zeitangaben zu arbeiten (z.B. *varName = new Date(parameters);* erzeugt ein neues Datumsobjekt, *today = new Date();* liefert das Datum).

In JScript werden Objekte und Felder in der gleichen Weise behandelt. Sie können auf Objekte einer Auflistung oder auf Elemente eines Feldes auf die gleiche Weise zugreifen. Möchten Sie auf Methoden oder Eigenschaften eines Objekts zugreifen, geben Sie den Objektnamen gefolgt von einem Punkt und dem Namen der Eigenschaft oder der Methode an. Die Anweisung:

```
WScript.Echo ("Hallo");
```

Benutzt die Methode *Echo* des Objekts *WScript*, um einen Text auszugeben. Alternativ lassen sich Indexwerte zum Zugriff auf einzelne Objekte einer Auflistung oder auf Elemente eines Feldes verwenden. Die folgenden Anweisungen sind gleichwertig:

```
Res = Object.width;
Res = Object[3];   // [3] entspricht hier dem Index "width"
Res = Object["width"];
```

Während die Klammern beim Zugriff auf den numerischen Index zulässig sind, darf der Punkt bei der Angabe eines Indexwerts nicht angegeben werden. Die folgende Anweisung führt daher zu einem Übersetzungsfehler:

```
Res = Object.3;
```

Besitzt ein Objekt ein weiteres Objekt als Eigenschaft, werden die Konventionen zur Benennung etwas erweitert:

```
var x4 = toDoToday.shoppingList[3].substring(0,1);
```

An die Eigenschaft des Objekts wird einfach ein Punkt angehängt. Daran schließt sich dann das (Unter-) Objekt an.

Felder

Felder lassen sich in JScript ebenfalls sehr einfach definieren und handhaben. Die folgende Anweisung vereinbart ein Feld:

```
var name = new Array(17);
```

Hier werden die Feldelemente von 0 bis 17 erzeugt. Sie können anschließend über:

```
name[0] = "Born";
```

auf das erste Feldelement zugreifen und einen Text hinterlegen. Die Zahl der Feldelemente lässt sich mit:

```
zahl = name.length;
```

ermitteln. Ein mehrdimensionales Feld wird mit der Anweisung:

```
var namex = name [3][7];
```

vereinbart.

HINWEIS: An dieser Stelle möchte ich die Kurzeinführung in JScript beenden. Sie finden die komplette JScript-Sprachreferenz von Microsoft mit den hier nicht erwähnten Erweiterungen als HTML-Dokumentation auf der Begleit-CD-ROM im Ordner *\Infos\Jscript*. Beachten Sie aber, dass sich diese Sprachreferenz auf die JScript-Implementierung im Internet Explorer bezieht.

5 Programmierung mit Objekten

In diesem Kapitel erhalten Sie eine kurze Einführung in die Nomenklatur der Programmierung mit Objekten.

- Lesen Sie nach, was Objekte und Objektmodelle sind.
- Weiterhin erfahren Sie, wie Sie mit Objekten, Methoden und Eigenschaften umgehen können.

Diese Nomenklatur wird zur Bearbeitung der Beispiele der nachfolgenden Kapitel verwendet.

Objekte, Eigenschaften und Methoden

Bei der Skriptprogrammierung kommen Sie sehr schnell mit Begriffen wie Objekten, Eigenschaften und Methoden in Berührung. Sofern Sie mit diesen Begriffen noch nicht allzu viel anfangen können, finden Sie in den nachfolgenden Abschnitten eine kurze Einführung in diese Thematik.

Was sind Objekte?

Sie kennen viele Objekte aus der realen Welt: Autos, Häuser, Bücher, ein Tisch, all dies sind Objekte. Sie können sich sicherlich vorstellen, dass diese Objekte auch Eigenschaften besitzen. Ein Auto hat eine Farbe, ein Gewicht, eine Breite, eine Höhe und so weiter. All dies sind Eigenschaften des Objekts *Auto*.

Softwareentwickler begannen vor einigen Jahren ebenfalls damit, einen objektorientierten Ansatz zur Erstellung ihrer Programme zu verwenden. Denn Anwendungen lassen sich ebenfalls als Objekte interpretieren. Eine Anwendung besteht aus zwei Komponenten: dem Inhalt und der Funktionalität. Nehmen wir beispielsweise ein Textverarbeitungsprogramm wie Microsoft Word. Die Dokumente, Wörter, Zahlen, Diagramme, Formulare, Symbolleisten etc. stellen die Inhalte der Anwendung dar. Die Funktionalität legt fest, was sich mit diesen Inhalten anstellen lässt (z.B. öffnen, schließen, löschen, einfügen, formatieren etc.). Die Inhalte und die zugehörigen Funktionalitäten einer Anwendung lassen sich in diskrete Einzelteile auflösen. Ein Textdokument besteht zum Beispiel aus Absätzen, die sich wiederum aus Wörtern und Buchstaben zusammensetzen. Auf Absätze, Wörter oder Buchstaben lassen sich Funktionen ausführen (z.B. löschen, einfügen, formatieren etc.). Inhalt und Funktionalität eines solchen Elements werden dann als »Objekt« betrachtet. Ein solches Objekt kann zusätzliche Eigenschaften und Objekte aufweisen.

Abbildung 5.1: *Dialogfeld als Objekt*

Die obigen Ausführungen sind Ihnen zu abstrakt? Na gut, dann nehmen wir ein anderes Objekt als Beispiel (auf Anwendungsobjekte kommen wir in späteren Kapiteln nochmals zu sprechen). Nehmen wir im nächsten Beispiel ein sichtbares Objekt in Form eines Dialogfeldes (Abbildung 5.1). Dieses Dialogfeld (manchmal auch als Meldungsfeld bezeichnet) besitzt intern Daten und eine Funktion (nämlich die Anzeige der Daten). Folglich lässt sich das Dialogfeld gemäß obiger Definition als ein Objekt auffassen.

Dieses Objekt verfügt nun über bestimmte Eigenschaften. Das Fenster besitzt zum Beispiel eine Position und eine Größe. Die X/Y-Position sowie die Breite und Höhe stellen Eigenschaften dar. Weiterhin besitzt das Dialogfeld einen Titeltext, den Text der anzuzeigenden Meldung sowie eine Hintergrundfarbe. Dies alles sind Eigenschaften, die diesem Objekt zugeordnet sind.

Die Eigenschaften hängen dabei vom jeweiligen Objekt ab. Es muss sich auch nicht unbedingt um sichtbare Eigenschaften handeln. Viele dieser Eigenschaften eines Objekts werden offengelegt und lassen sich aus einem Programm heraus ansprechen (lesen und festlegen). Beim Dialogfeld legt das Objekt zwar einige Eigenschaften wie die Hintergrundfarbe selbst fest. Sie können aber beispielsweise den Titeltext angeben.

Was ist ein Objektmodell?

Zusätzlich kann ein Objekt selbst wieder Objekte enthalten. Ein Word-Dokument besteht beispielsweise aus einzelnen Absätzen (*Paragraph*-Objekte). Ein Absatz besteht aus Sätzen (*Sentence*-Objekte). Ein Satz wird aus Wörtern (*Word*-Objekte) gebildet und Wörter bestehen aus Zeichen (*Character*-Objekte).

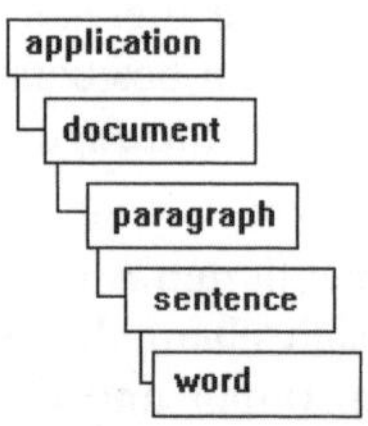

Abbildung 5.2: *Beispiel eines Objektmodells*

Dieser Sachverhalt mit den Abhängigkeiten der Objekte voneinander lässt sich grafisch darstellen (Abbildung 5.2). Kennen Sie die Hierarchie dieser Objekte (wird auch als Objekthierarchie oder Objektmodell bezeichnet), können Sie per Programm auf diese Objekte zugreifen. So lässt sich beispielsweise über den Windows Script Host auf ein Anwendungsobjekt (z.B. Word *Application*-Objekt) zugreifen. Dieses Anwendungsobjekt besitzt intern weitere Objekte wie beispielsweise ein geladenes Dokument (*Document*-Objekt). Zum Zugriff auf das Dokument muss die Objekthierarchie benutzt werden.

```
application.document.paragraph.sentence.word
```

Hier greifen wir mittels der Objekthierarchie auf das *Word*-Objekt zu. Doch dazu später mehr.

Der Vorteil des Objektansatzes besteht darin, dass Sie als Entwickler keine Informationen über das Innenleben der benutzten Objekte benötigen. Der Name des Objekts und einige Informationen über die zugehörigen Eigenschaften reichen. Sie legen z.B. lediglich fest, dass Sie das Objekt »Dialogfeld« benötigen, welches zwei Schaltflächen, einen Titel und ein Symbol enthält. Die Position der integrierten Objekte sowie verschiedene Objekteigenschaften wie Größe, Position oder Hintergrundfarbe werden dabei automatisch vom Objekt bestimmt.

Einige Hinweise zu Auflistungen

Nachdem Sie jetzt wissen, dass ein Objektmodell die Hierarchie verschiedener Objekte beschreibt, soll noch ein anderer Fall behandelt werden. Schauen wir uns nochmals das Word-Beispiel an. Die Anwendung kann durchaus mehr als ein Dokument laden. Dann enthält das *Application*-Objekt nicht ein *Document*-Objekt, sondern mehrere. Wenn wir jetzt eine Anweisung der Art:

```
application.document.paragraph.sentence.word
```

haben, gibt es ein Problem: Wir können eigentlich das gewünschte Dokument nicht genau identifizieren. Ähnliches gilt für mehrere Absätze im Dokument, für die einzelnen Wörter etc. Hier kommen nun Auflistungen ins Spiel. Eine Auflistung ist eine Art Container, der einfach eine Sammlung von Objekten der gleichen Klasse besitzt. In der Microsoft-Nomenklatur besitzen Auflistungen den gleichen Namen wie die Objekte, die sie enthalten. An den Namen wird lediglich der Buchstabe *s* angehängt. Die *Documents*-Auflistung nimmt dann *Document*-Objekte auf. In der *Paragraphs*-Auflistung finden Sie *Paragraph*-Objekte und so weiter.

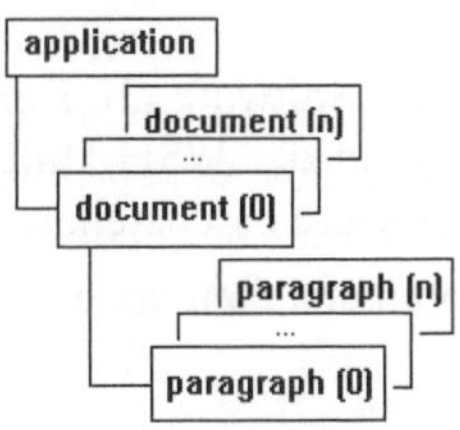

***Abbildung 5.3:** Objektmodell mit Auflistungen*

Dieser Sachverhalt ist in Abbildung 5.3 für ein Dokument grafisch abgebildet. Um ein bestimmtes Dokument anzusprechen, müssen wir nicht nur den Namen des Objekts, sondern auch die Objektinstanz angeben. Diese Instanzen werden in einer Auflistung von 0 beginnend nummeriert. Mit:

```
application.documents(0).paragraphs(0).sentences(0).words(0)
```

greifen Sie beispielsweise im ersten Dokument auf das erste Wort des ersten Satzes im ersten Absatz zu. Beachten Sie, dass die Objektnamen ein angehängtes *s* enthalten, d.h. es handelt sich um Auflistungsobjekte.

HINWEIS: Diese Nomenklatur sollten Sie sich merken. Objektnamen werden durch Punkte getrennt, ein angehängtes *s* weist häufig auf eine Auflistung hin. Nach diesem Schema sind alle Microsoft-Objektmodelle aufgebaut.

Was sind Methoden?

Bleibt noch die Frage, was Methoden sind und wozu man diese braucht. Eigentlich könnten Sie die Objekte benutzen und deren Eigenschaften manipulieren. Dies reicht aber nicht immer aus. Manchmal möchte man eine bestimmte Operation auf einem Objekt ausführen. Dies könnte beispielsweise eine Methode zum Anzeigen eines Fensters sein. Oder das Fenster soll verschoben werden. Eine Methode führt immer eine bestimmte Operation auf einem Objekt aus. (Falls Sie bereits konventionell programmiert haben: der Aufruf einer Methode ist so etwas wie ein Funktionsaufruf.) Dadurch lassen sich die Inhalte (sprich: die Eigenschaften) der Objekte verändern, ohne dass Sie wissen müssen, wie dies genau passiert. Ob ein Objekt eine bestimmte Methode unterstützt, hängt vom jeweiligen Objekt ab. Das Objekt eines Standarddialogfelds unterstützt beispielsweise keine Methode zum Verschieben.

Eine solche Methode haben Sie bereits kennen gelernt. Um in einem WSH-Skript ein Dialogfeld anzuzeigen, können Sie die *Echo*-Methode verwenden:

```
WScript.Echo "Hallo"
```

Der Windows Script Host stellt automatisch das *WScript*-Objekt beim Start eines Skripts zur Verfügung. Dieses Objekt unterstützt die *Echo*-Methode zur Anzeige eines Dialogfelds. Übergeben Sie der Methode einen Text, sorgt diese dafür, dass dieser im Dialogfeld auf dem Desktop erscheint. Wie dies genau funktioniert, brauchen Sie nicht zu wissen. Es genügt, wenn Sie die Schritte zum Aufruf der Methode kennen.

Welche Objekte sind verfügbar?

Welche Objekte auf Ihrem System verfügbar sind, hängt von der installierten Software ab. Der Windows Script Host (WSH) stellt eine Sammlung von Objekten bereit, die in der WSH-Hilfe dokumentiert sind. Weiterhin können Anwendungen wie Word, Excel etc. Objekte bereitstellen.

In diesem Buch lernen Sie auch, wie sich Objekte über ActiveX-Komponenten erstellen lassen.

Wo erhalten Sie Informationen über Objekte und Eigenschaften?

Die Schwierigkeit bei der Erstellung von WSH-Skripten besteht darin, die benötigten Informationen über Objekte und deren Eigenschaften sowie die anwendbaren Methoden herauszufinden. Für den Windows Script Host stellt Microsoft eine entsprechende Dokumentation zur Verfügung.

Aktuelle Informationen über die auf Ihrem System registrierten COM-Objekte liefert Ihnen der Microsoft OLE/COM Object Viewer (siehe ▶ Kapitel 2). Weiterhin können Sie über den Objektkatalog der Microsoft-Entwicklungsumgebungen Informationen über die Schnittstellen der Objekte abrufen. Auch dies wurde in ▶ Kapitel 2 bereits erläutert.

An dieser Stelle möchte ich die Einführung in die objektorientierte Programmierung beenden. Sie sollten jetzt wissen, was ein Objektmodell ist, sowie die Begriffe Objekt, Methode, Eigenschaft und Auflistung kennen. Im Verlaufe der nächsten Kapitel erfahren Sie mehr über den Umgang mit Objekten. Dann dürften die auf den vorhergehenden Seiten vorgestellten Begriffe noch klarer werden.

Teil II
WSH-Skripting – Schritt-für-Schritt

Dieser Teil führt Sie in die Grundzüge der Windows Script Host-Programmierung ein.

- Kapitel 6 zeigt Ihnen, wie Sie mit wenigen Skriptbefehlen einfache Dialogfelder erstellen.
- In Kapitel 7 lernen Sie den Umgang mit Objekten, Methoden und Eigenschaften kennen, greifen auf Umgebungsvariablen zurück und starten andere Anwendungen.
- Benutzereingaben mit Eingabedialogen, dies ist der Inhalt von Kapitel 8. Mit etwas Know-how meistern Sie auch diese Aufgaben.
- So richtig spannend wird es in Kapitel 9, wo Sie den Umgang mit Formularen kennen lernen.
- Verknüpfungen lassen sich per WSH anlegen. Wie dies geht, verrät Ihnen Kapitel 10.
- Kapitel 11 befasst sich mit erweiterten WSH-Funktionen wie dem Zugriff auf Netzwerkfunktionen oder Lesen und Schreiben von Registrierungseinträgen.
- Den Umgang mit Dateien und Ordnern unter Zuhilfenahme von WSH-Skripten lernen Sie in Kapitel 12 kennen.

Mit dem Inhalt dieses Teils erhalten Sie ein profundes Wissen zur WSH-Programmierung.

6 Einfache Dialoge

In diesem Kapitel erhalten Sie einen Einstieg in die Skriptprogrammierung für den Windows Script Host.

- Sie erstellen erste einfache Skriptprogramme in VBScript und JScript und nutzen erstmals eine Methode mit dem Namen *Echo*.
- Sie erfahren auch, wie sich Benutzermeldungen in VBScript mit der *MsgBox*-Prozedur bzw. Funktion ausgeben lassen.
- Weiterhin lernen Sie die *Popup*-Methode zur Realisierung von Benutzerausgaben kennen.

Bei der Bearbeitung der in diesem Kapitel enthaltenen Beispiele steigen Sie schnell in die Skriptprogrammierung ein.

Nutzen der Echo-Methode

Zur Kommunikation mit dem Benutzer werden in WSH-Skripten wohl am häufigsten Dialogfelder mit Texten und Schaltflächen benutzt. Der nachfolgende Abschnitt zeigt Ihnen, welche Methoden in JScript- und VBScript-Skripten zur Verfügung stehen, um Dialoge im WSH anzuzeigen. Dabei greifen Sie auf konkrete Beispiele zurück und lernen die Unterschiede bei der Ausgabe von Dialogfeldern in VBScript und JScript kennen.

Die vom Windows Script Host zur direkten Anzeige von Benutzermeldungen bereitgestellte *Echo*-Methode wurde bereits erwähnt. Mit dieser Methode erhalten Sie ein einfaches Hilfsmittel, um Meldungen sowohl aus VBScript als auch aus JScript auszugeben. Die *Echo*-Methode besitzt folgende Syntax:

```
Objekt.Echo Parameter
```

Sie sehen die bereits im vorhergehenden Kapitel angesprochene Schreibweise. Ein Objekt wird durch einen Punkt vom Namen der Methode abgetrennt. Als *Objekt* kommt in unserem Fall nur der Windows Script Host in Frage, der sich unter dem Objektnamen *WScript* ansprechen lässt. Dieses Objekt steht automatisch beim Ausführen eines Skripts zur Verfügung. Folglich wird die Methode in der Form:

```
WScript.Echo ....
```

im Skript benutzt. Die Methode kann dabei ein oder mehrere Argument/e als Parameter übernehmen. Die Parameter stellen dabei die auszugebenden Informationen dar. Dabei dürfen Sie sowohl Texte als auch Werte wie Zahlen als Parameter angeben. Wie die Anweisung in den beiden WSH-Skriptsprachen genau aufgebaut ist, wird in den folgenden beiden Beispielen gezeigt.

Die Echo-Methode in VBScript nutzen

Möchten Sie in VBScript auf sehr einfache Weise eine Ausgabe an den Benutzer vornehmen? Die *Echo*-Methode des *WScript*-Objekts bietet genau das Richtige. Das Listing 6.1 zeigt Ihnen, wie Sie diese Methode verwenden können.

Abbildung 6.1: *Dialogfeld mit den Ausgaben der* Echo-*Methode*

```
'************************************************
' File:   Echo.vbs (WSH-Beispiel in VBScript)
' Autor:  Günter Born
'
' Zweck: Demonstriert die Anwendung der Echo-Methode
' im WSH.
'************************************************
Option Explicit
' Lege verschiedene Variablen an
DIM Preis, MwSt, Netto

MwSt = 16.0
Netto = 100.0
' Berechne den Brutto-Preis

Preis = Netto * (1.0 + MwSt/100.0)

' Jetzt erfolgt die Ausgabe des Ergebnisses.
' Da das WScript-Objekt direkt exponiert wird,
' brauchen wir keine Objekte anzulegen.

WScript.Echo "Preis: ", Preis, "€ MwSt: ", MwSt, _
             "% ", Preis - Netto, " €"
'*** Ende
```

Listing 6.1: *Ausgabe mittels der Echo-*Methode *in VBScript*

Um die *Echo*-Methode zu nutzen, benötigen Sie keine großen Vorbereitungen. Da der WSH automatisch das *WScript*-Objekt bereitstellt, genügt die Angabe des Objektnamens und der Aufruf der Methode mit den gewünschten Parametern:

```
WScript.Echo "Preis: ", Preis, "€ MwSt: ", MwSt, _
             "% ", Preis - Netto, " €"
```

Es wurde bereits erwähnt, dass die *Echo*-Methode mehrere Parameter haben darf. In VBScript werden die gewünschten Parameter direkt hinter dem Schlüsselwort *Echo* aufgeführt. Ein Komma dient als Separator zwischen den Parametern. Sie können der *Echo*-Methode folglich mehrere auszugebende Werte direkt als Parameter übergeben. Denken Sie daran, dass beim Aufruf von Prozeduren aus VBScript die Parameter nicht in Klammern stehen dürfen. Die *Echo*-Methode entspricht im Prinzip einer Prozedur, die hier aber durch ein Objekt bereitgestellt (und daher als Methode bezeichnet) wird. Über die Parameter können Sie dabei nur den im Dialogfeld gezeigten Text beeinflussen. Die Schaltfläche sowie der Titeltext des Dialogfelds sind fest vorgegeben. In WSH 1.0 wird dabei der Text »Windows Scripting Host« angezeigt (vergleiche auch Abbildung 6.2), während ab WSH 2.0 die neue Bezeichnung »Windows Script Host« erscheint. Das Ergebnis ist in Abbildung 6.1 zu sehen. Die einzelnen Teiltexte werden von der Methode in einer Zeile des Dialogfelds ausgegeben. Bei längeren Texten teilt der WSH den Text dann auf mehrere Zeilen auf.

HINWEIS: Sie finden das Beispielprogramm *Echo.vbs* im Ordner *\Beisp\Kap06* auf der Begleit-CD-ROM.

Die Echo-Methode in JScript nutzen

Die *Echo*-Methode stellt in JScript die einzige Möglichkeit dar, mit der Sie ohne größeren Aufwand und ohne weitere Objekte zu erzeugen eine Ausgabe vornehmen können. Auch hier stellt der WSH automatisch das *WScript*-Objekt zur Verfügung. Die Ausgabe der *Echo*-Methode entspricht dem in Abbildung 6.1 gezeigten Dialogfeld.

HINWEIS: Sofern Sie das Skript nicht über *Wscript.exe* sondern aus der Eingabeaufforderung aus über *Cscript.exe* aufrufen, wird kein Dialogfeld angezeigt. Vielmehr gibt die *Echo*-Methode die Ausgaben in der MS-DOS-Befehlszeile aus (Abbildung 6.2). Diese Art der Ausgabe funktioniert sowohl in JScript als auch in VBScript.

Das folgende Listing zeigt, wie die *Echo*-Methode in JScript eingesetzt wird. Im Gegensatz zu VBScript müssen Sie die Parameter in Klammern setzen und den Befehl mit einem Semikolon abschließen.

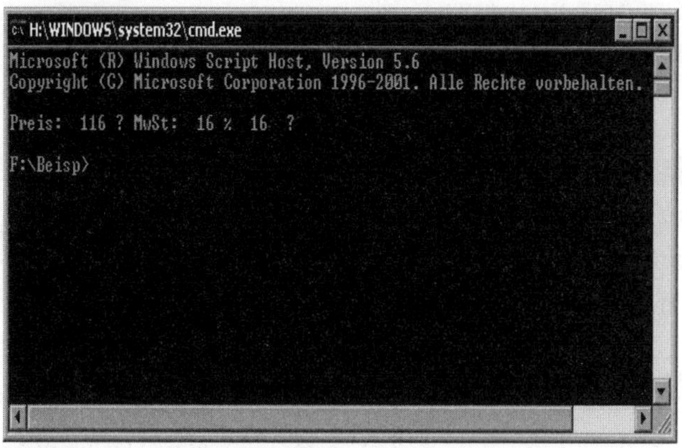

***Abbildung 6.2:** Echo-Ausgaben im Fenster der Eingabeaufforderung*

```
//************************************************
// File:   Echo.js (WSH-Beispiel in JScript)
// Autor:  Günter Born
//
// Zweck: Demonstriert die Anwendung der Echo-Methode
// im WSH.
//************************************************
```

```
// Lege verschiedene Variablen an
var Preis
var MwSt = 16.0
var Netto = 100.0
// Berechne den Brutto-Preis

Preis = Netto * (1.0 + MwSt/100.0)

// Jetzt erfolgt die Ausgabe des Ergebnisses.
// Da das WScript-Objekt direkt exponiert wird,
// brauchen wir keine Objekte anzulegen.

WScript.Echo ("Preis: ", Preis, "€ MwSt: ", MwSt,
           "% ", Preis - Netto, " €");
//*** Ende
```

Listing 6.2: *Echo-Ausgabe in JScript*

Auch hier sehen Sie wieder das Prinzip zur Anwendung einer Methode: Die obige Anweisung besagt, dass das *WScript*-Objekt zu verwenden ist. Der Punkt (.) trennt Objekt und Methode. Die anzuwendende *Echo*-Methode besitzt als Parameter den Text, der im Dialogfeld einzublenden ist. Dabei können Sie die gewünschten Parameter – getrennt durch Kommata – angeben. Beachten Sie aber an dieser Stelle, dass bei Prozeduraufrufen in JScript Parameter grundsätzlich in Klammern zu setzen sind. Weiterhin ist die Anweisungszeile mit einem Semikolon abzuschließen, und die Groß-/Kleinschreibung bei Variablen-, Objekt- und Methodennamen ist ebenfalls relevant.

Die *Echo*-Methode konvertiert numerische Werte automatisch in Zeichenketten und setzt – wie bereits erwähnt – bestimmte Standardeigenschaften (z.B. den Titeltext sowie die Zahl der Schaltflächen) automatisch für das Dialogfeld.

Das Skript wird beendet, sobald die letzte Anweisung erreicht ist.

HINWEIS: Sie finden die Beispieldatei *Echo.js* im Ordner *\Beisp\Kap06* auf der Begleit-CD-ROM.

So erhalten Sie einen Zeilenumbruch im Dialogfeld

Eine häufig auftretende Frage bei der Ausgabe von Dialogen gilt dem Zeilenumbruch. Sobald Sie den Text übergeben, nimmt das Laufzeitsystem die Formatierung des Textes vor. Ab einer gewissen Länge bricht der WSH den Text selbständig in mehrere Zeilen um.

Abbildung 6.3: *Mehrzeiliger Text im Dialogfeld*

Sie haben aber die Möglichkeit, den Text gezielt in mehrere Zeilen zu umbrechen (Abbildung 6.3). Die *Echo*-Methode sowie die in den nachfolgenden Abschnitten vorgestellten Ausgabefunktionen bieten keine Parameter, um einen Zeilenumbruch im Text des Dialogfelds vorzunehmen.

Sie können aber zu einem Trick greifen und in der auszugebenden Zeichenkette die Steuercodes für einen Zeilenumbruch einfügen. JScript bietet eigens spezielle Steuerzeichen, die sich in die Zeichenketten einfügen lassen (siehe in ▶ Kapitel 4 den Abschnitt »Spezielle Zeichen in Zeichenketten«). Ein Zeilenumbruch wird durch das Steuerzeichen *\n* ausgelöst. Möchten Sie also, dass die *Echo*-Methode bei der Ausgabe eines Textes einen Zeilenumbruch durchführt, müssen Sie in den Parametern das Steuerzeichen angeben. Die nachfolgende Anweisung nutzt genau diese Erkenntnis und platziert das Steuerzeichen in einem Teilstring.

```
WScript.Echo ("Preis: ", Preis, "€ \nMwSt: ", MwSt,
          "% ", Preis - Netto, " €");
```

Um den gleichen Effekt in VBScript zu erreichen, ist ein etwas anderer Ansatz erforderlich. VBScript kennt kein *\n*-Steuerzeichen, welches Sie in die Zeichenkette einfügen können. Allerdings ist in der Sprache die benannte Konstante *vbCrLf* definiert, die genau den Code für einen Zeilenvorschub mit Zeilenumbruch enthält. Die *Echo*-Anweisung mit integriertem Zeilenumbruch sieht dann folgendermaßen aus:

```
WScript.Echo "Preis: ", Preis, "€"  vbCrLf & "MwSt: ", MwSt, _
          "% ", Preis - Netto, " €"
```

HINWEIS: Sie finden die beiden Beispieldateien *Echo1.vbs* und *Echo1.js* im Ordner *\Beisp\Kap06* auf der Begleit-CD-ROM.

VBScript-Ausgaben per *MsgBox*

Die *Echo*-Methode bietet eine sehr einfache Möglichkeit zur Ausgabe einer Meldung, erlaubt Ihnen jedoch keinerlei Gestaltung der Ausgabedialoge. Wer bereits mit Visual Basic oder VBA gearbeitet hat, kennt vermutlich die *MsgBox*-Prozedur, die sich zur Anzeige eines Dialogfeldes mit Textmeldungen eignet. Der Aufruf der *MsgBox*-Prozedur besitzt in VBScript folgende Syntax:

```
MsgBox prompt, buttons, title
```

Die beim Prozeduraufruf anzugebenden Parameter besitzen dabei folgende Bedeutung:

- *prompt:* Definiert den Text, der im Dialogfeld angezeigt wird. Dieser Parameter muss angegeben werden. Mehrere Textzeilen lassen sich mit der bereits erwähnten VBScript-Konstante *vbCrLf* erzeugen.
- *buttons:* Dieser optionale Parameter definiert die Anzahl und Beschriftung der Schaltflächen sowie das im Dialogfeld angezeigte Symbol. Lassen Sie diesen Parameter beim Aufruf weg, wird lediglich eine *OK*-Schaltfläche angezeigt.
- *title:* In diesem optionalen Parameter lässt sich der Titeltext für das Dialogfeld angeben. Lassen Sie diesen Parameter weg, wird der Titel der Anwendung in der Titelleiste des Dialogfelds gezeigt.

HINWEIS: Gemäß der VBScript-Hilfe unterstützt *MsgBox* zwei weitere Parameter zur Anzeige einer Hilfedatei. Da Sie vermutlich keine eigenen *.hlp*-Dateien erstellen, werden diese Parameter in diesem Kapitel nicht weiter behandelt.

Bleibt noch die Frage, welche Werte für den Parameter *buttons* zu verwenden sind. Mit der Anweisung:

```
MsgBox "Dies ist ein Test", 0, "WSH-Beispiel by Günter Born"
```

erzeugt das Skript ein sehr einfaches Dialogfeld mit einer OK-Schaltfläche, dem angegebenen Text sowie dem im dritten Parameter übergebenen Titel (Abbildung 6.4, linkes Dialogfeld).

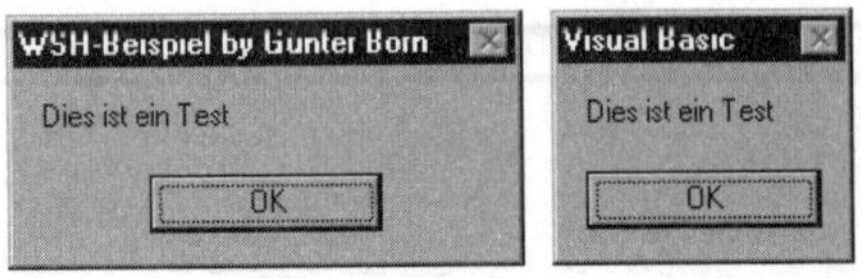

Abbildung 6.4: *Beispiele für Dialoge*

Lassen Sie dagegen den dritten Parameter weg, blendet das Skript das in Abbildung 6.4 rechts gezeigte Dialogfeld ein. In diesem Dialogfeld erscheint der Text »Visual Basic« in der Titelzeile. Sie erkennen daher ggf. bereits an der Titelzeile, ob die *Echo*-Methode oder die *MsgBox*-Prozedur in VBScript benutzt wurde.

HINWEIS: Dieses Beispiel zeigt bereits, dass Funktionen, Prozeduren bzw. Methoden Ihnen viele Aufgaben abnehmen. Fehlt ein optionaler Parameter, setzt der WSH einen Standardwert ein. Lassen Sie beispielsweise auch den zweiten Parameter beim *MsgBox*-Aufruf weg, erzeugt das Skript trotzdem ein Dialogfeld mit dem im ersten Parameter übergebenen Text sowie die *OK*-Schaltfläche. Sie finden das Beispielprogramm *MsgBox.vbs* zur Anzeige der in Abbildung 6.4 gezeigten Dialogfelder auf der Begleit-CD-ROM im Ordner *\Beisp\Kap06*.

Der obige Ansatz ist aber nur die halbe Miete. Der Text im ersten Parameter bestimmt die Ausgabe im Dialogfeld. Dieser Text lässt sich (siehe den vorherigen Abschnitt) durch die *vbCrLf*-Konstante in mehrere Zeilen umbrechen. Der dritte Parameter bestimmt dagegen den Titeltext des Dialogfelds. Interessant ist aber vor allem der zweite Parameter, der das »Innenleben« des Dialogfelds festlegt. Sie können über den Wert des Parameters sowohl das Symbol als auch die Zahl der Schaltflächen samt deren Beschriftung festlegen. Und als weitere gute Nachricht gilt, dass in Windows die Werte für den Parameter als Konstante vereinbart sind. Die Tabelle 6.1 listet die Konstanten zur Auswahl des im Dialogfeld angezeigten Symbols auf.

Konstante	Symbol	Bemerkung
0	–	Kein Symbol anzeigen (Standard)
16 vbCritical		Stopp-Symbol im Dialogfeld anzeigen.
32 vbQuestion		Fragezeichen als Symbol im Dialogfeld anzeigen.
48 vbExclamation		Ausrufezeichen als Symbol im Dialogfeld anzeigen.
64 vbInformation		Informationszeichen als Symbol im Dialogfeld anzeigen.

Tabelle 6.1: *Konstanten zur Auswahl des Symbols in einem* MsgBox-*Dialogfeld*

HINWEIS: Sie sehen es bereits in der ersten Spalte der Tabelle: Neben den Konstanten 0, 16 etc. sind auch benannte Konstanten festgelegt. Sie könnten direkt die numerische Konstante (z.B. 32 für das Fragezeichen) in der *MsgBox*-Anweisung einsetzen. VBScript besitzt aber die schöne Eigenschaft, dass es benannte Konstanten für diesen Parameter unterstützt. Die Programme werden wesentlich besser lesbar, wenn Sie die benannten Konstanten (z.B. *vbQuesti-*

on) benutzen. Da JScript die *MsgBox*-Prozedur nicht unterstützt, ist es auch kein Problem, dass in dieser Sprache keine benannten Konstanten vordefiniert sind.

Zusätzlich legt der Parameter *buttons* fest, welche Schaltflächen im Dialogfeld auftreten. Die Konstanten zur Auswahl der Schaltflächen sind in Tabelle 6.2 enthalten. Um sowohl ein Symbol als auch eine Schaltflächenkombination im Dialogfeld einzublenden, addieren Sie die betreffenden Konstanten aus Tabelle 6.1 und Tabelle 6.2.

Konstante	Bemerkungen
0 vbOKOnly	Es wird die *OK*-Schaltfläche eingeblendet. Dies ist die Standardvorgabe.
1 vbOKCancel	Die Schaltflächen *OK* und *Abbrechen* sind anzuzeigen.
2 vbAbortRetryIgnore	Zeigt die Schaltflächen *Abbruch*, *Wiederholen* und *Ignorieren* an.
3 vbYesNoCancel	Schaltflächen *Ja*, *Nein* und *Abbrechen* anzeigen.
4 vbYesNo	*Ja* und *Nein* als Schaltflächen anzeigen.
5 vbRetryCancel	Die Schaltflächen *Wiederholen* und *Abbrechen* anzeigen.

***Tabelle 6.2:** Konstanten für die anzuzeigenden Schaltflächen*

HINWEIS: Die Beschriftung der Schaltflächen hängt von der lokalisierten Windows-Version ab. Die Tabelle 6.2 zeigt die Beschriftungen für die deutsche Windows-Version. Auf der Begleit-CD-ROM finden Sie im Ordner *\Beisp\Kap06* die Datei *MsgBox1.vbs*, die nach dem Aufruf die verfügbaren Schaltflächenvarianten in mehreren Dialogfeldern anzeigt.

Die Anweisung zur Anzeige eines Dialogfeldes mit einer *OK*-Schaltfläche und dem Fragezeichen sieht dann folgendermaßen aus:

```
' Zeigt ein einfaches Dialogfeld mit OK-
' Schaltfläche und Fragezeichen an
MsgBox "Frage", _
       vbOKOnly + vbQuestion, _
       "MsgBox-Beispiel"
```

Diese Anweisung zeigt bereits, wie hilfreich die Verwendung benannter VBA-Konstanten ist. Mit *vbOKOnly + vbQuestion* lässt sich leicht erkennen, was der Entwickler beabsichtigt, während die Angabe einer Konstanten der Form *33* alles andere als transparent ist.

Sofern das Dialogfeld mehr als eine Schaltfläche enthält, lässt sich über eine weitere Konstante für den Parameter *buttons* festlegen, welche dieser Schaltflächen als Standardschaltfläche benutzt wird. Diese Standardschaltfläche erhält beim Öffnen des Dialogfelds den Fokus. Sofern Sie nichts angeben, wird immer die erste Schaltfläche links im Dialogfeld als Standardschaltfläche verwendet. Tabelle 6.3 gibt die Konstanten an, mit der Sie die Standardschaltfläche explizit festlegen können.

Konstante	Bemerkung
0 vbDefaultButton1	Die erste Schaltfläche ist die Standardschaltfläche. Dies entspricht der Voreinstellung.
256 vbDefaultButton2	Verwende die zweite Schaltfläche als Standardschaltfläche.
512 vbDefaultButton3	Die dritte Schaltfläche ist die Standardschaltfläche.

***Tabelle 6.3:** Konstanten zur Auswahl der Standardschaltfläche*

HINWEIS: Die Konstanten sind auch in Visual Basic und VBA dokumentiert. Standardmäßig erzeugen diese Laufzeitumgebungen mit dem Wert 0 (*vbApplicationModal*) ein modales Dialogfeld, welches an die Anwendung angebunden ist. In diesem Fall muss der Benutzer das Dialogfeld schließen, bevor er mit der Anwendung weiterarbeiten kann. Dies ist auch bei WSH-Skripten der Fall. Das Skript wird erst weiterbearbeitet, nachdem das Dialogfeld geschlossen ist. Allerdings besitzt der WSH kein Anwendungsfenster, das Dialogfeld bezieht sich auf den Desktop. Es gibt noch eine weitere Konstante *vbSystemModal* (Wert 4096), mit dem Sie erreichen, dass das Dialogfeld immer im Vordergrund des Desktop gehalten wird.

Schaltflächenabfrage per MsgBox-Funktion

Dieses Wissen soll jetzt in eine einfache WSH-Anwendung umgesetzt werden. Das Programm soll sich mit den in Abbildung 6.5 gezeigten Dialogfeldern melden.

Abbildung 6.5: *Dialoge des Beispiels*

Die einzelnen Dialogfelder enthalten verschiedene Beschriftungen und Schaltflächen. Ein Dialogfeld ist dabei mit den Schaltflächen *OK* bzw. *Abbrechen* ausgestattet. Das Beispielprogramm soll die beim Schließen des Dialogfelds vom Benutzer gewählte Schaltfläche auswerten. Dies wird mit den im folgenden Listing gezeigten Programmanweisungen erreicht.

```
'************************************************
' File:   MsgBox2.vbs (WSH-Beispiel in VBScript)
' Autor:  Günter Born
'
' Das Script demonstriert die Ausgabe einer Meldung in VBScript.
'
'************************************************
Option Explicit

Dim Text1, Text2, Text3, Text4
Dim Title, result

' Hier werden die Texte definiert

Title = "WSH-Meldungsfeld Beispiel  - by G. Born"
Text1 = "Es gibt den Windows Script Host" & vbCRLF & _
        "Mehr unter: http://msdn.microsoft.com/scripting"
Text2 = "OK-Schaltfläche angeklickt"
Text3 = "Abbrechen-Schaltfläche angeklickt"
Text4 = "Bitte eine Schaltfläche anklicken"
```

```
' Jetzt wird die MsgBox-Funktion aufgerufen
' MsgBox prompt, buttons, title
' prompt:    Der im Dialogfeld angezeigte Text
' title:     Der Titel des Dialogfelds
' buttons:   Die Schaltflächen

MsgBox Text1, + vbInformation + vbOKOnly, Title

' Jetzt versuchen wir etwas zurückzulesen
' result = MsgBox (prompt, buttons, title)

 result = MsgBox (Text4, vbQuestion + vbOKCancel, Title)

' Jetzt wird die angeklickte Schaltfläche ausgewertet
If result = vbOK Then
 WScript.Echo Text2    ' Echo-Methode zur Ausgabe benutzen
Else
 WScript.Echo Text3
End If
'*** Ende
```

***Listing 6.3:** Beispiel* MsgBox2.vbs

Das Programm definiert die Textkonstanten zur Ausgabe im Dialogfeld zu Beginn des Skripts. Anschließend wird der in Abbildung 6.5 oben gezeigte Eingangsdialog eingeblendet. Sobald der Benutzer diesen Dialog über die *OK*-Schaltfläche schließt, wird das nächste Dialogfeld mit zwei Schaltflächen gezeigt. Die Schaltflächen werden durch gezielte Auswahl des *buttons*-Werts gewählt:

```
result = MsgBox (Text4, vbQuestion + vbOKCancel, Title)
```

Bei diesem Aufruf kommt jedoch eine Neuerung hinzu. *MsgBox* wird in diesem Beispiel als Funktion aufgerufen. Daher müssen Sie die Parameter in Klammern einfassen. Zusätzlich liefert die *MsgBox*-Funktion einen Wert zurück, der der vom Benutzer gewählten Schaltfläche im Dialogfeld entspricht. Die Tabelle 6.4 gibt die Werte an, die von *MsgBox* zurückgeliefert werden. Welche Werte auftreten können, hängt von den verfügbaren Schaltflächen ab.

Wert	Konstante	Bedeutung
1	vbOK	Der Benutzer hat die *OK*-Schaltfläche angeklickt.
2	vbCancel	Die Schaltfläche *Abbrechen* wurde gewählt.
3	vbAbort	Die Schaltfläche *Abbruch* wurde gewählt.
4	vbRetry	Die Schaltfläche *Wiederholen* wurde gewählt.
5	vbIgnore	Der Benutzer hat auf *Ignorieren* geklickt.
6	vbYes	Anwahl der *Ja*-Schaltfläche.
7	vbNo	Die Schaltfläche *Nein* wurde ausgewählt.

***Tabelle 6.4:** Rückgabecodes der* MsgBox-*Funktion*

Sie können dabei im VBScript-Code entweder mit symbolischen Konstanten arbeiten oder direkt die Werte 1 bis 7 abfragen. Durch Auswerten des Rückgabewerts für die gewählte Schaltfläche des Dialogfeldes lässt sich eine einfache Benutzerführung realisieren. Dies wird in Listing 6.3 mit folgenden Anweisungen genutzt:

```
' Jetzt wird die angeklickte Schaltfläche ausgewertet
If result = vbOK Then
 WScript.Echo Text2     ' Echo-Methode zur Ausgabe benutzen
Else
 WScript.Echo Text3
End If
```

Hat der Benutzer die *OK*-Schaltfläche gewählt, zeigt das Programm dies in einem weiteren Dialog an. In diesem Beispiel habe ich zur Demonstration der Ausgabe nicht die *MsgBox*-Prozedur benutzt, sondern die vom Windows Script Host-Objekt bereitgestellte *Echo*-Methode:

```
WScript.Echo Text2
```

In der obigen Anweisung stellt *WScript.Echo* den Inhalt der Variablen *Text2* in einem Dialogfeld dar.

HINWEIS: Sie finden das VBScript-Beispiel *MsgBox2.vbs* auf der Begleit-CD-ROM im Ordner *\Beisp\Kap06*. In diesem Ordner befindet sich zusätzlich die Datei *MsgBox3.vbs*, die zeigt, wie sich *MsgBox* innerhalb einer Prozedur verwenden lässt.

Ein Beispiel: Willkommensmeldung mit wechselndem Text

Abschließend möchte ich noch auf ein einfaches Beispiel zu sprechen kommen. Ein Skript soll abhängig vom Wochentag einen bestimmten Text ausgeben. Montags erhalten Sie also eine andere Begrüßung als Freitags. Hierbei kommt ein Feld (Array) zur Definition der Texte zum Einsatz.

```
cSpruch = array ( _
        "Sonntags solltest Du ruhen, mein Freund", _
        "Die Woche fängt aber bescheiden an, mach' mal Pause", _
        "Hallo Kumpel, ein Arbeitstag ist schon 'rum", _
        "Ärgere Dich nicht, wir haben ja bereits Mittwoch", _
        "Mensch, wie die Zeit vergeht, 's ist Donnerstag", _
        "Gott sei Dank, es ist Freitag", _
        "Samstag, Du wolltest doch ausspannen?")
```

Der Operator *array* weist der Variablen *cSpruch* ein Feld zu. Die Feldwerte werden dabei gleich als Konstante innerhalb der Klammer gesetzt. Jeder Feldwert ist durch ein Komma vom Vorgänger zu trennen. Anschließend können Sie die folgende Anweisung verwenden, um die Meldung im Dialogfeld zu erstellen.

```
Text = "Es ist heute " & _
      WeekDayName(Weekday(Now()),False,1 ) & _
      " der " & Day (Now()) & ". " & _
      MonthName(Month(Now)) & " " & _
      Year (Now()) & vbCRLF & vbCRLF & _
      cSpruch(Weekday(Now())-1)
```

Die VBScript-Funktion *Now()* liefert das aktuelle Tagesdatum. Mit *Weekday ()* erhalten Sie den Wochentag eines gegebenen Datums. Der Name des Wochentags lässt sich über die VBScript-Funktion *WeekDayName()* abfragen. Mit *Month()*, *Year()* und *Day()* lässt sich der Monat, das Jahr und der Tag aus einem gegebenen Datumswert extrahieren. Der Zugriff auf die Elemente des Feldes erfolgt über *cSpruch(index)*, wobei *index* ein Wert zwischen 0 und 6 ist. In obiger Anweisung wird der Indexwert aus dem Wert des Wochentags berechnet. Als Konsequenz gibt das Programm eine Meldung gemäß Abbildung 6.6 aus.

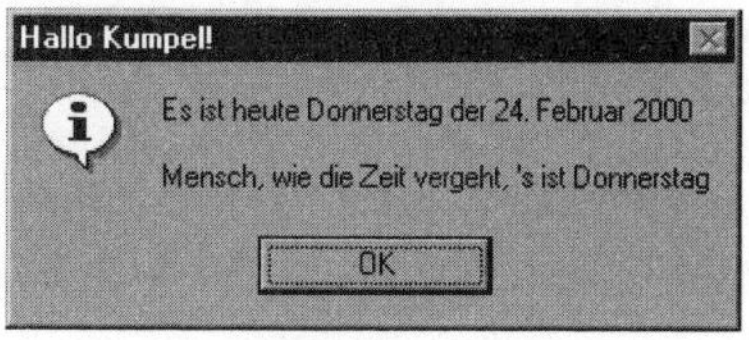

Abbildung 6.6: *Meldung mit wechselndem Text*

HINWEIS: Sie finden das VBScript-Beispiel *MsgBox4.vbs* auf der Begleit-CD-ROM im Ordner *\Beisp\Kap06*.

Anwenden der Popup-Methode

Die obigen Beispiele befassten sich mit der Anzeige der Meldungen sowie mit der Abfrage der Schaltflächen in VBScript. In JScript steht die *MsgBox*-Prozedur leider nicht zur Verfügung. Der nachfolgende Abschnitt zeigt, wie Sie mit der *Popup*-Methode die gleichen Ausgaben wie mit der *MsgBox*-Funktion erzeugen können.

Dialogfelder in JScript ausgeben

Es wurde bereits erwähnt, dass es *MsgBox* in JScript nicht gibt. Auch die im Internet Explorer unterstützten JScript-Funktionen wie *confirm()* oder der Zugriff auf die *write*-Methode in der Form *document.write* ist in einem WSH-Skript nicht möglich. Das WSH-Skript-Objekt unterstützt keine Formulare oder Dokumente. Daher müssen wir einen etwas anderen Ansatz zur Ausgabe von Benutzermeldungen sowie zur Abfrage von Schaltflächen wählen. Zu Beginn dieses Abschnitts haben Sie bereits die *Echo*-Methode des *WScript*-Objekts kennen gelernt. Mit der Anweisung:

```
WScript.Echo ("OK-Schaltfläche angeklickt (Code: " + result + ")");
```

wird der Text sowie der Inhalt der Variablen *result* in einem Dialogfeld ausgegeben. Der Nachteil dieses Ansatzes: Das Dialogfeld besitzt einen Standardtitel (»Windows Script Host«) sowie eine *OK*-Schaltfläche. Möchten Sie dagegen die Schaltflächen, das im Dialogfeld angezeigte Symbol, den Titel etc. wie bei der *MsgBox*-Funktion beeinflussen sowie die angewählten Schaltfläche auswerten, bringt Sie die *Echo*-Methode nicht weiter. Hier müssen Sie auf die *Popup*-Methode des *Shell*-Objekts ausweichen. Leider stellt der Windows Script Host das *Shell*-Objekt nicht direkt zur Verfügung. Sie müssen dieses Objekt vielmehr zuerst als Instanz erzeugen. Bisher haben Sie diesen Schritt aber noch nicht kennen gelernt.

Das Instantiieren eines Objekts erfolgt mit der *CreateObject*-Methode des *WScript*-Objekts. Sie müssen zusätzlich noch die so genannte Prog-ID des Objekts kennen. Die hier benötigte *Popup*-Methode befindet sich im *Shell*-Objekt, und dieses Objekt ist ein Unterobjekt des *WScript*-

Objekts. Die folgenden Anweisungen zeigen, wie sich eine Referenz auf die benötigte Objektinstanz unter JScript realisieren lässt:

```
var WSHShell = WScript.CreateObject("WScript.Shell");
```

Über eine einfache Variablendeklaration wird eine Objektvariable *WSHShell* angelegt. In dieser Variablen wird dann eine Referenz auf das neue Objekt hinterlegt, welches mit *WScript.CreateObject* erzeugt wird. *WScript* stellt dabei das Objekt dar, welches die *CreateObject*-Methode unterstützt. Die *CreateObject*-Methode erwartet als Parameter die Prog-ID des neuen Objekts. Für das *Shell*-Objekt ist diese Prog-ID als *WScript.Shell* festgelegt. Sobald Sie die obige Anweisung ausführen, wird folglich das neue Objekt angelegt und dann eine Referenz auf dieses Objekt in der Variablen gespeichert. Über diese Objektvariable können Sie anschließend auf die Methoden und Eigenschaften des Objekts zugreifen. Die folgenden Anweisungen zeigen die Schritte, die zur Anwendung der *Popup*-Methode erforderlich sind:

```
var WSHShell = WScript.CreateObject("WScript.Shell");
var intDoIt;
intDoIt = WSHShell.Popup(L_Welcome_MsgBox_Message_Text,
                         0,
                         L_Welcome_MsgBox_Title_Text,
                         vbOKCancel + vbInformation );
```

Sobald die Objektvariable *WSHShell* angelegt wurde, lässt sich über *WSHShell.Popup* eine Ausgabe in einem Dialogfeld vornehmen. Der *WSHShell.Popup*-Aufruf besitzt anschließend folgende Syntax:

```
res = WSHShell.Popup(txt, wait, title, buttons);
```

Die *Popup*-Methode besitzt mehrere Parameter, die folgende Bedeutung besitzen:

- Der Parameter *txt* nimmt den Text auf, der im Dialogfeld auszugeben ist. Sie können diesen Text wie bei den anderen Beispielen aus Teilzeichenketten und Variablen zusammensetzen sowie Zeilenumbrüche einfügen.
- Die Variable *wait* erlaubt Ihnen die Angabe einer Wartezeit in Sekunden. Wählt der Benutzer innerhalb der Wartezeit keine Schaltfläche, schließt das Skript automatisch das Dialogfeld nach Ablauf dieser Wartezeit. Mit dem Wert 0 wird diese Funktion abgeschaltet.
- Im Parameter *title* lässt sich der Inhalt der Titelleiste angeben.
- Der Parameter *buttons* wählt das anzuzeigende Symbol sowie die auszugebenden Schaltflächen. Die Werte für die Konstanten entsprechen den VBScript-Vorgaben aus den weiter oben angegeben Tabellen (Tabelle 6.1 bis Tabelle 6.4). Beachten Sie aber, das in JScript keine symbolischen Konstanten vereinbart sind.

Nach dem Schließen des Dialogfelds gibt die *Popup*-Methode den Code der gewählten Schaltfläche zurück. Das folgende Listing zeigt den Aufbau des kompletten Moduls. Die Ausgabe mittels der *Popup*-Methode wurde in Anlehnung an die von Microsoft gelieferten Beispiele in die Funktion *Welcome()* verlagert. Die Funktion erwartet beim Aufruf keine Parameter, da die Ausgabetexte über globale Variablen definiert wurden. Folglich lassen sich diese Variablen direkt in der Funktion beim Aufruf der *Popup*-Methode als Argumente nutzen.

In dieser Hinsicht möchte ich noch auf eine Besonderheit hinweisen. JScript kennt keine benannten Konstanten (z.B. *vbOKOnly*). Daher habe ich im Modulkopf die benötigten symbolischen Konstante als Variablen vereinbart und direkt einen Wert zugewiesen. Anschließend lässt sich im Programm an beliebiger Stelle auf diese »Pseudo-Konstanten« zugreifen.

In der Funktion *Welcome()* wird als Erstes das *Shell*-Objekt instantiiert (d.h. es wird eine Referenz auf eine Instanz dieses Objekts erzeugt und in einer Variablen hinterlegt). Dann erfolgt der Aufruf der *Popup*-Methode. Der Befehl:

```
return intDoIt;
```

gibt den von der *Popup*-Methode zurückgelieferten Code der angeklickten Schaltfläche an das rufende Programm zurück. Im Hauptmodul wertet die Anweisung:

```
if (result == vbOK)
```

den zurückgegebenen Code aus. In Abhängigkeit von der (vom Benutzer) gewählten Schaltfläche wird anschließend eine Nachricht ausgegeben. Im Gegensatz zu den VBScript-Beispielen wird hier im abschließenden Dialogfeld auch der Code der angeklickten Schaltfläche unter Verwendung der *Echo*-Methode eingeblendet.

```
WScript.Echo ("OK-Schaltfläche angeklickt " + "(Code: " + result + ")");
```

Dies erlaubt Ihnen, die Konstanten für die Schaltflächendefinition zu überprüfen. Einzelheiten finden Sie in folgendem Listing.

```
//************************************************
// File:   Popup.js (WSH-Beispiel in JScript)
// Autor:  Günter Born
//
// Testbeispiel zur Ausgabe einer Meldung mit Popup.
//************************************************

var vbOKCancel = 1;         // Variablen vereinbaren
var vbOK = 1;
var vbInformation = 64;
var vbCancel = 2;
var result;

var L_Welcome_MsgBox_Message_Text
 = "Bitte eine Schaltfläche anklicken";
var L_Welcome_MsgBox_Title_Text
 = "Borns Windows Script Host-Beispiel";

result = Welcome();    // Eingangsdialog zeigen

// Ergebnisse anzeigen

if (result == vbOK)
{
 WScript.Echo ("OK-Schaltfläche angeklickt " +
          "(Code: " + result + ")");
}
else
 {
  WScript.Echo ("Abbrechen-Schaltfläche angeklickt " +
```

```
            "(Code: " + result + ")");
}

WScript.Echo("Jetzt sind wir fertig");
////////////////////////////////////////////////////////////
//
function Welcome()
// Funktion zur Anzeige eines Dialogfelds
{  // Hier brauchen wir das Shell-Objekt !!!
   var WSHShell = WScript.CreateObject("WScript.Shell");
   var intDoIt;

   intDoIt =  WSHShell.Popup(L_Welcome_MsgBox_Message_Text,
                             0,
                             L_Welcome_MsgBox_Title_Text,
                             vbOKCancel + vbInformation );
   return intDoIt; // Code der Schaltfläche zurückliefern
}
//*** Ende
```

***Listing 6.4:** Beispiel* Popup.js

HINWEIS: Sie finden das JScript-Beispiel *Popup.js* auf der Begleit-CD-ROM im Ordner *\Beisp\Kap06*. Schauen Sie sich auch einmal die Datei *Welcome.js* in diesem Ordner an. Diese Datei zeigt, wie Sie in JScript mit Arrays arbeiten und das Datum mit Wochentag ausgeben. Das Beispiel entspricht in etwa der weiter oben vorgestellten VBScript-Datei *MsgBox4.vbs*.

Klappt Popup auch in VBScript?

Die meisten VB-Programmierer werden beim Umstieg auf VBScript wohl auf die *MsgBox*-Funktion (oder -Prozedur) zurückgreifen. Diese steht direkt im Sprachumfang zur Verfügung und erlaubt eine sehr komfortable Ausgabe (siehe die vorhergehenden Abschnitte). Allerdings steht es Ihnen frei, anstelle der *MsgBox*-Funktion auf die *Popup*-Methode des *Shell*-Objekts zuzugreifen.

HINWEIS: Eine Beispieldatei zur Verwendung der *Popup*-Methode in VBScript finden Sie in der Datei *Popup.vbs* auf der Begleit-CD-ROM im Ordner *\Beisp\Kap06*.

7 Nutzung der Objekte, Methoden und Eigenschaften des WSH

In den vorhergehenden Kapiteln haben Sie die grundlegenden Techniken zum Erstellen von Skripten sowie einige Methoden und Eigenschaften kennen gelernt. In diesem Kapitel möchte ich Ihnen schrittweise zeigen, wie Sie den Windows Script Host verwenden können, um bestimmte Aufgaben zu automatisieren.

- Sie lernen, wie sich die Eigenschaften des *WScript*-Objekts abfragen und in einem Dialogfeld anzeigen lassen. Dies erlaubt Ihnen, die wichtigsten Informationen zum WSH und zum aktuellen Skript abzurufen.
- Ein weiteres Beispiel erläutert, wie Sie die einem Skript beim Aufruf übergebenen Argumente auswerten können.
- Zum Zugriff auf andere Objekte müssen diese zunächst instantiiert werden. Hier erfahren Sie, wie die Methoden *CreateObject* und *GetObject* des *WScript*-Objekts eingesetzt werden. Außerdem erfahren Sie, wie ein Objekt wieder freigegeben wird.
- Ein weiterer Abschnitt zeigt Ihnen, wie Sie andere Anwendungen aus einem Skript heraus aufrufen können.

Mit diesem Wissen sind Sie sehr schnell in der Lage, eigene einfache Anwendungen zu realisieren und die Funktionalität des Betriebssystems zu erweitern.

Arbeiten mit dem *WScript*-Objekt

Das *WScript*-Objekt bietet Ihnen verschiedene Methoden und Eigenschaften. Mit *Echo* und *PopUp* haben Sie bereits zwei Methoden dieses Objekts kennen gelernt. Der nachfolgende Abschnitt zeigt, wie Sie die Eigenschaften dieses Objekts für eigene Zwecke einsetzen können.

Anzeige der WSH- und Skript-Eigenschaften

In ▶ Kapitel 6 wurde erwähnt, dass der Windows Script Host das aktuell laufende Skript als Objekt auffasst und dem Skript über das *WScript*-Objekt zur Verfügung stellt. Wenn Sie *Cscript.exe* auf der Eingabeaufforderung aufrufen, gibt der Host beispielsweise die aktuelle Versionsnummer in der Befehlszeile aus. Diese Versionsnummer ist eigentlich recht interessant, da Microsoft verschiedene Versionen des WSH bereitstellt. Aber auch weitere Eigenschaften wie beispielsweise der Pfad zum Host, dessen Name etc. sind sicherlich in verschiedenen Fällen sehr informativ.

Abbildung 7.1: *Anzeige verschiedener WScript-Eigenschaften (WSH 5.6)*

HINWEIS: Der WSH-Hilfe können Sie entnehmen, welche Eigenschaften das *WScript*-Objekt direkt zur Verfügung stellt.

An dieser Stelle möchte ich diesen Gedanken aufgreifen und ein einfaches Skript vorstellen, welches die Eigenschaften des Hosts sowie die Eigenschaften des Skripts ermittelt und in einem Dialogfeld anzeigt (Abbildung 7.1).

Der Zugriff auf eine Eigenschaft des *WScript*-Objekts ist sehr einfach. Da das *WScript*-Objekt vom WSH automatisch exponiert wird, können Sie direkt auf dessen Eigenschaften zugreifen. Die Anweisung:

```
Name = WScript.Application
```

liest beispielsweise die *Application*-Eigenschaft des *WScript*-Objekts und weist diese der Variablen *Name* zu. In dieser Eigenschaft finden Sie ab WSH 2.0 den Text »Windows Script Host«. Die Eigenschaft lässt sich also verwenden, um zu prüfen, ob das Skript auch wirklich unter dem WSH ausgeführt wird. Der Anwender könnte das Skript ja auch im Rahmen eines HTML-Dokuments oder bei einer Active Server Page (ASP)-Datei als externes Skript nutzen. Die nachfolgende Aufstellung gibt Ihnen eine grobe Übersicht über die in diesem Beispiel benutzten Eigenschaften des *WScript*-Objekts:

- *Application*: Liefert den Namen der Anwendung als Zeichenkette. Da das Skript unter dem WSH ausgeführt wird, ist dies die Zeichenkette »Windows Script Host«.
- *Name*: Hier wird der Name der Anwendung (des WSH) als Zeichenkette zurückgegeben.
- *Version*: Gibt die aktuelle Versionsnummer des WSH zurück. Bei WSH 1.0 wird der Wert »5.0« zurückgegeben, während WSH 2.0 den Wert »5.1« liefert. WSH 5.6 liefert dann »5.6«.
- *FullName*: Liefert den Namen des Hosts (Name der EXE-Datei einschließlich des Pfads).
- *Path*: Diese Eigenschaft enthält nur die Pfadangabe zur EXE-Datei des WSH.

HINWEIS: Die *Interactive*-Eigenschaft liefert einen Hinweis, ob das Skript interaktiv ausgeführt wird, als Boolean-Wert (wahr, falsch) zurück. Sofern Sie Benutzerausgaben benötigen, muss der Interaktiv-Modus zwangsweise eingeschaltet sein. Bei der Anzeige des Status in einem Meldungsfeld werden Sie daher immer die Angabe »wahr« (bzw. *true*) finden.

Neben diesen Eigenschaften, die sich direkt auf den WSH beziehen, können Sie über das *WScript*-Objekt auch den Namen des ausgeführten Skripts sowie dessen Pfad ermitteln.

- *ScriptFullName*: In dieser Eigenschaft steckt sowohl der Pfad als auch der Name des eigentlichen Skripts.
- *ScriptName*: Benötigen Sie nur den Namen des Skripts, lässt sich dieser über die *ScriptName*-Eigenschaft direkt abfragen.

Diese Angaben sind beispielsweise hilfreich, falls Sie den Namen des Skripts anzeigen oder den Pfad zum Skript ermitteln möchten (siehe weiter unten im ▶ Abschnitt »MS-DOS-Befehl per Run-Methode ausführen« bzw. im ▶ Kapitel mit den Rezepten). Weitere Hinweise zu den oben aufgeführten Eigenschaften finden Sie in der WSH-Programmierreferenz.

Die Lösung in VBScript

Die Lösung in VBScript können Sie dem *Listing 7.1* entnehmen. Die Abfrage der Eigenschaften gestaltet sich sehr einfach. Sie müssen lediglich das *WScript*-Objekt – gefolgt von einem Punkt und dem Namen der Eigenschaft – in einer Zuweisung angeben. Etwas Aufwand bereitet lediglich die Aufbereitung der Informationen zur Ausgabe im Dialogfeld. In *Listing 7.1* wird die *Message*-Variable verwendet, um den Ausgabetext aufzubereiten. Über die Konstante *vbCrLf* wird die Ausgabe in mehreren Zeilen erzwungen. Die *ScriptName*-Eigenschaft wird in diesem Beispiel verwendet, um den Namen des Skripts in der Titelleiste des Dialogfelds mit einzublenden.

```
'************************************************
' File:   Properties.vbs (WSH-Beispiel in VBScript)
' Autor:  (c) G. Born
'
' Zeigt die Eigenschaften des WScript-Objekts in
' einfachen Dialogfeldern an.
'************************************************
Option Explicit

Dim Message
Dim Title

' Zeige die Eigenschaften des WScript-Objekts
' Zuerst einige Host-Eigenschaften

 Message = "WScript-Eigenschaften des Hosts" & vbCRLF & vbCRLF
 Message = Message & "Application: " & WScript.Application & vbCRLF
 Message = Message & "Name: " & WScript.Name & vbCRLF
 Message = Message & "Version: " & WScript.Version & vbCRLF
 Message = Message & "FullName: " & WScript.FullName & vbCRLF
 Message = Message & "Path: " & WScript.Path & vbCRLF

 ' Ermittle den Interactive-Status
 If (WScript.Interactive) Then
   Message = Message & "Interactive: wahr" & vbCRLF
 Else
   Message = Message & "Interactive: falsch" & vbCRLF
 End if

' Jetzt noch die Skript-Eigenschaften ausgeben
 Message = Message & vbCRLF
 Message = Message & "WScript-Eigenschaften des Skripts" & vbCRLF & vbCRLF
```

```
 Message = Message & "ScriptFullName : " & WScript.ScriptFullName & vbCRLF
 Message = Message & "ScriptName : " & WScript.ScriptName & vbCRLF

' Titeltext initialisieren
 Title = "WSH-Beispiel " & WScript.ScriptName & " - by G. Born"

 MsgBox Message, vbInformation + vbOKOnly, Title
'*** Ende
```

Listing 7.1: Properties.vbs

HINWEIS: Sie finden die Datei *Properties.vbs* im Ordner *\Beisp\Kap07* auf der Begleit-CD-ROM.

Die Eigenschaften in JScript anzeigen

Der Vollständigkeit halber habe ich nachfolgend die Lösung auch in JScript implementiert. Die Eigenschaften lassen sich ebenfalls durch Angabe des Objekts *WScript* – gefolgt von einem Punkt und dem Namen der Eigenschaft – abfragen. Zur Aufteilung der Informationen in mehrere Zeilen im Dialogfeld wird der Ausgabetext in der Variablen *Message* hinterlegt. Zeilenumbrüche werden mit dem Steuerzeichen *\n* markiert.

```
//************************************************
// File:    Properties.js (WSH-Beispiel in JScript)
// Autor:   (c) G. Born
//
// Zeigt die Eigenschaften des WScript-Objekts in
// einfachen Dialogfeldern an.
//************************************************
//

var Message, Title, tmp;
var vbInformation = 64;
var vbOKOnly = 0;

// Zeige die Eigenschaften des WScript-Objekts
// Zuerst einige Host-Eigenschaften

 Message = "WScript-Eigenschaften des Hosts \n\n";
 Message = Message + "Application: " + WScript.Application + "\n";
 Message = Message + "Name: " + WScript.Name + "\n";
 Message = Message + "Version: " + WScript.Version + "\n";
 Message = Message + "FullName: " + WScript.FullName + "\n";
 Message = Message + "Path: " + WScript.Path + "\n";

// Ermittle den Interactive-Status
 if (WScript.Interactive)
  Message = Message + "Interactive: wahr" + "\n"
 else
   Message = Message + "Interactive: falsch" + "\n";

// Jetzt noch die Skript-Eigenschaften ausgeben
 Message = Message + "\n";
 Message = Message + "WScript-Eigenschaften des Skripts \n\n";
 Message = Message + "ScriptFullName : " + WScript.ScriptFullName + "\n";
 Message = Message + "ScriptName : " + WScript.ScriptName + "\n";
```

```
// Titeltext initialisieren
 Title = "WSH-Beispiel " + WScript.ScriptName + " - by G. Born";

 var objAdr = WScript.CreateObject("WScript.Shell");

 tmp = objAdr.Popup (Message, vbInformation + vbOKOnly, Title);
//*** Ende
```

Listing 7.2: Properties.js

HINWEIS: Sie finden die Datei *Properties.js* im Ordner *\Beisp\Kap07* auf der Begleit-CD-ROM.

Eigenschaften der Script-Engine anzeigen

Im vorherigen Abschnitt haben Sie gelernt, wie sich die Eigenschaften des WSH abfragen lassen. Diese Informationen reichen aber nicht immer aus. In einigen Fällen benötigen Sie zusätzliche Informationen über die Script-Engine. So lässt sich beispielsweise die Versionsnummer des betreffenden Interpreters abfragen (Abbildung 7.2). Dies ist hilfreich, da die bisherigen Implementierungen nicht immer alle Funktionen fehlerfrei ausführen.

Abbildung 7.2: *Anzeige der* ScriptEngine-*Eigenschaften (WSH 1.0)*

Sowohl VBScript als auch JScript stellen für diesen Zweck mehrere gleichnamige Funktionen zur Verfügung, die Sie direkt aufrufen können:

- *ScriptEngine():* Diese Funktion liefert eine Zeichenkette, die die Sprache des Interpreters im Klartext angibt.
- *ScriptEngineMajorVersion():* Diese Funktion gibt die Hauptversionsnummer der Script-Engine wieder.
- *ScriptEngineMinorVersion():* Die Funktion gibt die Nummer der Unterversion als Zeichenkette zurück.
- *ScriptEngineBuildVersion():* Mit dieser Funktion lässt sich die Build-Nummer der jeweiligen Script-Engine abfragen.

Das nachfolgende Listing zeigt die Anwendung dieser Funktionen. Das Skript erzeugt den in Abbildung 7.2 gezeigten Dialog.

```
'************************************************
' File:   Engine.vbs (WSH-Beispiel in VBScript)
' Autor:  Günter Born
'
' Zweck:  Das Skript zeigt die Version der Sprach-
'         Engine an.
'************************************************
Option Explicit
DIM txt
```

```
' Ermittle die Version der Sprach-Engine
txt = "Script-Engine: " & CStr(ScriptEngine()) & vbCRLF
txt = txt + "Version: " & CStr(ScriptEngineMajorVersion())
txt = txt + "." & CStr(ScriptEngineMinorVersion()) & vbCRLF
txt = txt + "Build: " & CStr(ScriptEngineBuildVersion())

WScript.Echo txt
'*** Ende
```

Listing 7.3: Engine.vbs

HINWEIS: Sie finden die Datei *Engine.vbs* im Ordner *\Beisp\Kap07* auf der Begleit-CD-ROM. Die entsprechende JScript-Version finden Sie in der Datei *Engine.js* im gleichen Ordner.

Auswerten der Skript-Parameter

In ▶ Kapitel 1 wurde bereits gezeigt, wie Sie einem Skript bestimmte Parameter (z.B. einen Dateinamen oder einen Schalter) übergeben können. Sie benötigen lediglich ein geeignetes Verfahren, um im Skript auf diese Parameter zugreifen zu können. Die Parameter eines Skripts werden über die *Arguments*-Eigenschaft des *WScript*-Objekts abgefragt. Allerdings ist dies nicht ganz so trivial wie beispielsweise der Zugriff auf die *Name*-Eigenschaft. Die Anweisung:

```
Parameter = WScript.Arguments
```

führt daher nicht nur zu einem Laufzeitfehler, sondern birgt auch noch eine zusätzliche Schwierigkeit. Ein Skript kann ja mehr als einen Parameter aufweisen. Die Zuweisung an die Variable *Parameter* erlaubt aber nur die Übergabe eines Wertes.

HINWEIS: An dieser Stelle kommt der Objektansatz zum Tragen. Mit diesem Ansatz wird eine sehr elegante Lösung zum Zugriff auf die Parameter des Skripts möglich. In ▶ Kapitel 5 wurde bereits erläutert, dass ein Auflistungs-Objekt (englisch: Collection) weitere Objekte aufnehmen kann. Und genau dieser Ansatz wird zum Zugriff auf die Argumente eines Skripts benutzt.

Die *Arguments*-Eigenschaft liefert keinen einfachen Wert zurück, sondern ein *WshArguments*-Objekt. Es handelt sich dabei um eine Auflistung. Sie können daher mit geeignetem Programmcode auf die einzelnen Objekte dieser Auflistung zugreifen. Die Anweisung:

```
Set objArgs = Wscript.Arguments
```

liest die *Arguments*-Eigenschaft des *WScript*-Objekts zurück. Da diese Eigenschaft keinen einfachen Wert, sondern eine Auflistung von Objekten liefert, müssen Sie das Schlüsselwort *Set* verwenden, um eine Objektvariable anzulegen. Über diese Objektvariable *objArgs* können Sie anschließend auf die Eigenschaften der Auflistung zugreifen. Das erste Objekt der Auflistung ließe sich dann mit:

```
param1 = objArgs(0)
```

lesen. In obigem Fall wird dann der Variablen *param1* der Inhalt der Standardeigenschaft des Objekts *objArgs(0)* zugewiesen. Auch dies ist eine Neuerung. Eigentlich wird zum Lesen des Parameters der Name der Objekteigenschaft benötigt. Die Zeichenkette mit dem Übergabeparameter wird über die *Item*-Eigenschaft erreicht. Dies bedeutet, Sie müssen sowohl festlegen, welches Objekt der Auflistung gemeint ist als auch die gewünschte Eigenschaft angeben. Um beispielsweise den ersten Parameter des Skripts zu lesen, wäre eigentlich die folgende Anweisung erforderlich:

```
param1 = objArgs.Item(0)
```

Den meisten Objekten ist aber eine Standardeigenschaft zugeordnet. Beim *WshArguments*-Objekt ist dies die *Item*-Eigenschaft. Greifen Sie direkt auf ein Objekt zu, wird diese Standardeigenschaft direkt zurückgegeben. Die obige verkürzte Anweisung bewirkt daher die Zuweisung des Skriptparameters (der *Item*-Eigenschaft) an die Variable *param1*.

Allerdings gibt es noch eine weitere Schwierigkeit. Woher wissen Sie denn, wie viele Objekte in der Auflistung vorhanden sind? Falls der Benutzer keine Parameter beim Skriptaufruf angibt, liefert die *Arguments*-Eigenschaft keine Objekte in der Auflistung zurück. Der Versuch eines Zugriffs auf die Objektvariable (z.B. *objArgs(0)*) löst dann einen Laufzeitfehler aus. Glücklicherweise stellt die *Arguments*-Eigenschaft im *Collection*-Objekt die Eigenschaft *Count* zur Verfügung. Diese Eigenschaft liefert Ihnen die Anzahl der Objekte in VBScript zurück. Sie könnten daher folgende Anweisungen verwenden, um auf den ersten Skriptparameter zuzugreifen:

```
If objArgs.Count >=1 Then ' mindestens ein Argument vorhanden
 Param1 = objArgs.Item(0)
End if
```

Allerdings ist diese Art des Zugriffs auf die Dauer etwas zu mühselig. Wesentlich einfacher lassen sich die Argumente in einer Schleife bearbeiten. Die folgende Anweisungssequenz zeigt Ihnen, wie Sie alle Argumente in VBScript auslesen und in einer Textvariablen speichern.

```
For I = 0 to objArgs.Count - 1     ' über alle Argumente
 text = text & objArgs(I) & vbCRLF ' hole Argument
Next
```

Natürlich können Sie innerhalb der Schleife die Parameter auch anders auswerten. Die obige Sequenz dient lediglich zur Demonstration der Vorgehensweise.

An dieser Stelle möchte ich Ihnen noch eine weitere Alternative zum Zugriff auf die Parameter per VBScript zeigen. In ▶ Kapitel 3 wurden die Sprachkonstrukte kurz vorgestellt. In diesem Zusammenhang wurde auch die *For Each In*-Schleife erwähnt, die sich zum Zugriff auf Felder und Auflistungen hervorragend eignet. Sobald Sie also die Auflistung als *WshArguments*-Objekt in einer Variablen vorliegen haben, können Sie VBScript eigentlich die Ermittlung aller Elemente der Auflistung überlassen. Dies wird in der nachfolgenden Sequenz genutzt:

```
Set objArgs = Wscript.Arguments    ' Objekt erzeugen
 For Each i in objArgs     ' über alle Argumente
  text = text & i & vbCRLF ' hole Argument
 Next
```

Die erste Zeile holt die *Arguments*-Eigenschaft und legt eine Referenz auf die Auflistung in einer Objektvariablen ab. Anschließend weisen Sie den Interpreter über die *For Each i in objArgs*-Anweisung an, für jedes Element der Auflistung einen Durchlauf auszuführen. Die Schleifenvariable *i* enthält dabei das betreffende Objekt. In diesem Fall können Sie den Wert der Schleifenvariable *i* direkt verwenden, um den Parameter des Skripts zu lesen. Die Zuordnung:

```
Param1 = i
```

liefert sofort das Argument. Welchen der beiden Ansätze Sie verwenden, bleibt Ihrem persönlichen Geschmack überlassen.

Die komplette Lösung in VBScript

Das Listing 7.4 fasst die obigen Ausführungen in einem kompletten Skriptprogramm zusammen. Werden beim Aufruf Parameter übergeben, gibt das Skript diese Parameter in einem Dialogfeld aus. Dabei wird jeder Parameter in einer getrennten Zeile aufgeführt (Abbildung 7.3).

Abbildung 7.3: *Anzeige der Aufrufparameter*

Sie müssen beim Aufruf lediglich dafür sorgen, dass das Skript auch die Parameter erhält. Hinweise zu diesem Thema finden Sie in ▶ Kapitel 1.

```
'************************************************
' File:   Param.vbs (WSH-Beispiel in VBScript)
' Autor:  (c) G. Born
'
' Anzeige des übergebenen Parameters in einem
' Dialogfeld.
'************************************************

 text = "Argumente" & vbCRLF & vbCRLF

 Set objArgs = Wscript.Arguments    ' Objekt erzeugen
 For I = 0 to objArgs.Count - 1     ' über alle Argumente
  text = text objArgs(I) vbCRLF ' hole Argument
 Next

  Wscript.Echo text ' zeige Argument per Echo
'*** Ende
```

Listing 7.4: Param.vbs

HINWEIS: Sie finden die Beispieldatei *Param.vbs* im Ordner *\Beisp\Kap07* auf der Begleit-CD-ROM. Die Datei *Param.vbs.lnk* im gleichen Verzeichnis besitzt bereits eine Befehlszeile mit vordefinierten Parametern. Die Datei *Param1.vbs* besitzt die gleiche Funktion, benutzt aber die *For Each i In obj*-Schleife zur Ausgabe der Argumente.

Parameteranzeige in JScript

In JScript können Sie ebenfalls über die *WScript.Arguments*-Eigenschaft auf die Argumente des Skripts zugreifen. Bedingt durch die Syntax der Sprache ergeben sich allerdings einige kleinere Abweichungen. Der Zugriff auf die *Arguments*-Eigenschaft benötigt keine *Set*-Anweisung.

JScript legt automatisch einen Untertyp für den übergebenen Wert an. Daher sieht die entsprechende Anweisung folgendermaßen aus:

```
var objArgs = WScript.Arguments;        // Objekt erzeugen
```

Sobald Sie das Auflistungsobjekt über die Eigenschaft geholt haben, können Sie auf die einzelnen Elemente der Collection zugreifen. Dies lässt sich mit folgenden Anweisungen tun:

```
for (var i=0; i < objArgs.length; i++) // über alle Argumente
  text = text + objArgs(i) + '\n';     // hole Argument
```

Hier wird der Inhalt der *Item*-Eigenschaft implizit (es handelt sich ja um die Standardeigenschaft des Objekts) einer Variablen *text* zugewiesen (siehe auch die Ausführungen auf den vorhergehenden Seiten). Beachten Sie aber, dass Sie zum Ermitteln der Anzahl der Elemente in der Auflistung die *length*-Eigenschaft verwenden müssen. Die *Count*-Eigenschaft löst dagegen einen Laufzeitfehler aus. Das Listing 7.5 zeigt das komplette Skriptprogramm. Werden beim Aufruf Parameter übergeben, gibt das Skript diese Parameter in einem Dialogfeld aus. Dabei wird jeder Parameter in einer getrennten Zeile aufgeführt (Abbildung 7.3).

```
//************************************************
// File:   Param.js (WSH-Beispiel in JScript)
// Autor:  (c) G. Born
//
// Anzeige des übergebenen Parameters in einem
// Dialogfeld.
//************************************************

 var objArgs;
 var text = "Argumente \n";

 var objArgs = WScript.Arguments;        // Objekt erzeugen

 for (var i=0; i < objArgs.length; i++) // über alle Argumente
  text = text + objArgs(i) + '\n';     // hole Argument

  WScript.Echo (text);  // zeige Argument per Echo
//*** Ende
```

Listing 7.5: Param.js

HINWEIS: Sie finden die Beispieldatei *Param.js* im Ordner *\Beisp\Kap07* auf der Begleit-CD-ROM.

Benannte und unbenannte Parameter in WSH 5.6 auswerten

Mit den obigen Methoden lässt sich sehr einfach per Skript auf Parameter zugreifen. Gelegentlich kommt es aber vor, dass benannte Parameter (z.B. */Name:Rom*) in der Befehlszeile zu benutzen sind. Nehmen wir einmal den folgenden Befehl zum Aufruf des Skripts:

```
Wscript.exe NamedParam.wsf /Name:Rom /U:1 Test.vbs Text.doc
```

Diese Zeile übergibt dem Skript zwei benannte Parameter (*/Name:Rom* und */U:1*) sowie zwei unbenannte Parameter (*Test.vbs* und *Text.doc*). Um festzustellen, ob die Parameter */Name* und */ U* vorhanden sind, musste der Skriptprogrammierer bis zur WSH-Version 2.0 die Auswertung der benannten Parameter manuell vornehmen (d.h., die Argumente waren auf den betreffenden Namen zu parsen). Ab WSH 5.6 stehen die Objekte *WSHNamed* und *WSHUnnamed* zum Zugriff auf die Parameter zur Verfügung.

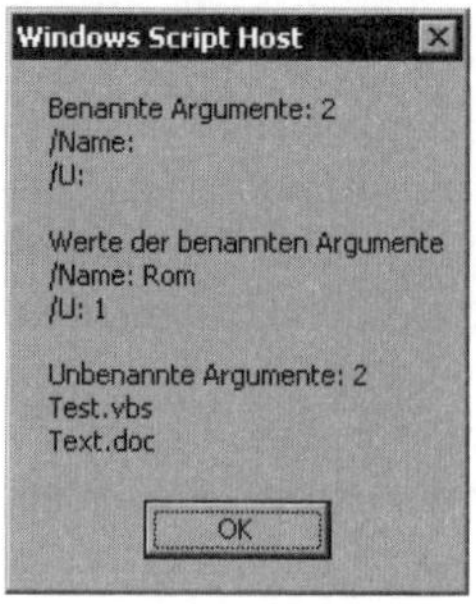

Abbildung 7.4: *Anzeige benannter und unbenannter Parameter*

In Abbildung 7.4 ist ein Dialogfeld zu sehen, in dem das Skript die übergebenen benannten und unbenannten Parameter ausgibt. Der Zugriff auf benannte Parameter ist über die *Named*-Eigenschaft der *Arguments*-Auflistung möglich. Die Zahl der benannten Parameter liefert in VBScript die *count*- und in JScript die *length*-Eigenschaft. Die folgenden Anweisungen zeigen den Zugriff auf die Eigenschaften in VBScript.

```
Set oArgsNamed = WScript.Arguments.Named
WScript.Echo "Benannte Argumente: ", oArgsNamed.Count
```

Möchten Sie direkt auf ein benanntes Argument zurückgreifen, können Sie dies über folgende VBScript-Anweisungen realisieren:

```
If oArgsNamed.Exists("Name") Then _
 text = text & "/Name: " & oArgsNamed.Item("Name") & vbCRLF
```

Mittels der *Exists*-Methode wird festgestellt, ob das benannte Argument überhaupt vorhanden ist. Hierzu ist der Methode der Name des Arguments (ohne das vorangestellte /-Zeichen und ohne den angehängten Doppelpunkt) zu übergeben. Die *Exists*-Methode liefert einen Wahrheitswert zurück. Falls das benannte Argument vorhanden ist, lässt sich dessen Wert über die *Item*-Eigenschaft abfragen. Da es sich bei dem zugehörigen Objekt um eine Auflistung handelt, muss der Eigenschaft ein Indexwert in Form des Namens des Arguments übergeben werden. Unbenannte Parameter lassen sich ähnlich wie weiter oben gezeigt, über die *Unnamed*-Eigenschaft abfragen:

```
Set oArgsUnnamed = WScript.Arguments.Unnamed
```

Auch hier kann die *Count*- oder *length*-Eigenschaft des zurückgelieferten Auflistungsobjekts zur Ermittlung der Parameteranzahl benutzt werden. Die unbenannten Parameter lassen sich über eine *For Each*-Schleife auflisten.

```
For Each i in oArgsUnnamed     ' über alle unbenannten Argumente
 text = text & i & vbCRLF
Next
```

Das nachfolgende Listing demonstriert, wie sich diese Methoden und Eigenschaften verwenden lassen, um die betreffenden Parameter auszuwerten. Es wurde hier eine *.wsf*-Datei verwendet, um die in Kapitel 1 bereits besprochenen XML-Elemente zur Definition einer Benutzermeldung zu nutzen. Fehlen die Parameter, gibt das Skript über die *ShowUsage*-Methode einen Benutzerdialog aus.

```
<?xml version="1.0" encoding="ISO-8859-1"?>
<job id="T1">
<comment>
 File: NamedParam.wsf (WSH 5.6)
 Autor: Günter Born
 Demonstriert, wie sich benannte Parameter in WSH 5.6 holen lassen
</comment>
<runtime>
    <description>
      Das Skript demonstriert den Zugriff auf benannte und
      unbenannte Parameter in WSH 5.6.
    </description>
    <named
     name = "Name"
     helpstring = "Ein beliebiger Name"
     type = "String"
     required = "false"
     />
    <named
     name = "U"
     helpstring = "Schalter /U: für Großschreibung"
     type = "String"
     required = "true"
     />
    <unnamed
     name = "Datei"
     helpstring = "Dateiname"
     type = "String"
     required = "2"
     />
    <example>Example: ShowUsage.wsf /Name:Born /U:1 Dateinamen</example>
</runtime>

<script language="VBScript">
<![CDATA[
Option Explicit
Dim text, i
Dim oArgsNamed
Dim oArgsUnnamed

' Falls keine Parameter vorhanden sind, zeige Dialogfeld mit Aufrufoptionen
If WScript.Arguments.Count < 1 Then
 WScript.Arguments.ShowUsage    ' Parameter fehlen !
 WScript.Quit                   ' Script beenden
End if

' Werte Parameter aus

Set oArgsNamed = WScript.Arguments.Named
```

```
' ermittle Zahl der benannten Argumente
text = "Benannte Argumente: " & oArgsNamed.Count & vbCRLF

For Each i in oArgsNamed     ' über alle benannten Argumente
 text = text & "/" & i & ":"& vbCRLF  ' Namen ausgeben
Next

text = text & vbCRLF & "Werte der benannten Argumente"  & vbCRLF

' Hole jetzt die Werte der benannten Argumente
If oArgsNamed.Exists("Name") Then _
 text = text & "/Name: " & oArgsNamed.Item("Name") & vbCRLF

If oArgsNamed.Exists("U") Then _
 text = text & "/U: " & oArgsNamed.Item("U") & vbCRLF

'Jetzt die unbenannten Argumente holen
Set oArgsUnnamed = WScript.Arguments.Unnamed

' ermittle Zahl der unbenannten Argumente
text = text & vbCRLF & "Unbenannte Argumente: " & oArgsUnnamed.Count & vbCRLF
For Each i in oArgsUnnamed     ' über alle unbenannten Argumente
 text = text & i & vbCRLF
Next

WScript.echo text

]]>
</script>
</job>
```

Listing 7.6: *NamedParam.wsf*

HINWEIS: Sie finden die Datei *NamedParam.wsf* im Ordner *\Beisp\Ka07* auf der Begleit-CD. Die im gleichen Verzeichnis hinterlegte Datei *NamedParam1.wsf*

Zugriff auf Umgebungsvariablen

Unter Windows 95/98 sowie unter Windows NT 4.0 bzw. Windows 2000 speichert das Betriebssystem verschiedene Informationen in Umgebungsvariablen. Der folgende Abschnitt demonstriert Ihnen, wie Sie auf diese Eigenschaftenvariable aus VBScript oder JScript zugreifen können.

Allgemeine Vorbemerkungen

Die Umgebungsvariablen werden unter einem Namen verwaltet und enthalten Zeichenketten. Sie können den Inhalt der Umgebungsvariablen im Fenster der Eingabeaufforderung (in Windows 9x auch als MS-DOS-Eingabeaufforderung oder MS-DOS-Fenster bezeichnet) abrufen, indem Sie den Befehl *Set* eingeben.

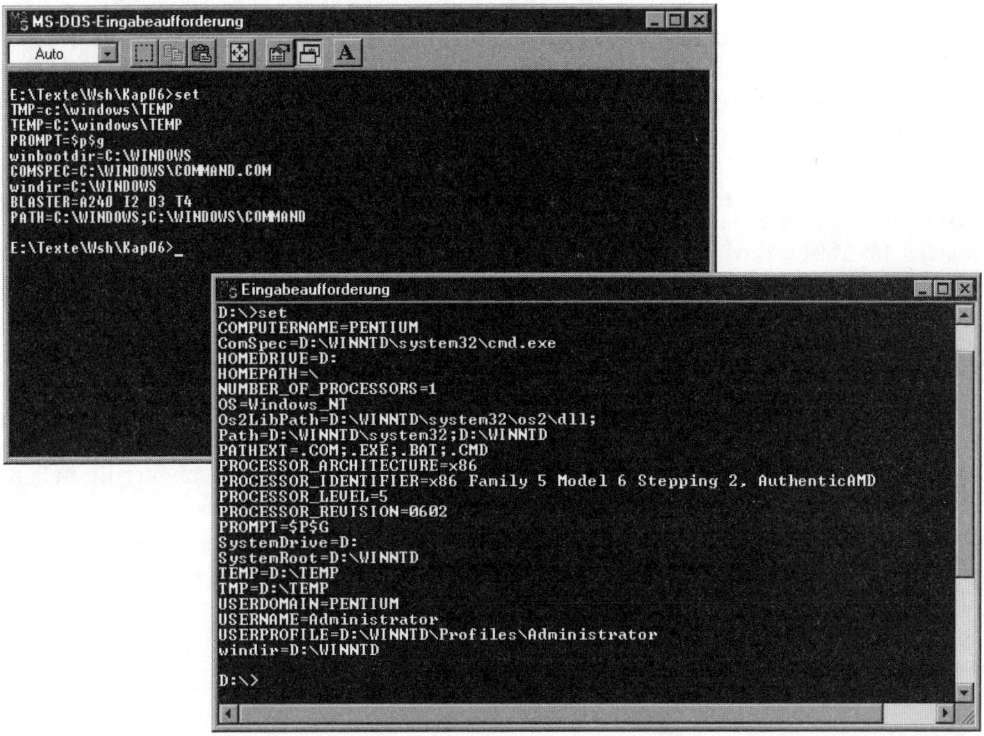

Abbildung 7.5: *Umgebungsvariablen unter Windows 95/98 (links oben) und Windows NT 4.0 (rechts unten)*

In Abbildung 7.5 sehen Sie zwei Auszüge des Fensters der Eingabeaufforderung, in denen die Umgebungsvariablen der jeweiligen Maschine angezeigt werden. Die Darstellung basiert auf einer Fotomontage zweier Bildschirmabzüge verschiedener Maschinen. Auf einer Maschine wurde Windows 98 gefahren, während die andere Maschine unter Windows NT 4.0 gestartet wurde. Die Darstellung zeigt, dass sich die Umgebungsvariablen auf den jeweiligen Betriebssystemplattformen stark unterscheiden.

Die Umgebungsvariablen unter Windows 95/98/ME sind stark an MS-DOS orientiert. Sie finden daher nur einige wenige vom Betriebssystem vordefinierte Umgebungsvariablen wie *Path, Prompt, Windir* etc.

Unter Windows NT bzw. Windows 2000/XP richtet das Betriebssystem verschiedene Umgebungsvariablen ein, die dabei in verschiedene Kategorien unterteilt werden. So können Sie im Fenster der Eingabeaufforderung immer nur lokale Umgebungsvariablen für diese MS-DOS-Maschine setzen. Das Betriebssystem ordnet dabei die Umgebungsvariablen intern noch in verschiedene Kategorien (»System«, »User«, »Volatile« und »Process«) ein.

Ein Blick auf Abbildung 7.7 zeigt, dass unter Windows NT wesentlich mehr Informationen als unter Windows 9x zur Verfügung stehen. Sie können beispielsweise den Namen des Betriebssystems, die Zahl der Prozessoren, die Plattform etc. abfragen.

HINWEIS: Das Setzen der Umgebungsvariablen ist im Fenster der Eingabeaufforderung nur für die aktuelle MS-DOS-Sitzung möglich. Beenden Sie die MS-DOS-Sitzung, gehen die gesetzten Umgebungsvariablen verloren. Sie haben unter Windows 9x aber die Möglichkeit,

Umgebungsvariablen beim Start über die Datei *Autoexec.bat* zu setzen. Unter Windows NT müssen Sie die globalen Umgebungsvariablen über die Systemmanagement-Konsole der Systemsteuerung setzen. Dies hat natürlich auch zur Konsequenz, dass Sie per WSH-Skript keine global gültige Umgebungsvariablen setzen können, die zudem noch nach dem Beenden des Skripts erhalten bleiben. Sobald ein Prozess gestartet wird, erzeugt Windows eine Kopie des Umgebungsvariablenspeichers für diesen Prozess. Jede Änderung bezieht sich dann nur auf diese Kopie und nicht auf den globalen Umgebungsvariablenbereich! Mit dem Windows 98-Resource-Kit wird zwar das Hilfsprogramm *WinSet.exe* ausgeliefert, mit dem sich Umgebungsvariablen im Master-Environment setzen oder löschen lassen. Aber der Einsatz dieser MS-DOS-Anwendung ist aufwendig und löst nicht alle Probleme.

Zugriff auf Umgebungsvariable per Skript

Die Informationen aus den Umgebungsvariablen lassen sich beispielsweise verwenden, um in einem Skript die benutzte Rechnerplattform oder das Betriebssystem zu ermitteln. Allerdings gelten unter Windows NT beispielsweise andere Restriktionen zum Setzen bestimmter Einstellungen als unter Windows 9x.

Zum Zugriff auf die Umgebungsvariablen der Maschine bietet das *Shell*-Objekt gemäß der Programmierreferenz die Eigenschaft *Environment*. Sie können die folgenden Anweisungen verwenden, um auf diese Eigenschaft zuzugreifen:

```
Set WshShell = CreateObject ("WScript.Shell")
Set objEnv = WshShell.Enviroment("Process")
```

Die erste Zeile erzeugt eine Instanz des *WScript.Shell*-Objekts und hinterlegt eine Referenz auf dieses Objekt in der Objektvariablen *WshShell*. Anschließend können Sie auf die *Environment*-Eigenschaft dieses Objekts zugreifen.

HINWEIS: *Environment* liefert zwar eine Eigenschaft zurück, der Aufruf kann aber verschiedene Werte (für verschiedene Umgebungsvariablen) zurückgeben. Die Syntax entspricht dabei eher dem Aufruf einer Methode. Daher spreche ich nachfolgend auch von der *Environment*-Methode.

Bei der Verwendung der *Environment*-Methode gilt es jedoch zwei Dinge zu beachten. Einmal lässt sich ein optionaler Parameter angeben. Der Parameter legt fest, aus welchem Bereich die Umgebungsvariablen gelesen werden sollen. Fehlt diese Angabe, liefert die Methode immer Umgebungsvariablen aus dem Systembereich. Sie können im Parameter aber die Zeichenkonstanten "System", "User", "Volatile" oder "Process" angeben. Beachten Sie aber, dass diese Angabe nur unter Windows NT von Bedeutung ist. Unter Windows 9x unterstützt die Methode dagegen nur den Eintrag "Process".

Der zweite Punkt: Die Methode (oder die Eigenschaft) liefert ein Objekt mit einer Auflistung zurück. Sie müssen daher das Ergebnis einer Objektvariablen zuweisen, um auf die Objekte der Auflistung und letztendlich auf die Umgebungsvariablen zugreifen zu können. Dies kann über die folgende Anweisung erfolgen:

```
Text =objEnv("Path")
```

Die Anweisung setzt voraus, dass in *objEnv* die Auflistung der *Environment*-Eigenschaft hinterlegt wurde. Als Argument ist dann der Name der gewünschten Umgebungsvariablen (hier *Path*) anzugeben. Die obige Zuweisung legt daher den Wert der Umgebungsvariablen *Path* in der Variable *Text* ab.

HINWEIS: Sie finden die Auflistung der vom System vordefinierten Umgebungsvariablen sowie die Beschreibung der obigen Methoden in der WSH-Hilfe. Neben den vordefinierten Variablen können Sie aber auch auf benutzerdefinierte Umgebungsvariablen (lesend) zugreifen, indem Sie deren Name in der Anweisung angeben. Die beiden nachfolgenden Beispiele zeigen, wie sich die Umgebungsvariablen in VBScript und JScript anzeigen lassen.

Umgebungsvariablen in VBScript nutzen

In einem einfachen Beispielprogramm sollen verschiedene Umgebungsvariablen gelesen und in einem Dialogfeld ausgegeben werden. Neben vom System automatisch erstellten Umgebungsvariablen wird auch eine benutzerdefinierte Umgebungsvariable ausgelesen. Ich habe hier die Variable *Blaster* gewählt, die zur Unterstützung der Soundkarten unter MS-DOS eingerichtet wird.

Sie können das Skript sowohl unter Windows 9x als auch unter Windows NT 4.0 bzw. Windows 2000 aufrufen (sofern der WSH auf den Plattformen installiert ist). Je nach Betriebssystemumgebung werden aber verschiedene Umgebungsvariablen fehlen. So legt Windows 98 keine Umgebungsvariable *OS* an, um die Betriebssystemplattform anzuzeigen. Beachten Sie daher, dass die Anzeige der Umgebungsvariablen abhängig von der Betriebssystemumgebung ist.

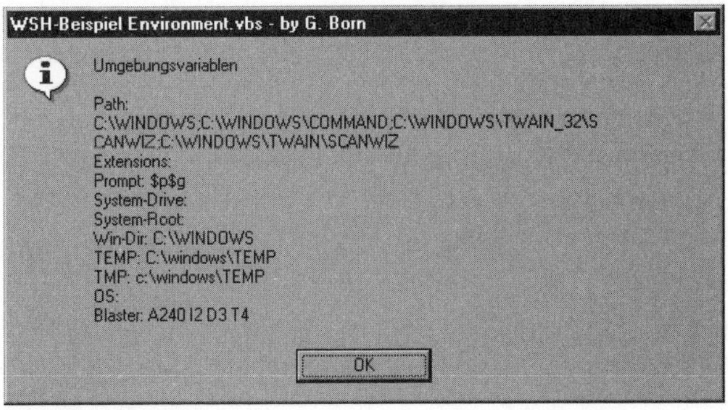

***Abbildung 7.6:** Umgebungsvariablen (unter Windows 98)*

Abbildung 7.6 zeigt die Ausgabe des Skripts unter Windows 98. Da auf dieser Plattform verschiedene Umgebungsvariablen nicht definiert sind, bleiben die betreffenden Zeilen leer. Rufen Sie das Skript unter Windows NT auf, sollten beispielsweise die Einträge für *System-Drive* und *System-Root* mit Werten belegt sein.

TIPP: Über eine Abfrage der Umgebungsvariable *OS* könnten Sie beispielsweise prüfen, ob das Skript unter Windows NT oder unter Windows 9x ausgeführt wird. Ist die Variable nicht definiert (d.h. es wird eine leere Zeichenkette zurückgegeben), wird das Skript wohl unter Windows 98 (oder Windows 95 bzw. ME) ausgeführt. Unter Windows NT lässt sich sogar noch ermitteln, auf welcher Architektur (z.B. *x86* oder *Alpha*) das Skript läuft.

WICHTIG: An dieser Stelle möchte ich noch einen Hinweis geben, der Ihnen ggf. viel Sucherei erspart. Beim Ausführen einiger Beispiele unter Windows 2000 (bzw. XP) kann es sein, dass ein per *MsgBox* erzeugtes Dialogfeld nicht den vollständigen Ergebnistext anzeigt. Ursache: Die Textlänge ist bei Meldungsfeldern auf 1024 Byte begrenzt. Da in Windows 2000 jedoch der Unicode-Zeichensatz verwendet wird, liegt die Grenze irgendwo bei 512 Zeichen. Da Sie in diesem Kapitel noch nicht über allzu viele Kenntnisse zur WSH-Skriptprogrammierung verfügen, habe ich die *MsgBox*-Prozedur zur Anzeige benutzt. In ▶ Kapitel 9 lernen Sie, den Internet Explorer als Frontend zur Anzeige von Daten zu nutzen. Bei Bedarf können Sie diese Ansätze ja auch in den hier gezeigten Beispielen verwenden.

Die Programmanweisungen in Listing 7.7 zeigen, wie auf diese Umgebungsvariablen zuzugreifen ist.

```
'************************************************
' File:   Environment.vbs (WSH-Beispiel in VBScript)
' Autor:  (c) G. Born
'
' Zeigt den Inhalt verschiedener Umgebungsvariablen
' des WScript.Shell-Objekts in einem Dialogfeld an.
'************************************************
Option Explicit

Dim Message, Title
Dim WshShell, objEnv

' Hole das Shell-Objekt
 Set WshShell = CreateObject ("WScript.Shell")

' Hole jetzt die Auflistung über die Environment-Eigenschaft
 Set objEnv = WshShell.Environment("Process")

 Message = "Umgebungsvariablen" & vbCRLF & vbCRLF
 Message = Message & "Path: " & objEnv("Path") & vbCRLF
 Message = Message & "Extensions: " & objEnv("PathExt") & vbCRLF
 Message = Message & "Prompt: " & objEnv("Prompt") & vbCRLF

 Message = Message & "System-Drive: " & objEnv("SYSTEMDRIVE") & vbCRLF
 Message = Message & "System-Root: " & objEnv("SYSTEMROOT") & vbCRLF
 Message = Message & "Win-Dir: " & objEnv("WinDir") & vbCRLF

 Message = Message & "TEMP: " & objEnv("TEMP") & vbCRLF
 Message = Message & "TMP: " & objEnv("TMP") & vbCRLF

 Message = Message & "OS: " & objEnv("OS") & vbCRLF

 Message = Message & "Blaster: " & objEnv("Blaster") & vbCRLF

' Titeltext initialisieren
 Title = "WSH-Beispiel " & WScript.ScriptName & " - by G. Born"

 MsgBox Message, vbInformation + vbOKOnly, Title
'*** Ende
```

Listing 7.7: Environment.vbs

HINWEIS: Sie finden die Datei *Environment.vbs* auf der Begleit-CD-ROM im Ordner *\Beisp\Kap07*. Eine Übersicht über die verfügbaren Umgebungsvariablen der jeweiligen Betriebssysteme liefert die WSH-Hilfe.

So lesen Sie Umgebungsvariablen in JScript

Für die Leser, die lieber in JScript programmieren, möchte ich nachfolgend die Lösung zum Auslesen verschiedener Umgebungsvariablen in dieser Sprache zeigen. Es sollen die gleichen Umgebungsvariablen wie im vorherigen Beispiel gelesen und in einem Dialogfeld ausgegeben werden (Abbildung 7.6). Je nach Plattform werden nicht alle Umgebungsvariablen Werte enthalten. Die

Programmanweisungen in Listing 7.8 zeigen, wie auf diese Umgebungsvariablen zuzugreifen ist. Die Struktur entspricht dem VBScript-Listing, wobei die JScript-Syntax zu berücksichtigen ist. So kennt JScript keinen *Set*-Befehl. Vielmehr ist die *var*-Anweisung zum Speichern der Objektvariablen zu verwenden.

```
//************************************************
// File:     Environment.js (WSH-Beispiel in JScript)
// Autor:   (c) G. Born
//
// Zeigt den Inhalt verschiedener Umgebungsvariablen
// des WScript.Shell-Objekts in einem Dialogfeld an.
//************************************************
var Message, Title, tmp;
var vbInformation = 64;
var vbOKOnly = 0;

// Hole das Shell-Objekt
var WshShell = WScript.CreateObject ("WScript.Shell");

// Hole jetzt die Auflistung über die Environment-Eigenschaft
var objEnv = WshShell.Environment("Process");

// Zeige einige Umgebungsvariablen
 Message = "Umgebungsvariablen \n\n";
 Message = Message + "Path: " + objEnv("Path") + "\n";
 Message = Message + "Extensions: " + objEnv("PathExt") + "\n";
 Message = Message + "Prompt: " + objEnv("Prompt") + "\n";

 Message = Message + "System-Drive: " + objEnv("SYSTEMDRIVE") + "\n";
 Message = Message + "System-Root: " + objEnv("SYSTEMROOT") + "\n";
 Message = Message + "Win-Dir: " + objEnv("WinDir") + "\n";

 Message = Message + "TEMP: " + objEnv("TEMP") + "\n";
 Message = Message + "TMP: " + objEnv("TMP") + "\n";

 Message = Message + "OS: " + objEnv("OS") + "\n";

// Hole eine benutzerdefinierte Umgebungsvariable
 Message = Message + "Blaster: " + objEnv("Blaster") + "\n";

// Titeltext initialisieren
 Title = "WSH-Beispiel " + WScript.ScriptName + " - by G. Born";

 var objAdr = WScript.CreateObject("WScript.Shell");

 tmp = objAdr.Popup (Message, vbInformation + vbOKOnly, Title);
//*** Ende
```

Listing 7.8: Environment.js

HINWEIS: Sie finden die Datei *Environment.js* auf der Begleit-CD-ROM im Ordner *\Beisp \Kap07.*

Umgebungsvariablen setzen

Im vorhergehenden Beispiel wurde gezeigt, wie Sie gezielt auf eine Umgebungsvariable zugreifen können, um deren Wert auszulesen. Eingangs hatte ich bereits erwähnt, dass Sie per Skript keine permanente Umgebungsvariable setzen können. Die Variable bleibt nur während der Dauer der WSH-Skriptausführung für dieses Skript sichtbar. Zur Demonstration dieses Sachverhalts habe ich ein kleines Skript in VBScript erstellt. Dieses Skript zeigt beim Aufruf ein Dialogfeld, in dem nachgefragt wird, ob eine Umgebungsvariable *Born* anzulegen ist. Bestätigen Sie dieses Dialogfeld über die *Ja*-Schaltfläche, erzeugt das Skript die Umgebungsvariable. Die entsprechenden Anweisungen sind nachfolgend aufgeführt:

```
Set WshShell = CreateObject ("WScript.Shell")
Set objEnv = WshShell.Environment("Process")
objEnv("Born") = "Hallo, WSH ist toll!"
```

Die erste Anweisung holt das *Shell*-Objekt, während die zweite Anweisung das *Environment*-Objekt des »Process«-Umgebungsbereichs erzeugt. Dies stellt sicher, dass das Skript auch unter Windows 95/98/ME läuft. Jetzt muss nur noch die neue Umgebungsvariable erstellt werden. Hier setzt die dritte Anweisung an, indem sie einfach die Umgebungsvariable *Born* beschreibt. Existiert die Variable noch nicht, wird sie im lokalen Umgebungsvariablenspeicher des WSH-Prozesses angelegt.

Um dem Benutzer die Wirkung zu demonstrieren, listet das Skript anschließend alle gefundenen Umgebungsvariablen auf. Hierzu wird einfach das *Environment*-Objekt geholt und über eine *For Each x In*-Schleife bearbeitet.

HINWEIS: Zur Analyse der Lebensdauer können Sie das Skript starten. Dieses fragt, ob die Umgebungsvariable anzulegen ist, und listet anschließend alle gefundenen Umgebungsvariablen in einem Dialogfeld auf. Lassen Sie dieses Dialogfeld geöffnet, starten Sie das Skript ein zweites Mal und bestätigen Sie das Dialogfeld zum Anlegen der Variablen über die *Nein*-Schaltfläche. In der zweiten Auflistung wird die Variable *Born* nicht aufgeführt. Dies zeigt, dass die vom ersten Prozess erzeugte Umgebungsvariable lokal ist. Beenden Sie die Skripte und starten diese neu, ohne eine neue Umgebungsvariable anlegen zu lassen, fehlt die Variable *Born* ebenfalls. Dies zeigt, dass die Lebensdauer der Variablen an die Lebensdauer des Prozesses gekoppelt ist. Sie finden die Datei *Environment1.vbs* auf der Begleit-CD-ROM im Ordner *\Beisp\Kap07*.

Löschen von Umgebungsvariablen

Hinsichtlich des Löschens von Umgebungsvariablen möchte ich an dieser Stelle ebenfalls noch einige Bemerkungen anführen. Das *WScript.Shell.Environment*-Objekt unterstützt die *Remove*-Methode, mit der sich eine Umgebungsvariable löschen lässt. Sie können diese Methode beispielsweise folgendermaßen einsetzen:

```
Set WSHShell = WScript.CreateObject ("Wscript.Shell")
WSHShell.Environment("Process").Remove("Path")
```

Diese Methode hat jedoch nur Zugriff auf die Umgebungsvariable des aktuellen Prozesses. Dies bedeutet, eine gelöschte Umgebungsvariable wird nur in der lokalen Kopie des Umgebungsbereichs entfernt. Die globalen Einstellungen für die Umgebungsvariablen werden dadurch nicht beeinflusst.

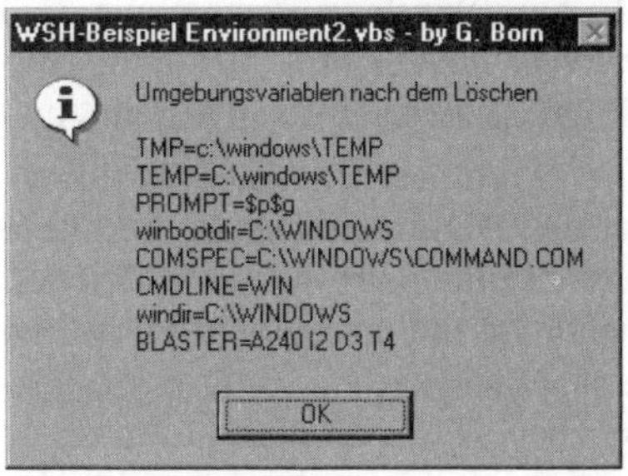

Abbildung 7.7: *Dialog des Beispielprogramms*

Dies lässt sich mit einem einfachen Skriptprogramm verifizieren (Abbildung 7.7). Das VBScript-Programm zeigt im ersten Durchlauf alle Umgebungsvariablen an. Dann fügt das Skript eine Variable *Born* zum Umgebungsbereich hinzu und listet das Ergebnis auf. Zum Schluss löscht das Skript die Umgebungsvariablen *Born* und *Path*. Das Ergebnis wird wiederum in einem Dialogfeld angezeigt. Wenn Sie das Skript erneut starten, stellen Sie fest, dass die Umgebungsvariable *Path* wieder angezeigt wird. Das Skript besitzt also keine Möglichkeit, eine Umgebungsvariable dauerhaft zu löschen.

HINWEIS: Sie finden das entsprechende in VBScript verfasste Beispielskript in der Datei *Environment2.vbs* auf der Begleit-CD-ROM im Ordner *\Beisp\Kap07*.

Umgebungsvariable expandieren

Zum Abschluss möchte ich noch kurz eine weitere Technik vorstellen, die die in Umgebungsvariablen hinterlegten Informationen nutzt. Wenn Sie mit MS-DOS-Stapelverarbeitungsdateien gearbeitet haben, kennen Sie vermutlich die Möglichkeit, den Inhalt einer Umgebungsvariablen in einem Befehl zu verwenden. Die Anweisung:

```
%text%\Edit.com %document%
```

verwendet den Inhalt der Umgebungsvariablen *text* als Pfadangabe. Das zu ladende Dokument steht in der Variablen *document*. Einen ähnlichen Ansatz kennen Windows NT-Nutzer, die bereits in die Registrierung hineingeschaut haben. Häufig tauchen in Schlüsseln folgende Angaben auf:

```
%WinDir%\Notepad.exe %1
```

Diese Angabe besagt, dass anstelle von *%WinDir%* das Windows-Verzeichnis einzusetzen ist. Ist Windows im Verzeichnis *C:\Windows* installiert, ergibt sich der Pfad:

```
C:\Windows\Notepad.exe %1
```

Die Zeichen *%1* stellen übrigens den Platzhalter für die aktuell in der Shell gewählte Datei dar. Der Vorteil bei der Verwendung der *%WinDir%*-Variablen besteht darin, dass ein solcher Aufruf auch dann funktioniert, wenn der Benutzer beispielsweise sein Betriebssystem auf einem anderen Laufwerk oder in einem anderen Ordner installiert hat.

Als Skriptprogrammierer stehen Sie vermutlich häufiger vor dem Problem, auf bestimmte Pfadangaben aufsetzen zu müssen, ohne sicher sein zu können, dass absolute Laufwerksangaben oder Ordnernamen global gelten. Möchten Sie beispielsweise unabhängig vom Windows-Installationsverzeichnis sein, könnten Sie auf die Umgebungsvariable *%WinDir%* zurückgreifen. In dieser

Variablen hinterlegt Windows 9x beispielsweise die Pfadangabe zum Windows-Verzeichnis. Wie erhält ein Skriptprogrammierer aber die Information, welches Verzeichnis für Windows benutzt wird? Oder wie kann er den Inhalt einer anderen Umgebungsvariablen in einem Ausdruck verwenden?

Microsoft hat dem *Shell*-Objekt die *ExpandEnvironmentStrings*-Methode mitgegeben. Diese Methode erwartet eine Zeichenkette als Argument. Enthält diese Zeichenkette den in %-Zeichen eingefassten Namen einer Umgebungsvariablen, ersetzt die Methode diesen Namen durch den Inhalt der Variablen. Anschließend wird der expandierte Wert zurückgegeben. Sofern Sie also den Namen einer Umgebungsvariablen in einer Anweisung angeben, lässt sich deren Inhalt sehr leicht über die Methode expandieren. Dies soll anhand von Listing 7.9 demonstriert werden. Im Skript wird ein Befehl der Art:

```
Command = "%Windir%\Explorer.exe"    ' zu expandierender Befehl
```

vereinbart. Das Skript soll nun dafür sorgen, dass die angegebenen Umgebungsvariable *%WinDir%* expandiert wird. Das Ergebnis wird in diesem Fall in einem Dialogfeld ausgegeben (Abbildung 7.8). Genauso gut können Sie den expandierten Befehl aber in einem *Run*-Aufruf einfügen und das Programm aufrufen. Allerdings ist dies bei der *Run*-Methode nicht erforderlich, da diese Umgebungsvariablen in der Form %...% automatisch expandiert.

Abbildung 7.8: *Anzeige der expandierten Zeichenkette*

Weitere Details sind dem nachfolgenden Listing zu entnehmen.

```
'************************************************
' File:   Environment3.vbs (WSH-Beispiel in VBScript)
' Autor:  (c) G. Born
'
' Demonstriert die Anwendung der ExpandEnvironmentStrings-
' Methode des WScript.Shell-Objekts.
'************************************************
Option Explicit

Dim Command
Dim WshShell

Command = "%Windir%\Explorer.exe"    ' zu expandierender Befehl

' Hole das Shell-Objekt
 Set WshShell = WScript.CreateObject("WScript.Shell")

' Jetzt kann die ExpandEnvironmentStrings-Methode genutzt werden
WScript.Echo WshShell.ExpandEnvironmentStrings(Command)
' *** Ende
```

Listing 7.9: Environment3.vbs

HINWEIS: Sie finden die Datei *Environment3.vbs* auf der Begleit-CD-ROM im Ordner *\Beisp\Kap07*.

Objekte holen und freigeben

In den vorhergehenden Abschnitten und Kapiteln wurde bereits mehrfach auf Objekte und deren Methoden bzw. Eigenschaften zugegriffen. Sofern der WSH die Objekte nicht automatisch zur Verfügung stellt (wie beispielsweise das *WScript*-Objekt) müssen Sie diese zunächst »erzeugen«. Der nachfolgende Abschnitt befasst sich noch etwas näher mit dieser Fragestellung.

Objekte instanziieren

Der Zugriff auf eine Objekt setzt voraus, dass dieses Objekt im aktuellen Skript auch bekannt ist. Konkret benötigen Sie eine Referenz auf das betreffende Objekt. Diese Referenz lässt sich über die *CreateObject*-Methode erzeugen. In VBScript sieht dies folgendermaßen aus:

```
Set Objektvariable = Objekt.CreateObject("ProgID")
```

während in JScript die folgende Syntax gilt:

```
var Objektvariable = Objekt.CreateObject("ProgID");
```

Die obigen Anweisungen wurden recht allgemein gehalten. Daher möchte ich noch einige zusätzliche Erläuterungen geben. Um auf ein Objekt zuzugreifen, benötigen Sie eine Referenz auf dieses Element. Der Windows Script Host stellt Ihnen nur eine einzige Referenz in Form des *WScript*-Objekts automatisch zur Verfügung. Alle anderen Objektreferenzen müssen Sie über die obigen Anweisungen explizit definieren. Zur Speicherung wird dabei die als *Objektvariable* bezeichnete Variable benutzt. Sie können für diese Variable beliebige, aber gültige Namen verwenden. Die Bezeichner *objAdr*, *Born*, *WshObj* etc. stellen gültige Namen für Objektvariablen dar.

HINWEIS: In den ▶ Kapiteln 3 und 4 wurde bereits erwähnt, dass VBScript bzw. JScript keine eigenen Datentypen unterstützen sondern bei Variablen *Variant*-Datentypen verwenden. Sie können aber im Variablennamen den ersten Buchstaben verwenden, um dem menschlichen Leser anzuzeigen, welcher Datentyp gemeint ist. Die Angabe *oWSH* wäre dann beispielsweise ein Hinweis, dass die Variable ein Objekt aufnimmt. Mit *cText* würde dann ein Datentyp *Character* (für Zeichen) gekennzeichnet. Der Skript-Engine ist diese Nomenklatur egal, als Programmierer können Sie diesen Ansatz aber nutzen. Im Buch wurde allerdings auf eine entsprechende Auszeichnung der Variablennamen verzichtet.

Die *CreateObject*-Methode lässt sich auf zweierlei Art verwenden. Einmal unterstützt VBScript direkt eine entsprechende Funktion gleichen Namens. Oder Sie verwenden das *WScript*-Objekt. Die beiden folgenden Anweisungen führen daher zum gleichen Ergebnis:

```
Set objShell = WScript.CreateObject("WScript.Shell")
Set objShell = CreateObject("WScript.Shell")
```

Die JScript-Anweisung sieht entsprechend aus, Sie müssen nur *var* und das abschließende Semikolon benutzen.

```
var objShell = WScript.CreateObject("WScript.Shell");
var objShell = new ActiveXObject("WScript.Shell");
```

Die erste Anweisung benutzt die *CreateObjekt*-Methode des *WScript-Objekts*. In der zweiten Zeile gelangt die JScript-eigene Methode zum Einsatz. Die *CreateObjekt*-Methode erwartet ein

Argument, welches in Klammern anzugeben ist, da die Methode als Funktion implementiert ist und ein Objekt als Wert zurückliefert. Dieses Argument gibt die so genannte *ProgID* an, die Sie zum Zugriff auf das betreffende Objekt kennen müssen. In obigem Fall wurde die *ProgID* für das *Shell*-Objekt mit "*Wscript.Shell*" angegeben.

HINWEIS: Vielleicht stellt sich Ihnen die Frage, warum WSH eine eigene *CreateObject*-Methode bietet, wo doch VBScript und JScript eine entsprechende Funktionalität beinhalten? Microsoft hat die Methode eingeführt, um Objekte in Skriptsprachen von Drittanbietern, die keine solche interne Methode bieten, zu instantiieren. Die *CreateObject*-Methode des WSH bietet zudem einen weiteren Vorteil: Über einen optionalen zweiten Parameter lässt sich eine Callback-Routine des Skripts an ein Objekt binden. Dies erlaubt dem Skript eine Ereignisbehandlung auf die Ereignisse des Objekts abzuwickeln. Der schwierigste Schritt für den »Einsteiger« besteht darin, die richtigen *ProgID*-Namen für die Objekte zu kennen. In den Beispielen dieses Buches wird diese *ProgID* mit angegeben. Dieser besteht aus zwei Komponenten: *TypeLibName.ClassName*. Der erste vor dem Punkt stehende Teil gibt den Namen der Typbibliothek an (z.B. *WScript*, *Word*, *Excel* etc.). Der Name hinter dem Punkt definiert das Objekt (d.h. die Klasse, z.B. *Shell*), welches aus der Bibliothek zu verwenden ist. Bei Excel wird beispielsweise *Excel.Application* verwendet, um das Anwendungsobjekt zu holen. Beim Internet Explorer ist *InternetExplorer.Application* zu verwenden. Die *ProgIDs* fremder Anwendungen finden Sie in der jeweiligen Programmdokumentation. Fehlt diese, können Sie auf Werkzeuge wie den in ▶ Kapitel 2 vorgestellten *OLE/COM Object Viewer* zugreifen.

CreateObject oder GetObject anwenden?

Um ein neues Objekt anzulegen bzw. auf ein Objekt zuzugreifen, bietet Ihnen der WSH zwei Methoden: *CreateObject* und *GetObject*. Vielleicht stellt sich Ihnen die Frage, wann Sie welche Methode anwenden sollen und wo die Unterschiede liegen.

Die *CreateObject*-Methode erzeugt das im *strProgID*-Parameter spezifizierte Objekt. Auf den vorherigen Seiten haben Sie nur den vereinfachten Aufruf mit einem Parameter kennen gelernt. Die *CreateObject*-Methode des *WScript*-Objekts erlaubt aber die Angabe eines zweiten optionalen Parameters:

```
Set objAdr = WScript.CreateObject(strProgID [,strPrefix])
```

Der erste Parameter enthält die bereits erwähnte *ProgID* des Objekts (z.B. "*WScript.Shell*"). Im optionalen zweiten Parameter *strPrefix* können Sie eine Zeichenkette hinterlegen, die als Präfix für eine Funktion im Skript dient. Dies erlaubt die Nutzung von Callback-Funktionen, d.h. das Objekt kann Funktionen des Skripts aufrufen. Auf diese Technik komme ich zu einem späteren Zeitpunkt noch zurück (wenn wir in ▶ Kapitel 9 den Internet Explorer zur Formulareingabe nutzen).

Objekte lassen sich auch mit der *WScript.GetObject*-Methode instanziieren. Diese Methode besitzt eine ähnliche Aufrufsyntax:

```
Set objAdr = WScript.GetObject(strPathname [, [strProgID] [,strPrefix]])
```

Die *GetObject*-Methode lädt entweder das Objekt aus einer Datei oder erzeugt das im *strProgID*-Parameter spezifizierte Objekt. Aus diesem Grund weist diese Methode drei Parameter auf. In *strPathname* ist der Pfad und der Name der Datei anzugeben, aus der das Objekt zu importieren ist. Der optionale Parameter *strProgID* definiert eine Zeichenkette, die den Programmbezeichner

(ProgID) des Objekts angibt. Die Methode kann dann das Objekt auch über die Registrierung laden. Im dritten Parameter kann die Methode optional die Exportschnittstelle des Objekts an die Skriptdatei anbinden. Löst das Objekt ein Ereignis aus, ruft der Windows Script Host eine Prozedur mit dem angegebenen Präfix auf. Diese Technik lernen Sie in einem späteren Kapitel kennen.

Verwenden Sie die *GetObject*-Methode, falls die aktuelle Objektinstanz bereits existiert oder falls Sie das Objekt aus einer Datei erzeugen möchten, die bereits geladen ist. Gibt es keine aktuelle Objektinstanz und möchten Sie das Objekt nicht aus einer bereits geladenen Datei erzeugen, ist die *CreateObject*-Methode zu verwenden.

HINWEIS: Details zu diesen beiden Methoden sind der WSH-Hilfe zu entnehmen.

Freigabe mit der *DisconnectObject*-Methode

Sobald Sie mit *GetObject* oder *CreateObject* ein Objekt instantiieren, wird dieses in den Speicher geladen und bleibt mit dem WSH bis zum Beenden des Skripts verbunden. Über den zweiten Parameter der WSH-*CreateObject*-Methode können Sie eine Ereignisbehandlungsroutine des Skripts an das instantiierte Objekt binden. Löst das Objekt ein entsprechendes Ereignis aus, wird diese von der Ereignisbehandlungsroutine im Skript abgehandelt. Diese Technik wird in Kapitel 9 noch detaillierter behandelt. Es gibt aber Situationen, in denen die Ereignisbehandlung unerwünscht ist. Die *DisconnectObject*-Methode ermöglicht Ihnen ein Objekt von der Ereignisbehandlung des Skripts zu trennen.

```
WScript.DisconnectObject Objektname
```

Das folgende Listing 7.10 demonstriert diesen Sachverhalt. Mit der *CreateObject*-Methode wird eine Instanz des Internet Explorer aktiviert. Der zweite Parameter bindet die Ereignisbehandlungsroutinen des Skripts, die mit dem Kürzel *IE_* beginnen, an die Ereignisse des Internet Explorer. Anschließend wird der Ablauf des Skripts durch eine Meldung unterbrochen.

Beim Start sehen Sie zwei Dialogfelder, die den Downloadbeginn ankündigen (obwohl der Ablauf des Skripts unterbrochen ist). Sobald Sie das Dialogfeld, welches den Skriptablauf stoppt, schließen, unterbricht das Skript die Ereignisbehandlung über die *DisconnectObject*-Methode. Dies bewirkt, dass das Ereignis beim Beenden des Internet Explorer (über den *oIE.Quit*-Methodenaufruf des Skripts) nicht mehr gemeldet wird. Kommentieren Sie im Skript die Zeile mit der *DisconnectObject*-Methode aus, wird dagegen das Ereignis beim Schließen des Browserfensters gemeldet. Weitere Details entnehmen Sie nachfolgendem Listing.

```
'************************************************
' File:   Disconnect.vbs (WSH Beispiel in VBScript)
' Autor:  (c) G. Born
'
' Demonstriert den Einsatz der DisconnectObject-Methode, um
' die Ereignisbehandlung vom Internet Explorer zu trennen.
'************************************************
Option Explicit

Dim oIE

' Internet Explorer starten und Event-Handler einbinden
Set oIE = WScript.CreateObject( _
          "InternetExplorer.Application", "IE_")
```

```
oIE.navigate "about:blank"          ' leere Seite
oIE.visible = 1                     ' IE-Fenster einblenden

' Skript durch ein Meldungsfeld stoppen.
WScript.Echo "Bitte auf OK klicken"

WScript.DisconnectObject oIE  ' Disconnect vom Internet Explorer
oIE.Quit                      ' Internet Explorer beenden

WScript.Echo "Disconnected"

'**********************************************
' Internet Explorer-Ereignisbehandlung
'**********************************************

Sub IE_DownloadBegin()
' Ereignis vom Laden des Dokuments im IE
  WScript.Echo "Event: Download beginnt"
End Sub

Sub IE_OnQuit()
' Ereignis vom Beenden des IE - kommt aber nicht
' durch, da wir Disconnect ausgeführt haben!
  WScript.Echo "Event: Quit Internet Explorer - sollte nicht erscheinen"
End Sub
'*** Ende
```

Listing 7.10: Disconnect.vbs

HINWEIS: Sie finden das Programm *Disconnect.vbs* im Ordner *\Beisp\Kap07* auf der Begleit-CD-ROM.

Programmaufrufe per WSH

Der nachfolgende Abschnitt zeigt Ihnen, wie Sie die *Run*-Methode einsetzen können, um aus einem Skript heraus andere Anwendungen zu starten.

Hinweise zur *Run*-Methode

Um aus dem WSH-Skript heraus eine andere Anwendung zu starten, müssen Sie die *Run*-Methode des *Shell*-Objekts einsetzen. Die *Run*-Methode erzeugt einen neuen Prozess, der den in *strCommand* enthaltenen Befehl ausführt und den Fensterstil aus *intWindowStyle* benutzt. Allgemein besitzt die Methode die folgende Form des Aufrufs:

```
WshShell.Run strCommand [, [intWindowsType] [,bWaitOnReturn]]
```

Der Parameter *strCommand* muss angegeben werden, da hier der Pfad und der Name der auszuführenden Anwendung oder des auszuführenden Befehls hinterlegt wird. Als Besonderheit sei noch angemerkt, dass die Methode automatisch im Argument enthaltene Umgebungsvariablen expandiert. Hinterlegen Sie beispielsweise die Befehle:

```
Set WshShell = WScript.Shell ("WScript.Shell")
Command = "%WinDir%\Calc.exe"        ' Windows 9x
WshShell.Run Command
```

in einem Skript, expandiert die Methode die Umgebungsvariable im Befehl und startet dann den Windows-Rechner. Über die optionalen Parameter können Sie noch steuern, wie die Anwendung zu öffnen ist und ob das Skript auf das Beenden der Anwendung warten soll.

WICHTIG: An dieser Stelle muss ich aber bereits einen weiteren Hinweis geben, der dem Skriptprogrammierer das Leben schwer macht: Windows 9x und Windows NT (d.h. auch Windows 2000 bzw. XP) hinterlegen viele Windows-Anwendungen in unterschiedlichen Ordnern. Verwenden Sie beispielsweise den obigen Befehl "*%WinDir%\<Programm-Name>*", laufen Sie Gefahr, dass das Skript nicht mehr unter Windows NT läuft. Sie müssen ggf. den Pfad (*%WinDir%*) weglassen und hoffen, dass Windows die Anwendung im aktuellen Verzeichnis bzw. im Pfad findet. Oder Sie passen die Pfadangabe für die Betriebssystemplattform an.

Der Parameter *intWindowStype* ist optional und legt den Fensterstil fest, den die gestartete Anwendung unter Windows erhält. Der Wert des Variant-Arguments ist eine Ganzzahl zwischen 0 und n. Wird *intWindowStype* nicht angegeben, erhält das Programmfenster den Fokus und wird im normalen Zustand gestartet.

HINWEIS: Die *vb*-Konstanten des *Shell*-Befehls mit den Fensterstilen sind in Tabelle 7.1 aufgeführt. Beachten Sie aber, dass diese Konstanten unter VBScript nicht definiert sind, d.h. Sie müssen die numerischen Konstanten einsetzen oder die Namen im Skript explizit definieren.

Konstante	Wert	Beschreibung
vbHide SW_HIDE	0	Das Fenster wird ausgeblendet, und ein anderes Fenster wird eingeblendet (d.h. es erhält den Fokus).
vbNormalFocus SW_SHOWNORMAL	1	Aktiviert das Fenster und zeigt dieses an. War der Prozess bereits aktiv und das Fenster minimiert/maximiert, wird die ursprüngliche Größe und Position wiederhergestellt.
vbMinimizedFocus SW_SHOWMINIMIZED	2	Das Fenster wird aktiviert und als Symbol mit Fokus in der Taskleiste angezeigt.
vbMaximizedFocus SW_SHOWMAXIMIZED	3	Das Fenster wird aktiviert und maximiert mit Fokus angezeigt.
vbNormalNoFocus SW_SHOWNOACTIVATE	4	Die zuletzt verwendete Größe und Position des Fensters wird wiederhergestellt. Das momentan aktive Fenster bleibt aktiv.
SW_SHOW	5	Aktiviert das Fenster und zeigt es in der aktuellen Größe und Position an.
vbMinimizedNoFocus SW_MINIMIZE	6	Das Fenster wird minimiert und als Symbol angezeigt. Das in z-Richtung oberste Fenster wird aktiviert.
SW_SHOWMINNOACTIVE	7	Das Fenster wird als Symbol angezeigt. Das momentan aktive Fenster bleibt aktiv.
SW_SHOWNA	8	Zeigt das Fenster in seinem aktuellen Zustand. Das momentan aktive Fenster bleibt aktiv.
SW_RESTORE	9	Aktiviert das Fenster und zeigt es an. War das Fenster minimiert oder maximiert, restauriert Windows die Fenstergröße. Eine Anwendung sollte dieses Flag benutzen, um ein minimiertes Fenster zu restaurieren.

Tabelle 7.1: *Werte für* intWindowStype

HINWEIS: Die Werte in Tabelle 7.1 zeigen, dass Sie mit der *Run*-Methode sowohl eine Instanz einer Anwendung aufrufen als auch eine bereits laufende Anwendung in den Vordergrund schalten können. Leider gibt es bei der *Run*-Methode ein (kleines) Problem: Diese erzeugt immer eine neue Instanz des Prozesses. Es ist daher nicht möglich, das Fenster einer laufenden Anwendung zu minimieren, sprich: nicht alle Werte der Tabelle machen im Skript Sinn. (Allerdings werden Sie die Werte im Zusammenhang mit den in ▶ Kapitel 13 vorgestellten Methoden zur Fenstermanipulation noch zu schätzen wissen.) Bei Tests ist mir auch aufgefallen, dass einige Werte nur dann funktionieren, wenn die entsprechende Anwendung diese Fensterattribute auch unterstützt. Wenn Sie beispielsweise den Windows-Editor verwenden, klappt das Setzen des Parameters für den Fensterstil. Beim Windows-Rechner bleibt der Parameter wirkungslos, da dieses Programm nicht alle Fensterattribute erlaubt (der Rechner lässt sich beispielsweise nicht maximieren).

Der optionale Parameter *bWaitOnReturn* besitzt den Unterdatentyp *Logical* und steuert, ob das Skript auf die Beendigung des aufgerufenen Prozesses wartet. Ist *bWaitOnReturn* nicht spezifiziert oder auf *False* gesetzt, kehrt die Methode sofort zur Ausführung des Skripts zurück und wartet nicht auf die Beendigung des Prozesses. Ist *bWaitOnReturn* auf *True* gesetzt, wartet die *Run*-Methode auf das Ende des gestarteten Prozesses. Anschließend liefert die *Run*-Methode den von der Anwendung zurückgegebenen Fehlercode (error code) zurück. Fehlt der Parameter *bWaitOnReturn* oder ist der Wert auf *False* gesetzt, liefert die *Run*-Methode den Fehlercode (error code) 0 (zero) zurück.

HINWEIS: Den Fehlercode können Sie beim Beenden eines Skripts über die *Quit*-Methode setzen.

Aufrufen einer Windows-Anwendung

Die Erkenntnisse im vorherigen Abschnitt sollen jetzt in einigen kleinen Skripten umgesetzt werden. Der Windows-Editor unterstützt die in der Tabelle 7.1 aufgeführten Werte für den Fensterstil. Das folgende Skript zeigt, wie Sie den Editor *Notepad.exe* aus VBScript aufrufen. Die Lage des Windows-Ordners wird über die Umgebungsvariable *%WinDir%* spezifiziert. Daher wird dieses Skript unabhängig vom gewählten Installationsverzeichnis von Windows laufen. In einem zweiten Schritt startet das Skript den Editor erneut. Hierbei wird das Fenster als Schaltfläche in der Taskleiste angezeigt. Zusätzlich lädt der Editor bei diesem Aufruf den Quellcode des aktuellen Skripts.

```
'************************************************
' File:   Run.vbs (WSH-Beispiel in VBScript)
' Autor:  Günter Born
'
' Zweck: Aktiviert den Windows-Editor über den
' Run-Befehl.
' Achtung: %WinDir% funktioniert in Win 9x und
'          Win NT, da NotePad.exe im Windows-Ordner
'          liegt!
'************************************************
'
DIM WshShell

Set WshShell = WScript.CreateObject ("WScript.Shell")

WshShell.Run "%Windir%\Notepad.exe", 1
```

```
WScript.Echo "Quellcode im minimierten Editorfenster laden"

WshShell.Run "%Windir%\Notepad.exe " & WScript.ScriptFullName, 6
'*** Ende
```

Listing 7.11: Run.vbs

HINWEIS: Sie finden das Programm *Run.vbs* im Ordner *\Beisp\Kap07* auf der Begleit-CD-ROM. Falls Sie das Programm für andere Anwendungen anpassen möchten, achten Sie darauf, den korrekten Pfad für Windows 9x und Windows NT einzutragen.

Den Windows-Rechner aus JScript aufrufen

In diesem Beispiel habe ich JScript verwendet, um den Windows-Rechner aufzurufen. Die Lage des Windows-Ordners könnte über die Umgebungsvariable *%WinDir%* spezifiziert werden. Dann sollte dieses Skript unabhängig vom gewählten Installationsverzeichnis von Windows laufen. Leider gibt es ein Problem: Während *Calc.exe* bei Windows 9x im Windows-Ordner liegt, speichert Windows NT diese Datei im Windows-Unterordner *\System32*. Sie müssten das Skript folglich in zwei Windows-Versionen erstellen. Glücklicherweise gibt es aber die Möglichkeit, ganz auf den Pfad zu einer Datei zu verzichten. Windows durchsucht dann das aktuelle Verzeichnis, den Windows-Ordner und auch den Systemordner. Daher wird der Windows-Rechner auch ohne Pfadangabe unter Windows 9x sowie in Windows NT bzw. Windows 2000/XP gestartet.

In diesem Beispiel habe ich die benannten Konstante für die Fensterstile im Programmkopf definiert. Beachten Sie aber, dass der Rechner nicht alle Fensterstile unterstützt. Der Aufruf eines minimierten Fensters wird daher nicht funktionieren. Bei der Umsetzung des VBScript-Beispiels auf JScript müssen Sie neben den Syntaxregeln der Sprache auch daran denken, dass die Parameter der *Run*-Methode in Klammern zu setzen sind. Als Weiteres sind die *Backslash*-Zeichen in der Pfadangabe als \\ einzugeben, da das \-Zeichen in JScript eine Escape-Sequenz einleitet. Dies bedeutet, dass der Interpreter dem Folgezeichen eine besondere Bedeutung zuweist. Um ein Backslash-Zeichen in der Pfadangabe zu erhalten, müssen Sie daher – wie in ▶ Kapitel 4 beschrieben – die Form \\ wählen. Einzelheiten finden Sie in nachfolgendem Listing.

```
//************************************************
// File:   Run.js (WSH-Beispiel in JScript)
// Autor:  Günter Born
//
// Zweck: Aktiviert den Windows-Rechner über
// den Run-Befehl. Achtung: Diese Anwendung
// unterstützt nicht alle Fensterstile!
//************************************************

var SW_SHOWNORMAL = 1;
var SW_MINIMIZE = 6;

var WshShell = WScript.CreateObject ("WScript.Shell");

// Jetzt den ersten Versuch unternehmen
// Achtung: %WinDir% weggelassen, da Aufruf sonst in
// Windows NT wg. geändertem Pfad nicht funktioniert.

WshShell.Run ("Calc.exe", SW_SHOWNORMAL);
```

```
WScript.Echo ("Der Rechner wird jetzt minimiert gestartet");

// Dies dürfte nicht funktionieren
WshShell.Run ("Calc.exe", SW_MINIMIZE);
//*** Ende
```

Listing 7.12: Run.js

HINWEIS: Sie finden das Programm *Run.js* im Ordner *\Beisp\Kap07* auf der Begleit-CD-ROM.

Warten auf den Prozess und Auswerten des Rückgabecodes

Im nächsten Beispiel möchte ich noch den Aufruf einer anderen Anwendung demonstrieren, wobei das Skript auf das Beenden der Anwendung wartet. Gibt diese Anwendung einen Rückgabecode zurück, zeigt das Skript diesen Code in einem Dialogfeld an. Zur Simulation des Prozesses wurde das folgende kurze VBScript-Programm verwendet. Das Programm zeigt über die *Echo*-Methode ein Dialogfeld an. Erst wenn der Benutzer dieses Dialogfeld über die *OK*-Schaltfläche beendet, terminiert das Skript. Sie können also sehr gut verfolgen, ob das »Master«-Skript auf das Beenden des *Test*-Skripts wartet. Beim Terminieren gibt das *Test*-Skript dann den Fehlercode 2 über die *Quit*-Methode an Windows zurück. In der *Quit*-Methode sind übrigens Fehlerwerte zwischen 0 und 255 zulässig. Das Listing 7.13 zeigt den Aufbau des *Test*-Skripts.

```
'************************************************
' File:   Test.vbs (WSH-Beispiel in VBScript)
' Autor:  Günter Born
'
' Zweck: Gebe einen Fehlercode zurück.
'************************************************

WScript.Echo "Test-Script", vbCRLF, _
             "Wir geben den Fehlercode 2  zurück"
WScript.Quit 2
'*** Ende
```

Listing 7.13: Test.vbs

HINWEIS: Die *Quit*-Methode erlaubt eine Objektinstanz zu beenden. Weiter oben wurde diese Methode in der Form *oIE.Quit* benutzt, um den Internet Explorer zu beenden. Wird diese Methode auf das *WScript*-Objekt angewandt, terminiert das Skript. Die Verwendung von *WScript.Quit* am Ende eines Skripts kann aber entfallen, da WSH das Skript automatisch nach dem Abarbeiten der letzten Anweisung terminiert. *WScript.Quit* ist aber hilfreich, falls ein Skript an einer bestimmten Stelle im Ablauf (z.B. wenn erforderliche Aufrufparameter fehlen) terminieren soll. Dann können Sie ggf. der *Quit*-Methode einen Fehlercode übergeben, der sich aus Batchprogrammen oder wie hier gezeigt über die *Run*-Methode auswerten lässt.

Nun benötigen wir noch das eigentliche Skript, welches das Testprogramm aufruft, auf dessen Beendigung wartet und dann den Fehlercode in einem Dialogfeld anzeigt. Das folgende Listing zeigt den Aufbau des Skripts in VBScript. Als kleine Besonderheit möchte ich noch auf die Funktion *GetPath* verweisen. Das Skript muss ja den Pfad des Test-Skripts kennen. Hier bin ich davon ausgegangen, dass die Datei *Test.vbs* im gleichen Ordner wie das Programm *Run1.vbs* gespeichert ist. Folglich können wir über *WScript.ScriptFullName* dessen Pfad ermitteln. In *GetPath* wird anschließend der Dateiname vom Pfad entfernt, es liegt der Pfad zum Skriptordner vor. Dieser Pfad wird um den Namen *Test.vbs* erweitert und dient dann zum Aufruf des Skripts aus VBScript.

Das Beispiel demonstriert daher auch, wie Sie ein Skript aus einem zweiten Skript aufrufen können. Weiterhin zeigt die Ausgabe des Fehlercodes auch, dass ein aufgerufenes Skript ein Ergebnis (eine Zahl zwischen 0 und 255) an das rufende Skript zurückgeben kann. Dies reicht zumindest für einfache Statusinformationen.

Beim Aufruf der *Run*-Methode müssen Sie daran denken, den dritten Parameter auf *true* zu setzen. Dies bewirkt, dass das Skript auf das Beenden des aufgerufenen Prozesses wartet. Weiterhin möchten Sie den Rückgabewert auswerten. Daher ist die Methode in Form einer Funktion (d.h. Parameter in Klammern gesetzt) anzuwenden:

```
ErrCode = WshShell.Run (name, 1, true)
```

Einzelheiten sind dem Listing 7.14 zu entnehmen. Das Skript ist so einfach gehalten, dass keine weiteren Erläuterungen notwendig werden.

```
'************************************************
' File:   Run1.vbs (WSH-Beispiel in VBScript)
' Autor:  Günter Born
'
' Zweck: Aktiviert einen zweiten Prozess in Form eines
' Skripts, wartet auf dessen Beendigung und zeigt dann
' den Rückgabecode an.
'************************************************
Option Explicit

DIM WshShell, name, ErrCode

' Das Objekt wird für die Run-Methode benötigt
Set WshShell = WScript.CreateObject ("WScript.Shell")

' Hole jetzt den Pfad zum auszuführenden Programm. Hier
' muss das Skript im gleichen Ordner wie Run1.vbs liegen.
name = GetPath & "Test.vbs"

errcode = WshShell.Run (name, 1, true)    ' Wir warten!

WScript.Echo ErrCode

Function GetPath
' Ermittle den Pfad des Skripts und entferne den
' Skriptnamen -> gib Pfad zurück.
 DIM path
 path = WScript.ScriptFullName  ' Skriptname
 GetPath = Left(path, InstrRev(path, "\"))
End Function
'*** Ende
```

Listing 7.14: Run1.vbs

HINWEIS: Sie finden die beiden Programme *Test.vbs* und *Run1.vbs* im Ordner *\Beisp\Kap07* auf der Begleit-CD-ROM.

MS-DOS-Befehle per RUN ausführen

Zum Abschluss möchte ich noch kurz zeigen, wie Sie die *Run*-Methode verwenden können, um MS-DOS-Befehle auszuführen. Sofern Sie ein MS-DOS-Programm wie beispielsweise den MS-DOS-Editor aufrufen möchten, ist dies kein Problem. Sie gehen wie bei Windows-Anwendungen vor:

```
WshShell.run ("%windir%\\Command\\Edit.com"); ' Windows 9x
```

Dieser JScript-Befehl nutzt aber eine Pfadangabe, die je nach Betriebssystem unterschiedlich ist. Besser ist es daher, den Befehl in der Form:

```
WshShell.run ("Edit.com");
```

zu schreiben. Die obige JScript-Anweisung (daher die \\ im Pfad) öffnet das Fenster des MS-DOS-Editors. Hängen Sie hinter den Programmnamen noch den Namen der Dokumentdatei an, öffnet der Editor diese automatisch. Auch hier wird wieder deutlich, dass sie bei der Verwendung von Pfaden die Besonderheiten der einzelnen Betriebssysteme peinlich genau berücksichtigen müssen.

TIPP: Über eine PIF-Datei lassen sich die Eigenschaften des MS-DOS-Programms beeinflussen (siehe /5/ im Literaturverzeichnis). Klicken Sie mit der rechten Maustaste auf die MS-DOS-Programmdatei und wählen Sie im Kontextmenü den Befehl *Eigenschaften*. Setzen Sie die gewünschten Eigenschaften für das MS-DOS-Fenster und schließend Sie die Registerkarten über die *OK*-Schaltfläche. Windows erzeugt im Ordner der Programmdatei eine PIF-Datei (mit dem Namen des Programms, aber der nicht angezeigten Dateinamenerweiterung *.pif*). Wenn Sie anschließend die Anwendung aufrufen, lädt Windows die PIF-Datei, wertet die Umgebungseinstellungen aus und aktiviert dann die MS-DOS-Anwendung mit diesen Einstellungen.

Aber kommen wir zurück zur Eingangsfrage. Manchmal möchte man ja einen MS-DOS-Befehl wie *Copy*, *Dir* etc. aus einem Skript heraus aufrufen. Kann dieser Befehl auf die gleiche Art in der *Run*-Methode angegeben werden, wie dies mit anderen Programmen möglich ist? Die VBScript-Anweisung:

```
WshShell.Run "Dir C:\"
```

wird beispielsweise nicht funktionieren. Das Problem: Es gibt keine Programmdatei *Dir.com* oder *Dir.exe*, die *Run*-Methode setzt aber auf Windows-Funktionen auf, die eine ausführbare Programmdatei (*exe, com, bat, pif*) erwarten. Die internen MS-DOS-Befehle wie *Dir, Copy, Rename* etc. sind (im Gegensatz zu den externen Befehlen wie *Edit*, die als *Com*-Dateien vorliegen) im MS-DOS-Befehlsprozessor *Command.com* integriert. Diese Datei ist im Windows-Ordner zu finden. Um also einen MS-DOS-Befehl auszuführen, müssen Sie diesen Kommandoprozessor aufrufen und diesem den auszuführenden Befehl übergeben. Der Aufruf zur Anzeige eines Verzeichnisinhalts sieht in Windows 9x folgendermaßen aus:

```
C:\Windows\Command.com /k dir *.*
```

Es wird vorausgesetzt, das Windows im Ordner *C:\Windows* installiert wurde. Wichtig ist der Schalter */k*, der die Ausführung des Befehls bewirkt, ohne das Fenster der Eingabeaufforderung zu schließen. Möchten Sie, dass das Fenster der Eingabeaufforderung automatisch nach dem Ausführen des Befehls geschlossen wird, verwenden Sie stattdessen den Schalter der Eingabeaufforderung */c*.

TIPP: Eine Auflistung der für *Command.com* verfügbaren Optionen erhalten Sie übrigens, indem Sie auf der MS-DOS-Befehlszeilenebene die Anweisung *command /?* eintippen.

Leider gibt es mit dem obigen Ansatz wieder ein Problem: Windows NT, Windows 2000 und XP bieten den Befehlszeilenprozessor *Cmd.exe* zur Ausführung von MS-DOS-Anwendungen an. Und dieser liegt nicht im Verzeichnis *\Command*, sondern in *\System32*. In Windows 2000/ XP gibt es zwar auch *Command.com*, um 16-Bit-MS-DOS-Anwendungen auszuführen. Aber letztlich ist die Pfadanpassung an die Betriebssystemplattform fehlerträchtig und aufwendig.

Es gibt aber eine einfache Lösung: Verwenden Sie statt der Angabe *C:\Windows\Command.com* bzw. *%WinDir%\System32\Cmd.exe* die Umgebungsvariable *%comspec%*. Diese Umgebungsvariable gibt den im Betriebssystem verwendeten Befehlszeileninterpreter vor. Die *Run*-Methode expandiert dann diese Umgebungsvariable *%comspec%* und setzt automatisch den richtigen Pfad sowie den Namen des Befehlsprozessors ein. Sie müssen sich dann keine Gedanken mehr machen, ob das Skript unter Windows 9x oder unter Windows NT bzw. nachfolgenden Versionen laufen soll.

Das folgende kleine in JScript verfasste Skript zeigt den Inhalt des Windows-Ordners über den *Dir*-Befehl an. Als Besonderheit habe ich in diesem Beispiel die Befehle zum Ausführen der gewünschten Anweisung in Variablen hinterlegt. Die Variable *command* stellt beispielsweise die Zeichenkette zum Aufruf des MS-DOS-Befehlsprozessors bereit. Die Variable *dos_command* dient zur Aufnahme des gewünschten MS-DOS-Befehls. Und in der Variablen *option* können Sie zusätzliche Optionen hinterlegen, die nichts mit dem MS-DOS-Befehl zu tun haben. In diesem Beispiel habe ich in *option* das |-Zeichen zum Aufruf des MS-DOS-Filters sowie den *more*-Befehl hinterlegt. Dies bewirkt, dass der MS-DOS-Befehlsprozessor die Ausgaben des *Dir*-Befehls an einen Filter *More* weiterleitet. Dieser Filter gibt die Ausgaben seitenweise im MS-DOS-Fenster aus.

TIPP: Auf ähnliche Weise können Sie das Umleitungszeichen > nutzen, um die Ausgaben des *Dir*-Befehls beispielsweise zum Drucker oder in eine Datei umzuleiten. Auf diese Weise könnten Sie sich beispielsweise einen Befehl zum Drucken eines Verzeichnisses schaffen. Die im Literaturverzeichnis unter /2,5/ aufgeführten Titel erläutern, wie Sie einen solchen Befehl in der Windows-Shell registrieren. Dann können Sie Verzeichnisinhalte per Kontextmenü ausdrucken.

Das Listing 7.15 zeigt, wie sich dieses Wissen in einem JScript-Skriptprogramm nutzen lässt.

```
//************************************************
// File:   RunDOS.js (WSH-Beispiel in JScript)
// Autor:  Günter Born
//
// Zweck: Demonstriert, wie sich ein MS-DOS-Befehl
// über die Run-Methode ausführen lässt.
// Achtung: Hier gibt es wieder das Problem, dass
// Windows 9x und Windows NT verschiedene Befehls-
// prozessoren (CMD.EXE und COMMAND.COM) verwenden.
// Lösung: Verwendung von %comspec% zum Aufruf.
//************************************************

var command, dos_command, option
// Erzeuge Shell-Objekt für die Run-Methode

var WshShell = WScript.CreateObject ("WScript.Shell");

// Jetzt setzen wir einen Befehl ab, der den Inhalt
// des Windows-Verzeichnisses anzeigen soll.

// Befehlsprozessor aufrufen
```

```
command = "%comspec% /k ";

// Hier folgt der eigentliche MS-DOS-Befehl
dos_command = "dir " + "%windir%";

// Sie können noch Optionen anhängen:
// | more    erzwingt eine seitenweise Anzeige
// > PRN:    leitet die Ausgaben an den Drucker
// > Dir.txt leitet die Ausgabe in eine Textdatei
//
option = "|more";  // Seitenweise Anzeige

// Befehl ausführen
WshShell.Run (command + dos_command + option);
//*** Ende
```

Listing 7.15: RunDos.js

HINWEIS: Sie finden das Programm *RunDos.js* auf der Begleit-CD-ROM im Ordner *\Beisp\Kap07*.

TIPP: Einige Leute berichteten in Newsgroups von Problemen bei der Ausführung der *Run*-Methode in einem Skript, welches unter Windows NT über den *AT*-Befehl aufgerufen wurde. Das Skript hängt angeblich. Bedenken Sie, dass Sie im Aufruf des *AT*-Kommandos das */Interactive*-Flag angeben müssen. In den nächsten Kapiteln lernen Sie alternative Methoden zum Starten und Aktivieren von Programmen kennen.

Die *Exec*-Methode (WSH 5.6)

Ab WSH 5.6 wurde die neue Methode *Exec* zum Starten externer Prozesse eingeführt. Die Methode wird (ähnlich wie *Run*) vom *WshShell*-Objekt bereitgestellt und erlaubt eine externe Anwendung über eine Befehlszeile aufzurufen. Das heißt, Sie können mit der *Exec*-Methode keine Objektreferenzen wie mit *CreateObject* erzeugen sondern nur Anwendungen wie mit *Run* aufrufen. Die *Exec*-Methode besitzt folgende Aufrufsyntax:

```
Set oExec = WshShell.Exec(Befehl)
```

Der Methode wird ein ausführbarer Befehl übergeben. Parameter wie bei der *Run*-Methode sind nicht vorgesehen. Die Methode liefert dann das Prozessobjekt zurück. Über die Eigenschaft *Status* dieses Objekts kann das Skript den Prozessstatus abfragen (Wert 0 = Prozess läuft, Wert 1 = Prozess beendet).

HINWEIS: Wird ein Konsoleprozess (z.B. ein Batchprogramm) von der Eingabeaufforderung gestartet, werden dieser DOS-Anwendung automatisch Ein-/Ausgabegeräte zugeordnet. Über das von der *Exec*-Methode zurückgelieferte Objekt kann das Skript auch auf die *StdIn*-, *StdOut*- und *StdErr*-Streams des DOS-Prozesses zugreifen. Diese Thematik wird in späteren Kapiteln behandelt.

Da die *Exec*-Methode (im Gegensatz zur *Run*-Methode) keine Möglichkeit bietet, das Skript bis zur Terminierung des externen Prozesses zu suspendieren, laufen beide Prozesse parallel ab. Das Skript kann aber über die *Status*-Eigenschaft prüfen, ob der gestartete Prozess noch läuft. Soll das Skript an einer bestimmten Position warten, bis der gestartete externe Prozess terminiert, lässt sich dies mit folgender Konstruktion erreichen:

```
Do While oExec.Status = 0        ' Schleife, bis Prozess endet
    WScript.Sleep 200            ' Skript suspendieren
Loop
```

Die VBScript-Do While-Schleife prüft, ob der Status = 0 ist. Die Schleife wird erst verlassen, wenn der Status auf 1 gesetzt ist, d.h., nachdem der Prozess terminiert ist. Um die CPU durch die Ausführung der Schleife im Skript nicht zu belasten, wird hier (im Vorgriff auf weitere Kapitel) die ab WSH 2.0 vorhandene *Sleep*-Methode des *WScript*-Objekts genutzt. Der dieser Methode übergebene Parameter legt die Zeit in Millisekunden fest, für die das Skript suspendiert wird.

Weiterhin besitzt das Skript die Möglichkeit, den externen Prozess über die *Terminate*-Methode des Prozessobjekts zu beenden.

```
obj.Terminate
```

Die Methode wird auf das Prozessobjekt angewandet. Die Methode sendet zuerst eine WM_CLOSE-Nachricht an den betreffenden Prozess. Ein Prozess muss sich dann selbst beenden. Stellt die Methode fest, dass der Prozess sich nicht beendet, wird der Prozess zwangsweise abgebrochen.

Der Einsatz dieser Methoden soll an einem kleinen VBScript-Beispiel demonstriert werden. Das Skript startet den Windows-Editor und zeigt den Prozessstatus in einem Dialogfeld an. Der Benutzer muss dann das Dialogfeld und anschließend das Editorfenster schließen. In einem weiteren Dialog wird der Prozessstatus erneut angezeigt. Anschließend aktiviert das Skript den Editor erneut, blendet aber eine Abfrage ein, ob das Editorfenster automatisch zu beenden ist. Wird diese Abfrage mit der *Ja*-Schaltfläche bestätigt, verschwindet das Editorfenster automatisch und der Status wird per Dialogfeld angezeigt. Wählt der Benutzer die *Nein*-Schaltfläche des Dialogfelds, bleibt das Editorfenster solange geöffnet, bis es manuell geschlossen wird. Erst nach dem Schließen des Editorfensters meldet das Skript den Prozessstatus und terminiert dann.

Um das Skript möglichst kompakt zu halten, habe ich die Anzeige der Prozessstati in eine Prozedur *PState* ausgelagert. Dieser Prozedur muss das von der *Exec*-Methode zurückgelieferte Prozessobjekt als erster Parameter übergeben werden. Der zweite Parameter nimmt einen Zusatztext zur Benutzerführung auf. Die in der Prozedur *PState* bereitgestellten Dialoge mit der Statusanzeige und den Hinweisen zur Benutzerführung wurden über die VBScript-*MsgBox*-Prozedur erzeugt. Im Gegensatz zur *Echo*-Methode lässt sich bei *MsgBox* die Konstante *vbSystemModal* angeben. Diese Konstante bewirkt, dass das Dialogfeld immer im Vordergrund angezeigt wird (was bei Dialogen der *Echo*-Methode nicht der Fall ist). Ein solches systemmodales Dialogfeld erhält auch eine Schaltfläche *Schließen* sowie ein Systemmenü in der Titelleiste (Abbildung 7.9).

Abbildung 7.9: *Anzeige des Prozessstatus in einem systemmodalen Dialogfeld*

Weitere Details zur Implementierung des Beispielskripts sind Listing 7.15 zu entnehmen.

```
'************************************************
' File:   RunExec.vbs (WSH-Beispiel in VBScript)
' Autor:  Günter Born
'
```

```
' Zweck: Aktiviert den Windows-Editor über die
' Exec-Methode. Zeigt den Prozessstatus und
' demonstriert, wie sich ein Prozess beenden lässt.
' Achtung: Das Beispiel erfordert WSH 5.6
'**********************************************
Option Explicit

Const Title = "Exec-Beispiel"
DIM WshShell, oExec

' Hole Shell-Objekt
Set WshShell = WScript.CreateObject ("WScript.Shell")

' Aktiviere Prozess
Set oExec = WshShell.Exec ("%Windir%\Notepad.exe")

PState oExec, "Bitte den Dialog schließen" & _
             vbCRLF & "und dann den Editor beenden" ' Statusanzeige

Do While oExec.Status = 0      ' Schleife, bis Prozess endet
    WScript.Sleep 200          ' Skript suspendieren
Loop

PState oExec, ""               ' zeige Prozessstatus

' Aktiviere Prozess erneut (um ihn dann per Skript abzubrechen)
Set oExec = WshShell.Exec ("%Windir%\Notepad.exe")

If MsgBox ("Editor automatisch beenden?", _
           vbYesNo + vbSystemModal + vbQuestion, _
           Title) = vbYes Then _
 oExec.Terminate                     ' Prozess beenden

Do While oExec.Status = 0      ' Schleife, bis Prozess endet
    WScript.Sleep 200          ' Skript suspendieren
Loop

PState oExec, "Finito"               ' zeige Prozessstatus

Sub PState (obj, txt)
' Anzeige des Prozessstatus
' state = Prozessstatus über obj.Status
' txt = Zusatztext zur Anzeige
 If obj.Status = 1 Then
   MsgBox "Prozess beendet, Status = 1" & vbCRLF & txt, _
          vbOKOnly + vbSystemModal + vbExclamation, _
          Title
 Else
   MsgBox "Prozess läuft, Status = 0" & vbCRLF & txt, _
          vbOKOnly + vbSystemModal + vbExclamation, _
          Title
 End if
End Sub
'*** Ende
```

***Listing 7.16:** RunExec.vbs*

HINWEIS: Das Programm *RunExec.vbs* finden Sie im Ordner *\Beisp\Kap07* der Begleit-CD. Details zur *Exec*-Methode liefert die WSH-Hilfe.

8 Benutzereingaben

Auf den ersten Blick bietet der WSH keine oder nur rudimentäre Funktionen für Benutzereingaben an. Dass dies nicht so ganz richtig ist, beweist das folgende Kapitel, welches sich ausgiebig mit dem Thema Benutzereingaben befasst.

- Als Erstes lernen Sie, wie sich Benutzereingaben in VBScript-Skripten mittels der *InputBox*-Funktion realisieren lassen. Mit dieser Funktion können Sie ohne weitere Maßnahmen einen Wert in einem vordefinierten Dialogfeld abfragen.
- JScript kennt keine *InputBox*-Funktion. In diesem Kapitel wird aber gezeigt, wie Sie eine solche Funktion in JScript per Internet Explorer realisieren können. Weiterhin lernen Sie die Ihnen die *InputBox*-Funktion aus VBScript aus JScript heraus aufzurufen.

Der Inhalt des Kapitels »sprengt« daher die Fesseln, die der WSH Ihnen vermeintlich anlegt und zeigt, wie Sie in beiden Skriptsprachen Daten vom Benutzer abfragen können.

Benutzereingaben in VBScript

Möchten Sie Texte oder Werte per Skript vom Benutzer abfragen? Der Windows Script Host selbst bietet hierzu keine Unterstützung. Allerdings verfügt VBScript über eine Funktion zur Anzeige eines Dialogfeldes mit einem Eingabefeld für Benutzereingaben. Die betreffende Funktion *InputBox* lässt sich gemäß folgender Syntax aufrufen:

```
result = InputBox (prompt[,[title] ,[default] ,[xpos] ,[ypos]])
```

Der Funktionsaufruf öffnet ein Dialogfeld mit einem benutzerdefinierten Text und einem Eingabefeld (Abbildung 8.1). Der Benutzer kann dann den Inhalt des Textfelds verändern und das Dialogfeld über eine der beiden Schaltflächen schließen.

Abbildung 8.1: *Eingabedialog der* InputBox-*Funktion in VBScript*

Die Funktion *InputBox* besitzt die folgenden Parameter zur Gestaltung des Dialogfelds.

- *prompt:* Dieser Parameter ist erforderlich und definiert den im Dialogfeld angezeigten Text.
- *title:* In diesem optionalen Parameter wird der Titel festgelegt, der in der Titelzeile des Dialogfelds ausgegeben wird.
- *default:* Spezifiziert den Wert, der beim Aufruf des Dialogfelds im Eingabefeld angezeigt wird. Der Parameter ist optional.
- *xpos* und *ypos:* Definiert optional die Position der oberen linken Ecke des Dialogfeldes.

Fehlt einer der optionalen Parameter, benutzt das VBScript Standardwerte zur Ausgabe im Dialogfeld.

HINWEIS: Beachten Sie, dass beim Aufruf dieser Funktion keine Parameter zur Definition der Schaltflächen benutzt werden.

Abbildung 8.2: *Anzeige des zurückgegebenen Werts*

Sobald der Benutzer den Eingabedialog schließt, gibt die *InputBox*-Funktion einen Wert zurück. Der Inhalt des Rückgabewerts hängt dabei von der angeklickten Schaltfläche ab. Bei Anwahl der *OK*-Schaltfläche liefert die Funktion den Inhalt des Eingabefeldes als Zeichenkette zurück. Wählt der Benutzer dagegen die Schaltfläche *Abbrechen* (bzw. *Cancel*), enthält der Rückgabewert eine leere Zeichenkette "". Dies lässt sich zur Überwachung der Benutzereingabe verwenden. Die folgende Sequenz fragt den Rückgabewert *result* ab und bietet zwei Zweige an, die in Abhängigkeit von der gewählten Schaltfläche durchlaufen werden.

```
If result = "" Then    ' Test auf Abbruch vom Benutzer
 WScript.Echo "Abgebrochen"
Else
 WScript.Echo "Eingabe war: " & result
End If
```

Das nachfolgend gezeigte Listing eines VBScript-Programms demonstriert diesen Sachverhalt. Das Skript zeigt zuerst das Dialogfeld mit dem Vorgabewert »Born« im Eingabefeld (Abbildung 8.1). Sie können den Eingabewert ändern und das Dialogfeld schließen. Nach dem Schließen des Dialogfelds zeigt Ihnen das Skript den eingegebenen Wert oder die Meldung über den Abbruch des Dialogfelds an (Abbildung 8.2). Die Texte für das Eingabefeld werden dabei im Skript in globalen Variablen hinterlegt, um die Zeile mit dem Funktionsaufruf möglichst einfach zu halten. In der Ausgabemeldung (Abbildung 8.2) sind übrigens zwei Zeilen zu sehen. Dies wird erreicht, indem im Ausgabetext die vordefinierte VBScript-Konstante *vbCrLf* eingefügt wird. Diese bewirkt einen Zeilenumbruch im ausgegeben Text. Um eine Leerzeile zu erzeugen, müssten Sie folglich zweimal die Konstante *vbCrLf* im Text einfügen. Das Listing 8.1 zeigt die Einzelheiten zur Implementierung der *InputBox*-Funktion im Beispielprogramm.

```
'************************************************
' File:    Input.vbs (WSH-Beispiel in VBScript)
' Autor:   (c) G. Born
'
' Das Skript demonstriert, wie sich eine
' Benutzereingabe in VBscript realisieren lässt.
'************************************************
Option Explicit

Dim Message, result
Dim Title, Text1, Text2

' Definiere die Variablen für das Dialogfeld
Message = "Eingabe"
Title = "WSH-Beispiel Benutzereingabe - by G. Born"
Text1 = "Benutzereingabe abgebrochen"
Text2 = "Ihre Eingabe war:" & vbCRLF

' Fertig zur Nutzung der InputBox-Funktion
' InputBox (prompt, title, default, xpos, ypos)
' prompt:    Der im Dialogfeld angezeigte Text
' title:     Der Titel des Dialogfelds
' default:   Der im Eingabefeld angezeigte Wert
' xpos/xpos: obere linke Ecke des Dialogfelds
' Fehlt ein Wert, benutzt VBScript Standardwerte

result = InputBox(Message,Title,"Born", 100, 100)

' So lässt sich die Eingabe auswerten
If result = "" Then     ' Abbruch vom Benutzer
 WScript.Echo Text1
Else
 WScript.Echo Text2 & result
End If
'*** Ende
```

Listing 8.1: Input.vbs

HINWEIS: Sie finden das VBScript-Beispiel *Input.vbs* auf der Begleit-CD-ROM im Ordner *\Beisp\Kap08*.

Benutzereingaben in JScript

In JScript haben Sie mit dem Thema Benutzereingaben allerdings ein Problem. Die *prompt*-Methode aus JScript lässt sich leider nur im Internet Explorer, nicht aber in WSH-Skripten verwenden. Aus diesem Grunde habe ich verschiedene Lösungen entwickelt, um in JScript doch noch Benutzereingaben zu implementieren.

VBScript und JScript kombiniert (WSH 2.0)

Ab WSH 2.0 ist die Lösung recht einfach: Sie schreiben sich eine kleine Funktion in VBScript, die die *InputBox*-Funktion kapselt. Dann rufen Sie diese VBScript-Funktion aus einem JScript-Programm auf. Einzige Randbedingung: Der Programmcode muss in einer *.wsf*-Datei abgelegt sein. Abbildung 8.3 zeigt den Eingabedialog und die Ergebnisanzeige.

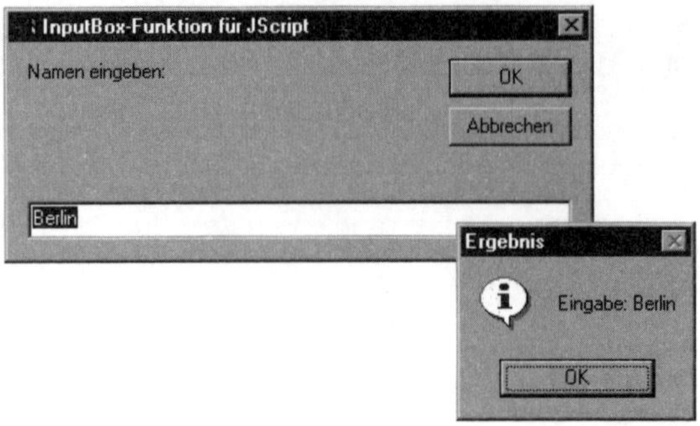

***Abbildung 8.3:** Eingabedialog und Ergebnisanzeige mit JScript*

Diese Dialoge erreichen Sie mit folgendem Skriptcode, der in einer *.wsf*-Datei hinterlegt ist und mit WSH auszuführen ist. Die *.wsf*-Datei enthält zwei *<script>*-Elemente. Im ersten Element ist eine VBScript-Funktion *WSHInputBox* hinterlegt, die auch dem JScript-Code aufgerufen wird. Details entnehmen Sie dem folgenden Listing.

```
<?xml version="1.0" encoding="ISO-8859-1" ?>
<job id="IncludeExample">
<script language="VBScript">
<![CDATA[
 Function WSHInputBox (Message, Title, Value)
 ' Stellt die InputBox-Funktion für JScript bereit:
 ' var result = WSHInputBox("Name","Eingabe",test);
   WSHInputBox = InputBox(Message,Title,Value)
 End Function
]]>
</script>

<script language="JScript">
<![CDATA[
// Hier kommt der JScript-Code, der die Benutzereingabe
// liest und dann anzeigt. Verwendet die VBScript-
// Funktion WSHInputBox zur Anzeige des Eingabedialogs.
var vbOKOnly = 0;               // Popup-Konstanten
var vbInformation = 64;

var title = "InputBox-Funktion für JScript";
var prompt = "Namen eingeben:";

// Erzeuge Shell-Objekt (für Popup)
var WSHShell = WScript.CreateObject("WScript.Shell");

// Aufruf der VBScript-Funktion zur Anzeige des Eingabedialogs
var result = WSHInputBox (prompt,title,"Berlin");
```

```
if (result != null)   // Test auf Abbrechen-Schaltfläche
 { // OK-Schaltfläche, lese Eingabe
   var intDoIt =  WSHShell.Popup("Eingabe: " + result,
                                 0,
                                 "Ergebnis",
                                 vbOKOnly + vbInformation );
 }
 else
 { // Abbrechen-Schaltfläche angeklickt
    var intDoIt =  WSHShell.Popup("Sorry, keine Eingabe",
                                 0,
                                 "Ergebnis",
                                 vbOKOnly + vbInformation );
 }
]]>
</script>
</job>
```

Listing 8.2: *Aufruf einer VBScript-Funktion* WSHInputBox aus *JScript*

HINWEIS: Sie finden das Beispiel *WSH2Input.wsf* auf der Begleit-CD-ROM im Ordner *Beisp**Kap08*. Falls Sie auf Maschinen nur über WSH 1.0 verfügen, können Sie die *.wsf*-Datei nicht einsetzen. Dann können Sie ggf. auf die nachfolgend gezeigte Lösung zurückgreifen.

JScript: Benutzereingabe per Internet Explorer

Als Alternative möchte ich Ihnen jetzt noch zeigen, wie Sie ggf. fremde Objekte verwenden, um eine Benutzereingabe aus JScript zu erreichen.

An dieser Stelle zwei einfache Überlegungen: Einmal unterstützt der Internet Explorer in JScript Methoden wie *prompt* zur Abfragen von Benutzereingaben. In einem HTML-Dokument können Sie weiterhin sehr einfach sowohl JScript- als auch VBScript-Code unterbringen. Der Microsoft Internet Explorer ist andererseits auf den meisten Windows-Systemen installiert. Folglich besteht die Möglichkeit, eine *InputBox1*-Funktion in einem HTML-Skript unterzubringen und diese per WSH-Skript anzusprechen.

Die *prompt*-Methode des Internet Explorer nutzen

Falls Sie bereits HTML-Dokument ein JavaScript verfasst haben, kennen Sie vermutlich die *prompt*-Methode. Diese Methode lässt sich folgendermaßen einsetzen:

```
var result = prompt ("Bitte Namen eingeben ", "Chicago);
```

Die Methode erfordert zwei Parameter: Im ersten Parameter wird ein Text übergeben, der im Eingabefeld erscheint. Der zweite Parameter gibt den Text des Eingabefelds an.

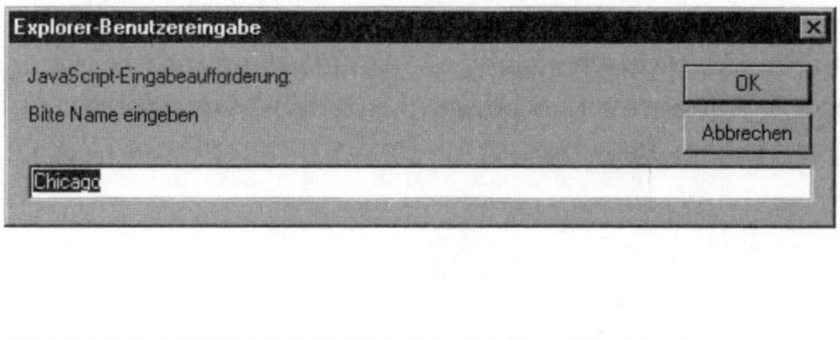

Abbildung 8.4: *Benutzereingabe mit* prompt

Wie wäre es, die *prompt*-Methode aus WSH-JScript-Programmen aufzurufen (Abbildung 8.4)? Ich erwähnte es bereits: Das Objektmodell des Internet Explorer unterstützt die *prompt*-Methode. Da das WSH-Objektmodell nichts Äquivalentes bietet, benötigen wir Zugriff auf die Internet Explorer-Objekte per WSH-Skript. Diese Technik lässt sich in WSH 1.0/2.0 nutzen und kommt in diesem und den folgenden Kapiteln noch häufiger zum Einsatz. Daher möchte ich an dieser Stelle einige Ideen zum Zugriff auf den Internet Explorer skizzieren.

Um den Internet Explorer aufzurufen und dessen Objekte per WSH-Skript zu nutzen, benötigen Sie eine Referenz zum Internet Explorer *Application*-Objekt. Diese Referenz lässt sich mit folgendem JScript-Befehl erzeugen:

```
var oIE = WScript.CreateObject("InternetExplorer.Application");
```

Mit dem JScript-Befehl laden Sie das Objekt (eine Instanz) in den Speicher. Gleichzeitig wird die Referenz der Objektvariablen *oIE* zugewiesen. Diese Objektvariable lässt sich im Skript zum Zugriff auf die Methoden und Eigenschaften des Internet Explorer *Application*-Objekt verwenden. Leider ist die *prompt*-Methode nicht Bestandteil des *Application*-Objekts, sondern sie wird vom *Script*-Objekt bereitgestellt, welches seinerseits ein Unterobjekt des *Application*-Objekts ist (siehe auch Abbildung 8.5). Wir benötigen im Skript eine Referenz auf das *Script*-Objekt des Internet Explorers. Bevor Sie eine Referenz auf das *Document*-Objekt erstellen können, muss ein Dokument in das *Application*-Objekt des Internet Explorer geladen werden. Nach dem Laden des Dokuments wird das *Script*-Unterobjekt automatisch bereitgestellt, unabhängig von der Tatsache, ob das HTML-Dokument Skriptcode enthält (der Internet Explorer unterstützt auch interne Skriptbefehle).

Nun braucht es noch einige Feinheiten. Einmal möchten wir natürlich kein Browserfenster sehen, wenn ein Benutzerdialog gefordert ist. Obwohl es vielleicht kompliziert klingt, ist die Lösung sehr einfach. Um ein Dokument im Internet Explorer zu laden, wird die *navigate*-Methode des *Application*-Objekts verwendet. Mit dem Know-how aus früheren Beispielen wird die betreffenden Anweisung recht einfach:

```
oIE.navigate ("about:blank");
```

Die Objektvariable *oIE* enthält eine Referenz auf das Internet Explorer *Application*-Objekt. Der Objektname wird durch einen Punkt vom Methodennamen *navigate* getrennt. Der Parameter der Methode enthält den Namen des zu ladenden Dokuments. Hier wird "*about:blank*" übergeben, der Internet Explorer lädt eine intern definierte leere Dokumentseite. Den gleichen Effekt erhalten Sie, falls Sie in der Adressleiste des Browsers *about:blank* eintippen. Bleibt noch die Frage, wie sich das Browserfenster verstecken lässt. Dies klappt mit der folgenden Anweisung:

```
oIE.visible = 0;
```

Hier wird die Eigenschaft *visible* des *Application*-Objekts auf den Wert 0 gesetzt, was die Anzeige des Browserfensters verhindert. Mit dem Wert *visible = 1* erscheint das Browserfenster.

Eigentlich könnten wir anschließend die *prompt*-Methode aufrufen. Leider gibt es noch ein kleines Problem: Solange der Internet Explorer ein Dokument lädt, ist das *Document*-Objekt und dessen Subobjekte nicht zugreifbar. Unser WSH-Skript muss daher warten, bis der Browser bereit zu solchen Aufrufen ist. Dies klappt mit folgender Schleife:

```
while (oIE.Busy) {}
```

Sobald die Schleife verlassen wird, können wir das *Script*-Objekt aufrufen:

```
var obj = oIE.Document.Script;
```

Hier wird das in der Objektvariablen *oIE* referenzierte Objekt als Wurzel benutzt. Daran schließen sich die Namen der Subobjekte, getrennt durch Punkte, an. Nach Ausführen der Anweisung enthält die Objektvariable *obj* eine Referenz auf das *Script*-Objekt. Dann lässt sich folgender Aufruf absetzen:

```
var input = obj.prompt ("Bitte Name eingeben ","Chicago");
```

um die *prompt*-Methode zu nutzen. Die Parameter der *prompt*-Methode wurden ja bereits diskutiert. Der obige Aufruf erzeugt das in Abbildung 8.4 gezeigte Dialogfeld.

Um die Handhabung zu vereinfachen, habe ich den Code zur Anzeige der Eingabeaufforderung in eine JScript-Funktion *MyPrompt* gepackt. Diese Funktion erwartet die beiden *prompt*-Parameter und liefert den Eingabewert des Benutzers an das rufende Programm zurück. Mit:

```
oIE.Quit();
```

wird der Internet Explorer beendet. Die Anweisung:

```
return input;
```

gibt den Eingabewert der *prompt*-Methode als Funktionsergebnis zurück. Die Funktion *MyPrompt* wird dann folgendermaßen aufgerufen:

```
var temp = MyPrompt ("Bitten einen Namen eingeben", "Chicago");
```

MyPrompt gibt das Ergebnis in eine Variable zurück. Das Skript kann dann noch prüfen, ob der Benutzer den Eingabedialog über die *OK*- oder die *Abbrechen*-Schaltfläche beendet hat:

```
if (temp != null)
```

Bei einem *null*-Wert wurde die *Abbrechen*-Schaltfläche gewählt. Die Details der Implementierung entnehmen Sie dem folgenden Listing.

```
//************************************************
// File:   Input0.js (WSH-Beispiel in JScript)
// Autor:  Günter Born
//
// Verwendet die prompt-Methode des Internet
// Explorer zur Benutzereingabe in JScript.
//************************************************

function MyPrompt (text, value)
// Hilfsfunktion zur Anzeige des Eingabedialogs
{
// Erzeuge das Internet Browser Application-Objekt
 var oIE = WScript.CreateObject("InternetExplorer.Application");
 oIE.navigate ("about:blank");  // Leeres HTML-Dokument
 oIE.visible = 0;               // MSIE unsichtbar
```

```
 while (oIE.Busy)  {}          // Warte, bis MSIE fertig

 var obj = oIE.Document.Script; // Hole Script-Objekt
 var input = obj.prompt (text,value);// Eingabedialog
 oIE.Quit();                   // Explorer-Objekt schließen
 return input;
}

// Hauptprogramm

 var temp = MyPrompt ("Bitte Name eingeben", "Chicago");
 if (temp != null)  // Rückgabewert testen
  {
  WScript.Echo (temp);
  }
  else
   WScript.Echo ("keine Eingabe");
// Ende
```

Listing 8.3: Input0.js

HINWEIS: Sie finden das Beispiel *Input0.js* auf der Begleit-CD-ROM im Ordner *\Beisp\Kap08*. Das Beispiel benötigt den Internet Explorer zur Ausführung.

Die *InputBox*-Funktion in einem HTML-Dokument realisieren

Ein HTML-Dokument kann jederzeit Skript-Anweisungen enthalten, die sich über den *<script>*-Tag einbetten lassen. Folglich könnten Sie auch ein in VBScript verfasstes Skript in einem HTML-Dokument hinterlegen. Der Quellcode für ein solches HTML-Dokument sieht dann folgendermaßen aus:

```
<html>
<head>
<script language="VBScript">
<!--
Function InputBox1 (prompt,title, value)
  InputBox1 = InputBox (prompt, title, value)
End Function
//-->
</script>
</head>
<body></body>
</html>
```

Listing 8.4: *Quellcode eines HTML-Dokuments mit einer VBScript-Funktion*

Das Skript enthält nur die Funktion *InputBox1*, die ihrerseits die *InputBox*-Funktion aus VBScript aufruft (und dabei die übergebenen Parameter weiterreicht). Auch der Rückgabewert wird nur an die rufende Funktion übergeben. Letztendlich stellt die Funktion *InputBox1* nur so etwas wie eine Schale für den eigentlichen *InputBox*-Aufruf dar.

HINWEIS: Rufen Sie diese HTML-Datei im Browser auf, wird dieser lediglich ein leeres Dokument anzeigen. Dies ist genau der beabsichtigte Effekt, denn wir benötigen lediglich eine Funktion *InputBox1*, die sich zur Ausgabe des Dialogfelds nutzen lässt.

Wie lässt sich die Funktion im HTML-Dokument aufrufen?

Nehmen wir einmal an, Sie haben irgendwie die im vorherigen Abschnitt befindliche Funktion in einem Dokument hinterlegt. Dann stellt sich die Frage: Wie lässt sich diese Funktion aus einem WSH-Skript – oder spezieller aus einem JScript-Skript – aufrufen? Um aus einem WSH-Skript heraus mit dem Internet Explorer zu kommunizieren, müssen Sie den Internet Explorer als Automatisierungsobjekt im Skript registrieren. Dies ist mit folgender Anweisung möglich:

```
var oIE = WScript.CreateObject("InternetExplorer.Application");
```

Über die Objektvariable *oIE* können Sie anschließend auf die Eigenschaften und Methoden des *Application*-Objekts des Internet Explorers zugreifen. Als Nächstes müssen wir dem Internet Explorer das zu ladende Dokument mitteilen. Nehmen wir an, die im vorherigen Abschnitt beschriebene HTML-Datei liegt unter dem Namen *C:\input.htm* auf der Festplatte. Dann lässt sich diese Datei über die *navigate*-Eigenschaft laden:

```
oIE.navigate ("c:\input.htm");
```

In einem weiteren Schritt können Sie noch die *visible*-Eigenschaft auf den Wert *0* setzen, um zu verhindern, dass das Fenster des Internet Explorers angezeigt wird (wir brauchen ja lediglich die Funktion). Bei Tests habe ich aber festgestellt, dass diese Eigenschaft standardmäßig eingestellt ist. Sie könnten daher sogar auf das Setzen dieser Eigenschaft verzichten.

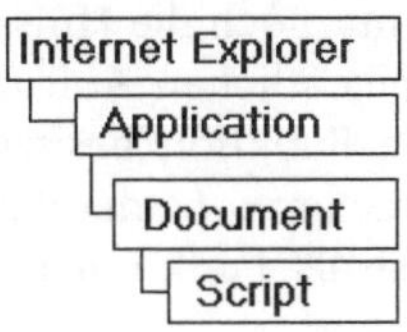

***Abbildung 8.5:** Objektmodell des Internet Explorers*

Nehmen wir jetzt an, Sie haben den Internet Explorer (4.0x oder 5.0x) gestartet, das HTML-Dokument mit dem Skript geladen und das Ganze als Objekt im WSH angebunden. Jetzt gilt es, aus dem Skript auf die Funktion *InputBox1* im Internet Explorer zuzugreifen. Hier hilft uns das Objektmodell des Internet Explorers weiter (Abbildung 8.5). Sobald Sie die Typbibliothek »Internet Explorer« mit der Klasse »Application« in der *CreateObject*-Methode angeben, erzeugt diese Methode ein *Application*-Objekt des Internet Explorers. Dieses Objekt kann seinerseits Dokumente, die angezeigt werden, enthalten. Und ein *Document*-Objekt kann neben dem HTML-Code auch noch Skripte enthalten. Diese werden vom *Document*-Objekt als *Script*-Objekt zur Verfügung gestellt. Um jetzt auf eine Skriptfunktion im HTML-Dokument zuzugreifen, ist folgende Anweisung erforderlich:

```
var oIEscr = oIE.Document.Script;
```

Es wird also die Objektvariable *oIEscr* aus der Objekthierarchie abgeleitet. Die Objektvariable *oIE* enthält ja eine Referenz auf das *Application*-Objekt des Internet Explorers. Mit dieser neuen Referenz ist der Aufruf der im HTML-Dokument als Skript integrierten Funktion *InputBox1* nur noch ein »Kinderspiel«. Die folgende Anweisung ruft dann die Funktion *InputBox1* in dem im Internet Explorer im aktuell geladenen Dokument enthaltenen Skript auf.

```
var result = oIEdoc.InputBox1(prompt,title,x);
```

Für den Skriptprogrammierer sieht dieser Befehl wie der Aufruf einer Methode aus. Und nichts Anderes haben wir hier vorliegen: *InputBox1* stellt eine Methode des *Script*-Objekts dar.

InputBox-Implementierung für JScript

Nach den obigen Ausführungen möchte ich jetzt an einem konkreten Beispiel zeigen, wie sich ein Eingabedialog in einem JScript-Programm implementieren lässt. Dabei wird noch eine weitere Technik verwendet, die es erlaubt, das HTML-Dokument mit dem Skript-Code direkt aus dem WSH-Skript in den Internet Explorer zu schreiben. Dadurch sind Sie nicht auf irgendwelche HTML-Dokumentdateien angewiesen. Weiterhin soll die betreffende Funktionalität für den Skriptprogrammierer sehr einfach zu handhaben sein.

Die Lösung basiert auf der Erkenntnis, dass sich ein Automatisierungsobjekt in WSH-Skripten ansprechen lässt. Sie können also mit der Anweisungsfolge:

```
// Jetzt IE starten und InputBox1-Methode erzeugen
var mobj = makeInputBox ();
// Jetzt holen wir die Benutzereingabe
var result = InputBox (mobj, prompt,title,"Born");
```

einen Eingabedialog aufrufen. Die Funktion *makeInputBox()* übernimmt die Aufgabe, das benötigte Automatisierungsobjekt bereitzustellen (dazu gleich mehr). Gleichzeitig liefert die Funktion eine Objektreferenz zurück, die zum Zugriff auf die Eigenschaften bzw. Methoden des Objekts benutzt werden kann. Sobald Sie die richtige Objektvariable haben, rufen Sie nur noch die Hilfsfunktion *InputBox* auf. Dies ist eine interne JScript-Hilfsfunktion, die den eigentlichen Aufruf der externen Funktion kapselt. Dadurch wird der Aufruf sehr einfach. Die Funktion besitzt gegenüber der oben vorgestellten VBScript-Funktion nur einen weiteren Parameter *mobj*, der die von *makeInputBox* zurückgelieferte Objektreferenz aufnimmt. *InputBox* ist als Funktion im JScript-Programm realisiert und besitzt folgenden Aufbau:

```
function InputBox (obj, prompt, title, x)
 {
// Interface zur InputBox1-Funktion im Document.Script-Objekt
 var oIEdoc = obj.Document.Script;
 var result = oIEdoc.InputBox1(prompt,title,x);
 return result;
 }
```

Listing 8.5: *Die Funktion* InputBox

Der Parameter *obj* enthält die Objektreferenz (hier die von *makeInputBox* zurückgelieferte Referenz auf das *Application*-Objekt des Internet Explorers). Jetzt benötigen wir eine Referenz, die direkt auf das Objekt mit unserer Methode zum Öffnen des Eingabedialogs verweist. Im Internet Explorer wird hierzu ein HTML-Dokument geladen, welches seinerseits ein VBScript mit einem Aufruf der VBScript-Funktion *InputBox* enthält. Diese Referenz lässt sich (wie bereits oben erläutert) über das Objektmodell des Internet Explorers zu:

```
var oIEdoc = obj.Document.Script;
```

ableiten. Anschließend reicht ein simpler Aufruf der Funktion *InputBox1* gemäß folgender Anweisung:

```
var result = oIEdoc.InputBox1(prompt,title,x);
```

Komplizierter lässt sich dies auch so ausdrücken: Über die Objektreferenz *oIEdoc* greifen wir auf die *InputBox1*-Methode dieses Objekts zu. Langer Rede kurzer Sinn: Um die Angelegenheit für den Programmierer einfach zu halten, habe ich das Ganze in eine JScript-Funktion *InputBox* des WSH-Skripts gepackt. Dadurch fungieren die Routinen als Container, die alle benötigten Operationen im Hintergrund abwickeln. Der Programmierer muss lediglich die beiden Aufrufe *makeInputBox ()* und *InputBox()* verwenden. Das war's!

HINWEIS: Lassen Sie sich nicht dadurch verwirren, dass einmal von *InputBox* und einmal von *InputBox1* die Rede ist. Im HTML-Skript musste ich die Funktion mit *InputBox1* benennen, um eine Unterscheidung von *InputBox* zu erreichen.

Kommen wir nun noch zum Inhalt der Funktion *makeInputBox()* zurück. Hier habe ich tief in die Trickkiste greifen müssen, um die Sache so anwenderfreundlich wie möglich zu machen (und den Internet Explorer vor dem Skript-Programmierer sowie dem Anwender zu verstecken). Die Aufgabe, ein Objekt mit der benötigten Methode bereitzustellen, übernimmt die Funktion *makeInputBox*. Diese besitzt folgende Anweisungen.

```
function makeInputBox ()
 {
// Internet Browser-Objekt erzeugen
 var oIE = WScript.CreateObject("InternetExplorer.Application");
 oIE.navigate ("about:blank"); // Leeres HTML-Dokument mit Funktion
 oIE.visible = 0;              // MSIE unsichtbar halten

 while (oIE.Busy)   {}         // Wichtig: Warte, bis MSIE bereit ist

 var doc1 = oIE.Document;      // Hole Dokument-Objekt
 doc1.open;                     // Dokument öffnen
                                // Skript in Dokument-Objekt schreiben
 doc1.writeln ("<html><head>");
 doc1.writeln ("<script language=\"VBScript\"><!--");
 doc1.writeln ("Function InputBox1 (prompt,title, value)");
 doc1.writeln (" InputBox1 = InputBox (prompt, title, value)");
 doc1.writeln ("End Function");
 doc1.writeln ("//-->");
 doc1.writeln ("</script>");
 doc1.writeln ("</head><body></body></html>");
 doc1.close;                    // Schließe für Schreibzugriff

 return oIE;
 }
```

Listing 8.6: *Funktion* makeInputBox

Sieht kompliziert aus? Ist es aber eigentlich nicht. Wenn Sie die obigen Ausführungen gelesen haben, sollten Sie bereits einen Teil der Anweisungen kennen. Die erste Anweisung richtet den Internet Explorer als Anwendungsobjekt ein:

```
var oIE = WScript.CreateObject("InternetExplorer.Application");
```

Ist die Anwendung vorhanden und registriert (was bei Windows in der Regel zutrifft), liefert die *CreateObjekt*-Methode die Referenz zu diesem Objekt in die Objektvariable *oIE* zurück. Mit einigen einfachen Anweisungen können Sie die Eigenschaften des neuen Objekts (hier das Internet Explorer-Fenster, das die Applikation darstellt) setzen. Die meisten Eigenschaften interessieren Sie in diesem Beispiel nicht, da das Browser-Fenster nicht gebraucht wird. Mit:

```
oIE.visible = 0;
```

sorgen Sie dafür, dass das Browser-Fenster nicht angezeigt wird. Diese Anweisung ist zwar nicht unbedingt erforderlich, da diese Eigenschaft sowieso auf 0 gesetzt wird. Wichtig ist die Anweisung zum Laden des Dokuments:

```
oIE.navigate ("about:blank");
```

Theoretisch und praktisch können Sie (gemäß den vorhergehenden Anweisungen) in dieser Anweisung einen Pfad auf eine HTML-Dokumentdatei hinterlegen. Dann wird diese geladen und ausgeführt. Das Dokument muss aber über eine absolute Pfadangabe geladen werden, es muss vorhanden sein und es muss den gewünschten Inhalt aufweisen. Ich habe mich daher entschlossen, ein leeres Dokument zu laden und dieses dann um die benötigten Inhalte zu ergänzen. Dies erfolgt mit einigen wenigen Anweisungen:

```
var doc1 = oIE.Document;      // Hole Dokument-Objekt
 doc1.open;                     // Dokument öffnen
```

Die erste Anweisung holt das *Document*-Objekt, während die zweite Anweisung das Dokument für Schreibzugriffe öffnet. Anschließend können Sie über die *writeln*-Methode des *Document*-Objekts direkt in den Dokumentbereich des Internet Explorer schreiben. Die folgende Sequenz hinterlegt das HTML-Dokument mit dem Skript.

```
doc1.writeln ("<html><head>");
doc1.writeln ("<script language=\"VBScript\"><!--");
doc1.writeln ("Function InputBox1 (prompt,title, value)");
doc1.writeln (" InputBox1 = InputBox (prompt, title, value)");
doc1.writeln ("End Function");
doc1.writeln ("//-->");
doc1.writeln ("</script>");
doc1.writeln ("</head><body></body></html>");
```

Mit:

```
doc1.close;
```

Wird das Dokument für Schreibzugriffe geschlossen. Das Dokumentfenster des Internet Explorers enthält ein Skript mit einer Funktion mit dem Namen *InputBox1*, die ihrerseits die in VB-Script definierte Funktion *InputBox* aufruft. Nachdem alle HTML-Anweisungen in das Dokument geschrieben wurden, schließt das WSH-Skript das Dokument für den Zugriff und liefert die Referenz auf die Objektvariable (des Dokuments) zurück.

Wenn Sie jetzt auf das Objekt zugreifen, können Sie die *InputBox1*-Funktion aufrufen. Der Internet Explorer führt dieses Skript direkt aus. Da das Fenster des Internet Explorers ausgeblendet ist, sieht der Benutzer hiervon nichts. Aber die im Skript ausgeführte *InputBox*-Funktion ist von den Eigenschaften der Internet Explorer-Fenster nicht betroffen. Auf dem Bildschirm erscheint folglich das Dialogfeld zur Eingabe.

WICHTIG: Sobald Sie die *InputBox1*-Methode nicht mehr benötigen, müssen Sie den Internet Explorer beenden. Andernfalls bleibt dieser unsichtbar im Speicher zurück und blockiert nach mehreren Aufrufen das System. Zum Beenden des Internet Explorers lässt sich die *Quit*-Methode auf das Objekt anwenden (der Internet Explorer unterstützt diese Methode).

Damit haben wir eigentlich alle Werkzeuge, um eine Eingabe aus jedem beliebigen Skript zu erzeugen. Alle benötigten Hilfsmittel werden durch zwei Funktionsaufrufe bereitgestellt. Das folgende Listing zeigt den gesamten Aufbau des Programms.

```
//************************************************
// File:    Input1.js  (WSH-Beispiel in JScript)
// Autor:   (c) G. Born
//
// Das Skript demonstriert die Benutzereingabe in JScript.
// Achtung: Das Script benötigt den Internet Explorer !!!
//************************************************

var title = "Borns InputBox-Funktion für JScript"
var prompt = "Bitte Ihren Namen eingeben:"
var WSHShell;
var vbOKCancel = 1;        // Hilfsvariable
var vbOKOnly = 0
var vbInformation = 64;
var vbCancel = 2;

// Hilfsfunktion -> erzeugt die InputBox-Funktion
// im Internet Explorer
function makeInputBox ()
 {
// Internet Browser-Objekt erzeugen
 var oIE = WScript.CreateObject("InternetExplorer.Application");
 oIE.navigate ("about:blank"); // Leeres HTML-Dokument mit Funktion
 oIE.visible = 0;              // MSIE unsichtbar halten

 while (oIE.Busy)   {}         // Wichtig: Warte, bis MSIE bereit ist

 var doc1 = oIE.Document;      // Hole Dokument-Objekt
 doc1.open;                    // Dokument öffnen
                               // Skript in Dokument-Objekt schreiben
 doc1.writeln ("<html><head>");
 doc1.writeln ("<script language=\"VBScript\"><!--");
 doc1.writeln ("Function InputBox1 (prompt,title, value)");
 doc1.writeln (" InputBox1 = InputBox (prompt, title, value)");
 doc1.writeln ("End Function");
 doc1.writeln ("//-->");
 doc1.writeln ("</script>");
 doc1.writeln ("</head><body></body></html>");
 doc1.close;                     // Schließe für Schreibzugriff

 return oIE;
 }
```

```
function InputBox (obj, prompt, title, x)
 {
// Interface zur InputBox1-Funktion im Document-Objekt
 var oIEdoc = obj.Document.Script;
 var result = oIEdoc.InputBox1(prompt,title,x);
 return result;
 }

//+++++++++++++++++++++++
// Hauptmodul
//+++++++++++++++++++++++
{
// Hier wird unser Shell-Objekt erzeugt. Dies wird zur Anzeige
// der Meldungen im Skript benötigt.
WSHShell = WScript.CreateObject("WScript.Shell");

// Jetzt IE 4.0/5.0 starten und InputBox1-Methode erzeugen
var mobj = makeInputBox ();

// Jetzt holen wir die Benutzereingabe

var result = InputBox (mobj, prompt,title,"Born");
WSHShell.Popup("Ihre Eingabe war: " + result,
               0,
               "Ergebnis",
               vbOKOnly + vbInformation );

               // Zweiter Versuch
result = InputBox (mobj, prompt,title,"Bach");
WSHShell.Popup("Ihre Eingabe war: " + result,
               0,
               "Ergebnis",
               vbOKOnly + vbInformation );

mobj.Quit();             // Explorer-Objekt schließen
}
//*** Ende
```

Listing 8.7: Input1.js

HINWEIS: Sie finden das JScript-Beispiel *Input1.js* auf der Begleit-CD-ROM im Ordner *\Beisp\Kap08*. Zum Testen genügt ein Doppelklick auf die Skriptdatei. Ist der Internet Explorer ab Versionen 4.0 installiert, erscheint der Eingabedialog. Dieses Beispiel wurde etwas ausführlicher diskutiert, da die betreffende Technik im nächsten Kapitel zur Formulareingabe benutzt wird.

9 Formulare

In diesem Kapitel befassen wir uns mit der Frage, wie sich in WSH-Skripten Formulare zur Benutzereingabe nutzen lassen.

- Als Erstes lernen Sie, Formulare mit Hilfe des Internet Explorer zu realisieren.
- Weiterhin wird gezeigt, wie sich Formulare über ActiveX-Komponenten gestalten und in Skripten nutzen lassen.
- Ein weiterer Abschnitt befasst sich mit der Frage, wie sich bestimmte Anzeigeelemente wie Fortschrittsanzeigen implementieren lassen.

Der Inhalt des Kapitels »sprengt« daher die Fesseln, die der WSH Ihnen vermeintlich anlegt und zeigt, wie Sie quasi zum Nulltarif elegante Benutzeroberflächen realisieren können.

HTML-Formulare

Im WSH-Objektmodell gibt es nichts, um Formulare anzulegen. Sie können lediglich einfache Benutzerdialoge erstellen sowie die *InputBox*-Funktion aufrufen (siehe ▶ Kapitel 8). In HTML-Dokumenten stehen Ihnen andererseits Formulare zur Verfügung. Nachfolgend wird gezeigt, wie Sie diese Möglichkeit aus WSH-Skripten nutzen.

Dialoge mit showModalDialog anzeigen

Manchmal wird ein einfaches Dialogfeld zur Anzeige einer Meldung benötigt. In ▶ Kapitel 8 hatte ich bereits gezeigt, wie sich ein HTML-Dokument im Internet Explorer laden und per WSH-Skript anzeigen bzw. steuern lässt. Der Internet Explorer bietet intern eine *showModalDialog*-Methode, mit der sich der Inhalt einer HTML-Datei in einem einfachen Dialogfeld anzeigen lässt. Der folgende HTML-Code zeigt, wie diese Methode verwendet wird.

```
<html>
<script>
function init()
```

```
{
 window.showModalDialog( "test1.htm" );
}
</script>
<body onload="init()"> </body>
</html>
```

Listing 9.1: showModalDialog-*Methode in HTML aufrufen*

Der *<body>*-Tag benutzt das *onload*-Ereignis, welches beim Laden des HTML-Dokuments ausgelöst wird, um die Funktion *init* aufzurufen. Innerhalb dieser Funktion lässt sich dann der Inhalt einer beliebigen HTML-Seite mit *showModalDialog* in einem Dialogfeld anzeigen. Die Methode erfordert lediglich den Pfad und den Namen der HTML-Datei als Parameter. Der folgende HTML-Code erzeugt einen einfachen HTML-Dialog gemäß Abbildung 9.1. Diese Seite enthält neben statischem Text auch einen Hyperlink.

```
<html>
<head>
<meta http-equiv="Content-Type"
content="text/html; charset=iso-8859-1">
<meta name="GENERATOR" content="Microsoft FrontPage Express 2.0">
<title>About Dialog</title>
</head>
<body bgcolor="#00BBBB" bgproperties="fixed">
<h2 align="center">Dialog Box Demo</h2>
<p align="center"><strong>Where you want to go today?</strong></p>
<p align="center"><font size="2">by Günter Born</font></p>
<p align="center">
<a href="http://www.Microsoft.com">
<font size="2">
http://www.Microsoft.com</font></a></p>
</body>
</html>
```

Listing 9.2: *About-Dialog in HTML anzeigen*

Der *<title>*-Tag definiert den Fenstertitel des Dialogs. Weitere Tags erzeugen den statischen Text.

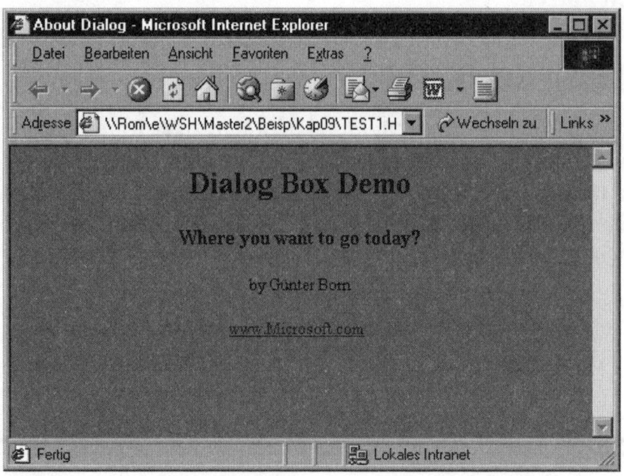

Abbildung 9.1: *Dialogbox-Demo im Internet Explorer*

Das heißt, Sie können mit wenig Aufwand (z.B. in FrontPage) eine HTML-Seite gestalten. Um diese Seite per WSH-Skript anzuzeigen, sind folgende Anweisungen zu verwenden:

```
Set oIE = WScript.CreateObject("InternetExplorer.Application")
oIE.navigate "about:blank"  ' leeres Dokument
 Do While (oIE.Busy)  ' warte, bis MSIE fertig
 Loop
oIE.document.script.showModalDialog path & "test1.htm", , _
            "dialogHeight: 15"
WScript.Echo "Fertig "
```

Die Sequenz erzeugt ein Internet Explorer-*Application*-Objekt, wartet, bis der Browser mit dem Laden der leeren Seite fertig ist und ruft dann die *showModalDialog*-Methode auf. Dabei wird der Name der gewünschten HTML-Datei angegeben. Ein weiterer Parameter spezifiziert die Höhe des Dialogfelds. Das Skript wartet, bis das Browserfenster (Abbildung 9.1, ohne Symbolleisten) geschlossen wird. Weitere Details sind dem folgenden Listing zu entnehmen.

```
'************************************************
' File:   Dialog.vbs (WSH Beispiel in VBScript)
' Autor:  (c) G. Born
'
' Das Skript verwendet den Internet Explorer (ab 4.0)
' zur Anzeige eines modalen Dialogs mit einem HTML-
' Dokument.
'************************************************
Option Explicit

Dim oIE
Dim path
Dim Title

' *** Hole Pfad zur HTML-Datei (diese muss im Skriptordner liegen)
path = WScript.ScriptFullName
path = Left(path, InstrRev(path, "\"))

' *** Internet Explorer starten ***
Set oIE = WScript.CreateObject("InternetExplorer.Application")
 oIE.navigate "about:blank"  ' Leere Seite
' Fenster unsichtbar (Standardeinstellung)
  Do While (oIE.Busy)      ' Warte, bis IE fertig
  Loop

' Zeige Dialog
 oIE.document.script.showModalDialog path & "test1.htm", , _
            "dialogHeight: 15"

' Skript mit Echo-Dialog anhalten
 WScript.Echo "Fertig"
' Ende
```

Listing 9.3: Dialog.vbs

HINWEIS: Die Dateien *Dialog.vbs* und *Test.htm* bzw. *Test1.htm* finden Sie im Ordner *\Beisp\Kap09*.

HTML-Seiten als Dialoge anzeigen

Falls Sie das obige Beispiel ausprobiert haben, ist Ihnen vielleicht aufgefallen, dass das Dialogfeld keine Schaltflächen zum Minimieren des Fensters aufweist. Daher ist es manchmal unerwünscht, die *showModalDialog*-Methode zur Anzeige zu verwenden. Vielmehr soll das Skript direkt die HTML-Seite im Internet Explorer darstellen. Mit einigen Skriptanweisungen lassen sich dann die Symbolleisten ausblenden, Sie behalten aber weiterhin das Explorerfenster zur Anzeige. Die grundlegenden Techniken zur Anzeige einer HTML-Seite haben Sie bereits auf den vorhergehenden Seiten sowie im vorhergehenden Kapitel kennen gelernt. Der folgende Codeausschnitt erzeugt eine Instanz des Internet Explorers und setzt verschiedene Anzeigeeigenschaften.

```
' *** Internet Explorer starten ***
Set oIE = WScript.CreateObject("InternetExplorer.Application")
 oIE.navigate "about:blank"  ' Leere Seite
' Eigenschaften Browserfenster
  oIE.left=50              ' Fensterposition etc.
  oIE.top = 100
  oIE.height = 280
  oIE.width = 400
  oIE.menubar = 0          ' Kein Menü
  oIE.toolbar = 0
  oIE.statusbar = 0
'  oIE.resizable = 0       ' Größenänderung abschalten
```

Dann wird die HTML-Datei geladen:

```
oIE.navigate path & "Test2.htm"  ' Zeige die HTML-Seite
oIE.visible = 1          ' Browserfenster anzeigen
```

Die Variable *path* wird mit folgenden Anweisungen im Skript gesetzt:

```
path = WScript.ScriptFullName
path = Left(path, InstrRev(path, "\"))
```

Die Eigenschaft *visible=1* bewirkt die Anzeige des Browserfensters. Anschließend wartet der Internet Explorer mittels folgender Schleife, bis das Dokument geladen wurde:

```
Do While (oIE.Busy) ' Warte, bis MSIE fertig
Loop
oIE.visible = 1          ' Anzeigen
```

Da der Internet Explorer als getrennter Prozess ausgeführt wird, hält das Skript nicht an, sondern der Code wird weiter abgearbeitet. Falls Sie daher im Skript die Anweisung:

```
oIE.Quit
```

verwenden würden, würde das Skript den Internet Explorer sofort wieder schließen. Daher wird lediglich das Skript mittels *WScript.Quit* beendet. Der Benutzer muss das Browserfenster selbst schließen.

HINWEIS: Sie können natürlich die Ausführung des Skripts anhalten, indem Sie mit der *Echo*-Methode ein Dialogfeld anzeigen. Schließt der Benutzer dieses Dialogfeld, wird per Skript die *Quit*-Methode des *oIE*-Objekts aufgerufen, um das Browserfenster zu schließen.

Details zur VBScript-Lösung finden Sie in nachfolgendem Listing.

```
'************************************************
' File:    Dialog1.vbs (WSH Beispiel in VBScript)
' Autor:   (c) G. Born
'
' Anzeige eines HTML-Dokuments im Internet Explorer.
'************************************************
Option Explicit

Dim oIE
Dim path
Dim Title

' *** Pfad zum Skript ermitteln
path = WScript.ScriptFullName
path = Left(path, InstrRev(path, "\"))

' *** Internet Explorer starten ***
Set oIE = WScript.CreateObject("InternetExplorer.Application")
 oIE.navigate "about:blank"  ' Leere Seite
' Eigenschaften Browserfenster
  oIE.left=50               ' Fensterposition etc.
  oIE.top = 100
  oIE.height = 280
  oIE.width = 400
  oIE.menubar = 0           ' Kein Menü
  oIE.toolbar = 0
  oIE.statusbar = 0
'  oIE.resizable = 0        ' Größenänderung abschalten

' Zeige die HTML-Seite
  oIE.navigate path & "Test2.htm"
  oIE.visible = 1           ' Browserfenster anzeigen

' Warte, bis MSIE fertig
  Do While (oIE.Busy)
  Loop

' Wichtig, das Skript hält nicht an. Wir dürfen die
' oIE.Quit()-Methode nicht aufrufen, da sonst das
' Browserfenster direkt geschlossen wird.
' Daher: Skript beenden, Benutzer schließt IE-Fenster.
 WScript.Quit
' Ende
```

Listing 9.4: Dialog1.vbs

HINWEIS: Sie finden die Dateien *Dialog1.vbs* und *Test2.htm* im Ordner *\Beisp\Kap09*.

Eingabeformular mit *showModalDialog*

Das vorherige Beispiel erlaubt Ihnen eine Hilfeseite oder sonstige Informationen anzuzeigen, bietet aber keine Möglichkeit einer Benutzerabfrage. Als die Urfassung dieses Buches entstand, habe ich keinen Weg gefunden, in einer per *showModalDialog* angezeigten HTML-Seite Formulardaten an das Skript zurückzuliefern. Aus diesem Grunde lernen Sie weiter unten Wege kennen, um HTML-Formulare per WSH-Skript auszuwerten. Kurz vor der Überarbeitung der dritten Ausgabe dieses Buches stieß ich dann in einer Webseite auf eine Technik, mit der sich aus einer HTML-Seite ein *showModalDialog* mit einem Formular aufrufen ließ. Der in dieser Webseite benutzte JScript-Code erlaubte auch die Rückgabe von Benutzereingaben aus dem Formular über die *showModalDialog* an das Hauptdokument.

HINWEIS: Mein Versuch, diese Technik direkt auf ein Skript zu übertragen, war zuerst nicht allzu erfolgreich. Das Skript konnte zwar ein Formular mittels der *showModalDialog*-Methode aufrufen. Aber die vom Benutzer im Formular eingetragenen Daten wurden von der *showModalDialog*-Methode nicht an das Skript zurückgeliefert. Vermutlich gibt es Probleme, die in JScript kodierten Felder mit den Ergebnissen per *showModalDialog* über Prozessgrenzen zu übergeben. Mit Nachdenken habe ich dann doch eine Lösung gefunden.

Die Übernahme der Formulardaten erfolgt auf recht trickreichem Weg. Aus Kapitel 8 wissen Sie, wie ein Skript eine HTML-Seite im Internet Explorer laden, das Fenster aber ausgeblendet lassen kann. Weiterhin haben Sie in Kapitel 8 gelernt, dass in der HTML-Seite benutzerdefinierte Funktionen als Skript enthalten sein dürfen. Diese benutzerdefinierten Funktionen lassen sich aus dem WSH-Skript heraus aufrufen. Andererseits funktioniert der Datentransfer zwischen einer HTML-Seite und dem daraus per *showModalDialog* aufgerufenen Dialog. Mit diesem Ansatz ergibt sich eine funktionierende Lösung: Das Skript benutzt eine HTML-Seite mit einer benutzerdefinierten Funktion als »Helfer«, um ein Formular anzuzeigen. Diese HTML-Seite enthält folgenden Code.

```
<html>
<script>
<!--
function doModal(url)
{
  return showModalDialog(url,0,size);
}
-->
</script>
</html>
```

***Listing 9.5:** Stub.htm*

Die HTML-Seite enthält lediglich eine benutzerdefinierte JScript-Funktion mit dem Namen *doModal (url)*. Als erster Parameter wird der Funktion die URL der anzuzeigenden HTML-Formulardatei übergeben (z.B. *E:/Form1.htm*). Der zweite Parameter muss eine Zeichenkettenkonstante mit den Angaben zur Dialogfeldgröße enthalten (z.B. "*dialogWidth:300px;dialogHeight:200px*"). Die Funktion aktiviert dann dieses Formular über die *showModalDialog*-Funktion des Browsers, wobei die vom rufenden Programm übergebenen Parameter direkt zur *showModalDialog*-Funktion weitergereicht werden. Gleichzeitig bewirkt die *return*-Anweisung in der JScript-Sequenz, dass die von *showModalDialog* zurückgegebenen Werte direkt an das aufrufende Programm weitergereicht werden.

HINWEIS: Der Aufbau der HTML-Datei *Stub.htm* ist so universell, dass keine weiteren Anpassungen erforderlich sind. Sie können daher die Datei sofort aus dem Ordner *\Beisp\Kap09* übernehmen.

Der Aufbau einer Formularseite

Anschließend benötigen Sie noch eine HTML-Datei, welche das Formular mit den Eingabefeldern bereitstellt. In Abbildung 9.2 (links) sehen Sie ein solches Beispielformular, welches ein Listenfeld sowie ein Textfeld und zwei Schaltflächen aufweist.

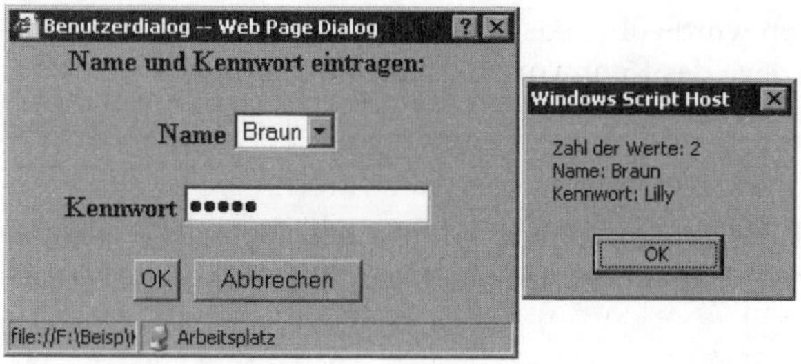

Abbildung 9.2: *Formular und zurückgegebene Daten*

Die HTML-Datei mit dem Formular muss sowohl die Formularelemente für die Benutzereingaben als auch Skriptcode zur Rückgabe der Benutzereingaben an die rufende Anwendung enthalten. Um der Funktion *showModalDialog* ein Ergebnis zurückzuliefern, kann die *returnValue*-Eigenschaft des *window*-Objekts gemäß folgender JScript-Anweisung benutzt werden:

```
window.returnValue = result;
```

Die Variable *result* muss dabei den oder die Rückgabewerte beinhalten. Das Fenster des modalen Dialogs lässt sich anschließend über die *close*-Methode des *window*-Objekts schließen:

```
window.close();
```

Mit diesem Wissen ist es sehr einfach, das Formular auszuwerten und beim Klicken auf die Schaltfläche *OK* bzw. *Abbrechen* zu schließen. Es gibt nur noch eine kleine Klippe zu umschiffen: Bei einem Formular müssen meist mehrere Werte verarbeitet werden. Aus diesem Grund habe ich im JScript-Teil eine Feldvariable für die zurückzuliefernden Daten vereinbart.

```
var result = new Array();
```

Die Anweisung definiert ein dynamisches Feld mit einer variablen Anzahl von Werten, die über *result[0]*, *result[1]* etc. angesprochen werden können. Die Zahl der Feldelemente wird im Skript durch Zuweisung von Werten festgelegt (d.h., Sie können im Formular beliebig viele Elemente hinzufügen, ohne die Felddefinitionen anpassen zu müssen). Das erste Feldelement soll dabei einen Statuswert aufnehmen (-1 = Formular abgebrochen, 1 = Formular mit OK geschlossen). Dies lässt sich mit folgender Anweisung durchführen:

```
result[0] = 1;  // Ergebnis ist ok
```

Im zweiten Feldelement wird dann die Zahl der Ergebniswerte hinterlegt:

```
result[1] = My.length;  // Zahl der Ergebniswerte
```

Ich habe hier die *length*-Eigenschaften des Objekts *My* benutzt (dieses Objekt ist eine Auflistung aller Formularelemente, die Rückgabewerte liefern – siehe auch folgende Erläuterungen). In obigem Beispiel gibt es nur zwei Eingabeelemente (Name und Kennwort), weshalb *length* den Wert 2 liefert.

Die restlichen Feldelemente *result[2], result[3]* etc. nehmen dann die Formulareingaben des Benutzers auf (d.h. im Skript müssen die Elemente des HTML-Formulars ausgewertet und die Zeichenkettenwerte in die Feldelemente der Ergebnisvariablen *result[]* kopiert werden).

Den Formularelementen mit Benutzerwerten wurde über das *id*-Attribut der Wert "My" zugewiesen. Hier ist die HTML-Anweisung zur Anzeige des Kennworteingabefelds zu sehen:

```
<input type="password" size="20" id="My">
```

Dies erlaubt es, alle entsprechend mit der *id="My"* markierte Formularelemente als Auflistung von Objekten zu betrachten und deren Eigenschaften über eine einfache Schleife zu bearbeiten.

```
  for (i=0; i < My.length; i++) {
   result[i+2] = window.document.all.My[i].value;
```

Die zweite Anweisung greift über das Objektmodell auf alle HTML-Elemente der Seite und dann gezielt über den laufenden Index *My[i]* auf die entsprechend gekennzeichneten Formularelemente zu. Die *value*-Eigenschaft des entsprechenden Elements liefert den Text (der Benutzereingabe) des Formularelements zurück. Dieser Text wird dann in das Ergebnisfeld gespeichert.

HINWEIS: Der Vorteil dieses Ansatzes liegt darin, dass Sie sich um die Details wenig zu kümmern brauchen. Sie können sehr einfach neue Formularelemente hinzufügen. Solange Sie diesen das Attribut *id="My"* zuweisen, wird die Schleife den Ergebniswert speichern. Nachteilig ist aber, dass die Ergebnisse der Formularelemente durch die Schleife sequentiell zurückgegeben werden. Ändern Sie nachträglich etwas am Formularlayout (z.B. Sie gruppieren Elemente um oder fügen etwas ein), ändert sich unter Umständen die Reihenfolge der Rückgabewerte – was im WSH-Skript zu berücksichtigen ist. Sie können dies umgehen, indem Sie jedem Formularelement eine eindeutige ID zuweisen und die Werte im HTML-Skript individuell im Ergebnisfeld speichern.

Die beiden Schaltflächen des Formulars sind über das *onClick*-Ereignis an Ereignisbehandlungsroutinen angebunden. In diesen Routinen lassen sich dann die Werte zurücklesen sowie das Formular schließen Listing 9.6 zeigt den HTML-Code samt den JScript-Anweisungen des obigen Beispielformulars.

```
<html>
<head>
<meta http-equiv="Content-Type"
content="text/html; charset=iso-8859-1">
<title>Benutzerdialog</title>
</head>

<body bgcolor="#C0C0C0">
<script language="JScript">
function doOK()
{
  var result = new Array();
```

```
  result[0] = 1;          // Ergebnis ist ok
  result[1] = My.length;  // Zahl der Ergebniswerte
  for (i=0; i < My.length; i++) {
   result[i+2] = window.document.all.My[i].value;
  }
 window.returnValue = result;
 window.close();
}
function doCancel()
{
    window.returnValue = -1; // Abbruch signalisieren
    window.close();
}
</script>
<p align="center"><b>Name und Kennwort eintragen:</b></p>

<p align="center"><strong>Name</strong>
<select size="1" id="My" type="text">
    <option value="Bach">Bach </option>
    <option value="Born">Born </option>
    <option value="Braun">Braun </option>
</select> </p>

<p align="center"><strong>Kennwort</strong>
<input type="password" size="20" id="My"> </p>

<p align="center"><input name="button1" type="button" value="OK" onclick="doOK()"> 
<input name="button2" type="button" value="Abbrechen" onclick="doCancel()">
</p>
</body>
</html>
```

***Listing 9.6:** MyForm.htm*

HINWEIS: Sie finden die Formulardatei *MyForm.htm* im Ordner *\BeispKap09* auf der Begleit-CD. Einige zusätzliche Erläuterungen zur Formulargestaltung werden im folgenden Abschnitt behandelt.

Ein WSH-Skript zur Nutzung des Formulars

Nach diesen Vorbereitungen benötigen Sie jetzt noch ein WSH-Skript, welches die HTML-Dokumente zur Formulareingabe benutzt und auch die Benutzereingaben zurücklesen kann. Da im Formular JScript verwendet wurde und die Übergabe von Feldwerten zwischen VBScript und JScript Probleme bereitet, habe ich das betreffende WSH-Skript ebenfalls in der Sprache JScript erstellt und in einer *.wsf*-Datei hinterlegt. Das Skript baut auf dem Wissen auf, welches Sie in Kapitel 8 sowie auf den vorherigen Seiten erworben haben. Mit der folgenden Anweisung wird ein Feld zur Aufnahme der Ergebniswerte vereinbart.

```
var cValue = new Array();
```

Dann ermittelt das Skript den Pfad zur Skriptdatei. In diesem Ordner müssen auch die HTML-Dokumente hinterlegt sein. In einem weiteren Schritt gilt es eine Instanz des Internet Explorer zu erzeugen und das Hilfsdokument *Stub.htm* laden. Dies wird mit folgenden Anweisungen erreicht:

```
var oIE = WScript.CreateObject("InternetExplorer.Application");
oIE.navigate (path + "Stub.htm");
```

Da die *visible*-Eigenschaft nicht verändert wird, bleibt das Fenster des Internet Explorer mit der Hilfsseite unsichtbar (Standardeinstellung). Das Skript wartet dann solange, bis der Browser das Dokument geladen und zur weiteren Bearbeitung bereit ist.

```
while (oIE.Busy) { WScript.Sleep (100);}
```

Innerhalb der Schleife wird hier übrigens die *Sleep*-Methode des *WScript*-Objekts benutzt, um den Skriptablauf während der Wartezeit zu suspendieren und so die CPU-Auslastung zu reduzieren.

Sobald der Internet Explorer die Hilfsseite geladen hat, steht auch die in der HTML-Seite enthaltene benutzerdefinierte Funktion *doModal* zur Verfügung. Diese lässt sich direkt aus dem WSH-Skript heraus aufrufen:

```
cValue = oIE.document.Script.doModal
  (path + "MyForm.htm", "dialogWidth:300px;dialogHeight:200px");
```

Die obige Anweisung berücksichtigt das Objektmodell des Internet Explorer, d.h., über das Application-Objekt *oIE* wird das geladene *document*-Objekt und das darin enthaltene *Script*-Objekt referenziert. Das *Script*-Objekt stellt dann die benutzerdefinierte Funktion *doModal* (die hier als Methode benutzt wird) bereit. Der Methode *doModal* sind die URL der anzuzeigenden Formulardatei sowie die Abmessungen des Formulars als Parameter zu übergeben. Die Formularabmessungen werden dabei als Zeichenkette in der oben gezeigten Form vereinbart. Das Kürzel *px* steht für Pixel (d.h. Bildpunkte). Der Rückgabewert der Methode wird der Feldvariablen *cValue* zugewiesen. Diese Feldvariable kann dabei eine variable Anzahl an Einzelwerten aufnehmen.

HINWEIS: Der Trick dieses Ansatzes besteht darin, dass das Hilfsmodul *Stub.htm* für die saubere Übergabe der Parameter in beiden Richtungen sorgt. Das Skript kann dann über die benutzerdefinierte Funktion *doModal* das Formular als modalen Dialog aufrufen. Der Ablauf des WSH-Skripts wird solange unterbrochen, bis der Benutzer das Formular schließt.

Abschließend muss das WSH-Skript die Rückgabewerte verarbeiten. Hierzu prüft das Skript, ob *cValue[0]* den Wert 1 aufweist (nur dann liegt eine Benutzereingabe vor). In diesem Fall kann das Skript die Zahl der Rückgabewerte über *cValue[1]* ermitteln und die Einzelergebnisse abrufen. Details sind Listing 9.7 zu entnehmen.

```
<?xml version="1.0" encoding="ISO-8859-1"?>
<job id="T1">
<script language="JScript">
// demonstriert, wie sich ein modaler Dialog des
// IE per // Skript aufrufen lässt.
 var cValue = new Array();  // Feld für Ergebnisse

 var path = WScript.ScriptFullName;  // aktueller Pfad ermitteln
 path = path.substr(0,path.lastIndexOf("\\")+1);

// *** Internet Explorer als Hilfsmittel starten ***
 var oIE = WScript.CreateObject("InternetExplorer.Application");
 oIE.navigate (path + "Stub.htm");  // Hilfsseite mit Skriptcode
// Fenster des IE bleibt unsichtbar (Standardeinstellung)
// Wichtig: Warte bis MSIE bereit ist
```

```
  while (oIE.Busy)   { WScript.Sleep (100);}


// rufe jetzt die in der Hilfsseite enthaltene Funktion
// zur Anzeige des modalen Dialogs au
  cValue = oIE.document.Script.doModal
   (path + "MyForm.htm", "dialogWidth:300px;dialogHeight:200px");

  if (cValue[0] == 1)
   {
    WScript.Echo ("Zahl der Werte: " + cValue[1] + '\nName: '
      + cValue[2] + '\nKennwort: ' + cValue[3]);
   }
  else
   {
     WScript.Echo ('Eingabe abgebrochen');
   }
 oIE.Quit();    // Internet Explorer beenden
</script>
</job>
```

Listing 9.7: *ModalDialog.wsf*

HINWEIS: Sie finden die Datei *ModalDialog.wsf* im Ordner *\BeispKap09* auf der Begleit-CD.

Internet Explorer zur Formulareingabe

Als Alternative zu showModal-Dialog lässt sich eine HTML-Seite im Internet Explorer zur Formulareingabe verwenden. Sie können in einem HTML-Dokument ein Formular mit Eingabefeldern, Optionsfeldern, Schaltflächen etc. realisieren (Abbildung 9.2). Die einzige Schwierigkeit besteht darin, dieses Formular aus Ihrem Skript heraus zu nutzen. In den nachfolgenden Abschnitten lernen Sie die betreffende Technologie kennen.

HTML-Anweisungen für die Formularausgabe

Ein Formular stellt letztendlich nichts anderes als ein HTML-Dokument mit besonderen HTML-Tags dar (siehe /6/ im Literaturverzeichnis). Die Formularelemente lassen sich ggf. direkt in FrontPage oder einem anderen HTML-Editor im Formular einfügen.

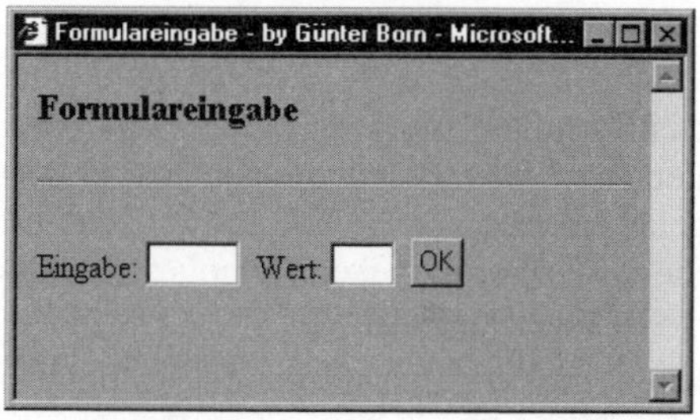

Abbildung 9.3: *Beispiel für ein Eingabeformular*

Der HTML-Code zum Erzeugen der Formularelemente aus Abbildung 9.3 besitzt beispielsweise folgenden Aufbau.

```
<html>
<head>
<title>Formulareingabe - by G&uuml;nter Born</title>
</HEAD>
<body bgcolor="silver">
<h3>Formulareingabe</h3>
<hr>
<form name="ValidForm">
Eingabe:
<input name="Text1" type="TEXT" size="5"> 
Wert:
<input name="Number" type="TEXT" size="3"> 
<input name="Button1" type="BUTTON" value="OK">
</form>
</body>
</html>
```

Listing 9.8: *Rumpf des HTML-Formulars*

Für interessierte Leser möchte ich an dieser Stelle noch einige Bemerkungen zu den Tags anführen. Den im Fenster angezeigten Titel legen Sie im <head>-Block über die <title>-Tags fest. Die Hintergrundfarbe des Formulars wird hier im <body>-Tag über das *bgcolor*-Attribut auf *"silver"* gesetzt. Dies stellt die graue Farbe im Hintergrund sicher. Setzen Sie im *<body>*-Tag das Attribut *scroll="No"* ein, unterdrückt der Internet Explorer die Bildlaufleiste. Die eigentlichen Anweisungen für die Formularelemente finden Sie in den Tags *<form> ...</form>*. Das *name*-Attribut des einleitenden Tags benennt das Formular mit einem eindeutigen Namen. Wir benötigen diesen Namen später noch. Die drei Steuerelemente im Formular lassen sich über den *<input>*-Tag im Dokument einfügen. Der *<input>*-Tag besitzt die folgende Syntax:

```
<input name="Text1" type="text" size="5">
```

Das *name*-Attribut legt ebenfalls den (Objekt-) Namen des betreffenden Steuerelements fest. Im Attribut *type* wird die Art des Steuerelements (Text, Button etc.) vereinbart. Das Attribut *size* vereinbart die Größe des Steuerelements. Sofern Sie diese HTML-Tags in einer HTML-Datei speichern und diese im Internet Explorer aufrufen, wird ein entsprechendes Formular angezeigt.

HINWEIS: Detaillierte Informationen über das Gestalten von Formularen finden Sie in dem im Literaturverzeichnis unter /6/ aufgeführten Titel.

DHTML zur Verwaltung des Formulars

Zur Nutzung des Formulars reichen die obigen Anweisungen leider nicht aus. Es ist ja ganz schön, wenn Sie beim Laden des Internet Explorers das Formular angezeigt bekommen. Aber einmal wird der Explorer Menü- und Symbolleisten zeigen (was wir vermeiden möchten), weiterhin können Sie zwar Eingaben im Formular tätigen, beim Klicken auf die *OK*-Schaltfläche tut sich aber nichts. Dieses Verhalten ist durch die Tatsache erklärbar, dass das Formular lediglich ein statisches Element darstellt, welches durch den Browser angezeigt wird.

HINWEIS: Auf irgendeine Weise müssen wir jetzt erreichen, dass der Browser keine Symbolleisten mehr anzeigt. Diese Aufgabe möchte ich jedoch dem WSH-Skript überlassen. Daher wird die Fragestellung etwas zurückgestellt. Die zweite Aufgabe: Das Formular muss zum Einen mit »Intelligenz« ausgestattet werden, um auf Benutzereingaben zu reagieren. Außerdem benötigen wir diese Intelligenz, um eine Kommunikation zwischen dem WSH-Skript und dem Formular aufzubauen.

Die Lösung unserer Fragestellung liegt in der Verwendung von DHTML. Der Begriff DHTML steht dabei für Dynamic HTML und bedeutet, dass im HTML-Code der *<script>*-Tag mit einigen Skripten eingebettet wird. Der *<script>*-Tag ist in der Form:

```
<script language="VBScript">
<!--
'-->
</script>
```

im HTML-Code einzufügen. Das *language*-Attribut gibt an, welche Skriptsprache verwendet wird. In diesem Beispiel wurde VBScript benutzt, Sie können aber genauso gut auf JScript aufsetzen. Weiterhin ist der Skriptteil im Kopf des HTML-Dokuments hinterlegt (was aber in diesem Fall keinen besonderen Einfluss besitzt, da alle Skripte als Funktionen realisiert wurden).

Im *<script>*-Block lassen sich nun beliebige VBScript-Funktionen (und Prozeduren) unterbringen. Als Erstes wurde eine Prozedur mit dem Namen *window_onload()* integriert. Der Name dieser Prozedur besitzt den Postfix *_onload()*, was auf eine Ereignisroutine hindeutet. Der erste Teil des Namens *window* gibt dann das Objekt an, auf welches sich dieses Ereignis bezieht. Kurzum, diese Prozedur wird automatisch vom Internet Explorer aufgerufen, sobald das Formular im (Dokument-) Fenster geladen wird. Diese Prozedur erlaubt Ihnen, beliebige Initialisierungen vorzunehmen. In diesem speziellen Beispiel besitzt die Prozedur folgenden Aufbau:

```
Sub window_onload()
' Hier wird das Formular initialisiert
 Set TheForm = Document.ValidForm
 TheForm.Text1.Value=""
 ready = 0     ' Flag: Benutzereingabe nicht fertig
End Sub
```

Interessant ist in dieser Prozedur vor allem die Variable *ready*, die hier auf den Wert *0* gesetzt wird. Über diese Variable wird später vom WSH-Skript geprüft, ob der Benutzer die *OK*-Schaltfläche angeklickt hat.

Hinweise zu DHTML-Objekten

Die *Set*-Anweisung in obiger Sequenz wird für unsere Zwecke eigentlich nicht benötigt. Ich habe diese Anweisung aufgenommen, um den Zugriff auf die Formularelemente in DHTML zu demonstrieren. Der Internet Explorer stellt alle Elemente eines geladenen Dokuments als Objekte zur Verfügung. Das Formular stellt folglich ein Unterobjekt des Objekts *Document* dar, welches seinerseits wieder Unterobjekte in Form der Textfelder und Schaltflächen enthält. Wie kommen wir jetzt aber an die Objektnamen? Wenn Sie nochmals weiter oben den HTML-Quellcode zur Formulardefinition ansehen, bemerken Sie vermutlich das *name*-Attribut in den zugehörigen Tags. Das Formular wurde mit:

```
<form name="ValidForm">
```

eingeleitet. Der Wert des *name*-Attributs wird vom Internet Explorer als Objektname betrachtet. Folglich lässt sich das Formular unter dem Objektnamen *ValidForm* ansprechen. Die Anweisung

```
Set TheForm = Document.ValidForm
```

erzeugt daher eine Objektvariable, die auf das Formular im Dokument verweist. Um auf das erste Textfeld zuzugreifen, müssen Sie dessen Objektnamen kennen. Das *name*-Attribut dieses Steuerelements wurde aber auf *Text1* gesetzt. Der Inhalt dieses Textfelds wird durch die *Value*-Eigenschaft bestimmt. Mit der Anweisung

```
TheForm.Text1.Value=""
```

setzen Sie den Inhalt des ersten Textfelds auf eine leere Zeichenkette. Beachten Sie an dieser Stelle die Objekthierarchie. Der Bezeichner *TheForm* definiert die Referenz auf das Objekt *ValidForm* im *Document*-Objekt. Auf diese Referenz folgt der durch einen Punkt abgetrennte Name des Unterobjekts *Text1*. Daran schließt sich, getrennt durch einen Punkt, der Name der Eigenschaft an. Der Zugriff auf die Objekte des Formulars entspricht also der Philosophie, die Sie bereits in den ▶ Kapiteln 5 und 6 bei der Einführung in die Objektwelt des WSH kennen gelernt haben.

Bei Bedarf hätten Sie an dieser Stelle Gelegenheit, den beim Formularaufruf im Eingabefeld angezeigten Wert zu setzen. Lassen Sie diese Zuweisung weg (wie dies beim Objekt *Number* der Fall ist), zeigt der Internet Explorer ein leeres Textfeld an. Beachten Sie auch, dass alle Textfelder nur Zeichenketten aufnehmen. Numerische Werte müssen ggf. in Zeichenketten umgewandelt werden.

Nun gilt es noch, auf das Anklicken der *OK*-Schaltfläche zu reagieren. Üblicherweise schließt sich dann ein Dialogfeld, und die Benutzereingaben werden verarbeitet. Die nachfolgende Prozedur reagiert auf das Anklicken der *OK*-Schaltfläche (d.h. auf das *OnClick*-Ereignis der Schaltfläche).

```
Sub Button1_OnClick
' Falls der Benutzer die OK-Schaltfläche anklickt, müssen wir dies
' dem WSH-Skript irgendwie mitteilen. Dies geschieht über "ready=1".
 ready = 1     ' Benutzereingabe erfolgt
End Sub
```

Diese Ereignis-Prozedur besitzt nur eine Aufgabe: Sie setzt den Wert des Flags *ready* auf 1. Dieses Flag signalisiert dem »Universum«, ob die Benutzereingabe abgeschlossen ist oder nicht.

Wie kommen wir jetzt aber mit unserem WSH-Skript weiter? Es ist ja ganz schön, wenn im HTML-Skript irgendwo eine Variable steckt, die anzeigt, ob die Benutzereingabe erfolgt ist oder nicht. Aber vielleicht erinnern Sie sich noch an den Trick, der weiter oben bei der JScript-Emulation der *InputBox*-Funktion per Internet Explorer angewandt wurde? Dort hatte ich im HTML-Dokument eine VBScript-Funktion hinterlegt, die sich aus dem WSH-Skript heraus aufrufen ließ und ein Ergebnis zurücklieferte. Und genau diesen Trick können wir an dieser Stelle erneut anwenden. Im HTML-Dokument wird eine Funktion *CheckVal* implementiert, die dem rufenden Programm den Wert der Variablen *ready* zurückliefert.

HINWEIS: Die Variable *ready* ist im Kopf des Skripts als *Public* deklariert. Dadurch lässt sich auf diese in allen Skripten des HTML-Dokuments zugreifen. Beim Laden des Formulars wird der Wert der Variablen auf 0 gesetzt. Die *OnClick*-Ereignisprozedur der *OK*-Schaltfläche setzt die Variable auf 1.

Wenn Sie jetzt aus dem WSH-Skript die Funktion *CheckVal* aufrufen, lässt sich der Wert der internen Variable *ready* zurücklesen. Sobald das WSH-Skript erkennt, dass der Benutzer die *OK*-Schaltfläche betätigt hat, kann es über eine zweite Funktion *GetValue()* die einzelnen Werte des

Formulars zurücklesen. Die Funktion erwartet als Parameter die Nummer des Werts und gibt den Inhalt des betreffenden Formularfelds zurück. Auf diese Weise lässt sich das Formular direkt aus dem WSH-Skript heraus auswerten. Die nachfolgenden Anweisungen zeigen den kompletten Quellcode des HTML-Formulars samt den Skriptanweisungen.

```
<html>
<head>
<title>Formulareingabe - by G&uuml;nter Born</Title>
<script language="VBScript">
<!--

Dim ready
Public TheForm

Sub Button1_OnClick
' Falls der Benutzer die OK-Schaltfläche anklickt, müssen wir dies
' dem WSH-Skript irgendwie mitteilen. Dies geschieht über "ready=1".
 ready = 1    ' Benutzereingabe erfolgt
End Sub

Sub window_onload()
' Hier wird das Formular initialisiert
 Set TheForm = Document.ValidForm
 TheForm.Text1.Value=""
 ready = 0     ' Flag: Benutzereingabe nicht fertig
End Sub

Public Function CheckVal ()
' Wird vom WSH-Skript zur Prüfung auf Benutzereingaben aufgerufen.
 CheckVal = ready
End function

Public Function GetValue (valx)
' Wird vom WSH-Skript zum Auslesen der Formularwerte aufgerufen.
' valx: gibt das Textfeld an, dessen Wert zu lesen ist.
Set TheForm = Document.ValidForm ' Hole Form-Objekt

 Select Case valx
  Case 1              ' Erster Wert
   GetValue = TheForm.Text1.Value
  Case 2              ' Zweiter Wert
   GetValue = TheForm.Number.Value
  Case Else
   GetValue=""
 End Select
End Function
'-->
</script>
</head>
<body bgcolor="silver">
<h3>Formulareingabe</h3>
<hr>
<form name="ValidForm">
Eingabe:
<input name="text1" type="text" size="5"> 
```

```
Wert:
<input name="number" type="text" size="3"> 
<input name="button1" type="button" value="OK">
</form>
</body>
</html>
```

Listing 9.9: Form1.htm

HINWEIS: Sie finden die Datei *Form1.htm* auf der Begleit-CD-ROM im Ordner *\Beisp\Kap09*.

WSH-Skript zur Formulareingabe

Zum Nutzen des Formulars benötigen wir nun noch ein WSH-Skript. Ich habe mich an dieser Stelle für VBScript als Sprache entschieden. Kommen wir jetzt zu den offenen Fragen. Einmal muss der Internet Explorer aus dem Skript heraus aufgerufen werden. Dann ist das Formular zu laden und auszuwerten. Die Grundlagen zum Aufruf des Internet Explorers habe ich bereits in ▶ Kapitel 8 im Abschnitt »JScript: Benutzereingabe per Internet Explorer« sowie auf den vorhergehenden Seiten erläutert. Allerdings kommen jetzt einige Ergänzungen hinzu. So soll in diesem Beispiel das HTML-Dokument mit dem Formular bereits fertig als Datei vorliegen (das Schreiben der Anweisungen per Skript war mir hier zu aufwendig). Weiterhin muss das Formular ja noch angezeigt werden, wobei Statusleiste, Menüleiste etc. auszublenden sind. Die Codesequenz zum Aufruf des Internet Explorers mit dem Formular sieht jetzt folgendermaßen aus:

```
Set oIE = CreateObject("InternetExplorer.Application")
  oIE.left=50            ' Fensterposition
  oIE.top = 100          ' und andere Eigenschaften
  oIE.height = 200
  oIE.width = 350
  oIE.menubar = 0        ' Kein Menü
  oIE.toolbar = 0
  oIE.statusbar = 0
'  oIE.resizable = 0     ' Verhindert Größenänderung
  oIE.navigate path & "Form1.htm"  ' Formulardokument
  oIE.visible = 1        ' Sichtbar machen
```

Mit der *Set*-Anweisung wird eine Objektvariable mit der Referenz auf das *Application*-Objekt des Internet Explorers angelegt. Über diese Objektvariable können Sie direkt auf die Explorer-Eigenschaften zugreifen. Dies wird genutzt, um beispielsweise die Fensterabmessungen und -position über die Eigenschaften *left, top, height* und *width* festzulegen. Weiterhin soll das Formular keine Symbol-, Status- und Menüleisten aufweisen. Daher sind die betreffenden Eigenschaften (*menubar, toolbar, statusbar*) des Internet Explorers auf 0 zu setzen. Dies unterdrückt die Anzeige der Leisten im Explorer-Fenster, Sie erhalten quasi ein Formular. Die Anweisung:

```
oIE.resizable = 0
```

verhindert darüber hinaus eine Größenänderung des Fensters. Ich habe diese Anweisung aber mit einem Kommentar versehen, da der Internet Explorer auf meinen Systemen andernfalls den Rand des Formulars nicht korrekt anzeigt.

Das Dokument laden Sie wie bereits in den vorhergehenden Beispielen gezeigt, indem Sie der *navigate*-Methode den Pfad und den Namen der HTML-Datei übergeben. Befindet sich die

HTML-Datei im Skriptordner, können Sie die bereits erwähnten Anweisungen zur Bestimmung des aktuellen Pfad verwenden.

```
path = WScript.ScriptFullName
path = Left(path, InstrRev(path, "\"))
```

Im ersten Schritt wird der Name des Skripts über die *ScriptFullName*-Eigenschaft des *WScript*-Objekts ermittelt. Dieser Wert beinhaltet neben dem Skriptnamen auch den Pfad zum Ordner. Jetzt muss nur noch der Name des Skripts entfernt werden. Für diesen Zweck lässt sich die *Left*-Funktion verwenden. Sie müssen dieser Funktion die Zeichenkette sowie einen Zeiger auf das letzte gültige Zeichen übergeben. Die Funktion gibt dann die Teilzeichenkette vom Beginn bis zum angegebenen Zeichen zurück. Die Position des letzten Zeichens lässt sich aber über die *InStrRev*-Funktion ermitteln. Diese Funktion erwartet die Zeichenkette sowie einen Suchbegriff. Anschließend wird die Zeichenkette von hinten durchsucht. Tritt das angegebene Zeichen auf, liefert die Funktion die Position des Zeichens zurück. In unserem Beispiel wird der Pfad von hinten nach dem ersten \-Zeichen durchsucht. Dieses markiert das Ende des Pfades. Anschließend lässt sich die HTML-Datei mit folgender Anweisung laden:

```
oIE.navigate path & "Form1.htm"
```

Nun ließe sich die Funktion zum Abfragen des *ready*-Status im HTML-Skript abfragen. Leider gibt es noch ein kleines Problem: Solange der Internet Explorer das Dokument noch lädt, ist die Skriptfunktion u. U. noch nicht definiert. Bei den ersten Tests wunderte ich mich, dass das Skript einmal lief und einmal mit einem Laufzeitfehler auf eine fehlende Methode oder ein fehlendes Objekt hinwies. Erst nachdem Verzögerungsschleifen eingebaut wurden, konnte das Formular aus dem WSH-Skript gesteuert werden. Da Verzögerungsschleifen recht problematisch sind, verwende ich folgende Konstruktion in meinen Skripten:

```
Do While (oIE.Busy)
wscript.sleep 50
Loop
```

Diese Schleife fragt die *Busy*-Eigenschaft des Internet Explorers ab. Diese Eigenschaft wird beim Laden eines Dokuments gesetzt und später wieder zurückgesetzt. Die Schleife wird so lange durchlaufen, bis der Internet Explorer seine Bereitschaft meldet.

Die Anweisung *WScript.Sleep 50* bewirkt den Aufruf der *Sleep*-Methode, um die CPU-Belastung innerhalb der Schleife zu reduzieren.

Die Abfrage der *Busy*-Eigenschaft stellt zwar sicher, dass der Browser gerade nichts tut. Es kann aber vorkommen, dass ein Vorgang noch nicht gänzlich abgeschlossen ist. Daher können Sie alternativ die *ReadyState*-Eigenschaft des Browsers abfragen:

```
Do Until oIE.ReadyState=4
 WScript.Sleep 50
Loop
```

Erst wenn die *ReadyState*-Eigenschaft auf den Wert 4 gesetzt wird, ist der Browser mit dem Laden der Seite fertig und die Schleife wird verlassen.

Anschließend nutzt das WSH-Skript die folgende Schleife, um den Status der Benutzereingaben abzufragen.

```
Do
wscript.sleep 50
Loop While (oIE.Document.script.CheckVal()=0)
```

Die *CheckVal()*-Funktion ist im HTML-Skript implementiert. Erst wenn der Benutzer die *OK*-Schaltfläche des Formulars anklickt, liefert die *CheckVal()*-Funktion den Wert *1* zurück und die Schleife wird verlassen. Jetzt fragt das WSH-Skript die Werte im Formular mit der *GetValue()*-Funktion ab und zeigt diese in einem Meldungsfeld an (Abbildung 9.4):

```
result1 = "Wert1: " & oIE.Document.script.GetValue(1)
result2 = "Wert2: " & oIE.Document.script.GetValue(2)

 MsgBox Text2 & vbCRLF & result1 & vbCRLF & result2, _
        vbOKOnly + vbInformation, Title
```

Der Parameter in *GetValue()* bestimmt dabei, welcher Wert zu lesen ist. Sie können natürlich die Funktion *GetValue*() anders implementieren (z.B. die Werte per Feld übergeben).

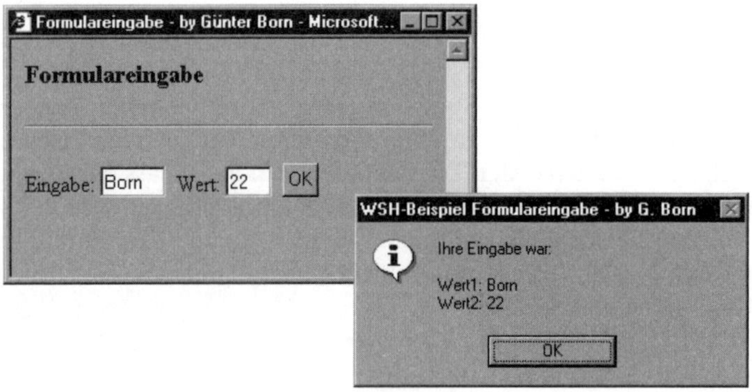

***Abbildung 9.4:** Formulareingaben*

Benötigen Sie das Formular nicht mehr, wird dieses über die folgende Anweisung geschlossen:

```
oIE.Quit
```

Die Anweisung greift auf die *Quit*-Methode des Internet Explorers zurück.

WICHTIG: Dieses Formular besitzt leider einen kleinen Nachteil: Schließt der Benutzer das Fenster über die Schaltfläche *Schließen*, löst das WSH-Skript anschließend einen Laufzeitfehler aus, da das Objekt nicht mehr vorhanden ist. Eine Lösung wird weiter unten vorgestellt.

Die folgenden Anweisungen zeigen Ihnen den gesamten Aufbau des WSH-Skripts.

```
'************************************************
' File:    Form1.vbs (WSH-Beispiel in VBScript)
' Autor:   (c) G. Born
'
' Das Skript demonstriert, wie sich der Internet
' Explorer zur Formulareingabe nutzen lässt.
'************************************************
Option Explicit
```

```
Dim WSHShell     ' Variablen setzen
Dim oIE
Dim Flag
Dim path
Dim Title
Dim Text2
Dim i, j
Dim result1, result2

Title = "WSH-Beispiel Formulareingabe - by G. Born"
Text2 = "Ihre Eingabe war:" & vbCRLF

' *** Ermittle den Pfad zum Skript, da die Formulardatei
' *** (HTML) im gleichen Ordner liegen muss!!!
path = WScript.ScriptFullName
path = Left(path, InstrRev(path, "\"))

' *** starte den Internet Explorer ***
Set oIE = WScript.CreateObject("InternetExplorer.Application")
  oIE.left=50              ' Fensterposition
  oIE.top = 100            ' und andere Eigenschaften
  oIE.height = 200
  oIE.width = 350
  oIE.menubar = 0          ' Kein Menü
  oIE.toolbar = 0
  oIE.statusbar = 0
'  oIE.resizable = 0       ' Verhindert Größenänderung
  oIE.navigate path & "Form1.htm"  ' Formulardokument
  oIE.visible = 1          ' sichtbar machen

' Wichtig: Warte, bis MSIE bereit ist
  Do Until oIE.ReadyState=4
   WScript.Sleep 50
  Loop

' Jetzt warten wir, bis der Benutzer auf die OK-Schaltfläche
' im Formular klickt. Hierzu wird die Funktion CheckVal benutzt.

 Do                ' Warte auf Resultat
  WScript.Sleep 50
 Loop While (oIE.Document.script.CheckVal()=0)

' Der Benutzer hat die OK-Schaltfläche angeklickt, hole Werte.

 result1 = "Wert1: " & oIE.Document.script.GetValue(1)
 result2 = "Wert2: " & oIE.Document.script.GetValue(2)

 MsgBox Text2 & vbCRLF & result1 & vbCRLF & result2, _
       vbOKOnly + vbInformation, Title

 oIE.Quit              ' Internet Explorer schließen
 Set oIE = Nothing     ' Objektvariable zurücksetzen
'*** Ende
```

Listing 9.10: Form1.vbs

HINWEIS: Sie finden die Datei *Form1.vbs* im Ordner *\Beisp\Kap09* auf der Begleit-CD-ROM. Dieser Ordner enthält auch das HTML-Formular *Form1.htm*.

JScript-WSH-Skript zur Formularabfrage

Sofern Sie lieber mit JScript arbeiten, möchte ich Ihnen an dieser Stelle die Lösung für die betreffende Programmiersprache nicht vorenthalten. Die Änderungen beziehen sich nur auf das WSH-Skript, da das Skript im HTML-Dokument ja unabhängig ist. Bei der Umsetzung von VBScript auf JScript ist lediglich die Syntax der Sprache zu berücksichtigen. Weiterhin müssen Sie auf die Groß-/Kleinschreibung in den Namen der Methoden und Objekte achten. Ach ja, JScript unterstützt einige der VBScript-Funktionen wie *Left* nicht. Stattdessen müssen Sie die Methode *substr* auf das String-Objekt anwenden, um den Pfad aus dem Skriptnamen zu extrahieren. Die Position des letzten \-Zeichens liefert die *lastIndexOf*-Methode des *String*-Objekts. Das nachfolgende Listing zeigt, wie das WSH-Skript zum Aufruf der Datei *Form1.htm* implementiert wurde.

```
//************************************************
// File:    Form1.js (WSH-Beispiel in JScript)
// Autor:   (c) G. Born
//
// Das Skript demonstriert, wie sich der Internet
// Explorer zur Formulareingabe nutzen lässt.
//************************************************

var Title = "WSH-Beispiel Formulareingabe - by G. Born";
var Text2 = "Ihre Eingabe war:\n";

// *** Ermittle den Pfad zum Skript, da die Formulardatei
// *** (HTML) im gleichen Ordner liegen muss!!!

var path = WScript.ScriptFullName;
path = path.substr(0,path.lastIndexOf("\\")+1);

// *** Starte den Internet Explorer ***
var oIE = WScript.CreateObject("InternetExplorer.Application");
  oIE.left=50;              // Fensterposition
  oIE.top = 100;            // und andere Eigenschaften
  oIE.height = 200;
  oIE.width = 350;
  oIE.menubar = 0;          // Kein Menü
  oIE.toolbar = 0;
  oIE.statusbar = 0;
//  oIE.resizable = 0;       // Verhindert Größenänderung
  oIE.navigate (path + "Form1.htm");  // Formulardokument
  oIE.visible = 1;          // sichtbar machen

// Wichtig: Warte, bis MSIE bereit ist
  while (oIE.Busy)  {}

// Jetzt warten wir, bis der Benutzer auf die OK-Schaltfläche
// im Formular klickt. Hierzu wird die Funktion CheckVal benutzt.

 while (oIE.Document.Script.CheckVal()==0)  {}  // Warten auf Eingabe

// Der Benutzer hat die OK-Schaltfläche angeklickt, hole Werte.
```

```
var result1 = "Wert1: " + oIE.Document.Script.GetValue(1);
var result2 = "Wert2: " + oIE.Document.Script.GetValue(2);

WScript.Echo (Text2 + "\n" + result1 +"\n" + result2);

 oIE.Quit();              // Internet Explorer schließen
// Set oIE = Nothing      // Objektvariable zurücksetzen
//*** Ende
```

Listing 9.11: Form1.js

HINWEIS: Sie finden die Datei *Form1.js* im Ordner *\Beisp\Kap09* auf der Begleit-CD-ROM.

Formulareingabe mit der *CallBack*-Funktion

Benutzen Sie ein Formular zu Benutzerführung, stellt jede Eingabe in die Textfelder oder das Anklicken der *OK*-Schaltfläche ein Ereignis dar. Innerhalb des HTML-Dokuments können Sie auf diese Ereignisse mit Ereignisprozeduren reagieren. Dies haben Sie bereits weiter oben im ▶ Abschnitt »DHTML zur Verwaltung des Formulars« kennen gelernt. Die Ereignisprozedur:

```
Sub Button1_OnClick
' Falls der Benutzer die OK-Schaltfläche anklickt, müssen wir dies
' dem WSH-Skript irgendwie mitteilen. Dies geschieht über "ready=1".
 ready = 1      ' Benutzereingabe erfolgt
End Sub
```

reagiert beispielsweise auf das Anklicken der *OK*-Schaltfläche des Formulars. Der Windows Script Host unterstützt vordergründig dagegen keine Ereignisse des externen Automatisierungsobjekts. Es gibt aber eine Möglichkeit, wie Sie das WSH-Skript an die Ereignisverarbeitung des externen Automatisierungsobjekts anbinden können. Beim Aufruf der *CreateObject*-Methode (sowie bei der *GetObject*-Methode) lässt sich ein optionaler Parameter angeben, der den Präfix-Namen für die Ereignisprozedur definiert. Die Methode bindet dann das Skript an die Ausgangsschnittstelle des Automatisierungsobjekts an. Enthält das WSH-Skript eine Ereignisprozedur, kann der WSH Ereignisse des externen Automatisierungsobjekts weiterleiten. Sehen wir uns dies einmal konkret an. Die folgende Anweisung:

```
Set oIE = WScript.CreateObject("InternetExplorer.Application", _
      "Window_")
```

erzeugt ein neues Objekt des Internet Explorers und hinterlegt dieses in der Objektvariablen *oIE*. Der zweite Parameter "*Window_*" definiert nun den Präfix-Namen für die Ereignisschnittstelle. Soll ein Ereignis des Automatisierungsobjekts im WSH-Skript abgefangen werden, muss dieses eine Ereignisprozedur aufweisen, die mit dem obigen Namen *Window_* beginnt und den Ereignisnamen besitzt. Nehmen wir einmal das Ereignis *OnQuit*. Dieses Ereignis wird vom Internet Explorer ausgelöst, sobald der Benutzer die *Schließen*-Schaltfläche des Formularfensters anklickt. Benennen Sie jetzt eine Prozedur im WSH-Skript mit *Window_OnQuit()*, wird diese auf das *OnQuit*-Ereignis des Internet Explorer reagieren. Dies kommt gerade gelegen. Im vorhergehenden Beispiel hatte ich auf das Problem hingewiesen, dass der Befehl:

```
oIE.Quit
```

im Skript einen Fehler wegen eines fehlenden Automatisierungsobjekts auslöst, falls der Internet Explorer über die Schaltfläche *Schließen* beendet wird. Mit dem obigen Parameter können wir jetzt aber im Skript auf dieses Ereignis reagieren. Der folgende Codeausschnitt der Ereignisroutine liest die eventuell im Formular eingetragenen Werte, gibt diese mit einem Hinweis auf den Abbruch aus und beendet dann das Skript:

```
Sub Window_OnQuit()
' Wird beim Schließen des IE ausgelöst
 result1 = "Wert1: " & oIE.Document.script.GetValue(1)
 result2 = "Wert2: " & oIE.Document.script.GetValue(2)
 MsgBox "Abgebrochen" & vbCRLF & _
 Text & vbCRLF & result1 & vbCRLF & result2, _
       vbOKOnly + vbInformation, Title
 WScript.Quit
End Sub
```

Dies lässt sich in einer Anwendung nutzen: Mit einer Ereignisprozedur lässt sich auf ein externes Ereignis reagieren. Rufen Sie das Beispielskript *IECallBack.vbs* auf, aktiviert das Programm den Internet Explorer und lädt die Datei *Form2.htm*, die sich im gleichen Ordner wie die Skriptprozedur befinden muss. Der Aufbau dieser Datei entspricht der Datei *Form1.htm* (siehe die vorhergehenden Seiten). Anschließend liest das Skript die Benutzereingaben aus dem Formular und zeigt diese in einem Meldungsfeld an. Die Programmstruktur wurde aus dem auf den vorhergehenden Seiten gezeigten Beispiel abgeleitet. Lediglich die Ereignisprozedur für das *OnQuit*-Ereignis wurde neu aufgenommen. Das Listing 9.12 zeigt die Anweisungen des kompletten Beispiels. In diesem Listing finden Sie auch Hinweise auf die Namen weiterer Ereignisprozeduren des Internet Explorers. Diese Prozeduren sind jedoch nur mit ihren Prozedurrümpfen implementiert, da sie an dieser Stelle nicht gebraucht werden.

```
'************************************************
' File:    IECallBack.vbs (WSH-Beispiel in VBScript)
' Autor:   (c) G. Born
'
' Das Skript demonstriert, wie sich der Internet
' Explorer zur Formulareingabe nutzen lässt.
' Dabei kommt die CallBack-Funktion zum Einsatz,
' um Ereignisse des IE abzufangen.
'************************************************
Option Explicit
Dim WSHShell     ' Variablen setzen
Dim oIE
Dim Flag
Dim path
Dim Title
Dim Text
Dim i, j
Dim result1, result2

Title = "WSH-Beispiel Formulareingabe - by G. Born"
Text = "Ihre Eingabe war:" & vbCRLF

' *** Ermittle den Pfad zum Skript, da die Formulardatei
' *** (HTML) im gleichen Ordner liegen muss!!!
path = WScript.ScriptFullName
```

```
path = Left(path, InstrRev(path, "\"))

' *** Starte den Internet Explorer, definiere CallBack-Prefix ***
Set oIE = WScript.CreateObject("InternetExplorer.Application", _
      "Window_")
  oIE.left=50             ' Fensterposition
  oIE.top = 100           ' und andere Eigenschaften
  oIE.height = 200
  oIE.width = 350
  oIE.menubar = 0         ' Kein Menü
  oIE.toolbar = 0
  oIE.statusbar = 0
'  oIE.resizable = 0      ' Verhindert Größenänderung
  oIE.navigate path & "Form2.htm"  ' Formulardokument
  oIE.visible = 1         ' sichtbar machen

' Wichtig: Warte, bis MSIE bereit ist
  Do While (oIE.Busy)
  wscript.sleep 50
  Loop

' Jetzt warten wir, bis der Benutzer auf die OK-Schaltfläche
' im Formular klickt. Hierzu wird die Funktion CheckVal benutzt.

 Do              ' Warte auf Resultat
 wscript.sleep 50
 Loop While (oIE.Document.script.CheckVal()=0)

' Der Benutzer hat die OK-Schaltfläche angeklickt.
' Werte holen und ausgeben.
 result1 = "Wert1: " & oIE.Document.script.GetValue(1)
 result2 = "Wert2: " & oIE.Document.script.GetValue(2)

 MsgBox Text & vbCRLF & result1 & vbCRLF & result2, _
       vbOKOnly + vbInformation, Title

 oIE.Quit               ' Internet Explorer schließen
 Set oIE = Nothing      ' Objektvariable zurücksetzen

'*******************************************
' Hier kommen die Ereignisprozeduren
'*******************************************

Sub Window_DownloadBegin()
' Wird beim Laden des Dokuments ausgelöst
End Sub

Sub Window_DownloadComplete()
' Wird beim Beenden des Ladens ausgelöst
End Sub

Sub Window_OnUnload()
' Wird beim Schließen des Dokuments ausgelöst
End Sub

Sub Window_OnQuit()
```

```
' Wird beim Schließen des Internet Explorer ausgelöst
 result1 = "Wert1: " & oIE.Document.script.GetValue(1)
 result2 = "Wert2: " & oIE.Document.script.GetValue(2)
 MsgBox "Abgebrochen" & vbCRLF & _
 Text & vbCRLF & result1 & vbCRLF & result2, _
        vbOKOnly + vbInformation, Title
 WScript.Quit
End Sub
'*** Ende
```

Listing 9.12: IECallBack.vbs

HINWEIS: Sie finden die Datei *Form2.htm* und *IECallBack.vbs* auf der Begleit-CD-ROM im Ordner *\Beisp\Kap09*.

Ein vereinfachtes HTML-Formular

Haben Sie die obigen Beispiele nachvollzogen? Die Anzeige des HTML-Formulars per WSH-Skript klappt eigentlich ganz gut. Als etwas problematisch erachte ich allerdings die Notwendigkeit, Skriptcode in zwei Dateien – dem WSH-Skript und im HTML-Formular – erstellen und pflegen zu müssen. Wer in HTML-Skripting nicht so richtig »fit« ist, tut sich erfahrungsgemäß schwer mit den obigen Lösungen. Außerdem wäre es doch schön, wenn die Formulare direkt mit Werkzeugen wie FrontPage ohne viele Kenntnisse der Skriptprogrammierung erstellt werden könnten. Daher wäre folgende Lösung hilfreich:

- Ein HTML-Formular stellt die geforderten Steuerelemente wie Textfelder, Kontrollkästchen, Schaltflächen etc. bereit. Das Formular lässt sich dabei direkt mit einem HTML-Tool (z.B. FrontPage) anpassen.
- In der HTML-Datei werden nur minimale Skriptfunktionen, die für alle Formulare gelten, bereitgestellt (z.B. Reaktion auf das Anklicken einer *OK*-Schaltfläche).
- Die eigentliche Steuerung sowie die Auswertung der Formulareingaben erfolgt im WSH-Skript.

Wird dieser Ansatz verfolgt, können Sie eine HTML-Formulardatei kopieren und deren Inhalt beliebig anpassen, ohne die integrierten Skriptprogramme zu verändern. Das HTML-Dokument enthält notwendigerweise nur Skriptfunktionen, um den Status des Formulars per WSH-Skript abzufragen.

Implementierung des HTML-Formulars

Der erste Schritt dient zum Erzeugen eines HTML-Formulars, welches alle Skriptfunktionen enthält und quasi als Vorlage für weitere Formulare dienen kann. Ein solches HTML-Formular lässt sich direkt in Microsoft FrontPage oder Microsoft FrontPage Express erzeugen. Anschließend ist noch der Skriptcode hinzuzufügen. In Abbildung 9.5 sehen Sie links das Beispielformular, das rechts gezeigte Dialogfeld mit den Eingaben wird per WSH-Skript erzeugt.

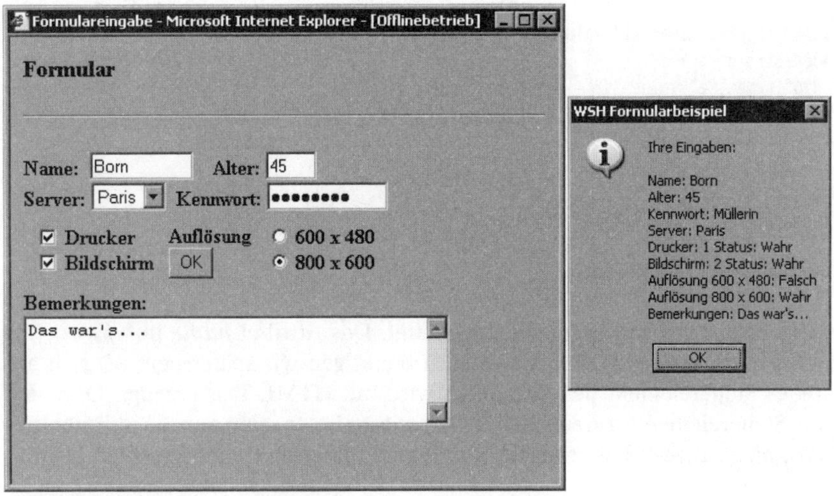

Abbildung 9.5: *Formulareingabe und Antworten*

Lassen Sie uns jetzt einen Blick auf die Details der Formularimplementierung im HTML-Code werfen. Hier sind einige Dinge zu beachten, damit der Zugriff per WSH-Skript überhaupt erst möglich wird. Die folgende Sequenz zeigt die HTML-Tags, die zur Erzeugung des Beispielformulars verwendet wurden.

```
<form name="ValidForm">
    <p>
     <strong>Name: </strong>
     <input type="text" size="10" name="fName"> 
     <strong>  Alter:</strong>
     <input type="text" size="3" name="fAge">  
     <br>
     <strong>Server:</strong>
     <select size="1" id="My" type="text">
        <option value="Berlin">Berlin </option>
        <option value="Paris">Paris </option>
        <option value="Wien">Wien </option>
     </select>
     <strong> Kennwort:</strong>
     <input type="password" size="12" maxlength="8"
            name="fPassw">
    <br>
    <table border="0" cellpadding="3" cellspacing="6">
     <tr valign="top">
      <td>
       <input type="checkbox" checked name="fPrinter" value="1">
       <strong>Drucker</strong><br>
       <input type="checkbox" name="fScreen" value="2">
       <strong>Bildschirm</strong>
      </td>
      <td>
       <strong>Auflösung</strong><br>
       <input type="button" name="Button1" value=" OK ">
      </td>
```

```
      <td>
       <input type="radio" checked name="R1" value="V1" id="01">
       <strong>600 x 480</strong><br>
       <input type="radio" name="R1" value="V2" id="02">
       <strong>800 x 600</strong>
      </td>
    </table>
     <strong>Bemerkungen:<strong><br>
     <textarea name="fRemark" rows="5" cols="40"></textarea>
    </p>
</form>
```

Das Formular ist in die Tags *<form> ... </form>* eingebettet. Das Attribut *name* im *<form>*-Tag definiert dabei den Objektnamen des Formulars (diesen benötigen wir später beim Zugriff aus dem WSH-Skript). Jedes Steuerelement des Formulars wird mit HTML-Tags erzeugt. Ohne auf die HTML-Befehle für Steuerelemente einzugehen (interessierte Leser seien auf /6/ im Literaturverzeichnis verwiesen), hier einige Erläuterungen. Ein Textfeld lässt sich mit folgendem HTML-Code erzeugen:

```
<input type="text" size="5" name="fName">
```

Das *type*-Attribut legt fest, dass es sich um ein Textfeld handelt. Dessen Größe gibt das *size*-Attribut an. Das *name*-Attribut definiert einen eindeutigen Objektnamen für das Steuerelement des Formulars. Sie ahnen es bereits, dieser Objektname wird im WSH-Skript benötigt. Daher muss der Name eindeutig sein (d.h. jedes Formularelement muss dieses Attribut aufweisen und die Werte der Attribute müssen sich unterscheiden).

Ein mehrzeiliges Textfeld wird durch die Tags <textarea> ...</textarea> angelegt. Über die betreffenden Tags lassen sich beliebige Steuerelemente im HTML-Formular einfügen. FrontPage bietet Ihnen hierzu komfortable Möglichkeiten. Wichtig ist nur, dass Sie jedem Steuerelement über das *name*-Attribut einen eindeutigen Namen zuweisen.

HINWEIS: Bei den beiden Optionsfeldern gibt es ein Problem: Es muss der gleiche Wert für das *name*-Attribut verwendet werden, damit der Browser die Elemente zu einer Optionsfeldgruppe zusammenfasst. Dadurch lässt sich das Objekt aber nicht mehr eindeutig ansprechen. Ich habe das Problem durch Einführen eines individuellen auf die Tags bezogenen *id*-Attributs gelöst. Der Wert des *id*-Attributs lässt sich als Objektname verwenden. Zur Ausrichtung einzelner Elemente wurde ein <table>-Tag verwendet. Beim Listenfeld wurde ebenfalls ein *id*-Attribut verwendet, um den gewählten Wert abzufragen.

Jetzt bleibt nur noch die Aufgabe, einige Hilfefunktionen in Form eines Skripts im HTML-Dokument einzubauen. Wir können beispielsweise die Felder des Formulars beim Laden initialisieren (mit Werten belegen). Dies kann in folgender Skriptprozedur erfolgen:

```
Sub window_onload()
' Init Formular (optional)
Set TheForm = Document.ValidForm  ' Hole Objekt
TheForm.fName.Value=""            ' init Wert des Elements fName
ready = 0 ' Lösche Wert des Eingabestatus
End Sub
```

Die *window_onload()*-Ereignisprozedur wird automatisch beim Laden des HTML-Dokuments aufgerufen. Im obigen Beispiel habe ich einen Befehl zum Ermitteln der Objektvariablen benutzt:

```
Set TheForm = Document.ValidForm
```

Anschließend können Sie *TheForm* benutzen, um auf die Werte der Steuerelemente zuzugreifen:

```
TheForm.fName.Value=""
```

Hier würde dem Steuerelement mit dem Objektnamen *fName* eine leere Zeichenkette zugewiesen (alle Steuerelemente im Formular verarbeiten Zeichenketten als Werte). Ähnlich könnten Sie andere Formularfelder initialisieren. An dieser Stelle aber die Bemerkung: Diese Schritte sind nicht notwendig. Der Internet Explorer setzt alle Formularfelder beim Laden auf einen Initialisierungswert. Eine Änderung der Werte lässt sich vom WSH-Skript durchführen. In der Ereignisprozedur sollten Sie nur eine Anweisung einfügen:

```
ready = 0
```

Diese Anweisung bewirkt, dass der Wert des Eingabestatus auf 0 gesetzt wird. Dieser Statuswert wird vom WSH-Skript später abgefragt, um das Anklicken der *OK*-Schaltfläche zu erkennen. Um die beiden asynchron laufenden Prozesse (Internet Explorer und VBScript/JScript-Programm) zu koordinieren, wird die Variable *ready* benutzt. Ist deren Wert *1*, hat der Benutzer die *OK*-Schaltfläche angeklickt. Der Benutzer kann die Formulareingaben tätigen. Sobald er auf *OK* klickt, muss *ready = 1* gesetzt werden.

```
Sub Button1_OnClick
' Setze Formularmodus auf Eingabe fertig
  ready = 1
End Sub
```

Die *OnClick*-Ereignisprozedur wird an das Objekt *Button1* gebunden. Jeder Mausklick auf das Objekt (hier die *OK*-Schaltfläche) ruft diese Prozedur auf. Um dem WSH-Skript eine Prüfung des Variablenwerts *ready* zu ermöglichen, wurde die Funktion *CheckVal()* im HTML-Dokument implementiert:

```
Public Function CheckVal ()
' Liefere ready-Wert zurück
 CheckVal = ready
End function
```

Jetzt kann das WSH-Skript den Status des Formulars über *CheckVal* abfragen. Der gesamte HTML-Code ist folgendem Listing zu entnehmen.

```
<html>
<head>
<meta http-equiv="Content-Type"
content="text/html; charset=iso-8859-1">
<title>Formulareingabe</title>
</head>

<body bgcolor="#C0C0C0" scroll="no">
<script language="VBScript">
<!--

Dim ready
```

```
Public TheForm

Sub Button1_OnClick
' Setze Flag auf 1, wenn OK-Schaltfläche angeklickt wird
 ready = 1
End Sub

Sub window_onload()
' Hier erfolgt die optionale Initialisierung des Formulars
 ready = 0    ' setze Formularstatus auf "Eingabe"
End Sub

Public Function CheckVal ()
' Liefert den Formularstatus zurück
 CheckVal = ready
End function

'-->
</script>

<h3>Formular</h3>

<hr>

<form name="ValidForm">
    <p>
     <strong>Name: </strong>
     <input type="text" size="10" name="fName"> 
     <strong>  Alter:</strong>
     <input type="text" size="3" name="fAge">  
     <br>
     <strong>Server:</strong>
     <select size="1" id="My" type="text">
        <option value="Berlin">Berlin </option>
        <option value="Paris">Paris </option>
        <option value="Wien">Wien </option>
     </select>
     <strong> Kennwort:</strong>
     <input type="password" size="12" maxlength="8"
            name="fPassw">
    <br>
    <table border="0" cellpadding="3" cellspacing="6">
     <tr valign="top">
      <td>
       <input type="checkbox" checked name="fPrinter" value="1">
       <strong>Drucker</strong><br>
       <input type="checkbox" name="fScreen" value="2">
       <strong>Bildschirm</strong>
      </td>
      <td>
       <strong>Auflösung</strong><br>
       <input type="button" name="Button1" value=" OK ">
      </td>
      <td>
       <input type="radio" checked name="R1" value="V1" id="01">
       <strong>600 x 480</strong><br>
```

```
        <input type="radio" name="R1" value="V2" id="02">
        <strong>800 x 600</strong>
      </td>
    </table>
     <strong>Bemerkungen:<strong><br>
     <textarea name="fRemark" rows="5" cols="40"></textarea>
    </p>
</form>
</body>
</html>
```

***Listing 9.13:** HTML-Code des Formulars* Form3.htm

Wenn Sie auf die Initialisierung der Formularelemente verzichten, lässt sich der Skriptcode im HTML-Dokument unmodifiziert für beliebige Formulare übernehmen. Die Anpassung des Formulars beschränkt sich dann nur noch darauf, Steuerelemente mit geeigneten Objektnamen über das *name*-Attribut einzufügen.

Nachdem wir jetzt über ein HTML-Formular mit den notwendigen Funktionen verfügen, können wir uns dem WSH-Teil zuwenden. Das Skript muss das Formular im Internet Explorer anzeigen, den Formularstatus überwachen und anschließend die Formulareingaben auslesen. Die meisten Techniken wurden bereits in den vorhergehenden Beispielen vorgestellt. Neu ist lediglich der Ansatz, direkt auf die Werte der Formularelemente per WSH-Skript zuzugreifen.

Die folgende Codesequenz prüft, ob der Benutzer die *OK*-Schaltfläche angeklickt hat.

```
Do
wscript.sleep 50
Loop While (oIE.document.script.CheckVal()=0)
```

Die Objektvariable *oIE* zeigt auf das *Application*-Objekt des Internet Explorers, der das Formular anzeigt. Die Objekthierarchie *document.script* erlaubt den direkten Aufruf von Prozeduren und Funktionen im Skriptteil des HTML-Dokuments (siehe auch die vorhergehenden Seiten). Sobald die Schleife verlassen wird, hat der Benutzer die *OK*-Schaltfläche angeklickt (*CheckVal* liefert den Wert 1 zurück).

Nun müssen wir (ohne die in den vorhergehenden Beispielen benutzte *GetVal()*-Funktion) auf die Steuerelementwerte zugreifen. Sie erinnern sich, dass ich auf den vorhergehenden Seiten erwähnte, dass jedes Formularelement mit einem eindeutigen Objektnamen ausgestattet sein muss? Dies erlaubt einem WSH-Skript mittels des Internet Explorer-Objektsmodells direkt auf beliebige Objekte zuzugreifen. Sie müssen nur die richtige Objekthierarchie kennen. Das Formular ist Teil des *document*-Objekts und lässt sich über *oIE.document.ValidForm* ansprechen. Der Name *ValidForm* wurde über das *name*-Attribut des *<form>*-Tags vereinbart. Zum Zugriff auf den Wert des ersten Textfelds lässt sich der Objektname *fName* verwenden:

```
oIE.Document.ValidForm.fName.Value
```

Die Eigenschaft *Value* des Objekts enthält die Zeichenkette mit dem Text, den der Benutzer in das Feld eingetippt hat. Ziemlich einfach, oder? Mit dieser Technik können Sie recht elegant aus dem WSH-Skript heraus auf die Daten des Formulars zugreifen. Nach Übernahme der Werte kann das Skript das Formular schließen:

```
oIE.Quit
```

Hier wird die *Quit*-Methode auf das *oIE*-Objekt angewandt, der Internet Explorer wird beendet und das HTML-Formular geschlossen. Details sind dem nachfolgend gezeigten VBScript-Listing zu entnehmen.

```
'************************************************
' File:   Form3.vbs (WSH Beispiel in VBScript)
' Autor:  Günter Born
'
' Verwendet Internet Explorer (ab Version 4.0) für
' Formulareingaben.
'************************************************
Option Explicit

Dim oIE
Dim path
Dim Title
Dim Text2
Dim name, age, password, printer, screen, remark
Dim server, resol

Title = "WSH Formularbeispiel"
Text2 = "Ihre Eingaben:" & vbCRLF

' *** Internet Explorer starten ***
Set oIE = WScript.CreateObject("InternetExplorer.Application")
  oIE.left=50             ' Fensterposition
  oIE.top = 100           ' etc.
  oIE.height = 380
  oIE.width = 450
  oIE.menubar = 0         ' kein Menü
  oIE.toolbar = 0
  oIE.statusbar = 0
  oIE.navigate GetPath & "Form3.htm"  ' Formulardatei
  oIE.visible = 1         ' Fenster sichtbar machen

' Wichtig: warte, bis MSIE fertig mit Laden ist
  Do While (oIE.Busy)
   WScript.Sleep 50       ' für 50 Millisekunden suspendieren
  Loop

' Warte, bis der Benutzer die OK-Schaltfläche
' anklickt. Das Formular stellt die CheckVal-
' Funktion bereit. Hier ist ein Tipp von Michael
' Harris recht hilfreich, um das Skript noch
' narrensicherer zu machen (der Benutzer schließt
' das Formular).
 On Error Resume Next  ' Fehlerbehandlung einschalten
 Do                  ' Warte auf OK-Schaltflächen-Event
  WScript.Sleep 50
 Loop While (oIE.document.script.CheckVal()=0)

' Prüfe, ob Fehler aufgetreten, weil Formular geschlossen
 If err <> 0 Then
  WScript.Echo "Sorry, Formular wurde vermutlich " & _
               "geschlossen" & vbCRLF & _
               "Fehlercode: " & err.number
```

```
   WScript.Quit       ' Skript beenden
  End if
  On Error Goto 0     ' Fehlerbehandlung ausschalten

' Benutzer hat OK-Schaltfläche betätigt, hole Werte
 name = "Name: " & oIE.Document.ValidForm.fName.Value'
 age = "Alter: " & oIE.Document.ValidForm.fAge.Value
 server = "Server: " & oIE.Document.ValidForm.My.Value
 password = "Kennwort: " & oIE.Document.ValidForm.fPassw.Value
 printer = "Drucker: " & oIE.Document.ValidForm.fPrinter.Value _
          & " Status: " & oIE.Document.ValidForm.fPrinter.Checked
 screen = "Bildschirm: " & oIE.Document.ValidForm.fScreen.Value  _
          & " Status: " & oIE.Document.ValidForm.fScreen.Checked
 remark = "Bemerkungen: " & oIE.Document.ValidForm.fRemark.Value

 resol = "Auflösung 600 x 480: " & oIE.Document.ValidForm.01.Checked & _
        vbCRLF & "Auflösung 800 x 600: " & oIE.Document.ValidForm.02.Checked

'Ergebnisse anzeigen
 MsgBox Text2 & vbCRLF & name & vbCRLF & _
       age & vbCRLF & password & vbCRLF & _
       server & vbCRLF & printer & vbCRLF & _
       screen & vbCRLF & resol & vbCRLF & _
       remark, vbOKOnly + vbInformation, Title

 oIE.Quit              ' Internet Explorer schließen
 Set oIE = Nothing     ' Objektvariable zurücksetzen

'####### Hilfsroutine
Function GetPath()
' *** Ermittle Pfad des aktuellen Skripts
 path = WScript.ScriptFullName
 GetPath = Left(path, InstrRev(path, "\"))
End Function
' Ende
```

Listing 9.14: *Auswertung von Formulardaten per WSH-Skript*

HINWEIS: Die Beispieldatei *Form3.vbs* und das Formular *Form3.htm* finden Sie im Ordner *\Beisp\Kap09*. In diesem Ordner befindet sich auch die Datei *Form3.js*, die die Lösung in JScript demonstriert. In JScript ist das größte Problem die korrekte Groß-/Kleinschreibung der Objektnamen sowie die korrekte Angabe der Funktionsaufrufe.

ActiveX-Formulare

Die im vorhergehenden Abschnitt beschriebenen Ansätze ermöglichen Ihnen, mit wenigen Mitteln eine Benutzeroberfläche für WSH-Skripte zu schaffen. Allerdings sind Windows-Benutzer durch Anwendungsprogramme eine etwas andere Bedieneroberfläche mit »echten« Formularen etc. gewohnt. Arbeiten Sie mit Delphi, Visual Basic, Office-VBA etc., stehen Ihnen Funktionen zur Gestaltung von Formularen zur Verfügung. Mit dem richtigen Know-how bietet sich auch in WSH-Skripten eine Möglichkeit, solche Formulare zu verwenden. Sie benötigen lediglich entsprechende ActiveX-Komponenten. Wie Sie diese entwickeln und in Formularen nutzen, wird nachfolgend beschrieben.

About-Formular per ActiveX-Komponente

Wer mit VB oder VBA gearbeitet hat, kennt die Möglichkeiten, Formulare genau auf den Anwendungszweck zuschneiden. Die Ergebnisse sehen einfach pfiffiger als die HTML-Formulare aus. Andererseits lassen sich mit der auf der Begleit-CD-ROM enthaltenen Visual Basic 5 Controls Creation Edition (VB 5 CCE) Formulare gestalten und in ActiveX-Komponenten hinterlegen. Es ist also logisch, diese ActiveX-Komponenten per WSH-Skript zu nutzen. Die Ernüchterung kam, nachdem ich in VB 5 CCE ein Formular erstellt, als ActiveX-Komponente übersetzt hatte und dann das Formular aus einem WSH-Skript aktivieren wollte. Das Laufzeitsystem meldete mir, dass bei ActiveX-Komponenten und der Hostumgebung keine modalen Formulare unterstützt werden.

HINWEIS: Unter Windows ist festgelegt, dass Fenster und Dialoge modal oder nicht modal sein dürfen. Ein modales Dialogfeld gehört immer zu einem Anwendungsfenster. Ist ein solches Dialogfeld geöffnet, können Sie nicht mehr auf das Anwendungsfenster klicken. Erst nach dem Schließen des modalen Dialogfelds lässt sich mit der Anwendung weiterarbeiten. Sie können dies beispielsweise bei vielen Anwendungen prüfen, indem Sie das Dialogfeld zum Öffnen einer Datei aufrufen. Solange dieses Dialogfeld sichtbar ist, lässt sich das Anwendungsfenster nicht anklicken. Die andere Variante stellen nicht modale Dialoge dar. Wenn Sie beispielsweise in Microsoft Word das Dialogfeld *Suchen* öffnen, lässt sich der Text im Dokumentfenster weiter bearbeiten.

In ActiveX-Komponenten werden nur modale Dialoge unterstützt. Dies bedeutet für Sie: Um ein Formular zu nutzen, muss dieses als Komponente in ein Anwendungsfenster eingebaut werden. Dies ist typischerweise der Fall, wenn ein ActiveX-Element in einer HTML-Seite integriert wird. Dann stellt der Internet Explorer das übergeordnete Fenster zur Formulardarstellung dar. Sie werden daher ein solches ActiveX-Komponenten-Formular im Browser sehen.

Anders verhält es sich aber bei WSH-Skripten. Ein Skript besitzt kein eigenes Anwendungsfenster. Der Versuch, ein in einem ActiveX-Modul enthaltenes Formular aus einem Skript heraus aufzurufen, wird folglich mit einer Fehlermeldung beantwortet.

Rückmeldungen aus der WSH-Newsgroups im Internet schienen diese Aussage zu bestätigen. Also ackerte ich gezwungenermaßen mit der obigen Lösung im Internet Explorer weiter. Aber irgendwie ließ mir die Angelegenheit keine Ruhe und nach einigen Experimenten stellte sich plötzlich heraus, dass die Anzeige von Formularen über ActiveX-Komponenten doch funktioniert. Im ersten Beispiel soll ein sehr einfaches Formular in Form eines *Info*-Dialogs (häufig als *About*-Dialogfeld bekannt) erstellt werden (Abbildung 9.6).

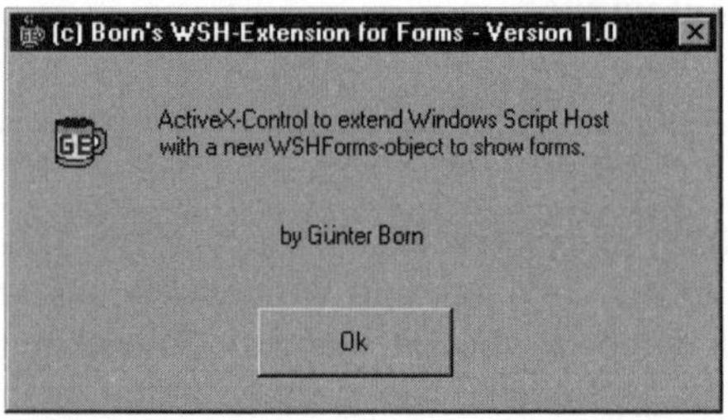

Abbildung 9.6: *Dialogfeld mit Informationen als Formular*

HINWEIS: Der in Abbildung 9.6 gezeigte Dialog sowie die Kommentare im Quellcode der ActiveX-Komponenten sind in diesem Buch bewusst in Englisch gehalten. Grund: Die ActiveX-Komponenten werden sowohl bei Microsoft Press USA in einem Buch als auch zum freien

Download auf meiner Webseite angeboten. Aus Effizienzgründen hinsichtlich der Pflege der Komponenten habe ich nur eine englischsprachige internationale Variante implementiert (Single-Source-Prinzip). Da Ihnen der Quellcode für eigene Anpassungen zur Verfügung steht, sollte eine Lokalisierung kein Problem darstellen.

Einerseits ist dieses Dialogfeld sehr einfach gehalten, es besitzt keine Eingabefelder, die Werte an das WSH-Skript zurückliefern müssen. Folglich entfällt aller Ballast, der sich mit der Rückgabe dieser Werte befasst. Andererseits besitzt das Dialogfeld ein eigenes Symbol im Systemmenü. Weiterhin ist auf dem Formular ein Symbol, ein Text und eine Schaltfläche vorhanden. Beim Anklicken der *OK*-Schaltfläche soll sich das Formular schließen. Wenn wir es schaffen, dieses Formular per WSH-Skript anzuzeigen, öffnet dies den Weg zur Nutzung von Formularen.

HINWEIS: Für die nächsten Schritte benötigen Sie die VB 5 CCE von der Begleit-CD-ROM (*\Tools\CCE*). Installieren Sie das Programm. Anschließend lässt sich das Programm über das Startmenü aufrufen.

Gehen Sie doch einmal die Schritte durch, die Sie zum Erstellen des obigen *About*-Dialogformulars ausführen müssten.

Als Erstes soll das Formular in der VB 5 CCE-Entwicklungsumgebung erstellt werden. Hierzu starten Sie die VB 5 CCE und legen ein neues ActiveX-Projekt an. Mit diesem Schritt wird automatisch ein User Control mit der Bezeichnung *UserControl1* eingerichtet. Benennen Sie das Projekt in *WSHForm* und das ActiveX-Steuerelement (User Control) in *Form1* um. Diese beiden Namen brauchen wir später zum Zugriff aus dem WSH-Skript.

Anschließend fügen Sie ein neues Formular (*Forms*-Objekt) über den Befehl *Add Form* im Menü *Project* hinzu. Das Objekt benennen Sie in *WSHForm1* um. Dann ist das Formular gemäß der obigen Vorgabe zu gestalten (siehe auch ▶ Kapitel 13). Über das Eigenschaftenfenster des Formulars (Abbildung 9.7) lassen sich der Formulartitel (Eigenschaft *Caption*) und das Symbol des Systemmenüs (Eigenschaft *Icon*) festlegen.

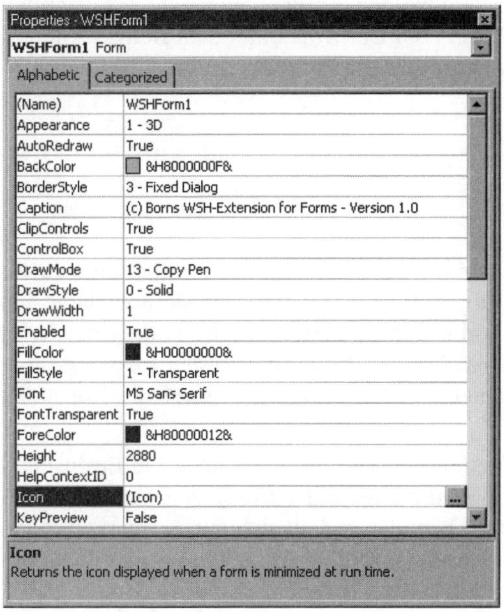

Abbildung 9.7: *Eigenschaften des Formular-Objekts* WSHForm1

Das Symbol im Formular wird als *Image*-Steuerelement eingefügt und über die Eigenschaft *Picture* mit einer Datei verbunden. Sobald Sie die *OK*-Schaltfläche eingefügt haben, weisen Sie dieser über die Eigenschaft *Caption* die Beschriftung »OK« zu. Anschließend doppelklicken Sie auf die Schaltfläche, um die Ereignisprozedur für diese Schaltfläche zu definieren. Diese besteht aus folgenden VB-Anweisungen:

```
Private Sub Command1_Click()
 Unload Me
End Sub
```

Der Prozedurrumpf wird dabei automatisch durch die Entwicklungsumgebung erstellt. Der Befehl:

```
Unload Me
```

wendet die *Unload*-Methode auf das in der Variablen *Me* angegebene Objekt an. Dies ist aber gerade das Formularobjekt, d.h. die Anweisung schließt das Formular.

Anschließend können Sie noch die Texte im Formular als *Bezeichnungsfeld*-Steuerelemente hinterlegen. Ich habe jedoch die *Bezeichnungsfeld*-Steuerelemente (englisch Label) im Formular angelegt und weise den anzuzeigenden Text in einer Ereignisprozedur *Form_Load* dynamisch zu. Die folgende Anweisung:

```
Label2.Caption = "ActiveX-Control .... "
```

definiert den Text, der im Bezeichnungsfeld *Label2* angezeigt wird. Die Ereignisprozedur *Form_Load()* wird dabei automatisch beim Laden des Formulars ausgeführt.

Bleibt jetzt noch die Frage, wie sich das Formular öffnen und anzeigen lässt. Hier habe ich im ActiveX-Steuerelement eine eigene Methode unter dem Namen *About()* eingerichtet. Es handelt sich um nichts anderes als eine Prozedur, die im Modul *User Controls* unter dem ActiveX-Steuerelement *Form1* (dies ist der Objektname) hinterlegt wurde. Diese Prozedur besitzt folgenden Aufbau:

```
Public Sub About()
 WSHForm1.Show (vbModal)
End Sub
```

In diesen drei Zeilen liegt der Kern der Sache. Sobald die Prozedur (sprich: die Methode) aufgerufen wird, wendet sie die *Show*-Methode auf das Objekt *WSHForm1* an. Der Methode lässt sich dabei ein Parameter übergeben, der den Anzeigemodus auf modal oder nicht modal setzt. Wird der Parameter weggelassen, nimmt VB immer *vbModeless* an, das Laufzeitsystem zeigt anschließend einen Fehler an. Daher habe ich den Parameter der *Show*-Methode auf die Konstante *vbModal* gesetzt.

HINWEIS: Zusätzlich können Sie im Eigenschaftenfenster des Formulars noch die Eigenschaften für die beiden Schaltflächen *Minimized* und *Maximized* auf *False* setzen, um die betreffenden Schaltflächen zu sperren. Ein minimiertes Formular verhält sich etwas »merkwürdig«, denn es wird ähnlich wie bei Windows 3.1 als kleines Symbol in der linken unteren Ecke des Windows-Desktops gezeigt. Dies ist erklärbar: Durch die Vorgabe des Modus *Modal* glaubt das Laufzeitsystem, dass ein Fenster vorhanden ist. Ein Formular wird dann als Unterfenster betrachtet, d.h. das minimierte Formular taucht üblicherweise in der linken unteren Ecke des

Anwendungsfensters auf. Da der WSH aber kein Fenster besitzt, haben wir das System folglich mit »Brachialgewalt« dazu gebracht das Formular anzuzeigen. Beim Minimieren wird das Formular dann auf dem Desktop (der als Ersatzfenster dient) angezeigt. Daher finden Sie die Formulare auch nicht in der Taskleiste bzw. in der Taskliste (die Sie mit Alt+Tab aufrufen können).

Wenn Sie jetzt das gesamte Projekt speichern und mit *File/Make WSHForm.ocx* in eine OCX-Datei übersetzen, wird diese gleichzeitig als ActiveX-Komponente auf dem Entwicklungsrechner registriert. Sie können anschließend direkt über das WSH-Skript auf dieses Modul zugreifen.

HINWEIS: Sie finden die gesamte ActiveX-Komponente auf der Begleit-CD-ROM im Ordner *\Beisp\Kap13\ActiveX\Form*. Zum Testen muss lediglich die Datei *WSHForm.ocx* installiert sein. Näheres zum Umgang mit der VB 5 CCE finden Sie in ▶ Kapitel 13.

So sieht der Aufruf des Formulars im WSH-Skript aus

Was jetzt noch bleibt, ist der Aufruf des Formularobjekts über ein Skript im WSH. Dies ist mit wenigen Zeilen erledigt. Sie müssen als Erstes das Formularobjekt erzeugen. Dies kann mit folgender Anweisung erfolgen:

```
Set objAdr = WScript.CreateObject("WSHForm.Form1")
```

Im Argument der *CreateObject*-Methode wird die Typbibliothek (Type-Library) sowie die Klasse für das ActiveX-Element angegeben. Eingangs hatte ich vorgeschlagen, dass Sie das Projekt der ActiveX-Komponente mit *WSHForm* benennen, und das *User Modul* sollte mit *Form1* benannt werden. Genau diese beiden Begriffe finden Sie beim *CreateObject*-Aufruf wieder. Sobald das Objekt in der Objektvariablen vorliegt, genügt der folgende Befehl zur Anzeige des in Abbildung 9.5 gezeigten Formulars:

```
objAdr.About
```

Der Befehl wendet die *About*-Methode auf das Objekt an. Die *About*-Methode wurde aber als einfache Prozedur im *User Control* der ActiveX-Komponente realisiert.

WICHTIG: An dieser Stelle noch der Hinweis: In VBScript verwenden Sie die Anweisung *objAdr.About*, während Sie in JScript unbedingt eine leere Klammer der Art *objAdr.About ();* hinter den Methodenaufruf setzen müssen.

Sie sehen an diesem Beispiel, dass die Verwendung der ActiveX-Komponente im WSH-Skript ein Kinderspiel im Vergleich zum Internet Explorer-Einsatz ist. Sie benötigen lediglich eine geeignete ActiveX-Komponente, die aber mit wenigen Handgriffen per VB 5 CCE realisierbar ist. Da diese Entwicklungsumgebung ebenfalls VB unterstützt, brauchen Sie noch nicht einmal eine Sprache wie C++ zu lernen. Einfacher kann man es kaum noch haben. Das Listing 9.14 zeigt den gesamten Code des WSH-Skripts zum Aufruf des Formulars.

```
'************************************************
' File:   About.vbs (WSH-Beispiel in VBScript)
' Autor:  Günter Born
'
' Zweck: Demonstiert, wie sich ein About-Formular per
'        ActiveX-Komponente aus dem WSH nutzen lässt.
'************************************************
Option Explicit

Dim objAdr
```

```
' Erzeuge das ActiveX-Objekt Form1, welches die
' Formulare bereitstellt.

Set objAdr = WScript.CreateObject("WSHForm.Form1")

objAdr.About      ' Zeige About-Dialog an
'*** Ende
```

Listing 9.15: About.vbs

HINWEIS: Sie finden die Datei *About.vbs* auf der Begleit-CD-ROM im Ordner *\Beisp\Kap09*. Wer lieber mit JScript arbeitet, findet die Datei *About.js* ebenfalls in diesem Ordner. Da das Skript im Aufbau dem obigen Listing entspricht, habe ich mir an dieser Stelle die Erläuterung des Quellcodes gespart.

TIPP: Falls das Skript beim Aufruf einen Fehler meldet, prüfen Sie bitte, ob die ActiveX-Komponente *WSHForm.Form1* (Datei *WSHForm.ocx* im Ordner *\Beisp\Kap13\ActiveX\Form*) registriert ist. Tipps zur Registrierung finden Sie auch in ▶ Kapitel 2.

Eingabedialog als Formular

Nachdem die Anzeige eines einfachen Formulars mit Informationen bereits geklappt hat, möchte ich einen Schritt weitergehen. Es soll ein Formular mit zwei Textfeldern erstellt und in ein WSH-Skript eingebunden werden. In Abbildung 9.8 sehen Sie links das Formular mit den Eingaben und rechts wird ein Dialogfeld mit den im WSH-Skript ermittelten Ergebnissen angezeigt.

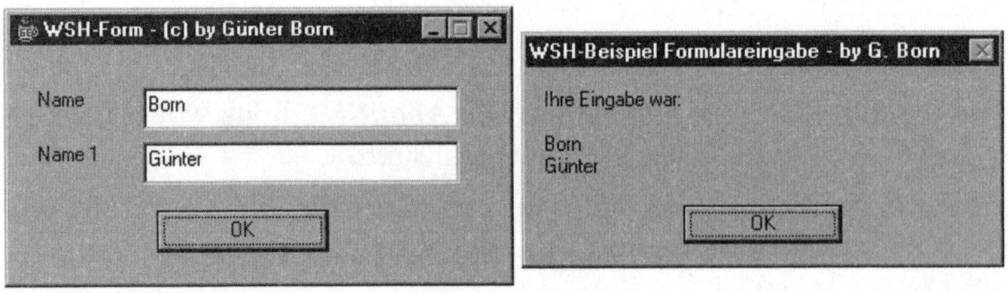

Abbildung 9.8: *Eingabedialog mit Ergebnis*

Die Abbildung zeigt, dass Formulare zur Eingabe von Werten im WSH realisierbar sind. Allerdings müssen Sie einige Tricks kennen, um solche Techniken zu nutzen. Die nachfolgenden Abschnitte skizzieren den Ablauf beim Entwickeln dieser Lösung.

Entwurf des Formulars

Um die Handhabung möglichst einfach zu halten und um VBScript-Programmierern entgegenzukommen, habe ich bei diesem Formularbeispiel ebenfalls auf die VB 5 CCE zurückgegriffen. Mit dieser Entwicklungsumgebung können Sie ActiveX-Komponenten erstellen, die auch Formulare beinhalten.

Abbildung 9.9 zeigt die Entwicklungsumgebung mit dem geladenen Projekt *WSHForm*. Die VB 5 CCE zeigt in verschiedenen Fenstern die Bestandteile des Projekts an. Sofern Sie eine eigene ActiveX-Komponente mit einem integrierten Formular entwerfen möchten, führen Sie die nachfolgenden Schritte aus:

1. Starten Sie die VB 5 CCE (z.B. über das Startmenü). Die Entwicklungsumgebung meldet sich mit einem Eingangsdialog *New Project*.
2. In diesem Dialogfeld markieren Sie den Eintrag *ActiveX Control* und betätigen dann die *OK*-Schaltfläche. Die VB 5 CCE legt ein neues leeres Projekt an.

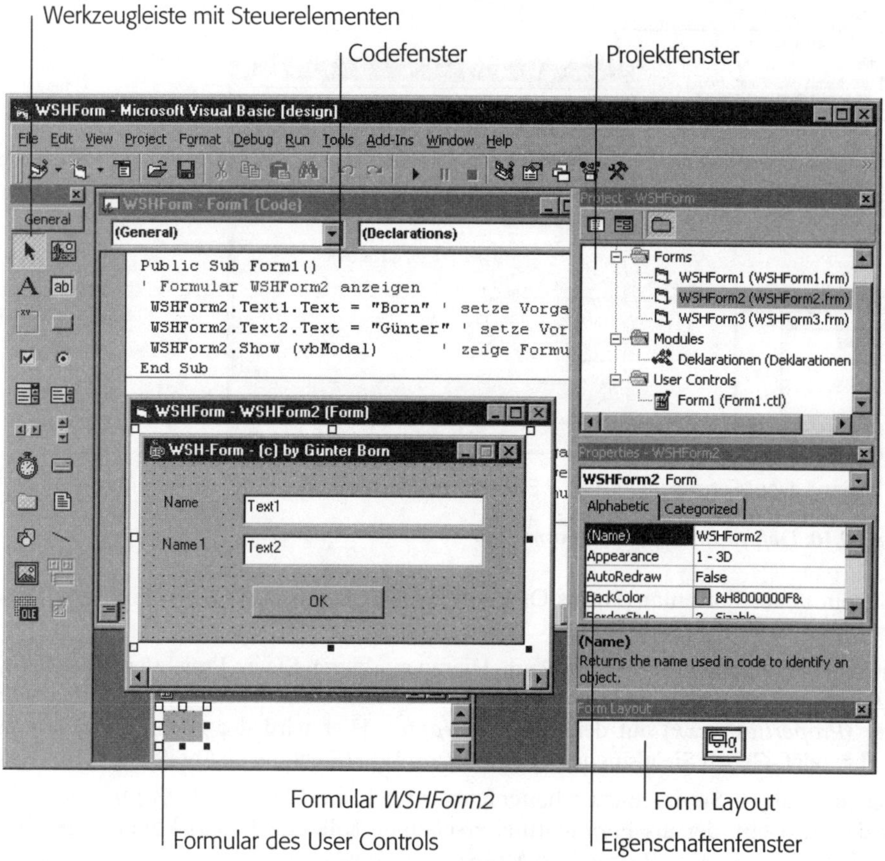

Abbildung 9.9: *VB 5 CCE mit geladenem* WSHForm-Projekt

Nun kann mit dem Entwurf des Formulars sowie der Eingabe der Ereignis- und Hilfsprozeduren (bzw. Methoden und Eigenschaften) begonnen werden. Die einzelnen Schritte möchte ich nachfolgend nur kurz skizzieren und lediglich die wichtigsten Gesichtspunkte erläutern. Wer bereits mit VB oder VBA gearbeitet hat, kennt diesen Prozess. Sofern die Entwicklungsumgebung noch neu für Sie ist, schlagen Sie in ▶ Kapitel 13 nach. Dort gehe ich detaillierter auf die Funktionen der VB 5 CCE ein.

Mit dem Anlegen eines neuen Projekts wurde automatisch ein User Control mit der Bezeichnung *UserControl1* eingerichtet. Benennen Sie das Projekt in *WSHForm* und das ActiveX-Steuerelement (User Control) in *Form1* um. Diese beiden Namen brauchen wir später zum Zugriff aus dem WSH-Skript.

HINWEIS: Sofern Sie das Beispiel des vorherigen Abschnitts ausgeführt haben, liegt natürlich schon ein Projekt *WSHForm* vor. Das Gleiche gilt, falls Sie auf die Dateien der Begleit-CD-

ROM zugreifen. Achten Sie beim Anlegen eines neuen Projekts darauf, dass die Projektbezeichnung sowie der Name des User Controls eindeutig sind (d.h. es sollten keine zwei Projekte mit diesen Namen existieren).

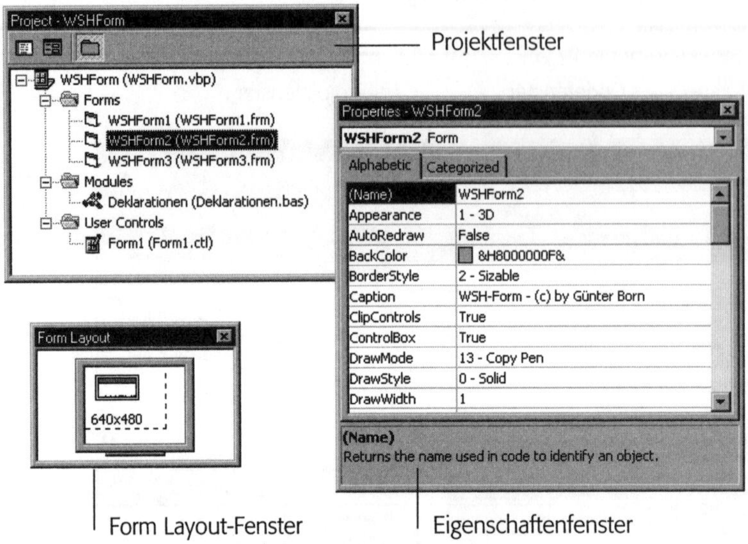

***Abbildung 9.10:** Definitionen für das Formular*

1. Fügen Sie ein neues Formular (Forms-Objekt) über den Befehl *Add Form* im Menü *Project* hinzu.
2. Das Objekt benennen Sie in *WSHForm2* um. Hierzu markieren Sie im Projektfenster den neuen Eintrag *Formx* (wobei *x* für eine fortlaufende Nummer steht). Dann klicken Sie im Eigenschaftenfenster (*Properties xxxx*) auf den Eintrag *(Name)*. Hier wird der Name des (Formular-) Objekts angezeigt. Geben Sie als neuen Objektnamen *WSHForm2* ein (Abbildung 9.10, rechts).
3. Anschließend wählen Sie im Eigenschaftenfenster noch die Eigenschaft *Caption* an. Fügen Sie hier den Text ein, der als Formulartitel erscheinen soll. Bei Bedarf können Sie weitere Eigenschaften (wie z.B. *MaxButton* und *MinButton*) setzen.
4. Wechseln Sie nun zum Fenster *Form Layout* (Abbildung 9.10, links unten). In diesem Fenster zeigt die VB 5 CCE das stilisierte Formular in Bezug auf den Bildschirm. Durch Verschieben des Formularsymbols in diesem Fenster können Sie festlegen, wo später das Formular auf dem Desktop geöffnet wird.
5. Dann ist das Formular gemäß der obigen Vorgabe zu gestalten. Falls das noch leere Formular (welches aber bereits den Titeltext aufweist) nicht zu sehen ist, doppelklicken Sie auf den Eintrag des Formulars im Projektfenster. Anschließend ziehen Sie die gewünschten Steuerelemente zum Formular (Abbildung 9.11).

Zum Einfügen eines Steuerelements klicken Sie auf die betreffende Schaltfläche in der Werkzeugleiste. Dann markieren Sie im Formular die linke obere Position des Steuerelements per Mausklick, ziehen die Maus zur diagonalen Ecke und lassen die linke Maustaste los. Der Layout-Editor fügt das Steuerelement in der gewünschten Größe in das Formular ein. Sie können anschließend die Position und Größe des Steuerelements per Maus anpassen. Die Eigenschaften des gerade markierten Objekts (Steuerelements) setzen Sie im Eigenschaftenfenster. Im Wesentlichen werden Sie wohl die *Caption*-Eigenschaft verändern, da diese die Beschriftungen der Steuerelemente festlegt.

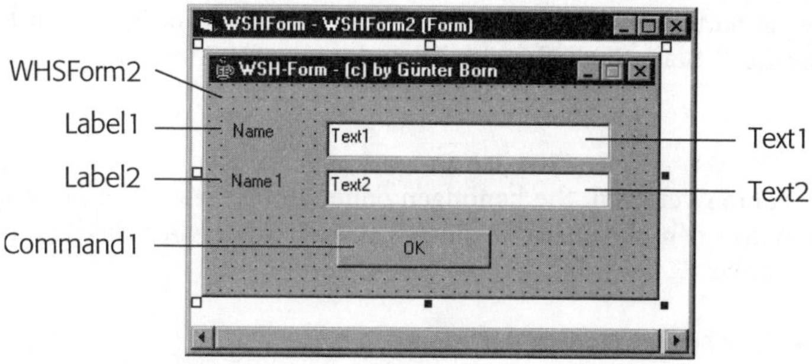

Abbildung 9.11: *Entwurfsfenster des Formulars* WSHForm2

TIPP: Wenn Sie per Maus auf die Schaltflächen der Werkzeugleiste zeigen, blendet die VB 5 CCE den Namen der Funktion (z.B. *Label*) ein. Nachfolgend finden Sie die deutschen und englischen Bezeichnungen der Steuerelemente.

Abbildung 9.11 zeigt die Namen der Steuerelemente (Objekte) im Formular. Das Formular selbst besitzt den Objektnamen *WSHForm2*. Die beiden Wörter »Name« (Objektname *Label1*) und »Name1« (Objektname *Label2*) wurden als Bezeichnungsfelder (englisch *Label*) eingefügt und über die *Caption*-Eigenschaft beschriftet. Die beiden Textfelder (englisch *TextBox*) besitzen die Objektnamen *Text1* und *Text2*. Die Schaltfläche (englisch *CommandButton*) besitzt den Objektnamen *Command1*.

Sobald das Formular mit den Steuerelementen versehen ist, können Sie mit der Definition der Ereignisprozeduren beginnen. Hierzu wählen Sie das Symbol der Schaltfläche im Layoutfenster per Doppelklick an, oder Sie drücken die Funktionstaste F7. Die VB 5 CCE öffnet jetzt das Codefenster und legt automatisch den Rumpf der Ereignisprozedur für die *OK*-Schaltfläche des Formulars an (Abbildung 9.12). Die Prozedur besitzt den Namen des Objekts (hier *Command1*), gefolgt von einem Unterstrich _ und dem Ereignisnamen (hier *Click*). Diese Ereignisprozedur wird aufgerufen, sofern der Benutzer die *OK*-Schaltfläche anwählt (per Mausklick oder über die Eingabetaste). In diesem Fall soll das Formular geschlossen und die Eingaben sollen gespeichert werden.

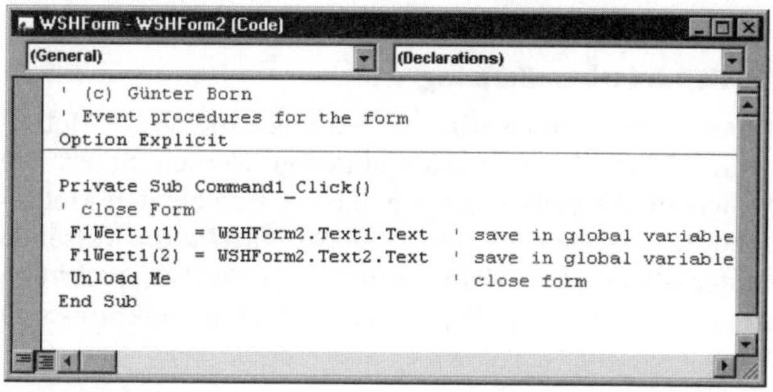

Abbildung 9.12: *Codefenster mit den Ereignisprozeduren*

In Abbildung 9.12 sehen Sie die für diesen Vorgang erforderlichen VB-Anweisungen. Mit der Anweisung:

```
FlWert1(1) = WSHForm2.Text1.Text
```

lesen Sie die Eigenschaft *Text* des Objekts *Text1* aus. Dieses Objekt ist seinerseits ein Unterobjekt des Objekts *WSHForm2*. Im Klartext: Da es sich bei *WSHForm2* um das Formularobjekt handelt, lesen Sie den Inhalt des Textfelds *Text1* (dies war der Name des Steuerelementobjekts, welches wir in den vorherigen Schritten festgelegt hatten). Der Inhalt des Textfelds wird dann in die Feldvariable *F1Wert1(1)* gespeichert. Wozu dies? Beim Schließen des Formulars mit der Anweisung:

```
Unload Me
```

gehen die Werte in den Steuerelementen verloren. Sie benötigen daher globale Variablen, in die Sie die Eingaben speichern können. Mit den obigen Anweisungen sichern Sie folglich die Benutzereingaben und schließen das Formular.

Globale Variablen zum Speichern der Eingabewerte definieren

Es klang bereits im vorherigen Abschnitt an: Sobald das Formular geschlossen wird, gehen die Benutzereingaben verloren. Sie müssen daher einen Mechanismus schaffen, der die Werte der Steuerelemente zumindest während der Lebensdauer der ActiveX-Komponente behält. Hierzu lassen sich globale Variablen einsetzen. Die im vorherigen Abschnitt angegebenen Variable *F1Wert1(x)* ist offensichtlich global (andernfalls hätte der Übersetzer eine Fehlermeldung angezeigt, da im Kopf des Codefensters die Anweisung *Option Explicit* zu sehen ist).

Die Definition einer globalen Variablen ist in der VB 5 CCE aber nicht gerade trivial. Die VB-Dokumentation führt zwar aus, dass eine mit *Public* deklarierte Variable für andere Prozeduren und Module sichtbar ist, dies trifft aber so in der VB 5 CCE nicht zu. Falls Sie beispielsweise eine Variable im Modul *User Control* mit *Public* vereinbaren, können Sie in den anderen Modulen nicht auf diese Variable zugreifen. Sie müssen vielmehr über den Befehl *Project/Add Module* ein neues Modul zum Projekt hinzufügen. Im Codefenster dieses Moduls (welches ich im Beispiel *Deklarationen* genannt habe) tragen Sie folgende Anweisung ein:

```
Public F1Wert1(10) As String
```

Diese Anweisung vereinbart eine Feldvariable *F1Wert1*, die Zeichenketten aufnehmen kann und auf die in allen Modulen zugegriffen werden kann. Über den Index (0 bis 9) können Sie auf die einzelnen Feldelemente zugreifen. Sobald diese Deklaration im Projekt vorhanden ist, kann beispielsweise die Ereignisprozedur *Command1_Click* die Formulareingaben in die Variable speichern.

Implementierung der Methoden für die Formularhandhabung

Um das Formular aus dem WSH-Skript heraus aufrufen zu können, benötigen Sie einige Methoden. Diese sollen jetzt im User Control-Modul *Form1* des Projekts hinterlegt werden. Sofern Sie die vorherigen Abschnitte gelesen haben, wissen Sie vielleicht noch, dass es sich bei den Methoden um nichts anderes als um VB-Prozeduren handelt, die mit dem Attribut *Public* versehen wurden. Sie müssen daher das Codefenster des Moduls *Form1* öffnen (im Projektfenster den Modulnamen per Doppelklick anwählen und dann bei angezeigtem Formular die Funktionstaste F7 drücken).

Als Erstes benötigen wir eine Methode, mit der sich das Formular aus dem WSH-Skript heraus anzeigen lässt. Diese Methode soll als *Form1* bezeichnet werden. Im Codefenster sind dann folgende Anweisungen einzufügen:

```
Public Sub Form1()
 WSHForm2.Text1.Text = "Born"
 WSHForm2.Text2.Text = ""
 WSHForm2.Show (vbModal)
End Sub
```

Die meisten dieser Anweisungen kennen Sie bereits. *Form1()* legt den Namen der Methode fest, die in diesem Fall keine Parameter erwartet. Die ersten beiden Anweisungen bewirken die Initialisierung der beiden Textfelder im Formular. Hierzu wird die Objekthierarchie *WSHForm2* (für das Formularobjekt), *Text1* (für das Textfeld 1) und *Text* (für die Eigenschaft *Text* des Textfelds) auf der linken Seite der Zuweisung angegeben. Auf der rechten Seite steht die Zeichenkette, die dem Feld zuzuweisen ist. Konkret bewirken die obigen Anweisungen, dass das erste Textfeld beim Aufruf des Formulars den Wert »Born« anzeigt, während das zweite Feld leer bleibt.

HINWEIS: Sie müssen die Steuerelemente nicht initialisieren, da die jeweiligen Eigenschaften zur Entwurfszeit im Eigenschaftenfenster mit Vorgabewerten belegt wurden. Diese werden beim Aufruf des Formulars von der Laufzeitumgebung gesetzt. Die obige Methode erlaubt Ihnen aber, die Inhalte der Steuerelemente zu initialisieren. Sie haben sogar die Möglichkeit, im Prozeduraufruf Parameter zu übergeben (z.B. *Public Sub Form1 (Texte() As String)*), in denen die Werte für die Felder übergeben werden. Dann müssen die Werte beim Aufruf der Methode aber als Parameter übergeben werden. Ich habe an dieser Stelle auf diese Funktion verzichtet.

Die letzte Anweisung in obiger Prozedur wendet die *Show*-Methode auf das Formularobjekt *WSHForm2* an. Dies bewirkt die Anzeige des Formulars. Der Parameter der Methode muss dabei auf *vbModal* gesetzt werden, da sonst ein Laufzeitfehler auftritt.

Da die Ereignisprozedur *Command1_Click* im Formular für das Schließen sorgt, brauchen wir an dieser Stelle keine eigene Methode *Close* zu entwerfen. Allerdings möchten Sie mit Sicherheit die Benutzereingaben aus dem WSH-Skript lesen, sobald das Formular geschlossen wird. Hierzu wird die folgende *GetVal*-Methode implementiert:

```
Public Function GetVal (i)
 GetVal = F1Wert1(i)
End Function
```

Die Methode besitzt einen Parameter, der einen Indexwert in das Feld *F1Wert1()* definiert. Bei diesem Feld handelt es sich um eine globale Variable, die die Benutzereingaben enthält. Da mein Beispielprojekt mehrere Formulare enthält, habe ich mich für die Verwendung einer Feldvariablen mit zehn Einträgen entschieden. Um den Wert des Textfelds 1 aus dem Formular *WSHForm2* zu holen, muss der Indexwert 1 beim Aufruf der Methode übergeben werden.

HINWEIS: Mit diesen Vorbereitungen ist die ActiveX-Komponente bereits entworfen. Sie verfügen über ein Formular sowie über die beiden Methoden *Form1* und *GetVal*. Jetzt müssen Sie das Projekt noch in eine ActiveX-OCX-Datei überführen. Hierzu wählen Sie im Menü *File* den Befehl *Make WSHForm.ocx* an. Der Dateiname wird dabei direkt aus den Projektnamen bzw. den Dateinamen abgeleitet, in denen das Projekt abgespeichert wurde (siehe auch ▶ Kapitel 13). Sobald die OCX-Datei vorliegt, können Sie das ActiveX-Element per WSH-Skript nutzen.

So nutzen Sie die ActiveX-Komponente im WSH-Skript

Um das *WSHForm1*-Objekt mit dem in Abbildung 9.8 gezeigten Formular im WSH-Skript zu nutzen, müssen Sie das Objekt laden und die bereitgestellten Methoden aufrufen. Der Zugriff auf die (registrierte) ActiveX-Komponente *WSHForm.ocx* erfolgt durch die folgende VBScript-Anweisung:

```
Set objAdr = WScript.CreateObject("WSHForm.Form1")
```

Als Type-Library wird *WSHForm* angegeben (was unserem Projektnamen entspricht). Aus dieser Bibliothek soll das *Form1*-Objekt geladen werden (dies ist aber genau der Name unseres *User Controls*). Zur Anzeige des Formulars ist lediglich der Aufruf der *Form1*-Methode erforderlich:

```
objAdr.Form1 ()
```

Sobald die Methode beendet wird, können Sie über die *GetVal*-Methode auf die Formulardaten zugreifen:

```
result1 = objAdr.GetVal(1)      ' hole 1. Eingabewert
result2 = objAdr.GetVal(2)      ' hole 2. Eingabewert
```

Die Ergebnisse lassen sich dann mit der *MsgBox*-Funktion direkt anzeigen. Weitere Details sind dem Listing 9.13 zu entnehmen.

```
'************************************************
' File:   Form4.vbs (WSH-Beispiel in VBScript)
' Autor:  Günter Born
'
' Zweck: Demonstiert, wie sich ein Formular per
'        ActiveX-Komponente aus dem WSH nutzen lässt.
'************************************************
Option Explicit

Dim objAdr
Dim result1, result2
Dim Titel, Text

Titel = "WSH-Beispiel Formulareingabe - by G. Born"
Text = "Ihre Eingabe war:" & vbCRLF & vbCRLF

' Erzeuge das ActiveX-Objekt Form1, welches die
' Formulare bereitstellt.

Set objAdr = WScript.CreateObject("WSHForm.Form1")

objAdr.Form1     ' hole erstes Formular

result1 = objAdr.GetVal(1)     ' hole Eingabewert
result2 = objAdr.GetVal(2)     ' hole Eingabewert

' Zeige Ergebnis an
MsgBox Text & result1 & vbCRLF & result2,,Titel

Set objAdr = Nothing    ' Objekt freigeben
'*** Ende
```

Listing 9.16: Form4.vbs

HINWEIS: Sie finden die Beispieldatei *Form4.vbs* auf der Begleit-CD-ROM im Ordner *\Beisp\Kap09*. Die ActiveX-Komponente *WSHForm.ocx* befindet sich auf der Begleit-CD-ROM im Ordner *\Beisp\Kap13\ActiveX\Form*. Für alle Leser, die bevorzugt in JScript programmieren, habe ich die Beispieldatei *Form4.js* im gleichen Ordner hinterlegt. Der Aufbau dieses Skripts entspricht im Wesentlichen dem Listing 9.14. Sie müssen nur die JScript-Syntax in den Anweisungen verwenden. Weiterhin habe ich zur Ausgabe der Benutzereingaben auf die *Echo*-Methode des *WScript*-Objekts zugegriffen. Auf Wunsch können Sie aber die *Popup*-Methode des *Shell*-Objekts verwenden, um die Eingaben anzuzeigen. Außerdem ist die Groß-/Kleinschreibung bei Namen zu beachten und Methodenaufrufe müssen immer eine Klammer für die Parameter aufweisen. Bei parameterlosen Methoden wird eine leere Klammer verwendet. Details entnehmen Sie bitte dem Listing.

Dialogfeld zur Kennworteingabe

Manchmal benötigt man ein Dialogfeld zur Kennwortabfrage. Dialoge mit einer Kennwortabfrage zeichnen sich ja üblicherweise dadurch aus, dass das Feld mit dem Kennwort die Eingaben nicht anzeigt. Vielmehr wird für jedes vom Benutzer eingetippte Zeichen ein Ersatzzeichen (z.B. ein *) ausgegeben. In Abbildung 9.13 sehen Sie ein Formular zur Kennwortabfrage. Dieses besitzt in Anlehnung an den Windows-Anmeldedialog zwei Felder. Das Feld *Name* zeigt die Eingabe unverschlüsselt an, während im Feld *Kennwort* das Sternchen die Eingaben überschreibt.

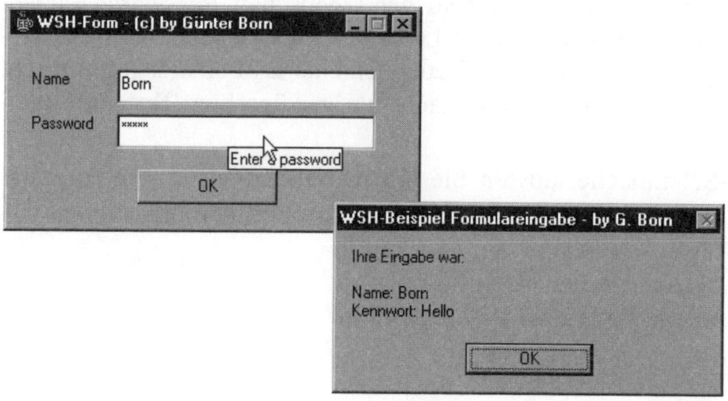

***Abbildung 9.13:** Eingabeformular mit Kennwort*

Der Aufbau dieses Formulars deutet bereits darauf hin, dass dieses aus dem vorherigen Beispiel abgeleitet wurde. Auf den ersten Blick wurde dabei lediglich das Textfeld *Name 1* in *Password* geändert. Ein genauer Blick zeigt aber zwei Feinheiten. Einmal enthält das Textfeld *Password* Sternchen anstelle der Benutzereingaben. Weiterhin wird beim Zeigen auf das Feld ein *QuickInfo*-Text ausgegeben. Offenbar erlauben Formulare die Realisierung einer Reihe sehr interessanter Effekte.

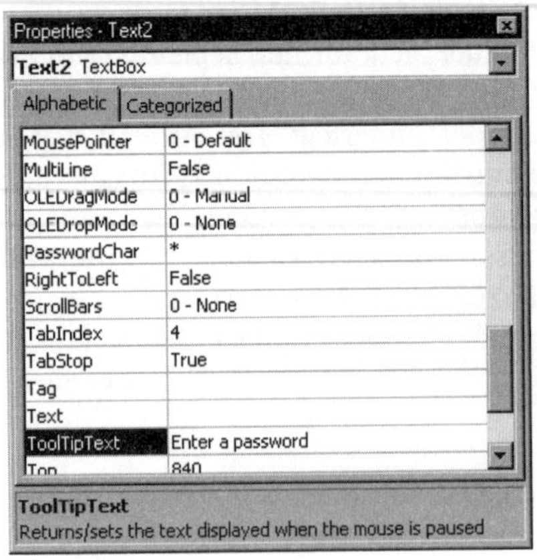

***Abbildung 9.14:** Eigenschaften des Textfelds*

Zum Entwurf des Formulars gehen Sie wie im vorhergehenden Abschnitt beschrieben vor. Als Name für das Formularobjekt wählen Sie *WSHForm3*. Anschließend können Sie die Steuerelemente zum Formular hinzufügen. Beim *Text 2 TextBox* kommt jetzt eine Besonderheit hinzu. Einmal soll dieses zur Kennworteingabe benutzt werden. Außerdem soll das Textfeld mit der *QuickInfo*-Funktion ausgestattet werden. Diese Optionen lassen sich direkt im Eigenschaftenfenster des Steuerelements festlegen. Wählen Sie das Textfeld für das Kennwort im Formularlayout an. Anschließend fügen Sie das Zeichen "*" im Feld der Eigenschaft *PasswordChar* ein (Abbildung 9.14). Das Steuerelement verwendet dann zur Laufzeit dieses Zeichen, um Benutzereingaben zu überschreiben. Der *QuickInfo*-Text eines Steuerelements lässt sich dagegen direkt über die *ToolTipText*-Eigenschaft setzen. Tragen Sie einfach den gewünschten Text im Eigenschaftenfeld ein.

In der Ereignisprozedur der *OK*-Schaltfläche müssen Sie die Anweisungen auf das Formular abstimmen. Die Eingaben im Textfeld müssen ja in die globalen Variablen geschrieben werden. Hierzu verwenden Sie die folgenden Anweisungen:

```
Private Sub Command1_Click()
 FlWert(5) = WSHForm3.Text1.Text
 FlWert(6) = WSHForm3.Text2.Text
 Unload Me
End Sub
```

Gegenüber dem obigen Beispiel hat sich lediglich der Index der globalen Variablen sowie der Name des Formulars geändert.

Im dritten Schritt gilt es jetzt noch, die Methode zum Anzeigen des Formulars im *User Control*-Modul *Form1* zu implementieren. Dies geschieht über die folgenden VB-Anweisungen:

```
Public Sub Passw()
 WSHForm3.Text1.Text = "Born"
 WSHForm3.Text2.Text = ""
 WSHForm3.Show (vbModal)
End Sub
```

Gegenüber dem im vorhergehenden Abschnitt besprochenen Beispiel ändert sich lediglich der Name des Formulars (*WSHForm3*). Sobald Sie jetzt die Definitionen in eine OCX-Datei übersetzen, können Sie diese in einem WSH-Skript verwenden.

HINWEIS: Sie brauchen für dieses Beispiel keine eigene *GetVal*-Methode zu implementieren, falls Sie auf das Projekt aus dem vorhergehenden Abschnitt aufsetzen. Die *GetVal*-Methode wurde so ausgelegt, dass sie Werte mehrerer Formulare lesen kann. Ich habe dieses Beispiel daher ebenfalls im *WSHForm*-Projekt untergebracht. Sie finden alle Projektdateien im Ordner *\Beisp\Kap13\ActiveX\Form* auf der Begleit-CD-ROM. Details zum Umgang mit der VB 5 CCE sind in ▶ Kapitel 13 nachzulesen.

Jetzt gilt es nur noch, ein geeignetes Skript zum Aufruf des Formulars im WSH zu implementieren. Da sich die Methoden dieses Beispiels nicht wesentlich von den Methoden des vorhergehenden Beispiels unterscheiden, habe ich das VBScript-Programm aus dem vorhergehen Skript abgeleitet.

Sobald Sie das Skript im WSH aufrufen, wird das in Abbildung 9.13 (links oben) gezeigte Eingabeformular geöffnet. Benutzereingaben im Kennwortfeld werden mit * überschrieben. Nach dem Schließen des Formulars wird die Eingabe zur Kontrolle in einem Meldungsfeld angezeigt (Abbildung 9.13, rechts unten).

Das Skript benutzt die beiden Variablen *name* und *kennw* als Indexwerte für die *GetVal*-Methode. Die Werte wurden auf 5 und 6 gesetzt. Zur Anzeige des Formulars wird in diesem Beispiel die *Passw()*-Methode benutzt. Ansonsten ergeben sich keine Neuerungen zum vorhergehenden Beispiel. Details zur Implementierung entnehmen Sie dem nachfolgenden Listing.

```
'************************************************
' File:   Passw.vbs (WSH-Beispiel in VBScript)
' Autor:  Günter Born
'
' Zweck: Realisiert eine Kennwortabfrage
'        per ActiveX-Formular im WSH.
'************************************************
Option Explicit

Dim objAdr
Dim result1, result2
Dim Titel, Text
Dim name
Dim kennw

name = 5
kennw = 6

Titel = "WSH-Beispiel Formulareingabe - by G. Born"
Text = "Ihre Eingabe war:" & vbCRLF & vbCRLF

' Erzeuge das ActiveX-Objekt Form1, welches die
' Formulare bereitstellt.

Set objAdr = WScript.CreateObject("WSHForm.Form1")

objAdr.Passw       ' hole Kennwort-Formular

result1 = objAdr.GetVal(name)      ' hole Eingabewert
result2 = objAdr.GetVal(kennw)     ' hole Eingabewert

' zeige Ergebnis
MsgBox Text & "Name: " & result1 & vbCRLF & _
```

```
            "Kennwort: " & result2,,Titel
Set objAdr = Nothing
'*** Ende
```

Listing 9.17: Passw.vbs

HINWEIS: Sie finden die Datei *Passw.vbs* im Ordner *\Beisp\Kap09* auf der Begleit-CD-ROM. Für JScript-Anhänger habe ich die Beispieldatei *Passw.js* im gleichen Ordner hinterlegt.

Ein Universal-WSHForms-Steuerelement

Die Beispiele der vorhergehenden Seiten zeigen, wie sich Formulare per VB 5 CCE entwerfen und dann im WSH nutzen lassen. Für manche Fälle ist es aber zu aufwendig, die Entwicklungsumgebung zu starten, ein Formular zu entwerfen und als ActiveX-Steuerelement anzulegen. Auch bei der Wiederverwendung bestehender Formulare bleibt noch einiges an Arbeit. Daher ist es überlegenswert, eine Art Universalformular für WSH-Skripte zu entwickeln, bei dem sich das Formularlayout in gewissen Grenzen per Skript definieren lässt.

Bei einem *About*-Dialogfeld ließe sich beispielsweise der Text und ggf. ein Symbol angeben. Oder bei einem einfachen Anmeldedialog können Sie den Titeltext sowie die Benennung der Eingabefelder per Skript setzen. Mit dem Wissen aus den vorhergehenden Abschnitten sollte sich mit Hilfe der VB 5 CCE ein entsprechendes ActiveX-Modul erstellen lassen. Sie finden die betreffenden Dateien auf der CD-ROM im Ordner *\Beisp\Kap13\ActiveX\WSHForms*. Sie müssen das betreffende Steuerelement (*WSHForms.ocx*) registrieren, bevor Sie dieses per WSH-Skript nutzen können. Anschließend können Sie auf die Methoden des Formularobjekts zugreifen, um die Dialoge anzuzeigen. Nachfolgend werden entsprechende Beispielskripte vorgestellt.

Entwurf des *WSHFormEx.FormEx*-Objekts

Das ActiveX-Steuerelement *WSHFormEx* soll per VB 5 CCE als User Control *FormEx* und mit den beiden Formularen *WSHForm1* und *WSHForm2* implementiert werden. Abbildung 9.15 zeigt das VB 5 CCE-Projektfenster.

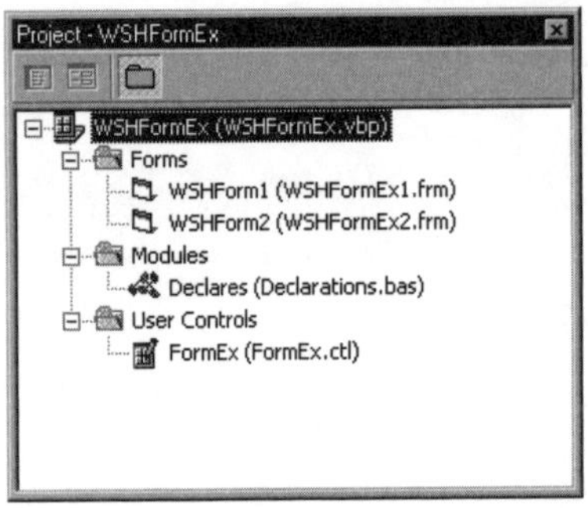

Abbildung 9.15: *VB 5 CCE-Projektfenster*

Mit den in Abbildung 9.15 gezeigten Namenskonventionen lässt sich das Objekt aus einem VBScript folgendermaßen ansprechen:

```
Dim objAdr
Set objAdr = WScript.CreateObject("WSHFormEx.FormEx")
```

In JScript ist folgende Anweisung zu verwenden:

```
var objAdr = WScript.CreateObject("WSHFormEx.FormEx");
```

Sobald eine Objektinstanz angelegt wurde, können Sie die Objektvariable *objAdr* zum Zugriff auf die Methoden und Eigenschaften nutzen.

Implementierung der *About*-Methode

Diese Methode aktiviert ein *About*-Dialogfeld, welches den in Abbildung 9.16 gezeigten Aufbau aufweist. Das Formular enthält zwei Bezeichnungsfelder (Labels) mit den Control-Namen *Label1* und *Label2*, sowie ein Symbol und eine *OK*-Schaltfläche.

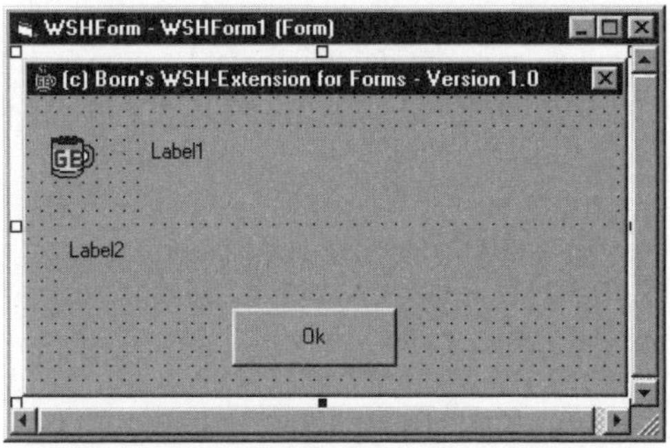

Abbildung 9.16: *Das About-Formular*

Zum Aufruf des Dialogfelds muss das Skript die Methode folgendermaßen aufrufen:

```
objAdr.About(Param1)
```

Die Methode erwartet einen Parameter, der ein Feld (Array) sein muss. In diesem Feld wird der Aufbau des *About*-Dialogs definiert. Ein WSH-Skript kann folgenden Code verwenden:

```
Dim Param1
Param1 = array ("")
Set objAdr = WScript.CreateObject("WSHFormEx.FormEx")
objAdr.About (Param1) ' Aufruf des About-Dialogs
```

Hier wird das Feld *Param1* mit einer leeren Zeichenkette "" implementiert. Erkennt die Methode diese leere Zeichenkette, wird das in Abbildung 9.17 gezeigte Dialogfeld verwendet.

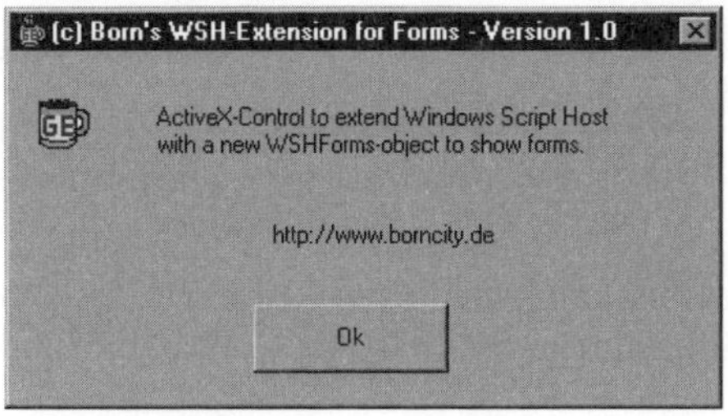

Abbildung 9.17: *Basis-About-Dialog*

Vermutlich werden Sie als Skriptprogrammierer aber Ihr eigenes *About*-Dialogfeld gestalten wollen (was ja Ziel des Projekts war). Hierzu müssen Sie im Feld *Param* lediglich die richtigen Parameter gemäß folgender Tabelle an die Methode übergeben.

Element	Bemerkungen
array(0)	Zeichenkette, die den Titeltext festlegt
array(1)	Zeichenkette, definiert den Text für Label 1 (rechts neben dem Symbol).
array(2)	Zeichenkette, definiert den Text für Label 2 (unter dem Symbol).
array(3)	Pfad zu einer Symboldatei (Formate: bmp, ico, gif)

Tabelle 9.1: *Parameter zur Anzeige der* About-*Methode*

Das Feld darf dabei ein, zwei, drei oder vier Einträge aufweisen, um das Dialogfeld anzupassen. Wird ein Parameter weggelassen, setzt die Methode einen Standardwert ein. Der folgende Code setzt nur den Formulartitel:

```
Dim Param1
Param1 = array ("Hallo Welt")
Set objAdr = WScript.CreateObject("WSHFormEx.FormEx")
objAdr.About (Param1)
```

Zur Implementierung dieser Funktionalität muss dem Steuerelement eine neue Funktion hinzugefügt werden. Wir können die *Form_Load*-Ereignisprozedur verwenden, um die Steuerelemente während des Formularaufrufs zu initialisieren. Die Prozedur enthält folgenden Code.

```
Private Sub Form_Load()
 Me.Caption = "(c) Born's WSH-Extension for Forms - Version 1.0"
 Label1.Caption = _
       "ActiveX-Control to extend Windows Script Host" + vbCrLf + _
       "with a new WSHForms-object to show forms."

 Label2.Caption = space(30) & "http://www.borncity.de"
End Sub
```

Me ist dabei das Formularobjekt. Mit *Me.Caption* manipulieren Sie die Eigenschaft *Caption* des Formulars, d.h. Sie setzen den Titeltext. Das Formular wird über die *OK*-Schaltfläche geschlossen. Dieser Schaltfläche wird die Ereignisprozedur *Command1_Click* zugeordnet, die das Formular schließt. Hierzu wird folgender Code verwendet:

```
Private Sub Command1_Click()
 Unload Me
End Sub
```

Die Ereignisprozeduren sind im Modul *WSHForm1* hinterlegt. Nachdem diese Ereignisbehandlung erledigt ist, müssen wir noch die *About*-Methode selbst implementieren (diese wird ja vom WSH-Skript aufgerufen). Die Methode stellt eine VB-Prozedur im *Form1* User Control dar und enthält folgenden Code:

```
Public Sub About(ByRef xVal())
' Zeige WSHForm1 mit About-Dialog
' Inhalt des des Formulars abhängig vom Wert in xVal().
On Error GoTo Error1
 If UBound(xVal()) >= 3 Then _
  If xVal(3) <> "" Then _
   WSHForm1.Picture1.Picture = LoadPicture(xVal(3))

 If UBound(xVal()) >= 2 Then _
  If xVal(2) <> "" Then WSHForm1.Label2 = xVal(2)

 If UBound(xVal()) >= 1 Then _
  If xVal(1) <> "" Then WSHForm1.Label1 = xVal(1)

 If UBound(xVal()) >= 0 Then _
   If xVal(0) <> "" Then WSHForm1.Caption = xVal(0)

 WSHForm1.Show (vbModal)   ' Zeige About-Dialog
 Exit Sub
Error1:
 MsgBox "Error: " & Err.Number & " " & Err.Description, _
       vbOKOnly, "WSHForm - About-Methode"
End Sub
```

Da das rufende Programm ein Feld mit verschiedenen Parametern übergibt, ist der Parameter als *ByRef* zu vereinbaren. Dann übergibt der WSH die Adresse des Feldes, welches die Definition für die Struktur des *About*-Dialogs aufweist. Die Parameter werden über einfache IF-Abfragen abgeprüft:

```
If UBound(xVal()) >= 0 Then _
   If xVal(0) <> "" Then WSHForm1.Caption = xVal(0)
```

UBound prüft die obere Indexgrenze für das Feld. Ist der Wert größer 1, liegt das Feldelement 0 vor. Dann wird eine Prüfung auf das zweite Feldelement ausgeführt. Ist das Element vorhanden und enthält dieses keine leere Zeichenkette, wird das betreffende Steuerelement mit dem Wert versehen (hier die Titelzeile).

Ähnliche Anweisungen werden dann zur Auswertung der restlichen Parameter benutzt. Abschließend noch ein Spezialfall: Das Dialogfeld kann ein Symbol in der linken oberen Ecke aufweisen. Gemäß Tabelle 9.1 kann der Pfad zu einer Grafikdatei übergeben werden. Die Methode muss dann den Namen der Grafikdatei auswerten und die Grafik laden. Dies wird mit der folgenden Anweisung erledigt:

```
WSHForm1.Picture1.Picture = LoadPicture(xVal(3))
```

Die Visual Basic *LoadPicture* Funktion lädt eine Grafikdatei, die als Parameter angegeben wurde. Dann wird das Bild dem Steuerelement im Formular zugewiesen. Dieses Steuerelement fungiert als Container für Grafikdateien (und ist ein Unterobjekt des *WSHForm1*-Objekts).

HINWEIS: Weitere Details sind dem *WSHForm* Projekt im Ordner *\Beisp\Kap13\ActiveX\WSHForms* zu entnehmen.

Ein VBScript-Beispiel zur Nutzung der *About*-Methode

In einem kleinen Beispiel soll die Anwendung der *About*-Methode demonstriert werden. Ein VBScript-Programm ruft diese Methode auf, um einen Standarddialog sowie zwei angepasste Dialoge wiederzugeben. Dabei kommen Texte und Grafiken zum Einsatz. Sie können mit diesem Ansatz sowohl Informationsfenster zur Anzeige einer Softwareversion als auch Hilfefenster, die dem Benutzer kurze Text anzeigen, realisieren. In Abbildung 9.18 sehen Sie einige Beispieldialoge, die durch das Skriptprogramm ausgegeben werden. Zur Gestaltung des Dialogs lässt sich ein Feld mit folgenden Konstanten definieren:

```
Param2 = array ("Borns Input Form Version 1.0", _
               "About: WSHForm.ocx ist ein ActiveX-Control", _
               "Erlaubt Formulare in WSH-Skripts", _
               "")
```

Das vierte Feldelement lässt sich verwenden, um den Pfad und den Namen einer Symboldatei zu übergeben. Sie können einen absoluten Pfad angeben. Dies birgt aber das Risiko, dass beim Verschieben der Grafikdateien das Symbol nicht mehr gefunden wird. Daher bevorzuge ich es, die Grafikdateien im Skriptordner oder in dessen Unterordner (z.B. *\Images*) zu hinterlegen. Dann lässt sich der Pfad zum Skriptordner mit der benutzerdefinierten Funktion *GetPath()* ermitteln und der Dateiname anhängen.

```
Param2(3) = GetPath() & "Image\Tools.bmp"
```

Verschieben Sie das Skript samt Grafikdatei auf ein anderes Laufwerk, funktioniert das Skript auch weiterhin.

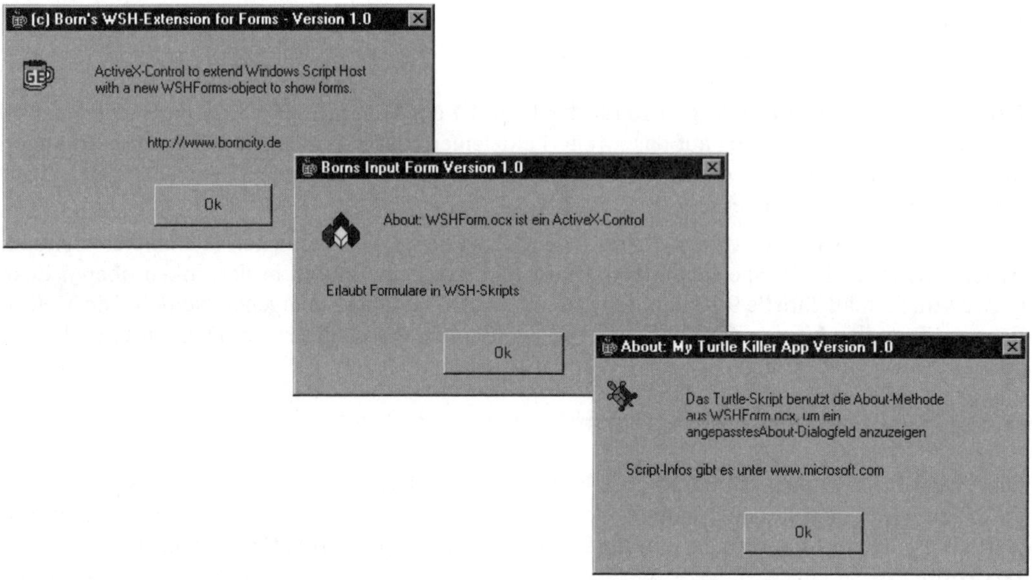

***Abbildung 9.18:** Beispieldialoge der* About-*Methode*

Die in Abbildung 9.18 gezeigten Beispieldialoge werden durch das nachfolgende Listing erzeugt.

```
'**********************************************
' File:    About1.vbs (WSH Beispiel in VBScript)
' Autor:   Günter Born
'
' Demonstriert die Anwendung des About-Dialogs.
' Benötigt WSHFormEx.ocx
'
'**********************************************
Option Explicit

Dim objAdr
Dim Param1, Param2, Param3

' Init Formular
'   Caption Form
'   Caption Label1
'   Caption Label2
'   Pfad zur Symboldatei (bmp, ico, gif)

Param1 = array ("")
Param2 = array ("Borns Input Form Version 1.0", _
                "About: WSHFormEx.ocx ist ein ActiveX-Control", _
                "Erlaubt Formulare in WSH-Skripts", _
                "")

Param3 = array ("About: My Turtle Killer App Version 1.0", _
                "Das Turtle-Skript benutzt die About-Methode" _
                & vbCRLF & "aus WSHForm.ocx, um ein angepasstes" _
                & "About-Dialogfeld anzuzeigen", _
                "Script-Infos gibt es unter www.microsoft.com", _
                "")

' Pfad zur Grafikdatei (im Skriptunterordner \Image)
Param2(3) = GetPath() & "Image\Tools.bmp"
Param3(3) = GetPath() & "Image\BTurtle.gif"

' Erzeuge Objekt für Formular
Set objAdr = WScript.CreateObject("WSHFormEx.FormEx")

objAdr.About (Param1)       ' Standard About-Dialog

objAdr.About (Param2)       ' angepasster About-Dialog

objAdr.About (Param3)       ' angepasster About-Dialog
'###################
Function GetPath()
' *** Hole Skriptpfad ***
 Dim path
 path = WScript.ScriptFullName
 GetPath = Left(path, InstrRev(path, "\"))
End Function
' End
```

Listing 9.18: About1.vbs

HINWEIS: Die Datei *About1.vbs* finden Sie im Ordner *\Beisp\Kap09*. Die Grafiken liegen im Unterordner *\Image*. Die *About*-Methode lässt sich allerdings nicht in JScript verwenden, da es einen Typkonflikt bei der Übergabe des Feldes an die Methode gibt. Dies liegt daran, dass in JScript Felder anders als in VBScript und in Visual Basic aufgebaut sind. Falls Sie die Methode doch in JScript nutzen möchten, müssen Sie die Array-Daten so aufbereiten, dass diese im VB-Format vorliegen. Hierzu gibt es zwar Hilfsroutinen (z.B. von Drittherstellern), aus Aufwandsgründen habe ich aber bisher auf diese Lösung verzichtet. Die Datei *WSHFormEx.ocx* finden Sie auf der Begleit-CD-ROM im Ordner *\Beisp\Kap13\ActiveX\WSHForms*.

Implementierung der *TxtInput*-Methode

Diese Methode zeigt einen Eingabedialog, der gemäß Abbildung 9.19 aufgebaut ist. Das Formular enthält zwei Eingabefelder und eine *OK*-Schaltfläche.

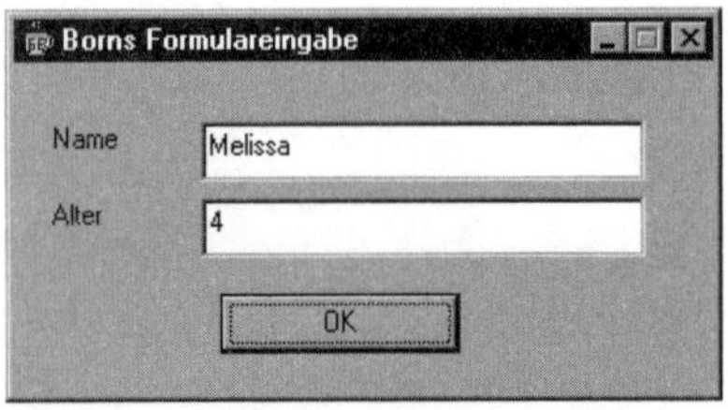

Abbildung 9.19: *Eingabedialog*

Um dieses Formular aufzurufen, verwenden Sie die *TxtInput*-Methode:

```
objAdr.TxtInput(Param1)
```

Auch bei dieser Methode wird ein Feld als Parameter übergeben. Im Feld definieren Sie das Aussehen des Formulars. Die Grundelemente wie zwei Textfelder und eine *OK*-Schaltfläche sind zwar fest vorgeben, über die Parameter können Sie aber verschiedene Formulareigenschaften beeinflussen.

Element	Bemerkung
array(0)	Titeltext des Formulars.
array(1)	Bezeichnungsfeldtext für *Label 1.*
array(2)	Bezeichnungsfeldtext für *Label 2.*
array(3)	Wert Textfeld 1.
array(4)	Wert Textfeld 2.
array(5)	Zeichen bei Kennworteingaben (z.B. "*").

Tabelle 9.2: *Parameter der* TxtInput-*Methode*

Der sechste Parameter definiert ein optionales Zeichen, welches bei einer Kennworteingabe die eingetippten Daten überschreibt. Sobald Sie beispielsweise ein Sternchen (*) angeben, wird dieses Zeichen bei jeder Eingabe in das untere Textfeld erscheinen. Die Parameter erlauben Ihnen, das Formular direkt per WSH-Skript in gewissem Umfang anzupassen.

```
Dim Param, result1, result2
Param = array ("Borns Eingabedialog ", _
             "Name", "Alter", "Hallo", "4")
Set objAdr = WScript.CreateObject("WSHFormEx.FormEx")
objAdr.TxtInput (Param)  ' Formular aufrufen
result1 = objAdr.GetVal(1)     ' Eingabe 1
result2 = objAdr.GetVal(2)     ' Eingabe 2
```

Die *GetVal()*-Methode erlaubt Ihnen, die Eingaben in den Textfeldern zurückzulesen. Als Parameter wird der Wert 1 oder 2 zur Auswahl des Feldes übergeben. Wir hatten diese Technik bereits weiter oben in einem Beispiel kennen gelernt. Die Implementierung der *TxtInput*-Methode erfolgt auf ähnliche Weise wie die bereits vorgestellte *About*-Methode:

```
Public Sub TxtInput(ByRef xVal())
' Formular mit zwei Textfeldern anzeigen, setze Werte
' abhängig vom xVal() Parameter
Const xCaption = 0
Const xLabel1 = 1
Const xLabel2 = 2
Const xText1 = 3
Const xText2 = 4
Const xText2a = 5
 If UBound(xVal) < 4 Then
  MsgBox "Error: Missing parameters in TxtInput-Method"
  Exit Sub
 End If

 WSHForm2.Caption = xVal(xCaption)        ' initialisiere
 WSHForm2.Label1.Item(0) = xVal(xLabel1)
 WSHForm2.Label2.Item(1) = xVal(xLabel2)
 WSHForm2.Text1.Text = xVal(xText1)
 WSHForm2.Text2.Text = xVal(xText2)

 If UBound(xVal()) > 4 Then _
  WSHForm2.Text2.PasswordChar = xVal(xText2a)

 WSHForm2.Show (vbModal)       ' Formular anzeigen
End Sub
```

HINWEIS: Weitere Hinweise entnehmen Sie dem Quellcode, den Sie im VB-Projekt im Ordner *\Beisp\Kap13\ActiveX\WSHForms* finden.

Ein VBScript-Beispiel zum Aufruf der *TxtInput*-Methode

Das folgende VBScript-Beispiel benutzt die *TxtInput*-Methode, um zwei Eingabedialoge mit und ohne Kennworteingabe anzuzeigen (Abbildung 9.20).

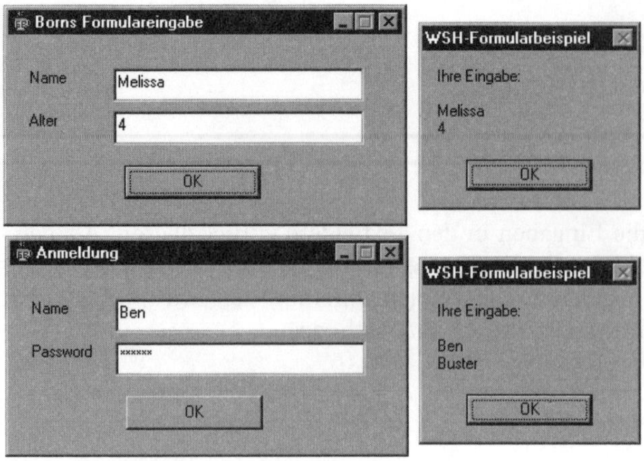

***Abbildung 9.20:** Beispiele für Formulareingaben*

Das VBScript-Programm definiert die beiden Felder *Param1* und *Param2* mit entsprechenden Konstanten. In *Param2* wird dabei der sechste Parameter auf "*" gesetzt, um eine Kennworteingabe zu erreichen. Weitere Details entnehmen Sie bitte dem folgenden Listing.

```
'************************************************
' File:    Form5.vbs (WSH Beispiel in VBScript)
' Author:  Günter Born
'
' Formulareingabe im WSH per ActiveX-Control.
' Benötigt WSHFormEx-ActiveX-Control.
'************************************************
Option Explicit

Dim objAdr
Dim Param1, Param2
Dim result1, result2
Dim Title, Text

Title = "WSH-Formularbeispiel"
Text = "Ihre Eingabe:" & vbCRLF & vbCRLF

' Init Formular über Parameter
'   Caption Form
'   Caption Label1
'   Caption Label2
'   Value Textbox1
'   Value Textbox2
Param1 = array ("Borns Formulareingabe", _
                "Name", "Alter", "Melissa", "4")
Param2 = array ("Anmeldung", _
                "Name", "Password", "Ben", "", "*")

' Erzeuge Objekt (über ActiveX-Control)
Set objAdr = WScript.CreateObject("WSHFormEx.FormEx")

objAdr.TxtInput (Param1)  ' Erstes Formular

' Hole Eingaben
```

```
result1 = objAdr.GetVal(1)      ' Wert 1
result2 = objAdr.GetVal(2)      ' Wert 2

' Zeige Eingaben
MsgBox Text & result1 & vbCRLF & result2,,Title

objAdr.TxtInput (Param2)  ' Passwort-Formular

' Hole Eingaben
result1 = objAdr.GetVal(1)      ' Wert 1
result2 = objAdr.GetVal(2)      ' Wert 2

' Zeige Ergebnisse
MsgBox Text & result1 & vbCRLF & result2,,Title

Set objAdr = Nothing    ' Objekt freigeben
' Ende
```

Listing 9.19: Form5.vbs

HINWEIS: Die Beispieldatei *Form5.vbs* finden Sie im Ordner *\Beisp\Kap09*. Auch hier ist eine Anwendung in JScript wegen der Array-Unkompatibilität nicht möglich. Die Datei *WSHFormEx.ocx* finden Sie im Ordner *\Beisp\Kap13\ActiveX\WSHForms.*

Anzeigeelemente

In den beiden vorhergehenden Abschnitten haben Sie gesehen, wie Sie mit dem richtigen Know-how Formulare per Internet Explorer oder mit ActiveX-Komponenten realisieren können. Daher möchte ich Ihnen jetzt noch einige nette Tricks zeigen, die Ihnen die Nutzung weiterer Anzeigeelemente erlauben. Mit etwas Know-how lassen sich Fortschrittsanzeigen, Balkendiagramme oder sogar dynamische Grafiken per WSH-Skript erzeugen. Mit Dynamic HTML (DHTML) ist dies mit wenigen Anweisungen möglich.

Fortschrittsanzeigen als Herausforderung

Vielleicht wünschen Sie sich manchmal eine Fortschrittsanzeige, wie sie bei längeren Operationen in Windows Standard ist. WSH bietet hier leider nichts. Aber mit etwas Experimentieren habe ich zwei Lösungen gefunden.

Lösung 1: Mit ActiveX-Control

Windows 9x und Windows 2000 enthalten intern die Common Controls-Bibliothek, die eine Fortschrittsanzeige bietet. Dieses Steuerelement lässt sich aus Anwendungen heraus nutzen. Leider können Sie per WSH nicht direkt auf dieses Steuerelement zugreifen. Auf vielen Windows-Systemen ist aber die Microsoft-Datei *MSComCtl.ocx* installiert. Diese Datei stellt geeignete Objekte bereit. Problem: Auch diese Objekte können nicht in WSH-Skripten angezeigt werden, da die Steuerelemente ein Fenster benötigen. Aber Sie haben die Möglichkeit, mit FrontPage etc. eine HTML-Seite zu entwerfen, die die Fortschrittsanzeige als ActiveX-Control enthält. Der nachfolgende HTML-Code zeigt die Einbindung des betreffenden Steuerelements.

```
<html>
<head>
<script language="VBScript">
 Sub init()
  P1.value = 50
 End Sub
</script>
</head>
<body onload="init">
<object classid='clsid:35053A22-8589-11D1-B16A-00C0F0283628'
height='20' width='260' id='P1'>
</object>
</body>
</html>
```

Listing 9.20: Progressbar.htm

Das Steuerelement wird durch die Tags *<object> ...</object>* im HTML-Dokument eingebunden. Das Objekt lässt sich über den *clsid*-Code auswählen, wobei dieser auf der Zielmaschine registriert sein muss. Die Größe der Fortschrittsanzeige legen die Attribute *height* und *width* fest. Das Attribute *id* ist erforderlich, um das Objekt ggf. in Skripten zu identifizieren.

Der Skriptcode innerhalb des HTML-Beispiels ist optional. Er setzt den Anzeigewert des Elements auf 50, da sonst eine leere Fortschrittsanzeige erscheint. Die Prozedur wird über das *onload*-Ereignis des *<body>*-Tag aufgerufen. Die Prozedur setzt den Wert der Fortschrittsanzeige auf:

```
P1.value = 50
```

P1 ist dabei der Objektname, der über das Attribut *id* des *<object>*-Tag definiert wurde. *Value* ist dabei eine Eigenschaft des Objekts der Fortschrittsanzeige.

WICHTIG: Das Dokument lässt sich nur im Internet Explorer (ab 5.x) anzeigen. Unter Windows 98 mit Internet Explorer 4.0 habe ich dagegen Laufzeitfehler erhalten, dass *P1.value* unbekannt sei.

ClassID und Version

Falls Sie mit Werkzeugen wie FrontPage oder FrontPage Express arbeiten, lässt sich die Fortschrittsanzeige sehr einfach über ein Listenfeld auswählen. Das Programm übernimmt dann automatisch alle relevanten Parameter aus der Registrierung und setzt diese im HTML-Code ein. Leider gibt es zwei Versionen des Steuerelements: Microsoft Windows Common Controls 5.0 (SP2) und Microsoft Windows Common Controls 6.0. Microsoft Windows Common Controls 5.0 (SP2) benutzt den *ClassID*-Code 0713e8d2-850a-101b-afc0-4210102a8da7 während Microsoft Windows Common Controls 6.0 den *ClassID*-Code 35053A22-8589-11D1-B16A-00C0F0283628 verwendet.

Bei Versuchen musste ich jedoch feststellen, dass das Steuerelement nicht auf allen Maschinen funktioniert. Daher habe ich ein HTML-Dokument erzeugt, welches beide Steuerelemente einbindet. Auf einem meiner Windows 98-Systeme funktioniert die Sache, während das Microsoft Windows Common Control 5.0 (SP2) in Windows 2000/XP nicht angezeigt wird.

Die Fortschrittsanzeige aus VBScript aufrufen

Nachdem bekannt ist, wie sich eine Fortschrittsanzeige per HTML-Dokument erzeugen lässt, wäre es hilfreich, diese Anzeige per WSH-Skript ansprechen zu können. Aus den Beispielen des ersten Abschnitts in diesem Kapitel wissen Sie, dass Sie über das Objektmodell des Internet Explorers auf die Elemente eines Dokuments zugreifen können. Daher besteht auch die Möglichkeit, die HTML-Seite per Skript aufzurufen und dann die Anzeige zu verändern. Abbildung 9.21 enthält ein Beispiel für die Verwendung der Fortschrittsanzeige.

Abbildung 9.21: *Fortschrittsanzeige*

Im linken Fenster sind zwei Fortschrittsanzeigen zu sehen, die durch die unterschiedlichen ActiveX-Controls realisiert wurden. Unter Windows 2000 bzw. XP wird die oberste Anzeige (Version 5.0 des Steuerelements) vermutlich nicht funktionieren. Das rechte Dialogfeld wird durch das WSH-Skript erzeugt. Klicken Sie auf die *OK*-Schaltfläche, erhöht das Skript den Anzeigewert.

Die Implementierung des VBScript-Programm ist kein großes Problem. Die meisten Techniken sind bereits aus vorhergehenden Beispielen bekannt. Das Skript kann eine externe HTML-Seite aufrufen oder die HTML-Tags direkt per *writeln*-Methode in das Dokumentfenster des Internet Explorers laden. Hier möchte ich jedoch eine dritte Variante präsentieren. Der Microsoft Internet Explorer erlaubt Ihnen direkt in der *Adress*-Symbolleiste HTML-Anweisungen einzutippen, die anschließend im Browserfenster angezeigt werden. Tippen Sie:

```
About:<html>Hallo Welt</html>,
```

erscheint der Text »Hallo Welt« im Dokumentbereich. Daher wird ein etwas modifiziertes Verfahren zur Erzeugung der HTML-Seite per WSH-Skript genutzt. Die folgenden Anweisungen definieren eine Zeichenkette, die den gesamten HTML-Code enthält. Anschließend wird diese als URL angegeben. Das Ganze wird in einer Prozedur untergebracht:

```
Sub MakeBar ()
' Internet Explorer starten, Seite erzeugen,
' Control einbinden
Dim html
' HTML-Code
html = "<html><head><title>Fortschrittsanzeige</title></head>" & _
       "<body bgcolor='silver'>" & _
       "<b><div id='T2'>Value: 0</div></b>" & _
       "<object classid='clsid:0713e8d2-850a-101b-afc0-4210102a8da7' " & _
       "height='20' width='260' id='P1'></object>" & _
       "<object classid='clsid:35053A22-8589-11D1-B16A-00C0F0283628' " & _
       "height='20' width='260' id='P2'></object>" & _
       "</body></html>"

' *** Internet Explorer starten ***
Set oIE = WScript.CreateObject("InternetExplorer.Application")
  oIE.left=50            ' Fensterposition
```

```
  oIE.top = 100          ' etc.
  oIE.height = 150
  oIE.width = 320
  oIE.menubar = 0        ' Menü ausblenden
  oIE.toolbar = 0
  oIE.statusbar = 0
  oIE.navigate "about:" & html ' Formular
  oIE.visible = 1        ' Fenster sichtbar

' Warte, bis IE fertig
  Do While (oIE.Busy)
  wscript.sleep 50 'suspend
  Loop
End Sub
```

Beachten Sie, dass im HTML-Code der *<object>*-Tag für beide Versionen des Steuerelements untergebracht ist. Auf Ihren Maschinen werden Sie sich vermutlich für eine Version entscheiden und den anderen <object>-Tag entfernen.

Nun benötigen wir noch Zugriff auf die Objekte des HTML-Dokuments aus einem WSH-Skript. Sie wissen bereits aus vorhergehenden Beispielen, dass sich über das *Application*-Objekt des Internet Explorers auf das *Document*-Objekt zugreifen lässt. Die Objekte (sprich: die Tags) innerhalb des Dokuments liegen dann als Auflistung vor. Mit *all(0)* erreichen Sie das erste Element im Dokument. Wir haben daher die Möglichkeit, auf HTML-Elemente über die folgende Objekthierarchie zuzugreifen:

```
oIE.Document.all
```

Der *<object>*-Tag enthält ein *id*-Attribut, welches einen eindeutigen Objektnamen im HTML-Dokument definiert. Der Name erlaubt einen direkten Zugriff auf das Objekt:

```
oIE.Document.all.P1.value = 50  ' 50 %
oIE.Document.all.P2.value = 50
```

P1 ist hier der Objektname des ersten Steuerelements, *value* ist eine Eigenschaft. Die obigen Anweisungen setzen den Wert der Fortschrittsanzeige. Im HTML-Code habe ich folgende Struktur verwendet:

```
<div id='T2'>Value: 0</div>
```

Der <div>-Tag wird benutzt, um Teile des HTML-Dokuments zu markieren und einen Objektnamen (hier *T2*) per *id*-Attribut zuzuweisen. Daher können Sie mit folgender Anweisung:

```
oIE.Document.all.T2.InnerHTML= "Wert: " & x
```

den Inhalt des mit *<div>* ... *</div>* markierten HTML-Bereichs aktualisieren. Auf diese Weise lässt sich der aktuelle Wert im Dokument einblenden.

Die Anweisungen nutzen also die Objekthierarchie *oIE.Document.all*, wobei dieser Ausdruck mehrfach im Skript vorkommt. In VBScript 5.x können Sie die *Do With*-Anweisungen verwenden, um ein Objekt vorzugeben.

```
With oIE.Document.all
  .P1.value = 50
  .P2.value = 50
  .T2.InnerHTML= "Wert: " & x
End With
```

Dies spart nicht nur Schreibarbeit, sondern optimiert auch den Code. Nachfolgend finden Sie das komplette Listing, mit dem die Fortschrittsanzeige erzeugt wird. Das Beispiel erzeugt die Anzeige und erlaubt Ihnen über ein zweites Dialogfeld die Anzeige schrittweise anzupassen. Wird der Grenzwert von 100% erreicht, sorgen zwei Schleifen für eine Simulation, bei der die Anzeige automatisch ihre Werte ändert.

Die Prozedur *MakeBar* erzeugt das Browserfenster, die globale Variable *oIE* enthält die Objektreferenz zum Internet Explorer und die Prozedur *Progress()* verändert den Wert der Anzeige. Der erste Parameter in *Progress* enthält den eigentlichen Wert, während die beiden folgenden Parameter das Minimum und das Maximum angeben. Details entnehmen Sie bitte dem folgenden Listing.

```
'************************************************
' File:   ProgressBar.vbs (WSH Beispiel in VBScript)
' Autor:  Günter Born
'
' Benutzt den Internet Explorer zur Anzeige einer
' Fortschrittsanzeige (über MSComCtl.ocx).
'************************************************
Option Explicit
On Error Resume Next
Const min = 0
Const max = 100
Const Title= "Fortschrittsanzeige"
Dim oIE
Dim valx, k, i

MakeBar      ' Erzeuge IE-Fenster mit Fortschrittsanzeige

 valx = 0
' Wiederholung, bis Maximum erreicht ist.
 Do
  Progress valx, min, max ' Anzeige ändern
  MsgBox "Wert " & valx, vbOkOnly, Title
  valx = valx + 10  ' nächster Schritt
 Loop While (valx < 110)

' Jetzt noch einige Beispiele, die die Anzeige
' automatisch ändern.
 For k = 1 to 3
  For i = 0 to 100
   Progress i, min, max
  Next

  For i = 100 to 0 Step -1
   Progress i, min, max
  Next
 Next
```

```
 MsgBox "Fertig"
 oIE.Quit         ' Internet Explorer schließen

Sub MakeBar ()
' Internet Explorer starten, Seite erzeugen,
' Control einbinden
Dim html
' HTML-Code
html = "<html><head><title>Fortschrittsanzeige</title></head>" & _
       "<body bgcolor='silver'>" & _
       "<b><div id='T2'>Value: 0</div></b>" & _
       "<object classid='clsid:0713e8d2-850a-101b-afc0-4210102a8da7' " & _
       "height='20' width='260'ID='P1'></OBJECT>" & _
       "<object classid='clsid:35053A22-8589-11D1-B16A-00C0F0283628' " & _
       "height='20' width='260' id='p2'></object>" & _
       "</body></html>"

' *** Internet Explorer starten ***
Set oIE = WScript.CreateObject("InternetExplorer.Application")
  oIE.left=50              ' Fensterposition
  oIE.top = 100            ' etc.
  oIE.height = 150
  oIE.width = 320
  oIE.menubar = 0          ' Menü ausblenden
  oIE.toolbar = 0
  oIE.statusbar = 0
  oIE.navigate "about:" & html ' Formular
  oIE.visible = 1          ' Fenster sichtbar

' Warte bis IE fertig
  Do While (oIE.Busy)
  wscript.sleep 50
  Loop
End Sub

Sub Progress(ByVal x, min, max)
' Max. 100 Schritte
On Error Resume Next
 With oIE.Document.all
  If x < min Then x = min
  If x > max Then x = max

' Wert berechnen
  .P1.value = 100 * x / (max - min)
  .P2.value = 100 * x / (max - min)
' Wert anzeigen
  .T2.InnerHTML= "Wert: " & x
 End With
End Sub
' *** Ende
```

Listing 9.21: ProgressBar.vbs

HINWEIS: Sie finden die Datei *ProgressBar.vbs* im Ordner *\Beisp\Kap09*. Eine JScript-Implementierung finden Sie in der Datei *ProgressBar.js*.

Eine Fortschrittsanzeige in HTML

Das vorhergehende Beispiel hat das Problem, dass Sie von der Funktion des Steuerelements abhängig sind. Ich hatte ja bereits erwähnt, dass es Probleme mit den Versionen unter diversen Windows-Betriebssystemen gibt. Daher möchte ich Ihnen jetzt eine Alternative zeigen, die gänzlich auf HTML aufsetzt.

Der Ansatz basiert auf der Überlegung, dass sich in HTML-Seiten eine horizontale Linie definierter Linienstärke und -länge mittels des <hr>-Tags einfügen lässt:

```
<hr size='20' align='left' width='0'
color='#0000FF' id='T1' thick='20'>
```

Die obigen Befehle erzeugen eine Linie mit 20 Pixel Dicke sowie der Länge 0 und der Linienfarbe Blau. Über das *id*-Attribut wird ferner ein Objektname vereinbart. Mit dem Wissen über das Objektmodell ist es jetzt möglich, aus einem WSH-Skript auf das *width*-Attribut des Tags zuzugreifen, um die Linienlänge anzupassen:

```
oIE.Document.all.T1.width = 20
```

Hier wird die Länge auf 20 Pixel gesetzt. Mit einem einfachen HTML-Beispiel lässt sich dies jetzt testen.

***Abbildung 9.22:** Fortschrittsanzeige als Linie*

Im ersten Schritt zeigt das Skript das Explorerfenster mit einer leeren Fortschrittsanzeige sowie ein Dialogfeld mit dem aktuellen Wert an. Jedes Mal wenn Sie das Dialogfeld über die *OK*-Schaltfläche schließen, wird der Wert der Fortschrittsanzeige um 10 erhöht (Abbildung 9.22). Nachdem ein Wert von 100 % erreicht ist, simulieren zwei Schleifen eine automatische Fortschrittsanzeige. Der Code zum Aufruf des Internet Explorers und zum Erzeugen der HTML-Seite sieht folgendermaßen aus:

```
Sub MakeBar ()
' Internet Explorer mit Fortschrittsanzeige starten
Dim html
' HTML-Code definieren
html = "<html><head><title>Fortschrittsanzeige</title></head>" & _
       "<body bgcolor='silver' scroll='no'>" & _
       "<B><div id='T0'>Fortschrittsanzeige</div></B>" & _
       "<hr size='20' align='left' width='0' " & _
       "color='#0000FF' id='T1' thick='20'>" & _
       "<B><div id='T2'>Wert: 0</div></B></body></html>"

' *** Internet Explorer aufrufen ***
Set oIE = WScript.CreateObject("InternetExplorer.Application")
  oIE.left=50            ' Fensterposition
  oIE.top = 100          ' etc.
  oIE.height = 120
```

```
  oIE.width = 280
  oIE.menubar = 0
  oIE.toolbar = 0
  oIE.statusbar = 0
  oIE.navigate "about:" & html ' Formular
  oIE.visible = 1          ' anzeigen

' Warte bis MSIE fertig ist
  Do While (oIE.Busy)
  wscript.sleep 50
  Loop
End Sub
```

Listing 9.22: MakeBar-*Prozedur*

Der *<hr>*-Tag erzeugt eine horizontale Line mit dem Objektnamen *T1*. Ein *<div>*-Tag erzeugt ein Objekt mit der *id* T2. In diesem Bereich wird der Wert als Zahl angezeigt. Zusätzlich benötigen wir noch eine Prozedur, um die Fortschrittsanzeige zu aktualisieren:

```
Sub Progress(ByVal x, min, max)
' max. 200 Pixel-Bereich
 With oIE.Document.all
  If x < min Then x = min
  If x > max Then x = max

 ' Wert ermitteln
  .T1.width = 200 * x / (max-min)
' Wert anzeigen
  .T2.InnerHTML= "Wert: " & x
 End With
End Sub
```

Listing 9.23: *Prozedur* Progress

Ein WSH-Skript kann nun drei Parameter an diese Prozedur übergeben. Der erste Parameter enthält den eigentlichen Wert, die beiden anderen Parameter definieren den Nullpunkt sowie das Maximum. Innerhalb der Prozedur wird der Wert hinsichtlich Obergrenze und Untergrenze überprüft und entsprechend skaliert. Anschließend aktualisiert die Prozedur das *width*-Attribut des Objekts *T1*, die Länge der horizontalen Linie ändert sich. In einem weiteren Schritt schreibt die Prozedur den Wert als Zahl in die Dokumentseite. Details sind dem folgenden VBScript-Quellcode zu entnehmen.

```
'************************************************
' File:    ProgressBar1.vbs (WSH Beispiel in VBScript)
' Author:  Günter Born
'
' Benutzt Internet Explorer
'************************************************
Option Explicit
Const min = 0
Const max = 100
Const Title = "WSH-Fortschrittsanzeige - by G. Born"
```

```
Dim oIE, oIEdoc      ' IE-Objekte
Dim valx, i, j, k

 MakeBar             ' Fortschrittsanzeige erzeugen

 valx = 0
' Schleife bis Maximum
 Do
  Progress valx, min, max
  MsgBox "Wert " & valx, vbOkOnly, Title
  valx = valx + 10  ' next step
 Loop While (valx < 110)

 For k = 1 to 3
  For i = 0 to 100
   Progress i, min, max
  Next

  For i = 100 to 0 Step -1
   Progress i, min, max
  Next
 Next

 MsgBox "Fertig"
 oIE.Quit           ' Internet Explorer schließen

Sub MakeBar ()
' Internet Explorer mit Fortschrittsanzeige starten
Dim html
' HTML-Code definieren
html = "<html><head><title>Fortschrittsanzeige</title></head>" & _
       "<body bgcolor='silver' scroll='no'>" & _
       "<b><div id='T0'>Fortschrittsanzeige</div></b>" & _
       "<hr size='20' align='left' width='0' " & _
       "color='#0000FF' id='T1' thick='20'>" & _
       "<B><div id='T2'>Wert: 0</div></B></body></html>"

' *** Internet Explorer aufrufen ***
Set oIE = WScript.CreateObject("InternetExplorer.Application")
  oIE.left=50              ' Fensterposition
  oIE.top = 100            ' etc.
  oIE.height = 120
  oIE.width = 280
  oIE.menubar = 0
  oIE.toolbar = 0
  oIE.statusbar = 0
  oIE.navigate "about:" & html ' Formular
  oIE.visible = 1          ' anzeigen

' Warte bis MSIE fertig ist
  Do While (oIE.Busy)
  wscript.sleep 50
  Loop
End Sub
```

```
Sub Progress(ByVal x, min, max)
' max. 200 Pixel-Bereich
 With oIE.Document.all
  If x < min Then x = min
  If x > max Then x = max

 ' Wert ermitteln
  .T1.width = 200 * x / (max-min)
' Wert anzeigen
  .T2.InnerHTML= "Wert: " & x
 End With
End Sub
' Ende
```

Listing 9.24: ProgressBar1.vbs

HINWEIS: Die Datei *ProgressBar1.vbs* finden Sie im Ordner *\Beisp\Kap09*.

Werte als Text und Grafik anzeigen

Nach dem Beispiel der Fortschrittsanzeige wissen Sie, wie Sie eine HTML-Dokumentseite per WSH-Skript manipulieren können. Manchmal möchte man Werte als Text und über ein Symbol anzeigen. Abbildung 9.23 zeigt ein einfaches HTML-Dokument mit einer Temperaturanzeige. Zwei Texte geben die aktuelle Temperatur eines Boilers und eines Kühlers an. Übersteigen die Temperaturen bestimmte Grenzwerte, wird dies durch einen Wechsel von einem grünen zu einem roten Punkt signalisiert.

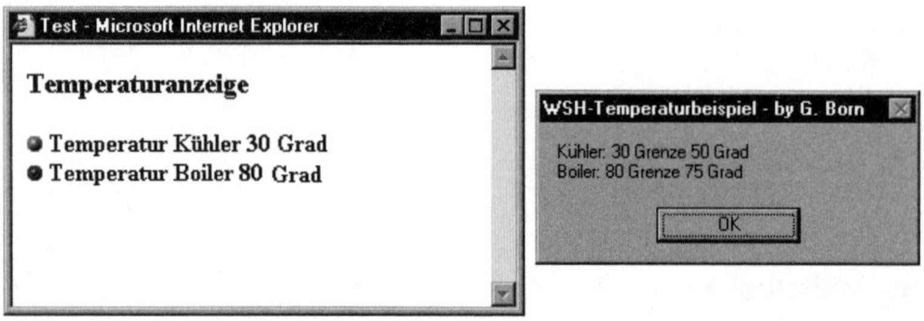

Abbildung 9.23: *Temperaturanzeige*

Das Beispiel wurde in VBScript geschrieben und verwendet eine HTML-Seite zur Anzeige (Abbildung 9.23 links). Der in Abbildung 9.23 rechts gezeigte Dialog stammt dagegen vom WSH-Skript und erlaubt schrittweise die Werte zu erhöhen (um den Temperaturanstieg zu simulieren). Der HTML-Code zur Anzeige der Seite sieht folgendermaßen aus:

```
<html>
<head>
<title>Test</title>
</head>
<body scroll="no">
<H3 id='T0'>Temperaturanzeige </H3>
<B>
<img id='L1' SRC='image/green.gif'> Temperatur Kühler <span id='T1'>0</span> Grad<br>
```

```
<img id='L2' SRC='image/green.gif'> Temperatur Boiler <span id='T2'>0</span> Grad
</B>
</body>
</html>
```

Listing 9.25: TempPage.htm

Hier wird der *<img>*-Tag zum Laden des grünen Punkts (Datei *\image\green.gif*) benutzt. Das *id*-Attribut definiert einen Objektnamen für die einzelnen Punkte. Mit dem *<span>*-Tag lässt sich ein Textbereich auszeichnen, der die dynamischen Werte enthält. Auch hier wird für jeden Wert ein Objektname per *id*-Attribut definiert. Die folgende Prozedur erlaubt dann aus dem WSH-Skript heraus die Farbe der Punkt sowie die Werte zu aktualisieren.

```
Sub Update(idx, ByVal x, limit)
' Anpassen der Werte und der Icons
 With oIE.Document.all
  Select Case idx
   Case 1
    If x < limit Then  ' Bild ändern
     .L1.src="image/green.gif"
    Else
     .L1.SRC="image/red.gif"
    End if
   .T1.InnerHTML= x    ' Wert anzeigen
   Case 2
    If x < limit Then  ' Bild ändern
     .L2.src="image/green.gif"
    Else
     .L2.SRC="image/red.gif"
    End if
   .T2.InnerHTML= x    ' Wert anzeigen
  End Select
 End With
End Sub
```

Die Prozedur besitzt drei Parameter. Der erste Parameter ist ein Index, der die oberste oder unterste Temperaturanzeige auswählt. Der zweite Parameter enthält den eigentlichen Temperaturwert, während im dritten Parameter der Grenzwert für den Farbwechsel steht. Zum Laden eines Symbols wird folgende Anweisung benutzt:

```
oIE.Document.all.L1.src="image/green.gif"
```

Die Grafikdatei *green.gif* befindet sich im Unterordner *\image* der HTML-Datei bzw. des Skriptprogramms. Die obige Anweisung lässt sich dann verwenden, um über das *src*-Attribut des Objekts *L1* die Grafikdatei umzusetzen.

HINWEIS: An dieser Stelle habe ich auf eine HTML-Datei zurückgegriffen, da die Erzeugung des HTML-Codes per Skript das Problem bringt, dass relative Pfadangaben nicht mehr funktionieren. Das Skript wird ja aktuell im Dokumentbereich geladen, besitzt also keinen vordefinierten Pfad.

Der Code des Beispiels ist in folgendem Listing enthalten. Mit *MakeBar* wird die Datei *Temperature.htm* im Browser geladen und angezeigt. Dann simuliert das Skript ein Temperaturprofil. Die aktualisierten Werte werden im Explorerfenster angezeigt.

```
'***********************************************
' File:    Temperatur.vbs (WSH Beispiel in VBScript)
' Author:  Günter Born
'
' Benutzt Internet Explorer, um eine HTML-Seite
' mit Grafik und Text zu aktualisieren.
'***********************************************
Option Explicit

Const Title = "WSH-Temperaturbeispiel - by G. Born"
Dim oIE, oIEdoc
Dim valx, i, j

 MakeForm             ' HTML-Seite erzeugen

 valx = 0
' Schleife bis Maximum
 Do
  Update 1, valx, 50
  Update 2, valx + 50, 75
  MsgBox "Kühler: " & valx & " Grenze 50 Grad" & vbCRLF & _
         "Boiler: " & (valx +50) & " Grenze 75 Grad", _
         vbOkOnly, Title
  valx = valx + 10
 Loop While (valx < 110)

 For i = 0 to 100
  Update 1, i, 50
  Update 2, i+30, 75
 Next

 For i = 100 to 0 Step -1
  Update 1, i, 50
  Update 2, i+30, 75
 Next

 MsgBox "Fertig"
 oIE.Quit

Sub MakeForm ()
' Internet Explorer starten und Seite anzeigen
Set oIE = WScript.CreateObject("InternetExplorer.Application")
  oIE.left=50
  oIE.top = 100
  oIE.height = 200
  oIE.width = 350
  oIE.menubar = 0
  oIE.toolbar = 0
  oIE.statusbar = 0
  oIE.navigate Getpath() & "TempPage.htm" ' Formular
  oIE.visible = 1

  Do While (oIE.Busy)
  wscript.sleep 50
   Loop
End Sub
```

```
Sub Update(idx, ByVal x, limit)
' Anpassen der Werte und der Icons
 With oIE.Document.all
  Select Case idx
   Case 1
    If x < limit Then  ' Bild ändern
     .L1.src="image/green.gif"
    Else
     .L1.SRC="image/red.gif"
    End if
   .T1.InnerHTML= x     ' Wert anzeigen
   Case 2
    If x < limit Then  ' Bild ändern
     .L2.src="image/green.gif"
    Else
     .L2.SRC="image/red.gif"
    End if
   .T2.InnerHTML= x     ' Wert anzeigen
  End Select
 End With
End Sub

Function GetPath()
' Hole Skriptpfad
 Dim path
 path = WScript.ScriptFullName
 GetPath = Left(path, InstrRev(path, "\"))
End Function
' Ende
```

Listing 9.26: Temperatur.vbs

HINWEIS: Die Dateien *Temperatur.vbs* und *Temperatur.htm* finden Sie im Ordner *\Beisp\Kap09*.

Eine Balkendiagramm-Anzeige

Als letztes Beispiel möchte ich die Simulation eines Balkendiagramms per WSH-Skript und HTML-Dokument vorstellen (Abbildung 9.24). Das Beispiel simuliert eine Speicherbelegung zu verschiedenen Zeiten, die per Balkendiagramm umgesetzt wurde.

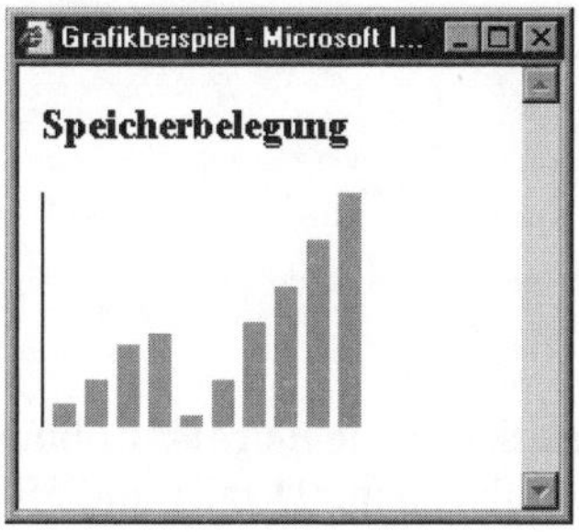

Abbildung 9.24: *Balkendiagramm*

Basis stellt eine einfache HTML-Datei dar, die ein schwarzes Viereck und zehn blaue Vierecke enthält. Durch Skalierung der Bildhöhe und -breite lassen sich sowohl die schwarze Linie der Y-Achse als auch die Balken erzeugen. Die Bilder sind als Vierecke einer bestimmten Farbe in GIF-Dateien im Unterordner *\Image* hinterlegt (*black.gif, blue.gif*). Der HTML-Code sieht folgendermaßen aus:

```
<html>
<head>
<title>Grafikbeispiel</title>
</head>
<body>
<h3>Speicherbelegung</h3>
<img SRC='image/black.gif' width='1' height='100'>
<img id='L0' src='image/blue.gif' width='10' height='0'>
<img id='L1' src='image/blue.gif' width='10' height='0'>
<img id='L2' src='image/blue.gif' width='10' height='0'>
<img id='L3' src='image/blue.gif' width='10' height='0'>
<img id='L4' src='image/blue.gif' width='10' height='0'>
<img id='L5' src='image/blue.gif' width='10' height='0'>
<img id='L6' src='image/blue.gif' width='10' height='0'>
<img id='L7' src='image/blue.gif' width='10' height='0'>
<img id='L8' src='image/blue.gif' width='10' height='0'>
<img id='L9' src='image/blue.gif' width='10' height='0'>
</body>
</html>
```

Listing 9.27: Graphics.htm

Der erste *<img>*-Tag lädt das schwarze Viereck und steckt dieses auf 1 Pixel Breite aber 100 Pixel Höhe. Dies erzeugt die Y-Achse. Dann wird etwas Ähnliches mit zehn blauen Vierecken getan, die 10 Pixel breit, aber 0 Pixel hoch sind. Jedem Bild wird dabei ein Objektname zugewiesen. Im WSH-Skript lassen sich dann die oben beschriebenen Techniken verwenden, um die Attribute *height* der Objekte anzupassen. Dies erfolgt in der Prozedur *Update*.

```
Sub Update(ByRef x)
' Wert ändern
 With oIE.Document.all
  .L0.height= x(0)
  .L1.height= x(1)
  .L2.height= x(2)
  .L3.height= x(3)
  .L4.height= x(4)
  .L5.height= x(5)
  .L6.height= x(6)
  .L7.height= x(7)
  .L8.height= x(8)
  .L9.height= x(9)
 End With
End Sub
```

Als Parameter wird ein Feld mit zehn Werten übergeben. Diese Werte setzen die *height*-Attribute der zehn Vierecke im HTML-Dokument. Sie sehen dann das Balkendiagramm. Details sind folgendem Listing zu entnehmen.

```
'**********************************************
' File:    Graphics.vbs (WSH Beispiel in VBScript)
' Autor:   Günter Born
'
' Benutzt den Internet Explorer zur Grafikanzeige.
'**********************************************
Option Explicit

Const Title = "WSH Grafikbeispiel"
Dim oIE
DIM param0, param1, param2
Dim param3(10)
Dim i, j, k

 param0 = array (10,20,35,40,5,20,45,60,80,100)
 param1 = array (15,30,45,20,50,80,45,64,68,90)
 param2 = array (10,20,75,20,30,26,5,64,84,70)

 MakeForm            ' Lade HTML-Seite

' Schleife zur Simulation der Werte
For i = 1 to 3
  Update param0       ' Werte aktualisieren
  WScript.Sleep 1500  ' Warten
  Update param1
  WScript.Sleep 1500
  Update param2
  WScript.Sleep 1500
 Next

 For j = 1 to 30
  For i = 0 to 9
   param3(i) = 20 + abs((sin(((i+j/10)*36)*3.14/180)) *60)
  Next
  Update param3       ' Werte aktualisieren
  WScript.Sleep 800
 Next

 MsgBox "Fertig"
 oIE.Quit

Sub MakeForm ()
' Starte Internet Explorer und lade HTML-Dokument
Set oIE = WScript.CreateObject("InternetExplorer.Application")
  oIE.left=50
  oIE.top = 100
  oIE.height = 220
  oIE.width = 250
  oIE.menubar = 0
  oIE.toolbar = 0
  oIE.statusbar = 0
  oIE.navigate Getpath() & "Graphics.htm" ' Formular
  oIE.visible = 1

  Do While (oIE.Busy)
  wscript.sleep 50
```

```
  Loop
End Sub

Sub Update(ByRef x)
' Ändern der Werte
 With oIE.Document.all
  .L0.height= x(0)
  .L1.height= x(1)
  .L2.height= x(2)
  .L3.height= x(3)
  .L4.height= x(4)
  .L5.height= x(5)
  .L6.height= x(6)
  .L7.height= x(7)
  .L8.height= x(8)
  .L9.height= x(9)
 End With
End Sub

Function GetPath()
' Hole Skriptpfad
 Dim path
 path = WScript.ScriptFullName
 GetPath = Left(path, InstrRev(path, "\"))
End Function
' Ende
```

Listing 9.28: Graphics.vbs

HINWEIS: Sie finden die Dateien *Graphics.vbs* und *Graphics.htm* im Ordner *\Beisp\Kap09*. Dieses Beispiel läuft nur ab WSH 2.0, da die *Sleep*-Methode zur Verzögerung des Skripts benutzt wird. Die Grafiksymbole müssen im Unterordner *\Image* hinterlegt sein.

Sie haben jetzt einen kurzen Einblick erhalten, welche Möglichkeiten der WSH zur Nutzung von Formularen etc. bietet. Ob Sie jetzt auf den Internet Explorer oder auf Formulare in ActiveX-Komponenten zugreifen, bleibt Ihnen überlassen. Wer sich jedoch etwas mit dem Formularentwurf auskennt, wird mit der VB 5 CCE eine mächtige Entwicklungsumgebung zur Gestaltung der Benutzeroberfläche von WSH-Skripten vorfinden. In Kapitel 13 finden Sie noch einige Hinweise zum Umgang mit der VB 5 CCE. Die im Literaturverzeichnis unter /3,4/ aufgeführten Titel zeigten den Umgang mit der VBA-Entwicklungsumgebung. Hier finden Sie ebenfalls Beispiele zum Formularentwurf, die Sie mit geringem Aufwand in der VB 5 CCE übernehmen können. Oder Sie nutzen die Möglichkeit, Formulare in Word bzw. Excel zu erstellen und als Automatisierungsobjekt aufzurufen. Damit möchte ich dieses Kapitel schließen.

10 Verknüpfungen

In diesem Kapitel erfahren Sie, welche Objekte, Methoden und Eigenschaften der Windows Script Host sonst noch bietet und was Sie damit anfangen können.

- Lernen Sie die Methoden des *Shell*-Objekts kennen, mit denen sich Verknüpfungen auf dem Desktop oder an anderen Stellen anlegen lassen.
- Weiterhin erfahren Sie, wie sich Eigenschaften von Verknüpfungen anzeigen und später auch ändern lassen.
- Schließlich wird erläutert, wie Verknüpfungen auf Webseiten auf dem Desktop abgelegt werden.

Mit diesen »Erkenntnissen« automatisieren Sie Ihr Windows und legen programmgesteuerte Verknüpfungen an.

Umgang mit Verknüpfungen

Der nachfolgende Abschnitt liefert Ihnen Informationen darüber, was es mit Verknüpfungen auf sich hat und zeigt, wie Sie den WSH nutzen können, um Verknüpfungen zu verwalten.

Hinweise zu Verknüpfungen

Verknüpfungen stellen unter Windows eine Möglichkeit dar, um einen Verweis auf Anwendungen, auf Ordner oder auf Dateien zu hinterlegen. Üblicherweise richtet der Benutzer eine Verknüpfung direkt auf der Benutzeroberfläche ein, indem ein (Datei- oder Ordner-) Objekt mit der rechten Maustaste markiert und dann zum Zielordner (z.B. Desktop, Startmenü etc.) gezogen wird. Beim Loslassen der rechten Maustaste lässt sich dann im Kontextmenü der Befehl *Verknüpfung(en) hier erstellen* wählen. Alternativ können Sie das Objekt mit der rechten Maustaste anklicken und im Kontextmenü den Befehl *Verknüpfung erstellen* wählen.

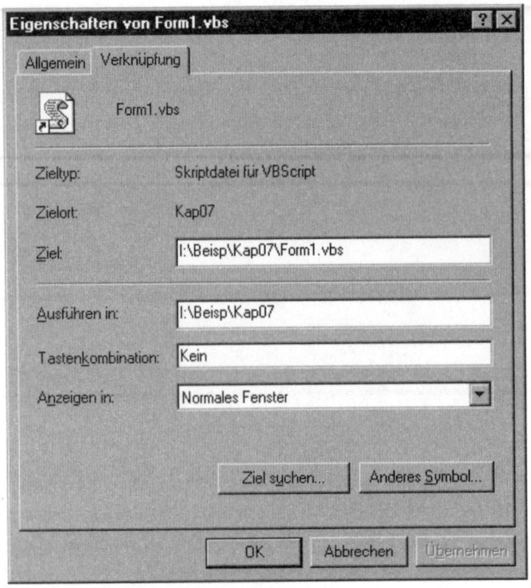

Abbildung 10.1: *Verknüpfungseigenschaften (Windows 98)*

Bei diesem jedem Windows-Anwender bekannten Vorgang wird eine Verknüpfungsdatei mit der Dateinamenerweiterung *.lnk* erzeugt. In dieser Datei hinterlegt Windows alle Eigenschaften (z.B. Verknüpfungssymbol, Pfad zum Zielordner etc.) zu dieser Verknüpfung. Sie können diese Eigenschaften sehr einfach überprüfen, indem Sie eine Verknüpfungsdatei mit der rechten Maustaste anklicken und im Kontextmenü den Befehl *Eigenschaften* wählen. Die Verknüpfungseigenschaften werden dann im Eigenschaftenfenster auf der Registerkarte *Verknüpfung* angezeigt.

In Abbildung 10.1 sehen Sie die Registerkarte *Verknüpfung* mit den Eigenschaften einer Verknüpfung. Ich habe in diesem Fall eine Verknüpfung auf eine Skriptdatei gewählt, um zu zeigen, dass diese Technik auch mit Dokumentdateien funktioniert. Windows stellt nun eine Reihe von Funktionen für den Programmierer bereit, mit denen sich die Verknüpfungsdateien samt deren Eigenschaften manipulieren lassen. Der WSH kann diese Funktionen über spezielle Methoden des *Shell*-Objekts nutzen. Wenn wir gleich auf diesen Aspekt zurückkommen, sollten Sie sich den Aufbau der in Abbildung 10.1 gezeigten Registerkarte nochmals ins Gedächtnis rufen.

Verknüpfungen mit *CreateShortcut* anlegen

Zum Anlegen neuer Verknüpfungen stellt der WSH Ihnen die *CreateShortcut*-Methode des *Shell*-Objekts zur Verfügung. Diese besitzt die folgende Syntax:

```
Objekt = WSHShell.CreateShortcut("Linkdatei.lnk")
```

Sie wenden die *CreateShortcut*-Methode auf das *WSHShell*-Objekt an. Dieses Objekt wird über den Befehl:

```
Set WSHShell = WScript.CreateObject ("WScript.Shell")
```

bereitgestellt. Anschließend lässt sich die Methode nutzen. Diese erwartet als Parameter den Namen der Verknüpfungsdatei (hier *Linkdatei.lnk*). Die Methode erzeugt ein Verknüpfungsobjekt und gibt dieses an die Objektvariable zurück. Sie können dann auf die Eigenschaften des

Verknüpfungsobjekts zugreifen und diese verändern. Mit der *Save*-Methode wird die Verknüpfungsdatei schließlich auf der Festplatte angelegt.

HINWEIS: Mit der *CreateShortcut*-Methode wird keine *.lnk*-Datei angelegt. Sie müssen hierzu eine andere Methode anwenden (siehe unten). Existiert die *.lnk*-Datei allerdings, stellt die *CreateShortcut*-Methode eine Verbindung zu dieser Datei her.

Beispiel: Eine Verknüpfung zur aktuellen Skriptdatei anlegen

Im ersten Beispiel soll eine Verknüpfung auf das aktuell ausgeführte Skript angelegt werden. Die *.lnk*-Datei wird in dem Ordner gespeichert, in dem auch die Skriptdatei abgelegt ist. Das Programm soll direkt nach dem Aufruf ein Dialogfeld mit einer Benutzerabfrage, ob die Verknüpfung anzulegen ist, anzeigen. Bestätigt der Benutzer diesen Dialog über die *Ja*-Schaltfläche, ermittelt das Skript zuerst den Pfad zur aktuellen Skriptdatei:

```
path = WScript.ScriptFullName
path = Left(path, InstrRev(path, "\"))
```

Die beiden obigen Anweisungen holen den kompletten Namen der Skriptdatei einschließlich Pfad. Dann wird der Name der Skriptdatei abgeschnitten. Zusätzlich brauchen wir noch den Namen der Skriptdatei, jedoch ohne die Dateinamenerweiterung. Dies lässt sich über die folgenden zwei Anweisungen bewerkstelligen.

```
Lnk_Titel = WScript.ScriptName
Lnk_Titel = Left(Lnk_Titel, InstrRev(Lnk_Titel, ".")-1)
```

Die erste Anweisung liest den Namen des Skripts ein. Dann wird vom Ende der Zeichenkette der Punkt als Trennzeichen für die Dateinamenerweiterung gesucht und der hintere Textteil mit der *Left*-Funktion abgeschnitten. Um die Verknüpfung anzulegen, benötigen Sie das *Shell*-Objekt. Dieses wird mit folgender Anweisung erzeugt.

```
Set WSHShell = WScript.CreateObject("WScript.Shell")
```

Anschließend lässt sich die *CreateShortcut*-Methode auf das in *WSHShell* referenzierte Objekt anwenden:

```
Set Shortcut = WSHShell.CreateShortcut (path & Lnk_Titel & ".LNK")
```

Die *CreateShortcut*-Methode des *WSHShell*-Objekts erwartet als Parameter den Pfad und den Namen der neuen LNK-Datei. Diese Informationen stecken aber in den Variablen *path* und *Lnk_Titel*. Sobald die *CreateShortcut*-Methode ausgeführt wurde, liegt das neue Verknüpfungsobjekt in der Variablen *Shortcut* vor. Jetzt müssen wir noch die Verknüpfungseigenschaften dieses Objekts definieren.

```
Shortcut.TargetPath = WScript.ScriptFullName
```

Mit *TargetPath* legen Sie das Zielverzeichnis auf die verknüpfte Datei fest. Dies ist in unserem Fall das Skript. Die nachfolgende Anweisung vereinbart das Arbeitsverzeichnis für die Verknüpfung:

```
Shortcut.WorkingDirectory = path
```

Eigenschaften (z.B. Fensterstil, Tastenkombination etc.), die das Skript nicht setzt, werden mit Standardvorgaben belegt. Abschließend muss das Verknüpfungsobjekt in Form einer LNK-Datei im Zielordner hinterlegt werden. Hierzu wird die *Save*-Methode über die folgende Anweisung angewandt:

```
Shortcut.Save
```

Das Listing 10.1 zeigt die Details der Implementierung.

```
'************************************************
' File:   Shortcut.vbs (WSH-Beispiel in VBScript)
' Autor:  Günter Born
'
' Zweck:  Das Beispiel richtet eine Verknüpfung zum
' aktuellen Skript im Ordner des Skripts ein.
'************************************************
Option Explicit

Dim Text, Titel, Lnk_Titel, Shortcut
Dim WSHShell    ' Objektvariable
Dim status, Ready_txt, path

Ready_txt = "Es wurde eine Verknüpfung erstellt"

' Benutzermeldung mit Abfrage, ob Verknüpfung erstellt werden darf.

Text = "Erstellt eine Verknüpfung zur aktuellen Skriptdatei " _
       & "im gleichen Ordner."
Titel = "WSH-Beispiel - by Günter Born"

status =  MsgBox(Text, _
                 vbOKCancel + vbInformation, _
                 Titel)
If (status <> vbOK) Then
 WScript.Quit 1          ' Benutzer hat Abbrechen gewählt
End if

' *** Ermittle den Pfad zum Skript
path = WScript.ScriptFullName
path = Left(path, InstrRev(path, "\"))

' Ermittle den Namen der Skriptdatei ohne Dateinamenerweiterung
Lnk_Titel = WScript.ScriptName
Lnk_Titel = Left(Lnk_Titel, InstrRev(Lnk_Titel, ".")-1)

' Erstelle neues WSHShell-Objekt, welches wir zum Zugriff
' auf die CreateShortcut-Methode brauchen.

Set WSHShell = WScript.CreateObject("WScript.Shell")

' Wende jetzt die CreateShortcut-Methode an,
' um die Verknüpfung anzulegen. Erzeuge als Erstes
' das neue Objekt "Shortcut".

Set Shortcut = WSHShell.CreateShortcut _
```

```
    (path & Lnk_Titel & ".LNK")

' Jetzt müssen wir noch die Verknüpfungseigenschaften setzen.
' Erst kommt die Angabe für das Zielverzeichnis.
Shortcut.TargetPath = WScript.ScriptFullName

' Nun legen wir das Arbeitsverzeichnis fest.
Shortcut.WorkingDirectory = path

Shortcut.Save              ' Verknüpfung angelegen

WScript.Echo Ready_txt     ' Abschlussmeldung
'*** Ende
```

Listing 10.1: Shortcut.vbs

HINWEIS: Sie finden die Datei *Shortcut.vbs* im Ordner *\Beisp\Kap10* auf der Begleit-CD-ROM. Beachten Sie vor dem Aufruf, dass Sie diese Datei von der CD-ROM in einen Ordner der Festplatte kopieren. Andernfalls löst das Skript beim Anlegen der Verknüpfungsdatei einen Fehler aus (die CD-ROM lässt sich ja nicht beschreiben). Wer lieber mit JScript arbeitet, kann die gleichen Objekte und Methoden wie in VBScript zum Erzeugen einer Verknüpfung anwenden. Bei der Umsetzung des obigen VBScript-Quellcodes müssen Sie sich lediglich an die Syntax der Sprache JScript halten. Etwas aufwendiger wird die Ermittlung des Pfades und des Namens der Skriptdatei. Da diese Technik aber bereits in vorhergehenden Kapiteln erarbeitet wurde, stellt die Umsetzung des Quellcodes kein Problem mehr dar. Die Datei *Shortcut.js* finden Sie im gleichen Ordner. Details entnehmen Sie bitte dem Quellcode. Vor dem Aufruf müssen Sie die Skriptdatei in einen Ordner der Festplatte kopieren. Andernfalls löst das Skript beim Anlegen der Verknüpfungsdatei einen Fehler aus (die CD-ROM lässt sich ja nicht beschreiben).

Arbeiten mit dem *SpecialFolders*-Objekt

Im vorhergehenden Abschnitt haben Sie ein Beispiel kennen gelernt, bei dem eine Verknüpfung in einem vordefinierten Ordner erstellt wird. Dies ist ja recht nett, aber in der Regel möchte der WSH-Skriptprogrammierer diese Verknüpfungen an bestimmten Stellen ablegen. Der Desktop oder das Startmenü stellen solche Stellen dar. Bei den meisten benutzerdefinierten Symbolen des Desktops handelt es sich um Verknüpfungen. Auch die Einträge in den Gruppen des Startmenüs sind letztendlich Verknüpfungen. Daher sollte es eigentlich kein Problem darstellen, eine Verknüpfung auf dem Desktop, im Startmenü oder im Ordner *Favoriten* anzulegen. Dies wird sich auch weiter unten im Rahmen weiterer Beispiele bestätigen.

An dieser Stelle möchte ich auf ein Problem hinweisen und auf eine weitere Neuerung im WSH eingehen: Um die Verknüpfung anzulegen, müssen Sie bei der *CreateShortcut*-Methode die Lage des Zielordners angeben. Wissen Sie, wo sich der Ordner für den Desktop oder für das Startmenü befindet? Insider werden jetzt einwerfen, dass im Windows-Ordner die Unterordner *Startmenü* und *Desktop* vorhanden sind. Und Windows verwaltet in diesen Ordnern auch die Konfiguration des Desktops bzw. des Startmenüs. Also könnten Sie auf die Umgebungsvariable *WinDir* zugreifen, deren Inhalt expandieren und dann den Pfad zu den Unterordnern konstruieren.

Aber Hand aufs Herz: Sind Sie sicher, dass Windows auch wirklich den Inhalt des Unterordners *Desktop* zur Verwaltung des aktuellen Desktops verwendet? In dem im Literaturverzeichnis unter /5/ aufgeführten Titel findet sich eine detaillierte Beschreibung, wie die Windows-Shell die Ordner für das Startmenü, den Desktop etc. verwaltet. Dort ist auch ausgeführt, dass bei freigegebenen Benutzerprofilen für jeden Benutzer jeweils ein eigener Ordner für das Startmenü, den Desktop etc. angelegt wird. Sie finden diese benutzerspezifischen Ordner im Windows-Unterordner *\Profiles\Name,* wobei *Name* für den Benutzernamen steht. Das Startmenü für den Benutzer Born findet sich demnach im Unterordner *\Profiles\Born*. Aber auch dies muss nicht so sein. Windows verwaltet die Namen und die Lage der Ordner in der Registrierung (siehe /2/ im Literaturverzeichnis). Um also mit Sicherheit festzustellen, wo der gewünschte Ordner liegt, müssten Sie den Benutzernamen kennen und die Registrierungseinträge auslesen. Ganz schön aufwendig!

Zum Glück gibt es aber eine einfachere Lösung: Windows bietet eine Funktion, mit der sich die Lage der so genannten *Special Folders* abfragen lässt. Und die zweite gute Nachricht: Die WSH-Entwickler haben eine *SpecialFolders*-Eigenschaft im *Shell*-Objekt implementiert, die ein *SpecialFolders*-Objekt mit einer Auflistung aller Spezialordner zurückgibt. Über diese Auflistung können Sie die gewünschten Pfade zu den Ordnern ermitteln. Die in der folgenden Tabelle aufgeführten Spezialordner sind in Windows 95 (teilweise), in Windows 98 und Windows NT 4.0 bzw. Windows 2000/XP vorhanden:

Name (Ordner)	Bedeutung
AllUsersDesktop AllUsersStartmenu AllUsersPrograms AllUsersStartup	Diese Namen weisen auf weitere Unterordner (z.B. *\Desktop*) hin, die die für alle Benutzer geltenden Einträge enthalten. Diese Unterordner sind teilweise Windows NT-spezifisch, einige Unterordner sind aber auch in Windows 98 vorhanden.
Desktop	Enthält die benutzerdefinierten Verknüpfungen für den aktuellen Desktop.
Favorites	Enthält die Einträge des Menüs *Favoriten*.
Fonts	Enthält die installierten Schriftartdateien sowie ggf. Verknüpfungen auf Schriftartdateien anderer Ordner.
MyDocuments	Enthält die Einträge im Ordner *Eigene Dateien.*
NetHood	Der Ordner ist leer und dient als Platzhalter für die Netzwerkumgebung.
PrintHood	Der Ordner ist leer und dient als Platzhalter für die Druckerzuordnung im Netzwerk.
Programs	Hier werden die Einträge des Startmenüs im Zweig *Programme* hinterlegt.
Recent	Ordner mit den zuletzt geöffneten Dateien.
SendTo	Ordner *SendTo*.
StartMenu	Ordner *Startmenü*.
Startup	Ordner *Autostart*.
Templates	Ordner *ShellNew*

Tabelle 10.1: *Windows-Spezialordner*

HINWEIS: Die in der linken Spalte der Tabelle aufgeführten Namen sind in Windows hinterlegt und müssen nicht mit den Ordnernamen übereinstimmen. Sie können diese Namen verwenden, um einen Eintrag in der *SpecialFolders*-Auflistung auszuwählen. Die WSH-Hilfe enthält eine Beschreibung aller zulässigen Namen für Ordner. Beachten Sie aber, dass *WSHShell.SpecialFolders("strFolderName")* den Wert NULL zurückliefert, falls der angeforderte

Ordner (*strFolderName*) nicht vorhanden ist. Beispielsweise verfügt Windows 95 nicht über den Ordner *AllUsers\Desktop*, und die Eigenschaft liefert bei *strFolderName = AllUsers-Desktop* den Wert *NULL* zurück.

Der Zugriff auf die *SpecialFolders*-Eigenschaft sowie der Umgang mit der zurückgegebenen Objekt-Auflistung soll jetzt an zwei kleinen Beispielskripten demonstriert werden.

Anzeige aller vorhandenen *Special Folders*-Einträge

In einem ersten Beispiel sollen die auf dem lokalen Rechner gefundenen speziellen Ordner (Special Folders) in einem Dialogfeld aufgelistet werden (Abbildung 10.2). Für diesen Zweck ist ein Skript in VBScript zu erstellen (die Lösung in JScript lernen Sie gleich kennen).

Um auf die *SpecialFolders*-Eigenschaft zuzugreifen, benötigen Sie das *Shell*-Objekt. Dieses Objekt lässt sich mit folgender Anweisung laden:

```
Set WSHShell = WScript.CreateObject("WScript.Shell")
```

Die Anweisung zeigt aber bereits, dass es sich nicht um eine einfache Eigenschaft handelt. Vielmehr liefert die Eigenschaft eine Objektvariable in die Objektvariable *WSHShell* zurück. Und diese Objektvariable enthält eine Auflistung aller gefundenen *SpecialFolders*-Objekte. Über die Eigenschaft *Item* können Sie auf den Pfad zum Ordner zurückgreifen, während *count* bzw. *length* die Zahl der Objekte in der Auflistung wiedergeben.

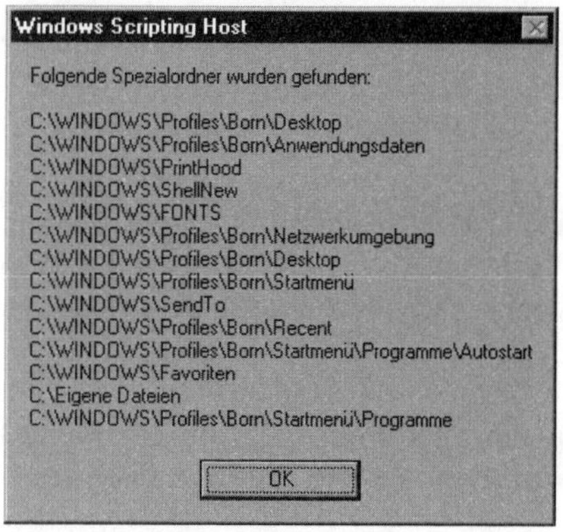

Abbildung 10.2: *Auflistung aller Spezialordner des Systems*

Um alle Elemente der Auflistung auszugeben, können Sie eine *For Each In*-Schleife benutzen:

```
For Each i In WSHShell.SpecialFolders
 WScript.Echo i
Next
```

Die obige Schleife zeigt alle Ordner an. Diese Erkenntnis habe ich in dem folgenden VBScript zusammengefasst. Dieses ermittelt die Ordnerpfade und gibt diese in einem Dialogfeld aus.

```
'************************************************
' File:   SpecialFolder.vbs (WSH-Beispiel in VBScript)
' Autor:  Günter Born
'
' Zweck:  Das Beispiel demonstriert die Anwendung
' der SpecialFolder-Methode des Shell-Objekts und
```

```
' gibt alle gefundenen Ordner in einem Dialogfeld
' aus.
'**********************************************
Option Explicit

Dim Text, Titel, i
Dim WSHShell, objAdr     ' Objektvariable

Text = "Folgende Spezialordner wurden gefunden:" + vbCrLf + vbCrLf
Titel = "WSH-Beispiel - by Günter Born"

' Erstelle neues WSHShell-Objekt, welches wir zum Zugriff
' auf das WSHSpecialFolders-Objekt brauchen.

Set WSHShell = WScript.CreateObject("WScript.Shell")

' Jetzt zeigen wir einige Pfade zu speziellen Ordnern an.
For Each i In WSHShell.SpecialFolders
 Text = Text & i & vbCrLf
Next
WScript.Echo Text         ' Abschlussmeldung
'*** Ende
```

Listing 10.2: SpecialFolder.vbs

HINWEIS: Sie finden die Datei *SpecialFolder.vbs* auf der Begleit-CD-ROM im Ordner *\Beisp\Kap10.*

Anzeige der *Special Folders*-Einträge in JScript

Die Anzeige aller im System definierten speziellen Ordner lässt sich auch mit einem kleinen JScript-Programm erreichen. Dieses Programm soll ebenfalls das in Abbildung 10.2 gezeigte Dialogfeld verwenden. Sie müssen dann die *SpecialFolders*-Eigenschaft des *Shell*-Objekts ermitteln und die Elemente der Auflistung auswerten.

HINWEIS: Bei der Implementierung dieses Beispiels bin ich allerdings noch auf ein kleines Problem gestoßen. Eigentlich sollte sich die Auflistung in JScript mit der folgenden Konstruktion ausgeben lassen:

```
var WSHShell = WScript.CreateObject("WScript.Shell");
var objAdr = WSHShell.SpecialFolders;
for (var i in objAdr)
{
WScript.Echo ("*" +objAdr(i) + "\n");
}
```

Dies ist jedoch in JScript nicht zulässig. Sie müssen vielmehr mit der *Enumerator*-Methode arbeiten oder die Schleife explizit bearbeiten. Daher habe ich im Listing 10.3 eine einfache *For*-Schleife gewählt, die alle Elemente explizit anspricht.

Das nachfolgend gezeigte Skript ermittelt die Ordnerpfade und gibt diese in einem Dialogfeld aus.

```
//************************************************
// File:   SpecialFolder.js (WSH-Beispiel in JScript)
// Autor:  Günter Born
//
// Zweck:  Das Beispiel demonstriert die Anwendung
// der SpecialFolder-Methode des Shell-Objekts.
//************************************************

var Text = "Folgende Spezialordner wurden gefunden:\n\n";
var Titel = "WSH-Beispiel - by Günter Born";

// Erstelle neues WSHShell-Objekt, welches wir zum Zugriff
// auf das WSHSpecialFolders-Objekt brauchen.
var WSHShell = WScript.CreateObject("WScript.Shell");

// Jetzt zeigen wir einige Pfade zu speziellen Ordnern an.
var objAdr = WSHShell.SpecialFolders

/// Achtung: die folgende for-Konstruktion klappt nicht!!!
/// for (var i in objAdr)
///{
/// WScript.Echo ("*" +objAdr(i) + "\n");
///}
/// Daher folgende for-Schleife anwenden
for (var i = 0; i < objAdr.length; i++)
{
 Text = Text + objAdr(i) + "\n";
}
WScript.Echo (Text);       // Abschlussmeldung
//*** Ende
```

Listing 10.3: SpecialFolder.js

HINWEIS: Sie finden die Datei *SpecialFolder.js* auf der Begleit-CD-ROM im Ordner *Beisp* *Kap10*.

Den Pfad eines Spezialordners ermitteln

Über die *SpecialFolders*-Eigenschaft können Sie auch gezielt den Pfad eines Ordners ermitteln. Die folgenden Befehle geben den Pfad zum aktuell benutzten Ordner *Desktop* zurück.

```
Set WSHShell = WScript.CreateObject("WScript.Shell")
WScript.Echo "Dektop: " & WSHShell.SpecialFolders("Desktop")
```

Die erste Anweisung erzeugt das *Shell*-Objekt, welches die Eigenschaft *SpecialFolders* zur Verfügung stellt. In der zweiten Anweisung wird dann auf die *SpecialFolders*-Eigenschaft zugegriffen. Durch die Angabe des Ordnernamens (hier "*Desktop*") liefert die Eigenschaft direkt den gewünschten Pfad zurück.

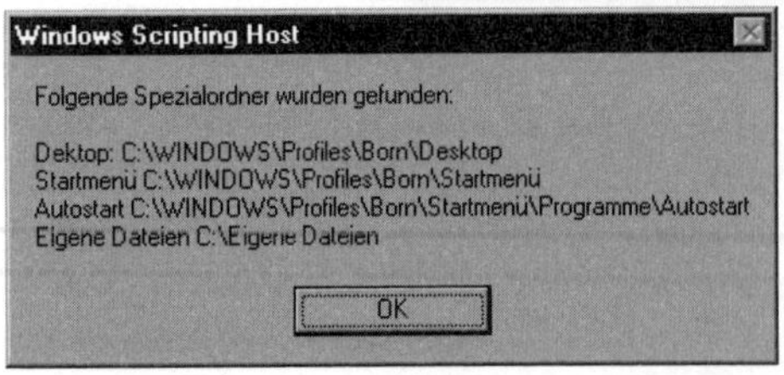

Abbildung 10.3: *Anzeige verschiedener Ordner (hier Windows 98)*

Die VBScript-Anweisungen aus Listing 10.4 nutzen diese Erkenntnisse und fragen gezielt einzelne Ordner ab. Das Ergebnis wird dann in einem Dialogfeld ausgegeben (Abbildung 10.3).

```
'************************************************
' File:   SpecialFolder1.vbs (WSH-Beispiel in VBScript)
' Autor:  Günter Born
'
' Zweck:  Das Beispiel demonstriert die Anwendung
' der SpecialFolder-Methode des Shell-Objekts.
'************************************************
Option Explicit

Dim Text, Titel
Dim WSHShell

Text = "Folgende Spezialordner wurden gefunden:" & vbCrLf & vbCrLf
Titel = "WSH-Beispiel - by Günter Born"

' Erstelle neues WSHShell-Objekt, welches wir zum Zugriff
' auf das WSHSpecialFolders-Objekt brauchen.
Set WSHShell = WScript.CreateObject("WScript.Shell")

' Jetzt zeigen wir einige Pfade zu speziellen Ordnern an.
Text = Text & "Dektop: " & WSHShell.SpecialFolders("Desktop") & vbCrLf
Text = Text &  "Startmenü " & WSHShell.SpecialFolders("Startmenu") & vbCrLf
Text = Text &  "Autostart " & WSHShell.SpecialFolders("Startup") & vbCrLf
Text = Text &  "Eigene Dateien " & _
       WSHShell.SpecialFolders("MyDocuments") & vbCrLf
WScript.Echo Text        ' Abschlussmeldung
'*** Ende
```

Listing 10.4: SpecialFolder1.vbs

HINWEIS: Sie finden die Datei *SpecialFolder1.vbs* auf der Begleit-CD-ROM im Ordner *\Beisp\Kap10*. Wer lieber in JScript programmiert, kann sich die Datei *SpecialFolder1.js* aus dem gleichen Verzeichnis laden.

Erstellen einer Verknüpfung auf dem Desktop

Haben Sie die vorhergehenden Abschnitte dieses Kapitels durchgelesen? Dann verfügen Sie über das Rüstzeug, um die *CreateShortcut*-Methode anzuwenden. Nachdem Sie die Grundlagen beherrschen, möchte ich jetzt nochmals auf die Details eingehen.

Das folgende Skript zeigt sofort nach dem Start ein Dialogfeld an, in dem auf das Anlegen der Verknüpfung hingewiesen wird. Der Benutzer kann den Ablauf zu diesem Zeitpunkt durch Bestätigen der Schaltfläche *Abbrechen* beenden. Das Skript benutzt zum Abbruch die *WScript.Quit*-Methode. Bestätigt der Benutzer die *OK*-Schaltfläche, beginnt das Skript mit dem Anlegen der Verknüpfung. Im ersten Schritt wird das *Shell*-Objekt geladen, um die *SpecialFolders*-Eigenschaft sowie die *CreateShortcut*-Methode nutzen zu können.

```
Set WSHShell = WScript.CreateObject("WScript.Shell")
```

Anschließend lässt sich der Pfad zum aktuell genutzten Ordner *Desktop* über die *SpecialFolders*-Eigenschaft des *WSHShell*-Objekts mittels der folgenden Anweisung abfragen:

```
DesktopPath = WSHShell.SpecialFolders("Desktop")
```

Ist der Pfad zum Ordner bekannt, lässt sich ein Verknüpfungsobjekt mit den folgenden Anweisungen anlegen:

```
Lnk_Titel = "\Borns Registrierungseditor.lnk"
Set Shortcut = WSHShell.CreateShortcut (DesktopPath & Lnk_Titel)
```

Die Variable *DesktopPath* legt den Pfad zum Ordner *Desktop* fest. In *Lnk_Titel* steht der Name der LNK-Datei. In den nächsten Schritten sind die Verknüpfungseigenschaften des neuen Objekts zu setzen. Die folgende Anweisung definiert über die Eigenschaft *TargetPath* des neuen Objekts den bei der Anwahl der Verknüpfung auszuführenden Befehl:

```
Shortcut.TargetPath = _
    WSHShell.ExpandEnvironmentStrings("%windir%\regedit.exe")
```

Interessant ist hier die *ExpandEnvironmentStrings*-Methode, die den Inhalt der Umgebungsvariablen *%windir%* expandiert. Das heißt: Die Methode liefert den Windows-Ordner. An diesen Ordnernamen wird dann noch die Zeichenkette "*\regedit.exe*" angehängt. Schon ist der Name des auszuführenden Programms definiert. Die folgende Anweisung definiert das Arbeitsverzeichnis für die Verknüpfung:

```
Shortcut.WorkingDirectory = _
    WSHShell.ExpandEnvironmentStrings("%windir%")
```

Diese Eigenschaft wird hier auf den Windows-Ordner gesetzt, da der Registrierungseditor kein Arbeitsverzeichnis benötigt. Über die Eigenschaft *WindowStyle* legen Sie fest, wie das Anwendungsfenster nach der Anwahl der Verknüpfung zu öffnen ist.

```
Shortcut.WindowStyle = 1
```

Werte für diese Eigenschaft sind 1 = normal, 3 = maximiert und 7 = minimiert. Beachten Sie aber, dass diese Stile nur wirksam werden, wenn das Fenster vorher in Normalgröße angezeigt wurde.

Über die Eigenschaft *IconLocation* definieren Sie das für die Verknüpfung anzuzeigende Symbol:

```
Shortcut.IconLocation = _
    WSHShell.ExpandEnvironmentStrings("%windir%\Regedit.exe, 0")
```

EXE- und DLL-Dateien können unter Windows ein oder mehrere Symbole beinhalten, die durch einen ab 0 beginnenden Index angegeben werden. In der obigen Anweisung wird der Verknüpfung das erste in der Datei *Regedit.exe* enthaltene Symbol zugewiesen. Alternativ können Sie auch andere Symboldateien (z.B. *Moreicons.dll, Shell32.dll* etc. aus dem Windows-Ordner bzw. dem *System*-Ordner) zur Symbolauswahl verwenden. Sobald die Eigenschaften definiert sind, lässt sich das Verknüpfungsobjekt über die *Save*-Methode speichern. Einzelheiten zur Implementierung sind dem folgenden VBScript-Listing zu entnehmen.

```
'************************************************
' File:   Shortcut1.vbs (WSH-Beispiel in VBScript)
' Autor:  Günter Born
'
' Zweck:  Das Beispiel richtet eine Verknüpfung zum
' Registrierungseditor auf dem Desktop ein.
'************************************************
Option Explicit

Dim Text, Titel, Lnk_Titel
Dim WSHShell    ' Objektvariable
Dim status, Ready_txt
Dim Shortcut, DesktopPath

Ready_txt = "Es wurde eine Verknüpfung zum " & _
            "Registrierungseditor auf Ihrem Desktop erstellt"
' Benutzermeldung mit Abfrage, ob Verknüpfungs erstellt werden darf.
Text = "Erstellt eine Verknüpfung zum " & _
       "Registrierungseditor auf Ihrem Desktop."
Titel = "WSH-Beispiel - by Günter Born"

status = MsgBox(Text, _
                vbOKCancel + vbInformation, _
                Titel)
If (status <> vbOK) Then
 WScript.Quit 1          ' Benutzer hat Abbrechen gewählt
End if

' Erstelle neues WSHShell-Objekt, welches wir zum Zugriff
' auf das WSHSpecialFolders-Objekt brauchen.
Set WSHShell = WScript.CreateObject("WScript.Shell")

' Jetzt holen wir den Pfad zum Ordner "Desktop". Dieser
' lässt sich über das WSHSpecialFolders-Objekt abfragen.
DesktopPath = WSHShell.SpecialFolders("Desktop")

' Da wir den Pfad zum Ordner "Desktop" kennen, lässt sich die
' CreateShortcut-Methode anwenden, um die Verknüpfung anzulegen.
' Erzeuge als Erstes das neue Objekt "Shortcut".
Lnk_Titel = "\Borns Registrierungseditor.lnk"
```

```
Set Shortcut = WSHShell.CreateShortcut _
    (DesktopPath & Lnk_Titel)

' Jetzt müssen wir noch die Verknüpfungseigenschaften setzen.
' Erst kommt die Angabe für das Zielverzeichnis.
Shortcut.TargetPath = _
    WSHShell.ExpandEnvironmentStrings("%windir%\regedit.exe")

' Nun legen wir das Arbeitsverzeichnis fest.
Shortcut.WorkingDirectory = _
    WSHShell.ExpandEnvironmentStrings("%windir%")

' Fensterstil 1 = normal, 3 = maximiert, 7 = minimiert
Shortcut.WindowStyle = 1

' Das Symbol für die Verknüpfung angeben.
Shortcut.IconLocation = _
    WSHShell.ExpandEnvironmentStrings("%windir%\Regedit.exe, 0")

Shortcut.Save             ' Jetzt wird die Verknüpfung angelegt

WScript.Echo Ready_txt    ' Abschlussmeldung
'*** Ende
```

Listing 10.5: Shortcut1.vbs

HINWEIS: Sie finden die Datei *Shortcut1.vbs* auf der Begleit-CD-ROM im Ordner *\Beisp\Kap10.* In JScript lässt sich die Verknüpfung auf dem Desktop mit den gleichen Methoden wie in VBScript anlegen. Aus Platzgründen wurde an dieser Stelle auf den Abdruck des Listings verzichtet. Sie finden die Datei *Shortcut1.js* auf der Begleit-CD-ROM im Ordner *\Beisp\Kap10.*

Eine Verknüpfung im Startmenü anlegen

In diesem Beispiel möchte ich Ihnen zeigen, wie Sie die *CreateShortcut*-Methode des *Shell*-Objekts anwenden, um eine Verknüpfung im Startmenü anzulegen. Die meisten Grundlagen haben Sie ja bereits in den vorhergehenden Abschnitten kennen gelernt. Allerdings gibt es einige Klippen, die es zu umschiffen gilt.

Das folgende VBScript-Beispiel soll eine Programmgruppe *Born* im Startmenü unter *Programme* einrichten. In dieser Gruppe *Born* ist dann eine Verknüpfung zum Windows-Editor einzutragen. Wie lässt sich dies in einem Skript bewerkstelligen?

Grundsätzlich ist an dieser Aufgabe nichts Schwieriges. In den vorhergehenden Abschnitten haben Sie gelernt, dass Sie beim Aufruf der *CreateShortcut*-Methode lediglich den Namen der Verknüpfungsdatei samt Pfad als Parameter angeben müssen. Die Verknüpfungsdatei können wir in diesem Fall fest mit *Editor.lnk* bezeichnen. Fehlt noch der Pfad zum Zielordner, der sich im Startmenü im Zweig *\Programme\Born* befindet. Die Lage des Ordners *Startmenü\Programme* lässt sich aber über die *SpecialFolders*-Eigenschaft des *Shell*-Objekts mit folgender Anweisung abfragen:

```
Path = WSHShell.SpecialFolders("Programs")
```

Diese Technik haben Sie bereits im vorhergehenden Abschnitt kennen gelernt. Da wir aber die Verknüpfung in einer eigenen Untergruppe *Born* anlegen wollen, muss der Pfad um diesen Ordnernamen ergänzt werden:

```
Path = Path & "\Born\"
```

Mit dieser Anweisung haben Sie den Pfad zum gewünschten Programmordner des Startmenüs konstruiert.

Eigentlich könnten Sie jetzt die *CreateShortcut*-Methode mit dieser Angabe aufrufen. Aber leider gibt es noch ein (kleines) Problem: Die später zum Speichern der Verknüpfungsdatei benutzte *Save*-Methode funktioniert nur, falls der Zielordner für die Verknüpfungsdatei bereits existiert. Ist die Gruppe *Born* in Ihrem Startmenü noch nicht vorhanden, wird das Skript gnadenlos mit einem unbekannten Laufzeitfehler »abschmieren«. Nun ist guter Rat teuer: Wie lässt sich prüfen, ob der Ordner existiert und gegebenenfalls der Ordner für die Programmgruppe anlegen? Im Vorgriff auf den Inhalt des nächsten Kapitels möchte ich Ihnen eine kleine Routine vorstellen, die prüft, ob ein Ordner vorhanden ist:

```
Sub MakePath (pathx)
' Erzeuge den Ordner, falls dieser nicht vorhanden ist.
  Dim fso, f
  On Error Resume Next
  Set fso = CreateObject("Scripting.FileSystemObject")
  Set f = fso.CreateFolder(pathx)
  Set fso = Nothing
  Set f = Nothing
End Sub
```

Die Prozedur wird mit dem kompletten Pfad samt dem Ordnernamen (z.B. "*C:\Windows\Born*") aufgerufen. Die *On Error Resume Next*-Anweisung bewirkt, dass bei einem Laufzeitfehler die Programmausführung fortgesetzt wird (auf die Fehlerbehandlung wird in ▶ Kapitel 3 und weiter unten eingegangen). Dann wird das *FileSystemObject*-Objekt geladen. Dessen Methoden erlauben den Umgang mit Ordnern und Dateien. Die Methode *CreateFolder* legt den als Argument übergebenen Ordner neu an. Existiert der Ordner bereits, löst dies einen Laufzeitfehler aus, der aber durch die *On Error*-Anweisung abgefangen wurde. Die Anweisung:

```
Set f = fso.CreateFolder(pathx)
```

zwingt den WSH also, den in *pathx* angegebenen Ordner anzulegen. Existiert dieser Ordner bereits, passiert nichts. Mit dieser Funktion ist der nächste Schritt eine Kleinigkeit. Im Skript wird einfach die Prozedur *MakePath* mit dem Pfad zum Programm-Unterordner *Born* als Argument aufgerufen:

```
MakePath (Path)
Set Shortcut = WSHShell.CreateShortcut (Path & "Editor.lnk")
```

und dann die *CreateShortcut*-Methode aufgerufen. Sobald das Objekt vorliegt, lassen sich die Verknüpfungseigenschaften festlegen. Der Windows-Editor befindet sich im Windows-Ordner in der Datei *Notepad.exe*. Folglich lassen sich die Pfade zu dieser Datei recht schnell angeben. Im vorhergehenden Abschnitt wurde bereits erläutert, wie Sie verschiedene Eigenschaften der Verknüpfung festlegen. In diesem Beispiel soll eine neue Eigenschaft *HotKey* benutzt werden. Diese

Eigenschaft legt eine Tastenkombination fest, über die sich die Anwendung direkt aufrufen lässt. Mit der folgenden Anweisung:

```
Shortcut.Hotkey = "Alt+Ctrl+E"
```

sorgen Sie dafür, dass sich der Windows-Editor mit der Tastenkombination Alt+Strg+E aufrufen lässt.

HINWEIS: Beachten Sie aber, dass die Tastenkombination nur bei Verknüpfungen wirkt, die im Startmenü bzw. auf dem Desktop angelegt wurden. Weiterhin ist bei der Auswahl der Tastenkombinationen sicherzustellen, dass diese nicht bereits von anderen Anwendungen belegt sind. Andernfalls kommt es zu einer gegenseitigen Beeinflussung dieser Anwendungen.

Wenn Sie anschließend die *Save*-Methode des *Shortcut*-Objekts aufrufen, wird die Verknüpfung im Startmenü angelegt. Sie können dies sehr leicht durch Öffnen des Startmenüs überprüfen. Im Zweig *Programme/Born* sollte jetzt ein Eintrag für den Editor vorhanden sein. Die Anweisungen des Listing 10.6 zeigen die Details der Implementierung in VBScript.

```
'************************************************
' File:   Startmenu.vbs (WSH-Beispiel in VBScript)
' Autor:  Günter Born
'
' Zweck:  Das Beispiel richtet eine Verknüpfung zum
' Windows-Editor in der Startmenügruppe Born ein.
'************************************************
Option Explicit

Dim Text, Titel
Dim WSHShell    ' Objektvariable
Dim status, Ready_txt
Dim Shortcut, Path

Ready_txt = "Es wurde eine Verknüpfung zum Editor im " & _
            "Startmenü eingerichtet."

' Benutzermeldung mit Abfrage, ob Verknüpfung erstellt werden darf.
Text = "Trägt den Windows-Editor im Startmenü in der Gruppe ""Born"" ein."
Titel = "WSH-Beispiel - by Günter Born"

status =  MsgBox(Text, _
                 vbOKCancel + vbInformation, _
                 Titel)
If (status <> vbOK) Then
 WScript.Quit 1          ' Benutzer hat Abbrechen gewählt
End if

' Erstelle neues WSHShell-Objekt, welches wir zum Zugriff
' auf das WSHSpecialFolders-Objekt brauchen.
Set WSHShell = WScript.CreateObject("WScript.Shell")

' Jetzt holen wir den Pfad zum Ordner "Startmenu/Programme". Dieser
' lässt sich über das WSHSpecialFolders-Objekt abfragen.
Path = WSHShell.SpecialFolders("Programs")
```

```
' Wichtig: Der Eintrag soll in Programme\Born kommen
Path = Path & "\Born\"

' Prüfe, ob Pfad existiert, sonst Gruppe anlegen
MakePath Path

' Da wir den Pfad zum Startmenü kennen, lässt sich die
' CreateShortcut-Methode für die Verknüpfung nutzen.
' Erzeuge als Erstes das neue Objekt "Shortcut".
Set Shortcut = WSHShell.CreateShortcut (Path & "Editor.lnk")

' Jetzt müssen wir noch die Verknüpfungseigenschaften setzen.
' Erst kommt die Angabe für das Zielverzeichnis.
Shortcut.TargetPath = _
    WSHShell.ExpandEnvironmentStrings("%windir%\Notepad.exe")

' Nun legen wir das Arbeitsverzeichnis fest.
Shortcut.WorkingDirectory = _
    WSHShell.ExpandEnvironmentStrings("%windir%")

' Fensterstil 1 = normal, 3 = maximiert, 7 = minimiert
Shortcut.WindowStyle = 1

' Das Symbol für die Verknüpfung angeben.
Shortcut.IconLocation = _
    WSHShell.ExpandEnvironmentStrings("%windir%\Notepad.exe, 0")

' Die Tastenkombination (Hotkey) festlegen.
Shortcut.Hotkey = "Alt+Ctrl+E"

Shortcut.Save              ' Jetzt wird die Verknüpfung angelegt

WScript.Echo Ready_txt     ' Abschlussmeldung
'##################
Sub MakePath (pathx)
' Erzeuge den Ordner, falls diese nicht vorhanden ist.
  Dim fso, f
  On Error Resume Next
  Set fso = CreateObject("Scripting.FileSystemObject")
  Set f = fso.CreateFolder(pathx)
  Set fso = Nothing
  Set f = Nothing
End Sub
'*** Ende
```

Listing 10.6: Startmenu.vbs

HINWEIS: Sie finden das Programm *Startmenu.vbs* auf der Begleit-CD-ROM im Ordner *Beisp* *Kap10.*

Die Implementierung in JScript

Sofern Sie die Sprache JScript bevorzugen, finden Sie im nachfolgenden Listing 10.7 die entsprechende Implementierung des obigen Beispiels.

```
//************************************************
// File:   Startmenu.js (WSH-Beispiel in JScript)
// Autor:  (c) G. Born
//
//  Das Beispiel richtet eine Verknüpfung zum
// Windows-Editor in der Startmenügruppe Born ein.
//************************************************

var vbOKCancel = 1;       // Variablen vereinbaren
var vbInformation = 64;
var vbCancel = 2;

var L_Welcome_MsgBox_Message_Text   =
 "Dieses Skript erstellt eine Verknüpfung zum Editor im Startmenü.";
var L_Welcome_MsgBox_Title_Text     =
  "WSH-Beispiel - by Günter Born";

Welcome();    // Eingangsdialog zeigen

// Methode, um die Verknüpfung zu erzeugen
var WSHShell = WScript.CreateObject("WScript.Shell");

// Jetzt holen wir den Pfad zum Ordner "Startmenu/Programme". Dieser
// lässt sich über das WSHSpecialFolders-Objekt abfragen.
var Path = WSHShell.SpecialFolders("Programs");

// Wichtig: Der Eintrag soll in Programme\Born kommen
Path = Path + "\\Born\\";

// Prüfe, ob Pfad existiert, sonst Gruppe anlegen
MakePath (Path);

// Da wir den Pfad zum Startmenü kennen, lässt sich die
// CreateShortcut-Methode für die Verknüpfung nutzen.
// Erzeuge als Erstes das neue Objekt "Shortcut".
var Shortcut = WSHShell.CreateShortcut (Path + "Editor.lnk");

// Jetzt müssen wir noch die Verknüpfungseigenschaften setzen.
// Erst kommt die Angabe für das Zielverzeichnis.
Shortcut.TargetPath =
    WSHShell.ExpandEnvironmentStrings("%windir%\\Notepad.exe");

// Nun legen wir das Arbeitsverzeichnis fest.
Shortcut.WorkingDirectory =
    WSHShell.ExpandEnvironmentStrings("%windir%");

// Fensterstil 1 = normal, 3 = maximiert, 7 = minimiert
Shortcut.WindowStyle = 1;

// Das Symbol für die Verknüpfung angeben.
Shortcut.IconLocation =
    WSHShell.ExpandEnvironmentStrings("%windir%\\Notepad.exe, 0");
```

```
// Die Tastenkombination (Hotkey) festlegen.
Shortcut.Hotkey = "Alt+Ctrl+E";

Shortcut.Save();              // Jetzt wird die Verknüpfung angelegt

WScript.Echo ("Die Verknüpfung wurde angelegt.");
//////////////////////////////////////////////////////////////////////////
// Welcome
//
function Welcome() {
    var WSHShell = WScript.CreateObject("WScript.Shell");
    var intDoIt;

    intDoIt =  WSHShell.Popup(L_Welcome_MsgBox_Message_Text,
                              0,
                              L_Welcome_MsgBox_Title_Text,
                              vbOKCancel + vbInformation );
    if (intDoIt == vbCancel) {
        WScript.Quit();
    }
}

function MakePath (pathx)
{
// Erzeuge den Ordner, falls dieser nicht vorhanden ist.

  var fso = new ActiveXObject("Scripting.FileSystemObject")
  if (!fso.FolderExists(pathx))
  {
   var f = fso.CreateFolder(pathx);
   f = null;
  }
  fso = null;
}
//*** Ende
```

Listing 10.7: Startmenu.js

HINWEIS: Sie finden das Programm *Startmenu.js* auf der Begleit-CD-ROM im Ordner *\Beisp \Kap10.*

Auf ähnliche Weise können Sie Verknüpfungen in anderen Ordnern (z.B. in *Eigene Dateien*) anlegen. Sie müssen lediglich den Pfad zum Ordner über die *WSHShell.SpecialFolders*-Eigenschaft ermitteln.

TIPP: Falls Sie eine Startmenüverknüpfung in Windows NT bzw. in Windows 2000 oder XP anlegen möchten, können Sie diese für den aktuellen Benutzer oder für alle Benutzer einrichten. Die beiden obigen Beispiele richten die Verknüpfung immer für den lokal angemeldeten Benutzer ein. Verwenden Sie jedoch im *Desktop*-Ordner den Unterordner *All Users*, wird die Verknüpfung global erzeugt und steht allen Benutzern zur Verfügung. Sie können die obigen Beispielskripte so modifizieren, dass diese den Pfad zum Startmenü des aktuellen Benutzers ermitteln, dann zwei Ordnerebenen höher gehen und alle Ordner auflisten. Jeder Ordner gehört dann zu einem Benutzerkonto, d.h. Sie können die Verknüpfungen gezielt für Benutzer einrichten.

Verknüpfung mit Parametern anlegen

Legen Sie eine Verknüpfung manuell an, können Sie im Feld *Ziel* neben dem Befehl zum Programmaufruf noch Optionen für das Programm hinterlegen. Der Befehl *C:\Windows\Notepad.exe C:\Texte\Born.txt* bewirkt beispielsweise, dass die Datei *Born.txt* im angegebenen Ordner direkt in den Editor geladen wird.

WICHTIG: Eigentlich ist zu erwarten, dass Sie den gleichen Befehl in der *TargetPath*-Eigenschaft hinterlegen können. Leider funktioniert dies nicht. Die *Save*-Methode fasst die Zeichenkette der *TargetPath*-Eigenschaft in Anführungszeichen ein und speichert diese anschließend in der Verknüpfungsdatei. Windows löst dann beim Aufruf der Verknüpfung einen Fehler aus.

Um Parameter in einer Verknüpfung zu setzen, müssen Sie auf die *Arguments*-Eigenschaft zurückgreifen. Diese Eigenschaft dient zur Aufnahme der gewünschten Parameter. Das folgende Beispiel soll eine Verknüpfung zum Windows-Editor im Startmenü in der Gruppe *Born* einrichten, und bei der Anwahl des Startmenüeintrags soll das Skript, welches die Verknüpfung erzeugt hat, geladen werden. In der Verknüpfung muss daher der Skriptname samt Pfad in der *Arguments*-Eigenschaft angegeben werden. Dies lässt sich mit folgender Anweisung realisieren:

```
Shortcut.Arguments = WScript.ScriptFullName
```

Die *Save*-Methode übernimmt dann die *Arguments*-Eigenschaft und fügt diese im Ziel an den auszuführenden Befehl an. Das Listing 10.8 zeigt die Implementierung des Beispiels, welches die Verknüpfung mit dem Editor und dem Namen der aktuellen Skriptdatei im Startmenü einrichtet.

```
'************************************************
' File:   Startmenu1.vbs (WSH-Beispiel in VBScript)
' Autor:  Günter Born
'
' Zweck:  Das Beispiel richtet eine Verknüpfung zum
' Windows-Editor in der Startmenügruppe Born ein.
' Weiterhin wird die Nutzung von Parametern gezeigt.
'************************************************
Option Explicit

Dim Text, Titel
Dim WSHShell    ' Objektvariable
Dim status, Ready_txt
Dim Shortcut, Path

Ready_txt = "Es wurde eine Verknüpfung zum Editor " & _
            "im Startmenü eingerichtet."

' Benutzermeldung mit Abfrage, ob Verknüpfung erstellt werden darf.
Text = "Trägt den Windows-Editor im Startmenü in der Gruppe ""Born"" ein."
Titel = "WSH-Beispiel - by Günter Born"

status =  MsgBox(Text, _
                 vbOKCancel + vbInformation, _
                 Titel)
If (status <> vbOK) Then
 WScript.Quit 1       ' Benutzer hat Abbrechen gewählt
End if
```

```
' Erstelle neues WSHShell-Objekt, welches wir zum Zugriff
' auf das WSHSpecialFolders-Objekt brauchen.
Set WSHShell = WScript.CreateObject("WScript.Shell")

' Jetzt holen wir den Pfad zum Ordner "Startmenu/Programme". Dieser
' lässt sich über das WSHSpecialFolders-Objekt abfragen.
Path = WSHShell.SpecialFolders("Programs")

' Wichtig: Der Eintrag soll in Programme\Born kommen
Path = Path & "\Born\"

' Prüfe, ob Pfad existiert, sonst Gruppe anlegen
MakePath Path

' Da wir den Pfad zum Startmenü kennen, lässt sich die
' CreateShortcut-Methode für die Verknüpfung nutzen.
' Erzeuge als erstes das neue Objekt "Shortcut".
Set Shortcut = WSHShell.CreateShortcut (Path & "Editor.lnk")

' Jetzt müssen wir noch die Verknüpfungseigenschaften setzen.
' Erst kommt die Angabe für das Zielverzeichnis.
Shortcut.TargetPath = _
    WSHShell.ExpandEnvironmentStrings("%windir%\Notepad.exe")

' Hier werden die Argumente des Aufrufs gesetzt.
' Wir laden einfach die Skriptdatei im Editor.
Shortcut.Arguments = WScript.ScriptFullName
Shortcut.WorkingDirectory = _
    WSHShell.ExpandEnvironmentStrings("%windir%")

' Fensterstil 1 = normal, 3 = maximiert, 7 = minimiert
Shortcut.WindowStyle = 1

' Das Symbol für die Verknüpfung angeben.
Shortcut.IconLocation = _
    WSHShell.ExpandEnvironmentStrings("%windir%\Notepad.exe, 0")

' Die Tastenkombination (Hotkey) festlegen.
Shortcut.Hotkey = "Alt+Ctrl+E"

Shortcut.Save              ' Jetzt wird die Verknüpfung angelegt

WScript.Echo Ready_txt     ' Abschlussmeldung

Sub MakePath (pathx)
' Erzeuge den Ordner, falls dieser nicht vorhanden ist.
  Dim fso, f
  On Error Resume Next
  Set fso = CreateObject("Scripting.FileSystemObject")
  Set f = fso.CreateFolder(pathx)
  Set fso = Nothing
  Set f = Nothing
End Sub
'*** Ende
```

Listing 10.8: Startmenu1.vbs

HINWEIS: Sie finden das Programm *Startmenu1.vbs* auf der Begleit-CD-ROM im Ordner *\Beisp\Kap10*. Wer JScript bevorzugt, findet das Beispiel im gleichen Ordner in der Datei *Startmenu1.js*.

TIPP: In diesem Zusammenhang möchte ich noch auf eine Besonderheit hinweisen. Die *Save*-Methode speichert die gesetzten Eigenschaften der Verknüpfung. Existiert die Verknüpfung bereits, bleiben eventuell gesetzte Eigenschaften erhalten, falls Sie diese nicht explizit im Skript umdefinieren. Rufen Sie beispielsweise erst das Programm *Startmenu1* und dann das Programm *Startmenu* auf, wird nur eine Verknüpfung angelegt. Obwohl *Startmenu* die *Arguments*-Eigenschaft nicht setzt, öffnet der Startmenüeintrag das Skript *Startmenu1* im Windows-Editor. Die Eigenschaften, die das Skript *Startmenu1* setzt, bleiben also erhalten. Sie können dies nur vermeiden, indem Sie die betreffenden Eigenschaften im Skript explizit auf eine leere Zeichenkette "" setzen.

Verknüpfungseigenschaften einlesen

Vielleicht stehen Sie vor der Frage, wie sich Verknüpfungseigenschaften bestehender *.lnk*-Dateien einlesen und ggf. ändern lassen? In der WSH-Hilfe werden Sie vergeblich nach Methoden wie *GetShortcut* oder *ReadShortcut* suchen. Daher war mein erster Eindruck, dass der Zugriff auf Eigenschaften bestehender Verknüpfungsdateien unmöglich ist (da die *CreateShortcut*-Methode des *Shell*-Objekts eine Verknüpfungsdatei anlegt). Andererseits benötigt die *CreateShortcut*-Methode einen Parameter, der den Pfad zur Verknüpfungsdatei sowie deren Namen angibt. Nach einigen Experimenten fand ich allerdings heraus, dass die *Save*-Methode bei einem bestehenden Verknüpfungsobjekt die nicht angegebenen Eigenschaften auch nicht aktualisiert. Daher kam mir die Idee, das *CreateShortcut*-Objekt zum Zugriff auf existierende Verknüpfungsdateien zu verwenden. Sobald das Objekt geholt wurde, lässt sich vielleicht auf die Eigenschaften zugreifen. Lassen wir uns einen Blick auf die folgenden Anweisungen werfen:

```
Set Shortcut = WSHShell.CreateShortcut (lnk_file)
WScript.Echo Shortcut.TargetPath
```

Die erste Anweisung erzeugt das Verknüpfungsobjekt, dessen Namen als Parameter an die *CreateShortcut*-Methode übergeben wird. Die zweite Zeile liest die *TargetPath*-Eigenschaft dieses Objekts. Existiert die in der Variablen *lnk_file* angegebene Verknüpfungsdatei, liest die *CreateShortcut*-Methode die Eigenschaften der *.lnk*-Datei. Die Anweisung gibt den Zielpfad in einem Meldungsfeld aus.

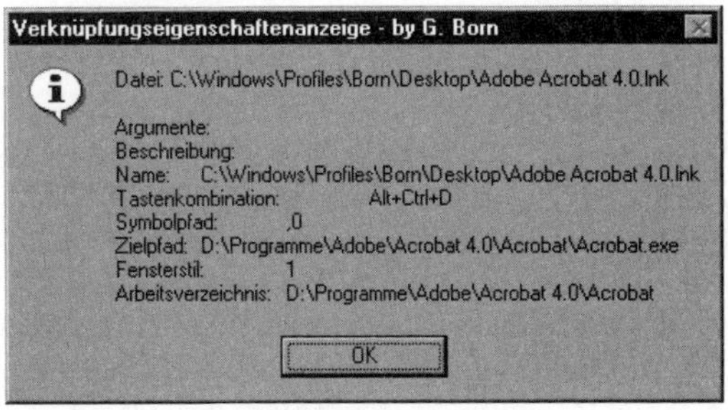

***Abbildung 10.4:** Eigenschaften einer Verknüpfung*

Die Eigenschaft *Arguments* enthält zusätzliche Parameter, die in der Verknüpfung gesetzt sind. Die Eigenschaft *Description* wird erst seit WSH 2.0 unterstützt und ist nur in Windows 2000 vorhanden – in Windows 9x bleibt die Eigenschaft leer (Abbildung 10.4).

HINWEIS: Nach meinen Kenntnissen unterstützt das *Shortcut*-Objekt keine der in Windows 2000 neu eingeführten Eigenschaften, um einen Prozess in einem separaten Adressraum oder unter einem neuen Benutzernamen auszuführen.

Das nachfolgende VBScript-Beispiel benutzt dieses Know-how zur Anzeige der Eigenschaften beliebiger Verknüpfungsdateien. Ziehen Sie eine *.lnk*-Datei zum Symbol der Skriptdatei, werden die Eigenschaften in einem Dialogfeld angezeigt (Abbildung 10.4). Nicht gesetzte Eigenschaften werden nicht angezeigt. Die Eigenschaft *IconLocation* gibt den Wert »,0« zurück, falls kein Symbol definiert wurde. Dann verwendet Windows das Standardsymbol des zugeordneten EXE-Programms.

Um bestimmte Techniken zu demonstrieren, unterstützt das Skript Drag & Drop. Der Benutzer kann eine Verknüpfungsdatei zur Skriptdatei ziehen. Der Name dieser Datei wird dann als Argument vom Skript übernommen. Das Programm prüft, ob das Argument eine *.lnk*-Datei ist und gibt deren Eigenschaften aus.

HINWEIS: Drag & Drop wird erst ab WSH 2.0 unterstützt. In WSH 1.0 müssen Sie eine BAT-Datei *@start WScript.exe C:\Test\GetShortcutProperties.vbs %1* verwenden, um die Skriptdatei aufzurufen. Dann lässt sich die Verknüpfungsdatei zur BAT-Datei ziehen.

Die Technik zur Auswertung von Parametern wurde bereits in ▶ Kapitel 7 vorgestellt (siehe Abschnitt »Auswerten der Skript-Parameter«). Der folgende Code prüft, ob das Skript mit mindestens einem Parameter aufgerufen wurde:

```
Set objArgs = Wscript.Arguments
If objArgs.Count < 1 Then  ' keine Argumente
WScript.Echo  " Sorry, keine Argumente gefunden!" , vbCRLF & vbCRLF, _
  "Bitte eine Verknüpfungsdatei zum Skript ziehen,", _
  "oder Skriptaufruf:", vbCRLF & vbCRLF, _
  "<host> GetShortcutProperties.vbs Verknüpfungsdatei", _
   vbCRLF & vbCRLF, _
  "z.B.: CScript GetShortcutProperties.vbs C:\editor.lnk"
  WScript.Quit
End if
```

***Abbildung 10.5:** Dialog bei fehlenden Argumenten*

Nachdem die *Arguments*-Eigenschaft gelesen wurde, lässt sich die *Arguments*-Auflistung des Objekts über die Objektvariable *objArgs* auswerten. Die Eigenschaft *Count* des Objekts gibt an, ob die Auflistung Objekte enthält. Werden keine Objekte gefunden, terminiert das Skript mit einem Dialogfeld (Abbildung 10.5).

Werden dagegen Argumente gefunden (das Beispiel unterstützt allerdings nur eine Datei als Argument), ist zu prüfen, ob es sich wirklich um eine *.lnk*-Datei handelt. Diese Aufgabe übernimmt die folgende Funktion:

```
Function IsLnk (name)
' Prüfe, ob gültige Verknüpfungsdatei (.lnk)
' Gebe true oder false zurück
 If (LCase(Right(name, 4)) = ".lnk") then
  IsLnk = true
 Else
  IsLnk = false   ' .lnk gefunden
 End if
End Function
```

Rufen Sie die Funktion mit einem gültigen Dateinamen auf, liefert die Funktion *true* oder *false*, abhängig von der Dateinamenerweiterung, zurück. Die Prüfung wird lediglich über den Dateinamen ausgeführt; die letzten vier Zeichen des Namens werden extrahiert, in Kleinbuchstaben konvertiert und mit der Zeichenkette *.lnk* verglichen. Dieser Test wird mit folgender Anweisung aufgerufen:

```
If Not IsLnk (objArgs(0)) Then
 WScript.Echo "Sorry, '" & objArgs(0) & "' ist keine .lnk-Datei "
 WScript.Quit
End If
```

Hier wird *IsLnk* mit dem ersten Eintrag der *Arguments*-Auflistung aufgerufen. Wurden mehr Argumente übergeben, werden diese bei der weiteren Auswertung ignoriert. Sie können den Programmcode aber entsprechend erweitern.

HINWEIS: Wir vertrauen bei der obigen Codesequenz darauf, dass der Benutzer eine Datei per Drag & Drop als Parameter übergibt; dann liegt auf jeden Fall eine gültige Datei vor. Das Skript verzichtet daher auf die Prüfung, ob die Datei überhaupt existiert, und testet nur die Dateinamenerweiterung. Sie können die Funktion jedoch um eine Prüfung auf Existenz der Datei erweitern. Hierzu lässt sich das erst in den ▶ nachfolgenden Kapiteln diskutierte *FileSystemObject*-Objekt verwenden. Aus diesem Grund wurde auf diese Prüfung verzichtet.

Sobald die Tests ausgeführt wurden, sollte das Skript auf die Verknüpfungsdatei zugreifen können:

```
Set Shortcut = WSHShell.CreateShortcut (objArgs(0))
```

Anschließend lassen sich die Eigenschaften des *Shortcut*-Objekts lesen und anzeigen. Details sind dem nachfolgenden VBScript-Listing zu entnehmen.

```
'************************************************
' File:   GetShortcutProperties.vbs (WSH Beispiel in VBScript)
' Autor:  (c) Günter Born
'
' Liest die Verknüpfungseigenschaften der als Parameter
' übergebenen Datei.
'************************************************
Option Explicit

Const Title = "Verknüpfungseigenschaftenanzeige - by G. Born"
```

```
Dim WSHShell
Dim objArgs, Shortcut

' Neues WSHShell-Objekt
Set WSHShell = WScript.CreateObject("WScript.Shell")
' Try to retrieve the arguments
Set objArgs = Wscript.Arguments    ' erzeuge Objekt

If objArgs.Count < 1 Then  ' kein Argument, Dialog beenden
 WScript.Echo  " Sorry, keine Argumente gefunden!" , vbCRLF & vbCRLF, _
  "Bitte eine Verknüpfungsdatei zum Skript ziehen,", _
  "oder Skriptaufruf:", vbCRLF & vbCRLF, _
  "<host> GetShortcutProperties.vbs Verknüpfungsdatei", _
   vbCRLF & vbCRLF, _
  "z.B.: CScript GetShortcutProperties.vbs C:\editor.lnk"
  WScript.Quit
End if

' Hole Argument
If Not IsLnk (objArgs(0)) Then  ' Gültige .lnk-Datei?
 WScript.Echo "Sorry, '" & objArgs(0) & "' keine .lnk-Datei"
 WScript.Quit
End If

' Versuche Verknüpfungsdatei anzulegen.
' Verwende CreateShortcut-Methode (ohne die
' Save-Methode wird nicht geändert).
Set Shortcut = WSHShell.CreateShortcut (objArgs(0))

MsgBox "Datei: " & objArgs(0)  & vbCRLF & vbCRLF & _
       "Argumente: " & vbTab & Shortcut.Arguments & vbCRLF & _
       "Beschreibung: " & vbTab & Shortcut.Description & vbCRLF & _
       "Name: " & vbTab & Shortcut.FullName & vbCRLF & _
       "Tastenkombination: " & vbTab & Shortcut.Hotkey & vbCRLF & _
       "Symbolpfad: " & vbTab & Shortcut.IconLocation & vbCRLF & _
       "Zielpfad: " & vbTab & Shortcut.TargetPath & vbCRLF & _
       "Fensterstil: " & vbTab & Shortcut.WindowStyle & vbCRLF & _
       "Arbeitsverzeichnis: " & vbTab & Shortcut.WorkingDirectory _
       & vbCRLF, vbOkonly + vbInformation, Title
' ##################
Function IsLnk (name)
' Prüfe, ob gültige Verknüpfungsdatei (.lnk)
' Gebe true oder false zurück
 If (LCase(Right(name, 4)) = ".lnk") then
  IsLnk = true
 Else
  IsLnk = false   ' .lnk gefunden
 End if
End Function
' Ende
```

Listing 10.9: GetShortcutProperties.vbs

HINWEIS: Die Datei *GetShortcutProperties.vbs* finden Sie im Ordner *\Beisp\Kap10.* Wer lieber mit JScript arbeitet, möge sich die Datei *GetShortcutProperties.js* im gleichen Verzeichnis ansehen.

TIPP: Das *GetShortcutProperties*-Beispiel ist recht hilfreich, falls Sie die von einer Verknüpfung verwendete Symbolnummer benötigen. Windows selbst liefert hier keine Unterstützung.

Wie lässt sich eine Verknüpfung aktualisieren?

Die Aktualisierung einer Verknüpfung ist fast so einfach wie die im vorhergehenden Beispiel gezeigte Anzeige der Verknüpfungseigenschaften. Wir wenden einfach die *CreateShortcut*-Methode auf eine Verknüpfungsdatei an. Dann lassen sich die Eigenschaften lesen oder auch setzen. Sobald die *Save*-Methode ausgeführt wird, aktualisiert diese die Daten in der Datei.

Das folgende VBScript-Beispiel akzeptiert eine Verknüpfungsdatei als Parameter. Dann wird das Verknüpfungssymbol umgesetzt. Drag & Drop wird allerdings erst ab WSH 2.0 unterstützt. Um das Beispiel möglichst einfach zu halten, habe ich ein Standardsymbol aus der Datei *Shell32.exe* ausgewählt. Diese Datei ist in allen Windows-Versionen vorhanden.

HINWEIS: Die Verwendung von *Shell32.dll* bringt aber ein Problem: Die Lage der Datei hängt von der Windows-Version ab. Während Windows 9x die Datei im Windows-Unterordner *\System* hält, finden Sie die Datei in Windows NT/2000 im Unterordner *\System32.*

Als Konsequenz muss das Skript die Betriebssystemplattform ermitteln. Dies lässt sich mit der *IsWinNT*-Funktion, durchführen, die folgenden Code enthält.

```
Function IsWinNT
' Ermittle, ob OS Windows 9x oder NT/2000 ist.
' Gibt true oder false zurück (benötigt das
' WSHShell-Objekt)
DIM objEnv
 Set objEnv = WshShell.Environment("Process")
 If objEnv("OS") = "Windows_NT" Then
  IsWinNT = True
 End if
End Function
```

Die Funktion setzt voraus, dass die Objektvariable *WshShell* bereits definiert ist und eine Referenz auf das WScript *Shell*-Objekt enthält. Die Funktion liest die Umgebungsvariable OS. Diese Variable existiert nur in Windows NT/2000/XP und wird in allen Fällen auf »Windows_NT« gesetzt. Die Funktion gibt *true* oder *false* zurück.

Das Skript benutzt weiterhin die bereits weiter oben vorgestellten Techniken und benötigt zwei Parameter: Der erste Parameter definiert den Pfad zur Verknüpfungsdatei. Der zweite optionale Parameter kann den Pfad und Namen einer Symboldatei angeben. Die folgenden Anweisungen enthalten gültige Aufrufe des Skripts:

```
Wscript D:\ChangeShortcutIcon.vbs D:\c.lnk F:\Winnt\Explorer.exe,0
Wscript D:\ChangeShortcutIcon.vbs D:\c.lnk d:\b.ico
```

Falls der Benutzer eine *.lnk*-Datei zum Skript zieht, wird das Standardsymbol aus *Shell32.dll* zugewiesen. Nach der Parameterübernahme erzeugt das Skript ein Verknüpfungsobjekt, welches die Eigenschaften der Verknüpfung aufweist. Dann wird die *IconLocation*-Eigenschaft entsprechend angepasst und die *Save*-Methode angewandt. Details entnehmen Sie bitte dem nachfolgenden Listing.

```
'************************************************
' File:   ChangeShortcutIcon.vbs (WSH Beispiel in VBScript)
' Autor:  (c) Günter Born
'
' Ändert das Verknüpfungssymbol des Eintrags für den
' Registrierungseditor auf dem Desktop.
'************************************************
Option Explicit

Const Ready_txt = "Verknüpfungssymbol geändert"
Const Text = "Verknüpfungssymbol ändern?"
Const Title = "Symbolanpassung - by G. Born"
Dim WSHShell    ' Objektvariable
Dim objArgs, Shortcut
Dim param(2)
Dim status, I

' Erzeuge neues WSHShell-Objekt
Set WSHShell = WScript.CreateObject("WScript.Shell")

' Initialisiere Symbolpfad (falls nur ein Argument übergeben wird)
' Expandiere Umgebungsvariable, um Standardsymbol (vom Explorer)
' zu holen
Param(1) = WshShell.ExpandEnvironmentStrings("%windir%")
' Versuche, die Betriebssystemplattform zu ermitteln
' Setze dann entsprechend das Systemverzeichnis
If IsWinNT Then
 Param(1) = Param(1) + "\System32\Shell32.dll, 19"
Else
 Param(1) = Param(1) + "\System\Shell32.dll, 19"
End if

' Versuche Argumente zu lesen
Set objArgs = Wscript.Arguments
If objArgs.Count < 1 Then  ' keine Argumente, abbrechen
 WScript.Echo   " Ändern eines Verknüpfungssymbols", vbCRLF & vbCRLF, _
     "Sorry, keine Argumente gefunden!" , vbCRLF, _
     "Bitte Verknüpfungsdatei auf Skriptdatei ziehen,", _
     "oder starten Sie das Skript mit:", vbCRLF & vbCRLF, _
     "<host> ChangeShortcutIcon.vbs Verknüpfungsdatei " & _
     "Symboldatei", vbCRLF & vbCRLF, _
     "z.B.: CScript ChangeShortcutIcon.vbs C:\editor.lnk" & _
     " D:\bmp\book.bmp"
  WScript.Quit  ' Quit Skript!!!
End if

' Ein Argument gefunden, hole den Wert.
' Verwende dann ein Standardsymbol
For I = 0 to objArgs.Count - 1         ' alle Argumente
 param(I) = objArgs(I)                 ' hole Argument
Next

If Not IsLnk (param(0)) Then  ' gültige Verknüpfungsdatei?
 WScript.Echo "Sorry, '" & param(0) & "' ist keine Verknüpfungsdatei"
 WScript.Quit
End If

' Benutzer fragen, ob Verknüpfungssymbol geändert werden soll.
status =  MsgBox(Text, _
```

```
                vbYesNo + vbQuestion, _
                Title)
If (status <> vbYes) Then
 WScript.Quit 1         ' Abbrechen gewählt
End if

' Wir kennen jetzt den Pfad zur Verknüpfungsdatei und zur Symboldatei.
' Benutze die CreateShortcut-Methode zur Aktualisierung der Verknüpfung
Set Shortcut = WSHShell.CreateShortcut (param(0))

' Verknüpfungssymbol ändern
Shortcut.IconLocation = param(1)

Shortcut.Save              ' Verknüpfungsdatei aktualisieren
WScript.Echo Ready_txt     ' Fertigmeldung

' ###################
Function IsLnk (name)
' Prüfe, ob gültige Verknüpfungsdatei (.lnk)
' Gebe true oder false zurück
 If (LCase(Right(name, 4)) = ".lnk") then
  IsLnk = true
 Else
  IsLnk = false   ' .lnk gefunden
 End if
End Function

Function IsWinNT
' Ermittle, ob OS Windows 9x oder NT/2000 ist.
' Gibt true oder false zurück, benötigt das
' WSHShell-Objekt
DIM objEnv
 Set objEnv = WshShell.Environment("Process")
 If objEnv("OS") = "Windows_NT" Then
  IsWinNT = True
 End if
End Function
' Ende
```

Listing 10.10: ChangeShortcutIcon.vbs

HINWEIS: Die Datei *ChangeShortcutIcon.vbs* finden Sie im Ordner *\Beisp\Kap10*. In ▶ Kapitel 12 lernen Sie die *GetSpecialFolders*-Methode des *FileSystemObject*-Objekts kennen, mit der sich die Lage des Systemordners unabhängig von der Betriebssystemversion abfragen lässt.

Verknüpfung zu Webseiten anlegen

Eine spezielle Art von Verknüpfungen stellen die Verweise auf Webseiten dar. Sobald eine Verknüpfungsdatei die Dateinamenerweiterung *.url.* (anstelle von *.lnk*) aufweist, legt Windows diese als Link zur betreffenden Webseite ab. Sie erkennen diese Verknüpfungen am Symbol für Webseiten. Der WSH bietet Ihnen ebenfalls die Möglichkeit, eine solche Verknüpfung einzurichten. Sie können dabei auf die *CreateShortcut*-Methode und auf die Eigenschaft *TargetPath* des *Shell*-Objekts zurückgreifen. Das nachfolgende Programmlisting zeigt, wie sich in VBScript eine Verknüpfung zu einer Webseite erzeugen lässt. Der einzige Unterschied zu den vorhergehenden Beispielen besteht darin, dass die Verknüpfungsdatei mit der Dateinamenerweiterung *.url* versehen wurde. Außerdem wird nur die *TargetPath*-Eigenschaft mit der URI der Webseite gesetzt. (URI steht für »Universal Resource Identifier« und ist die neue Bezeichnung für URL-Adressen).

```
'************************************************
' File:   URLShortcut.vbs (WSH-Beispiel in VBScript)
' Autor:  Günter Born
'
' Zweck:  Das Beispiel richtet eine URL-Verknüpfung
' auf dem Desktop ein.
'************************************************
Option Explicit

Dim Text, Titel, oURL
Dim WSHShell    ' Objektvariable
Dim status, Ready_txt, path

Ready_txt = "Der URL-Link wurde erstellt"

' Benutzermeldung mit Abfrage, ob Verknüpfung erstellt werden darf.
Text = "Soll ein URL-Link auf dem Desktop angelegt werden?."
Titel = "WSH-Beispiel - by Günter Born"

status =  MsgBox(Text, _
                 vbYesNo + vbInformation, _
                 Titel)
If (status <> vbYes) Then
 WScript.Quit 1          ' Benutzer hat Nein gewählt
End if

' Erstelle neues WSHShell-Objekt, welches wir zum Zugriff
' auf das WSHSpecialFolders-Objekt brauchen.
Set WSHShell = WScript.CreateObject("WScript.Shell")

' Jetzt holen wir den Pfad zum Ordner "Desktop". Dieser
' lässt sich über das WSHSpecialFolders-Objekt abfragen.
Path = WSHShell.SpecialFolders("Desktop")

' Wende jetzt die CreateShortcut-Methode an,
' um die Verknüpfung anzulegen. Erzeuge als Erstes
' das neue Objekt "Shortcut".
Set oURL = WSHShell.CreateShortcut _
          (path & "\Borns BookP@age.URL")

' Jetzt müssen wir noch die Verknüpfungseigenschaften setzen.
' Erst kommt die Angabe für das Zielverzeichnis.
oURL.TargetPath = "http://www.microsoft.com"
oURL.Save               ' Verknüpfung angelegen

WScript.Echo Ready_txt     ' Abschlussmeldung
'*** Ende
```

Listing 10.11: URLShortcut.vbs

HINWEIS: Sie finden das Programm *URLShortcut.vbs* auf der Begleit-CD-ROM im Ordner *\Beisp\Kap10.* Wer lieber in JScript programmiert, sollte auf die Datei *URLShortcut.js* im gleichen Ordner zurückgreifen.

11 Erweiterte WSH-Funktionen

In diesem Kapitel erfahren Sie, welche Objekte, Methoden und Eigenschaften der Windows Script Host sonst noch bietet und was Sie damit anfangen können.

- Erfahren Sie, wie sich Netzlaufwerke und Drucker per Skript verbinden lassen. Dies ermöglicht Ihnen, bei der Anmeldung automatisch Netzwerkressourcen auf lokale Ressourcen zu legen.
- Lesen Sie nach, wenn Sie Fragen zum Zugriff auf die Registrierung haben. In dem betreffenden Abschnitt finden Sie auch Hinweise zur Behandlung von Laufzeitfehlern in VBScript.

Mit diesen Kenntnissen automatisieren Sie Ihr Windows und realisieren mit Skripten neue Funktionen, die automatisch ausgeführt werden können.

Netzwerkressourcen nutzen

Windows erlaubt Ihnen den Zugriff auf die im Netzwerk freigegebenen Ressourcen. Sie können daher auf andere Laufwerke, Ordner oder Drucker zugreifen. Weiterhin lassen sich der Benutzername oder die Domäne in einem Netzwerk über verschiedene Registerkarten abfragen. Der Windows Script Host stellt die entsprechenden Methoden zur Verfügung, um Netzlaufwerke zu verknüpfen oder Drucker zuzuweisen.

Benutzername, Domäne, Computername

Möchten Sie in einem Skript den Namen des aktuell angemeldeten Benutzers, die Domain oder den Namen des Computers abfragen? Dies ist über das *Network*-Objekt des *WScript*-Objekts möglich. Dieses Objekt lässt sich über die folgende Anweisung laden:

```
Set WSHNetwork = WScript.CreateObject("WScript.Network")
```

Anschließend können Sie auf die Eigenschaften des *WSHNetwork*-Objekts zugreifen, um die benötigten Informationen zu laden:

- *ComputerName*: Diese Eigenschaft gibt den Namen des aktuellen Computers an.
- *UserDomain*: Gibt die vom Benutzer eingestellte Domain an. Arbeitet der Rechner in einem Windows 9x Workgroup-Netzwerk, wird nichts zurückgeliefert.
- *UserName*: Liefert den Namen des am Rechner angemeldeten Benutzers.

Über diese Eigenschaften können Sie also die gewünschten Informationen abfragen. Das nachfolgende VBScript-Programm ermittelt diese Eigenschaften und zeigt das Ergebnis in einem Dialogfeld an (Abbildung 11.1).

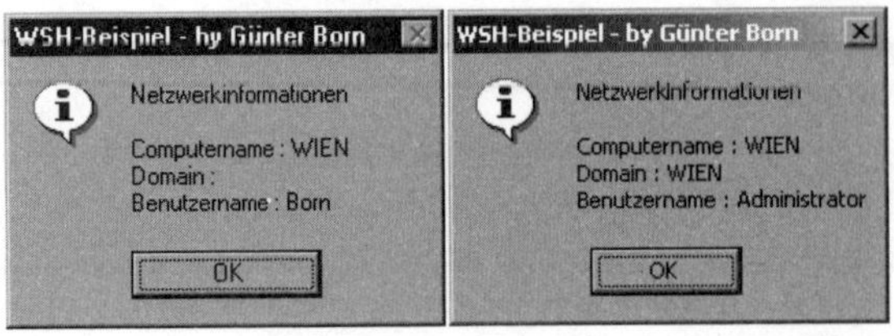

Abbildung 11.1: *Netzwerkeigenschaften (Windows 98 links, Windows 2000 rechts)*

Das VBScript-Programm in Listing 11.1 zeigt, wie sich diese Informationen abfragen und in einem Dialogfeld anzeigen lassen.

```
'************************************************
' Datei:   Network.vbs (WSH-Beispiel in VBScript)
' Autor:  (c) Günter Born
'
' Zweck: Zeigt den Namen des aktuellen Benutzers
' sowie die Domain oder Workgroup an.
'************************************************
Option Explicit

Dim Text, Titel
Dim WSHNetwork         ' Objektvariable

Text = "Netzwerkinformationen" & vbCrLf & vbCrLf
Titel = "WSH-Beispiel - by Günter Born"

' Erstelle neues WSHNetwork-Objekt, welches wir zum Zugriff
' auf die Netzwerk-Eigenschaften brauchen.
Set WSHNetwork = WScript.CreateObject("WScript.Network")

Text = Text & "Computername : " & _
      WSHNetwork.ComputerName & vbCrLf

Text = Text & "Domain : " & _
      WSHNetwork.UserDomain & vbCrLf

Text = Text & "Benutzername : " & _
      WSHNetwork.UserName & vbCrLf

MsgBox Text, vbOkonly + vbInformation, Titel
'*** Ende
```

Listing 11.1: Network.vbs

HINWEIS: Sie finden das Programm *Network.vbs* auf der Begleit-CD-ROM im Ordner *\Beisp\Kap11*. Wer lieber in JScript programmiert, kann auf die Datei *Network.js* im gleichen Ordner zurückgreifen.

Unter Windows 9x gibt es das Problem, dass die *UserName*-Eigenschaft beim Anmelden eine leere Zeichenkette zurückgibt. Der Grund: Das Anmeldeskript wird beim Hochfahren des Rechners ausgeführt, bevor die Anmeldung am Netzwerk erfolgt ist. Abhilfe kann die folgende Codesequenz bringen:

```
Set WSHNetwork = WScript.CreateObject("WScript.Network")
User = ""  ' Initialisiere Benutzername
While User = ""    ' Warte auf Benutzername
 User = WSHNetwork.UserName
Wend
```

Die Schleife wartet so lange, bis ein Benutzername zurückgegeben wird.

Zuweisen von Druckern

In einer Netzwerkumgebung können Sie Netzwerkdrucker einem lokalen Druckerausgang zuweisen. Hierbei wird beispielsweise der Druckerausgang *LPT1* mit der Netzwerkressource *\\Wien\HP500* verbunden. *\\Wien* ist dabei der Name der Arbeitsstation oder des Servers im Netz, an dem der Drucker mit dem Namen *HP500* zur gemeinsamen Benutzung freigegeben wurde.

Allerdings muss ich an dieser Stelle erwähnen, dass die Freigabe von lokalen Druckern im Netzwerk von der Betriebssystemplattform abhängt. Microsoft Windows 9x benutzt ein anderes Verfahren als Windows NT/2000. Während in Windows 9x ein lokaler Geräteanschluss zum Netzwerkdrucker umgeleitet wird, verbindet Windows NT/2000 den Druckertreiber direkt mit der Netzwerkressource.

Bemerkungen zur Druckerverwaltung

Windows verwaltet die Druckerzuordnungen im Eigenschaftenfenster des Druckers. Dieses Eigenschaftenfenster öffnen Sie zum Beispiel, indem Sie im Fenster des Druck-Managers (Druckersymbol per Doppelklick anwählen) im Menü *Drucker* den Befehl *Eigenschaften* wählen.

Windows öffnet das Eigenschaftenfenster des Druckers, in dem Sie die Registerkarte *Details* aktivieren (Abbildung 11.2, links). Das Feld *Anschluss für die Druckausgabe* auf der Registerkarte zeigt Ihnen, mit welcher Ressource der Drucker aktuell verbunden ist. Die auf dem System verfügbaren lokalen Anschlüsse (COMx, LPTx, FILE) können Sie über das Listenfeld oder über die Schaltfläche *Anschluss löschen* ansehen und ggf. entfernen. Anschlussnamen lassen sich über die Schaltfläche *Anschluss hinzufügen* definieren. Wählen Sie die Schaltfläche *Druckeranschluss zuweisen*, öffnet Windows das in Abbildung 11.2 (rechts oben) gezeigte Dialogfeld.

In diesem Dialogfeld lässt sich dem Namen eines lokalen Geräts eine Pfadangabe zu einem Netzwerkdrucker zuweisen. Eine Übersicht über alle zugewiesenen Drucker (Abbildung 11.2, rechts unten) erhalten Sie, indem Sie auf die Schaltfläche *Zuordnung aufheben* klicken. In diesem Dialogfeld lässt sich eine Zuordnung löschen.

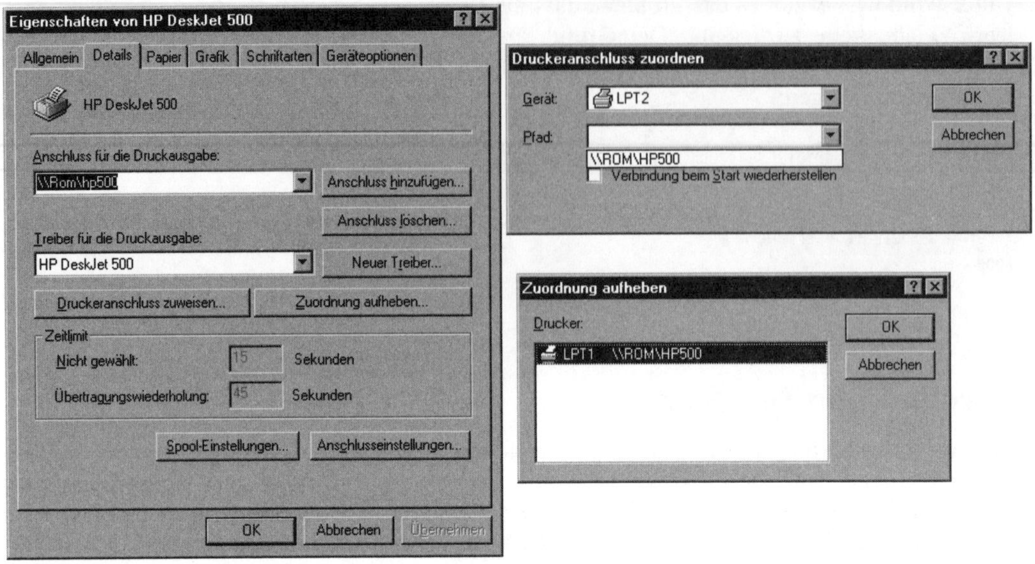

Abbildung 11.2: *Kontrolle und Verwaltung der Druckerzuordnung*

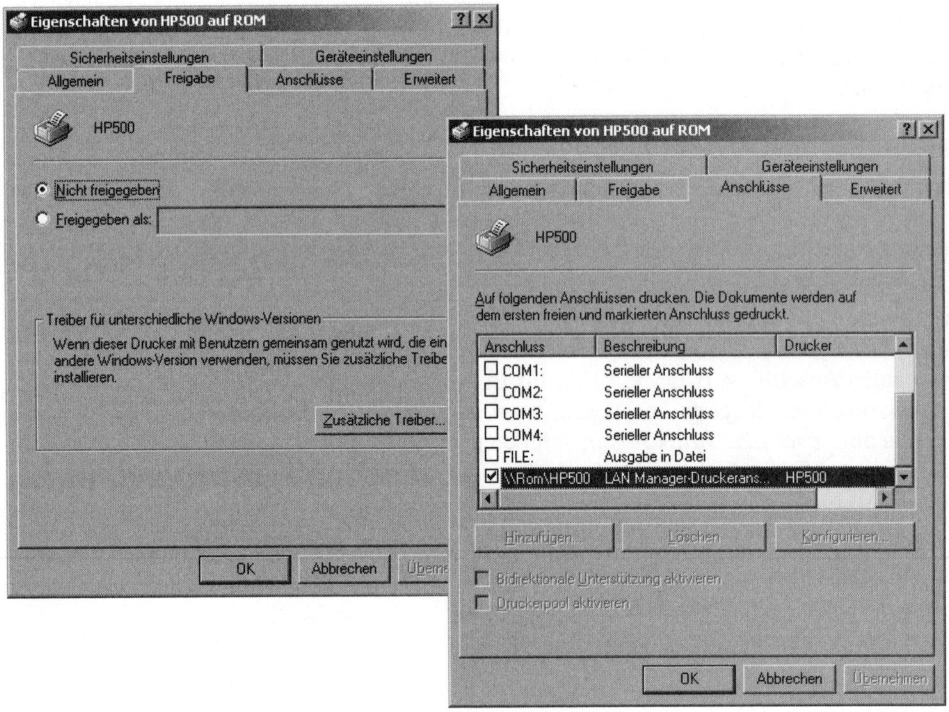

Abbildung 11.3: *Druckereigenschaften in Windows 2000*

In Windows NT und in Windows 2000/XP wird ein Assistent zur Verbindung von Netzwerkdruckern benutzt. Die Registerkarte *Freigabe* des lokalen Druckers enthält eine Option, um den lokalen Drucker im Netzwerk freizugeben und um den Namen des Druckers im Netz festzulegen (Abbildung 11.3). Die Zuweisung lokaler Druckerports wird auf der Registerkarte *Anschlüsse* geregelt. An dieser Stelle sollte ich erwähnen, dass es unter Windows NT/2000/XP nicht erforderlich ist, einen lokalen Anschluss zum Netzwerkdrucker umzuleiten. Stattdessen richtet der Assistent direkt eine Verbindung zwischen Druckertreiber und Netzwerkgerät ein. Wählen Sie im Ordnerfenster *Netzwerkumgebung* das Symbol eines Druckers, wird die erforderliche Verbindung automatisch erstellt. Dieses Verhalten hat auch Einfluss auf WSH-Skripte, Sie erhalten beispielsweise einen Laufzeitfehler beim Versuch eine Verbindung zu erstellen, wenn diese bereits per Assistent eingerichtet wurde.

Druckerzuordnung in WSH

Die Zuweisung von Druckern lässt sich in einem WSH-Skript über die *AddPrinterConnection*-Methode des Netzwerkobjekts durchführen. Hierzu wenden Sie folgende Befehlsfolge an:

```
Set WSHNetwork = WScript.CreateObject("WScript.Network")
WSHNetwork.AddPrinterConnection "LPT1", "\\ROM\HP500"
```

Die erste Anweisung erzeugt das *Network*-Objekt und legt die Referenz in der Objektvariablen *WSHNetwork* ab. Anschließend können Sie die *AddPrinterConnection*-Methode auf dieses Objekt anwenden. Die Methode erwartet mindestens zwei Parameter. Im ersten Parameter ist der lokale Name (z.B. "*LPT1*", "*LPT2*" etc.) als Zeichenkette anzugeben. Der zweite Parameter gibt dann den Remote-Namen der Netzwerkressource in der UNC-Notation an. UNC steht hier als Abkürzung für Universal Naming Convention und gibt einen Verweis auf das Netzwerk in der Form *Stationsname**Pfad* an. Auf meinem System lässt sich beispielsweise die Ressource *ROM**HP500* wählen. In diesem Fall wird der auf der Arbeitsstation *ROM* freigegebene Drucker *HP500* angesprochen.

WICHTIG: WSH 2.0 bietet eine neue *AddWindowsPrinterConnection*-Methode, um einen Druckertreiber direkt mit einem Netzwerkdrucker zu verbinden. Dies ist der Ansatz, der unter Windows NT/2000/XP verfolgt wird. In Windows 9x muss der Druckertreiber bereits installiert sein, um die *AddWindowsPrinterConnection*-Methode ausführen zu können. Fehlt der Treiber, löst die Methode einen Laufzeitfehler aus. Weiterhin habe ich Hinweise aus dem Kreis der WSH-Entwickler, dass die *AddWindowsPrinterConnection*-Methode Probleme unter Windows 98 bereitet.

In Windows NT/2000 benutzt die *AddWindowsPrinterConnection*-Methode gemäß der WSH 2.0-Hilfe nur noch einen Parameter:

```
WSHNetwork.AddWindowsPrinterConnection(druckerpfad)
```

Der Parameter muss den Pfad zum Drucker aufweisen. Da, wie bereits oben ausgeführt, Windows NT keine Umleitung der lokalen Anschlüsse vornimmt, reicht die Angabe eines Parameters.

Druckerzuweisung in VBScript mit *AddPrinterConnection*

Um eine solche Druckerzuweisung in VBScript durchzuführen, können Sie die oben erwähnte *AddPrinterConnection*-Methode auf das *WSHNetwork*-Objekt anwenden:

```
Set WSHNetwork = WScript.CreateObject("WScript.Network")
WSHNetwork.AddPrinterConnection "LPT1", "\\ROM\HP500"
```

Die erste Zeile erzeugt die Objektreferenz auf das Netzwerkobjekt. Die zweite Zeile stellt die Verbindung zwischen lokalem Anschluss und der Netzwerkressource her.

Eine solche Netzwerkzuordnung kann dabei permanent (über mehrere Sitzungen) oder temporär (für die lokale Sitzung) eingerichtet werden. In Abbildung 11.2 (rechts oben) sehen Sie das Kontrollkästchen *Verbindung beim Start wiederherstellen*, die dies beim manuellen Einrichten festlegt. Die *AddPrinterConnection*-Methode erlaubt Ihnen diese Festlegung im (optionalen) dritten Parameter (siehe WSH-Hilfe). Wird der Parameter auf den Wert *true* gesetzt, nimmt die Methode die Verbindung im Benutzerprofil auf und veranlasst Windows die Verbindung bei jedem Systemstart erneut einzurichten. Der oben aufgeführte VBScript-Befehl richtet eine temporäre Verbindung für den lokalen Benutzer ein. Zusätzlich können Sie die Verbindung für einen beliebigen Benutzer definieren. Hierzu müssen Sie im (optionalen) vierten Parameter den Benutzernamen und im fünften (optionalen) Parameter das Kennwort angeben. Die folgende Anweisung richtet eine temporäre Druckerzuweisung für den Benutzer »Klaus« ein.

```
WSHNetwork.AddPrinterConnection "LPT1", "\\ROM\HP500",,"Klaus","Pegasus"
```

In dieser Anweisung fehlt der dritte Parameter, d.h. die Methode setzt den Standardwert *false* ein. Beachten Sie bei fehlenden Parametern, dass ein Komma als Platzhalter angegebenen wird.

WICHTIG: Die Angabe des Benutzernamens und des Kennworts ist auf den ersten Blick recht komfortabel. Bedenken Sie aber, dass das Kennwort in diesem Fall offen im Skript steht und somit ausgespäht werden kann.

Bei der Zuweisung eines lokalen Druckeranschlusses über die *AddPrinterConnection*-Methode gibt es noch ein weiteres Problem: Existiert die Zuweisung bereits, löst die Methode dummerweise einen Laufzeitfehler aus (es erscheint die Meldung, dass die lokale Ressource bereits belegt ist). Dies verhindern Sie, indem Sie folgenden Ansatz verwenden:

```
Set WSHNetwork = WScript.CreateObject("WScript.Network")
On Error Resume Next
WSHNetwork.AddPrinterConnection "LPT1", "\\ROM\HP500"
```

Die *On Error*-Anweisung in der zweiten Zeile bewirkt, dass der Programmablauf bei einem Fehler mit der Folgezeile fortgesetzt wird. Die Anweisung in der dritten Zeile wird also nur ausgeführt, falls noch keine Zuordnung existiert.

Auf ein Wort: Laufzeitfehlerbehandlung in VBScript

Es wurde bereits in den vorherigen Absätzen erwähnt: Beim Ablauf eines Skripts kann es zu Laufzeitfehlern kommen, weil eine Methode nicht ausgeführt werden kann. Dies ist beispielsweise der Fall, falls Sie eine bereits bestehende Druckerzuweisung erneut per *AddPrinterConnection*-Methode zuweisen möchten. Als Skriptprogrammierer stehen Sie vor dem Problem, dass Sie diese Laufzeitfehler abfangen müssen (oder möchten). In ▶ Kapitel 3 wurde bereits gezeigt, wie Sie in VBScript Laufzeitfehler bearbeiten. Verwenden Sie in VBScript die folgenden Anweisungen, um eine bestehende Netzwerkverbindung beim Anwenden der Methode zu berücksichtigen:

```
On Error Resume Next ' Laufzeitfehler abfangen
WSHNetwork.AddPrinterConnection "LPT1", "\\ROM\HP500"
If Err.Number <> 0 Then
 WScript.Echo "Fehler: " & CStr(Err.Number)
End If
```

Diese Sequenz bewirkt die Anzeige des Fehlercodes, sobald ein Laufzeitfehler auftritt. Im nachfolgenden Programmbeispiel wird dieser Fehlercode ausgewertet, um einen Fehlermeldung im Klartext anzuzeigen. In der VBScript-Dokumentation finden Sie weitere Hinweise auf diesen Fehlercode sowie auf die vom *Err*-Objekt unterstützten Methoden *Clear* und *Raise*.

HINWEIS: Sie können aber die *RemovePrinterConnection*-Methode verwenden, um eine bestehende Verbindung zu löschen.

Das in Listing 11.2 gezeigte VBScript-Programm richtet eine Zuordnung zwischen dem lokalen Druckerausgang *LPT1* und dem Netzwerkdrucker *\\ROM\HP500* ein. Hier wurde die *On Error*-Anweisung benutzt, um Laufzeitfehler abzufangen. Existiert die Zuordnung bereits, gibt das Skript dem Benutzer über ein Dialogfeld einen Hinweis auf den abgefangenen Laufzeitfehler. Sie können dieses Skript ja für eigene Zwecke abwandeln und den Hinweis entfernen, um die Zuordnung automatisch vorzunehmen.

```
'************************************************
' File:   MapPrinter.vbs (WSH-Beispiel in VBScript)
' Autor:  (c) Günter Born
'
' Zweck: Weist dem Drucker LPT1: einen
'        Netzwerkdrucker zu.
'************************************************
Option Explicit

Dim Text, Titel
Dim WSHNetwork         ' Objektvariable

Titel = "WSH-Beispiel - by Günter Born"

' Erstelle neues WSHNetwork-Objekt, welches wir zum Zugriff
' auf die Netzwerk-Eigenschaften brauchen.
Set WSHNetwork = WScript.CreateObject("WScript.Network")

On Error Resume Next
WSHNetwork.AddPrinterConnection "LPT1", "\\ROM\HP500"

Select Case Err.Number
 Case 0
```

```
  Text = "Der Drucker ""LPT1"" wurde mit ""\ROM\HP500"" verbunden."
 Case -2147023688
  Text = "Fehler: Die Netzwerkressource existiert nicht."
 Case -2147024811
  Text = "Fehler: Die Zuordnung existiert bereits."
 Case Else
  Text = "Fehler: Code " & CStr (Err.Number)
End Select
MsgBox Text, vbOkonly + vbInformation, Titel
'*** Ende
```

Listing 11.2: MapPrinter.vbs

HINWEIS: Sie finden die Datei *MapPrinter.vbs* im Ordner *\Beisp\Kap11* auf der Begleit-CD-ROM.

Druckerverbindung in JScript (Version 5.x) einrichten

Auch in JScript lässt sich die Druckerzuweisung vornehmen. Hierzu müssen Sie ebenfalls die oben erwähnte *AddPrinterConnection*-Methode auf das *Netwerk*-Objekt anwenden. Die Methode erwartet von Ihnen die gleichen Parameter (▶ siehe die vorhergehenden Seiten).

Allerdings gibt es hinsichtlich der Laufzeitfehlerbehandlung in JScript eine Einschränkung, die nachfolgend benutzte *try ... catch*-Konstruktion wird erst aber der Version 5.0 (ab WSH 2.0) unterstützt. Um einen Laufzeitfehler abzufangen, verwenden Sie folgende Codesequenz:

```
try
 {
  WSHNetwork.AddPrinterConnection ("LPT1", "\\\ROM\\HP500");
 }
catch (err)
{
 if (err != 0)   // prüfe Fehlerobjekt
  WScript.Echo ("Error: " + err.number);
}
```

Der *try* { ... }-Block enthält alle Befehle, die einen Laufzeitfehler auslösen können. Wichtig ist, dass Sie diese Anweisungen in geschweifte Klammern einfassen. Erzeugt eine Anweisung einen Laufzeitfehler, wird der Fehlerdialog unterdrückt. Stattdessen verzweigt der Programmablauf zum *catch (err)*-Befehl. Dort wird der Fehlercode der in den Klammern angegebenen Variablen (hier *Err*) zugewiesen. Sie können dabei jeden beliebigen Variablennamen als Parameter übergeben. Die Anweisungen im *catch*-Block sind dann ebenfalls in geschweifte Klammern einzufassen. Diese Anweisungen erlauben dann auf den Laufzeitfehler zu reagieren. In den obigen Anweisungen wird eine *if*-Anweisung verwendet, um zu prüfen, ob der Inhalt der Variable *err* gleich 0 ist. Gegebenenfalls wird ein benutzerdefinierter Fehlerdialog angezeigt. Das nachfolgende Listing läuft ab JScript 5.0 und richtet einen Netzwerkdrucker ein. Laufzeitfehler auf Grund bereits bestehender Verbindungen werden durch einen Dialog gemeldet.

```
//************************************************
// File:   MapPrinter.js (WSH-Beispiel in JScript 5.x)
// Autor:  (c) Günter Born
//
// Zweck: Weist dem Drucker LPT1: einen Netzwerkdrucker zu.
// Verwendet try ... catch zur Laufzeitfehlerbehandlung.
//************************************************
```

```
var port = "LPT1";
var printer = "\\\\WIEN\\HPLJ";

// Erstelle neues WSHNetwork-Objekt, welches wir zum Zugriff
// auf die Netzwerk-Eigenschaften brauchen.
var WSHNetwork = WScript.CreateObject("WScript.Network");

// Laufzeitfehler abfangen
try
 {              // Versuche Druckerzuordnung
  WSHNetwork.AddPrinterConnection (port, printer);
 }
catch (e)       // Mögliche Laufzeitfehler abfangen
{
 if (e != 0)    // Ggf. Fehlermeldung anzeigen
  WScript.Echo ("Fehler bei Druckerzuordnung ", port,
                " nach ", printer, "\n\nFehlercode : " + e.number);
  WScript.Quit();
 }
WScript.Echo ("Druckeranschluss  \"" + port +
              "\" verbunden mit   \"" + printer);
//*** Ende
```

Listing 11.3: MapPrinter.js

HINWEIS: Sie finden die Datei *MapPrinter.js* im Ordner *\Beisp\Kap11* auf der Begleit-CD-ROM.

AddWindowsPrinterConnection anwenden

Ich hatte bereits weiter oben erwähnt, dass das Netzwerk-Objekt (ab WSH 2.0) eine zweite Methode *AddWindowsPrinterConnection* unterstützt. Diese Methode verbindet den Druckertreiber direkt mit dem Netzwerkdrucker ohne Umleitung eines lokalen Geräteanschlusses. Die von dieser Methode benötigten Parameter hängen von der Betriebssystemplattform ab.

WICHTIG: Beachten Sie, dass diese Methode eine unterschiedliche Aufrufsyntax zwischen Windows NT/2000/XP und Windows 9x besitzt. Die Methode liefert einen Fehlercode zurück, falls bereits eine Verbindung besteht. Unter Windows 98 hatte ich gelegentlich Probleme, diese Methode einzusetzen. Weiterhin sind mir auch entsprechende Meldungen aus der WSH-Newsgroup zu Problemen mit dieser Methode im Zusammenhang mit Windows 98 bekannt.

Das folgende VBScript-Listing demonstriert, wie sich mit der Methode eine Verbindung zu einem Netzwerkdrucker zwischen zwei Windows NT/2000/XP Arbeitsstationen einrichten lässt.

```
'************************************************
' File:    MapPrinter1.vbs (WSH 2.0 Beispiel in VBScript)
' Autor:  (c) Günter Born
'
' Verbinde Drucker über die AddWindowsPrinterConnection
' Methode für Windows 2000/XP.
'************************************************
Option Explicit
Const printer = "\\ROM\HP500"
'Const printer = "\\Wien\HPLJ"
```

```
Dim Text, Title, icon
Dim WSHNetwork         ' Objektvariable

Title = "WSH-Beispiel - by Günter Born"

' Erzeuge WSHNetwork-Objekt
Set WSHNetwork = WScript.CreateObject("WScript.Network")

On Error Resume Next
WSHNetwork.AddWindowsPrinterConnection printer

Select Case Err.Number
 Case 0
  Text = "Drucker verbunden mit """ & printer & """."
  icon = vbInformation
 Case -2147023688
  Text = "Fehler: Netzwerkressource """ & printer & _
        """  existiert nicht."
  icon = vbCritical
 Case -2147024811
  Text = "Fehler: Druckerverbindung zu """ & printer & _
        """ existiert bereits."
  icon = vbCritical
 Case Else
  Text = "Fehler: Code " & Err.Number & " " & Err.Description
  icon = vbCritical
End Select
MsgBox Text, vbOkonly + icon, Title
' Ende
```

Listing 11.4: MapPrinter1.vbs

HINWEIS: Die Datei *MapPrinter1.vbs* finden Sie im Ordner *\Beisp\Kap11*.

Druckerverbindung aufheben

Eine Verbindung zu einem Netzwerkdrucker lässt sich über die *RemovePrinterConnection*-Methode des Netzwerkobjekts beenden. Diese Methode besitzt folgende Syntax:

```
object.RemovePrinterConnection strName, [bForce], [bUpdateProfile]
```

Der Parameter *strName* kann entweder eine lokale Ressource (Druckeranschluss) oder ein Netzwerkdruckerpfad sein. Der optionale zweite Parameter ist ein logischer Wert, der auf *true* oder *false* gesetzt wird. Der Wert gibt an, ob auch eine benutzte Verbindung zu unterbrechen ist. Der dritte optionale Parameter lässt sich ebenfalls auf *true* oder *false* setzen. Ist *bUpdateProfile* auf *true* gesetzt, wird die Verbindung aus dem Profil ausgetragen. Das folgende VBScript-Beispiel zeigt die Anwendung der *RemovePrinterConnection*-Methode, um eine Umleitung des lokalen Druckerports LPT1 aufzuheben.

```
'************************************************
' File:   UnMapPrinter.vbs (WSH Beispiel in VBScript)
' Autor:  (c) Günter Born
'
' Entferne Druckerumleitung
'************************************************
```

```
Option Explicit
Const port = "LPT1"

Dim Text, Title, icon
Dim WSHNetwork

Title = "WSH-Beispiel - by Günter Born"

' Erzeuge WSHNetwork-Objekt
Set WSHNetwork = WScript.CreateObject("WScript.Network")

On Error Resume Next
WSHNetwork.RemovePrinterConnection port

Select Case Err.Number
 Case 0
  Text = "Druckumleitung """ & port & """ entfernt"
  icon = vbInformation
 Case -2147023688
  Text = "Fehler: Netzwerkressource """ & printer & _
        """ existiert nicht."
  icon = vbCritical
 Case Else
  Text = "Fehler: Code " & Err.Number & " " & Err.Description
  icon = vbCritical
End Select
MsgBox Text, vbOkonly + icon, Title
' Ende
```

Listing 11.5: UnMapPrinter.vbs

HINWEIS: Die Datei *UnMapPrinter.vbs* finden Sie im Ordner *\Beisp\Kap11*. In WSH bis Version 2.0 gibt es einen Bug in der *RemovePrinterConnection*-Methode, der ab WSH 5.6 behoben ist. Der Bug verhindert gelegentlich, dass sich die Druckerzuordnung per Skript aufheben lässt.

WSH bietet keine Methode, um einen Druckertreiber zu installieren. In Windows 2000/XP gibt es aber die Datei *PrintUI.dll*, die den Aufruf verschiedener Systemfunktionen erlaubt. Mit:

```
rundll32.exe printui.dll,ConnectToPrinterDlg
```

öffnen Sie den Dialog *Druckerverbindung herstellen*. Die Anweisung:

```
rundll32.exe printui.dll,PrintUIEntry [Optionen] [@Befehlsdatei]
```

erlaubt verschiedene Funktionen wie Druckerinstallation, Anzeige der Druckerwarteschlange etc. aufzurufen. Eine Übersicht über die verfügbaren Befehle des *PrintUIEntry*-Einsprungpunkts erhalten Sie, wenn Sie folgenden Befehl eingeben:

```
rundll32.exe printui.dll,PrintUIEntry /?
```

Wenn Sie den obigen Befehl als Argument der *Run*-Methode übergeben, lässt sich der Befehl auch per WSH-Skript ausführen. Dann stehen Ihnen zusätzliche Funktionen zur Administration zur Verfügung. In der Microsoft Knowledge Base (*support.microsoft.com*) findet sich ein Artikel »How to Add Printers with No User Interaction in Windows«, der weitere Informationen bietet.

Auflisten aller zugewiesenen Druckerausgänge

Möchten Sie einem Benutzer auf Anfrage die zugewiesenen Drucker anzeigen oder sollen diese Zuordnungen im Skript abgefragt werden? In diesem Fall leistet die *EnumPrinterConnection*-Methode gute Dienste. Diese erlaubt den Zugriff auf die aktuell im Netzwerkobjekt zugeordneten Drucker. Das Listing 11.6 ermittelt die Druckerzuordnungen und gibt diese in einem Dialogfeld aus (Abbildung 11.4).

Abbildung 11.4: *Auflistung der Druckerzuordnungen (Windows 98)*

Sobald Sie die Auflistung der Drucker als Objekt mit der Anweisung:

```
Set oDevices = WSHNetwork.EnumPrinterConnections
```

eingerichtet haben, können Sie über *oDevices(0)* auf den Namen des ersten lokalen Druckerausgangs zugreifen, während in *oDevices(1)* die Netzwerkressource steht. Daher habe ich in den Schleifen zur Ausgabe der Verbindungen die Schrittweite auf 2 gesetzt. Dies bewirkt, dass lokales Gerät und Netzwerkzuordnung direkt in einer Zeile im Dialogfeld auftauchen. Einzelheiten sind dem folgenden Listing zu entnehmen.

```
'************************************************
' File:   ListPrinter.vbs (WSH-Beispiel in VBScript)
' Autor:  (c) Günter Born
'
' Zweck: Listet alle Druckerzuordnungen in einem
'        Dialogfeld auf.
'************************************************
Option Explicit

Dim Text, Titel, i
Dim WSHNetwork, oDevices          ' Objektvariable

Titel = "WSH-Beispiel - by Günter Born"

' Erstelle neues WSHNetwork-Objekt, welches wir zum Zugriff
' auf die Netzwerk-Eigenschaften brauchen.
Set WSHNetwork = WScript.CreateObject("WScript.Network")

' Jetzt die Zuordnungen auflisten
Text = "Druckerzuordnungen" & vbCRLF

Set oDevices = WSHNetwork.EnumPrinterConnections

For i = 0 To oDevices.Count-1 Step 2
 Text = Text & oDevices(i) & "    " & oDevices(i+1) & vbCRLF
Next

MsgBox Text, vbOkonly + vbInformation, Titel
'*** Ende
```

Listing 11.6: ListPrinter.vbs

HINWEIS: Sie finden die Datei *ListPrinter.vbs* im Ordner *\Beisp\Kap11* auf der Begleit-CD-ROM.

Den Standarddrucker per Skript setzen

Eine zweite Neuerung ab WSH 2.0 stellt die *SetDefaultPrinter*-Methode dar, über die Sie den Standarddrucker per Skript einstellen können. Die Methode wird folgendermaßen eingesetzt:

```
Set WSHNetwork = WScript.CreateObject("WScript.Network")
WSHNetwork.SetDefaultPrinter "\\Wien\HP500"
```

Als Parameter ist der Methode der Name des Standarddruckers zu übergeben.

HINWEIS: Beim Experimentieren mit dieser Methode unter Windows 2000 bin ich auf eine Schwachstelle gestoßen. Falls der angegebene Drucker nicht existiert, löst die Methode richtigerweise einen Laufzeitfehler aus. Mein Versuch, diesen Laufzeitfehler mit *On Error Resume Next* abzufangen, ließ sich aber nicht verwirklichen. Das Skript wurde dann ohne weitere Fehlermeldung abgebrochen. Daher habe ich in nachfolgendem Beispiel komplett auf eine Fehlerbehandlung verzichtet.

Das nachfolgend gezeigte VBScript-Listing zeigt alle auf dem System vorhandenen Drucker in einem Eingabedialog an (Abbildung 11.5). Dann kann der Benutzer einen Drucker auswählen. Das Skript setzt diesen Drucker dann als Standarddrucker ein.

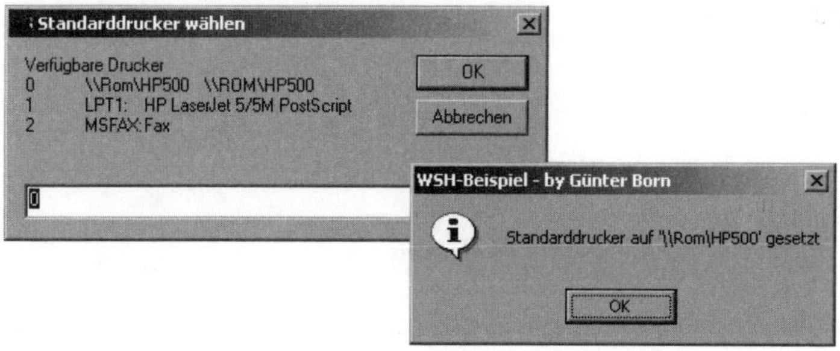

***Abbildung 11.5:** Einstellen des Standarddruckers*

Sobald dieser Aufruf erfolgreich abgeschlossen wurde, blendet das Skript ein Dialogfeld (Abbildung 11.5, rechts unten) mit der Erfolgsmeldung ein. Ab diesem Zeitpunkt ist der neue Standarddrucker aktiv. Weitere Details entnehmen Sie bitte nachfolgendem Listing.

```
'************************************************
' File:  DefaultPrinter.vbs (WSH 2.0-Beispiel in VBScript)
' Autor: G. Born
'
' Setzt den Standarddrucker (benötigt WSH 2.0).
'************************************************
Option Explicit

Dim Text, Title, i, j, tmp, printer
Dim WSHNetwork, oDevices

Title = "WSH-Beispiel - by Günter Born"
```

```
' Erzeuge WSHNetwork-Objekt
Set WSHNetwork = WScript.CreateObject("WScript.Network")

' Alle Drucker auflisten
Set oDevices = WSHNetwork.EnumPrinterConnections

Text = "Verfügbare Drucker" & vbCRLF
For i = 0 To oDevices.Count-1 Step 2
 j = i
 Text = Text & (i / 2) & vbTab
 Text = Text & oDevices(i) & vbTab & oDevices(i+1) & vbCRLF
Next

' Verfügbare Drucker anzeigen und Benutzerauswahl lesen
tmp = InputBox (Text,"Standarddrucker wählen",0)
If tmp = "" Then
 WScript.Echo "Keine Benutzereingabe, Tschüss!"
 WScript.Quit
End if

If (tmp < 0) And (tmp > j/2) Then
  WScript.Echo "Falsche Auswahl!"
  WScript.Quit
End if

printer = oDevices(tmp * 2)  ' Druckername

' Setze Standarddrucker
WSHNetwork.SetDefaultPrinter printer

MsgBox "Standarddrucker auf '" & printer _
      & "' gesetzt", vbOkonly + vbInformation, Title
'*** Ende
```

Listing 11.7: DefaultPrinter.vbs

HINWEIS: Die Datei *DefaultPrinter.vbs* finden Sie im Ordner *\Beisp\Kap11*.

Zuweisen von Netzlaufwerken

Ähnlich wie bei Druckern können Sie unter Windows auch Netzlaufwerke lokalen Laufwerksbuchstaben zuweisen. Dann ist der Zugriff auf das Netzlaufwerk über diesen Laufwerksbuchstaben möglich. In einem einfachen Skript sollen jetzt drei Netzwerkressourcen (die freigegeben wurden) auf die Laufwerksbuchstaben *X:*, *Y:* und *Z:* abgebildet werden. Anschließend soll das Programm die aktuell vorhandenen Netzlaufwerkzuordnungen in einem Dialogfeld anzeigen (Abbildung 11.6).

Die Zuordnung eines lokalen Laufwerksbuchstabens zu einer Netzwerkressource (Laufwerk oder Ordner) ist mit der *MapNetworkDrive*-Methode des *Network*-Objekts möglich. Als ersten Parameter erwartet die Methode den Namen des lokalen Laufwerks (wobei der Doppelpunkt mit anzugeben ist). Der zweite Parameter definiert die Netzwerkressource gemäß den UNC-Konventionen. Die optionalen Parameter erlauben die permanente Zuordnung des Laufwerks sowie die Zuordnung unter anderem Benutzernamen und Kennwort (siehe die WSH 2.0-Hilfe).

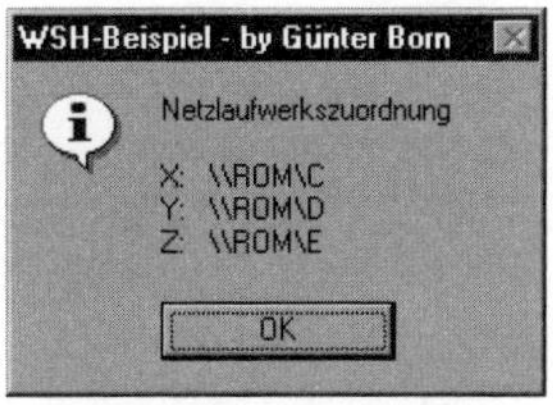

Abbildung 11.6: *Netzlaufwerkzuordnungen*

WICHTIG: Die *MapNetworkDrive*-Methode löst allerdings einen Laufzeitfehler aus, falls der Laufwerksbuchstabe bereits zugewiesen wurde oder falls die Netzwerkressource ungültig ist. In Windows 2000/XP können Sie Laufwerke als Netzwerkressourcen im Ordnerfenster *Netzwerkumgebung* hinzufügen. Diese Einträge tauchen auch in der Liste der Netzlaufwerkszuordnungen auf, weisen aber keinen Laufwerksbuchstaben auf.

Um Laufzeitfehler beim Anlegen einer Laufwerkszuordnung abzufangen, wurde folgende Konstruktion gewählt:

```
Set WSHNetwork = WScript.CreateObject("WScript.Network")
On Error Resume Next
WSHNetwork.MapNetworkDrive "X:", "\\ROM\C"
ErrCheck Err.Number
```

Die erste Anweisung holt das *Network*-Objekt. Mit *On Error Resume Next* erreichen wir, dass bei Laufzeitfehlern die Programmausführung fortgesetzt wird. Die dritte Zeile wendet die Methode *MapNetworkDrive* an, um ein Laufwerk mit einer Netzwerkressource zu verbinden. Der Aufruf der *ErrCheck*-Prozedur stellt sicher, dass bei einem aufgetretenen Laufzeitfehler ein Fehlerdialog erscheint. Die Implementierung dieser Prozedur ist dem nachfolgenden Listing 11.8 zu entnehmen.

Die Auflistung der mit Netzwerkressourcen verbundenen Laufwerke erfolgt über die *EnumNetworkDrives*-Methode. Diese liefert eine Auflistung von Objekten zurück, die die einzelnen Verbindungen beschreiben. Mit:

```
Set oDrives = WSHNetwork.EnumNetworkDrives
```

wird die Auflistung geholt. Anschließend können Sie in einer Schleife auf die Einträge zugreifen.

```
For i = 0 To oDrives.Count-1 Step 2
 If oDrives(i) <> " " Then
  Text = Text & oDrives(i) & "   " & oDrives(i&1) & vbCrLf
 End if
Next
```

Der erste Eintrag liefert den lokalen Laufwerksbuchstaben, der zweite Eintrag gibt die Netzwerkressource an. Einzelheiten sind dem nachfolgenden Listing zu entnehmen.

```
'************************************************
' File:   MapDrives.vbs (WSH-Beispiel in VBScript)
' Autor:  (c) Günter Born
'
' Zweck: Listet die Netzlaufwerke auf.
'************************************************
```

```
Option Explicit

Dim Text, Titel, i
Dim WshNetwork, oDrives          ' Objektvariable

Text = "Netzlaufwerkszuordnung" & vbCRLF & vbCRLF
Titel = "WSH-Beispiel - by Günter Born"

' Erstelle neues WshNetwork-Objekt, welches wir zum Zugriff
' auf die Netzwerk-Eigenschaften brauchen.

Set WshNetwork = WScript.CreateObject("WScript.Network")

' Richte jetzt einige Netzlaufwerkszuordnungen ein.

On Error Resume Next
WshNetwork.MapNetworkDrive "X:", "\\ROM\C"
ErrCheck Err.Number, "X:", "\\ROM\C"

WshNetwork.MapNetworkDrive "Y:", "\\ROM\D"
ErrCheck Err.Number, "Y:", "\\ROM\D"

WshNetwork.MapNetworkDrive "Z:", "\\ROM\E"
ErrCheck Err.Number, "Z:", "\\ROM\E"

' Hole Auflistung über EnumNetworkDrive-Eigenschaft

Set oDrives = WshNetwork.EnumNetworkDrives

For i = 0 To oDrives.Count-1 Step 2
 If oDrives(i) <> " " Then
  Text = Text & oDrives(i) & "   " & oDrives(i+1) & vbCRLF
 End if
Next

MsgBox Text, vbOkonly + vbInformation, Titel

'####################
' Fehler anzeigen
Sub ErrCheck (nr, dr, res)
 Select Case nr
 Case 0
  ' kein Fehler
  Case - 2147024829
   WScript.Echo "Fehler: " & dr & _
     " Netzwerkressource " & res & " existiert nicht"
  Case - 2147024811
   WScript.Echo "Fehler: Laufwerk " & dr & " bereits belegt"
  Case Else
   WScript.Echo "Fehler: " & CStr(nr)
  End Select
End Sub
'*** Ende
```

Listing 11.8: MapDrives.vbs

HINWEIS: Sie finden die Datei *MapDrives.vbs* im Ordner *\Beisp\Kap11* auf der Begleit-CD-ROM.

Die Implementierung in JScript

Möchten Sie die Netzlaufwerke auf lokale Laufwerksbuchstaben abbilden, können Sie auch auf JScript zurückgreifen. Es kommen die gleichen Methoden zum Einsatz, die im vorherigen Abschnitt in VBScript benutzt wurden. Eine Fehlerbehandlung ist allerdings erst ab Version 5.0 (ab WSH 2.0) der Script-Engine möglich. Um Fehlermeldungen beim Aufruf der *MapNetworkDrive*-Methode zu unterbinden, könnten wir folgende Anweisungen verwenden:

```
WSHNetwork.RemoveNetworkDrive ("X:");
WSHNetwork.MapNetworkDrive ("X:", "\\\\ROM\\C");
```

Die erste Anweisung hebt einfach die Zuordnung auf, in der zweiten Zeile wird diese wieder gesetzt. Falls eine Zuordnung aber nicht existiert, tritt bereits bei *RemoveNetworkDrive* ein Laufzeitfehler auf. Abhilfe schafft nur die Anwendung der *try ... catch*-Konstruktion.

Leider ist der betreffende Code recht aufwendig, Sie müssen für jede Anweisung die komplette *try ... catch*-Konstruktion verwenden. Daher habe ich einen anderen Weg gewählt: Das Aufheben und Zuordnen von Netzwerkverbindungen wird einfach über Prozeduren abgewickelt. Innerhalb der Prozeduren lässt sich dann eine Fehlerbehandlung implementieren. Details sind dem nachfolgenden Listing zu entnehmen.

```
//************************************************
// File:   MapDrives.js (WSH-Beispiel in JScript)
// Autor:  (c) Günter Born
//
// Zweck: Erzeuge Laufwerkszuordnungen und
//        zeige diese an.
//************************************************

var machine = "\\\\Wien\\";

// Erstelle neues WSHNetwork-Objekt, welches wir zum Zugriff
// auf die Netzwerk-Eigenschaften brauchen.
var WSHNetwork = WScript.CreateObject("WScript.Network");

// Entferne Zuordnungen, um Laufzeitfehler zu verhindern
DisconnectDrive ("X:");
DisconnectDrive ("Y:");
DisconnectDrive ("Z:");

// Neue Zuordnungen erzeugen
ConnectDrive ("X:", machine + "C");
ConnectDrive ("Y:", machine + "D");
ConnectDrive ("Z:", machine + "E");

// Liste alle Zuordnungen
Text = "Zuordnungen \n";
var oDevices = WSHNetwork.EnumNetworkDrives();

for (var i = 0; i<= oDevices.length-2; i=i+2)
{
 Text = Text + oDevices(i) + "    " + oDevices(i+1) + "\n";
```

```
}

WScript.Echo (Text);

//####################
function DisconnectDrive (drive)
{ // Laufwerkszuordnung aufheben
 try
 {
  WSHNetwork.RemoveNetworkDrive (drive);
 }
 catch (e)
 {
  if (e != 0)              // Fehler abfangen und anzeigen
   WScript.Echo ("Entferne Zuordnung " + drive, "\nFehlercode : ",
              e.number, e.description);
 }
}

function ConnectDrive (drive, ressource)
{ // Laufwerkszuordnung neu definieren
 try
 {
  WSHNetwork.MapNetworkDrive (drive, ressource);
 }
 catch (e)
 {
  if (e != 0)              // Fehler abfangen und anzeigen
   WScript.Echo ("Zuordnung " + drive + " nach " + ressource,
              "\nFehlercode : ", e.number, e.description);
 }
}
// Ende
```

Listing 11.9: MapDrives.js

HINWEIS: Das JScript-Beispiel finden Sie in der Datei *MapDrives.js* im Ordner *\Beisp\Kap11* auf der Begleit-CD-ROM.

TIPP: Windows erlaubt im MS-DOS-Fenster zusätzlich den *Net*-Befehl einzusetzen. Mit diesem Befehl können Sie ebenfalls verschiedene Netzwerkfunktionen aufrufen. Über die *Run*-Methode des Shell-Objekts lassen sich *Net*-Befehle an Windows absetzen.

Bemerkungen zu Login-Skripts

Falls Sie vorhaben, die oben gezeigten Beispiele als Login-Skripts zu verwenden, um Drucker und Netzlaufwerke bei der Anmeldung eines Benutzers automatisch zuzuweisen, müssen Sie das Skript bei dieser Anmeldung ausführen lassen.

Hierbei gibt es verschiedene Ansätze. Einfachste Möglichkeit: Sie fügen das Skript als Verknüpfung im *Autostart*-Ordner des Startmenüs ein (z.B. *WScript name.vbs*). Der Inhalt des Ordners wird bei jedem Systemstart bzw. bei Anmeldungen ausgeführt. Diese Lösung funktioniert bei Windows 9x. Als Alternative können Sie den *Run*-Schlüssel in der Registrierung im Zweig:

```
HKLM\Software\Microsoft\Windows
```

verwenden und den Befehl zum Ausführen des Skripts eintragen. Einträge dieses Schlüssels werden ebenfalls bei jedem Systemstart ausgeführt. Dieser Ansatz hat den Vorteil, dass der Benutzer in der Regel nicht erfährt, dass ein betreffender Eintrag vorhanden ist (und damit verhindert, dass der Befehl gelöscht wird). Sie können den Systemrichtlinien-Editor oder das Systemkonfigurationsprogramm aus Windows 98 zur Pflege des *Run*-Eintrags verwenden, oder das Skript trägt sich selbst im betreffenden Schlüssel ein, indem es die nachfolgend vorgestellten Methoden zum Registrierungszugriff verwendet.

In Windows NT/2000/XP gibt es eine weitere Möglichkeit für Administratoren, Anmeldeskripte zu vereinbaren (entweder über den Systemrichtlinien-Editor in Windows NT oder in der Microsoft Management Console (MMC) in Windows 2000/XP). In Windows NT müssen Sie aber eine Stapelverarbeitungsdatei als Logon-Skript eintragen, die dann das eigentliche WSH-Skript aufruft. Grund: Windows NT-Anmeldeskripte dürfen nur in ausführbaren Dateien (.BAT, .EXE, .CMD, .COM) hinterlegt sein.

Umgang mit der Registrierung

Der WSH stellt Ihnen über das *Shell*-Objekt Methoden zum Zugriff auf die Registrierung zur Verfügung. Der nachfolgende Abschnitt zeigt Ihnen, wie Sie diese Methoden einsetzen können und wo die Probleme (z.B. bei der Behandlung von Laufzeitfehlern) liegen. Weiterhin lernen Sie Erweiterungen zum WSH kennen, die zusätzliche Möglichkeiten für Registrierungszugriffe bieten.

WICHTIG: Bedenken Sie bei jedem Eingriff in die Registrierung, dass diese die Stabilität und Funktionalität Ihres Betriebssystems beeinflussen kann. Alle Eingriffe erfolgen daher auf eigene Gefahr. Fertigen Sie notfalls eine Sicherung der Registrierung vor dem Eingriff an.

Vorbemerkungen zur Registrierung

Windows benutzt eine besondere Datenbank, die Windows-Registrierung, um interne Konfigurationsdaten und Systeminformationen zu speichern. Diese Datenbank setzt in Abhängigkeit von der Windows-Version auf verschiedenen Dateien auf. Sie brauchen sich aber keine Gedanken über diese Dateien zu machen, da Windows die Registrierung in eine Baumstruktur bestehend aus Schlüsseln, Unterschlüsseln und Werten abbildet. Diese Baumstruktur wird sowohl im Registrierungseditor angezeigt als auch von den Systemroutinen zum Registrierungszugriff genutzt.

In Abbildung 11.7 sehen Sie die Darstellung im Registrierungseditor (Windows 95/98). Das linke Fenster zeigt die Schlüssel, während im rechten Fenster der Wert des aktuellen Schlüssels dargestellt wird. Die Registrierung besitzt dabei unter Windows 95/98 sechs Hauptschlüssel (Abbildung 11.8). In Windows NT sind nur fünf Zweige definiert. Diese Hauptschlüssel beginnen mit *HKEY_* und fassen die Unterschlüssel zu Kategorien zusammen.

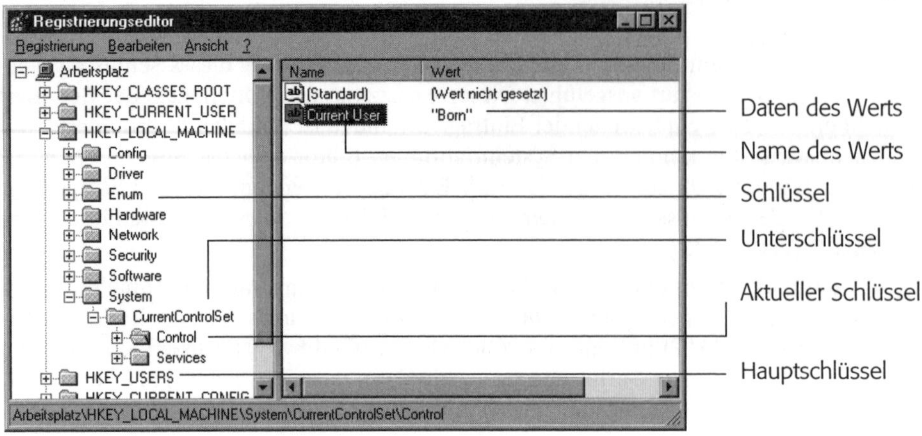

Abbildung 11.7: *Anzeige der Schlüssel und Werte im Registrierungseditor (Windows 98)*

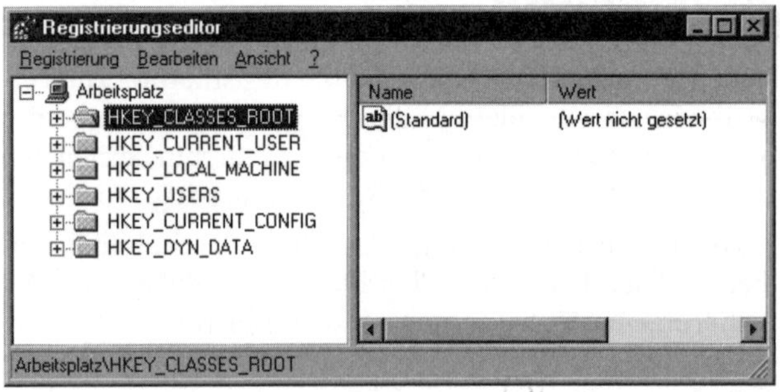

Abbildung 11.8: *Hauptschlüssel der Registrierung*

Jeder Schlüssel kann wiederum einen oder mehrere Unterschlüssel aufweisen. Ein Schlüssel besitzt mindestens einen Wert, der mit dem Eintrag *(Standard)* im rechten Frame gekennzeichnet wird. Falls der Wert leer ist (er enthält keine Daten), erscheint der Text *(Wert nicht gesetzt)* in der Anzeige. Zusätzlich können Sie eigene Werte mit beliebigen Namen (die aus Buchstaben, Ziffern und dem Unterstrich bestehen dürfen) definieren. Die Werte besitzen unterschiedliche Datentypen zur Aufnahme der Dateien.

- *Text (REG_SZ):* Zur Aufnahme von Texten werden die Werte mit dem Typ »String« versehen. Im Wertefeld müssen die Daten dann in Anführungszeichen eingeschlossen werden (z.B. "*C:\WINDOWS\EXPLORER.EXE*"). Meist handelt es sich um Programmpfade auf Dateien. Es gibt aber auch Texte mit numerischen Werten (z.B. "*640,480*"), die durch Treiber oder Windows-Komponenten ausgewertet werden.
- *Binär (REG_BINARY):* Viele Treiber erwarten direkt codierte Werte vom Typ »Binär«. Der Registrierungseditor zeigt diese Binärdaten im Hexadezimalformat an. Diese Daten können zwischen einem Byte (z.B. 01) und 64 KByte lang sein. Sie werden im rechten Frame des Registrierungseditors als Sequenz von zweiziffrigen Hexadezimalzahlen (im Intel-Format, niederwertigstes Byte zuerst) dargestellt.
- *DWORD (REG_DWORD):* Einen speziellen binären Datentyp stellt DWORD dar. Windows benutzt diesen Datentyp zur Codierung von 32-Bit-Werten. DWORD-Werte werden im Registrierungseditor sowohl im Dezimalsystem als auch im Hexadezimalsystem angezeigt.

Binäre Einträge sollten durch den Benutzer nicht manuell verändert werden, da deren Codierung programmspezifisch erfolgt. Die Gefahr fehlerhafter Einträge ist dadurch sehr hoch. Verwenden Sie die Systemsteuerung oder die Installationsroutinen mit dem Hardware-Assistenten zur Pflege dieser Einträge.

HINWEIS: In Windows NT/2000/XP existieren weitere Datentypen für erweiterbare Zeichenketten (REG_EXPAND_SZ) und Mehrfachzeichenketten (REG_MULTI_SZ). Windows 2000 benutzt darüber hinaus weitere Datentypen für Ressourcen, die aber nicht unterstützt werden. An dieser Stelle führt es zu weit, auf die Feinheiten der Registrierung einzugehen. Der interessierte Leser findet in dem im Literaturverzeichnis unter / 2/ angegebenen Titel eine detaillierte Abhandlung über diese Thematik. Der im Literaturanhang unter /5/ aufgeführte Titel enthält ebenfalls eine Einführung in die Registrierung.

Registrierungszugriff in WSH-Skripten

In den Skripten des Windows Script Host (WSH) können Sie direkt auf die Registrierung zugreifen und Schlüssel sowie Werte lesen oder schreiben. Die Zugriffe auf die Registrierung erfolgen über das *WSHShell*-Objekt. Dieses Objekt stellt Ihnen verschiedene Methoden wie *RegRead*, *RegWrite* und *RegDelete* zur Verfügung, mit denen Sie Registrierungseinträge manipulieren können.

Zum Anlegen eines neuen Schlüssels oder Werts genügt die folgende Anweisung:

```
WSHShell.RegWrite "HKCR\.1G_BORN\", ""
```

Die Zeile benutzt die *RegWrite*-Methode, um den Schlüssel *.1G_BORN* in *HKEY_CLASSES_ROOT* anzulegen. Die *RegWrite*-Methode erwartet im ersten Parameter die Information, welcher Schlüssel oder Wert anzulegen ist. Der Name des Schlüssels muss immer mit einem der sechs Hauptschlüsselbezeichnungen (z.B. *HKCR* für *HKEY_CLASSES_ROOT*) beginnen.

Kürzel	Langer Name
HKCU	HKEY_CURRENT_USER
HKLM	HKEY_LOCAL_MACHINE
HKCR	HKEY_CLASSES_ROOT
	HKEY_USERS
	HKEY_CURRENT_CONFIG

***Tabelle 11.1:** Kürzel für die Hauptschlüssel*

Eine Auflistung der zulässigen Werte finden Sie in Tabelle 11.1. Sie dürfen dabei die Langform oder die vereinbarten Kürzel verwenden. Die Unterschlüssel sind durch ein Backslash-Zeichen zu trennen. Dabei unterscheidet der WSH folgende Varianten:

- Endet die Zeichenkette im ersten Parameter mit einem Backslash (\), erkennt das WSH-Laufzeitsystem einen gültigen Schlüssel. Existiert dieser noch nicht, wird er beim Verwenden der *RegWrite*-Methode in der Registrierung angelegt. Existiert der Schlüssel bereits, terminiert die *RegWrite*-Methode ohne weitere Aktionen.
- Endet die Zeichenkette im ersten Parameter mit einem Namen (z.B. "*HKCR\.1G_BORN \Test*"), interpretiert die *RegWrite*-Methode dies beispielsweise als einen Wert im Schlüssel.

Dann schreibt *RegWrite* den Wert in die Registrierung. Existiert noch kein Wert mit dem angegebenen Namen, wird ein neuer Wert angelegt. Die obige Angabe erzeugt den Wert *Test* im Schlüssel *HKEY_CLASSES_ROOT\.1G_BORN*.

HINWEIS: Denken Sie beim Anlegen eines Schlüssels oder Wertes daran, die Groß-/Kleinschreibung zu beachten. Die Registrierungszugriffe bedingen zwar keine Beachtung dieser Schreibweise, aber die Registrierungseinträge lassen sich besser lesen, wenn Sie entsprechende Schreibweisen verwenden.

Der zweite Parameter in der Anweisung enthält die Daten für den Wert, der im ersten Parameter definiert wurde. Ein dritter Parameter gibt optional den Datentyp für den Wert an. Dies ist in folgender Zeile zu sehen:

```
WSHShell.RegWrite "HKCR\.1G_BORN\Test", "Hallo Welt", "REG_SZ"
```

Diese Anweisung erzeugt den Wert *Test* im Schlüssel *HKEY_CLASSES_ROOT\.1G_Born* und setzt den Wert auf *Hallo Welt*. Der Datentyp des Werts wird im dritten Parameter auf *REG_SZ* gesetzt. Andere Datentypen wären (gemäß obigem Hinweis) REG_EXPAND_SZ, REG_DWORD und REG_BINARY. Windows 98 unterstützt aber nur REG_SZ, REG_DWORD und REG_BINARY.

Zum Auslesen eines Wertes ist die *RegRead*-Methode gemäß folgender Anweisung zu benutzen:

```
sregval = WSHShell.RegRead ("HKCR\.1G_BORN\Test")
```

Diese Methode benötigt den Namen des Schlüssels und des Werts als Parameter und liefert den Wert zurück.

WICHTIG: Existiert der Schlüssel nicht, wird ein Laufzeitfehler ausgelöst. Weiter unten lernen Sie Methoden kennen, um solche Laufzeitfehler zu behandeln bzw. zu vermeiden.

Zum Entfernen eines Werts oder Schlüssels ist die *RegDel*-Methode zu verwenden:

```
WSHShell.RegDelete "HKCR\.1G_BORN\Test"
```

Der Parameter enthält den Namen des Werts oder des Schlüssels. Endet die Zeichenkette mit einem Backslash \, definiert der Parameter einen Schlüsselnamen. Enthält der angegebene Schlüssel noch Werte oder Unterschlüssel, werden diese durch die Methode ebenfalls gelöscht.

Beispiel: Registrierungszugriff über VBScript

An dieser Stelle möchte ich ein einfaches Beispiel vorstellen, welches die Ausführungen aus den vorherigen Abschnitten zusammenfasst und verschiedene Registrierungszugriffe ausführt. Das Beispiel wurde in VBScript implementiert und legt schrittweise einen Schlüssel und dann einen Wert an. Jeder Schritt wird durch eine Benutzerabfrage eingeleitet. Beim Start werden Sie gefragt, ob der Schlüssel *.1G_Born* im Zweig *HKEY_CLASSES_ROOT* anzulegen ist. Bestätigen Sie dieses Dialogfeld über die *Ja*-Schaltfläche, richtet das Skript den Schlüssel neu ein (oder belässt den bereits vorhandenen Schlüssel). Da der Schlüssel *.1G_Born* standardmäßig unter Windows nicht vorhanden ist, sollten keine Problem auftreten. In weiteren Dialogen fragt das Programm, ob ein Wert zu schreiben ist und ob der Wert sowie der Schlüssel gelöscht werden kann (Abbildung 11.9).

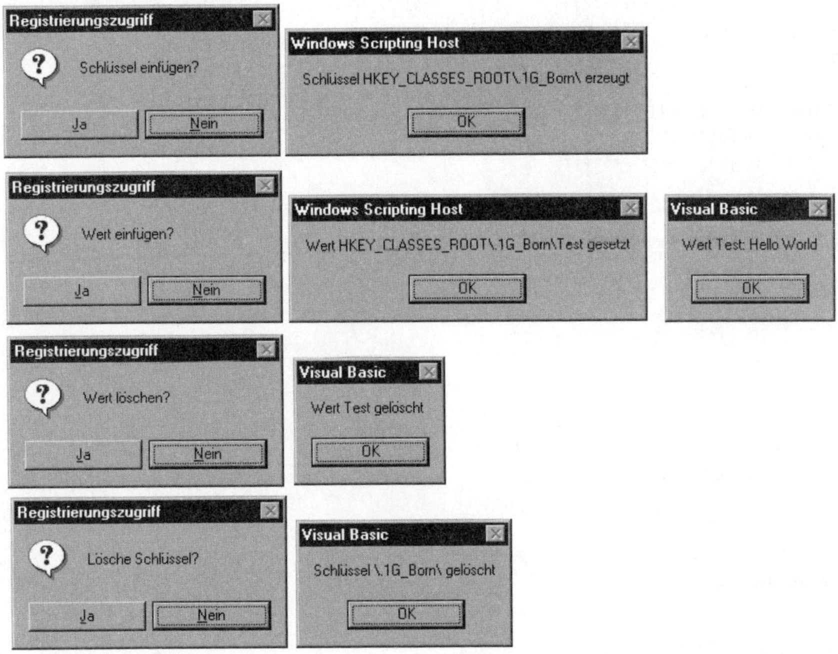

Abbildung 11.9: *Dialoge des ersten Beispielprogramms beim Registrierungszugriff*

Dies Dialoge erlauben Ihnen, die Ergebnisse per Registrierungseditor zu überprüfen. Wurden der Schlüssel und der Wert angelegt, können Sie beispielsweise den Zweig *HKEY_CLASSES_ROOT* im Registrierungseditor inspizieren (Abbildung 11.10).

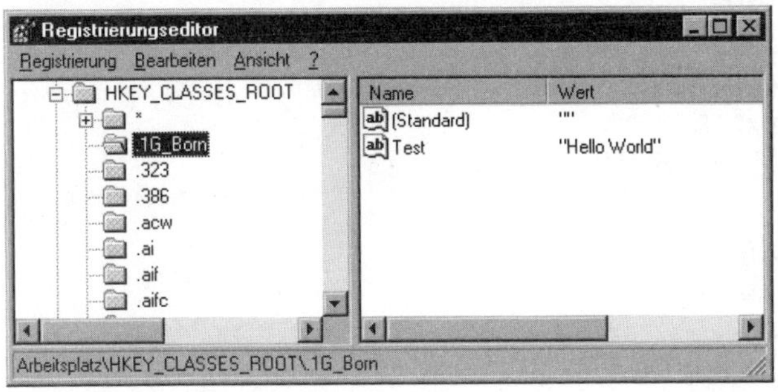

Abbildung 11.10: *Per Skript eingefügter Wert in der Registrierung*

Nach dem Abschluss des Programms sollten die Einträge wieder aus der Registrierung ausgetragen sein. Allerdings haben Sie durch entsprechende Auswahl der Schaltflächen die Möglichkeit, die Funktionen zum Löschen des Schlüssels oder des Werts zu übergehen.

HINWEIS: Dieses Beispiel wurde so angelegt, dass der Schlüssel immer in der Registrierung vorhanden ist. Daher ist es recht unwahrscheinlich, dass ein Laufzeitfehler auftritt. Unter der Windows NT-Architektur müssen Sie lediglich sicherstellen, dass Sie die Berechtigungen zum Lesen, Schreiben und Löschen der Registrierungsschlüssel besitzen.

Das nachfolgende Listing zeigt Ihnen die Implementierung des Skripts in der Sprache VBScript.

```
'************************************************
' File:   Registry.vbs (WSH-Beispiel in VBScript)
' Autor:  (c) G. Born
'
' Zweck: Das Skript demonstriert den Zugriff auf
' die Windows-Registrierung in VBscript.
'************************************************
Option Explicit

DIM Root, key, valname, valx, Response, sregval
' Setze Variable
Root = "HKEY_CLASSES_ROOT"
key = "\.1G_Born\"
valname = "Test"
valx ="Hello World"

' Setze Shell-Object
Dim WSHShell
Set WSHShell = WScript.CreateObject("WScript.Shell")

' Benutzerabfrage, ob Schlüssel erzeugt werden soll
 Response = MsgBox("Schlüssel einfügen?", vbYesNo + vbQuestion _
           + vbDefaultButton2, "Registrierungszugriff ")

 If Response = vbYes Then           ' Auswahl Ja
   WSHShell.RegWrite Root & Key, ""   ' Schlüssel/Wert erzeugen
                                    ' Erfolg anzeigen
   WSHShell.Popup "Schlüssel " & Root & Key & " erzeugt"
 End If

' Benutzerabfrage, ob Wert erzeugt werden soll
Response = MsgBox("Wert einfügen?", vbYesNo + vbQuestion _
           + vbDefaultButton2, "Registrierungszugriff")

 If Response = vbYes Then     ' Ja ausgewählt
                              ' Erzeuge Stringeintrag
  WSHShell.RegWrite Root & Key & valname, valx, "REG_SZ"
  WSHShell.Popup "Wert " & Root & Key & valname & " gesetzt"

' Versuche, Wert zurückzulesen
  sregval = WSHShell.RegRead (Root & Key & valname)
  MsgBox "Wert " & valname & ": " & sregval
 End If

' Vor dem Löschen des Werts nachfragen
Response = MsgBox("Wert löschen?", vbYesNo + vbQuestion + _
                  vbDefaultButton2, "Registrierungszugriff")
 If Response = vbYes Then     ' Ja ausgewählt
  WSHShell.RegDelete Root & Key & valname
  MsgBox "Wert " & valname & " gelöscht"
 End If

' Vor dem Löschen des Schlüssels fragen
Response = MsgBox("Lösche Schlüssel?", vbYesNo + vbQuestion + _
                  vbDefaultButton2, "Registrierungszugriff")
 If Response = vbYes Then     ' Ja ausgewählt
  WSHShell.RegDelete Root & Key
```

```
  MsgBox "Schlüssel " & key & " gelöscht"
 End If
'*** Ende
```

Listing 11.10: Registry.vbs

HINWEIS: Sie finden das VBScript-Beispiel *Registry.vbs* auf der Begleit-CD-ROM im Ordner *\Beisp\Kap11*. Zum Testen genügt ein Doppelklick auf die Skriptdatei.

Beispiel: Registrierungszugriff über JScript

Haben Sie die Ausführungen im vorherigen Abschnitt gelesen, bevorzugen aber die Programmierung in JScript? Dann müssen Sie die Anweisungen des Listing 11.10 in die JScript-Syntax umsetzen. Dabei kommen die gleichen Methoden und Objekte zum Einsatz. Die einzige Schwierigkeit besteht vielleicht in der Formulierung der Zeichenketten für die Schlüssel. Aus diesem Gründen finden Sie nachfolgend das Listing 11.11, welches das vorherige Beispiel in JScript implementiert. Details zur Funktion finden Sie daher im vorhergehenden Abschnitt. Die Details der Implementierung entnehmen Sie dem nachfolgenden Listing.

```
//************************************************
// File:   Registry.js (WSH-Beispiel in JScript)
// Autor:  (c) Günter Born
//
// Zweck: Demonstriert den Zugriff auf die
//        Registrierung in JScript
//************************************************

var vbOKCancel = 1;
var vbInformation = 64;
var vbCancel = 2;

// Setze Variable
var Root = "HKEY_CLASSES_ROOT";
var key = "\\.1G_Born\\";
var valname = "Test";
var valx ="Hello World";
var result;

// Erzeuge Shell-Object
var WSHShell = WScript.CreateObject("WScript.Shell");

// Benutzerabfrage, ob Schlüssel erzeugt werden soll
result = WSHShell.Popup("Schlüssel einfügen?",
                        0,
                        "Registrierungszugriff",
                        vbOKCancel + vbInformation );
if (result != vbCancel)
     {  // "REG_SZ" oder "REG_BINARY" oder "REG_BINARY" als Typ verwenden

        WSHShell.RegWrite(Root + key + valname, valx, "REG_SZ");
        WSHShell.Popup("Eingefügt: " + Root + key + valname);

                     // Versuche, Wert zurückzulesen
    sregval = WSHShell.RegRead (Root + key + valname);
    WSHShell.Popup("Wert: " + sregval);
     }
```

```
// Frage vor dem Löschen des Wertes
   result = WSHShell.Popup("Wert löschen?",
                           0,
                           "Registrierungszugriff",
                           vbOKCancel + vbInformation );
    if (result != vbCancel)
     {
      WSHShell.RegDelete(Root + key + valname);
      WSHShell.Popup("Gelöscht: " + Root + key + valname);
     }

// Frage vor dem Löschen des Schlüssels

   result = WSHShell.Popup("Schlüssel löschen?",
                           0,
                           "Registrierungszugriff",
                           vbOKCancel + vbInformation );
    if (result != vbCancel)
     {
      WSHShell.RegDelete(Root + key);
      WSHShell.Popup("Gelöscht: " + Root + key);
     }
//*** Ende
```

Listing 11.11: Registry.js

HINWEIS: Sie finden das JScript-Beispiel *Registry.js* auf der Begleit-CD-ROM im Ordner *\Beisp\Kap11*.

Laufzeitfehler bei fehlenden Schlüsseln abfangen

Ein Problem bei obigem Beispiel liegt darin, dass beim Lesen eines Werts oder Schlüssels aus der Registrierung mit *WShell.RegRead()* der betreffende Eintrag vorhanden sein muss. Fehlt der Schlüssel oder der Wert, löst die *RegRead*-Methode einen Laufzeitfehler aus. WSH 1.0 führt Sie dabei noch in die Irre: Fälschlicherweise wird ein Fehlerdialog eingeblendet, dass die Datei fehlt. Ab WSH 2.0 erhalten Sie eine korrekt Fehlermeldung. In VBScript können Sie die Anweisung:

```
On Error Resume Next
```

hinterlegen. Diese Anweisung fängt einen Laufzeitfehler ab und bewirkt, dass der Programmablauf mit der nächsten Anweisung fortgesetzt wird. Wie bekommen wir aber jetzt eine Information, ob ein Fehler aufgetreten ist? Auch hier können Sie (wie bereits auf den vorhergehenden Seiten beim Zugriff auf Netzwerkdienste) das *Err*-Objekt zur Analyse verwenden. Nutzen Sie die Möglichkeit, den Fehlercode über die *Number*-Eigenschaft abzufragen. Für das Beispiel eines Zugriffs auf einen Registrierungsschlüssel sieht dies folgendermaßen aus:

```
On Error Resume Next
' Versuche Wert zurückzulesen. Falls dieser nicht existiert,
' muss der Fehler über das err-Objekt abgefangen werden
  sregval = WSHShell.RegRead (Root + Key + valname)
  If err.number <> 0 Then
   MsgBox "Wert existiert nicht"
   WScript.Quit     ' Skript beenden
  End if
```

Listing 11.12: *Fehlerbehandlung in VBScript*

Über eine *On Error Resume Next*-Anweisung wird erreicht, dass bei einem Laufzeitfehler die Folgeanweisung ausgeführt wird. In der Folgeanweisung greifen Sie aber auf die Eigenschaft *Number* des *Err*-Objekts zu. Ist der Wert dieser Eigenschaft 0, liegt kein Laufzeitfehler vor, d.h. der Schlüssel existiert. Bei einem Wert <> 0 gibt es ein Problem beim Zugriff. In der obigen Sequenz wird das Skript über die *Quit*-Methode abgebrochen. Das nachfolgende Beispiel nutzt diesen Ansatz und versucht den Schlüssel in VBScript zu lesen.

***Abbildung 11.11:** Dialoge des Beispielprogramms*

In diesem Beispiel ist eine Fehlerbehandlung auf nicht vorhandene Schlüssel eingebaut. Betätigen Sie nach dem Aufruf der Skriptdatei die *Nein*-Schaltflächen in den Dialogfeldern mit der Aufforderung zum Einfügen des Schlüssels bzw. des Werts, wird nichts in der Registrierung angelegt. Daher existiert kein Wert. Das Skript liefert beim Zurücklesen des Werts eine Meldung und terminiert (Abbildung 11.11). Einzelheiten sind dem nachfolgenden Listing zu entnehmen.

```
'************************************************
' File:   Registry1.vbs (WSH-Beispiel in VBScript)
' Autor:  (c) G. Born
'
' Zweck: Das Skript demonstriert den Zugriff auf
' die Windows-Registrierung in VBscript. Dabei werden
' Laufzeitfehler wegen fehlender Schlüssel abgefangen.
'************************************************
'
Option Explicit

On Error Resume Next

DIM Root, key, valname, valx, Response, sregval
' Setze Variable
Root = "HKEY_CLASSES_ROOT"
key = "\.1G_Born\"
valname = "Test"
valx ="Hello World"

' Setze Shell-Object
Dim WSHShell
Set WSHShell = WScript.CreateObject("WScript.Shell")

' Benutzerabfrage, ob Schlüssel erzeugt werden soll
 Response = MsgBox("Schlüssel einfügen?", vbYesNo + vbQuestion _
          + vbDefaultButton2, "Registrierungszugriff ")

 If Response = vbYes Then           ' Auswahl Ja
   WSHShell.RegWrite Root&Key, ""   ' Schlüssel/Wert erzeugen
```

```
                                ' Erfolg anzeigen
   WSHShell.Popup "Schlüssel " & Root & Key & " erzeugt"
 End If

' Benutzerabfrage, ob Wert erzeugt werden soll
Response = MsgBox("Wert einfügen?", vbYesNo + vbQuestion _
           + vbDefaultButton2, "Registrierungszugriff")

 If Response = vbYes Then      ' Ja ausgewählt
                               ' Erzeuge Stringeintrag
  WSHShell.RegWrite Root & Key & valname, valx, "REG_SZ"
  WSHShell.Popup "Wert " & Root & Key & valname & " gesetzt"
  sregval = WSHShell.RegRead (Root & Key & valname) ' lese Wert
  MsgBox "Wert " & valname & ": " & sregval
 Else
' Versuche Wert zurückzulesen. Falls dieser nicht existiert,
' muss der Fehler über das err-Objekt abgefangen werden
  sregval = WSHShell.RegRead (Root & Key & valname)
  If err.number <> 0 Then
   MsgBox "Wert existiert nicht"
   WScript.Quit
  Else
   MsgBox "Wert " & valname + ": " & sregval
  End if
 End If

' Vor dem Löschen des Werts nachfragen
 Response = MsgBox("Wert löschen?", vbYesNo + vbQuestion + _
                  vbDefaultButton2, "Registrierungszugriff")
 If Response = vbYes Then     ' Ja ausgewählt
  WSHShell.RegDelete Root & Key & valname
  MsgBox "Wert " & valname & " gelöscht"
 End If

' Vor dem Löschen des Schlüssels fragen
 Response = MsgBox("Lösche Schlüssel?", vbYesNo + vbQuestion + _
                  vbDefaultButton2, "Registrierungszugriff")
 If Response = vbYes Then     ' Ja ausgewählt
  WSHShell.RegDelete Root & Key
  MsgBox "Schlüssel " & key & " gelöscht"
 End If
'*** Ende
```

Listing 11.13: Registry1.vbs

HINWEIS: Das modifizierte VBScript-Beispiel *Registry1.vbs* finden Sie im Ordner *\Beisp\Kap11* auf der Begleit-CD-ROM.

Existenz eines Schlüssels mit *KeyExists* in VBScript abfragen

Der Trick mit der *On Error*-Anweisung aus dem vorherigen Abschnitt erlaubt Ihnen in gewissem Umfang auf Laufzeitfehler zu reagieren. Aber irgendwie ist es zu aufwendig, bei jedem Registrierungszugriff diesen Fehler abzufangen. Besser wäre es, wenn wir eine Funktion zur Verfügung hätten, mit der sich die Existenz eines Schlüssels oder eines Werts abfragen ließe. In VBScript lässt sich diese Funktion mit wenigen Anweisungen realisieren.

```
Function KeyExists (key)
Dim key2
 On Error Resume Next
 key2 = WSHShell.RegRead (key)
 If err <> 0 Then
  KeyExists = False
 Else
  KeyExists = True
 End if
End Function
```

Die Funktion erwartet den Ausdruck für den Schlüssel oder für den Registrierungswert als Argument. Anschließend wird einfach ein Lesezugriff auf dieses Element versucht. Durch die *On Error Resume Next*-Anweisung am Funktionsanfang werden Laufzeitfehler wegen eines fehlenden Elements abgefangen. Anschließend lässt sich über das *Err*-Objekt feststellen, ob ein Fehler beim Registrierungszugriff aufgetreten ist. Abhängig vom Wert des *Err*-Objekt gibt die Funktion dann die Werte *true* oder *false* zurück.

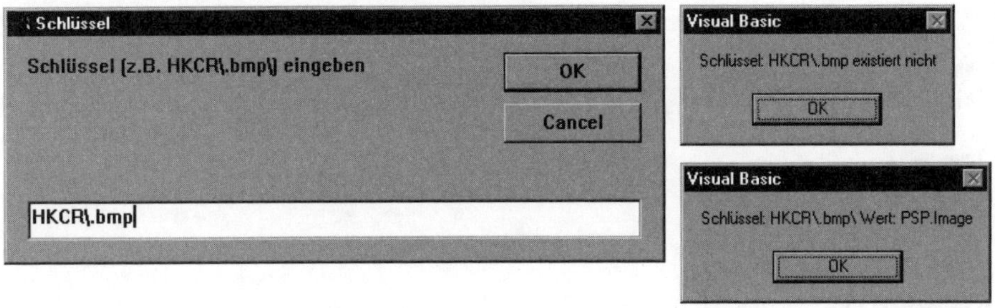

Abbildung 11.12: *Dialoge zum Zugriff auf den Schlüssel*

Diese Funktion möchte ich jetzt an einem weiteren kleinen Beispiel demonstrieren. Das VBScript-Programm fragt nach dem Aufruf einen Schlüssel oder einen Wert vom Benutzer ab (Abbildung 11.12, links). Anschließend wird geprüft, ob der Schlüssel bzw. der Wert vorhanden ist. Das Ergebnis dieser Prüfung wird dann in einem weiteren Dialogfeld ausgegeben.

TIPP: Achten Sie bei der Eingabe eines Schlüssels darauf, das Sie dessen Namen mit einem Backslash-Zeichen abschließen. Die Eingabe *HKCR\.bmp* liefert beispielsweise die Meldung, dass der Schlüssel nicht existiert (weil die *RegRead*-Methode den Schlüssel nur erkennt, falls ein Backslash-Zeichen am Textende vorhanden ist). Mit der Eingabe *HKCR\.bmp* liefert das Skript dagegen den Inhalt des *.bmp*-Schlüssels im Zweig *HKEY_CLASSES_ROOT.*

Die Details der Implementierung entnehmen Sie bitte dem nachfolgend gezeigten Listing.

```
'************************************************
' File:   Registry2.vbs (WSH-Beispiel in VBScript)
' Autor:  (c) G. Born
'
' Zweck: Das Skript demonstriert den Zugriff auf
' die Windows-Registrierung in VBscript. Dabei wird
' die Funktion KeyExist zur Prüfung, ob ein Schlüssel
' oder Wert vorhanden ist, benutzt.
'************************************************
Option Explicit
```

```
Dim key1
Dim WSHShell

' Hole WSHShell Objekt für Registrierungs-Methoden
Set WSHShell = WScript.CreateObject("WScript.Shell")

' Erlaube dem Benutzer, einen Schlüssel einzugeben
key1 = InputBox ("Schlüssel (z.B. HKCR\.bmp\) eingeben", "Schlüssel","HKCR\")
If key1 = "" Then WScript.Quit
 If KeyExists (key1) = True Then
  MsgBox "Schlüssel: " & key1 & " Wert: " & WSHShell.RegRead(key1)
 Else
  MsgBox "Schlüssel: " & key1 & " existiert nicht"
 End if

' Hilfsfunktion: testet, ob der Schlüssel vorhanden ist
Function KeyExists (key)
Dim key2
 On Error Resume Next
 key2 = WSHShell.RegRead (key)
 If err <> 0 Then
  KeyExists = False
 Else
  KeyExists = True
 End if
End Function
'*** Ende
```

Listing 11.14: Registry2.vbs

HINWEIS: Das modifizierte VBScript-Beispiel *Registry2.vbs* finden Sie im Ordner *\Beisp\Kap11* auf der Begleit-CD-ROM.

Eine *KeyExists*-Implementierung in JScript

Die in der VBScript-Funktion *KeyExists* benutzte Anweisung *On Error Resume Next* steht in JScript nicht zur Verfügung. Ab JScript 5.0 können Sie aber die *try ... catch*-Technik verwenden, um Laufzeitfehler abzufangen. Ich habe dies exemplarisch in dem Skriptprogramm *Registry2.wsf* ausgeführt. Das *.wsf*-Dateiformat wurde benutzt, um eine InputBox-Funktion auf VBScript einbinden zu können. Die Details der Implementierung entnehmen Sie der im Ordner *\Beisp\Kap11* auf der Begleit-CD-ROM enthaltenen Datei.

Beispiel: Filetype-Spy

Das nachfolgende Listing 11.15 nutzt die *KeyExists*-Funktion in VBScript. Das Programm erfragt vom Benutzer eine Dateinamenerweiterung. Dann liest es die Registrierung für diesen Dateityp aus und zeigt das Ergebnis in einem Dialogfeld an (Abbildung 11.13).

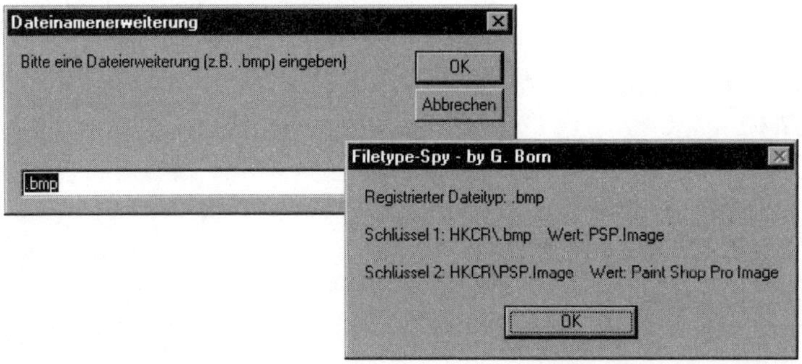

Abbildung 11.13: *Anzeige der Registrierung für den Dateityp*

Das Skript benutzt die *InputBox*-Funktion um den Dateityp zu lesen. Über die von WSH bereitgestellten Methoden werden anschließend die Registrierungseinstellungen ausgelesen und angezeigt. Details sind dem nachfolgenden Listing zu entnehmen.

```
'************************************************
' File:   Registry3.vbs (WSH-Beispiel in VBScript)
' Autor:  (c) G. Born
'
' Zweck: Das Skript demonstriert den Zugriff auf
' die Windows-Registrierung in VBscript. Hierbei
' wird die KeyExists-Funktion genutzt.
'************************************************
Option Explicit

Const HKCR = "HKEY_CLASSES_ROOT\"

Dim WSHShell
Dim ext, val1, val2, key1, key2, txt

' Erzeuge WSHShell-Objekt, wird zum Zugriff auf die
' Registrierungsmethoden benötigt.
 Set WSHShell = WScript.CreateObject("WScript.Shell")

' Benutzerabfrage für den Schlüssel
 ext = InputBox ("Bitte eine Dateierweiterung " & _
       "(z.B. .bmp) eingeben)", "Dateinamenerweiterung",".bmp")

 If ext = "" Then WScript.Quit

' Test, ob der Schlüssel existiert
 txt = "Registrierter Dateityp: " & ext & vbCRLF & vbCRLF
 key1 = HKCR & ext & "\"          ' Bestimme Schlüssel
 If KeyExists (key1) Then
  val1 = WSHShell.RegRead (key1)
  txt = txt & "Schlüssel 1: " & key1 & _
            "    Wert: " & val1 & vbCRLF & vbCRLF
 Else
  MsgBox "Schlüssel " & key1 & " existiert nicht"
  WScript.Quit
 End If
```

```
' prüfe 2. Schlüssel für den Dateityp
 key2 = HKCR & val1 & "\"
 If KeyExists (key2) Then
  val2 = WSHShell.RegRead (key2)
  txt = txt & "Schlüssel 2: " & key2 & _
       "    Wert: " & val2
 Else
  MsgBox "Schlüssel "& key2 & " existiert nicht"
 End If

 MsgBox txt, vbOKOnly, "Filetype-Spy - by G. Born"

'#############################
' Hilfsfunktion: testet, ob der Schlüssel vorhanden ist
Function KeyExists (key)
Dim key2
 On Error Resume Next
 key2 = WSHShell.RegRead (key)
 If err <> 0 Then
  KeyExists = False
 Else
  KeyExists = True
 End if
End Function
'*** Ende
```

Listing 11.15: Registry3.vbs

HINWEIS: Das VBScript-Beispiel *Registry3.vbs* finden Sie im Ordner *\Beisp\Kap11* auf der Begleit-CD-ROM.

HINWEIS: Das für JScript modifizierte Programm *Registry3.wsf* finden Sie im Ordner *\Beisp\Kap11* auf der Begleit-CD-ROM.

WSH und Registrierungszugriffe

Die auf den vorhergehenden Seiten gezeigten Beispiele schreiben und lesen nur einfache Werte aus der Registrierung. Gemäß der WSH-Hilfe unterstützen die Methoden aber verschiedene Datentypen.

- REG_SZ: Eine einfache Zeichenkette als Wert.
- REG_MULTI_SZ: Ein Wert bestehend aus mehreren Zeichenketten wird definiert. Dieser Datentyp steht nur in Windows NT/2000/XP zur Verfügung. Das Schreiben von REG_MULTI_SZ-Werten wird in WSH 2.0/5.6 nicht unterstützt (allerdings das Lesen).
- REG_EXPAND_SZ: Dies ist eine expandierbare Zeichenkette (beispielsweise lässt sich in einem Pfad der Ausdruck *%windir%* unterbringen). Dieser Datentyp wird nur in Windows NT/2000/XP unterstützt.
- REG_DWORD: Ein DWORD-Wert besteht aus vier Byte. *RegWrite* muss aber ein Integer-Wert übergeben werden, der den DWORD-Wert definiert.
- REG_BINARY: Hier werden Bytedaten im Wert hinterlegt. Mit *RegWrite* können Sie maximal vier Byte schreiben, da der Methode nur ein Integer-Wert übergeben werden kann. Beim Lesen wird ein Byte-Array (WSH 1.0) bzw. eine Auflistung (WSH 2.0/5.6) zurückgegeben.

Die oben erwähnten Datentypen können Sie lesen und einige Werte lassen sich auch mit *RegWrite* schreiben. Nachfolgend finden Sie einige Beispiele.

An dieser Stelle muss ich aber noch auf eine Besonderheit beim Anlegen neuer Schlüssel hinweisen. Erzeugen Sie einen Schlüssel mit dem Windows Registry Editor, ist der Standardwert undefiniert. Sie können auch die *RegWrite*-Methode benutzen, um den neuen Schlüssel anzulegen:

```
WshShell.RegWrite "HKCR\.123\", ""
```

Diese Anweisung setzt den Standardwert aber zwangsweise auf eine leere Zeichenkette. Möchten Sie ein ähnliches Ergebnis per Skript wie mit dem Registrierungseditor erreichen, hilft nur ein Trick. Sie müssen einen Wert samt Schlüssel anlegen. Dann bleibt der Standardwert leer. In einem zweiten Schritt können Sie dann den Wert löschen, der Standardwert bleibt samt Schlüssel zurück. Das Erzeugen eines neuen Werts inklusive Schlüssel ist mit folgender Anweisung möglich:

```
WshShell.RegWrite "HKCR\.123\Test", "Hello World", "REG_SZ"
```

Der Befehl erzeugt den Wert *Test* im Schlüssel *HKEY_CLASSES_ROOT\.123*. Da hier der Schlüssel indirekt beim Anlegen des Werts erzeugt wird, bleibt jetzt der Standardwert undefiniert.

Das Lesen mit *RegRead* kann ebenfalls einige Probleme bereiten. Versuchen Sie beispielsweise den Standardwert eines Schlüssels mit *RegRead* zu lesen, und ist dieser Wert undefiniert, löst WSH ab Version 2.0 einen Laufzeitfehler aus. Der Fehlercode ist der gleiche, der bei nicht existierenden Schlüsseln zurückgeliefert wird. Dieses Verhalten lässt sich mit dem weiter unten gezeigten Testprogramm evaluieren.

Mit der *RegDelete*-Methode können Sie Schlüssel aus der Registrierung löschen. Unter Windows 9x können Sie der Methode einen Schlüssel übergeben, der selbst noch Unterschlüssel enthält. Windows löscht dann den gesamten Zweig. Beachten Sie aber, dass dies unter der Windows-NT-Architektur nicht geht. Das Betriebssystem erlaubt nur Schlüssel zu löschen, die zwar noch Werte aber keine Unterschlüssel enthalten. Wenden Sie die *RegDelete*-Methode auf einen Schlüssel an, der noch Unterschlüssel enthält, bleibt der Schlüssel in der Registrierung erhalten.

Leider bietet WSH keine direkte Methode, mit der sich die Inhalte eines Schlüssels auflisten lassen. Sie müssen entweder das nachfolgend beschriebene Modul *Regobj.dll* verwenden oder auf die WMI-Funktionen zurückgreifen. Sofern diese Erweiterungen nicht auf der Zielmaschine vorhanden sind, hilft aber auch das Importieren einer *.reg*-Datei mit einem entsprechenden Inhalt. Die folgenden Anweisungen entfernen einen Schlüssel:

```
REGEDIT4

[-HKEY_CLASSES_ROOT\.1G_Born]
@=""
```

Ich habe hier das Windows-9x-Format des Registrierungseditors *Regedit.exe* benutzt, da dieses auch unter Windows NT/2000/XP verwendbar ist. Das Minuszeichen vor dem Schlüsselnamen veranlasst Regedit beim Import der *.reg*-Datei den Schlüssel samt allen Unterschlüsseln zu entfernen. Der folgende Befehl:

```
Regedit.exe /s Test.reg
```

veranlasst den Registrierungseditor die Datei *Test.reg* im »Silent« Modus, also ohne Benutzernachfrage, zu importieren. Mit diesem Wissen ist es relativ einfach, sich eine einsprechende Funktion im Skript zu realisieren. Das nachfolgende Listing verwendet die VBScript-Prozedur *DeleteKey (key)* zum Löschen eines als Parameter übergebenen Schlüssels. In der Prozedur wird eine temporärc *.reg*-Datei mit den erforderlichen Anweisungen erzeugt (die Techniken zum Dateizugriff werden im nächsten ▶ Kapitel besprochen). Anschließend importiert die Prozedur die *.reg*-Datei mittels der *Run*-Methode. Details sind Listing 11.16 zu entnehmen.

```
'************************************************
' File:   DelRegkey.vbs (WSH-Beispiel in VBScript)
' Autor:  Günter Born
'
' Demonstriert, wie sich ein Schlüssel mittels einer
' REG-Datei unter Verwendung der Run-Methode löschen
' lässt.
'************************************************

Option Explicit

Dim WshShell, Response

' Setze Variable
Const Root = "HKEY_CLASSES_ROOT"
Const Key = "\.1G_Born\"
Const Subkey = "Born\"
Const valname = "Test"
Const valx ="Hello World"

' Setze Shell-Object
 Set WshShell = WScript.CreateObject("WScript.Shell")

' Benutzerabfrage, ob Schlüssel erzeugt werden soll
 Response = MsgBox("Schlüssel und Wert einfügen?", _
           vbYesNo + vbQuestion + vbDefaultButton2, _
           "Registrierungszugriff ")

 If Response = vbYes Then          ' Auswahl Ja
  WshShell.RegWrite Root & Key, ""  ' Schlüssel/Wert erzeugen
  WSHShell.RegWrite Root & Key & valname, valx, "REG_SZ"
  WshShell.RegWrite Root & Key & Subkey, "" ' Unterschlüssel erzeugen

                                   ' Erfolg anzeigen
  WshShell.Popup "Schlüssel: " & Root & Key & vbCRLF & _
               "und Unterschlüssel: " & Root & Key & Subkey & _
               vbCRLF & "Wert: " & valname & " erzeugt"
 End If

' Benutzerabfrage, ob Schlüssel gelöscht werden soll
 Response = MsgBox("Schlüssel " & Key & " löschen ?" , _
                 vbYesNo + vbQuestion + vbDefaultButton2, _
                 "Registrierungszugriff")
 If Response = vbYes Then    ' Ja ausgewählt
  DeleteKey Root & Key ' Lösche Schlüssel über Reg-Datei
  If KeyExists (Root & Key) Then ' wirklich gelöscht?
```

```
    WScript.Echo "Fehler beim Löschen von " & Root & Key
   Else
    WScript.Echo "Schlüssel " & Root & Key & " gelöscht"
   End If
  End If

'#############################
Sub DeleteKey (key)
' Erzeugt eine temporäre Reg-Datei mit Informationen zum
' Löschen des Schlüssels, importiert diese über die Run-
' Methode und löscht die temporäre Datei wieder.
 Const tmpFolder = 2            ' Temp-Ordner des Systems
 Const ForWriting = 2           ' Schreiben

 Dim oFso, oFile
 Dim tmp, path

' FileSystemObject-Objekt erzeugen
 Set oFso = CreateObject("Scripting.FileSystemObject")
 tmp = oFso.GetTempName ' Temporären Dateinamen anfordern
 path = oFso.GetSpecialFolder(tmpFolder)  ' Pfad holen
 tmp = path & "\" & tmp     ' erzeuge Pfad + Temp-Dateiname

' öffne Datei zum Schreiben
 Set oFile = oFso.OpenTextFile(tmp, ForWriting, true)
' Schreibe Datei
 oFile.WriteLine ("REGEDIT4")
 oFile.WriteLine ("")
 oFile.WriteLine ("[-" & key & "]")
 oFile.WriteLine ("@=""""")
 oFile.Close                         ' Datei schließen
 Set oFile = Nothing                 ' Objekt freigeben

' auskommentierte Testanweisungen
' WSHShell.Run "Notepad " & tmp
' WScript.Echo "Datei " & tmp & " erstellt"

' Reg-Datei importieren
 WshShell.Run "Regedit.exe /s " & tmp, 1, true
 oFso.DeleteFile tmp                 ' und löschen
End Sub

Function KeyExists (key)
' Hilfsfunktion: testet, ob der Schlüssel vorhanden ist
Dim key2
 On Error Resume Next
 key2 = WSHShell.RegRead (key)
 If err <> 0 Then
  KeyExists = False
 Else
  KeyExists = True
 End if
 On Error Goto 0
End Function
'*** Ende
```

***Listing 11.16:** DelRegKey.vbs*

HINWEIS: Sie finden das Programm *DelRegKey.vbs* im Ordner *\Beisp\Kap11* auf der Begleit-CD.

WICHTIG: Unter der Windows-NT-Architektur müssen Sie weiterhin sicherstellen, dass das Skript die Berechtigungen zum Zugriff auf die Schlüssel hat. Diese Berechtigungen lassen sich im Registrierungseditor setzen.

Arbeiten mit BINARY-Werten

Das Schreiben von Werten vom Typ REG_BINARY ist im WSH auf 4 Byte begrenzt, da der zu übergebende Parameter in *RegWrite* ein Integerwert sein muss. Auch das Lesen von Werten vom Typ REG_BINARY erfordert einige Tricks. *RegRead* gibt ein Byte-Array zurück, welches sich dann mittels einer *For Each*-Schleife bearbeiten lässt. Das folgende Codelisting demonstriert, wie Sie einen REG_BINARY-Wert schreiben und wieder zurücklesen.

```
'************************************************
' File:  BinaryRead.vbs (WSH-Beispiel in VBScript)
' Autor: G. Born
'
' Demonstriert das Lesen und schreiben von Binärwerten
' in der Registrierung.
'************************************************
Option Explicit
Dim WSHShell, value, entry, text

' Erzeuge Shell-Objekt
Set WSHShell = WScript.CreateObject("WScript.Shell")
' setze Wert mit REG_BINARY-Typ
WshShell.RegWrite "HKCR\.123\Binary", 123456789, "REG_BINARY"
value = WshShell.RegRead ("HKCR\.123\Binary")

text = "Eintrag ist vom Typ " &  typename(value) & vbCRLF
For each entry in value
  text = text & entry & vbCRLF
Next

MsgBox text, vbOkonly, "Lese REG_BINARY-Eintrag"

WshShell.RegDelete "HKCR\.123\"

WScript.Echo "Schlüssel entfernt"
'*** Ende
```

Listing 11.17: BinaryRead.vbs

HINWEIS: Die Datei *BinaryRead.vbs* finden Sie im Ordner *\Beisp\Kap11*. Falls Sie mehr als vier Byte in einen REG_BINARY-Wert schreiben müssen, hilft ein Trick: Legen Sie einfach eine REG-Datei an, schreiben Sie die Werte in diese Datei und importieren Sie diese Datei, indem Sie die MS-DOS-Version von *Regedit.exe* per *Run*-Methode aufrufen und die *Reg*-Datei importieren. Das Format der *.reg*-Dateien ist in dem im Literaturverzeichnis unter /2/ aufgeführten Titel beschrieben. Die Technik zum Schreiben einer *.reg*-Datei sowie zum Import der Datei ist auf den vorherigen Seiten in Listing 11.16 behandelt.

Arbeiten mit REG_MULTI_SZ-Werten

Das Schreiben von REG_MULTI_SZ wird per WSH nicht unterstützt. Sie können zwar einen Eintrag vom Typ REG_MULTI_SZ anlegen, aber es gibt keinen Weg, um wirklich Mehrfachzeichenketten (Multi String Entries) zu speichern. Das Lesen eines REG_MULTI_SZ-Werts ist allerdings per *RegRead*-Methode möglich. Als Wert wird dann ein Feld mit den im Wert enthaltenen Zeichenketten zurückgegeben. Sie müssen dann die betreffende Auflistung bearbeiten, um die einzelnen Zeichenketten zu lesen. Das folgende kurze VBScript-Programm demonstriert das Lesen eines REG_MULTI_SZ-Werts (aus einem bereits vordefinierten Windows Registrierungseintrag).

```
'************************************************
' File:  MultiStrRead.vbs (WSH-Beispiel in VBScript)
' Autor: G. Born
'
' Demonstriert, wie sich REG_MULTI_SZ-Einträge aus der
' Registrierung lesen lassen. Bitte unter Windows 2000
' testen, da nur dort der Schlüssel vom Typ REG_MULTI_SZ ist.
'************************************************
Option Explicit
Dim WSHShell, val, entry, text

' Erzeuge Shell-Objekt, wird zum Registrierungszugriff gebraucht
Set WSHShell = WScript.CreateObject("WScript.Shell")

Val = WSHShell.RegRead _
 ("HKLM\System\CurrentControlSet\Control\ServiceGroupOrder\list")

text = "Eintrag ist vom Typ " &  typename(val) & vbCRLF
For each entry in val
  text = text & entry & vbCRLF
Next

MsgBox text, vbOkonly, "Lese REG_MULTI_SZ-Eintrag"
'*** Ende
```

Listing 11.18: MultiStrRead.vbs

HINWEIS: Die Datei *MultiStrRead.vbs* finden Sie im Ordner *\Beisp\Kap11*. Über den Import einer REG-Datei per *Regedit.exe* können Sie auch REG_MULTI_SZ-Werte schreiben.

Beispiel zum Testen der Registrierungszugriffe per WSH

Das folgende VBScript-Programm demonstriert Ihnen, wie Sie Registrierungseinträge per WSH ansprechen können. Das Skript erzeugt den neuen Schlüssel *HKCR\.123*, und fügt neue Werte vom Typ REG_SZ, REG_DWORD, REG_BINARY und REG_EXPAND_SZ hinzu. Jeder Schritt wird durch ein Dialogfeld unterbrochen, um Ihnen Gelegenheit zur Inspektion der Registrierung per Registrierungseditor zu geben. In einer zweiten Sequenz erzeugt das Skript den Schlüssel *HKCR\.123* mit einem Schritt. Dies bewirkt, dass der Standardwert als undefiniert angelegt wird. Der Versuch, die *RegRead*-Methode auf diesen Standardwert einzusetzen, löst dann einen Laufzeitfehler aus. Mit dem Skript werden daher die auf den vorhergehenden Seiten beschriebenen Probleme demonstriert. Details sind dem Listing zu entnehmen.

```
'************************************************
' File:  RegAccessTest.vbs (WSH-Beispiel in VBScript)
' Autor: G. Born
'
' Demonstriert den Registrierungszugriff in WSH (2.0),
' und zeigt einige kritische Stellen auf.
'************************************************
Option Explicit

Dim WshShell
Dim value

' Erzeuge Shell-objekt
Set WshShell = WScript.CreateObject("WScript.Shell")

' Erzeuge einen Schlüssel, der Standardwert wird
' auf "" gesetzt
WshShell.RegWrite "HKCR\.123\", ""
value = WshShell.RegRead ("HKCR\.123\")
WScript.Echo "Schlüssel HKCR\.123 angelegt ..." & vbCRLF & _
             "Standardwert: ", value

' Setze Standard-Wert
WshShell.RegWrite "HKCR\.123\", "Wert nicht gesetzt"
value = WshShell.RegRead ("HKCR\.123\")
WScript.Echo "Standardwert von HKCR\.123 geschrieben ..." & vbCRLF & _
             "Standardwert: ", value

' Wert "Text" mit REG_SZ-Typ hinzufügen
WshShell.RegWrite "HKCR\.123\Test", "Hallo Welt", "REG_SZ"
value = WshShell.RegRead ("HKCR\.123\Test")
WScript.Echo "Wert 'Test' in HKCR\.123 hinzugefügt ..." & vbCRLF & _
             "Wert 'Test': ", value

' Wert 'Nummer' mit REG_DWORD-Typ hinzufügen
WshShell.RegWrite "HKCR\.123\Nummer", 8000, "REG_DWORD"
value = WshShell.RegRead ("HKCR\.123\Nummer")
WScript.Echo "Wert 'Nummer' in Key HKCR\.123 eingefügt ..." & _
             vbCRLF & "Wert 'Nummer': ", value

' Wert 'Binary' mit REG_BINARY-Typ einfügen
WshShell.RegWrite "HKCR\.123\Binary", 123456789, "REG_BINARY"
' Wir können keinen Binary-Wert lesen, RegRead gibt
' einen Fehlerwert zurück, der nicht benutzt werden kann.
'value = WshShell.RegRead ("HKCR\.123\Binary")
value = "nicht lesbar"
WScript.Echo "Wert 'Binary' in HKCR\.123 eingefügt..." & vbCRLF & _
             "Wert 'Binary': ", value

' Expandierbarer Wert TextEx vom Typ REG_EXPAND_SZ
WshShell.RegWrite _
         "HKCR\.123\TestEx", "%windir%\Notepad.exe", _
         "REG_EXPAND_SZ"
value = WshShell.RegRead ("HKCR\.123\TestEx")
WScript.Echo "Wert 'TestEx' in HKCR\.123 eingefügt ..." & _
         vbCRLF & "Wert 'TestEx': ", value
```

```
WshShell.RegDelete "HKCR\.123\"
WScript.Echo "Schlüssel HKCR\.123 gelöscht ..."

' ### jetzt zweiter Durchlauf ###
' Erzeuge Wert direkt, erzwingt leeren Standardwert-Eintrag
WshShell.RegWrite "HKCR\.123\Test", "Hallo Welt", "REG_SZ"
value = WshShell.RegRead ("HKCR\.123\Test")
WScript.Echo "Wert 'Test' in HKCR\.123 eingefügt ..." & vbCRLF & _
             "Wert 'Test': ", value

' Versuche Standardwert zu lesen -> verursacht Laufzeitfehler!
On Error Resume Next
value = WshShell.RegRead ("HKCR\.123\")
If err <> 0 Then
 WScript.Echo "Fehler ", err.number, err.description
Else
 WScript.Echo "Schlüssel HKCR\.123 gelesen ..." & vbCRLF & _
             "Wert '(Standard)': ", value
End if

WshShell.RegDelete "HKCR\.123\"
WScript.Echo "Schlüssel HKCR\.123 gelöscht ..."
'*** Ende
```

Listing 11.19: RegAccessTest.vbs

HINWEIS: Die Datei *RegAccessTest.vbs* finden Sie im Ordner *\Beisp\Kap11*. Das Programm löscht in bestimmten Fällen den Schlüssel *HKCR\.123* nicht. Entfernen Sie ggf. per Registrierungseditor diesen Eintrag.

Auflistungen von Registrierungseinträgen

Das Auflisten von Einträgen eines gegebenen Schlüssels (Sub-Schlüssel und Werte) wird im WSH nicht unterstützt. Allerdings bietet Windows verschiedene API-Funktionen für diesen Zweck. An dieser Stelle möchte ich aber auf die Implementierung einer ActiveX-Komponente verzichten, denn die Microsoft Visual Basic-Entwickler haben bereits eine entsprechende Datei *Regobj.dll* bereitgestellt. Diese erlaubt den Zugriff auf verschiedene API-Funktionen über Methoden eines Objektmodells.

HINWEIS: *Regobj.dll* lässt sich direkt von der Webseite von Microsoft Visual Basic herunterladen (gehen Sie zur Webseite *www.microsoft.com* und suchen Sie nach *Regobj.dll*). Die Komponente lässt sich allerdings nur dann frei herunterladen, falls Sie zu den registrierten Visual Basic-Anwendern gehören. Daher finden Sie eine Kopie dieser Datei auf der CD-ROM im Ordner *\Infos\Regobj*. Dort gibt es auch eine Word-Datei mit Hinweisen zum *RegObj*-Objektmodell. Neben Auflistungen erlaubt die Komponente auch den Zugriff auf die Registrierung von Remote-Computern.

Sie erhalten eine Objektinstanz der betreffenden Objekte dieser Bibliothek, indem Sie folgende Anweisung in VBScript verwenden:

```
Set objReg = WScript.CreateObject("RegObj.Registry")
```

Falls die DLL auf Ihrem System registriert ist (mit *RegSvr32.exe* kann dies durchgeführt werden, siehe ▶ Kapitel 2), wird die Objektreferenz in der Objektvariablen *objReg* hinterlegt. Anschließend können Sie die Eigenschaften und Methoden des *RegObj*-Objekts verwenden. Die *RegKeyFromString*-Methode liest den Inhalt eines angegebenen Schlüssels. Die Methode benötigt folgende Parameter:

```
Set RootKey = objReg.RegKeyFromString(key1)
```

Anschließend genügt eine einfache *For Each*-Schleife, um die Einträge des Schlüssels aufzulisten. Um alle Unterschlüssel eines Schlüssels aufzuzählen, können Sie folgenden Code benutzen:

```
For Each oVal In RootKey.SubKeys ' über Auflistung
 name = name & oVal.Name & vbCRLF
Next
```

Die *SubKeys*-Auflistung enthält alle Unterschlüssel eines gegebenen Schlüssels. Die *Name*-Eigenschaft eines Auflistungselements enthält den Namen des Schlüssels. Möchten Sie die Werte eines Schlüssels abfragen, können Sie folgende Sequenz benutzen:

```
For Each oVal In RootKey.Values  ' über Auflistung
 name = name & oVal.Name & vbTab & oVal.Value & vbCRLF
Next
```

Die Schleife benutzt die *Values*-Eigenschaft, die eine Auflistung zurückliefert. Dieses Objekt enthält die Namen aller Werte dieses Schlüssels. Dann können Sie innerhalb der Auflistung die *Name*-Eigenschaft eines gegebenen Eintrags verwenden, um den Namen des Werts abzufragen. Die *Value*-Eigenschaft des Werts gibt dabei den Wert selbst zurück.

WICHTIG: Ab Windows 2000 gibt es den REG_FULL_RESOURCE_DESCRIPTOR- Typ, der durch *Regobj.dll* nicht unterstützt wird. Der Versuch, auf diesen neuen Typ zuzugreifen, führt zu einem Laufzeitfehler.

Das nachfolgende VBScript-Beispiel listet die Unterschlüssel eines gegebenen Schlüssels auf. In einem zweiten Durchlauf werden dann die Werte des Schlüssels aufgelistet. Details sind dem folgenden Listing zu entnehmen.

```
'************************************************
' File:  Enumerate.vbs (WSH-Beispiel in VBScript)
' Autor: G. Born
'
' Benutzt Regobj.dll, um den Inhalt eines
' Registrierungsschlüssels aufzulisten.
'************************************************
Option Explicit
' die Schlüssel definieren
Const key1 = "\HKEY_Classes_Root\Folder"
Const key2 = "\HKEY_LOCAL_MACHINE\SOFTWARE\Microsoft\Windows\CurrentVersion\Run"

Dim objReg
Dim RootKey
Dim name
Dim oVal
```

```
' Erzeuge Objektreferenz auf Regobj.dll
Set objReg = WScript.CreateObject("RegObj.Registry")

' Hole Auflistungsobjekt des Hauptschlüssels
Set RootKey = objReg.RegKeyFromString(key1)

name = "Unterschlüssel des Schlüssels " & key1 & vbCRLF

For Each oVal In RootKey.SubKeys ' Auflistung bearbeiten
 name = name & oVal.Name & vbCRLF
Next

MsgBox name, vbOkOnly, "Registrierungseinträge auflisten"

' Hole Eigenschaften des Schlüssel-Objekts
Set RootKey = objReg.RegKeyFromString(key2)

name = "Werte des Schlüssels " & key2 & vbCRLF

For Each oVal In RootKey.Values  ' über Auflistung
 name = name & oVal.Name & vbTab & oVal.Value & vbCRLF
Next

MsgBox name, vbOkOnly, "Registrierungseinträge auflisten"
'*** Ende
```

Listing 11.20: Enumerate.vbs

HINWEIS: Die Datei *Enumerate.vbs* finden Sie im Ordner *\Beisp\Kap11*. Sie müssen die Datei *Regobj.dll* erst mit *Regsvr32.exe* registrieren, bevor Sie das Skriptprogramm verwenden können.

Remote-Zugriffe auf die Registrierung

Ein Remote-Zugriff auf die Registrierung anderer Maschinen im Netzwerk wird in WSH 1.0/2.0 nicht unterstützt. Glücklicherweise gibt es die bereits erwähnte Datei *Regobj.dll,* die eine entsprechende Option bietet. Sobald Sie eine Objektinstanz auf die Datei erzeugt haben, können Sie mit folgender Anweisung eine Objektinstanz auf eine Remote-Registrierung erzeugen:

```
Set objRemote = objReg.RemoteRegistry(host)
```

Die *RemoteRegistry*-Methode verwendet einen Parameter, der den Host-Namen angibt (z.B. *Rom*). Anschließend können Sie über die Objektvariable *objRemote* andere Methoden aufrufen:

```
Set RootKey = objRemote.RegKeyFromString(key1)
```

Die *RegKeyFromString*-Methode wird in der gleichen Weise wie bereits oben gezeigt aufgerufen. Einziger Unterschied beim Remote-Zugriff: Wir verwenden hier die *objRemote*-Objektvariable, die eine Instanz des *objRemote*-Objekts enthält. Das nachfolgende VBScript-Listing bildet die Funktionalität des vorhergehenden Beispiels ab, erlaubt aber den Zugriff auf die Registrierung des Rechners *Wien* im Netzwerk. Sie müssen daher das Skript auf Ihre Netzwerkumgebung anpassen, bevor Sie dieses ausführen können. Details entnehmen Sie dem Listing.

```
'************************************************
' File:  Remote.vbs (WSH-Beispiel in VBScript)
' Autor: G. Born
'
' Benutzt Regobj.dll zum Auflistung von Registrierungs-
' einträgen auf einem Remote-Computer.
'************************************************
Option Explicit
' Definiere zwei Schlüssel
Const key1 = "\HKEY_Classes_Root\Folder"
Const key2 = _
"\HKEY_LOCAL_MACHINE\SOFTWARE\Microsoft\Windows\CurrentVersion\Run"
Const host = "\\Wien"

Dim objReg
Dim RootKey, objRemote
Dim name
Dim oVal

' Erzeuge Objektreferenz auf Regobj.dll
Set objReg = WScript.CreateObject("RegObj.Registry")

'### Verbindung zum Remote Computer ###
Set objRemote = objReg.RemoteRegistry(host)

' Hole Eigenschaft des Hauptschlüssels (mit Auflistung)
Set RootKey = objRemote.RegKeyFromString(key1)

name = "Unterschlüssel des Schlüssels " & key1 & " auf " & _
       host & vbCRLF

For Each oVal In RootKey.SubKeys ' Auflistung Schlüssel
 name = name & oVal.Name & vbCRLF
Next

MsgBox name, vbOkOnly, "Registrierungseinträge auflisten"

' Hole Objekt für zweiten Schlüssel
Set RootKey = objRemote.RegKeyFromString(key2)

name = "Werte des Schlüssels " & key2 & " auf" & _
       host & vbCRLF

For Each oVal In RootKey.Values  ' Auflistung Werte
 name = name & oVal.Name & vbTab & oVal.Value & vbCRLF
Next

MsgBox name, vbOkOnly, "Registrierungseinträge auflisten"
'*** Ende
```

Listing 11.21: Remote.vbs

HINWEIS: Die Datei *Remote.vbs* finden Sie im Ordner *\Beisp\Kap11*. Sie müssen die Datei *Regobj.dll* erst mit *Regsvr32.exe* registrieren, bevor Sie das Skriptprogramm verwenden können. Weiterhin muss ein Remote-Registrierungszugriff zulässig sein. In Windows 98 müssen entsprechende Funktionen (Remote-Registrierungsdienst) installiert sein. Unter Windows 2000/XP sollte das Beispiel aber ohne weitere Einstellungen funktionieren. Im gleichen Ordner finden Sie noch die Datei *Remote1.vbs*. Diese Datei demonstriert den Zugriff auf die Registrierungs mittels *Regobj.dll*. Das Programm legt den Schlüssel *.1G_Born* unter HKCR an, erzeugt zwei Unterschlüssel und hinterlegt einige Werte. Dann liest das Skript den Inhalt des Schlüssels aus und demonstriert, wie sich Werte ändern und löschen lassen. Zudem wird gezeigt, wie sich ein Schlüssel samt Unterschlüssel löschen lässt. Das Testbeispiel kann aber keine Binary-Werte in die Registrierung schreiben oder lesen. Beim Arbeiten mit Multi-String-Werten wird nur der erste Teilstring angezeigt. Setzen Sie die Variable *host* auf den Namen der lokalen Maschine, arbeitet das Skript mit der lokalen Registrierung. Einzelheiten sind dem Listing zu entnehmen. Unter WMI (siehe ▶ Kapitel 17) haben Sie ebenfalls die Möglichkeit, auf die Registrierung zuzugreifen.

Anpassen des Windows 98-Installationspfads

Windows 98 legt beim Setup den Pfad, aus dem die Installationsdateien bezogen wurden, in der Registrierung ab. Sie finden den Eintrag im Zweig *HKEY_LOCAL_MACHINE* im Schlüssel:

\Software\Microsoft\Windows\CurrentVersion\Setup

Dieser Schlüssel weist den Wert *SourcePath* auf, in dem das betreffende Verzeichnis hinterlegt wurde. Sobald Sie eine Windows-Funktion oder einen Treiber nachträglich im System installieren möchten, greift das Setup-Programm (welches bei dieser Gelegenheit von Windows benutzt wird) auf diese Pfadangabe zu. Wurde das Betriebssystem von einer CD-ROM installiert, fordert das Betriebssystem Sie zum Einlegen des Datenträgers auf. Manche Anwender stört diese Abfrage, sie kopieren sich daher die Windows-Dateien auf ein lokales Laufwerk und hoffen, dass Windows die Dateien dann aus dem neuen Verzeichnis bezieht. Trotzdem fordert Windows weiterhin die CD-ROM an. Oder Sie haben nachträglich ein neues Laufwerk eingebaut und der Laufwerksbuchstabe für die CD-ROM verschiebt sich. Dann erhalten Sie bei jedem Installationsvorgang eine Fehlermeldung, dass die Dateien nicht gefunden werden. Bei OEM-Systemen wird die Installation häufig aus einem Verzeichnis der Festplatte vorgenommen. Löschen Sie dieses Verzeichnis, meldet Setup beim Nachinstallieren von Komponenten einen Fehler. Sie müssen in allen Fällen manuell das Installationsverzeichnis in einem Dialogfeld angeben. Leider merkt sich Windows diese Information nur während der aktuellen Installationssitzung.

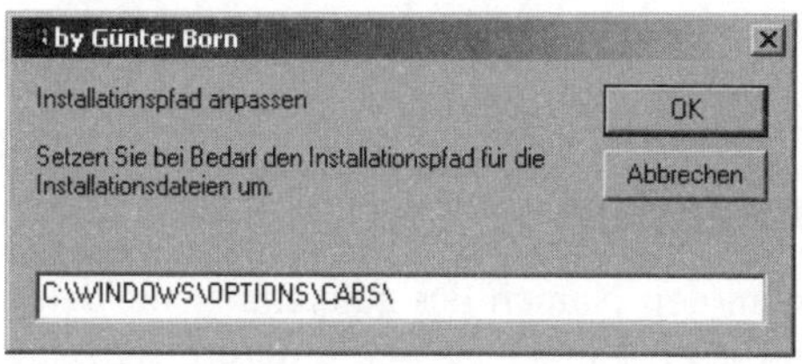

Abbildung 11.14: *Dialog zum Anpassen des Installationspfads*

Aus diesem Ansatz heraus entwickelte ich vor einiger Zeit das nachfolgend vorgestellte VB-Script-Programm. Dieses liest den Wert des Installationsverzeichnisses aus der Registrierung aus, zeigt dieses Verzeichnis in einem Dialogfeld an und erlaubt die Korrektur der Einstellung (Abbildung 11.14). Setzen Sie das Installationsverzeichnis um, wird Windows 98 anschließend in diesem Ordner nach den Dateien suchen. Das nachfolgende Listing zeigt die Details der Implementierung dieser Funktion.

```
'************************************************
' File:   SetInstPath.vbs (WSH-Beispiel in VBScript)
' Autor:  (c) G. Born
'
' Setzt den Pfad, in dem Windows nach der Installations-CD-ROM
' sucht.
'
' !!!Keine Funktionsgarantie, Nutzung auf eigenes Risiko!!!
'************************************************

' Variable zum Zugriff auf die Registrierung
Root = "HKEY_LOCAL_MACHINE"
key = "\Software\Microsoft\WIndows\CurrentVersion\Setup\"
valname = "SourcePath"
valx =""

text = "Installationspfad anpassen" & vbCrLf & vbCrLf & _
       "Setzen Sie bei Bedarf den Installationspfad für " & _
       "die Installationsdateien um."
title = "by Günter Born"

Dim WSHShell
' WSHShell-Object erzeugen
 Set WSHShell = WScript.CreateObject("WScript.Shell")

' Lese Installationspfad aus der Registrierung
  valx = WSHShell.RegRead(Root & key & valname)

' Erlaube dem Benutzer die Anpassung des Pfads
  valx = InputBox (text, title,valx)

  If valx <> "" Then    ' Leere Zeichenkette abfangen
   WSHShell.RegWrite Root & Key & valname, valx, "REG_SZ"
  End if
'*** Ende
```

Listing 11.22: SetInstPath.vbs

HINWEIS: Das Programm *SetInstPath.vbs* finden Sie im Ordner *\Beisp\Kap11* auf der Begleit-CD-ROM.

Zuletzt angemeldeten Benutzer ausblenden

Bei der Windows-Anmeldung blendet das Betriebssystem den Namen des zuletzt angemeldeten Benutzers im Anmeldedialog ein. Häufig möchte man diesen Namen jedoch unterdrücken, um zu verhindern, dass Unbefugte Kennwörter aus den angezeigten Benutzernamen ableiten. Sowohl das Modul *Tweak UI* als auch die Systemrichtlinien erlauben Ihnen, die Anzeige des zuletzt angemeldeten Benutzers zu sperren (siehe /5/ im Literaturverzeichnis). Windows speichert die Information, ob der Benutzername bei der Anmeldung anzuzeigen ist, in der Registrierung im Zweig *HKEY_LOCAL_MACHINE* im Schlüssel:

\Software\Microsoft\Windows\CurrentVersion\Winlogon

Enthält dieser Schlüssel den Wert *DontDisplayLastUserName* und ist dieser Wert auf 0x0000001 gesetzt (siehe /1, 2/ im Literaturverzeichnis), wird der Benutzername bei der Anmeldung unterdrückt. Das nachfolgend gezeigte JScript-Programm macht sich diese Tatsache zunutze. Nach dem Start erscheint ein Dialogfeld, in dem gefragt wird, ob der Name auszublenden ist. Über die *Ja/Nein*-Schaltflächen lässt sich wählen, wie sich der Anmeldedialog verhalten soll. Die Details der Implementierung sind dem nachfolgenden Listing zu entnehmen.

```
//************************************************
// File: HideUserName.js (WSH-Beispiel in JScript)
// Autor: (c) G. Born
//
// Das Modul sperrt oder setzt die Anzeige des Namens
// des zuletzt angemeldeten Benutzers.

var vbYesNo = 4;
var vbOK = 0
var vbInformation = 64;
var vbCancel = 2;
var vbYes = 6

// Variable setzen
var Root = "HKEY_LOCAL_MACHINE";
var key = "\\Software\\Microsoft\\Windows\\CurrentVersion\\Winlogon\\";
var valname = "DontDisplayLastUserName";
var result;

var WSHShell = WScript.CreateObject("WScript.Shell");

{
 result = WSHShell.Popup(
    "Letzten Benutzer im Windows-Anmeldedialog ausblenden?\n\n\r" +
     "Hide last user's name in login dialog box",
    0,
    "Windows 98 - powered by Günter Born",
    vbYesNo + vbInformation );
    if (result == vbYes)
     {
      WSHShell.RegWrite(Root + key + valname, "1", "REG_SZ");
     WSHShell.Popup("Anzeige Benutzername ausgeschaltet"+
                   "\n\n\rHide last user's login name",
                    0,
      "http://www.borncity.de",
                    vbOK);
     }
     else
     {
      WSHShell.RegWrite(Root + key + valname, "1", "REG_SZ");
      WSHShell.RegDelete(Root + key + valname);
      WSHShell.Popup("Anzeige Benutzername zugelassen" +
                   "\n\n\rShow last user's login name",
                    0,
```

```
        "http:// www.borncity.de",
                      vbOK);
    }
}
//*** Ende
```

Listing 11.23: HideUserName.js

HINWEIS: Das Programm *HideUserName.js* finden Sie im Ordner *\Beisp\Kap11* auf der Begleit-CD-ROM.

Workgroup-Name in Windows 98 abfragen

Ist Ihr Rechner Teil einer Arbeitsgruppe in einem Netzwerk? Dann möchten Sie vielleicht wissen, zu welcher Arbeitsgruppe der Benutzer gehört. Das *Network*-Objekt bietet Methoden, um den Benutzernamen, die Domain oder den Computernamen abzufragen, aber es gibt keine Methode zur Ermittlung des Arbeitsgruppennamens.

Für Microsoft Windows 98 möchte ich hier eine Lösung dieser Problematik vorstellen. Informationen zur Domain hält Windows 98 in der Registrierung im Zweig HKEY_LOCAL_MACHINE im Schlüssel:

```
\System\CurrentControlSet\Services\VxD\VNETSUP\Workgroup
```

Dieser Wert enthält den Namen der Arbeitsgruppe als Zeichenkette und lässt sich einfach abfragen und anzeigen (Abbildung 11.15).

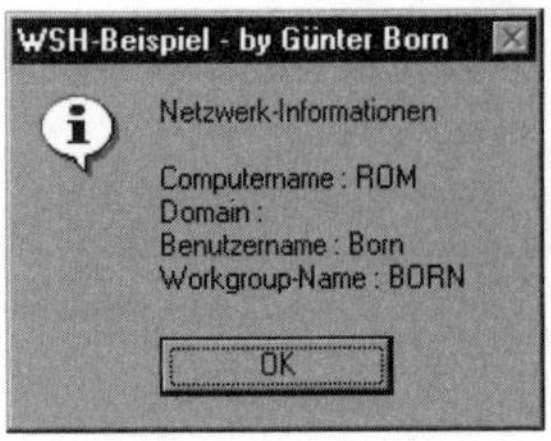

Abbildung 11.15: *Netzwerkinformationen (Windows 98)*

Die VBScript-Implementierung ist ziemlich einfach, hier wurde das Programm *Network.vbs* als Vorlage benutzt. Die bereits erwähnte Funktion *KeyExists* dient zur Prüfung, ob der Schlüssel existiert. Das Beispiel liest einfach die entsprechenden Daten per WSH-Methoden und aus der Windows 9x-Registrierung.

```
'************************************************
' File:   GetDomain.vbs (WSH-Beispiel in VBScript)
' Autor:  (c) Günter Born
'
' Zeige Benutzername, Domain, Computername und Workgroup.
'************************************************
Option Explicit

Dim Text, Title
Dim WSHNetwork
Dim key1
Dim WSHShell
```

```
' Hole WSHShell-Objekt
Set WSHShell = WScript.CreateObject("WScript.Shell")

Text = "Netzwerk-Informationen" & vbCRLF & vbCRLF
Title = "WSH-Beispiel - by Günter Born"

' Erzeuge WSHNetwork-Objekt
Set WSHNetwork = WScript.CreateObject("WScript.Network")

Text = Text & "Computername : " & _
      WshNetworK.ComputerName & vbCRLF

Text = Text & "Domain : " & _
      WshNetworK.UserDomain & vbCRLF

Text = Text & "Benutzername : " & _
      WshNetworK.UserName & vbCRLF

Text = Text & "Workgroup-Name : "

' Existiert Workgroup-Schlüssel?
 key1 = "HKEY_LOCAL_MACHINE\System\CurrentControlSet\Services\VxD\VNETSUP\Workgroup"
 If KeyExists (key1) = True Then
  Text = Text & WSHShell.RegRead(key1)
 End if

Text = Text & vbCRLF

MsgBox Text, vbOkonly + vbInformation, Title

'##############################################
' Hilfsfunktion: Prüfe, ob Schlüssel existiert
'##############################################
Function KeyExists (key)
Dim key2
 On Error Resume Next
 key2 = WSHShell.RegRead (key)
 If err <> 0 Then
  KeyExists = False
 Else
  KeyExists = True
 End if
End Function
' Ende
```

Listing 11.24: GetDomain.vbs

HINWEIS: Das Programm *GetDomain.vbs* finden Sie im Ordner *\Beisp\Kap11* auf der Begleit-CD-ROM. Dort findet sich auch die Datei *GetDomain.js* mit der JScript 5.0-Implementierung.

Mit diesen Beispielen möchte ich das Kapitel schließen. Sie haben einige Beispiele zum Zugriff auf die Registrierung kennen gelernt. Der im Literaturverzeichnis unter /1, 2/ aufgeführte Titel enthält eine detaillierte Beschreibung der Windows-Registrierung. Weitere WSH-Skript-Beispiele finden Sie in dem im Literaturverzeichnis unter /5/ aufgeführten Titel.

12 Arbeiten mit dem Dateisystem

Über die *FileSystemObject*-Erweiterung unterstützt der WSH den Umgang mit Dateien und Ordnern. Dies eröffnet Ihnen die Möglichkeit, per Skript Dateien zu manipulieren.

- Lernen Sie, was es mit dem *FileSystemObject*-Objekt auf sich hat und wie Sie dieses in VBScript bzw. JScript nutzen.
- Erfahren Sie an konkreten Beispielen, wie Sie auf Laufwerke, Dateien und Ordner zugreifen können.
- Setzen Sie die Befehle des *FileSystemObject*-Objekts ein, um Dateien zu kopieren oder Ordner anzuwählen.
- Schreiben Sie Skripte, die Dateien erzeugen und Texte aus Dateien lesen.
- Lernen Sie, wie Sie Dateidialoge im WSH nutzen.

Mit diesen Techniken können Sie die BAT-Dateien zum »alten Eisen« werfen und Dateioperationen komfortabel über VBScript oder JScript ausführen.

Einführung

Das *FileSystemObject*-Objektmodell stellt Ihnen die Methoden und Eigenschaften zur Verfügung, um auf Dateien und Ordner zugreifen zu können. Die nachfolgenden Abschnitte geben Ihnen eine kurze Einführung in den Umgang mit diesem Objektmodell.

Das *FileSystemObject*-Objektmodell

Das *FileSystemObject* (auch als FSO abgekürzt) steht Ihnen sowohl in JScript als auch in VBScript zur Verfügung, um direkt auf Laufwerke, Ordner und Dateien zuzugreifen. Hinter diesem Objekt versteckt sich ein komplettes Objektmodell mit mehreren Objekten, Methoden und Eigenschaften, die in der nachfolgenden Tabelle aufgeführt werden.

Objekt/Auflistung	Beschreibung
Drives	Dies ist eine Auflistung aller Laufwerke, die sich (logisch oder physikalisch) auf dem aktuellen System befinden. Die Auflistung gibt auch Laufwerke mit wechselbaren Medien an, in denen aktuell kein Medium eingelegt ist.
Drive	Dieses Objekt stellt Ihnen die Methoden und Eigenschaften zur Verfügung, mit denen Sie auf ein Laufwerk des Systems zugreifen können. Sie können den freien Speicher auf dem Medium ermitteln etc. Es muss sich dabei nicht unbedingt um eine Festplatte handeln. Das Objekt unterstützt auch (zugewiesene) Netzlaufwerke, CD-ROMs oder Diskettenlaufwerke (die ggf. noch kein Medium enthalten).
Folders	Diese Auflistung liefert alle in einem Ordner enthaltenen Unterordner.
Folder	Das Objekt stellt die Methoden und Eigenschaften bereit, mit denen sich Ordner erzeugen, verschieben und löschen lassen. Weiterhin können Sie die Namen von Ordnern, Pfaden etc. abfragen.
Files	Eine Auflistung, die alle Dateien in einem Ordner liefert.
File	Ein Objekt, welches alle Methoden und Eigenschaften bereitstellt, um Dateien anzulegen, zu löschen oder zu verschieben. Weiterhin können Sie Namen, Pfade und andere Eigenschaften abfragen.
FileSystemObject	Dies ist das Hauptobjekt des Objektmodells, welches allgemein die Methoden und Eigenschaften für Zugriffe auf das Dateisystem beinhaltet.
TextStream	Ein Objekt, welches Ihnen den schreibenden und lesenden Zugriff auf Textdateien erlaubt.

Tabelle 12.1: FileSystemObject-*Objektmodell*

HINWEIS: Bisher stellt das *FileSystemObject* (welches in der Datei *Scrrun.dll* enthalten ist), keine Methoden zum Zugriff auf Binärdateien zur Verfügung. Benötigen Sie solche Methoden, müssen Sie diese direkt über eine ActiveX-Komponente implementieren. In dieser Komponente können Sie beispielsweise auf die Windows-Dateisystemfunktionen zugreifen.

FileSystemObject-Objektreferenz anlegen

Um auf die Objekte, Methoden und Eigenschaften des *FileSystemObject*-Objekts zuzugreifen, müssen Sie zunächst dieses Objekt über die *CreateObject*-Methode des Skripts als Instanz erzeugen (d.h. in den Speicher laden). Das Objekt wird direkt über die Skriptsprachen bereitgestellt. Die Instantiierung sieht in VBScript etwas anders als in JScript aus. Um in VBScript eine Objektvariable auf eine Instanz des *FileSystemObject*-Objekts zu erzeugen, verwenden Sie die folgenden Anweisungen:

```
Dim fso
Set fso = CreateObject("Scripting.FileSystemObject")
```

Es ist dabei gleichgültig, ob Sie die *CreateObject*-Methode in der hier angegebenen Form anwenden oder mit:

```
Set fso = WScript.CreateObject("Scripting.FileSystemObject")
```

arbeiten. Die *CreateObject*-Methode bindet die neue Objektvariable sowieso im *WScript*-Objekt ein. In JScript sieht die Syntax zum Erzeugen einer Instanz des *FileSystemObject*-Objekt allerdings etwas anders aus:

```
var fso;
fso = new ActiveXObject("Scripting.FileSystemObject");
```

In diesem Fall müssen Sie die *new*-Methode der Sprache anwenden, um ein neues *ActiveX-Object* anzulegen. In beiden Beispielen wird aber auf die Typbibliothek *Scripting* und die Klasse *FileSystemObject* zurückgegriffen. Die Objektvariable enthält anschließend eine Referenz auf die Instanz des *FileSystemObject*-Objekts.

WICHTIG: Sie können immer nur eine Instanz des *FileSystemObject*-Objekts erzeugen, egal wie oft Sie die obigen Methoden aufrufen.

Zugriff auf die Methoden des *FileSystemObject*-Objekts

Mit diesem Schritt können Sie aber noch nicht allzu viel tun. Sie müssen jetzt auf die Objekte, Methoden und Eigenschaften des *FileSystemObject*-Objekts (bzw. der Unterobjekte) zugreifen. Um beispielsweise einen neuen Ordner oder eine neue Textdatei anzulegen, müssen Sie die Methoden *CreateFolder* bzw. *CreateTextFile* benutzen. Objekte (wie Dateien oder Ordner) lassen sich über die Methoden *DeleteFile* bzw. *DeleteFolder* entfernen. Zusätzlich gibt es Methoden, mit denen sich Dateien bzw. Ordner kopieren oder verschieben lassen.

HINWEIS: Einige Methoden des *FileSystemObject*-Objektmodells sind aber redundant. Sie können beispielsweise Dateien mit der *CopyFile*-Methode des *FileSystemObject*-Objekt oder mit der *Copy*-Methode des *File*-Objekts kopieren. Diese Redundanz wurde eingeführt, um eine möglichst hohe Flexibilität zu gewährleisten. Leider weisen aber die Methoden der einzelnen Objekte eine etwas abweichende Parameterbehandlung auf, was die Programmierung wieder erschwert. Nachfolgend werden die Methoden der einzelnen Objekte benutzt.

Der Zugriff auf existierende Laufwerke, Ordner oder Dateien erfolgt über die *Getxxx*-Methoden (*GetDrive, GetFolder, GetFile*) des *FileSystemObject*-Objekts. Die folgenden VBScript-Anweisungen erzeugen beispielsweise eine Referenz auf eine konkrete Datei:

```
Dim fso, f1
Set fso = CreateObject("Scripting.FileSystemObject")
Set f1 = fso.GetFile("c:\test.txt")
```

In JScript sieht die Befehlsfolge zum Erzeugen des Objekts dagegen folgendermaßen aus:

```
var fso, f1;
fso = new ActiveXObject("Scripting.FileSystemObject");
f1 = fso.GetFile("c:\\test.txt");
```

In beiden Fällen wird die *GetFile*-Methode auf das in *fso* angegebene *FileSystemObject*-Objekt angewandt. Die Methode gibt dann eine Referenz (allgemein als Handle bezeichnet) in die Variable *fl* zurück. Über diese Variable können Sie dann auf die Datei zugreifen. Beispiele finden Sie auf den folgenden Seiten.

HINWEIS: Bei einer neu erstellten Datei bzw. einem neu angelegten Ordner brauchen Sie die oben erwähnten *Getxxx*-Methoden nicht, da die *Createxxx*-Methode automatisch das Handle zurückliefert. Eine detaillierte Beschreibung des *FileSystemObject*-Objektmodells einschließlich der Methoden und Eigenschaften finden Sie in den Referenzen zu JScript und VBScript auf der Begleit-CD-ROM.

Umgang mit Laufwerken

Das *FileSystemObject*-Objekt erlaubt Ihnen, direkt aus dem Skript heraus auf die Laufwerke Ihres Systems zuzugreifen. Der folgende Abschnitt zeigt Ihnen an einigen Beispielen, wie Sie die betreffenden Methoden und Eigenschaften nutzen.

Auflisten aller Laufwerke

Eine der ersten Übungen mit dem *FileSystemObject*-Objekt soll darin bestehen, alle Laufwerke des lokalen Systems aus einem WSH-Skript heraus zu ermitteln. Dabei sollen die Laufwerksbuchstaben, die zugehörigen Laufwerkstypen sowie die Bezeichnung des Mediums in einem Dialogfeld aufgelistet werden.

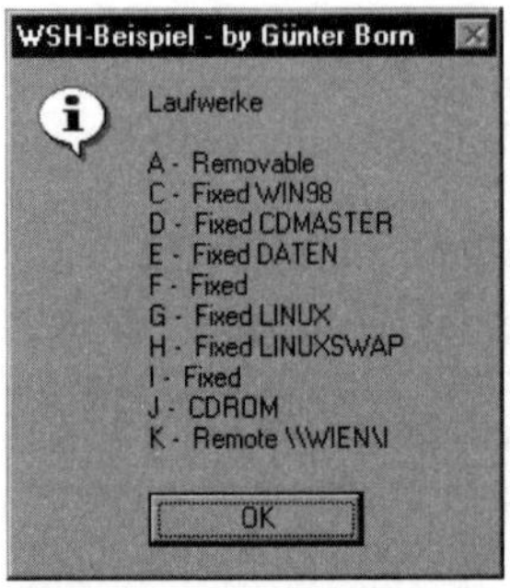

Abbildung 12.1: *Anzeige der gefundenen Laufwerke*

Bei Laufwerken mit wechselbaren Medien ist zu prüfen, ob ein Medium eingelegt ist. Bei Netzlaufwerken ist zusätzlich der Netzwerkpfad in den UNC-Konventionen aufzuführen. Abbildung 12.1 zeigt ein Beispiel für die Laufwerke, die auf einem meiner Testsysteme vorhanden sind. Bei den wechselbaren Medien ist dabei kein Datenträger eingelegt.

Nachfolgend stelle ich die Implementierung sowohl in VBScript als auch in JScript vor. Die Erläuterungen zu den Methoden und Konstanten finden Sie im Abschnitt der VBScript-Implementierung.

Anzeige der vorhandenen Laufwerke in VBScript

Die Auflistung aller im lokalen System vorhandenen Laufwerke ist in VBScript nicht allzu schwierig. Sie benötigen eine Instanz des *FileSystemObject*-Objekts sowie eine Referenz auf das *Drives*-Objekt. Die Instanz des *FileSystemObject*-Objekts wird gemäß den Ausführungen im vorhergehenden Abschnitt mit folgender Anweisung erzeugt:

```
Set FSO = WScript.CreateObject("Scripting.FileSystemObject")
```

Über die Objektvariable *FSO* können Sie jetzt auf die Objekte, Auflistungen und Methoden dieses Objekts zugreifen. Die folgende Anweisung:

```
Set DR = FSO.Drives
```

holt dann die *Drives*-Auflistung. In dieser Auflistung sind alle lokal gefundenen Laufwerke aufgeführt. Sie können dann auf diese Laufwerke über eine einfache Schleife zugreifen:

```
For Each i in DR
...
Next
```

Die Schleifenvariable *i* enthält bei jedem Durchlauf das Objekt eines konkreten Laufwerks, d.h. Sie können über die Variable *i* auf die Eigenschaften dieses Laufwerks zugreifen. Um beispielsweise den Buchstaben des Laufwerks zu ermitteln, lässt sich folgende Anweisung verwenden:

```
Lw = i.DriveLetter
```

Diese Anweisung greift auf die *DriveLetter*-Eigenschaft des Objekts zurück. Möchten Sie den Typ des betreffenden Laufwerks ermitteln, verwenden Sie die *DriveType*-Eigenschaft:

```
Typ = i.DriveType
```

Der Laufwerkstyp wird als Ganzzahl im Bereich 0 bis n von der Eigenschaft geliefert. Die Tabelle 12.2 gibt Ihnen einen Überblick über die jeweiligen Laufwerkstypen:

Konstante	Wert	Bemerkung
Unknown	0	Unbekannter Laufwerkstyp (konnte nicht ermittelt werden).
Removable	1	Es handelt sich um ein Laufwerk mit Wechselmedien (z.B. Diskettenlaufwerk oder ZIP-Laufwerk).
Fixed	2	Es handelt sich um ein Festplattenlaufwerk mit fest eingebauten Medien. Beachten Sie, dass dies auch Wechselplatten einschließt.
Remote	3	Netzlaufwerk, wird nur angezeigt, wenn eine Netzwerkressource (Laufwerk, Ordner) auf einen lokalen Laufwerksbuchstaben gelegt wurde.
CDROM	4	Es handelt sich um ein CD-ROM-Laufwerk (wobei nicht zwischen CD-R und CD-RW unterschieden wird).
RAMDisk	5	Es wurde ein Laufwerk im Arbeitsspeicher (Random Access Memory = RAM) gefunden. Dieses als RAMDisk bezeichnete Laufwerk wird durch separate Treiber erzeugt.

***Tabelle 12.2:** Laufwerkstypen*

HINWEIS: Die Einträge der Spalte *Wert* geben den von der Eigenschaft zurückgelieferten Wert an. Die Spalte *Konstante* definiert die benannten Konstante, die in der Typbibliothek für die Werte benutzt werden. Falls Sie keine Referenz auf die TypeLibrary in der .wsf-Datei vereinbaren möchten, müssen Sie die Konstante ggf. explizit im Skript definieren. Dies wird in den folgenden beiden Listings genutzt.

Die beim Formatieren des Laufwerks vergebene Bezeichnung des Mediums lässt sich direkt über die *VolumeName*-Eigenschaft ermittelt. Handelt es sich um ein Laufwerk, welches entfernbare Medien (CD-ROM oder Disketten) unterstützt, dürfen Sie diese Eigenschaften aber nicht ohne weiteres abfragen. Enthält das Laufwerk keinen Datenträger, macht die Abfrage des *VolumeName* keinen Sinn. Sie können aber die *IsReady*-Eigenschaft verwenden, um festzustellen, ob das Medium vorhanden ist. Ist dies der Fall, liefert die Eigenschaft den Wert *true* zurück.

Bei einem Netzlaufwerk gibt der Name keine Hinweise auf die eigentliche Ressource. Vielmehr handelt es sich beim Laufwerksbuchstaben um den Buchstaben, den der Benutzer beim Verbinden mit der Ressource angegeben hat. Sie können aber die *ShareName*-Eigenschaft des Laufwerk (-Objekts) benutzen, um den UNC-Pfad zur Ressource zu bestimmen.

Das nachfolgende Listing zeigt die Einzelheiten des Skripts, welches die vorhandenen Laufwerke des Systems ermittelt und dann in einem Dialogfeld gemäß Abbildung 12.1 anzeigt.

```
'************************************************
' File:   Drives.vbs (WSH-Beispiel in VBScript)
' Autor:  (c) Günter Born
'
' Zweck: Zeigt, wie Sie die Laufwerke eines Systems
'        über das FileSystemObject auflisten können.
'************************************************
Option Explicit

' Konstanten für Laufwerkstypen
Const Unknown = 0
Const Removable = 1  ' entfernbares Medium
Const Fixed = 2      ' festes Medium (Festplatte)
Const Remote = 3     ' Netwerk-Laufwerk
Const CDROM = 4      ' CD-ROM
Const RAMDisk = 5    ' RAM-Disk

Dim typ(5)

Dim Text, Titel, i
Dim FSO, DR                 ' Objektvariable

typ(0) = " Unknown "
typ(1) = " Removable "
typ(2) = " Fixed "
typ(3) = " Remote "
typ(4) = " CDROM "
typ(5) = " RAMDisk "

Text = "Laufwerke" & vbCrLf & vbCrLf
Titel = "WSH-Beispiel - by Günter Born"

' Erstelle neues FileSystemObject-Objekt, welches wir
' zum Zugriff auf das Dateisystem brauchen.
Set FSO = WScript.CreateObject("Scripting.FileSystemObject")
Set DR = fso.Drives    ' Hole jetzt Drives-Auflistung

For Each i in DR        ' Hole alle Laufwerks-Objekte
 Text = Text & i.DriveLetter & " - "  ' Laufwerksbuchstabe
 Text = Text & typ(i.DriveType)
 Select Case i.DriveType       ' Laufwerkstyp ermitteln
  Case Removable               ' Entfernbares Medium
  If i.IsReady Then
   Text = Text & i.VolumeName ' Lokales Laufwerk
  End If

  Case CDROM                   ' Entfernbare CD-ROM
  If i.IsReady Then
   Text = Text & i.VolumeName ' Lokales Laufwerk
  End If

  Case Remote
   Text = Text & i.ShareName           ' Netzlaufwerk
```

```
  Case Else                          ' Andere Medien

    Text = Text & i.VolumeName ' Lokales Laufwerk

  End Select
  Text = Text & vbCrLf
Next

MsgBox Text, vbOKOnly + vbInformation, Titel
'*** Ende
```

Listing 12.1: Drives.vbs

HINWEIS: Sie finden die Datei *Drives.vbs* auf der Begleit-CD-ROM im Ordner *\Beisp\Kap12*. Die Anwendung dieses Skripts bedingt, dass alle Laufwerke formatiert sind. Bei der Überarbeitung dieses Buches lag der Fall vor, dass eine zweite Festplatte mit unformatierten Partitionen im System eingebaut war. Das Skript wurde mit der Meldung beendet, dass ein Laufwerk nicht bereit sei. Nach dem Formatieren der Laufwerke war dieser Fehler verschwunden.

Anzeige der vorhandenen Laufwerke in JScript

Die Auflistung aller im lokalen System vorhandenen Laufwerke in JScript erfolgt ebenfalls über das *FileSystemObject*-Objekt. Die beiden nachfolgenden Anweisungen erzeugen eine Instanz des *FileSystemObject*-Objekts sowie eine *Drives*-Auflistung:

```
var fso = new ActiveXObject("Scripting.FileSystemObject");
var dr = new Enumerator(fso.Drives);  // Hole jetzt Drives-Auflistung
```

Anschließend lässt sich über *atEnd*- und *moveNext*-Methoden des *Enumerator*-Objekts auf die Elemente der Auflistung zugreifen. Ein konkretes Objekt wird mit *dr.item()* gelesen. Die folgende Schleife demonstriert den Zugriff auf die Auflistung:

```
for (; !dr.atEnd(); dr.moveNext())
{
 var i = dr.item();                   // Hole Objekt
..
}
```

Anschließend lassen sich die Eigenschaften des *Drive*-Objekts wie *DriveLetter*, *DriveType*, *ShareName* und *VolumeName* verwenden. Die Details der Implementierung sind dem nachfolgenden Listing zu entnehmen.

```
//************************************************
// File:   Drives.js (WSH-Beispiel in JScript)
// Autor:  (c) Günter Born
//
// Zweck: Zeigt, wie Sie die Laufwerke eines Systems
//        über das FileSystemObject auflisten können.
//************************************************

// Konstanten für Laufwerkstypen
var Unknown = 0;
```

```
var Removable = 1;  // Entfernbares Medium
var Fixed = 2;      // Festes Medium (Festplatte)
var Remote = 3;     // Netwerk-Laufwerk
var CDROM = 4;      // CD-ROM
var RAMDisk = 5;    // RAM-Disk

var typ = new Array(5);

typ[0] = " Unknown ";
typ[1] = " Removable ";
typ[2] = " Fixed ";
typ[3] = " Remote ";
typ[4] = " CDROM ";
typ[5] = " RAMDisk ";

Text = "Laufwerke \n\n";
Titel = "WSH-Beispiel - by Günter Born";
debugger
// Erstelle neues FileSystemObject-Objekt, welches wir
// zum Zugriff auf das Dateisystem brauchen.
var fso = new ActiveXObject("Scripting.FileSystemObject");
var dr = new Enumerator(fso.Drives);  // Hole jetzt Drives-Auflistung

for (; !dr.atEnd(); dr.moveNext())
{
 var i = dr.item();                    // Hole Objekt
 Text = Text + i.DriveLetter + " - ";  // Laufwerksbuchstabe
 Text = Text + typ[i.DriveType];

 if (i.DriveType == Remote)
  Text = Text + i.ShareName;           // Netzlaufwerk

 if ((i.DriveType == Removable) ||
     (i.DriveType == CDROM))           // Entfernbares Medium
   if (i.IsReady)
    Text = Text + i.VolumeName;        // Lokales Laufwerk

 if (i.DriveType == Fixed)
  Text = Text + i.VolumeName;          // Lokales Laufwerk

 Text = Text + "\n";
}

var objAdr = WScript.CreateObject("WScript.Shell");
objAdr.Popup (Text, 0, Titel);
//*** Ende
```

Listing 12.2: Drives.js

HINWEIS: Sie finden die Datei *Drives.js* auf der Begleit-CD-ROM im Ordner *Beisp**Kap12*.

Auflisten der Eigenschaften eines Laufwerks

Nachdem die Auflistung der im System vorhandenen Laufwerke so gut geklappt hat, möchte ich jetzt noch eine weitere Übung durchführen. In einem einfachen Skript soll ein Laufwerksbuchstabe vom Benutzer erfragt werden (Abbildung 12.2).

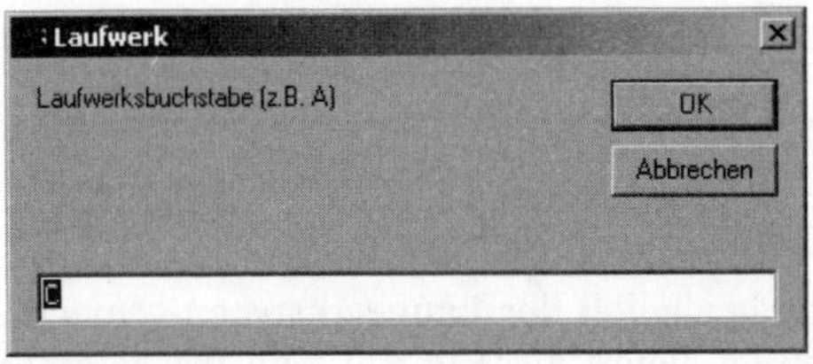

Abbildung 12.2: *Abfrage eines Laufwerksbuchstabens*

Nachdem der Benutzer den Buchstaben für ein gültiges Laufwerk angegeben hat, ermittelt das Skript verschiedene Parameter wie benutztes Dateisystem, freie Kapazität etc. des Mediums und zeigt diese in einem Dialogfeld an (Abbildung 12.3).

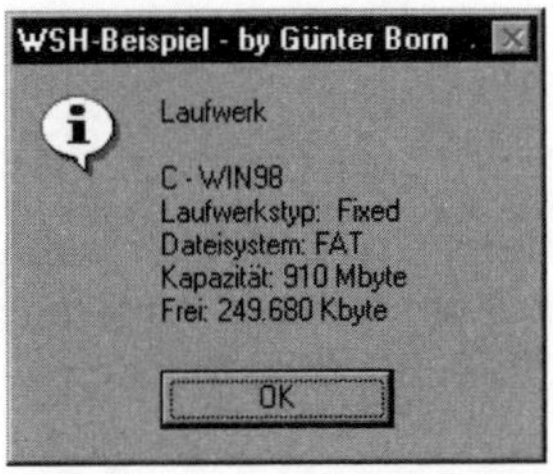

Abbildung 12.3: *Anzeige der Laufwerkseigenschaften*

Das Beispiel eignet sich hervorragend zur Demonstration, welche Prüfungen Sie durchführen müssen, bevor Sie auf das Laufwerk zugreifen können. Unterlassen Sie diese Prüfungen, löst der WSH unter Umständen einen Laufzeitfehler aus.

Die folgende VBScript-Codesequenz fragt den Laufwerksbuchstaben ab und legt das *FileSystemObject*-Objekt an:

```
lw = InputBox ("Laufwerksbuchstabe (z.B. A)","Laufwerk", "C")
Set fso = WScript.CreateObject("Scripting.FileSystemObject")
```

Bevor Sie jetzt aber irgendeine der Laufwerkseigenschaften abfragen, sollten Sie auf jeden Fall prüfen, ob es das betreffende Laufwerk überhaupt gibt. Dies lässt sich mit der *DriveExists*-Methode bewerkstelligen:

```
If (Not fso.DriveExists(lw)) Then
 WScript.Echo "Das Laufwerk " & lw & " gibt es nicht"
 WScript.Quit
End if
```

Nur wenn diese Methode den Wert *true* liefert, können Sie sicher sein, dass Zugriffe auf das Laufwerk zulässig sind. Dann lässt sich zumindest das Laufwerksobjekt mit folgender Anweisung holen:

```
Set dr = fso.GetDrive(lw)     ' Hole jetzt Laufwerksobjekt
```

Beachten Sie, dass die *GetDrive*-Methode direkt das Objekt zurückliefert. Um anschließend auf das Medium zuzugreifen, ist noch eine zweite Klippe zu nehmen: Sie sollten auf jeden Fall prüfen, ob das Laufwerk auch bereit ist. Andernfalls können Laufzeitfehler auftreten, falls beispielsweise keine CD-ROM im Laufwerk liegt. Diese Prüfung lässt sich mit folgender Anweisung ausführen:

```
IF (dr.IsReady) Then
..
End if
```

Die *IsReady*-Eigenschaft liefert *true* zurück, falls das Laufwerk ein Medium besitzt.

TIPP: An dieser Stelle habe ich keine Unterscheidung bezüglich der Laufwerkstypen gemacht. Wird die *IsReady*-Eigenschaft einer Festplatte abgefragt, liefert diese immer *true*, was ja nicht schadet. Sie sparen sich aber eine zusätzliche Abfrage des Laufwerktyps.

Anschließend können Sie direkt auf die Eigenschaften (z.B. *VolumeName*, *DriveType*, *FileSystem* etc.) des Mediums zurückgreifen. Interessant ist die Eigenschaft *TotalSize*, die die Kapazität des Mediums angibt. Die folgende Anweisung gibt die Laufwerkskapazität aus:

```
WScript.Echo "Kapazität: " & FormatNumber(dr.TotalSize/1024/1024, 0) _
                         & " Mbyte" & vbCrLf
```

An dieser Stelle wurde die *FormatNumber*-Funktion aus VBScript benutzt, um das Ergebnis mit Tausendertrennzeichen zu versehen. Durch die zweifache Division mit 1.024 erreichen wir eine Anzeige der Kapazität in Megabyte. Die freie Laufwerkskapazität ermitteln Sie über die Anweisung:

```
WScript.Echo "Frei: " & FormatNumber(dr.FreeSpace/1024, 0) _
             & " Kbyte" & vbCrLf
```

HINWEIS: Um die freie Kapazität anzuzeigen, haben Sie den Eigenschaft *FreeSpace* und *AvailableSpace* zur Verfügung. Beide Eigenschaften liefern in der Regel den gleichen Wert zurück. Unterschiede können lediglich auftreten, falls das Dateisystem die Vergabe von Kontingenten (sogenannter »Quotas« erlaubt). Hierbei wird dem Benutzer ein Teil der Festplatte zur Ablage der Daten reserviert. Dann kann es durchaus sein, dass die freie Kapazität des Laufwerks wesentlich höher als die für den Benutzer festgelegte freie Laufwerkskapazität ist. Solche Kontingente lassen sich beispielsweise in Windows 2000 bzw. XP vergeben.

Einzelheiten der VBScript-Implementierung sind dem folgenden Listing zu entnehmen.

```
'************************************************
' File:   GetDrivex.vbs (WSH-Beispiel in VBScript)
' Autor:  (c) Günter Born
'
' Zweck: Zeigt, wie Sie die Eigenschaften eines Laufwerks
'        über das FileSystemObject abfragen lassen.
'************************************************
Option Explicit

' Konstanten für Laufwerkstypen
Const Unknown = 0
Const Removable = 1  ' Entfernbares Medium
Const Fixed = 2      ' Festes Medium (Festplatte)
```

```
Const Remote = 3     ' Netzwerk-Laufwerk
Const CDROM = 4      ' CD-ROM
Const RAMDisk = 5    ' RAM-Disk

Dim typ(5)

Dim Text, Titel, lw
Dim FSO, DR                    ' Objektvariable

typ(0) = " Unknown "
typ(1) = " Removable "
typ(2) = " Fixed "
typ(3) = " Remote "
typ(4) = " CDROM "
typ(5) = " RAMDisk "

Text = "Laufwerk" & vbCrLf & vbCrLf
Titel = "WSH-Beispiel - by Günter Born"

' Frage Laufwerksbuchstabe ab
lw = InputBox ("Laufwerksbuchstabe (z.B. A)","Laufwerk", "C")

' Erstelle neues FileSystemObject-Objekt, welches wir
' zum Zugriff auf das Dateisystem brauchen.
Set fso = WScript.CreateObject("Scripting.FileSystemObject")

' Prüfe, ob es das Laufwerk überhaupt gibt
If (Not fso.DriveExists(lw)) Then
 WScript.Echo "Das Laufwerk " & lw & " gibt es nicht"
 WScript.Quit
End if

Set dr = fso.GetDrive(lw)     ' Hole jetzt Laufwerksobjekt

IF (dr.IsReady) Then
 Text = Text & UCase(lw) & " - "  & dr.VolumeName & vbCrLf
 Text = Text & "Laufwerkstyp: " & typ(dr.DriveType) & vbCrLf
 Text = Text & "Dateisystem: " & dr.FileSystem & vbCrLf
 Text = Text & "Kapazität: " & FormatNumber(dr.TotalSize/1024/1024, 0) _
            & " Mbyte" & vbCrLf
 Text = Text & "Frei: " & FormatNumber(dr.FreeSpace/1024, 0) _
            & " Kbyte" & vbCrLf
Else
  Text = Text & "Laufwerk nicht bereit" & vbCrLf
End if

MsgBox Text, vbOKOnly + vbInformation, Titel
'*** Ende
```

Listing 12.3: GetDrivex.vbs

HINWEIS: Sie finden die Datei *GetDrivex.vbs* auf der Begleit-CD-ROM im Ordner *Beisp* *Kap12.*

Laufwerksdaten in JScript abfragen

Das im vorhergehenden Abschnitt gezeigte Beispiel lässt sich ohne größeren Aufwand in JScript implementieren. Sie können die gleichen Methoden und Eigenschaften wie unter VBScript nutzen. Lediglich bei den Funktionen müssen Sie auf die JScript-Pendants zurückgreifen. Zur Benutzereingabe habe ich die VBScript-Komponente *WSHInputBox* verwendet. Die Konvertierung von Zeichen in Großbuchstaben erfolgt in JScript nicht mit *UCase*, sondern mit der *toUpperCase()*-Methode des JScript *String*-Objekts. Auf eine Formatierung der Ausgabe wurde verzichtet. Einzelheiten zur Implementierung der .wsf-Datei sind dem folgenden Listing zu entnehmen.

```
<?xml version="1.0" encoding="ISO-8859-1" ?>
<job id="GetDriveX">
<script language="VBScript">
<![CDATA[
 Function WSHInputBox (Message, Title, Value)
 ' Stellt die InputBox-Funktion für JScript bereit:
   WSHInputBox = InputBox(Message,Title,Value)
 End Function
]]>
</script>

<script language="JScript">
<![CDATA[

//************************************************
// File:   GetDriveX.wsf (WSH-Beispiel in JScript)
// Autor:  (c) Günter Born
//
// Zweck: Zeigt, wie Sie die Eigenschaften eines Laufwerks
//        über das FileSystemObject abfragen lassen.
//************************************************

var typ = new Array(5);

typ[0] = " Unknown ";
typ[1] = " Removable ";
typ[2] = " Fixed ";
typ[3] = " Remote ";
typ[4] = " CDROM ";
typ[5] = " RAMDisk ";

var Text = "Laufwerk\n\n";
var Titel = "WSH-Beispiel - by Günter Born";

// Frage Laufwerksbuchstabe ab
lw = WSHInputBox ("Laufwerksbuchstabe (z.B. A)",
                  "Laufwerk", "C");

if (lw == "")   // Teste, ob Abbrechen angeklickt wurde
 WScript.Quit();

// Erstelle neues FileSystemObject-Objekt, welches wir
// zum Zugriff auf das Dateisystem brauchen.
var fso = new ActiveXObject("Scripting.FileSystemObject");
```

```
// Prüfe, ob es das Laufwerk überhaupt gibt
if (!fso.DriveExists(lw))
 {
  WScript.Echo ("Das Laufwerk " + lw + " gibt es nicht");
  WScript.Quit();
 }

var dr = fso.GetDrive(lw);       // hole jetzt Laufwerksobjekt
if (dr.IsReady)
 {
  Text = Text + lw.toUpperCase() + ": "  + dr.VolumeName + "\n";
  Text = Text + "Laufwerkstyp: " + typ[dr.DriveType] + "\n";
  Text = Text + "Dateisystem: " + dr.FileSystem + "\n";
  Text = Text + "Kapazität: " + dr.TotalSize + " Byte\n";
  Text = Text + "Frei: " + dr.FreeSpace + " Byte\n";
 }
else
  Text = Text + "Laufwerk nicht bereit\n";

var objAdr = WScript.CreateObject ("WScript.Shell");
    objAdr.Popup (Text, 0, Titel);
//*** Ende

]]>
</script>
</job>
```

Listing 12.4: GetDrivex.wsf

HINWEIS: Sie finden die Datei *GetDrivex.wsf* auf der Begleit-CD-ROM im Ordner *\Beisp\Kap12.*

Zugriff auf Dateien und Ordner

In diesem Abschnitt lernen Sie den Umgang mit Ordnern und Dateien kennen. Die entsprechenden Objekte, Methoden und Eigenschaften stellt das *FileSystemObject*-Objekt zur Verfügung.

Anzeige aller Unterorder in einem Ordner

Benötigen Sie Informationen über die in einem Ordner enthaltenen Unterordner, lassen sich die Ordnernamen über die *Folders*-Auflistung des *FileSystemObject*-Objekts ermitteln. Dies möchte ich in einem einfachen Skript demonstrieren. Dieses Skript prüft, welche Unterordner im Windows-Verzeichnis *\System* enthalten sind und listet die Namen in einem Dialogfeld auf (Abbildung 12.4).

HINWEIS: Natürlich können Sie jeden beliebigen Ordner für diesen Zweck als Zielordner angeben. Ich habe an dieser Stelle aber den *\System*-Ordner benutzt, um die Zahl der Unterordner zu begrenzen (beim Windows-Ordner wird das Listenfeld so groß, dass die *OK*-Schaltfläche nicht mehr auf den Bildschirm passt).

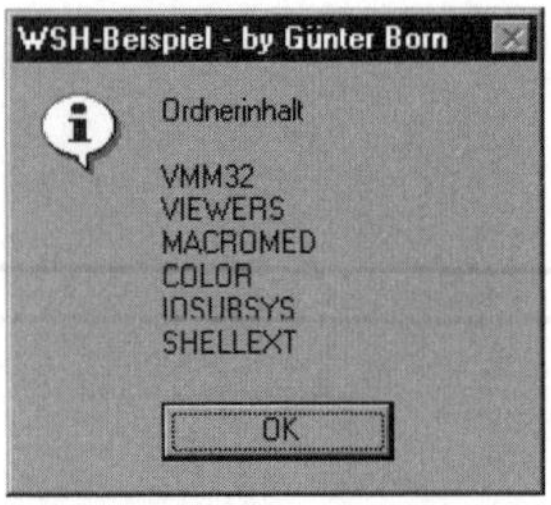

Abbildung 12.4: *Anzeige der Unterordner im Windows-Ordner* \System

Der Pfad zum Zielordner wird in einer Konstanten im Programmkopf mit der Anweisung:

```
Const pfad = "%windir%\System"
```

abgelegt. Um auf den Inhalt eines Ordners zuzugreifen, müssen wir zuerst das *FileSystemObject*-Objekts erzeugen:

```
Set fso = WScript.CreateObject("Scripting.FileSystemObject")
```

Anschließend lässt sich direkt über die *GetFolder*-Methode auf den gewünschten Ordner zugreifen. Da die Konstante *pfad* jedoch den Platzhalter *%windir%* enthält, muss die entsprechende Umgebungsvariable über die *ExpandEnvironment*-Methode expandiert und in den Pfad eingefügt werden. Dies geschieht in folgender Anweisung:

```
Set fo = fso.GetFolder( _
   wsh.ExpandEnvironmentStrings(pfad))
```

Die Methode liefert das Handle auf den aktuellen Ordner in Form eines Objekts zurück. Auf dieses Objekt können Sie dann im nächsten Schritt die *SubFolders*-Eigenschaft abfragen. Diese liefert Ihnen eine Auflistung mit allen Unterordern.

```
Set fc = fo.SubFolders
```

Der Name des jeweiligen Ordners lässt sich über die *Name*-Eigenschaft eines Auflistungselements ermitteln. Die folgende Schleife ermittelt folglich die Namen aller Ordner:

```
For Each i in fc          ' Hole alle Dateien
 Text = Text & i.name & vbCrLf
Next
```

Sobald die Schleife beendet wird, enthält die Variable *Text* die Namen aller Unterordner. Einzelheiten entnehmen Sie bitte dem nachfolgenden Listing.

```
'************************************************
' File:   Folders.vbs (WSH-Beispiel in VBScript)
' Autor:  (c) Günter Born
'
' Zweck: Zeigt, wie Sie die Unterordner eines Ordners
'        über das FileSystemObject auflisten können.
'************************************************
Option Explicit
```

```
Const pfad = "%windir%\System" ' Windows 9x
' Const pfad = "%windir%\System32"  ' Windows NT

Dim Text, Titel, i
Dim fso, fo, fc, wsh              ' Objektvariable

Text = "Ordnerinhalt" & vbCrLf & vbCrLf
Titel = "WSH-Beispiel - by Günter Born"

Set wsh = WScript.CreateObject ("WScript.Shell")

' Erstelle neues FileSystemObject-Objekt, welches wir
' zum Zugriff auf das Dateisystem brauchen.
Set fso = WScript.CreateObject("Scripting.FileSystemObject")

' Hole jetzt Folders-Auflistung
Set fo = fso.GetFolder( _
   wsh.ExpandEnvironmentStrings(pfad))
Set fc = fo.SubFolders

For Each i in fc         ' Hole alle Dateien
 Text = Text & i.name & vbCrLf
Next

MsgBox Text, vbOKOnly + vbInformation, Titel
'*** Ende
```

Listing 12.5: Folders.vbs

HINWEIS: Sie finden die Datei *Folders.vbs* auf der Begleit-CD-ROM im Ordner *\Beisp\Kap12*. Stimmen Sie den Pfad zum Zielordner vor dem Test auf Ihre Systemumgebung ab.

Die Lösung zur Ordneranzeige in JScript

In JScript lässt sich das *FileSystemObject*-Objekt ebenfalls verwenden, um alle Unterordner in einem Ordner aufzulisten. Die Struktur des nachfolgenden Listings lehnt sich an die vorherige Lösung an. Wichtig ist lediglich die Art der Behandlung der Auflistung. Die Anweisungen:

```
var fo = fso.GetFolder(wsh.ExpandEnvironmentStrings(pfad));
var fc = new Enumerator(fo.SubFolders);  // Unterordner-Auflistung
```

erzeugen das Ordnerobjekt und legen anschließend eine Auflistung für die *SubFolders*-Eigenschaft an. Anschließend können Sie die Elemente der Auflistung über die folgende *for*-Schleife bearbeiten.

```
for (; !fc.atEnd(); fc.moveNext())   // Hole alle Ordner
{
 var i = fc.item();
 Text = Text + i.name + "\n";
}
```

Beachten Sie, dass hier zum Zugriff auf die Elemente der Auflistung die *moveNext()*-Methode benutzt wird. Dies ist eine Eigenart von JScript, eine direkte Konstruktion der Art *for (i in fc)* funktioniert leider nicht. Daher müssen Sie das aktuelle Element der Auflistung auch mit:

```
var i = fc.item();
```

über die *item*-Eigenschaft zurücklesen. Die *name*-Eigenschaft dieses Objekts gibt dann den Namen des Ordners an.

HINWEIS: Neben dem Namen können Sie auch weitere Eigenschaften wie die Dateiattribute oder das Datum lesen bzw. verändern.

Einzelheiten zur Implementierung entnehmen Sie bitte dem nachfolgend gezeigten JScript-Listing.

```
//************************************************
// File:   Folders.js (WSH-Beispiel in JScript)
// Autor:  (c) Günter Born
//
// Zweck: Zeigt, wie Sie die Unterordner eines Ordners
//        über das FileSystemObject auflisten können.
//************************************************

var pfad = "%windir%\\System";Const // Windows 9x
//var pfad = "%windir%\\System32";    // Windows NT";

var Text = "Ordnerinhalt\n\n";
var Titel = "WSH-Beispiel - by Günter Born";

var wsh = WScript.CreateObject ("WScript.Shell");

// Erstelle neues FileSystemObject-Objekt, welches wir
// zum Zugriff auf das Dateisystem brauchen.

var fso = WScript.CreateObject("Scripting.FileSystemObject");

// Hole jetzt Folders-Auflistung
var fo = fso.GetFolder(wsh.ExpandEnvironmentStrings(pfad));
var fc = new Enumerator(fo.SubFolders);  // Unterordner-Auflistung

for (; !fc.atEnd(); fc.moveNext())    // Hole alle Ordner
{
 var i = fc.item();
 Text = Text + i.name + "\n";
}

WScript.Echo (Text);
//*** Ende
```

Listing 12.6: Folders.js

HINWEIS: Sie finden die Datei *Folders.js* auf der Begleit-CD-ROM im Ordner *\Beisp\Kap12*.

Eine sortierte Ordneranzeige

Das obige Beispiel zeigt die Unterordner eines Ordners lediglich unsortiert in einem Dialogfeld. Die Nachteile dieses Ansatzes hatte ich bereits mehrfach angerissen (z.B. keine Möglichkeit zum Blättern etc.). Wie wäre es denn mit einer sortierten Ordneranzeige in einem Fenster mit Bildlaufleisten etc.? Der größte Teil des Know-hows besitzen Sie bereits, Sie müssen die »Enden« nur noch in richtiger Reihenfolge zusammenknüpfen.

Zuerst benötigen wir den oben gezeigten Code, um alle Unterordner eines gegebenen Ordners aufzulisten. Anstatt diese Informationen in einer Zeichenkette zusammenzufassen, wird jetzt ein Feld (Array) zum Sammeln der Ordnernamen benutzt:

```
Dim name(2000), idx
idx = 0
For Each oFolder in oSubFolders      ' alle Einträge
 name(idx) = oFolder.name
 idx = idx + 1
Next
```

Sobald die Auflistung der Unterordner bearbeitet ist, liegen deren Namen im Feld *name()* vor. Um diese Namen zu sortieren, habe ich eine Prozedur mit dem Bubble Sort-Verfahren implementiert.

```
Sub BubbleSort(aDat, iMin, iMax)
' Sortiere Feld mit Dateinamen
 Dim x, i, j, tmp

 For i = 1 To iMax
  For j = iMax To i Step -1
   If UCase(aDat(j-1)) > UCase(aDat(j)) Then
    tmp = aDat(j-1)
    aDat(j-1) = aDat(j)
    aDat(j) = tmp
   End if
  Next
 Next
End Sub
```

Listing 12.7: *Prozedur* BubbleSort

Die Prozedur ist mit dem Feld als erstem Parameter aufzurufen. Der zweite und dritte Parameter geben den Index für den ersten und den letzten Eintrag im Feld an. Nach Beendigung der Prozedur ist der Feldinhalt sortiert. Zur Anzeige der Ordnernamen wird das Fenster des Internet Explorers benutzt. Ich hatte diese Technik bereits in den vorhergehenden Kapiteln vorgestellt und gezeigt, wie sich Daten per WSH-Skript direkt in den Dokumentbereich des Browsers schreiben lassen. Die folgende Codesequenz fasst die sortierten Ordnernamen in einer Zeichenkette zusammen:

```
For i = 0 To idx
 Text = Text & name(i) & "<br>"
Next
```

Text enthält alle Ordnernamen, wobei diese durch den HTML-Tag *
* getrennt werden. Dieser *
*-Tag erzwingt einen Zeilenvorschub im Browserfenster. Um die Zeichenkette anzuzeigen, lässt sich die folgende Prozedur *ShowWindow* verwenden. Als erster Parameter ist der anzuzeigende Text zu übergeben. Der zweite Parameter definiert den Titeltext des Browserfensters. *ShowWindow* startet eine Instanz des Internet Explorers und zeigt den übergebenen Text an. Die Prozedur wird beendet, sobald die Daten dynamisch im Dokumentbereich des Browsers hinterlegt wurden. Details hinsichtlich des Zugriffs auf den Internet Explorer samt des erforderlichen HTML-Codes finden Sie in den vorhergehenden Kapiteln (z.B. ▶ Kapitel 9).

```
Sub ShowWindow (txt, title)
' Anzeige Text im Browserfenster
Dim oIE, doc1
' Erzeuge Internet Browser Application-Objekt
 Set oIE = WScript.CreateObject("InternetExplorer.Application")
 oIE.navigate "about:blank"  ' leeres HTML-Dokument
 oIE.visible = 1             ' MSIE sichtbar
 oIE.toolbar = 0
 oIE.statusbar = 0
 oIE.width=400
 oIE.height=500
 Do While (oIE.Busy): Loop   ' Warte, bis MSIE fertig

 Set doc1 = oIE.Document     ' hole Document-Objekt
 doc1.open                   ' Öffne Dokument
' HTML-Code in Document-Objekt ablegen
 doc1.writeln "<html><head><title>" & Title & "</title></head>"
 doc1.writeln "<body bgcolor='aqua'>"
 doc1.writeln (txt)          ' Text ausgeben
 doc1.writeln "</body></html>"
 doc1.close                  ' Dokument für Schreibzugriff schließen
End Sub
```

Listing 12.8: *Prozedur* ShowWindow

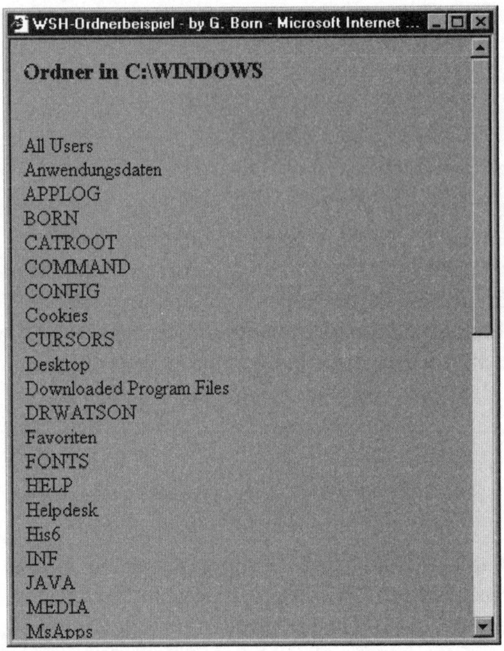

Abbildung 12.5: *Sortierte Ordnerliste*

Das komplette Beispiel wurde in VBScript implementiert und zeigt die Unterordner des Windows-Ordner an (Abbildung 12.5). Weitere Hinweise sind dem nachfolgenden Listing zu entnehmen.

```
'************************************************
' File:   SortedFolders.vbs (WSH-Beispiel in VBScript)
' Autor:  Günter Born
'
' Zeigt eine sortierte Liste aller Unterordner eines
' Ordners unter Verwendung des FileSystemObject.
'************************************************
Option Explicit

Const path = "%windir%"

Dim Text, Title
Dim name(2000), idx, i

Dim fso, oFolders, oFolder, oSubFolders, wsh ' Objektvariable

' Shell-Objekt für ExpandEnvironmentStrings-Methode
Set wsh = WScript.CreateObject ("WScript.Shell")

' Erzeuge FileSystemObject-Objekt für Ordnerzugriffe
Set fso = WScript.CreateObject("Scripting.FileSystemObject")

Text = "<h3>Ordner in " & wsh.ExpandEnvironmentStrings(path) _
       & "</h3>"
Title = "WSH-Ordnerbeispiel - by G. Born"

' Hole Folders-Auflistung
Set oFolders = fso.GetFolder( _
   wsh.ExpandEnvironmentStrings(path))
Set oSubFolders = oFolders.SubFolders

idx = 0
For Each oFolder in oSubFolders ' alle Einträge
 name(idx) = oFolder.name
 idx = idx + 1
Next

BubbleSort name, 0, idx         ' Sortieren der Daten

For i = 0 To idx
 Text = Text & name(i) & "<br>"
Next

ShowWindow Text, Title          ' Daten anzeigen

'###############
Sub ShowWindow (txt, title)
' Anzeige Text im Browserfenster
Dim oIE, doc1
' Erzeuge Internet Browser Application-Objekt
 Set oIE = WScript.CreateObject("InternetExplorer.Application")
 oIE.navigate "about:blank"  ' leeres HTML-Dokument
```

```
 oIE.visible = 1              ' MSIE sichtbar
 oIE.toolbar = 0
 oIE.statusbar = 0
 oIE.width=400
 oIE.height=500
 Do While (oIE.Busy):         ' Warte, bis MSIE fertig
 WScript.sleep 50
 Loop
 Set doc1 = oIE.Document      ' hole Document-Objekt
 doc1.open                    ' Öffne Dokument
' HTML-Code in Document-Objekt ablegen
 doc1.writeln "<html><head><title>" & Title & "</title></head>"
 doc1.writeln "<body bgcolor='aqua'>"
 doc1.writeln (txt)           ' Text ausgeben
 doc1.writeln "</body></html>"
 doc1.close                   ' Dokument für Schreibzugriff schließen
End Sub

Sub BubbleSort(aDat, iMin, iMax)
' Sortiere Feld mit Dateinamen
 Dim x, i, j, tmp

 For i = 1 To iMax
  For j = iMax To i Step -1
   If UCase(aDat(j-1)) > UCase(aDat(j)) Then
    tmp = aDat(j-1)
    aDat(j-1) = aDat(j)
    aDat(j) = tmp
   End if
  Next
 Next
End Sub
' Ende
```

Listing 12.9: SortedFolders.vbs

HINWEIS: Sie finden die Datei *SortedFolders.vbs* auf der Begleit-CD-ROM im Ordner *\Beisp\Kap12*. Alternativ können Sie ADO-Methoden zum Sortieren der Daten benutzen. Hinweise zu den ADO-Funktionen finden Sie in ▶ Kapitel 15.

Rekursive Ordnerbearbeitung

Ein Ordner kann Unterordner enthalten, und diese Unterordner dürfen wiederum Unterordner enthalten. Das vorhergehende Beispiel wertet nur einen Ordner aus. Möchten Sie die Ordnerhierarchie auswerten, benötigen Sie einen rekursiven Ansatz. In einem weiteren Beispiel möchte ich eine denkbare Lösung aufzeigen, mit dem ein Programm alle Unterordner eines Ordners auflisten kann. Als Ordner wird hier der Windows Systemordner (*\System* für Windows 9x oder *\System32* in Windows NT/2000) benutzt.

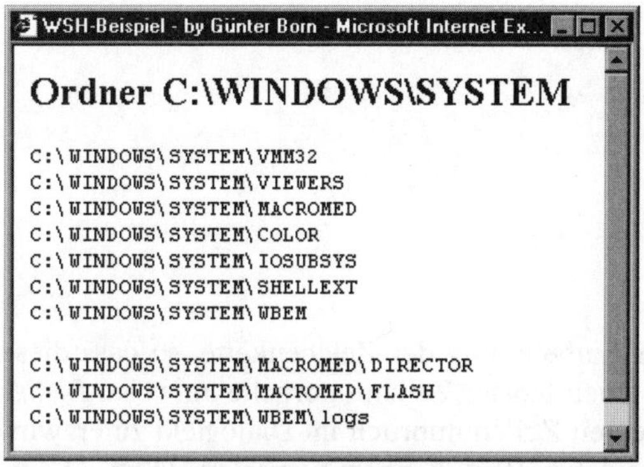

Abbildung 12.6: *Rekursive Ordneranzeige*

Im Programm habe ich zwei Möglichkeiten zur Ausgabe der Ergebnisse implementiert. Die erste Variante benutzt ein Dialogfeld zur Anzeige. Die betreffenden Anweisungen sind allerdings durch Kommentarzeichen deaktiviert. Die Ursache: Ursprünglich hatte ich die Ausgabe nur für die Darstellung per Dialogfeld geplant. Bei späteren Tests stieß ich aber auf eine gravierende Einschränkung. Enthält der Ordner sehr viele Unterordner, wird die Zeichenkette mit den Ergebnissen recht umfangreich. Einmal besteht dann die Gefahr, dass das untere Ende des Dialogfelds unterhalb der Taskleiste angezeigt wird. Der Benutzer kann dann die *OK*-Schaltfläche zum Schließen des Dialogfelds nicht mehr erreichen. Weiterhin besitzen Dialogfelder bestimmte Begrenzungen hinsichtlich der anzeigbaren Textlänge (dies liegt irgendwo bei 1.024 Byte, wobei im Unicode-Zeichensatz zwei Byte pro Zeichen benutzt werden).

Aus diesem Grunde habe ich zusätzlich die im vorhergehenden Beispiel vorgestellte Möglichkeit zur Dokumentausgabe per Internet Explorer implementiert (Abbildung 12.6). Die Hilfsprozedur zur Anzeige des Texts per Internet Explorer wurde *ShowMSIE* genannt. Dieser Prozedur sind drei Parameter zu übergeben. Der Parameter *title* definiert den Titeltext des Browserfensters. Der Parameter *path* gibt den Pfad zum Hauptordner an. Der Wert wird im Dokument als Überschrift der Ebene 2 per *<h2>*-Tag dargestellt. Die Namen der Ordner werden im Parameter *txt* übergeben. Nachfolgend finden Sie den Code der Prozedur *ShowMSIE*, die den Microsoft Internet Explorer aufruft, ein einfaches Fenster konfiguriert und den Dokumentbereich füllt.

```
Sub ShowMSIE (title, path, txt)
' Ausgabe Text im Internet Explorer
 Dim oIE, oDoc
' Erzeuge Internet Browser Application-Objekt
 Set oIE = WScript.CreateObject("InternetExplorer.Application")
 oIE.left=50                  ' Browsereigenschaften
 oIE.top = 100
 oIE.height = 280
 oIE.width = 400
 oIE.menubar = 0
 oIE.toolbar = 0
 oIE.statusbar = 0
 oIE.navigate ("about:blank")  ' leeres HTML-Dokument
 oIE.visible = 1               ' MSIE sichtbar

 While(oIE.Busy):
 WScript.sleep 50
 Wend                          ' Wichtig: Warte bis MSIE fertig
 Set oDoc = oIE.Document       ' hole Document-Objekt
 oDoc.open                     ' öffne Dokument
```

```
                                ' HTML in Document-Objekt schreiben
  oDoc.writeln ("<html><head><title>" & Title & "</title></head>")
  oDoc.writeln ("<body><h2>Ordner " & path & "</h2>")
  oDoc.writeln ("<pre>" & Txt & "</pre>")
  oDoc.writeln ("</body></html>")
  oDoc.close                    ' Dokument schließen
End Sub
```

***Listing 12.10:** Prozedur* ShowMSIE

TIPP: Leider gibt es ein kleines Problem bei der Aufbereitung der Zeichenkette, so dass diese sowohl im Dialogfeld als auch im HTML-Dokumentfenster Zeilenumbrüche aufweist. Bisher haben wir die Konstante *vbCrLf* benutzt, um einen Zeilenumbruch im Dialogfeld zu erzwingen. Der Internet Explorer ignoriert aber einen solchen Wert in einem normalen HTML-Dokument. Weiter oben hatte ich schon mal einen HTML-Tag *
* zum Zeilenumbruch genutzt. Um den Code nicht zu sehr zu verkomplizieren, habe ich daher auf einen Trick zurückgegriffen: Im Text wird nach wie vor das Zeichen *vbCrLf* eingesetzt. Dies erzwingt Zeilenwechsel im Dialogfeld. Gleichzeitig wird der Text bei Ausgabe im Browserfenster mit der *<pre> ... </pre>*-Tag-Kombination eingeschlossen. Diese Tag-Kombination vereinbart, dass der Inhalt als formatiert (preformatted text area) vorliegt. Der Browser berücksichtigt dann den Zeichencode für Zeilenumbrüche. Dies ist der Grund, warum Überschrift und Ordnernamen im Browserfenster mit unterschiedlichen Schriftarten angezeigt werden.

Zur Auswertung aller Unterordner eines Ordners wird die *Folders*-Auflistung verwendet. Das Skript holt sich einen Unterordner und bearbeitet dessen Inhalt. Wird im Unterordner ein Unterordner gefunden, wertet das Skript dessen Inhalt aus. Existieren keine Unterordner mehr und sind alle Ordner des aktuellen Ordners aufgelistet, kehrt das Skript eine Ordnerebne in Richtung Wurzel zurück und setzt die Bearbeitung mit dem nächsten Ordner fort. Mit diesem rekursiven Ansatz lassen sich ganze Ordnerhierarchien von der Wurzel bis zu den Blättern« auswerten. Die Anweisung:

```
RecFolder index, path
```

Benutzt eine Prozedur zur rekursiven Ordnerauswertung. Der Parameter *index* zeigt auf die Ebene in der Ordnerhierarchie, die gerade bearbeitet wird. Das Programm beginnt mit der Ebene 1 im aktuell übergebenen Ordner. Enthält ein Ordner einen Unterordner, wird dessen Name an den Pfad des aktuellen Ordners angehängt. Dieser Pfad wird als zweiter Parameter an *RecFolder* übergeben. Die Prozedur liest die *Folders*-Auflistung des aktuellen Ordners und bearbeitet die Einträge. Wird ein Unterordner gefunden, ruft sich *RecFolder* erneut mit dem neuen Pfad rekursiv auf. Der Index wird dabei um 1 erhöht.

```
Sub RecFolder (idx, path)
' Rekursive Ordnerbearbeitung (hole Unterordner)
 Dim oFolders, oSubFolder, oFolder
' Hole Folders-Auflistung
 Set oFolders = fso.GetFolder(path)
 Set oSubFolder = oFolders.SubFolders
 Redim Preserve Txt(idx)   ' redim String-Array
 For Each oFolder in oSubFolder   ' alle Ordner
  Txt(idx) = Txt(idx) & path & "\" & oFolder.name & vbCrLf
' Unterordner rekursiv suchen
  Call RecFolder (idx+1, path & "\" & oFolder.name)
 Next
```

```
  Set oFolders = Nothing ' Variable freigeben
  Set oSubFolder = Nothing
End Sub
```

***Listing 12.11:** Prozedur* RecFolder

In diesem Beispiel sammelt das Skript alle Ordnernamen in einer Zeichenkette. Um die Ordnernamen in einer vordefinierten Anordnung zu behalten, habe ich ein Feld definiert. Dieses Feld enthält die Namen als Zeichenketten. Die Variable *index* adressiert dann die Einträge im Feld. Daher enthält jede Unterordnerebene einen eigenen Eintrag im Feld, in dem die Ordnernamen gesammelt werden. Allerdings habe ich darauf verzichtet, auch die Dateien eines Ordners mit anzugeben (eine Erweiterung des Codes ist aber kein größeres Problem). Das Schlüsselwort *ReDim* in Verbindung mit *Preserve*:

```
Redim Preserve Txt(idx)
```

erzeugt ein neues Feld mit neuer Größe und kopiert den Inhalt des alten Feldes in das neue Array. Der obige Befehl sichert daher den aktuellen Status des Feldes *Txt* und dimensioniert das Feld neu.

Als letzten Punkt möchte ich noch ansprechen, wie sich der Windows-Systemordner ermitteln lässt. Der Name und dessen Lage hängt ja vom Betriebssystem ab. In Windows 9x finden Sie den Ordner in *\Windows\System*, während Windows NT 4.0 bzw. Windows 2000 *\WinNT\System32* verwenden. Der Unterordner *\System* ist in Windows NT lediglich aus Kompatibilitätsgründen vorhanden. Wir könnten nun im Skript Konstanten der Art:

```
'Const path = "%windir%\system"
Const path = "%windir%\system32"
```

zum Festlegen der Ordnerpfade verwenden. Dann ist das Kommentarzeichen beim Wechsel zu einer anderen Plattform umzusetzen. Außerdem benötigen Sie die *ExpandEnvironmentStrings*-Methode, um die Umgebungsvariable *%windir%* zu expandieren. Viel Arbeit für das bisschen Ordner. Wäre es nicht intelligenter, wenn das Skript den Pfad und den Ordnernamen selbst ermittelte?

Das *FileSystemObject*-Objekt stellt die *GetSpecialFolder*-Methode zur Verfügung, die genau diese Aufgabe leisten kann. Wird die Methode mit dem Wert 1 als Parameter aufgerufen, gibt sie den Pfad zum Systemordner einschließlich dessen Namen zurück:

```
newpath = fso.GetSpecialFolder(sysFolder)
```

Weitere Details zur rekursiven Ordnerbearbeitung sind dem folgenden VBScript-Listing zu entnehmen.

```
'************************************************
' File:   RecurseFolders.vbs (WSH-Beispiel in VBScript)
' Autor:  (c) Günter Born
'
' Zeigt eine Ordnerstruktur (samt Unterordnern).
' Verwendet einen rekursiven Ansatz und das
' FileSystemObject-Objekt. Ergebnisanzeige im MSIE.
'************************************************
```

```
Option Explicit
Const sysFolder = 1         ' Systemordner

Dim Text, Title, index, Txt(), i, newpath
Dim fso                     ' Objektvariable

' Text initialisieren
Text = ""
Title = "WSH-Beispiel - by Günter Born"
index = 1

' Erzeuge FileSystemObject-Objekt
Set fso = WScript.CreateObject("Scripting.FileSystemObject")
' Hole Systemordner per GetSpecialFolder-Methode
newpath = fso.GetSpecialFolder(sysFolder)

RecFolder index, newpath   ' Hole Ordnerauflistung

For i = 1 to Ubound(Txt) ' Hole Ergebnis aus Txt(i)
 Text = Text & Txt(i) & vbCrLf
Next

' Zeige das Ergebnis in einem Dialogfeld
' MsgBox "Ordner " & newpath & vbCrLf & vbCrLf & Text, _
'  vbOKOnly + vbInformation, Title

' Zeige das Ergebnis im Internet Explorer
' da der Browser eine Bildlaufleiste unterstützt.
ShowMSIE Title, newpath, Text        ' Ausgabeprozedur

'################
Sub RecFolder (idx, path)
' Rekursive Ordnerbearbeitung (hole Unterordner)
 Dim oFolders, oSubFolder, oFolder
' Hole Folders-Auflistung
 Set oFolders = fso.GetFolder(path)
 Set oSubFolder = oFolders.SubFolders
 Redim Preserve Txt(idx)   ' redim String-Array
 For Each oFolder in oSubFolder   ' alle Ordner
  Txt(idx) = Txt(idx) & path & "\" & oFolder.name & vbCrLf
' Unterordner rekursiv suchen
  Call RecFolder (idx+1, path & "\" & oFolder.name)
 Next

 Set oFolders = Nothing ' Variable freigeben
 Set oSubFolder = Nothing
End Sub

Sub ShowMSIE (title, path, txt)
' Ausgabe Text im Internet Explorer
 Dim oIE, oDoc
' Erzeuge Internet Browser Application-Objekt
 Set oIE = WScript.CreateObject("InternetExplorer.Application")
 oIE.left=50                  ' Browsereigenschaften
 oIE.top = 100
 oIE.height = 280
```

```
oIE.width = 400
oIE.menubar = 0
oIE.toolbar = 0
oIE.statusbar = 0
oIE.navigate ("about:blank")    ' leeres HTML-Dokument
oIE.visible = 1                 ' MSIE sichtbar

While(oIE.Busy):                ' Wichtig: Warte bis MSIE fertig
WScript.sleep 50
Wend
Set oDoc = oIE.Document         ' hole Document-Objekt
oDoc.open                       ' öffne Dokument
                                ' HTML in Document-Objekt schreiben
oDoc.writeln ("<html><head><title>" & Title & "</title></head>")
oDoc.writeln ("<body><h2>Ordner " & path & "</h2>")
oDoc.writeln ("<pre>" & Txt & "</pre>")
oDoc.writeln ("</body></html>")
oDoc.close                      ' Dokument schließen
End Sub
' Ende
```

Listing 12.12: RecurseFolders.vbs

HINWEIS: Die Datei *RecurseFolders.vbs* finden Sie im Ordner *\Beisp\Kap12* auf der Begleit-CD-ROM.

Ordner anlegen, verschieben und löschen

Beim Arbeiten mit Ordnern stehen Sie häufiger vor der Aufgabe, diese anzulegen, eventuell umzubenennen, zu kopieren oder zu löschen. Auch das Umbenennen von Ordnern kommt gelegentlich vor. In diesem Abschnitt möchte ich die grundlegenden Techniken an einem Beispiel vorstellen. In einem einfachen Skript soll der Name eines Ordners abgefragt werden. Anschließend legt das Skript den Ordner an, zeigt die Ordner des übergeordneten Ordners, benennt den Ordner um und löscht den Ordner wieder. Die einzelnen Dialoge sehen Sie in Abbildung 12.7. Schauen wir uns die einzelnen Schritte an.

Einen neuen Ordner anlegen

Das Beispielskript fragt den Benutzer nach dem Start nach dem Namen eines neuen Ordners. Dies lässt sich in VBScript über die *InputBox*-Funktion realisieren:

```
path = InputBox ("Bitte Ordnernamen (z.B. C:\Born) eingeben.", _
       Titel,"C:\Born")
If path = "" Then
 WScript.Quit          ' Benutzerabbruch
End if
```

Die hier gezeigte VBScript-Sequenz wertet die Benutzereingabe aus und beendet die Skriptausführung, falls der Benutzer die *Abbrechen*-Schaltfläche betätigt hat. In JScript können Sie die Funktion genauso realisieren, indem Sie auf die *WSHInputBox*-Methode zurückgreifen (siehe ▶ Kapitel 8).

Nach dieser Vorbereitung könnten Sie direkt den neuen Ordner anlegen. In dem hier benutzten Beispielskript habe ich aber eine Prüfung eingeführt, die feststellt, ob der Ordner bereits existiert. Hierzu lässt sich die *FolderExists*-Methode verwenden, die vom *FileSystemObject*-Objekt bereitgestellt wird. Dies sieht in VBScript folgendermaßen aus:

```
Set fso = WScript.CreateObject("Scripting.FileSystemObject")
If (Not fso.FolderExists(path)) Then
....
End if
```

Die *FolderExists*-Methode erwartet als Argument einen gültigen Pfad zum Ordner. Existiert der Ordner, gibt die Methode den Wert *true* zurück, andernfalls erhalten Sie das Ergebnis *false*.

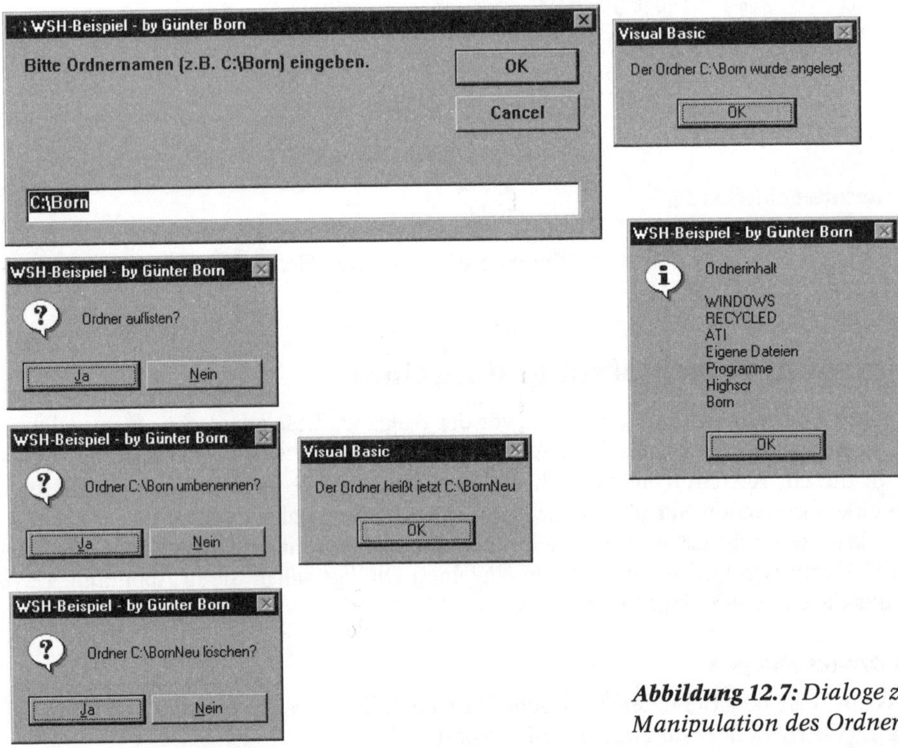

Abbildung 12.7: *Dialoge zur Manipulation des Ordners*

HINWEIS: Gibt der Benutzer einen ungültigen Pfad an (d.h. einen Pfad, der ungültige Zeichen wie *C:\Born/\test* enthält), löst der WSH einen Laufzeitfehler aus. An dieser Stelle habe ich aber auf die Behandlung dieses möglichen Laufzeitfehlers verzichtet, um das Skript nicht zu kompliziert zu gestalten.

Sind Sie sicher, dass der Ordner noch nicht existiert, können Sie die *CreateFolder*-Methode zum Anlegen des leeren Ordners verwenden:

```
Set fo = fso.CreateFolder(path)
```

Diese Methode wird in diesem Beispiel auf das in der Variablen *fso* hinterlegte *FileSystemObject*-Objekt angewandt und erwartet als Parameter den Pfad und den Namen des neuen Ordners (z.B. *C:\Born*). Die Methode legt den Ordner an und gibt eine Objektreferenz (mit dem Handle) auf den Ordner zurück. Über diese Objektreferenz können Sie den Ordner später ansprechen.

HINWEIS: Auch hier müssen Sie sicherstellen, dass ein gültiger Pfad angegeben und ein beschreibbares Medium als Ziel gewählt wurde. Andernfalls löst der WSH einen Laufzeitfehler aus.

Den übergeordneten Ordner ermitteln

Ein Ordner besitzt üblicherweise einen übergeordneten Ordner. Sie könnten sich natürlich die Mühe machen, diesen Ordner aus dem Ordnerpfad zu ermitteln. Das *FileSystemObject*-Objekt bietet Ihnen aber eine eigene Methode für diesen Zweck.

```
parent = fso.GetParentFolderName (path)
```

Die *GetParentFolderName*-Methode erwartet als Parameter den Pfad zum aktuellen Ordner. Standardmäßig liefert die Methode den Pfad samt dem Namen des übergeordneten Verzeichnisses. Gibt es keinen übergeordneten Ordner, liefert die Methode eine leere Zeichenkette. Dies wird im Beispiel durch folgende Konstruktion abgefangen:

```
If (parent = "") Then
 MsgBox "Es gibt keinen übergeordneten Ordner"
...
```

Das Beispiel nutzt diese Methode, um die Ordner im übergeordneten Verzeichnis in einem Dialogfeld auszugeben. Bei der Ausführung des Beispiels sollten Sie daher darauf achten, dass der übergeordnete Ordner nicht zu viele Verzeichnisse aufweist. Andernfalls wird es etwas schwierig bis unmöglich, die *OK*-Schaltfläche zum Schließen des Meldungsfelds zu erreichen.

Einen Ordner umbenennen/kopieren/verschieben

Das *FileSystemObject*-Objekt stellt Ihnen Methoden zur Verfügung, um einen Ordner umzubenennen oder zu kopieren bzw. zu verschieben. Ein ganzer Ordner wird über die *CopyFolder*-Methode des *FileSystemObject*-Objekts kopiert. Diese Methode besitzt folgende Syntax:

```
Objekt.CopyFolder source, destination[, overwrite]
```

Der Bezeichner *Objekt* steht hier als Platzhalter für die Objektvariable des *FileSystemObject*-Objekts. Die drei Argumente der Methode legen das Quell- und Zielverzeichnis sowie den Überschreibmodus fest:

- *source:* Dieser Parameter ist erforderlich und muss eine Zeichenkette mit dem Namen des Quellordners sein. Diese Zeichenkette kann Wildcard-Zeichen aufweisen, um mehrere Ordner zu kopieren.
- *destination:* In diesem Parameter müssen Sie den Zielordner als Zeichenkette angeben, in den der Quellordner samt den Unterordnern zu kopieren ist. Hier sind keine Wildcard-Zeichen zulässig.
- *overwrite*: Dieser optionale Parameter lässt sich auf *true* oder *false* setzen. Wird der Wert auf *true* (ist die Standardvorgabe) gesetzt, überschreibt die *CopyFile*-Methode existierende Dateien im Zielverzeichnis.

HINWEIS: Beachten Sie aber, dass die Wildcard-Zeichen nur in der letzten Komponente der Pfadangabe auftreten dürfen. Sie können beispielsweise die Anweisung: *FileSystemObject.CopyFolder "c:\Dokument*", "c:\temp\"* verwenden, während der Befehl *FileSystemObject.CopyFolder "c:\Dokument**", "c:\temp\"* einen Laufzeitfehler auslöst.

Enthält das Quellverzeichnis Wildcard-Zeichen oder endet der Zielordner mit dem Zeichen \, nimmt die Methode an, dass der Zielordner existiert und die Ordner, Dateien und Unterordner zu kopieren sind. Andernfalls wird ein neuer Zielordner angelegt. In allen Fällen können mehrere Dinge beim Ausführen der Methode auftreten: Existiert der Zielordner noch nicht, wird dieser angelegt und der Inhalt des Quellordners kopiert. Dies ist der übliche Fall. Verweist der Zielpfad auf eine existierende Datei, löst dies einen Laufzeitfehler aus. Handelt es sich um einen Order, versucht die Methode, den Inhalt des Quellordners zum Zielordner zu kopieren. Existiert eine Datei des Quellordners bereits im Zielordner, löst dies einen Fehler aus, falls der Parameter *overwrite* auf *false* gesetzt ist. Mit dem Wert *true* in diesem Parameter können Sie das Überschreiben existierender Dateien erzwingen. Besitzt der Zielordner das Attribut *Schreibgeschützt*, löst dies einen Fehler aus, falls Sie eine schreibgeschützte Datei in das Zielverzeichnis kopieren und der *overwrite*-Parameter auf *false* gesetzt ist. Ein Fehler tritt auch bei Wildcard-Zeichen im Quellordner auf, falls das Suchmuster auf keinen Ordner zutrifft.

WICHTIG: Sobald die *CopyFolder*-Methode auf einen Fehler tritt, wird die Ausführung abgebrochen. Bereits kopierte Dateien werden nicht zurückkopiert. Die Methode verhält sich also genau wie die betreffende Windows-Funktion.

Das Umbenennen und Verschieben lässt sich mit der *MoveFolder*-Methode bewerkstelligen. Diese Methode besitzt die gleichen Parameter wie die *CopyFolder*-Methode. Im Gegensatz zur *CopyFolder*-Methode verschiebt diese Methode aber die Dateien (d.h. der Inhalt des Quellordners wird gelöscht).

Im Beispielskript wird diese Methode benutzt, um den Ordner umzubenennen. Hierzu wird im Quellpfad der Original-Ordnername aufgeführt. Im Zielpfad ist dann der geänderte Ordnername anzugeben. Die folgenden Anweisungen aus dem Beispielskript zeigen, wie die Methode angewandt wird:

```
If (MsgBox ("Ordner " path " umbenennen?", _
        vbYesNo + vbQuestion, Titel) = vbYes) Then
' Ja, Benutzer hat zugestimmt
 newpath = path & "Neu"
 fso.MoveFolder path, newpath

 MsgBox "Der Ordner heißt jetzt " & newpath
End if
```

Vor dem Umbenennen fragt das Beispielskript den Benutzer. Dies verhindert, dass der Benutzer irrtümlich wichtige Ordner umbenennt. In diesem Fall enthält *path* den Quellpfad und *newpath* den Namen des Zielordners. Diese unterscheiden sich nur durch den angehängten Begriff *Neu*.

TIPP: Die *MoveFolder*-Methode wird abgebrochen, sobald ein Fehler auftritt. Da die Methode jedes erfolgreich kopierte Ordnerobjekt (Datei, Unterordner) im Quellverzeichnis sofort löscht, müssten Sie in einem solchen Fall den Quellordner mühsam aus dem Inhalt des Zielordners restaurieren. Daher kann es einfacher sein, wenn Sie die *CopyFolder*-Methode anwenden. Erst nachdem der Inhalt der Quellordner erfolgreich kopiert wurde, sind diese zu löschen. Dies stellt sicher, dass der Quellordner bei Fehlern unversehrt erhalten bleibt.

Ordner löschen

Das Löschen eines Ordners lässt sich sehr einfach über die *DeleteFolder*-Methode des *FileSystemObject*-Objekts durchführen. Als Argument erwartet die Methode den Namen des Ordners samt dem zugehörigen Pfad. Die folgenden Anweisungen aus dem Beispielskript zeigen die Anwendung der Methode in VBScript:

```
If (MsgBox ("Ordner " & newpath & " löschen?", _
        vbYesNo + vbQuestion, Titel) = vbYes) Then _
           fso.DeleteFolder(newpath)
```

Diese Methode besitzt einen zweiten optionalen Parameter *force*, der hier nicht benutzt wurde. Wird der Parameter *force* auf *true* gesetzt, werden auch Dateien mit dem Attribut *Schreibgeschützt* gelöscht. Die Methode löscht den Ordner samt Inhalt und Unterordnern.

HINWEIS: Beachten Sie, dass in diesem Beispiel auf die Methoden des *FileSystemObject*-Objekts zurückgegriffen wird. Die Sprachreferenzen führen aber zusätzliche Unterobjekte auf, die ebenfalls die Manipulation von Ordnern erlauben.

Die Implementierung des Beispiels *Folder1.vbs*

Das nachfolgend gezeigte Listing zeigt die Implementierung der oben beschriebenen Methoden (mit Ausnahme der *CopyFolder*-Methode). Das Skript erlaubt Ihnen, einen Ordnernamen einzugeben. Dieser Ordner wird angelegt, dann erscheint eine Auflistung der überlagerten Ordner. In weiteren Schritten lässt sich der Ordner umbenennen und löschen. Im Skript wurden verschiedene Abfragen aufgenommen, um das unbeabsichtigte Löschen oder Umbenennen wichtiger Ordner zu verhindern. Einzelheiten entnehmen Sie dem nachfolgenden Listing.

```
'************************************************
' File:   Folder1.vbs (WSH-Beispiel in VBScript)
' Autor:  (c) Günter Born
'
' Zweck: Zeigt, wie Sie mit Ordnern im WSH umgehen
'        können. Legt Ordner an und manipuliert diese.
'************************************************
Option Explicit

Dim isnew
Dim path, newpath, parent
Dim Text, Text1, Titel, i
Dim fso, fo, fc, wsh              ' Objektvariablen

Text = "Ordnerinhalt" & vbCrLf & vbCrLf
Titel = "WSH-Beispiel - by Günter Born"

' Frage den Ordnernamen ab

path = InputBox ("Bitte Ordnernamen (z.B. C:\Born) eingeben.", _
       Titel,"C:\Born")
If path = "" Then
 WScript.Quit           ' Benutzerabbruch
End if

newpath = path          ' merke den Pfad (wg. Löschen)
```

```
' Erstelle neues FileSystemObject-Objekt, welches wir
' zum Zugriff auf das Dateisystem brauchen.
Set fso = WScript.CreateObject("Scripting.FileSystemObject")

' Prüfe jetzt, ob der Ordner ggf. bereits existiert
If (Not fso.FolderExists(path)) Then
' Es gibt den Ordner noch nicht, jetzt anlegen
 Set fo = fso.CreateFolder(path)
 MsgBox "Der Ordner " & path & " wurde angelegt"
 isnew = true             ' merke, dass Ordner neu ist
Else
 isnew = false            ' merke, dass Ordner vorhanden war
End if

If (MsgBox ("Ordner auflisten?", _
        vbYesNo + vbQuestion, Titel) = vbYes) Then
' Hole übergeordneten Ordner
 parent = fso.GetParentFolderName (path)

 If (parent = "") Then
  MsgBox "Es gibt keinen übergeordneten Ordner"
 Else
' Hole jetzt Folders-Auflistung
  Set fo = fso.GetFolder(parent)
  Set fc = fo.SubFolders

  For Each i in fc          ' Hole alle Ordner
   Text = Text & i.name & vbCrLf
  Next

  MsgBox Text, vbOKOnly + vbInformation, Titel
 End if
End if

If isnew = false Then
  MsgBox "Warnung! Die nächsten Schritte können den " & _
        "Ordner " & newpath & " löschen." & vbCrLf & _
        "Bitte achten Sie darauf, dass Sie keine " & _
        "Systemordner irrtümlich löschen.", _
        vbYes + vbExclamation, Titel
End if

' Ordner jetzt umbenennen (verwende die Move-Methode
If (MsgBox ("Ordner " & path & " umbenennen?", _
        vbYesNo + vbQuestion, Titel) = vbYes) Then
' Ja, Benutzer hat zugestimmt
 newpath = path & "Neu"
 fso.MoveFolder path, newpath

 MsgBox "Der Ordner heißt jetzt " & newpath
End if

' Ordner jetzt löschen
 If (MsgBox ("Ordner " & newpath & " löschen?", _
        vbYesNo + vbQuestion, Titel) = vbYes) Then
' Ja, Benutzer hat zugestimmt
```

```
  fso.DeleteFolder(newpath)
 End if
'*** Ende
```

Listing 12.13: Folder1.vbs

HINWEIS: Sie finden die Datei *Folder1.vbs* auf der Begleit-CD-ROM im Ordner *\Beisp\Kap12*. Die Implementierung des Beispiels in JScript erfordert im Wesentlichen, dass Sie die VBScript-Anweisungen aus dem vorhergehenden Listing in die JScript-Syntax umsetzen. Bei der *Popup*-Methode müssen Sie beachten, dass diese einen zusätzlichen Parameter für die Wartezeit gegenüber der *MsgBox*-Funktion aufweist. Ausserdem benötigen Sie eine VBScript-Funktion, um Benutzereingaben zu lesen. Einzelheiten sind der Datei *Folder1.wsf* im gleichen Ordner der Begleit-CD-ROM zu entnehmen.

Dateien in einem Ordner auflisten

Auf den vorhergehenden Seiten haben Sie ein Beispiel kennen gelernt, mit dem sich die Unterordner eines Ordners auflisten lassen. Auf ähnliche Weise können Sie die Dateien eines Ordners über die *Files*-Auflistung des *FileSystemObject*-Objekts ermitteln. Dies möchte ich in einem einfachen Skript demonstrieren. Dieses Skript gibt die Dateien aus, die im Windows 98-Verzeichnis *\ShellNew* enthalten sind (Abbildung 12.8).

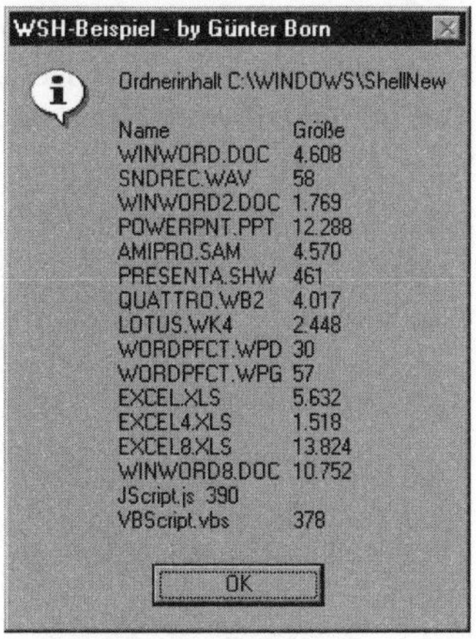

Abbildung 12.8: *Anzeige der Dateien eines Ordners*

HINWEIS: In Windows NT/2000 tragen Sie bitte einen anderen Pfad ein, da der oben angegebene Ordner *\ShellNew* nicht existiert. Falls Sie einen anderen Ordner verwenden, achten Sie darauf, dass dieser nicht zu viele Dateien enthält. Andernfalls wird das Dialogfeld mit den angezeigten Namen zu groß und Sie können die *OK*-Schaltlfäche zum Schließen nicht mehr anklicken.

Der Pfad zum Zielordner wird in einer Konstanten im Programmkopf mit der Anweisung:

```
Const pfad = "%windir%\ShellNew"
```

abgelegt. Um auf den Inhalt eines Ordners zuzugreifen, müssen wir zuerst das *FileSystemObject*-Objekt erzeugen:

```
Set fso = WScript.CreateObject("Scripting.FileSystemObject")
```

Anschließend lässt sich das Handle auf den Ordner direkt über die *GetFolder*-Methode holen. Bei diesem Schritt muss die *ExpandEnvironment*-Methode benutzt werden, da der Pfad die Umgebungsvariable *%windir%* enthält. Dies geschieht in folgender Anweisung:

```
Set fo = fso.GetFolder( _
   wsh.ExpandEnvironmentStrings(pfad))
```

Die Methode liefert das Handle auf den aktuellen Ordner in Form eines Objekts zurück. Von diesem Objekt können Sie dann im nächsten Schritt die *Files*-Eigenschaft abfragen. Diese liefert Ihnen eine Auflistung mit allen Dateien im Ordner.

```
Set fc = fo.Files
```

Der Name der jeweiligen Datei lässt sich über die *Name*-Eigenschaft eines Auflistungselements ermitteln. Der komplette Pfad steht übrigens direkt in der Objektvariablen. Die folgende Schleife ermittelt folglich die Namen aller Dateien und deren Größe im Ordner:

```
For Each i In fi            ' Hole alle Dateien
 Text = Text & i.Name & vbTab
 Text = Text & FormatNumber(i.size,0) & vbCrLf
Next
```

Sobald die Schleife beendet wird, enthält die Variable *Text* die Namen aller Dateien. Zur Trennung der einzelnen Werte in den Spalten wurde hier die Konstante *Tab* benutzt. Einzelheiten entnehmen Sie dem nachfolgenden Listing.

```
'************************************************
' File:   Files.vbs (WSH-Beispiel in VBScript)
' Autor:  (c) Günter Born
'
' Zweck: Zeigt, wie Sie die Dateien des Windows-Ordners
'        ShellNew (enthält die Dateivorlagen) auflisten
'        können.
'************************************************
Option Explicit


' Für Windows NT/2000 einen anderen Pfad wählen
Const pfad = "%windir%\ShellNew"

Dim Text, Titel, i, j, fil
Dim fso, fo, fi, wsh                ' Objektvariable

Text = "Ordnerinhalt "
Titel = "WSH-Beispiel - by Günter Born"

Set wsh = WScript.CreateObject ("WScript.Shell")

' Erstelle neues FileSystemObject-Objekt, welches wir
' zum Zugriff auf das Dateisystem brauchen.
Set fso = CreateObject("Scripting.FileSystemObject")
```

```
' Hole jetzt das Folders-Objekt
Set fo = fso.GetFolder( _
   wsh.ExpandEnvironmentStrings(pfad))

Text = Text & fo & vbCrLf & vbCrLf
Text = Text & "Name" & vbTab & vbTab & "Größe" & vbCrLf
Set fi = fo.Files          ' Hier holen wir die Datei-Auflistung

For Each i In fi           ' Hole alle Dateien
 Text = Text & i.Name & vbTab
 Text = Text & FormatNumber(i.size,0) & vbTab
' Text = Text & i.ShortName & vbCrLf
 Text = Text & vbCrLf
Next

MsgBox Text, vbOKOnly + vbInformation, Titel
'*** Ende
```

Listing 12.14: Files.vbs

HINWEIS: Sie finden die Datei *Files.vbs* auf der Begleit-CD-ROM im Ordner *\Beisp\Kap12*. Falls Sie lieber mit JScript arbeiten, finden Sie im gleichen Ordner die Datei *Files.js*.

Zugriff auf Dateiattribute und das Dateidatum

Sobald Sie mit dem Dateiobjekt (Files) arbeiten, können Sie die Eigenschaften der betreffenden Datei lesen. Dies haben Sie im vorhergehenden Beispiel kennen gelernt. Mit *Name* wurde der Name der betreffenden Datei aus dem Objekt abgeleitet. Die *Attributes*-Eigenschaft liefert einen Binärwert, der die für die Datei gesetzten Attribute angibt.

Konstante	Wert	Beschreibung
Normal	0	Normale Datei ohne Attribute
ReadOnly	1	Schreibgeschützte Datei
Hidden	2	Versteckte Datei
System	4	Systemdatei
Volume	8	Volume-Label eines Laufwerks
Directory	16	Ordner oder Verzeichnis
Archive	32	Datei hat sich seit der letzten Sicherung geändert
Alias	64	Verknüpfungsdatei
Compressed	2048	Komprimierte Datei (Windows NT/2000)

Tabelle 12.3: *Konstanten für Dateiattribute*

Das Datum, an dem eine Datei erstellt, geändert oder zuletzt gelesen wurde, lässt sich über die Eigenschaften *DateCreated*, *DateLastAccessed* und *DateLastModified* des *File-* oder *Folder-*Objekts abfragen.

Abbildung 12.9: *Anzeige der Dateiinformationen (WSH 1.0 unter Windows 98)*

Das Listing 12.15 zeigt, wie Sie auf die Dateiattribute und das Erzeugungsdatum der Datei *Autoexec.bat* zugreifen können. Das Skript ermittelt die Attribute und das Dateidatum und zeigt diese Informationen in einem Dialogfeld an (Abbildung 12.9).

HINWEIS: Beim Entwickeln des obigen Skripts tauchten auf einigen Rechnern Laufzeitfehler bei der Skriptausführung auf. Dieser Laufzeitfehler wird von der *DateCreate*-Eigenschaft ausgelöst. Es erschien ein Hinweis auf einen falschen Aufruf einer Prozedur. Zuerst glaubte ich an einen Fehler im Skript und ging dem Problem auf den Grund. Schließlich wurde die Ursache gefunden. Der Fehler wird beim Zugriff auf die *DateCreate*-Eigenschaft ausgelöst. Eine Inspektion der Dateiattribute auf der betreffenden Maschine ergab, dass diese Eigenschaft nicht gesetzt war. Dies ist ein Verhalten, welches man gelegentlich für Windows 9x-Dateien beobachten kann. Sobald die Datei einen gültigen Wert für die Eigenschaft besitzt, wird das Skript auch fehlerfrei ausgeführt. Daher an dieser Stelle die Anregung: Falls Sie diesen Fall abfangen möchten, versehen Sie die Skriptprogramme mit einer Laufzeitfehlerbehandlungsroutine.

```
'************************************************
' File:   File1.vbs (WSH-Beispiel in VBScript)
' Autor:  (c) Günter Born
'
' Zweck: Liest das Datum, an dem die Datei Autoexec.bat
'        erstellt wurde.
'************************************************
Option Explicit

Dim fso, txt, j, tmp, attrib

Set fso = WScript.CreateObject("Scripting.FileSystemObject")

 txt = "C:\Autoexec.bat"
 Set j = fso.GetFile(txt)

 tmp = txt & " wurde am " & _
       CStr(j.DateCreated) & " erzeugt." & vbCrLf
 tmp = tmp & "Attributwert "
 attrib = j.Attributes

 If (attrib And &H01) > 0 Then tmp = tmp & "r "
 If (attrib And &H02) > 0 Then tmp = tmp & "h "
 If (attrib And &H04) > 0 Then tmp = tmp & "s "
 If (attrib And &H20) > 0 Then tmp = tmp & "a "
 If (attrib And &H800) > 0 Then tmp = tmp & "c "
 WScript.Echo tmp
'*** Ende
```

Listing 12.15: File1.vbs

HINWEIS: Sie finden die Datei *File1.vbs* auf der Begleit-CD-ROM im Ordner *\Beisp\Kap12*. Die JScript-Lösung finden Sie in der Datei *File1.js* im gleichen Ordner.

Problemlösung für undefinierte Datumswerte

Ich hatte ja bereits im vorhergehenden Beispiel die Problematik der undefinierten Datumswerte für das Erzeugungsdatum bei Dateien erwähnt. Problematisch wird es, wenn eine Auflistung von Dateien per Skript bearbeitet werden soll, bei denen *CreateDate* einen Laufzeitfehler wegen undefinierter Werte verursacht. An dieser Stelle möchte ich Ihnen eine Lösung zeigen, die diese Laufzeitfehler abfängt.

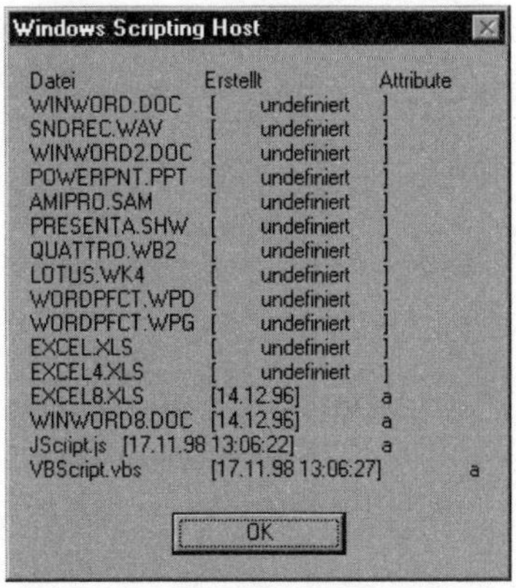

Abbildung 12.10: *Erstellungsattribute diverser Dateien unter Windows 98 (WSH 1.0)*

Das Dialogfeld aus Abbildung 12.10 wurde mit WSH 1.0 erzeugt und zeigt die betreffenden Informationen für eine Reihe von Dokumenten, die dem Windows 98-Vorlagenordner entnommen wurden. Eine Vielzahl der Dateien weist kein Erstellungsdatum auf, es wird der Wert »undefiniert« angezeigt. Hierzu habe ich das vorhergehende Beispiel so geändert, dass der Unterordner *NewShell* des Windows 98-Ordners benutzt wird. Die Dateien werden dann in einer einfachen Schleife durch Auswerten einer Auflistung bearbeitet:

```
For Each file in oFiles
 Text = Text & file.Name
 Text = Text & " " & file.DateCreated
Next
```

Die Anweisung:

```
Text = Text & file.Name
```

benutzt die Eigenschaft *Name*, um den Dateinamen auszulesen. Mit der Anweisung:

```
Text = Text & " " & file.DateCreated
```

sollte sich eigentlich das Erstellungsdatum lesen lassen. Hier tritt aber der besagte Laufzeitfehler auf. Daher habe ich den Befehl zum Zugriff auf diese Eigenschaft in eine Funktion *DateCreateEx* verlagert. Diese Funktion besitzt folgenden Aufbau:

```
Function DateCreatedEx(obj)
 On Error Resume Next ' Fehlerbehandlung ein
 Dim datex
```

```
' Hole Creation Date-Eigenschaft
 datex = i.DateCreated
 IF err.number <> 0 Then datex = "undefiniert"
 DateCreatedEx = datex
 On Error Goto 0   ' Fehlerbehandlung aus
End Function
```

Listing 12.16: *Funktion* DateCreatedEx

Der *On Error Resume Next*-Befehl fängt eventuelle Laufzeitfehler ab. Falls der Zugriff auf *DateCreated* einen Fehler auslöst, ist *err.number* ungleich 0, und in der *If*-Anweisung lässt sich ein Fehlertext zurückgeben.

```
'************************************************
' File:   File2.vbs (WSH-Beispiel in VBScript 5.x)
' Autor:  Günter Born
'
' Liest das Erstellungsdatum und
' die Attribute. Das Ergebnis wird anschließend
' angezeigt.
'
' Achtung: Benötigt VBScript ab 5.0 !!!!
'************************************************
Option Explicit

' Für Windows NT/2000 einen anderen Pfad wählen
Const path = "%windir%\ShellNew"

Dim Text, attrib
Dim wsh, fso, oFolder, oFiles, oFile

Set wsh = WScript.CreateObject ("WScript.Shell")

' Erzeuge FileSystemObject-Objekt
Set fso = WScript.CreateObject("Scripting.FileSystemObject")

Set oFolder = fso.GetFolder( _
   wsh.ExpandEnvironmentStrings(path))

Set oFiles = oFolder.Files          ' Hole Dateiauflistung

' Header-Text
Text = "Datei" & vbTab & vbTab & "Erstellt" & vbTab _
     & vbTab & "Attribute" & vbCrLf
' Versuche Dateiinformationen zu lesen
For Each oFile in oFiles
 Text = Text  & oFile.name & vbTab & " ["    ' Dateiname
 Text = Text & DateCreatedEx(oFile) & "] "   ' Erzeugung
 Text = Text & vbTab                         ' Tab
' Attribute decodieren
 If (oFile.Attributes And &H01) > 0 Then Text = Text & "r "
 If (oFile.Attributes And &H02) > 0 Then Text = Text & "h "
 If (oFile.Attributes And &H04) > 0 Then Text = Text & "s "
 If (oFile.Attributes And &H20) > 0 Then Text = Text & "a "
 If (oFile.Attributes And &H800) > 0 Then Text = Text & "c "
```

```
 Text = Text & vbCrLf            ' Neue Zeile
Next

WScript.Echo Text            ' Ergebnisse anzeigen

'#### Hilfsroutinen zum Abfangen von Laufzeitfehlern
Function DateCreatedEx(obj)
 On Error Resume Next        ' Fehlerbehandlung ein
 Dim datex
' Behandelt Erstellungsdatum
 datex = obj.DateCreated
 IF err.number <> 0 Then  datex = "        undefiniert       "
  DateCreatedEx = datex
 On Error Goto 0            ' Fehlerbehandlung aus
End Function
' Ende
```

Listing 12.17: File2.vbs

HINWEIS: Sie finden die Datei *File2.vbs* auf der Begleit-CD-ROM im Ordner *\Beisp\Kap12*. Bitte passen Sie den Pfad zum Ordner an, falls Sie das Skript unter Windows NT/2000 testen möchten. Weiterhin finden Sie im Ordner *\Beisp\Kap12\Tools* die Datei *FileProperties.wsf*. Ziehen Sie eine Datei per Drag&Drop zu diesem Skript, zeigt dieses die Dateieigenschaften in einem Dialogfeld an. Die *.wsf*-Datei demonstriert neben der Auswertung der Dateieigenschaften auch den Zugriff auf die in der TypeLibrary des FileSystemObject-Objekts vereinbarten Konstanten mittels des <reference>-Elements.

Datei kopieren umbenennen und löschen

Über das *File*-Objekt können Sie Dateien kopieren, verschieben, umbennen und löschen. Das folgende Beispiel zeigt die Anwendung der betreffenden Methoden. Um mit dem *File*-Objekt zu arbeiten, müssen Sie erst das *FileSystemObject*-Objekt anlegen:

```
Set fso = CreateObject("Scripting.FileSystemObject")
```

Um Laufzeitfehler zu vermeiden, sollten Sie prüfen, ob die zu bearbeitende Datei überhaupt existiert. Dies lässt sich über die *FileExists*-Methode durchführen:

```
If (fso.FileExists(file1)) Then
...
```

Die Methode liefert den Wert *true* zurück, wenn die im Parameter *file1* angegebene Datei gefunden wird. In *file1* muss der komplette Pfad samt Dateiname stehen. Sobald Sie sicher sind, dass die Datei vorhanden ist, müssen Sie ein Handle auf diese Datei holen. Dies lässt sich über die *GetFile*-Methode des *FileSystemObject*-Objekts mit folgender Anweisung erreichen:

```
Set fi = fso.GetFile(file1)
```

Der Parameter *file1* muss den Pfad und den Namen der Datei enthalten. Das *File*-Objekt *fi* erlaubt Ihnen anschließend die Anwendung der *Copy*-Methode:

```
fi.Copy file2
```

Die *Copy*-Methode erwartet auf jeden Fall einen Parameter, in dem der Name der Zieldatei anzugeben ist. Optional lässt sich ein zweiter Parameter *overwrite* angeben, der auf *true* oder *false* gesetzt werden kann. Ist dieser Parameter *true*, wird eine eventuell vorhandene Datei beim Kopieren überschrieben.

Zum Verschieben (oder Umbenennen) einer Datei lässt sich die *Move*-Methode des *File*-Objekts verwenden. Diese Methode besitzt die gleiche Aufrufsyntax wie die *Copy*-Methode. Allerdings löscht die Methode die Quelldatei.

Alternativ können Sie die *Name*-Eigenschaft des Objekts benutzen, um dieses umzubenennen:

```
fi.Name = "Born.txt"
```

Wichtig ist lediglich, dass das Objekt *fi* auf eine Datei (oder einen Ordner) verweist.

Das Löschen einer Datei erfolgt mittels der *Delete*-Methode. Diese wird folgendermaßen eingesetzt:

```
Set fi = fso.GetFile(file2)
fi.Delete
```

TIPP: Die erste Anweisung ermittelt das Handle auf die im Parameter *file2* angegebene Datei. Dieses Handle wird als *File*-Objekt zurückgegeben. Sobald Sie die *Delete*-Methode auf dieses Objekt anwenden, wird die Datei gelöscht. Optional können Sie der Methode noch den Parameter *force* übergeben. Wird dieser Parameter auf *true* gesetzt, löscht der WSH auch schreibgeschützte Dateien. Einzelheiten sind dem nachfolgenden Listing zu entnehmen.

```
'************************************************
' File:   File3.vbs (WSH-Beispiel in VBScript)
' Autor:  (c) Günter Born
'
' Zweck: Zeigt, wie Sie Dateien kopieren umbenennen und
'        löschen können.
'************************************************
Option Explicit

Const pfad = "C:\Born"

Dim Text, Titel, i
Dim file1, file2
Dim fso, fi, fo                 ' Objektvariable

file1 = pfad & "\Test.txt"
file2 = pfad & "\Test1.txt"

Text = "Datei kopiert " & vbCRLF
Titel = "WSH-Beispiel - by Günter Born"

' Erstelle neues FileSystemObject-Objekt, welches wir
' zum Zugriff auf das Dateisystem brauchen.

Set fso = CreateObject("Scripting.FileSystemObject")
```

```
' prüfe, ob die Datei existiert
If (fso.FileExists(file1)) Then
' kopiere die Datei file1 nach file2
 Set fi = fso.GetFile(file1)      ' hole Dateiobjekt
 fi.Copy file2

 Set fo = fso.GetFolder(pfad)
 Set fi = fo.Files           ' hier holen wir die Datei-Auflistung
 For Each i In fi            ' hole alle Dateien
  Text = Text & i.Name & vbCRLF
 Next

 MsgBox Text, vbOkonly + vbInformation, Titel
Else
 WScript.Echo "Datei " & file1 & " existiert nicht"
 WScript.Quit
End if

' Datei gegebenenfalls umbenennen
If (MsgBox ("Datei umbenennen?", vbYesNo + vbQuestion, _
          "Beispiel") = vbYes) Then
 Set fi = fso.GetFile(file2)      ' hole Dateiobjekt
 fi.Name = "Born.txt"             ' umbenennen
 file2 = pfad & "\Born.txt"       ' merke Name
End if

' Datei gegebenenfalls löschen
If (MsgBox("Datei löschen?", vbYesNo, Titel) = vbYes) Then
 Set fi = fso.GetFile(file2)    ' hole Dateiobjekt
 fi.Delete
 WScript.Echo "Datei " & file2 & " gelöscht"
End if
'*** Ende
```

Listing 12.18: File3.vbs

HINWEIS: Sie finden die Datei *File3.vbs* auf der Begleit-CD-ROM im Ordner *\Beisp\Kap12*. Die JScript-Version dieses Skripts finden Sie in der Datei *File3.js* im gleichen Ordner. Auf der Begleit-CD finden Sie im Ordner *\Beisp\Kap12\Tools* die Datei *RenameFiles.vbs*. Ziehen Sie ein Ordnersymbol zu dieser Skriptdatei, werden alle im Ordner befindlichen *.txt*-Dateien in *0.txt, 1.txt* etc. umbenannt. Sie können den Skriptcode inspizieren, um herauszufinden, wie Dateien umbenannt oder Dateinamenerweiterungen extrahiert werden.

TIPP: Die Methoden *copy* bzw. *move* unterstützen keine Wildcard-Zeichen. Mit *delete* können Sie ebenfalls nur eine Datei löschen. Sie haben aber die Möglichkeit, eine Auflistung über alle Dateien eines Ordners zu verwenden, um mehrere Dateien eines Ordners zu bearbeiten. Noch einfacher ist es aber, wenn Sie den *Run*-Befehl verwenden, um einen MS-DOS-Befehl zum Kopieren, Löschen, Umbenennen etc. auszuführen. Mit *wsh.run ("command.com /c copy C:\Born\Text*.txt C:\Born\Backup")* starten Sie den MS-DOS-Copy-Befehl, der Wildcard-Zeichen unterstützt. Verwenden Sie den Parameter *bWaitOnReturn* (siehe ▶ Kapitel 7), wartet das Skript auf das Beenden des MS-DOS-Befehls. Allerdings hat dieser Ansatz den Nachteil, dass Sie Fehler beim Ausführen des MS-DOS-Befehls im WSH-Skript nicht mitbekommen.

Zusätzlich zu den in obigem Listing benutzten Methoden gibt es weitere Objekte und Methoden. *CopyFile* erlaubt beispielsweise das Kopieren einer Datei, wobei im ersten Parameter die Quelldateien (inklusive Wildcard-Zeichen) und im zweiten Parameter die Zieldatei angegeben werden kann (siehe das folgende Beispiel). Weitere Hinweise zu diesen Methoden liefert die VBScript- bzw. JScript-Hilfe.

Sicherungskopien mit Skripten

Vermutlich tragen sich viele Leser mit dem Gedanken, den WSH zum Anfertigen von Sicherungskopien zu verwenden. Mit einigen Anweisungen können Sie beispielsweise dafür sorgen, dass jeden Tag ein neues Sicherungsverzeichnis angelegt wird, welches dann mit dem Tagesdatum im Namen versehen wird. Diese Vorgehensweise möchte ich an einem einfachen VBScript-Programm demonstrieren. Dieses Programm fragt nach dem Aufruf, ob ein bestimmtes Verzeichnis zu sichern ist (Abbildung 12.11). Hierbei wird der Quellordner *C:\Born* als existent vorausgesetzt. Fehlt der Ordner, bricht das Skript mit einer entsprechenden Meldung ab.

Abbildung 12.11: *Dialoge des Sicherungsprogramms*

Liegt der Quellordner vor, prüft das Skript, ob dieser Ordner auch Dateien zum Sichern enthält. Bei einem leeren Ordner soll ebenfalls eine entsprechende Meldung erscheinen. Nur bei Dateien im Sicherungsordner kopiert das Skript diese in den Zielordner *C:\Backup\Kopiexx-yy-zz*. Die Zeichen *xx-yy-zz* stehen dabei als Platzhalter für das aktuelle Datum in der Form Tag-Monat-Jahr. Dies bewirkt, dass für jeden Tag ein eigenes Sicherungsverzeichnis im Ordner *C:\Backup* angelegt wird. Führen Sie mehrere Sicherungen pro Tag durch, soll der Inhalt des Sicherungsordners automatisch überschrieben werden.

HINWEIS: Die Angaben für den Quell- und den Zielpfad können Sie über die Konstante *path1* und *path2* an eigene Bedürfnisse anpassen.

Die Realisierung mit einem Skript erfordert verschiedene Schritte, die ich nachfolgend kurz skizzieren möchte. Die Implementierung erfolgt an dieser Stelle in VBScript (die Umsetzung in JScript möchte ich Ihnen an dieser Stelle zur Übung überlassen).

Als Erstes möchte ich ein paar Hinweise zum Erzeugen des Zielordners geben. Die zu sichernden Dateien sollen in einem neuen Ordner abgelegt werden, der mit dem Tagesdatum signiert wird. Der Pfad zum Ordner lässt sich dann mit folgender Anweisung berechnen:

```
file2 = path2 & day(date) & "-" & month(date) & "-" & year(date)
```

Die Konstante *path2* wurde im Programmkopf auf *C:\Backup\Kopie* gesetzt. Anschließend sorgt die Funktion *day(date)* dafür, dass der aktuelle Tag an den Namen angehängt wird. Vielleicht werden Sie fragen, warum das Datum nicht gleich mit:

```
file2 = path2 & date
```

angehängt wird? Dieser Befehl ist zwar kürzer, birgt aber ein potentielles Problem: Der Benutzer kann die Trennzeichen für das Datum manuell setzen. Und wenn er hier den Backslash »\« eingibt, liefert die obige *date*-Funktion keinen gültigen Dateinamen, sondern eine Verzeichnishierarchie (z.B. *C:\Backup\Kopie2\22\98*). Durch die in obigem Beispiel genutzten Funktionen wie *day()* können Sie die Separatoren für Tag, Monat und Jahr selbst angeben.

TIPP: Beachten Sie auch, dass ich das &-Zeichen zur Stringkonkatenation benutze. Dies ist erforderlich, da die *day()*-Funktion einen Datumswert liefert, der in eine Zeichenkette zu konvertieren ist. Verknüpfen Sie die Teilstrings mit dem +-Zeichen, löst der WSH einen Laufzeitfehler aus. Mit dem &-Operator wird automatisch eine Konvertierung durchgeführt.

Im nächsten Schritt ist vor dem eigentlichen Sicherungsvorgang zu prüfen, ob der Quellordner eigentlich existiert. Ist dies nicht der Fall, kann das Skript mit einer Meldung terminieren. Die folgende Sequenz benutzt die *FolderExists*-Methode für diesen Zweck.

```
If (Not fso.FolderExists(path1)) Then
 Text = "Order " & path1 & " nicht gefunden."
 MsgBox Text, vbOKOnly + vbInformation, Titel
 WScript.Quit
End if
```

Weiterhin benötigen Sie eine Information, ob der Quellordner überhaupt Dateien enthält. Versuchen Sie die *CopyFile*-Methode auf einen leeren Ordner anzuwenden, löst dies einen Laufzeitfehler aus. Zur Prüfung, ob ein Ordner Dateien enthält, benutze ich folgende Konstruktion:

```
If FolderEmpty(path1) Then
.....

Function FolderEmpty (name)

 Dim fs, fo, f                 ' Objektvariable
 Dim i, flag

 Set fs = CreateObject("Scripting.FileSystemObject")
 Set fo = fs.GetFolder(path1)   ' Hole Ordner
 Set f = fo.Files               ' Hole Dateien-Auflistung
 flag = true                    ' Keine Dateien
 For Each i in f
  flag = false                  ' Eine Datei gefunden
 Next
 FolderEmpty = flag
End function
```

Die Funktion *FolderEmpty* benutzt einen einfachen Ansatz. Die Funktion erwartet den Ordnernamen. Dann wird auf diesen Ordner zugegriffen und eine *Files*-Auflistung erzeugt. In einer *For Each i in*-Schleife wird das Flag *flag* auf *false* gesetzt. Diese Schleife wird nur dann durchlaufen, wenn die Auflistung Dateien enthält. Die Funktion gibt anschließend den Wert *true* oder *false* zurück.

HINWEIS: Ursprünglich hatte ich vor, die Zahl der Elemente in der Auflistung mit *f.count* zu ermitteln und den Rückgabewert abzuleiten. Leider lieferte die betreffende Anweisung einen Windows-Laufzeitfehler zurück. Mit der obigen Konstruktion funktioniert die Prüfung aber. Auf eine Prüfung auf Unterordner wurde übrigens an dieser Stelle verzichtet, da die *FileCopy*-Methode nur Dateien im aktuellen Ordner kopiert.

Vor dem Sichern ist weiterhin zu prüfen, ob das Zielverzeichnis bereits existiert. Gegebenenfalls ist der Zielordner anzulegen. Hierbei sind zwei Schritte erforderlich: Sie müssen erst den Ordner *C:\Backup* erzeugen. Existiert dieser, wird das neue Zielverzeichnis erzeugt. Dies lässt sich über die *CreateFolder* mit folgender Sequenz erreichen:

```
If (Not fso.FolderExists(file2)) Then
' Gibt es den übergeordneten Ordner?
 If (Not fso.FolderExists(path3)) Then _
  fso.CreateFolder(path3) ' Erzeuge 1. Stufe

 fso.CreateFolder(file2)  ' Erzeuge Sicherungsordner
End if
```

Die Methode *FolderExists* des *FileSystemObject*-Objekts erwartet den Ordnernamen und prüft, ob dieser existiert. Wird der Wert *true* zurückgegeben, existiert der Ordner.

Nach diesen Vorbereitungen fällt die eigentliche Anweisungen zum Kopieren recht bescheiden aus:

```
fso.CopyFile path1 & "\*.*", file2
```

Der Befehl wendet die *CopyFile*-Methode auf das *FileSystemObject*-Objekt an. Im ersten Parameter ist die Quelldatei anzugeben. Im obigen Befehl wird der Pfad zum Quellordner und die Wildcard-Angabe *.* benutzt. Dies stellt sicher, dass alle Dateien im Quellordner kopiert werden. Dies betrifft aber keine Unterverzeichnisse. Außerdem muss der Ordner mindestens eine Datei aufweisen! Der zweite Parameter definiert den Zielordner. Geben Sie zusätzlich einen Dateinamen an, benennt die Methode die Zieldatei um. Einzelheiten sind dem nachfolgenden Listing 12.19 zu entnehmen.

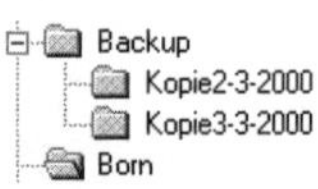

Abbildung 12.12: *Quell- und Sicherungsordner*

Zum Testen des Skripts müssen Sie einen Ordner *C:\Born* anlegen und mindestens eine Datei in diesem Ordner kopieren. Nach dem Aufruf des Skripts sollte auf Ihrer Festplatte ein Sicherungsverzeichnis mit dem aktuellen Tagesdatum gemäß der in Abbildung 12.12 gezeigten Struktur existieren.

```
'************************************************
' File:   Sichern.vbs (WSH-Beispiel in VBScript)
' Autor:  (c) Günter Born
'
' Zweck: Zeigt, wie Sie die Dateien des Ordners C:\Born
'        per WSH sichern lassen. Das Zielverzeichnis
'        ist C:\Backup\Kopiexyz, wobei xyz aus dem
'        aktuellen Datum bestimmt wird.
'************************************************
```

```
Option Explicit

Const path1 = "C:\Born"
Const path2 = "C:\Backup\Kopie"
Const path3 = "C:\Backup"

Dim Text, Titel, file2
Dim fso                    ' Objektvariable
Dim flag

Text = "Ordnerinhalt sichern"
Titel = "WSH-Beispiel - by Günter Born"

If (MsgBox (Text, vbYesNo + vbQuestion, Titel) _
    = vbNo) Then
 WScript.Quit          ' Benutzerabbruch
End if

' Erzeuge jetzt den Namen des Zielordners
' Achtung: montiere Datum manuell, um Sonderzeichen
' durch spezifische Datumsformate zu verhindern.
file2 = path2 & day(date) & "-" & month(date) & _
        "-" & year(date)

' Erstelle neues FileSystemObject-Objekt, welches wir
' zum Zugriff auf das Dateisystem brauchen.
Set fso = CreateObject("Scripting.FileSystemObject")

' Test, ob Quellordner existiert
If (Not fso.FolderExists(path1)) Then
 Text = "Order " & path1 & " nicht gefunden."
 MsgBox Text, vbOKOnly + vbInformation, Titel
 WScript.Quit
End if

' Prüfe, ob überhaupt Dateien im Quellorder sind:
' sonst gibt es beim Kopieren einen Laufzeitfehler !!
' außerdem brauchen wir dann nichts zu tun,
' und es ist überflüssig den Zielordner anzulegen !!
If FolderEmpty(path1) Then
 Text = "Nichts aus " & path1 & " zu sichern"
 MsgBox Text, vbOKOnly + vbInformation, Titel
 WScript.Quit
End if

' Test, ob Zielordner existiert
If (Not fso.FolderExists(file2)) Then
' Gibt es den übergeordneten Ordner?
 If (Not fso.FolderExists(path3)) Then _
  fso.CreateFolder(path3) ' Erzeuge 1. Stufe

 fso.CreateFolder(file2)  ' Erzeuge Sicherungsordner
End if

' Kopiere jetzt die Dateien vom Quell- zum Zielordner
fso.CopyFile path1 & "\*.*", file2

Text = "Ordnerinhalt in " & file2 & " gesichert"
MsgBox Text, vbOKOnly + vbInformation, Titel
```

```
' Prüfe, ob ein Ordner leer ist
Function FolderEmpty (name)
 Dim fs, fo, f                  ' Objektvariable
 Dim i, flag

 Set fs = CreateObject("Scripting.FileSystemObject")
 Set fo = fs.GetFolder(path1)    ' Hole Ordner
 Set f = fo.Files                ' Hole Dateien-Auflistung
 flag = true                     ' Keine Dateien
 For Each i in f
  flag = false                   ' Eine Datei gefunden
 Next
 FolderEmpty = flag
End function
'*** Ende
```

Listing 12.19: Sichern.vbs

HINWEIS: Sie finden die Beispieldatei *Sichern.vbs* auf der Begleit-CD-ROM im Ordner *\Beisp\Kap12.*

TIPP: Die Methoden zum Kopieren verwenden eine unterschiedliche Syntax für Quell- und Zielverzeichnis. Sollte es bei einer Methode zum Kopieren/Verschieben von Dateien zu Laufzeitfehlern kommen, obwohl die Verzeichnisse und Dateien existieren, prüfen Sie, ob ggf. ein \-Zeichen am Ende eines Ordnernamens fehlt. In obigem Beispiel wurde auf dieses Zeichen verzichtet, da die Methode auch mit dem Ordnernamen funktioniert.

Dateinamen in Groß-/Kleinbuchstaben wandeln

Nach dem Beispiel zum Sichern von Dateien mit der *CopyFile*-Methode möchte ich nun die *Move*-Methode anwenden. In Windows sind Datei- und Ordnernamen im Gegensatz zu Unix nicht case-sensitive, d.h. Groß-/Kleinbuchstaben sind im Namen egal. Beim Kopieren der Dateien auf Unix-Rechner gilt dies aber nicht mehr. Insbesondere bei Webseiten gibt es dann Probleme mit der Schreibweise der Dateinamen.

Mit einem WSH-Skript können Sie unter Verwendung des *FileSystemObject*-Objekts das Problem leicht lösen: Das Skript ändert alle Buchstaben der Datei- oder Ordnernamens in Klein- oder Großbuchstaben. Dies lässt sich mit den Methoden *Move* oder *MoveFile* bzw. *MoveFolder* erreichen, da diese die alte Kopie löschen und der neuen Kopie ggf. einen anderen Dateinamen zukommen lassen. Details zu den Methoden finden Sie in der VBScript/JScript-Sprachreferenz. Lassen Sie uns jetzt die *Move*-Methode einsetzen, um Datei- und Ordnernamen in Groß- oder Kleinbuchstaben zu konvertieren. Diese Methode wird gewählt, da diese gleichzeitig Dateien und Ordner unterstützt, das Skript kann also beide Gruppen von Namen bearbeiten. Weiterhin benötigt die *Move*-Methode nur einen Parameter:

```
Obj.Move destination
```

Obj ist dabei die Objektvariable, die eine Referenz auf das zu verschiebende Objekt enthält. Die Umwandlung der Datei- oder Ordnernamen wird in der Funktion *MakeCase* vorgenommen. Diese Funktion wird mit zwei Parametern aufgerufen: Der erste Parameter enthält den Pfad und den Namen des gewünschten Objekts (z.B. *C:\Test\Test.txt*). In diesem Beispiel wird die Datei *Test.txt* konvertiert. Der zweite Parameter wird auf *true* (in Großbuchstaben) oder auf *false*

(Kleinbuchstaben) gesetzt und steuert die Art der Konvertierung. Die Funktion erzeugt ein *FileSystemObject*-Objekt:

```
Set fso = CreateObject("Scripting.FileSystemObject")
```

Dann prüft die Funktion, ob die angegebene Datei überhaupt existiert. Hierzu gelangt folgender Code zum Einsatz:

```
If fso.FileExists(file) then
 Set oFile = fso.GetFile(file)
Else
 If fso.FolderExists(file) then
  Set oFile = fso.GetFolder(file)
 Else
  MakeCase = false   ' Kein Dateisystem-Objekt
  Exit Function
 End If
End if
```

Existiert die Datei/der Ordner nicht, liefert die Funktion den Wert *false* zurück. Existiert das Objekt, verwenden wir die Methoden *GetFile()* oder *GetFolder()*, um eine Referenz auf das Objekt zu holen. Dann wird der im ersten Parameter übergebene Pfad in Pfad und Dateiname aufgeteilt. Hierzu lassen sich die Methoden *GetFilename()* und *GetParentFolder()* verwenden:

```
name = fso.GetFilename(file)
path = fso.GetParentFolderName(file)
```

Anschließend lässt sich die *Move*-Methode auf das Objekt anwenden:

```
If caseFlag Then
 oFile.Move path & "\" & Ucase(name)
Else
 oFile.Move path & "\" & Lcase(name)
End If
```

Der zweite Parameter steuert über die *If*-Anweisung, welche Funktion zur Konvertierung eingesetzt wird. Dann wird das Objekt mittels der *Move*-Methode in Groß-/Kleinbuchstaben konvertiert. Der Code ist folgendem Listing zu entnehmen:

```
Function MakeCase (file, caseFlag)
Dim fso, oFile, path, name
 Set fso = CreateObject("Scripting.FileSystemObject")
 If fso.FileExists(file) then
  Set oFile = fso.GetFile(file)
 Else
  If fso.FolderExists(file) then
   Set oFile = fso.GetFolder(file)
  Else
   MakeCase = false   ' Kein Dateisystemobjekt
   Exit Function
  End If
 End if
```

```
 name = fso.GetFilename(file)
 path = fso.GetParentFolderName(file)

 If caseFlag Then
  oFile.Move path & "\" & Ucase(name)
 Else
  oFile.Move path & "\" & Lcase(name)
 End If
 Set fso = Nothing
 MakeCase = true
End Function
```

Listing 12.20: *Funktion* MakeCase

Mit dieser Funktion wird das Schreiben eines WSH-Skripts zum Konvertieren von Datei- oder Ordnernamen sehr einfach. Das folgende VBScript-Programm versucht die Argumente zu lesen, die dem Skript übergeben wurden. Dies erlaubt dem Benutzer, Dateien oder Ordner per Drag&Drop zur Skriptdatei zu ziehen. Nach Auswertung der Argumente prüft das Skript, ob die Objekte existieren und konvertiert die Namen in Großbuchstaben. Details sind dem Listing zu entnehmen.

```
'************************************************
' File:   UCase.vbs (WSH-Beispiel in VBScript)
' Autor:  Günter Born
'
' Konvertiert Datei- und Ordnernamen in Grossbuchstaben.
' Unterstützt Drag & Drop.
'************************************************
Option Explicit

' Hier wird die Konvertierrichtung gesetzt.
Const xCase = true  ' Großbuchstaben
'Const xCase = false ' Kleinbuchstaben
Const Title = "Uppercase-Konverter - by G. Born"

Dim objArgs, param, i

' Versuche, Argumente zu lesen
Set objArgs = Wscript.Arguments    ' erzeuge Objekt
If objArgs.Count < 1 Then  ' keine Argumente, Ende
 MsgBox "Sorry, keine Argumente gefunden!" & vbCRLF & _
       "Bitte Datei oder Ordner angeben oder auf Skript ziehen.", _
       vbInformation + vbOkOnly, Title
  WScript.Quit  ' Ende
End if

i = 0
' Versuche die Namen in Großbuchstaben zu konvertieren
For Each param In objArgs
 If MakeCase (param, xCase) Then i = i + 1
Next

MsgBox i & " Objekt(e) konvertiert", vbInformation + vbOkOnly, Title

Function MakeCase (file, caseFlag)
```

```
Dim fso, oFile, path, name
 Set fso = CreateObject("Scripting.FileSystemObject")
 If fso.FileExists(file) then
  Set oFile = fso.GetFile(file)
 Else
  If fso.FolderExists(file) then
   Set oFile = fso.GetFolder(file)
  Else
   MakeCase = false   ' Kein FileSystemObject-Objekt
   Exit Function
  End If
 End if

 name = fso.GetFilename(file)
 path = fso.GetParentFolderName(file)

 If caseFlag Then
  oFile.Move path & "\" & Ucase(name)
 Else
  oFile.Move path & "\" & Lcase(name)
 End If
 Set fso = Nothing
 MakeCase = true
End Function
' Ende
```

Listing 12.21: UCase.vbs

HINWEIS: Sie finden die Beispieldatei *UCase.vbs* auf der Begleit-CD-ROM im Ordner *\Beisp\Kap12.* Es sind nur wenige Handgriffe erforderlich, um das Programm so zu ändern, dass die Datei- oder Ordnernamen in Kleinbuchstaben umgesetzt werden. Im gleichen Ordner finden Sie daher die Datei *LCase.vbs* sowie die JScript-Varianten *UCase.js* und *LCase.js*.

Textdateiinhalte bearbeiten

Der WSH stellt ebenfalls Methoden zum Lesen und Schreiben des Inhalts von Textdateien zur Verfügung. Die nachfolgenden Abschnitte demonstrieren an einfachen Beispielen, wie Sie diese Methoden verwenden.

Auslesen einer Textdatei

In einem einfachen Beispiel soll die Möglichkeit zum Zugriff auf Textdateien demonstriert werden. Das nachfolgend gezeigte Skript liest die Datei *Autoexec.bat* aus und gibt deren Inhalt wahlweise in einem Dialogfeld oder in einem Browserfenster aus (Abbildung 12.13).

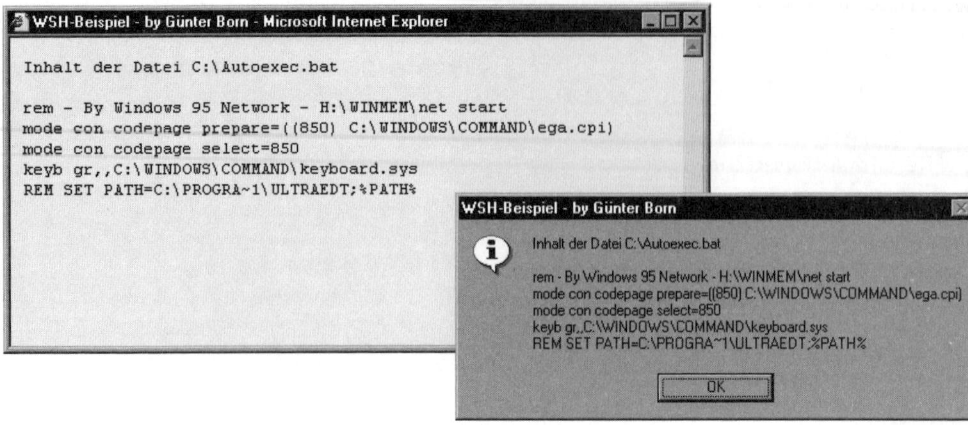

Abbildung 12.13: *Ausgabe der* Autoexec.bat *per Skript*

Zum Lesen einer Textdatei benötigen Sie das *FileSystemObject*-Objekt, da dieses Objekt die betreffenden Methoden bereitstellt. Das Objekt lässt sich mit der folgenden Anweisung erzeugen:

```
Set fso = CreateObject("Scripting.FileSystemObject")
```

Bevor Sie allerdings die Datei öffnen, sollten Sie prüfen, ob die Datei existiert. Andernfalls löst das Skript bei einer fehlenden Datei einen Laufzeitfehler aus. Die Prüfung kann mit der Anweisung:

```
If fso.FileExists(file) Then
...
```

erfolgen. Zum Öffnen der Textdatei wenden Sie die *OpenTextFile*-Methode auf das Objekt an.

```
Set fi = fso.OpenTextFile(file)
```

Diese Methode erwartet als Parameter den Namen samt Pfad der zu öffnenden Textdatei. Durch die Prüfung, ob die Datei existiert, wurde ein Laufzeitfehler beim Aufruf der Methode im Hinblick auf fehlende Dateien ausgeschlossen. In obiger Anweisung wurde nur der erste Parameter mit dem Dateinamen für die Methode benutzt. Die Methode besitzt aber einige optionale Parameter:

```
object.OpenTextFile(filename[, iomode[, create[, format]]])
```

die das Öffnen der Textdatei steuern. Die Parameter besitzen dabei folgende Bedeutung:

- *filename:* Der Name einer existierenden Textdatei.
- *iomode:* Legt optional den Ein-/Ausgabemodus für die Dateioperationen fest. Zulässig sind die Konstanten *ForReading* (Wert = 1, nur lesender Zugriff), *ForWriting* (Wert = 2, nur schreibender Zugriff) und *ForAppending* (Wert = 8, Schreibzugriffe hängen Daten am Dateiende an).

HINWEIS: Sie müssen diese Konstanten im Skript explizit deklarieren, da WSH bzw. die Language-Engines die Konstante nicht vordefinieren. Sie können ab WSH 2.0 allerdings eine Referenz auf eine Typbibliothek definieren (siehe ▶ Kapitel 1), um die Konstanten zu importieren.

- *create:* Ist ein optionaler Boolean-Wert. Der Wert *true* bestimmt, dass die Datei angelegt wird, falls der angegebene Dateiname nicht existiert. Mit *false* wird das Anlegen einer neuen Datei verhindert.
- *format:* Der optionale Parameter legt das Format der zu öffnenden Datei fest. Fehlt der Parameter, wird eine ASCII-Datei als Format angenommen. Sie können die Werte auf *TristateUseDefault* (Wert = –2, öffnet die Datei mit den Standard-Systemeinstellungen), *TristateTrue* (Wert = –1, öffnet die Datei im Unicode-Format) und *TristateFalse* (Wert = 0, öffnet die Datei im ASCII-Format) setzen.

Zum Lesen der Einträge in der Datei lässt sich die *ReadLine*-Methode auf das Dateiobjekt anwenden. Allerdings müssen Sie prüfen, ob das Ende der Datei erreicht ist. Hierzu lässt sich die *atEndOfStream*-Methode verwenden. Die folgende Schleife zeigt, wie Sie die Datei zeilenweise in eine Textvariable einlesen.

```
Do While Not (fi.atEndOfStream)
  Text = Text & fi.Readline & vbCrLf
Loop
```

Sobald die Datei eingelesen wurde, gibt das Skript den Inhalt aus.

Eine Implementierung in VBScript

Lassen Sie mich an dieser Stelle noch einige Bemerkungen zur Implementierung des Beispiels geben. Die Wiedergabe einer Textdatei in einem Dialogfeld ist recht einfach, hat aber den Nachteil, dass nicht beliebig viel Text angezeigt werden kann. Aus diesem Grund habe ich hier auch die Datei *Autoexec.bat* gewählt, da diese nicht allzu umfangreich wird. Vermutlich möchten Sie aber beliebig lange Textdateien verarbeiten können. Die Implementierung des VBScript-Beispiels bietet Ihnen daher die Möglichkeit, die Textdatei wahlweise in einem Dialogfeld oder in einem Browserfenster auszugeben.

Das Skript setzt den Dateinamen dabei auf *C:\Autoexec.bat* als Standarddatei. Wird kein anderer Dateiname angegeben, erscheint der Inhalt von *Autoexec.bat*. Andererseits kann es sinnvoll sein, dem Benutzer die Möglichkeit zu geben, jede beliebige Textdatei zum Skriptsymbol zu ziehen. Dann wird der Inhalt angezeigt. Dies lässt sich in VBScript mit folgender Codesequenz erledigen:

```
file = "C:\Autoexec.bat"         ' Init Dateinamen
' Versuche, Dateinamen über Argumente zu lesen
Set objArgs = WScript.Arguments ' Objekt erzeugen
If objArgs.Count >0 Then         ' Argument gefunden
 file = objArgs(0)               ' 1. Argument = Dateiname
End if
```

Sobald die Sequenz durchlaufen wurde, enthält die Variable *file* entweder den Namen *C:\Autoexec.bat* oder den Pfad zu einer anderen Datei. Vor einem Zugriff auf die Datei muss ein *FileSystemObject*-Objekt instantiiert und eine Prüfung auf die Existenz der Datei durchgeführt werden:

```
Set fso = CreateObject("Scripting.FileSystemObject")
If fso.FileExists(file) Then ' Datei vorhanden?
 ...
End if
```

Die erste Zeile erzeugt das *FileSystemObject*-Objekt. Dann lässt sich die *FileExists*-Methode auf dieses Objekt anwenden, um die Existenz der Datei zu verifizieren. Wird keine Datei gefunden, terminiert das Skript per *Quit*-Methode. Gibt es die Datei, wird deren Inhalt gelesen:

```
Set txtStream = fso.OpenTextFile(file) ' Öffne Textdatei
 Do While Not (txtStream.atEndOfStream)
  Text = Text & txtStream.Readline & vbCrLf
 Loop
```

Die Methode *OpenTextFile* öffnet die Datei. Ich habe alle optionalen Parameter weggelassen, da wir nur einen Lesezugriff benötigen. In einer Schleife lässt sich der Dateiinhalt zeilenweise mit der *Readline*-Methode lesen. Ein Test, ob das Dateiende erreicht ist, lässt sich über die *atEndOfStream*-Methode ausführen. Diese Methode liefert den Wert *false*, falls das Dateiende erreicht ist.

Sobald die Schleife beendet wird, enthält die Variable *Text* den Dateiinhalt. Das Skript kann das Ergebnis entweder per Dialogfeld oder im Browserfenster ausgeben. Leider gibt es noch einige Probleme mit beiden Ansätzen.

Textanzeige: Probleme mit Dialogfeldern und Browserfenster

Ein einfaches Dialogfeld lässt sich in VBScript sehr elegant mit dem Befehl:

```
WScript.Echo Text
```

oder mit der Anweisung:

```
MsgBox Text, vbOkOnly + vbInformation, Title
```

ausgeben. Falls die Variable *Text* nur einige Zeichen enthält, ist dies optimal. Bei einem längeren Text versagt die *Echo*-Methode aber. Das Dialogfeld wird so groß, dass der untere Teil über den Bildschirmrand reicht. Der Benutzer kann die *OK*-Schaltfläche nicht mehr anklicken.

Bei *MsgBox* gibt es ein anderes Problem: Der Text wird ggf. einfach abgeschnitten. Die VBScript-Hilfe gibt an, dass maximal 1.024 Zeichen angezeigt werden können. Bei längeren Texten wird nur der Anfang dargestellt. Dies fiel mir beim Experimentieren mit diesem Beispielskript auf. Werden Unicode-Zeichen verwendet, kann das Skript ggf. sogar noch weniger Text darstellen, da dann pro Zeichen zwei Byte belegt werden.

Im Beispiel habe ich daher dem Benutzer die Wahl zur Anzeige per Dialogfeld oder per Browserfenster überlassen. Es erscheint ein einfaches Dialogfeld zur Auswahl des Ausgabemediums (Abbildung 12.14).

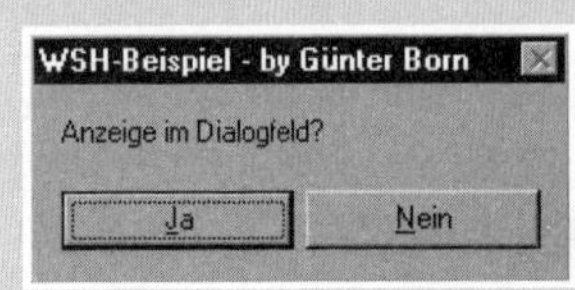

***Abbildung 12.14:** Auswahl des Ausgabemediums*

Mit dem Internet Explorer lassen sich auch längere Texte problemlos anzeigen. Die betreffenden Methoden hatte ich bereits in früheren Beispielen zur Genüge diskutiert. Zur Textausgabe können wir eine Prozedur verwenden:

```
ShowWindow Text, Title
```

Auch diese Prozedur wurde bereits vorgestellt. Im aktuellen Beispiel wird die Prozedur leicht abgewandelt und verwendet folgenden Code:

```
Sub ShowWindow (txt, title)
' Text im Browserfenster ausgeben
Dim oIE, doc1
' erzeuge Internet Browser Application-Objekt
 Set oIE = WScript.CreateObject("InternetExplorer.Application")
 oIE.navigate "about:blank"  ' Leeres HTML-Dokument
 oIE.visible = 1             ' MSIE sichtbar
 oIE.toolbar = 0
 oIE.statusbar = 0
 'oIE.width=600
 oIE.height=500
 Do While (oIE.Busy): WScript.sleep 50 Loop   ' Wichtig: Warte bis MSIE fertig
 Set doc1 = oIE.Document     ' Hole Document-Objekt
 doc1.open                   ' Öffne Dokument
' HTML-Code in Documentfenster schreiben
 doc1.writeln "<html><head><title>" & Title & "</title></head>"
 doc1.writeln "<body bgcolor='#FAF0F0'><pre>"
 doc1.writeln (txt)          ' Textausgabe
 doc1.writeln "</pre></body></html>"
 doc1.close                  ' Dokument schließen
End Sub
```

Listing 12.22: *Prozedur* ShowWindow

Die Prozedur ruft den Internet Explorer auf und schreibt einen Titelzeile sowie den Inhalt des übergebenen Strings in den Dokumentbereich. Der Text selbst wird durch Tags wie *<pre>* … *</pre>* eingeschlossen, um eine Formatierung zu erreichen. Die Prozedur ergänzt das Ganze durch eine gültige HTML-Struktur. Folglich wird der Text im Browserfenster erscheinen.

Übrigens, haben Sie bemerkt, dass ich die Breite des Browserfensters nicht über die Eigenschaft *width* gesetzt habe? Die betreffende Anweisung ist mit einem Kommentar versehen. Als Ergebnis kann der Browser die Breite des Dokumentfensters selbst an Hand der Zeilenlänge festlegen. Kleiner Trick, aber große Wirkung.

Leider gibt es noch ein Problem, welches in Abbildung 12.15 am Beispiel einer englischsprachigen Dokumentdatei demonstriert wird. Bei ersten Tests der ursprünglichen Implementierung fielen mir einige Dokumente auf, bei denen Textstellen mit anderer Schriftart oder fett hervorgehoben wurden. Dies galt insbesondere für Quellcodes von Skripten, die den Internet Explorer benutzten. Als ich dann eine HTML-Datei im Quellcode anzeigen wollte, enthielt diese plötzlich Formularelemente. In diesem Augenblick war mir klar, dass der rohe Text der Datei nicht einfach als Zeichenkette mit *ShowWindow* an den Browser zur Darstellung übergeben werden darf. Im Text enthaltene HTML-Tags werden vom Browser irrtümlich ausgewertet und bewirken die veränderte Anzeige. Daher benötigen wir eine Art Filter, der zumindest alle Tag-Zeichen wie »<« und »>« in Entitäten wie < und > umsetzt. ▶

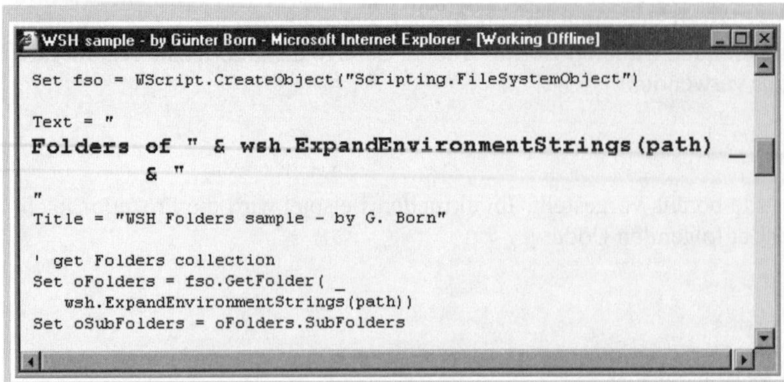

Abbildung 12.15: *Fetter Text im Dokument*

Daher habe ich eine einfache Filterfunktion geschrieben und in der Prozedur *MakeHTMLCode* untergebracht. Diese Prozedur analysiert einen Eingangstext und tauscht bestimmte Muster durch vorgebbare Textelemente aus. Neben den Tag-Zeichen »<« und »>« soll der Filter noch optional die Codes für Zeilenumbrüche (*vbCrLf*) in *
*-Tags tauschen. Weiterhin wird der Text ja durch *<pre>* ... *</pre>*-Tags eingefasst, um eine formatierte Anzeige zu erreichen. Leider verursacht dies einen zweiten Effekt: In HTML werden Leerzeichen als »white space«-Zeichen bewertet, d.h. mehrfach aufeinander folgende white space-Zeichen entfernt der Browser einfach aus dem HTML-Code. Daher gibt es auch eine Option, um Leerzeichen durch die Entität   zu ersetzen. Leider hängt das Ergebnis vom Browser ab. Mehrere aufeinander folgende * * werden im Internet Explorer 5.0 zu einem Zeichen zusammengefasst (während dies bei älteren Browsern nicht der Fall ist). Daher habe ich die Funktion *MakeHTMLCode* mit einem zweiten Parameter versehen, dessen Wert die Art der Filterkriterien festlegt. Ein Wert 0 bearbeitet »<« und »>«, mit 1 wird der Filter der Option 0 um die Funktion zum Ersetzen aller Zeilenumbrüche durch *
*-Tags eingeschaltet und der Wert 2 erweitert die Funktion 1 um das Ersetzen von Leerzeichen durch .

An dieser Stelle möchte ich auch kurz auf das Ersetzen von Zeichen in einem String eingehen. In VBScript und in JScript gibt es ab der Version 5.1 das Regular Expression-Objekt. Das Objekt lässt sich in VBScript folgendermaßen anlegen:

```
Set oReg = New RegExp
```

Anschließend lassen sich die Eigenschaften setzen, und die Methoden (z.B. zum Austauschen von Textstellen) verwenden. Um alle Textstellen im String zu bearbeiten, auf die das Suchmuster zutrifft, ist die Eigenschaft *Global* auf *true* zu setzen:

```
oReg.Global = true
```

Der Befehl:

```
oReg.IgnoreCase = True
```

legt fest, dass keine Unterscheidung zwischen Groß-/Kleinschreibung erfolgen soll. Um alle »<« mit einem anderen Zeichen innerhalb einer Zeichenkette auszutauschen, lässt sich dann folgender Code nutzen:

```
oReg.Pattern = "<"
txt = oReg.Replace(txt, "&lt;")
```

Die erste Zeile setzt das zu ersetzende Muster. In der zweiten Zeile wird die *Replace*-Methode auf die Zeichenkette *txt* angewandt. Die Zeichenkette »<« stellt dann den beim Ersetzen zu verwendenden Text dar. Details zur Implementierung können Sie folgendem Listing entnehmen.

```
Sub MakeHTMLcode (txt, flag)
' Konvertiert Text in HTML-Struktur
' Flag setzt Filterfunktion für Elemente
' 0: alle < und > Zeichen in "&lt;" bzw. "&gt;"
' 1: wie Flag = 0 plus vbCrLf in <br> umsetzen
' 2: wie Flag = 2, plus Leerzeichen in   umsetzen
' ### Achte auf Reihenfolge der Zeichenersetzung ###
 Dim oReg
Set oReg = New RegExp         ' Regular expression erzeugen
 oReg.Global = true           ' Alle Treffer
 oReg.IgnoreCase = True       ' Gross-/Kleinschreibung beachten.

' Alle "<" mit "&lt;" ersetzen
 oReg.Pattern = "<"           ' Muster setzen
 txt = oReg.Replace(txt, "&lt;")

' Alle ">" mit "&gt;" ersetzen
 oReg.Pattern = ">"           ' Muster setzen
 txt = oReg.Replace(txt, "&gt;")

 If flag > 0 Then             ' vbCrLf ersetzen?
' Ja, vbCrLf auf <br> umsetzen
 oReg.Pattern = vbCrLf        ' Muster setzen
 oReg.Global = true           ' Alle Treffer
 txt = oReg.Replace(txt, "<br>")
 End if

 If flag > 1 Then             ' Leerzeichen ersetzen?
' Ja, Leerzeichen in " " umsetzen
 oReg.Pattern = " "           ' Setze Muster
 oReg.Global = true           ' Alle Treffer
 txt = oReg.Replace(txt, " ")
 End if
End Sub
```

Listing 12.23: *Prozedur MakeHTMLcode*

Die Funktion lässt sich bequem per Skript aufrufen und erlaubt die Steuerung des Filtervorgangs über den zweiten Parameter.

Nachdem Sie nun die Fallstricke und auch die Lösungen kennen, ist die Implementierung des Beispiels nur noch ein kurzer Weg. Sobald die Textdatei ausgelesen wurde, sorgt die Funktion *MakeHTMLcode* für die Umsetzung kritischer Textstellen. Das Beispiel setzt den zweiten Parameter auf 0, filtert also nur »<« und »>«. Zeilenumbrüche und Leerzeichen verbleiben im Text, da die Tags *<pre> ... </pre>* zur Darstellung im Browser verwendet werden. Weitere Details sind nachfolgendem Listing zu entnehmen.

```
'************************************************
' File:   Readtxt.vbs (WSH-Beispiel in VBScript)
' Autor:  (c) Günter Born
'
' Zweck: Liest den Inhalt einer Textdatei und zeigt
'        diesen in einem Dialogfeld oder in einem
'        Browserfenster an. Für imode werden Standard-
'        werte benutzt.
'************************************************
Option Explicit

Dim Text, Titel
Dim fso, objArgs
Dim txtStream                   ' Text-Stream
Dim file

file = "C:\Autoexec.bat"        ' Dateiname initialisieren

Titel = "WSH-Beispiel - by Günter Born"

' Versuche, Dateinamen über Argumente zu lesen
Set objArgs = WScript.Arguments ' Objekt erzeugen
If objArgs.Count >0 Then        ' Argument gefunden
 file = objArgs(0)              ' 1. Argument = Dateiname
End if
Text = "Inhalt der Datei " & file & vbCrLf & vbCrLf

' Erstelle neues FileSystemObject-Objekt, welches wir
' zum Zugriff auf das Dateisystem brauchen.
Set fso = CreateObject("Scripting.FileSystemObject")

' Prüfe, ob Datei existiert
If fso.FileExists(file) Then
 Set txtStream = fso.OpenTextFile(file) ' Textdatei öffnen
 Do While Not (txtStream.atEndOfStream)
  Text = Text & txtStream.Readline & vbCrLf ' Lesen
 Loop
Else                    ' ### Abbruch ###
 MsgBox "Datei '" & file & "' nicht gefunden", _
        vbOKOnly + vbCritical, Titel
 WScript.Quit 1                 ' Fehlerexit
End if

If MsgBox ("Anzeige im Dialogfeld?", vbYesNo, Titel) _
   = vbYes Then    ' Zeige Dateiinhalt im Dialogfeld
 MsgBox Text, vbOKOnly + vbInformation, Titel
Else               ' Verwende Browserfenster
 MakeHTMLCode Text, 0        ' Text nach HTML (nur Tagzeichen "< >")
 ShowWindow Text, Titel      ' Zeige HTML-Dokument im Fenster
End if

'###################
Sub ShowWindow (txt, title)
```

```
' Text im Browserfenster ausgeben
Dim oIE, doc1
' Erzeuge Internet Browser Application-Objekt
 Set oIE = WScript.CreateObject("InternetExplorer.Application")
 oIE.navigate "about:blank"  ' Leeres HTML-Dokument
 oIE.visible = 1             ' MSIE sichtbar
 oIE.toolbar = 0
 oIE.statusbar = 0
 'oIE.width=600
 oIE.height=500
 Do While (oIE.Busy):        ' Wichtig: Warte bis MSIE fertig
 WScript.sleep 50
 Loop
 Set doc1 = oIE.Document     ' Hole Document-Objekt
 doc1.open                   ' Öffne Dokument
' HTML-Code in Dokumentfenster schreiben
 doc1.writeln "<html><head><title>" & Title & "</title></head>"
 doc1.writeln "<body bgcolor='#FAF0F0'><pre>"
 doc1.writeln (txt)          ' Textausgabe
 doc1.writeln "</pre></body></html>"
 doc1.close                  ' Dokument schließen
End Sub

Sub MakeHTMLcode (txt, flag)
' Konvertiert Text in HTML-Struktur
' Flag setzt Filterfunktion für Elemente
' 0: alle < und > Zeichen in "&lt;" bzw. "&gt;"
' 1: wie Flag = 0 plus vbCrLf in <br> umsetzen
' 2: wie Flag = 2, plus Leerzeichen in   umsetzen
' ### Achte auf Reihenfolge der Zeichenersetzung ###
 Dim oReg
 Set oReg = New RegExp        ' Regular expression erzeugen
 oReg.Global = true           ' Alle Treffer
 oReg.IgnoreCase = True       ' Groß-/Kleinschreibung beachten.

' alle "<" mit "&lt;" ersetzen
 oReg.Pattern = "<"           ' Muster setzen
 txt = oReg.Replace(txt, "&lt;")

' Alle ">" mit "&gt;" ersetzen
 oReg.Pattern = ">"           ' Muster setzen
 txt = oReg.Replace(txt, "&gt;")

 If flag > 0 Then             ' vbCrLf ersetzen?
' Ja, vbCrLf auf <br> umsetzen
 oReg.Pattern = vbCrLf        ' Muster setzen
 oReg.Global = true           ' Alle Treffer
 txt = oReg.Replace(txt, "<br>")
 End if

 If flag > 1 Then             ' Leerzeichen ersetzen?
' Ja, Leerzeichen in " " umsetzen
 oReg.Pattern = " "           ' Setze Muster
 oReg.Global = true           ' Alle Treffer
 txt = oReg.Replace(txt, " ")
 End if
```

```
End Sub
'*** Ende
```

Listing 12.24: ReadTxt.vbs

HINWEIS: Sie finden die Beispieldatei *ReadTxt.vbs* auf der Begleit-CD-ROM im Ordner *\Beisp\Kap12*. Die JScript-Implementierung finden Sie im gleichen Verzeichnis in der Datei *ReadTxt.js*

Schreiben in eine Textdatei

Der WSH ermöglicht Ihnen zusätzlich, Daten in Textdateien abzulegen. Dies soll an einem sehr einfachen Beispiel demonstriert werden. Das Beispielskript öffnet die Datei *Autoexec.bat*, kopiert deren Inhalt in eine neue Datei und hängt anschließend den Text »Set Born=Hallo« an. Mit dieser Anweisung wird beim nächsten Systemstart unter Windows 98 eine neue Umgebungsvariable *Born* angelegt. Zum Zugriff auf die Textdatei benötigen Sie das *FileSystemObject*-Objekt des WSH. Anschließend lässt sich die Datei direkt mit der *OpenTextFile*-Methode öffnen. Gemäß den Ausführungen im vorhergehenden Abschnitt können Sie in optionalen Parametern den Zugriffsmodus angeben. Die folgende Anweisung:

```
Set fi2 = fso.OpenTextFile(file2, ForWriting, true)
```

bewirkt, dass sich die Textdatei nur beschreiben lässt (die Konstante *ForWriting* muss dabei auf 2 gesetzt werden). Der Wert *true* bewirkt, dass bei einer fehlenden Datei diese neu angelegt wird.

Beim anschließenden Schreiben wird die Datei Satz für Satz gefüllt. Der Schreibzeiger beginnt dabei in der ersten Zeile der Datei! Die folgende Sequenz kopiert den Inhalt der Textdatei *fi1* in *fi2*. Zum Abschluss wird dann noch eine zusätzliche Textzeile angehängt.

```
Do While Not (fi1.atEndOfStream)    ' Kopiere Dateiinhalt
  Text = fi1.Readline               ' Lese Zeile
  fi2.WriteLine (Text)              ' Schreibe Zeile
 loop
' Jetzt die Zeile anhängen
fi2.WriteLine ("Set Born=Hallo")
```

Die *WriteLine*-Methode fügt automatisch bei jeder Zeile einen Zeilenumbruch in die Datei ein. Rufen Sie das Skript mehrfach auf, wird immer die gleiche Ausgabedatei erzeugt, da die Schreibvorgänge am Dateianfang beginnen. Einzelheiten sind dem folgenden Listing zu entnehmen.

```
'************************************************
' File:   WriteTxt.vbs (WSH-Beispiel in VBScript)
' Autor:  (c) Günter Born
'
' Zweck: Kopiert den Inhalt einer Textdatei und hängt
'        eine neue Zeile an.
'************************************************
Option Explicit

Const file1 = "C:\Autoexec.bat"
Const file2 = "C:\Autoexec.xx1"
Const ForWriting = 2              ' Schreiben
```

```
Dim Text
Dim fso, fil, fi2           ' Objektvariable

' Erstelle neues FileSystemObject-Objekt, welches wir
' zum Zugriff auf das Dateisystem brauchen.
Set fso = CreateObject("Scripting.FileSystemObject")

' prüfe, ob die Datei existiert
If fso.FileExists(file1) Then
 Set fil = fso.OpenTextFile(file1) ' Öffne die Textdatei
 Set fi2 = fso.OpenTextFile(file2, _
              ForWriting, true) ' Ausgabedatei

 Do While Not (fil.atEndOfStream)  ' Kopiere Dateiinhalt
  Text = fil.Readline              ' Lese Zeile
  fi2.WriteLine (Text)             ' Schreibe Zeile
 loop
' Jetzt die Zeile anhängen
 fi2.WriteLine ("Set Born=Hallo")
 Set fil = Nothing
 Set fi2 = Nothing
 WScript.Echo "Textdatei " & file1 & " in " & _
             file2 & " kopiert und erweitert."
Else
 WScript.Echo "Datei " & file & " nicht gefunden"
End if
'*** Ende
```

Listing 12.25: WriteTxt.vbs

HINWEIS: Sie finden die Beispieldatei *WriteTxt.vbs* auf der Begleit-CD-ROM im Ordner *\Beisp\Kap12*. Die JScript-Implementierung finden Sie im gleichen Verzeichnis in der Datei *WriteTxt.js*

Anhängen an eine Textdatei

Möchten Sie Informationen an das Ende einer Textdatei anhängen? Beispielsweise wäre dies bei Protokolldateien (Logdateien) erforderlich. Dies ist mit der im vorhergehenden Abschnitt vorgestellten *WriteLine*-Methode des *FileSystemObject*-Objekts möglich. Im Gegensatz zur vorhergehenden Lösung müssen Sie aber im zweiten Parameter den Schreibmodus auf den Wert *ForAppend* setzen. Die Anweisung:

```
Set fi2 = fso.OpenTextFile(file2, ForAppend, true)
```

bewirkt, dass sich Informationen an die Textdatei anhängen lassen (die Konstante *ForAppend* muss dabei auf 8 gesetzt werden). Der Wert *true* bewirkt, dass bei einer fehlenden Datei diese neu angelegt wird.

Das folgende Beispielskript öffnet die Datei *C:\Autoexec.xx1* und hängt anschließend den Text »Set Born=Hallo« an. Die Datei wird erzeugt, sobald Sie das Skript *WriteTxt.vbs* ausführen. Führen Sie das folgende Skript mehrfach aus, wird die obige Zeile jeweils neu an das Dateiende angehängt. Einzelheiten sind dem folgenden Listing zu entnehmen.

```
'************************************************
' File:   WriteTxt1.vbs (WSH-Beispiel in VBScript)
' Autor:  (c) Günter Born
'
' Zweck: Hängt an die Datei eine neue Zeile an.
'************************************************
Option Explicit

Const file1 = "C:\Autoexec.xx1"
Const ForAppending = 8

Dim Text
Dim fso, fi             ' Objektvariable

' Erstelle neues FileSystemObject-Objekt, welches wir
' zum Zugriff auf das Dateisystem brauchen.
Set fso = CreateObject("Scripting.FileSystemObject")

' prüfe, ob die Datei existiert
If fso.FileExists(file1) Then
 Set fi = fso.OpenTextFile(file1, _
              ForAppending)       ' Ausgabedatei

' Jetzt die Zeile anhängen
 fi.WriteLine ("Set Born=Hallo")
 Set fi = Nothing
 WScript.Echo "Textdatei " & file1 & " erweitert."
Else
 WScript.Echo "Datei " & file & " nicht gefunden"
End if
'*** Ende
```

Listing 12.26: WriteTxt1.vbs

HINWEIS: Sie finden die Beispieldatei *WriteTxt1.vbs* auf der Begleit-CD-ROM im Ordner *\Beisp\Kap12*. Die JScript-Implementierung finden Sie im gleichen Verzeichnis in der Datei *WriteTxt1.js*.

Text in einer Datei ersetzen

Nachdem Sie auf den vorherigen Seiten eine Menge Know-how bezüglich Dateioperationen erhalten haben, möchte ich dieses Wissen in einem kleinen Beispiel anwenden. Manchmal muss eine Textdatei gelesen, nach bestimmten Textmustern analysiert, die Textstellen ausgetauscht und das Ergebnis wieder gespeichert werden. Das folgende Beispiel liest die Datei *Testfile.txt* (die im gleichen Ordner wie das Skript liegen muss). Dann werden alle Zeichen ' durch //# ersetzt. Das Ergebnis findet sich dann in *Testfile1.txt*.

Die Implementierung in VBScript ist nicht besonders schwierig. Wir müssen nur den Code aus den bereits vorgestellten Beispielen anwenden. Der Pfad zum Skript lässt sich über folgende Anweisung erfragen:

```
path = GetPath()
```

Die benutzerdefinierte Funktion *GetPath()* enthält folgende Anweisungen:

```
Function GetPath
' Hole Skriptpfad
 DIM path
 path = WScript.ScriptFullName  ' Skriptname
 GetPath = Left(path, InstrRev(path, "\"))
End Function
```

Sobald der Pfad vorliegt, lässt sich die Eingabedatei öffnen und die Ausgabedatei erzeugen:

```
Set fso = CreateObject("Scripting.FileSystemObject")
If Not fso.FileExists(fileIn) Then WScript.Quit 1
Set oFileIn = fso.OpenTextFile(path & "TestFile.txt")
Set oFileOut = fso.OpenTextFile(path & "TestFile1.txt", _
               ForWriting, true)
```

Die erste Zeile erzeugt das *FileSystemObject*-Objekt. In der zweiten Zeile wird geprüft, ob die Quelldatei existiert. Dann öffnet das Skript die Datei mit der *OpenTextFile*-Methode und legt eine Ausgabedatei mit der *OpenTextFile*-Methode an. Durch Setzen des zweiten Parameters auf *ForWriting* können wir in die Datei schreiben. Die Bearbeitung der Eingabedatei samt Textersetzung erfolgt in der folgenden Schleife:

```
Do While Not (oFileIn.atEndOfStream)
 Text = oFileIn.Readline                    ' Zeile lesen
 Text = Filter (Text, pattern, replacement) ' Ersetzen
 oFileOut.WriteLine (Text)                  ' Zeile schreiben
Loop
```

Die *Do While*-Schleife terminiert, sobald die *atEndOfStream*-Methode bei der Eingabedatei den Wert *true* liefert. Dies ist der Fall, nachdem alle Zeilen gelesen wurden (die Anweisung steckt in der ersten Zeile). Die zweite Zeile konvertiert den Text gemäß der definierten Filterfunktion in der benutzerdefinierten Funktion *Filter*. Der erste Parameter dieser Funktion enthält die Zeichenkette. Der zweite Parameter gibt das Suchmuster an und im dritten Parameter folgt der zu ersetzende Text. Hier habe ich diese beiden Parameter als Konstanten angegeben. Die dritte Zeile schreibt den geänderten String in die Ausgabedatei.

Die Funktion *Filter* enthält den Code zum Ersetzen, Sie haben diesen Code bereits kennen gelernt (siehe *ReadTxt.vbs*). Daher möchte ich nur den Quellcode ohne weitere Erläuterungen zeigen.

```
Function Filter (txt, expr1, expr2)
' Ersetze expr1 mit expr2 in txt
Dim oReg

 Set oReg = New RegExp        ' Regular expression.
 oReg.Global = true           ' Alle Treffer
 oReg.IgnoreCase = True       ' Groß-/Kleinschreibung beachten.

' Ersetze alle expr1 mit expr2
 oReg.Pattern = expr1          ' Muster setzen
```

```
 Filter = oReg.Replace(txt, expr2)
End Function
```

***Listing 12.27:** Funktion* Filter

Die Funktion benutzt ein Regular Expression-Objekt und weist dieses der Variablen *oReg* zu. Dann werden die Eigenschaften für eine globale Bearbeitung gesetzt und die *Replace*-Methode angewandt. Diese ersetzt den Inhalt von Parameter *expr1* mit dem String in *expr2*. Weitere Details entnehmen Sie bitte dem nachfolgenden Listing.

```
'************************************************
' File:   ReplaceTxt.vbs (WSH-Beispiel in VBScript)
' Autor:  Günter Born
'
' Demonstriert, wie sich Text aus einer Datei lesen,
' bearbeiten und erneut in eine Ausgabedatei speichern
' lässt.
'************************************************
Option Explicit
' Definiere E/A-Modus-Konstante
Const ForWriting = 2              ' E/A-Modus: schreiben

Const inF = "Testfile.txt"
Const outF = "Testfile1.txt"

' Zeichenmuster zum Suchen und Ersetzen
Const pattern = "'"
Const replacement = "//#"

Dim Text
Dim fso
Dim oFileIn, oFileOut   ' Text-Stream
Dim path, filein, fileout

path = GetPath()         ' Hole Pfad
fileIn = path & inF      ' Dateinamen ableiten
fileOut = path & outF

' FileSystemObject-Objekt erzeugen
Set fso = CreateObject("Scripting.FileSystemObject")

If Not fso.FileExists(fileIn) Then  ' Datei vorhanden?
 WScript.Echo "Datei '" & fileIn & "' nicht gefunden"
 WScript.Quit 1
End if

' Öffnet Eingabedatei und Ausgabedatei
Set oFileIn = fso.OpenTextFile(fileIn)   ' Eingabedatei
Set oFileOut = fso.OpenTextFile(fileOut, _
              ForWriting, true)       ' Ausgabedatei

Do While Not (oFileIn.atEndOfStream)
 Text = oFileIn.Readline                ' Zeile lesen
 Text = Filter (Text, pattern, replacement)
 oFileOut.WriteLine (Text)              ' Text schreiben
```

```
Loop

WScript.Echo "Textdatei: " & fileIn & vbCrLf & _
             "Ergebnis in: " & fileOut

'##########################
Function GetPath
' Hole Skriptpfad
 DIM path
 path = WScript.ScriptFullName  ' Skriptname
 GetPath = Left(path, InstrRev(path, "\"))
End Function

Function Filter (txt, expr1, expr2)
' Ersetze expr1 mit expr2 in txt
Dim oReg

 Set oReg = New RegExp        ' Regular expression.
 oReg.Global = true           ' Alle Treffer
 oReg.IgnoreCase = True       ' Groß-/Kleinschreibung beachten.

' Ersetze alle expr1 mit expr2
 oReg.Pattern = expr1          ' Muster setzen
 Filter = oReg.Replace(txt, expr2)
End Function
' Ende
```

Listing 12.28: *ReplaceTxt.vbs*

HINWEIS: Sie finden die Datei *ReplaceTxt.vbs* im Ordner *\Beisp\Kap12*. Dieser Ordner enthält auch die Testdatei. Sie können diesen Code als Basis für weitere Werkzeuge verwenden. Es ist nur ein kleiner Schritt, das Skript so zu erweitern, dass es Dateinamen per Argument akzeptiert und bestimmte Textstellen in diesen Dateien automatisch ersetzt. Dann können Sie ganze Dateigruppen automatisch bearbeiten und Texte ersetzen lassen.

Dateiversion anzeigen

Manchmal benötigt man die Version einer bestimmten Datei. In WSH 2.0 ist dies kein Problem mehr, da das *FileSystemObject*-Objekt die *GetFileVersion*-Methode bereitstellt. Mit einem kleinen VBScript-Programm können Sie dies testen. Das Programm erlaubt, eine beliebige Bibliotheksdatei (z.B. DLL) zum Skript zu ziehen und zeigt die Version an (Abbildung 12.16).

Abbildung 12.16: *Anzeige einer Dateiversion (hier* Shell32.dll)

Die Dateiversion erhalten Sie mit folgenden Anweisungen:

```
Set fso = WScript.CreateObject("Scripting.FileSystemObject")
WScript.Echo fso.GetFileVersion (file)
```

Die erste Zeile erzeugt das *FileSystemObject*-Objekt. Die zweite Zeile benutzt die *GetFileVersion*-Methode zur Ermittlung der Version. Als Parameter wird der Dateinamen übergeben. Besitzt die Datei keine Versionsnummer, liefert die Methode eine leere Zeichenkette. Details sind nachfolgendem Listing zu entnehmen.

```
'************************************************
' File:  GetVersion.vbs (WSH 2.0-Beispiel in VBScript)
' Autor: G. Born
'
' Zeigt die Version von Bibliotheksdateien an.
'************************************************
Option Explicit

Dim fso, objArgs
Dim file, tmp

' Suche nach Argumenten mit Dateinamen
Set objArgs = WScript.Arguments ' Erzeuge Objekt
If objArgs.Count > 0 Then       ' Argument gefunden
 file = objArgs(0)              ' 1. Argument = Dateiname
Else
 WScript.Echo " Dateiversionsanzeige", vbCrLf, _
             "Bitte Datei auf Skriptsymbol ziehen"
 WScript.Quit 1
End if

' FileSystemObject erzeugen
Set fso = CreateObject("Scripting.FileSystemObject")
' Existiert Datei
If fso.FileExists(file) Then
 tmp = fso.GetFileVersion (file)
 If len(tmp) > 0 Then
   WScript.Echo " Datei " & file, vbCrLf, _
               "Version: " & tmp
 Else
   WScript.Echo " Datei " & file, vbCrLf, _
               "Version: undefiniert"
 End if
Else
 WScript.Echo "Datei '" & file & "' nicht gefunden"
End if
' Ende
```

Listing 12.29: GetVersion.vbs

HINWEIS: Sie finden die Datei *GetVersion.vbs* im Ordner *\Beisp\Kap12*.

Logging in WSH

Ab Version 2.0 bietet Ihnen der WSH die Möglichkeit, direkt auf die Log-Funktionen von Windows NT/2000/XP (und Windows 9x) schreibend zuzugreifen. In der Windows-NT-Architektur werden die Einträge in der Kategorie *Application* als Information hinterlegt.

Da Windows 9x keine Log-Funktion besitzt, legt WSH im Windows-Ordner eine Textdatei *WSH.log* an und hängt die Nachricht des vom Skript generierten Ereignisses in dieser Datei mit

Uhrzeit und Datum an. In Abbildung 12.17 sehen Sie den Windows-Editor, in dem eine solche Logdatei unter Windows 98 geladen wurde.

Ein Beispiel in VBScript

Das folgende kleine VBScript-Beispiel soll dieses Verhalten demonstrieren. Es schreibt einen Eintrag in die Log-Datei:

```
Set WshShell = WScript.CreateObject("WScript.Shell")
WshShell.LogEvent event, "Log-Beispiel by G. Born"
```

Der erste Parameter, der der *LogEvent*-Methode übergeben wird, definiert den Ereignistyp.

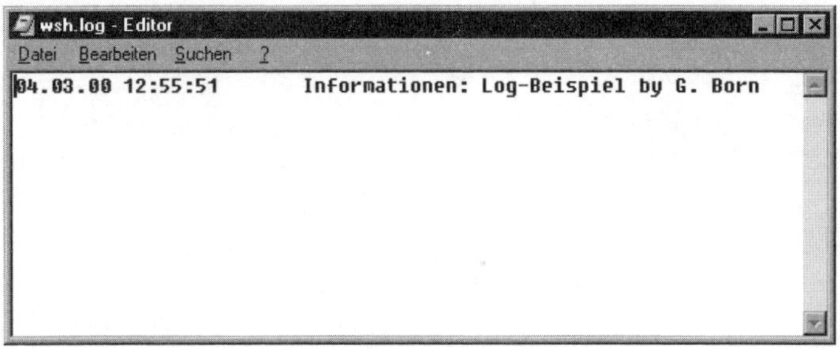

Abbildung 12.17: WSH.log *in Windows 98 im Ordner \Windows*

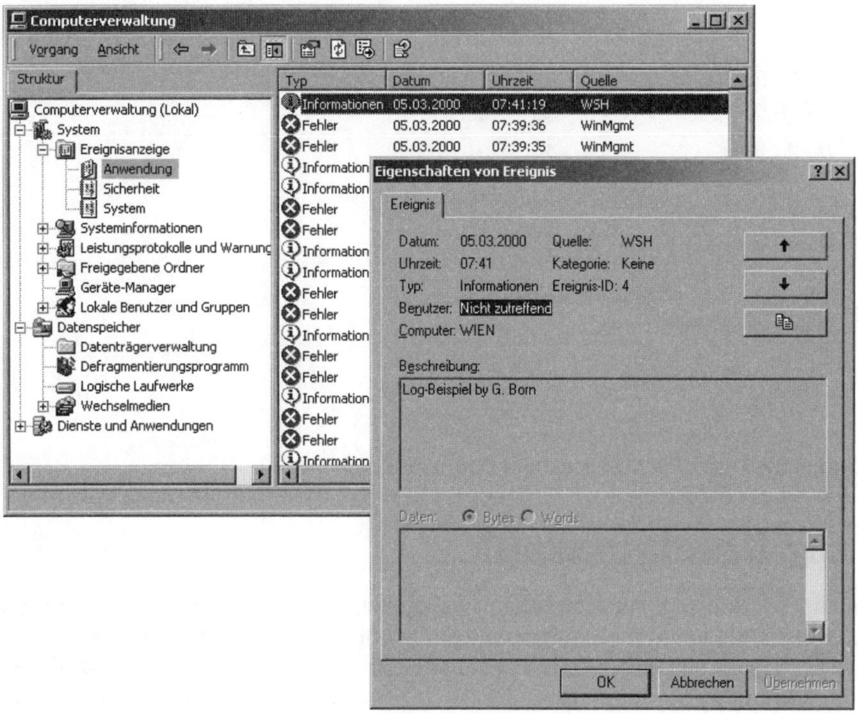

Abbildung 12.18: *Ereignisanzeige in Windows 2000*

Ab WSH 2.0 sind folgende Konstanten definiert: SUCCESS = 0, ERROR = 1, WARNING = 2, INFORMATION = 4, AUDIT_SUCCESS = 8 und AUDIT_FAILURE = 16. Der zweite Parameter enthält die Zeichenkette, die zu schreiben ist. Ein optionaler dritter Parameter ist nur in Windows NT gültig und definiert die Maschine, auf der die Log-Datei zu aktualisieren ist. Der Parameter wird in Windows 9x ignoriert. Sie können in Windows 9x die Datei *WSH.log* im Windows-Ordner ansehen (Abbildung 12.17). In Windows NT etc. verwenden Sie die Werkzeuge (z.B. Ereignisanzeige) zur Anzeige der Einträge (Abbildung 12.18). Beachten Sie unter Windows NT, dass entsprechende Rechte zum Zugriff auf die Protokolldateien vorliegen. Das folgende VBScript-Beispiel demonstriert die Anwendung. Das Skript testet auch, ob der WSH ab Version 2.0 installiert ist oder nicht.

```
'************************************************
' File:   EventLog.vbs (WSH 2.0-Beispiel in VBScript)
' Autor: G. Born
'
' Demonstriert das Schreiben in eine Logdatei per WSH.
'************************************************
Option Explicit

Const SUCCESS = 0
Const ERROR = 1
Const WARNING = 2
Const INFORMATION = 4
Const AUDIT_SUCCESS = 8
Const AUDIT_FAILURE = 16

Dim WshShell

If WScript.Version < "5.1" Then
 WScript.Echo "Skript benötigt WSH 2.0 oder höher"
 WScript.Quit
End if

' Protokolliere ein einfaches Ereignis
Set WshShell = WScript.CreateObject("WScript.Shell")

WshShell.LogEvent INFORMATION, "Log-Beispiel by G. Born"
WScript.Echo "Log-Ereignis geschrieben"
'*** Ende
```

Listing 12.30: EventLog.vbs

HINWEIS: Sie finden die Datei *EventLog.vbs* im Ordner *\Beisp\Kap12*.

Dialoge zur Dateiauswahl

Abschließend möchte ich noch auf ein »Randthema« eingehen. Beim Erstellen von Skripten zur Dateibehandlung werden Sie häufiger Benutzerabfragen benötigen (z.B. um die Lage eines Ordners oder einen Dateinamen einzulesen). Dies wurde bereits in einem der Beispiele in diesem Kapitel anhand der *InputBox*-Funktion bzw. der *WSHInputBox*-Funktion demonstriert. Mit einem Eingabedialog à la *InputBox* lässt sich heute aber kaum noch Staat machen. Vielmehr erwartet der Benutzer einen Dialog, über den er den Ordner oder eine Datei interaktiv auswählen kann. Wie lässt sich so etwas realisieren? Bevor Sie mit den Informationen aus ▶ Kapitel 9 mit dem Entwurf von Formularen beginnen, möchte ich hier zwei Alternativen zeigen.

Dialog zur Ordnerauswahl nutzen

Benötigen Sie den Namen und den Pfad eines Ordners, lässt sich dieser unter Windows sehr einfach über das in Abbildung 12.19 Dialogfeld auswählen. Der Benutzer muss lediglich einen der Ordner wählen und das Dialogfeld schließen. Interessant ist jetzt vor allem, dass diese Funktion bereits in Windows integriert ist.

HINWEIS: Konkret verbirgt sich diese Funktion in der Datei *Shdocvw.dll*, die Bestandteil des Internet Explorer 4.0 ist und mit Windows 98 als Bestandteil der Shell ausgeliefert wird. Um diese Funktionalität aber nutzen zu können, muss die Windows Shell (*Shell32.dll*) mindestens in der Version 4.71 vorliegen. In Windows 98 ist automatisch die Version 4.72 vorhanden. Microsoft Windows 2000 wird dagegen mit der Version 5.0 ausgeliefert und bietet zusätzliche Methoden. Probleme bereiten lediglich Windows 95 und Windows NT 4.0. Beide Betriebssysteme werden nicht mit der Shell-Version 4.71 oder höher ausgeliefert. Installieren Sie den Internet Explorer 4.0, bedeutet dies nicht unbedingt, dass die *Shell32.dll* aktualisiert wird. Dies ist nur der Fall, falls Sie im Internet Explorer 4.0 auch die Funktion des Active Desktop installieren. Erst nachdem diese Version erfolgreich installiert wurde, dürfen Sie auf die Version 5.x oder höher des Internet Explorer aktualisieren. Dies ist wichtig, da immer wieder Leser über diese Problematik berichten, da sie die hier beschriebene Vorgehensweise nicht beachteten. Sie können die Version der Datei *Shell32.dll* sehr einfach mit dem Skript *GetVersion.vbs* überprüfen.

Ist die richtige Version der Shell installiert? Um auf die Methoden dieses Automatisierungsobjekts zuzugreifen, müssen Sie das betreffende Objekt mit folgender Anweisung erzeugen:

```
Set objDlg = WScript.CreateObject ("Shell.Application")
```

Anschließend stehen Ihnen die betreffenden Methoden dieses Objekts zur Verfügung. Die *BrowseForFolder*-Methode öffnet das in Abbildung 12.19 gezeigte Dialogfeld zur Auswahl eines Ordners.

Abbildung 12.19: *Dialog zur Auswahl eines Ordners*

Hierbei gilt folgende Syntax:

```
objF = objDlg.BrowseForFolder (hWnd, Titel, Options [,Root])
```

Die Methode muss auf ein Objekt *objDlg* angewandt werden, welches Sie über die *CreateObject*-Methode angelegt haben. Da die Methode wie eine Funktion wirkt, sind alle Parameter in VBScript in Klammern zu stellen.

- Der erste Parameter muss das Handle auf ein Fenster enthalten. Setzen Sie diesen Wert immer auf 0, da WSH keine Fenster besitzt.
- Der zweite Parameter gibt den Titel als Zeichenkette an, der im Dialogfeld unterhalb der Titelzeile ausgegeben wird (Abbildung 12.19).
- Der dritte Parameter kann Optionen aufnehmen und wird hier auf 10H (Wert &H10) gesetzt. Mit dem Wert 0 lässt sich das Eingabefeld für den Ordnernamen unterdrücken und der Wert 01H sperrt die *OK*-Schaltfläche (die genaue Codierung finden Sie in ▶ Tabelle 12.4).
- In einem vierten optionalen Parameter lässt sich der Ordner angeben, der im Dialogfeld voreingestellt wird. Sie können hier also einen Text (z.B. *C:\Born*) übergeben, oder Sie verwenden einen der Werte aus Tabelle 12.5, um einen speziellen Ordner (z.B. Drucker) aus dem Namensraum der Shell einzustellen.

Als Ergebnis wird der vom Benutzer gewählte Ordnername zurückgegeben, sofern das Dialogfeld über die *OK*-Schaltfläche geschlossen wurde. Die *Abbrechen*-Schaltfläche gibt nichts zurück, der Zugriff auf die Objektvariable löst dann einen Laufzeitfehler aus (siehe auch die folgenden Erläuterungen zur Auswertung des Rückgabewerts). Und hier wie versprochen die beiden Tabellen mit der Codierung des dritten und vierten Parameters.

Wert	Bemerkungen
&H0001	Es lassen sich nur Systemordner auswählen. Mit diesem Wert wird die *OK*-Schaltfläche gesperrt, bis der Benutzer einen gültigen Systemordner (z.B. *Systemsteuerung*) gewählt hat.
&H0002	Der Benutzer kann nicht »oberhalb« der Domain-Struktur im Netzwerk suchen (d.h. er ist auf die Domain oder Arbeitsgruppe begrenzt).
&H0004	Ist zur Anzeige des Statustexts unterhalb des Textfelds reserviert (aber ich habe bisher keinen Weg gefunden, einen solchen Text anzuzeigen).
&H0008	Nur Dateisystemeinträge (file system ancestors) zurückgeben.
&H0010	Zeigt das Textfeld im Dialog, so dass der Benutzer den Namen eines Eintrags direkt eintippen kann.
&H0020	Validiere den im Textfeld eingegebenen Namen (muss ein gültiger Eintrag sein).
&H1000	Erlaubt dem Benutzer, den Zweig *Netzwerkumgebung* bis zum Namensraum (namespace) des Computernamens zu durchsuchen.
&H2000	Erlaubt dem Benutzer den Zweig *Netzwerkumgebung* bis zum Namensraum (namespace) der Druckernamen zu durchsuchen.
&H4000	Erlaubt dem Benutzer alles (den kompletten Namensraum) vom Computernamen bis zu den Ordnern zu durchsuchen.

Tabelle 12.4: *Werte für dritten Parameter* Options *der* BrowseForFolder-*Methode*

HINWEIS: Die Werte sind in der Datei *shlobj.h* aufgeführt. Diese Datei erhalten Sie aber nur, falls Sie das Platform SDK aus dem Internet laden oder über dieses SDK im Rahmen eines MSDN-Abonnements verfügen. Für das Erstellen von WSH-Skripten lohnt sich aber die

Beschaffung des SDK nicht. Die in den beiden Tabellen und in den Beispielen angegebenen Erläuterungen sollten zur Nutzung der *BrowseForFolder*-Methode reichen.

Wert	Bemerkung
0	Wurzelverzeichnis ist der Ordner *Desktop*. Verwenden Sie den Wert zusammen mit &H01 im dritten Parameter, um Probleme mit der *OK*-Schaltfläche zu vermeiden.
1	Internet Explorer ist der Root-Ordner.
2	Ordner *Programs* (bzw. Programme) des Startmenüs ist die Wurzel (Root).
3	Als Root wird der Ordner *Control Panel* bzw. *Systemsteuerung* eingestellt. Der dritte Parameter ist auf &H4000 zu setzen (durchsuchen des kompletten Namensraums zulassen).
4	Ordner *Printers* bzw. *Drucker* ist der Root-Ordner. Der Dritte Parameter ist auf &H4000 zu setzen.
5	Ordner *Documents* bzw. *Dokumente* wird als Wurzelverzeichnis verwendet.
6	Ordner *Favoriten* bzw. *Favorites* des Startmenü fungiert als Root.
7	Ordner *Autostart* bzw. *Startup* des Startmenüs ist Root. Der dritte Parameter ist auf &H4000 zu setzen (durchsuchen des kompletten Namensraums zulassen).
8	Setze *Root* auf den Ordner *Recent* bzw. *Dokumente* des Startmenüs. Der dritte Parameter ist auf &H4000 zu setzen (durchsuchen des kompletten Namensraums zulassen).
9	Verwende den Ordner *SendTo* als Wurzelverzeichnis. Der dritte Parameter ist auf &H4000 zu setzen (durchsuchen des kompletten Namensraums zulassen).
10	Setzt das Wurzelverzeichnis auf *Recycle Bin* (den Papierkorb). Der dritte Parameter ist auf &H4000 zu setzen (durchsuchen des kompletten Namensraums zulassen).
11	Verwendet den Ordner des Startmenüs (*Startmenu*)
16	Wurzelverzeichnis auf den Ordner des *Desktop* setzen.
17	Wurzelverzeichnis auf *My Computer* bzw. *Arbeitsplatz* setzen.
18	Wurzelverzeichnis auf *Network Neighborhood* bzw. *Netzwerkumgebung* setzen.
19	Wurzelverzeichnis auf *Nethood* (Netzwerk) setzen.
20	Wurzelverzeichnis auf den Ordner *Fonts* setzen.
21	Wurzelverzeichnis auf den Ordner *Templates* (Vorlagenordner) setzen.

Tabelle 12.5: *Werte für den vierten Parameter der* BrowseForFolder-*Methode*

HINWEIS: Die Ordnernamen wurden in obiger Tabelle in Englisch sowie teilweise in der deutschen Lokalisierung angegeben. Der Benutzer sieht nur die lokalisierten Ordnernamen im Dialogfeld. Die *BrowseForFolder*-Methode stellt ein mächtiges Werkzeug dar, welches aber potentiell auch Gefahren aufweist. Solange die Methode nur zur Ordner- oder Dateiauswahl dient, sind keine größeren Probleme zu erwarten. Sie haben aber auch die Möglichkeit, auf Objekte des Namensraums der Shell zuzugreifen. Die Verarbeitung dieser Objekte in einem Skript kann allerdings problematisch werden und die Stabilität Ihres Systems gefährden.

Im folgenden Beispiel verwende ich daher nur drei Parameter, wobei der dritte Parameter auf &H10 (zeige Textfeld) + &H01 (nur Dateisystemobjekte) gesetzt wird. Wählt der Benutzer einen Ordner und schließt den Dialog über die *OK*-Schaltfläche, wird der ausgewählte Ordnername zurückgegeben. Weiter unten erfahren Sie, wie Sie vom Ordnernamen zum gesamten Pfad gelangen.

Wie lässt sich feststellen, ob *Abbrechen* benutzt wurde?

Die Implementierung der ersten Fassung des Beispiels warf noch ein besonderes Problem auf: Die zuverlässige Erkennung der Schaltfläche *Abbrechen*. Da die *BrowseForFolders*-Methode eine Objektreferenz in den Namensraum der Shell zurückgibt, lässt sich die folgende Abfrage nicht verwenden:

```
If objF <> "" Then
```

Die Schaltfläche *Abbrechen* bewirkt, dass die Methode nichts zurückgibt. Der Versuch, auf die Objektvariable zuzugreifen, löst einen Laufzeitfehler auf (dass der Wert undefiniert ist). Zuerst versuchte ich den Befehl:

```
If objF Is Nothing Then
```

der aber immer einen Abbruch über *Abbrechen* signalisierte. Der Befehl:

```
If IsObject(objF) Then
```

liefert immer den Wert *true* zurück. Daher habe ich eine benutzerdefinierte Funktion *IsValue* implementiert, die den zurückgelieferten Wert auswertet:

```
Function IsValue (obj)
' ### Prüfe, ob eine Wert zurückgegeben wurde
Dim tmp
 On Error Resume Next ' Fehlerbehandlung ein
  tmp = " " + obj     ' Leerer Wert erzeugt Fehler
  If err <> 0 Then
   IsValue = false
  Else
   IsValue = true
  End if
End function
```

Listing 12.31: *Funktion IsValue*

Die Variable *obj* wird einfach in eine zweite Variable gespeichert. Falls die Schaltfläche *Abbrechen* angeklickt wurde, ist der Wert von *obj* undefiniert. Der Befehl *tmp* = " " + *obj* verursacht einen Laufzeitfehler, der sich über das *Err*-Objekt abfangen lässt.

Bei Diskussionen im WSH-Forum schlug Michael Harris eine alternative Möglichkeit vor, indem die *TypeName(objF)*-Konstruktion verwendet wird. Liefert diese Funktion den Text »Folder« zurück, enthält die Objektvariable einen gültigen Ordnernamen. Dieser Test klappt zwar, unglücklicherweise hängt das Resultat aber vom Betriebssystem ab. Während Windows 9x und Windows NT den String »Folder« zurückgeben, liefert Windows 2000 den Text »Folder2« (ich hatte ja bereits erwähnt, dass Windows 2000 die Version 5.0 der Shell verwendet). Daher müssen Sie einen Zeichenkettenvergleich ausführen, um die *Abbrechen*-Schaltfläche zu berücksichtigen.

Das folgende VBScript Skript ruft *BrowseForFolder* auf und demonstriert die Tests auf die *Abbrechen*-Schaltfläche. Die Einzelheiten der Implementierung sind dem nachfolgenden Listing zu entnehmen.

```
'************************************************
' File:   Dialog.vbs (WSH-Beispiel in VBScript)
' Autor:  Günter Born
'
' Zweck: Zeigt die Verwendung des Dialogs der Shell,
'        mit dem sich ein Ordner wählen lässt.
'************************************************
Option Explicit

' Flags für die Parameter als Konstante
Const BIF_returnonlyfsdirs   = &H0001
Const BIF_dontgobelowdomain  = &H0002
Const BIF_statustext         = &H0004
Const BIF_returnfsancestors  = &H0008
Const BIF_editbox            = &H0010
Const BIF_validate           = &H0020
Const BIF_browseforcomputer  = &H1000
Const BIF_browseforprinter   = &H2000
Const BIF_browseincludefiles = &H4000

Dim wsh, objDlg, objF

' Hole Objekt Application der Windows-Shell
Set objDlg = WScript.CreateObject ("Shell.Application")

' Wende jetzt die BrowseForFolder-Methode an
Set objF = objDlg.BrowseForFolder _
     (&H0, "Ordner zum Kopieren auswählen", &H10)

' Hier kommt die erste Methode zum Test der Abbrechen-Schaltfläche
If IsWert (objF) Then
 MsgBox "Gewählter Ordner: " & objF.Title
Else
 MsgBox "Abbrechen gewählt"
End if

' Hier benutzen wir TypeName() zum Test der Abbrechen-Schaltfläche
If Instr(1,TypeName(objF),"Folder") > 0 Then
 MsgBox "Gewählter Ordner: " & objF.Title
Else
 MsgBox "Abbrechen gewählt"
End if

' ### Prüfe, ob Wert zurückgegeben wurde
Function IsWert (obj)
Dim tmp
 On Error Resume Next
  tmp = " " & obj
  If err <> 0 Then
   IsWert = false
  Else
   IsWert = true
  End if
End function
'*** Ende
```

Listing 12.32: Dialog.vbs

HINWEIS: Sie finden die Beispieldatei *Dialog.vbs* auf der Begleit-CD-ROM im Ordner *\Beisp \Kap12.*

TIPP: Die Datei *Shdocvw.dll* enthält weitere Objekte, die Eigenschaften und Methoden zum Zugriff auf die Windows-Shell bieten. Sie können die Methoden über den Objektkatalog der VB 5 CCE abrufen, wenn Sie einen Verweis zu dieser DLL-Datei eingerichtet hatten. In einigen der nachfolgenden Kapitel gehe ich kurz auf diese Thematik ein.

Dateiauswahl mit *BrowseForFolder*

Das auf der vorhergehenden Seite gezeigte *BrowseForFolder*-Beispiel gibt nicht den gesamten Pfad zum Objekt zurück. Weiterhin liefert das Beispiel den Namen eines gewählten Laufwerks statt dessen Laufwerksbuchstaben. Außerdem können Sie über das Dialogfeld keine Dateien auswählen.

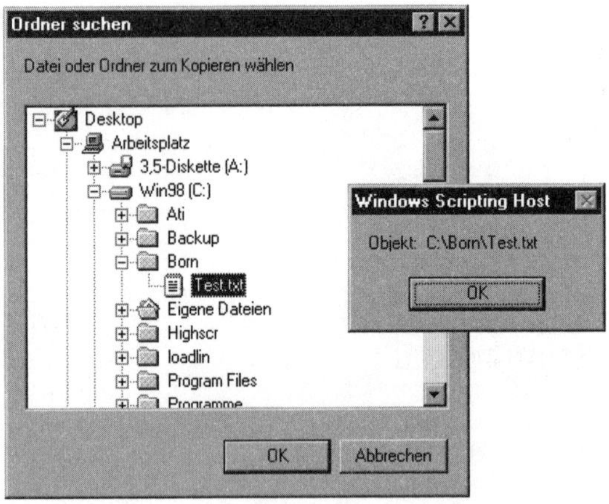

Abbildung 12.20: *Dateiauswahl*

Dies alles war Grund genug, für die zweite Ausgabe dieses Buches über eine erweiterte Lösung nachzudenken. Gemäß Tabelle 12.4 und dem obigen Listing erlaubt der Wert &H4000 (die Konstante *BIF_browseincludefiles*) auch die Auswahl von Dateien mittels *BrowseForFolder.* Daher sollte es kein Problem sein, die *BrowseForFolder*-Methode zur Unterstützung der Dateiauswahl zu erweitern (Abbildung 12.20). Der Befehl:

```
Set oItem = WshShell.BrowseForFolder( _
      &H0,"Select a file or folder to copy", _
      BIF_returnonlyfsdirs + BIF_browseincludefiles, "C:\")
```

aktiviert das Dialogfeld und ermöglicht Ihnen die Auswahl einer Datei. Voraussetzung ist lediglich, dass die Konstante *BIF_browseincludefiles* definiert wurde und dass die Variable *WshShell* eine gültige Objektvariable ist, die auf das *Shell*-Objekt zeigt. Die Methode liefert ein Objekt zurück, welches der Variablen *oItem* zugewiesen wird. Diese Objektvariable enthält aber keinen Pfad zum Ordner oder zur ausgewählten Datei. Wir benötigen daher noch etwas Code, um den vollständigen Pfad und den Namen des gewählten Objekts wirklich zu ermitteln. Dies lässt sich mit folgender Anweisung erreichen:

```
name = oItem.ParentFolder.ParseName(oItem.Title).Path
```

Die *ParentFolder*-Methode wird einfach auf das in *oItem* gespeicherte Objekt angewandt. Diese Methode liefert das Objekt mit einer Auflistung zurück, welches den Eltern-Ordner enthält. Wenden wir jetzt die *ParseName*-Methode an, lässt sich über diese ein Eintrag der Auflistung lesen. Wir geben hier die Eigenschaft *Title* des in *oItem* gespeicherten Objekts an, um das Auflistungselement auszuwählen. Anschließend wird die *Path*-Eigenschaft des so ausgewählten Objekts gelesen. Diese enthält den kompletten Pfad einschließlich des Namens des gewählten Objekts.

HINWEIS: Im Microsoft Developers Network MSDN (*msdn.microsoft.com*) gibt es eine Beschreibung der Shell-Objekte. Weiterhin habe ich dort einige Webseiten mit zusätzlichen Erläuterungen zur Anwendung der Methoden gefunden.

Nach diesen Schritten sind wir fertig, sofern wir auf eine Fehlerprüfung verzichten. Leider gibt es die *Abbrechen*-Schaltfläche, die uns bereits im vorherigen Beispiel einiges Kopfzerbrechen bereitete. Wird diese Schaltfläche angeklickt, liefert die *BrowseForFolder*-Methode keinen gültigen Wert zurück. Dann löst die obige Anweisung einen Fehler mit dem Code 424 aus. Weiterhin habe ich festgestellt, dass der Fehlercode 5 in Windows 2000 ausgelöst wird, falls eine Datei oder ein Laufwerk im Wurzelverzeichnis vom Benutzer ausgewählt wird. Windows XP liefert ebenfalls den Code für viele gewählte Dateien zurück. Außerdem muss noch der Fall abgefangen werden, in denen der Benutzer ein Laufwerk wählt (dann ist der Laufwerksbuchstabe zu extrahieren).

Um die Handhabung zu vereinfachen, wurde der gesamte Code in eine benutzerdefinierte Funktion *BrowseForFolder* verlagert. Sie können diese Funktion dann folgendermaßen aufrufen:

```
tmp = BrowseForFolder (Title, flags, dir)
```

Der Parameter *Title* definiert den im Dialogfeld angezeigten Text. *Flags* definieren den Code gemäß Tabelle 12.4, um die Suche auf Dateien oder Ordner zu begrenzen. *Dir* ist eine Zeichenkette, die den Pfad bestimmt, der im Dialogfeld voreinzustellen ist. Übergeben Sie den Wert "", wird das Objekt *My Computer* (d.h. *Arbeitsplatz*) voreingestellt.

Die Funktion liefert eine Zeichenkette zurück, die den Pfad zum Objekt enthält. Ist der Wert der Zeichenkette auf *-1* gesetzt, hat der Benutzer die Schaltfläche *Abbrechen* benutzt. Ein Wert *-5* signalisiert, dass der Benutzer in Windows 2000 eine Datei im Hauptverzeichnis gewählt hat. Sie können folgende Anweisungen zur Prüfung auf gültige Rückgabewerte verwenden:

```
file = BrowseForFolder (Title, flags, dir)
If file = "-5" Then
 WScript.Echo "Dateien lassen sich im Hauptverzeichnis nicht auswählen"
Else
 If file = "-1" Then
  WScript.Echo "Abbrechen ausgewählt"
 Else
  WScript.Echo "Objekt: ", file
 End if
End if
```

Um die Möglichkeiten der Funktion *BrowseForFolder* zu demonstrieren, habe ich ein kleines VBScript-Programm erstellt, welches den *BrowseForFolder*-Dialog aktiviert und die Auswahl einer Datei bzw. eines Ordners erlaubt. Das Ergebnis wird anschließend in einem Dialogfeld angezeigt. Details bezüglich der Implementierung entnehmen Sie folgendem Listing.

```
'************************************************
' File:   FileSelectDialog.vbs (WSH-Beispiel in VBScript)
' Autor:  Günter Born
```

```
'
' Demonstriert, wie sich der Shell-Dialog zur
' Auswahl von Ordnern oder Dateien nutzen lässt.
' Warnung: Windows 2000 verursacht bei der Auswahl
' einer Datei in einem Hauptordner einen Laufzeitfehler!
'**************************************************
Option Explicit

' Flags für Options parameter
Const BIF_returnonlyfsdirs   = &H0001
Const BIF_dontgobelowdomain  = &H0002
Const BIF_statustext         = &H0004
Const BIF_returnfsancestors  = &H0008
Const BIF_editbox            = &H0010
Const BIF_validate           = &H0020
Const BIF_browseforcomputer  = &H1000
Const BIF_browseforprinter   = &H2000
Const BIF_browseincludefiles = &H4000

Dim file

file = BrowseForFolder( _
       "Datei oder Ordner zum Kopieren wählen", _
       BIF_returnonlyfsdirs + BIF_browseincludefiles, _
       "")
If file = "-5" Then
 WScript.Echo "Dateiauswahl im Hauptverzeichnis unzulässig"
Else
 If file = "-1" Then
  WScript.Echo "Abbrechen gewählt"
 Else
  WScript.Echo "Objekt: ", file
 End if
End if

'#########################################
Function BrowseForFolder(title,flag, dir)
' Verwende die BrowseForFolder-Methode der
' Shell und gebe den Namen samt Pfad zurück.
' title = angezeigter Text
' flag = Wert zur Steuerung von BrowseForFolder
' dir = voreingestelltes Verzeichnis (oder "")
On Error Resume Next

Dim oShell, oItem, tmp

' Erzeuge Windows Shell-Objekt
 Set oShell = WScript.CreateObject("Shell.Application")
' BrowseForFolder-Dialog anzeigen
 Set oItem = oShell.BrowseForFolder(&H0, title, flag, dir)
 If Err.number <> 0 Then
  If Err.number = 5 Then
   BrowseForFolder= "-5"
   Err.Clear
   Set oShell = Nothing
   Set obItem = Nothing
```

```
    Exit Function
   End if
  End if

' Versuche den Pfad zu ermitteln
  BrowseForFolder = oItem.ParentFolder.ParseName(oItem.Title).Path

  Select Case Err    ' Fehlercodes abfangen
  Case 424           ' Schaltfläche Abbrechen abfangen
    BrowseForFolder = "-1"
  Case -2147024894   ' Dateifehler (belasse Wert !!!)

  Case Else          ' unbekannter Fehler (vielleicht Laufwerk)
   Err.Clear
' Laufwerksauswahl abfangen - Laufwerk extrahieren (x:)
' suche nach : im Titel
   tmp = InStr(1, oItem.Title, ":")
   If tmp > 0 Then  ' : gefunden, 2 Zeichen extrahieren + "\"
     BrowseForFolder = _
         Mid(oItem.Title, (tmp-1), 2) & "\"
   End if
   End Select

  Set oShell = Nothing
  Set obItem = Nothing
  On Error Goto 0
End Function
' Ende
```

Listing 12.33: FileSelectDialog.vbs

HINWEIS: Sie finden die Beispieldatei *FileSelectDialog.vbs* auf der Begleit-CD-ROM im Ordner *\Beisp\Kap12*. In Windows 2000/XP funktioniert das Skript nur sehr eingeschränkt, da BrowseForFolder bei einer Dateiauswahl Fehler zurückliefert.

Dialogfeld des Systems zur Dateiauswahl

Windows kennt eigene Dialogfelder *Öffnen*, *Speichern unter* etc., die durch verschiedene Anwendungen aufgerufen werden. Auf den ersten Blick ist die Verwendung dieser Dialogfelder im WSH unmöglich. Mit dem richtigen Know-how können Sie die Dialoge aber als Automatisierungsobjekte im Skript einbinden und zur Dateiauswahl abrufen. Hierzu fügen Sie die folgende Anweisung in Ihr Skript ein:

```
Set objDlg = WScript.CreateObject ("MSComDlg.CommonDialog")
```

Diese Anweisung erzeugt eine Instanz des *CommonDialog*-Objekts, welches sich in der Datei *ComDlg32.ocx* befindet.

HINWEIS: Allerdings funktioniert die obige Anweisung nicht auf allen Windows-Systemen, da die zugehörige ActiveX-Datei entweder fehlt (z.B. Windows 2000-Grundsystem) oder nicht lizenziert ist (siehe auch Hinweis am Ende des Abschnitts).

Anschließend können Sie auf die Methoden und Eigenschaften des Objekts zugreifen. Die *ShowOpen*-Methode zeigt das Dialogfeld *Öffnen* an (Abbildung 12.21).

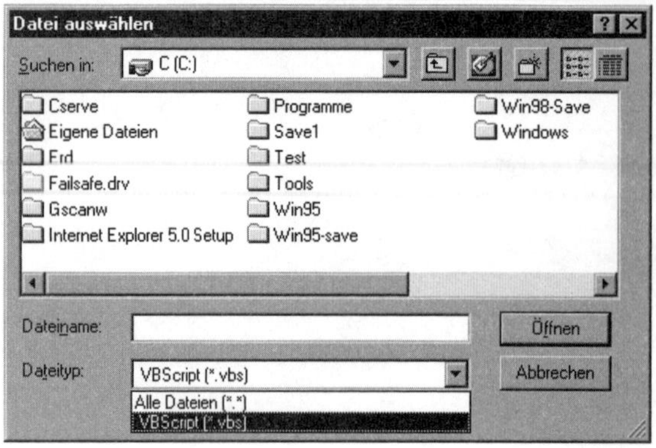

Abbildung 12.21: *Dialogfeld* Datei auswählen

Über weitere Methoden können Sie andere Windows-Dialoge (z.B. *Speichern*, *Farben auswählen*, *Drucken* etc.) öffnen. Je nach Methode lassen sich dabei verschiedene Eigenschaften wählen. Das nachfolgende VBScript-Programm setzt beispielsweise die Eigenschaften zum Aufruf des *Öffnen*-Dialogfelds mit der Titelzeile *Datei auswählen*. Dieser Titeltext wird über die Eigenschaft *DialogTitle* gesetzt. Mit der Eigenschaft *Filter* legen Sie fest, welche Einträge im Feld *Dateityp* des Dialogfelds auftreten:

```
objDlg.Filter = "Alle Dateien (*.*)|*.*| " + _
                "VBScript (*.vbs) |*.vbs| " + _
                "JScript (*.js) |*.js|"
```

Die Auswahl des voreingestellten Dateityps erfolgt mit der Anweisung:

```
objDlg.FilterIndex = 2
```

Hier wurde der zweite Eintrag als Filter ausgewählt. Nach Ausführung der *ShowOpen*-Methode lässt sich der vom Benutzer gewählte Dateiname über die *Filename*-Eigenschaft abfragen. Ist der Wert leer (""), hat der Benutzer die *Abbrechen*-Schaltfläche betätigt. Einzelheiten der Implementierung sind dem nachfolgenden Listing zu entnehmen.

```
'************************************************
' File:   Dialog1.vbs (WSH-Beispiel in VBScript)
' Autor:  Günter Born
'
' Zweck: Zeigt die Verwendung des Dialogs der Shell,
'        mit dem sich eine Datei wählen lässt.
'************************************************
Option Explicit

Dim objDlg, objF

On Error Resume Next   ' Erforderlich wg. Abbrechen-Schaltfläche

' Hole Dialog-Objekt der Windows-Shell
Set objDlg = WScript.CreateObject ("MSComDlg.CommonDialog")

' Setze jetzt die Eigenschaften für den Dialog
objDlg.Filter = "Alle Dateien (*.*)|*.*| " & _
```

```
            "VBScript (*.vbs) |*.vbs| " & _
            "JScript (*.js) |*.js|"
objDlg.FilterIndex = 2     ' 2. Eintrag auswählen
 objDlg.MaxFileSize = 260
 objDlg.CancelError = true  ' Abbrechen zulassen
 objDlg.DialogTitle = "Datei auswählen"
 objDlg.InitDir = "C:\"     ' Startverzeichnis
 objDlg.ShowOpen            ' Öffnen-Dialog zeigen
' objDlg.ShowSave            ' Speichern-Dialog anwenden
' objDlg.ShowColor           ' Dialogfeld Farben anzeigen
' objDlg.ShowPrinter         ' Drucken-Dialog zeigen

' Zeige das Ergebnis der Auswahl an
 MsgBox "Ausgewählte Datei: " & objDlg.Filename
'*** Ende
```

Listing 12.34: Dialog1.vbs

HINWEIS: Sie finden die Beispieldatei *Dialog1.vbs* auf der Begleit-CD-ROM im Ordner *\Beisp\Kap12*. Damit das Skript funktioniert, muss die Datei *ComDlg32.ocx* aber unter Windows registriert sein. Sie finden die Datei, sofern installiert, im Windows- Systemordner. Ist die Datei nicht registriert, lässt sich dies mit dem Programm *Regsvr32.exe* nachholen (siehe ▶ Kapitel 2).

Eine Kopie der Datei finden Sie übrigens auch auf der Windows-98-CD-ROM im Ordner *\tools\reskit\sysfiles*. Sie können diese Datei bei Bedarf in den Windows-Ordner *System* kopieren und die Datei registrieren.

WICHTIG: Leider gibt es noch ein gravierendes Problem: Das OCX-Modul benötigt eine gültige Lizenz, und diese Lizenz besitzen Sie nur, wenn eine Microsoft-Entwicklungsumgebung auf dem Zielsystem installiert ist. Dies kann beispielsweise die auf der Buch-CD-ROM enthaltene VB 5 CCE sein. Fehlt die Lizenz, erhalten Sie in WSH 1.0 den Laufzeitfehler 0x80040112 zurückgemeldet, während WSH 2.0 direkt auf die fehlende Lizenzierung hinweist. Dieses Lizenzierungsproblem taucht bei vielen Microsoft ActiveX-Komponenten auf. Aus diesem Grund zeige ich Ihnen in den letzten Kapiteln dieses Buches eine Alternative: Es wird ein ActiveX-Steuerelement entwickelt, welches die Systemdialoge per Skript zugänglich macht, ohne eine Lizenzierung zu verwenden. Dann brauchen Sie nur die betreffende ActiveX-Komponente auf den Zielmaschinen zu installieren, um Systemdialoge wie *Öffnen* oder *Speichern unter* per Skript zu nutzen.

Dateiauswahl über ein IE-Formular

Die auf den vorhergehenden Seiten beschriebenen Lösungen funktionieren nur mit Einschränkungen. Eigentlich wäre es doch schön, dem Benutzer eines Skripts unabhängig von der Windows-Version und ohne Installation zusätzlicher Komponenten einen Dialog zur Dateiauswahl anzubieten. Falls Sie die in ▶ Kapitel 2 vorgestellte Entwicklungsumgebung *ScriptIDE.hta* benutzen, kennen Sie die Schaltfläche *Durchsuchen*, mit der sich ein Dialogfeld zur Dateiauswahl öffnen lässt. Mit dem Wissen aus ▶ Kapitel 9 sollte es ein Leichtes sein, ein entsprechendes HTML-Formular (Abbildung 12.22, oben) zu erstellen und per WSH-Skript aufzurufen. Der Benutzer kann über die Schaltfläche *Durchsuchen* einen Dateidialog öffnen (Abbildung 12.22, links unten). Das Skript fragt das Formular ab und liefert beim Schließen des Dialogfelds bzw. des Formulars den Pfad und den Namen der vom Benutzer ausgewählten Datei. Listing 12.35 zeigt den HTML-Code des Formulars. Der Code enthält die HTML-Tags zur Definition des Formulars. Zusätzlich werden noch einige VBScript-Funktionen und Ereignisprozeduren zur Steuerung hinterlegt. Die Ereignisprozeduren wie *window_onload* werden beim Auftreten des Ereignisses im Internet Explorer aktiviert. Innerhalb dieser Prozeduren wird lediglich eine interne Variable *status* umgesetzt, um die Ereignisse gegenüber dem WSH-Skript zu signalisieren. Das externe WSH-Skript kann den Status des Formulars über die Funktion *CheckVal* abfragen.

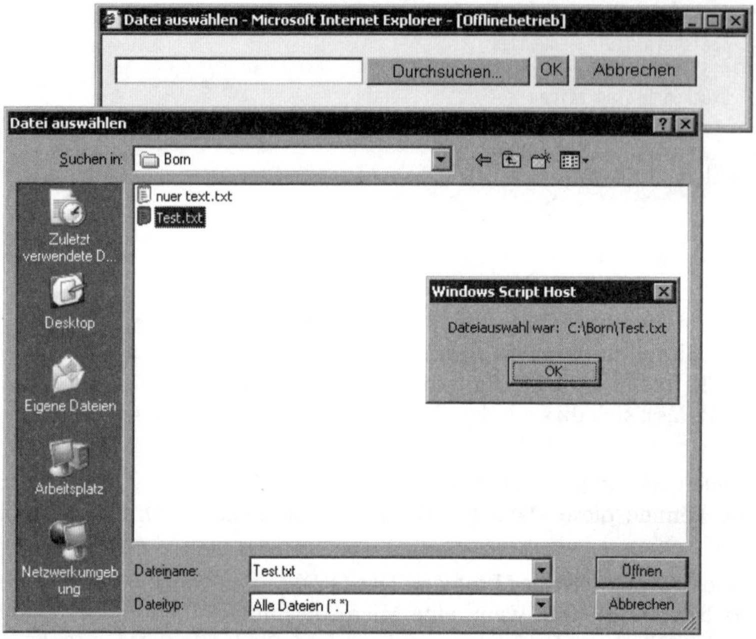

Abbildung 12.22: *Dialoge zur Dateiauswahl und Anzeige des Ergebnisses*

```
<html>
<head>
<meta http-equiv="Content-Type"
content="text/html; charset=iso-8859-1">
<title>Datei auswählen</title>
</head>

<body bgcolor="#EFF0F1" scroll="no">
<script language="VBScript">
 Public status

 Sub window_onload()
' Initialisiere
  status = 0
 End Sub

 Sub file_onChange()
  status = 1
 End Sub

 Sub ok_onclick()
  If document.Forms.F1.file.value <> "" Then
   status = 1
```

```
  Else
   status = -1
  End if
 End Sub

 Sub cancel_onclick()
  status = -1
 End Sub

 Public Function CheckVal ()
  CheckVal = status ' Liefert Status an WSH-Skript
 End function
</script>

<form id="F1">
 <input type="file" size="30" id="file">
 <input type="button" value="OK" id="ok">
 <input type="button" value="Abbrechen" id="cancel">
</form>
</body>
</html>
```

Listing 12.35: *BrowseForFile.htm*

Das WSH-Skript kann die externe Formulardatei aufrufen und mittels der betreffenden Funktionen den Formularstatus abfragen. Sobald der Benutzer eine Datei auswählt oder die Schaltflächen *OK* bzw. *Abbrechen* im Formular wählt, lässt sich der Status und ggf. die gewählte Datei ermitteln. Ich habe bei diesem Beispiel auf die Möglichkeit zur Erzeugung von Class-Objekten in VBScript zurückgegriffen. Eine solche Klasse lässt sich mit den Anweisungen:

```
Set oDlg = New BrowseForFile
```

erzeugen. Anschließend können Sie über die Objektvariable *oDlg* auf die als Funktionen und Prozeduren implementierten Methoden dieser Klasse zurückgreifen. Die Klasse *BrowseForFile* bietet einmal die *Browse*-Methode, die den Pfad und Namen der ausgewählten Datei zurückliefert. Die Techniken zum Aufrufen eines HTML-Formulars und zum Zugriff auf die Formularelemente kennen Sie bereits aus ▶ Kapitel 9. Die Methode *Status* gibt den Status des Formulars zurück (beim Wert 1 ist der Dateiname gültig). Details entnehmen Sie Listing 12.36.

```
'************************************************
' File:   BrowseForFile.vbs (WSH-Beispiel in VBScript)
' Autor:  Günter Born
'
' Demonstriert, wie sich ein IE-Formular zur Dateiauswahl
' verwenden lässt. Verwendet eine VBScript-Class zur
' Implementierung der Methode Browse (nach einer Idee
' von Joe -> www.jsware.net).
'************************************************
Option Explicit

Dim oDlg, status, file         ' Variable deklarieren

Set oDlg = New BrowseForFile    ' erzeuge neues Objekt
```

```
file = oDlg.Browse          ' Dateiname über Browse-Methode
status = oDlg.Status        ' lese Status

If status = 1 Then
 WScript.Echo "Dateiauswahl war: ", file
Else
 WScript.Echo "Dialogfeld abgebrochen"
End if

'### fertig ###

' Hier beginnt die Implementierung der Klasse
' Aufruf mit: Set oDlg = New FindFile
'             file = oDlg.Browse
'             status = oDlg.Status
Class BrowseForFile
 Private oIE, file, flag

 Private Sub Class_Initialize()
' Aufruf beim Initialisieren mit New()
 end sub

 Private Sub Class_Terminate()
' Beim Terminieren der Klasse
 End sub

 Public Function Browse()
' Implementierung der Browse-Methode
' *** Starte den Internet Explorer ***
 Set oIE = WScript.CreateObject("InternetExplorer.Application")
  oIE.left=50              ' Fensterposition
  oIE.top = 100            ' und andere Eigenschaften
  oIE.height = 100
  oIE.width = 530
  oIE.menubar = 0          ' Kein Menü
  oIE.toolbar = 0
  oIE.statusbar = 0
  oIE.navigate GetPath() & "BrowseForFile.htm"  ' Formulardokument
  oIE.visible = 1          ' sichtbar machen

' Wichtig: Warte, bis MSIE bereit ist
  Do While (oIE.Busy)
   WScript.Sleep 50        ' supendiere Skript 50 Millisekunden
  Loop

' Jetzt warten wir, bis der Benutzer das Formular schließt
' Hierzu wird die Funktion CheckVal benutzt.
 Do                 ' Warte auf Resultat
  WScript.Sleep 50        ' supendiere Skript 50 Millisekunden
  flag = oIE.document.script.CheckVal() ' teste Formularstatus
 Loop While (flag=0)

 Browse = oIE.document.Forms.F1.file.value ' hole Wert
 oIE.Quit                ' Internet Explorer schließen
 Set oIE = Nothing       ' Objektvariable zurücksetzen
End Function
```

```
 Public Function Status()
  Status = flag          ' Status auslesen
 End Function

'####### Hilfsroutine
 Function GetPath()
' *** Ermittle Pfad des aktuellen Skripts
  Dim path
  path = WScript.ScriptFullName
  GetPath = Left(path, InstrRev(path, "\"))
 End Function
End Class
```

Listing 12.36: *BrowseForFile.vbs*

HINWEIS: Sie finden die Dateien *BrowseForFile.vbs* und *BrowseForFile.htm* im Ordner *\Beisp\Kap12* auf der Begleit-CD.

StdIn, StdOut und TextStreams

Ab Version 2.0 unterstützt WSH die Eigenschaften *StdIn*, *StdOut* und *StdErr* über das *WScript*-Objekt. Über dieses Objekt können Sie per Skript auf die Ein-/Ausgabe-Streams der Kommandozeile (im Fenster der Eingabeaufforderung) zugreifen. Dies bedeutet, Sie haben die Möglichkeit, eine Benutzereingabe direkt aus der Kommandozeile zu lesen oder etwas in die Kommandozeile bzw. in die Umleitungsdateien zu schreiben. Einzige Einschränkung: Als Host muss *Cscript.exe* verwendet werden, *Wscript.exe* löst dagegen bei Anwendung der Eigenschaften Laufzeitfehler aus. Die mit WSH (ab Version 2.0) ausgelieferten Sprachmodule unterstützten auch *TextStreams*, die den Zugriff auf eine Textdateien erleichtern. WSH unterstützt ab Version 2.0 die in Tabelle 12.6 aufgeführten Methoden zum Zugriff auf Ein-/Ausgabe-Streams.

Name	Remark
AtEndofLine	Liefert *true*, falls der Lesezeiger hinter die End-of-line-Marke der TextStream-Datei bewegt wird.
AtEndofStream	Liefert *true*, falls der Lesezeiger hinter die End-of-stream-Marke der TextStream-Datei bewegt wird.
Close	Schließt eine geöffnete TextStream-Datei.
Column	Liefert die Spaltennummer der aktuellen Zeichenposition in einer TextStream-Datei.
Line	Liefert die Zeilennummer in einer TextStream-Datei.
Read	Liest eine angegebene Anzahl Zeichen aus der TextStream-Datei und gibt diese als Zeichenkette zurück.
ReadAll	Liest alle Zeichen aus der TextStream-Datei und liefert eine Zeichenkette zurück.
ReadLine	Liest eine Zeile (ohne das Zeichen zum Zeilenumbruch) aus einer TextStream-Datei und gibt das Ergebnis als String zurück.
Skip	Überspringt eine angegebene Anzahl Zeichen beim Lesen der TextStream-Datei.
SkipLine	Überspringt eine angegebene Anzahl Zeilen beim Lesen der TextStream-Datei. ▶

Name	Remark
Write	Schreibt eine Zeichenkette in die TextStream-Datei.
WriteBlankLines	Schreibt eine Anzahl Leerzeilen in die TextStream-Datei.
WriteLine	Schreibt einen Zeilenumbruch in die TextStream-Datei.

Tabelle 12.6: *WSH-Methoden für I/O-Streams*

Details bezüglich dieser Methoden finden Sie in der Hilfe zu VBScript/JScript.

WICHTIG: Es gibt aber ein bekanntes Problem mit der Eingabe-Ausgabeumleitung. Rufen Sie *Cscript.exe* direkt auf, führt der Befehl der Eingabeaufforderung die Handhabung der Streams durch und übergibt diese korrekt an den WSH. Rufen Sie *Cscript.exe* implizit auf, indem Sie den Host entsprechend einstellen, muss die Windows-Shell die Streams handhaben. Dann werden die Daten nicht richtig an den WSH übergeben, es kommt zu Problemen.

Lesen und Schreiben in der Befehlszeile der Eingabeaufforderung

Das folgende Beispiel demonstriert, wie Sie den WSH (ab Version 2.0) nutzen können, um Ein-/ Ausgaben direkt mit der Befehlszeile auszutauschen. Das Skript muss in *Cscript.exe* ausgeführt werden. Da wir nicht garantieren können, dass das Skript automatisch mit dem richtigen Host aufgerufen wird, muss eine entsprechende Technik verwendet werden, um *Cscript.exe* zwangsweise zu verwenden. Der Code sieht folgendermaßen aus:

```
If (Not IsCScript()) Then
 Set WshShell = WScript.CreateObject("WScript.Shell")
 WshShell.Run "Cscript.exe " & WScript.ScriptFullName
 WScript.Quit             ' Beenden
End If
```

Die benutzerdefinierte Funktion *IsCScript* gibt den Wert *false* zurück, falls *Cscript.exe* nicht verwendet wird. Der *Not*-Operator in der *If*-Abfrage bedingt dann, dass eine zweite Kopie des Skripts mittels der *Run*-Methode per *cscript.exe* aufgerufen wird. Die Funktion *IsCScript* benutzt folgenden Code:

```
Function IsCScript()
' Test, ob Cscript.exe der Host ist
 If (Instr(UCase(WScript.FullName), "CSCRIPT") <> 0) Then
  IsCScript = true
 Else
  IsCScript = false
 End if
End function
```

Die Funktion prüft, ob der Host den Text *CSCRIPT* zurückliefert. Die Großschreibung wird durch die VBScript-Funktion *UCase* erzwungen, den Host-Namen liefert die Eigenschaft *FullName* des *WScript*-Objekts.

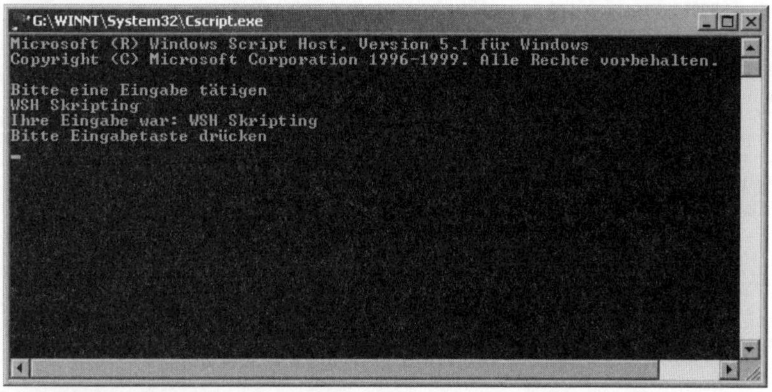

Abbildung 12.23: *Eingabeaufforderung mit Benutzereingaben*

Um etwas in die Standardausgabe zu schreiben, ist folgender Befehl zu verwenden:

```
WScript.StdOut.WriteLine "Bitte eine Eingabe tätigen "
```

Wir verwenden das *StdOut*-Objekt des *WScript*-Objekts und wenden die *WriteLine*-Methode an. Dies bewirkt die Ausgabe des Texts im Fenster der Eingabeaufforderung (Abbildung 12.23). Zum Lesen der Benutzereingaben verwenden Sie folgenden Befehl:

```
tmp = WScript.StdIn.ReadLine
```

Die *ReadLine*-Methode des *StdIn*-Objekts gelangt dabei zum Einsatz. Die von dieser Methode zurückgegebene Eingabetext wird der Variablen *tmp* zugewiesen. *ReadLine* unterbricht den Skriptablauf, bis ein Zeilenumbruch erkannt wird (d.h. bis der Benutzer die Eingabetaste drückt). Dies wird beispielsweise auch genutzt, um das Fenster des Eingabeaufforderung nach der Anzeige der Benutzereingabe noch geöffnet zu halten. Drückt der Benutzer ein zweites Mal die Eingabetaste, schließt Windows beim Beenden des Skripts dieses Fenster. Details bezüglich der Implementierung entnehmen Sie dem folgenden Listing.

```
'************************************************
' File:  StdIO.vbs (WSH 2.0-Beispiel in VBScript)
' Autor: G. Born
'
' Zeigt die Verwendung von StdIn und Stdout ab WSH 2.0.
'************************************************
Option Explicit
Dim tmp, WshShell

' teste, ob CScript.exe der Host ist
If (Not IsCScript()) Then
 Set WshShell = WScript.CreateObject("WScript.Shell")
 WshShell.Run "Cscript.exe " & WScript.ScriptFullName
 WScript.Quit            ' Skript beenden
End If

WScript.StdOut.WriteLine "Bitte eine Eingabe tätigen"
tmp = WScript.StdIn.ReadLine
```

```
WScript.StdOut.WriteLine "Ihre Eingabe war: " & tmp

WScript.StdOut.WriteLine "Bitte Eingabetaste drücken"
tmp = WScript.StdIn.ReadLine ' Warte auf Tastendruck

'##########################
Function IsCScript()
' Test auf CScript.exe als Host
 If (Instr(UCase(WScript.FullName), "CSCRIPT") <> 0) Then
  IsCScript = true
 Else
  IsCScript = false
 End if
End function
'*** Ende
```

Listing 12.37: StdIO.vbs

HINWEIS: Sie finden die Beispieldatei *StdIO.vbs* auf der Begleit-CD-ROM im Ordner *\Beisp \Kap12.* Das Skript lässt sich erst ab WSH 2.0 ausführen. Sie können notfalls das Skript um eine Funktion erweitern, die prüft, ob die betreffende WSH-Version vorhanden ist. Dies wurde im vorhergehenden Kapitel (z.B. im Programm *GetVersion.vbs*) demonstriert.

In Zeile schreiben und aus Zeile lesen

Das obige Beispiel schreibt in die Befehlszeile, erzeugt einen Zeilenumbruch und liest dann die Benutzereingabe. Meist möchte man aber, dass die Ein-/Ausgaben in der gleichen Befehlszeile angezeigt werden. Dies lässt sich mit der *Write*-Methode anstelle von *WriteLine* erreichen.

```
WScript.StdOut.Write("Zahl eingeben>")
```

Die Anweisung schreibt einen Text in die Befehlszeile. Dann kann der Benutzer etwas auf der Befehlszeile eintippen. Diese Eingabe lässt sich mit der *Read*-Methode oder mit der *ReadLine*-Methode einlesen. Gemäß der VBScript-Dokumentation (zur Version 5.1) kann die *Read*-Methode eine vorgebbare Zeichenzahl lesen. Aber der Befehl:

```
tmp = WScript.StdIn.Read(1)
```

funktioniert nicht wie erwartet. Die *Read*-Methode liest zwar ein Zeichen vom Eingabe-Stream, aber die Methode wartet anschließend, bis der Benutzer die Eingabetaste drückt. Gibt der Benutzer »123« ein und bestätigt mit der Eingabetaste, liefert *Read(1)* den Wert »1«. Das folgende Listing demonstriert diesen Sachverhalt und benutzt *Write* und *ReadLine* zur Handhabung von Ein-/Ausgaben.

```
'************************************************
' File:  StdIO1.vbs (WSH 2.0-Beispiel in VBScript)
' Autor: G. Born
'
' Zeigt die Verwendung von StdIn und Stdout ab WSH 2.0.
'************************************************
Option Explicit
Dim tmp, WshShell
```

```
' Teste, ob Cscript.exe der Host ist
If (Not IsCScript()) Then
 Set WshShell = WScript.CreateObject("WScript.Shell")
 WshShell.Run "Cscript.exe " & WScript.ScriptFullName
 WScript.Quit            ' Skript beenden
End If

' Schreibe Text ohne Zeilenumbruch in Ausgabe
WScript.StdOut.WriteLine("Bitte Eingabetaste nach Eingabe drücken!!!")
WScript.StdOut.Write("Bitte eine Zahl mit drei Ziffern eintippen")

' Mit der Read-Methode das erste Zeichen der Eingabe einlesen
tmp = WScript.StdIn.Read(1)
' Eingabe anzeigen
WScript.StdOut.WriteLine("Das erste Zeichen war " & tmp)
' nächste Zeile
WScript.StdOut.Write("Bitte 3 Ziffern eingeben>")
' verwende jetzt ReadLine zum Einlesen der Daten
tmp = WScript.StdIn.ReadLine()
' Ergebnis anzeigen
WScript.Echo "Eingabe: ", tmp
WScript.Echo "Bitte Eingabetaste drücken"

WScript.Echo WScript.StdIn.Read(1)  ' Warten

'##########################
Function IsCScript()
' Test auf Cscript.exe als Host
 If (Instr(UCase(WScript.FullName), "CSCRIPT") <> 0) Then
  IsCScript = true
 Else
  IsCScript = false
 End if
End function
'*** Ende
```

Listing 12.38: StdIO1.vbs

HINWEIS: Sie finden die Beispieldatei *StdIO1.vbs* auf der Begleit-CD-ROM im Ordner *\Beisp\Kap12*. Das Skript lässt sich nur in WSH 2.0 ausführen. Zum Starten reicht ein Doppelklick auf die Datei.

Ein-/Ausgabeumleitung per Skript

Ein-/Ausgabeumleitung oder in englisch Piping stellt eine elegante Methode unter MS-DOS dar, um Programmausgaben in Dateien oder auf Geräte zu leiten und solche Ausgaben in weiteren Programmen einzulesen. Ein Programm kann dann die Ausgaben des vorher ausgeführten Programms verwenden. Der folgende Befehl demonstriert diesen Effekt:

```
dir *.* | more
```

Die Ausgabe des *dir*-Befehls wird vom *more*-Filter eingelesen und seitenweise angezeigt. Ähnliches lässt sich auch in Skriptprogrammen verwenden. Nehmen wir an, es gibt ein Programm *StdIOFilter.vbs*, welches einen Standard-Eingabe-Stream lesen kann. Dann ließe sich folgender Befehl verwenden:

```
dir *.* | cscript.exe StdIOFilter.vbs
```

Es wird der *dir*-Befehl ausgeführt. Dessen Ausgaben werden nach *Cscript.exe* umgeleitet und durch das Programm *StdIOFilter.vbs* gelesen. Das folgende Listing liest diesen Eingabe-Stream, fügt eine Anfangs- und Endezeile hinzu, konvertiert alle Zeichen in Großbuchstaben und schreibt das Ergebnis in einen Ausgabe-Stream.

```
'**********************************************
' File:  StdIOFilter.vbs (WSH 2.0-Beispiel in VBScript)
' Autor: G. Born
'
' Zeigt, wie sich Daten aus dem Eingabe-Stream lesen
' und in den Ausgabe-Stream schreiben lassen.
'**********************************************
Option Explicit
Dim tmp

' Lesen den Eingabe-Stream
tmp = WScript.StdIn.ReadAll()
' versuche Ergebnis in Standard Ausgabe-Stream zu schreiben
WScript.StdOut.WriteLine("*** Output Filter Demo ***")
WScript.StdOut.Write(UCase(tmp))
WScript.StdOut.WriteLine("*** Ende Eingabedaten ***")
'*** Ende
```

Listing 12.39: StdIOFilter.vbs

HINWEIS: Sie finden die Beispieldatei *StdIOFilter.vbs* auf der Begleit-CD-ROM im Ordner *\Beisp\Kap12*. Das Skript lässt sich ab WSH 2.0 ausführen. Zum Starten müssen Sie im Fenster der Eingabeaufforderung den obigen Befehl eintippen. Die Funktion *IsCScript* ist nicht anwendbar, da diese eine Kopie von *Cscript.exe* aktiviert. Dann kann WSH die Ein-/Ausgabeumleitung nicht mehr handhaben. Nachfolgend finden Sie noch einen Ansatz, mit dem sich dieses Problem durch Speichern der Ausgaben in Textdatei umgehen lässt.

Dateien für Ein-/Ausgabeumleitung verwenden

Als weiteres Beispiel möchte ich jetzt noch demonstrieren, wie ein Skript das *TextStream*-Objekt zum Lesen aus Textdateien verwenden kann. Dies löst auch das Problem, dass der WSH 2.0 mit der Ein-/Ausgabeumleitung per Shell hat. Das VBScript-Programm lässt sich entweder per *Cscript.exe* oder mit *Wscript.exe* ausführen. Es aktiviert den *dir*-Befehl über einen Shell-Aufruf, der ein Abbild des aktuellen Verzeichnisses des Laufwerks *C:* erzeugt und die Ausgabe in eine temporäre Datei umleitet. Im zweiten Schritt öffnet das Skript diese Datei und liest deren Inhalt. Dann werden die Kopfzeilen mit dem Datenträgernamen entfernt. Im nächsten Schritt werden die Spalten mit Datum und Uhrzeit aus der Verzeichnisliste entfernt. Das Ergebnis wird dann einschließlich der zwei letzten Zeilen in einem Dialogfeld ausgegeben.

Zur Implementierung dieses Beispiels werden einige neue Techniken verwandt, die ich kurz vorstellen möchte. Zuerst müssen wir eine temporäre Datei im *\Temp*-Verzeichnis des Systems anlegen. Verwenden Sie folgende Anweisungen für diesen Schritt:

```
Set fso = CreateObject("Scripting.FileSystemObject")
tmp = fso.GetTempName
```

Der erste Befehl erzeugt ein *FileSystemObject*-Objekt. Die zweite Zeile wendet die *GetTempName*-Methode an. Diese fordert vom Betriebssystem den Namen einer temporären Datei an, der der Variablen *tmp* zugewiesen wird. Im zweiten Schritt wird müssen wir die *dir*-Ausgaben in dieser Datei im temporären Ordner des Betriebssystems hinterlegen. Die Lage des temporären Ordners lässt sich über die *GetSpecialFolder*-Methode ermitteln:

```
path = fso.GetSpecialFolder(tmpFolder)
```

Der Parameter *tmpFolder* ist eine Konstante, deren Wert auf 2 gesetzt ist.

HINWEIS: Der Wert 0 als Parameter liefert die Lage des Windows-Ordners, der Parameterwert 1 gibt den Pfad und Namen des Windows-Systemordners zurück. Dies ist hilfreich, das die Lage und die Namen der jeweiligen Ordner von der Betriebssystemversion abhängen. Windows 9x verwendet beispielsweise *\System,* während Windows NT/2000/XP den Ordner *\System32* für Systemdateien verwendet. Mit *GetSpecialFolder* müssen Sie sich keine weiteren Gedanken machen, da die Methode den Ordnernamen samt Pfad liefert.

Sobald Sie den Namen der temporären Datei und des temporären Ordners kennen, lässt sich der komplette Pfad erstellen.

```
tmp = path & "\" & tmp
```

Mit den folgenden beiden Anweisungen erzeugen Sie eine Instanz der Eingabeaufforderung, die den *dir*-Befehl mit entsprechender Ausgabeumleitung in eine temporäre Datei ausführt.

```
Set WshShell = CreateObject("WScript.Shell")
WSHShell.Run "%comspec% /c " & cmd & " >" & tmp, 0, true
```

Die Variable *%comspec%* legt automatisch den richtigen Befehlszeilenprozessor fest. Der zweite Parameter wird auf 0 gesetzt (normales Fenster), während der dritte Parameter *true* die Skriptausführung so lange suspendiert, bis der *dir*-Befehl im Fenster der Eingabeaufforderung abgeschlossen ist. Der folgende Befehl:

```
Set oFile = fso.OpenTextFile(tmp)
```

öffnet die temporäre Datei als *TextStream*. Dann lässt sich die folgende Schleife benutzen, um die ersten vier Zeilen zu überspringen:

```
For i = 1 to 4
 oFile.SkipLine
Next
```

Der folgende Befehl liest den Rest der temporären Datei in eine String-Variable *txt*.

```
txt = oFile.ReadAll
```

Anschließend kann das Skript die temporäre Datei schließen und löschen:

```
oFile.Close
fso.DeleteFile tmp
```

Die Variable *txt* enthält den Dateiinhalt als Zeichenkette. Zur Bearbeitung ist es hilfreich, diese Zeichenkette in einzelne Zeilen zu zerlegen. Dies lässt sich mittels der *Split*-Funktion erreichen:

```
lines = Split(txt,vbCrLf)
```

Die Funktion teilt die Zeichenkette satzweise auf. Filterkriterium ist der Code der *vbCrLf*-Konstante. Das Ergebnis wird als Zeichenketten-Array zurückgeliefert. Dann können Sie die Einzelzeilen des Feldes über *lines(0)*, *lines(1)* etc. lesen. Nach dem Einlesen lassen sich die Einzelzeilen wieder in einer Zeichenkette vereinigen:

```
Txt = Join(lines,vbCrLf)
```

Die *Join*-Funktion addiert das im zweiten Parameter übergebene Zeichen zu den einzelnen Feldelementen hinzu (bei Zeichen ist dies eine Stringkonkatenation). Gleichzeitig wird das Ergebnis als Zeichenkette gespeichert. Weitere Details entnehmen Sie dem folgenden VBScript Listing. Das Skript zeigt zwei Dialogfelder, das erste enthält die Original-Ausgabe, das zweite den gefilterten Text.

```
'************************************************
' File:   Pipe.vbs (WSH 2.0-Beispiel in VBScript)
' Autor:  Günter Born
'
' Zeigt, wie sich Daten zwischen DOS-Befehlen und
' Skripten mittels temporärer Dateien austauschen
' lassen.
'************************************************
Option Explicit

Const cmd = "dir c:\*.* /ON"   ' Auszuführender Befehl
Const tmpFolder = 2            ' Temp-Ordner des Systems

Dim WshShell, fso, oFile, tmp, path, txt, lines, i

' FileSystemObject-Objekt erzeugen
Set fso = CreateObject("Scripting.FileSystemObject")
' Temporären Dateinamen anfordern
tmp = fso.GetTempName
' Hole Pfad zum temporären Systemordner
path = fso.GetSpecialFolder(tmpFolder)
tmp = path & "\" & tmp     ' Erzeuge Pfad + Temp-Dateiname

' Wir haben temporäre Datei, erzeuge Shell-Objekt ...
Set WshShell = CreateObject("WScript.Shell")
' ... und starte DOS-Kommando mit Ausgabeumleitung
'     in die temporäre Datei.
WSHShell.Run "%comspec% /c " & cmd & " >" & tmp, 0, true

' DOS-Befehl ist fertig, die temporäre Datei liegt vor.
' Lese deren Inhalt
Set oFile = fso.OpenTextFile(tmp)
' Überspringe die ersten Zeilen
For i = 1 to 4
```

```
 oFile.SkipLine
Next
txt = oFile.ReadAll                     ' Rest der Datei lesen
oFile.Close                             ' Datei schließen
fso.DeleteFile tmp                      ' und löschen

WScript.Echo txt     ' Inhalt anzeigen
' Jetzt den Inhalt weiter bearbeiten
' Zeilenweise Aufteilung in Array
lines = Split(txt,vbCrLf)
' Letzte zwei Zeilen ignorieren
For i = 1 to UBound(lines) -3
 lines(i) = Mid(lines(i),40) ' Datum/Zeit löschen
Next

' Array in Zeichenkette zurückwandeln und anzeigen
MsgBox Join(lines,vbCrLf)
' Ende
```

Listing 12.40: Pipe.vbs

HINWEIS: Sie finden die Beispieldatei *Pipe.vbs* auf der Begleit-CD-ROM im Ordner *\Beisp \Kap12*. Ein Doppelklick führt das Skript (ab WSH 2.0) aus.

Zugriff auf StdIn und StdOut in WSH 5.6

In WSH 5.6 wurde die Möglichkeit zum Zugriff auf die Geräte StdIn und StdOut der Eingabeaufforderung verbessert. Ein Skript kann dann einen Prozess, der die Eingabeaufforderung verwendet, über die *Exec*-Methode aufrufen und anschließend diesem Prozess Daten über *StdOut* bzw. *StdIn* zur Verfügung stellen. Nehmen wir einmal die folgenden beiden Anweisungen eines Stapelverarbeitungsprogramms.

```
@Echo Test
@Pause Bitte eine Taste drücken
```

Die beispielsweise in der Datei *Test.bat* hinterlegten Anweisungen geben den Text *Test* aus und zeigen die Aufforderung *Bitte eine Taste drücken*. Der Benutzer muss dann eine Taste auf der Eingabeaufforderung drücken, um das Stapelverarbeitungsprogramm zu beenden (der Pause-Befehl suspendiert das BAT-Programm). Nun soll dieses BAT-Programm per Skript gestartet werden. Gleichzeitig soll das Skript die Meldungen des BAT-Programms lesen und anzeigen. Nach Beenden der Ausgaben muss das Skript das Drücken einer Taste durch den Benutzer simulieren, damit das BAT-Programm endet. Das Starten des BAT-Programms lässt sich über folgende Sequenz durchführen:

```
Set oShell = WScript.CreateObject("WScript.Shell")
Set oExec = oShell.Exec (GetPath () & "\Test.bat")
```

Über die Objektvariable *oExec* kann das Skript anschließend auf *StdIn* und *StdOut* zugreifen. Die Anweisungen der folgenden Schleife verwenden die *Read*-Methode der *StdOut*-Einheit, um die Ausgaben des BAT-Programms in eine Variable *tmp* einzulesen:

```
Do While True
 If Not oExec.StdOut.AtEndOfStream Then
  tmp = tmp & oExec.StdOut.Read(1)
  If InStr(tmp, "Test") <> 0 Then Exit Do
 End If
 WScript.Sleep 100
Loop
```

Sobald der Text "*Test*" eingelesen wurde (dieser wird hier durch die ECHO-Anweisung des BAT-Programms ausgegeben), wird die Schleife verlassen.

Im BAT-Programm wird dann die PAUSE-Anweisung ausgeführt, die auf eine Benutzereingabe wartet. Das Skript kann das Drücken der Eingabetaste über folgende Anweisung simulieren:

```
oExec.StdIn.Write "Ein Text" & vbCrLf
```

Über *oExec.Status* lässt sich anschließend im Skript prüfen, ob der gestartete Prozess beendet wurde. Weitere Einzelheiten sind folgendem Listing zu entnehmen.

```
'************************************************
' File:  StdIO2.vbs (WSH 5.6-Beispiel in VBScript)
' Autor: G. Born
'
' Zeigt die Verwendung von StdIn und Stdout ab WSH 5.6.
'************************************************
Option Explicit
Dim tmp, oShell, oExec

Set oShell = WScript.CreateObject("WScript.Shell")
Set oExec = oShell.Exec (GetPath () & "\Test.bat")

tmp = ""

Do While True
 If Not oExec.StdOut.AtEndOfStream Then
  tmp = tmp & oExec.StdOut.Read(1)
  If InStr(tmp, "Test") <> 0 Then Exit Do
 End If
 WScript.Sleep 100
Loop

WScript.Echo "Eingabe: [" & tmp & "]"

oExec.StdIn.Write "Ein Text" & vbCrLf

Do While oExec.Status <> 1   ' warte bis BAT-Datei fertig ist
 WScript.Sleep 100
Loop

MsgBox "Fertig"

'####### Hilfsroutine
Function GetPath()
' *** Ermittle Pfad des aktuellen Skripts
  Dim path
```

```
  path = WScript.ScriptFullName
  GetPath = Left(path, InstrRev(path, "\"))
End Function
'*** Ende
```

Listing 12.41: *StdIO2.vbs*

WICHTIG: Sie finden die Datei *StdIO2.vbs* im Ordner *\Beisp\Kap12* auf der Begleit-CD.

Sie haben jetzt bereits eine Menge an Know-how zum *FileSystemObject*-Objekt, zur Dateihandhabung und zu Dialogen kennen gelernt. Auch *TextStreams* und die Standard-Ein-/Ausgabeumleitung sind kein Buch mit sieben Siegeln mehr. Damit möchte ich den Abschnitt schließen. Weitere Informationen entnehmen Sie bitte der Hilfe zu WSH, zu VBScript und zu JScript. Die Verwaltung der Zugriffsrechte auf Dateien oder Ordner des NTFS-Dateisystems lässt sich mit ADSI lösen. Im nächsten Teil lernen Sie die Programmierung von ActiveX-Komponenten, die Verwendung von Windows-API-Calls sowie den Zugriff auf Microsoft Office, auf Active Data Objects (ADO), auf das Active Directory Interface (ADSI) sowie auf das Windows Management Interface (WMI) und weitere Techniken kennen.

Teil III
WSH-Power-Skripting

In diesem Teil lernen Sie die Möglichkeiten der Windows Script Host-Skriptprogrammierung so richtig kennen.

- Kapitel 13 demonstriert Ihnen, wie Sie mit der Visual Basic 5 Controls Creation Edition (VB 5 CCE) eigene ActiveX-Komponenten erstellen. Beispiele erweitern den WSH um wichtige Funktionen zur Nutzung der Zwischenablage, zur Fenstermanipulation, zur Soundausgabe und mehr.
- In Kapitel 14 zeige ich Ihnen dem Umgang mit Microsoft Office aus WSH-Skripten. Funktionen aus Word, Excel, Access, Outlook etc. lassen sich mit wenigen Zeilen per Skript nutzen, Sie können sich quasi Ihre eigenen Anwendungen schaffen.
- ActiveX Data Objects (ADO) ist die neue Schlüsseltechnologie zum Zugriff auf Datenbanken. Was es damit auf sich hat und wie Sie mit ADO per Skript Datenbanken und Datenquellen nutzen, lernen Sie in Kapitel 15.
- Windows 2000 kommt mit Active Directory, einer Technologie, die die Verwaltung von Benutzerkonten in heterogenen Netzwerken vereinheitlicht und stark erleichtert. Mit dem Active Directory Services Interface (ADSI) steht dem Skriptprogrammierer eine Technik zur Verwaltung von Benutzerkonten, Gruppen, Zugriffsberechtigungen etc. zur Verfügung. Kapitel 16 führt Sie in diese Technologie ein und zeigt wo es langgeht.
- In Kapitel 17 setzen wir noch eins drauf. Mit der Web Based Enterprise Management Initiative (WBEM) wurde ein herstellerübergreifender Standard zur unternehmensweiten Verwaltung von verteilten Computersystemen geschaffen. Mit der Windows Management Instrumentation (WMI) legt Microsoft eine WBEM-Implementierung für Windows-Betriebssysteme vor. Diese in Microsoft Windows 2000 erstmals enthaltene (aber in anderen Windows-Versionen nachrüstbare Funktion) lässt sich direkt per Skript nutzen. Wie dies geht, erfahren Sie in diesem Kapitel.

- Ab Kapitel 18 finden Sie dann noch eine Sammlung von Tipps, Antworten auf Fragen, Techniken zur Skriptprogrammierung sowie einige besondere Leckerbissen zur Erweiterung des WSH (wie beispielsweise Druckfunktionen).

Nach dem Studium dieses Teils sind Sie mit Sicherheit in der Lage, den WSH souverän für eigene Zwecke zu nutzen und in die neuen Microsoft-Technologien einzusteigen.

13 ActiveX-Steuerelemente erstellen

In den vorherigen Kapiteln wurden gelegentlich ActiveX-Steuerelemente zur Erweiterung des WSH genutzt. In diesem Kapitel lernen Sie, wie sich solche Steuerelemente erstellen lassen.

- Lernen Sie die Visual Basic 5.0 Control Creation Edition (VB 5 CCE) als Entwicklungsumgebung zum Erstellen der ActiveX-Steuerelemente kennen.
- Erfahren Sie, wie sich mit der VB 5 CCE eigene Formulare und Steuerelemente erstellen und in OCX-Dateien übersetzen lassen. Lesen Sie nach, was es dabei zu beachten gibt.
- Nutzen Sie auch das Know-how der restlichen Abschnitte, in denen ActiveX-Komponenten mit Objekten, Methoden und Eigenschaften zur Erweiterung des WSH erstellt und in Beispielskripten verwendet werden.

TIPP: Mit diesen Erweiterungen steht Ihnen quasi die ganze Softwarewelt offen. Die Beispiele dieses Kapitels vermitteln bereits einen ersten Eindruck, was alles machbar ist.

Einführung in die VB 5 CCE

Die Erstellung von ActiveX-Komponenten gehört zwar nicht direkt zum Windows Script Host, andererseits haben Sie aber in den vorherigen Kapiteln bereits erfahren, dass sich die Funktionalität der WSH-Skripte mit ActiveX-Komponenten erweitern lässt. Weiterhin wurden in den anderen Kapiteln dieses Buches gelegentlich ActiveX-Komponenten benutzt. In diesem Abschnitt möchte ich daher kurz die auf der Begleit-CD-ROM enthaltene Visual Basic Control Creation Edition Version 5.0 (VB 5 CCE) vorstellen.

Was ist die VB 5 CCE?

Die Visual Basic Control Creation Edition 5.0 (kurz VB 5 CCE genannt) ist eine Entwicklungsumgebung für ActiveX-Komponenten, die von Microsoft zur Verfügung gestellt wird. Bei dieser Entwicklungsumgebung handelt es sich im Grunde um die Visual Basic 5.0-Entwicklungsumgebung, bei der aber die Funktionen zur Erzeugung von EXE-Dateien deaktiviert wurde.

Die Microsoft-Entwickler hatten die VB 5 CCE ursprünglich zwar zur Erstellung von ActiveX-Controls für Webseiten vorgesehen, aber durch die universelle Verwendbarkeit der ActiveX-Steuerelemente werde ich Ihnen nachfolgend zeigen, dass Sie dieses Programm auch zum Erstellen eigener WSH-Erweiterungen und sogar zur Unterstützung der Skriptentwicklung nutzen können.

HINWEIS: Sie finden die VB 5 CCE auf der Begleit-CD-ROM im Ordner *\Tools\CCE*. Öffnen Sie den Ordner und starten Sie die Datei *Vb5ccein.Exe*. Die VB 5 CCE wird installiert. In weiteren Schritten können Sie die ebenfalls auf der Begleit-CD-ROM in den Unterordnern *\Tools\CCE\Help* und *\Tools\CCE\Docs* enthaltenen Hilfedateien installieren. Anschließend lässt sich die VB 5 CCE über den Eintrag *Programme* im Startmenü aufrufen. Eine Deinstallation ist über die Registerkarte *Installieren/Deinstallieren* (Symbol *Software* in der Systemsteuerung) möglich.

Alternativen zur ActiveX-Programmierung

An dieser Stelle möchte ich darauf verweisen, dass es verschiedene Werkzeuge zum Erstellen von ActiveX-Komponenten gibt. Wer über Visual C verfügt, besitzt auch ein Werkzeug zum Erstellen von ActiveX-Controls. Mit der im Lieferumfang von Visual C enthaltenen ATL (Active Template Library) ist es sogar möglich, ActiveX-Steuerelemente ohne C-Programmierung zu entwickeln. Die ATL greift auf vordefinierte Vorlagen zurück und erstellt die betreffenden ActiveX-Module. Wer Delphi von Inprise (früher Borland) verwendet, findet ebenfalls Funktionen zum Erstellen von OCX-Dateien, die ActiveX-Module enthalten. Ähnliches gilt für Visual J++ oder andere Umgebungen.

Diese Werkzeuge haben für viele Skriptentwickler aber den Nachteil, dass sie sich in eine neue Sprache (z.B. C++, Pascal, J++ etc.) einarbeiten müssen. Wer sich lediglich mit VBScript befasst und nur gelegentlich ActiveX-Komponenten entwickelt, steht dann vor einem Problem. Ähnliches gilt, falls Sie sich nicht eine so mächtige Entwicklungsumgebung wie Visual Studio 6.0 (oder .net) auf den Rechner installieren möchten. Eine Alternative wäre es, auf Visual Basic zurückzugreifen. Aber auch hier gilt, dass nicht jeder Anwender über dieses Produkt verfügt oder sich die betreffende Anwendung installieren möchte.

Hier ist die VB 5 CCE eine sehr interessante Alternative, gibt es das Produkt doch kostenlos. Und vor allem: Durch die Verwendung der VB 5 CCE brauchen Sie keine neue Programmiersprache zu lernen. VBScript-Kenntnisse reichen bereits für den schnellen Einstieg in die Programmierung der ActiveX-Steuerelemente aus. Weiterhin lässt sich die VB 5 CCE auch als Hilfe zur Skriptentwicklung nutzen – der Objektkatalog zeigt Ihnen beispielsweise die Schnittstelle zu ActiveX-Komponenten an.

Anlegen eines ActiveX-Projekts

Sobald Sie die VB 5 CCE aufrufen, zeigt das Programm Ihnen den Dialog aus Abbildung 13.1. In diesem Dialog können Sie ein neues Projekt anlegen.

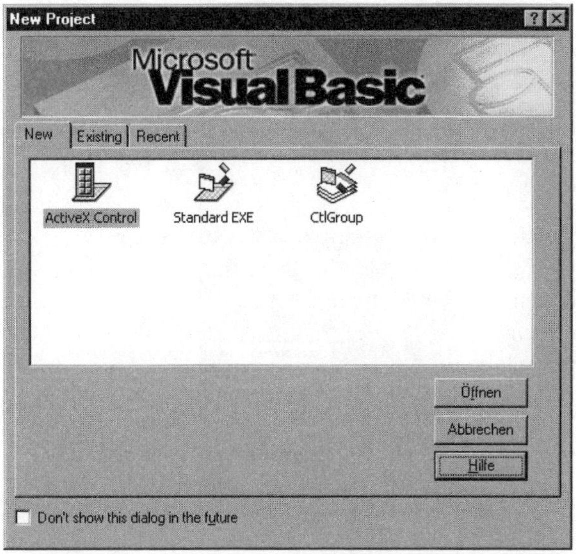

Abbildung 13.1: *Neues Projekt anlegen*

1. Wählen Sie in diesem Dialogfeld den Eintrag *ActiveX Control* auf der Registerkarte *New* aus.
2. Anschließend klicken Sie auf die Schaltfläche *Öffnen*.

Mit diesen Schritten richtet das Programm ein Projekt für eine ActiveX-Komponente ein. Auf die Projektbestandteile komme ich gleich zu sprechen.

HINWEIS: Die Option *Standard EXE* können Sie zwar anwählen, die VB 5 CCE erlaubt Ihnen aber nicht, EXE-Dateien anzulegen. Die Option dient lediglich dazu, ein EXE-Projekt zu erzeugen, mit dem Sie die ActiveX-Controls in der CCE testen können.

TIPP: Haben Sie bereits ein Projekt bearbeitet, können Sie dieses in der VB 5 CCE laden. Die Registerkarte *Existing* zeigt Ihnen ein Dialogfeld zur Dateiauswahl, in dem Sie einen Ordner wählen, die Projektdatei *.vbp* markieren und dann laden können. Die Namen der zuletzt mit der VB 5 CCE bearbeiteten Projekte finden Sie dagegen auf der Registerkarte *Recent*. Schließen Sie den Dialog über die *Abbrechen*-Schaltfläche, lässt sich ein bereits bestehendes Projekt über die Schaltflächen der Symbolleiste bzw. über das Menü *File* öffnen.

Kurzübersicht über die Entwicklungsumgebung

Rufen Sie das Programm auf, zeigt es nach der Auswahl des Projekts die typische von Visual Basic 5.0 gewohnte Entwicklungsumgebung an (Abbildung 13.2).

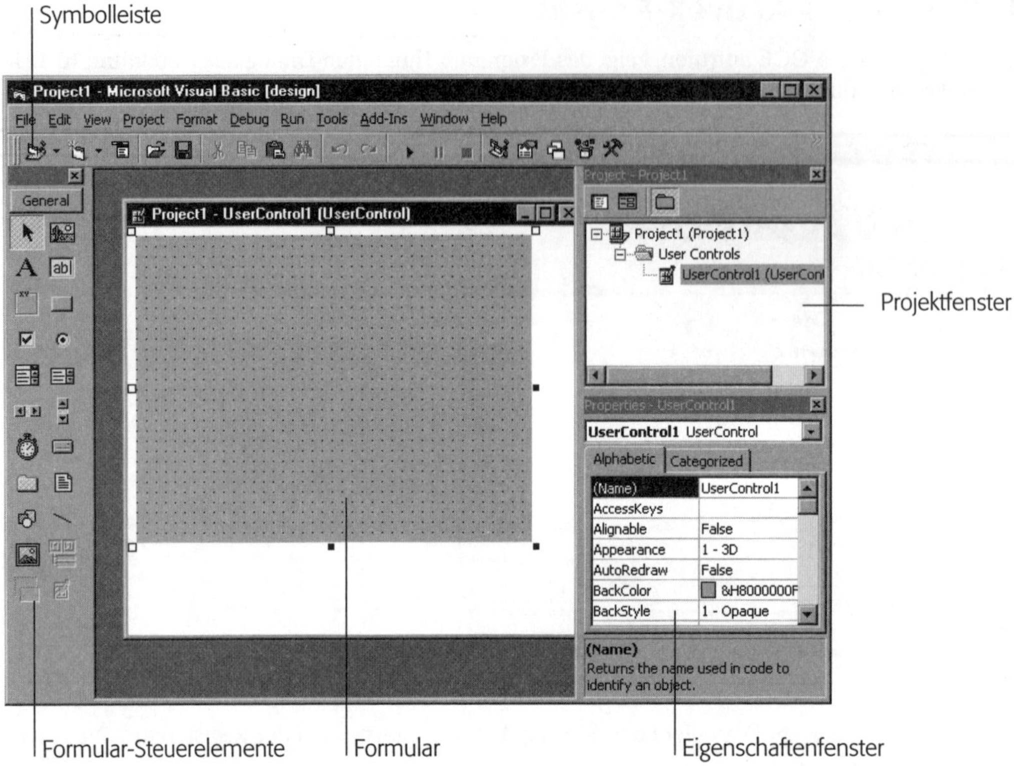

Abbildung 13.2: *Fenster der VB 5 CCE*

Hinweise zur Bedeutung dieser Fenster und Elemente finden Sie in den nachfolgenden Abschnitten.

So wird ein Projekt umbenannt

Haben Sie ein neues Projekt angelegt? Dieses Projekt wird automatisch durch die VB 5 CCE mit dem Namen *project1* belegt (Abbildung 13.3). Weiter unten erfahren Sie, dass die Projektbenennung auch Einfluss auf die Einbindung der Objekte per *CreateObject*-Methode hat.

Um nicht ständig mit Typbibliotheken wie *Project1.xxx* arbeiten zu müssen, empfiehlt es sich, direkt nach dem Anlegen des Projekts einen neuen Projektnamen zuzuweisen (das Projekt umzubenennen). Hierzu führen Sie folgende Schritte aus:

1. Klicken Sie im Projektfenster mit der rechten Maustaste auf den Projektnamen (Abbildung 13.3, links), und wählen Sie im Kontextmenü den Befehl *Project1 Properties...* aus.
2. Die VB5 CCE öffnet das Fenster *xxx -Project Properties* (wobei xxx hier für den Namen des aktuellen Projekts steht). Wählen Sie die Registerkarte *General* (Abbildung 13.3, rechts).
3. Ändern Sie anschließend den Projektnamen innerhalb des Textfelds *Project Name* (z.B. in *WSHExtend*). Sie können jeden Namen verwenden, der den VB-Namenskonventionen entspricht.

Sobald Sie die Registerkarte über die *OK*-Schaltfläche schließen, wird das Projekt umbenannt. Der Projektname (der Name vor der Klammer) wird später in der *CreateObject*-Methode zur

Identifikation der Typbibliothek verwendet (z.B. *CreateObject("ProjectName.UserControl-Name")*). Verwenden Sie beispielsweise den Projektnamen *WSHExtend* und später für das Modul *user control* den Namen *WinExt*, lässt sich eine Objektreferenz mit *CreateObject ("WSH-Extend.WinExt")* anlegen.

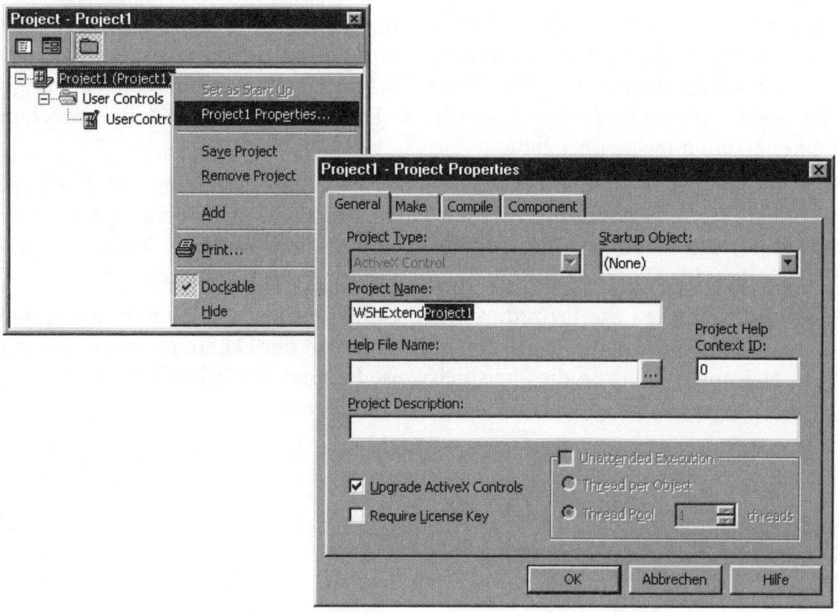

Abbildung 13.3: *Projekt umbenennen*

HINWEIS: Die VB 5 CCE passt beim Umbenennen des Projekts auch den Dateinamen für das Projekt an (der Projektname dient auch zur Ableitung des Dateinamens). Der im Projekt Explorer in Klammern angezeigte Name wird zum Sichern des Projekts benutzt. Beim ersten Speichern eines Projekts wird die Dateinamenerweiterung *.vbp* an den Projektnamen angehängt, um den Dateinamen zu bilden. Und noch ein Hinweis: Die VB 5 CCE kann immer nur ein Projekt laden, in Visual Basic 5.0/6.0 werden dagegen mehrere Projekte gleichzeitig unterstützt. Legen Sie in der VB 5 CCE ein neues Projekt an, erhält dieses immer den Namen *project1*.

TIPP: Sie können ein Projekt auch über dessen Eigenschaftenfenster umbenennen. Klicken Sie im Fenster des Projekt-Explorer auf den Eintrag für das Projekt. Wechseln Sie zum Eigenschaftenfenster und ändern Sie den Projektnamen im Feld *(Name)*. Sobald Sie die Eingabetaste betätigen, wird das Projekt umbenannt.

Was sind Projekte, Klassen-Module und Eigenschaften?

In Visual Basic erfolgt die Entwicklung von Komponenten in Projekten. Diese Projekte fassen alle Komponenten (Formulare, Code etc.) in einem Container zusammen. Beim Speichern eines Projekts erzeugt die Entwicklungsumgebung die benötigten Dateien.

Das Projekt erhält beim Anlegen automatisch einen Namen (z.B. *Project1*) zugewiesen. Über das Eigenschaftenfenster lässt sich dem Projekt jedoch ein benutzerdefinierter Name (z.B. *WSH-Extend*) zuweisen (siehe ▶ vorhergehenden Abschnitt). Diesen Namen benötigen Sie bei der

CreateObject-Methode (z.B. *WSHExtend.WinExt*), da er die Typbibliothek der ActiveX-Komponente festlegt.

Innerhalb eines Projekts müssen dessen Bestandteile (Formulare, Code, Eigenschaftenseiten etc.) noch irgendwie verwaltet werden. Die VB 5 CCE fasst die jeweiligen Komponenten in Kategorien zusammen, die auch als Klassen bezeichnet werden. Innerhalb einer solchen Kategorie finden Sie dann die so genannten Module, welche Code, Deklarationen oder sichtbare Elemente enthalten können. Die im Projekt verfügbaren Kategorien (Klassen) und die zugehörigen Module werden im Projektfenster als Ordnerhierarchie (Abbildung 13.4) oder als Modulbaum angezeigt. Über die Schaltfläche *Toggle Folders* in der Symbolleiste des Fensters können Sie dabei zwischen einer Ordner- oder einer Modulanzeige umschalten:

- Die Kategorie *Forms* nimmt die Formulare (Module) der ActiveX-Komponente auf. In einem Formularfenster können Sie interaktiv ein Formular entwerfen und mit Steuerelementen wie Schaltflächen, Textfeldern etc. versehen. Die Module werden als *.frm*- und *.frx*-Dateien gespeichert. In ▶ Kapitel 9 haben Sie Beispiele für die Benutzung von Formularen kennen gelernt.
- In der Kategorie *Modules* können Sie Prozeduren und Deklarationen aufnehmen, die global im Projekt gültig sein sollen. Diese Module werden in Dateien mit der Dateinamenerweiterung *.bas* gespeichert. In ▶ Kapitel 9 wurde dies beispielsweise benutzt, um globale Variablen für die Speicherung von Eingabewerten in dieser Klasse zu vereinbaren.

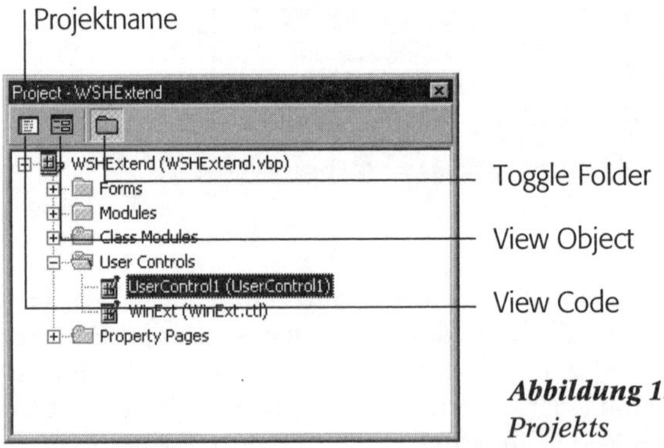

Abbildung 13.4: *Anzeige der Module des aktuellen Projekts*

- Die Kategorie *Class Modules* erlaubt die Aufnahme von Klassenmodulen (die quasi als Schablone für Objekte dienen können). Der Code dieser Module wird in *.cls*-Dateien gespeichert. Auf diese Kategorie werde ich in diesem Buch aber nicht eingehen.
- In der Klasse *User Controls* werden die ActiveX-Steuerelemente hinterlegt, die Sie aus externen Anwendungen aufrufen möchten. Die Definitionen dieser Module finden Sie nach der Speicherung eines Projekts in *.ctl*-Dateien. Der Name des betreffenden Moduls (in Abbildung 13.4 ist dies beispielsweise *WinExt*) stellt den Namen der Klasse dar, der bei der *CreateObject*-Methode angegeben wird (z.B. *WSHExtend.WinExt*).

HINWEIS: Legen Sie mehrere *User Controls*-Module im Projekt an, erhält jeder Eintrag einen neuen (Klassen-) Namen. Andererseits ist bei der *CreateObject*-Methode neben dem Namen der Type-Library auch die Bezeichnung der Objektklasse anzugeben. Über die unterschiedlichen Objektklassen werden dann die jeweiligen ActiveX-Module eindeutig identifiziert.

- In der Klasse *Property Pages* lassen sich Eigenschaftenseiten für ActiveX-Komponenten ablegen. Über diese Eigenschaftenseiten kann der Benutzer bei der Wiederverwendung des ActiveX-Steuerelements in einer Entwicklungsumgebung die Eigenschaften zur Entwurfszeit definieren. Auf diese Option gehe ich an dieser Stelle aber nicht ein, da sie in den Beispielen nicht gebraucht wird.

Den Umgang mit den einzelnen Kategorien und wofür diese sich nutzen lassen lernen Sie auf den folgenden Seiten noch an Beispielen kennen.

Wie wird ein Eintrag zum Projekt hinzugefügt?

Bevor Sie Code, Formulare, User Controls etc. erstellen können, müssen Sie die betreffenden Module im Projekt angelegt haben. Diese Module werden dabei gemäß den obigen Ausführungen in Kategorien gegliedert. Um ein neues Modul zum Projekt hinzuzufügen, gehen Sie folgendermaßen vor:

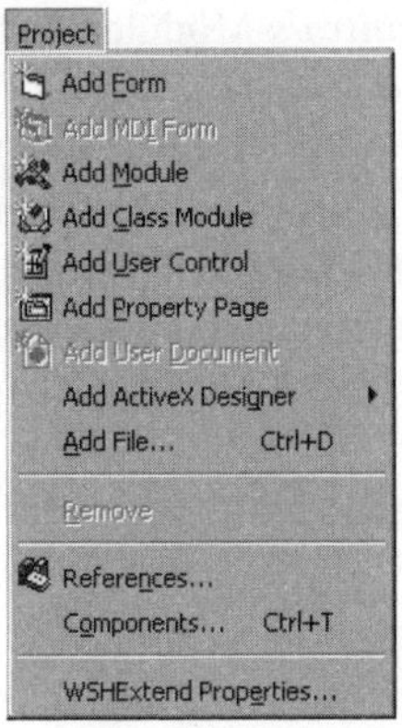

Abbildung 13.5: *Menü* Project *mit Befehlen zum Einfügen von Modulen*

1. Öffnen Sie das Menü *Project*. Die VB 5 CCE öffnet das in Abbildung 13.5 gezeigte Menü mit den verfügbaren Befehlen.
2. Wählen Sie einfach einen der aufgeführten Befehle wie *Add Module, Add Class Module* etc. aus. Grau abgeblendete Befehle sind dabei gesperrt.

Die VB 5 CCE legt dann automatisch das Modul in der entsprechenden Kategorie an. Existiert noch keine Kategorie, wird diese automatisch im Projekt eingerichtet. Innerhalb eines Moduls fügt die VB 5 CCE ggf. noch Formularfenster (für User Controls, Forms und Property Pages) hinzu.

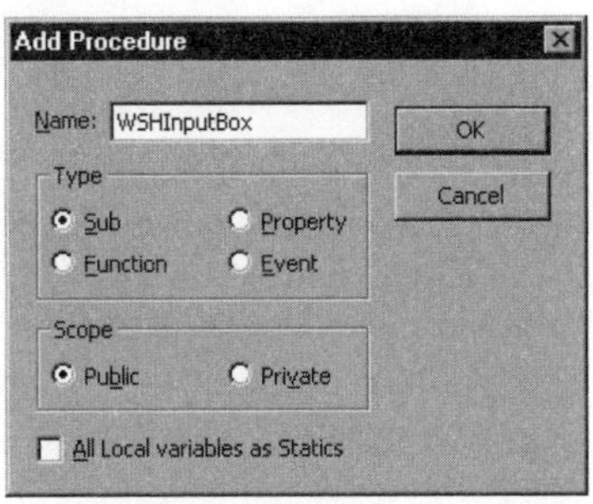

Abbildung 13.6: *Dialogfeld zur Auswahl der Prozeduroptionen*

Der Code für Prozeduren und Funktionen (z.B. innerhalb eines *Modules*-Moduls) wird dagegen über den Befehl *Add Procedure* im Menü *Tools* eingefügt. Dieser Befehl lässt sich abrufen, wenn das Codefenster des betreffenden Moduls geöffnet ist. In einem Dialogfeld geben Sie den Namen ein und wählen den Typ der einzufügenden Prozedur (Abbildung 13.6) und die Bedingungen (Scope) für die Sichtbarkeit der Prozedur.

HINWEIS: Möchten Sie ein Modul aus einer Klasse entfernen, klicken Sie dieses im Projektfenster mit der rechten Maustaste an. Im Kontextmenü lässt sich dann der Befehl *Remove xxx* wählen. Enthält eine Klasse keine Module mehr, wird deren Symbol aus dem Projektfenster entfernt.

Über die restlichen Fenster der Entwicklungsumgebung erhalten Sie sofort eine Übersicht über den Zustand eines Projekts, welches aus Formularen, Class-Modulen, User Controls etc. bestehen kann. In ▶ Abbildung 13.2 sind die wichtigsten Fenster der Entwicklungsumgebung zu sehen. Doppelklicken Sie auf einen Eintrag im Projektfenster, zeigt die Entwicklungsumgebung das Fenster der Komponente an. Bei sichtbaren Komponenten sehen Sie dann das Layoutfenster für das Formular (dies ist bei Formularen, *Property Page*-Seiten und *User Controls*-Modulen der Fall). Andernfalls erscheint direkt das Codefenster der Komponente (Abbildung 13.7).

Das Codefenster

Im Codefenster der VB 5 CCE wird der eigentliche Programmcode angezeigt. Über die Schaltflächen *View Code* bzw. *View Object* des Projektfensters lässt sich die Darstellung jedoch zwischen Objekt und Code umschalten (Abbildung 13.7). Das Gleiche erreichen Sie durch Drücken der Taste Umschalt+F7 bzw. F7 oder über die Befehle im Menü *View*.

Im geöffneten Programmfenster sehen Sie die VBA-Anweisungen, die Sie jederzeit ändern oder ergänzen können.

HINWEIS: Schlüsselwörter (dies sind die in Visual Basic festgelegten Befehle wie SUB, GOTO etc.) werden im Codefenster in blauer Farbe hervorgehoben. Normale Anweisungen erscheinen schwarz, während von Ihnen eingegebene Kommentare grün dargestellt werden. Rot hervorgehobene Textstellen weisen auf einen Fehler in der Anweisung hin. Sie können diese Farben jedoch über die Registerkarte *Editor Format* im Menü *Tools*, Befehl *Options* der VB 5 CCE einstellen.

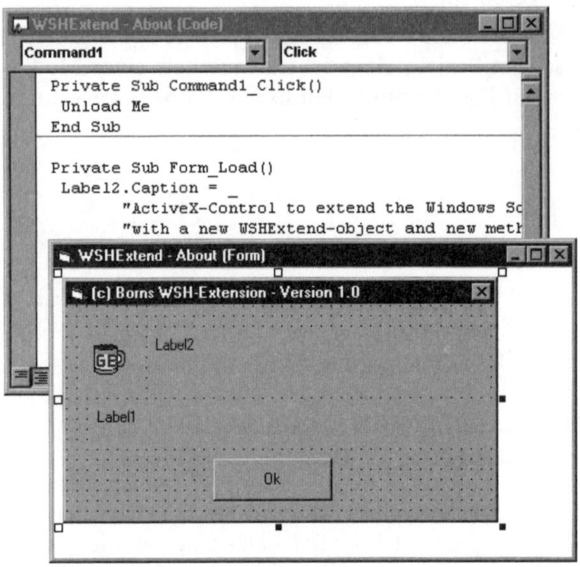

Abbildung 13.7: *Anzeige des Layout- und Codefensters eines Moduls*

Im Codefenster werden die Module in Funktionen oder Prozeduren unterteilt. Abbildung 13.7 zeigt links oben das geöffnete Codefenster mit zwei Prozeduren des Formulars *About* in der Komponente *WSHExtend.* Unterhalb der Titelzeile des Codefensters befinden sich daher zwei Listenfelder, über die Sie verschiedene »Elemente« abrufen können:

- Das linke Listenfeld dient zum Abrufen unterschiedlicher Objekte. Hier werden Sie im Wesentlichen den Eintrag *(General)* finden, der die Anzeige aller in der Klasse definierten Prozeduren und Funktionen im Codefenster bewirkt. Bezieht sich das Fenster auf ein Steuerelement, ist zusätzlich das Objekt *User Control* abrufbar. Interessant wird es, wenn Sie das Codefenster eines Formulars (oder eines Steuerelements) öffnen, welches weitere Steuerelemente (Schaltflächen, Eingabefelder etc.) enthält. Jedes dieser Steuerelemente stellt ein Element dar und das Listenfeld *Objects* zeigt dann die (Objekt-) Namen der Steuerelemente an.
- Ein Objekt (z.B. ein User Control oder ein Formular) kann mehrere Prozeduren und Funktionen enthalten. Steuerelemente benutzen Ereignisprozeduren, um auf Benutzeraktionen (z.B. Mausklick) zu reagieren. Die Namen der Prozeduren lassen sich über das rechte Listenfeld des Prozedurfensters abrufen. In Abbildung 13.8 sehen Sie zum Beispiel die Prozedur mit dem Namen *WSHAbout1* für das Objekt *(General)*. Bei diesem Objekt stellen die Prozeduren beispielsweise die für das Objekt verfügbaren Methoden dar. Wählen Sie dagegen das Objekt *User Control* im linken Listenfeld an, zeigt das rechte Listenfeld die Ereignisprozeduren des ActiveX-Steuerelements.

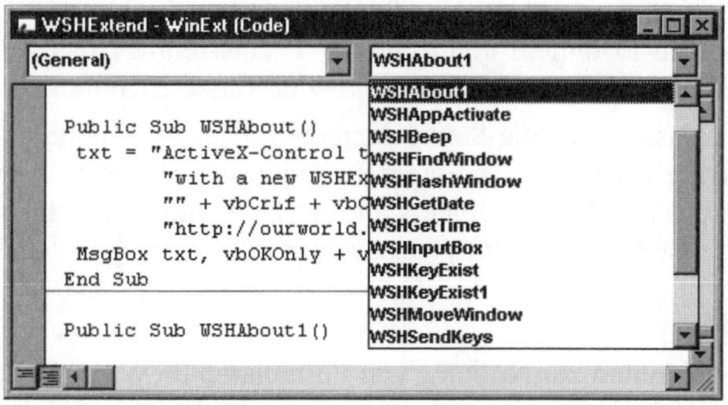

***Abbildung 13.8:** Anzeige der Prozedurnamen im Listenfeld*

Sobald Sie ein Objekt und die zugehörige Prozedur im Listenfeld anwählen, gelangen Sie direkt zum Code der Prozedur.

Das Eigenschaftenfenster

Jedes Objekt (Modul, Formular, Steuerelement etc.) besitzt bestimmte Eigenschaften (englisch: Properties). Diese Eigenschaften umfassen beispielsweise den Namen des Objekts, eventuell die Rahmenform bei einem Formular, die Vorder- und Hintergrundfarbe etc. Da Module, Klassen oder Formulare ebenfalls als Objekte betrachtet werden können, lässt sich für jedes Element der Projektliste im Projekt-Explorer das Eigenschaftenfenster öffnen.

HINWEIS: Die Eigenschaften werden automatisch angezeigt, sobald Sie das betreffende Element im Projekt-Explorer markieren. Ist das Eigenschaftenfenster ausgeblendet, klicken Sie vorher auf die Schaltfläche *Properties Window* der Symbolleiste.

Der Inhalt des Eigenschaftenfensters hängt vom gewählten Objekt ab. Auf jeden Fall weist das Eigenschaftenfenster die Eigenschaft *(Name)* auf. Dieser Name ist die Bezeichnung, unter der das Objekt per Programm angesprochen wird. Haben Sie das Projekt im Projekt-Explorer angewählt, lässt sich über diese Eigenschaft der Name des Projekts festlegen. Dieser Name wird aber auch für die Type-Library (Typbibliothek) benutzt. Bei Steuerelementen legen Sie den Klassennamen der Komponente fest. Diesen Namen benötigen Sie bei der *CreateObject*-Methode.

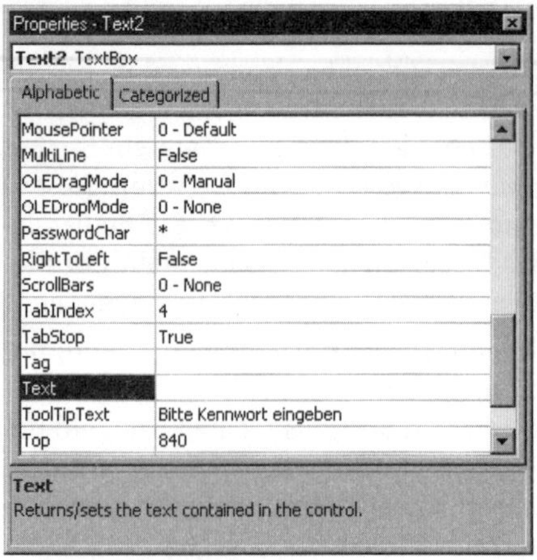

Abbildung 13.9: *Eigenschaftenfenster eines Steuerelements*

Bei Formularen und Steuerelementen bezeichnet die Eigenschaft *Name* ebenfalls den Objektnamen, unter dem das Formular oder das Steuerelement angesprochen wird. Abbildung 13.9 zeigt das Eigenschaftenfenster eines Textfeld-Steuerelements (Textbox). Dieses besitzt den Objektnamen *Text2.* Dieser Name wird hier im Listenfeld unterhalb der Titelleiste angezeigt. Über das Listenfeld können Sie übrigens auf die unterschiedlichen Objekte der Klasse zugreifen.

HINWEIS: Arbeiten Sie mit Formularen, lassen sich die Steuerelemente (Objekte) innerhalb des Formulars anwählen. Dann können Sie ebenfalls das Eigenschaftenfenster aufrufen. Dieses Fenster zeigt dann die Eigenschaften des markierten Objekts an. Ein Doppelklick auf ein solches Steuerelement öffnet automatisch die *Click*-Ereignisprozedur des Objekts im Codefenster.

Steuerelemente in eine Formular einfügen

In ▶ Kapitel 9 hatte ich bereits die Möglichkeiten zur Nutzung von Formularen im WSH genutzt. Ein solches Formular lässt sich als ActiveX-Komponente realisieren, indem Sie ein *User Control* mit der Methode zum Aufruf des Formulars sowie das Formular in der *Forms*-Klasse einfügen. Anschließend müssen Sie die gewünschten Steuerelemente zum Formular hinzufügen:

1. Hierzu öffnen Sie das Layoutfenster des Formulars (z.B. durch einen Doppelklick auf das Formularmodul in der Klasse *Forms*).
2. Dann öffnen Sie die Werkzeugleiste mit den Schaltflächen der verfügbaren Steuerelemente.
3. Klicken Sie jetzt auf das gewünschte Steuerelement (Abbildung 13.10).
4. Klicken Sie anschließend im Formularlayout auf die linke obere Ecke der Position, an der das Steuerelement einzufügen ist. Dann ziehen Sie bei gedrückter linker Maustaste den Mauszeiger zur diagonal entgegengesetzten Position.
5. Sobald Sie die linke Maustaste loslassen, wird das Steuerelement im Formular eingefügt.

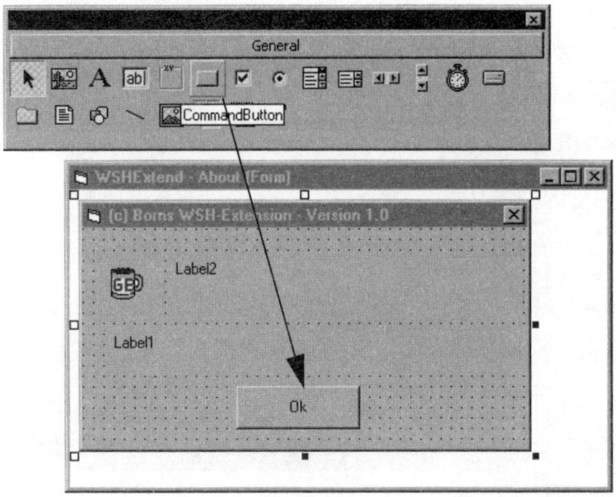

Abbildung 13.10: *Steuerelement-Werkzeugleiste und Formularlayout*

Anschließend können Sie die Größe und Position des Steuerelements per Maus anpassen. Die Beschriftung des Steuerelements wird im Eigenschaftenfenster über die *Caption*-Eigenschaft angepasst. Im Eigenschaftenfenster setzen Sie auch die restlichen Eigenschaften des Objekts. Die VB 5 CCE generiert automatisch den Code, der zur Laufzeit die zur Entwurfszeit festgelegten Eigenschaften (bzw. die vordefinierten Eigenschaften) des Objekts setzt.

HINWEIS: Möchten Sie die Eigenschaften zur Laufzeit dynamisch anpassen, sind die betreffenden Anweisungen in den Ereignisprozeduren (z.B. die Ladeprozedur des Formulars) der Klasse zu hinterlegen. In ▶ Kapitel 9 hatte ich ein Beispiel für diese Technik bei den *About*-Formularen gebracht.

OCX-Modul der ActiveX-Komponente erzeugen

Das Projekt lässt sich über den Befehl *Make xxxx.ocx* im Menü *File* in eine OCX-Datei übersetzen. Die Buchstaben *xxxx* stehen hier für den Namen der OCX-Datei. In der OCX-Datei wird der Code für die ActiveX-Komponente hinterlegt.

Bei der Anwahl des Befehls wird das Dialogfeld *Make Project* (Abbildung 13.11, rechts) geöffnet. Über dieses Dialogfeld lässt sich der Dateiname und der Pfad wählen, unter dem die ActiveX-Komponente angelegt wird.

Über die Schaltfläche *Options* lässt sich das Eigenschaftenfenster mit den Optionen des OCX-Projekts öffnen (Abbildung 13.11, links). Dieses Eigenschaftenfenster besitzt zwei Registerkarten. Auf der Registerkarte *Compile* wird die *DLL Base Address* abgefragt. OCX-Dateien stellen so etwas wie Bibliotheken dar, die im Adressraum des laufenden Prozesses (in unserem Fall des WSH mit dem auszuführenden Projekt) geladen werden. Die DLL-Basisadresse legt die Ladeadresse für die ActiveX-Komponente fest.

HINWEIS: Standardmäßig müssen Sie sich um diese Adresse nicht kümmern. Lädt das WSH-Skript mehrere ActiveX-Komponenten, die die gleiche Ladeadresse benutzen, löst Windows diesen Konflikt automatisch auf und verschiebt die folgenden Komponenten an eine andere Speicheradresse. Allerdings bedeutet dies einen Overhead. Möchten Sie mehrere eigene ActiveX-Module in einem Skript verwenden, könnten Sie für jede Komponente eine eigene Ladeadresse angeben.

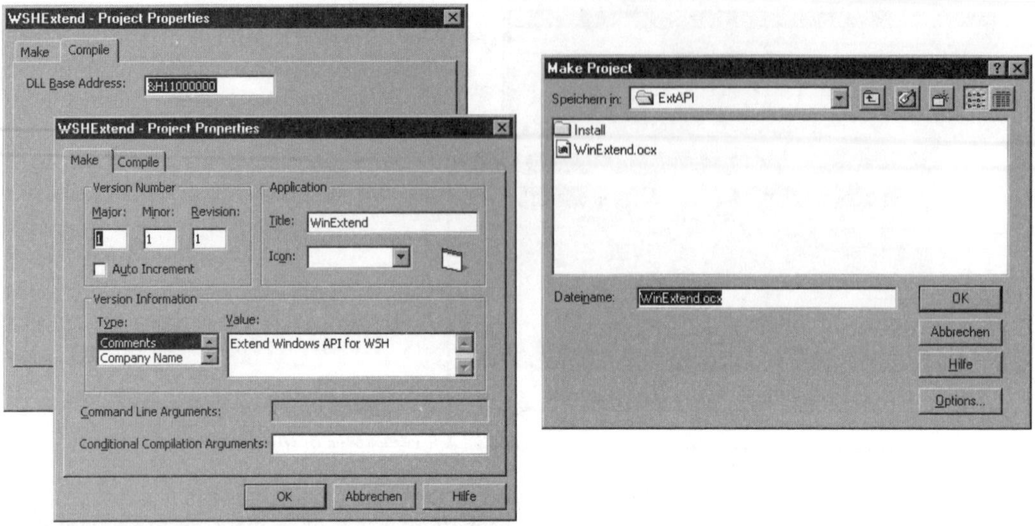

Abbildung 13.11: *Dialoge zum Erzeugen der OCX-Datei*

Auf der Registerkarte *Make* finden Sie weitere Felder, in denen Sie die Versionsnummer für die ActiveX-Komponente etc. angeben können. Sobald Sie die Dialogfelder über die *OK*-Schaltfläche schließen, wird die OCX-Datei angelegt.

HINWEIS: Die Eigenschaften lassen sich auch über den Befehl *xxxx Properties* (wobei *xxxx* für den Projektnamen steht) im Menü *Project* einstellen. Wählen Sie diesen Befehl, enthält das Eigenschaftenfenster zusätzlich die Registerkarten *General* und *Component* (Abbildung 13.12). Die Registerkarte *Component* erlaubt Ihnen, in der Gruppe *Version Compatibility* einzustellen, wie die OCX-Komponente zu übersetzen ist. Was hat es mit dieser Versionskompatibilität auf sich?

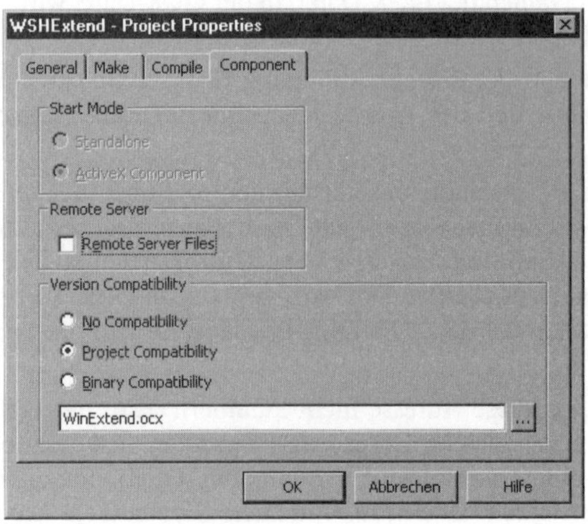

Abbildung 13.12: *Registerkarte* Component

Beim ersten Übersetzen der Komponente vergibt die VB 5 CCE automatisch einen ClassID-Code, der das ActiveX-Modul eindeutig kennzeichnet. Diese ClassID wird zur Registrierung der Komponente benutzt. Wenn Sie anschließend Änderungen an der ActiveX-Komponente durchführen, müssen Sie beim erneuten Übersetzen sicherstellen, dass kein neuer ClassID-Code vergeben wird. Die OCX-Datei soll ja weiterhin unter der registrierten ID ansprechbar sein. Weiterhin muss sichergestellt sein, dass die internen Schnittstellen der Komponente weiterhin gültig bleiben. Setzen Sie die Option *Project Compatibility*, schreibt die VB 5 CCE bei jeder Übersetzung den Code in die bestehende OCX-Datei. Wurde eine Komponente bereits ausgeliefert, sollten Sie auf die Option *Binary Compatibility* umschalten und den Namen der vorherigen OCX-Komponente im Textfeld angeben. Bei jeder Übersetzung übernimmt der Compiler dann die CLSID der vorherigen Komponente in die neue OCX-Datei. Weiterhin wird geprüft, ob sich die Schnittstellen der neuen Version geändert haben. Bei Gleichheit oder Kompatibilität der Schnittstellen wird dann die Typbibliothek aktualisiert. Es ist also sichergestellt, dass die neuen Module mit alten Anwendungen zusammenarbeiten. Ist die Kompatibilität nicht mehr erreichbar, erhalten Sie eine entsprechende Meldung und können ggf. auf die Änderungen reagieren (z.B. indem Sie die inkompatiblen Funktionen in eine neue Komponente verlagern).

Bei der Übersetzung wird das betreffende OCX-Modul automatisch auf dem Entwicklungsrechner als COM-Objekt registriert. Um die Registrierung dieser Komponente auf dem Entwicklungssystem zu entfernen, müssen Sie das Programm *Regsvr32.exe* mit der Option */U* und dem Namen der *OCX*-Datei aufrufen.

Ist das Zielsystem nicht das Entwicklungssystem, müssen Sie die *OCX*-Datei auf das Zielsystem kopieren. Dann wird das Skript ggf. einen Laufzeitfehler beim Instantiieren des Objekts melden, da sich die Schnittstelle geändert hat. Heben Sie die Registrierung auf und registrieren Sie die *OCX*-Datei erneut. Anschließend kann das Skript das betreffende Objekt samt Methoden etc. wieder nutzen. Die Vorgehensweise zum Einrichten von ActiveX-Modulen wird in ▶ Kapitel 2 im Abschnitt »Die Registrierung für eine OCX-Datei entfernen« detaillierter erläutert. Wie Sie eine ActiveX-Komponente (OCX-Datei) auf einem anderen Rechner manuell registrieren, wird ebenfalls in ▶ Kapitel 2 im Abschnitt »ActiveX-Komponenten installieren« besprochen.

Eine Installationsdatei für die ActiveX-Komponente erstellen

Sofern Sie die VB 5 CCE installiert haben, finden Sie in der gleichnamigen Gruppe des Startmenüs auch den Eintrag *Application Setup Wizard*. Dieser Assistent erlaubt Ihnen, die *OCX*-Datei sowie verschiedene Zusatzkomponenten in einen Setup-Datensatz, bestehend aus einem Setup-Programm und verschiedenen Hilfsdateien, zu packen. Wird diese Setup-Datei gestartet, installiert diese die benötigten Dateien auf dem Zielsystem. Gleichzeitig wird die ActiveX-Komponente registriert. Der Assistent führt Sie schrittweise durch die Erstellung der Installationsdateien (Abbildung 13.13):

1. Den Eingangsdialog (Abbildung 13.13, links oben) können Sie über die *Next*-Schaltfläche übergehen.
2. Im zweiten Schritt wird dann das Verzeichnis mit der Projektdatei abgefragt. Geben Sie hier den Pfad auf die VBP-Datei (Projektdatei aus der VB 5 CCE) an. Über die Gruppe *Options* lässt sich noch festlegen, für welches Medium die Installationsdateien zu erstellen sind.
3. In Schritt 3 fragt der Assistent, auf welchem Installationsmedium die Installationsdateien abzulegen sind.
4. Wählen Sie ein lokales Verzeichnis, wird der Pfad zu diesem Ordner im letzten Schritt abgefragt (Abbildung 13.13, unten).

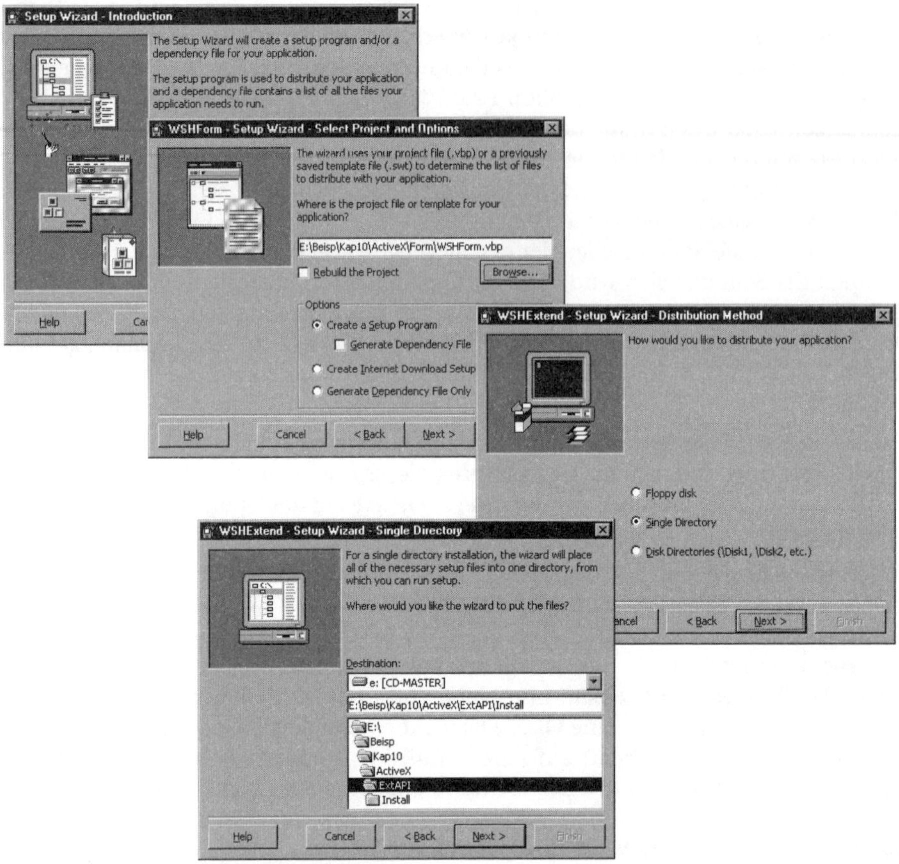

Abbildung 13.13: *Schritte beim Erstellen der Installationsdateien*

Je nach Umgebung werden Ihnen einige weitere Dialogfelder gezeigt, in denen der Assistent die Namen der Hilfsdateien des Systems abfragt, die in die Installation übernommen werden sollen. Sobald Sie die Schaltfläche *Finish* anklicken, erstellt der Assistent die Installationsdateien und speichert diese im Zielverzeichnis.

Geben Sie diese Dateien weiter, kann der Benutzer die ActiveX-Komponente über die *Setup*-Datei installieren. Bei diesem Vorgang wird auch ein Uninstall-Eintrag im System eingetragen. Um die ActiveX-Komponente zu deinstallieren, muss der Benutzer den Eintrag auf der Registerkarte *Installieren/Deinstallieren* (Systemsteuerung, Symbol *Software*) suchen und die Schaltfläche *Hinzufügen/Entfernen* wählen.

Informationen über Objekte abrufen

Die Schwierigkeit bei der Erstellung von WSH-Anwendungen besteht darin, die benötigten Informationen über Objekte und deren Eigenschaften sowie die anwendbaren Methoden herauszufinden. Das Gleiche gilt aber auch für die Entwicklung von ActiveX-Komponenten. Der in der VB 5 CCE integrierte Objektkatalog (Object Viewer) liefert Ihnen aber diese Informationen frei Haus. Sie müssen lediglich die betreffenden Bibliotheken (OCX-, TLB-, OLB-, DLL- oder EXE-

Dateien) über die Funktion *References* im Menü *Project* angeben. Dieses Thema ist in ▶ Kapitel 2 im Abschnitt »Wo gibt's Infos zu Automatisierungsobjekten« detaillierter beschrieben. Anschließend können Sie die Schnittstellen einer Komponente direkt im Objektkatalog abrufen (Abbildung 13.14).

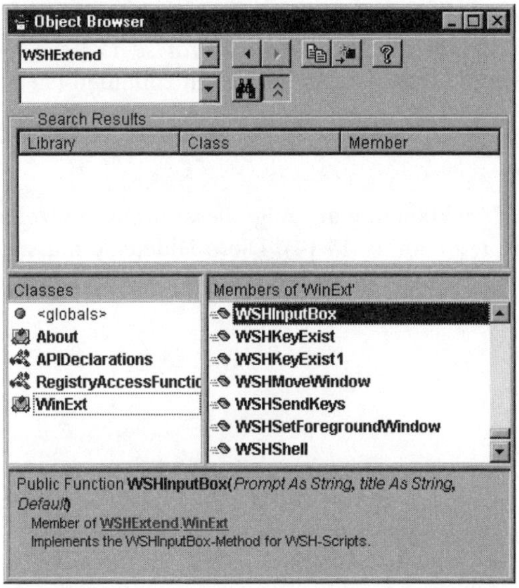

***Abbildung 13.14:** Object Browser der VB 5 CCE*

Zur Realisierung einer Eingabefunktion für JScript habe ich die *WSHInputBox*-Methode in Form einer ActiveX-Komponente realisiert. Ist das VB-Projekt in der VB 5 CCE geladen, lässt sich die Schnittstelle der Methode über den Objektkatalog abrufen. In Abbildung 13.14 sehen Sie die betreffenden Informationen. Als (Type-) Bibliothek wurde *WSHExtend* eingestellt. Anschließend lässt sich die Klasse *WinExt* wählen. Das rechte Fenster zeigt Ihnen die Mitglieder (Members) der Klasse (Methoden, Ereignisse und Eigenschaften).

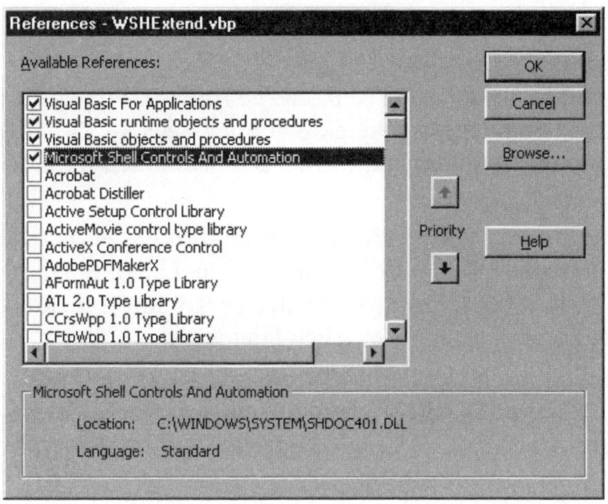

***Abbildung 13.15:** Referenzen im Projekt*

TIPP: Taucht die gesuchte Komponente nicht im Objektkatalog (Object Browser) auf, liegt dies vielleicht daran, dass diese noch nicht für das Projekt registriert ist. Wählen Sie dann im Menü *Project* den Befehl *References*. Die VB 5 CCE öffnet das Dialogfeld *References* (Abbildung 13.15), in dem die im Projekt bekannten Bibliotheken als Liste angezeigt werden. Alle mit einem markierten Kontrollkästchen versehenen Einträge stehen im Objektkatalog zur Verfügung. Sie können weitere Typbibliotheken durch Markieren des zugehörigen Kontrollkästchens markieren. Weiterhin besteht die Möglichkeit, über die Schaltfläche *Browse* nach weiteren Typbibliotheken (DLL, OCX etc.) zu suchen und diese in das Projekt einzubinden (siehe auch ▶ Kapitel 2).

Objektbeschreibung im Objektkatalog erstellen

Rufen Sie eine Methode oder eine Eigenschaft im Objektkatalog ab, zeigt dieser in der Fußzeile die Schnittstelle mit einem optionalen Hilfetext an (Abbildung 13.14). Diese Hilfetexte müssen bei der Entwicklung der Komponente in der OCX-Datei mit hinterlegt werden. Zur Definition der Beschreibungstexte lässt sich der Objektkatalog verwenden.

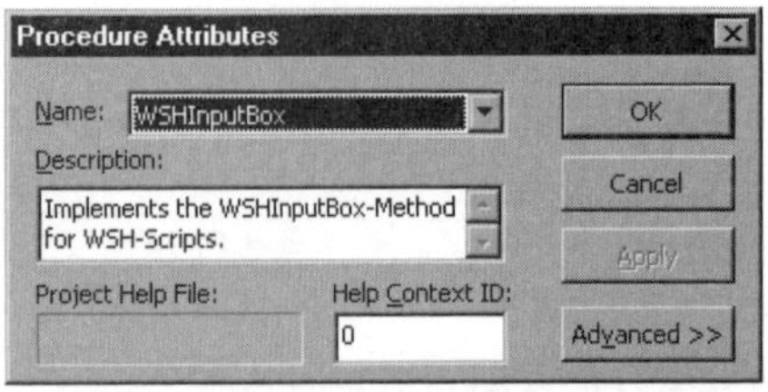

***Abbildung 13.16:** Eintragen einer Beschreibung für eine Methode*

1. Klicken Sie im Objektkatalog mit der rechten Maustaste auf den Namen der Methode.
2. Im Kontextmenü ist der Befehl *Properties* zu wählen. Die VB 5 CCE öffnet ein Dialogfeld, in dem Sie anschließend die Beschreibung eintragen können (Abbildung 13.16).

Sobald Sie das Dialogfeld schließen, wird dieser Text mit in den Schnittstellenbeschreibungen des Moduls hinterlegt. Rufen Sie anschließend die Beschreibung des Klassenmitglieds im Objektkatalog ab, erscheint auch die zugehörige Beschreibung.

Ein Beispiel für ein Projekt

Nach dieser Kurzeinführung sollten Sie eigentlich in der Lage sein, eigene ActiveX-Projekte zu erstellen. Für die ersten Schritte habe ich aber einige fertige Projekte auf der Begleit-CD-ROM hinterlegt. Diese Projekte liefern ActiveX-Komponenten, die in diesem Buch in anderen Kapiteln benutzt werden:

- *WSHForm.ocx*: Diese Komponente finden Sie im Ordner *\Beisp\Kap13\ActiveX\Form*. Die Komponente beinhaltet die in ▶ Kapitel 9 beschriebenen Formularbeispiele. Laden Sie diese Komponente in der VB 5 CCE, wenn Sie Näheres zur Formularerstellung ergründen möchten. Insbesondere die Eigenschaftenfenster der Formulare sind sicherlich interessant.
- *WSHFormEx.ocx*: Diese Komponente finden Sie im Ordner *\Beisp\Kap13\ActiveX\WSHForms*. Die Komponente beinhaltet die in ▶ Kapitel 9 beschriebenen konfigurierbaren Formularbeispiele. Laden Sie diese Komponente in der VB 5 CCE, um die Details der Implementierung kennen zu lernen.

- *WSHSystem.ocx*: Auch diese Komponente finden Sie im Ordner *\Beisp\Kap13\ActiveX\WSHSystem.* Die Komponente enthält das Objekt *WinSys*, welches Ihnen Methoden und Eigenschaften zur Abfrage bestimmter Systemdaten bereitstellt.
- *WSHExtend.ocx*: Diese ActiveX-Komponente finden Sie im Ordner *\Beisp\Kap13\ActiveX\ExtAPI.* Die Komponente enthält das Objekt *WinExt*, welches das »Arbeitspferd« für den WSH-Skriptprogrammierer darstellt. Die Komponente bietet eine Reihe von Methoden zur Erweiterung des Windows Script Host. Für die jetzt vorliegende Fassung des Buches wurde die Komponente nochmals um einige Methoden erweitert. Einige dieser Methoden haben Sie bereits in den vorherigen Kapiteln kennen gelernt. Auf die Implementierung der Methoden gehe ich in den folgenden Abschnitten noch ein.
- *WSHRas.ocx:* Diese ActiveX-Komponente im Ordner *\Beisp\Kap13\RAS* erlaubt Ihnen den Zugriff auf das DFÜ-Netzwerk per WSH-Skript. Sie können DFÜ-Verbindungen aufbauen, den Status überwachen und bestehende Verbindungen trennen.
- *ShellExtension.ocx:* Installieren Sie diese ActiveX-Komponente aus dem Ordner *\Beisp\Kap18\Tools\Shell*, falls Sie per WSH-Skript auf bestimmte Erweiterungen der Windows-Shell zugreifen möchten. Sie können zum Beispiel Dokumentdateien über die zugehörige Anwendung drucken.

Laden Sie ein solches Projekt, können Sie den Code sowie die Einstellungen studieren. Bei der Komponente *WSHExtend* dürfte der Code der Klasse *WinExt* mit den für dieses Objekt implementierten Methoden am interessantesten sein.

In ▶ Abbildung 13.17 sehen Sie das Fenster der VB 5 CCE mit dem geladenen Projekt *WSHExtend.* Im Vordergrund wurde das Codefenster des User Control *WinExt* eingeblendet. Dieses Modul enthält die Funktionen, die aus den WSH-Skripten ansprechbar sind. Aktuell sehen Sie den Code der *WSHInputBox*-Methode. Diese Methode läßt sich aus JScript für Benutzereingaben nutzen.

Im betreffenden Skript wird dann eine Referenz auf das Objekt erzeugt:

```
Set obj = WScript.GetObject ("WSHExtend.WinExt")
```

Im Projektfenster aus ▶ Abbildung 13.17 erkennen Sie sehr genau die Hierarchie, die in der VB 5 CCE benutzt wird. Das Projekt (und damit auch die Type-Library) wurde als *WSHExtend* bezeichnet. Die Klasse *WinExt* (*User Control*) enthält dann den Code für das Objekt *WinExt.* Mit der obigen VBScript-Anweisung stellen Sie also per *CreateObject*-Methode eine Referenz auf die in der OCX-Datei hinterlegte Komponente her.

Ein Blick in den Quellcode zeigt, dass die in der Komponente *WinExt* hinterlegte Methode *WSHInputBox* letztendlich eine einfache Funktion darstellt. Diese muss lediglich als *Public* in der Klasse *User Control* hinterlegt sein. Als Parameter erwartet diese Funktion oder Prozedur bestimmte Werte. Diese sind explizit im Codefenster deklariert:

```
Public Function WSHInputBox (Prompt AS String, title AS String,_
                             Default AS Variant) AS Boolean
```

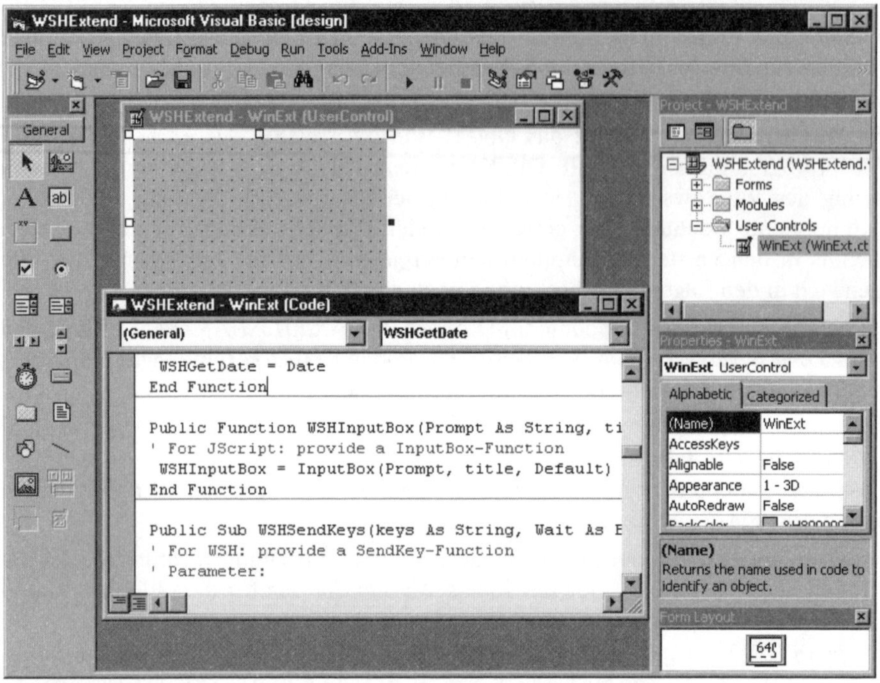

***Abbildung 13.17:** VB 5 CCE mit geladenem* WSHExtend-*Projekt*

Im Gegensatz zu VBScript arbeitet Visual Basic bei Variablen mit Datentypen. In der obigen Anweisung gibt die Funktion *WSHInputBox* einen logischen Wert (*true* oder *false*) zurück. Der erste Parameter muss eine Zeichenkette sein, der zweite ebenfalls. Der dritte Parameter kann beliebige Werte enthalten. Da VBScript und JScript nur den Datentyp *Variant* unterstützen, müssen Sie sicherstellen, dass die betreffenden Aufrufe die richtigen Werte an die Methode übergeben. Die Implementierung setzt den *WSHInputBox*-Aufruf einfach in einen Aufruf der Visual Basic *InputBox*-Funktion um:

```
WSHInputBox = InputBox (Prompt, Titel, Default)
```

Rufen Sie die *WSHInputBox*-Methode über ein WSH-Skript auf, veranlasst die Funktion intern nur die Anzeige eines Visual Basic-*InputBox*-Dialogfeldes. Der von dieser Funktion zurückgelieferte Wert wird automatisch als Ergebnis an das Skript weitergereicht.

Sobald Sie die ActiveX-Komponente in eine OCX-Datei übersetzen, können Sie die Methode aus einem Skript ansprechen. Sie sehen also: Es steckt nichts Großartiges hinter der Programmierung von ActiveX-Komponenten. Auf den folgenden Seiten möchte ich Ihnen noch die Implementierung einer Methode sowie die zugehörigen Beispiele vorstellen. Mit diesen Erweiterungen lassen sich viele Funktionen direkt per WSH erledigen.

HINWEIS: Es wurde bereits erwähnt, dass ich aus Wartungsgründen den Quellcode der ActiveX-Komponenten in Englisch gehalten habe. Im nachfolgend abgedruckten Quellcode habe ich die Kommentare lokalisiert, die Originaldateien enthalten aber nach wie vor die englischsprachigen Kommentare.

Nutzung der *WSHInputBox*-Methode per Skript

Die *WSHInputBox*-Methode wurde von mir unter WSH 1.0 implementiert, um auch in JScript eine Möglichkeit zum Einlesen von Benutzereingaben zu haben. Seit WSH 2.0 lässt sich auf die Komponente verzichten, da die betreffende VBScript-Funktion direkt in einer *.wsf*-Datei integriert werden kann (siehe ▶ Kapitel 7). Falls Sie die *WSHInputBox*-Methode verwenden möchten, genügen die folgenden JScript-Anweisungen:

```
var Wsh = WScript.CreateObject("WSHExtend.WinExt");
var txt = Wsh.WSHInputBox ("Bitte einen Text eingeben",
                           "Eingabe in JScript", "Born"));
```

Die erste Zeile erzeugt eine Objektinstanz und weist der Objektvariablen *Wsh* eine Referenz auf diese Instanz zu. In der zweiten Zeile wird die *WSHInputBox*-Methode des betreffenden Objekts mit den benötigten Parametern aufgerufen. Der erste Parameter gibt den Text an, der im Eingabedialogfeld erscheint, der zweite Parameter legt den Titeltext des Dialogfelds fest und der dritte Parameter definiert den Vorgabewert für das Textfeld. Die Methode liefert den vom Benutzer eingegebenen Wert (oder eine leere Zeichenkette beim Abbruch des Dialogfelds) zurück.

HINWEIS: Sie finden im Ordner *\Beisp\Kap13* die Datei *Input2.js*, die den Umgang mit der Methode demonstriert. Vor einer Verwendung muss aber die Komponente *WSHExtend.ocx* registriert worden sein. Die Komponente *WSHExtend.ocx* besitzt eine Reihe weiterer Methoden, die ich seinerzeit für WSH 1.0 implementiert habe. Mit der Verfügbarkeit des WSH 2.0 wurden einige Methoden obsolet (z.B. *WSHWait*). Die Methoden sind aber aus Kompatibilitätsgründen weiterhin in der Komponente implementiert, werden aber auf den nachfolgenden Seiten nicht mehr besprochen. Hinweise zur Nutzung finden Sie im Quellcode der Komponente oder im WSHBazaar (*www.borncity.de/WSHBazaar/WSHBazaar.htm*) in der Beschreibung des Moduls.

Sound und CD-Tray handhaben

Soundausgaben werden vom WSH nicht unterstützt. Das Gleiche gilt für die Handhabung (ein-/ausfahren) der CD-Schublade, hier auch als CD-Tray bezeichnet. Nachfolgend finden Sie Lösungen, wie sich dies mit einer ActiveX-Komponente beheben lässt.

Methode zur Soundausgabe per Skript

In einigen Fällen ist die Ausgabe akustischer Meldungen per WSH-Skript erwünscht. Sie können den Benutzer auf ein bestimmtes Ereignis aufmerksam machen. Leider bietet der WSH keine Funktionen für diesen Zweck. Ein Blick in die Windows-API zeigt aber, dass es die Funktion *MessageBeep* gibt. Diese besitzt die folgende API-Deklaration:

```
Declare Function MessageBeep Lib "user32" (ByVal wType As Long) As Long
```

Es handelt sich also um eine Funktion, die im Modul *User32.exe* von Windows untergebracht ist. Als Argument ist der Typ der gewünschten Soundausgabe zu übergeben. Die möglichen Werte sind in folgender Tabelle aufgeführt. Der Rückgabewert der Funktion lässt sich ignorieren.

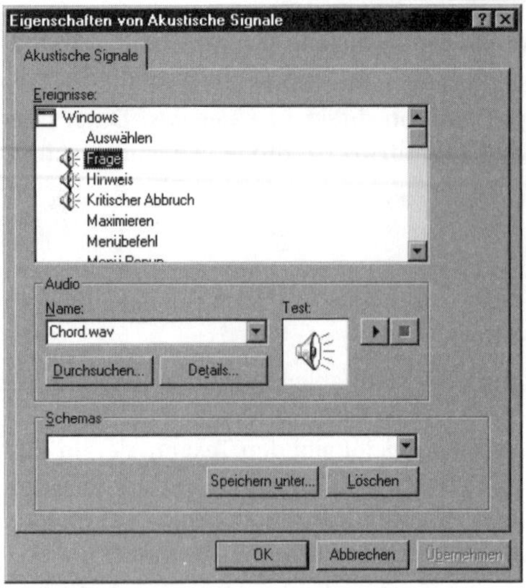

***Abbildung 13.18:** Soundereignisse auf der Registerkarte* Akustische Signale

Konstante	Wert	Bemerkung
Speaker	0	PC-Speaker-Ausgabe
IconAsterisk	1	Stern
IconExclamation	2	Ausrufezeichen
IconHand	3	Hand
IconQuestion	4	Fragezeichen
OK	5	OK-Schaltfläche

***Tabelle 13.1:** Konstanten der Funktion* MessageBeep

Der Wert 0 bewirkt die Ausgabe eines Pieptons auf dem am PC angeschlossenen Lautsprecher. Die restlichen Konstanten stehen für Systemereignisse, die über die Soundkarte akustisch signalisiert werden. Die Konstante *IconQuestion* steht für das Systemereignis »Fragezeichen« (z.B. die Anzeige eines Dialogfelds mit dem Fragezeichen als Symbol).

HINWEIS: Die Frage, ob bei der Verwendung dieser Konstanten als Argument der *MessageBeep*-Funktion eine Soundausgabe erfolgt, hängt von mehreren Aspekten ab. Für die Werte zwischen 1 bis 5 muss eine Soundkarte installiert sein. Weiterhin muss für jedes dieser Ereignisse eine Sounddatei zur Ausgabe definiert sein. Diese Soundereignisse werden auf der Registerkarte *Akustische Signale* eingestellt (Abbildung 13.18). Sie erreichen diese Registerkarte über das gleichnamige Symbol in der Systemsteuerung. Allerdings verwendet Windows 2000 einen etwas anderen Aufbau und benennt die Funktion *Sounds und Multimedia.* Für jedes Ereignis lässt sich eine WAV-Datei auf der Registerkarte festlegen. Rufen Sie die *MessageBeep*-Funktion mit einer der angegebenen Konstanten auf, gibt das Betriebssystem die WAV-Datei des zugehörigen Ereignisses aus.

Die *WSHBeep*-Implementierung

Um per WSH-Skript auf diese Windows-Funktion zugreifen zu können, muss eine geeignete Schnittstelle implementiert werden. Vermutlich haben Sie es schon erraten: Es ist wieder eine Methode fällig (nennen wir sie *WSHBeep*), und diese Methode soll als ActiveX-Komponente im Modul *WSHExtend* implementiert werden. Der Quellcode zum Implementieren der Methode sieht folgendermaßen aus:

```
Public Sub WSHBeep(mode As Variant)
' Beep auf dem PC-Lautsprecher oder per Soundkarte ausgeben
 Dim x As Long

On Error GoTo Error
 If Not IsNumeric(mode) Then
   MsgBox mode & " is illegal for parameter mode", vbOKOnly, _
   "WSHExtend Error in-Methode WSHBeep"
   Exit Sub
 End If

 Select Case mode
 Case 0
  x = &HFFFFFFFF
 Case 1
  x = MB_ICONASTERISK
 Case 2
  x = MB_ICONEXCLAMATION
 Case 3
  x = MB_ICONHAND
 Case 4
  x = MB_ICONQUESTION
 Case Else
  x = MB_OK
 End Select

 MessageBeep (x)          ' Setze Sound
Exit Sub

Error:    ' Fehlerbehandlung
 MsgBox "Run-Time Error number " & Err.Number, vbOKOnly, _
   "WSHExtend Error in-Methode WSHBeep"
End Sub
```

Listing 13.1: WSHBeep-*Methode*

Die Methode erwartet als Parameter einen Code zwischen 0 und 5. Dieser Code wird in die Konstanten der betreffenden Ereignisse umgesetzt und an die Windows-Funktion *MessageBeep* übergeben.

WSHBeep per Skript nutzen

Im WSH-Skript lässt sich dann eine Soundausgabe mit wenigen Befehlen realisieren. Im Kopf des Skripts können Sie beispielsweise die Konstante für die Systemereignisse (*IconHand* etc.) implementieren. Anschließend ist das *WinExt*-Objekt zu holen und die Methode aufzurufen.

```
Set WshEx = WScript.CreateObject ("WSHExtend.WinExt")
oWshEx.WSHBeep Speaker         ' Beep-Ausgabe
```

Die zweite Anweisung benutzt die Konstante *Speaker*, die hier im Modulkopf mit dem Wert 0 belegt wurde, zur Ausgabe eines Tons auf dem PC-Lautsprecher. Mit anderen Konstanten werden die den Soundereignissen zugeordneten WAV-Dateien wiedergegeben. Möchten Sie mehrere Soundereignisse wiedergeben, muss die Soundausgabe vor dem nächsten Aufruf der *MessageBeep*-Funktion erst beendet sein. Zu diesem Zweck können Sie ab WSH 2.0 die bereits häufiger benutzte *sleep*-Methode verwenden:

```
WScript.sleep 500          ' 0,5 Sek. Warten
```

Das nachfolgende VBScript-Listing zeigt, wie sich verschiedene Soundausgaben per WSH ausgeben lassen. Nach der Ausgabe eines Startdialogs, den Sie über die *OK*-Schaltfläche quittieren, gibt das Programm drei Pieptöne auf dem Lautsprecher aus. Anschließend werden zeitlich verzögert verschiedene Soundereignisse ausgelöst.

```
'************************************************
' File:   Beep.vbs (WSH-Beispiel in VBScript)
' Autor:  Günter Born
'
' Zweck: Demonstriert die Ausgabe von Pieptönen
'        und Soundereignissen mit der WSHBeep-Methode.
'************************************************
Option Explicit

Const Speaker = 0          ' PC-Speaker-Ausgabe
Const IconAsterisk = 1     ' Stern
Const IconExclamation = 2 ' Ausrufezeichen
Const IconHand = 3         ' Hand
Const IconQuestion = 4     ' Fragezeichen
Const OK = 5               ' OK

Dim oWshEx

Set oWshEx = WScript.CreateObject ("WSHExtend.WinExt")

WScript.Echo "Sie hören jetzt eine Folge von Tönen"
WScript.Sleep 1000            ' Warten

oWshEx.WSHBeep Speaker        ' Beep-Ausgabe
WScript.Sleep 500             ' Warten
oWshEx.WSHBeep Speaker        ' Beep-Ausgabe
WScript.Sleep 500             ' Warten
oWshEx.WSHBeep Speaker        ' Beep-Ausgabe
WScript.Sleep 500             ' Warten
oWshEx.WSHBeep Speaker        ' Beep-Ausgabe
WScript.Sleep 1000

oWshEx.WSHBeep IconAsterisk   ' Beep-Ausgabe
WScript.Sleep 3000

oWshEx.WSHBeep IconExclamation ' Beep-Ausgabe
WScript.Sleep 3000
```

```
oWshEx.WSHBeep IconHand        ' Beep-Ausgabe
WScript.Sleep 3000

oWshEx.WSHBeep IconQuestion    ' Beep-Ausgabe
WScript.Sleep 3000

oWshEx.WSHBeep OK              ' Beep-Ausgabe
WScript.Sleep 2000

WScript.Echo "Beep ist fertig"
'*** Ende
```

Listing 13.2: Beep.vbs

HINWEIS: Die Soundereignisse hören Sie nur, falls eine Soundkarte angeschlossen und die Ereignisse mit Klangdateien verbunden sind. Die *WSHExtend*-Komponente enthält die *WSHWait*-Methode, die in WSH 1.0 anstelle von *Sleep* benutzt werden kann, um das Skript zu verzögern. Sie finden das Programm *Beep.vbs* auf der Begleit-CD-ROM im Ordner *\Beisp\Kap13*. Der Quellcode für die *WSHBeep*-Methode ist auf der Begleit-CD-ROM im Ordner *\Beisp\Kap13 \ActiveX\ExtAPI* im *WSHExtend.vbp*-Projekt enthalten. Sobald die Projektdatei geladen wird, können Sie den Code in der VB 5 CCE ansehen und bearbeiten.

Soundausgabe per *WSHPlaySound*-Methode

Vermutlich sind Sie an weiteren Methoden interessiert, mit denen sich per WSH-Skript ggf. Sounddateien direkt abspielen lassen.

Implementierung der *WSHPlaySound*-Methode

Im ersten Schritt möchte ich die Soundausgabe über die *WSHPlaySound*-Methode vorstellen. Ich habe diese Methode in der ActiveX-Komponente *WinExtend.ocx* im Steuerelement *WinExt* implementiert. Daher können Sie dieses Steuerelement direkt in Ihren Projekten einsetzen. Diese Methode greift auf die Windows-API-Funktion *sndPlaySound* zurück. Diese API-Funktion besitzt folgende Schnittstelle.

```
Declare Function sndPlaySound Lib "winmm.dll" Alias "sndPlaySoundA" _
   (ByVal lpszSoundName As String, ByVal uFlags As Long) As Long
```

Die Funktion erwartet den Namen der auszuführenden Datei im ersten Parameter. Der zweite Parameter kann den Wert 0 oder 1 annehmen und legt fest, wie die Soundausgabe erfolgen soll. Beim Wert 0 erfolgt die Ausgabe synchron, d.h. der Aufruf wird erst nach der Ausgabe der WAV-Datei beendet. Mit dem Wert 1 lässt sich eine asynchrone Ausgabe erreichen. Die Implementierung der Methode *WSHPlaySound* beschränkt sich dann nur noch auf das Durchreichen der Aufrufparameter vom WSH-Skript zur Win-API-Funktion.

```
Public Function WSHPlaySound(com As String, flag As Long) As Boolean
' Sound wiedergeben
On Error GoTo Error
 WSHPlaySound = sndPlaySound(com, flag)

 Exit Function
Error:     ' Fehlerbehandlung
```

```
  MsgBox "Run-Time Error number " & Err.Number, vbOKOnly, _
    "WSHExtend Error in-Methode WSHPlaySound"
  WSHPlaySound = False        ' etwas zurückgeben
End Function
```

Listing 13.3: WSHPlaySound-*Methode*

HINWEIS: Sie finden die Datei *WinExtend.ocx* auf der Begleit-CD-ROM im Ordner *\Beisp\Kap13\ActiveX\APIExt.*

WSHPlaySound-Methode per Skript nutzen

Um eine Sounddatei im WSH-Skript auszugeben, müssen Sie die betreffende ActiveX-Komponente verwenden. Der Zugriff auf die Objekte der registrierten Komponente erfolgt über die *CreateObject*-Methode gemäß folgender Anweisung:

```
Set mci = WScript.CreateObject ("WSHExtend.WinExt")
```

Anschließend können Sie die *WSHPlaySound*-Methode direkt auf die Objektvariable *mci* anwenden. Die folgende Anweisung nutzt dies:

```
mci.WSHPlaySound "C:\Sound\Tata.wav", 0
```

Ich habe dieses Wissen in einem einfachen VBScript-Programm zusammengefasst, welches eine WAV-Datei aus dem Windows-Ordner *\Media* ausgibt. Sofern Sie keine WAV-Dateien in diesem Ordner haben, müssen Sie diese nachträglich installieren oder die Pfadangaben im Skript auf einen Ordner mit einer WAV-Datei setzen. Die Einzelheiten der Implementierung sind dem nachfolgenden Listing zu entnehmen.

```
'************************************************
' File:   Sound.vbs (WSH-Beispiel in VBScript)
' Autor:  (c) Günter Born
'
' Zweck: Demonstriert die Soundausgabe per WinExt.
'************************************************
Option Explicit

Const flag = 0  ' 0 = synchrone Ausgabe
                ' 1 = asynchrone Ausgabe
Const path = "%windir%\Media\"
'Const file = "Der Microsoft-Sound.wav"
Const file = "Tada.wav"
Dim oMci, oWsh, name

Set oWsh = Wscript.CreateObject ("WScript.Shell")
Set oMci = WScript.CreateObject ("WSHExtend.WinExt")

name = oWsh.ExpandEnvironmentStrings(path)

' Wende jetzt die WSHPlaySound-Methode an.
oMci.WSHPlaySound name & file, flag
'*** Ende
```

Listing 13.4: Sound.vbs

HINWEIS: Sie finden das Beispielprogramm *Sound.vbs* (bzw. die JScript-Variante *Sound.js*) auf der Begleit-CD-ROM im Ordner *\Beisp\Kap13*.

Soundausgabe per *WSHMciExecute*-Methode

Eine Alternative zur im vorherigen Beispiel erwähnten Methode stellt die *WSHMciExecute*-Methode dar.

Implementierung der *WSHMciExecute*-Methode

Auch diese Methode wird im ActiveX-Modul *WinExtend.ocx* im Steuerelement *WinExt* implementiert und reicht den Aufruf direkt an die Windows-API-Funktion *mciExecute* weiter. Diese API-Funktion besitzt folgende Schnittstelle.

```
Declare Function mciExecute Lib "winmm.dll" _
 (ByVal lpstrCommand As String) As Long
```

Die Funktion erwartet lediglich den Namen der auszuführenden Datei als Parameter. Standardmäßig können Sie dieser Funktion die Namen beliebiger Multimediadateien übergeben. Dies ermöglicht auch die Anzeige von AVI-Dateien etc. Da aber im WSH-Skript ein Fenster fehlt, werden nur die Töne einer AVI-Datei wiedergegeben. Der Code zur Implementierung der Methode sieht dann folgendermaßen aus:

```
Public Function WSHMciExecute(com1 As String) As Long
' Multimedia-Sounddateien wiedergeben
Dim com As String
com = com1
 WSHMciExecute = mciExecute(com)
End Function
```

Listing 13.5: WSHMciExecute-*Methode*

Anwendung der *WSHMciExecute*-Methode per Skript

Die Anwendung der Methode erfordert nur zwei Anweisungen:

```
Set mci = WScript.CreateObject ("WSHExtend.WinExt")
mci.WSHMciExecute "Play C:\Windows\Media\Tada.wav"
```

Die erste Anweisung erzeugt eine Referenz auf das Objekt *WinExt*, welches die Methode unterstützt. Anschließend übergeben Sie der *WSHMciExecute*-Methode den auszuführenden Befehl. Dieser besteht aus dem Kommando »Play«, gefolgt von dem Dateinamen samt Pfad. Einzelheiten sind dem nachfolgenden VBScript-Listing zu entnehmen.

```
'************************************************
' File:   MCI.vbs (WSH-Beispiel in VBScript)
' Autor:  (c) Günter Born
'
' Zweck: Demonstriert die Ausgabe von Multimedia-
'        dateien per WinExtend.ocx.
'************************************************
Option Explicit
```

```
Const path = "%windir%\Media\"
Const file = "Tada.wav"

DIM oMci, oWsh

Set oWsh = Wscript.CreateObject ("WScript.Shell")
Set oMci = WScript.CreateObject ("WSHExtend.WinExt")

oMci.WSHMciExecute "Play " & _
     oWsh.ExpandEnvironmentStrings(path) & file

WScript.Echo "Sound ausgegeben"
'*** Ende
```

Listing 13.6: MCI.vbs

HINWEIS: Sie finden das Beispielprogramm *MCI.vbs* (bzw. die JScript-Variante *MCI.js*) auf der Begleit-CD-ROM im Ordner *\Beisp\Kap13*.

CD-Schublade handhaben

Wenn Sie schon einmal Programme wie die Windows-CD-Wiedergabe benutzt haben, kennen Sie vermutlich die Möglichkeit, die Schublade des CD-Laufwerks per Software zu öffnen und auch zu schließen. Wäre es nicht schön, wenn eine solche Funktionalität auch per WSH-Skript nutzbar wäre? Eigentlich benötigen wir nur zwei Methoden, eine zum Öffnen und eine zum Schließen der Schublade.

Methoden WSHOpenCDTray und WSHCloseCDTray

Das Öffnen und Schließen der CD-Schublade (CD-Tray oder Caddy) wird über die API-Funktion *mciSendString* verwaltet. Diese Funktion besitzt folgende Schnittstelle:

```
Declare Function mciSendString Lib "winmm.dll" _
    Alias "mciSendStringA" (ByVal lpstrCommand As String, _
    ByVal lpstrReturnString As String, _
    ByVal wReturnLength As Integer, _
    ByVal hCallback As Integer) As Long
```

Die Funktion wird über die Datei *Winmm.dll* bereitgestellt und besitzt den Aliasnamen *mciSendStringA*.

HINWEIS: An dieser Stelle vielleicht ein Hinweis bezüglich der Deklaration der externen API-Funktionen. Der in der Deklaration angegebene Name gilt intern im ActiveX-Control zum Aufruf der Funktion/Prozedur. Die eigentliche Windows-Bibliothek kann diesen Funktions-/Prozedurnamen aber mit einem anderen Begriff exportieren. Häufig wird an den Namen noch der Buchstabe *A* angehängt. Ein Aliasname ist ein weiterer Name, unter dem die Funktion von der betreffenden Bibliothek bereitgestellt wird. Mit dem Schlüsselwort *Alias* teilen wir der VB 5 CCE also mit, dass bei jedem Funktions-/Prozeduraufruf eigentlich der angegebene Aliasname in der Bibliothek zu verwenden ist.

Der erste an die Funktion übergebene Parameter muss eine Zeichenkette mit den Steuerbefehlen zum Öffnen/Schließen der Schublade sein. Mit diesem Wissen ist es nur noch ein Kinderspiel, eine Methode *WSHOpenCDTray* zu implementieren:

```
Public Function WSHOpenCDTray()
' CD-Caddy auswerfen
 WSHOpenCDTray = mciSendString("Set CDAudio Door Open Wait", _
                "", 0, 0)
End Function
```

Listing 13.7: *Funktion* WSHOpenCDTray

Die Funktion sendet den Befehl "*Set CDAudio Door Open Wait*". Ist die CD-Schublade geschlossen, bewirkt der Funktionsaufruf, dass die CD ausgeworfen wird. Verwenden Sie den Befehl "*Set CDAudio Door Closed Wait*", bewirkt dies einen Einzug der ausgefahrenen Schublade. Dies wird in der *WSHCloseCDTray*-Methode genutzt.

```
Public Function WSHCloseCDTray()
' Schließe CD-Schublade
 WSHCloseCDTray = mciSendString("Set CDAudio Door Closed Wait", _
                "", 0, 0)
End Function
```

Listing 13.8: *Funktion* WSHCloseCDTray

Beide Methoden sind im ActiveX-Modul *WSHExtend.WinExt* implementiert.

WSHOpenCDTray und *WSHCloseCDTray* nutzen

Das folgende Listing demonstriert das Ein-/Ausfahren der CD-Schublade in VBScript.

```
'************************************************
' File:  CDTray.vbs (WSH-Beispiel in VBScript)
' Autor: G. Born
'
' CD-Schublade ein-/ausfahren
'************************************************
Option Explicit
Const Title = "WSH CD-Tray-Handler"
Dim wsh, tmp

Set wsh = WScript.CreateObject("WSHExtend.WinExt")

If MsgBox("CD-Caddy ausfahren?", vbYesNo,Title) = vbYes Then
 tmp = wsh.WSHOpenCDTray
 WScript.Echo "CD-Schublade sollte offen sein", _
              "Status", tmp
End if

If MsgBox("Schließe CD-Tray?", vbYesNo,Title) = vbYes Then
 tmp = wsh.WSHCloseCDTray
 WScript.Echo "CD-Schublade sollte geschlossen sein", _
              "Status", tmp
End if
'*** Ende
```

Listing 13.9: CDTray.vbs

HINWEIS: Sie finden das Beispielprogramm *CDTray.vbs* auf der Begleit-CD-ROM im Ordner *\Beisp\Kap13*. Die Datei *CDTray.js* ist im gleichen Ordner zu finden und implementiert das Beispiel in JScript. Beide Beispiele erfordern, dass die Komponente *WSHExtend.ocx* auf dem Zielsystem registriert wurde.

Die Zwischenablage nutzen

Der Austausch von Daten zwischen Anwendungen erfolgt über die Windows-Zwischenablage. Diese recht komfortable Funktion wird durch WSH leider nicht unterstützt. Auf den folgenden Seiten möchte ich Ihnen daher einige Tricks sowie einige Methoden zeigen, die diese Einschränkungen aufheben, um Zeichenketten per Zwischenablage zu verwalten. Der erste Ansatz verwendet dabei ein simples HTML-Dokument als Hilfsfunktion, um auf die Zwischenablage zuzugreifen. Die zweite Lösung arbeitet mit einer ActiveX-Komponente, die Methoden zur Handhabung der Zwischenablage bietet.

Zwischenablage per HTML-Dokument nutzen

Die Anregung zu der nachfolgend vorgestellten Lösung erhielt ich durch eine Anfrage im WSH-Forum. Um etwas mit der betreffenden Funktion zu experimentieren, habe ich ein einfaches HTML-Dokument mit einem Formular erstellt. Das Formular enthält zwei Textfelder sowie zwei Schaltflächen (Abbildung 13.19).

Der Benutzer kann das HTML-Dokument ab Internet Explorer 5 aufrufen und einen Text im Textfeld *Kopieren* eintippen. Klickt er auf die Schaltfläche *Copy,* wird intern die *Copy*-Funktion des Browsers aufgerufen. Diese überträgt den Text zur Zwischenablage. In Abbildung 13.19 wurde dieser Text anschließend im Fenster des Windows-Editors mittels der Tastenkombination Strg+V eingefügt. Alternativ besteht natürlich auch die Möglichkeit, einen Text im Fenster einer Windows-Anwendung zu markieren und mit Strg+C in die Zwischenablage zu übertragen. Dann kann der Benutzer zum Browserfenster wechseln und diesen Text durch Anklicken der *Paste*-Schaltfläche im Textfeld des Formulars übernehmen. Intern benutzt das HTML-Dokument dann die *Paste*-Funktion des Browsers.

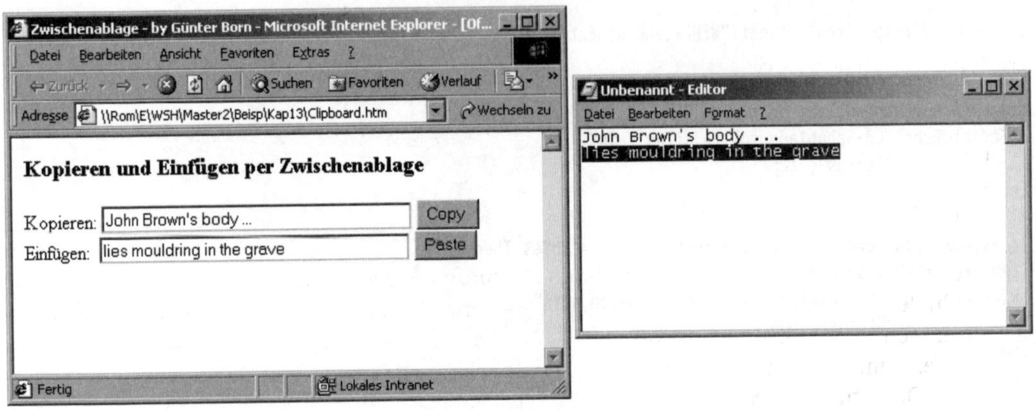

Abbildung 13.19: *Zwischenablage per Internet Explorer nutzen*

Es wurde bereits erwähnt: Der Internet Explorer bietet eine Funktion, mit der sich irgendwie auf die Zwischenablage lesend bzw. schreibend zugreifen lässt. Der HTML-Code des angezeigten Formulars offenbart die betreffenden Tricks.

```
<html>
<head>
<title>Zwischenablage - by Günter Born</title>
</head>
<body>
<h3>Kopieren und Einfügen per Zwischenablage</h3>
Kopieren: <input type=text id="input" size="40"
value="John Brown's body ...">
<input type="button" id="x1" value="Copy "
onClick={input.select();execCommand('Copy')}>
<br>

Einfügen:  <input type=text id="result" size="40" value="">
<input type="button" id="x2" value="Paste"
onClick={result.select();execCommand('Paste')}>
</body>
</html>
```

Listing 13.10: Clipboard.htm

Das Dokument wird durch einfach HTML-Tags mit Formularelementen versehen. Die *<input>*-Tags erzeugen dann Textfelder und Schaltflächen. Das *type*-Attribut des Tags legt fest, welches Steuerelement anzuzeigen ist. Der Typ *button* definiert eine Schaltfläche. Ich habe hier die Schaltflächenbeschriftungen über das *value*-Attribut entsprechend der Funktionalität gesetzt. Der Trick steckt im *onClick*-Attribut der betreffenden Schaltflächen. Dieses Attribut gibt Ereignisprozeduren an, die beim Anklicken der Schaltfläche aufgerufen werden. Die Ereignisbehandlungsprozedur der Schaltfläche *Copy* ist folgendermaßen definiert:

```
onClick={input.select();execCommand('Copy')}
```

und für die *Paste*-Schaltfläche gelangt folgender Code zum Einsatz:

```
onClick={result.select();execCommand('Paste')}
```

Beide Ereignisprozeduren enthalten JScript-Prozeduraufrufe, die in geschweifte Klammern eingeschlossen werden. Der Befehl:

```
input.select();
```

fordert den Browser auf, die *select*-Methode auszuführen. Diese Methode markiert den Text im zugeordneten Objekt. Hier stellt das Objekt das *Input*-Element (sprich das Textfeld) dar. Wenn Sie einen genaueren Blick auf den HTML-Code werden, bemerken Sie, dass ich das *id*-Attribut des Textfelds mit dem Namen *Input* versehen habe. Dies bewirkt, dass sich das Textfeld *Kopieren* über den Objektnamen *Input* ansprechen lässt. Offenbar bewirkt die Anweisung, dass der Internet Explorer den Inhalt des Textfelds markiert. Der Microsoft Internet Explorer unterstützt auch die *execCommand*-Methode, über die sich Befehle ausführen lassen. Im *onClick*-Ereignis der *Copy*-Schaltfläche wird folgender Befehl benutzt:

```
execCommand('Copy');
```

Die Anweisung ruft die *execCommand*-Methode mit dem Parameter *Copy* auf. Der Internet Explorer kopiert dann den markierten Text in die Zwischenablage. Mit diesem Wissen ist auch klar, was die folgende Sequenz macht:

```
result.select();
execCommand('Paste');
```

Diese selektiert den Text im *Paste*-Textfeld. Das Textfeld besitzt den Objektnamen *result*. In der zweiten Zeile fügt der Internet Explorer den Inhalt der Zwischenablage in das selektierte Objekt ein. Das war alles.

HINWEIS: Allerdings muss ich an dieser Stelle anmerken, dass die *Paste*-Funktion im Internet Explorer 4.x nicht funktioniert. Bei Tests unter Windows 98 ließ sich zwar Text aus dem Formular in die Zwischenablage kopieren, aber nichts aus der Zwischenablage zurücklesen. Bei Systemen, auf denen der Internet Explorer 5.0 installiert war, klappte das Beispiel aber.

Die Zwischenablage aus VBScript per HTML ansprechen

Nachdem die Idee zur Nutzung der Zwischenablage per HTML-Dokument getestet ist, stellt sich die Frage, ob sich diese Möglichkeit vielleicht auch aus WSH-Skripten nutzen lässt. Überlegung ist, in VBScript eine Instanz des Internet Explorers zu erzeugen, das Formular in den Dokumentbereich zu schreiben und dann die Skriptfunktionen im HTML-Dokument zu nutzen. Das meiste Know-how haben Sie sich bereits in ▶ Kapitel 9 erworben. Nachfolgend finden Sie die VBScript-Prozedur, die den Internet Explorer aufruft und das HTML-Dokument mit einem einfachen mehrzeiligen Textfeld erzeugt. Dieses Textfeld wird dann zum Datenaustausch mit der Zwischenablage benutzt (d.h. das Textfeld fungiert nur als Container zum Datenaustausch).

```
Sub MakeIEDoc ()
' Internet Explorer starten & HTML-Seite erzeugen
Dim html
' HTML-Code mit Textfeld
html = "<html><head><title>" & _
       "Clipboard Exchange Helper</title></head>" & _
       "<body bgcolor='silver'>" & _
       "<textarea name='exch' rows='8' cols='80'></textarea>" & _
       "</body></html>"

' *** Internet Explorer starten ***
Set oIE = WScript.CreateObject("InternetExplorer.Application")
  oIE.left=50             ' Fensterposition
  oIE.top = 100           ' etc.
  oIE.height = 200
  oIE.width = 580
  oIE.menubar = 0
  oIE.toolbar = 0
  oIE.statusbar = 0
  oIE.navigate "about:" & html
' Browserfenster unsichtbar halten. Bitte ggf. Kommentar entfernen
'  oIE.visible = 1

  Do While (oIE.Busy):WScript.sleep 50 : Loop ' Warte, bis MSIE fertig
End Sub
```

Listing 13.11: *Prozedur* MakeIEDoc

Die Objektvariable *oIE* ist auf Skriptebene definiert und enthält den Verweis auf das Internet Explorer-*Application*-Objekt. Die Variable *html* enthält den benötigten HTML-Code, um das Dokument samt Textfeld zu erzeugen. Die anderen Befehle erzeugen eine Instanz des Internet Explorers und schreiben das HTML-Dokument. Da keine weiteren Benutzerinteraktionen mit dem Browserfenster erforderlich sind, wurde der Befehl zum Setzen der *Visible*-Eigenschaft auskommentiert. Das Browserfenster bleibt unsichtbar. Für Testzwecke können Sie den Kommentar ja entfernen. Dann können Sie den Inhalt des Textfelds sehen, sobald das Skript diesen verändert.

Sobald die Prozedur aufgerufen wurde, ist eine Instanz des Internet Explorer aktiv. Das WSH-Skript kann dann Text in das Textfeld schreiben:

```
oIE.Document.All.exch.Value = txt
```

Der Befehl benutzt die Objekthierarchie, um eine Zeichenkette aus der Variablen *txt* der Eigenschaft *Value* des Textfeld-Objekts zuzuweisen. Das Textfeld Objekt besitzt dabei den Namen *exch*. Um den Text im Textfeld zu markieren und in die Zwischenablage zu kopieren, verwenden Sie folgende Befehle:

```
oIE.Document.All.exch.select()
oIE.Document.execCommand("Copy")
```

Die Objekte des HTML-Dokuments lassen sich über die Objekthierarchie *Application.Document.All* ansprechen. Da die Referenz des *Application*-Objekts in der Objektvariablen *oIE* hinterlegt ist, können wir die Objekthierarchie gemäß obigen Anweisungen anwenden. Alle HTML-Elemente im Dokument lassen sich über *oIE.Document.All.item(0)*, *oIE.Document.All.item(1)* etc. auflisten. Um den Zugriff zu vereinfachen, habe ich aber den Objekten über das *id*-Attribut einen Objektnamen zugewiesen. Dann lässt sich der Objektname wie z.B. *exch* direkt zum Zugriff auf das Objekt verwenden.

Zum Testen des Beispiels genügt ein Doppelklick auf die Datei *HTMLClipboard.vbs*. Zusätzlich können Sie beispielsweise das Fenster des Windows-Editors öffnen. Das Skript fragt einen Text ab. Sobald Sie diesen Text eingetippt und das Dialogfeld geschlossen haben, befindet sich dieser in der Zwischenablage. Sie können diesen Inhalt per Editorfenster (mit Strg+C) überprüfen, da das Skript per Dialogfeld angehalten wird. Geben Sie anschließend einen Text im Editorfenster ein, markieren diesen und übertragen ihn mit Strg+V in die Zwischenablage, wird dieser automatisch vom Skript nach dem Schließen des Dialogfelds übernommen und in einem eigenen Dialogfeld angezeigt (Abbildung 13.20).

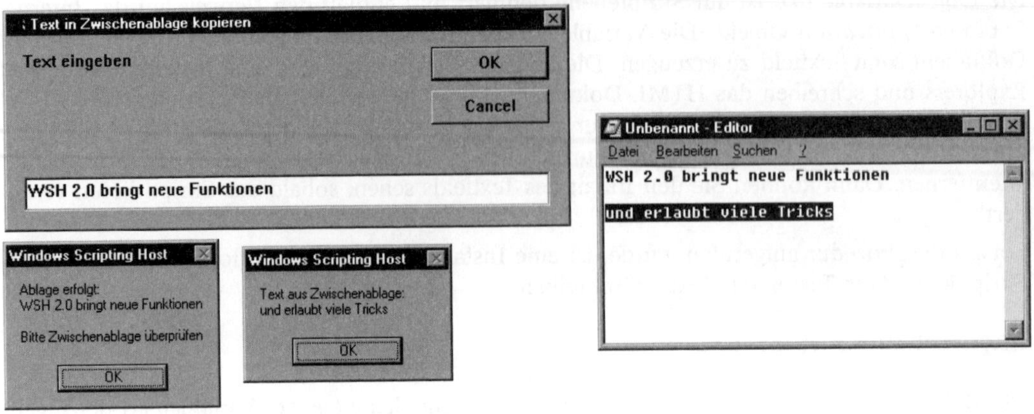

Abbildung 13.20: *Dialoge beim Textaustausch per Zwischenablage*

Das HTML-Dokument bleibt wie bereits erwähnt während der gesamten Aktion unsichtbar. Details der VBScript-Implementierung entnehmen Sie bitte dem nachfolgenden Listing.

```
'************************************************
' File:    HTMLClipboard.vbs (WSH-Beispiel in VBScript)
' Author:  (c) Günter Born
'
' Demonstriert den Zugriff auf die Zwischenablage per
' VBscript und Internet Explorer.
'************************************************
Option Explicit

Dim oIE                     ' Globales Objekt für IE
Dim txt                     ' Clipboard-Text

' Erzeuge Internet Explorer-Instanz für Clipboard-Zugriff
 MakeIEDoc

' Text vom Benutzer abfragen
 txt = InputBox ("Text eingeben", _
    "Text in Zwischenablage kopieren", "")

' Schreibe Text in Textfeld
 oIE.Document.All.exch.Value = txt
' Dann Text im IE-Documentfenster selektieren ...
 oIE.Document.All.exch.select()
' ... und in Zwischenablage kopieren
 oIE.Document.execCommand("Copy")

' Benutzer darf Clipboard überprüfen
 WScript.Echo "Ablage erfolgt: " & vbCRLF & txt & vbCRLF & _
              vbCRLF & "Bitte Zwischenablage überprüfen"

' Lies Daten aus Zwischenablage in Textfeld zurück ...
 oIE.Document.execCommand("Paste")
' Ergebnis anzeigen
 WScript.Echo "Text aus Zwischenablage:" & vbCRLF & oIE.Document.All.exch.Value
```

```
 oIE.Quit                    ' Internet Explorer schließen
' Fertig
'####################
' Hilfsfunktionen
'####################
Sub MakeIEDoc ()
' Internet Explorer starten & HTML-Seite erzeugen
Dim html
' HTML-Code mit Textfeld
html = "<html><head><title>" & _
       "Clipboard Exchange Helper</title></head>" & _
       "<body bgcolor='silver'>" & _
       "<textarea name='exch' rows='8' cols='80'></textarea>" & _
       "</body></html>"

' *** Internet Explorer starten ***
Set oIE = WScript.CreateObject("InternetExplorer.Application")
  oIE.left=50               ' Fensterposition
  oIE.top = 100             ' etc.
  oIE.height = 200
  oIE.width = 580
  oIE.menubar = 0
  oIE.toolbar = 0
  oIE.statusbar = 0
  oIE.navigate "about:" & html
' Browserfenster unsichtbar halten. Bitte ggf. Kommentar entfernen
'  oIE.visible = 1

  Do While (oIE.Busy):      ' Warte bis MSIE fertig
  WScript.sleep 50
Loop
End Sub
'* Ende
```

Listing 13.12: HTMLClipboard.vbs

HINWEIS: Die Datei *HTMLClipboard.vbs* finden Sie im Ordner *\Beisp\Kap13* auf der Begleit-CD-ROM. Die Datei *HTMLClipboard.js* im gleichen Ordner zeigt die JScript-Implementierung. Bei diesem Beispiel wird auch das Browserfenster zur Demonstration eingeblendet.

WICHTIG: Bei der Implementierung in JScript möchte ich noch eine Besonderheit erwähnen. Sie müssen beim Aufruf der Funktion *MakeIEDoc()* eine leere Klammer angeben, sonst funktioniert das Beispiel nicht. Weiterhin ist die Eingabe von Anführungszeichen in JScript als "*<textarea name='exch' rows='8' cols='80'></textarea>*" möglich. Hier werden die Attributwerte in Anführungsstriche gesetzt, ein guter Programmierstil im Hinblick auf XML.

Zwischenablage per ActiveX-Komponente nutzen

Die auf den vorhergehenden Seiten vorgestellte Technik besitzt einige Einschränkungen. Viele WSH-Programmierer wünschen sich sicherlich erweitere Möglichkeiten zur Kontrolle der Zwischenablage. So ist es sicherlich hilfreich, wenn die Zwischenablage vor dem Kopieren von Daten gelöscht werden kann. Oder was ist, wenn die Zwischenablage Grafikdaten enthält?

Implementierung der Clipboard-Methoden

Windows stellt einen Satz von API-Funktionen zum Zugriff auf die Zwischenablage bereit. Weiterhin unterstützt Visual Basic bereits das *Clipboard*-Objekt mit verschiedenen Methoden zum Zugriff auf die Zwischenablage. Aus diesem Grunde war es ein logischer Schritt, mittels eines entsprechenden ActiveX-Moduls die benötigten Methoden für WSH-Skripte bereitzustellen. Lassen Sie uns kurz analysieren, welche Methoden überhaupt in der WSHExtend-ActiveX-Komponente zu implementieren sind.

Zuerst ist es sicherlich hilfreich, wenn es eine Methode zum Löschen der Zwischenablage gibt. Diese Methode versetzt die Zwischenablage in einen definierten Status.

HINWEIS: Obwohl beim Kopieren von Daten in die Zwischenablage deren alter Inhalt überschrieben werden sollte, habe ich festgestellt, dass dies nicht immer zutrifft. Die Zwischenablage kann mehrere Datenformate verwalten (eine Anwendung kann Text und Daten hinterlegen). Bei Versuchen mit Windows 9x klappte der Zugriff auf die Zwischenablage ohne vorheriges Löschen. Unter Windows 2000 traten mit den gleichen Skripten unvorhersagbare Effekte auf. Erst als die Skriptbeispiele den Inhalt der Zwischenablage vor dem Zugriff löschten, funktionierten sie wie erwartet.

In Visual Basic können Sie die *Clear*-Methode auf das *Clipboard*-Objekt anwenden, um die Zwischenablage zu leeren. Die folgenden beiden Befehle zeigen den Code zur Implementierung der *WSHClearClipBoard*-Methode:

```
Public Sub WSHClearClipBoard()
' Zwischenablage löschen
 Clipboard.Clear
End Sub
```

Listing 13.13: WSHClearClipBoard-*Methode*

Die Methode lässt sich mit :

```
objekt.WSHClearClipBoard
```

aus einem WSH-Skript aufrufen. Anschließend ist die Zwischenablage leer. Zum Kopieren von Texten in die Zwischenablage benötigen wir eine zweite Methode. Visual Basic stellt die *SetText*-Methode für diesen Zweck bereit. Die folgende Prozedur implementiert die *WSHSetClipBoardText*-Methode, die eine Zeichenkette als Parameter erwartet. Der Inhalt des Parameters wird direkt in die Zwischenablage geschrieben:

```
Public Sub WSHSetClipBoardText(text As String)
 Clipboard.SetText text ' Wert in die Zwischenablage schreiben
End Sub
```

Listing 13.14: WSHSetClipBoardText-*Methode*

Die Methode wird mit folgender Syntax aufgerufen:

```
objekt.WSHSetClipBoardTest "Hello World"
```

wobei in JScript der Parameter in Klammer gesetzt werden muss. Der obige Befehl kopiert die Zeichenkette »Hello World« in die Zwischenablage. Das Lesen der Zwischenablage erfolgt über die *GetText*-Methode des *Clipboard*-Objekts in Visual Basic. Leider können wir nicht einfach den Inhalt der Zwischenablage mit dieser Methode lesen. Die Zwischenablage kann Daten in verschiedenen Formaten besitzen (eine Anwendung kann ja Grafiken hinterlegt haben). Wir müssen daher sicherstellen, dass die Zwischenablage wirklich nur Textdaten enthält. Daher habe ich die *WSHGetClipBoardFormat*-Methode implementiert:

```
Public Function WSHGetClipBoardFormat(format As Variant) As Variant
' Prüfe Clipboard-Format
' Vordefinierte Clipboard-Formate
' CF_TEXT = 1     : CF_BITMAP = 2  : CF_METAFILEPICT = 3
' CF_SYLK = 4     : CF_DIF = 5     : CF_TIFF = 6
' CF_OEMTEXT = 7  : CF_DIB = 8     : CF_PALETTE = 9
' CF_PENDATA = 10 : CF_RIFF = 11   : CF_WAVE = 12
' CF_UNICODETEXT = 13 :CF_ENHMETAFILE = 14
 WSHGetClipBoardFormat = Clipboard.GetFormat(format)
End Function
```

Listing 13.15: WSHGetClipBoardFormat-*Methode*

In der Funktion wird die *GetFormat*-Methode des *Clipboard*-Objekts aufgerufen. Diese Methode erfordert als Parameter eine Konstante, die das Format der Zwischenablage definiert. Jedes Clipboard-Format wird mit einer eindeutigen Nummer identifiziert (z.B. *CF_Text = 1* für Textdaten). Der Kommentarkopf der Methode enthält einige der gültigen Konstanten, weitere Werte finden Sie in der Dokumentation der Windows API-Funktionen. Ein Skript kann *WSHGetClipBoardFormat* aufrufen, um festzustellen, ob die Zwischenablage die geforderten Daten enthält. Da nur Methoden zum Bearbeiten von Textdaten per WSH-Skript implementiert sind, können Sie zum Testen folgenden Befehl verwenden:

```
Result =-Objekt.WSHGetClipBoardFormat(1)
```

Es bleibt Ihnen aber freigestellt, auch die anderen Konstanten versuchsweise zu übergeben, um die Art der Daten in der Zwischenablage zu testen. Die *WSHGetClipBoardFormat*-Methode gibt entweder den Wert *true* oder *false* zurück, abhängig von der Tatsache, ob das angegebene Format gefunden wurde.

Sobald im Skript festgestellt wurde, dass die Zwischenablage Textdaten enthält, lässt sich die *GetText*-Methode des *Clipbo*ard-Objekts benutzen, um die Daten aus der Zwischenablage zu lesen.

```
Public Function WSHGetClipBoardText() As Variant
' Textdaten aus der Zwischenablage einlesen
' Annahme: Zwischenablage enthält Plain Text!!!
 WSHGetClipBoardText = Clipboard.GetText
End Function
```

Listing 13.16: WSHGetClipBoardText-*Methode*

Die folgende Anweisung verwendet die *WSHGetClipBoardText*-Methode und gibt die in der Zwischenablage gefundenen Daten zurück:

```
WScript.Echo Objekt.WSHGetClipBoardText
```

Der Befehl setzt voraus, dass *Objekt* eine gültige Objektvariable mit einer Referenz auf das *WSHExtend.WinExt*-Objekt ist. Nachfolgend finden Sie Beispiele zum Zugriff auf diese Methoden.

HINWEIS: Die Implementierung der Methoden erfolgt in der Komponente *WSHExtend.ocx*, deren Projektdateien Sie im Ordner *\Beisp\Kap13\ActiveX\WinAPI* auf der Begleit-CD-ROM finden.

VBScript-Beispiel: Zwischenablage per ActiveX kontrollieren

Wir können ein einfaches VBScript-Programm zum Testen der oben vorgestellten Methoden verwenden. Das Skript zeigt eine Sequenz an Dialogfeldern, über die Sie den Inhalt der Zwischenablage manipulieren können. Damit können Sie die einzelnen Schritte über eine zweite Windows-Anwendung wie Notepad überprüfen.

▶ Abbildung 13.21 zeigt diese Dialoge sowie das Fenster des Windows-Editors mit den Testdaten der Zwischenablage. Sobald die Zwischenablage geleert wurde, kann der Benutzer über einen Eingabedialog einen Text eintippen. Das Skript schreibt den Text in die Zwischenablage. Dann lässt sich das Ergebnis mit einem zweiten Windows-Programm verifizieren. Weiterhin können Sie über dieses Programm neue Textdaten in die Zwischenablage übernehmen. Sobald Sie das Dialogfeld des Skripts schließen, werden die Daten der Zwischenablage wahlweise zurückgelesen. Bei einem falschen Format erfolgt eine Warnung. Die Implementierung in VBScript ist recht einfach. Als Erstes muss eine Referenz auf das *WinExt*-Objekt erzeugt werden.

```
Set objAdr = WScript.CreateObject("WSHExtend.WinExt")
```

Die Objektvariable *objAdr* lässt sich dann für weitere Aufrufe und Methodenzugriffe verwenden. Das Leeren der Zwischenablage ist mit einer Zeile möglich:

```
objAdr.WSHClearClipboard
```

Zum Kopieren der Textdaten in die Zwischenablage verwenden Sie folgenden Ansatz:

```
objAdr.WSHSetClipboardText ("Hello World")
```

Zum Zurücklesen der Textdaten benötigen Sie mehrere Befehle:

```
Const CF_Text = 1
If Not (objAdr.WSHGetClipBoardFormat(CF_Text)) Then
 MsgBox "Zwischenablage enthält keine Textdaten "
Else
 Text = objAdr.WSHGetClipboardText()
End If
```

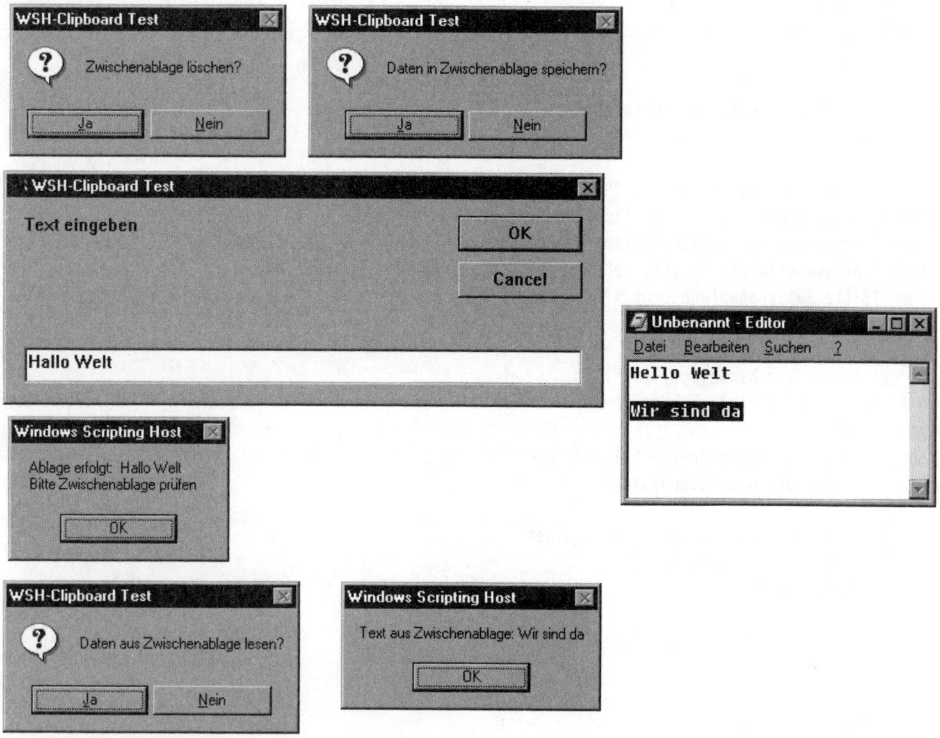

Abbildung 13.21: *Beispiel zum Zugriff auf die Zwischenablage*

Vor Anwendung der *WSHGetClipboardText*-Methode ist es gut, wenn das Format der Zwischenablage überprüft wird. Nur falls Text gefunden wird, lässt sich dieser mit der *WSHGetClipboardText*-Methode lesen (sonst liefert die Methode nur einen leeren String zurück). Details lassen sich dem nachfolgenden Listing entnehmen.

```
'************************************************
' File:   Clipboard.vbs (WSH-Beispiel in VBScript)
' Autor:  (c) Günter Born
'
' Demonstriert den Zugriff auf die Zwischenablage
' per WSH aus VBscript. WSHExtend.WinExt erforderlich.
'************************************************
Option Explicit
Const Title = "WSH-Clipboard Test"
Const CF_Text = 1
Const CF_BITMAP = 2

Dim objAdr
Dim txt

' Erzeuge WinExt-Objekt für Zwischenablage-Zugriffe
 Set objAdr = WScript.CreateObject("WSHExtend.WinExt")

 If MsgBox ("Zwischenablage löschen?", vbYesNo + vbQuestion, _
```

```
   Title) = vbYes Then
  objAdr.WSHClearClipboard     ' Clipboard löschen
 End if

 If MsgBox ("Daten in Zwischenablage speichern?", _
    vbYesNo + vbQuestion, Title) = vbYes Then
' Text vom Benutzer anfordern
  txt = InputBox ("Text eingeben", Title, "")
  objAdr.WSHSetClipboardText (txt) ' in Clipboard einfügen
' Benutzer die Überprüfung der Zwischenablage ermöglichen
  WScript.Echo " Ablage erfolgt: ", txt, vbCRLF, _
               "Bitte Zwischenablage prüfen"
 End if

 If MsgBox ("Daten aus Zwischenablage lesen?", _
    vbYesNo + vbQuestion, Title) = vbYes Then
' Sind Daten verfügbar?
  If Not (objAdr.WSHGetClipBoardFormat(CF_Text)) Then
   MsgBox "Keine Textdaten in Zwischenablage"
  Else
' Versuche, Clipboard zu lesen und Inhalt anzuzeigen
   WScript.Echo "Text aus Zwischenablage:", _
        objAdr.WSHGetClipboardText()
  End if
 End if
'* Ende
```

Listing 13.17: Clipboard.vbs

HINWEIS: Sie finden die Datei *Clipboard.vbs* im Ordner *\Beisp\Kap13* auf der Begleit-CD-ROM. Die Datei *Clipboard.js* im gleichen Ordner enthält die JScript-Implementierung. Bei beiden Skripten genügt ein Doppelklick auf das Dateisymbol zum Ausführen des Tests.

Anwendungen manipulieren

Die Fernsteuerung anderer Anwendungen per WSH-Skript stellt einen besonderen Reiz dar. Eine Anwendung soll gestartet oder in den Vordergrund geholt werden. Auch das Senden von Tastencodes zum Anwendungsfenster, um bestimmte Aktionen auszulösen, wäre ganz hilfreich. Nachfolgend erfahren Sie, wie sich ab WSH 2.0 Funktionen nutzen lassen und was es dabei zu beachten gilt. Weitere Informationen liefern auch die ▶ nachfolgenden Abschnitte, die sich mit ähnlichen Themen (SendKeys und Fenstermanipulation) befassen.

AppActivate und *SendKeys* testen

Viele Windows-Anwendungen unterstützen keine COM-Schnittstelle (z.B. Notepad oder WordPad). Sie können diese Anwendungen zwar mittels der *Run*-Methode des *Shell*-Objekt per WSH-Skript aufrufen, aber diese Methode liefert keine Referenz auf den betreffenden Prozess zurück. Vielleicht interessiert Sie die auch nicht sonderlich?

Lassen Sie uns ein kleines Beispiel untersuchen. Was passiert beim Starten zweier Anwendungen per Skript? Ein Anwendungsfenster, welches zuletzt angezeigt wird, erhält auch den Eingabefokus, d.h. es wird im Vordergrund angezeigt. Der Fokus kann vom Benutzer durch Anklicken anderer Fenster umgeschaltet werden. Möchten Sie vielleicht die Anwendung per WSH-Skript über die *SendKeys*-Methode kontrollieren und dieser Tastencodes senden? Was passiert denn beim Aufruf der *SendKeys*-Methode? Diese schickt Tastencodes an Windows, und Windows leitet diese zu dem Fenster weiter, welches den Fokus besitzt. Zweites Problem: Wie können Sie ein Fenster einer Anwendung per WSH-Skript in den Vordergrund schalten? Auch dies ist per WSH möglich.

Da es in WSH 1.0 hierzu keine Möglichkeit gab, habe ich die Komponente *WSHExtend* um entsprechende Methoden erweitert. WSH 2.0 bietet zwar die Methoden *SendKeys* (Tastaturcodes senden) und *AppActivate* (den Fokus auf ein Fenster setzen bzw. eine Anwendung aktivieren). Trotzdem erweisen sich die in *WSHExtend* implementierten Methoden nach wie vor als sehr nützlich (wie Sie im Verlauf der Diskussion noch feststellen werden). Um eine laufende Anwendung in den Vordergrund zu holen, verwenden Sie im nachfolgenden Beispiel die *AppActivate*-Methode des WSH 2.0. Die Methode benutzt folgende Syntax:

```
obj.AppActivate title
```

wobei *obj* eine Objektvariable mit einer Referenz auf das *WScript.Shell*-Objekt ist. Der Parameter *Title* muss den Fenstertitel oder die ProzessID des betreffenden Prozesses enthalten. Benutzen wir doch ein kleines Skriptprogramm, um die damit verbundenen Probleme zu analysieren. Das Skript startet den Windows-Editor Notepad und den Windows-Rechner. Anschließend soll der Fokus von einem Fenster zum zweiten Fenster umgesetzt werden. Zum Schluss fragt das Skript vom Benutzer einen Fenstertitel ab und setzt den Fokus auf dieses Fenster. Der Quellcode ist dem nachfolgenden Listing zu entnehmen.

```
'************************************************
' File:  AppActivateWSH2.vbs (WSH 2.0-VBScript-Beispiel)
' Autor: (c) G. Born
'
' Starte Calc und Notepad, benutze AppActivate zum
' Umschalten zwischen den Anwendungen.
' Benötigt WSH 2.0 oder höher!!!
'************************************************
Option Explicit

' Definiere die Titeltexte der Anwendungsfenster
' Achtung: Texte hängen von der Windows-Lokalisierung ab
'Const Edit_Title  = "Untitled - Notepad"  ' Fenstertitel
'Const Calc_Title = "Calculator"
Const Edit_Title  = "Unbenannt - Editor"
Const Calc_Title = "Rechner"

DIM Wsh, win_title

' Erzeuge Shell-Objekt für Run und AppActivate
Set Wsh = WScript.CreateObject("WScript.Shell")

' Starte die beiden Anwendungen, letzte Anwendung
' soll Fokus erhalten, daher die Verzögerung mit Sleep
Wsh.Run "Calc.exe",1      ' Windows-Rechner
WScript.Sleep 800         ' warte, bis Rechner Fokus hat
Wsh.Run "Notepad.exe",1  ' Windows-Editor Notepad
WScript.Sleep 800         ' warte, bis Editor Fokus hat
```

```
' Fokus auf Rechner zurücksetzen
WScript.Echo "Fokus auf Rechner-Fenster umsetzen?"
Wsh.AppActivate Calc_Title

' Fokus auf das Editorfenster setzen
WScript.Echo "Fokus auf Editor-Fenster umsetzen?"
Wsh.AppActivate Edit_Title

' Frage Benutzer nach dem Titel eines Fensters
win_title = InputBox ("Bitte Fenstertitel eingeben", _
           "Fenstertitel",Calc_Title)
Wsh.AppActivate win_title   ' umschalten zu diesem Fenster
'* Ende
```

Listing 13.18: AppActivateWSH2.vbs

HINWEIS: Die Datei *AppActivateWSH2.vbs* finden Sie im Ordner *\Beisp\Kap13*. Doppelklicken Sie auf das Dateisymbol zum Starten des Beispiels.

Wundern Sie sich über den Sinn der obigen Anweisungen? Hier vielleicht einige Anmerkungen, warum ich diese Anweisungen verwendet habe. Zuerst werden die Fenstertitel als Konstanten festgelegt:

```
Const Edit_Title  = "Unbenannt - Editor"
Const Calc_Title = "Rechner"
```

Dies bringt Vorteile, da die Fenstertitel lokalisiert sind, d.h. ein deutsches Windows verwendet andere Titel als die US-Version. Auf diese Weise lässt sich das Skript sehr schnell an länderspezifische Eigenheiten anpassen. Anschließend erzeugen wir eine Referenz auf *WScript.Shell*, da wir diese Referenz für die *Run*-Methode benötigen.

```
Set Wsh = WScript.CreateObject("WScript.Shell")
```

Nach diesen Vorbereitungen lassen sich die Anwendungen über die *Run*-Methode starten:

```
Wsh.Run "Calc.exe",1      ' Windows-Rechner
Wsh.Run "Notepad.exe",1  ' Notepad
```

Leider gibt es hier noch ein Problem: Als Skriptprogrammierer müssen Sie wissen, welche Anwendung den Fokus erhält (z.B. wenn Sie dieser Anwendung später mit *SendKeys* Tastencodes schicken möchten). Normalerweise würde man erwarten, dass das Editorfenster den Fokus erhält, da diese Anwendung zuletzt gestartet wird. Leider führt das Skript die *Run*-Aufrufe asynchron aus, d.h. es hängt vom Betriebssystem ab, welche Anwendung zuerst vollständig als Prozess geladen und als Fenster angezeigt wird. Tests auf verschiedenen Systemen ergab, dass der Windows-Editor meist schneller als der Rechner aktiviert wurde, also erhielt das Notepad-Fenster auch den Fokus. Um den Fokus definiert auf das zuletzt gestartete Programm zu setzen, habe ich die Skriptausführung zwischen den Anweisungen mittels der *Sleep*-Methode verzögert:

```
Wsh.Run "Calc.exe",1      ' Windows Rechner
WScript.Sleep 800         ' warte, bis Rechner Fokus hat
```

```
Wsh.Run "Notepad.exe",1  ' Windows Editor Notepad
WScript.Sleep 800        ' warte, bis Editor Fokus hat
```

Die *Sleep*-Methode des *WScript*-Objekt wird allerdings nur ab WSH 2.0 unterstützt. Eine Verzögerung von 800 Millisekunden erwies sich auf meinen Systemen als ausreichend, um den Fokus auf das Editorfenster zu setzen. Die zweite Verzögerung wird benutzt, um sicherzustellen, dass das Dialogfeld des Skripts auch wirklich im Vordergrund erscheint und nicht durch das Editorfenster verdeckt wird (Abbildung 13.22). Lassen Sie den zweiten Aufruf der *Sleep*-Methode weg, wird das Dialogfeld häufig verdeckt.

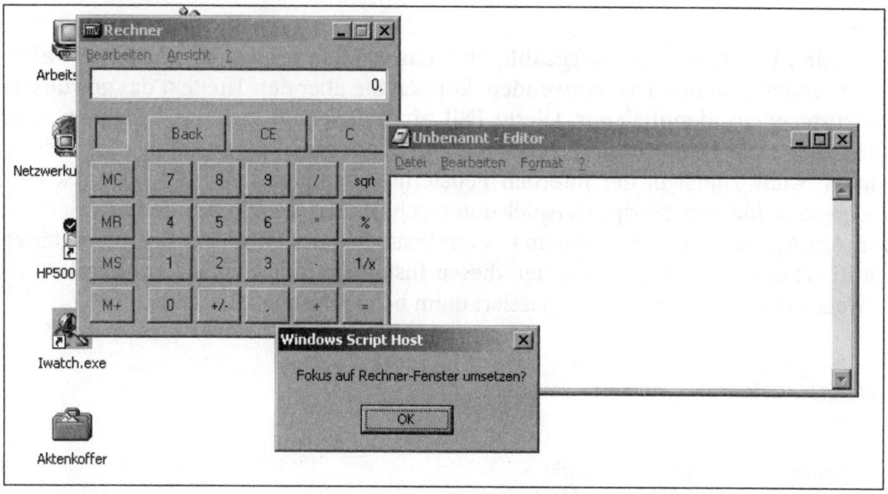

***Abbildung 13.22:** Desktop-Ausschnitt mit Anwendungsfenstern und Dialogfeld*

Wenn der Benutzer das Dialogfeld anschließend über die *OK*-Schaltfläche schließt, wird der Rechner in den Vordergrund gebracht und ein weiteres Dialogfeld erscheint. Ein erneuter Klick auf die *OK*-Schaltfläche setzt den Fokus auf das Editorfenster zurück. Um den Fokus auf den Rechner zu transferieren, wird folgende Anweisung benutzt:

```
Wsh.AppActivate Calc_Title
```

Im letzten Schritt fragt das Skript den Fenstertitel einer beliebigen Anwendung ab. Diese darf als Fenster auf dem Desktop oder als Symbol in der Taskleiste sichtbar sein. Dann wird das betreffende Fenster in den Vordergrund geschaltet.

WICHTIG: Die *AppActivate*-Methode ändert lediglich den Fokus der angegebenen Anwendung, nicht jedoch den Fensterstil. Dies kann verwirren, falls ein Fenster maximiert oder zur Schaltfläche minimiert ist. Es kann daher sein, dass nur eine Schaltfläche in der Taskleiste den Fokus erhält. WSH 2.0 kennt keine Methode, um den Fensterstil zu ändern (obwohl die WSH 2.0-Hilfe die *Shell*-Methode erwähnt, die aber nicht implementiert ist).

Die *AppActivate*-Methode bestimmt mittels des Fenstertitels (im Parameter der Methode), welche Anwendung in den Vordergrund zu schalten ist. Wird keine Übereinstimmung mit dem angegebenen Text gefunden, aktiviert *AppActivate* die Anwendung, deren Fenstertitel mit dem angegebenen Titel beginnt. Falls keine entsprechende Anwendung gefunden wird, aktiviert *AppActivate* eine Anwendung, deren Titeltext mit dem angegeben Muster endet. WSH benutzt dabei die internen Fensterlisten, um das betreffende Fenster auszuwählen. Das kurze Beispiel demonstriert bereits, welche Probleme die Anwendung der *AppActivate*-Methode bereiten kann.

- *AppActivate* ist erst ab WSH 2.0 verfügbar. WSH 1.0-Skripts haben keine Möglichkeit, diese Methode zu verwenden (es gibt aber eine ähnliche Methode *WSHAppActivate* in *WSH-Extend.ocx*).
- Der Skriptprogrammierer muss bereits zur Entwurfszeit den genauen Fenstertitel der Anwendung kennen. Wird das Skript in einer lokalisierten Windows-Version ausgeführt, müssen Sie vorher die Fenstertitel im Skript anpassen.
- Bei minimierten Fenstern bietet *AppActivate* nichts, um den Fensterstil auf normal oder maximiert zu setzen.

Es wurden bereits drei Problemstellen aufgezählt, aber das größte Problem ist noch unerwähnt: Falls mehrere Fenster den gleichen Titel verwenden, können Sie über den Titeltext das gewünschte Anwendungsfenster nicht identifizieren. Dieser Fall tritt auf, sobald mehrere Instanzen einer Anwendung (z.B. drei neue Editorfenster) existieren. *AppActivate* aktiviert dann eine Instanz (die Instanz, deren Name zuerst in der internen Fensterliste auftaucht). Die Problematik lässt sich mit dem folgenden kleinen JScript-Beispiel untersuchen. Das Programm demonstriert die Anwendung von *AppActivate* in JScript, indem es zwei Instanzen des Windows-Rechners startet. Im zweiten Schritt versucht das Skript zwischen diesen Instanzen (mit identischem Fenstertitel) umzuschalten. Wegen des identischen Titels passiert dann beim Umschalten nichts.

```
//************************************************
// File:    AppActivateWSH2.js (WSH 2.0 JScript-Beispiel)
// Autor:   (c) G. Born
//
// Startet zwei Instanzen von Calc.exe und versucht
// umzuschalten (was aber wg. dem gleichen Titeltext
// scheitert). Benötigt WSH 2.0 !!!
//************************************************
// Definiere die Titeltexte der Anwendungsfenster
// Wichtig: Titel sind lokalisiert
//var Calc_Title = "Calculator";           // Fenstertitel
var Calc_Title = "Rechner";               // Fenstertitel

// Erzeuge Shell-Objekt für Run und AppActivate
var Wsh = WScript.CreateObject("WScript.Shell");

// Versuche zwei Instanzen zu starten, letzte Instanz
// erhält den Fokus, da wird das Skript verzögern
Wsh.Run ("Calc.exe",1);      // Windows-Rechner
Wsh.Run ("Calc.exe",1);      // Windows-Rechner 2. Instanz
WScript.Sleep (800);         // warte, um Fokus zu setzen

// schalte Fokus zwischen Rechnerfenstern um
WScript.Echo ("Fokus auf anderen Rechner umsetzen?");
Wsh.AppActivate (Calc_Title);

WScript.Echo ("Fokus auf anderen Rechner umsetzen?");
Wsh.AppActivate (Calc_Title);
//* Ende
```

Listing 13.19: AppActivateWSH2.js

HINWEIS: Die Datei *AppActivateWSH2.js* finden Sie im Ordner *\Beisp\Kap13*. Doppelklicken Sie auf das Dateisymbol zum Starten des Beispiels. Die Umschaltung zwischen den beiden Rechnerfenstern wird nicht klappen.

Als Resümee können wir feststellen, dass WSH 2.0 zwar die *AppActivate*-Methode bietet, aber die Methode löst nur die Hälfte unserer Anforderungen. Wir haben keine Funktion zum Ändern des Fensterstils, und die Abhängigkeit vom Fenstertitel bringt uns zu viele Restriktionen. Interessant: Die WSH 2.0 Hilfe erwähnt, dass im *AppActivate*-Parameter auch ein Prozess-ID-Code (ProcessID), der von der *Shell*-Methode zurückgegeben wird, übergeben werden kann. Die Prozess-ID ist eine eindeutige Nummer, die dem Programm beim Starten automatisch von Windows zugewiesen wird. Diese Nummer ist während der Laufzeit des Prozesses gültig und erlaubt den Prozess samt zugehörigen Fenstern eindeutig zu identifizieren (und die Nummer ändert sich nicht). Leider bietet WSH 2.0 keine *Shell*-Methode. Hier ist die *WSHExtend*-Komponente sehr hilfreich, denn in dieser Komponente hatte ich bereits für WSH 1.0 die beiden Methoden *WSHAppActivate* und *WSHShell* implementiert.

Methoden *WSHShell* und *WSHAppActivate*

Mit der *Run*-Methode bietet das *Shell*-Objekt des WSH eine Möglichkeit zum Aufrufen externer Anwendungen (siehe ▶ Kapitel 7). Diese Methode besitzt jedoch einen gravierenden Nachteil: Sie liefert keine Referenz auf den gestarteten Prozess zurück. Vermutlich denken Sie an dieser Stelle: »Muss mich nicht interessieren«. Vielleicht haben Sie ja recht?

Im vorhergehenden Abschnitt hatte ich Ihnen aber die Probleme skizziert, die beim Umschalten zwischen zwei Anwendungsfenstern auftauchen können. Um bereits unter WSH 1.0 eine Kontrolle über laufende Prozesse zu haben, wurden von mir zwei Methoden *WSHAppActivate* und *WSHShell* implementiert.

Implementierung der *WSHShell*-Methode

Die *WSHShell*-Methode erlaubt die Aktivierung einer externen Anwendung und besitzt die folgende Syntax:

```
ProgID = WSHShell(path, style)
```

Der Methode sind beim Aufruf der Pfad zur gewünschten Komponente sowie der Fensterstil, mit dem die Anwendung zu öffnen ist, zu übergeben. Die verfügbaren Fensterstile sind in der folgenden Tabelle aufgeführt:

Wert	Bemerkung
0	*vbHide:* Fenster ausblenden.
1	*vbNormalFocus:* Fenster im Modus *Normal* öffnen und den Fokus (für Eingaben) übertragen.
2	*vbMinimizedFocus:* Fenster minimiert öffnen und den Fokus auf die Schaltfläche legen.
3	*vbMaximizedFocus:* Fenster maximiert mit Fokus öffnen.
4	*vbNormalNoFocus:* Fenster im Modus Normal öffnen, aber keinen Fokus übertragen.
6	*vbMinimizedNoFocus:* Fenster minimiert, aber ohne Fokus öffnen.

Tabelle 13.2: *Fensterstile der* WSHShell-Methode

Die Methode liefert anschließend die Programm-ID (oder genauer die Prozess-ID) des gestarteten Programms zurück. Sie benötigen diese *ProgID* später, um das Fenster per *WSHAppActivate*-Methode in den Vordergrund zu schalten. Um beispielsweise den Windows-Editor minimiert zu öffnen, ist folgende Anweisungsfolge im WSH-Skript zu verwenden:

```
var Wsh = WScript.CreateObject("WSHExtend.WinExt");
var ProgId = Wsh.WSHShell ("Notepad.exe",1);
```

Die Anweisungen wurden in diesem Beispiel in JScript verfasst. In der ersten Zeile wird die Referenz auf das *WinExt*-Objekt erstellt. Anschließend wird die *WSHShell*-Methode dieses Objekts aufgerufen. Als ersten Parameter habe ich nur den Namen der Anwendung angegeben. Der Aufruf funktioniert, da sich der Windows-Editor im Windows-Ordner befindet und bei der Suche nach der ausführbaren Datei automatisch gefunden wird. Bei anderen Anwendungen müssen Sie ggf. den Pfad zur Programmdatei mit angeben. Der zweite Parameter setzt den Fensterstil auf *vbNormalFocus*, d.h. das Fenster wird normal geöffnet und erhält den Fokus. Beachten Sie aber, dass die in der Tabelle angegebenen Konstanten in den Skripten explizit vereinbart werden müssen. Das nachfolgende Listing zeigt die Implementierung der *WSHShell*-Methode im Modul *WinExt* der Komponente *WSHExtend*. Da es sich bei *Shell* um eine VBA-Funktion handelt, wird keine API-Deklaration benötigt.

```
Public Function WSHShell(path As String, style As Integer) As Variant
' Bietet die WSHShell-Function für WSH
' path:   Pfad zur ausführbaren Anwendung
' style:  Fensterstil
' vbHide              0   Fenster verstecken
' vbNormalFocus       1   Fokus und Fensterstil normal
' vbMinimizedFocus    2   Fenster minimiert und Fokus
' vbMaximizedFocus    3   Fenster maximiert und Fokus
' vbNormalNoFocus     4   Fenster restaurieren, kein Fokus
' vbMinimizedNoFocus  6   Fenster minimiert, kein Fokus
' return: Prozess-ID

On Error GoTo Error
If (TypeName(path) <> "String") Then
 MsgBox path & " illegal value for path", _
        vbOKOnly, _
        "WSHExtend Error in-Methode WSHShell"
 Exit Function
End If

If Not IsNumeric(style) Then
  MsgBox style & " illegal value for parameter style", _
        vbOKOnly, _
        "WSHExtend Error in-Methode WSHShell"
  Exit Function
End If
WSHShell = Shell(path, style)  ' Anwendung aufrufen
Exit Function

Error:     ' Fehlerbehandlung
MsgBox "Run-Time Error number " & Err.Number, vbOKOnly, _
       "WSHExtend Error in-Methode WSHBeep"
End Function
```

Listing 13.20: WSHShell-*Methode*

HINWEIS: Der Quellcode für die *WSHShell*-Methode ist auf der Begleit-CD-ROM im Ordner *\Beisp\Kap13\ActiveX\ExtAPI* im *WSHExtend.vbp*-Projekt enthalten. Sobald die Projektdatei geladen wird, können Sie den Code in der VB 5 CCE ansehen und bearbeiten. Beispiele für den Einsatz lernen Sie weiter unten kennen.

Implementierung der *WSHAppActivate*-Methode

Die *WSHAppActivate*-Methode erlaubt Ihnen, über die Programm-ID (ProgID) eine laufende Anwendung in den Vordergrund zu holen. Die *ProgID*-Nummer erhalten Sie von der *WSHShell*-Methode nach dem Aufruf einer Anwendung zurückgeliefert. Sie können also folgende Sequenz nutzen, um zwischen zwei Anwendungen umzuschalten:

```
var Wsh = WScript.CreateObject("WSHExtend.WinExt");  // Objekt holen
var ProgId = Wsh.WSHShell ("Calc.exe",1);            // Rechner starten
var ProgId1 = Wsh.WSHShell ("Notepad.exe",1);        // Editor starten
Wsh.WSHAppActivate (ProgId);                         // Rechner aktivieren
```

HINWEIS: Sie sehen also: Mit der neuen *WSHAppActivate*-Methode erhalten Sie ein sehr mächtiges Werkzeug an die Hand. Zur Realisierung der Methode wird eine ActiveX-Komponente benutzt, die auf die VBA-Funktion *AppActivate* zugreift. Daher wird keine API-Deklaration benötigt. Die Methode *WSHAppActivate* erwartet den *ProgID*-Code oder einen Fenstertitel und reicht diese Information direkt an die VBA-Funktion *AppActivate* weiter.

Die VBA-Funktion *AppActivate* unterstützt einen zweiten optionalen Parameter *Wait*. Fehlt der Parameter oder ist dessen Wert *false*, setzt die Funktion den Fokus auf das gewünschte Fenster. Ein Wert *true* im Parameter erfordert, dass der rufende Prozess den Fokus besitzt, um diesen dann an das gewünschte Parameter zu übertragen. Ist dies nicht der Fall, wartet der Prozess so lange, bis er den Fokus erhält und transferiert diesen anschließend zum gewünschten Fenster. Da WSH-Skripte aber kein Fenster besitzen, verfügen sie auch über keinen Fokus. Folge: Ein Aufruf mit diesem Parameter bleibt wirkungslos und ist daher sinnlos. Daher habe ich die Methode so implementiert, dass nur ein Parameter unterstützt wird. Intern setzt die Methode den zweiten Parameter *Wait* immer auf den Wert *false*.

Die Implementierung der *WSHAppActivate*-Methode in der *WSHExtend*-Komponente *WinExt* sieht dann folgendermaßen aus:

```
Public Function WSHAppActivate(ID As Variant) As Variant
' Application-Activate-Funktion für WSH
' ID:   Fenstertitel oder Process ID
' return: 0 = OK, <> 0 = Fehlercode

On Error GoTo Error

If (TypeName(ID) <> "String") And (Not IsNumeric(ID)) Then
 MsgBox ID & " illegal value for parameter ID", _
        vbOKOnly, _
        "WSHExtend Error in-Methode WSHAppActivate"
 Exit Function
End If

AppActivate ID, False       ' Anwendung aktivieren, nicht warten
WSHAppActivate = 0          ' Erfolgreich (Fehlercode 0)
Exit Function
```

```
Error:     ' Fehlerbehandlung
 WSHAppActivate = Err.Number  ' Fehlercode zurückgeben
End Function
```

Listing 13.21: WSHAppActivate-*Methode*

HINWEIS: Der Quellcode für die *WSHAppActivate*-Methode ist auf der Begleit-CD-ROM im Ordner *\Beisp\Kap13\ActiveX\ExtAPI* im *WSHExtend.vbp*-Projekt enthalten. Sobald die Projektdatei geladen wird, können Sie den Code in der VB 5 CCE ansehen und bearbeiten. Beispiele für den Einsatz lernen Sie weiter unten kennen.

WSHShell und *WSHAppActivate* testen

Zum Testen der beiden Methoden *WSHShell* und *WSHAppActivate* habe ich ein kleines JScript-Programm implementiert. Dieses startet zwei Instanzen des Windows Editor Notepads und eine Instanz des Windows Rechners. Im Skript gelangt die *WSHShell*-Methode zum Starten der Anwendungen zum Einsatz. Diese liefert die Prozess-ID der Prozesse zurück. Nach dem Starten einer Anwendung per *WSHShell* pausiert das Skript mittels der *WSHWait*-Methode, um sicherzustellen, dass das Anwendungsfenster den Fokus erhält. Da beide Editorfenster an der gleichen Position auf dem Desktop erscheinen, benutzt das Skript noch die (weiter unten vorgestellte) *WSHSendkeys*-Methode, um zwei kurze Texte in die Editorfenster zu schreiben. Beim Umschalten sehen Sie dann, welches Fenster gerade im Vordergrund ist (beide Editorfenster haben ja den gleichen Titel, die gleiche Größe etc.).

Anschließend ruft das Skript *WSHAppActivate* mehrfach auf, um den Fokus zwischen den Fenstern umzusetzen. Nach jedem Schritt zeigt das Skript ein Dialogfeld mit einem Statuscode, welches die weitere Ausführung unterbricht. Bei den ersten Aufrufen wird die ProcessID zum Umschalten des Fokus´ zwischen den Fenstern benutzt. Im letzten Schritt fordert das Skript dann noch einen Fenstertitel vom Benutzer an, um den Prozess zu aktivieren. Weitere Details sind dem folgenden Listing zu entnehmen.

```
//************************************************
// File:    AppActivate.js (WSH-Beispiel in JScript)
// Autor:   (c) G. Born
//
// Startet Calc und Notepad, benutzt die Methoden
// WSHShell und WSHAppActivate zum Umschalten zwischen
// den Anwendungen.
// Achtung: Benötigt WSHExtend.ocx !!!
//************************************************

// Erzeuge WinExt-Objekt
var Wsh = WScript.CreateObject("WSHExtend.WinExt");

// Starte Windows-Rechner
var ProcID_Calc = Wsh.WSHShell ("Calc.exe",1);
WScript.sleep (500);      //  Warte 500 ms, bis Rechner gestartet

// Starte 1. Instanz des Windows-Editors
var ProcID_NotePad = Wsh.WSHShell ("Notepad.exe",1);
WScript.sleep (800);      //  Warte
Wsh.WSHSendKeys ("Erstes Editorfenster", true);
```

```
// Starte 2. Instanz des Windows-Editors
var ProcID_NotePad1 = Wsh.WSHShell ("Notepad.exe",1);
WScript.sleep (800);     // Warte
Wsh.WSHSendKeys ("Zweites Editorfenster", true);

// Setze Fokus auf Rechner
WScript.Echo ("Fokus auf Rechner gesetzt, Fehlerstatus: ",
              Wsh.WSHAppActivate (ProcID_Calc),
              "\nOK schaltet zum 1. Editorfenster um");

// Fokus auf 1. Editorfenster
WScript.Echo ("Fokus auf 1. Editorfenster gesetzt, Fehlerstatus: ",
              Wsh.WSHAppActivate (ProcID_NotePad),
              "\nOK schaltet zum 2. Editorfenster um");

// Fokus auf 2. Editorfenster
WScript.Echo ("Fokus auf 2. Editorfenster gesetzt, Fehlerstatus: ",
              Wsh.WSHAppActivate (ProcID_NotePad1),
              "\nOK schaltet zur Eingabe des Fenstertitels um");

// Frage Fenstertitel ab, setze Fokus um
var title = Wsh.WSHInputBox ("Fenstertitel eingeben",
            "Fenstertitel","");

if (title != "")
{
 WScript.Echo ("Fenster \' ", title, "\' Fehlerstatus: ",
              Wsh.WSHAppActivate (title),
}
// Ende
```

Listing 13.22: AppActivate.js

HINWEIS: Die Datei *AppActivate.js* finden Sie auf der Begleit-CD-ROM im Ordner *\Beisp\Kap13*. Der gleiche Ordner enthält die Datei *AppActivate.vbs,* der die Implementierung in VBScript demonstriert. Beide Skripte erfordern, dass *WSHExtend.ocx* registriert ist.

Tastencodes senden

Bei einigen Anwendungen ist eine direkt Steuerung per COM-Schnittstelle nicht möglich. Dann ist es hilfreich, wenn sich per WSH-Skript Tastencodes zu diesen Anwendungen senden lassen. Dies wurde bereits im vorherigen Beispiel genutzt, um die Editorenfenster zu signieren. Der nachfolgende Abschnitt geht auf die in WSH 2.0 angebotene *SendKeys*-Methode sowie auf die für WSH 1.0/2.0 implementierte *WSHSendKeys*-Methode ein. Weiterhin lernen Sie an Beispielen die Möglichkeiten dieses Ansatzes in Verbindung mit anderen Methoden kennen.

Das *SendKeys*-Problem

Zur Steuerung anderer Anwendungen können Sie häufig deren Objekte und Methoden verwenden. Sie haben dies bereits in den vorherigen Kapiteln kennen gelernt. Im folgenden Abschnitt werden ebenfalls einige Beispiele vorgestellt. Aber dieser Ansatz hat einen Haken: Viele Anwendungen stellen keine Automatisierungsobjekte zur Verfügung, d.h. die Anwendung unterstützt die COM-Schnittstelle nicht. Dann haben Sie normalerweise keine Möglichkeit, diese Anwendung über den WSH anzusprechen. Benötigt wird eine Art *SendKeys*-Methode, mit der sich Tastatureingaben simulieren lassen. Dies eröffnet Ihnen ungeahnte Möglichkeiten, Sie verfügen praktisch über einen programmierbaren Makro-Player.

HINWEIS: Diese Tastatureingaben werden von der Methode an den Windows-Message-Puffer eingespeist. Dies hat zur Folge, dass die Codes von Windows an dasjenige Fenster weitergeleitet werden, welches den Fokus besitzt. Sobald Sie also eine solche Methode zur Verfügung haben, können Sie praktisch Tastatureingaben simulieren und an beliebige Anwendungen senden.

SendKeys ab WSH 2.0 verwenden

Ab WSH 2.0 steht Ihnen eine *SendKeys*-Methode über das *WScript.Shell*-Objekt zur Verfügung. Daher möchte ich an einem kleinen JScript-Programm die Anwendung dieser Methode demonstrieren. Das Skript startet den Windows-Rechner.

```
var WSHShell = WScript.CreateObject("WScript.Shell");
WSHShell.Run ("Calc.exe");
WScript.Sleep (200);
```

Mit der letzten Anweisung erreichen Sie eine Verzögerung in der Skriptausführung. Dies stellt sicher, dass der Rechner den Fokus erhält. Lassen Sie die Verzögerungsanweisung weg, besteht eine hohe Wahrscheinlichkeit, dass die folgenden Skriptanweisungen bereits ausgeführt werden, bevor das Rechnerfenster sichtbar ist. In diesem Fall gehen alle gesendeten Tastaturcodes verloren.

Sobald der Rechner aktiv ist, sendet das Skript den Ausdruck *10+2 =* zum Rechnerfenster. Da die *SendKeys*-Methode Teil den *WScript.Shell*-Objekts ist, lassen sich folgende Anweisungen für diesen Zweck verwenden:

```
WSHShell.SendKeys ("10");
WSHShell.SendKeys ("{+}");
WSHShell.SendKeys ("2");
WSHShell.SendKeys ("=");
```

Jeder Aufruf von *SendKeys* erfordert einen Parameter. Dieser enthält eine Zeichenkette mit den zu sendenden Tastencodes. Ist der Rechner aktiv, empfängt er die Tastencodes. Der Rechner wertet den Ausdruck aus und zeigt das Ergebnis 12 an. Der folgende Befehl suspendiert das Skript und löscht dann das Ergebnis im Fenster des Rechners.

```
WScript.Sleep (2000);
WSHShell.SendKeys ("c");
```

Anschließend dient eine Schleife dazu, die Summe der Zahlen von 1 bis 3 zu addieren:

```
for (var i = 1; i <=3; i++)
 {
  WSHShell.SendKeys (i);
  WSHShell.SendKeys ("{+}");
 }
```

Weitere Details sind nachfolgendem Listing zu entnehmen. Details zur *SendKeys*-Syntax finden Sie in der WSH 2.0-Hilfe. Einige Informationen zur Syntax werden auch auf den folgenden Seiten gegeben, da die *WSHSendKeys*-Methode (aus WSHExtend.ocx) die gleiche Implementierung für WSH 1.0 bereitstellt.

```
//************************************************
// File:    SendKeysWSH2.js (WSH 2.0 JScript-Beispiel)
// Autor:   (c) G. Born
//
// Zeigt die Anwendung der SendKeys-Methode.
// Benötigt WSH 2.0 !!!
//************************************************

// Erzeuge Shell-Objekt für Run-Methode
var WSHShell = WScript.CreateObject("WScript.Shell");

// Windows-Rechner aufrufen
WSHShell.Run ("Calc.exe");

// Warte etwas, bis Rechner bereit ist. Sonst werden
// die Tastatureingaben von SendKeys in den Windows-
// Message-Puffer geschrieben, bevor Calc.exe den Fokus
// besitzt. Dann gehen die Eingaben an das Fenster mit
// dem Fokus, d.h. die Eingaben sind meist verloren oder
// bewirken etwas Unbeabsichtigtes.

WScript.Sleep (200);          // Warte 200 Millisekunden

WSHShell.SendKeys ("10");  // Sende Tastencodes
WSHShell.SendKeys  ("{+}");
WSHShell.SendKeys  ("2");
WSHShell.SendKeys ("=");

WScript.Sleep (2000);           // Warte 2 Sekunden
WSHShell.SendKeys ("c");  // Lösche Ergebnis in Calc

for (var i = 1; i <=3; i++)
 {
  WSHShell.SendKeys (i); // Zahlen 1 bis 3 addieren
  WSHShell.SendKeys ("{+}");
 }

WScript.Echo ("Fertig?");
WScript.Sleep (200);
WSHShell.SendKeys ("%{F4}");  // Schließe Calc mit Alt+F4
// Ende
```

Listing 13.23: SendKeysWSH2.js

HINWEIS: Die Datei *SendKeysWSH2.js* finden Sie auf der Begleit-CD-ROM im Ordner *\Beisp\Kap13*. Voraussetzung zur Ausführung des Beispiels ist allerdings, dass WSH 2.0 auf dem Rechner installiert ist. Unter WSH 1.0 lässt sich die *WSHSendKeys*-Methode verwenden. Diese wird zu *obj.WSHSendKeys keys, true* aufgerufen. Der erste Parameter enthält den zu sendenden Tastecode, während der zweite Parameter immer auf den Wert *true* zu setzen ist. Mit dem Wert *true* wartet die Methode, bis die gesendeten Zeichen durch Windows verarbeitet sind.

Hinweise zu Tastencodes der *SendKeys*-Methode

Der *Sendkeys*-Methode können Sie beliebige Zeichen als Parameter übergeben. Jede im Parameter *key* übergebene »Taste« wird durch mindestens ein Zeichen repräsentiert. Ein einzelnes Zeichen auf der Tastatur kann mit dem Zeichen selbst angegeben werden. Um beispielsweise die Taste A zu senden, geben Sie "*A*" als Argument für *key* vor. Enthält die Zeichenkette mehrere Zeichen (z.B. "*ABC*"), wird diese Zeichenkette an die Anwendung gesandt.

Das Pluszeichen (+), das Caret-Zeichen (^), das Prozentzeichen (%), die Tilde (~) und die Klammern ( ) haben bei der *SendKeys*-Anweisung eine spezielle Bedeutung. Sie müssen jedes dieser Zeichen in geschweifte Klammern einschließen ({}), um es verwenden zu können. Für das Pluszeichen geben Sie beispielsweise {+} an. Eckige Klammern ([ ]) müssen bei der *SendKeys*-Methode ebenfalls in geschweifte Klammern eingeschlossen werden, da diese Zeichen bei anderen Anwendungen – insbesondere im Zusammenhang mit dynamischem Datenaustausch (DDE) – u. U. mit einer speziellen Bedeutung belegt sind. Die Zeichen für die geschweiften Klammern legen Sie unter Verwendung von {{} und {}} fest.

Einige Tasten liefern keine anzeigbaren Zeichen (z.B. die Eingabe-Taste oder die Tab-Taste). Diese Tasten müssen bei *SendKeys* mit speziellen Zeichen codiert werden. Die Tabelle 13.3 enthält eine Aufstellung dieser Codierung.

Taste	Code
RÜCKTASTE	{BACKSPACE}, {BS} oder {BKSP}
PAUSE	{BREAK}
FESTSTELLTASTE	{CAPSLOCK}
ENTF	{DELETE} oder {DEL}
NACH-UNTEN	{DOWN}
ENDE	{END}
EINGABETASTE	{ENTER}oder ~
ESC	{ESC}
HILFE	{HELP}
POS 1	{HOME}
EINFG	{INSERT} oder {INS}
NACH-LINKS	{LEFT}
NUM-FESTSTELL	{NUMLOCK}
BILD-AB	{PGDN}
BILD-AUF	{PGUP}
DRUCK	{PRTSC}
NACH-RECHTS	{RIGHT}
ROLLEN-FESTSTELL	{SCROLLLOCK}
TAB	{TAB}
NACH-OBEN	{UP}
F1	{F1}

▶

Taste	Code
F2	{F2}
F3	{F3}
F4	{F4}
F5	{F5}
F6	{F6}
F7	{F7}
F8	{F8}
F9	{F9}
F10	{F10}
F11	{F11}
F12	{F12}
F13	{F13}
F14	{F14}
F15	{F15}
F16	{F16}

Tabelle 13.3: *Codierung der Spezialtasten für* SendKeys

Um Tastenkombinationen zusammen mit den Tasten Umschalt, Strg oder Alt anzugeben, wird ein spezieller Code vor das Zeichen der Folgetaste gesetzt. Die speziellen Codes für diese Tasten sind in ▶ Tabelle 13.4 aufgeführt.

Taste	Code
UMSCHALT	+
STRG	^
ALT	%

Tabelle 13.4: *Codes für Kombinationstasten in* SendKeys

Möchten Sie also eine Tastenkombination mit Umschalt, Strg oder Alt angeben, fügen Sie zunächst das Spezialzeichen in die Zeichenkette ein. Dann folgen die Zeichen der Folgetasten der Tastenkombination in runden Klammern. Hört sich kompliziert an, ist aber recht einfach. Um beispielsweise die Tastenkombination Umschalt+E+C anzugeben (alle Tasten werden gleichzeitig gedrückt), wird die Zeichenkette "*+(EC)*" benutzt. Soll lediglich die Kombination Umschalt+E und dann die Taste C gedrückt werden, ist die Zeichenfolge "*+EC*" anzugeben. Der Spezialcode wirkt also immer nur auf das Folgezeichen. Die Klammer erzwingt dann, dass alle enthaltenen Zeichen für die Tastenkombination gelten.

Tastenwiederholungen können Sie in der Form *{Taste Zahl}* angeben. Das Leerzeichen zwischen *Taste* und *Zahl* ist dabei zwingend erforderlich. Die Zeichenkette "*{LEFT 42}*" wird zum Beispiel als 42-maliges Drücken der Pfeil links-Taste interpretiert, mit "*{h 10}*" wird zehnmal die H-Taste simuliert.

WICHTIG: Die *SendKeys*-Methode kann keine Tastenanschläge an Anwendungen senden, die sich nicht unter Microsoft Windows ausführen lassen. So lässt sich die Druck-Taste nicht mit *WSHSendKeys* aktivieren.

SendKeys-Beispiele

Nachfolgend lernen Sie an einigen Beispielen, wie Sie die *SendKeys*-Methode nutzbringend per WSH-Skript einsetzen können.

Beispiel 1: Zwischenablage per *SendKeys* nutzen

Lassen Sie mich an einem Beispiel demonstrieren, wie die *SendKeys*-Methode (aus WSH 2.0) zum Datenaustausch per Zwischenablage benutzt werden kann. Ein Skript startet den Windows-Rechner und den Editor *Notepad.exe*. Das Skript veranlasst den Rechner mit *calc.exe* den Ausdruck 10 + 2 zu bestimmen. Dann soll das Ergebnis per Zwischenablage in das Editorfenster übertragen werden. Ein Dialogfeld informiert, dass das Fenster des Rechners automatisch geschlossen wird (sobald der Benutzer die *OK*-Schaltfläche anklickt). Dann transferiert das Programm den Inhalt der Zwischenablage in das Editorfenster und hängt 30 zusätzliche Zeilen mit dem Text an (Abbildung 13.23). Anschließend geht der Fokus zum Rechner über, das Fenster wird geschlossen und das Editorfenster mit den Ergebnissen bleibt geöffnet.

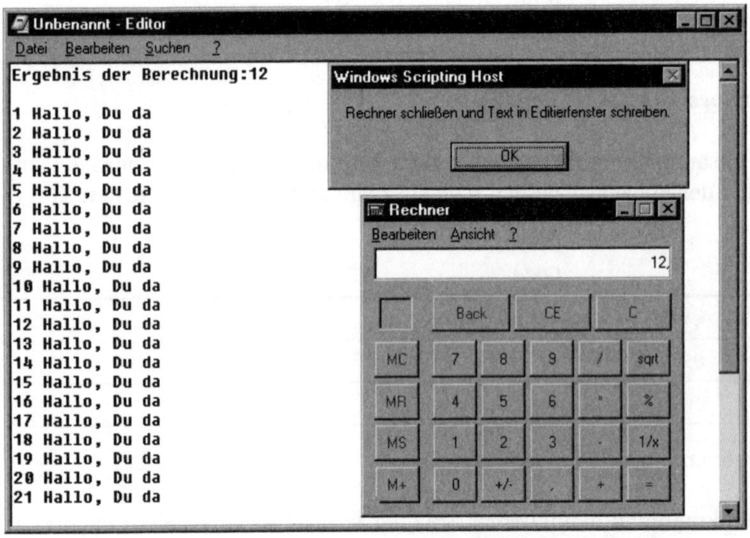

***Abbildung 13.23:** Ergebnisse in den Anwendungsfenstern*

Die hier benutzten Techniken wurden bereits weitgehend auf den vorhergehenden Seiten vorgestellt. Daher bleiben nicht viele Erläuterungen. Die folgende Anweisung kopiert den (markierten) Inhalt des aktuellen Fensters in die Windows-Zwischenablage:

```
oShell.SendKeys ("^{c}");
```

Der Code erzeugt die Tastenkombination Strg+C, die eigentlich von jeder Windows-Anwendung unterstützt wird. Zum Einfügen des Inhalts der Zwischenablage in das Editorfenster wird folgende Anweisung benutzt:

```
oShell.SendKeys ("^{v}");
```

Bedingung ist, dass das Fenster den Fokus besitzt. Ein Zeilenumbruch lässt sich in JScript mit "*\n*" erreichen, in VBScript müssten Sie die Konstante *vbCrLf* per *Sendkeys* senden. Das nachfolgende Beispiel verwendet weitere Tastencodes, die mit *SendKeys* geschickt werden, um andere Daten in das Anwendungsfenster zu schreiben. Der Fokus wird mittels der Methode *WSHAppActivate* umgesetzt. Weitere Details entnehmen Sie bitte dem folgenden Listing.

```
//************************************************
// File:    SendKeys.js (oExt-Beispiel in JScript)
// Autor:   (c) G. Born
//
// Zweck:   Zeigt die Verwendung der SendKeys-Methode
//          und der Shell- bzw. AppActivate-Methoden.
//          Starte Rechner und Editor und schreibe in
//          die Anwendungsfenster.
// Achtung: Das Script benötigt die ActiveX-Komponente
//          oExtExtend !!!
//************************************************

// Hier müssen wir unser oExtExt-Objekt erzeugen.
// Dieses Objekt stellt dem oExt die Methoden
// zur Verfügung.

var oShell = WScript.CreateObject("WScript.Shell");
var oExt = WScript.CreateObject("WSHExtend.WinExt");

// Starte jetzt den Rechner
var ProgId_Calc = oExt.WSHShell ("Calc.exe",1);

// Starte den Windows-Editor
var ProgId_NotePad = oExt.WSHShell ("Notepad.exe",1);

// Übertrage dem Rechner jetzt den Fokus.
var status = oExt.WSHAppActivate (ProgId_Calc);
 if (status != 0)
  { // Laufzeitfehler?
   WScript.Echo ("Fehler, Rechner nicht aktivierbar",
                 "\nFehler: ", status);
   WScript.Quit();
  }

// Rechne etwas
oShell.SendKeys ("10");
oShell.SendKeys ("{+}");
oShell.SendKeys ("2");
oShell.SendKeys ("=");

// Ergebnis in Zwischenablage
oShell.SendKeys ("^(c)");

WScript.Echo ("Rechner schließen und Text " +
              "in Editierfenster schreiben.");

// Übertrage dem Editor jetzt den Fokus.
```

```
status = oExt.WSHAppActivate (ProgId_NotePad);
if (status != 0)
  { // Laufzeitfehler?
   WScript.Echo ("Fehler, Editor nicht aktivierbar",
                 "\nFehler: ", status);
   WScript.Quit();
  }

// Ergebnis aus Zwischenablage in Editorfenster
oShell.SendKeys ("Ergebnis der Berechnung:", true);
oShell.SendKeys ("^(v)");
oShell.SendKeys ("\n\n");

// Schreibe etwas Text in das Editorfenster
for (var i = 1; i <=30; i++)
 {
  oShell.SendKeys (i + " Hallo, Du da\n");
 }

// Übertrage dem Rechner jetzt den Fokus.
status = oExt.WSHAppActivate (ProgId_Calc);
 if (status != 0)
  { // Laufzeitfehler?
   WScript.Echo ("Fehler, Rechner nicht aktivierbar",
                 "\nFehler: ", status);
   WScript.Quit();
  }

// Rechner mit Alt+F4 schließen
oShell.SendKeys ("%{F4}");
//*** Ende
```

Listing 13.24: SendKeys.js

HINWEIS: Die Datei *SendKeys.js* finden Sie im Ordner *\Beisp\Kap13* auf der Begleit-CD-ROM. Das Beispiel benötigt die ActiveX-Komponente *WSHExtend.ocx*.

Beispiel 2: Anlegen eines neuen Benutzers (Windows 98)

Funktioniert bei Ihnen das obige Beispiel? Dann ist es jetzt an der Zeit, die Leistungsfähigkeit der bereits implementierten Methoden einmal am Beispiel einer konkreten Anwendung kennen zu lernen. Das automatische Anlegen eines neuen Benutzers lässt sich zwar unter Windows NT mit speziellen Systemfunktionen (Stichwort ADSI) realisieren, Windows 95/98-Besitzer schauen aber in die »Röhre«. Bei Windows 95 wird ein neuer Benutzer automatisch angelegt, sobald die Benutzerprofile freigegeben und ein neuer Benutzername im Anmeldedialog angegeben wird. Unter Windows 98 sieht die Sache etwas besser aus. Hier findet sich in der Systemsteuerung das Symbol *Benutzer*. Rufen Sie dieses Symbol auf, lässt sich über die Registerkarte *Benutzerliste* auf die Benutzer zugreifen (Abbildung 13.24).

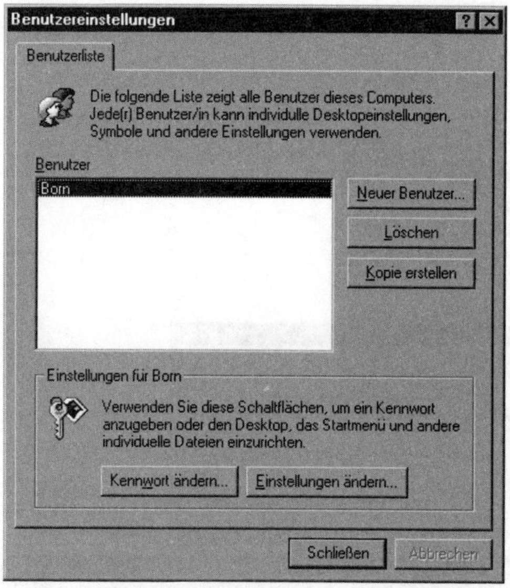

Abbildung 13.24: *Registerkarte* Benutzerliste

Existiert bereits ein Benutzer, können Sie dessen Einstellungen über die Schaltfläche *Einstellungen ändern* anpassen. Die beiden Schaltflächen *Neuer Benutzer* und *Kopie erstellen* erlauben Ihnen, auf komfortable Weise das Benutzerprofil für neue Benutzer anzulegen. Bestehende Profile lassen sich in der Liste markieren und über die Schaltfläche *Löschen* entfernen. Sie haben mit dieser Funktion also alle Möglichkeiten an der Hand, um einen neuen Benutzer anzulegen und dessen Einstellungen zu definieren.

HINWEIS: Detaillierte Hinweise zur Freigabe der Benutzerprofile sowie zum Umgang mit der Funktion *Benutzerliste* liefert der im Literaturverzeichnis unter /5/ aufgeführte Titel.

Um einen neuen Benutzer anzulegen, klicken Sie auf der Registerkarte *Benutzerliste* die Schaltfläche *Neuer Benutzer* an. Ein Assistent führt Sie anschließend durch die einzelnen Schritte zum Festlegen der Benutzereinstellungen (Abbildung 13.25).

Mit den auf den vorherigen Seiten eingeführten Methoden sowie einigen Tricks und Hintergrundwissen klappt das automatische Anlegen eines neuen Benutzers sogar per WSH-Skript.

Die *SendKeys*-Methode ist ein geeignetes Werkzeug, um Tastatureingaben in Dialogfeldern zu simulieren. Jetzt muss eigentlich nur noch die Registerkarte *Benutzerliste* geöffnet werden. Grundsätzlich ließe sich dies auch über *SendKeys* ausführen. Sie können beispielsweise das Startmenü über die Tastenkombination Strg+Esc öffnen und die Systemsteuerung aufrufen. Folglich ließen sich die betreffenden Tastencodes auch mit *SendKeys* übermitteln. Aber mir ist es lieber, wenn es einen direkten Weg zum Aufruf der Registerkarte gibt. Mit einem Griff in die Trickkiste lässt sich dies bewältigen.

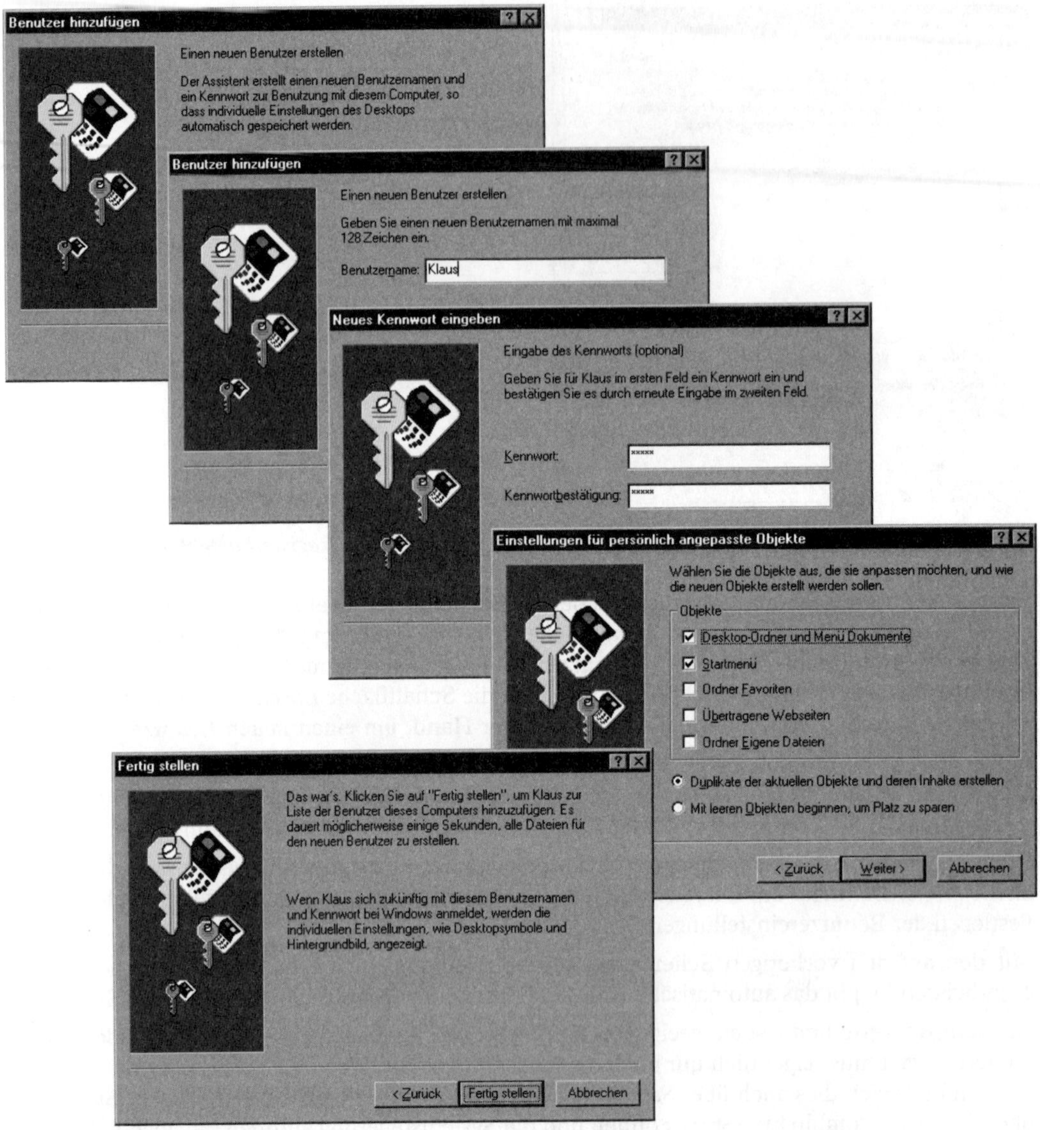

Abbildung 13.25: *Schritte beim Anlegen eines neuen Benutzers*

Direkter Aufruf von Funktionen der Systemsteuerung

Das Programm zum Öffnen und Anzeigen des Ordnerfensters *Systemsteuerung* besitzt den Namen *Control.exe* und befindet sich im Windows-Ordner. Geben Sie lediglich den Befehl *Control.exe* im Dialogfeld *Ausführen* ein, öffnet Windows die Systemsteuerung. In dem im Literaturverzeichnis unter /5/ angegebenen Titel habe ich jedoch die Möglichkeiten zum Zugriff auf die Systemsteuerung und die zugehörigen CPL-Module erläutert. Hier ein kurzer Abriss: Das Programm *Control.exe* ruft das als Option angegebene CPL-Modul auf. Dann wird das Eigenschaftenfenster mit der Standard-Registerkarte der Komponente angezeigt. Einige CPL-Module unterstützen aber mehrere Funktionen in der Systemsteuerung. Daher können Sie zwei zusätzliche Parameter *Name* und *Index* in der Befehlszeile angeben. *Name* legt den Namen für die gewünschte Funktion fest, während *Index* die Registerkarte auswählt. Dadurch lassen sich Eigenschaftenfenster und Registerkarten eines Systemsteuerungsmoduls direkt öffnen. Hierbei gilt die Syntax:

```
Control.exe modul.cps [name[,index]]
```

Der letzte Parameter *index* spezifiziert den Index der gewünschten Registerkarte. Die Registerkarten eines Eigenschaftenfensters werden dabei mit den Indexwerten 0, 1, 2 etc. durchnummeriert. Der Parameter *name* ist zwar optional, muss aber beim direkten Zugriff über *index* auf ein Modul der Systemsteuerung angegeben werden, da einige CPL-Module mehrere Eigenschaftenfenster unterstützen. Benötigen Sie den Parameter nicht, muss zumindest das Komma als Platzhalter angegeben werden. Sofern Sie die jeweiligen CPL-Modulnamen kennen, ist der direkte Zugriff auf die Registerkarten möglich. Die Anweisung:

```
C:\Windows\Control.exe Sysdm.cpl,System,0
```

zeigt zum Beispiel die Registerkarte *Allgemein* des Eigenschaftenfensters von System. Mit der Anweisung:

```
C:\Windows\Control.exe Sysdm.cpl,System,2
```

öffnen Sie dagegen die Registerkarte *Hardwareprofile*. Das hört sich zwar alles recht gut an, aber bei einigen CPL-Modulen funktioniert dieser Ansatz leider nicht. Um Ihnen die Suche etwas zu erleichtern, enthält die ▶ Tabelle 13.5 eine Zusammenstellung der wichtigsten Optionen zum Aufruf.

Modul	Name	Index	Bemerkung
Appwiz.cpl	–	0 bis 3	Öffnet die angegebene Registerkarte im Eigenschaftenfenster von System: `Control.exe Appwiz.cpl,,1`
Desk.cpl	–	0 bis 3	Registerkarten für *Eigenschaften von Anzeige* auswählen. Mit: `Control.exe Desk.cpl,,1` öffnen Sie beispielsweise die Registerkarte Bildschirmschoner.
Intl.cpl	–	0 bis 4	Registerkarten für *Eigenschaften von Ländereinstellungen*. Der zweite Parameter nimmt die Werte 0 bis 4 für die jeweiligen Registerkarten auf: `Control.exe Intl.cpl,,1`

▶

Modul	Name	Index	Bemerkung

Main.cpl	@0 bis @5	0 bis x	Dieses Modul unterstützt die Registerkarten für Maus, Tastatur, Energieverwaltung, PCMCIA. Der erste Parameter muss daher das betreffende Modul angeben. Sie können hier einen Namen im Klartext (z.B. *Maus, Tastatur*) oder einen Indexwert der Form @x (wobei *x* für die Werte 0 bis 5 steht) eintragen.
			`Control.exe Main.cpl,@0,1`
			`Control.exe Main.cpl,Maus,1`
			Die Indexwerte geben dann die gewünschte Registerkarte an, hängen aber vom gewählten Modulnamen ab.

Mmsys.cpl	@0, @1	0 bis x	Öffnet die Registerkarte im Eigenschaftenfenster *Multimedia* oder *Akustische Signale*. Der erste Parameter legt das Eigenschaftenfenster fest (0 = Multimedia, 1 = Akustische Signale): `Control.exe Mmsys.cpl,@0,1`
Sysdm.cpl	–	0 bis 3	Registerkarten für *Eigenschaften von System* öffnen. Als zweiter Parameter ist ein Index zwischen 0 und 3 anzugeben. Der Befehl: `Control.exe Sysdm.cpl,,0` öffnet die Registerkarte *Allgemein*. In diesem Beispiel bleibt der erste Parameter leer (d.h. es werden zwei Kommata ohne Leerzeichen angegeben). Sie können aber auch gemäß der obigen Beispiele den Namen *System* als ersten Parameter angeben.
Timedate.cpl	–	0, 1	Registerkarten für *Eigenschaften von Datum/Uhrzeit*. Als zweiter Parameter ist der Index 0 oder 1 einzugeben. Der Index 0: `Control.exe Timedate.cpl,,0` öffnet die Registerkarte *Datum/Uhrzeit*.
Inetcpl.cpl	@1	1	Öffnet die Registerkarte *Benutzerliste* im Eigenschaftenfenster *Benutzereinstellungen*.

***Tabelle 13.5:** Aufrufoptionen für CPL-Module*

WICHTIG: Wichtig ist allerdings, dass Sie keine Leerzeichen zwischen den beiden Kommata für den ersten Parameter eintippen.

Manchmal finden Sie den Hinweis, dass die Module der Systemsteuerung über den Befehl:

```
RunDll32.exe Shell32.dll,Control_RunDLL Modul.cpl
```

aufzurufen sind. Der Parameter *Modul.cpl* steht dabei für den Modulnamen der CPL-Datei. Der Befehl:

```
RunDll32.exe Shell32.dll,Control_RunDLL Main.cpl,@0,1
```

öffnet demnach die Registerkarte *Schaltflächen* im Eigenschaftenfenster der Maus. Wenn Sie *Control.exe* aufrufen, hat dies die gleiche Wirkung wie der Aufruf der Prozedur *Control_RunDll* über *Shell32.dll*. Persönlich finde ich die in obiger Tabelle aufgeführten Varianten aber einfacher zu handhaben.

Mit dem Wissen aus dem vorhergehenden Abschnitt lässt sich die folgende Anweisung zum Öffnen der Registerkarte *Benutzerliste* formulieren:

```
var oShell = WScript.CreateObject("WScript.Shell");
oShell.Run ("Control.exe Inetcpl.cpl,@1",1);
```

Die erste Anweisung erzeugt die Objektreferenz auf *WScript.Shell*. Dann wird die *Run*-Methode benutzt, um die Registerkarte aufzurufen. Zum Aktivieren des Eigenschaftenfensters habe ich die Anweisung:

```
oShell.AppActivate ("Benutzereinstellungen");
```

quasi als doppelte Sicherung eingefügt. Dieser Schritt ist aber überflüssig, wenn Sie sicher sind, dass keine weiteren Anwendungen im Vordergrund laufen. Die folgende Sequenz an *SendKeys*-Aufrufen legt dann den neuen Benutzer an.

```
oShell.SendKeys (" ");          // Leertaste
oShell.SendKeys ("%N");         // Alt + N
oShell.SendKeys ("%W");         // Alt + W
oShell.SendKeys (user+"%W");    // Benutzername, Alt + N
oShell.SendKeys ("%k"+kennw);   // Alt + k, Kennwort
oShell.SendKeys ("%b"+kennw);   // Alt + b, Kennwortbestätigung
oShell.SendKeys ("%W%W");       // Alt + W, Alt + W
oShell.SendKeys ("{Enter}");    // Enter
```

Die Aufrufe der Methode erzeugen die notwendigen Einstellungen für den neuen Benutzer bzw. wählen die Eingabefelder und Schaltflächen in den Dialogfeldern des Assistenten an. Der Benutzername und das Kennwort sind direkt in Variablen angegeben.

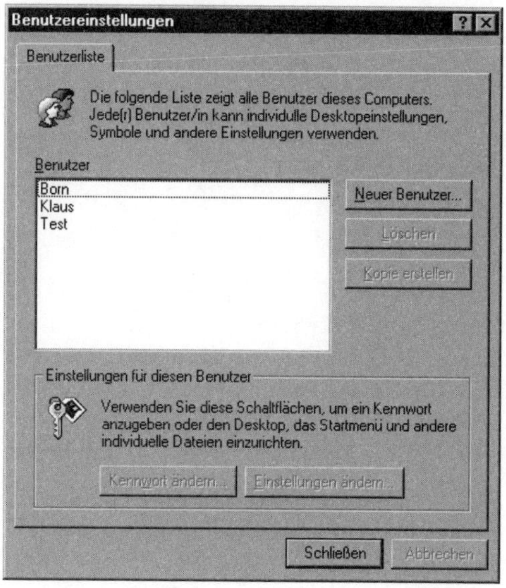

Abbildung 13.26: *Neuer Benutzer* Test *in der Benutzerliste*

Sobald das Skript terminiert, zeigt Windows kurzzeitig einen Dialog mit dem Hinweis an, dass die Benutzereinstellungen angelegt werden. Anschließend taucht der neue Benutzer *Test* in der Benutzerliste auf (Abbildung 13.26).

WICHTIG: Bei der Ausführung des Skripts ist es allerdings wichtig, dass der Benutzer *Test* noch nicht eingerichtet ist. Andernfalls bricht der Assistent den Dialog mit einer Fehlermeldung ab und das Skript scheitert. (Sie könnten dies aber über die nachfolgend vorgestellte *WSHFindWindow*-Methode abfragen und ggf. reagieren. Ich habe aber aus Aufwandsgründen auf diese Prüfung verzichtet.)

Die Einzelheiten der Implementierung sind dem nachfolgenden JScript-Listing zu entnehmen. Persönlich war ich schon beeindruckt, mit wie wenig Aufwand sich eine solche Aufgabe automatisieren lässt. Bei Bedarf können Sie das Skript erweitern. So lässt sich beispielsweise die Schaltfläche *Kopie erstellen* verwenden, um die Einstellungen eines Benutzers zu kopieren. Achten Sie beim Verfassen der *SendKeys*-Anweisungen darauf, möglichst Tastenkombinationen zur Auswahl von Eingabefeldern, Optionen und Schaltflächen zu verwenden. Dies entbindet Sie der Notwendigkeit, die einzelnen Steuerelemente eines Dialogfelds per *Tab*-Taste anzuwählen (was fehleranfällig ist).

```
//************************************************
// File:   User.js (WSH-Beispiel in JScript)
// Autor:  (c) G. Born
//
// Zweck:  Zeigt die Verwendung der SendKeys-Methode
//         und der Shell- bzw. AppActivate-Methoden,
//         um einen neuen Benutzer unter Win98 anzulegen.
//************************************************

var user = "Test";
var kennw = "Test";

// Erzeuge Objektreferenzen
var oShell = WScript.CreateObject("WScript.Shell");

// Öffnet jetzt das Eigenschaftenfenster Benutzer
oShell.Run ("Control.exe Inetcpl.cpl,@1",1);
WScript.Sleep (800);  // warte bis Dialog aktiv

// Übertrage der Registerkarte zur Sicherheit den Fokus.
// Achtung! Hier können wir die Prozeß-ID nicht nehmen,
// da die Methode sonst einen Fehler liefert! Daher
// wird der Name des Eigenschaftenfensters genommen.
if (oShell.AppActivate ("Benutzereinstellungen") != true)
 {
  WScript.Echo ("Nicht gefunden");
  WScript.Quit(1);
 }

// Sende jetzt die Tastencodes, um den Assistenten zum
// Anlegen eines neuen Benutzers zu starten und die
// Eingaben zu tätigen.
//
// Wichtig: Der Benutzername darf noch nicht vorhanden sein.

oShell.SendKeys (" ");          // Leertaste
```

```
oShell.SendKeys ("%N");        // Alt + N
oShell.SendKeys ("%W");        // Alt + W
oShell.SendKeys (user+"%W");   // Benutzername, Alt + N
oShell.SendKeys ("%k"+kennw);  // Alt + k, Kennwort
oShell.SendKeys ("%b"+kennw);  // Alt + b, Kennwortbestätigung
oShell.SendKeys ("%W%W");      // Alt + W, Alt + W
oShell.SendKeys ("{Enter}");   // Enter

WScript.Echo ("Der neue Benutzer \"" + user +
           "\" wurde angelegt.");

oShell.SendKeys ("%{F4}");     // Registerkarte Benutzer schließen
//*** Ende
```

Listing 13.25: User.js

HINWEIS: Sie finden die Datei *User.js* auf der Begleit-CD-ROM im Ordner *\Beisp\Kap13*. Zur Nutzung muss WSH ab 2.0 auf dem System vorhanden sein.

Fenster manipulieren

Zur Demonstration der Möglichkeiten der ActiveX-Komponenten möchte ich ein weiteres Beispiel zeigen. In den vorhergehenden Beispielen haben Sie bereits mit der *WSHAppActivate*-Methode auf ein Fenster zugegriffen und dieses in den Vordergrund geschaltet. Windows bietet zusätzliche Funktionen, um das Handle eines beliebigen geöffneten Fensters zu ermitteln. Ein Handle stellt eine Ganzzahl dar und erlaubt, das Fenster über weitere API-Funktionen zu manipulieren. Sie können das Fenster in den Vordergrund schalten, die Titelzeile oder das Symbol der Taskleiste blinken lassen oder das Fenster in der Position bzw. in der Größe anpassen (sofern das Fenster dies zulässt). Genau diese Methoden sollen jetzt in einem VBScript aus dem WSH heraus genutzt werden, um das Fenster des Windows-Editors entsprechend zu manipulieren. Das Skript setzt dabei voraus, dass der Editor mit einem leeren Fenster gestartet ist.

HINWEIS: Die für unsere Zwecke erforderlichen Methoden habe ich in der ActiveX-Komponente *WinExtend.ocx* realisiert. Sie finden diese Komponente auf der Begleit-CD-ROM im Ordner *\Beisp\Kap13\ActiveX\ExtAPI*.

API-Aufrufe und Fehlerbehandlung

In der ersten Version der *WSHExtend*-Komponente wurden nur einige Methoden unterstützt, die direkt auf die Windows-API-Funktionen aufsetzten (z.B. *WSHFindWindow* und *WSHSetForegroundWindow*). Das heißt, die *WSHExtend*-Komponente arbeitete lediglich als Vermittler, um einen Zugriff auf die API per WSH-Skript zu ermöglichen. Anschließend ließ ich einigen Entwicklern den Quellcode zum Testen zukommen. Seinerzeit erhielt ich auch den Tipp, zumindest die an die Methode übergebenen Parameter auf Plausibilität zu prüfen. Weiterhin sollten Laufzeitfehler in der Methode abgefangen werden. Ein Entwickler meinte sogar, es macht keinen Sinn, ein Fenster-Handle an ein Skript zurückzugeben. ▶

Nachdem ich eine Weile über diese Rückmeldungen nachgedacht hatte, entschloss ich mich, nicht allen Anregungen zu folgen. Natürlich sollte eine Behandlung von Laufzeitfehlern innerhalb der Methode erfolgen. Die Methoden führen auch eine Parameterprüfung durch. Aber ich habe mich entschlossen, Methoden wie *WSHFindWindow*, die ein Fenster-Handle zurückgeben, auch weiterhin zu unterstützen. Dies erleichtert dem Entwickler so Manches (da er nicht mehr auf Fenstertitel zur Identifikation der Anwendung angewiesen ist). Mit der Methode *WSHIsWindow* lässt sich zusätzlich prüfen, ob ein Handle noch gültig ist.

Eine andere Frage betrifft die Fehlerbehandlung. Einige Methoden können einen Fehlercode an das aufrufende Skript zurückgeben. Andere Methoden geben aber bereits einen anderen Wert zurück. Wie soll ein Fehler in diesem Fall gemeldet werden?

Ich habe mich dazu entschlossen, Laufzeitfehler innerhalb einer Methode durch ein Meldungsfeld zu signalisieren. Eine andere denkbare Variante wird von einigen Windows-API-Funktionen benutzt: Tritt ein Laufzeitfehler auf, wird der Fehlercode in einer internen Variable gehalten. Eine eigene Methode (z.B. *GetError*) erlaubt dann die Abfrage des Fehlercodes aus den Skriptprogrammen. Ich habe aber aus Kompatibilitätsgründen zu früheren Versionen von *WSHExtend* auf diesen Ansatz verzichtet. Da Sie über den Quellcode verfügen, steht einer entsprechenden Erweiterung nichts im Wege.

Die *WSHFindWindow*-Methode

Viele Windows-API-Funktionen zur Fenstermanipulation benötigen das Handle des Fensters als Argument. Dieses Handle lässt sich mittels der *WSHFindWindow*-Methode ermitteln. Diese besitzt die folgende Aufrufsyntax:

```
hWnd = WSHFindWindow(WndName)
```

Als Argument erwartet die Methode den Namen des Fensters (der in der Titelzeile angezeigt wird) als Zeichenkette. Wird das Fenster gefunden, liefert die Methode das Handle zurück. Existiert das Fenster mit dem angegebenen Titel nicht, liefert die Methode den Wert 0 zurück.

Die in der ActiveX-Komponente *WinExt* implementierte Methode greift direkt auf die Windows-API-Funktion *FindWindow* zurück. Die folgende Anweisung deklariert die Schnittstelle für die externe Funktion:

```
Declare Function FindWindow Lib "user32" Alias "FindWindowA" _
 (ByVal lpClassName As String, ByVal lpWindowName As String) As Long
```

Die im Modul *User32.exe* enthaltene Funktion erwartet den Klassennamen sowie den Fenstertitel. Als Klassenname wird konstant der Wert 0 übergeben, da es sich um ein Fenster (und kein anderes Element) handelt. Die Einzelheiten der Implementierung sind dem folgenden Listing zu entnehmen.

```
Public Function WSHFindWindow(WinName) As Long
Dim WinName1 As String
On Error GoTo Error

 Winname1 = Winname + vbNullString
 WSHFindWindow = FindWindow(vbNullString, Winname1)

Exit Function
```

```
Error:    ' Fehlerbehandlung
  MsgBox "Run-Time Error number " & Err.Number, vbOKOnly, _
    "WSHExtend Error in-Methode WSHFindWindow"
  WSHFindWindow = 0      ' kein Handle
End Function
```

Listing 13.26: WSHFindWindow-*Funktion*

HINWEIS: Der Quellcode der *WSHFindWindow*-Methode ist auf der Begleit-CD-ROM im Ordner *\Beisp\Kap13\ActiveX\ExtAPI* im *WSHExtend.vbp*-Projekt enthalten. Sobald die Projektdatei geladen wird, können Sie den Code in der VB 5 CCE ansehen und bearbeiten.

Die *WSHIsWindow*-Methode

Sobald eine Anwendung ein Fenster-Handle ermittelt hat, kann Sie über dieses Handle die Fensterposition und -größe über entsprechende Windows API-Aufrufe manipulieren. Was ist aber, wenn die Anwendung für einige Zeit suspendiert wird und der Benutzer zwischenzeitlich das Fenster schließt? Versucht die Anwendung auf das Fenster mittels des Handle zuzugreifen, löst dies einen Laufzeitfehler aus. Um diese Situation zu verhindern, bietet *WSHExtend* die *WSHIsWindow*-Methode. Die Methode verwendet die Windows API-Funktion *IsWindow*, die folgende Syntax besitzt:

```
Declare Function IsWindow Lib "user32" (ByVal hwnd As Long) As Long
```

Die im Modul *User32* exportierte Funktion erwartet ein Handle als Parameter. Ist der Handle-Wert noch gültig, gibt die Funktion den Wert *true*, anderenfalls *false*, zurück. Der nachfolgende Code zeigt die Implementierung der *WSHIsWindow*-Methode. Der Code zur Behandlung von Laufzeitfehlern benötigt weit mehr Platz als der eigentliche API-Aufruf.

HINWEIS: Der Code testet den von *IsWindow* zurückgegebenen Wert auf 0, da der Wert *true* in der API-Funktion nicht als –1 codiert ist. Es wird irgendeine negative Zahl zurückgegeben.

```
Public Function WSHIsWindow(hwnd) As Boolean
' Prüfe, ob Handle gültig ist
' hwnd: Handle
' return: true/false

On Error GoTo Error

If Not IsNumeric(hwnd) Then
  MsgBox hwnd & " is illegal for parameter hwnd", vbOKOnly, _
    "WSHExtend Error in-Methode WSHIsWindow"
  WSHIsWindow = False
  Exit Function            ' Abbrechen
End If

' Test auf den Wert 0 (false), da true nicht als -1 codiert ist
If IsWindow(hwnd) = 0 Then   ' 0 = false
  WSHIsWindow = False        ' ungültig
Else
 WSHIsWindow = True          ' gültig
End If
```

```
Exit Function
Error:     ' Fehlerbehandung
  MsgBox "Run-Time Error number " & Err.Number, vbOKOnly, _
    "WSHExtend Error in-Methode WSHIsWindow"
  WSHIsWindow = False         ' etwas zurückgeben
End Function
```

Listing 13.27: WSHIsWindow-*Methode*

HINWEIS: Sie finden den Quellcode der *WSHIsWindow*-Methode im Ordner *\Beisp\Kap13 \ActiveX\ExtAPI*. Laden Sie das *WSHExtend.vbp*-Projekt in die VB 5 CCE.

Die WSHIsIconic-Methode

Die meisten Fenster lassen sich minimieren und werden als Schaltfläche in der Taskleiste dargestellt. Die *WSHIsIconic*-Methode erlaubt Ihnen die Überprüfung, ob ein Fenster minimiert ist. Die Methode erfordert die Übergabe eines Fenster-Handles als Parameter. Dann wird die Windows API-Funktion *IsIconic* aufgerufen. Die Windows API-Funktion benutzt folgende Syntax:

```
Declare Function IsIconic Lib "user32" (ByVal hwnd As Long) As Long
```

Die von User32 exportierte Funktion erwartet das Fenster-Handle als Parameter. Ist das Handle gültig, gibt die Funktion den Wert *true*, sonst *false*, zurück. Der folgende Code zeigt die Implementierung der *WSHIsIconic*-Methode.

```
Public Function WSHIsIconic(hwnd) As Boolean
' Ist das Fenster minimiert?
' hwnd: Fenster-Handle
' returns: true (minimiert)/false

On Error GoTo Error

If Not IsNumeric(hwnd) Then
  MsgBox hwnd & " is illegal for parameter hwnd", vbOKOnly, _
    "WSHExtend Error in-Methode WSHIsIconic"
  WSHIsIconic = False
  Exit Function            ' Abbrechen
End If

If IsWindow(hwnd) = 0 Then   ' Handle gültig (0 = false)?
 MsgBox hwnd & " is not a valid handle", vbOKOnly, _
    "WSHExtend Error in-Methode WSHIsIconic"
  WSHIsIconic = False        ' Ungültig
  Exit Function
End If

If IsIconic(hwnd) = 0 Then   ' 0 = false
  WSHIsIconic = False        ' Nicht minimiert
Else
 WSHIsIconic = True          ' Minimiert
End If

Exit Function
```

```
Error:     ' Fehlerbehandlung
  MsgBox "Run-Time Error number " & Err.Number, vbOKOnly, _
    "WSHExtend Error in-Methode WSHIsIconic"
  WSHIsIconic = False        ' Etwas zurückgeben
End Function
```

Listing 13.28: WSHIsIconic-*Methode*

HINWEIS: Der Quellcode der *WSHIsIconic*-Methode findet sich im Ordner *\Beisp\Kap13\ActiveX\ExtAPI* der Begleit-CD-ROM. Laden Sie das Projekt *WSHExtend.vbp* in die VB 5 CCE, um den Code anzusehen. Ein Skript kann *WSHIsIconic* nutzen, um festzustellen, ob ein Fenster minimiert ist. Mit der *WSHShowWindow*-Methode lässt sich das Fenster in der Größe wiederherstellen.

Die *WSHShowWindow*-Methode

Die *WSHShowWindow*-Methode legt den Anzeigemodus für ein bestehendes Fenster fest. Die Methode stellt dabei eine direkte Schnittstelle für die Windows-API-Funktion *ShowWindow* zur Verfügung. Diese Funktion besitzt die folgende Schnittstelle:

```
Declare Function ShowWindow Lib "user32" _
  (ByVal hwnd As Long, ByVal nCmdShow As Long) As Long
```

Die Funktion erwartet im ersten Parameter das Handle des Fensters. Der zweite Parameter definiert den Anzeigemodus des Fensters. Diese Codes sind als *SW_XXX*-Konstanten in Tabelle 7.1 im Abschnitt »Hinweise zur *Run*-Methode« in ▶ Kapitel 7 aufgeführt. Die Methode *WSHShowWindow* erwartet die gleichen Parameter beim Aufruf und gibt den Statuscode der API-Funktion zurück. Einzelheiten zur Implementierung sind dem nachfolgenden Listing zu entnehmen.

```
Public Function WSHShowWindow(hwnd As Variant, mode As Integer) As Boolean
' Zeigt Fenster im gewünschten Stil an
' hwnd: Handle
' mode: Fensterstil
' SW_HIDE = 0
' SW_SHOWNORMAL = 1
' SW_SHOWMINIMIZED = 2
' SW_MAXIMIZE = 3
' SW_SHOWNOACTIVATE = 4
' SW_SHOW = 5
' SW_MINIMIZE = 6
' SW_SHOWMINNOACTIVE = 7
' SW_SHOWNA = 8
' SW_RESTORE = 9
' SW_SHOWDEFAULT = 10

Dim hwnd1 As Long

On Error GoTo Error
If Not IsNumeric(hwnd) Then
  MsgBox hwnd & " is illegal for parameter hwnd", vbOKOnly, _
    "WSHExtend Error in-Methode WSHShowWindow"
  WSHShowWindow = False
  Exit Function            ' Abbrechen
```

```
End If

If Not IsNumeric(mode) Then
  MsgBox mode & " is illegal for parameter mode", vbOKOnly, _
    "WSHExtend Error in-Methode WSHShowWindow"
  WSHShowWindow = False
  Exit Function               ' Abbrechen
End If

hwnd1 = hwnd                  ' Typ-Konvertierung

If IsWindow(hwnd1) = 0 Then    ' Handle gültig (0 = false) ?
 MsgBox hwnd & " is not a valid handle", vbOKOnly, _
    "WSHExtend Error in-Methode WSHShowWindow"
  WSHShowWindow = False       ' Ungültig
  Exit Function
End If

WSHShowWindow = ShowWindow(hwnd1, mode)
Exit Function

Error:     ' Fehlerbehandlung
  MsgBox "Run-Time Error number " & Err.Number, vbOKOnly, _
    "WSHExtend Error in-Methode WSHShowWindow"
  WSHShowWindow = False        ' Etwas zurückgeben
End Function
```

Listing 13.29: WSHShowWindow-*Funktion*

HINWEIS: Der Quellcode der *WSHShowWindow*-Methode ist auf der Begleit-CD-ROM im Ordner *\Beisp\Kap13\ActiveX\ExtAPI* im *WSHExtend.vbp*-Projekt enthalten. Sobald die Projektdatei geladen wird, können Sie den Code in der VB 5 CCE ansehen und bearbeiten.

Die *WSHSetForegroundWindow*-Methode

Die *WSHSetForegroundWindow*-Methode holt das Fenster des angegebenen Handles in den Vordergrund und erteilt diesem den Eingabefokus. Die Methode stellt dabei eine direkte Schnittstelle für die Windows-API-Funktion *SetForegroundWindow* zur Verfügung. Diese Funktion besitzt die folgende Schnittstelle:

```
Declare Function SetForegroundWindow Lib "user32" _
    (ByVal hwnd As Long) As Long
```

Die Funktion erwartet als Parameter das Handle des Fensters. Die Methode *WSHSetForegroundWindow* erwartet den gleichen Parameter beim Aufruf und gibt den Statuscode der API-Funktion zurück. Einzelheiten zur Implementierung sind dem nachfolgenden Listing zu entnehmen.

```
Public Function WSHSetForegroundWindow(hwnd As Variant) As Boolean
' Fenster in Vordergrund holen
' hwnd: Fenster-Handle
Dim hwnd1 As Long
```

```
On Error GoTo Error
If Not IsNumeric(hwnd) Then
  MsgBox hwnd & " is illegal for parameter hwnd", vbOKOnly, _
    "WSHExtend Error in-Methode WSHSetForegroundWindow"
  WSHSetForegroundWindow = False
  Exit Function             ' Abbrechen
End If

hwnd1 = hwnd        ' Typ-Konvertierung

If IsWindow(hwnd1) = 0 Then    ' Handle gültig (0 = false) ?
 MsgBox hwnd & " is not a valid handle", vbOKOnly, _
    "WSHExtend Error in-Methode WSHSetForegroundWindow"
  WSHSetForegroundWindow = False      ' Ungültig
  Exit Function
End If

WSHSetForegroundWindow = SetForegroundWindow(hwnd1)
Exit Function

Error:     ' Fehlerbehandlung
  MsgBox "Run-Time Error number " & Err.Number, vbOKOnly, _
    "WSHExtend Error in-Methode WSHSetForegroundWindow"
  WSHSetForegroundWindow = False        ' false zurückgeben
End Function
```

Listing 13.30: WSHSetForegroundWindow-*Funktion*

HINWEIS: Der Quellcode der *WSHSetForegroundWindow*-Methode ist auf der Begleit-CD-ROM im Ordner *\Beisp\Kap13\ActiveX\ExtAPI* im *WSHExtend.vbp*-Projekt enthalten. Sobald die Projektdatei geladen wird, können Sie den Code in der VB 5 CCE ansehen und bearbeiten.

Die *WSHMoveWindow*-Methode

Sobald wir über das Handle des Fensters verfügen, lässt sich dessen Position und Größe über die Windows-API-Funktionen *MoveWindow* manipulieren. Diese Funktion besitzt die folgende Schnittstelle:

```
Declare Function MoveWindow Lib "user32" _
 (ByVal hwnd As Long, ByVal x As Long, ByVal y As Long, _
  ByVal nWidth As Long, ByVal nHeight As Long, _
  ByVal bRepaint As Long) As Long
```

Die im Modul *User32.exe* enthaltene Funktion erwartet das Fenster-Handle im ersten Parameter. Dann folgen die Position der linken oberen Ecke (*x*, *y*) sowie die Abmessungen (*nWidth, nHeight*). Der letzte Parameter *bRepaint* definiert, ob das Fenster nach dem Aufruf der Funktion erneut zu zeichnen ist. Um die Funktion aus einem WSH-Skript heraus aufrufen zu können, muss eine *WSHMoveWindow*-Methode in einer ActiveX-Komponente implementiert werden. In diesem Fall habe ich mich dazu entschlossen, den fünften Parameter innerhalb der Methode konstant auf *true* zu setzen, um das Neuzeichnen des Fensters zu erzwingen. Die Methode besitzt daher die folgende Aufrufsyntax:

```
Status = WSHMoveWindow(hwnd, x, y, b, h)
```

Im ersten Parameter muss das Handle übergeben werden. Daran schließen sich die Position der linken oberen Ecke sowie die Fensterabmessungen an. Die Methode liefert direkt den Statuscode der API-Funktion als logischen Wert zurück. Die Einzelheiten der Implementierung sind dem nachfolgenden Listing zu entnehmen.

```
Public Function WSHMoveWindow(hwnd As Variant, x, y, w, h) As Boolean
' Fenster das zum Handle gehört verschieben
' hwnd: Handle
' x: Fenster linke Ecke
' y: Fenster obere Ecke
' w: Breite
' h: Höhe

Dim hwnd1 As Long
On Error GoTo Error

If Not IsNumeric(hwnd) Then
  MsgBox hwnd & " is illegal for parameter hwnd", vbOKOnly, _
    "WSHExtend Error in-Methode WSHMoveWindow"
  WSHMoveWindow = False
  Exit Function              ' Abbrechen
End If

If IsWindow(hwnd) = 0 Then   ' Handle gültig (0 = false) ?
 MsgBox hwnd & " is not a valid handle", vbOKOnly, _
    "WSHExtend Error in-Methode WSHMoveWindow"
  WSHMoveWindow = False      ' Ungültig
  Exit Function
End If

hwnd1 = hwnd                 ' Typ-Konvertierung

WSHMoveWindow = MoveWindow(hwnd1, x, y, w, h, True)
Exit Function

Error:     ' Fehlerbehandlung
  MsgBox "Run-Time Error number " & Err.Number, vbOKOnly, _
    "WSHExtend Error in-Methode WSHMoveWindow"
  WSHMoveWindow = False       ' false zurückgeben
End Function
```

Listing 13.31: WSHMoveWindow-*Funktion*

HINWEIS: Der Quellcode der *WSHMoveWindow*-Methode ist auf der Begleit-CD-ROM im Ordner *\Beisp\Kap13\ActiveX\ExtAPI* im *WSHExtend.vbp*-Projekt enthalten. Sobald die Projektdatei geladen wird, können Sie den Code in der VB 5 CCE ansehen und bearbeiten.

Die *WSHFlashWindow*-Methode

Die *WSHFlashWindow*-Methode erlaubt es, die Titelzeile eines Fensters und die zugehörige Schaltfläche in der Taskleiste mit einer hellen Farbe optisch hervorzuheben. Die Methode stellt dabei eine direkte Schnittstelle für die Windows-API-Funktion *FlashWindow* zur Verfügung. Diese Funktion besitzt die folgende Schnittstelle:

```
Declare Function FlashWindow Lib "user32" _
(ByVal hwnd As Long, ByVal bInvert As Boolean) As Long
```

Die Funktion erwartet als ersten Parameter das Handle des Fensters. Der zweite Parameter bestimmt, ob die Titelleiste hervorzuheben (Wert ist *true*) oder normal (Wert ist *false*) darzustellen ist. Die Methode *WSHFlashWindow* benutzt die gleichen Parameter beim Aufruf und gibt den Statuscode der API-Funktion zurück. Einzelheiten zur Implementierung sind dem nachfolgenden Listing zu entnehmen.

```
Public Function WSHFlashWindow(hwnd As Variant, flag) As Boolean
' Setzt/Löscht Hervorhebung in der Titelzeile
' hwnd = Handle
' flag = Flash-Status (true, false)
' return: Flash-Status (true, false)

Dim hwnd1 As Long

On Error GoTo Error
If Not IsNumeric(hwnd) Then
  MsgBox hwnd & "is illegal for parameter hwnd", vbOKOnly, _
    "WSHExtend Error in-Methode WSHFlashWindow"
  WSHFlashWindow = False  ' etwas zurückgeben
End If

If IsWindow(hwnd) = 0 Then
  MsgBox "parameter hwnd " & hwnd & "doesn't points to a valid window", _
         vbOKOnly, "WSHExtend Error in-Methode WSHFlashWindow"
  WSHFlashWindow = False  ' etwas zurückgeben
End If

hwnd1 = hwnd
If flag Then
 WSHFlashWindow = FlashWindow(hwnd1, True)
Else
 WSHFlashWindow = FlashWindow(hwnd1, False)
End If

Exit Function
Error:     ' Fehlerbehandlung
  MsgBox "Run-Time Error number " & Err.Number, vbOKOnly, _
    "WSHExtend Error in-Methode WSHFlashWindow"
  WSHFlashWindow = False  ' etwas zurückgeben
End Function
```

Listing 13.32: WSHFlashWindow-*Funktion*

HINWEIS: Der Quellcode der *WSHFlashWindow*-Methode ist auf der Begleit-CD-ROM im Ordner *\Beisp\Kap13\ActiveX\ExtAPI* im *WSHExtend.vbp*-Projekt enthalten. Sobald die Projektdatei geladen wird, können Sie den Code in der VB 5 CCE ansehen und bearbeiten.

Methoden zur Fenstermanipulation anwenden

Nachdem Sie auf den vorhergehenden Seiten die Methoden zur Manipulation der Fenster kennen gelernt haben, möchte ich jetzt an einem Skript den Einsatz dieser Methoden zeigen.

Beispiel 1: Fenster per WSH-Skript manipulieren

Im ersten Beispiel wird ein einfaches JScript-Programm benutzt, welches den Windows-Editor *Notepad.exe* aufruft. Der Editor besitzt ein Fenster, welches sich minimieren und in der Größe anpassen lässt. Das WSH-Skript aktiviert den Editor mittels der *Run*-Methode des WSH *Shell*-Objekts. Dann wird die *WSHFindWindow*-Methode benutzt, um das Fenster-Handle zu ermitteln:

```
oShell.sleep 100                     ' Etwas warten
hWnd = objAdr.WSHFindWindow(WndName)  ' Hole Fenster-Handle
If hWnd <> 0 Then                     ' Fenster gefunden
 WScript.Echo "Window: " & WndName & vbCRLF & _
             "Handle: " & hWnd
```

Die erste Zeile verzögert das Skript so lange, bis der Editor gestartet wurde. Fehlt diese Anweisung, gibt *WSHFindWindow* den Wert 0 in *hWnd* zurück, da das Editorfenster beim Methodenaufruf noch nicht sichtbar ist. Wird ein gültiges Handle gefunden, zeigt das Skript die Handle-Nummer sowie den Fenstertitel in einem Dialogfeld an. Sobald der Benutzer des Dialogfeld schließt, prüft das Skript, ob das Handle noch gültig ist:

```
WScript.Echo "Handle-Status: " & objAdr.WSHIsWindow(hWnd)
```

Die Anweisung gibt den von der *WSHIsWindow*-Methode zurückgegebenen Statuscode in einem Dialogfeld aus. Nach dem Schließen dieses Dialogfelds testet das Skript mittels der *WSHIsIconic*-Methode, ob das Fenster minimiert ist:

```
If objAdr.WSHIsIconic(hWnd) Then
 tmp = objAdr.WSHShowWindow(hWnd, SW_Restore) ' Wiederherstellen
End if
```

Bei einem minimierten Fenster stellt die *WSHShowWindow*-Methode die ursprüngliche Fenstergröße über den Parameter *SW_Restore* wieder her. Im letzten Schritt schaltet das Skript das Fenster mit folgender Anweisung in den Vordergrund:

```
tmp = objAdr.WSHSetForegroundWindow(hWnd)
```

Details bezüglich des VBScript-Programms können Sie nachfolgendem Listing entnehmen.

```
'************************************************
' File:   FindWindow.vbs (WSH-Beispiel in VBScript)
' Autor:  Günter Born
'
' Zweck: Zeigt, wie sich das Handle eines Fensters
' holen lässt und wie das Icon in der Taskleiste
' bzw. die Titelleiste blinkend angezeigt wird.
' Benötigt WSHExtend als Komponente. Als Fenster
' muss die angegebene Applikation geöffnet sein.
'************************************************
```

```
Option Explicit

' ShowWindow()-Befehle
Public Const SW_HIDE = 0
Public Const SW_SHOWNORMAL = 1
Public Const SW_NORMAL = 1
Public Const SW_SHOWMINIMIZED = 2
Public Const SW_SHOWMAXIMIZED = 3
Public Const SW_MAXIMIZE = 3
Public Const SW_SHOWNOACTIVATE = 4
Public Const SW_SHOW = 5
Public Const SW_MINIMIZE = 6
Public Const SW_SHOWMINNOACTIVE = 7
Public Const SW_SHOWNA = 8
Public Const SW_RESTORE = 9
Public Const SW_SHOWDEFAULT = 10
Public Const SW_MAX = 10

'Const WndName = "Rechner"     ' Name des Fensters
Const WndName = "Unbenannt - Editor"     ' Name des Fensters
Const Command = "%WinDir%\Notepad.exe"

Dim objAdr, Wsh
Dim hWnd
Dim tmp

' Erzeuge Shell-Objekt
Set Wsh = WScript.CreateObject ("WScript.Shell")
Wsh.Run Command, 7        ' Anwendung aufrufen

' Erzeuge Objekt für WSHExtend
Set objAdr = WScript.CreateObject ("WSHExtend.WinExt")

WScript.sleep 1000      ' Warte, bis Anwendungsfenster sichtbar

hWnd = objAdr.WSHFindWindow(WndName)   ' hole Handle
If hWnd <> 0 Then        ' Fenster gefunden
 WScript.Echo " Fenster: '" & WndName & "' gefunden", vbCRLF, _
              "Handle: " & hWnd, vbCRLF, _
              "OK stellt minimiertes Fenster wieder her"

' Ist Handle noch gültig?
WScript.Echo "Handle-Status: " & objAdr.WSHIsWindow(hWnd)

' Fenster minimiert
If objAdr.WSHIsIconic(hWnd) Then
 tmp = objAdr.WSHShowWindow(hWnd, SW_Restore) ' Wiederherstellen
End if

' In Vordergrund
 tmp = objAdr.WSHSetForegroundWindow(hWnd)
Else
 WScript.Echo "Fenster " & WndName & " nicht gefunden"
End if

WScript.Echo "Fertig"
'*** Ende
```

Listing 13.33: FindWindow.vbs

HINWEIS: Die Datei *FindWindow.vbs* finden Sie im Ordner *\Beisp\Kap13*. Das Beispiel benötigt die ActiveX-Komponente *WinExtend.ocx* auf dem System. Achten Sie auch darauf, dass der in der Konstanten *WndName* hinterlegte Fenstertitel ggf. lokalisiert werden muss.

Beispiel 2: Fenster verschieben und blinken lassen

Das zweite VBScript-Beispiel ruft eine Anwendung mit *Run* auf. Anschließend werden die weiter oben vorgestellten Methoden zur Manipulation des Fensters verwendet. Der erwartete Fenstertitel der Anwendung wird dabei als Konstante im Kopf des Skripts vereinbart:

```
' Befehle und Fensternamen
Const WndName = "Unbenannt - Editor" ' Name des Fensters
Const Command = "%WinDir%\Notepad.exe"
```

Im Skript wurden drei unterschiedliche Anwendungen definiert, wobei aber nur ein Befehl und ein Fenstertitel aktiviert sind (die anderen Anweisungen sind auskommentiert).

HINWEIS: An dieser Stelle habe ich darauf verzichtet, den Windows-Explorer als Beispiel zu verwenden. Der Fenstertitel im Ordnerfenster hängt vom geöffneten Ordner sowie vom Laufwerksnamen ab. Sie können das Beispiel aber jederzeit um entsprechende Befehle ergänzen.

Das Skript startet die gewählte Anwendung (hier den Windows Editor). Für die *Run*-Methode benötigen wir eine Referenz auf das *Shell*-Objekt:

```
Set Wsh = WScript.CreateObject ("WScript.Shell")
Wsh.Run Command, 1
```

Die restlichen Methoden stellt das *WinExt*-Objekt bereit, welches mit dem folgenden Befehl instantiiert wird:

```
Set objAdr = WScript.CreateObject ("WSHExtend.WinExt")
```

Um sicherzustellen, das Windows genügend Zeit zum Starten der Anwendung erhält, wird das Skript mit der *Sleep*-Methode kurz angehalten. Dann liest die *WSHFindWindow*-Methode das Handle des Fensters. Der Parameter *WndName* enthält den Fenstertitel. Achten Sie darauf, dass dieser Text genau mit dem Fenstertitel übereinstimmen muss (Groß-/Kleinschreibung). Andernfalls findet die Methode das Fenster nicht.

```
hWnd = objAdr.WSHFindWindow(WndName)
If hWnd <> 0 Then
```

Wird das Fenster gefunden, gibt *WSHFindWindow* ein gültiges Handle (Wert <> 0) zurück. Die folgenden zwei Anweisungen bringen das zum Handle gehörende Fenster in den Vordergrund und setzen den Fokus auf das Fenster

```
tmp = objAdr.WSHSetForegroundWindow(hWnd)
tmp = objAdr.WSHShowWindow(hWnd, SW_Restore)
```

Die Konstante *SW_Restore* bewirkt beispielsweise, dass ein minimiertes Fenster wiederhergestellt wird. Die zulässigen Werte für den Fensterstil sind im Kopf des Skripts definiert. Um die Titelleiste sowie die Schaltfläche in der Taskleiste blinken zu lassen, wird folgende Schleife verwendet:

```
For i = 1 To 10
 Flag =  objAdr.WSHFlashWindow(hWnd, Flag)
 WScript.sleep 1000
Next
```

Die Variable *Flag* bestimmt, wie die Titelleiste und die Schaltfläche der Taskleiste anzuzeigen sind (hervorgehoben oder normal). Da die *WSHFlashWindow*-Methode bei jedem Aufruf den aktuellen Blinkstatus zurückliefert, lässt sich mit der Schleife ein Blinkeffekt erreichen. Voraussetzung ist aber, dass die Titelzeile beim Eintritt in die Schleife noch nicht hervorgehoben ist (da *Flag* mit *true* initialisiert wird). Die folgende Anweisung bewirkt, dass das Fenster verkleinert und an eine neue Position verschoben wird.

```
tmp = objAdr.WSHMoveWindow(hWnd, 100, 20, 150, 200)
```

Die Parameter definieren die Position (2. und 3. Wert) sowie die Breite und Höhe (4. und 5. Wert) des Fensters in Pixeln. Details finden Sie im folgenden Listing.

```
'************************************************
' File:   FindWindow1.vbs (WSH-Beispiel in VBScript)
' Autor:  Günter Born
'
' Zweck: Zeigt, wie sich das Handle eines Fensters
' holen lässt und wie das Icon in der Taskleiste
' bzw. die Titelleiste blinkend angezeigt wird.
' Benötigt WSHExtend als Komponente. Als Fenster
' muss die angegebene Applikation geöffnet sein.
'************************************************
Option Explicit

' ShowWindow()-Befehle
Public Const SW_HIDE = 0
Public Const SW_SHOWNORMAL = 1
Public Const SW_NORMAL = 1
Public Const SW_SHOWMINIMIZED = 2
Public Const SW_SHOWMAXIMIZED = 3
Public Const SW_MAXIMIZE = 3
Public Const SW_SHOWNOACTIVATE = 4
Public Const SW_SHOW = 5
Public Const SW_MINIMIZE = 6
Public Const SW_SHOWMINNOACTIVE = 7
Public Const SW_SHOWNA = 8
Public Const SW_RESTORE = 9
Public Const SW_SHOWDEFAULT = 10
Public Const SW_MAX = 10

' Befehle und Fensternamen
'Const WndName = "Calculator"        ' Fenstername
'Const Command = "%WinDir%\Calc.exe" ' Befehl

' Windows Editor
Const WndName = "Unbenannt - Editor" ' Name des Fensters
Const Command = "%WinDir%\Notepad.exe"

' undocumentiertes Windows 98 Feature
```

```
'Const WndName = "Hardware Info utility for Windows"
'Const Command = "%WinDir%\Hwinfo.exe /UI"

Dim objAdr, Wsh
Dim hWnd
Dim Flag, i, tmp

Flag = True

Set Wsh = WScript.CreateObject ("WScript.Shell")
Wsh.Run Command, 1        ' Anwendung starten

' erzeuge Object für WSHExtend
Set objAdr = WScript.CreateObject ("WSHExtend.WinExt")

WScript.sleep 1000       ' Warte 1 Sekunde
hWnd = objAdr.WSHFindWindow(WndName)   ' hole Handle
If hWnd <> 0 Then              ' Fenster gefunden
 WScript.Echo "Fenster: " & WndName & vbCRLF & _
             "Handle: " & CStr(hWnd)

' in Vordergrund
 tmp = objAdr.WSHSetForegroundWindow(hWnd)
 tmp = objAdr.WSHShowWindow(hWnd, SW_Restore)

' Titelleiste und Symbol in Taskleiste blinken lassen
 For i = 1 To 10
  Flag =  objAdr.WSHFlashWindow(hWnd, Flag)
  WScript.sleep 1000                        ' warten
 Next
Else
 WScript.Echo "Fenster '" & WndName & "' nicht gefunden"
End if

' Fenster in Größe verändern und verschieben
tmp = objAdr.WSHMoveWindow(hWnd, 100, 20, 150, 200)

WScript.Echo "Fertig"
' Ende
```

***Listing 13.34:** FindWindow1.vbs*

HINWEIS: Die Datei *FindWindow1.vbs* finden Sie im Ordner *\Beisp\Kap13*. Das Beispiel benötigt die ActiveX-Komponente *WinExtend.ocx* auf dem System. Je nach Windows-Version kann es aber vorkommen, dass WSHFlashwindow keine Wirkung zeigt. Es führt an dieser Stelle zu weit, alle denkbaren Varianten zur Fenstermanipulation aufzuführen. So können Sie beispielsweise eine Anwendung starten, den Fensterstil aber auf *vbHide* (siehe Tabelle 13.2) setzen. Die Anwendung wird dann im Hintergrund ohne Fenster oder Schaltfläche in der Symbolleiste laufen. Ähnlich können Sie ein bestehendes Anwendungsfenster durch Ändern des Fensterstils komplett ausblenden.

Systemfunktionen

Im folgenden Abschnitt möchte ich Ihnen noch einige interessante oder nützliche Systemfunktionen vorstellen, die sich per ActiveX-Modul per WSH-Skript nutzen lassen. Neben dem Herunterfahren von Windows gehört auch die Abfrage bestimmter Eigenschaften wie die Windows-Version zu diesem Themenfeld.

Exit – Schnellausstieg aus Windows

Suchen Sie nach einer Möglichkeit, um Windows aus einem WSH-Skript heraus zu beenden, den aktuellen Benutzer abzumelden oder Windows neu zu starten? Das System bietet für diese Zwecke die Windows-API-Funktion *ExitWindowsEx*, die mit folgender Schnittstelle deklariert werden kann:

```
Declare Function ExitWindowsEx Lib "user32" Alias "ExitWindowsEx" _
(ByVal uFlags As Long, ByVal dwReserved As Long) As Long
```

Der erste Parameter definiert den Code, mit dem sich Windows herunterfahren, neu starten oder beenden lässt. Die Werte entnehmen Sie den folgenden Tabelle. Der zweite Parameter ist reserviert und kann auf 0 gesetzt werden.

Wert	Bemerkung
EWX_LOGOFF = 0	Abmelden
EWX_SHUTDOWN = 1	Herunterfahren
EWX_REBOOT = 2	Neustart
EWX_FORCE = 4	Anwendung zwangsweise beenden und herunterfahren.
EWX_POWEROFF = 8	Power-Off aktivieren, falls dieser Modus unterstützt wird.

Tabelle 13.6: *Codes für* WSHExitWindows

Zum Zugriff auf diese API-Funktion müssen wir eine eigene Methode *WSHExitWindows* in einer ActiveX-Komponente (hier *WinExtend.ocx*) implementieren. Diese Implementierung erfolgt mit den folgenden Anweisungen. Die Methode liefert das Ergebnis des API-Aufrufs direkt an das Skript zurück. Mit dem Wert *false* konnte die Funktion nicht ausgeführt werden. Die folgenden Anweisungen zeigen, wie sich das Ganze für Windows 9x implementieren lässt.

```
Public Function WSHExitWindows(code As Variant) As Boolean
' Exit Windows
Dim code1 As Long
Dim reserv As Long
 code1 = code
 reserv = 0
 WSHExitWindows = ExitWindowsEx(code, reserv)
End Function
```

Listing 13.35: WSHExitWindows-*Methode (Windows 9x)*

Falls wir diesen Code in einem ActiveX-Modul implementieren und aus Windows mit dem Parameter 0 aufrufen, wird die Methode wie erwartet funktionieren, d.h. das Abmelden klappt. Mit den anderen Werten für den Parameter *code* gibt es aber Probleme. Die Modi *shutdown* oder *reboot* funktionieren nur unter Windows 95 und Windows 98. In Windows NT oder Windows 2000 passiert nichts beim Aufruf der *WSHExitWindows*-Methode. Beide Betriebssysteme fordern bestimmte Sicherheitsprivilegien von einem Prozess, bevor die Funktion ausgeführt wird. Ein Prozess, der die Maschine herunterfahren möchte, benötigt das *shutdown*-Privileg.

Implementierung für Windows 9x und Windows NT

Eine Implementierung der Methode für Windows 9x und für die Windows NT-Plattform erfordert zusätzlichen Code. Zunächst müssen wir wissen, auf welcher Plattform die Methode ausgeführt wird. Dies lässt sich mit dem *GetVersion* API-Aufruf ermitteln. Die Funktion besitzt folgende Deklaration:

```
Declare Function GetVersion Lib "kernel32" () As Long
```

Die folgenden Anweisungen prüfen, ob die Zielmaschine unter Windows 9x oder Windows NT läuft (Windows 2000 wird als Windows NT erkannt).

```
version = GetVersion()
If (version And &H80000000) = 0 Then
...
End if
```

Die Versionsnummer wird mit einem Bitmuster per AND-Operator verknüpft. Ist das Ergebnis 0, liegt Windows NT 4.0/5.0 (5.0 = Windows 2000) vor. Dann muss die Methode das *shutdown*-Privileg für den aktuellen Prozess anfordern:

```
pHandle = GetCurrentProcess()
OpenProcessToken pHandle, _
  (TOKEN_ADJUST_PRIVILEGES Or TOKEN_QUERY), TokenHandle
LookupPrivilegeValue "", "SeShutdownPrivilege", pLUID
tokpriv.PrivilegeCount = 1
tokpriv.myLuid = pLUID
tokpriv.Attributes = SE_PRIVILEGE_ENABLED
AdjustTokenPrivileges TokenHandle, False, tokpriv, _
        Len(tkpNewButIgnored), tkpNewButIgnored, lBufferNeeded
```

Alle Aufrufe beziehen sich auf API-Funktionen. Die obigen Anweisungen enthalten keinen Code zur Fehlerbehandlung. Die API-Funktion *GetCurrentProcess* besitzt folgende Definition:

```
Declare Function GetCurrentProcess Lib "kernel32" () As Long
```

und liefert einen Handle für den Prozess zurück. Im nächsten Schritt ruft die Methode die *OpenProcessToken* API-Funktion gemäß folgender Deklaration auf:

```
Declare Function OpenProcessToken Lib "advapi32.dll" _
       (ByVal ProcessHandle As Long, _
        ByVal DesiredAccess As Long, _
        TokenHandle As Long) As Long
```

Dieser Aufruf bereitet Windows NT auf die Anpassung der Prozessprivilegien vor. Die Funktion steht die *ProcessToken* Variable. Im nächsten Befehle wird die *LookupPrivilege* API-Funktion aufgerufen. Diese Funktion besitzt folgende Schnittstelle:

```
Declare Function LookupPrivilegeValue Lib "advapi32.dll" Alias "LookupPrivilegeValueA" (ByVal lpSystemName
As String, ByVal lpName As String, lpLuid As LUID) As Long
```

Die Funktion weist dem aktuellen Prozess das *SeShutdownPrivilege*-Privileg zu. Anschließend können wir die Token-Privilegien des aktuellen Prozesses über die *AdjustTokenPrivileges* API-Funktion anpassen. Diese API-Funktion benutzt folgende Schnittstelle:

```
Declare Function AdjustTokenPrivileges Lib "advapi32.dll" _
 (ByVal TokenHandle As Long, _
  ByVal DisableAllPrivileges As Long, _
  NewState As TOKEN_PRIVILEGES, _
  ByVal BufferLength As Long, _
  PreviousState As TOKEN_PRIVILEGES, _
  ReturnLength As Long) As Long
```

Nachdem der Prozess das *shutdown*-Privileg besitzt, darf die Methode die *WindowsExitEx*-API-Funktion bei Windows NT in der gleichen Weise wie bei Windows 9x aufrufen. Der gesamte Code zur Implementierung der *WSHExitWindows*-Methode (einschließlich der Definition der Datentypen und der Fehlerbehandlung) finden Sie in folgendem Listing.

```
Public Function WSHExitWindows(code As Variant) As Boolean
' Windows 9x und NT/2000 beenden
' code: Exit-Modus
' EWX_LOGOFF As Long = 0
' EWX_SHUTDOWN As Long = 1
' EWX_REBOOT As Long = 2
' EWX_FORCE As Long = 4
' EWX_POWEROFF As Long = 8

Const TOKEN_ADJUST_PRIVILEGES = &H20
Const TOKEN_QUERY = &H8
Const SE_PRIVILEGE_ENABLED = &H2
Const reserv As Long = 0

' Datentypen für API-Calls
Dim code1 As Long
Dim pHandle As Long
Dim TokenHandle As Long
Dim pLUID As LUID
Dim tokpriv As TOKEN_PRIVILEGES
Dim tkpNewButIgnored As TOKEN_PRIVILEGES
Dim lBufferNeeded As Long

Dim version As Long
On Error GoTo Error

' Teste: Windows 9x oder Windows NT/2000
version = GetVersion()
If (version And &H80000000) = 0 Then
' Windows NT oder Windows 2000
' benötigt Access-Privilegien!!
```

```
' Setze Access-Token für Prozess
 SetLastError 0      ' API-Call: clear error
 pHandle = GetCurrentProcess()
 If GetLastError <> 0 Then
  Err.Raise GetLastError
 End If

' Öffne Token
 OpenProcessToken pHandle, _
 (TOKEN_ADJUST_PRIVILEGES Or TOKEN_QUERY), TokenHandle
 If GetLastError <> 0 Then
  Err.Raise GetLastError
 End If

' Prüfe shutdown-Privileg
 LookupPrivilegeValue "", "SeShutdownPrivilege", pLUID
 If GetLastError <> 0 Then
  Err.Raise GetLastError
 End If
 tokpriv.PrivilegeCount = 1
 tokpriv.myLuid = pLUID
 tokpriv.Attributes = SE_PRIVILEGE_ENABLED

' Aktivierte Access Privileg
 AdjustTokenPrivileges TokenHandle, False, tokpriv, _
        Len(tkpNewButIgnored), tkpNewButIgnored, lBufferNeeded
 If GetLastError <> 0 Then
  Err.Raise GetLastError
 End If
End If

' Fertig zum Aufruf der Exit API-Funktion
' Gleicher Aufruf für alle Windows-Versionen!
 code1 = code
 WSHExitWindows = ExitWindowsEx(code, reserv)
 Exit Function
Error:      ' Fehlerbehandlung
  MsgBox "Run-Time Error number " & Err.Number, vbOKOnly, _
    "WSHExtend Error in method WSHExitWindows"
  WSHExitWindows = False        ' etwas zurückgeben
End Function
```

***Listing 13.36:** Funktion* WSHExitWindows

HINWEIS: Der Quellcode der *WSHExitWindows*-Methode ist auf der Begleit-CD-ROM im Ordner *\Beisp\Kap13\ActiveX\ExtAPI* im *WSHExtend.vbp*-Projekt enthalten. Sobald die Projektdatei geladen wird, können Sie den Code in der VB 5 CCE ansehen und bearbeiten.

Skript zum Nutzen der *WSHExitWindows*-Methode

Das nachfolgende VBScript demonstriert die Anwendung dieser Methode. Nach dem Aufruf zeigt das Skript ein Dialogfeld, in dem der Wert zum Aufruf der Methode abgefragt wird. Anschließend ruft das Skript die Methode *WSHExitWindows* mit dem betreffenden Code auf.

Abbildung 13.27: *Abfrage des Abschlussmodus*

Beim Abmelden erscheint das Dialogfeld, welches Sie über die *OK*-Schaltfläche bestätigen müssen. Im Modus »Herunterfahren« prüft Windows, ob noch Anwendungen mit ungesicherten Daten aktiv sind. Dann werden die Anwendungen zum Beenden aufgefordert. Dies ist der Zeitpunkt, zu dem Sie die Aufforderungsdialoge zum Sichern der Dokumentdaten durch die Anwendung angezeigt bekommen. Erst wenn Sie diese Dialogfelder schließen, kann Windows beendet werden. Ähnliches gilt, falls Benutzer im Netzwerk mit Ressourcen Ihrer Maschine arbeiten. Dann erhalten Sie ebenfalls eine Warnung. Beim Modus »Neustart« lädt Windows nur die Shell neu. Einzelheiten sind dem nachfolgenden Listing zu entnehmen.

```
***********************************************
' File:   Exit.vbs (WSH-Beispiel in VBScript)
' Autor:  (c) Günter Born
'
' Zweck:  Demonstriert, wie sich Windows über ein
'         WSH-Skript beenden lässt.
'************************************************
Option Explicit

Const EWX_LOGOFF = 0
Const EWX_SHUTDOWN = 1
Const EWX_REBOOT = 2

Dim sys
Dim mode, code

' Hole Objekt der Windows-Shell
Set sys = WScript.CreateObject ("WSHExtend.WinExt")

mode = InputBox ("Code für den Abschlussmodus: " _
                 & vbCRLF & vbCRLF & _
                 "Abmelden = 0" & vbCRLF & _
                 "Herunterfahren = 1" & vbCRLF & _
                 "Neustart = 2", "Windows beenden", _
                 "0")
If (mode = "") Then WScript.Quit

Select case mode
Case 0
 code = EWX_LOGOFF
Case 1
 code = EWX_SHUTDOWN
Case 2
 code = EWX_REBOOT = 2
Case Else
```

```
 WScript.Echo ("Falsche Eingabe")
 WScript.Quit
End Select

' Rufe jetzt die Exit-Methode auf
If (Not sys.WSHExitWindows (code)) Then
 WScript.Echo "Hat nicht geklappt"
 WScript.Quit
End if
'*** Ende
```

Listing 13.37: Exit.vbs

HINWEIS: Sie finden die Datei *Exit.vbs* auf der Begleit-CD-ROM im Ordner *\Beisp\Kap13*. Zur Nutzung muss die ActiveX-Komponente *WinExtend.ocx* auf dem System registriert sein.

Neben den in diesem Kapitel vorgestellten Methoden enthält die Komponente *WSHExtend.WinExt* noch Methoden, um die Zeit und das Datum abzufragen. Diese sind in VBScript und JScript eigentlich überflüssig, da beide Sprachen äquivalente Funktionen unterstützen. Ich habe die Methoden zu Beginn des Projekts zu Testzwecken eingeführt und anschließend im Steuerelement belassen. Über die Methoden *About* und *About1* lassen sich Dialoge mit Informationen zum Steuerelement abrufen. Ein Skript *About.vbs* finden Sie im Ordner *\Beisp\Kap13* auf der Begleit-CD-ROM.

HINWEIS: In den letzten Kapiteln dieses Buchs finden Sie weitere Hinweise zu Windows 9x-Funktionen, mit denen sich das Betriebssystem herunterfahren lässt. Dort gibt es auch ein Skript, mit dem sich eine Abmeldung unter Windows NT ohne ActiveX-Komponente erreichen lässt.

Windows-Plattform und -Version abfragen

WSH bietet nichts, um die Plattform des Betriebssystems (Windows 9x oder Windows NT/2000) zu ermitteln oder um die Betriebssystemversion abzufragen. Sie können zwar über die Umgebungsvariable herausbekommen, welche Betriebssystemumgebung verwendet wird (die Variable *OS* enthält »Windows_NT«, falls das Skript unter Windows NT/2000/XP aufgeführt wird). Aber wäre es nicht gelegentlich einfacher, eine Methode zur Hand zu haben, die die Betriebssystem-Eigenschaften wie Plattform, Version etc. liefert? Das Dialogfeld aus Abbildung 13.28 zeigt solche Informationen.

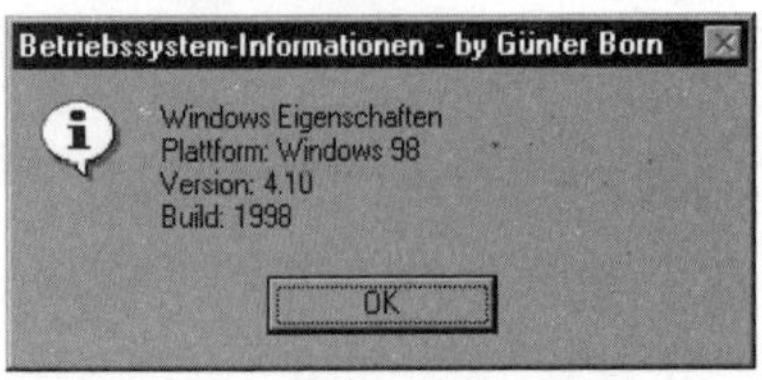

Abbildung 13.28: *Betriebssystemdaten*

Windows stellt die API-Funktion *GetVersionEx* bereit, mit der sich solche Informationen abfragen lassen. Die API-Funktion besitzt folgende Deklaration:

```
Declare Function GetVersionEx Lib "kernel32" _
   Alias "GetVersionExA" _
   (ByRef lpVersionInformation As OSVERSIONINFO) As Long
```

Der Funktion ist ein Parameter mit einer *OSVERSIONINFO*-Datenstruktur zu übergeben. Diese Struktur besitzt folgenden Aufbau:

```
Type OSVERSIONINFO
  dwOSVersionInfoSize As Long
  dwMajorVersion As Long
  dwMinorVersion As Long
  dwBuildNumber As Long
  dwPlatformId As Long
  szCSDVersion As String * 128
End Type
```

Wir können ein ActiveX-Modul benutzen, um die API-Deklaration und die Datenstrukturen in einem globalen Modul zu hinterlegen. Anschließend lässt sich ein User Control anlegen, welches die *WSHOsSysInfo()*-Methode bereitstellt. Diese Methode speichert die Betriebssystemeigenschaften in der globalen Variable *OSInfo*, die vom Datentyp *OSVERSIONINFO* ist. Die *WSHOsSysInfo*-Methode besitzt die folgenden Anweisungen:

```
Public Sub WSHOsSysInfo()
' Hole Systeminformationen
Dim tmp As Long

 OsInfo.dwOSVersionInfoSize = 148
 tmp = GetVersionEx(OsInfo)
End Sub
```

Listing 13.38: WSHOsSysInfo-*Methode*

Die Prozedur setzt die Größe der OSVERSIONINFO-Struktur und ruft die *GetVersionEx*-API-Funktion auf. Dann werden alle Eigenschaften in der Variable *OsInfo* zwischengespeichert. Die Werte dieser Datenstruktur lassen sich per WSH-Skript als Eigenschaften abfragen. Der Code zur Implementierung der Eigenschaften ist nachfolgend zu sehen:

```
Public Property Get OsSysInfoValue(iType As Integer)
' Hole Systeminformation-Daten
 Select Case iType
 Case 1
  OsSysInfoValue = OsInfo.dwMajorVersion
 Case 2
  OsSysInfoValue = OsInfo.dwMinorVersion
 Case 3
  OsSysInfoValue = OsInfo.dwBuildNumber
 Case 4
  OsSysInfoValue = OsInfo.dwPlatformId
 Case 5
  OsSysInfoValue = OsInfo.szCSDVersion
 Case Else
  MsgBox "Error: Wrong parameter " & iType & "in OsSysInfoValue"
 End Select
End Property
```

Listing 13.39: OsSysInfoValue-*Eigenschaft*

Die *OsSysInfoValue*-Methode gibt die gewünschten Eigenschaften, die *WSHOsSysInfo* ermittelt hat, zurück.

HINWEIS: Der Quellcode des Moduls *WSHSystem.ocx* findet sich in den Projektdateien, die im Ordner *\Beisp\Kap13\ActiveX\WSHSystem* der CD-ROM hinterlegt sind. Laden Sie die Projektdatei *WSHSystem.vbp* in die VB 5 CCE, um die Implementierung anzusehen.

Windows-Daten per WSH-Skript abfragen

Nun ist es an der Zeit, in einem kleinen Beispiel die gerade diskutierte Methode zu verwenden, um Windows-Daten abzufragen. Das Skript benötigt eine Referenz auf das Objekt der ActiveX-Komponente:

```
Set objAdr = WScript.CreateObject("WSHSystem.WinSys")
```

Über die Typbibliothek *WSHSystem* und die Klasse *WinSys* wird eine Objektinstanz erzeugt. Im nächsten Schritt ruft das Skript die *WSHOsSysInfo*-Methode auf:

```
objAdr.WSHOsSysInfo
```

Nach diesem Aufruf liegen alle Betriebssystemdaten in einem internen Datenbereich der Methode vor. Das Skript kann dann diese Daten als Eigenschaften lesen:

```
objAdr.OsSysInfoValue(xPlatform)
```

Die *OsSysInfoValue*-Eigenschaft wird wie eine Auflistung behandelt, der übergebene Parameter legt fest, welcher Wert gelesen wird. Die möglichen Werte sind als Konstanten im Kopf des Skripts definiert. Die obige Anweisung liefert die Betriebssystemplattform als Wert (0 = WIN32S in Windows 3.1, 1 = Windows 9x, 2 = Windows NT). Weitere Aufrufe erlauben, die Betriebssystemversion (Minor, Major) sowie die Build-Nummer abzufragen. Details entnehmen Sie folgendem Listing.

```
'************************************************
' File:   WinVersion.vbs (WSH-Beispiel in VBScript)
' Autor:  Günter Born
'
' Hole OS-Version, benötigt WSHSystem.ocx
'************************************************
Option Explicit

Const xMajorVer = 1
Const xMinorVer = 2
Const xBuild = 3
Const xPlatform = 4
Const xTxt = 5

' Const VER_PLATFORM_WIN32s = 0   ' 16-Bit, nicht relevant
Const VER_PLATFORM_WIN32_WINDOWS = 1
Const VER_PLATFORM_WIN32_NT = 2

Dim objAdr, Text, Title, OSName

 Title = "Betriebssystem-Informationen - by Günter Born"
```

```
Text = "Windows Eigenschaften" & vbCRLF

' Hole Objektinstanz von WSHSystem.ocx
Set objAdr = WScript.CreateObject("WSHSystem.WinSys")

objAdr.WSHOsSysInfo                ' Windows-OS-Info

Text = Text & "Plattform: "
' OS-Plattform
Select Case objAdr.OsSysInfoValue(xPlatform)
Case VER_PLATFORM_WIN32_WINDOWS
 If objAdr.OsSysInfoValue(xMajorVer) = 4 _
  And objAdr.OsSysInfoValue(xMinorVer) = 0 Then
   Text = Text & "Windows 95"
 Else
   Text = Text & "Windows 98"
 End If

Case VER_PLATFORM_WIN32_NT
 If objAdr.OsSysInfoValue(xMajorVer) = 5 _
  And objAdr.OsSysInfoValue(xMinorVer) = 0 Then
   Text = Text & "Windows 2000"
 Else
   Text = Text & "Windows NT 4.x"
 End If
Case Else
 Text = Text & "---"
End Select

Text = Text & vbCRLF

' Weitere Systemeigenschaften
Text = Text & "Version: " & objAdr.OsSysInfoValue(xMajorVer)
Text = Text & "." & objAdr.OsSysInfoValue(xMinorVer) & vbCRLF
Text = Text & "Build: " & (objAdr.OsSysInfoValue(xBuild) AND &HFFF)
Text = Text & " " & objAdr.OsSysInfoValue(xTxt) & vbCRLF

MsgBox Text, vbOkOnly + vbInformation, Title
' Ende
```

Listing 13.40: WinVersion.vbs

HINWEIS: Die Datei *WinVersion.vbs* finden Sie im Ordner *\Beisp\Kap13*. Das Skript benötigt die ActiveX-Komponente *WSHSystem.ocx*. Eine vereinfachte JScript-Variante finden Sie in der Datei *WinVersion.js*.

Zugriff auf das DFÜ-Netzwerk

Der WSH bietet keine Methoden zum Zugriff auf das DFÜ-Netzwerk. Die Datei *wininet.dll* stellt zwar API-Funktionen bereit, diese lassen sich aus WSH-Skripten jedoch nicht aufrufen. Aus diesem Grunde habe ich eine ActiveX-Komponente *WSHRas.ocx* erstellt, die ein Objekt mit Methoden zum Zugriff auf das DFÜ-Netzwerk bereitstellt.

Die Schnittstelle zu *wininet.dll*

Die Bibliotheksdatei *wininet.dll* bietet eine Reihe von API-Aufrufen, mit denen sich eine DFÜ-Verbindung aufbauen, kontrollieren und beenden lässt. Zusätzlich sind FTP-Funktionen und mehr verfügbar. Nachfolgend sehen Sie die in *WSHRas.ocx* definierten API-Schnittstellen:

```
Declare Function InternetDial Lib "wininet.dll" _
        (ByVal hwndParent As Long, ByVal lpszConiID _
        As String, ByVal dwFlags As Long, ByRef hCon _
        As Long, ByVal dwReserved As Long) As Long

Declare Function InternetAutodial Lib "wininet.dll" _
        (ByVal Flag As Long, ByVal dwReserved As Long) As Long

Declare Function InternetAutodialHangup Lib "wininet.dll" _
        (ByVal dwReserved As Long) As Long

Declare Function InternetHangUp Lib "wininet.dll" _
        (ByVal hCon As Long, ByVal dwReserved _
        As Long) As Long

Declare Function RasEnumConnections Lib "RasApi32.DLL" _
        Alias "RasEnumConnectionsA" (lprasconn As Any, lpcb As _
        Long, lpcConnections As Long) As Long

Declare Function RasEnumEntries Lib "RasApi32.DLL" _
        Alias "RasEnumEntriesA" (ByVal reserved$, ByVal _
        lpszPhonebook$, lprasentryname As Any, lpcb As Long, _
        lpcEntries As Long) As Long

Declare Function RasGetConnectStatus Lib "RasApi32.DLL" _
        Alias "RasGetConnectStatusA" (ByVal hRasCon As Long, _
        lpStatus As Any) As Long

Declare Function RASHangUp Lib "RasApi32.DLL" _
        Alias "RasHangUpA" (ByVal hRasConn As Long) As Long
```

***Listing 13.41:** API-Deklarationen für InternetDial*

Diese Schnittstellen lassen sich über eine ActiveX-Komponente, die per VB 5 CCE erstellt wurde, ansprechen. Nachfolgendes Listing enthält den VB-Code zur Implementierung der Methoden zum Zugriff auf das DFÜ-Netzwerk.

```
'************************************************
' File: WSHRas.vbp (c) By G. Born
' Inet-Interface für WSH
'************************************************
Option Explicit
' Constants for RAS-Structures
Const RAS_MaxDeviceType = 16
Const RAS_MaxDeviceName = 128
Const RAS_MaxEntryName = 256

Const DIAL_UNATTENDED = &H8000
Const DIAL_FORCE_ONLINE = 1
```

```
Const DIAL_FORCE_UNATTENDED = 2

Private Type RASENTRYNAME
  dwSize As Long
  szEntryName(RAS_MaxEntryName) As Byte
End Type

Private Type RASCONN
  dwSize As Long
  hRasConn As Long
  szEntryName(RAS_MaxEntryName) As Byte
  szDeviceType(RAS_MaxDeviceType) As Byte
  szDeviceName(RAS_MaxDeviceName) As Byte
End Type

Private Type RASStatusType
  dwSize As Long
  RasConnState As Long
  dwError As Long
  szDeviceType(RAS_MaxDeviceType) As Byte
  szDeviceName(RAS_MaxDeviceName) As Byte
End Type

Dim DUNName As String
Dim RCon As Long
Dim ConID As Long

Public Function InetAutoDial()
' Auto dial the default DUN connection
  InetAutoDial = InternetAutodial(DIAL_FORCE_UNATTENDED, &H0)
End Function

Public Function InetAutoDialHangup()
' Hang up the default DUN connection
  InetAutoDialHangup = InternetAutodialHangup(&H0)
End Function

Public Function RasEnum(num1, buffer As Variant)
' enumerate all RAS entries and return them
  Dim s As Long
  Dim num As Long
  Dim i As Integer
  Dim con_name As String
  Dim entry(255) As RASENTRYNAME
  On Error GoTo Err

  entry(0).dwSize = 264     ' set Size
  s = 256 * entry(0).dwSize ' buffer for RAS data
' Enumerate now all RAS entries
  Call RasEnumEntries(vbNullString, vbNullString, entry(0), s, num)
' Note: Process only num1 - 1 times, to avoid buffer overrun in the caller
' if the caller's buffer is too small, some entries won't cut off!!!
  For i = 0 To num1 - 1
      con_name = StrConv(entry(i).szEntryName(), vbUnicode)
      buffer(i) = buffer(i) & Left(con_name, InStr(con_name, vbNullChar) - 1)
  Next i
```

```
  num1 = num        ' Return the number of entries
  RasEnum = True    ' Return success
  Exit Function

Err:
  num1 = 0          ' no entries
  RasEnum = False   ' something went wrong
End Function

Public Function RASStatus() As Boolean
' Returns the RAS online status
 Dim RAS(255) As RASCONN
 Dim RASState As RASStatusType
 Dim len1 As Long
 Dim lpcon As Long
 Dim Result As Long

' Create buffer
 RAS(0).dwSize = 412
 len1 = 256 * RAS(0).dwSize
' First test: are ther RAS entries, if not, connection not possible
 Result = RasEnumConnections(RAS(0), len1, lpcon)
 If lpcon = 0 Then
  RASStatus = False
 Else
' RAS entry found, test Connect staus
  RASState.dwSize = 160
  Result = RasGetConnectStatus(RAS(0).hRasConn, RASState)
  If RASState.RasConnState = &H2000 Then
   RASStatus = True
  Else
   RASStatus = False
  End If
 End If
End Function

Public Function InetDial(conname, ConID)
  If InternetDial(0, conname, DIAL_FORCE_UNATTENDED, ConID, 0) = 0 Then
   InetDial = True
  Else
   InetDial = False
  End If
End Function

Public Function InetHangup(ConID)
 If ConID Then
  InternetHangUp ConID, 0
  ConID = 0
  InetHangup = True
 Else
  InetHangup = False
 End If
End Function
```

***Listing 13.42:** Implementierung der WSHRas-Methoden*

Alle als Private definierten Funktionen und Prozeduren werden nur intern benutzt. Die als Public vereinbarten Funktionen und Prozeduren lassen sich dagegen über ein Objekt als Methoden referenzieren. Um eine Objektinstanz zu erzeugen, verwenden Sie folgenden VBScript-Code:

```
Set oRas = WScript.CreateObject("WSHRas.Ras")
```

Voraussetzung ist natürlich, dass *WSHRas.ocx* auf der betreffenden Maschine registriert wurde. Anschließend können Sie im Skript über die Objektvariable *oRas* auf die verschiedenen Methoden zugreifen.

HINWEIS: Sie finden den Quellcode sowie die Komponente *WSHRas.ocx* auf der Begleit-CD im Ordner *\Beisp\Kap13\ActiveX\Ras*.

Die *InetAutoDial*-Methode

Die Methode besitzt keine Parameter und wird folgendermaßen aufgerufen:

```
oRAS.InetAutoDial
```

Diese Methode baut anschließend automatisch eine Verbindung zum Internet über die Standard-DFÜ-Netzwerkverbindung auf. Voraussetzung ist natürlich, dass das DFÜ-Netzwerk vorhanden und eine Standardverbindung eingerichtet ist.

Die *InetAutoDialHangup*-Methode

Verwenden Sie die Answeisung:

```
oRAS.InetAutoDialHangup
```

um eine bestehende Standard-DFÜ-Netzwerkverbindung wieder abzubauen. Die Methode verwendet keine Parameter, funktioniert aber nicht, falls die Verbindung über eine andere DFÜ-Netzwerkverbindung aufgebaut wurde.

Die *RasStatus*-Methode

Benötigen Sie den Status der DFÜ-Verbindung (z.B. um zu testen, ob noch eine Online-Verbindung besteht)? Dies lässt sich über die *RasStatus*-Methode ermitteln. Diese wird mit der Anweisung:

```
status = oRAS.RASStatus
```

aufgerufen. Die Methode besitzt keine Parameter und gibt den Status der aktuellen Internetsitzung zurück (Wert *true* = Onlineverbindung aktiv, *false* = keine Onlineverbindung per DFÜ-Netzwerk). Mit der Anweisung:

```
WScript.Echo "Online-Status: " & oRAS.RASStatus()
```

Lässt sich beispielsweise der Status der Onlineverbindung anzeigen.

Die *InetDial*-Methode

Möchten Sie eine gezielte Onlineverbindung über einen Eintrag des DFÜ-Netzwerks aufbauen, ist die *InetDial*-Methode zu verwenden. Diese besitzt folgende Syntax:

```
oRas.InetDial (text,ConID)
```

Im Parameter *Text* wird der Name des DFÜ-Eintrags, über den die Internetverbindung herzustellen ist, übergeben. Im zweiten Parameter *ConID* gibt die Methode eine ID-Nummer zurück, die die Sitzung repräsentiert. Die *ConID* wird zum Abbau der Verbindung benötigt.

Die *RasEnum*-Methode

Verwenden Sie diese Methode, um die Einträge des DFÜ-Netzwerks per Skript auszuwerten. Die Methode besitzt folgende Syntax:

```
oRas.RasEnum (Num, Text)
```

Die Methode gibt eine Pseudo-Auflistung der im DFÜ-Netzwerk gefundenen Einträge zurück. Der Parameter *Text* muss daher als Feld definiert sein. *Num* gibt vor dem Aufruf die zulässige Zahl der Einträge (Feldgröße) an. Nach dem Aufruf enthält *Num* die Zahl der gefundenen DFÜ-Einträge. Der Wert kann immer nur kleiner oder gleich der vorher in *Num* übergebenen Buffergröße sein. Existieren mehr DFÜ-Einträge, werden die letzten Einträge nicht in *Text* zurückgeliefert! Der Skriptprogrammierer hat es also in der Hand, ob er einen genügend großen Puffer bereitstellt.

Die *InetHangup*-Methode

Zum Beenden einer über die *InetDial*-Methode aufgebauten DFÜ-Verbindung muss das Skript die *InetHangup*-Methode mit folgender Syntax aufrufen:

```
oRas.InetHangup (ConID)
```

Die Methode erwartet als Parameter die von *InetDial* gelieferte *ConID* und baut die angegebenen DFÜ-Verbindung wieder ab.

DFÜ-Verbindung per Skript auf-/abbauen

Das folgende kleine VBScript-Programm demonstriert den Einsatz der obigen Methoden. Das Skript instantiiert das *WSHRas*-Objekt über die Anweisung:

```
Set oRAS = WScript.CreateObject("WSHRas.Ras")
```

Anschließend listet das Skript die DFÜ-Verbindungen mittels *RasEnum* auf und erlaubt dem Benutzer die Auswahl, welche Verbindung genutzt werden soll. Nach einer Benutzerbestätigung wird die Verbindung über *InetDial* aktiviert und anschließend über *InetHangup* wieder getrennt. Details sind dem Quellcode zu entnehmen.

```
'************************************************
' File:    RasTest.vbs  (WSH-Beispiel in VBScript)
' Autor:   (c) G. Born
'
' Demonstriert den Zugriff auf das DFÜ-Netzwerk.
```

```
' Benötigt das ActiveX-Control WSHRas.ocx, welches
' eine Schnittstelle zu WinInet.dll bereitstellt.
'**********************************************
Option Explicit

Const title = "Verbindungstest"

Dim oRas            ' RAS object
Dim Num             ' Zahl der DFÜ-Einträge
Dim Text (10)       ' Puffer für max. 10 Einträge
Dim ConID           ' connection ID

Dim i, txt, tmp     ' Hilfsvariable

Num = 10            ' init Puffergröße

' erzeuge RAS-Objekt
Set oRas = WScript.CreateObject("WSHRas.Ras")

' Alle DFÜ-Einträge auflisten, Num enthält Puffergröße
' nach dem Aufruf enthält Num die Zahl der gefundenen
' Einträge, die Methode liefert bei Fehlern false zurück.
If oRas.RasEnum (Num, Text) Then
 txt = "Zahl der Einträge: " & Num & vbCrLf
 For i = 0 to Num-1     ' Text entpacken
  txt = txt & i & ": " & Text(i) & vbCrLf
 Next
 tmp = InputBox (txt, "DFÜ-Verbindung wählen", "0")
End if

' Benutzer fragen, ob Verbindung aktiviert werden soll
If MsgBox ("Verbinden mit: " & Text(tmp), vbYesNo + vbQuestion, _
           title) = vbYes Then
 If oRas.InetDial (Text(tmp),ConID) Then
  WScript.Echo "Verbunden mit: ", Text(tmp), _
               vbCrLf & "Connect ID: " & ConID
  If MsgBox ("Auflegen ?", vbYesNo + vbQuestion, _
           title) = vbYes Then _
    If oRas.InetHangup (ConID) Then WScript.Echo "Getrennt"
 End If
End If
WScript.Echo "Fertig"
'* End
```

***Listing 13.43:** RasTest.vbs*

HINWEIS: Sie finden die Datei *RasTest.vbs* sowie einige weitere Skriptdateien auf der Begleit-CD im Ordner *\Beisp\Kap13\ActiveX\Ras*.

An dieser Stelle möchte ich die Einführung in die ActiveX-Programmierung beenden. Sie haben gesehen, dass sich mit wenigen Codezeilen mächtige Erweiterungen für den WSH realisieren lassen. Mit der VB 5 CCE erhalten Sie also ein Werkzeug, um eigene Funktionen zu realisieren und per Skript zu nutzen.

14 WSH-Erweiterungen mit Microsoft Office

In diesem Kapitel erfahren Sie, wie sich Microsoft Office-Anwendungen (Microsoft Word, Microsoft Excel etc. ab Office 97) von WSH-Skripten aus aufrufen lassen.

- Lernen Sie, wie Sie auf das Excel-Objektmodell zugreifen und die Anwendung starten, Arbeitsblätter hinzufügen, Daten in Tabellen bearbeiten und auswerten können.
- Lesen Sie nach, wie Microsoft Word (ab Version 97) über WSH-Skripte aufgerufen werden kann, wie Sie Dokumente laden und die darin enthaltenen Informationen per WSH-Skript nutzen können.
- Erfahren Sie, wie sich auf Access-Datenbanken per WSH-Skript zugreifen lässt und welche Möglichkeiten die betreffenden Objekte bieten.
- Verwenden Sie die Informationen aus diesem Kapitel, um in Microsoft Outlook E-Mails, Termine, Kontakte oder Notizen per Skript zu verwalten.

Mit diesen Informationen stehen Ihnen mächtige Automatisierungslösungen zur Verfügung, die durch den WSH zu individuellen Anwendungen zusammengefügt werden können.

Umgang mit Microsoft Excel

Microsoft Excel stellt einen Automatisierungsserver dar, der sich aus verschiedenen anderen Anwendungen aufrufen lässt. Der nachfolgende Abschnitt zeigt Ihnen, wie Sie über ein WSH-Skript auf dieses Programm zugreifen können.

Das Excel-Objektmodell

Microsoft Excel (Version 97 und höher) besitzt ein eigenes Objektmodell, mit dem sich auf die Funktionen der Anwendung und auf das Dokument zugreifen lässt. Das Objektmodell baut auf dem *Application*-Objekt auf (Abbildung 14.1).

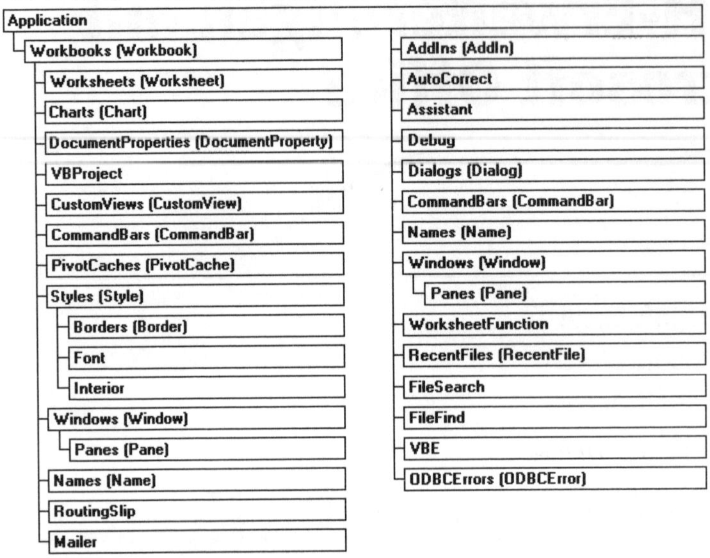

Abbildung 14.1: *Ausschnitt aus dem Excel-Objektmodell*

- Das *Application*-Objekt kontrolliert das Verhalten des Anwendungsfensters und der Anwendung selbst. Weiterhin enthält das *Application*-Objekt verschiedene Unterobjekte und Auflistungen, über die Sie auf die Excel-Funktionen zugreifen können.
- Die *Workbooks*-Auflistung enthält alle in Microsoft Excel geöffneten Arbeitsmappen. Ein *Workbook*-Objekt enthält seinerseits wieder die *Worksheet*-Objekte der einzelnen Tabellenblätter.
- Das *Range*-Objekt stellt eine Zelle, eine Zeile, eine Spalte oder eine Auswahl von Zellen aus einem bzw. mehreren zusammenhängenden Zellbereichen oder einen 3D-Bereich dar.

Über die anderen Objekte des Excel-Objektmodells können Sie auf die Fenster, die Dialoge, die Symbolleisten etc. zugreifen.

HINWEIS: Eine Übersicht über das gesamte Objektmodell finden Sie in der Microsoft Excel-Hilfe, indem Sie nach dem *Application*-Objekt suchen. Auf der Seite mit dem Modell des *Application*-Objekts klicken Sie in der Grafik auf den Eintrag *Application.* Für die Excel-Objekte existieren Eigenschaften, Methoden und Ereignisse. In den nachfolgenden Abschnitten finden Sie Beispiele zum Zugriff auf verschiedene Objekte.

Beispiel zum Zugriff auf Excel

In einem ersten Beispiel soll Microsoft Excel über ein WSH-Skript aufgerufen werden. Anschließend stellt das Skript die Fenstergröße und -position ein. Danach soll das Skript einige Informationen des Excel-*Application*-Objekts anzeigen (Abbildung 14.2) und schließlich die Anwendung wieder beenden. Die in dieser Abbildung sichtbaren Dialoge stammen vom WSH-Skript.

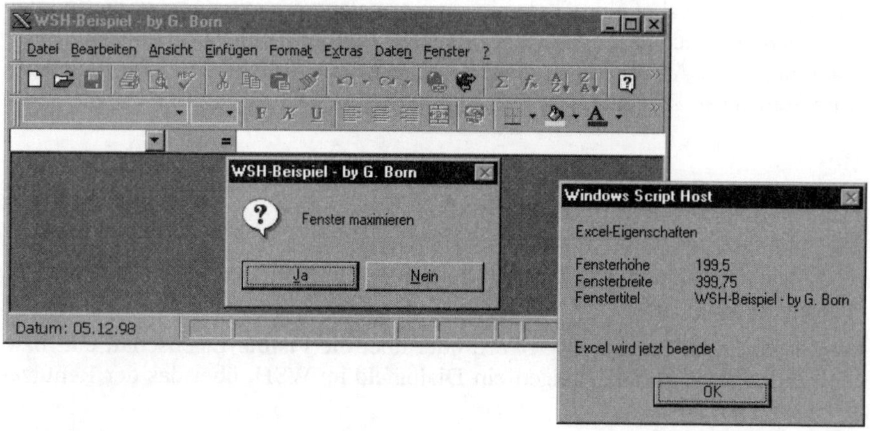

Abbildung 14.2: *Excel-Fenster und WSH-Dialoge*

Das Skript startet nach dem Aufruf Microsoft Excel als Automatisierungsobjekt. Dies ist mit folgender Anwendung möglich:

```
Set objXL = WScript.CreateObject ("Excel.Application")
```

Hierbei wird auf die Klasse *Application* der Typbibliothek von Excel zugegriffen. In dieser Referenz findet sich keine Versionsangabe. Sie haben aber die Möglichkeit, mit "*Excel.Application.8*" beispielsweise die Version 8.0 (d.h. Excel 97) explizit zu fordern. Andere Excel-Versionen kommen mit Nummern wie 7 (Excel 95) oder 9 (Excel 2000). Die obige Anweisung legt eine Referenz auf das *Application*-Objekt von Excel an. Gleichzeitig wird Excel in den Speicher geladen. Über dieses *Application*-Objekt lassen sich die Eigenschaften von Microsoft Excel beeinflussen.

Festlegen der Fenstereigenschaften

Über das *Application*-Objekt lässt sich beispielsweise festlegen, wie das Excel-Fenster anzuzeigen ist. Sie müssen lediglich die betreffenden Eigenschaften des Objekts definieren:

- Über die Eigenschaften *Height* und *Width* lässt sich die Fenstergröße einstellen.
- Die Eigenschaften *Left* und *Top* geben die Position der linken oberen Ecke des Excel-Fensters an.
- Die Eigenschaft *Visible* erlaubt es, das Excel-Fenster ein- oder auszublenden.
- Das Fenster lässt sich über die Eigenschaft *WindowState* maximieren, minimieren oder auf Normalgröße setzen.

Die folgende Codesequenz bewirkt, dass das Excel-Fenster verkleinert und in der linken oberen Ecke des Bildschirms angezeigt wird.

```
objXL.WindowState = vbNormal ' Normal
objXL.Height = 200           ' Höhe
objXL.Width = 400            ' Breite
objXL.Left = 100             ' X-Position
objXL.Top = 100              ' Y-Position
objXL.Visible = true         ' Fenster anzeigen
```

Das Excel-Anwendungsfenster besitzt eine Titelzeile, die normalerweise mit einem vordefinierten Text belegt ist. Zusätzlich lässt sich eine Statusleiste anzeigen, in der Excel Zusatzinformationen einblendet. Die nachfolgenden Anweisungen zeigen, wie Sie über das Skript einen beliebigen Text in die Titel- und Statusleiste schreiben:

```
objXL.Caption = Title
objXL.Statusbar = "Datum: " & Date
```

Die *Caption*-Eigenschaft wirkt direkt auf die Titelzeile, während *Statusbar* die Statusleiste beeinflusst. Beachten Sie aber bei der Statusleiste, dass diese die Informationen ggf. nicht anzeigen kann, wenn das Fenster zu klein ist.

Auf Wunsch lässt sich das Excel-Fenster vergrößern oder über die *Visible*-Eigenschaft ein- bzw. ausblenden. Die folgenden Anweisungen zeigen ein Dialogfeld im WSH, über das der Benutzer das Excel-Fenster maximieren kann.

```
If (MsgBox("Fenster maximieren", vbQuestion + vbYesNo, Title) = vbYes) Then
  objXL.WindowState = vbMaximized
End if
```

Die im Skript benutzten Konstanten wie *vbMaximized* müssen allerdings explizit im Programmkopf definiert werden. Sie finden die Beschreibung der Konstanten der Fensterstile in ▶ Kapitel 7 (Tabelle 7.1). Alternativ können Sie die Konstanten für die Fenstergröße an die Vorgaben der Excel-Objekte anpassen. Die Konstante für ein maximiertes Fenster ist in Microsoft Excel 97 beispielsweise mit *xlMaximized* benannt. Einzelheiten entnehmen Sie bitte der Excel-Dokumentation.

Zugriff auf Anwendungskonstante

Microsoft Excel kennt einige vordefinierte interne Konstanten, die sich beispielsweise in VBA nutzen lassen, um die Fensterattribute zu verändern.

HINWEIS: Im VBA-Editor lassen sich diese Konstantennamen samt den zugehörigen Werten per Objekt Browser abrufen. Starten Sie den VBA-Editor in Microsoft Excel (Menu *Extras/ Makro* oder drücken Sie Alt+F11). Im Objekt Browser wählen Sie *Excel* als Objektbibliothek und klicken dann auf den Eintrag *<global>*.

Microsoft Excel (ab 97) definiert beispielsweise die Konstanten *xlMaximized* und *xlNormal* zur Einstellung des Fensterstils. Wäre es nicht schön, wenn ein WSH-Skript diese internen Excel-Konstanten direkt nutzen könnte (dann sparen Sie die explizite Vereinbarung der Konstanten im Skriptcode)? In WSH 1.0 gibt es keine Lösung, da diese Version keine Typbibliotheken unterstützt. Es bleibt Ihnen nichts anderes übrig, als die betreffenden Konstante separat im Skript zu vereinbaren. Diese Lösung habe ich in den Beispielen dieses Buches verwendet, um unabhängig von der WSH-Version zu sein.

In ▶ Kapitel 1 hatte ich aber erwähnt, dass ab WSH 2.0 Referenzen auf Typbibliotheken (Type Libraries) unterstützt werden. Damit ist es möglich, auch die Excel-Konstanten in einem Skript zu importieren. Das folgende Listing zeigt, wie Sie per *.wsf*-Datei eine Referenz auf die Excel-Typbibliothek definieren. ▶

```
<?xml version="1.0" encoding="ISO-8859-1"?>
<job id="ExcelReference">
<?job debug="true"?>
<comment>
File:   ExcelReference.wsf (WSH 2.0)
Autor: G. Born
Benutze "reference"-Element zum Zugriff auf
Excel 2000-Konstante.

reference guid='{00020813-0000-0000-C000-000000000046}'
</comment>
<reference object="Excel.Sheet" />
<script language="VBScript">
<![CDATA[
' Zeige einige Excel-Konstanten
 WScript.Echo " xlMaximized = " & xlMaximized, vbCRLF, _
              "xlMinimized = " & xlMinimized, vbCRLF, _
              "xlNormal = " & xlNormal
]]>
</script>
</job>
```

***Listing 14.1:** Referenz auf Excel-Typbibliothek*

Der Objektname zum Zugriff auf die Typbibliothek hängt von der gewünschten Anwendung ab. In ▶ Kapitel 1 habe ich gezeigt, wie sich auf die Word Typbibliothek zugreifen lässt. Leider klappt der Ansatz mit "*Excel.Document*" nicht. Stattdessen müssen Sie eine Angabe der Art

```
<reference object="Excel.Sheet" />
```

verwenden, um eine Referenz auf Excel anzulegen. Dabei wird kein *version*-Attribut benutzt (das Beispiel funktioniert für verschiedene Excel-Versionen).

An dieser Stelle möchte ich noch einen Tipp geben. Meist ist es etwas schwierig, den richtigen Wert des *object*-Attributs für das *<reference>*-Element zu ermitteln. Verwenden Sie den PrimalSCRIPT Editor in der Version 2.0 (▶ Kapitel 2) zum Abfragen der Werte für *object* oder *guid.* Laden Sie die *.wsf*-Datei, klicken mit der rechten Maustaste auf den Eintrag *reference* und wählen Sie im Kontextmenü den Befehl *Properties*. Dann lässt sich die Schaltfläche *Browse* im Fenster *Reference Properties* verwenden, um einen Eintrag zu wählen. Der Editor setzt dann alle Werte für die benötigten Attribute automatisch in *<reference>* ein.

HINWEIS: Im Ordner *\Beisp\Kap14* finden Sie einige *.wsf*-Dateien, die auf bestimmte Probleme hinweisen. In der Datei *Excel.wsf* fehlt beispielsweise das *encoding*-Attribut, aber es werden Umlaute im Quellcode benützt. Daher löst das Skript einen Fehler bei der Ausführung aus. Auf diese Problematik hatte ich bereits im ▶ Kapitel 1 hingewiesen. Weitere Beispiele zur Umsetzung verschiedener Excel-Beispiele in *.wsf*-Dateien finden Sie in den Dateien *ExcelReference1.wsf*, *ExcelReference3.wsf* und *ExcelReferenceBad.wsf* des Ordners *\Beisp\Kap14*.

Im nächsten Schritt soll das Skript die Excel-Eigenschaften abfragen. Dies ist kein Problem, da wir über die Objektvariable *objXL* verfügen, die auf das *Application*-Objekt verweist. Die nachfolgenden Anweisungen lesen die bereits beschriebenen Eigenschaften dieses Objekts aus:

```
Text = "Excel-Eigenschaften" & vbCrLf & vbCrLf
Text = Text & "Fensterhöhe " & vbTab & objXL.Height & vbCrLf
Text = Text & "Fensterbreite " & vbTab & objXL.Width & vbCrLf
Text = Text & "Fenstertitel " & vbTab & objXL.Caption & vbCrLf
Text = Text & vbCrLf & "Excel wird jetzt beendet"
WScript.Echo Text
```

In der letzten Zeile wird das Ergebnis in einem Dialogfeld angezeigt. Um Excel wieder zu beenden, wird die *Quit*-Methode des *Application*-Objekts aufgerufen.

```
objXL.Quit
```

Da wir bisher keine Dokumente angelegt haben, klappt die Methode ohne Probleme. Einzelheiten zur Implementierung in VBScript sind dem nachfolgenden Listing zu entnehmen.

```
'************************************************
' File:   Excel.vbs (WSH-Beispiel in VBScript)
' Autor:  Günter Born
'
' Zweck:  Demonstriert, wie sich Excel im WSH-Skript
'         nutzen lässt.
'************************************************
Option Explicit
Const vbNormal = 1          ' Fensterstile
Const vbMinimized = 2
Const vbMaximized = 3

DIM objXL, objWb            ' Excel-Objektvariable
DIM Title, Text

Title = "WSH-Beispiel - by G. Born"

' Hier erzeugen wir eine Objektreferenz auf Excel
Set objXL = WScript.CreateObject ("Excel.Application")

' Jetzt für die Anzeige des Fensters sorgen

objXL.WindowState = vbNormal ' Normal
objXL.Height = 200           ' Höhe
objXL.Width = 400            ' Breite
objXL.Left = 100             ' X-Position
objXL.Top = 100              ' Y-Position
objXL.Visible = true         ' Fenster anzeigen

' Jetzt etwas in die Titel- und Statusleiste schreiben
objXL.Caption = Title
objXL.Statusbar = "Datum: " & Date

' Frage, ob das Fenster maximiert werden soll

If (MsgBox("Fenster maximieren", _
           vbQuestion + vbYesNo, _
           Title) = vbYes) Then _
    objXL.WindowState = vbMaximized
```

```
' Frage jetzt die Excel-Eigenschaften ab

Text = "Excel-Eigenschaften" + vbCRLF + vbCRLF
Text = Text & "Fensterhöhe " & vbTab & objXL.Height & vbCRLF
Text = Text & "Fensterbreite " & vbTab & objXL.Width & vbCRLF
Text = Text & "Fenstertitel " & vbTab & objXL.Caption & vbCRLF
Text = Text & vbCRLF & "Excel wird jetzt beendet"
WScript.Echo Text

objXL.Quit           ' Excel jetzt schließen
Set objXL = Nothing  ' Objektvariable freigeben
'*** Ende
```

Listing 14.2: Excel.vbs

HINWEIS: Sie finden das Programm *Excel.vbs* auf der Begleit-CD-ROM im Ordner *\Beisp\Kap14*. Die JScript-Variante ist in der Datei *Excel.js* im gleichen Ordner zu finden. Zur Ausführung muss eine Version von Microsoft Excel auf dem Rechner installiert sein.

Excel-Tabelleninhalte erstellen

Im nächsten Beispiel soll in Excel ein Kalkulationsblatt angelegt und mit Werten gefüllt werden (Abbildung 14.3, Hintergrund). Das Skript greift dabei zu Demonstrationszwecken auch auf die Excel-Funktionen *InputBox* (Abbildung 14.3, rechts unten) und *SendKeys* zurück.

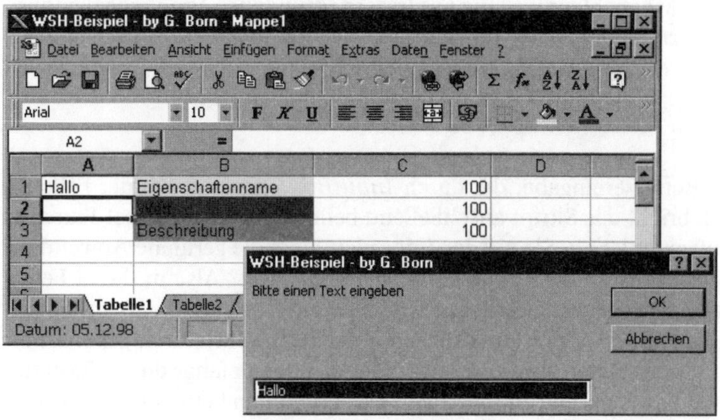

Abbildung 14.3: *Beispieltabelle mit Eingabedialog*

Die Anweisungen zum Erzeugen des Excel-Objekts haben Sie ja bereits im vorherigen Abschnitt kennen gelernt. Um über das *Application*-Objekt von Excel ein *Workbooks*-Objekt zu erzeugen, wird folgende Anweisungsfolge verwendet:

```
Set objWb = objXl.Workbooks
objWb.Add
```

Im Grunde hätten Sie die *Add*-Methode direkt auf *objXL.Workbooks.Add* anwenden können. Mit der obigen Zuweisung an die Objektvariable *objWb* haben wir aber gleichzeitig eine Referenz auf das *Workbook*-Objekt definiert. Diese Referenz brauchen wir später für die *Close*-Methode. Die Breite der Spalten im aktuellen Arbeitsblatt lässt sich über die *Columns*-Eigenschaft festlegen.

```
objXL.Columns(1).ColumnWidth = 10
```

Mit der Anweisung setzen Sie die Breite der ersten Spalte (A). Es wurde bereits erwähnt: Excel stellt eine *InputBox*-Funktion zur Verfügung. Bei VBScript sind Eingaben über die in der Sprache enthaltene *InputBox*-Funktion kein Problem, aber bei JScript müssen Sie schon einige »Klimmzüge« veranstalten, um einen Eingabedialog zu realisieren (siehe ▶ Kapitel 8). Arbeiten Sie mit Excel, genügt die folgende Anweisung:

```
tmp = objXL.InputBox("Bitte einen Text eingeben", Title, "Hallo");
```

zur Anzeige eines Eingabedialogs per JScript. Klickt der Benutzer auf die *Abbrechen*-Schaltfläche, gibt die Funktion allerdings den Wert 0 (entspricht *false*) zurück. Daher habe ich in dem folgenden Beispiel die *CStr*-Funktion benutzt, um den Wert zwangsweise in eine Zeichenkette zu konvertieren:

```
tmp = CStr(objXL.InputBox("Bitte einen Text eingeben", Title, "Hallo"))
```

Im vorhergehenden ▶ Kapitel 13 hatte ich bereits die *SendKeys*-Funktion von Excel benutzt, um Tastatureingaben zu simulieren. An dieser Stelle möchte ich diese Funktion benutzen, um die Benutzereingabe in die erste Zelle der Tabelle zu schreiben. Diese Funktion brauchen Sie zwar nicht, aber ich wollte einmal die Möglichkeit und die mit Excel verbundenen Probleme demonstrieren. Die eigentliche Funktion zum Senden der Eingabe lässt sich mit folgender Anweisung realisieren:

```
objXL.SendKeys tmp,true
```

Die Variable *tmp* enthält die Benutzereingabe, die durch *InputBox* abgefragt wurde. Falls Sie aber diesen Befehl verwenden, bricht das Skript anschließend beim Aufruf einer Excel-Funktion bzw. -Methode mit einem Laufzeitfehler ab. Sie werden informiert, dass die gerufene Anwendung (hier Excel) die Ausführung des nächsten Befehls ablehnt. Was ist passiert? Als mir dieser Fehler zum ersten Mal unter kam, war ich zunächst ziemlich ratlos. Aber ein Blick auf die Kalkulationstabelle brachte die Erleuchtung: Die *SendKeys*-Funktion simuliert ja eine Tastatureingabe, die die Zeichen in den Message-Puffer der aktiven Anwendung sendet. Excel empfängt diese »Tastatureingaben« und beginnt diese in die erste Zelle zu schreiben. Das Programm befindet sich so lange im Eingabemodus, bis die Eingabetaste erkannt wird. Sie müssen daher Eingabetaste per *SendKeys*-Anweisung emulieren. Dies ist in der Form:

```
objXL.SendKeys tmp & "{Enter}",true
```

vorzunehmen, d.h. die Zeichenkette "*{Enter}*" muss zwingend mit der Benutzereingabe geschickt werden. Andernfalls ist Excel für weitere Befehle blockiert!

WICHTIG: Nach dem Absetzen des *SendKeys*-Aufrufs müssen Sie zusätzlich eine Verzögerung programmieren, um Excel Gelegenheit zur Verarbeitung zu geben. Andernfalls erhalten Sie sporadische Laufzeitfehler, weil Excel einen Funktionsaufruf nicht akzeptiert.

Daher ist es wesentlich einfacher, wenn Sie direkt auf die Zellen eines Arbeitsblatts zugreifen. Hierzu wird die *Cells*-Auflistung des Arbeitsblatts benutzt. Diese besitzt zwei Parameter, die die Zeile und die Spalte angeben. Über die Eigenschaft *Value* lässt sich dann der Wert einer Zelle setzen. Die Anweisung:

```
objXL.Cells(1, 2).Value = "Eigenschaftenname"
```

greift auf die Zelle B1 (Zeile=1, Spalte=2) der aktuellen Tabelle zurück und hinterlegt den Text »Eigenschaftenname«. Um mehr als eine Zelle zu bearbeiten, können Sie auf *Range*-Objekte zurückgreifen. Die folgenden Anweisungen zeigen, wie Sie ein solches *Range*-Objekt definieren und dann auf die Eigenschaften des Objekts zugreifen.

```
Set objR = objXL.Range("C1:C3")
objR.Value = 100.0
```

Hier wurde ein *Range* im Bereich C1:C3 definiert, Sie können anschließend die *Value*-Eigenschaft des Range setzen. Mit der zweiten Anweisung wird der Wert aller Zellen im Range auf 100.0 gesetzt. Möchten Sie den Hintergrund einer Zelle formatieren, ist dies über die *Interior.ColorIndex*-Eigenschaft der Zelle möglich. Die folgenden Anweisungen färben einige Zellhintergründe ein:

```
objXL.Cells(1,2).Interior.ColorIndex=6  ' gelb
objXL.Cells(2,2).Interior.ColorIndex=3  ' rot
objXL.Cells(3,2).Interior.ColorIndex=4  ' grün
```

Das folgende VBScript-Programm fasst diese Erkenntnisse zusammen und erzeugt eine Tabelle mit einigen Werten. Zum Schließen der Tabelle wird die *Close*-Methode auf das Arbeitsblatt angewandt:

```
objWb.Close
```

Da das aktuelle Arbeitsblatt geändert, aber noch nicht gesichert wurde, erscheint ein Benutzerdialog, der nachfragt, ob die Daten zu sichern oder zu verwerfen sind. Leider habe ich keinen Weg gefunden, Excel die optionalen Parameter der *Close*-Methode zu übergeben. Anschließend wird Excel über die *Quit*-Methode beendet.

```
objXl.Quit
```

Einzelheiten sind dem nachfolgend gezeigten Listing zu entnehmen.

```
'************************************************
' File:   Excel1.vbs (WSH-Beispiel in VBScript)
' Autor:  Günter Born
'
' Zweck:  Startet Excel, erzeugt ein Arbeitsblatt,
'         schreibt etwas in eine Tabelle und terminiert.
'************************************************
Option Explicit
Const vbNormal = 1         ' Fensterstile
Const vbMinimized = 2
Const vbMaximized = 3
```

```
DIM objXL, objWb, objR     ' Excel-Objektvariable
DIM Title, Text, tmp, tmp1, i

Title = "WSH-Beispiel - by G. Born"

' Hier erzeugen wir eine Objektreferenz auf Excel
Set objXL = WScript.CreateObject ("Excel.Application")

' Jetzt für die Anzeige des Fensters sorgen

objXL.WindowState = vbNormal ' Normal
objXL.Height = 200           ' Höhe
objXL.Width = 400            ' Breite
objXL.Left = 10              ' X-Position
objXL.Top = 20               ' Y-Position
objXL.Visible = true         ' Fenster anzeigen

' Jetzt etwas in die Titel- und Statusleiste schreiben
objXL.Caption = Title
objXL.Statusbar = "Datum: " & Date

' Jetzt ein Workbooks-Objekt erzeugen
Set objWb = objXl.Workbooks
objWb.Add

' Setze die Breite der Spalten
objXL.Columns(1).ColumnWidth = 10
objXL.Columns(2).ColumnWidth = 20
objXL.Columns(3).ColumnWidth = 20

' Jetzt benutzen wir die Excel-InputBox-Funktion,
' um eine Eingabe abzufragen. Mit CStr() erreichen
' wir, dass bei der Schaltfläche Abbrechen der Wert
' falsch in tmp steht. Sonst gibt es einen Laufzeit-
' fehler beim SendKeys-Aufruf.

tmp = CStr(objXL.InputBox("Bitte einen Text eingeben", _
      Title, "Hallo"))

' Jetzt verwenden wir SendKeys, um die Eingabe in
' die Zelle zu schreiben.

' Wichtig: Beim Schreiben mit SendKeys geht Excel in
' den Eingabemodus. Daher muss die Eingabe in die Zelle
' mit der Eingabe-Taste abgeschlossen werden! Sonst
' geht nichts mehr.

objXL.SendKeys tmp & "{Enter}",true

' Jetzt müssen wir noch etwas warten, sonst ist Excel
' nicht bereit, um die folgenden Befehle auszuführen!!
' Daher jetzt einen Dialog einblenden
```

```
WScript.Echo "Weitermachen?"

' Jetzt auf die Zellen B1, B2 und B3 zugreifen
objXL.Cells(1, 2).Value = "Eigenschaftenname"
objXL.Cells(2, 2).Value = "Wert"
objXL.Cells(3, 2).Value = "Beschreibung"

' Jetzt auf die Zellen C1 bis C3 zugreifen. Wir
' benutzen hier ein Range-Objekt
Set objR = objXL.Range("C1:C3")
objR.Value = 100.0

' Jetzt einige Zellenhintergründe formatieren
objXL.Cells(1,2).Interior.ColorIndex=6  ' gelb
objXL.Cells(2,2).Interior.ColorIndex=3  ' rot
objXL.Cells(3,2).Interior.ColorIndex=4  ' grün

' Warte auf Benutzereingabe
WScript.Echo "Excel beenden."

' Tabelle schließen
objWb.Close
objXl.Quit                    ' Excel jetzt beenden
Set objXL = Nothing
'*** Ende
```

Listing 14.3: Excel1.vbs

HINWEIS: Sie finden das Programm *Excel1.vbs* auf der Begleit-CD-ROM im Ordner *\Beisp\Kap14* Die JScript-Variante ist in der Datei *Excel1.js* im gleichen Ordner zu finden. Zur Ausführung muss eine Version von Microsoft Excel auf dem Rechner installiert sein.

Excel-Beispiel: WSH-Informationen in Tabelle schreiben

Im nächsten Beispiel möchte ich zeigen, wie Sie aus JScript heraus bestimmte Informationen über den WSH, über die Script-Engine und die Umgebungsvariablen in einer Excel-Tabelle ablegen (Abbildung 14.4).

Einen Teil der notwendigen Anweisungen haben Sie ja bereits im vorherigen Abschnitt kennen gelernt. An dieser Stelle möchte ich nochmals einige neue Aspekte beim Zugriff auf die Zellen der Tabelle anreißen. Zum Ablegen der Tabellenüberschrift werden die beiden folgenden Anweisungen benutzt:

```
objXL.Cells(1, 2).Value = "WSH- und Systemdaten";
objXL.Cells(1, 2).Interior.ColorIndex=4;    // grün
```

Die zweite Anweisung färbt den Hintergrund der Zelle B1 grün ein. Mit der folgenden Anweisungssequenz wird die erste Zeile mit dem Namen der Script-Engine in die Zellen A3:B3 geschrieben.

```
objXL.Cells(3, 1).Value = "Script-Engine:";
objXL.Cells(3, 1).Font.Bold=true;    // fett
objXL.Cells(3, 2).Value = ScriptEngine();
```

Die mittlere Zeile setzt dabei die *.Font.Bold*-Eigenschaft der Zelle auf *true*, der Text wird fett hervorgehoben. Auf die gleiche Art können Sie weitere Skripteigenschaften in die Tabelle schreiben. Die Techniken zum Zugriff auf Eigenschaften sind in ▶ Kapitel 7 zu finden. Liefert eine Eigenschaft einen numerischen Wert, sollten Sie die Zeichenfolge »"\'"« voranstellen:

```
objXL.Cells(4, 1).Value = "Version:";
objXL.Cells(4, 2).Value = "\'" + ScriptEngineMajorVersion() +
                          "." + ScriptEngineMinorVersion();
```

Dies stellt sicher, dass Excel den Wert als Zeichenkette interpretiert und linksbündig in der Zelle ausrichtet.

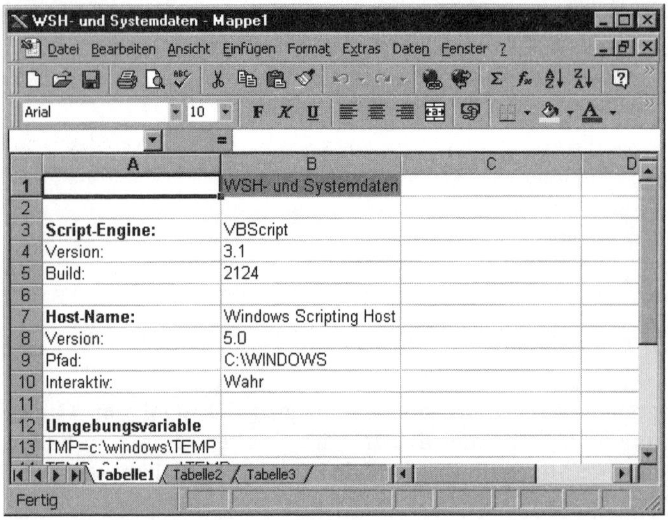

***Abbildung 14.4:** Beispieltabelle mit System- und WSH-Daten*

Um die Umgebungsvariable in der Tabelle auszugeben, arbeiten wir mit einer Auflistung. Der betreffende Codeausschnitt sieht folgendermaßen aus:

```
objXL.Cells(12, 1).Value = "Umgebungsvariable";
objXL.Cells(12, 1).Font.Bold=true;   // fett
// Hole die Auflistung über die Environment-Eigenschaft
var k = new Enumerator (objEnv = Wsh.Environment("Process"));
```

Nachdem die Titelzeile geschrieben und fett formatiert sowie die Auflistung geholt wurde, müssen nun die Variableninhalte in die Tabelle ab der Zeile 13 geschrieben werden. Hierzu wird eine Schleife benutzt. Die Variable *j* dient als Zähler für die Zahl der Durchläufe und wird zur Indexberechnung der laufenden Zeilen verwendet.

```
var j = 0;
for ( ;!k.atEnd(); k.moveNext())   // Hole alle Variablen-Objekte
 {
  var i = k.item();                    // Hole Wert
  objXL.Cells(13+j, 1).Value = "'" + i;  // Variable schreiben
 j ++;
}
```

HINWEIS: An dieser Stelle möchte ich noch auf eine Unregelmäßigkeit in WSH 2.0 unter Windows 2000 hinweisen. Die Auflistung von Umgebungsvariablen enthält im ersten Eintrag keine Daten. Mein Original-Skript enthielt die Anweisung *objXL.Cells(13+j, 1).Value = i;*, um den Inhalt der Umgebungsvariable in eine Zelle zu schreiben. Als ich das Beispiel in Windows 2000 unter WSH 2.0 testete, erhielt ich einen unbekannten Laufzeitfehler. Erst als ich *objXL.Cells(13+j, 1).Value* = "'" + *i;* benutzte, um eine Konvertierung in eine Zeichenkette zu erzwingen, funktionierte das Skript.

Nachdem die Werte in die Tabelle geschrieben wurden, erzeugt das Skript eine »Fertig«-Meldung in der Excel-Statuszeile:

```
objXL.Statusbar = "Fertig";
```

Über die Anweisung:

```
objXL.Save;
```

lässt sich das Arbeitsblatt speichern. Wurde es noch nicht gesichert, öffnet Excel automatisch das Dialogfeld *Speichern unter.* Zum Schließen des Arbeitsblatts wird folgende Anweisung benutzt:

```
objWb.Close;
```

Die Einzelheiten der Implementierung sind dem nachfolgenden JScript-Programm zu entnehmen. Dieses erzeugt die in Abbildung 14.4 dargestellte Tabelle.

```
//************************************************
// File:   Excel2.js (WSH-Beispiel in JScript)
// Autor:  Günter Born
//
// Zweck:  Startet Excel, erzeugt ein Arbeitsblatt,
//         schreibt bestimmte Systemdaten in eine
//         Tabelle, öffnet den Speichern unter Dialog
//         und terminiert.
//************************************************
var vbOKCancel = 1;        // Variablen vereinbaren
var vbYesNo = 4;
var vbYes = 6;
var vbOK = 1;
var vbInformation = 64;
var vbQuestion = 32;
var vbCancel = 2;

var vbNormal = 1;          // Fensterstil

var Wsh = WScript.CreateObject ("WScript.Shell");

var Title = "WSH-Beispiel - by G. Born";

// Hier erzeugen wir eine Objektreferenz auf Excel
var objXL = WScript.CreateObject ("Excel.Application");

// Jetzt für die Anzeige des Fensters sorgen

objXL.WindowState = vbNormal; // Normal
```

```
objXL.Height = 300;            // Höhe
objXL.Width = 400;             // Breite
objXL.Left = 20;               // X-Position
objXL.Top = 20;                // Y-Position
objXL.Visible = true;          // Fenster anzeigen

// Jetzt etwas in die Titelleiste schreiben
objXL.Caption = "WSH- und Systemdaten";

// Jetzt ein Workbooks-Objekt erzeugen
var objWb = objXL.Workbooks;
objWb.Add;

// Setze die Breite der Spalten
objXL.Columns(1).ColumnWidth = 20;
objXL.Columns(2).ColumnWidth = 20;
objXL.Columns(3).ColumnWidth = 20;

// Jetzt den Titel in Zelle B1 schreiben
objXL.Cells(1, 2).Value = "WSH- und Systemdaten";
objXL.Cells(1, 2).Interior.ColorIndex=4;    // grün

// Jetzt die Daten der Skript-Engine hinterlegen
objXL.Cells(3, 1).Value = "Script-Engine:";
objXL.Cells(3, 1).Font.Bold=true;    // fett
objXL.Cells(3, 2).Value = ScriptEngine();

objXL.Cells(4, 1).Value = "Version:";
objXL.Cells(4, 2).Value = "\'" + ScriptEngineMajorVersion() +
                      "." + ScriptEngineMinorVersion();

objXL.Cells(5, 1).Value = "Build:";
objXL.Cells(5, 2).Value =  "\'" + ScriptEngineBuildVersion();

objXL.Cells(7, 1).Value = "Host-Name:";
objXL.Cells(7, 1).Font.Bold=true;    // fett
objXL.Cells(7, 2).Value =  "\'" + WScript.Name;

objXL.Cells(8, 1).Value = "Version:";
objXL.Cells(8, 2).Value =  "\'" + WScript.Version;

objXL.Cells(9, 1).Value = "Pfad:";
objXL.Cells(9, 2).Value =  WScript.Path;

objXL.Cells(10, 1).Value = "Interaktiv:";
objXL.Cells(10, 2).Value =  "\'" + WScript.Interactive;

// Jetzt Umgebungsvariable
objXL.Cells(12, 1).Value = "Umgebungsvariable";
objXL.Cells(12, 1).Font.Bold=true;    // fett

// Hole die Auflistung über die Environment-Eigenschaft

var k = new Enumerator (objEnv = Wsh.Environment("Process"));
var j = 0;
```

```
for ( ;!k.atEnd(); k.moveNext()) // Hole Variable
 {
  var i = k.item();
  objXL.Cells(13+j, 1).Value = "'" + i; // Variable schreiben
 j ++;
}

// Fertigmeldung in der Statusleiste
objXL.Statusbar = "Fertig";

// Warte auf Benutzereingabe
if (Wsh.Popup ("Tabelle speichern?", 0, Title,
     vbYesNo + vbQuestion) == vbYes)
 objXL.Save;                // Arbeitsblatt speichern

// Tabelle schließen
 objWb.Close;

objXL.Quit();         // Excel jetzt schließen
//*** Ende
```

Listing 14.4: Excel2.js

HINWEIS: Sie finden das Programm *Excel2.js* auf der Begleit-CD-ROM im Ordner *\Beisp \Kap14*. Die VBScript-Variante ist in der Datei *Excel2.vbs* im gleichen Ordner zu finden. Zur Ausführung muss eine Version von Microsoft Excel auf dem Rechner installiert sein.

Excel-XLS-Datei laden und Daten lesen

In diesem Beispiel zu Excel sollen ein Arbeitsblatt geladen und einige Daten aus der Tabelle »Test« im Skript übernommen und angezeigt werden (Abbildung 14.5).

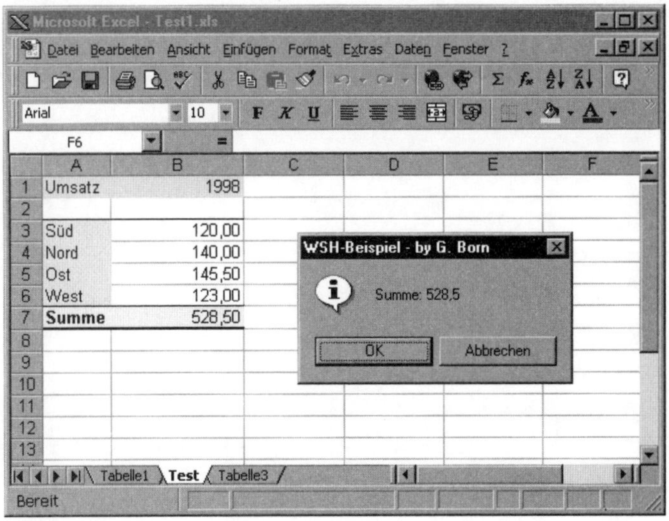

Abbildung 14.5: *Tabelle mit Daten und Anzeige in einem WSH-Dialogfeld*

Die erforderlichen Anweisungen zum Holen des Excel-Objekts kennen Sie bereits aus den vorherigen Beispielen. Als Neuerung ist die XLS-Datei per Skript zu laden. Dies geschieht mit der folgenden Anweisung:

```
Set objWb = objXl.WorkBooks.Open(GetPath & "Test1.XLS")
```

Die Funktion *GetPath* ermittelt den Pfad des Skripts. In diesem Pfad muss die XLS-Datei gespeichert sein. Sobald der Pfad mit dem Dateinamen ergänzt wurde, lässt sich die Datei über die *Open*-Methode des *WorkBooks*-Objekts laden. Im nächsten Schritt soll gezielt auf eine Tabelle des Arbeitsblatts zugegriffen werden. Auch hier leisten Objekte gute Dienste.

Das *ActiveWorkBook*-Objekt bezieht sich auf die aktuelle Arbeitsmappe. Über das Unterobjekt *WorkSheets* lässt sich auf ein Arbeitsblatt zugreifen.

```
Set objWb = objXL.ActiveWorkBook.WorkSheets("Test")
```

In der Anweisung wird der Name des Arbeitsblatts direkt angegeben. Anschließend können Sie über das *Cells*-Objekt die gewünschten Zellen mit den Ergebnissen abfragen. Die *Value*-Eigenschaft gibt den Wert der Zelle an.

```
Text = CStr(objWb.Cells(7, 1).Value) & ": "
Text = Text + CStr(objXL.Cells(7, 2).Value)
```

Die Einzelheiten der Implementierung sind dem nachfolgenden Listing zu entnehmen.

```
'**********************************************
' File:   Excel3.vbs (WSH-Beispiel in VBScript)
' Autor:  Günter Born
'
' Zweck:  Startet Excel, lädt ein Arbeitsblatt,
'         holt die Tabelle "Test" und liest einige
'         Werte ein.
'**********************************************
Option Explicit
Const vbNormal = 1          ' Fensterstil

DIM objXL, objWb, objR      ' Excel-Objektvariable
DIM Title, Text, tmp, i, j

Title = "WSH-Beispiel - by G. Born"

' Hier erzeugen wir eine Objektreferenz auf Excel
Set objXL = WScript.CreateObject ("Excel.Application")

' Jetzt für die Anzeige des Fensters sorgen
objXL.WindowState = vbNormal ' Normal
objXL.Height = 300           ' Höhe
objXL.Width = 400            ' Breite
objXL.Left = 40              ' X-Position
objXL.Top = 20               ' Y-Position
objXL.Visible = true         ' Fenster anzeigen

' Jetzt laden wir die XLS-Datei Test1.xls automatisch
Set objWb = objXl.WorkBooks.Open(GetPath&"Test1.XLS")
```

```
' Hole Arbeitsblatt "Test"
Set objWb = objXL.ActiveWorkBook.WorkSheets("Test")

' Hole das Ergebnis
Text = CStr(objWb.Cells(7, 1).Value) & ": "
Text = Text + CStr(objXL.Cells(7, 2).Value)
' Ergebnis anzeigen
MsgBox Text, vbOk + vbInformation, Title

objXl.Quit              ' Excel jetzt beenden
Set objXL = Nothing

'########################
Function GetPath
' Ermittle den Pfad des Skripts und entferne den
' Skriptnamen -> gebe den Pfad zurück.
 DIM path
 path = WScript.ScriptFullName  ' Skriptname
 GetPath = Left(path, InstrRev(path, "\"))
End Function
'*** Ende
```

Listing 14.5: Excel3.vbs

HINWEIS: Sie finden das Programm *Excel3.vbs* auf der Begleit-CD-ROM im Ordner *\Beisp \Kap14*. Die JScript-Variante ist in der Datei *Excel3.js* im gleichen Ordner zu finden. Zur Ausführung muss eine Version von Microsoft Excel auf dem Rechner installiert sein. Weitere Hinweise zum Umgang mit den Excel-Objekten finden Sie in den im Literaturverzeichnis unter /3, 4/ aufgeführten Titeln.

CSV-Dateien in Excel importieren

Manchmal ist es erforderlich, Dateien im so genannten »Comma Separated Value«- (CSV-) Format in ein Excel-Arbeitsblatt zu importieren. Eine CSV-Datei enthält die Daten in einem speziellen Textformat. Jede Zeile der CSV-Datei wird durch Separatorzeichen in mehrere Felder unterteilt. Separatoren können Kommas, Tabulatorzeichen, Semikola etc. sein. Die folgenden Zeilen enthalten gültige CSV-Daten.

```
Name:STRING,ID:INT
Born,123
Miller,728
Myers,1334
McFyer,789
Thommy,345
```

Listing 14.6: *Eine CSV-Datei*

Die erste Zeile definiert einen Header, während die restlichen Zeilen die Daten enthalten. Die obige CSV-Datei besteht aus mehreren Datensätzen (Records), und jeder Datensatz umfasst zwei Felder (*name* und *id*). Hier wird ein Komma als Separator verwendet.

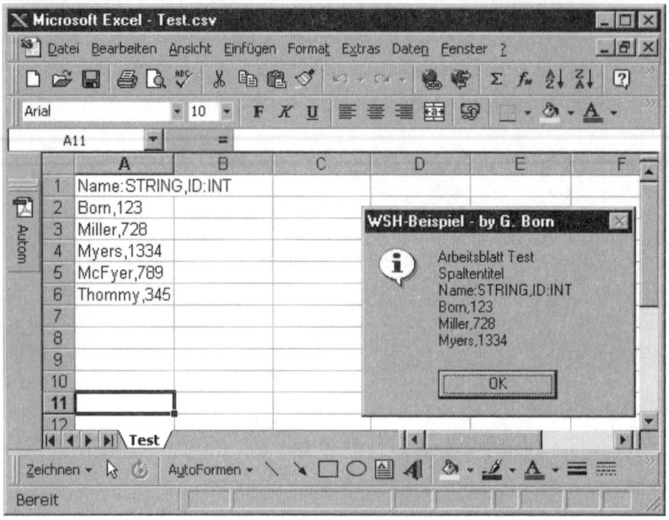

Abbildung 14.6: *Arbeitsblatt mit importierten CSV-Daten*

Sie können eine CSV-Datei sehr bequem mit dem Excel-Befehl *Öffnen* (im *Datei*-Menü) einlesen, indem Sie im Dialogfeld *Öffnen* den Dateityp *Textdatei (*.prn; *.txt; *.csv)* wählen. Nach dem Import werden die Daten im Arbeitsblatt angezeigt. Abbildung 14.6 zeigt ein Arbeitsblatt mit den aus einer CSV-Datei importierten Daten, wobei alles in der ersten Tabellenspalte landet. Excel erlaubt Ihnen auch den Import einer *.csv*-Datei in Excel, indem Sie auf die Datei doppelklicken.

Probleme beim CSV-Import

An dieser Stelle möchte ich auf eine Falle beim Import von CSV-Dateien zu sprechen kommen. Von mir erstellte und im Internet publizierte Beispiele funktionierten bei anderen Benutzern nicht. Erst als ich die englische Ausgabe dieses Buches schrieb, kam ich der Ursache auf die Spur: Die CSV-Dateien benutzen verschiedene Separatorzeichen zum Trennen der Felder (z.B. ein Komma). Windows besitzt aber ebenfalls im Eigenschaftenfenster für die Ländereinstellungen (Systemsteuerung) die Möglichkeit, ein Separatorzeichen für Listen zu bestimmen. In der US-Version von Windows ist das Komma beispielsweise als Listenseparator gesetzt, während die deutsche Windows-Version ein Semikolon verwendet. Daher wird ein WSH-Skript beim Import einer CSV-Datei in Excel unterschiedliche Resultate (je nach Ländereinstellung) liefern. Falls das Separatorzeichen in der CSV-Datei nicht mit der Windows-Einstellung übereinstimmt, werden die Daten als Text in die erste Spalte der Tabelle eingelesen (siehe Abbildung 14.6).

Wenn Sie den oben beschriebenen Effekt ignorieren oder die Einstellungen entsprechend setzen, lässt sich das nachfolgend gezeigte einfache WSH-Skript zum Import von CSV-Dateien in Excel nutzen.

```
'************************************************
' File:   ExcelCSV.vbs (WSH-Beispiel in VBScript)
' Autor:  (c) Günter Born
'
```

```
' Starte Excel, lade Arbeitsblatt (CSV-Datei),
' wähle aktuelles Arbeitsblatt (worksheet), lese
' Werte zurück, drucke CSV-Daten, und beende Skript.
'**********************************************
Option Explicit
Const vbNormal = 1          ' Fensterstil

DIM objXL, objWb, objR      ' Excel-Objektvariable
DIM Title, Text, file, name

Title = "WSH-Beispiel - by G. Born"

'  Setze den Namen der Importdatei
file = "Test.csv"    ' muss im Skriptordner liegen

' Hier kann der Name des Arbeitsblatts angepasst werden.
' Ich habe den Namen "Test" definiert, da die importierte
' CSV-Datei den Namen des Arbeitsblatts bestimmt.
name = "Test"        ' Worksheet-Name für den Import

' Excel Objektreferenz erzeugen
Set objXL = WScript.CreateObject ("Excel.Application")

' Excel-Fenstereigenschaften setzen (optional)
objXL.WindowState = vbNormal ' Normal
objXL.Height = 300           ' Höhe
objXL.Width = 400            ' Breite
objXL.Left = 40              ' X-Position
objXL.Top = 20               ' Y-Position
objXL.Visible = true         ' zeige Fenster

' Lade Excel-Datei aus dem Skriptordner
Set objWb = objXl.WorkBooks.Open(GetPath & file)

' Hole das geladene Worksheet-Objekt
Set objWb = objXL.ActiveWorkBook.WorkSheets("Test")
objWb.Activate               ' optional bei CSV-Dateien

WScript.Echo "Arbeitsblatt geladen"

' Demonstriere das Lesen der Spaltenköpfe
Text = "Arbeitsblatt " & objWb.name & vbCRLF
Text = Text & "Spaltentitel" & vbCRLF
Text = Text & CStr(objWb.Cells(1, 1).Value) & vbTab
Text = Text & CStr(objWb.Cells(1, 2).Value) & vbCRLF

' Zeige einige Zellwerte ("hard coded"-Methode)
Text = Text & CStr(objWb.Cells(2, 1).Value) & vbTab
Text = Text & CStr(objWb.Cells(2, 2).Value) & vbCRLF
Text = Text & CStr(objWb.Cells(3, 1).Value) & vbTab
Text = Text & CStr(objWb.Cells(3, 2).Value) & vbCRLF
Text = Text & CStr(objWb.Cells(4, 1).Value) & vbTab
Text = Text & CStr(objWb.Cells(4, 2).Value) & vbCRLF
```

```
' Zeige Ergebnisse
MsgBox Text, vbOkOnly + vbInformation, Title

If (MsgBox ("Drucken?", vbYesNo + vbQuestion, title) = vbYes ) Then
 objXl.ActiveSheet.PrintOut    ' Drucke Arbeitsblatt
 WScript.Echo "Es wird gedruckt, wenn fertig, schließen"
End if

objXl.Quit                     ' Excel beenden
Set objXL = Nothing

'##########################
Function GetPath
' Skriptpfad
 DIM path
 path = WScript.ScriptFullName
 GetPath = Left(path, InstrRev(path, "\"))
End Function
' Ende
```

Listing 14.7: *ExcelCSV.vbs*

HINWEIS: Sie finden die Datei *ExcelCSV.vbs* im Ordner *\Beisp\Kap14* auf der Begleit-CD-ROM. Dieser Ordner enthält auch die Datei *Test.csv* mit den Importdaten.

Die Lösung des Separator-Problems bei CSV-Dateien

Benötigen Sie eine Importfunktion, die tolerant gegenüber den Betriebssystemeinstellungen des Separatorzeichens ist? Eigentlich sollte sich eine Lösung für dieses Problem finden lassen. Die vom Excel *Workbooks*-Objekt bereitgestellte *Open*-Methode unterstützt zwar einige Parameter wie *format* oder *delimiter*, die ein Separatorzeichen festlegen (siehe auch die Excel-Hilfe). Leider gibt es hier aber ein Problem: Die *Open*-Methode benutzt benannte Parameter, d.h. diese Parameter sind optional und können in VBA mittels ihres Namens und Werts übergeben werden. Leider unterstützt WSH in Skripten keine benannten Parameter, so dass sich die Excel-Methode nicht aufrufen lässt. Auch mein Versuch, die Parameter unbenannt, aber in einer vorgegebenen Reihenfolge zu übergeben, schlug fehl – der Excel-Importfilter ignorierte alle Einstellungen beim Importformat.

Schließlich fand ich eine Lösung: Die Aufgabe lässt sich dem Excel-Import-Assistenten übertragen. Dieser Assistent erlaubt Ihnen die Vorgabe eines Separatorzeichens und importiert die Daten anschließend in der erwarteten Form, indem er diese in Spalten aufteilt (Abbildung 14.7). Leider wird dieser Assistent erst ab Excel 2000 unterstützt.

Nehmen wir an, Sie verfügen über Excel 2000 und möchten eine CSV-Datei importieren. Dann benötigen wir eine leere Arbeitsmappe, die mindestens ein Arbeitsblatt als Importziel aufweist. Diese leere Arbeitsmappe lässt sich mit folgendem VBScript-Befehl anlegen:

```
Set objWb = objXl.WorkBooks.Add
```

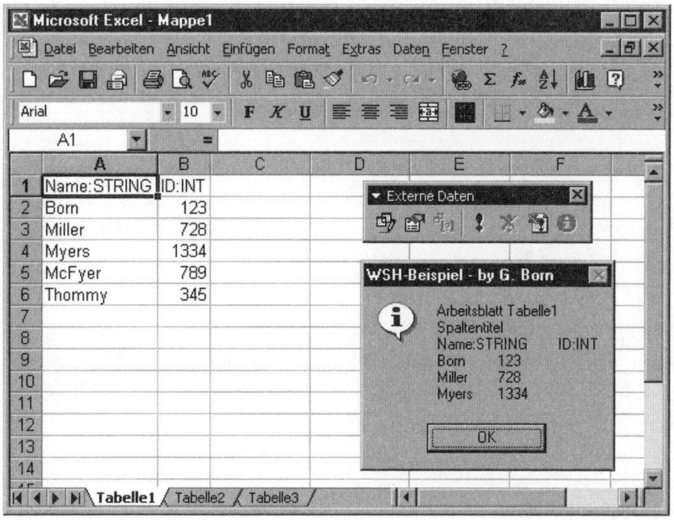

Abbildung 14.7: *Arbeitsblatt mit korrekt importierten Daten und WSH-Dialog*

Anschließend können wir eine Objektreferenz auf das erste Arbeitsblatt erstellen und dieses in den Vordergrund holen (andernfalls lässt sich der Import nicht durchführen). Die Schritte lassen sich mit folgenden Anweisungen ausführen.

```
' Objektreferenz auf 1. Arbeitsblatt
Set objWb = objXL.ActiveWorkBook.WorkSheets(1)
objWb.Activate              ' aktivieren (optional)
```

Nachdem das WSH-Skript Excel in dieser Weise vorbereitet wurde, lässt sich der Import-Assistent mit folgender Anweisung aufrufen.

```
Set objTab = objWb.QueryTables.Add _
           ("TEXT;"&GetPath & file, objWb.Range("A1"))
```

Die Zeichenkette "*TEXT*" definiert das Importformat (hier eine Textdatei, d.h. Excel erkennt, dass eine Textdatei zu laden ist und aktiviert den Import-Assistenten). Daran schließt sich der Dateiname an. Der zweite Parameter definiert den (Ziel) Zellbereich, in dem die Importdaten abzulegen sind. Der Import-Assistent unterstützt eine Reihe von Eigenschaften (z.B. Separatorzeichen), die sich im Skript setzen lassen. Im aktuellen Beispiel wird folgende Codesequenz zum Setzen der Eigenschaften genutzt:

```
objTab.Name = "Names"
objTab.FieldNames = True
objTab.RowNumbers = False
objTab.FillAdjacentFormulas = False
objTab.PreserveFormatting = True
objTab.RefreshOnFileOpen = False
objTab.RefreshStyle = 1  'xlInsertDeleteCells
objTab.SavePassword = False
objTab.SaveData = True
objTab.AdjustColumnWidth = True
objTab.RefreshPeriod = 0
objTab.TextFilePromptOnRefresh = False
```

```
objTab.TextFilePlatform = 2  'xlWindows
objTab.TextFileStartRow = 1
objTab.TextFileParseType = 1  'xlDelimited
objTab.TextFileTextQualifier = -4142 ' xlTextQualifierNone
objTab.TextFileConsecutiveDelimiter = False
objTab.TextFileTabDelimiter = True
objTab.TextFileSemicolonDelimiter = True
objTab.TextFileCommaDelimiter = True
objTab.TextFileSpaceDelimiter = False
objTab.TextFileColumnDataTypes = Array(1, 1)
objTab.Refresh False
```

Die betreffenden Eigenschaften habe ich ermittelt, indem ich in Excel ein Makro aufzeichnete, welches den Import-Assistenten benutzte. Anschließend wurde der VBA-Code im WSH-Skript in angepasster Form übernommen. Das folgende Listing zeigt, wie sich eine CSV-Datei in Excel 2000 per Import-Assistent lesen lässt.

```
'************************************************
' File:    ExcelCSV1.vbs (WSH-Beispiel in VBScript)
' Autor:   (c) Günter Born
'
' Ein modifiziertes VBScript-Beispiel, welche den
' Import einer CSV-Datei (mit verschiedenen Separator-
' zeichen wie Kommas, Semikola etc.) in ein Arbeits-
' blatt demonstriert. Wir verwenden den Import-Assistenten,
' um Problem mit den Kommas als Separatoren zu vermeiden.
' Skript erfordert Excel 2000!
'
' Das Skript lädt Excel, fügt ein leeres Arbeitsblatt
' hinzu, importiert eine CSV-Datei in das aktuelle
' Arbeitsblatt, liest einige Zellwerte, druckt den
' Inhalt der CSV-Datei und beendet sich dann.
'
' Names.csv ist eine einfache Textdatei, die per
' Editor mit folgender Struktur erstellt wurde:
'
' Name:STRING,ID:INT
' Born,123
' Miller,728
' Myers,1334
' McFyer,789
' Thommy,345
'
' Die CSV-Datei muss im Skriptordner liegen.
'************************************************
Option Explicit
Const vbNormal = 1          ' Fensterstil

DIM objXL, objWb, objR, objTab     ' Excel-Objektvariable
DIM Title, Text, file, name

Title = "WSH-Beispiel - by G. Born"

' Setze den Namen der Importdatei
file = "Names.csv"    ' muss im Skriptordner liegen
```

```
' Erzeuge Excel Objektreferenz
Set objXL = WScript.CreateObject ("Excel.Application")

' Excel-Fenstereigenschaften setzen (optional)
objXL.WindowState = vbNormal ' Normal
objXL.Height = 300           ' Höhe
objXL.Width = 400            ' Breite
objXL.Left = 40              ' X-Position
objXL.Top = 20               ' Y-Position
objXL.Visible = true         ' zeige Fenster

' Neues Arbeitsblatt (zur Aufnahme der Importdaten) anlegen
Set objWb = objXl.WorkBooks.Add

' Hole erstes Worksheet-Objekt der aktuellen Arbeitsmappe
Set objWb = objXL.ActiveWorkBook.WorkSheets(1)
objWb.Activate               ' optional (beim CSV-Import)

' Jetzt den Import-Assistenten aufrufen
Set objTab = objWb.QueryTables.Add _
          ("TEXT;" & GetPath & file, objWb.Range("A1"))

' Code zum Setzen der Importeigenschaften
  objTab.Name = "Names"
  objTab.FieldNames = True
  objTab.RowNumbers = False
  objTab.FillAdjacentFormulas = False
  objTab.PreserveFormatting = True
  objTab.RefreshOnFileOpen = False
  objTab.RefreshStyle = 1  'xlInsertDeleteCells
  objTab.SavePassword = False
  objTab.SaveData = True
  objTab.AdjustColumnWidth = True
  objTab.RefreshPeriod = 0
  objTab.TextFilePromptOnRefresh = False
  objTab.TextFilePlatform = 2  'xlWindows
  objTab.TextFileStartRow = 1
  objTab.TextFileParseType = 1  'xlDelimited
  objTab.TextFileTextQualifier = -4142 ' xlTextQualifierNone
  objTab.TextFileConsecutiveDelimiter = False
  objTab.TextFileTabDelimiter = True        ' ### Delimiter
  objTab.TextFileSemicolonDelimiter = True
  objTab.TextFileCommaDelimiter = True
  objTab.TextFileSpaceDelimiter = False
  objTab.TextFileColumnDataTypes = Array(1, 1)
  objTab.Refresh False

WScript.Echo "Arbeitsblatt geladen"

' Demonstriere das Lesen der Spaltenköpfe
Text = "Arbeitsblatt " & objWb.name & vbCRLF
Text = Text & "Spaltentitel" & vbCRLF
Text = Text & CStr(objWb.Cells(1, 1).Value) & vbTab
Text = Text & CStr(objWb.Cells(1, 2).Value) & vbCRLF
```

```
' Zeige einige Zellwerte ("hard coded"-Methode)
Text = Text & CStr(objWb.Cells(2, 1).Value) & vbTab
Text = Text & CStr(objWb.Cells(2, 2).Value) & vbCRLF
Text = Text & CStr(objWb.Cells(3, 1).Value) & vbTab
Text = Text & CStr(objWb.Cells(3, 2).Value) & vbCRLF
Text = Text & CStr(objWb.Cells(4, 1).Value) & vbTab
Text = Text & CStr(objWb.Cells(4, 2).Value) & vbCRLF

' Zeige Ergebnisse
MsgBox Text, vbOkOnly+ vbInformation, Title

If (MsgBox ("Drucken?", vbYesNo + vbQuestion, title) = vbYes ) Then
 objXl.ActiveSheet.PrintOut    ' Drucke Arbeitsblatt
 WScript.Echo "Es wird gedruckt, wenn fertig, schließen"
End If
' Warnung beim Schließen von Excel unterdrücken
objXL.DisplayAlerts = False     ' alle Meldungen unterdrücken

objXl.Quit                      ' Excel beenden
Set objXL = Nothing

'##########################
Function GetPath
' Skriptpfad
 DIM path
 path = WScript.ScriptFullName
 GetPath = Left(path, InstrRev(path, "\"))
End Function
' Ende
```

Listing 14.8: ExcelCSV1.vbs

HINWEIS: Sie finden die Datei *ExcelCSV1.vbs* im Ordner *\Beisp\Kap14* auf der Begleit-CD-ROM. Dieser Ordner enthält auch die Datei *Names.csv* mit den Importdaten.

Aufruf eines Excel-VBA-Moduls per WSH-Skript

Manchmal bietet es sich an, bestimmte Funktionen direkt in Microsoft Excel (Version 97 oder 2000) als VBA-Modul zu implementieren. Dann stellt sich die Frage, ob sich die Funktionen und Prozeduren in den Excel VBA-Modulen auch aus einem WSH-Skript aufrufen lassen. Dies könnte beispielsweise zum Importieren von CSV-Dateien genutzt werden. Lassen Sie uns diese Situation einmal mit einem kleinen WSH-Skript analysieren. Wir können eine XLS-Datei in Excel mit folgendem VBScript-Befehl laden:

```
Set objXL = WScript.GetObject (GetPath & file)
```

Nehmen wir einmal an, die Variable bzw. Konstante *file* enthält einen gültigen Dateinamen und die Datei existiert im Skriptordner (*GetPath* liefert den Pfad zum aktuellen Skript). Nachdem der Befehl ausgeführt wurde, enthält *objXL* eine Objektreferenz auf die geladene XLS-Datei. Befindet sich eine VBA-Funktion *AddData* in diesen geladenen XLS-Dokument, sollte sich diese per WSH-Skript mit folgenden Befehl aufrufen lassen:

```
tmp = objXL.WorkSheets("Test").AddData(15,14)
```

Analysieren wird doch den Befehl und die daraus resultierenden Konsequenzen genauer. Die Variable *objXL* enthält einen Verweis auf das *Workbook*-Objekt, welches die XLS-Datei beinhaltet. Dies ist wichtig, da wir die vom Excel *Application*-Objekt bereitgestellten Methoden hier nicht verwenden können.

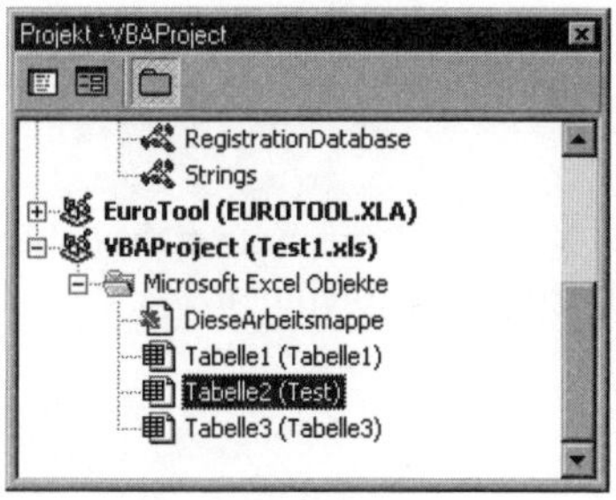

Abbildung 14.8: *Excel-VBA-Projektfenster*

Das *Workbook*-Objekt enthält ein oder mehrere Arbeitsblätter (Worksheets). *WorkSheets* gibt eine Auflistung zurück, aus der ein Arbeitsblatt (das *Worksheet*-Objekt) ausgewählt wird. Mit *WorkSheets("Test")* wird dann das Arbeitsblatt mit dem Namen *Test* ausgewählt (dies ist der Arbeitsblattname). Standardmäßig verwendet Excel zwar Namen wie *Tabelle1, Tabelle2* etc., aber ich habe hier ein Arbeitsblatt in der XLS-Datei in *Test* umbenannt. Der letzte Ausdruck im Befehl ist *AddData(15,14)*. *AddData* ist dabei eine benutzerdefinierte Funktion, die zwei Parameter akzeptiert. Die benutzerdefinierte VBA-Funktion *AddData* besitzt folgenden Inhalt:

```
Public Function AddData(x1, x2)
 AddData = x1 + x2
End Function
```

Das Schlüsselwort *Public* bewirkt, dass die Funktion sich extern aufrufen lässt. *AddData* gibt die aus den beiden Parametern berechnete Summe zurück (etwas trivial, aber für Tests mehr als ausreichend). Nun zur Frage, wo diese VBA-Funktion hinterlegt werden soll. Microsoft Excel verwendet (analog zu anderen Microsoft Office-Programmen) ein Projektfenster zur Verwaltung der Module eines Arbeitsblatts (Abbildung 14.8). Zeichnet der Benutzer ein Makro in Excel auf, wird dieses im Modul *Module1* (oder unter dem vom Benutzer vergebenen Makronamen) in der Klasse *Modules* hinterlegt. Makros, die sich in der Klasse *Modules* befinden, sind global innerhalb der Arbeitsmappe gültig.

Das Projektfenster zeigt zusätzlich drei Arbeitsblätter (*Worksheet*-Objekte) in der Arbeitsmappe. Neben der Klasse *Modules* darf jedes *Tabelle*-Objekt der Klasse *Microsoft Excel Objekte* eigene Prozeduren und Funktionen enthalten.

Falls ein Fremdprogramm eine Funktion oder Prozedur in Excel aufrufen möchte, muss diese Anwendung die Objekthierarchie dieser Module kennen. Der Aufruf einer Prozedur in der Kategorie *Modules* erfordert, dass der genaue Projektname bekannt ist (was aber problematisch ist, da jede Anwendung eine eigene Nomenklatur verwendet). Daher habe ich mich dafür entschieden, die VBA-Prozedur im Objekt *Tabelle* zu hinterlegen (wobei der Name der Tabelle, hier *Test*, zur Auswahl benutzt wird). Wir können dann die VBA-Funktion über die Objekthierarchie per WSH-Skript aufrufen.

HINWEIS: An dieser Stelle noch eine Bemerkung: Laden Sie ein Dokument in Microsoft Office 97/2000, welches Makros enthält, erscheint eine Virenwarnung. In Microsoft Office 2000 können Sie die Warnung über die Sicherheitseinstellung (Menü *Extras*, Befehl *Makro/Sicherheit*) unterdrücken. Markieren Sie auf der Registerkarte *Sicherheitsstufe* das Optionsfeld *Niedrig.* Allerdings reduziert dies die Sicherheit gegenüber Makroviren.

Die Datei *ExcelCall.vbs* enthält einige Anweisungen, um die XLS-Datei zu laden und die VBA-Funktion im Arbeitsblatt aufzurufen. Das Problem mit diesem Ansatz besteht darin, dass wir keine Referenz auf das Excel *Application*-Objekt besitzen. Daher bleibt das Excel-Anwendungsfenster unsichtbar und wir müssen den Befehl:

```
Set objXL = Nothing
```

verwenden, um die Excel-Instanz anschließend freizugeben. Die *Nothing*-Konstante steht dabei nur in VBScript zur Verfügung. Weitere Details sind folgendem Listing zu entnehmen.

```
'************************************************
' File:    ExcelCall.vbs (WSH-Beispiel in VBScript)
' Autor:   (c) Günter Born
'
' Excel aufrufen, eine Datei laden und eine
' VBA-Funktion in der XLS-Datei aufrufen.
'************************************************
Option Explicit

Const file = "CSVImport.xls"   ' Die Testdatei

DIM objXL
DIM tmp

' Erzeuge Excel-Objektreferenz und lade XLS-Datei
Set objXL = WScript.GetObject (GetPath & file)

' Versuche jetzt die AddData-Funktion aufzurufen.
' Diese befindet sich im Arbeitsblatt "Test".
tmp = objXL.WorkSheets("Test").AddData(15,14)
WScript.Echo "AddData (15,14) Rückgabewert: ", tmp

Set objXL = Nothing         ' Freigeben

'##########################
Function GetPath
' Hole Skriptpfad
 DIM path
 path = WScript.ScriptFullName  ' Skriptname
 GetPath = Left(path, InstrRev(path, "\"))
End Function
' Ende
```

Listing 14.9: ExcelCall.vbs

HINWEIS: Sie finden die Datei *ExcelCall.vbs* im Ordner *\Beisp\Kap14* auf der Begleit-CD-ROM. Dieser Ordner enthält auch die Datei *CSVImport.xls* mit den VBA-Makros.

Nachdem Sie das Prinzip zum Aufruf benutzerdefinierter VBA-Funktionen und -Prozeduren aus Excel-Arbeitsblättern kennen gelernt haben, hier noch eine Lösung zum Import von CSV-Dateien unter Verwendung des Excel 2000-Importassistenten. Das WSH-Skript soll dabei die volle

Kontrolle über das Excel *Application*-Objekt erhalten. Dies lässt sich mit folgender Anweisung erreichen:

```
Set objXL = WScript.CreateObject ("Excel.Application")
' Setze Excel-Fenstereigenschaften
objXL.WindowState = vbNormal ' Normal
...
' Lade Excel-Datei aus dem Skriptordner
Set objWb = objXl.WorkBooks.Open(GetPath & file1)
' Aufruf der CSVImport-Prozedur in Excel
objXL.WorkSheets("Test").CSVImport(GetPath & file)
```

Die Objektvariable *objXL* in der ersten Zeile zeigt auf das Excel *Application*-Objekt. Anschließend können wir die Objekthierarchie verwenden, um die *Open*-Methode auf das *WorkBooks*-Objekt anzuwenden. Diese Methode lädt die angegebene Arbeitsmappe. In einem dritten Schritt verwenden wir die Prozedur *CSVImport* aus dem Arbeitsblatt *Test* zum Import der CSV-Datei. Details bezüglich der Implementierung sind dem folgenden Listing zu entnehmen.

```
'************************************************
' File:    ExcelCSV2.vbs (WSH-Beispiel in VBScript)
' Autor:  (c) Günter Born
'
' Starte Excel, lade XLS-Datei und rufe CSV-Import-
' prozedur aus XLS-Datei auf, importiere CSV-Datei,
' Die Prozedur ist im Arbeitsblatt "Test" gespeichert.
'************************************************
Option Explicit

Const vbNormal = 1         ' Fensterstil
' diese Dateien müssen im Skriptordner liegen
Const file = "Test.csv"        ' CSV-Datei zum Importieren
Const file1 = "CSVImport.xls"  ' Makrodatei

' Hier kann der Name des Arbeitsblatts angepasst werden.
' Ich habe den Namen "Test" definiert, da die importierte
' CSV-Datei den Namen des Arbeitsblatts bestimmt.
Const name = "Test"        ' Worksheet-Name für den Import

DIM objXL, objWb, objWs    ' Excel-Objektvariable
DIM Title, Text

Title = "WSH-Beispiel - by G. Born"

' Excel-Objektreferenz erzeugen
Set objXL = WScript.CreateObject ("Excel.Application")

' Excel-Fenstereigenschaften setzen
objXL.WindowState = vbNormal ' Normal
objXL.Height = 200           ' Höhe
objXL.Width = 400            ' Breite
objXL.Left = 10              ' X-Position
objXL.Top = 20               ' Y-Position
objXL.Visible = true         ' Fenster zeigen

' Lade Excel-Datei aus Skriptordner
```

```
Set objWb = objXl.WorkBooks.Open(GetPath & file1)

' Jetzt die CSVImport-Prozedur im Excel-Sheet aktivieren.
' Klappt leider nur für Excel 2000 (die Funktion CSVImport97
' läuft in Excel 97, ignoriert aber die Separatorzeichen)
objXL.WorkSheets("Test").CSVImport(GetPath & file)

Set objWs = objXL.ActiveWorkBook.WorkSheets(name)
objWs.Activate

' Demonstriere das Lesen der Spaltenköpfe
Text = "Arbeitsblatt " & objWs.name & vbCRLF
Text = Text & "Spaltentitel" & vbCRLF
Text = Text & CStr(objWs.Cells(1, 1).Value) & vbTab
Text = Text & CStr(objWs.Cells(1, 2).Value) & vbCRLF

' Zeige einige Zellwerte ("hard coded"-Methode)
Text = Text & CStr(objWs.Cells(2, 1).Value) & vbTab
Text = Text & CStr(objWs.Cells(2, 2).Value) & vbCRLF
Text = Text & CStr(objWs.Cells(3, 1).Value) & vbTab
Text = Text & CStr(objWs.Cells(3, 2).Value) & vbCRLF
Text = Text & CStr(objWs.Cells(4, 1).Value) & vbTab
Text = Text & CStr(objWs.Cells(4, 2).Value) & vbCRLF

' Zeige Ergebnisse
MsgBox Text, vbOkOnly + vbInformation, Title

objXl.Quit                    ' Excel beenden
Set objXL = Nothing

WScript.Quit

'###########################
Function GetPath
' Hole Skriptpfad
 DIM path
 path = WScript.ScriptFullName  ' Skriptname
 GetPath = Left(path, InstrRev(path, "\"))
End Function
' Ende
```

Listing 14.10: ExcelCSV2.vbs

HINWEIS: Sie finden die Datei *ExcelCSV2.vbs* im Ordner *\Beisp\Kap14* auf der Begleit-CD-ROM. Dieser Ordner enthält auch die Datei *CSVImport.xls* mit den VBA-Makros. Die im gleichen Ordner befindliche Datei *Test.csv* enthält die CSV-Daten.

Die erste Implementierung wurde von mir unter der US-Version von Microsoft Excel 2000 vorgenommen. Später lokalisierte ich die Fassung in Deutsch. Bei Tests musste ich leider feststellen, dass Excel 97 einige Excel 2000-VBA-Befehle (Elemente aus dem Objektmodell) nicht unterstützt. Es erscheint ein Laufzeitfehler bei der Ausführung des WSH-Skripts, sobald die VBA-Prozedur aufgerufen wird. Die XLS-Datei enthält noch eine zweite Prozedur *CSVImport97*, die bestimmte Importoptionen setzt. Aber nach meinen Beobachtungen ignoriert Excel 97 die Einstellungen beim Import einer CSV-Datei. Nur bei Verwendung einer Textdatei (Dateinamenerweiterung *.txt*) nutzt Excel 97 den Import-Assistenten.

Die Alternative besteht darin, einen eigenen Filter zum CSV-Import im WSH-Skript zu implementieren. Verwenden Sie das *FileSystemObject*-Objekt zum Lesen der CSV-Datei, dann separieren Sie die Felder jeder eingelesenen Zeile und schreiben die Daten in ein Arbeitsblatt.

Umgang mit Microsoft Word

Sie können Microsoft Word ebenfalls als Automatisierungsserver aus einem WSH-Skript heraus nutzen. Der nachfolgende Abschnitt zeigt Ihnen die hierzu erforderlichen Techniken.

Das Word-Objektmodell

Microsoft Word (ab Version 97) besitzt wie Microsoft Excel ein eigenes Objektmodell, mit dem sich auf die Funktionen der Anwendung und auf das Dokument zugreifen lässt. Das Objektmodell baut auf dem *Application*-Objekt auf (Abbildung 14.9).

- Das *Application*-Objekt kontrolliert das Verhalten des Anwendungsfensters und der Anwendung selbst. Weiterhin enthält das *Application*-Objekt verschiedene Unterobjekte und Auflistungen, über die Sie auf die Word-Funktionen zugreifen können.
- Die *Documents*-Auflistung enthält alle in Microsoft Word geöffneten Dokumente. Ein *Document*-Objekt enthält seinerseits wieder andere Objekte, die den Inhalt des Dokuments beschreiben. Das *Range*-Objekt erlaubt es, Absätze und Abschnitte im Dokument anzusprechen. Mit dem *Select*-Objekt können Sie Bereiche markieren und markierte Bereiche bearbeiten.
- Das *Templates*-Auflistungsobjekt gibt die für die jeweiligen Dokumente benutzten Dokumentvorlagen an.

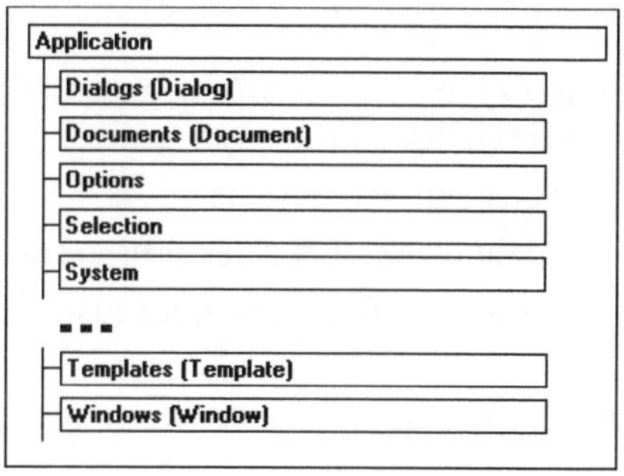

Abbildung 14.9: *Ausschnitt aus dem Word 97-Objektmodell*

Über die anderen Objekte des Word-Objektmodells können Sie auf die Fenster, die Dialoge, die Symbolleisten etc. zugreifen.

HINWEIS: Eine Übersicht über das gesamte Objektmodell finden Sie in der Microsoft Word 97/2000-Hilfe unter dem Stichwort *Objekthierarchie* (oder ähnlichen Begriffen, die Sucheinträge unterscheiden sich etwas zwischen den Word-Versionen). Ähnlich wie in den vorherigen Kapiteln beschrieben, existieren für die Word-Objekte Eigenschaften und Ereignisse. In den nachfolgenden Abschnitten finden Sie Beispiele zum Zugriff auf verschiedene Word-Objekte.

Beispiel zum Zugriff auf Word

In einem ersten Beispiel soll Microsoft Word aus einem WSH-Skript aufgerufen werden. Dann stellt das Skript die Fenstergröße und -position ein. Anschließend soll das Skript einige Informationen des Word-*Application*-Objekts anzeigen (Abbildung 14.10) und schließlich die Anwendung wieder beenden. Das Skript startet nach dem Aufruf Microsoft Word als Automatisierungsobjekt über die folgende Anwendung:

```
Set objWrd = WScript.CreateObject ("Word.Application")
```

Hierbei wird auf das Word *Application*-Objekt zugegriffen. In dieser Referenz findet sich keine Versionsangabe. Sie haben aber die Möglichkeit, mit "*Word.Application.8*" beispielsweise die Version 8.0 (d.h. Word 97) explizit zu fordern. Die obige Anweisung legt eine Referenz auf das *Application*-Objekt von Word an und lädt das Programm in den Speicher. Über dieses *Application*-Objekt lassen sich die Eigenschaften der Anwendung beeinflussen.

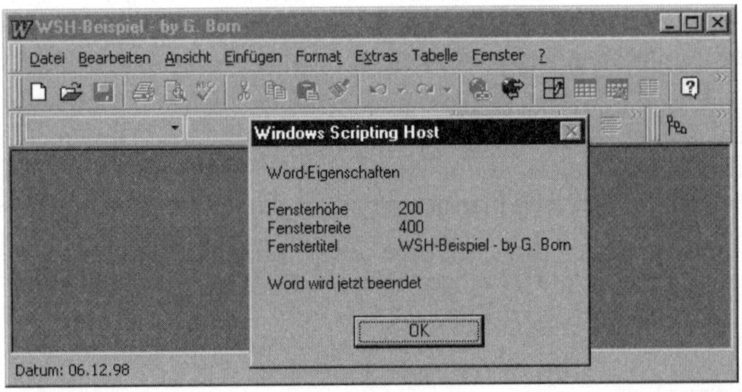

Abbildung 14.10: *Word-Fenster und WSH-Dialoge*

- Über das *Application*-Objekt lässt sich beispielsweise festlegen, wie das Word-Fenster anzuzeigen ist. Sie müssen lediglich die betreffenden Eigenschaften des Objekts festlegen:
- Über die Eigenschaften *Height* und *Width* lässt sich die Fenstergröße einstellen.
- Die Eigenschaften *Left* und *Top* geben die Position der linken oberen Ecke des Fensters an.
- Die Eigenschaft *Visible* erlaubt es, das Anwendungsfenster wie bei Excel ein- oder auszublenden.
- Das Fenster lässt sich über die Eigenschaft *WindowState* maximieren, minimieren oder auf Normalgröße setzen.

WICHTIG: Beachten Sie hier aber, dass für Microsoft Word andere Konstanten für den Fensterstil als für Excel gelten. Diese Konstanten werden im folgenden Beispielprogramm im Programmkopf gesetzt.

Die folgende Codesequenz bewirkt, dass das Word-Fenster verkleinert und in der linken oberen Ecke des Bildschirms angezeigt wird.

```
objWrd.WindowState = vbNormal ' Normal
objWrd.Height = 200           ' Höhe
objWrd.Width = 400            ' Breite
objWrd.Left = 100             ' X-Position
objWrd.Top = 100              ' Y-Position
objWrd.Visible = true         ' Fenster anzeigen
```

Das Word-Anwendungsfenster besitzt eine Titelzeile, die normalerweise mit einem vordefinierten Text belegt ist. Zusätzlich lässt sich eine Statusleiste einblenden, in der Word Zusatzinformationen einblendet. Die nachfolgenden Anweisungen zeigen, wie Sie über das Skript einen beliebigen Text in die Titel- und Statusleiste schreiben:

```
objWrd.Caption = Title
objWrd.Statusbar = "Datum: " & Date
```

Die *Caption*-Eigenschaft wirkt direkt auf die Titelzeile, während *Statusbar* die Statusleiste beeinflusst. Beachten Sie aber bei der Statusleiste, dass diese die Informationen ggf. nicht anzeigen kann, wenn das Fenster zu klein ist. Die obigen Anweisungen funktionieren genauso wie bei den Excel-Beispielen. Sie müssen also nicht viel umlernen, wenn Sie mit dem *Application*-Objekt von Word arbeiten möchten.

Auf Wunsch lässt sich das Word-Fenster vergrößern oder über die *Visible*-Eigenschaft ein- bzw. ausblenden. Die folgenden Anweisungen zeigen ein Dialogfeld im WSH, über das der Benutzer das Word-Fenster maximieren oder minimieren kann.

```
If (MsgBox("Fenster maximieren", vbQuestion + vbYesNo, Title) = vbYes) Then
 objWrd.WindowState = vbMaximized
Else
 If (MsgBox("Fenster minimieren", vbQuestion + vbYesNo, Title) = vbYes) _
     Then objWrd.WindowState = vbMinimized
End If
```

Die im Skript benutzten Konstanten wie *vbMaximized* müssen allerdings explizit im Programmkopf mit den für Word gültigen Werten definiert werden. Alternativ können Sie die Konstanten für die Fenstergröße an die Vorgaben der Word-Objekte anpassen. Die Konstante für ein maximiertes Fenster ist in Microsoft Word 97 beispielsweise mit *wdWindowStateMaximize* benannt. Einzelheiten entnehmen Sie bitte der Word-Dokumentation.

HINWEIS: In ▶ Kapitel 1 hatte ich weiterhin demonstriert, wie Sie in WSH 2.0 mittels *.wsf*-Dateien auf die Typbibliotheken zugreifen können. Sie haben daher die Möglichkeit, das hier gezeigte Beispiel so umzusetzen, dass die Word-Konstanten direkt importiert werden. Da die Buchbeispiele möglichst unter WSH 1.0 und WSH 2.0 laufen sollen, habe ich an dieser Stelle auf die Verwendung von *.wsf*-Dateien und des *<reference>*-Elements verzichtet. Im Ordner *\Beisp\Kap14* finden Sie die Datei *WordReference.wsf*, die den Zugriff auf solche Konstanten demonstriert.

Im nächsten Schritt soll das Skript die Word-Eigenschaften abfragen. Dies ist kein Problem, da wir über die Objektvariable *objWrd* verfügen, die auf das *Application*-Objekt verweist. Die nachfolgenden Anweisungen lesen die bereits beschriebenen Eigenschaften dieses Objekts aus:

```
Text = "Word-Eigenschaften" & vbCrLf & vbCrLf
Text = Text & "Fensterhöhe " & vbTab & objWrd.Height & vbCrLf
Text = Text & "Fensterbreite " & vbTab & objWrd.Width & vbCrLf
Text = Text & "Fenstertitel " & vbTab & objWrd.Caption & vbCrLf
Text = Text & vbCrLf & "Word wird jetzt beendet"
WScript.Echo Text
```

In der letzten Zeile wird das Ergebnis in einem Dialogfeld angezeigt. Um Word wieder zu beenden, wird die *Quit*-Methode des *Application*-Objekts aufgerufen.

```
objWrd.Quit
```

Da wir bisher keine Dokumente angelegt haben, klappt die Methode ohne Probleme. Einzelheiten zur Implementierung in VBScript sind dem nachfolgenden Listing zu entnehmen.

```
'************************************************
' File:   Word.vbs (WSH-Beispiel in VBScript)
' Autor:  Günter Born
'
' Zweck:  Demonstriert, wie sich Word im WSH-Skript
'         nutzen lässt.
'************************************************
Option Explicit
Const vbNormal = 0          ' Word-Fensterstile
Const vbMaximized = 1
Const vbMinimized = 2

DIM objWrd, objWb           ' Word-Objektvariable
DIM Title, Text

Title = "WSH-Beispiel - by G. Born"

' Hier erzeugen wir eine Objektreferenz auf Word
Set objWrd = WScript.CreateObject ("Word.Application")

' Jetzt für die Anzeige des Fensters sorgen

objWrd.WindowState = vbNormal ' Normal
objWrd.Height = 200           ' Höhe
objWrd.Width = 400            ' Breite
objWrd.Left = 100             ' X-Position
objWrd.Top = 100              ' Y-Position
objWrd.Visible = true         ' Fenster anzeigen

' Jetzt etwas in die Titel- und Statusleiste schreiben
objWrd.Caption = Title
objWrd.Statusbar = "Datum: " & Date

' Frage, ob das Fenster maximiert werden soll

If (MsgBox("Fenster maximieren", _
             vbQuestion + vbYesNo, _
             Title) = vbYes) Then
  objWrd.WindowState = vbMaximized
Else
If (MsgBox("Fenster minimieren", _
             vbQuestion + vbYesNo, _
             Title) = vbYes) Then _
  objWrd.WindowState = vbMinimized
End If

' Frage jetzt die Word-Eigenschaften ab
Text = "Word-Eigenschaften" & vbCRLF & vbCRLF
Text = Text & "Fensterhöhe " & vbTab & objWrd.Height & vbCRLF
Text = Text & "Fensterbreite " & vbTab & objWrd.Width & vbCRLF
Text = Text & "Fenstertitel " & vbTab & objWrd.Caption & vbCRLF
```

```
Text = Text & vbCRLF & "Word wird jetzt beendet"
WScript.Echo Text

objWrd.Quit          ' Word jetzt schließen
Set objWrd = Nothing  ' Objektvariable freigeben
'*** Ende
```

Listing 14.11: Word.vbs

HINWEIS: Sie finden das Programm *Word.vbs* auf der Begleit-CD-ROM im Ordner *\Beisp\Kap14*. Die JScript-Variante ist in der Datei *Word.js* im gleichen Ordner zu finden. Zur Ausführung muss eine Version von Microsoft Word auf dem Rechner installiert sein.

Ein Word-Dokument erstellen und beschreiben

Als Nächstes möchte ich zeigen, wie Sie aus einem Skript heraus ein neues Dokument in Word anlegen. Anschließend sollen verschiedene Word-Eigenschaften im Dokument eingefügt werden. Dies demonstriert, wie Sie auf den Dokumentinhalt zugreifen. Abschließend erscheint eine Abfrage, ob das gesamte Dokument zu drucken ist (Abbildung 14.11).

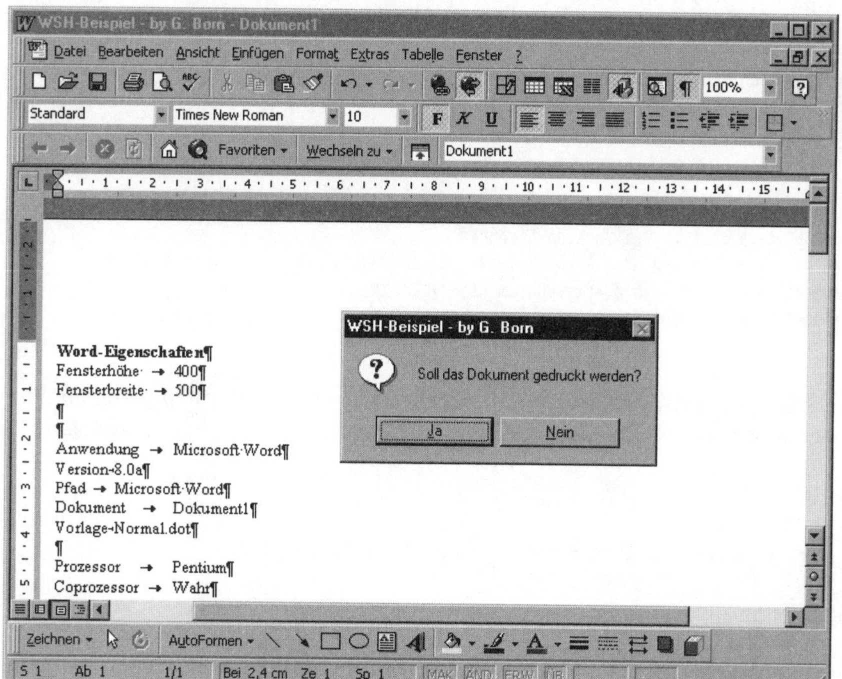

Abbildung 14.11: *Beispieldokument mit Abfrage per Skript zum Drucken*

Wie Sie ein Word-Objekt laden, wurde im vorherigen Abschnitt beschrieben. Zum Anlegen eines neuen (leeren) Word-Dokuments lässt sich die *Add*-Methode auf das *Application*-Objekt anwenden. Word benötigt aber eine Dokumentvorlage, um das Dokument anzulegen. Wird nur die *Add*-Methode angegeben, öffnet Word das Dialogfeld zur Auswahl der Dokumentvorlage. In diesem Beispiel soll das neue Dokument aber auf der Dokumentvorlage *Normal.dot* aufbauen. Daher wird die folgende Codesequenz verwendet:

```
Set objDoc = objWrd.Documents
objDoc.Add ("Normal.dot")
```

Die *Add*-Methode erhält einen Parameter, der die Dokumentvorlage angibt. Um mit dem aktuellen Dokument zu arbeiten, brauchen Sie eine Referenz auf dieses Dokument-Objekt. Die folgende Anweisung erstellt eine Referenz auf das aktuelle Word-Dokument:

```
Set doc = objWrd.ActiveDocument
```

Um einen Text im Dokument zu bearbeiten, bietet sich das *Range*-Objekt an. Die folgende Anweisung bewirkt, dass dieses Objekt auf den Dokumentanfang gesetzt wird:

```
Set txt = doc.Range(0,0)
```

Damit sind alle Vorbereitungen zum Schreiben in das Dokument durchgeführt. Die folgende Anweisungssequenz liest verschiedene Word-Eigenschaften und fügt die betreffenden Daten über die *InsertAfter*-Methode im Dokument ein. Durch die Konstante *vbCrLf* wird ein Zeilenumbruch erzwungen, d.h. jede Zeile erzeugt in Word einen Absatz (englisch: *Paragraph*).

```
txt.InsertAfter ("Word-Eigenschaften" & vbCrLf)
txt.InsertAfter ("Fensterhöhe " & vbTab & objWrd.Height & vbCrLf)
txt.InsertAfter ("Fensterbreite " & vbTab & objWrd.Width & vbCrLf)
txt.InsertAfter (vbCrLf)

txt.InsertAfter ("Anwendung" & vbTab & objWrd.Application & vbCrLf)
txt.InsertAfter ("Version" & vbTab & objWrd.Version & vbCrLf)
txt.InsertAfter ("Pfad" & vbTab & objWrd.Name & vbCrLf)
txt.InsertAfter ("Dokument" & vbTab & objWrd.ActiveDocument & vbCrLf)
txt.InsertAfter ("Vorlage" & vbTab & doc.AttachedTemplate & vbCrLf)
....
```

Das Skript greift nebenbei auf das Word *System*-Objekt zurück, welches Informationen zum Prozessor, zum Coprozessor etc. liefert. Die Objektreferenz erhalten Sie mit folgender Anweisung.

```
Set sys = objWrd..System
```

Dann können Sie beispielsweise den Prozessortyp ermitteln und anzeigen:

```
WScript.Echo sys.Processortype
```

Viele Anwendungen möchten direkt auf die Elemente eines Word-Texts zugreifen können. Sobald alle Informationen gelesen und im Word-Dokumentbereich eingetragen wurden, soll daher der erste Absatz (d.h. die Titelzeile) zusätzlich fett formatiert werden. Dies lässt sich über die *Bold*-Eigenschaft des betreffenden Objekts realisieren. Diese Eigenschaft ist auf *true* zu setzen. Wie kommen wir aber an das zugehörige Objekt? Ich hatte ja bereits ausgeführt, dass die Informationen absatzweise in das Dokument geschrieben wurden. Das Dokument besteht daher aus einer Auflistung von *Paragraphs*-Objekten. Sie können über die *Paragraphs*-Eigenschaft direkt auf diese Auflistung zugreifen. Weiterhin haben Sie die *Range*-Methode kennen gelernt, die ein Objekt auf einen Textbereich festlegt. Der erste Absatz lässt sich mit der Anweisung:

```
Set txt = doc.Paragraphs(1).Range
```

einer Objektvariablen zuweisen. Die Objektvariable *txt* kann dann zur Bearbeitung des Textes benutzt werden. Mit der folgenden Anweisung:

```
txt.Bold = true
```

legen Sie die *Bold*-Eigenschaft des Objekts (hier des Absatzes) fest und setzen deren Wert auf *true*. Dies bewirkt einen Fettdruck des Textes. Um ein Word-Dokument zu drucken, lässt sich die *PrintOut*-Methode auf das betreffende Dokument anwenden. Alle in Word geladenen Dokumente werden dabei als eine *Documents*-Auflistung des *Application*-Objekts interpretiert. Mit der *ActiveDocument*-Methode greifen Sie auf das aktuelle *Document*-Objekt zurück, während die Anweisung:

```
Set x = Documents("Test1.doc")
```

eine Objektreferenz auf das Dokument *Test1.doc* erstellt. Um den Text zu drucken, wenden Sie einfach die *PrintOut*-Methode auf dieses Objekt an:

```
objWrd.PrintOut
```

Bevor Sie aber das Word-Objekt freigeben und die Anwendung beenden, sollten Sie sicherstellen, dass das Dokument tatsächlich ausgedruckt ist. Andernfalls erhalten Sie eine Meldung, dass Word noch druckt. Im folgenden Beispielprogramm habe ich einen Trick genutzt und im Skript ein Dialogfeld eingeblendet:

```
WScript.Echo "Fertig mit dem Drucken?"
```

Es liegt dann am Benutzer, wann er die *OK*-Schaltfläche des Dialogfelds anklickt und Word mit der Anweisung:

```
objWrd.Quit
```

beendet. Einzelheiten sind dem nachfolgend gezeigten Listing zu entnehmen.

```
'************************************************
' File:   Word1.vbs (WSH-Beispiel in VBScript)
' Autor:  Günter Born
'
' Zweck:  Demonstriert, wie sich Word im WSH-Skript
'         nutzen lässt. Legt eine neues Dokument an
'         und schreibt Text an das Dokumentende.
'************************************************
Option Explicit
Const vbNormal = 0              ' Word-Fensterstile
Const vbMaximized = 1
Const vbMinimized = 2

DIM objWrd, objDoc, txt, doc     ' Word-Objektvariable
```

```
DIM sys
DIM Title, Text

Title = "WSH-Beispiel - by G. Born"

' Hier erzeugen wir eine Objektreferenz auf Word
Set objWrd = WScript.CreateObject ("Word.Application")

' Jetzt für die Anzeige des Fensters sorgen
objWrd.WindowState = vbNormal ' Normal
objWrd.Height = 400          ' Höhe
objWrd.Width = 500           ' Breite
objWrd.Left = 20             ' X-Position
objWrd.Top = 20              ' Y-Position
objWrd.Visible = true        ' Fenster anzeigen

' Jetzt etwas in die Titeleiste schreiben
objWrd.Caption = Title

' Jetzt ein Dokument-Objekt erzeugen
Set objDoc = objWrd.Documents
objDoc.Add ("Normal.dot")

' Jetzt holen wird das aktuelle Dokument
 Set doc = objWrd.ActiveDocument

' Definiere ein Range auf den Textanfang
 Set txt = doc.Range(0,0)

' Jetzt sind wir fertig, um Text einzufügen
 txt.InsertAfter ("Word-Eigenschaften" & vbCRLF)
 txt.InsertAfter ("Fensterhöhe " & vbTab & objWrd.Height & vbCRLF)
 txt.InsertAfter ("Fensterbreite " & vbTab & objWrd.Width & vbCRLF)
 txt.InsertAfter (vbCRLF)

 txt.InsertAfter ("Anwendung" & vbTab & objWrd.Application & vbCRLF)
 txt.InsertAfter ("Version" & vbTab & objWrd.Version & vbCRLF)
 txt.InsertAfter ("Pfad" & vbTab & objWrd.Name & vbCRLF)
 txt.InsertAfter ("Dokument" & vbTab & objWrd.ActiveDocument & vbCRLF)
 txt.InsertAfter ("Vorlage" & vbTab & doc.AttachedTemplate & vbCRLF)

 Set sys = objWrd.System
 txt.InsertAfter (vbCRLF)
 txt.InsertAfter ("Prozessor" & vbTab & sys.Processortype & vbCRLF)
 txt.InsertAfter ("Coprozessor" & vbTab & sys.MathCoProcessorInstalled & vbCRLF)
 txt.InsertAfter ("Drucker" & vbTab & objWrd.ActivePrinter & vbCRLF)

' Setze Range-Objekt auf 1. Absatz und formatiere die Titelzeile fett
 Set txt = doc.Paragraphs(1).Range
 txt.Bold = true                ' fett

objWrd.Statusbar = "Fertig"

If (MsgBox("Soll das Dokument gedruckt werden?", _
            vbQuestion + vbYesNo, _
            Title) = vbYes) Then
```

```
   objWrd.PrintOut
   WScript.Echo "Fertig mit dem Drucken?"
End if

objWrd.Quit          ' Word jetzt schließen
Set objWrd = Nothing  ' Objektvariable freigeben
'*** Ende
```

Listing 14.12: Word1.vbs

HINWEIS: Sie finden das Programm *Word1.vbs* auf der Begleit-CD-ROM im Ordner *\Beisp\Kap14*. Die JScript-Variante ist in der Datei *Word1.js* im gleichen Ordner zu finden. Zur Ausführung muss eine Version von Microsoft Word auf dem Rechner installiert sein.

Word-DOC-Datei laden und Daten lesen

Im folgenden Beispiel soll eine Datei in Word geladen und deren Inhalt absatzweise im WSH-Skript ausgegeben werden. Die erforderlichen Anweisungen zum Holen des Word-Objekts kennen Sie bereits aus den vorherigen Beispielen. Als Neuerung ist eine Datei per Skript zu laden. Dies geschieht mit der folgenden Anweisung:

```
Set objDoc = objWrd.Documents.Open(GetPath & "Test1.doc")
```

Die Anweisung wendet die *Open*-Methode auf das *Documents*-Objekt der Word-Anwendung (hier durch die Objektvariable *objDoc* angegeben) an. Als Parameter erwartet die Methode den Pfad und den Namen der zu öffnenden Datei. Hier habe ich wieder die *GetPath*-Funktion benutzt, um den Pfad zum aktuellen Skript zu holen. Daher muss die Datei *Test1.doc* in diesem Ordner enthalten sein.

TIPP: Möchten Sie beispielsweise den Quellcode der aktuell ausgeführten Skriptdatei direkt in Word laden, ließe sich die folgende Anweisung verwenden:

```
Set objDoc = objWrd.Documents.Open(WScript.ScriptFullName)
```

Nach dieser Vorbereitung liegt die *objDoc*-Objektvariable mit einer Referenz auf das aktuelle Dokument vor. Jetzt haben Sie die Möglichkeit, per *Range*-Objekt auf die *Paragraphs*-Auflistung des Dokuments zuzugreifen. Mit diesem Objekt können Sie die einzelnen Absätze der Auflistung (d.h. des Dokuments) lesen. Die folgende Schleife nutzt dies, indem sie alle Objekte der *Paragraphs*-Auflistung bearbeitet. Die *Count*-Eigenschaft gibt dabei die Zahl der Absätze im Dokument an.

```
For i= 1 To objDoc.Paragraphs.Count
 Set txt = objDoc.Paragraphs(i).Range     ' Absatz
 WScript.Echo i, ": ", txt                ' anzeigen
Next
```

Die Anweisung:

```
Set txt = objDoc.Paragraphs(i).Range
```

greift gezielt auf den aktuell bearbeiteten Absatz des Dokuments zurück und weist diesen der Objektvariablen *txt* zu. Sie können diese Variable im Skript verwenden, um den Inhalt des Absatzes zu bearbeiten (z.B. zu lesen).

HINWEIS: Möchten Sie lieber satzweise auf das Dokument zugreifen, verwenden Sie die *Sentences*-Auflistung. Mit der *Words*-Auflistung wird das Dokument wortweise gelesen.

Das folgende Skript liest also die Datei *Test1.doc* und gibt deren Inhalt absatzweise in einem Dialogfeld aus. Die Einzelheiten der Implementierung sind dem nachfolgenden Listing zu entnehmen.

```
'************************************************
' File:   Word2.vbs (WSH-Beispiel in VBScript)
' Autor:  Günter Born
'
' Zweck:  Startet Word und lädt eine Datei.
'         Diese wird dann satzweise im Skript angezeigt.
'************************************************
Option Explicit
Const vbNormal = 0              ' Word-Fensterstile
Const vbMaximized = 1
Const vbMinimized = 2

DIM objWrd, objDoc, txt, doc, dlg ' Word-Objektvariable
DIM Title, Text, i

Title = "WSH-Beispiel - by G. Born"

' Hier erzeugen wir eine Objektreferenz auf Word
Set objWrd = WScript.CreateObject ("Word.Application")

' Jetzt für die Anzeige des Fensters sorgen
objWrd.WindowState = vbNormal ' Normal
objWrd.Height = 400           ' Höhe
objWrd.Width = 500            ' Breite
objWrd.Left = 20              ' X-Position
objWrd.Top = 20               ' Y-Position
objWrd.Visible = true         ' Fenster anzeigen

' Jetzt das Dokument-Objekt Test1.doc holen
Set objDoc = objWrd.Documents.Open(GetPath & "Test1.doc")
' Mit der folgenden Anweisung können Sie beispielsweise die
' Skriptdatei in Word laden.
'
' Set objDoc = objWrd.Documents.Open(WScript.ScriptFullName)
'

' Wir arbeiten mit einem Range-Objekt über die Paragraphs-Auflistung
For i= 1 To objDoc.Paragraphs.Count
 Set txt = objDoc.Paragraphs(i).Range    ' Absatz
 WScript.Echo i, ": ", txt               ' anzeigen
Next

' Jetzt sind wir fertig
WScript.Echo "Fertig"

objWrd.Quit          ' Word jetzt schließen
Set objWrd = Nothing ' Objektvariable freigeben

'##########################
```

```
Function GetPath
' Ermittle den Pfad des Skripts und entferne den
' Skriptnamen -> gebe den Pfad zurück.
 DIM path
 path = WScript.ScriptFullName  ' Name Skript
 GetPath = Left(path, InstrRev(path, "\"))
End Function
'*** Ende
```

Listing 14.13: Word2.vbs

HINWEIS: Sie finden das Programm *Word2.vbs* auf der Begleit-CD-ROM im Ordner *\Beisp\Kap14*. In diesem Ordner habe ich auch eine kleine Testdatei untergebracht. Die Implementierung in JScript überlasse ich Ihnen zur Übung.

Word *Öffnen*-Dialog per Skript aufrufen

Im letzten Beispiel zu Microsoft Word möchte ich Ihnen noch kurz zeigen, wie Sie das Dialogfeld *Öffnen*, welches von Word zur Verfügung gestellt wird, aus einem Skript heraus aufrufen. Dies erlaubt Ihnen, dem Benutzer einen Dialog zur Auswahl einer Datei anzuzeigen. Vorteil: Bei Word 2000 können Sie bereits die neue Version des Dialogfelds mit der Spalte zur Auswahl der Speicherorte verwenden.

Um mit den Word-Dialogen zu arbeiten, müssen Sie eine Referenz auf die *Dialogs*-Auflistung (siehe Abbildung 14.9) erzeugen. Diese Auflistung ist im *Application.*Objekt enthalten. Sie können daher eine Referenz mit der folgenden Anweisung einrichten:

```
Set dlg = objWrd.Dialogs(wdDialogFileOpen)
```

Hierbei wird vorausgesetzt, dass die Variable *objWrd* eine Referenz auf das *Application*-Objekt von Word beinhaltet. Die Auflistung erwartet einen Parameter, der die Art des gewünschten *Dialog*-Objekts angibt. Ich habe in diesem Fall die in Word vereinbarte Konstante *wdDialogFileOpen* gewählt. Diese wurde im Kopf des VBScript-Programmes auf den Wert 80 gesetzt.

Sobald Sie das *Dialog*-Objekt besitzen, müssen Sie aber noch eine Methode anwenden, um das Dialogfeld anzuzeigen. Das *Dialog*-Objekt unterstützt die Methoden *Show* und *Display.* Bei der *Show*-Methode wird das Dialogfeld geöffnet und das vom Benutzer gewählte Dokument automatisch geöffnet. Bei der *Display*-Methode zeigt Word auch das Dialogfeld an. Nach einer Benutzerauswahl einer Datei passiert aber nichts weiter. Sie können dann über die *Name*-Eigenschaft auf den Namen der gewählten Datei zugreifen und das Dokument per Skriptanweisung in Word laden. Dies habe ich im Beispielskript in folgender Sequenz genutzt:

```
If dlg.Display = -1 Then   ' Öffnen und Auswahl testen
 Set objDoc =  objWrd.Documents.Open(dlg.Name)
' Gewählte Datei anzeigen
WScript.Echo "Datei: ", dlg.Name, " gewählt."
Else
 WScript.Echo "Schaltfläche Abbrechen gewählt."
End If
```

Die *Display*-Methode gibt automatisch den Statuscode hinsichtlich der angeklickten Schaltfläche zurück. Der Wert *true* (bzw. –1) signalisiert, dass der Benutzer eine Datei ausgewählt hat. Weicht der Statuswert von –1 ab, wurde die *Abbrechen*-Schaltfläche gewählt.

HINWEIS: Der *Display*-Methode kann noch ein Parameter (z.B. *dlg.Display (1000)*) mitgegeben werden. Dieser Parameter gibt die Wartezeit in 1/100 Sekunden an. Mit dem Wert 1000 wird das Dialogfeld also nach zehn Sekunden automatisch geschlossen.

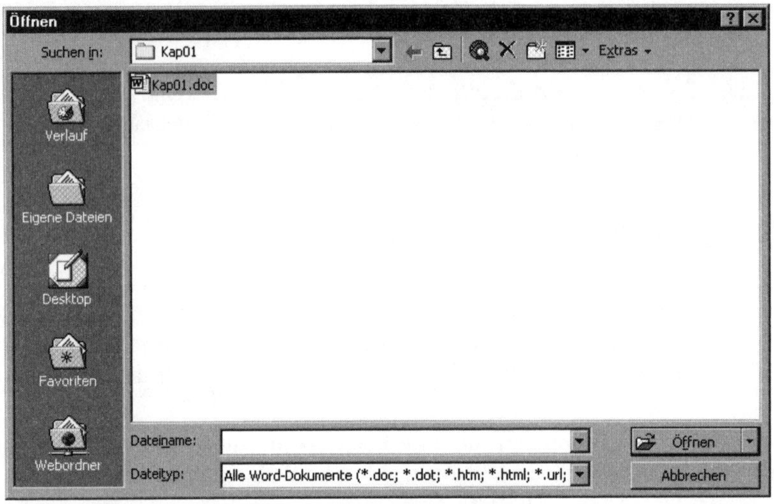

Abbildung 14.12: *Dialogfeld* Öffnen *(hier Word 2000)*

Das Skript zeigt nach dem Start ein Dialogfeld zur Auswahl der Datei (Abbildung 14.12). Anschließend wird das gewählte Dokument geladen und der Dateiname angezeigt. Die Einzelheiten der Implementierung sind dem nachfolgenden Listing zu entnehmen.

```
'************************************************
' File:   Word3.vbs (WSH-Beispiel in VBScript)
' Autor:  Günter Born
'
' Zweck:  Startet Word und zeigt den Öffnen-Dialog
'         zum Laden einer Datei an.
'************************************************
Option Explicit
Const vbNormal = 0              ' Word-Fensterstile
Const vbMaximized = 1
Const vbMinimized = 2
Const wdDialogFileOpen = 80

DIM objWrd, objDoc, txt, doc, dlg ' Word-Objektvariable
DIM Title, Text, i

Title = "WSH-Beispiel - by G. Born"
```

```
' Hier erzeugen wir eine Objektreferenz auf Word
Set objWrd = WScript.CreateObject ("Word.Application")

' Jetzt für die Anzeige des Fensters sorgen
objWrd.WindowState = vbNormal ' Normal
objWrd.Height = 400          ' Höhe
objWrd.Width = 500           ' Breite
objWrd.Left = 20             ' X-Position
objWrd.Top = 20              ' Y-Position
objWrd.Visible = true        ' Fenster anzeigen

' Jetzt das Öffnen-Dialogfeld zur Dateiauswahl holen
Set dlg = objWrd.Dialogs(wdDialogFileOpen)

If dlg.Display = -1 Then   ' Öffnen und Auswahl testen
 Set objDoc =  objWrd.Documents.Open(dlg.Name)
' Gewählte Datei anzeigen
WScript.Echo "Datei: ",  dlg.Name, " gewählt."
Else
 WScript.Echo "Schaltfläche Abbrechen gewählt."
End If

'Jetzt sind wir fertig, beenden
WScript.Echo "Word jetzt beenden."

objWrd.Quit           ' Word jetzt schließen
Set objWrd = Nothing  ' Objektvariable freigeben
'*** Ende
```

Listing 14.14: Word3.vbs

HINWEIS: Sie finden die Datei *Word3.vbs* auf der Begleit-CD-ROM im Ordner *\Beisp\Kap14*.

Rechtschreibprüfung per WSH-Skript nutzen

Ist Microsoft Word auf dem Rechner installiert, kann per WSH-Skript auch auf die Rechtschreibprüfung zugegriffen werden (sofern diese Option mit installiert wurde). ▶ Abbildung 14.13 zeigt ein Word-Dokumentfenster mit Text und einigen WSH-Dialogfeldern im Vordergrund.

Das Word-Dokument wird hier als Helfer benutzt, um Eingaben tätigen und die Objekte der Rechtschreibprüfung ansprechen zu können. Die Dialoge werden per Skript erzeugt. Und hier kommen die Schritte zur Implementierung des Skripts. Nachdem eine Referenz auf das Word *Application*-Object erzeugt wurde, können wir mit folgender Anweisung ein neues leeres *Dokument*-Objekt zur *Documents*-Auflistung (enthält alle geladenen Dokumente) hinzufügen.

```
set objDoc = objWrd.Documents ' Referenz auf Documents
objDoc.Add                    ' Leeres Dokument
Set objDoc = objWrd.ActiveDocument      ' Neues Dokument aktivieren
```

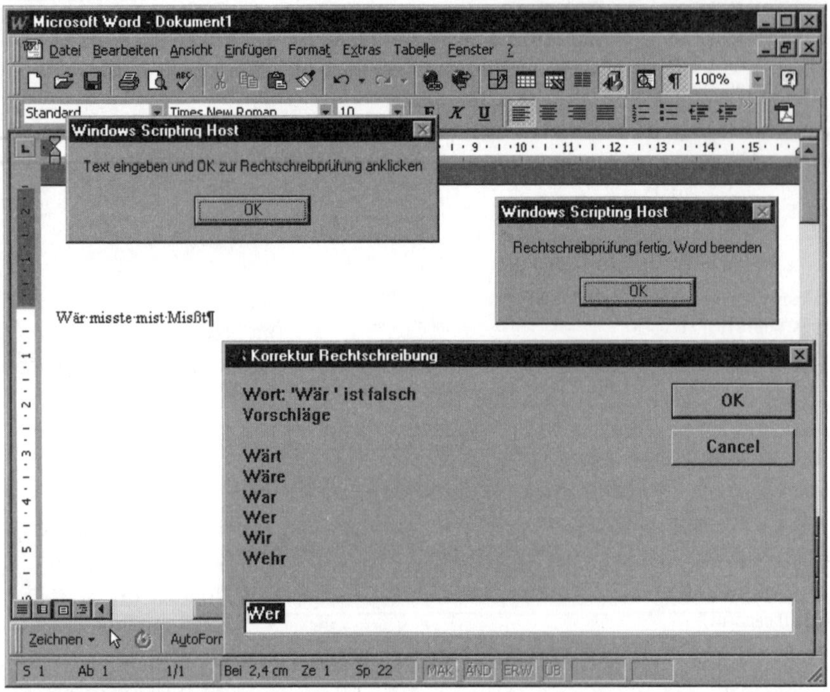

Abbildung 14.13: *Nutzen der Rechtschreibprüfung mit Word per WSH-Skript*

Das WSH-Skript zeigt anschließend einen *WScript.Echo* Dialog, um die Skriptausführung zu unterbrechen. Dies gibt dem Benutzer Gelegenheit, einen Beispieltext im Word-Dokumentfenster einzutippen. Natürlich könnten Sie auch einen Text per Skript im Word-Dokument einfügen. Ist der Text vorhanden und schließt der Benutzer das WSH-Dialogfeld über die *OK*-Schaltfläche, wird die Rechtschreibprüfung aktiviert. Ein Dokument besteht dabei aus Wörtern, von denen jedes einzelne zu überprüfen ist. Daher habe ich die *Words*-Auflistung des Word *Document*-Objekts benutzt, um die einzelnen Wörter im aktiven Dokument zu lesen.

```
For i= 1 To objDoc.Words.Count-1
  wrd = objDoc.Words(i)       ' Hole Wort
Next
```

Die Variable *wrd* enthält das aktuelle Wort. Beachten Sie, dass der Index bei 1 beginnt und bis *count-1* läuft. Das aktuelle Wort lässt sich mittels der *CheckSpelling*-Methode des Word *Application*-Objekts prüfen.

```
Tst= objWrd.CheckSpelling(wrd)
```

Das zu prüfende Wort wird als Parameter an die Methode übergeben. Liefert die Methode den Wert *false*, ist das Wort vermutlich falsch geschrieben. In diesem Fall können Sie Korrekturvorschläge über die *GetSpellingSuggestions*-Methode abrufen:

```
Set spell = objWrd.GetSpellingSuggestions (wrd)
```

Die Methode liefert ein Auflistungsobjekt mit Vorschlägen zurück. Daher muss das Ergebnis des Methodenaufrufs mit *Set* einer Objektvariablen zugewiesen werden. Die Zahl der Wörter wird über die Eigenschaft *spell.count* angegeben. Die folgende Sequenz erzeugt eine Zeichenkette, die alle Korrekturvorschläge enthält:

```
If spell.count > 0 Then     ' Vorschlag gefunden?
 For Each j in spell
  txt = txt & j & vbCRLF
 Next
End if
```

Das Beispielskript verwendet diese Vorschläge und zeigt diese in einem Dialogfeld an (Abbildung 14.13). Der Benutzer kann dann das fehlerhaft geschriebene Wort im Eingabefeld korrigieren. Schließt er das Dialogfeld per *OK*-Schaltfläche, schreibt das Skript die Korrektur in das Dokument zurück:

```
objDoc.Words(i).Text = tmp
```

Hierzu wird der Wert einfach der Eigenschaft *Text* des aktuellen *Words*-Objekts zugewiesen. Die Variable *tmp* wird von der *Inputbox*-Funktion zurückgeliefert. Das Beispiel ist aus Benutzersicht nicht allzu komfortabel. So bietet Word beispielsweise eine Dialog für die Rechtschreibprüfung, in dem sich die Korrekturvorschläge leicht übernehmen lassen. Das Skript stellt aber einen ersten Versuch dar, die Möglichkeiten zum Zugriff auf die Rechtschreibprüfung per Skript zu demonstrieren (und wurde daher auf das Wesentliche reduziert). Sie können das Skript ja als Basis für weitere Experimente verwenden. So lässt sich beispielsweise ein Text (aus einer E-Mail) per Skript lesen, in den Word-Dokumentbereich kopieren und mit der Rechtschreibprüfung bearbeiten. Das folgende Listing zeigt die Details der Implementierung meines Beispielskripts.

```
'************************************************
' File:   SpellCheck.vbs (WSH-Beispiel in VBScript)
' Autor:  Günter Born
'
' Benutzt die Rechtschreibprüfung von Microsoft Office.
'************************************************
Option Explicit

Const vbNormal = 0              ' Fensterstile
Const vbMaximized = 1
Const vbMinimized = 2

DIM objWrd, objDoc              ' Word Objektvariable
DIM i, j, wrd, spell, tmp, txt, wrdobj

' erzeuge Word_Objekt
Set objWrd = WScript.CreateObject ("Word.Application")

' setze die Word-Fenstereigenschaften
objWrd.WindowState = vbNormal ' Normal
objWrd.Height = 400           ' Höhe
objWrd.Width = 500            ' Breite
objWrd.Left = 20              ' X-Position
objWrd.Top = 20               ' Y-Position
objWrd.Visible = true         ' zeige Fenster
```

```
set objDoc = objWrd.Documents ' Referenz auf Documents-Auflistung

objDoc.Add                    ' leeres Dokument anlegen
Set objDoc = objWrd.ActiveDocument

' Skript wartet auf Texteingabe des Benutzers im Word-Fenster
WScript.Echo "Text eingeben und OK zur Rechtschreibprüfung anklicken"

' Verwende die Words-Auflistung, um alle Wörter zu bearbeiten
For i= 1 To objDoc.Words.Count-1
  wrd = objDoc.Words(i)       ' hole Wort
' Rechtschreibprüfung aufrufen
  If objWrd.CheckSpelling(wrd) = false then
   txt = "Wort: '" & wrd & "' ist falsch" & vbCRLF _
           & "Vorschläge" & vbCRLF & vbCRLF
' Hole Vorschläge der Rechtschreibprüfung
   Set spell = objWrd.GetSpellingSuggestions (wrd)
   If spell.count > 0 Then     ' Vorschlag gefunden?
    For Each j in spell
     txt = txt & j & vbCRLF
    Next
   End if
' Erlaube dem Benutzer die Korrektur des Wortes
   tmp = InputBox (txt, "Korrektur Rechtschreibung", wrd)
' OK angeklickt, korrigierte Text mit der Eingabe
   If tmp <> "" Then objDoc.Words(i).Text = tmp
  End if
Next

WScript.Echo "Rechtschreibprüfung fertig, Word beenden"

objWrd.Quit               ' Word beenden
Set objWrd = Nothing      ' Objekt freigeben
' Ende
```

Listing 14.15: SpellCheck.vbs

HINWEIS: Sie finden die Datei *SpellCheck.vbs* auf der Begleit-CD-ROM im Ordner *\Beisp\Kap14*.

Umgang mit Microsoft Access

Microsoft Access stellt ebenfalls einen Automatisierungsserver dar, den Sie aus dem WSH heraus per Skript ansprechen können. Im folgenden Abschnitt möchte ich Ihnen an einem Beispiel zeigen, wie Sie per WSH-Skript auf eine Access-Datenbank zugreifen können

Das Microsoft Access-Objektmodell

Microsoft Access 97 (und höhere Versionen wie Access 2000) besitzt ein eigenes Objektmodell, mit dem sich auf die Funktionen der Anwendung zugreifen lässt. Das Access-Objektmodell ist in Abbildung 14.14 abgebildet. Das Objektmodell baut auf dem *Application*-Objekt auf. Innerhalb des Objektmodells gibt es Unterobjekte für Formulare (Forms), Berichte (Reports), Module (Modules) sowie das *Screen*- und das *DoCmd*-Objekt.

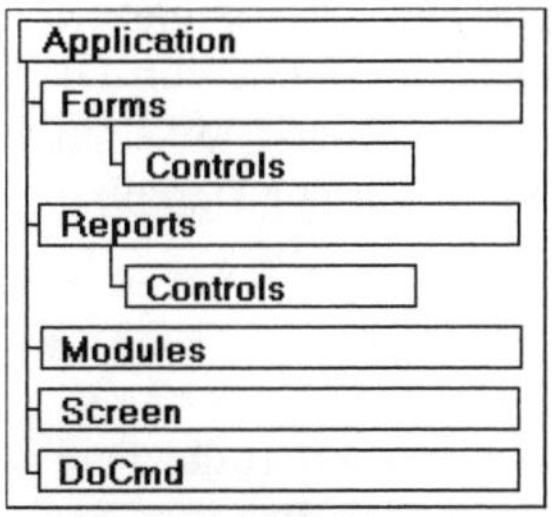

Abbildung 14.14: *Microsoft Access-Objektmodell*

Das *Application*-Objekt kontrolliert das Verhalten des Anwendungsfensters und der Anwendung selbst. Über dieses Objekt können Sie auch auf die Formulare, Berichte, Module oder Screens zurückgreifen. Auf diese Funktionen möchte ich an dieser Stelle aber nicht weiter eingehen, da uns als WSH-Programmierer im Wesentlichen die Datenbankfunktionen interessieren.

Das *DBEngine*-Objektmodell

Microsoft Access stellt dem VBA-Entwickler eine Datenbank-Engine zum Zugriff auf die Datenbank zur Verfügung. Im *DBEngine*-Objektmodell wird noch zwischen den Zugriffen auf die Jet-Arbeitsbereiche (Abbildung 14.15) und auf die ODBC-Direkt-Arbeitsbereiche (Abbildung 14.16) unterschieden.

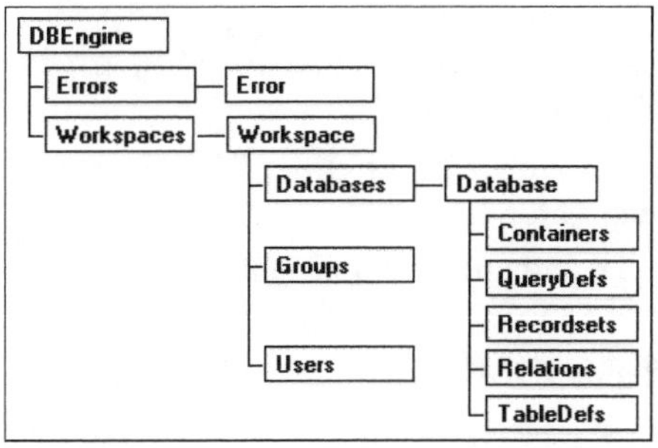

Abbildung 14.15: DBEngine-*Objektmodell für Microsoft Jet-Arbeitsbereiche*

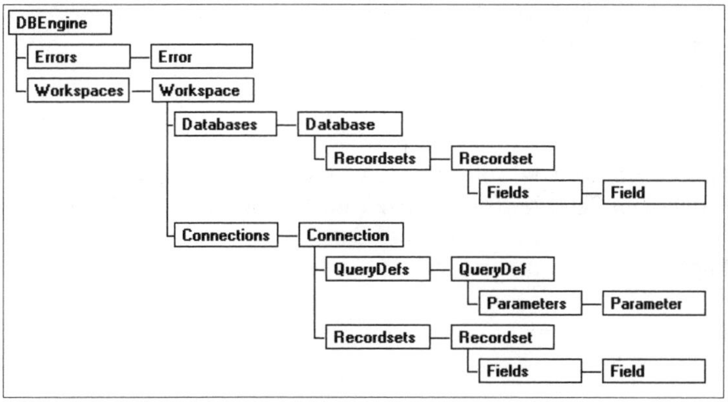

Abbildung 14.16: DBEngine-*Objektmodell für* ODBC-Direkt-*Arbeitsbereiche*

Diese Engine ist unter dem Namen *Jet*-Engine (*Joint Engine Technologies*) im Lieferumfang von Microsoft Access 97/2000 enthalten. Hinter dieser Engine verstecken sich eine Reihe von DLL-Routinen, die den Zugriff auf die Datenbanken im Access-Format sowie den Zugriff auf Fremdformate wie Xbase, Paradox, Btrieve etc. unterstützen. Die einzelnen Routinen der Datenbank-Engine sind im *DBEngine*-Objektmodell in einzelnen Objekten gekapselt.

Das *Workspace*-Objekt

Das *DBEngine*-Objekt wird von der Jet-Engine automatisch erstellt und repräsentiert das Datenbankmodul. Um mit einer Datenbank zu arbeiten, müssen Sie als Erstes ein *Workspace*-Objekt anlegen. Dieses Objekt stellt einen Arbeitsbereich für die aktuelle Arbeitssitzung zur Verfügung. In diesem Arbeitsbereich werden die Namen der geöffneten Datenbanken, der ODBC-Verbindungen, die Benutzernamen etc. gehalten.

Das *Database*-Objekt

Das *Workspace*-Objekt kann Unterobjekte für alle ODBC-Verbindungen und die geöffneten Datenbanken aufnehmen. Das *Database*-Objekt bildet dabei die Datenbank mit den darin enthaltenen Tabellen und Abfragen für VBA ab. (Beachten Sie aber, dass die unter Microsoft Access 97/2000 im Datenbankfenster angezeigten Formulare, Berichte und Module nicht zum Datenbankobjekt gehören. Vielmehr sind dies Unterobjekte des *Application*-Objekts.)

Der Zugriff auf die Datenbank wird anschließend über ein *Recordset*-Objekt abgewickelt. Hierbei bietet das DAO-Modell verschiedene Typen:

- *Dynaset:* Dieser Typ stellt eine dynamische Sicht (View) auf eine oder mehrere Tabelle(n) dar. Diese Sicht ist das Resultat einer Abfrage, die sich ggf. verändern lässt.
- *Snapshot:* Mit diesem Typ wird ein Abbild der Tabellen zum Zeitpunkt der Abfrage erstellt. Dieser *Snapshot* ist daher statisch und kann nicht mehr verändert werden.
- *Table:* Dieser Typ stellt das Abbild einer Tabelle der Datenbank dar und umfasst alle Zeilen und Spalten der Tabelle.
- *Forward/Dynamic:* Diese Typen werden zum Zugriff auf ODBC-Datenquellen benötigt.

Sobald ein Recordset mit einem der oben erwähnten Typen angelegt wurde, lassen sich Aktionen auf der Datenbank wie Sätze hinzufügen, löschen, suchen, ändern etc. durchführen.

HINWEIS: Eine Übersicht über die Objektmodell finden Sie in der Microsoft Access 97 VBA-Hilfe, indem Sie nach dem Begriff *Objektmodell* suchen.

Zugriff auf Access

Das folgende VBScript-Skript soll die obigen Ausführungen nutzen und auf eine Access-Datenbank (*.mdb*) zugreifen. Die Datenbank *Test1.mdb* muss dazu im Ordner, aus dem heraus das Skript ausgeführt wird, abgelegt sein. Weiterhin muss diese Datenbank eine Tabelle mit dem Namen *Names* mit der in Abbildung 14.17 gezeigten Struktur aufweisen.

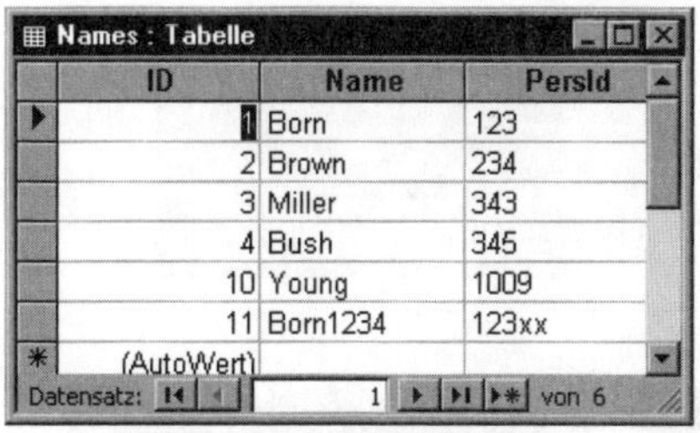

ID	Name	PersId
1	Born	123
2	Brown	234
3	Miller	343
4	Bush	345
10	Young	1009
11	Born1234	123xx
(AutoWert)		

Abbildung 14.17: *Beispieltabelle* Names

Die Tabelle besitzt drei Felder, wobei das Feld *ID* ein *AutoWert*-Feld ist, d.h. dessen Wert wird automatisch von Access vergeben, sobald ein neuer Datensatz eingefügt wird. Die beiden Felder *Name* und *PersId* nehmen einen Namen sowie eine Personalnummer auf. Aus Vereinfachungsgründen habe ich beide Felder als Text-Datentypen in der Tabelle definiert (dies spart die Konvertierung im Skript).

Das Skript startet nach dem Aufruf das Programm *Access*. Hierzu wendet es die bereits häufig genutzte *CreateObject*-Methode an. Die folgende Anweisung zeigt, wie Sie Access als Objekt in VBScript nutzen:

```
Set objAc = WScript.CreateObject ("Access.Application")
```

Bei Bedarf können Sie die Referenz auch als "*Access.Application.8*" angeben, um Access 97 als Automatisierungsobjekt zu erzwingen. Anschließend ermittelt das Skript den Pfad zur Datenbank:

```
objAc.OpenCurrentDatabase GetPath & "Test1.mdb"
```

Die *GetPath*-Funktion haben Sie bereits kennen gelernt. Diese Funktion ermittelt den Pfad, aus dem das Skript ausgeführt wird. Die obige Anweisung öffnet daher die Datenbank *Test1.mdb*, die im Ordner des Skripts abgespeichert ist.

WICHTIG: Beachten Sie aber bei der Ausführung des Beispiels, dass dieses nicht von der CD-ROM läuft. Sie müssen die Dateien *Access.vbs* und *Test1.mdb* von der CD-ROM in einen lokalen Ordner speichern und für die MDB-Datei den Schreibschutz aufheben.

Auf eine Fehlerbehandlung im Skript wegen einer fehlenden Datei habe ich an dieser Stelle verzichtet. Bei Bedarf können Sie diese Funktion ja zusätzlich implementieren. Nachdem die Datenbank geladen wurde, gilt es, die Objekte zum Zugriff auf die Datenbank und die Tabelle zu definieren. Um per VBScript auf die Datenbank zuzugreifen, muss ein so genanntes »WorkSpace«-Objekt (dies ist ein Arbeitsbereich) angelegt werden. Die folgende Anweisung bewirkt dies:

```
Set ws = objAc.DBEngine.Workspaces(0)
```

Die in Klammern angegebene 0 bezieht sich auf die erste geöffnete Datenbank. Anschließend können Sie über die Objektvariable *ws* auf den *Workspace* der Datenbank zugreifen. Eine Access-Datenbank besitzt intern weitere Objekte wie Tabellen, Formulare etc.

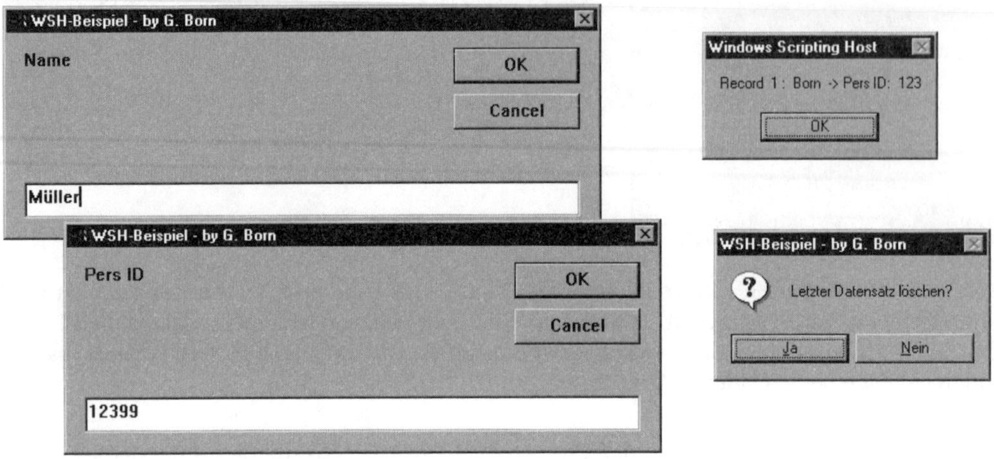

Abbildung 14.18: *Dialoge des Skripts*

Für unsere Zwecke soll die Tabelle *Names* zur Bearbeitung geladen werden. Daher muss das Skript an die Tabelle »angebunden« werden. Dies lässt sich mit den folgenden beiden Anweisungen erreichen.

```
Set db = ws.Databases(0)        ' Aktuelle Datenbank
Set rs = db.OpenRecordset("Names", dbOpenTable)
```

Die *OpenRecordset*-Methode erwartet als ersten Parameter den Namen der Tabelle. Im zweiten Parameter folgt eine Konstante *dbOpenTable*, die das Öffnen der Datenbank erzwingt. Diese Konstante habe ich im Kopf des VBScript-Programms definiert.

Um einen Datensatz in die geöffnete Tabelle einzufügen, lässt sich die *AddNew*-Methode verwenden. Die folgenden beiden Anweisungen bewirken, dass der Schreib-/Lesezeiger an das Tabellenende verschoben wird. Anschließend wird ein neuer leerer Datensatz an die Tabelle angehängt.

```
rs.MoveLast                  ' Letzter Datensatz
rs.AddNew                    ' Leersatz anhängen
```

Dieser Datensatz besitzt die in der Tabellenstruktur definierten Felder. Das erste Feld *ID* muss Sie nicht kümmern, da dieses einen AutoWert enthält. Dieser Wert wird automatisch vergeben, sobald ein neuer Datensatz angelegt wird. Das Skript gibt jetzt dem Benutzer Gelegenheit, einen neuen Namen und eine neue Personalnummer über Eingabedialoge einzutippen (Abbildung 14.18, links oben). Diese Eingabe erfolgt mittels der *InputBox*-Funktion. Die folgenden Zeilen zeigen, wie sich der Rückgabewert der *InputBox*-Funktion den jeweiligen Feldern zuweisen lässt.

```
rs("Name") = InputBox ("Name", Title, "Born") ' Name
rs("PersID") = InputBox ("Pers ID", Title, "123") ' Personalnummer
```

Um das Skript möglichst einfach zu halten, wurde an dieser Stelle auf eine Fehlerprüfung verzichtet. Dies bedeutet, dass beim Anklicken der *Abbrechen*-Schaltfläche durch den Benutzer nur leere Zeichenketten zurückgeliefert werden. Weiterhin wurden beide Felder der Tabelle mit dem

Datentyp *Text* versehen, um die Konvertierung der Werte zwischen *InputBox* und der Tabelle zu sparen. Sie können das Skript aber an dieser Stelle um diese Funktionen erweitern.

Nachdem die Felder des neuen Datensatzes gesetzt wurden, muss die Tabelle in der Datenbank aktualisiert werden. Dies erfolgt über die *Update*-Methode.

```
rs.Update
```

Ab diesem Zeitpunkt steht der neue Datensatz in der Datenbank und kann in Access direkt inspiziert werden.

In den nächsten Schritten soll das Skript die in der Tabelle enthaltenen Datensätze anzeigen. Mit der Anweisung:

```
rs.MoveFirst
```

positionieren Sie den Lesezeiger auf den ersten Datensatz der Tabelle. Anschließen benötigen Sie eine Schleife, die alle Sätze der Tabelle schrittweise liest. Die folgende *Do ... Until*-Schleife löst diese Aufgabe:

```
Do                              ' Bis zum letzten Datensatz
 Name = rs("Name").value
 PersID = rs("PersID").value
 rs.MoveNext                    ' Nächster Datensatz
Loop Until (rs.EOF)
```

Die Objektvariable *rs* enthält hier den Verweis auf das Objekt mit dem aktuellen Datensatz. Dann können Sie direkt über die Angabe des Feldnamens (*rs("Name")*) und der *value*-Eigenschaft den Inhalt des Feldes lesen. Die Anwendung der *MoveNext*-Methode auf den Datensatz verschiebt den Lesezeiger einen Record weiter. Über die *rs.EOF*-Anweisung wird die *EOF*-Methode (EOF steht für *End of File*) auf den aktuellen Datensatz angewandt. Diese Methode liefert *true*, falls der letzte Datensatz erreicht ist. Dann terminiert die Schleife.

Zum Löschen eines Datensatzes ist die *Delete*-Methode auf das betreffende Objekt anzuwenden. Um den letzten Datensatz (der im Skript eingefügt wurde) wieder zu löschen, sind die folgenden Anweisungen zu verwenden:

```
rs.MoveLast                 ' Auf letzten Satz
rs.Delete                   ' Löschen
```

Das folgende Listing zeigt die Einzelheiten der Implementierung. Im Quellcode wurden einige zusätzliche Anweisungen aufgenommen. So liest das Skript in der Schleife die Feldinhalte aus und zeigt diese satzweise per *Echo*-Methode an.

```
'************************************************
' File: Access.vbs (WSH-Beispiel in VBScript)
' Autor:  Günter Born
'
' Zweck:  Demonstriert den Zugriff auf Acesss und die
'         Datenbank "Test1.mdb". Es wird ein neuer
'         Datensatz angelegt, der Inhalt der Tabelle
'         "Names" angezeigt und optional der letzte
'         Satz in der Tabelle gelöscht.
'************************************************
```

```
Option Explicit

Const dbOpenTable = 1      ' Access-Konstante

DIM objAc                  ' Objektvariable
Dim ws, db, tb, rs

DIM Title, Text

Title = "WSH-Beispiel - by G. Born"

' Hier erzeugen wir eine Objektreferenz auf Access
Set objAc = WScript.CreateObject ("Access.Application")

' Jetzt auf die Datenbank Test1.mdb zugreifen
objAc.OpenCurrentDatabase GetPath + "Test1.mdb"

' Einen WorkSpace anlegen
Set ws = objAc.DBEngine.Workspaces(0)

' Hole Tabelle "Names"
Set db = ws.Databases(0)        ' Aktuelle Datenbank
Set rs = db.OpenRecordset("Names", dbOpenTable)

' Jetzt einen Datensatz einfügen
rs.MoveLast                ' Letzter Datensatz
rs.AddNew                  ' Leersatz anhängen

' Jetzt Name und Personalnummer abfragen und zur
' Tabelle hinzufügen.
rs("Name") = InputBox ("Name", Title, "Born") ' Name
rs("PersID") = InputBox ("Pers ID", Title, "123") ' Personalnummer

rs.Update                   ' Jetzt speichern

' Zeige jetzt alle Datensätze an
rs.MoveFirst                ' Erster Datensatz
Do                          ' Bis zum letzten Datensatz
 WScript.Echo "Record ", rs("ID").value, ": ", _
                 rs("Name").value, " -> Pers ID: ", _
                 rs("PersID").value
 rs.MoveNext                ' Nächster Datensatz
Loop Until (rs.EOF)

' Letzter Datensatz ggf. löschen
If (MsgBox("Letzter Datensatz löschen?", _
             vbQuestion + vbYesNo, _
             Title) = vbYes) Then
  rs.MoveLast               ' Auf letzten Satz
  rs.Delete                 ' Löschen
  WScript.Echo "Datensatz gelöscht"
End if

objAc.CloseCurrentDataBase  ' Datenbank schließen
objAc.Quit                  ' Access jetzt schließen
Set objAc = Nothing         ' Objektvariable freigeben
```

```
'#############################
Function GetPath
' Ermittle den Pfad des Skripts und entferne den
' Skriptnamen -> gebe den Pfad zurück.
 DIM path
 path = WScript.ScriptFullName  ' Skriptname
 GetPath = Left(path, InstrRev(path, "\"))
End Function
'*** Ende
```

Listing 14.16: Access.vbs

HINWEIS: Sie finden das Programm *Access.vbs* auf der Begleit-CD-ROM im Ordner *\Beisp\Kap14.*

Arbeiten mit Outlook

Microsoft Outlook stellt ebenfalls einen Automatisierungs-Server bereit, der sich aus diversen Anwendungen aufrufen lässt. Nachfolgend erfahren Sie, wie sich Outlook aus WSH-Skripten heraus automatisieren lässt.

Das Outlook-Objektmodell

Microsoft Outlook stellt eine Objektmodell bereit, welches sich aus WSH-Skripten ansprechen lässt. Dieses Objektmodell erlaubt Ihnen E-Mails einzutragen, neue Kontakte anzulegen, Aufgaben (Tasks) einzuplanen etc. Das Objektmodell (für Microsoft Outlook 98 und höhere Versionen) basiert auf dem Outlook *Application*-Objekt aus Abbildung 14.19.

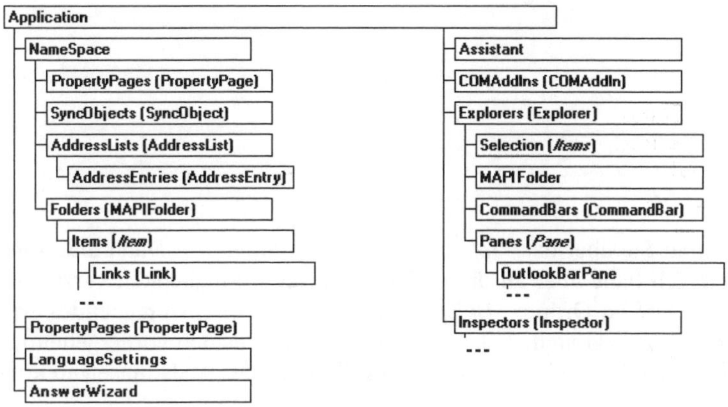

Abbildung 14.19: *Outlook-Objektmodell*

- Das *Application*-Objekt kontrolliert die eigentliche Anwendung sowie die damit verbundenen Fenster. Das Objekt fungiert auch als Container für andere Unterobjekte und Auflistungen, die den Zugriff auf die Outlook-Features erlauben.
- Das *NameSpace*-Objekt wird zum Zugriff auf Elemente wie Notizen benötigt, die das *Folder*-Objekt bedingen.

- *Folders* ist eine Auflistung, die die *Items*-Auflistung enthält. Die *Items*-Auflistung wird benutzt, um Aufgaben (Tasks), Mails, Notizen etc. zu erzeugen
- Die *Explorers*-Auflistung wird zum Zugriff auf das *MAPIFolder*-Objekt gebraucht. Das Objekt enthält die Outlook-Ordner.

Die restlichen Objekte des Outlook-Objektmodells erlauben den Zugriff auf Eigenschaftenseiten, Dialoge etc., eine detaillierte Beschreibung liefert die Outlook VBA-Hilfe. Auf den folgenden Seiten finden Sie einige ausgewählte Beispiele zum Zugriff auf Objekte und deren Methoden bzw. Eigenschaften.

E-Mails für Outlook per WSH-Skript erzeugen

Möchten Sie per WSH-Skript E-Mails erzeugen und in Microsoft Outlook zum Versenden bereitstellen? E-Mail-Einträge lassen sich über das *Application-Objekt* in Verbindung mit dem *NameSpace-Objekt* handhaben. Die folgende Anweisung erzeugt eine Referenz auf das *Application-Objekt*.

```
Set objOutl = WScript.CreateObject("Outlook.Application")
```

Dieses *Application*-Objekt stellt die *CreateItem*-Methode bereit, die in der folgende Anweisung zum Erstellen einer neuen E-Mail benötigt wird:

```
Set objMailItem = objOutl.CreateItem(olMailItem)
```

Der an die Methode (in Klammern) übergebene Parameter *olMailItem* definiert den Typ des neu anzulegenden Outlook-Eintrags. Mit der *CreateItem*-Methode können Sie auch Aufgaben (Tasks), Notizen etc. erzeugen (siehe folgende Seiten). Die benötigten Konstanten sind im Kopf des VBScript-Programms vereinbart:

```
Const olMailItem = 0
Const olAppointmentItem = 1
Const olContactItem = 2
Const olTaskItem = 3
Const olJournalItem = 4
Const olNoteItem = 5
Const olPostItem = 6
```

HINWEIS: Ab WSH 2.0 könnten Sie über das *<reference>*-Element einer *.wsf*-Datei direkt auf die Typbibliothek zugreifen. Ich habe aber an dieser Stelle auf diese Möglichkeit verzichtet. Die Datei *OutlookReference.wsf* im Ordner *\Beisp\Kap14* enthält ein entsprechendes Beispiel, um auf die Typbibliothek zuzugreifen. Mit den Informationen aus den vorhergehenden Kapiteln sollten Sie bei Bedarf die Outlook-Beispiele in *.wsf*-Dateien des WSH umsetzen können.

ACHTUNG: Wegen der auftretenden Script-Viren hat Microsoft bestimmte Sicherheitspatche für Outlook herausgegeben, die den E-Mail-Versand blockieren. Dies gilt auch für Outlook 2002.

Sobald Sie ein neues Mail-Element angelegt haben, können Sie für dieses Objekt die *Importance*-Eigenschaft setzen:

```
objMailItem.Importance = olImportanceHigh
```

Der Wert *olImportanceHigh* ist auf 2 zu setzen. Fehlt diese Anweisung, wird die E-Mail mit normaler Priorität verschickt (*olImportanceNormal* = 1). Im nächsten Schritt können Sie den Empfänger, den Nachrichtentext (Body-Text), die Anhänge und ähnliche Eigenschaften setzen. Da es pro E-Mail mehrere Empfänger geben kann, stellt das Outlook-Objektmodell die *Add*-Methode zum Einfügen der Empfänger bereit. Dies wird in folgenden Anweisungen genutzt:

```
objMailItem.Recipients.Add "MyUser@Born.com"       ' 1. Empfänger
objMailItem.Recipients.Add "Bgates@Microsoft.com"  ' 2. Empfänger
```

Die Einträge der *Recipients*-Auflistung besitzen ebenfalls einen Typ. Diese *Type*-Eigenschaft definiert den Typ der E-Mail (*to, cc, bcc*), die der Empfänger erhält. Standardmäßig wird der Nachrichtentyp auf *to* (An) gesetzt. Sie können den Typ aber auch auf *Cc* oder *Bc* setzen:

```
Const olCC = 2
Set myRecipient = objMailItem.Recipients.Add "MyUser@Born.com"
myRecipient.Type = olCC   ' auf Cc setzen
```

Für die Eigenschaft *Type* sind folgende Werte definiert: *olOriginator* = 0, *olTo* = 1, *olCC* = 2 und *olBCC* = 3. Der Betreff (Subject) einer E-Mail kann mit folgender Anweisung direkt der betreffenden Eigenschaft zugewiesen werden:

```
objMailItem.Subject = "Montatsbericht "  ' Betreff
```

Nachdem die E-Mail als Objekt erzeugt und mit den wichtigsten Eigenschaften versehen wurde, muss das Skript noch den eigentlichen Nachrichtentext über die *Body*-Eigenschaft festlegen. Sie können der Eigenschaft jeden Text einschließlich HTML-Code zuweisen.

```
objMailItem.Body = "Hallo alle, " & vbCRLF & _
                   "hier ist der Monatsbericht …"  ' Body-Text
```

Möchten Sie zusätzlich einen Anhang senden, müssen Sie ein *Attachment*-Objekt anlegen und den Anhang zur *Attachments*-Auflistung hinzufügen. Beachten Sie aber, dass Anhänge in Outlook Teil der Nachricht sind (liegen im Body-Text). Daher müssen wir nicht nur den Pfad und Dateinamen zum Anhang angeben. Outlook verlangt auch eine Angabe, an welcher Stelle im Nachrichtentext (Body-Text) der Anhang auftauchen soll. Die folgende Sequenz zeigt dies, indem Sie den Dateinamen bestimmt und die Länge des Nachrichtentexts ermittelt.

```
AttachmentFile = Getpath & "TestReport.txt"
BodyLen = Len (objMailItem.Body) + 2
```

Dann lässt sich eine Referenz zur *Attachments*-Auflistung holen und das *Attachment*-Objekt zur Auflistung hinzufügen:

```
Set myAttachments = objMailItem.Attachments
myAttachments.Add AttachmentFile, _
    olByReference, BodyLen, "Mein Test-Report"
```

Der erste an die *Add*-Methode übergebene Parameter definiert den Pfad und den Dateinamen des Anhangs. Der zweite Parameter definiert die Art, wie der Anhang an die Nachricht angehängt wird. Outlook unterstützt die Werte *olByReference* = 4, *olByValue* = 1, *olEmbeddedItem* = 5 und *olOLE* = 6. Bei meinen Versuchen hatte ich *olByReference* verwendet, um eine Verknüpfung zu bilden. Während die US-Version von Outlook 2000 dies unter Windows 2000 verarbeiten konnte, liefert die deutsche Fassung von Outlook 2000 unter Windows 2000 den Laufzeitfehler, dass Verknüpfungen nicht im Internet Modus unterstützt werden. Daher wurde im Beispiel der Typ *olByValue* zum Einfügen verwendet.

Die Variable *BodyLen* im dritten Parameter definiert die Position des Anhangs im Nachrichtentext. Der Wert wurde hier um zwei Zeichen höher als die Länge des Nachrichtentexts gesetzt, um den Anhang hinter die Nachricht anzufügen.

Die obigen Schritte erzeugen ein E-Mail-Objekt, welches in Outlook hinterlegt wird. Um diese Nachricht auch zu versenden, müssen Sie sich am Mail-System anmelden, die *Send*-Methode ausführen und sich wieder abmelden. Dies kann auch per Skript erfolgen. Zuerst benötigen Sie eine Referenz auf den Namensraum (*NameSpace*) mit den »MAPI«-Einträgen. Diese lässt sich mit folgender Anweisung ermitteln.

```
Set objNameSpace = objOutl.GetNameSpace("MAPI")
```

Sobald das MAPI *NameSpace*-Objekt vorliegt, kann sich ein VBScript-Programm anmelden, die Nachricht senden und sich wieder abmelden:

```
objNameSpace.Logon "profile", "password"
objMailItem.
objNameSpace.Logoff
```

Die Zeichenkettenkonstanten "*profile*" und "*password*" veranlassen die *Logon*-Methode, die internen Outlook-Einstellungen für das Profil samt Kennwort zur Anmeldung am Mail-System zu verwenden. Die *Send*-Methode überträgt dann die Nachricht zum (konfigurierten) SMTP-Server oder legt die Mail im Postausgang ab (je nach Outlook-Einstellung). Nach dem Senden der Nachricht wird die *Logoff*-Methode zum Beenden der Sitzung verwendet. Der Befehl:

```
WScript.Echo "E-Mail für '" & recipient & "' erzeugt" ' Fertigmeldung
```

informiert den Benutzer über den Erfolg. Je nach Outlook-Einstellung findet sich die Nachricht dann im Postausgang oder wurde bereits verschickt. Bei lokaler Speicherung (was sich empfiehlt, da sich dann mehrere Nachrichten sammeln lassen) können Sie die E-Mail in Outlook noch öffnen und die Eigenschaften kontrollieren. Abbildung 14.20 zeigt die Outlook-Fenster mit einer per Skript erzeugten Nachricht sowie die vom WSH-Skript erzeugten Dialoge. Details sind dem nachfolgenden Listing zu entnehmen.

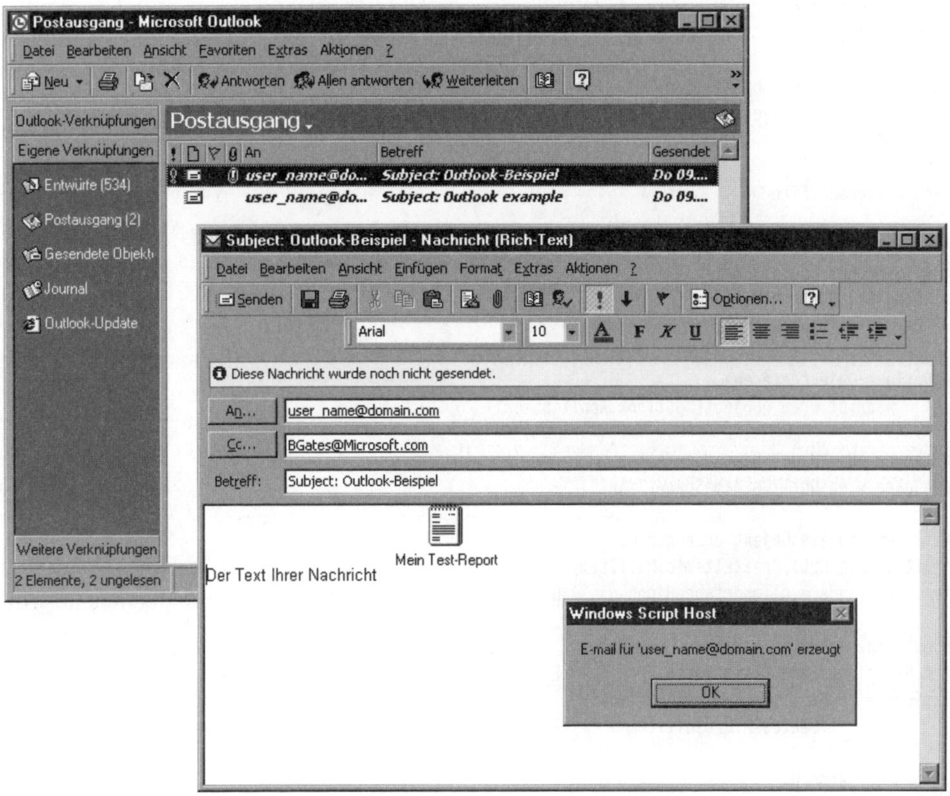

Abbildung 14.20: *Nachricht in Outlook*

```
'************************************************
' File:   Outlook.vbs (WSH-Beispiel in VBScript)
' Autor:  Günter Born
'
' Neue E-Mail in Outlook einfügen.
' Dieses Skript erstellt eine neue E-Mail-Nachricht
' in Outlook.
'************************************************
Option Explicit

Const olMailItem = 0          ' Konstanten für neue Einträge
Const olAppointmentItem = 1
Const olContactItem = 2
Const olTaskItem = 3
Const olJournalItem = 4
Const olNoteItem = 5
Const olPostItem = 6

Const olCC = 2                ' Typ Empfänger
Const olByValue = 1           ' Typ Anhang
Const olByReference = 4

Const olImportanceHigh = 2    ' Mail-Priorität
```

```
Const olImportanceLow = 0
Const olImportanceNormal = 1

Dim objOutl, objNameSpace, objMailItem
Dim recipient, message, subject, myRecipient
Dim myAttachments

Dim BodyLen, AttachmentFile

' Definiere Eigenschaften der E-Mail
recipient = "user_name@domain.com"
subject = "Subject: Outlook-Beispiel"
message = "Der Text Ihrer Nachricht"

' Erzeuge Outlook-Objektreferenz
Set objOutl = WScript.CreateObject("Outlook.Application")

' Objektreferenz auf "Mapi"-Namespace holen
Set objNameSpace = objOutl.GetNameSpace("MAPI")

' Neuen Mail-Eintrag als Objekt erzeugen
Set objMailItem = objOutl.CreateItem(olMailItem)
objMailItem.Importance = olImportanceHigh      ' Hohe Priorität

' Mail-Objekt-Eigenschaften setzen
objMailItem.Recipients.Add recipient           ' E-Mail-Adresse
Set myRecipient = objMailItem.Recipients.Add _
                  ("BGates@Microsoft.com")     ' 2. Empfänger

' Typ 2. Empfänger ändern
myRecipient.Type = olCC

' Andere Eigenschaften setzen
objMailItem.Subject = subject                   ' Betreff (subject)
objMailItem.Body = message                      ' Body-Text

' Anhang (Attachement) vorbereiten
AttachmentFile = Getpath & "TestReport.txt"     ' Datei an ...
BodyLen = Len (objMailItem.Body) + 2            ' ... das Ende anhängen

Set myAttachments = objMailItem.Attachments
' olByReference wird im Internet-Modus nicht unterstützt
myAttachments.Add AttachmentFile, _
    olByValue, BodyLen, "Mein Test-Report"

' Fertig zum "logon" an Outlook (nutze Logon-Methode)
objNameSpace.Logon "profile", "password"
objMailItem.Send                                ' Senden
objNameSpace.Logoff                             ' Abmelden

WScript.Echo "E-Mail für '" & recipient & "' erzeugt" ' Fertigmeldung

'##########################
Function GetPath
' Hole Skriptpfad
 DIM path
```

```
 path = WScript.ScriptFullName
 GetPath = Left(path, InstrRev(path, "\"))
End Function
' Ende
```

Listing 14.17: Outlook.vbs

HINWEIS: Die Datei *Outlook.vbs* finden Sie im Ordner *\Beisp\Kap14.* Zum Test reicht ein Doppelklick auf die Skriptdatei. Voraussetzung ist aber, dass Outlook installiert ist. Die Datei *Outlook.js* im gleichen Ordner zeigt eine vereinfachte Implementierung in JScript.

Einen neuen Kontakt anlegen

Nachdem Sie das Beispiel zum Anlegen von Nachrichten per Skript kennen, sollte das Erzeugen eines neuen Kontakts kein Problem mehr darstellen. Die folgenden Anweisungen erzeugen eine Referenz auf das *Application*-Objekt und legen einen neuen Kontakt als Objekt an:

```
Set objOutl = WScript.CreateObject("Outlook.Application")
Set objContact = objOutl.CreateItem(olContactItem) ' Kontakt
```

Die Konstante *olContactItem* muss im Programmkopf des Skripts entsprechend definiert sein. Es ist erforderlich *objContact* als Objektvariable anzulegen. In VBScript wird hierzu das *Set*-Schlüsselwort benutzt. Sobald das Objekt vorliegt, lassen sich die Eigenschaften des Kontakts (Name, E-Mail-Adresse etc.) angeben:

```
objContact.FirstName = "Vorname"
objContact.LastName  = "Nachname"
objContact.BusinessTelephoneNumber = "007-1009"
objContact.Email1Address = "Jimmi@Clitch.com"
objContact.CompanyName = "Müller&Sohn"
objContact.JobTitle = "Dispatcher"
```

Zum Speichern des neuen Eintrags verwendet das Skript die *Save*-Methode:

```
objContact.Save
```

Weitere Details zur Implementierung in VBScript entnehmen Sie bitte dem folgenden Listing.

```
'************************************************
' File:   Outlook1.vbs (WSH-Beispiel in VBScript)
' Autor:  Günter Born
'
' Neuen Kontakt in Outlook einfügen.
'************************************************
Option Explicit

Const olMailItem = 0          ' Konstanten für neue Einträge
Const olAppointmentItem = 1
Const olContactItem = 2
Const olTaskItem = 3
Const olJournalItem = 4
Const olNoteItem = 5
```

```
Const olPostItem = 6

Dim objOutl, objContact

' Erzeuge Outlook-Objektreferenz
Set objOutl = WScript.CreateObject("Outlook.Application")

' Neuen Kontakt-Eintrag als Objekt erzeugen
Set objContact = objOutl.CreateItem(olContactItem)

' Kontaktdaten einfügen (hier werden nur einige Daten definiert)
objContact.FirstName = "Klaus"
objContact.LastName  = "Lage"
objContact.BusinessTelephoneNumber = "007-1009"
objContact.Email1Address = "KLage@Clitch.com"
objContact.CompanyName = "Müller & Co."
objContact.JobTitle = "Dispatcher"

' Kontaktdaten speichern
objContact.Save

WScript.Echo "Kontakt " & objContact.LastName & " angelegt"
' Ende
```

Listing 14.18: Outlook1.vbs

HINWEIS: Die Datei *Outlook1.vbs* finden Sie im Ordner *\Beisp\Kap14.* Zum Test reicht ein Doppelklick auf die Skriptdatei. Voraussetzung ist aber, dass Outlook installiert ist. Die Datei *Outlook1.js* im gleichen Ordner zeigt eine Implementierung in JScript. Der neue Eintrag lässt sich anschließend in der Outlook-Kontaktliste anzeigen.

Eine neue Notiz anlegen

Um per WSH-Skript eine Outlook-Notiz anzulegen, muss das obige Beispiel nur in wenigen Anweisungen modifiziert werden. Die folgenden beiden Anweisungen holen eine Referenz auf das Outlook *Application-Objekt* und erzeugen eine neue Notiz:

```
var objOutl = WScript.CreateObject("Outlook.Application");
var objNote = objOutl.CreateItem(olNoteItem); // Notiz
```

Die Konstante *olNoteItem* muss im Skript-Header explizit definiert werden. Sie müssen *objNote* auch als Objektvariable anlegen (in VBScript verwenden Sie hierzu *Set*, in JScript reicht *var*). Anschließend können Sie die Eigenschaften der Notiz definieren. Die folgende Anweisung erzeugt den Text der Notiz (Body).

```
objNote.Body = " Hallo, meine erste Notiz";
```

Mittels der *Save*-Methode speichern Sie die Notiz. Details sind dem nachfolgenden JScript-Listing zu entnehmen.

```
//************************************************
// File:   Outlook2.js (WSH-Beispiel in JScript)
// Autor:  Günter Born
//
// Neue Notiz in Outlook einfügen.
//************************************************
var olMailItem = 0;            // Konstanten für neue Einträge
var olAppointmentItem = 1;
var olContactItem = 2;
var olTaskItem = 3;
var olJournalItem = 4;
var olNoteItem = 5;
var olPostItem = 6;

// Erzeuge Outlook-Objektreferenz
var objOutl = WScript.CreateObject("Outlook.Application");

// Neue Notiz als Objekt erzeugen
var objNote = objOutl.CreateItem(olNoteItem);

// Text in Notiz ablegen
objNote.Body = "Hallo, meine erste Notiz";

// Notiz speichern
objNote.Save();

WScript.Echo ("Notiz erzeugt");          // Fertigmeldung
// Ende
```

Listing 14.19: Outlook2.js

HINWEIS: Die Datei *Outlook2.js* finden Sie im Ordner *\Beisp\Kap14*. Zum Test reicht ein Doppelklick auf die Skriptdatei. Voraussetzung ist aber, dass Outlook installiert ist. Die Datei *Outlook2.vbs* im gleichen Ordner zeigt eine Implementierung in VBScript.

Eine neue Aufgabe einplanen

Auch das Hinzufügen neuer Aufgaben in den Terminplaner lässt sich per WSH-Skript erledigen. Sie können hierzu den Code der obigen Beispiele weitgehend übernehmen. Zuerst benötigen wir das *Application-Objekt* und einen neuen Eintrag für die Aufgabe (Task):

```
var objOutl = WScript.CreateObject("Outlook.Application");
var objTask = objOutl.CreateItem(olTaskItem); // neue Task
```

Die Konstante *olTaskItem* muss im Kopf des Skripts definiert werden. Die nächsten Anweisungen definieren die Eigenschaften der Aufgabe (auch als Task bezeichnet). Die letzte Anweisung ist auskommentiert, sie weist der Aufgabe ein Fertigstellungsdatum zu.

```
objTask.Subject = "Hallo Welt Task";
objTask.DueDate = "5.9.2000";
//objTask.DateCompleted = " 5.9.2000 ";
```

Anschließend führen Sie die *Save*-Methode zum Speichern der Aufgabe aus. Details finden Sie in nachfolgendem JScript-Listing.

```
//************************************************
// File:   Outlook3.js (WSH-Beispiel in JScript)
// Autor:  Günter Born
//
// Aufgabe zu Outlook hinzufügen.
//************************************************
var olMailItem = 0;          // Konstanten für neue Einträge
var olAppointmentItem = 1;
var olContactItem = 2;
var olTaskItem = 3;
var olJournalItem = 4;
var olNoteItem = 5;
var olPostItem = 6;

// Erzeuge Outlook-Objektreferenz
var objOutl = WScript.CreateObject("Outlook.Application");

// Neue Aufgabe als Objekt anlegen
var objTask = objOutl.CreateItem(olTaskItem);

// Aufgabe einfügen
objTask.Subject = "Hallo Welt-Aufgabe";
objTask.DueDate = "5.9.2000";
//objTask.DateCompleted = "5.9.2000";

// Daten speichern
objTask.Save();

WScript.Echo ("Aufgabe angelegt");
// Ende
```

Listing 14.20: Outlook3.js

HINWEIS: Die Datei *Outlook3.js* finden Sie im Ordner *\Beisp\Kap14*. Zum Test reicht ein Doppelklick auf die Skriptdatei. Voraussetzung ist aber, dass Outlook installiert ist. Die Datei *Outlook3.vbs* im gleichen Ordner zeigt eine Implementierung in VBScript. Nach dem Starten des Skripts sollte sich ein Eintrag in der Aufgabenliste finden.

E-Mail mit CDO versenden

Der E-Mail-Versand mit Microsoft Outlook über den MAPI-Server ist eine Möglichkeit. Microsoft bietet unter der Windows-NT-Architektur die CDO-Bibliothek, CDO ist die Abkürzung für Collaborative Data Objects, als Alternative zum Zugriff auf E-Mail-Server an. Zum Abschluss möchte ich noch einen kurzen Blick auf diese CDO-Bibliothek werfen und skizzieren, wie sich über die CDO-Objekte E-Mails versenden lassen.

CDO unter Windows NT 4.0

Unter Windows NT 4.0 wurde von Microsoft erstmals die CDO-Bibliothek in der Version 1.2 eingeführt. Diese Bibliothek residiert in der Datei CDO.DLL, bietet Objekte zum Zugriff auf E-Mail-Server, setzt aber eine betriebsbereite MAPI-Umgebung auf dem Rechner voraus (dies ist beispielsweise der Fall, wenn Sie den Exchange-Server installiert haben). Der Zugriff auf das CDO-Objekt und das Zusammenstellen einer E-Mail könnte mit folgenden Codezeilen erfolgen:

```
' Erzeuge CDO-Objektreferenz - für CDO 1.2 (NT)
Set oCDO = Wscript.CreateObject("CDONTS.NewMail")

With oCDO  ' Baue Nachricht zusammen
 .From = "GBorn@msn.com"          ' Sender
 .To = "GBorn@hotmail.com"        ' Empfänger
 .Subject = "Betr: CDO-Beispiel NT"   ' Betreff
 .BodyFormat = 0 ' 0
 .MailFormat = 1 '0 HTML -- 1 Text
 .TextBody = "Der Text Ihrer Nachricht"
 .Send ' jetzt die Send-Methode aktivieren
End With
```

In der ersten Anweisung wird eine Referenz auf das CDO-Objekt *CDONTS.NewMail* erzeugt. Dies wird nur klappen, wenn ein MAPI-Server vorhanden ist. Anschließend können Sie die Eigenschaften der E-Mail über dieses Objekt festlegen und dann das Ergebnis über die *Send*-Methode an den MAPI-Server verschicken.

HINWEIS: Das Versenden erfordert, dass das Skript die entsprechenden Benutzerrechte besitzt. Details zum Umgang mit CDO 1.2 finden Sie in der zugehörigen Hilfe. Auf der Webseite *http://www.cdolive.com* sind verschiedene Skriptbeispiele und Hinweise zu finden. Da CDO 1.2 seit der Einführung von Windows 2000 obsolet ist, möchte ich diese Thematik nicht weiter vertiefen. Sie finden im Ordner *\Beisp\Kap14* die Datei *CDOMailNT.vbs*, die die prinzipielle Vorgehensweise skizziert.

CDO 2.0 (ab Windows 2000)

Ab Windows 2000 ist die »Microsoft CDO for Win 2000 Library« vorhanden. Diese Bibliothek implementiert die CDO API in der Version 2.0 und findet sich in der Datei CDOSYS.DLL. CDO Version 2.0 verwendet aber kein MAPI mehr, sondern greift auf SMTP und NNTP zurück. Daraus resultiert eine völlig neue Syntax, die für CDO 1.2 geschriebenen Skripts lassen sich nicht mehr unter CDO 2.0 verwenden!

HINWEIS: Die CDO.DLL aus Windows NT lässt sich aber weiter benutzen, falls eine betriebsbereite MAPI-Umgebung auf dem Rechner installiert ist. Hinweise zum CDO-Objektmodell finden sich auf der Microsoft-Seite *msdn.microsoft.com* (suchen Sie nach dem Begriff CDO).

Unter Windows 2000 (oder höheren Windows-Versionen) empfiehlt es sich meiner Meinung nach aber, auf CDO 1.2 zu verzichten und E-Mails direkt über SMTP-Server zu versenden sowie E-Mails ggf. über POP3-Server abzuholen. Dieser Ansatz über einen SMTP-Server besitzt den Vorteil, dass Sie keine Session mit expliziter Anmeldung (wie bei MAPI erforderlich) erzeugen müssen. Bei SMTP erfolgt die Authentifizierung über den Benutzernamen und das Kennwort direkt am Server. Die hierzu benötigten Daten lassen sich direkt in der Fields Collection (ADO) des *Configuration*-Objektes hinterlegen und werden mit der Nachricht weitergereicht. Die betreffenden Informationen lassen sich mit folgenden Anweisungen hinterlegen:

```
Set oConf = Wscript. CreateObject("CDO.Configuration")
With oConf.Fields     ' Server-Eigenschaften setzen
 .Item(cdoSendUsingMethod) = cdoSendUsingPort
 .Item(cdoSMTPServer) = smtp
 .Item(cdoSMTPConnectionTimeout) = 20
 .Item(cdoSMTPAuthenticate) = cdoBasic
 .Item(cdoSendUserName) = user
 .Item(cdoSendPassword) = passw
 .Item(cdoURLProxyServer) = ""
 .Item(cdoURLProxyBypass) = ""
 .Item(cdoURLGetLatestVersion) = True
 .Update
End With
```

In der ersten Zeile wird eine Objektreferenz auf das *Configuration*-Objekt der CDO-Bibliothek angelegt. Dann lassen sich die benötigten Authentifizierungsdaten sowie die Adressen der SMTP-Server etc. der *Item*-Auflistung zuweisen. Die Adressierung der einzelnen Auflistungselemente erfolgt über einen Index, der mittels Konstante wie *cdoURLGetLatestVersion* spezifiziert sind. Diese Konstante verweisen auf einen Microsoft Server, in dem die Beschreibung der Datenstruktur als XML-Schema hinterlegt ist. Die *Update*-Methode speichert die Informationen im Konfigurationsdatenbereich der Nachricht.

HINWEIS: Die betreffenden Konstanten können Sie im Objektbrowser (z.B. der VB 5 CCE ▶siehe Kapitel 2) ermitteln. Oder Sie definieren einen Verweis auf die betreffende Typbibliothek (erfordert eine *.wsf*-Datei). Im folgenden Beispiel habe ich die erforderlichen Konstante direkt im Programm hinterlegt.

Sobald die Authentifizierungs- und Konfigurierungsdaten definiert sind, können Sie ein Mail-Objekt erzeugen und dessen Eigenschaften mit den Kenndaten der Nachricht versehen:

```
Set oMsg = Wscript. CreateObject("CDO.Message")
With oMsg      ' Nachricht erstellen
 Set .Configuration = oConf  ' setze Config-Daten
 .From = from            ' Sender
 .To = receiver          ' Empfänger
 .Subject = subject      ' Betreff
 .TextBody = body
 .AddAttachment GetPath & "TestReport.txt"
 .Send  ' jetzt absenden
End With
```

Die erste Zeile erzeugt das *Message*-Objekt. Anschließend wird der *Configurator*-Eigenschaft die Auflistung mit den Authentifizierungsdaten des Servers zugewiesen. Die restlichen Anweisungen veranlassen, dass dem Eigenschaften des *Message*-Objekts die betreffenden Daten der Nachricht (Sender, Empfänger, Betreff, Body-Text und ggf. Anhang) zugewiesen werden. Über die *Send*-Methode wird die Nachricht direkt an den SMTP-Server verschickt (was natürlich eine Online-Verbindung zum Server voraussetzt).

HINWEIS: An dieser Stelle muss ich aber noch auf ein spezielles Problem eingehen. Im optimalen Fall kann der SMTP-Server direkt eine Authentifizierung über Benutzername und Kennwort durchführen. Leider gibt es SMTP-Server, die die Authentifizierung über einen bestimmten Internetzugang fordern (z.B. CompuServe benutzt(e) zur Authentifizierung die Anmeldung am Online-Dienst). Beim Freeware-Anbieter WEB.DE ist generell keine Authentifizierung am SMTP-Server über ein Kennwort möglich. Vielmehr erwartet WEB.DE, dass der Benutzer E-Mail am POP3-Server abholt. Dieser Zugriff ist durch Benutzername und Kennwort geschützt. Nach dem Zugriff auf das POP3-Postfach wird das zugehörige SMTP-Postfach für kurze Zeit freigeschaltet. Dann ist ein E-Mail-Versand per SMTP mit Angabe des Benutzernamens ohne weiteres Kennwort möglich. Ich habe diesen Spezialfall im folgenden Beispiel nicht weiter behandelt.

Nachfolgendes Listing enthält ein lauffähiges Beispiel in VBScript, welches das obige Wissen benutzt, um eine einfache Nachricht per SMTP zu verschicken. Sie müssen lediglich die Daten für Empfänger, Sender und SMTP-Server anpassen.

```
'************************************************
' File:   CDOMail.vbs (WSH-Beispiel in VBScript)
' Autor:  Günter Born
'
' Neue E-Mail über Collaborative Data Objects (CDO)
' per WSH-Skript erstellen.
'************************************************
Option Explicit

Dim oConf, oMsg

Const cdoSendUsingPort = 2   ' interne Konstante
Const cdoBasic = 1
Const s = "http://schemas.microsoft.com/cdo/configuration/"
Const cdoSendUsingMethod = "sendusing"
Const cdoSMTPServer = "smtpserver"
Const cdoSMTPConnectionTimeout = "smtpconnectiontimeout"
Const cdoSMTPAuthenticate = "smtpauthenticate"
Const cdoSendUserName = "sendusername"
Const cdoSendPassword = "sendpassword"
Const cdoURLProxyServer = "urlproxyserver"
Const cdoURLProxyBypass = "urlproxybypass"
Const cdoURLGetLatestVersion = "urlgetlatestversion"

' Definiere Eigenschaften des Mail-Servers
Const smtp = "smtp.web.de"
Const user = "xxxx"
Const passw = "****"

'Const smtp = "smtp.puretec.de"
'Const user = "xxxxxx"
'Const passw = "*****"


' Definiere Eigenschaften der E-Mail
Const from = "Hugon@web.de"
Const receiver = "GBorn@Freecity.de"
Const subject = "Betr: CDO-Beispiel"
Const body = "Der Text Ihrer Nachricht"

WScript.Echo "Nachricht mit CDO erstellen und absenden"
' Erzeuge CDO-Objektreferenzen (ab CDO 2.x)
Set oConf = Wscript. CreateObject("CDO.Configuration")
Set oMsg = Wscript. CreateObject("CDO.Message")

With oConf.Fields     ' Server-Eigenschaften setzen
 .Item(s & cdoSendUsingMethod) = cdoSendUsingPort
```

```
 .Item(s & cdoSMTPServer) = smtp
 .Item(s & cdoSMTPConnectionTimeout) = 20
 .Item(s & cdoSMTPAuthenticate) = cdoBasic
 .Item(s & cdoSendUserName) = user
 .Item(s & cdoSendPassword) = passw
 .Item(s & cdoURLProxyServer) = ""
 .Item(s & cdoURLProxyBypass) = ""
 .Item(s & cdoURLGetLatestVersion) = True
 .Update
End With

With oMsg      ' Nachricht erstellen
 Set .Configuration = oConf  ' setze Config-Daten
 .From = from           ' Sender
 .To = receiver         ' Empfänger
 .Subject = subject     ' Betreff
 .TextBody = body
 .AddAttachment GetPath & "TestReport.txt"
 .Send  ' jetzt absenden
End With

WScript.Echo "Nachricht verschickt"
Set oConf = Nothing
Set oMsg = Nothing

'###########################
Function GetPath
' Hole Skriptpfad
 DIM path
 path = WScript.ScriptFullName  ' Skriptname
 GetPath = Left(path, InstrRev(path, "\"))
End Function
' Ende
```

Listing 14.21: *CDOMail.vbs*

HINWEIS: Sie finden die Datei *CDOMail.vbs* im Ordner *\Beisp\Kap14* der Begleit-CD. Eine *.wsf*-Version, die die Konstante aus der Typbibliothek importiert und zudem noch eine Fehlerbehandlung bei der *Send*-Methode enthält, finden Sie in der Datei *CDOMail.wsf*. Zum Test müssen Sie die Kenndaten zur Authentifizierung am Mail-Server anpassen. Das Beispiel wurde unter Windows XP Professional getestet, sollte aber unter Windows 2000 Professional und Server sowie unter Windows XP Home Edition funktionieren. Weitere Hinweise entnehmen Sie der CDO-Hilfe, die Sie im Internet unter *msdn.microsoft.com* unter dem Stichwort *CDO* finden.

An dieser Stelle möchte ich dieses Kapitel schließen. Sie haben einen ersten Eindruck von den Möglichkeiten des WSH in Zusammenarbeit mit den Microsoft Office-Anwendungen erhalten. Neben den hier erwähnten Anwendungen lässt sich zusätzlich PowerPoint als Automatisierungsserver verwenden. Zum Zugriff auf die Datenbank können Sie neben Access auch die ADO-Bibliotheken nutzen. Die Diskussion aller Optionen würde aber den Umfang dieses Buches sprengen. Hinweise zu ADO finden Sie in folgendem Kapitel. Eine detailliertere Behandlung der Office-Objektmodelle mit vielen Beispielen finden Sie in den im Literaturverzeichnis unter /3, 4/ aufgeführten Titeln.

15 ActiveX Data Objects (ADO)

ADO ist die Abkürzung für ActiveX Data Objects. In diesem Kapitel befassen Sie sich mit ActiveX Data Objects (ADO), einer Technik zum Zugriff auf Datenbanken und Dateien.

- Lernen Sie das ADO-Objektmodell kennen und lesen Sie nach, wie die Verbindungen zu Datenbank einzurichten sind.
- Schlagen Sie in den Beispielen nach, um zu erfahren, wie sich bestimmte Techniken mit ADO nutzen lassen, um Access-Datenbanken, CSV-Dateien und mehr zu lesen und zu manipulieren.

Mit diesen Informationen steht Ihnen der Zugriff auf Datenbanken per WSH-Skript zur Verfügung.

ADO-Grundlagen

ADO erlaubt Anwendungen einen direkten Zugriff (lesen und schreiben) auf Datenbanken mittels eines OLE DB-Providers. ADO lässt sich dabei neben Visual Basic oder C auch über WSH-Skripte oder aus DHTML-Seiten aufrufen, um eine Verbindung mit Datenbanken aufzubauen. Von Microsoft werden dabei verschiedene OLE DB-Provider einschließlich ODBC zum Zugriff auf verschiedene Datenbanken und Dateiformate angeboten.

ADO-Versionen und Bibliotheken

Seit ADO 1.0 wurden verschiedene Versionen (ADO 1.5, ADO 2.0, ADO 2.1 etc.) von Microsoft bereitgestellt. Als dieses Buch geschrieben wurde, stand ADO 2.5 als neueste Version zur Verfügung. Microsoft Office 2000 installiert z.B. ADO 2.1, und Windows 2000 wird mit ADO 2.5 ausgeliefert. Sie können sich die neueste ADO-Version von der Microsoft Webseite *http://www.microsoft.com/data/ado* herunterladen. Als Programmierer sollten Sie darüber hinaus wissen, welche relevanten ADO Bibliotheken es gibt und welche Funktionen diese beinhalten:

- ADODB: Dies ist die Kernbibliothek (*Microsoft ActiveX Data Objects 2.x Library*), die die Objekte, Methoden und Eigenschaften zum Zugriff auf die ODBC-OLE DB-Provider bereitstellt.

- ADOR: Bei *Microsoft ActiveX Data Objects Recordset 2.x* handelt es sich um eine spezifische Bibliothek mit reduziertem Funktionsumfang. Die Bibliothek enthält nur die Funktionen des *Recordset*-Objekts und wird speziell für HTML-Skripte benutzt.
- ADOMD: Die Bibliothek *Microsoft ActiveX Data Objects (Multidimensional)* (ADO MD) erweitert Microsoft ActiveX Data Objects (ADO) um spezifische Objekte zur Handhabung multidimensionaler Daten. Mit ADO MD können Sie multidimensionale Schemata durchsuchen etc.
- ADOX: *Microsoft ActiveX Data Objects Extension for Data Definition Language and Security* ist eine Ergänzungsbibliothek zum Kern mit den ADO-Objekten. Die Bibliothek stellt zusätzliche Objekte zum Erzeugen, Modifizieren und Löschen von Schemata-Objekten bereit. Sie können diese Bibliothek benutzen, um Datenbankstrukturen wie Tabellen oder Prozeduren anzulegen oder zu modifizieren. In der Bibliothek finden Sie auch Sicherheitsobjekte zur Verwaltung der Benutzer und Gruppen sowie deren Zugangsrechte.
- RDS: *Microsoft Remote Data Service (RDS)* ist eine ADO-Komponente, die einen schnellen und effizienten Zugriff aus Internet Explorer-HTML-Dokumenten auf Daten erlaubt.
- JRO: *Microsoft Jet and Replication Objects (JRO)* bietet zusätzliche Funktionalität für ADO. Die Funktionen sind speziell auf die Jet Engine zum Komprimieren, Kodieren etc. von Datenbanken zugeschnitten.

In diesem Kapitel beschränke ich mich lediglich auf die Diskussion der Objekte, die von ADODB bereitgestellt werden. Auch die Beispiele beziehen sich nur auf diese Bibliothek.

HINWEIS: Die ADO-Hilfe liefert Ihnen aber zusätzliche Informationen zu den restlichen ADO-Bibliotheken.

Das ADO-Objektmodell

Verglichen mit den hierarchischen Objektmodellen aus Microsoft Word oder Microsoft Excel weist das ADO-Objektmodell eine höhere Komplexität auf. Wir haben kein typisches Root-Objekt, welches zum Einstieg in die Objekthierarchie dient. ADO stellt ein Objektmodell bereit, welches eine größtmögliche Flexibilität für Ihre Anwendung zulässt. Dies kann beim Einstieg in ADO allerdings etwas verwirrend sein. Insbesondere die zahlreichen ADO-Beispiele, die ohne weitere Kommentare veröffentlicht werden, tragen zu dieser Konfusion bei. Gemäß Abbildung 15.1 stellt ADO verschiedene Objekte und Auflistungen bereit.

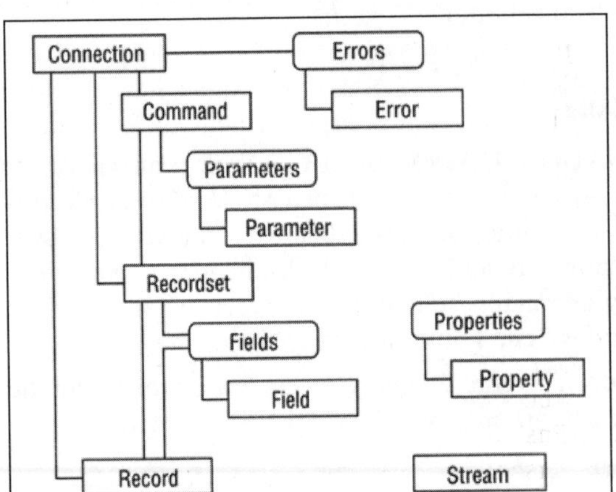

Abbildung 15.1: *ADO-Objektmodell*

- *Connection Object*: Dieses Objekt wird allgemein benutzt, um eine Anwendung über einen OLE DB-Provider mit der Datenbank zu verbinden. Diese Verbindung lässt sich über die *Open*- und *Close*-Methoden dieses Objekts auf- und abbauen. Über Eigenschaften lassen sich der Provider, der Cursortyp, der Time-out-Wert etc. einstellen.

HINWEIS: Das *Connection*-Objekt lässt sich als Wurzelelement der Objekthierarchie interpretieren. Ich werde in Beispielen dieses Objekt verwenden, um den Zugriff auf die Datenbank vorzubereiten. Sie können aber auch ohne ein explizit erzeugtes *Connection*-Objekt auf eine Datenbank zugreifen. Dann erzeugt ADO selbst die betreffenden Objekte. Ein Beispiel dieser Technik lernen Sie in diesem Kapitel kennen.

- *Command Object*: Dieses optionale Objekt erlaubt Ihnen den Umgang mit Abfragen (Queries) und gespeicherten Prozeduren.
- *Recordset Object*: Mit diesem Objekt erfolgt der Zugriff auf die eigentlichen Daten. Die Ergebnisse einer Abfrage werden in einem *Recordset*-Objekt zurückgeliefert und sind als Datensätze (Records mit einem oder mehreren Feldern) strukturiert. Das *Record*-Objekt und die *Fields*-Auflistung enthalten die Objekte mit den Datensätzen und die Felder eines Datensatzes.

Mit der *Open*-Methode des *Recordset*-Objekts können Sie auf die Ergebnisse einer Abfrage (Query) entweder per *Command*-Objekt oder direkt per *Connection*-Objekt zugreifen. Etwas verwirrend: Beim Aufruf der *Execute*-Methode des *Connection*- oder *Command*-Objekts wird automatisch ein *Recordset*-Objekt erzeugt. Das Objektmodell enthält weitere Objekte wie *Streams, Error* oder *Properties*. Ich habe diese Objekte in den folgenden Beispielen nicht genutzt, um diese Beispiele möglichst einfach zu halten und mich auf den Kern der ADO-Zugriffe auf Datenbanken zu beschränken. Sofern Sie weitere Informationen zum ADO-Objektmodell benötigen, empfiehlt es sich in der ADO-Hilfe nachzulesen.

Wie lassen sich Daten lesen?

Zum Zugriff auf eine Datenquelle sind mehrere Schritte erforderlich. Im ersten Schritt müssen Sie eine Verbindung (connection) zur Datenquelle aufbauen. Für diesen Zweck benötigen Sie das *Connection*-Objekt, wobei es mehrere Wege zum Verbindungsaufbau gibt. Nach dem Verbindungsaufbau verwenden Sie ein *Recordset*-Objekt zum Zugriff auf die Datenquelle. Im Folgenden werden die Schritte zum Einrichten einer Verbindung (Schritt 1) und zum Datenzugriff (Schritt 2) vorgestellt.

Schritt 1: *Connection*-Objekt einrichten

Der geradlinige Ansatz zum Zugriff auf eine Datenquelle basiert darauf, ein *Connection*-Objekt zu erzeugen und dann die *Open*-Methode zum Einrichten der Verbindung zu verwenden. Die folgende Anweisung erzeugt eine *Connection*-Objektinstanz und weist diese der Objektvariablen *conn* zu.

```
Set conn = CreateObject("ADODB.Connection")
```

Sobald der Befehl ausgeführt wurde, liegt ein Objekt vor, welches Eigenschaften und Methoden bereitstellt. Über diese Eigenschaften und Methoden lässt sich die Verbindung aufbauen. Zum Einrichten der Verbindung zur Datenquelle lässt sich die *Open*-Methode des *Connection*-Objekts verwenden. Die Verbindung zu einer gegebenen Datenquelle wird über einen spezifischen Provider abgewickelt, der ggf. zusätzliche Einstellungen wie Kennwort und Benutzer-ID benötigt. Daher lässt sich die *Open*-Methode mit verschiedenen Parametern aufrufen. Als Minimum benötigt die *Open*-Methode den Namen des OLE DB-Providers, der die Schnittstelle zur Datenquelle bereitstellt, sowie die Information über die Lage der Datenquelle. Dies kann in einer vereinfachten Schreibweise mit folgendem Befehl erfolgen:

```
conn.Open "Provider = Microsoft.Jet.OLEDB.4.0; " & _
        "Data Source = D:\Beisp\Kap15\Data\UserData.mdb"
```

Die Zeichenkette *Provider* definiert den Namen des OLE DB-Provider oder den DSN-Namen (Data Source Name). Im obigen Befehl habe ich den Microsoft Jet OLE DB-Provider zum Zugriff auf eine Access-Datenbank angegeben.

HINWEIS: Leider gibt es mehrere Versionen des Microsoft Jet OLE DB-Providers. Viele im Web und in Büchern veröffentlichte ADO-Lösungen verwenden noch die alte Version *Microsoft.Jet.OLEDB.3.51*. In Microsoft Windows 2000 oder nach der Installation von Microsoft Office 2000 bzw. Visual Basic 6.0 muss aber *Microsoft.Jet.OLEDB.4.*0 angegeben werden. Auf den nachfolgenden Seiten finden Sie auch Beispiele, um eine Verbindung per ODBC-Treiber aufzubauen.

Der zweite Parameter in obigem Befehl legt den Pfad zur Datenquelle fest. Dies kann entweder eine Datenbank oder eine Datendatei sein (z.B. Access Datenbank, Excel-Arbeitsmappe etc.). Der obige Befehl verwendet eine Zeichenkettenkonstante als Parameter, um die Eigenschaften im *Open*-Aufruf festzulegen. Vorteil: Der Befehl ist kurz und einfach gehalten. Über eine solche Zeichenkette können mehrere Werte im Format *Schlüsselwort=param1; Schlüsselwort=param2;* der Methode als Parameter übergeben werden. Jeder Wert wird über ein Schlüsselwort identifiziert, Semikolons trennen die einzelnen Parameter. Dieser Ansatz ist in vielen publizierten Lösungen zu sehen. Der Nachteil besteht darin, dass die Zeichenketten mit den Parametern leicht unübersichtlich werden. Dann lässt sich nur noch sehr schwer erkennen, was der Programmierer eigentlich im Sinn hatte. Daher lässt sich auch die *ConnectionString*-Eigenschaft verwenden, um die einzelnen Parameter der *Open*-Methode zu setzen.

```
conn.ConnectionString = "Provider = Microsoft.Jet.OLEDB.4.0; " &
      "Data Source = D:\Beisp\Kap15\Data\UserData.mdb"
conn.Open
```

Die Eigenschaft *ConnectionString* nimmt eine Sequenz an Parametern auf, die durch Semikolons getrennt werden und die Bedingungen zur Verbindungsaufnahme festlegen. Der Provider und die Datenquelle (DataSource) sind als Parameter unbedingt erforderlich. Die Zeichenkette darf auch einen Benutzernamen, ein Kennwort etc. aufweisen. Als dritte Variante dürfen Sie die Verbindung auch folgendermaßen einrichten:

```
conn.Provider = "Microsoft.Jet.OLEDB.4.0"
conn.ConnectionString = _
      "Data Source = D:\Beisp\Kap15\Data\UserData.mdb"
conn.Open
```

Die erste Anweisung setzt die *Provider*-Eigenschaft des *Connection*-Objekts. Die zweite Anweisung definiert die *ConnectionString*-Eigenschaft.

Verbindung zu einem SQL-Server aufbauen

Mit der folgenden Sequenz lässt sich eine Verbindung zu einem SQL-Server aufbauen:

```
Set conn = WScript.CreateObject("ADODB.Connection")
strConn = "Provider=SQLOLEDB;Data Source=MyServer;" & _
        "Initial Catalog=Northwind;" & _
        "User ID=MyUserID;Password=MyPassword;"
conn.Open strConn
```

Hier wird der OLE DB-Provider *SQLOLEDB* benutzt, um mit dem Server *MyServer* Verbindung aufzunehmen. Dann wird der Katalog *Northwind* benutzt. Der Verbindungsbefehl enthält auch eine Benutzer-ID sowie ein Kennwort zum Zugriff auf die Einträge des Katalogs.

HINWEIS: Neben dem hier erwähnten Provider gibt es auch einen universellen Provider *MSDASQL.1*, der zum Zugriff auf die Datenquelle benutzt werden kann. Der Treiber gelangt immer dann zum Einsatz, wenn kein anderer Provider definiert wurde. Bei Versuchen hatte ich jedoch Probleme mit MSDASQL.1 zu arbeiten, der Treiber meldete immer, dass der Pfad zur Datenquelle ungültig sei. Daher habe ich andere OLE DB-Treiber in den nachfolgenden Beispielen eingesetzt.

Anbindung per ODBC-Treiber an die Datenquelle

Neben dem OLE DB-Provider unterstützt ADO auch die Verbindungsaufnahme mit Datenquellen über ODBC-Treiber. Der folgende Code verwendet einen DSN-Eintrag zur Verbindungsaufnahme:

```
Set conn = CreateObject("ADODB.Connection")
conn.Open "MyDb"
```

Nachdem das *Connection* Objekt in der ersten Zeile erstellt wurde, wird die Verbindung per *Open*-Methode eingerichtet. Der Parameter "*MyDb*" ist dabei ein gültiger *DSN*-Eintrag. Das Kürzel DSN steht dabei für Data Source Name. ADO benutzt dann die DSN-Definitionen zum Aufbau der Verbindung zur Datenquelle.

HINWEIS: Die Verwendung von DSN-Einträgen anstelle von OLE DB-Providern hat einige Nachteile, aber auch Vorteile. Der Vorteil: Ein Benutzer kann einen DSN-Eintrag (Data Source Name) über den ODBC-Data Source Administrator erstellen (siehe folgende Seite). Im DSN-Eintrag lassen sich der Treiber (Provider) und die Lage der Datenquelle fest vorgeben. Daher benötigen Sie im Skript keine Definitionen dieser Parameter, die Notwendigkeit auf die Version des für die Verbindungsaufnahme benutzten OLE DB-Providers zu achten entfällt. Auch der Fall, dass die Datenquelle verschoben wird, lässt sich durch Aktualisierung der DSN-Einstellungen leicht abfangen, Sie müssen den ADO-Code nicht anpassen. Der Nachteil des Ansatzes: Die *Open*-Methode des *Connection*-Objekts löst einen Laufzeitfehler aus, falls der angegebene DSN-Eintrag nicht existiert.

Einen DSN-Eintrag anlegen

Bevor Sie einen DSN-Eintrag in einer ADO-Verbindung nutzen können, muss dieser auf dem Zielsystem eingerichtet werden. Der DSN-Eintrag legt den DB Provider (ein SQL Server, eine ODBC-Datenquelle etc.) und die Lage der Datenquelle fest. Um einen DSN zum Zugriff auf CSV-, TXT-, XLS- oder MDB-Dateien einzurichten, können Sie auf den ODBC Datenquellen-Administrator zurückgreifen (Abbildung 15.2). ▶

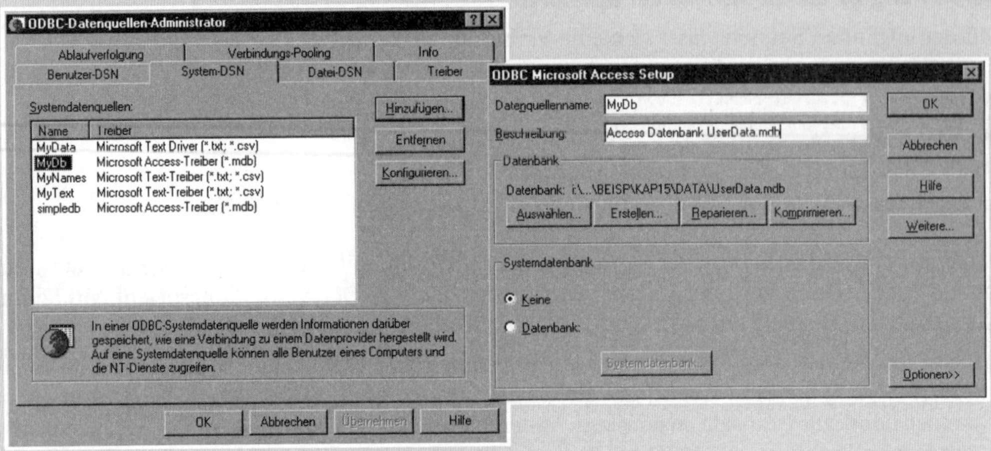

Abbildung 15.2: *ODBC Datenquellen-Administrator*

1. Öffnen Sie die Systemsteuerung und doppelklicken Sie auf das Symbol des ODBC Datenquellen-Administrators. In Windows 2000/XP verwenden Sie das Symbol *Verwaltung* und doppelklicken im Ordner *Verwaltung* auf das Symbol *Datenquellen (ODBC)*.
2. Windows öffnet das Fenster des ODBC Datenquellen-Administrators (Abbildung 15.2, links). Wählen Sie die Registerkarte *System DSN* und klicken Sie auf die Schaltfläche *Hinzufügen*.
3. Windows startet einen Assistenten, der alle ODBC-Treiber auflistet. Wählen Sie einen Treiber, mit dem auf die Datenquelle zugegriffen werden soll, und klicken Sie anschließend auf die Schaltfläche *Fertig stellen*.
4. In einem zweiten Dialogfeld (*ODBC Microsoft Access Setup*) können Sie den DSN-Namen und andere Eigenschaften festlegen. Geben Sie den DSN-Namen im Textfeld *Datenquellenname* ein (Abbildung 15.2, rechts). Dieser Name wird später im Skript zur Identifikation der Data Source Name (DSN) benutzt.
5. Über die Schaltfläche *Auswählen* öffnen Sie das Dialogfeld *Datenbank auswählen.* Legen Sie den Pfad und den Namen der Datenbank fest. Die genauen Einstellungen hängen vom Treiber und von der Datenquelle ab.

Nachdem Sie den DSN definiert haben, schließen Sie den ODBC-Datenquellen-Administrator. Dieser DSN wird im Skript zur Identifikation der Datenquelle und des ODBC-Treibers benutzt. In der ADO-Hilfe finden Sie Hinweise auf die Verwendung weiterer Provider (ADSI, Oracle), mit denen Sie auf die Datenquellen zugreifen können.

Schritt 2: Erzeuge ein *Recordset*-Objekt zum Datenquellenzugriff

Sobald die Verbindung erstellt wurde, können Sie ein *Recordset*-Objekt erzeugen und mittels der *Open*-Methode auf die Daten der Datenquelle zugreifen. Nehmen wir einmal an, Sie haben eine Verbindung mit folgenden Befehlen aufgebaut:

```
Set conn = CreateObject("ADODB.Connection")
conn.Open "MyDb"
```

Dann lässt sich das *Recordset* Objekt folgendermaßen anlegen:

```
Set dbRecord = CreateObject("ADODB.Recordset")
```

Zum Zugriff auf die Datenquelle lässt sich die *Open*-Methode des *Recordset* Objekts nutzen.

```
dbRecord.Open "SELECT * FROM Users", conn, _
           adOpenKeyset, adLockOptimistic
```

Die *Open*-Methode benötigt einige Parameter. Der erste Parameter definiert die Quelle der Abfrage. Diese Quelle kann beispielsweise ein SQL-Befehl zur Abfrage der Datenbank sein. Sie können aber auch einfach den Namen einer Datenbanktabelle angeben, um alle Daten der Tabelle zu lesen. Als Quelle kann auch ein *Command*-Objekt (mit einem ausführbaren Kommando) übergeben werden. Oder es kann eine Datei, die einen Recordset enthält, als Quelle im ersten Parameter übergeben werden. Die obige Anweisung enthält als Quelle den SQL-Befehl "*SELECT * FROM Users*", der alle Daten der Tabelle *Users* aus der Datenquelle abruft. Alternativ könnten Sie auch die Zeichenkettenkonstante "*Users*" angeben, um die gesamte Tabelle *Users* zu lesen.

Im zweiten Parameter wird das *ActiveConnection*-Objekt oder eine Zeichenkette mit der Definition der Verbindung übergeben (dies wurde weiter oben im Abschnitt zum Aufbau einer Verbindung diskutiert, ein Beispiel findet sich auch in *ADOReadTxt.js*). Im obigen Befehl wird im Parameter ein *Connection*-Objekt über die *conn*-Objektvariable übergeben. Dieses Objekt definiert den Provider und die Datenquelle.

Der dritte Parameter definiert den Cursortyp. Ein Cursor ist ein Mechanismus, der die Ergebnisse einer Datenbankabfrage zurückgibt. Der Cursortyp definiert, wie ADO auf die zurückgegebenen Daten einer Abfrage zugreifen darf. Lax gesprochen können Sie sich einen Cursor als eine Tabelle vorstellen, die ein Durchsuchen des Inhalts erlaubt und die die Ergebnisse dann als Sequenz von Datensätzen bestehend aus Feldern darstellt. Ein Cursor repräsentiert daher eine »Sicht« auf die Datenquelle (wobei die Ergebnisse von der Abfrage abhängen). Der Cursor stellt alle Funktionen zum Blättern in den Datensätzen bereit. Ein Cursor kennt dabei mehrere Modi, wie die Daten benutzt werden dürfen. Im obigen Befehl habe ich den Parameter auf *adOpenKeyset* gesetzt, aber ADO unterstützt die Cursortypen aus Tabelle 15.1.

Cursortyp	**Wert**	**Bemerkung**
adOpenForwardOnly	0	Standard, öffnet einen Forward-Cursor (die Datensätze dürfen nur in aufsteigender Satzreihenfolge gelesen werden). Das Verhalten ist gleich dem *adOpenStatic*-Cursortyp. Dieser Typ benötigt nur minimale Ressourcen.
adOpenKeyset	1	Öffnet einen Cursor vom Typ *Keygroup* (über den Schlüssel lässt sich direkt auf die Datensätze zugreifen; lesen, ändern, hinzufügen und löschen ist zulässig). Das Verhalten entspricht *adOpenDynamic*, wobei von anderen Benutzern durchgeführte Änderungen im Cursor unsichtbar bleiben.
adOpenDynamic	2	Öffnet einen dynamischen Cursor (der eine Aktualisierung der Datenquelle ermöglicht). Änderungen anderer Benutzer an der Datenquelle werden im Cursor angezeigt.
adOpenStatic	3	Öffnet einen statischen Cursor (die Daten werden nicht aktualisiert, durch andere Benutzer an der Datenbank durchgeführte Änderungen werden im Cursor nicht berücksichtigt – Sie müssen einen neuen Cursor holen, um aktualisierte Daten zu erhalten).

Tabelle 15.1: *ADO-Cursortypen*

Der Zugriff auf die Daten in einer Multi-User-Umgebung erfordert bestimmte Sperrmechanismen (Locking). Diese Mechanismen erlauben dem Programmierer anzugeben, wie der Provider die Datenbank während des Zugriffs zu sperren hat (z.B. gesamte Quelle für andere Benutzer sperren). Der vierte Parameter der *Open*-Methode definiert den Lock-Mechanismus. Die Tabelle 15.2 enthält die Werte für die ADO-Locktypen.

Locktyp	Wert	Bemerkung
adLockReadOnly	1	Standard, Provider erlaubt nur noch Lesezugriff (read access).
adLockPessimistic	2	Der Provider sperrt alle Datensätze während des Zugriffs.
adLockOptimistic	3	Der Provider sperrt die Datensätze nur, wenn die Anwendungen die *Update* Methode verwendet.
AdLockBatchOptimistic	4	Aktualisiert die Datensätze im Batch-Modus.

Tabelle 15.2: *ADO-Locktypen*

Ein vierter (hier nicht benutzter) Parameter lässt sich verwenden, um Optionen zur *Open*-Methode weiterzugeben. Der Wert wird zur Definition des Kommandotyps verwendet (legt fest, wie der Provider die *Open*-Methode ausführen und wie Parameter interpretiert werden sollen). Die *Tabelle 15.3* enthält die Werte für die Kommandotypen.

Kommandotyp	Wert	Bemerkung
adCmdUnknown	&H0008	Kommandotyp unbekannt
adCmdText	&H0001	Provider benutzt den Quellparameter als Textrepräsentation eines Kommandos.
adCmdTable	&H0002	Provider gibt alle Datensätze als Ergebnis einer Abfrage vom Typ *SELECT * FROM Table* zurück.
adCmdStoredProc	&H0004	Provider interpretiert den *Source*-Parameter als gespeicherte Prozedur (stored procedure).
adCmdFile	&H0100	Der Parameter *Source* enthält den Dateinamen eines gespeicherten (persistent) Recordset.
adCmdTableDirect	&H0200	Der Provider liefert alle Datensätze einer Tabelle direkt zurück (der Tabellenname wird im Parameter *Source* angegeben).

Tabelle 15.3: *Kommandotypen*

HINWEIS: Die Werte der ADO-Konstanten wie *adOpenKeyset* und *adLockOptimistic* müssen explizit als Konstanten im Skript vereinbart werden. Die Datei *adovbs.inc* (z.B. im Ordner *\Programme\Gemeinsame Dateien\System\ado*) enthält diese ADO-Konstanten. Diese Datei liegt aber in einem Format zur Einbindung in Active Server Pages (ASP) vor. Daher finden Sie eine modifizierte Kopie dieser Datei für VBScript im Ordner *\Beisp\Kap15* der Begleit-CD-ROM. Im folgenden Abschnitt zeige ich Ihnen an Beispielen (*ConnectionDSN.wsf* und *ADOReadCSV.wsf*) wie sich diese Datei per *.wsf*-Datei in VBScript und JScript einbinden lässt.

ADO-Beispiele

Der beste Ansatz zur Demonstration der ADO-Nutzung per WSH-Skript stellen Beispiele dar. An diesen Beispielen lassen sich die Details schrittweise erläutern. Die folgenden Seiten enthalten einige Beispiele, in denen Datenquellen per ADO aus Skripten manipuliert werden.

Beispiel 1: Access-Tabelle lesen

Lassen Sie uns mit einem einfachen Beispiel beginnen. In diesem Beispiel lassen sich die notwendigen Schritte zum Lesen der Daten identifizieren. Die Access Datenbank *UserData.mdb* im Unterordner *\data* des Skripts enthält die Tabelle *Users*. Diese Tabelle speichert Benutzernamen (Feld *Name*) und Identifikationsnummern (Spalte *PersID*). Das Feld *ID* ist vom Typ *AutoWert*, d.h. es wird automatisch bei jedem neuen Datensatz mit einem Wert gefüllt. Daher zeigt Abbildung 15.3 keine kontinuierliche Nummerierung in diesem Feld.

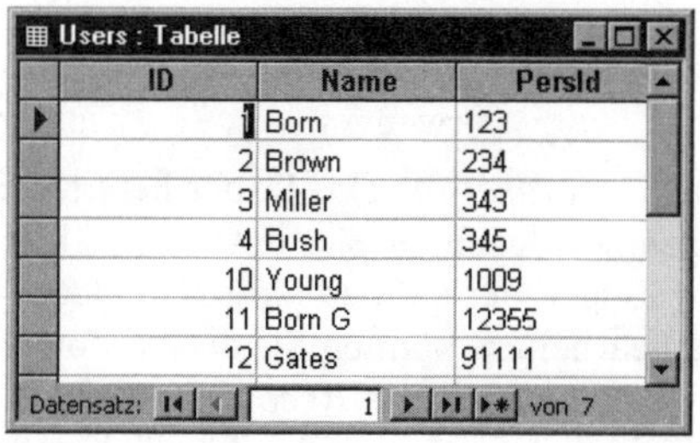

ID	Name	PersId
1	Born	123
2	Brown	234
3	Miller	343
4	Bush	345
10	Young	1009
11	Born G	12355
12	Gates	91111

***Abbildung 15.3:** Beispieltabelle*

Das Beispiel WSH-Skript soll die Datenbank öffnen und die Datensätze der Tabelle *Users* auflisten. Zuerst benötigen wir eine Verbindung zur Datenbank. Das *Connection*-Objekt lässt sich mit folgendem VBScript-Befehl erzeugen:

```
Set conn = CreateObject("ADODB.Connection")
```

Dann können Sie die Verbindung definieren und aufbauen:

```
conn.Provider = "Microsoft.Jet.OLEDB.4.0"
conn.ConnectionString = "Data Source = " _
                      & GetPath & "\Data\UserData.mdb"
conn.Open
```

Hier wird der Microsoft Jet OLE DB-Provider Version 4.0 zum Aufbau der Verbindung benutzt. Die Eigenschaft *ConnectionString* enthält den Pfad zur Access *.mdb*-Datenbank. Ich benutze die benutzerdefinierte Funktion *GetPath*, um den Pfad zum aktuellen Skript abzufragen. Dann wird der Unterpfad *\Data* angehängt. Nachdem der Befehl ausgeführt wurde, zeigt das Skript ein Dialogfeld mit dem Providernamen.

Sobald die Verbindung zur Datenbank steht, benötigen wir ein *Recordset*-Objekt, welches das Navigieren und Lesen der Datenbanktabelle ermöglicht. Wir können den folgenden Befehl zum Anlegen des *Recordset*-Objekts und zum Öffnen der Verbindung zur Datenbanktabelle verwenden.

```
Set dbRecord = CreateObject("ADODB.Recordset")
sql = "SELECT * FROM Users"
dbRecord.Open sql, conn, adOpenKeyset, adLockOptimistic
```

Die Variable *sql* enthält eine SQL-Abfrage zum Lesen der Tabelle *Users*. Alternativ könnten Sie *sql* auf den Wert "*Users*" zum Abfragen der Tabelle setzen. Beide Varianten geben den gesamten Tabelleninhalt zurück. Rufen Sie die *Open*-Methode mit der Abfrage und dem *Connection*-Objekt auf, liefert das *Recordset* Objekt die Daten der Tabelle zurück.

HINWEIS: Ich habe die Konstanten *adOpenKeyset* und *adLockOptimistic* benutzt. Falls Sie nur die Tabelle lesen möchten, können Sie auch *adReadOnly* verwenden.

Anschließend müssen wir die Methoden, Eigenschaften und Unterobjekte des *Recordset*-Objekts nutzen, um auf alle Datensätze der Tabelle zuzugreifen und die Feldinhalte zu lesen. Die folgende Schleife liefert alle Datensätze:

```
For i = 0 to dbRecord.RecordCount-1
...
  dbRecord.MoveNext()
Next
```

Die Objektvariable *dbRecord* enthält eine Referenz auf das *Recordset*-Objekt. Daher liefert die *RecordCount*-Eigenschaft die Zahl der gefundenen Datensätze. Beachten Sie, dass der Zähler von 0 bis n–1 läuft. Das *Recordset*-Objekt verwendet einen Zeiger, der auf den aktuellen Datensatz der Tabelle verweist. Um die Datensätze der Tabelle zu bearbeiten, können Sie diesen Zeiger in der Tabelle bewegen. Hierzu gibt es eigene Methoden wie *MoveNext* des *Recordset*-Objekts. Das *Recordset*-Objekt stellt die folgenden Methoden zur Navigation innerhalb der Tabelle bereit:

MoveFirst: Gehe zum ersten Datensatz der Tabelle.

MoveLast: Gehe zum letzten Datensatz der Tabelle.

MoveNext: Gehe zum nächsten Datensatz der Tabelle.

MovePrevious: Gehe zum vorherigen Datensatz der Tabelle.

Die Verwendung der *MovePrevious*-Methode bedingt allerdings, dass der Cursortyp diesen Modus unterstützt (siehe Tabelle 15.1), andernfalls wird ein Laufzeitfehler ausgelöst.

HINWEIS: Verwenden Sie die Methode *MoveNext*, können Sie mit der *EOF*-Methode testen, ob das Tabellenende erreicht ist. Liefert *EOF* den Wert *true*, steht der Lesezeiger hinter dem letzten Datensatz. Ein weiterer *MoveNext*-Aufruf löst dann einen Laufzeitfehler aus. *MovePrevious* erfordert einen Test mit *BOF* auf den Tabellenanfang. Wird *true* zurückgegeben, steht der Lesezeiger vor dem ersten Datensatz. Ein weiterer *MovePrevious*-Aufruf löst dann einen Laufzeitfehler aus. Beim obigen Beispiel werden diese Tests nicht gebraucht, da die Schleife die Zahl der Datensätze über *RecordCount* berücksichtigt. Da diese Eigenschaft nicht in allen Fällen von den ADO-Bibliotheken korrekt zurückgegeben wird, verwende ich in weiteren Beispielen die *EOF*-Methode zum Test auf das Tabellenende.

Der aktuelle Datensatz des *Recordset*-Objekts besteht aus Feldern (die in der Tabellenstruktur definiert sind), die die Werte enthalten. Innerhalb der Schleife werden die Datensätze gelesen und mit folgenden Anweisungen lassen sich die Feldwerte des aktuellen Recordsets lesen:

```
Name = dbRecord( "Name" )
ID = dbRecord( "PersID" )
```

Name und *PersID* sind Feldnamen und *dbRecord* ist eine Objektvariable, die einen Verweis auf das *Recordset*-Objekt enthält. Die Anweisungen weisen also die Feldwerte den lokalen Variablen *Name* und *ID* zu.

Sobald die Datensätze gelesen wurde, wird die Verbindung nicht mehr benötigt. Diese lässt sich mit folgender Anweisung abbauen:

```
conn.Close
```

Weitere Details sind dem folgenden VBScript-Listing zu entnehmen.

```
'************************************************
' File:   ConnectionOLEDB.vbs (WSH-Beispiel in VBScript)
' Autor:  Günter Born
'
' ActiveX Data Objects (ADO)-Beispiel. Demonstriert, wie
' sich eine Verbindung zur Datenquelle über den
' Microsoft Jet OLE DB-Provider einrichten lässt.
' wir greifen auf die Access Datenbank UserData.mdb
' im Unterordner \Data zu.
'************************************************
Option Explicit

' Definiere einige ADO-Konstanten
Const adOpenKeyset = 1
Const adLockOptimistic = 3

Const adCmdText = &H0001

DIM dbRecord, conn, sql, i, name, id

' Erzeuge Connection-Objekt
Set conn = CreateObject("ADODB.Connection")

' setze OLE DB-Provider und Datenquelle
conn.Provider = "Microsoft.Jet.OLEDB.4.0"
conn.ConnectionString = "Data Source = " & _
       GetPath & "\Data\UserData.mdb"

' Öffne Verbindung zur Datenbank
conn.Open

WScript.Echo conn.Provider

' Erzeuge Recordset für die Daten
Set dbRecord = CreateObject("ADODB.Recordset")

sql = "SELECT * FROM Users"

dbRecord.Open sql, conn, adOpenKeyset, adLockOptimistic

' Schleife durch alle zurückgebenen Datensätze
 For i = 0 to dbRecord.RecordCount-1
' Speichere Wert eines jeden Felds in Variable
  Name = dbRecord( "Name" )
```

```
  ID      = dbRecord( "PersID" )
  WScript.Echo i, Name, ID
' zum nächsten Datensatz
  dbRecord.MoveNext()
 Next

conn.Close

'#### Helfer ####
Function GetPath
' Hole Skriptpfad
 DIM path
 path = WScript.ScriptFullName
 GetPath = Left(path, InstrRev(path, "\"))
End Function
'* Ende
```

Listing 15.1: ConnectionOLEDB.vbs

HINWEIS: Die Datei *ConnectionOLEDB.vbs* finden Sie auf der Begleit-CD-ROM im Ordner *\Beisp\Kap15*. Die Datenbank *UserData.mdb* finden Sie im Unterordner *\Data*. Das Beispiel benötigt keinen DSN, aber der Microsoft Jet OLE DB-Provider 4.0 muss installiert sein. Im gleichen Ordner finden Sie die Datei *ConnectionDSN.vbs*, die auf die gleiche Datenbank zugreift. Dieses Beispiel erfordert aber, dass die DSN "*MyDb*" mit dem ODBC-Datenquellen-Administrator eingerichtet wurde (siehe oben). Die JScript-Implementierung des Beispiels finden Sie in der Datei *ConnectionDNS.js* des Ordners.

ADO-Konstanten direkt per *.wsf*-Datei importieren

Das Arbeiten mit ADO erfordert die Definition vieler Konstanten im Skript. Andererseits gibt es von Microsoft die Datei *Adovbs.inc*, die bereits alle ADO-Konstanten enthält. In WSH 2.0 können wir das Include-Feature zum Import aller ADO-Konstanten in VBScript- und JScript-Programmen nutzen. Hierzu sind zwei Schritte erforderlich:

- Im ersten Schritt habe ich die Datei *Adovbs.inc* aus dem *Ado*-Ordner in den Beispielordner der CD-ROM kopiert. Dann wurden die Zeichen <% ... %> aus der Originaldatei entfernt. Dies ist wichtig, da diese Zeichen keine gültige XML-Dokumentstruktur darstellen (es handelt sich um Platzhalter für ASP-Dateien). Vergessen Sie diesen Schritt, bricht WSH das *.wsf*-Skript mit einem (irreführenden) Laufzeitfehler, der eine falsche Anweisung in der ersten Zeile der Quelldatei meldet, ab.
- Im zweiten Schritt muss das Beispiel aus der *.vbs*-Datei in eine *.wsf*-Datei portiert und die Referenz auf *Adovbs.inc* hinzugefügt werden. Daher enthält die *.wsf*-Datei mindestens zwei *<script>*-Elemente. Das erste *<script>*-Element definiert eine Referenz auf *adovbs.inc*: *<script language="VBScript" src="Adovbs.inc" />*. Ein zweites und weitere *<script>*-Elemente enthalten den Skriptcode zum Zugriff auf die Datenbank.

HINWEIS: An dieser Stelle sollte ich erwähnen, dass Sie die Datei *Adovbs.inc* auch in *.wsf*-Dateien einbinden können, wenn diese JScript-Skripts enthalten – und dies gilt, obwohl die Befehle in *Adovbs.inc* in der VBScript-Syntax verfasst sind. WSH bemerkt automatisch die Syntax über das *language*-Attribut. Daher sind die VBScript-Konstanten auch aus JScript-Skripten nutzbar!

Das folgende *.wsf*-Beispiel öffnet die Datenbank *UserData.mdb* im Unterordner *\Data* des Skriptordners. Dieses Beispiel benutzt jedoch die DNS "*MyDb*" zum Aufbau der Verbindung. Sie müssen daher einen entsprechenden Eintrag definieren (siehe oben), und die Datei *Adovbs.inc* zur Definition der ADO-Konstanten wird benutzt. Weitere Details können Sie dem nachfolgenden Listing entnehmen.

```
<?xml version="1.0" encoding="ISO-8859-1"?>
<job id="ADO">
<?job debug="true"?>
<comment>
'************************************************
' File:   ConnectionOLEDB.wsf (WSH 2.0-Beispiel in VBScript)
' Autor:  Günter Born
'
' ActiveX Data Objects (ADO)-Beispiel. Demonstriert, wie
' sich eine Verbindung zur Datenquelle über den
' Microsoft Jet OLE DB-Provider einrichten lässt.
' Wir greifen auf die Access-Datenbank UserData.mdb
' im Unterordner \Data zu.
'************************************************
</comment>

<script language="VBScript" src="adovbs.inc" />

<script language="VBScript">
<![CDATA[

Option Explicit

' Kommentiere Konstanten aus, da diese aus ADOVBS.INC kommen!
'Definiere einige ADO-Konstante
'Const adOpenKeyset = 1
'Const adLockOptimistic = 3

'Const adCmdText = &H0001

DIM dbRecord, conn, sql, i, name, id

'  Erzeuge Connection-Objekt
Set conn = CreateObject("ADODB.Connection")

' setze OLE DB-Provider und Datenquelle
conn.Provider = "Microsoft.Jet.OLEDB.4.0"
conn.ConnectionString = "Data Source = " & GetPath & "\Data\UserData.mdb"

'  Öffne Verbindung zur Datenbank
conn.Open

WScript.Echo conn.Provider

'  Erzeuge Recordset für die Daten
Set dbRecord = CreateObject("ADODB.Recordset")

sql = "SELECT * FROM Users"

dbRecord.Open sql, conn, adOpenKeyset, adLockOptimistic

' Schleife durch alle zurückgebenen Datensätze
```

```
 For i = 0 to dbRecord.RecordCount-1
' Speichere Wert eines jeden Felds in Variable
  Name = dbRecord( "Name" )
  ID = dbRecord( "PersID" )
  WScript.Echo i, Name, ID
' zum nächsten Datensatz
  dbRecord.MoveNext()
 Next

conn.Close

'#### Helfer ####
Function GetPath
' Hole Skriptpfad
 DIM path
 path = WScript.ScriptFullName
 GetPath = Left(path, InstrRev(path, "\"))
End Function
' * Ende
]]>
</script>
</job>
```

Listing 15.2: ConnectionOLEDB.wsf

HINWEIS: Die Datei *ConnectionOLEDB.wsf* finden Sie auf der Begleit-CD-ROM im Ordner *\Beisp\Kap15*. Die Datenbank *UserData.mdb* finden Sie im Unterordner *\Data*. Das Beispiel benötigt keinen DSN-Eintrag, aber der Microsoft Jet OLE DB-Provider 4.0 muss installiert sein. Im gleichen Ordner finden Sie die Datei *ConnectionOLEDB.vbs*, die auf die gleiche Datenbank zugreift. Dieses Beispiel erfordert WSH 2.0 und den DSN "*MyDb*".

DNS-lose Verbindungsaufnahme per ODBC-Treiber

TIPP: An dieser Stelle möchte ich darauf hinweisen, dass Sie in ADO auch eine DSN-lose Verbindung per ODBC-Treiber aufbauen können. Dann müssen Sie im Skript den ODBC-Treiber sowie den Pfad zur Datenquelle explizit festlegen. Vorteil: Sie brauchen nicht mit DSN-Einträgen zu hantieren und können im Skript alles abhandeln. Nachteil: Es geht ein Stück der Flexibilität verloren, die DSN-Einträge bieten (z.B. ODBC-Treiber wechseln, Pfad vorgeben). Die Programmierung einer DSN-losen Verbindung per ODBC-Treiber kann auch etwas aufwendiger werden. Trotzdem, es geht. Der Trick dabei: Sie geben die normalerweise per DSN definierten Parameter beim Aufruf der *Open*-Methode des *Connection*-Objekts an. Hier ist ein Beispiel, wie dies für eine Access Datenbank durchgeführt werden muss:

```
Set conn = CreateObject("ADODB.Connection")
' Öffne Verbindung zur Datenbank ohne DSN
conn.Open "driver={Microsoft Access-Treiber (*.mdb)}; " & _
          "dbq=" & GetPath() & "Data\UserData.mdb"
' Erzeuge Recordset für die Daten
Set dbRecord = CreateObject("ADODB.Recordset")
sql = "SELECT * FROM Users" ' SQL-Befehl zum Lesen der Tabelle
dbRecord.Open sql, conn, adOpenKeyset, adLockOptimistic
```

TIPP: Hier enthält der Parameter der *Open*-Methode die Angabe für den Access-ODBC-Treiber und in *dbq* der Pfad und Namen der Datenquelle (Access-Datenbank). Die *Open*-Methode des *Recordset*-Objekts erhält als Parameter *Source* einen SQL-Befehl (zum Lesen der Tabelle) sowie das Verbindungsobjekt. Schauen Sie sich die Datei *ConnectionDSNless.vbs* im Ordner *\Beisp\Kap15* an. Dort wird eine solche DSN-lose Verbindungsaufnahme demonstriert.

Beispiel SQL-Abfragen und Filter-Kommandos

Im nächsten Beispiel möchte ich zeigen, wie sich SQL-Befehle zum Abfragen einer Tabelle mittels der *Open*-Methode des *Recordset*-Objects verwenden lassen. Das Beispiel soll auch demonstrieren, wie sich Filter auf ein *Recordset*-Objekt anwenden lassen.

Das Beispiel öffnet einen Eingabedialog, in dem der Benutzer entweder einen SQL-Befehl (zum Öffnen des Cursors) oder einen Filterbefehl (der auf die Cursordaten angewandt wird) eingeben kann (Abbildung 15.4). Um die Befehlskategorie zu identifizieren, habe ich dem Befehl die Präfixe »1:« und »2:« vorangestellt. Daher kann ein Befehl entweder als »1:SQL-Befehl« oder als »2:Filterbefehl« gemäß Abbildung 15.4 eingetippt werden.

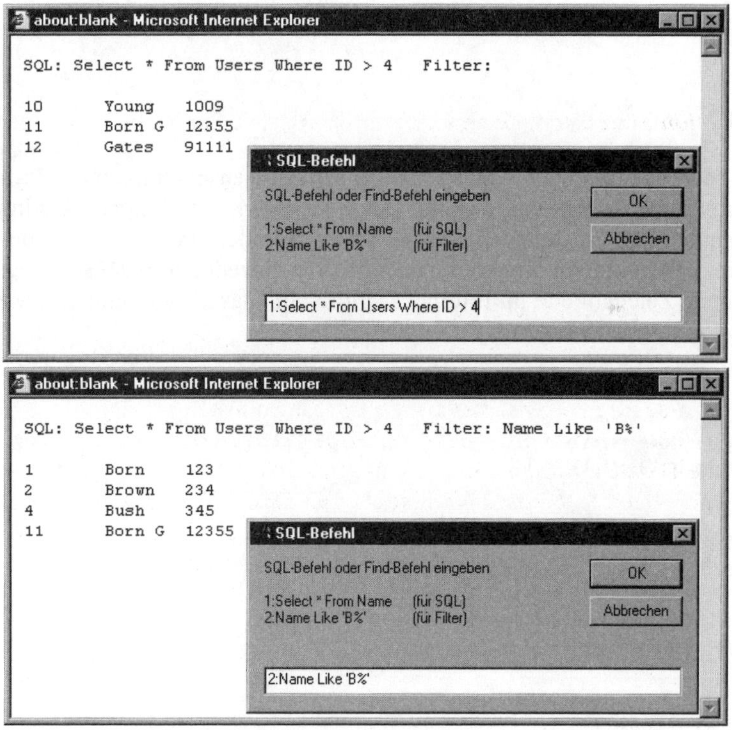

***Abbildung 15.4:** Eingabedialoge mit SQL-Befehlen und Filterkriterien sowie Ergebnisse*

- Ein SQL-Kommando wie *Select * From Name Where ID > 4* wird dann als *1:Select * From Name Where Id > 4* eingegeben. Dieser Befehl holt alle Datensätze der Tabelle *Name*, die im Feld *ID* Werte größer 4 enthalten.
- Möchten Sie dagegen einen Filter auf die im Cursor enthaltenen Tabellendaten anwenden, stellen Sie dem Filterbefehl »2:« voran. Eine gültige Filterbedingung (in SQL-Syntax) ist bei-

spielsweise *Name Like 'B%'* (der alle Datensätze des Cursors filtert, die im Feld *Name* mit dem Buchstaben *B* beginnen). Der Befehl wird dann als *2:Name Like 'B%'* im Eingabedialog eingetippt. Beachten Sie, dass das Muster *'B%'* in Hochkommas eingeschlossen ist und das Wildcard-Zeichen % (und nicht *) verwendet. Dies ist eine Forderung des OLE DB-Providers.

Das WSH-Skriptprogramm liest die Benutzereingabe, entfernt den Präfix (1: oder 2:), identifiziert die Befehlskategorie und führt dann den Befehl aus. Die Datensätze des Ergebnisse werden in einem Browserfenster angezeigt (siehe Abbildung 15.4, Hintergrund).

Wird ein SQL-Kommando als Benutzereingabe entdeckt, übergibt das Skript den Befehl der *Open*-Methode im Parameter *Source* (Quelle). Möchten Sie alle Datensätze der gegebenen Tabelle per Cursor lesen, können Sie entweder den Befehl:

```
dbRecord.Open "Users", conn, adOpenKeyset, adLockOptimistic
```

oder die Anweisung:

```
dbRecord.Open "Select * From Users", conn, adOpenKeyset, _
              adLockOptimistic
```

verwenden. Ein Filter wird auf den Cursor angewandt und lässt sich mit folgendem Befehl absetzen:

```
dbRecord.Filter = "Name Like 'B%'"
```

Nach Ausführung der *Open*-Methode und nach dem Setzen der *Filter*-Eigenschaft kann das Programm in den gefilterten Datensätzen navigieren und die Daten anzeigen. Das folgende Listing zeigt die Details der Implementierung. Ich habe eine *.wsf*-Datei verwendet, um die ADO-Konstanten über *Adovbs.inc* direkt einzubinden. Die benutzerdefinierte Prozedur *ShowMSIE* zeigt die als Parameter *txt* übergebene Zeichenkette im Internet Explorer an. Das Skript benutzt diese Prozedur, um den Inhalt des Cursors anzuzeigen.

```
<?job debug="true"?>
<comment>
'************************************************
' File:   ADOSample.wsf (WSH-sample in VBScript)
' Author: Günter Born
'
' ActiveX Data Objects (ADO)-Beispiel. Demonstriert den
' Zugriff auf Dateien per Microsoft Jet OLE DB Provider.
' Lesen mit SQL-Befehlen oder Filter-Befehl. Die Access
' Datenbank UserData.mdb muss im Unterordner \Data liegen.
'************************************************
</comment>

<script language="VBScript" src="adovbs.inc" />

<script language="VBScript">
<![CDATA[
Sub ShowMSIE (txt)
' Text im MS IE anzeigen
 Dim oDoc
' Internet Browser Application-Objekt erzeugen
 Set oIE = WScript.CreateObject("InternetExplorer.Application")
' Browsereinstellungen
```

```
 oIE.left=20
 oIE.top = 50
 oIE.height = 280
 oIE.width = 580
 oIE.menubar = 0
 oIE.toolbar = 0
 oIE.statusbar = 0
 oIE.navigate ("about:blank")   ' Leere HTML-Seite
 oIE.visible = 1                ' MSIE sichtbar

 While(oIE.Busy)                ' Warte bis MSIE fertig
  WScript.sleep 50
 Wend
 Set oDoc = oIE.Document        ' Hole Document-Objekt
 oDoc.open                      ' Dokument öffnen
                                ' Code schreiben
 oDoc.writeln ("<HTML><HEAD><TITLE></TITLE></HEAD>")
 oDoc.writeln ("<BODY><PRE>" & Txt & "</PRE></BODY></HTML>")
 oDoc.close                     ' Für Schreibzugriff schließen
End Sub

]]>
</script>

<script language="VBScript">
<![CDATA[

Option Explicit

Const Title = "SQL-Befehl"
DIM dbRecord, conn, sql, i
DIM txt, oIE, Message, tmp, filter

Message = "SQL-Befehl oder Find-Befehl eingeben" & vbCRLF & _
          vbCRLF & "1:Select * From Name" & vbTab & "(für SQL)" & _
          vbCRLF & "2:Name Like 'B%'" & vbTab & "(für Filter)"

' Erzeuge Connection-Objekt
Set conn = CreateObject("ADODB.Connection")

' Setze OLE DB-Provider und Datenquelle
conn.Provider = "Microsoft.Jet.OLEDB.4.0"
conn.ConnectionString = "Data Source = " & GetPath & "\Data\UserData.mdb"

' Öffne Verbindung zur Datenbank und starte Abfrage
conn.Open

' Erzeuge Recordset für Daten
 Set dbRecord = CreateObject("ADODB.Recordset")

sql = "Select * From Users"    ' SQL-Befehl initialisieren
filter = ""                    ' lösche Filter-String
tmp = "1:" & sql               ' Input-String initialisieren

On Error Resume Next           ' Laufzeitfehler auffangen
' Schleife für Benutzereingabe und Ergebnisanzeige
Do
' SQL-Query abfragen
 tmp = Trim(InputBox (Message, Title, tmp))
```

```
 If tmp = "" Then
  conn.Close
  WScript.Quit
 End if

' Erste Zeichen (1: or 2:) im Eingabetext prüfen
 Select Case Left (tmp,2)
  Case "1:"          ' SQL-Befehl gefunden
   sql = Trim(Mid (tmp, 3))
' öffne Recordset
   dbRecord.Open sql, conn, adOpenKeyset, adLockOptimistic

  Case "2:"           ' Filter-Befehl gefunden
' öffne Recordset
  dbRecord.Open "Users", conn, adOpenKeyset, adLockOptimistic
  filter = Trim(Mid (tmp, 3))
  dbRecord.Filter = filter

  Case Else           ' Ungültiger Befehl, lese aus Tabelle
  sql = ""
  filter = ""
  dbRecord.Open "Users", conn, adOpenKeyset, adLockOptimistic
 End Select

' Öffne Recordset

 txt = "SQL: " & sql & vbTab & "Filter: " & filter & vbCRLF & vbCRLF
' Schleife über alle zurückgegebenen Records
 For i = 0 to dbRecord.RecordCount-1
  txt = txt & dbRecord("ID") & vbTab & _
             dbRecord("Name") & vbTAB & _
             dbRecord("PersID") & vbCRLF
  dbRecord.MoveNext()  ' Nächster Record.
 Next

 ShowMSIE txt             ' Ergebnisse anzeigen
 dbRecord.Close           ' Recordset schließen
 WScript.Echo "Weiter"
 oIE.Quit                 ' Browserfenster schließen
Loop While true

conn.Close

'#### Helfer ####
Function GetPath
' Skriptpfad
 DIM path
 path = WScript.ScriptFullName
 GetPath = Left(path, InstrRev(path, "\"))
End Function
'* Ende
]]>
</script>
</job>
```

Listing 15.3: ADOSample.wsf

HINWEIS: Die Datei *ADOSample.wsf* finden Sie auf der Begleit-CD-ROM im Ordner *\Beisp \Kap15*. Die Datenbank *UserData.mdb* finden Sie im Unterordner *\Data*. Das Beispiel benötigt WSH 2.0 und der Microsoft Jet OLE DB-Provider 4.0 muss installiert sein.

Tabelle mit ADO-Befehlen aktualisieren

Die ADODB-Bibliothek stellt auch Methoden zur Aktualisierung (update), zum Löschen (delete) oder zum Hinzufügen (add) von Datensätzen einer Tabelle bereit. Nehmen wir an, es wurde ein Recordset mit folgenden Anweisungen geöffnet:

```
Set dbRecord = CreateObject("ADODB.Recordset")
sql = "SELECT * FROM Users"
dbRecord.Open sql, conn, adOpenDynamic, adLockOptimistic
```

Der Zeiger auf die Datensätze lässt sich mit den Methoden *MoveLast, MoveFirst, MoveNext* im *Recordset*-Objekt bewegen. Sobald der Datensatzzeiger auf das Tabellenende zeigt, lässt sich ein neuer (leerer) Datensatz (Record) mittels der *AddNew*-Methode anhängen:

```
dbRecord.AddNew           ' leeren Datensatz anhängen
```

Dieser neue Datensatz wird dann der aktive Datensatz. Anschließend kann das Skriptprogramm den Feldern dieses Datensatzes Werte mit folgenden Anweisungen zuweisen:

```
dbRecord("Name") = "Yeager"
dbRecord("PersID") = "1234"
```

Das *dbRecord*-Objekt wird hier zusammen mit dem Feldnamen (z.B. *Name*) benutzt, um ein Feld im aktuellen Datensatz zu identifizieren. Dann lässt sich diesem Feld einfach der neue Wert zuweisen.

HINWEIS: Um die Wertzuweisung zu vereinfachen, habe ich alle Felder der Tabelle *Users* als Typ *String* (Zeichenkette) vereinbart. Dies erlaubt uns im Skript die Werte ohne Typkonvertierung in die Felder zu schreiben. Ähnliches wurde in den vorhergehenden Beispielen verwendet. Liegen Felder mit anderen Datentypen vor, können Sie die *GetString*-Methode verwenden, um den aktuellen Recordset als Zeichenkette (String) auszulesen. Details liefert Ihnen die ADO-Hilfe.

Die obigen Befehle reichen aber nicht aus, um den aktuellen Datensatz in der Tabelle der Datenbank zu aktualisieren. Die Daten müssen gezielt in die Datenbank zurückgeschrieben werden. Hierzu wird die *Update*-Methode eingesetzt:

```
dbRecord.Update
```

Erst bei Ausführung dieses Befehls werden die neuen Daten in die Datenbank zurückgeschrieben. Sie können den gleichen Befehl verwenden, um einen geänderten Datensatz zu aktualisieren. Verschieben Sie den Datensatzzeiger auf den gewünschten Datensatz, weisen Sie den Feldern die neuen Werte zu und führen Sie dann die *Update*-Methode aus. Um einen Datensatz in der Tabelle zu löschen und diesen Vorgang in der Datenbank zu berücksichtigen, müssen Sie den Datensatzzeiger auf den gewünschten Record positionieren. Dann führen Sie die folgenden Befehle aus:

```
dbRecord.Delete
dbRecord.Update
```

Die *Delete*-Methode entfernt den aktuellen Datensatz aus dem Recordset. Im zweiten Schritt sorgt die *Update*-Methode für die Aktualisierung der Tabelle in der Datenbank.

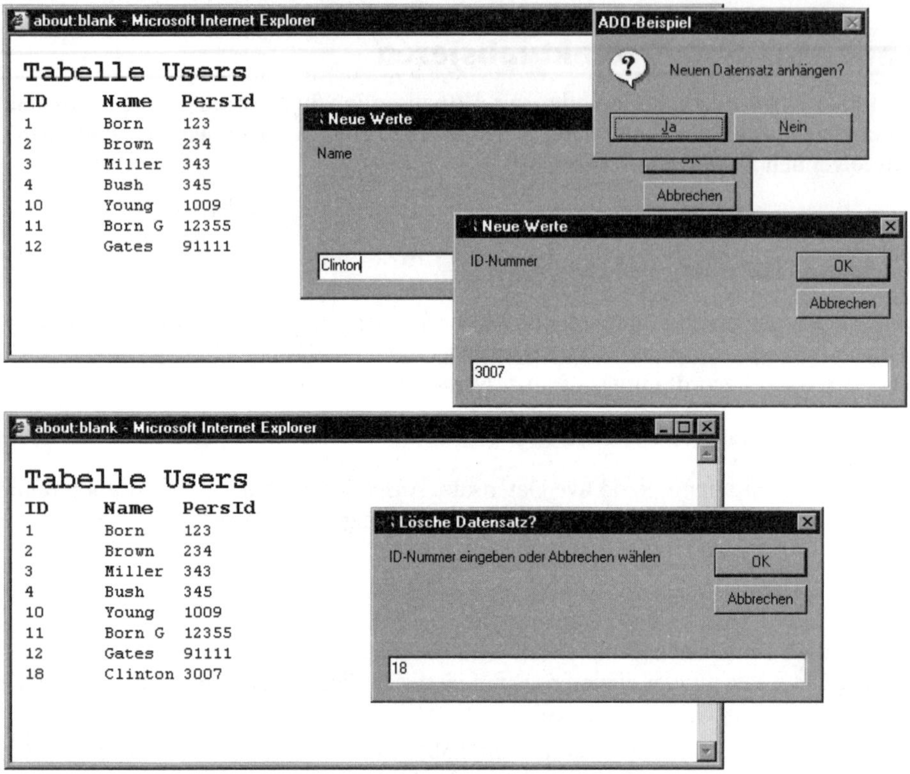

Abbildung 15.5: *Dialoge zum Einfügen und Löschen von Datensätzen*

Das nachfolgende Beispielskript verwendet die Access Datenbank *UserData.mdb* mit der Tabelle *Users* (siehe Abbildung 15.3). Nach dem Starten des Skripts werden alle Datensätze der aktuellen Tabelle in einem Browserfenster angezeigt (Abbildung 15.5, oben links). Ein Dialogfeld fragt, ob ein neuer Datensatz anzufügen ist (Abbildung 15.55, oben rechts).

Wählt der Benutzer die Schaltfläche *Ja*, fragt das Skript einen Benutzernamen und eine ID-Nummer ab. Dann wird ein neuer Datensatz zur Tabelle hinzugefügt (Abbildung 15.5, unten links). Im dritten Eingabedialog kann der Benutzer einen ID-Wert eintippen (Abbildung 15.5, unten rechts). Der zu diesem ID-Wert gehörende Datensatz wird dann aus der Tabelle entfernt. Der Inhalt der so aktualisierten Tabelle wird anschließend in einem Browserfenster angezeigt. Das Beispiel verwendet den folgenden Code zum Entfernen eines Records:

```
dbRecord.MoveFirst      ' Erster Datensatz
Do While Not dbRecord.EOF
 If CStr(dbRecord("ID")) = txt Then
  dbRecord.Delete       ' Löschen
```

```
  dbRecord.Update          ' Update ausführen
  count = count + 1        ' Zähler aktualisierte Records
 End if
 dbRecord.MoveNext         ' Nächster Record
Loop
```

Der Zeiger wird auf den ersten Eintrag gesetzt. Die Schleife sorgt dafür, dass alle Datensätze im aktuellen Recordset gelesen werden. Der *If*-Befehl testet, ob der *ID-Wert* des aktuellen Datensatzes mit der Eingabe übereinstimmt. Beachten Sie, dass wir die *CStr*-Funktion verwenden müssen, um den *ID*-Wert vor dem Vergleich in eine Zeichenkette (String) zu konvertieren.

Das Skript wurde in einer *.wsf*-Datei hinterlegt, da diese auch andere Hilfsroutinen aufnehmen kann. Die Prozedur *ShowMSIE (txt)* wird benutzt, um den Inhalt des Parameters *txt* im Fenster des Internet Explorer darzustellen. Auf diese Weise lassen sich die Datensätze sehr einfach anzeigen. Die Prozedur *ShowTable* bearbeitet alle Datensätze des aktuellen Recordsets und ruft dann *ShowMSIE* zur Anzeige der Datensätze auf. Weitere Details der Implementierung sind nachfolgendem Listing zu entnehmen.

```
<?xml version="1.0" encoding="ISO-8859-1"?>
<job id="ADO">
<?job debug="true"?>
<comment>
'************************************************
' File:   ADOSample1.wsf (WSH-sample in VBScript)
' Author: Günter Born
'
' ActiveX Data Objects (ADO)-Beispiel. Demonstriert,
' wie sich eine Datenbank über den Microsoft
' Jet OLE DB-Provider ansprechen lässt. Access
' Datenbank UserData.mdb liegt im Unterordner \Data.
'************************************************
</comment>

<script language="VBScript" src="adovbs.inc" />

<script language="VBScript">
<![CDATA[
'#### Helfer ####
Function GetPath
' Skriptpfad zurückgeben
 DIM path
 path = WScript.ScriptFullName
 GetPath = Left(path, InstrRev(path, "\"))
End Function
'* Ende
]]>
</script>

<script language="VBScript">
<![CDATA[
Sub ShowMSIE (txt)
 Dim oDoc
' Internet Browser Application-Objekt erzeugen
 Set oIE = WScript.CreateObject("InternetExplorer.Application")
' Browserfenster-Eigenschaften
 oIE.left=20
 oIE.top = 50
```

```
 oIE.height = 280
 oIE.width = 580
 oIE.menubar = 0
 oIE.toolbar = 0
 oIE.statusbar = 0
 oIE.navigate ("about:blank")   ' Leeres HTML-Dokument
 oIE.visible = 1                ' MSIE sichtbar

 While(oIE.Busy)
  WScript.sleep 50
 Wend
 Set oDoc = oIE.Document        ' Hole Document-Objekt
 oDoc.open                      ' Öffne Dokument
                                ' HTML-Code schreiben
 oDoc.writeln ("<html><head><title></title></head>")
 oDoc.writeln ("<body><pre>" & Txt & "</pre></body></html>")
 oDoc.close                     ' Schließe für Schreibzugriffe
End Sub

]]>
</script>

<script language="VBScript">
<![CDATA[
Sub ShowTable ()
' Bereite Tabelleninhalt auf
Dim i
' Alle Feldnamen lesen
 txt = "<h2>Tabelle Users</h2><h4>"
 For Each i in dbRecord.Fields
  txt = txt & i.Name & vbTab
 Next
  txt = txt & "</h4>"

 dbRecord.MoveFirst        ' Erster Satz
' Schleife durch alle zurückgebenen Datensätze
 Do While Not dbRecord.EOF
  txt = txt & dbRecord("ID") & vbTab & _
            dbRecord("Name") & vbTAB & _
            dbRecord("PersID") & vbCRLF
  dbRecord.MoveNext()  ' Zum nächsten Datensatz
 Loop
 dbRecord.MoveFirst    ' Zeiger auf 1. Satz

 ShowMSIE txt          ' Ergebnis im Browser anzeigen
End Sub

]]>
</script>

<script language="VBScript">
<![CDATA[
' ### Hauptprogramm ####
Option Explicit

Const Title = "Neue Werte"

DIM dbRecord, conn, sql, i, name, id
DIM txt, oIE, count
```

```
' Erzeuge Connection-Objekt
 Set conn = CreateObject("ADODB.Connection")

' Setze OLE DB-Provider und Datenquelle
 conn.Provider = "Microsoft.Jet.OLEDB.4.0"
 conn.ConnectionString = "Data Source = " & _
           GetPath & "\Data\UserData.mdb"

' Verbindung zur Datenbank öffnen
 conn.Open

' Erzeuge Recordset für die Daten
 Set dbRecord = CreateObject("ADODB.Recordset")

' Init SQL-String
 sql = "SELECT * FROM Users"
' öffne Recordset (Modus adOpenKeySet und nicht adOpenDynamic)
 dbRecord.Open sql, conn, adOpenKeySet, adLockOptimistic

 Showtable    ' Zeige Tabelle mit allen Daten an

 If (MsgBox ("Neuen Datensatz anhängen?", vbYesNo + vbQuestion, _
          "ADO-Beispiel") = vbYes) Then
  oIE.Quit                   ' Browser schließen
 ' Neuen Satz anhängen
  dbRecord.MoveLast          ' Letzter Datensatz
  dbRecord.AddNew            ' Append blank (leerer Record)

' Frage Benutzer nach Namen und ID (zur Tabelle hinzufügen)
  dbRecord("Name") = InputBox ("Name", Title, "Born") ' Name
  dbRecord("PersID") = InputBox ("ID-Nummer", Title, "123")
  dbRecord.Update            ' Datenbank-Update

' Alle Sätze der Tabelle wiedergeben
  Showtable
 End if

' Frage, ob Satz gelöscht werden soll
 txt = Trim(InputBox ("ID-Nummer eingeben oder Abbrechen wählen", _
             "Lösche Datensatz?", "1"))
 If txt <> "" Then
  count = 0
  dbRecord.MoveFirst       ' Erster Satz
  Do While Not dbRecord.EOF
   If CStr(dbRecord("ID")) = txt Then
    dbRecord.Delete        ' Löschen
    dbRecord.Update        ' Änderungen aktualisieren
    count = count + 1
   End if
   dbRecord.MoveNext       ' Nächster Satz
  Loop
   dbRecord.MoveLast       ' Zeiger auf letzten Satz
  oIE.Quit                 ' Browserfenster schließen
  WScript.Echo count & " Sätze gelöscht"
  Showtable    ' Zeige Tabelle mit Daten an
 End if

 WScript.Echo "Fertig ..."
```

```
 dbRecord.Close           ' Schließe Recordset
 oIE.Quit                 ' Schließe Browserfenster

conn.Close
]]>
</script>
</job>
```

Listing 15.4: ADOSample1.wsf

HINWEIS: Die Datei *ADOSample1.wsf* finden Sie auf der Begleit-CD-ROM im Ordner *\Beisp\Kap15*. Die Datenbank *UserData.mdb* finden Sie im Unterordner *\Data*. Das Beispiel benötigt WSH 2.0 und den Microsoft.Jet.OLEDB.4.0-Provider. An dieser Stelle noch eine Bemerkung: Zum Öffnen der Verbindung wurde ursprünglich die Konstante *adOpenDynamic* angegeben. Beim Testen mit verschiedenen ADO-Versionen löste die *MoveNext*-Methode nach dem Löschen eines Records Laufzeitfehler (bei einige Versionen) aus. Daher wurde die Konstante auf *adOpenKeySet* gesetzt.

Alle Datensätze eines Recordset lesen

Um alle Datensätze des aktuellen *Recordset*-Objekts zu bearbeiten, gibt es mehrere Möglichkeiten. Im Beispiel *ADOSample.wsf* wurde folgender Code benutzt:

```
' Alle Datensätze des aktuellen Cursors
dbRecord.MoveFirst
For i = 0 to dbRecord.RecordCount-1
... Code
 dbRecord.MoveNext()  ' nächster Record
Next
```

Der erste Befehl setzt den Zeiger auf den ersten Eintrag im Recordset. Dann verwenden wir die *RecordCount*-Eigenschaft, um alle Datensätze in einer Schleife zu bearbeiten. Leider gibt es verschiedene Situationen, in denen ADO-Methoden der Wert für *RecordCount* (unabhängig von der Zahl der Datensätze) auf –1 setzen. In diese Falle bin ich beim Entwickeln des Programms *ADOSample1.wsf* getappt. In der ersten Version habe ich die obige Schleife verwendet, worauf die Prozedur zur Anzeige der Daten manchmal eine »leere« Tabelle im Recordset vorgaukelte. Daher benutze ich in ADO den nachfolgend gezeigten zuverlässigeren Ansatz zur Bearbeitung alle Datensätze eines Recordset:

```
dbRecord.MoveFirst
Do While Not dbRecord.EOF
... Code
  dbRecord.MoveNext    ' Nächster Record
 Loop
 dbRecord.MoveFirst    ' Zeiger auf ersten Eintrag
```

Nachdem der Zeiger auf den ersten Eintrag gesetzt wurde, bearbeitet eine *Do While*-Schleife alle Datensätze des Recordsets. Die Schleife bricht ab, sobald die *EOF*-Methode des aktuellen Recordsets den Wert *true* zurückgibt (End of File ist eingetreten, d.h. der Lesezeiger steht hinter dem letzten Satz). Beachten Sie, dass Sie den Zeiger nach der Schleife auf den ersten oder letzten Datensatz der Tabelle setzen sollten. Vergessen Sie dies, werden nachfolgende ADO-Methodenaufrufe vermutlich einen Laufzeitfehler auslösen, da der Datensatzzeiger nicht mehr auf einen gültigen Datensatz zeigt.

Beispiel: Daten aus CSV-Datei lesen

Erinnern Sie sich noch an die Versuche, mit Microsoft Excel-CSV-Dateien zu importieren (siehe vorhergehendes Kapitel)? Neben den dort gezeigten Ansätzen gibt es Alternativen, um Daten aus CSV-Dateien per Skript zu lesen. Im nächsten Beispiel möchte ich demonstrieren, wie ADO zum Zugriff auf *Comma Separated Value*-Dateien per VBScript-Programm benutzt werden kann. Die CSV-Datei soll folgende Struktur aufweisen:

```
Name:STRING;ID:STRING
Born;123
Miller;728
Myers;1334
McFyer;789
```

Listing 15.5: *Struktur der CSV-Datei*

Die CSV-Datei liegt im Textformat vor, wobei die Felder durch Semikolons getrennt werden. Die erste Zeile enthält die Feldnamen (wobei ich den Datentyp mit angegeben habe). Das Beispielskript soll die Datensätze aus der Datei *Employee.csv* lesen und in einem Dialogfeld anzeigen.

WICHTIG: In der ursprünglichen Fassung hatte ich das Beispiel unter der US-Version von Windows 2000 entwickelt. Dort wurden Kommas zum Trennen der Felder in der CSV-Datei benutzt. Der ADO-Treiber bemängelte dann zu Recht, dass die Kommas in der deutschen Windows-Version als Dezimaltrennzeichen vergeben sind. Also wurde die Feldtrennzeichen in der CSV-Datei in Semikolons umgesetzt.

Zum Zugriff auf die Daten der CSV-Datei muss als Erstes der Treiber zum Zugriff auf die Datenquelle angegeben werden. Dieser Treiber lässt sich am einfachsten über eine System DSN spezifizieren. Die Verbindung zur Datenquelle wird folgenden Anweisungen aufgebaut:

```
Set conn = WScript.CreateObject("ADODB.Connection")
conn.Open "MyData"
```

Die erste Zeile erzeugt eine Referenz auf ein ADO *Connection*-Objekt, welches in der Objektvariable *conn* hinterlegt wird. Dann wird die *Open*-Methode zum Verbindungsaufbau mit der Datenquelle benutzt. Hier kommt ein System-DSN »MyData« zum Einsatz, der vorher vom Benutzer per Systemsteuerung über den ODBC-Datenquellen-Administrator eingerichtet werden muss (siehe auch vorhergehende Seiten).

TIPP: Legen Sie im System-DSN nur den Treiber »Microsoft Text-Treiber (*.txt; *.csv)« sowie den Datenquellennamen *MyData* fest. Als Datenbank-Verzeichnis wird nichts vorgegeben. Stattdessen markieren Sie das Kontrollkästchen *Aktuelles Verzeichnis verwenden*. Das Skript legt den Pfad zur Datenquelle explizit fest.

Der System-DSN-Name wird als Parameter übergeben. Im System-DSN wird der Provider zum Zugriff auf Textdateien (**.txt, *.csv*) gewählt. Hier wurde ein ODBC-Provider benutzt.

Anschließend lässt sich ein *RecordSet*-Objekt anlegen, welches die Daten der Datenquelle enthält. Dies kann über folgende Befehle erreicht werden:

```
Set rs = WScript.CreateObject("ADODB.RecordSet")
rs.Open "C:\Data\Employee.csv", conn, , , adCmdTable
```

In der zweiten Anweisung wird die *Open*-Methode auf das *RecordSet*-Objekt angewandt, um die Daten zu lesen. Ich hatte bereits weiter oben erwähnt, dass sich die *Open*-Methode mit optionalen Parametern aufrufen lässt. Hier habe ich beispielsweise den Pfad zur CSV-Datei als ersten Parameter angegeben (dann braucht der Pfad im System-DSN nicht angegeben zu werden). Der zweite optionale Parameter enthält das *Connection*-Objekt, welches den Provider für Zugriffe auf die Datenquelle angibt. Weitere Optionen legen den Modus zum Öffnen der Tabelle fest.

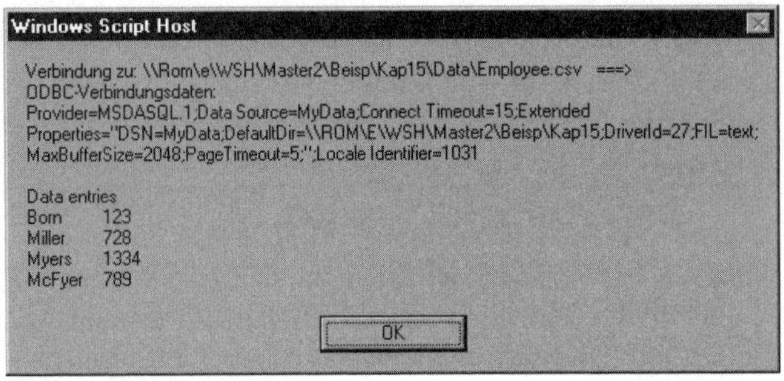

Abbildung 15.6: *Inhalt der Datei* Employee.csv

Sobald das Objekt angelegt wurde, können wir auf die Datensätze des Recordsets zugreifen. Dies ist der kritische Augenblick, in dem die Laufzeitfehler auftreten, falls falsche Parameter übergeben oder der DSN nicht (richtig) definiert ist. Das Lesen der Daten kann in folgender Schleife erfolgen.

```
Do While Not rs.EOF     ' Alle Einträge
 WScript.Echo rs("Name:STRING") & vbTab & rs("ID:String")
 rs.MoveNext            ' Nächster Datensatz
Loop
```

Hier habe ich den Feldnamen einen Datentyp (STRING) angehängt, um dem Treiber die Identifikation der Datentypen zu ermöglichen. Die *MoveNext*-Methode liest den nächsten Datensatz aus der Datenquelle (aus dem aktuellen *Recordset*-Objekt). Der letzte Datensatz wird über die *EOF*-Methode erkannt. Das folgende VBScript-Listing liest den Inhalt der Datei *Employee.csv*, die im Unterordner *\Data* des Skriptordners hinterlegt ist. Weiterhin muss der System-DSN »MyData« definiert sein. Das Skript gibt die Eigenschaften des *Connection* Objekts und alle Datensätze der CSV-Datei in einem Dialogfeld aus (Abbildung 15.6). Weitere Details entnehmen Sie dem Listing.

```
'************************************************
' File:   ADOReadCSV.vbs (WSH-Beispiel in VBScript)
' Autor:  Günter Born
'
' ActiveX Data Objects (ADO)-Beispiel. Demonstriert
' den Zugriff auf CSV-Dateien per ODBC-Treiber.
' Erfordert eine System-DSN "MyData" (lässt sich per
' Systemsteuerung einrichten, Parameter für ODBC-
' Datenquelle "Microsoft Text-Treiber (*.txt; *.csv)").
' Die CSV-Datei Employee.csv muss im Skript-Unterordner
' \Data liegen und mit Semikolons getrennt sein - andernfalls
' gibt es einen Fehler, da Kommas als Separatoren auch
' Dezimalpunkten entsprechen.
'************************************************
```

```
Option Explicit
Const adCmdTable = &H0002
Const adCmdTableDirect = &H0200

Dim dsn, file
Dim rs, conn
Dim Title, txt

dsn = "MyData"
file = GetPath() & "Data\Employee.csv"

Title = "WSH ADO-Beispiel - by Günter Born"
txt = "Verbindung zu: " & file & "  ===>  " & _
      "ODBC-Verbindungsdaten:" & vbCRLF

' Erzeuge Connection-Objekt
Set conn = WScript.CreateObject("ADODB.Connection")
conn.Open dsn         ' DSN -> in Systemsteuerung definiert

txt = txt & Conn & vbCRLF & vbCRLF   ' Verbindungsdaten
txt = txt & "Datensätze" & vbCRLF

' Hole Recordset-Objekt mit Daten
Set rs = WScript.CreateObject("ADODB.Recordset")

rs.Open file, conn, , , adCmdTableDirect

' Jetzt können wir die Daten lesen
Do While Not rs.EOF    ' alle Sätze
 txt = txt & rs("Name:STRING") & vbTab & rs("ID:String") & vbCRLF
 rs.MoveNext           ' nächster Satz
Loop

MsgBox txt, vbOkonly , Title
conn.Close             ' Verbindung schließen

'#### Helfer ####
Function GetPath
' Skriptpfad
 DIM path
 path = WScript.ScriptFullName
 GetPath = Left(path, InstrRev(path, "\"))
End Function
' Ende
```

Listing 15.6: *ADOReadCSV.vbs*

HINWEIS: Die Datei *ADOReadCSV.vbs* finden Sie auf der Begleit-CD-ROM im Ordner *\Beisp\Kap15*. Eine Implementierung in JScript finden Sie in der Datei *ADOReadCSV.js* des gleichen Ordners. Die Datei *ADOReadCSV.wsf* zeigt, wie Sie die Lösung in WSH 2.0 unter Verwendung von *Adovbs.inc* einsetzen. Die Datenquelle *Employee.csv* ist im Unterordner *\Data* hinterlegt. Das Beispiel setzt voraus, dass ein System-DSN *MyData* gemäß obigen Angaben definiert ist und dass der betreffende ODBC-Treiber zum Zugriff auf Textdateien installiert wurde. Die Testdatei *ADOMachines.vbs* liest den Inhalt der Datei *Machines.csv*, die Maschinennamen und IP-Adressen von Arbeitsstationen enthält. Auch hier müssen Sie einen entsprechenden System-DSN anlegen, um das Beispiel auszuführen. Details finden Sie in den Listings.

TIPP: ADO bietet Ihnen natürlich auch die Möglichkeit, eine DSN-lose Verbindung per ODBC-Treiber aufzubauen. Dann müssen Sie im Skript den ODBC-Treiber explizit festlegen. Der Trick dabei: Sie geben die normalerweise per DSN definierten Parameter beim Aufruf der *Open*-Methode des *Connection*-Objekts an:

```
conn.Open "driver=Microsoft Text-Treiber (*.txt; *.csv)}; dbq=C:\"
```

Hier wird der Parameter *dbq* auf einen Dummy-Wert gesetzt, da die Datenquelle als Datei *Open*-Aufruf des *Recordset*-Objekts angeben wird. Schauen Sie sich die Datei *ADOdsnLess-ReadCSV.vbs* im Beispielordner an. Dort wird eine solche DSN-lose Verbindungsaufnahme demonstriert.

Beispiel 2: Daten aus einer Textdatei per ADO lesen

Mit den ODBC-Treibern können Sie den gleichen Skriptcode benutzen, um strukturierte Daten aus einfachen Textdateien zu lesen. Nehmen wir einmal an, es liegt folgende Datenstruktur als Datei vor (beachten Sie auch hier, dass die Felder mit Semikolons getrennt sind, da Kommas Probleme in der deutschen Windows-Version bereiten):

```
Name;Nr
Born; 15
Miller; 20
Brown; 24
James; 33
Gates; 234
McFarne; 34
Holly; 23
```

Listing 15.7: *Textdatei mit Daten*

Da diese Daten ähnlich wie eine CSV-Datei strukturiert sind, können wir den gleichen Code zum Zugriff auf die Textdatei wie zum Zugriff auf CSV-Dateien verwenden. Benötigt wird lediglich ein DSN, der den Provider und ggf. den Pfad zur Textdatei festlegt. Im folgenden Beispiel habe ich mich für eine Implementierung in JScript entschieden. Die ADO-Spezifikation erlaubt Ihnen direkt ein *RecordSet*-Objekt ohne explizites *Connection*-Objekt anzulegen:

```
var rs = WScript.CreateObject("ADODB.Recordset");
rs.Open (file, dsn, adOpenStatic, adLockReadOnly, adCmdTable);
```

In der zweiten Zeile legt der ersten Parameter die Datei mit der Datenquelle fest. Der zweite Parameter enthält den DSN-Eintrag. Die *Open*-Methode erstellt dann intern eine Verbindung zur Datenquelle. Dann können Sie nur Recordsets im Skript benutzen. Beachten Sie, dass Sie alle Parameter der *Open*-Methode angeben müssen. Hier habe ich *adOpenStatic* und *adLockReadOnly* zum Lesen der Textdatei verwendet. Weitere Details sind dem nachfolgenden JScript-Listing zu entnehmen.

```
//************************************************
// File:    ADOReadTxt.js (WSH-sample in JScript)
// Author:  Günter Born
//
// ActiveX Data Objects (ADO)-Beispiel. Demonstriert,
// wie sich eine Verbindung zu einer Datenquelle (Txt-
// Datei per ODBC-Treiber einrichten lässt.
//
// Erfordert System DSN "MyText" (Definition per
// Systemsteuerung, Eintrag ODBC Datenquellen).
//
// Struktur der Textdatei:
// Name: .\Data\Text.txt
//
// Name; Nr      // Felder
// Born; 123     // Daten
//************************************************
var adCmdTable = 0x0002;
var adOpenStatic = 0;
var adLockReadOnly = 1;

var dsn = "MyText";
var file = GetPath() + "Data\\Text.txt";

var txt = "Verbindung zu: " + file + "\n";
txt = txt + "Datensätze\n";

// Erzeuge Recordset-Objekt ohne Connection-Objekt
var rs = WScript.CreateObject("ADODB.Recordset");
rs.Open (file, dsn, adOpenStatic, adLockReadOnly, adCmdTable);

txt = txt + "Name\t" + "Nr\n";

// Jetzt können wir die Daten lesen
while (!rs.EOF)   // alle Sätze
{
 txt = txt + rs("Name") + "\t" + rs("Nr") + "\n";
 rs.MoveNext();          // nächster Satz
}

WScript.Echo (txt);
rs.Close ();

//#### Helfer ####
function GetPath ()
//  Skriptpfad
{
 var path = WScript.ScriptFullName;  // Skriptname
 path = path.substr(0,path.lastIndexOf("\\")+1);
 return path;
}
//* Ende
```

Listing 15.8: ADOReadTxt.js

HINWEIS: Die Datei *ADOReadTxt.js* finden Sie auf der Begleit-CD-ROM im Ordner *\Beisp\Kap15*. Eine Implementierung in VBScript finden Sie in der Datei *ADOReadTxt.vbs* des gleichen Ordners. Die Datenquelle *Text.txt* ist im Unterordner *\Data* hinterlegt. Das Beispiel setzt voraus, dass ein System-DSN auf diesen Ordner eingerichtet wird, der den ODBC-Treiber zum Zugriff auf Textdateien als Provider angibt. Details finden Sie in den Listings. Möchten Sie ADO-Konstanten aus *Adovbs.inc* im JScript-Programm einbinden, müssen Sie eine *.wsf*-Datei verwenden. Die Datei *ADOReadTxt.wsf* zeigt ein entsprechendes Beispiel.

TIPP: Möchten Sie die Konstanten aus *Adovbs.inc* direkt in *.js*-Dateien verwenden? Dann öffnen Sie *Adovbs.inc* im Windows-Editor, markieren die Zeilen mit den benötigten Konstanten und übertragen diese per Zwischenablage in das Skriptprogramm. Dann ändern Sie alle *Const*-Schlüsselwörter in der JScript-Datei in *var* um. Weiterhin sind die *&H*-Präfixe für die Konstanten in *0x* zu ändern. Dies lässt sich mit der Funktion »Suchen und Ersetzen« eines Editors bewältigen.

Dateien mit ADO sortieren

In Kapitel ▶ 12 kam das Problem der sortierten Anzeige von Dateilisten auf. Im betreffenden Kapitel wird eine Lösung unter Verwendung eines Sortieralgorithmus vorgestellt. Sofern Sie die ADOR-Bibliothek verwenden, lässt sich das Sortieren einer Dateiliste auch über die betreffenden ADOR-Methoden vornehmen. Ein RecordSet-Objekt läasst sich mit folgender Anweisung erstellen:

```
Set rs = WScript.CreateObject("ADOR.Recordset")
```

Anschließend können Sie die folgende VBScript-Anweisung verwenden, um eine neue Spalte »data« in der *Columns*-Auflistung anzulegen:

```
rs.Fields.Append "data", adVarChar, 255
```

Der zweite Parameter legt den Feldtyp (hier eine Zeichenkette variabler Länge) fest, der dritte Parameter definiert die Feldlänge. Nach dem Öffnen des Recordset mittels der *Open*-Methode lässt sich ein Datensatz über die Anweisungen:

```
rs.AddNew "data", file.Name     ' Dateiname anhängen
rs.Update                       ' Tabelle aktualisieren
```

anhängen. Die *Update*-Methode bewirkt, dass der neue Datensatz zur Tabelle hinzugefügt wird. Zum Sortieren der Datensätze ist die folgende Anweisung ausreichend:

```
rs.Sort = "data asc"
```

Hier wird die Spalte »data« in aufsteigender Reihenfolge sortiert. Mit diesem Wissen ist es auf sehr einfache Weise möglich, die Dateinamen eines Ordners über das FileSystemObject-Objekt einzulesen, per ADOR in eine Tabelle einzusortieren und das Ganze dann zu sortieren. Weitere Details sind nachfolgendem VBScript-Listing zu entnehmen. Wird die Skriptdatei per Doppelklick aufgerufen, listet Sie den Inhalt des Ordners *C:\Eigene Dateien* auf. Alternativ kann der Benutzer das Symbol eines Ordners zur Skriptdatei ziehen, um die Dateien des Ordners in sortierter Reihenfolge anzuzeigen.

```
'************************************************
' Datei:  ADOFileSort.vbs (WSH-Beispiel in VBScript)
' Autor:  Günter Born
'
' Demonstriert, wie sich der Inhalt eines Verzeichnisses
' mit ADOR sortieren lässt (nach einer Anregung von
' Thorsten Gudera).
'************************************************
Option Explicit

Const adVarChar = 200           ' ADO-Konstante

Dim oArgs, oFso, oFolder, oFile
Dim path, txt, i
Dim rs

' Versuche, Argumente zu lesen
Set oArgs = Wscript.Arguments   ' erzeuge Objekt
If oArgs.Count < 1 Then         ' keine Argumente
 path = "C:\Eigene Dateien\"
Else
 path = oArgs(0)                ' Hole 1. Name
End if

' Jetzt das FileSystemObject-Objekt erzeugen
Set oFso = WScript.CreateObject("Scripting.Filesystemobject")

' Existiert der angegebene Ordner?
IF oFso.FolderExists(path) then
 Set oFolder=oFso.GetFolder(path)
' Jetzt ADOR-Objekt erzeugen
 Set rs = WScript.CreateObject("ADOR.Recordset")
' Erzeuge Felder im Recordset Data
 rs.Fields.Append "data", adVarChar, 255
 rs.Open          ' Öffne Recordset
' Lese alle Dateien des Ordners und trage die Dateinamen
' als Records in die Datentabelle ein
 For Each oFile in oFolder.Files
  rs.AddNew "data", ofile.Name    ' Dateiname anhängen
  rs.Update                       ' Tabelle aktualisieren
 Next

 txt = ""                         ' Ausgabeliste

' Probiere, ob Dateien eingetragen wurden
 IF Not (rs.bof And rs.eof) Then
  rs.Sort = "data asc"            ' Sortiere Tabelle
  rs.MoveFirst                    ' an Tabellenanfang
  Do Until rs.EOF                 ' über alle Sätze
   txt = txt & rs(0) & vbCrLf     ' füge 1. Feld in Text
   rs.MoveNext                    ' nächster Datensatz
  Loop
 End If
End if
```

```
WScript.Echo "Sortierte Dateiliste von: " _
          & path & vbCrLf & txt

'*** Ende
```

Listing 15.9: *ADOFileSort.vbs*

HINWEIS: Sie finden die Datei *ADOFileSort.vbs* im Ordner *\Beisp\Kap15* der Begleit-CD.

An dieser Stelle möchte ich das Kapitel schließen. Mehr als eine kurze Einführung ist aus Platzgründen nicht möglich. Weitere Informationen zu ADO entnehmen Sie der ADO-Hilfe. Diese wird automatisch im System installiert, wenn ADO eingerichtet ist. Suchen Sie nach Dateien wie *ADO*.chm*. Die neuesten Fassungen finden Sie auf der Microsoft Webseite (*www.microsoft.com*), indem Sie nach dem Stichwort ADO suchen. Wer sich näher für die ADO-Programmierung interessiert, sei auf den bei Microsoft Press erschienen ADO-Titel (siehe /7/ im Literaturverzeichnis) verwiesen.

16 Active Directory Services Interface (ADSI)

ADSI ist die Abkürzung für Active Directory Service Interfaces, ein Satz von offenen Interfaces (Schnittstellen) zum Zugriff auf das Active Directory.

- Lesen Sie nach, was es mit Active Directory auf sich hat und welche Möglichkeiten ADSI bietet.
- Lernen Sie an Beispielen die in Windows 2000 neu eingeführte ADSI-Funktionalität aus WSH-Skripten zu nutzen, um Benutzer und Gruppen zu verwalten oder auf Dienste zuzugreifen.

In Windows NT 4.0 können Sie ADSI auch nachträglich installieren. Damit steht Ihnen ein mächtiges Hilfsmittel zur Konfigurierung der Benutzerverwaltung per WSH-Skript zur Verfügung.

ADSI-Grundlagen

Das Active Directory katalogisiert alle »Objekte« wie Benutzer, Gruppen, Computer, Drucker, freigegebene Ordner etc. innerhalb eines Netzwerks. Die Active Directory Services sind Dienste, die in Windows NT Server oder in Windows 2000 (sowie XP) zur Verfügung stehen, um auf die Active Directory zuzugreifen. Über das Active Directory Service Interface (ADSI) steht Ihnen ein Satz von offenen Schrittstellen (die als ActiveX-Module implementiert sind) zur Verfügung. ADSI bietet Ihnen eine einheitliche Schnittstelle zur Verwaltung der Netzwerkressourcen verschiedener Provider (NetWare Bindery, NetWare NDS Tree, NT Security Access Manager (SAM), LDAP Directories wie Microsoft Exchange Server 5.5 oder die Active Directory ab Windows 2000). Mit ADSI erhalten Sie nicht nur eine Provider-unabhängige und abstrakte Sicht auf die Netzwerkressourcen, Sie können auch direkt aus Programmen wie WSH-Skripten auf die betreffenden Netzwerkobjekte zugreifen. Dies erlaubt Ihnen die Verwaltung der Netzwerkressourcen in einem Directory Service. In diesem Abschnitt lernen Sie einige Grundlagen zu ADSI kennen.

Was ist das: Active Directory Service?

Der Active Directory Service ist die zentrale Komponente in Windows 2000/XP zur Verwaltung des Systems bzw. der Netzwerkressourcen. Das Verständnis des Active Directory ist daher für die Nutzung von Windows 2000 von großer Bedeutung. Lassen Sie uns doch kurz untersuchen, wo die Probleme bei der Verwaltung existierender Netzwerke und Computersysteme liegen.

Die Vernetzung/Integration von Computern in Netzwerken wird immer wichtiger. Aktuell finden Sie vermutlich folgende Situation vor: In den Unternehmen werden verschiedene Netzwerktechnologien verwendet. In lokalen Netzwerken gelangen Windows for Workgroups, Windows 95/ Windows 98, vielleicht Windows NT-Server-orientierte Netzwerktechnik oder Novell NetWare zum Einsatz. Sobald Sie Verbindung zum Internet aufnehmen, werden andere Technologien benutzt. Der Austausch von Nachrichten (E-Mails) erfolgt mit verschiedenen Programmen. Als Benutzer machen Sie sich vermutlich wenig Gedanken über diese Techniken. Ein Administrator steht aber vor der Aufgabe, für alle diese Funktionen Benutzerkonten und Zugangsberechtigungen verwalten und pflegen zu müssen. Nicht selten muss er dann diese Aufgabe mit sehr unterschiedlichen Werkzeugen erledigen, je nachdem welcher Dienst gerade konfiguriert wird. Diese Technologie- und Hersteller-spezifischen Ansätze machen die Verwaltung unternehmensweiter Netzwerke nicht eben einfacher.

Als Konsequenz muss ein modernes Betriebssystem Funktionen zur Verwaltung der Identitäten (Benutzerkonten) und der Zugriffsrechte auf Ressourcen der Netzwerkumgebung bieten. Ziel ist es, dem Administrator den zentralen Zugriff auf die Netzwerkumgebung mit einem Werkzeug zu bieten. Dabei soll es egal sein, ob er Benutzerkonten in einer Domain einrichtet oder Benutzerkonten für den Exchange Server pflegt. Im Idealfall benutzt er ein Werkzeug, das die dienstspezifischen Eigenheiten auf eine abstrakte Ebene abbildet. Der Directory Service stellt die Instanz dar, in der sich Informationen bezüglich Netzwerk-Ressource wie Anwendungen, Dateien, Drucker und Personen hinterlegen lassen. Der Directory Service bietet einen konsistenten Ansatz, um Sicherheitsinformationen hinsichtlich dieser Informationen zu benennen, festzulegen und zu verwalten. Natürlich muss der Directory Service so in die Verwaltungs- und Sicherheitsfunktionen des Betriebssystems integriert sein, dass die Integrität des Netzwerks immer sichergestellt wird. Gleichzeitig agiert er als zentrale Autorität innerhalb des Netzwerk-Betriebssystems zur Verwaltung der Identitäten (Benutzerkonten) sowie als Makler um die Beziehungen zwischen verteilten Netzwerkressourcen und deren Zusammenspiel zu koordinieren.

Daher spielt Directory Service eine bedeutende Rolle bei der Erweiterung von Computersystemen im Hinblick auf Netzwerkfähigkeiten, da es deren Administration entscheidend vereinfachen kann. Mit dem richtigen Ansatz lassen sich per Directory Service von einer zentralen Stelle Benutzerkonten verwalten, Anwendungen einrichten und Geräte im Netzwerk konfigurieren bzw. verwalten. Der Benutzer profitiert ebenfalls von Active Directory Service, da er sich nur noch einmal an einer zentralen Stelle im Netzwerk anmelden muss. Der Directory Service verfügt über alle Informationen bezüglich des Benutzers und kann den Zugriff auf verschiedene Ressourcen freigeben oder entziehen. Administratoren erhalten dann ein Werkzeug, mit dem sich vom Desktop alle Sicherheitseinstellungen innerhalb eines LAN, im Remote-Netzwerk und ggf. sogar für externe E-Commerce Kunden pflegen lassen.

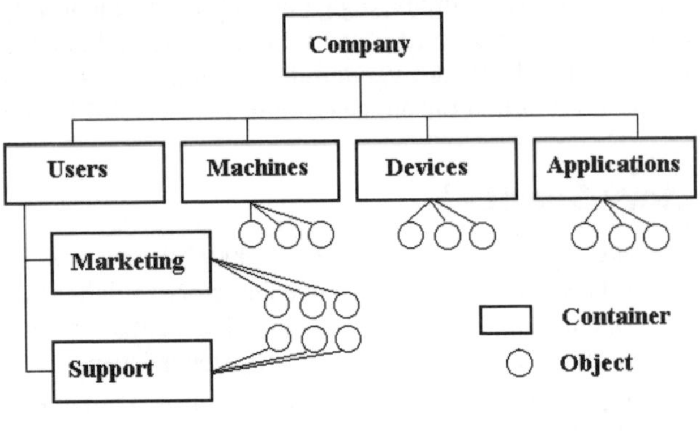

Abbildung 16.1: *Active Directory-Hierarchie zur Netzwerkorganisation*

Da auf Grund dieser Anforderungen die Zahl der Objekte innerhalb eines Netzwerks sprunghaft steigt, stellt die Active Directory die einzige Möglichkeit für den Administrator dar, die Verwaltung zu handhaben. Dem Administrator kann es dabei egal sein, ob unterschiedliche Netzwerke von unterschiedlichen Herstellern gepflegt werden müssen, sofern diese Produkte die Active Directory Services Interfaces unterstützen. Active Directory ist eine Funktion, die erstmals in Windows 2000 Server zur Verbessung der Administration, der Sicherheit und Interoperatibilität in Windows-Netzwerken eingeführt wurde. Bei Windows NT lassen sich die Funktionen über das ADSI SDK ggf. nachrüsten.

Das Active Directory benutzt Objekte zur Abbildung der Netzwerkressourcen wie Benutzer (Users), Gruppen (Groups), Maschinen (Machines), Geräte (Devices) und Anwendungen (Applications) (siehe Abbildung 16.1). Container repräsentieren dabei organisatorische Strukturen wie Marketing-Abteilungen etc., oder Auflistungen zugehöriger Objekte wie Drucker. Alle Informationen über das Netzwerk werden dabei in einer Baumstruktur bestehend aus Objekten und Containern abgebildet (dies ist ähnlich wie die Ordnerstruktur in Windows). Mittels dieser Hierarchie kann die Active Directory auch die Beziehungen zwischen Objekten und Containern abbilden. Dies erlaubt eine zentrale und vereinfachte Sicht auf die Netzwerkstruktur, die die Suche und Verwaltung von Netzwerkwerkressourcen in verteilten Netzen stark erleichtert.

Was sind Active Directory Service Interfaces?

Active Directory Service Interfaces (ADSI) abstrahieren die Fähigkeiten der Directory Services verschiedener Netzwerkprovider, um einen Satz von einheitlichen Directory Service Interfaces zur Verwaltung von Netzwerkressourcen bereitstellen zu können. Das ADSI-Objektmodell basiert dabei auf COM-Objekten, die in zwei Gruppen: Directory Service-Blatt-Objekte und Directory Service-Container-Objekte unterteilt werden. Ein Container-Objekt kann seinerseits andere ADSI-Objekte enthalten. Ein als Blatt ausgebildetes Objekt (z. B. ein Drucker) kann dann keine weiteren ADSI-Objekte aufweisen. Ein Client hat die Möglichkeit, über Schnittstellen auf diese Objekte zuzugreifen. Die Objekte und deren Schnittstellen werden dabei durch ADSI-Provider implementiert. Der Zugriff auf ADSI-Daten erfolgt dabei auf zwei Wegen:

- ADO: Mit dieser im vorhergehenden Kapitel vorgestellten Technik können Sie mit entsprechenden Providern auf die Active Directory Services zugreifen. ADO-Objekte lassen sich auch zur Verwaltung von Active Directory-Daten nutzen.
- ADSI: Das Active Directory Service Interface stellt die erforderlichen Objekte zum Zugriff auf das Active Directory bereit. Dieser Ansatz wird in den Beispielen dieses Kapitels genutzt.

Zusammenfassend lässt sich sagen, dass die Active Directory Service Interfaces den Zugriff auf den Active Directory Service erleichtert und unabhängig von den installierten Directory Services (Windows NT, Novell etc.) eine einheitliche Schnittstelle bietet.

Directory Service-Anbindung

Zum Zugriff auf die ADSI-Methoden benötigen Sie eine entsprechendes Objekt, welches das Skript an das Directory Services Interface anbindet. Das Binden an das ADSI-Objekt ist der erste aber wichtigste Schritt zur Kommunikation mit dem unterlagerten Active Directory. Sobald diese Bindung vollzogen wurde, können Sie über die Methoden des Objekts im Active Directory-Namensraum navigieren und nach spezifischen Informationen suchen, Daten modifizieren oder sich unter einem Benutzerkonto anmelden.

HINWEIS: Beim Binden können Sie optionale Informationen wie die Charakteristik zum Binden, einen Benutzernamen samt Kennwort, einen Servernamen, Encryption-Methoden und Authentifizierungsdaten angeben. Beachten Sie aber, dass nicht alle ADSI-Provider alle diese Mechanismen unterstützen und nur Teilmengen der Bindungscharakteristika implementiert haben.

Das Anbinden eines Skripts an einen ADSI-Provider erfolgt über die *GetObject*-Methode:

```
Set objDomain = GetObject(parameter)
```

Der an die *GetObject*-Methode übergebene Parameter spezifiziert den Provider und den Pfad zum Objekt als Zeichenkette. Diese Zeichenkette mit dem Providernamen sowie dem Pfad zum Objekt wird manchmal auch als Active Directory Service Path (ADsPath) bezeichnet.

Der genaue Text, der an *GetObject* als Parameter zu übergeben ist, hängt vom verwendeten Netzwerk (d.h. vom Provider) ab. Bevor Sie also ein Skript an ein Objekt binden, müssen Sie wissen, welcher Provider zum Einsatz kommt. ADSI wird mit verschiedenen Providern ausgeliefert (z.B. *LDAP:*, *WinNT:*, *NDS:* oder *NWCOMPAT:*). Die Tabelle 16.1 enthält eine Übersicht über die (in ADSI unterstützten) Providernamen und deren Zweck.

Provider	Bedeutung
WinNT:	Dient zur Anbindung an Windows NT (4.0/5.0) Primary Domain Controllers (PDCs) und an Backup Domain Controllers (BDCs).
LDAP:	Dieser Provider erlaubt die Anbindung an einen Server per Lightweight Directory Access Protocol (LDAP). Über dieses Protokoll wird auch die Kommunikation mit dem Exchange 5.x-Verzeichnis und der Windows Active Directory abgewickelt.
NDS:	Der Provider handhabt die Kommunikation mit Servern über Novell Directory Services (NDS).
NWCOMPAT:	Provider für Novell NetWare-Server.

***Tabelle 16.1:** ADSI-Provider*

HINWEIS: Der Doppelpunkt ist Teil des COM-Namens (auch als COM-Moniker bezeichnet). Beachten Sie weiterhin, dass der Providername case-sensitiv ist, d.h. es wird nach der Groß-/Kleinschreibung unterschieden. Der Teiltext, der sich an den Providernamen anschließt, ist providerspezifisch.

Sie können den Providernamen zum Zugriff auf den Namensraum (Namespace) des Providers verwenden. Binden Sie beispielsweise über den LDAP-Provider, baut ADSI eine Verbindung zu einem Container auf, der lediglich ein Objekt enthält, welches die aktuell angemeldete Domain repräsentiert. Eine Bindung über den WinNT-Provider veranlasst ADSI die Verbindung zu einem Container aufzunehmen, der alle Domänen innerhalb des Netzwerks enthält.

Nachfolgend finden Sie einige Beispielbefehle zum Binden an die Directory Services. Für eine NetWare-Bindung ist die folgende Zeichenkette zu verwenden:

```
Set oUser = GetObject("NWCOMPAT://ServerName/Born")
```

Möchten Sie an den NetWare Directory Service (NDS) binden, verwenden Sie den folgenden Befehl:

```
Set oUser = GetObject("NDS://ATree/O=MyCompany /OU=Sales/CN=Born")
```

In Windows NT 4.0 (bzw. in Domänen-Netzwerken) lässt sich ein Skript über folgende VBScript-Anweisung an den ADSI-Provider anbinden:

```
Set oUser = GetObject("WinNT://DomainName/ObjectName,ClassName")
```

Beachten Sie, dass die Platzhalter *ObjectName* und *ClassName* innerhalb der Zeichenkette optional sind. Wichtig ist auch, dass keine Leerzeichen vor dem Platzhalter *ClassName* auftauchen dürfen. Der String "*.../ObjectName, ClassName*" ist daher ungültig und löst einen unspezifizierten Laufzeitfehler beim Aufruf der *GetObject-Methode* aus. Weitere Beispiele zum Binden an einen Provider finden Sie auf den folgenden Seiten.

HINWEIS: Der *WinNT:*-Provider lässt sich auch verwenden, um einen WSH-Skript an eine lokale Windows NT-Arbeitstation oder innerhalb eines Workgroup-Netzwerks an die Arbeitsstationen anzubinden. Auf diese Weise wurden die Beispiele dieses Kapitels im Netzwerk getestet.

Das Binden an die Active Directory oder LDAP erfolgt über diese Anweisung:

```
Set oUser = GetObject("LDAP://Server.MyCompany.com " & _
            "/C=US/O=MyCompany/OU=Sales/CN=Born")
```

Die bei der Bindung verwendeten Optionen hängen dabei vom benutzten Directory Service ab. Unter der Webadresse *http://home.t-online.de/home/zalto/bluepage/ldapadsi.htm* findet sich ebenfalls ein Artikel mit einigen Grundlagen zu LDAP. Details liefert Ihnen die Microsoft Active Directory-Hilfe. Sobald die Bindung an ADSI erfolgt ist, können Sie über die Objekte auf die Eigenschaften und Methoden zugreifen, um Funktionen zur Netzwerkadministration zu implementieren. Nachfolgend finden Sie verschiedene Beispiele, die die grundsätzliche Vorgehensweise demonstrieren. Durch Austausch des Bindungs-Befehls lassen sich unterschiedliche Provider verwenden, der Code zum Zugriff auf die Active Directory-Objekte bleibt gleich. Weitere Details zur Thematik finden Sie auch im Microsoft Active Directory SDK.

Binden an eine Domäne (Domain)

Die obigen Erläuterungen zum Binden gehen davon aus, dass dies über das aktuelle Benutzerkonto erfolgt. ADSI erlaubt Ihnen aber das Binden sowohl vom aktuellen Benutzerkonto als auch über ein vorgebbares Benutzerkonto. Weiterhin können Sie das Skript auch an einen lokalen Arbeitsplatzrechner anbinden. Die Bindung an den Provider einer Windows NT-Domäne als aktuell angemeldeter Benutzer erfolgt mit diesem Befehl:

```
domainName = "//Rom"
Set dom = GetObject("WinNT://" & domainName)
```

Alternativ kann das Skript ein spezielles Benutzerkonto zum Binden an eine Domäne verwenden. Der folgende Befehl benutzt sowohl einen Benutzernamen als auch das Kennwort zur Identifizierung eines speziellen Benutzerkontos, welches beim Überprüfen der Berechtigungen zum Binden an die Domäne verwendet werden soll:

```
DomainName = "//Rom"
Username = "Born"
Password = "Star"
Set dso = GetObject("WinNT:")
Set dom = dso.OpenDSObject("WinNT://" & _
            domainName, userName, password, 0)
```

Hier erfolgt das Binden in zwei Schritten. Im ersten Schritt wird eine Verbindung zum ADSI-Provider eingerichtet. Dann kommt die *OpenDSObject*-Methode zum Einsatz, um die Bindung zur Domäne unter dem vorgegebenen Benutzernamen durchzuführen.

HINWEIS: Existiert keine Domäne (z. B. in einem Workgroup-Netzwerk), lässt sich der Befehl auch zum Anbinden an eine Arbeitsstation verwenden.

Binden an einen Remote-Computer

Manchmal ist eine Bindung an eine spezielle Arbeitsstation im Netzwerk (Remote Computer) gefordert (beispielsweise um die Computer-Eigenschaften zu lesen). Das Binden an einen Remote-Computer über das aktuelle Benutzerkonto wird mit folgender Anweisung vorgenommen:

```
computerName = "Rom"
Set comp = GetObject("WinNT://" & computerName & ",computer")
```

Soll statt des aktuellen Benutzerkontos eine spezieller Benutzername samt Kennwort benutzt werden, ist folgender Code einzusetzen:

```
computerName = "Rom"
Username = "Born"
Password = "Star"
Set dso = GetObject("WinNT:")
Set comp = dso.OpenDSObject("WinNT://" & _
    computerName & ",computer", userName, password, 0)
```

Wenn ein Skript eine Verbindung mit dem Remote-Computer herstellt, kann es die *Parent*-Eigenschaft des Bindungsobjekts verwenden, um die zugehörige Domäne abzufragen:

```
Domain = comp.Parent
```

HINWEIS: Die Dateien *BindTest.vbs* und *BindTest1.vbs* im Ordner *\Beisp\Kap16* demonstrieren das Anbinden an Remote-Computer.

Als weitere Variante kann ein Skript eine Bindung zu einem Benutzerkonto innerhalb der Domain einrichten. Diese Bindung gleicht dem Binden an einen Computer.

```
domainName = "Born"
username = "Administrator"
' Definiere Pfad: "WinNT://Born/Administrator"
ADsPath = "WinNT://" & domainName & "/" & userName
' Binde zum Benutzer in Domain
Set dom = GetObject(ADsPath)
```

Sobald die Bindung steht, kann das Skript auf die Eigenschaften des Benutzerkontos zugreifen.

ADSI-Beispiele

Im folgenden Abschnitt möchte ich Ihnen einige Beispiele zeigen, die den Einsatz des ADSI per WSH-Skript demonstrieren.

ADSI-Eigenschaften abfragen

Die Beispiele im nächsten Abschnitt demonstrieren, wie sich die ADSI-Eigenschaften wie die unterstützten Provider oder die ADSI-Version abfragen lassen.

ADSI-Providerliste abfragen

Das folgende VBScript-Beispiel stammt ursprünglich aus der ADSI-Hilfe und wendet das auf den vorhergehenden Seiten diskutierte Wissen an. Der erste Schritt verbindet das Skript mit dem »Active Directory service« (ADs) und listet alle unterstützten Provider. Als Parameter wird daher "*ADs:*" an *GetObject* übergeben. Das von der Methode zurückgelieferte Objekt enthält eine Auflistung mit den unterstützten Providern. Die Namen der Provider lassen sich dann über die *Name*-Eigenschaft der Auflistungsobjekte ermitteln. Weitere Details sind nachfolgendem VBScript-Listing zu entnehmen.

```
'************************************************
' File:  ADSIProvider.vbs (WSH-Beispiel in VBScript)
' Autor: G. Born
'
' Liste alle Provider des Systems.
'************************************************
Option Explicit

Const Title = "ADSI-Provider"

Dim objProvider, provider, txt

txt = "Folgende Provider gefunden" & vbCRLF & vbCRLF

' Erzeuge ADSI-Objekt
Set objProvider = GetObject("ADs:")
For Each provider In objProvider
 txt = txt & provider.Name & vbCRLF    ' Provider auflisten
Next

MsgBox txt, vbOkOnly + vbInformation, Title
'*** Ende
```

Listing 16.1: ADSIProvider.vbs

HINWEIS: Die Datei *ADSIProvider.vbs* finden Sie im Ordner *\Beisp\Kap16* auf der Begleit-CD-ROM. Zum Testen benötigen Sie Windows NT oder Windows 2000 bzw. Windows XP, wobei unter Windows NT ADSI installiert sein muss.

Die ADSI-Version abfragen

Das ADSI-Objektmodell bietet kein Objekt, welches eine Eigenschaft mit der ADSI-Version bereitstellt. Glücklicherweise findet sich im ADSI SDK die Datei *ADsVersion.dll* (siehe CD-ROM zum Buch oder die Microsoft-Website *www.microsoft.com*), die diese Erweiterung bietet. Sie müssen diese Datei auf dem Zielrechner mit folgendem Befehl registrieren:

```
RegSvr32.exe <pfad>ADsVersion.dll
```

Nachdem die Bibliothek registriert ist, können Sie im Skript den folgenden Befehl verwenden, um eine Objektreferenz zu erzeugen:

```
Set oVers = CreateObject("ADsVersion")
```

Der Objektvariablen *oVers* wird eine Referenz auf das Objekt der Typbibliothek zugewiesen. Dieses Objekt unterstützt Methoden und enthält ggf. Unterobjekte. Mit der *Connect*-Methode des *ADsVersion*-Objekts lässt sich eine Verbindung zu einem Computer aufnehmen.

```
oVers.Connect "//Rom"
```

Die Eigenschaft *GetVersion* liefert eine Zeichenkette mit der ADSI-Version. Weitere Eigenschaften liefern die Haupt- und Unterversion der ADSI-Software.

Abbildung 16.2: *ADSI-Versionsinformationen*

Das nachfolgend gezeigte VBScript-Beispiel fragt über einen Eingabedialog den Namen des Rechners ab. Dann ermittelt das Skript die ADSI-Version und zeigt die Werte an (Abbildung 16.2). Details sind dem folgenden Listing zu entnehmen.

```
'************************************************
' File:  ADSIVersion.vbs (WSH-Beispiel in VBScript)
' Autor: G. Born
'
' Ermittelt die ADSI-Version einer Maschine.
' Wichtig: Benötigt ADsVersion.dll
'************************************************
Option Explicit

Const Title = "ADSI-Version"

Dim tmp, txt, oVers, computer, message

' Hier lokalen Computernamen einfügen
computer = "Wien"              ' init Computername
' init Variablen
Message = "Bitte Computername eingeben " & vbCRLF & _
          "(z.B. Wien) oder Abbrechen anklicken," & vbCRLF & _
          "um mit Computer " & computer & " zu verbinden"

' Verbinde mit ADsVersion in ADsVersion.dll
Set oVers = CreateObject("ADsVersion")

' Frage nach Computername
tmp = inputbox (Message, Title ,computer)

If tmp <> "" Then computer = tmp   ' neuer Name
```

```
' Verbinde mit Computer
oVers.Connect computer

' Erzeuge Ausgabetext
txt = "Verbunden mit " & computer & vbCRLF

' Versionsnummer
txt = txt & "ADSI-Version : " & oVers.GetVersion & vbCRLF & _
      "Hauptversion: " & oVers.GetMajorVersion & vbCRLF & _
      "Unterversion: " & oVers.GetMinorVersion & vbCRLF & _
      "Locale:       " & oVers.GetLocale

MsgBox txt, vbOkonly + vbInformation, Title
'*** Ende
```

Listing 16.2: ADSIVersion.vbs

HINWEIS: Die Datei *ADSIVersion.vbs* finden Sie im Ordner *\Beisp\Kap16* auf der Begleit-CD-ROM. Zum Testen benötigen Sie Windows NT oder Windows 2000, wobei unter Windows NT ADSI installiert sein muss. Weiterhin muss die Datei *ADsVersion.dll* registriert sein. Vielleicht sollte ich auch erwähnen, dass die *Connect*-Methode des *AdsVersion*-Objekts nicht allzu zuverlässig arbeitet. Geben Sie einen falschen Namen für die Arbeitsstation ein, liefert das Skript die Eigenschaften der aktuellen Maschine zurück.

Elemente einer Domain/Maschine anzeigen

Ein WSH-Skript kann Verbindung mit einer Domäne oder mit einer Maschine in einer domänenlosen Netzwerkumgebung aufnehmen. In den folgenden Abschnitten möchte ich demonstrieren, wie sich Informationen über Gruppen, Benutzer und andere Elemente in einer Domain oder auf einer Maschine abfragen lassen.

Kindobjekte eines Container-Objekts auflisten

Gemäß Abbildung 16.1 verwendet ADs eine hierarchische Struktur zur Verwaltung der Container und Objekte. Das folgende Beispiel listet alle Klassen eines vorgegebenen Computers oder einer Domain auf. Das Skript verwendet den AdsPath, um sich an die »Active Directory services« (Ads) einer Domäne oder eines Computers zu binden:

```
domain = "//Rom"      ' Domain- oder Computername
Set objDomain = GetObject("WinNT:" & domain)
```

Sobald die Verbindung zur Domäne bzw. zur Maschine steht, lassen sich die Elemente des Schemas (dies ist die Sammlung aller Objekte im ADSI-Namensraum) über eine einfache Schleife auflisten.

```
For Each item in objDomain    ' Auflistung aller Elemente des Schemas
  WScript.Echo item.Class, item.Name
Next
```

Alle Elemente (Items) sind Unterobjekte des aktuellen (Wurzel-) Objekts. Die *WScript.Echo*-Anweisung innerhalb der Schleife listet den Klassennamen des Elements und den eigentlichen Namen des Objekts auf. Da die Domäne sehr viele Unterobjekte aufweisen kann, benutzt das Skript den Internet Explorer zum Auflisten aller Einträge der Klassen (Abbildung 16.3). Die Einträge werden als HTML-Tabelle im Browser ausgegeben. Die Zeichenkette mit den Einträgen muss daher mit den HTML-Tags zum Erstellen der Tabellenstruktur versehen werden.

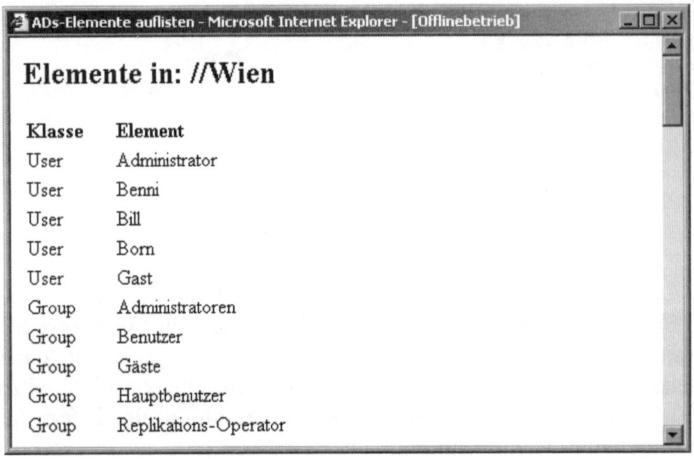

Abbildung 16.3: *Elemente einer Maschine*

Die HTML-Tabellenstruktur wird mit folgenden Tags erzeugt:

```
<table>
 <tr>
   <td> Zelle 1.1 </td>
   <td> Zelle 1.2 </td>
 </tr>
<tr>
   <td> Zelle 2.1 </td>
   <td> Zelle 2.2 </td>
 </tr>
...
</table>
```

Listing 16.3: *HTML-Tabellenstruktur*

Im Beispielskript enthält die Variable *txt* den auszugebenen Text sowie die Tags zur Erzeugung der Tabellenstruktur. Beim Aufruf des Skripts wird der Kopf der Tabelle als HTML-Tagsequenz erzeugt. Dann listet das Skript in einer Schleife alle gefundenen Objekte der Domäne oder der Maschine mit Ihren Klassen auf. Die Namen werden mit den Tags in der Variablen *txt* abgelegt. Abschließend ergänzt das Skript die Tags für das Tabellenende und verwendet die Hilfsroutine *ShowMSIE* zur Darstellung des Ergebnisses im Internet Explorer. Diese benutzerdefinierte Prozedur erwartet als Parameter den auszugebenden Text (Textkörper) sowie den Dokumenttitel für die Titelleiste des Browsers. Die Technik zur Ausgabe eines HTML-Dokuments wurde bereits in den vorhergehenden Kapiteln vorgestellt. Weitere Details zur Implementierung sind dem folgenden Listing zu entnehmen.

```
'************************************************
' File:   ListADSIItems.vbs (WSH-Beispiel in VBScript)
' Autor:  G. Born
'
' Auflisten der ADs-Einträge einer Maschine oder Domäne.
' ADSI muss installiert sein.
'************************************************
Option Explicit

Const title = "ADs-Elemente auflisten"

Dim objDomain, item, domain
Dim txt, tmp

domain = "//Wien"         ' Setze Domäne oder Computerame

' Text mit HTML-Tags für Tabellenstruktur vorbereiten
txt = "<h2>Elemente in: " & domain & "<h2>"
txt = txt & "<table>" & _
           "<tr><td><b>Klasse</b></td>" & _
           "<td><b>Element</b></td></tr>"

' binde an ADs und nehme Verbindung zur Domäne/Maschine auf
Set objDomain = GetObject("WinNT:" & domain)

' Die objDomain-Objektvariable enthält alle Daten
' der ADs-Datenbank des Objekts.
For Each item in objDomain   ' Auflisten aller Elemente
  txt = txt & "<tr><td>" & item.Class & _
        "</td><td>" & item.Name & "</td></tr>"
Next

txt = txt & "</table>"       ' Tabelle abschließen
ShowMSIE txt, title          ' Ergebnis im Browser anzeigen

'### Helfer ###
Sub ShowMSIE (txt, title)
' Text im Browserfenster ausgeben
 Dim oIE, oDoc
' erzeuge Internet Browser Application-Objekt
 Set oIE = WScript.CreateObject("InternetExplorer.Application")
' Eigenschaften-Browserfenster
 oIE.left=20                   ' Fensterposition etc.
 oIE.top = 50
 oIE.height = 280
 oIE.width = 580
 oIE.menubar = 0
 oIE.toolbar = 0
 oIE.statusbar = 0
 oIE.navigate ("about:blank")   ' Leeres HTML-Dokument
 oIE.visible = 1                ' MSIE anzeigen

 While(oIE.Busy)                ' Warte bis MSIE fertig
  WScript.sleep 50
 Wend
 Set oDoc = oIE.Document        ' hole Dokument-Object
```

```
  oDoc.open                    ' Öffne Dokument
                               ' HTML-Tags schreiben
  oDoc.writeln ("<html><head><title>" & title & "</title></head>")
  oDoc.writeln ("<body>" & Txt & "</body></html>")
  oDoc.close                   ' Dokument für Schreibzugriffe schließen
End Sub
'*** Ende
```

Listing 16.4: ListADSIItems.vbs

HINWEIS: Die Datei *ListADSIItems.vbs* finden Sie im Ordner *\Beisp\Kap16* auf der Begleit-CD-ROM. Vor dem Test müssen Sie im Quellcode den Domänen- oder Maschinennamen an Ihre Umgebung anpassen.

Kinder eines Container-Objekts nach Klassen auflisten

Das vorhergehende Beispiel listet alle Objekten innerhalb eines Containers (des Root-Objekts) auf. Um einen Überblick über die Objekte einer Klasse zu erhalten, ist es besser, die Unterobjekte gleich nach Klassen geordnet auszugeben. Weiterhin ist es sicherlich hilfreich, wenn der Benutzer den Namen einer Domäne oder eines Computers eintippen kann, um die zugehörigen Elemente der Klassen aufzulisten. Aus diesem Ansatz heraus entstand aus dem obigen Beispiel eine erweiterte Lösung. Im neuen Beispiel kommt das neu in VBScript 5.1 (bzw. in JScript 5.1) aufgenommene Dictionary Objekt zum Sortieren der Einträge einer Klasse zum Einsatz.

Das Skript fragt vom Benutzer den Namen einer Domäne oder eines Computers ab. Dann werden alle Elemente des angegebenen Schemas in einer HTML-Seite gemäß Abbildung 16.4 im Internet Explorer aufgelistet.

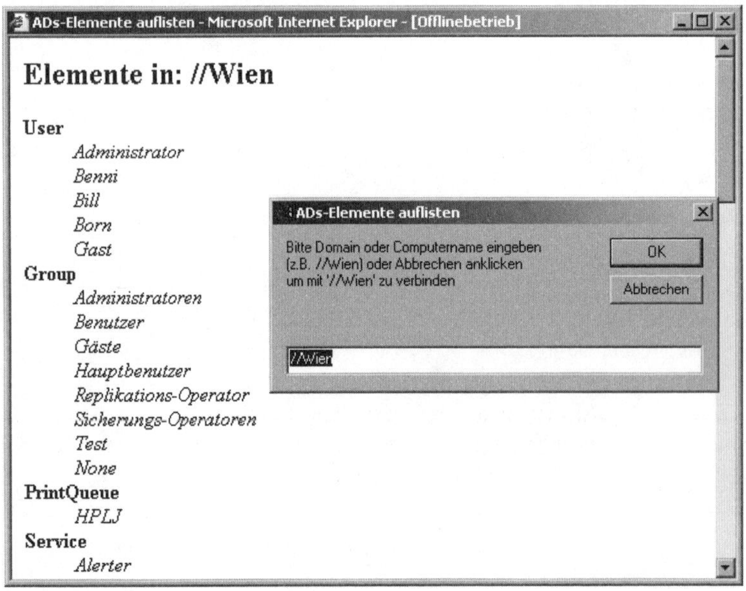

Abbildung 16.4: *Sortierte Anzeige der Einträge einer Klasse*

HINWEIS: Verwenden Sie das Skript in einem Workgroup-Netzwerk, muss Windows 2000 Professional auf dem angegebenen Computer installiert sein. Geben Sie dagegen eine Windows 98-Maschine an, wird nur die Klasse *Schema* mit dem Eintrag *Schema* zurückgegeben. Schema ist dabei eine formale Definition einer Objektklasse (siehe auch die ADSI-Hilfe).

Die Implementierung des Beispiels wirft verschiedene Fragen auf. Zuerst wird ein Mechanismus benötigt, mit dem sich die Einträge eines Schemas nach Klassen sortieren lassen. Ich habe an dieser Stelle aus Aufwandsgründen darauf verzichtet, die Einträge einer Klasse zusätzlich zu sortieren. Bei Bedarf können Sie auf die in den vorhergehenden Kapiteln vorgestellten Sortiermethoden zurückgreifen.

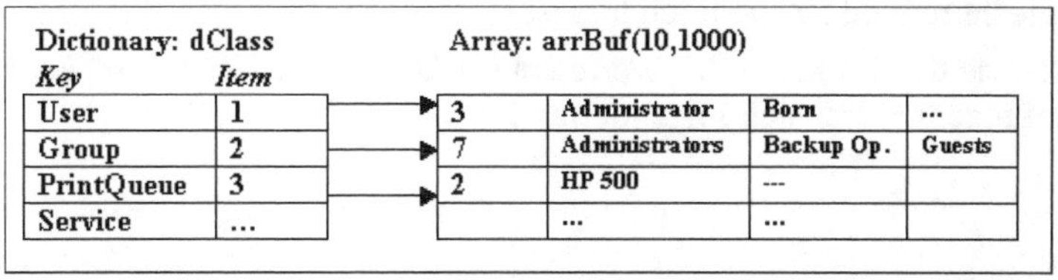

Abbildung 16.5: *Dictionary- und Array-Struktur zur Datenaufnahme*

Zur Lösung dieser Aufgabe habe ich in diesem Beispiel das bereits erwähnte Dictionary-Objekt sowie ein Feld (Array) zur Verwaltung der vom Schema abgerufenen Daten herangezogen (Abbildung 16.5). Die Auflistung aller Einträge des Schemas liefert dabei Daten, die zu verschiedenen Klassen gehören. Ein Dictionary-Objekt (ein Dictionary ist ein Wörterbuch, welches hier die Klassennamen aufnimmt) darf dabei Schlüssel (Keys) und die zugehörigen Einträge (Items) aufnehmen. Jeder Schlüssel (Key) weist dabei einen Eintrag (Item) auf. Ich habe mich dafür entschieden, als Schlüssel (Key) den Klassennamen zu verwenden. Der zugehörende Eintrag des Schlüssels ist ein Zeiger in eine Zeile eines Arrays mit den eigentlichen Daten. Jede Zeile des Feldes (Array) enthält dann die Daten der betreffenden Klasse. Der folgende Codeausschnitt erzeugt das Dictionary-Objekt und fügt die Daten im Wörterbuch ein:

```
Set d = CreateObject("Scripting.Dictionary")
d.Add "User", 1     ' Ersten Schlüssel und Eintrag einfügen
```

Die erste Anweisung erzeugt das Dictionary-Objekt. In der zweiten Zeile wird der Schlüssel "*User*" mittels der *Add*-Methode zum Wörterbuch hinzugefügt. Der Wert (Item) des Dictionary-Eintrags wird auf 1 gesetzt (d.h. der erste Eintrag zeigt auf die erste Zeile des Arrays, da dieses noch leer ist). VBScript stellt neben *Add* weitere Methoden zur Verwaltung der Dictionary-Daten bereit. Die *Exists*-Methode (z. B. *d.Exists(cclass)*) testet, ob ein angegebener Schlüssel (Key) im Wörterbuch vorhanden ist oder nicht. Als Ergebnis wird ein Boolean-Wert zurückgegeben. Der Befehl *d.Keys* gibt alle Schlüssel (Key-Einträge) des Wörterbuchs (Dictionary) in einem Feld (Array) zurück, und die Anweisung *d.Item(cclass)* liefert den Wert des angegebenen Wörterbucheintrags zurück. Details können Sie der VBScript-Hilfe entnehmen.

Wenn wir einen Eintrag für jede Klasse des Schemas im Wörterbuch anlegen, benötigen wir noch eine Art Puffer, um alle Einträge dieser Klasse zu hinterlegen. Ich habe mich in diesem Beispiel für ein zweidimensionales Feld entschieden (siehe Abbildung 16.5). Im Skript wurde folgende Definition für ein Array verwendet:

```
Dim arrBuf (10,1000)
```

Mit dieser Definition kann das Skript bis zu zehn unterschiedliche Klassen verwalten und jede Klasse darf bis zu 1.000 Einträge aufweisen. In einem großen Netzwerk kann dies sicherlich eine Begrenzung darstellen, aber es ist kein Problem, den ersten Index des Feldes von 10 auf 100 zu erweitern. Der erste Feldindex lässt sich als Zeilennummer und der zweite Index als Spaltennummer interpretieren. Dann nimmt *arrBuf (1,n)* die Einträge der ersten Klasse auf, *arrBuf(2,n)* speichert die Einträge der zweiten Klasse und so weiter. Der Wert, der einem Schlüssel im Wörterbuch zugeordnet ist, dient als Zeiger auf die betreffende Zeile des Arrays. Konkret: Der Wörterbucheintrag gibt an, wo die Einträge der betreffenden Klasse im Feld hinterlegt sind. Im Feld zeigt der Eintrag *arrBuf(row,1)* auf den letzten Eintrag in der betreffenden Zeile. Die Angabe *arrBuf (1,1) = 2* bedeutet dann: Die erste Zeile im Array besitzt einen Eintrag, der in *arrBuf(1,2)* hinterlegt ist. Ein Wert 1 zeigt, dass die betreffende Zeile noch leer ist.

Der Aufbau des Wörterbuchs sowie das Einfügen der Werte einer Klasse in das Feld erfolgen in der Prozedur *AddEntry*. Diese Prozedur lässt sich folgendermaßen aufrufen:

```
AddEntry item.class, item.Name
```

Der erste Parameter enthält den Klassennamen, während der zweite Parameter den Namen des Eintrags dieser Klasse angibt. Die Prozedur prüft, ob die Klasse bereits im Wörterbuch vorhanden ist:

```
If Not dclass.Exists(cclass) Then
```

Existiert der Begriff noch nicht im Wörterbuch, wird ein neuer Eintrag zum Dictionary-Objekt hinzugefügt:

```
dclass.Add cclass, idx
```

Die Variable *cclass* enthält den Klassennamen, der als Schlüssel (Key) benutzt wird. Die Variable *idx* enthält den Indexwert, der auf die nächste leere Zelle des Feldes *arrBuf*(row,n) zeigt. Mit der Anweisung:

```
arrBuf(idx,1) = 1
```

initialisiert das Skript den betreffenden Zähler für die Einträge dieser Zeile. Dieser Zähler verweist auf den letzten Eintrag in der Zeile. Der Wert 1 signalisiert dann, dass die Zeile noch keine Einträge aufweist, also leer ist. Sobald ein neuer Eintrag in den Puffer eingefügt wird, erhöht das Skript die Variable *idx* um 1 (idx zeigt dann auf die nächste leere Zeile des Arrays).

Liegt die Klasse bereits als Eintrag im Wörterbuch vor, kann der Wert direkt im Puffer hinterlegt werden. Das Skript liest den zum Schlüssel (Key ist der Klassenname) gehörenden Wert des Wörterbuchs:

```
row = dclass.Item(cclass)
```

Dieser Wert *row* zeigt auf die Zeile des Puffers mit den Daten der Klasse. Dann wird der Zähler in der ersten Zelle der betreffenden Array-Zeile gelesen, um eins erhöht und im Feld abgespeichert:

```
col = arrBuf(row,1) + 1
arrBuf(row,1) = col
```

Sobald diese beiden Anweisungen ausgeführt wurden, geben die Variablen *row* und *col* die Adresse der leeren Zelle im Array an, in die der aktuelle Wert eingetragen werden kann:

```
arrBuf(row,col) = item
```

Der vollständige Code der Prozedur *AddEntry* ist in folgendem Listing enthalten.

```
Sub AddEntry (cclass, item)
' ### Einträge zum Dictionary und Buffer hinzufügen
Dim row, col
' Eintrag in Dictionary hinzufügen
If Not dclass.Exists(cclass) Then
' Eintrag existiert noch nicht ...
 dclass.Add cclass, idx     ' Neuen Eintrag in Dictionary einfügen
 arrBuf(idx,1) = 1          ' init Zeilenzähler (row counter) im Buffer
 idx = idx + 1              ' idx für nächsten Eintrag initialisieren
End if
' Fertig, um den Eintrag im Puffer einzufügen
 row = dclass.Item(cclass) ' Hole Zeilennummer aus Dictionary
 col = arrBuf(row,1) + 1   ' Zeiger auf den nächsten freien Eintrag
 arrBuf(row,1) = col       ' Speichere neuen Zeigerwert
 arrBuf(row,col) = item    ' Speichere Eintrag
End Sub
```

Listing 16.5: *Prozedur* AddEntry

Sobald alle Einträge eines Schemas aufgelistet und im Wörterbuch bzw. Array hinterlegt sind, sollen diese sortiert nach Klassen ausgegeben werden. Das Auflisten der Einträge geordnet nach Klassen erfolgt in der Prozedur *MakeText*. Diese Prozedur verwendet zwei Schleifen, um das Feld zeilenweise auszulesen und alle Elemente einer Zeile (sprich einer Klasse) in einer HTML-Zeichenkette zu hinterlegen. Details sind dem folgenden Listing zu entnehmen.

```
Sub MakeText
' Lese Dictionary-Einträge Pufferinhalt,
' setzte die Daten in Text um
Dim a, i, j, ptr, cnt
txt = "<h2>Elemente in: " & domain & "</h2><dl>"
 a = dclass.Keys                ' Hole Schlüssel aus Dictionary
 For i = 0 To dclass.Count-1    ' iteriere in Dictionary
  cclass = a(i)                 ' Hole Klassenname (cclass)
  ptr = dclass.Item(cclass)     ' Hole Zeiger (ptr) in Feld mit Puffer
  txt = txt & "<dt><b>" & cclass & "</b><dd>"
  For j = 2 To arrBuf(ptr,1)    ' Alle Einträge in einer Zeile des Puffers
   txt = txt & "<i>" & arrBuf(ptr,j) & "</i><br>"   ' Einträge
  Next
 Next
 txt = txt & "</dl>"
End Sub
```

Listing 16.6: *Prozedur* MakeText

Die äußere Schleife bearbeitet alle Einträge des Wörterbuchs (Dictionary). Jeder Lesezugriff liefert einen Zeiger auf die Zeile des Felds *arrBuf(row,*)*, die die Daten der Klasse enthält. Dann lässt sich das erste Feldelement der Zeile *arrBuf(row,1)* auslesen. Dieser Wert dient als Zähler für die Zahl der Einträge dieser Klasse. Die Einträge der Zeile werden in einer inneren Schleife bearbeitet.

Nun noch eine Bemerkung zur Aufbereitung der Liste im HTML-Dokument. Ich habe mich entschlossen, die Liste als HTML-Definitionsliste zu implementieren. Diese lässt sich mit folgender Tag-Struktur erzeugen:

```
<DL>
 <DT>Klasse
   <DD>Eintrag
   <DD> Eintrag
 <DT>Klasse
...
</DL>
```

Listing 16.7: *Tag-Struktur einer Definitionsliste*

Die Tags schließen sowohl den Klassennamen als auch die aufzulistenden Einträge des Schemas ein. Der mit dieser Struktur erzeugte Text wird dann als HTML-Dokument im Browser angezeigt. Zur Darstellung verwendet das Skript die bereits mehrfach erwähnte Prozedur *ShowMSIE (txt, title)*. Details zur Implementierung sind dem folgenden Listing zu entnehmen.

```
'************************************************
' File:   ListADSIItems1.vbs (WSH-Beispiel in VBScript)
' Autor:  G. Born
'
' Auflisten der ADs-Einträge einer Maschine oder Domäne.
' ADSI muss installiert sein.
'************************************************
Option Explicit

Const title = "ADs-Elemente auflisten"

Dim objDomain, cclass, item, domain
Dim txt, tmp, Message

' Erzeuge Dictionary-Objekt ...
Dim dclass                    ' Dictionary für Klassen
Set dclass = CreateObject("Scripting.Dictionary")
' ... und Buffer-Array
Dim arrBuf (10, 1000)         ' Feld für Elemente (items)
' setze Index
Dim idx                       ' Aktueller Index
idx = 1

' Name der lokalen Computerstation hier einfügen,
' der Name wird als Vorgabe verwendet
domain = "//Wien"          ' Domain oder Computername

' init Variablen
Message = "Bitte Domain oder Computername eingeben " & vbCRLF & _
          "(z.B. //Wien) oder Abbrechen anklicken," & vbCRLF & _
          "um mit '" & domain & "' zu verbinden"
```

```
' Frage Domain-Name ab, wird Eingabe mit Abbrechen beendet,
' ist die Standardvorgabe zu verwenden
tmp = inputbox (Message, Title , domain)
If tmp <> "" Then
 If Left (tmp,2) <> "//" Then
  domain = "//" & tmp   ' // Zur Benutzereingabe hinzufügen
 Else
  domain = tmp
 End If
End if

' Binde an ADs und stelle Verbindung zur Domain her, in einem
' Workgroup-Netzwerk kann der lokale Computer angegeben werden
On Error Resume Next
Set objDomain = GetObject("WinNT:" & domain)
If err <> 0 Then
 WScript.Echo "Fehler, Verbindung mit '" & domain & _
            "' gescheitert", vbCRLF, _
            Err.code, Err.description
 WScript.Quit
End if
On Error Goto 0

' Die objDomain-Objektvariable enthält alle Daten
' der ADs-Datenbank des gegebenen Objekts.
For Each item in objDomain      ' Alle Elemente auflisten
 AddEntry item.class, item.Name ' Zum Dictionary hinzufügen
Next

' Hole alle Elemente aus Dictinary und konvertiere Ergebnis in HTML-String
MakeText
' Zeige Ergebnis im Browser
ShowMSIE txt, title

'### Helfer ###
Sub ShowMSIE (txt, title)
' Text im Browserfenster ausgeben
 Dim oIE, oDoc
' erzeuge Internet Browser Application-Objekt
 Set oIE = WScript.CreateObject("InternetExplorer.Application")
' Eigenschaften Browserfenster
 oIE.left=20                  ' Fensterposition etc.
 oIE.top = 50
 oIE.height = 280
 oIE.width = 580
 oIE.menubar = 0
 oIE.toolbar = 0
 oIE.statusbar = 0
 oIE.navigate ("about:blank")  ' Leeres HTML-Dokument
 oIE.visible = 1               ' MSIE anzeigen

 While(oIE.Busy)               ' Warte, bis MSIE fertig
  WScript.sleep 50
 Wend
 Set oDoc = oIE.Document       ' Hole Document-Object
 oDoc.open                     ' Öffne Dokument
```

```
                                ' HTML-Tags schreiben
 oDoc.writeln ("<html><head><title>" & title & "</title></head>")
 oDoc.writeln ("<body>" & Txt & "</body></html>")
 oDoc.close                     ' Dokument für Schreibzugriffe schließen
End Sub
```

Listing 16.8: ListADSIItems1.vbs

HINWEIS: Die Datei *ListADSIItems1.vbs* finden Sie im Ordner *\Beisp\Kap16* der Begleit-CD-ROM.

Beispiel 2: Schema eines Computers auflisten

Das vorhergehende Beispiel baut eine Verbindung zu einem Objekt auf und listet die im Container-Objekt gefundenen Einträge auf. Die zurückgelieferten Werte hängen dabei von der Umgebung ab. Wird das Skript in einer Domäne ausgeführt, baut es die Verbindung zur Domäne auf und alle Einträge im Container-Objekt der Domäne werden angezeigt. Wird das Skript dagegen in einer domänenlosen Umgebung (z.B. in einem Workgroup-Netzwerk unter Windows 2000 Professional) aufgeführt, baut das Skript eine Verbindung zu einem lokalen Computer auf. Dann listet es alle Einträge im Container dieses Computers auf.

Dieses Verhalten ist aber nicht immer optimal. Manchmal ist es erwünscht, gezielt auf einen Computer zuzugreifen und dessen Informationen auszulesen (unabhängig von der Tatsache, dass das Skript vielleicht in einem Workgroup- oder einem Domain-Netzwerk ausgeführt wird). Es ist wohl klar, dass das obige Beispiel dies nicht leisten kann. Stattdessen benötigen wir ein Skript, welches definitiv eine Verbindung mit dem Schema *Computer* aufnimmt und die Daten der angegebenen Maschine auflistet. Abbildung 16.6 zeigt ein Dialogfeld, welches alle Einträge der Klasse *Computer* anzeigt. Das Dialogfeld enthält die Objektnamen und Eigenschaften, die das Skript im Schema *Computer* vorfindet (während das vorherige Beispiel die Werte der Objekte wie Gruppennamen angibt).

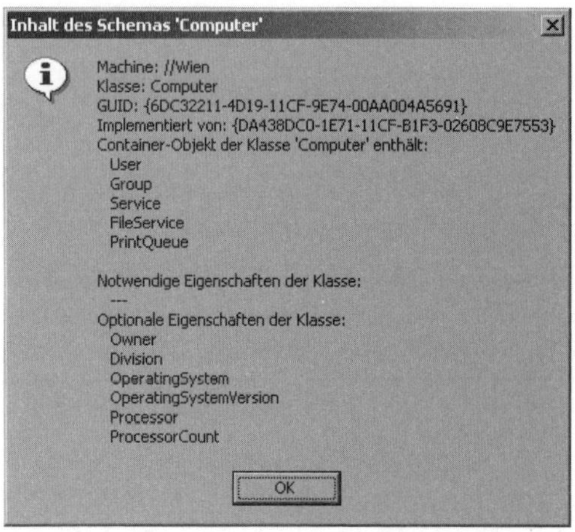

Abbildung 16.6: *Inhalt des Schemas Computer*

Der Code zum Abfragen der Einträge des Schemas unterscheidet sich etwas vom vorhergehenden Beispiel. Die folgende Anweisung bindet das Skript an das Schema *Computer* einer Maschine:

```
Set oComp = GetObject("WinNT://Born/Rom,Computer")
```

Ich habe hier den *WinNT*-Provider verwendet, der Trick liegt aber im Schlüsselwort *Computer* in der Zeichenkette. Beachten Sie vor allem, dass der Begriff *Computer* durch ein Komma vom »Active Directory services-Pfad« (ADsPath) abgetrennt ist. Der folgende Befehl verwendet die *GetObject*-Methode, um eine Referenz auf das Schema zu holen.

```
Set oClass = GetObject(oComp.Schema)
```

Da *oComp* eine Objektreferenz auf den Computer enthält, liefert das Schema eine Auflistung aller Elemente des angegebenen Schemas zurück. Sobald die Objektreferenz zur Klasse vorliegt, kann das Skript auf die Objekte und Eigenschaften dieser Auflistung zugreifen. Die folgenden Anweisungen holen den Klassennamen, die GUID und den CLSID-Wert des Schemas *Computer*.

```
Txt = "Class: " & oClass.Name & vbCRLF & _
Txt = Txt & "GUID: " & oClass.GUID & vbCRLF
Txt = Txt & "Implementiert von: " & oClass.CLSID & vbCRLF
```

Gemäß Abbildung 16.1 kann eine Klasse entweder ein Container sein oder ein Blattobjekt (Leaf), welches nur ein Objekt enthält. Der Test, ob die Klasse einen Container darstellt oder ein Blattobjekt, lässt sich über die *Container*-Eigenschaft durchführen. Der folgende Codeausschnitt holt die Namen aller Einträge im Container:

```
If oClass.Container Then
 Txt = Txt & "Container-Objekt der Klasse'" _
      & oClass.Name & "' enthält:" & vbCRLF
  For Each item In oClass.Containment
   Txt = Txt & "    " & item & vbCRLF
  Next
Else
 Txt = Txt & "Blattobjekt" & vbCRLF
End If
```

Ist die Klasse kein Container, wird der Text *Blattobjekt* an die Variable *Txt* angehängt.

Eine Klasse kann optionale Eigenschaften aufweisen, d.h. die Eigenschaften werden in die Kategorien »mandatory« und »optional« unterteilt. Die Aufgliederung der Eigenschaften in diese Kategorien lässt sich über die *MandatoryProperties*-Eigenschaft und die *OptionalProperties*-Eigenschaft vornehmen. Beide Eigenschaften geben ein Auflistungsobjekt zurück, welches die Eigenschaften einer gegebenen Klasse enthält. Die Elemente der Eigenschaftenauflistung lassen sich mit folgender *For Each*-Schleife abfragen:

```
For Each item In oClass.MandatoryProperties
  Txt = Txt & "    " & item & vbCRLF
Next
```

Nachfolgend finden Sie ein Beispielskript, welches in VBScript implementiert wurde. Das Skript fragt nach dem Computernamen. Dann verwendet das Skript ADSI, um Verbindung zur Klasse *Computer* der angegebenen Maschine aufzunehmen. Anschließend listet das Skript den Inhalt des *Container*-Objekts der Klasse mit den betreffenden Eigenschaften gemäß Abbildung 16.6 auf. Details bezüglich der Implementierung dieses Beispiels entnehmen Sie bitte dem folgenden Listing.

```
'************************************************
' File:  ListSchema.vbs (WSH-Beispiel in VBScript)
' Autor: G. Born
'
' Abgeleitet aus den Beispielen des ADSI SDK, listet
' den Inhalt des Schemas "computer".
'************************************************
Option Explicit

Const Title = "Auflistung Schema 'Computer'"
Dim Computer, machine
Dim oClass, oComp
Dim item, Txt, tmp, Message
Dim found

machine = "//Wien"          ' init Computername

' init Variablen
Message = "Bitte Computername eingeben  " & vbCRLF & _
          "(z.B. //Wien) oder Abbrechen anklicken," & vbCRLF & _
          "um mit '" & machine & "' zu verbinden"

' Frage Maschine ab, wird Eingabe mit Abbrechen beendet,
' ist die Standardvorgabe zu verwenden
tmp = inputbox (Message, Title , machine)
If tmp <> "" Then
 If Left (tmp,2) <> "//" Then
  machine = "//" & tmp   ' // Zur Eingabe hinzufügen
 Else
  machine = tmp
 End if
End if

' Binde an WinNT-Provider und selektiere Schema "Computer".
' Auf eine Fehlerbehandlung wurde hier verzichtet.
Set oComp = GetObject("WinNT:" & machine & ",Computer")
Set oClass = GetObject(oComp.Schema)    ' Hole Schema

' Liste Inhalt des Schemas auf
Txt = "Machine: " & machine & vbCRLF
Txt = Txt & "Klasse: " & oClass.Name & vbCRLF
Txt = Txt & "GUID: " & oClass.GUID & vbCRLF
Txt = Txt & "Implementiert von: " & oClass.CLSID & vbCRLF

' Hier kommen die Container-Objekte
If oClass.Container Then
 Txt = Txt & "Container-Objekt der Klasse '" _
      & oClass.Name & "' enthält:" & vbCRLF
  For Each item In oClass.Containment
   Txt = Txt & "   " & item & vbCRLF
  Next
Else
 Txt = Txt & "Blattobjekt" & vbCRLF
End If

' Liste auch die Eigenschaften des Schemas auf
```

```
Txt = Txt & vbCRLF & _
   "Notwendige Eigenschaften der Klasse: " & vbCRLF
found = false
For Each item In oClass.MandatoryProperties
  Txt = Txt & "   " & item & vbCRLF
  found = true       ' Eintrag gefunden
Next

If Not found Then Txt = Txt & "   ---" & vbCRLF

Txt = Txt & _
      "Optionale Eigenschaften der Klasse: " & vbCRLF
found = false
For Each item In oClass.OptionalProperties
 Txt = Txt & "   " & item & vbCRLF
 found = true         ' Eintrag gefunden
Next

If Not found Then Txt = Txt & "   ---" & vbCRLF

MsgBox Txt, vbOKOnly + vbInformation, "Inhalt des Schemas 'Computer'"
'*** Ende
```

Listing 16.9: ListSchema.vbs

HINWEIS: Die Datei *ListSchema.vbs* finden Sie im Ordner *\Beisp\Kap16* der Begleit-CD-ROM. Das Beispiel wurde aus einem VB-Programm des ADSI SDK abgeleitet.

Auflisten der Computereigenschaften

Das Beispiel im vorhergehenden Abschnitt listet auch verschiedene Eigenschaften wie *Owner, Division, Processor* etc. einer angegebenen Maschine auf. Wäre es nicht interessant, auch die Werte dieser Eigenschaften anstelle der Namen abrufen zu können (Abbildung 16.7)?

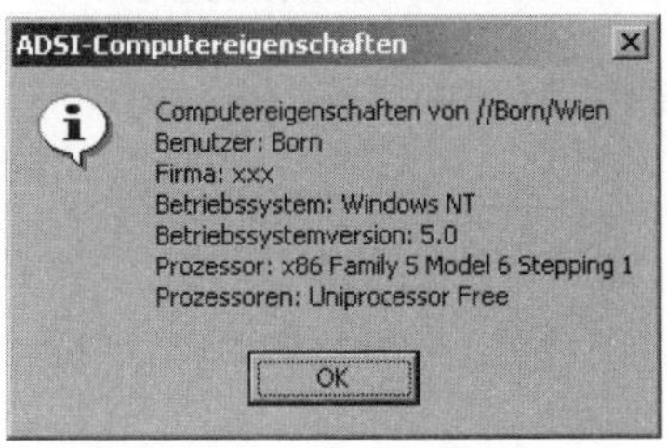

Abbildung 16.7: *Computereigenschaften*

Jedes Objekt besitzt Eigenschaften. Gemäß der ADSI-Hilfe bietet ADSI zwei Methoden, um Eigenschaften von COM-Objekten abzufragen:

- Individuelle Eigenschaften des Active Directory lassen sich mit der *Get*-Methode (oder direkt über *object.Eigenschaft*) lesen.
- Einige Eigenschaften sind »multi-value« (d.h. sie können einen oder mehrere Werte aufweisen). Beispielsweise ist die Beschreibung einer Domain eine solche Multi-value-Eigenschaft. Eine solche Multi-value-Eigenschaft wird über die *GetEx-Methode* ermittelt und als Array zurückgegeben.

Im nächsten Beispiel sollen einige individuelle Eigenschaften wie der Besitzer des Betriebssystems (Owner), die Firma (hier als Division bezeichnet), das Betriebssystem sowie dessen Version etc. für eine angegebene Maschine per ADSI abgefragt werden. Abbildung 16.7 zeigt einen Beispieldialog mit den Eigenschaften einer solchen Maschine.

Das Skript muss über ADSI eine Verbindung mit dem gewünschten Computer herstellen. Diese Bindung lässt sich über folgenden Befehl aufbauen:

```
Set oComp = GetObject("WinNT:" & domain & ",Computer")
```

Die Objektvariable *oComp* zeigt anschließend auf das Schema *Computer*, was aber nichts anderes als ein Objekt darstellt. Um die Eigenschaften des Objekts abzufragen, lässt sich die *Get*-Methode anwenden. Diese Methode erfordert die Übergabe des Namens der gewünschten Eigenschaft als Parameter. Die betreffenden Eigenschaftennamen werden im Dialogfeld des vorhergehenden Beispiels angezeigt. Die folgenden Anweisungen lesen die *Computer*-Eigenschaften.

```
txt = "Benutzer: " & oComp.Get("Owner") & vbCRLF
txt = txt & "Firma: " & oComp.Get("Division") & vbCRLF
txt = txt & "Betriebssystem: " & _
          oComp.Get("OperatingSystem") & vbCRLF
txt = txt & "Betriebssystemversion: " & _
      oComp.Get("OperatingSystemVersion") & vbCRLF
txt = txt & "Prozessor: " & oComp.Get("Processor") & vbCRLF
txt = txt & "Prozessoren: " & oComp.Get("ProcessorCount")
WScript.Echo txt
```

Jede Anweisung wendet die *Get*-Methode auf das in der Objektvariable *oComp* referenzierte Objekt an. Der übergebene Parameter (z. B. "Owner") identifiziert dabei die gewünschte Eigenschaft. Die Methode liefert den Wert der Eigenschaft zurück.

HINWEIS: Neben *obj.Get("Eigenschaftenname")* können Sie natürlich auch die allgemeine Form *obj.Eigenschaftenname* zum Lesen der Eigenschaft verwenden.

Das folgende Beispiel erzeugt das Dialogfeld aus Abbildung 16.7. Details entnehmen Sie bitte dem nachfolgenden Listing.

```
'************************************************
' File:  ComputerProperties.vbs (WSH-Beispiel in VBScript)
' Autor: G. Born
'
' ADSI-Beispiel, liest die Eigenschaften eines Computers.
'************************************************

Option Explicit

Const Title = "ADSI-Computereigenschaften"

Dim oComp
Dim txt, tmp, Message, domain

' init Variablen
domain = "//Born/Wien"        ' Domäne und Computername
Message = "Bitte Computername eingeben" & vbCRLF & _
          "(z.B. //Born/Wien) oder Abbrechen anklicken," & _
          vbCRLF & _
```

```
        "um mit " & domain & " zu verbinden"

' Frage Computername ab, wird Eingabe über Abbrechen
' geschlossen, verwende die Standard-Domäne
tmp = inputbox (Message, Title , domain)
If tmp <> "" Then
 If Left (tmp,2) <> "//" Then
    domain = "//" & tmp   ' // Zu Benutzereingabe hinzufügen
 Else
  domain = tmp
 End if
End if

' Binde an spezifisches User-Objekt
Set OComp = GetObject("WinNT:" & domain & ",Computer")

txt = "Computereigenschaften von " & domain & vbCRLF
' hole Eigenschaften
txt = txt & "Benutzer: " & oComp.Get("Owner") & vbCRLF
txt = txt & "Firma: " & oComp.Get("Division") & vbCRLF
txt = txt & "Betriebssystem: " & _
          oComp.Get("OperatingSystem") & vbCRLF
txt = txt & "Betriebssystemversion: " & _
      oComp.Get("OperatingSystemVersion") & vbCRLF
txt = txt & "Prozessor: " & oComp.Get("Processor") & vbCRLF
txt = txt & "Prozessoren: " & oComp.Get("ProcessorCount")

MsgBox txt, vbOKOnly + vbInformation, Title
'*** Ende
```

Listing 16.10: ComputerProperties.vbs

HINWEIS: Die Datei *ComputerProperties.vbs* finden Sie im Ordner *\Beisp\Kap16* der Begleit-CD-ROM.

Übrigens, einige Eigenschaften lassen sich auch ändern (z.B. der registrierte Benutzer, Eigenschaft *Owner*). Nach dem Schreiben einer Eigenschaft muss die *SetInfo*-Methode aufgerufen werden, um den neuen Wert der Eigenschaft aus dem Cache abzuspeichern. Leider sind in den aktuellen ADSI-Versionen nicht alle Features implementiert (siehe auch meine folgenden Anmerkungen). Daher wird der Versuch, eine der Computer-Eigenschaften (z.B. der registrierte Benutzer) zu schreiben, zurückgewiesen. In Windows 2000 erhielt ich beispielsweise beim Aufruf der *SetInfo*-Methode zum Speichern der Eigenschaft die Meldung »Nicht implementiert« (obwohl die Methode selbst für andere Eigenschaften funktioniert).

Domänen, Gruppen und Benutzer verwalten

Im nächsten Abschnitt werden Beispiele zur Anzeige und Verwaltung von Benutzerkonten in Domänen (oder auf einem lokalen Computer in einem Workgroup-Netzwerk) vorgestellt.

Wie lassen sich alle Gruppen auflisten?

Einige der vorhergehenden Beispiele geben eine Liste der in einer Domain (oder auf der lokalen Maschine in einem Domain-losen Netzwerk) definierten Gruppen aus. Möchten Sie lediglich die in einem vorgegebenen Schema enthaltenen Gruppen anzeigen, müssen Sie alle anderen Objekte des Schemas bei der Ausgabe unterdrücken. Hierzu lässt sich ein Filter auf die Daten des Schemas anwenden, der alle Einträge, die nicht zur Klasse *Group* gehören, unterdrückt. Verwenden Sie den folgenden Befehl, um das Skript an die Domain zu binden:

```
Set objDomain = GetObject("WinNT://Domain")
```

Dann lässt sich die folgende Schleife zum Filtern der Ergebnisse verwenden. Die Schleife lässt nur Einträge zu, die zur Klasse *group* gehören.

```
For Each item in objDomain
 If item.Class = "Group" Then _
    txt = txt & item.Name & vbCRLF
Next
```

Obwohl die *If*-Anweisung alle Einträge der Klasse *Group* filtert, hat die obige Konstruktion einen großen Nachteil: Die Schleife bearbeitet alle Einträge des Schemas. Optimaler wäre es, wenn innerhalb der *For Each*-Schleife wirklich nur die bereits gefilterten Auflistungselemente der Klasse bearbeitet werden. Hier hilft Ihnen ADSI mit der *Filter*-Eigenschaft weiter, die folgendermaßen angewandt wird:

```
objDomain.Filter = Array("group")
```

Die Anweisung weist der *Filter*-Eigenschaft ein Filterkriterium zu. Dabei reicht es leider nicht, der Eigenschaft eine einfache Zeichenkonstante mit dem Text "*Group*" zuzuweisen. Stattdessen müssen Sie ein Feld definieren, welches die Filterkriterien als Zeichenkonstante aufweist. Dieses Feld wird dann der *Filter*-Eigenschaft zugewiesen. Der obige Befehl filtert die Elemente der Klasse *group* (Groß-/Kleinschreibung ist im Namen übrigens egal). Das Feld erlaubt Ihnen, mehrere Filterkriterien zu definieren. Möchten Sie beispielsweise sowohl Gruppen als auch Benutzer des Schemas auflisten, verwenden Sie folgenden Befehl:

```
objDomain.Filter = Array("group", "user")
```

Sobald die *Filter*-Eigenschaft definiert ist, können Sie die Auflistung mit folgender Schleife bearbeiten:

```
For Each group in objDomain
 WScript.Echo group.Name
Next
```

Die Objektvariable *group* erhält nur Objekte zugewiesen, die zu einer der im Filter angegebenen Klassen gehören. Die aufgelisteten Gruppen können sich dabei aber lokal auf den Computer (z.B. in einem Workgroup-Netzwerk) oder global auf alle Arbeitsstationen einer Domäne beziehen. Zur Unterscheidung des Gruppentyps (lokal und global) lässt sich die *groupType*-Eigenschaft heranziehen. Entspricht der Wert dieser Eigenschaft eines Objekts der folgenden Konstante:

```
ADS_GROUP_TYPE_DOMAIN_LOCAL_GROUP = 4
```

handelt es sich um eine lokale Gruppe. Das folgende Listing demonstriert, wie sich Gruppen aus einem Schema filtern und in einem Dialogfeld anzeigen lassen (Abbildung 16.8).

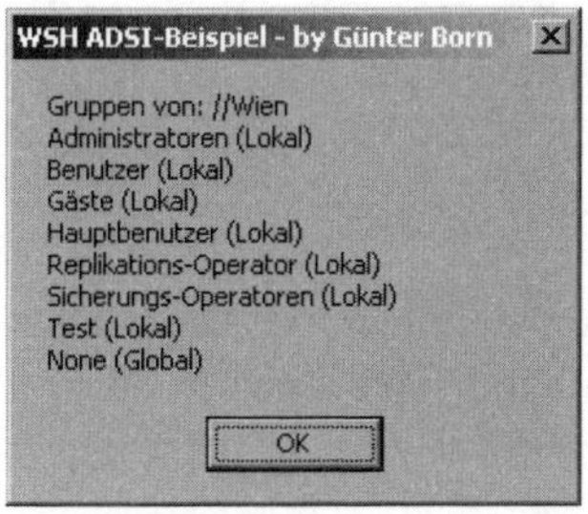

Abbildung 16.8: *Liste aller Gruppen auf einem lokalen Computer*

```
'************************************************
' File:   ListGroups.vbs (WSH-Beispiel in VBScript)
' Autor:  G. Born
'
' Liste alle Gruppen einer Domäne (oder der Maschine
' bei Workgroup-Netzwerken) auf.
'************************************************
Option Explicit

Const ADS_GROUP_TYPE_LOCAL_GROUP = 4   ' Lokale Gruppe

Dim objDomain, group, domain
Dim txt, title

domain = "//Wien"       ' Setze Domäne oder Computername

title = "WSH ADSI-Beispiel - by Günter Born"
txt = "Gruppen von: " & domain & vbCRLF

' Binde an ADs und verbinde mit Domäne.
' In Workgroup-Netzwerken lokalen Computer verwenden.
Set objDomain = GetObject("WinNT:" & domain)

' Die objDomain-Objektvariable enthält alle Elemente, die von
' ADs für dieses Schema zurückgegeben wurden. Setzte jetzt Filter,
' um die Gruppen auszufiltern.
' Filter-Eigenschaft über Array auf "Group" setzen
'objDomain.Filter = Array("group", "user")
objDomain.Filter = Array("group")

' Gruppen auflisten
For Each group in objDomain
  If group.groupType = ADS_GROUP_TYPE_LOCAL_GROUP Then
   txt = txt & group.Name & " (Lokal)" & vbCRLF
  Else
   txt = txt & group.Name & " (Global)" & vbCRLF
  End if
Next

MsgBox txt, vbOkonly, title
' Ende
```

Listing 16.11: ListGroups.vbs

HINWEIS: Die Datei *ListGroups.vbs* finden Sie im Ordner *\Beisp\Kap16* auf der Begleit-CD-ROM. Beachten Sie, dass es einige Sekunden dauern kann, bis das Dialogfeld mit den Ergebnissen angezeigt wird.

Wie lassen sich alle Domains im Active Directory auflisten?

Benötigen Sie eine Liste aller Domänen (Domains) innerhalb des Active Directory? Diese Liste lässt sich per VBScript mit wenigen Anweisungen ausgeben. Verwenden Sie den Befehl:

```
Set oNameSpace = GetObject("WinNT:")
```

um sich mit dem Namensraum (Namespace) der Active Directory zu verbinden. Anschließend können Sie die nachfolgende Schleife benutzen, um alle Einträge im Namensraum aufzulisten:

```
For Each oItem in oNameSpace
 WScript.Echo oItem.Name
Next
```

Normalerweise enthält der Namensraum nur Domänennamen. Um sicher zu gehen, dass nicht doch ein anderes Objekt aufgelistet wird, empfehle ich aber einen Filter zu setzen:

```
oNameSpace.Filter = Array("domain")
```

Das folgende VBScript-Beispiel listet alle in der Active Directory gefundenen Domänen auf.

```
'************************************************
' File:   ListDomains.vbs (WSH-Beispiel in VBScript)
' Autor:  G. Born
'
' Liste die Domänen im Netzwerk (bei Workgroups, auch
' die Arbeitsgruppen).
'************************************************
Option Explicit

Dim oNameSpace, oItem
Dim txt, title

title = "ADSI-Beispiel - Domain-Liste"
txt = "gefundene Domänen: " & vbCRLF

' Binde an ADs, wenn wir direkt zum Provider binden,
' erhalten wir eine Verbindung zum Namespace-Objekt
Set oNameSpace = GetObject("WinNT:")

' Jetzt den Filter auf die Domänen anwenden, um
' geforderte Daten auszuwerten
oNameSpace.Filter = Array("domain")

' Domänennamen auflisten
For Each oItem in oNameSpace
  txt = txt & oItem.Name & vbCRLF
Next
```

```
MsgBox txt, vbOkonly, title
' Ende
```

Listing 16.12: ListDomains.vbs

HINWEIS: Die Datei *ListDomains.vbs* finden Sie im Ordner *\Beisp\Kap16* auf der Begleit-CD-ROM. Führen Sie dieses Skript in einem Workgroup-Netzwerk aus, werden auch die Arbeitsgruppennamen als Domänen aufgeführt. Die Datei *ListComputer.vbs* listet alle Computer einer Domäne auf.

Wie lassen sich alle Benutzerkonten auflisten?

Sie können ADSI einsetzen, um per VBScript-Programm eine Liste aller Benutzerkonten in einer Domäne auszugeben (Abbildung 16.9).

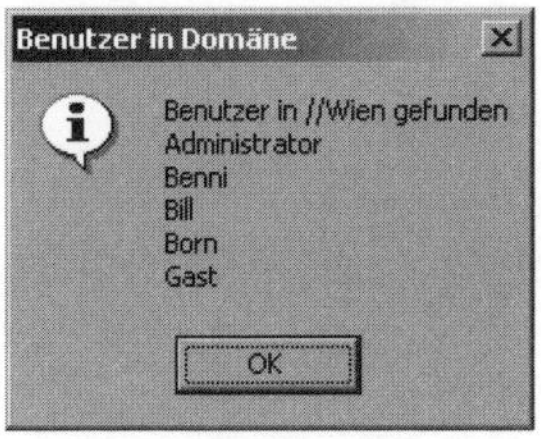

Abbildung 16.9: *Benutzer einer Domäne*

Der zur Ausgabe der Liste verwendete Code gleicht dem Beispiel zur Anzeige der Gruppen einer Domäne. Das Binden an ADSI mittels des Pfads an die Domäne erfolgt mit dieser Anweisung:

```
Set objDomain = GetObject("WinNT:" & domain)
```

Anschließend filtert das Skript die Einträge des Schemas nach dem Begriff "*user*" anstelle von "*group*":

```
objDomain.Filter = array ("user")
```

Dann reicht eine einfache Schleife, um die von der Active Directory services (ADs) Datenbank zurückgelieferten und gefilterten Objekte aufzulisten:

```
For Each item in objDomain
 WScript.Echo item.Name
Next
```

Durch das Setzen des Filters auf "*user*" werden nur die Einträge ausgegeben, die zur Klasse *user* gehören. Weitere Details entnehmen Sie bitte dem nachfolgenden Listing.

```
'************************************************
' File:   ListUsers.vbs (WSH-Beispiel in VBScript)
' Autor:  G. Born
'
' Erzeuge eine Liste aller Benutzerkonten in der
' Domäne. Benötigt ADSI.
'************************************************
Option Explicit

Const Title = "Benutzer in Domäne"

Dim objDomain, item, domain
Dim txt, tmp, Message

domain = "//Wien"          ' Setze Domain oder Computername

' init Variablen
Message = "Bitte Domain oder Computername eingeben " & vbCRLF & _
          "(z.B. //Wien) oder Abbrechen anklicken," & vbCRLF & _
          "um mit '" & domain & "' zu verbinden"

' Frage Domain-Name ab, wird Eingabe mit Abbrechen beendet,
' ist die Standardvorgabe zu verwenden
tmp = inputbox (Message, Title , domain)
If tmp <> "" Then
 If Left (tmp,2) <> "//" Then
     domain = "//" & tmp   ' Zur Benutzereingabe hinzufügen
 Else
  domain = tmp
 End if
End if

' Binde an ADs und stelle Verbindung zur Domain her, in einem
' Workgroup-Netzwerk kann der lokale Computer angegeben werden
Set objDomain = GetObject("WinNT:" & domain)

' Die Objektvariable objDomain enthält alle Daten, die
' von der ADs-Datenbank dieses Objekts zurückgegeben wurden.
' Filter auf Klasse "user" setzen
objDomain.Filter = array ("user")

txt = "Benutzer in " & domain & " gefunden" & vbCRLF ' init txt

' Alle gefilterten Einträge auflisten
For Each item in objDomain
  txt = txt & item.Name & vbCRLF
Next

' Zeige Ergebnisliste
MsgBox txt, vbOkOnly + vbInformation, Title
'*** Ende
```

Listing 16.13: ListUsers.vbs

HINWEIS: Die Datei *ListUsers.vbs* finden Sie im Ordner *\Beisp\Kap16* auf der Begleit-CD-ROM.

Unimplementierte Features

Skriptprogrammierer werden beim Zugriff auf ADSI häufiger den Laufzeitfehler »Nicht implementiert« oder Ähnliches erhalten. Ich hatte dies bereits weiter oben im Zusammenhang mit dem Schreiben der Eigenschaft *Owner* erwähnt. Etwas Ähnliches passiert, falls ein Skript die *Count*-Eigenschaft eines Auflistungsobjekts lesen möchte. Nehmen wir an, Sie möchten die Zahl der Benutzer oder Gruppen einer Domäne feststellen. Sofern die folgenden Befehle:

```
Set oDomain = GetObject("WinNT:" & domain)
WScript.Echo oDomain.Count
```

den besagten Laufzeitfehler auslösen, ist die *Count*-Eigenschaft der Auflistung nicht implementiert. Benötigen Sie trotzdem die Zahl der Benutzer oder Gruppen innerhalb der Domäne, können Sie folgende Hilfskonstruktion verwenden:

```
Set objDomain = GetObject("WinNT:" & domain)
oDomain.Filter = array ("group", "user")
NoGroups = 0 : NoUsers = 0
For Each item in oDomain   ' Alle Einträge
 If UCase(item.Class) = "GROUP" Then NoGroups = NoGroups + 1
 If UCase(item.Class) = "USER" Then NoUsers = NoUsers + 1
Next
```

Sobald die Schleife verlassen wird, enthalten die Variablen *NoGroups* (Gruppenzähler) und *NoUsers* (Benutzerzähler) die gewünschten Werte. Das Beispiel *CountEntries.vbs* finden Sie im Ordner *\Beisp\Kap16*.

Ähnliche Probleme mit der *Count*-Eigenschaft werden in diesem Buch mehrfach erwähnt (z.B. im ADO-Kapitel). Daher habe ich mir mittlerweile angewöhnt, eine Auflistung über eine *For Each In*-Schleife anstatt über eine *For*-Schleife mit Auswertung der *Count*-Eigenschaft einzusetzen.

Wie lässt sich ein Benutzerkonto anlegen?

Mit ADSI ist das Anlegen eines Benutzerkontos kein Problem. Zuerst muss das Skript mit der Domäne (oder einer Maschine in einem Workgroup-Netzwerk) Verbindung aufnehmen:

```
Set objDomain = GetObject("WinNT://MyDomain")
```

Die obige Anweisung verwendet wieder den *WinNT*-Provider, und es wird angenommen, dass die Domäne »MyDomain« bereits existiert. Sobald die Referenz auf das ADSI-Objekt vorliegt, kann das Skript die *Create*-Methode anwenden, um eine neue Instanz eines *User*-Objekts zu erzeugen:

```
Set objUser = objDomain.Create("user", "Born")
```

Der erste an die Methode übergebene Parameter muss die Zeichenkette "*user*" sein. Der zweite Parameter ist auch eine Zeichenkette, die den Benutzernamen für das neue Konto angibt. ADSI hält alle vom Active Directory gelesenen Werte in einem Cache. Sobald ein neues Objekt angelegt wurde, muss dieses daher aus dem Cache in das Active Directory gespeichert werden. Dies lässt sich über die *SetInfo*-Methode des *User*-Objekts erledigen:

```
objUser.SetInfo
```

Sobald die Schritte ohne Laufzeitfehler ausgeführt wurden, sollte das neue Benutzerkonto bereits existieren. Beachten Sie aber, dass der Vorgang durchaus einige Sekunden benötigt. Anschließend können Sie das neue Benutzerkonto z.B. mittels der Microsoft Management Console (MMC) inspizieren.

HINWEIS: In den Beispielskripten wird auf eine Laufzeitfehlerbehandlung verzichtet, um die Kernelemente zum Zugriff auf ADSI zu zeigen. Existiert beispielsweise ein Benutzerkonto bereits in der Domäne, wird die *SetInfo*-Methode einen Laufzeitfehler verursachen. Sie können diesen Laufzeitfehler mit der Anweisung *On Error Resume Next* abfangen. Alternative: Sie prüfen vor dem Anlegen des neuen Kontos, ob der Benutzer bereits eingerichtet ist (siehe vorhergehende Beispiele).

Ein Benutzerkonto kann neben dem Benutzernamen weitere Eigenschaften wie eine Beschreibung, den vollständigen Namen etc. aufweisen. Diese Eigenschaften lassen sich direkt dem *User*-Objekt gemäß folgenden Anweisungen zuweisen:

```
objUser.Description = "Gast"
objUser.FullName = "William Shakespeare"
```

Setzen Sie diese Eigenschaften nach dem Erzeugen des *User*-Objekts, ist die *SetInfo-Methode* aufzurufen, um die Änderungen zu speichern. Das folgende Listing demonstriert, wie sich ein neues Benutzerkonto samt Beschreibung und vollständigem Namen per Skript anlegen lässt. Details bezüglich der Implementierung entnehmen Sie dem folgenden Listing.

```
'************************************************
' File:    NewUser.vbs (WSH-Beispiel in VBScript)
' Autor:   Günter Born
'
' Benutze ADSI, um ein neues Benutzerkonto in
' Windows NT/2000 anzulegen.
'************************************************
Option Explicit

DIM oDomain, oUser
DIM name, fullname, descript, passw
DIM domain, title

domain = "//Wien"
name = "Bill"
fullname = "Bill Brown"
descript = "Unser Werksstudent"
passw = "Gateway"

title = "ADSI-Beispiel - by Günter Born"

MsgBox "Erzeuge neues Benutzerkonto für " & name, vbOKonly, title

 On Error Resume Next
Set oDomain = GetObject("WinNT:" & domain)
```

```
If err.number <> 0 Then
 MsgBox "Error: " & err.number & vbCRLF & err.description & _
        vbCRLF & "Domäne existiert vermutlich nicht...", _
        vbOKonly+vbCritical, _
        "Verbindung zu " & domain & " fehlgeschlagen"
 WScript.Quit           ' Sorry, dies ist das Ende ...
End if

' Versuche das Benutzerobjekt anzulegen und die
' Eigenschaften zu setzen
Set oUser = oDomain.Create("user", name)
' setze einige Eigenschaften
oUser.Description = descript       ' Beschreibung Benutzer
oUser.FullName = fullname          ' Vollständiger Benutzername

oUser.SetInfo                      ' Änderungen speichern
If err.number = 0 Then             ' Erfolgreich?
 MsgBox "Benutzerkonto " & name & " angelegt", vbOKonly, title
Else               ' ein Problem ###
 If err.number = -2147022672 Then
  MsgBox "Benutzer " & name & " existiert bereits", _
        vbOKonly+vbCritical, _
        "Fehler beim Anlegen eines Benutzerkontos " & name
 Else
  MsgBox "Error: " & err.number & vbCRLF & err.description, _
        vbOKonly+vbCritical, _
        "Fehler beim Anlegen eines Benutzerkontos " & name
 End if
End if

Set oUser = Nothing
Set oDomain = Nothing
' Ende
```

Listing 16.14: NewUser.vbs

HINWEIS: Sie finden die Datei *NewUser.vbs* im Ordner *\Beisp\Kap16* auf der Beispiel-CD-ROM. Unter Windows XP ist zu beachten, dass die mit dem Skript angelegten Benutzer nicht in dem per Systemsteuerung aufrufbaren Fenster *Benutzerkonto* sichtbar sind. Vielmehr ist die Computerverwaltung zu verwenden, um das neue Benutzerkonto anzuwenden. Um ein solches Konto zu nutzen, müssen Sie in Windows XP zur klassischen Anmeldung zurückkehren.

Wie lässt sich ein Konto umbenennen?

Der Adminstrator eines Systems kann das Benutzerkonto jederzeit umbenennen. Etwas ähnliches lässt sich auch mit einem unter einem Administratorenkonto ausgeführten WSH-Skript erreichen:

```
domain = "//Wien"
name = "Bill"
Set oDomain = GetObject("WinNT:" & domain)   ' an Domain binden
Set oUser = oDomain.GetObject("user",name) ' an Benutzer binden
oDomain.MoveHere oUser.AdsPath, "Bull"     ' Umbenennen
```

Mit der ersten *Set*-Anweisung wird eine Objektreferenz auf die Domäne erzeugt. Die zweite *Set*-Anweisung stellt eine Bindung an den Benutzer (das Konto) her. Danach lässt sich die *MoveHere*-Methode auf die Domäne anwenden. Der Methode wird die ADsPath-Eigenschaft des aktuellen Benutzerkontos als erster Parameter und der neue Benutzername als zweiter Parameter übergeben.

HINWEIS: Sie finden die Datei *RenameUser.vbs* im Ordner *\Beisp\Kap16* der Begleit-CD.

Wie lassen sich Konteneigenschaften abfragen?

Zum Abfragen der Kontendaten per WSH-Skript sind nur wenige Anweisungen erforderlich:

```
computer = "//Wien"
name = "Bill"
Set oUser = GetObject("WinNT:" & computer & user)

On Error Resume Next  ' Fehler abfangen
WScript.Echo "FullName: " & oUser.FullName
Wscript.Echo "Description: " & oUser.Description
```

Die *Set*-Anweisung erzeugt eine Objektreferenz auf das Benutzerkonto. Danach lassen sich die Eigenschaften des Benutzerkontos direkt abfragen. Es empfiehlt sich aber die Anweisung *On Error Resume Next* im Skript aufzunehmen, um Fehler beim Zugriff auf fehlende Eigenschaften abzufangen.

HINWEIS: Eine Liste der Eigenschaften eines Benutzerkontos finden Sie in der ADSI-Hilfe. Die Datei *ShowUserProperties.vbs* im Ordner *\Beisp\Kap16* der Begleit-CD gibt verschiedene Eigenschaften aus.

Wie lässt sich ein Kennwort setzen?

Ein Adminstrator kann die Kennwörter beliebiger Benutzer setzen. Etwas ähnliches lässt sich auch per WSH-Skript erreichen, wenn dieses unter einem Administratorenkonto ausgeführt wird:

```
domain = "//Wien"
name = "Bill"
Set oUser = GetObject("WinNT:" & domain & "/" & name)
oUser.SetPassword InputBox ("Kennwort","ChangePassw", "")
oUser.SetInfo                         ' speichere Änderungen
```

Mit der *Set*-Anweisung wird eine Referenz auf das ADSI-Objekt (hier mit dem *WinNT:*-Moniker) geholt. Anschließend lässt sich das Kennwort mittels der *SetPassword*-Methode in den Benutzerdatensatz übertragen. Der Aufruf der *SetInfo*-Methode ist notwendig, um die Änderung in die ADSI-Datenbank zurückzuschreiben.

HINWEIS: Sie finden die Datei *SetUserPassw.vbs* im Ordner *\Beisp\Kap16* der Begleit-CD.

Wie lässt sich ein Benutzerkennwort ändern?

Das Ändern des Kennworts eines existierenden Benutzers ist per ADSI und einem WSH-Skript mit wenigen Zeilen Code möglich:

```
Set oUser = GetObject("WinNT://ComputerName/UserName")
oUser.ChangePassword "olt", "neu"
```

```
oUser.SetInfo          ' Speichere Kennwort
Set oUser = Nothing
```

Wir verwenden die *GetObject*-Methode, um zu einem Benutzer einer Domain oder eines Computers zu binden. Dann lässt sich die *ChangePassword*-Methode verwenden, um ein neues Kennwort zu setzen. Das Objekt wird mittels der *SetInfo*-Methode gespeichert.

TIPP: Der obige Code besitzt aber ein potentielles Problem: Die Umsetzung des Kennworts kann aus verschiedenen Gründen schief gehen. Wird das alte Kennwort im Parameter *alt* falsch angegeben, lässt sich das Kennwort nicht umsetzen. Das Gleiche gilt, falls auf der Zielmaschine kein ADSI installiert ist. Sie können den Befehl *On Error Resume Next* zum Skript hinzufügen, um über den Wert *err.number = 0* zu prüfen, ob *GetObject* und *SetInfo* erfolgreich ausgeführt wurden.

Wie lässt sich die Benutzerbeschreibung ändern?

Das Ändern der Beschreibung für ein Benutzerkonto ist mit ADSI und einigen Skriptanweisungen recht einfach. Binden Sie das Skript an das Objekt gemäß folgenden Anweisungen.

```
Set oUser = GetObject("WinNT://ComputerName/UserName")
oUser.Description = "Neue Beschreibung "
oUser.SetInfo
Set oUser = Nothing
```

In der zweiten Zeile wird die *Description*-Eigenschaft des *User*-Objekts angepasst. Dann wird der Wert der Eigenschaft über die *SetInfo*-Methode gespeichert.

HINWEIS: Sie finden die Datei *ChangeDescript.vbs* im Ordner *\Beisp\Kap16* der Beispiel-CD-ROM.

Ein Benutzerkonto sperren?

Um ein Benutzerkonto zu sperren, müssen Sie die *AccountDisabled*-Eigenschaft auf *true* setzen. Dies lässt sich mit folgendem Code erreichen.

```
Set oUser = GetObject("WinNT://ComputerName/UserName")
oUser.AccountDisabled = True
oUser.SetInfo
Set oUser = Nothing
```

Die *SetInfo*-Methode lagert die geänderten Eigenschaften aus dem Cache in das Active Directory aus.

HINWEIS: Die Beispieldatei *DisableUser.vbs* finden Sie im Ordner *\Beisp\Kap16* auf der Beispiel-CD-ROM.

Wie lässt sich eine Kennworteingabe erzwingen?

Soll sich der Benutzer zwingend per Kennwort anmelden müssen? Die *PasswordRequired*-Eigenschaft steuert diese Funktion. Der Wert der Eigenschaft lässt sich mit folgendem Code ändern:

```
Set oUser = GetObject("WinNT://ComputerName/UserName")
oUser.PasswordRequired  = True
oUser.SetInfo
Set oUser = Nothing
```

Die Codesequenz baut eine Verbindung zum angegebenen Benutzerkonto (*UserName*) auf, setzt die *PasswordRequired*-Eigenschaft und speichert diese Änderung mittels der *SetInfo*-Methode.

Wie wird die Kennwortgültigkeit begrenzt?

Die Eigenschaft *PasswordExpired* steuert, ob das Benutzerkennwort nach einer gewissen Zeit ungültig wird. In diesem Fall muss der Benutzer bei der nächsten Anmeldung ein neues Kennwort eingeben. Ist die Eigenschaft auf *0* gesetzt, bleibt das Kennwort des Kontos gültig. Der Wert 1 erzwingt vom Benutzer die zyklische Eingabe eines neuen Kennworts bei der Anmeldung. Und hier ist der entsprechende VBScript-Code:

```
Set oUser = GetObject("WinNT://ComputerName/UserName")
oUser.Put "PasswordExpired", CLng(1)
oUser.SetInfo
Set oUser = Nothing
```

Die Codesequenz verbindet das Skript mit dem Benutzerkonto, setzt die *PasswordExpired*-Eigenschaft und speichert den geänderten Eigenschaftenwert mittels der *SetInfo*-Methode.

HINWEIS: Die Datei *UpdateUser.vbs* finden Sie im Ordner *\Beisp\Kap16* auf der Beispiel-CD-ROM.

Wie lässt sich die Sperre bei Benutzerkonten aufheben?

Falls der Benutzer mehrere Anmeldeversuche mit einer fehlerhaften Kennworteingabe durchführt, sperrt das System dessen Konto nach einer vorgebbaren Anzahl an Versuchen. Mit einem VBScript-Programm und ADSI ist es kein Problem, diese Sperre wieder aufzuheben:

```
Set oUser = GetObject("WinNT://ComputerName/UserName")
If oUser.IsAccountLocked = True Then _
   oUser.IsAccountLocked = false
oUser.SetInfo
Set oUser = Nothing
```

Der Code verbindet das Skript per ADSI mit dem Benutzerkonto und setzt die *IsAccountLocked*-Eigenschaft zurück, falls der Wert *true* ist. Die Änderung wird mit der *SetInfo*-Methode zurückgeschrieben.

HINWEIS: Die Datei *UserUnlock.vbs* findet sich im Ordner *\Beisp\Kap16* auf der Beispiel-CD-ROM.

Wie lassen sich Eigenschaften des Benutzerkontos lesen?

Ein Benutzerkonto verfügt über verschiedene Eigenschaften, die sich per ADSI und VBScript lesen lassen. Das folgende Listing demonstriert, wie sich an ein Benutzerkonto binden lässt und die Eigenschaften zurücklesen lassen.

```
'************************************************
' File:   GetUserProperties.vbs (WSH-Beispiel in VBScript)
' Autor:  Günter Born
'
' Lese Eigenschaften Benutzerkonto mit ADSI in Windows NT/2000.
'************************************************
Option Explicit
```

```
Const UF_PASSWORD_CANT_CHANGE = &H40
Const UF_DONT_EXPIRE_PASSWD = &H10000

Const title = "Eigenschaften Benutzerkonto"

DIM oDomain, oUser
DIM user, domain, UserFlags
DIM txt, tmp
Dim Message

domain = "//Wien"
user = "Bill"

Message = "Bitte Benutzername eingeben " & vbCRLF & _
          "(z.B. Bill) oder Abbrechen anklicken," & vbCRLF & _
          "Verbindung mit " & domain & "/" & user

' Hole Benutzername
user = GetUser (user, Message, title)

' Binde an User-Objekt in Domain (über aktuellen Account)
Set oUser = GetObject("WinNT:" & domain & "/" & user)

' Init Text
txt = "Domäne: " & domain & vbCRLF

' Lese Eigenschaften
txt = txt & "Benutzername: " & oUser.Name & vbCRLF
txt = txt & "Vollständiger Name: " & oUser.FullName & vbCRLF
txt = txt & "Beschreibung: " & oUser.Description & vbCRLF & vbCRLF

If oUser.PasswordExpired = 0 Then _
 txt = txt & "Kennwort muss geändert werden: Nein" & vbCRLF
If oUser.PasswordExpired = 1 Then _
 txt = txt & "Kennwort muss geändert werden: Ja" & vbCRLF

' Hole Benutzerflags:
' uFlags = oUser.Get("UserFlags") oder Kurzform
UserFlags = oUser.UserFlags
' Dekodiere Benutzerflags
If UserFlags AND UF_PASSWORD_CANT_CHANGE Then
 txt = txt & "Benutzer kann Kennwort nicht ändern: Wahr" & vbCRLF
Else
 txt = txt & "Benutzer kann Kennwort nicht ändern: Falsch" & vbCRLF
End if

If UserFlags AND UF_DONT_EXPIRE_PASSWD Then
 txt = txt & "Kennwort läuft nie ab: Wahr" & vbCRLF
Else
 txt = txt & "Kennwort läuft nie ab: Falsch" & vbCRLF
End if

txt = txt & "Konto ist deaktiviert: " & oUser.AccountDisabled & vbCRLF

txt = txt & "Konto ist gesperrt: " _
            & oUser.IsAccountLocked & vbCRLF & vbCRLF
```

```
tmp = oUser.PasswordAge
txt = txt & "Kennwortalter: " & Round((tmp/3600)/ 24,0)
txt = txt & vbCRLF & vbCRLF

txt = txt & "Stammordner:" & oUser.HomeDirectory & vbCRLF
txt = txt & "Laufwerk:" & oUser.HomeDirDrive & vbCRLF
txt = txt & "Anmeldescript:" & oUser.LoginScript & vbCRLF

MsgBox txt, vbOKOnly + vbInformation, Title

' ### Helfer
Function GetUser (Value, Message, Title)
Dim tmp
' Domainname abfragen
 tmp = inputbox (Message, Title , Value)
 If tmp = "" Then
   GetUser = Value
 Else
   GetUser = tmp
 End if
End Function
' Ende
```

Listing 16.15: GetUserProperties.vbs

HINWEIS: Die Datei *GetUserProperties.vbs* findet sich im Ordner *Beisp**Kap16* auf der Beispiel-CD-ROM.

Wie lassen sich Flags im Benutzerkonto setzen?

Einige Eigenschaften (»Kennwort läuft nie ab«) des Benutzerkontos sind in der Eigenschaft *UserFlags* als Flags codiert. Um eine solche Eigenschaft zu ändern, müssen Sie den Wert von *UserFlags* lesen, die Bits setzen oder löschen und den neuen Wert zurückspeichern. Die Konstanten für die einzelnen Flags finden Sie in der ADSI-Hilfe. Zum Setzen eines Bits innerhalb des Flags benutzen Sie:

```
UserFlag OR Bitmuster
```

Ein auf 1 gesetztes Bit lässt sich auf 0 zurücksetzen, wenn Sie den Operator:

```
UserFlag XOR Bitmuster
```

benutzen. Oder Sie verwenden den AND-Operator in Verbindung mit dem invertierten Bitmuster, um den Wert auf 0 zurückzusetzen. Das folgende Listing setzt die Flags »Benutzer kann Kennwort nicht ändern« und »Kennwort läuft nie ab« eines gegebenen Benutzerkontos zurück.

```
'************************************************
' File:   ToggleUserFlag.vbs (WSH-Beispiel in VBScript)
' Autor:  Günter Born
'
' Benutze ADSI, um ein userflag-Bit im Benutzerkonto zu setzen.
'************************************************
Option Explicit
```

```
Const UF_PASSWORD_CANT_CHANGE = &H40
Const UF_DONT_EXPIRE_PASSWD = &H10000

DIM oUser
DIM name, tmp
DIM domain

domain = "//Wien"
name = "Bill"

Set oUser = GetObject("WinNT:" & domain & "/" & name)

oUser.GetInfo                  ' Lese Eigenschaften
' Umsetzen "Benutzer kann Kennwort nicht ändern"
' und "Kennwort läuft nie ab"
tmp = oUser.Get("UserFlags")    ' lese Flags
tmp = tmp XOR UF_PASSWORD_CANT_CHANGE
tmp = tmp XOR UF_DONT_EXPIRE_PASSWD

oUser.Put "UserFlags", tmp      ' Schreibe Flags
oUser.SetInfo
WScript.Echo "Benutzerkonto " & name & " aktualisiert"

Set oUser = Nothing
' Ende
```

Listing 16.16: ToggleUserFlag.vbs

HINWEIS: Die Datei *ToggleUserFlag.vbs* findet sich im Ordner *\Beisp\Kap16* auf der Beispiel-CD-ROM.

Wie lässt sich ein Benutzerkonto löschen?

Mit ADSI lassen sich auch Benutzerkonten auf lokalen Maschinen oder in einer Domäne löschen:

```
Set objDomain = GetObject("WinNT://Wien")
objDomain.Delete "user", "Bill"
Set objDomain = Nothing
```

Die erste Anweisung bindet das Skript an eine Domäne. Dann wenden wir die *Delete*-Methode auf das Objekt des Benutzers an. Die Methode benötigt zwei Parameter, den Text "*user*" und den Benutzernamen für das Konto.

HINWEIS: Die Datei *DeleteUser.vbs* findet sich im Ordner *\Beisp\Kap16* auf der Beispiel-CD-ROM.

Wie lässt sich ein Benutzer zu einer Gruppe hinzufügen?

Sie können die folgende Codesequenz verwenden, um einen bereits existierenden Benutzer in eine Gruppe aufzunehmen:

```
Domain = "Wien"
User = "Bill"
Group = "Users"
```

```
Set oGroup = GetObject("WinNT:" & Domain & "/" & group)
oGroup.Add "WinNT:" & Domain & "/" & user
Set oGroup = Nothing
```

Das Skript bindet an die Gruppe mittels der ADSI-Methode *GetObject()* und dem ADSI-Provider *WinNT:*. Dann wird die *Add*-Methode auf das *Group*-Objekt angewandt. Der Benutzername wird der *Add*-Methode übergeben. In praktisch einsetzbaren Skripten sollten Sie natürlich noch eine Fehlerbehandlung hinzufügen, um den Fall abzufangen, dass der Benutzer bereits Mitglied der Gruppe ist.

HINWEIS: Die Datei *AddUserToGroup.vbs* findet sich im Ordner *\Beisp\Kap16* auf der Beispiel-CD-ROM.

Wie lässt sich ein Gruppenmitglied entfernen?

Um ein Gruppenmitglied zu entfernen, können Sie die folgenden Codesequenz verwenden:

```
Domain = "Wien"
Member = "Bill"
Group = "Users"
Set oGroup = GetObject("WinNT:" & Domain & "/" & Group & ",group")
oGroup.Remove "WinNT:" & Domain & "/" & Member
Set oGroup = Nothing
```

Das Skript bindet an die Gruppe mittels der ADSI-Methode *GetObject()*. Dann wird die *Remove*-Methode auf das Mitglied der Gruppe angewandt.

Wie lassen sich alle Gruppenmitglieder auflisten?

Benötigen Sie eine Liste aller Gruppenmitglieder (Abbildung 16.10), können Sie diese über die *Members*-Auflistung des *Group*-Objekts erzeugen. Dies wird im nachfolgenden VBScript-Listing demonstriert. Im ersten Schritt wird das Skript mittels ADSI und über den Provider *WinNT:* an die Gruppe im Active Directory Service gebunden. Dann verwendet es die *Members*-Auflistung, um alle Gruppenmitglieder anzuzeigen.

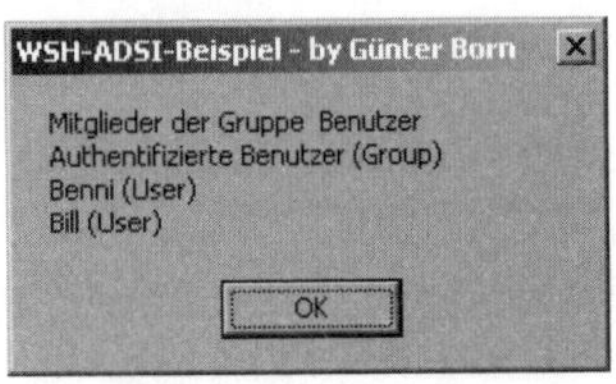

Abbildung 16.10: *Liste der Gruppenmitglieder*

Die Eigenschaft *Name* enthält den Mitgliedsnamen. Mitglied kann entweder ein Benutzer oder eine Gruppe sein. Der Typ der Mitgliedschaft lässt sich über die *Class*-Eigenschaft ermitteln. Weitere Details können Sie folgendem Listing entnehmen.

```
'************************************************
' File:   ListGroupMembers.vbs (WSH-Beispiel in VBScript)
' Autor:  G. Born
'
' Liste Benutzer auf einer Maschine oder Gruppe.
'************************************************
Option Explicit
```

```
Dim objGroup, user, group, domain
Dim txt, title

domain = "Wien"
group = "Benutzer"


title = "WSH-ADSI-Beispiel - by Günter Born"
txt = "Mitglieder der Gruppe  " & group & vbCRLF

' Binde an ADs und erzeuge Group-Objekt
Set objGroup = GetObject("WinNT://" & domain & "/" & group)

' Benutzer auflisten
For Each user in objGroup.Members
 txt = txt & user.Name & " (" & user.Class & ")" & vbCRLF
Next

MsgBox txt, vbOkonly, title
' Ende
```

Listing 16.17: ListGroupMembers.vbs

HINWEIS: Die Datei *ListGroupMembers.vbs* findet sich im Ordner *\Beisp\Kap16* auf der Beispiel-CD-ROM.

Wie lassen sich Gruppen anlegen?

Über ADSI können Sie per Skriptprogramm auch Gruppen anlegen und wieder entfernen. Über die ADSI-Bindung lässt sich dabei angeben, ob die Gruppen lokal für eine Maschine oder global innerhalb einer Domäne zu verwalten sind. Um eine lokale Gruppe in der Domäne anzulegen, lässt sich folgender VBScript-Code verwenden:

```
Set oDomain = GetObject("WinNT://domain")
Set oGroup = oDomain.Create("group", "NeueSystemGruppe")
grp.Put "groupType", ADS_GROUP_TYPE_DOMAIN_LOCAL_GROUP
grp.Description = "Neue Systemgruppe"
grp.SetInfo
```

Das Skript nutzt eine Bindung an das *Domain*-Objekt. In der zweiten Zeile legt die *Create*-Methode eine Gruppe in der Domäne an. Der Gruppenname wird als zweiter Parameter übergeben. Da die Gruppe lokal gelten soll, ist die Eigenschaft *groupType* entsprechend zu setzen. Dies erfolgt über die dritte Anweisungszeile. For lokale Gruppen gilt folgender Wert:

```
ADS_GROUP_TYPE_DOMAIN_LOCAL_GROUP = 4
```

Zum Anlegen einer globalen Gruppen innerhalb der Domäne lässt sich der gleiche Code verwenden. Sie müssen lediglich die Eigenschaft *groupType* auf folgenden Wert einstellen:

```
ADS_GROUP_TYPE_GLOBAL_GROUP = 2
```

Um eine Gruppe auf dem lokalen Computer anzulegen, wird eine modifizierte Bindung zum *Computer*-Objekt benutzt:

```
Set oComp = GetObject("WinNT://Rom,computer")
Set oGroup = oComp.Create("group", "NeueSystemGruppe")
oGroup.Put "groupType", ADS_GROUP_TYPE_LOCAL_GROUP
oGroup.Description = "Neue Systemgruppe"
oGroup.SetInfo
```

Nach dem Binden an den lokalen Computer definiert die *Create*-Methode die neue Gruppe. Auch hier wird der Gruppentyp im nächsten Schritt auf die Konstante:

```
ADS_GROUP_TYPE_LOCAL_GROUP = 4
```

gesetzt. Die *SetInfo*-Methode führt eine *Commit*-Operation auf den Cache aus, sodass die Gruppe auf dem lokalen Computer angelegt wird.

HINWEIS: Sie müssen die Konstanten für den Gruppentyp im Skript definieren. Die benötigten Werte finden Sie in der Datei *iads.h*, die mit dem ADSI SDK ausgeliefert wird. Beachten Sie, dass die Konstanten in C-Notation geschrieben sind, d.h. Sie müssen einen Wert wie 0x8 in VBScript als &H8 schreiben. Die Beispieldatei *AddGroup.vbs* finden Sie im Ordner *\Beisp\Kap16* auf der Begleit-CD-ROM. Existiert die Gruppe bereits, wird dies einen Laufzeitfehler auslösen. Ich habe im Skript auf die Behandlung dieser Fehler verzichtet, Sie können den Code aber leicht um entsprechende Anweisungen erweitern.

Wie lassen sich Gruppen entfernen?

Das Entfernen einer Gruppe aus dem Active Directory ist genauso einfach wie das Anlegen der Gruppe. Zuerst bindet das Skript per ADSI an die Domäne. Dann ist die *Delete*-Methode mit dem Filter "*group*" und dem Gruppennamen als Parameter anzuwenden. Der nachfolgende VBScript-Code zeigt, wie sich die Gruppe *Test* wieder entfernen lässt.

```
'************************************************
' File:  DeleteGroup.vbs (WSH-Beispiel in VBScript)
' Autor: G. Born
'
' Lösche eine Gruppe per ADSI.
'************************************************
Option Explicit
Const group = "Test"
Const domain = "Wien"

Dim oDomain

' Binde an Domain (oder lokalen Computer)
Set oDomain = GetObject("WinNT://" & domain)
' Delete-Methode auf "group" anwenden
oDomain.Delete "group", group

Set oDomain = Nothing

WScript.Echo "Gruppe '" & group & "' entfernt"
'*** Ende
```

Listing 16.18: DeleteGroup.vbs

HINWEIS: Die Beispieldatei *DeleteGroup.vbs* finden Sie im Ordner *\Beisp\Kap16* auf der Begleit-CD-ROM. Existiert die Gruppe nicht, löst dies einen Laufzeitfehler aus. Sie können diesen aber leicht im Skriptcode abfangen. Denken Sie daran, das Skript vor dem Test an Ihre Domainnamen anzupassen.

Gruppen auflisten, in denen Benutzer Mitglied ist

Manchmal benötigt ein Systemadministrator eine Übersicht in welchen Gruppen ein bestimmter Benutzer Mitglied ist. Oder es stellt sich die Frage, ob ein Benutzer Mitglied einer speziellen Gruppe ist. Falls ein Skript mit folgender Anweisung an eine vorgegebene Gruppe gebunden ist:

```
Set grp = GetObject("WinNT://MyDomain/MyGroup,group")
```

lässt sich die Gruppenmitgliedschaft über die Methode *IsMember* feststellen:

```
If (grp.IsMember("WinNT://MyDomain/Smith")) Then
```

Um eine Liste aller Gruppen zu erstellen, in denen der vorgegebene Benutzer Mitglied ist, können Sie ein Skriptprogramm verwenden. Das Skript muss sich zuerst über das Benutzerkonto (Account) an die Domäne binden. Die *Groups*-Eigenschaft des *User*-Objekts liefert dann eine Auflistung aller Gruppen, in denen der Benutzer Mitglied ist, zurück. Der folgende Code demonstriert, wie sich eine solche Liste erzeugen lässt.

```
'************************************************
' File:   IsGroupMember.vbs (WSH-Beispiel in VBScript)
' Autor:  G. Born
'
' Liste alle Gruppen in der ein Benutzer/eine Gruppe
' Mitglied ist.
'************************************************
Option Explicit

Dim oGroup, oGroups, domain, name
Dim txt, title, grp

domain = "//Wien"       ' Setze Domain oder Computername
name = "Born"           ' Benutzer oder Gruppe
title = "WSH-ADSI-Beispiel - by Günter Born"
txt = "Benutzer '" & name & "' ist Mitglied in den Gruppen:" & vbCRLF

' Binde an ADs und verbinde mit Domain über den Benutzernamen
Set oGroups = GetObject("WinNT:" & domain & "/" & name)

' Alle Gruppen auflisten, in denen Mitgliedschaft besteht
For Each oGroup in oGroups.Groups
 txt = txt & oGroup.Name & vbCRLF
Next

MsgBox txt, vbOkonly, title
' Ende
```

Listing 16.19: IsGroupMember.vbs

HINWEIS: Die Beispieldatei *IsGroupMember.vbs* finden Sie im Ordner *\Beisp\Kap16* auf der Begleit-CD-ROM.

Arbeiten mit Diensten

ADSI bietet Ihnen die Möglichkeit, per Skript auf Dienste zuzugreifen, die auf einem Computer laufenden Dienste anzuzeigen, deren Eigenschaften abzurufen sowie Dienste zu starten und zu stoppen. Der folgende Abschnitt zeigt an Beispielen, wie sich dies per WSH-Skript lösen lässt.

Wie lassen sich die laufenden Dienste eines Computer auflisten?

Wird ein Skript per ADSI an einen Computer gebunden, enthält die dann vom Schema zurückgegebene Auflistung auch die Objekte der auf diesem Computer laufenden Dienste. Weiter oben finden Sie ein Beispiel, welches alle Elemente eines Schemas *Computer* auflistet. Möchten Sie nur eine Liste der laufenden Dienste haben, können Sie einen Filter auf die Auflistung anwenden. Der Code gleicht daher den weiter oben gezeigten Beispielen. Das Skript bindet per ADSI an einen Computer (d.h. an das Schema, welches den Computer beschreibt) und wendet dann einen Filter auf den Typ "*Service*" an. In einer Schleife lassen sich dann die einzelnen Dienste anzeigen:

```
Set oComp = GetObject("WinNT://" & _
   domain & "/" & computer &",computer")
oComp.Filter = Array("Service")
For Each oService In oComp
 txt = txt & oService.Name & "  (" & _
            oService.DisplayName & ")<br>"
Next
```

Der Status eines Diensts lässt sich dabei über die *Status*-Eigenschaft abfragen:

```
WScript.Echo oService.Status
```

Das nachfolgende Listing erzeugt ein Browserfenster mit den auf einem gegebenen Computer gefundenen Diensten samt deren Stati (Abbildung 16.11). Weitere Details sind nachfolgendem Listing zu entnehmen.

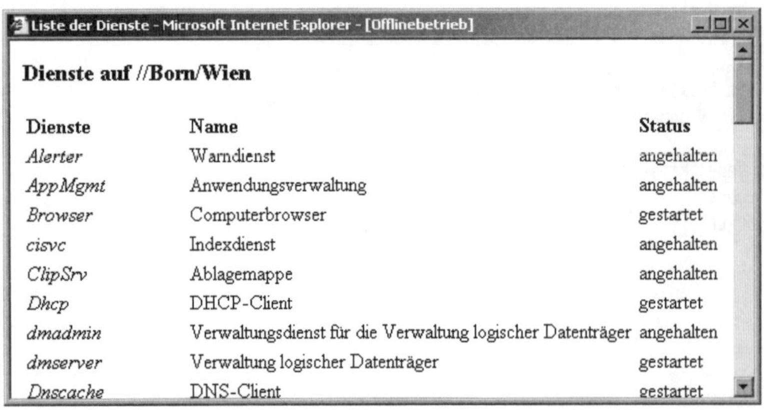

Dienste	Name	Status
Alerter	Warndienst	angehalten
AppMgmt	Anwendungsverwaltung	angehalten
Browser	Computerbrowser	gestartet
cisvc	Indexdienst	angehalten
ClipSrv	Ablagemappe	angehalten
Dhcp	DHCP-Client	gestartet
dmadmin	Verwaltungsdienst für die Verwaltung logischer Datenträger	angehalten
dmserver	Verwaltung logischer Datenträger	gestartet
Dnscache	DNS-Client	gestartet

***Abbildung 16.11:** Dienste und deren Stati*

```
'************************************************
' File:  ServiceEnumerate.vbs (WSH-Beispiel in VBScript)
' Autor: G. Born
'
' Auflisten aller Dienste eines Computers.
'************************************************
Option Explicit

Const ADS_SERVICE_STOPPED = 1
Const ADS_SERVICE_START_PENDING = 2
Const ADS_SERVICE_STOP_PENDING = 3
Const ADS_SERVICE_RUNNING = 4
Const ADS_SERVICE_CONTINUE_PENDING = 5
Const ADS_SERVICE_PAUSE_PENDING = 6
Const ADS_SERVICE_PAUSED = 7
Const ADS_SERVICE_ERROR = 8

Const domain = "Born"
Const computer = "Wien"

Dim oComp, oService, txt

' Init txt mit den HTML-Tags für den Tabellenkopf
txt = "<h3>Dienste auf //" & domain & "/" & computer & "</h3>"
txt = txt & "<table>" & _
           "<tr><td><b>Dienste</b></td>" & _
           "<td><b>Name</b></td>" & _
           "<td><b>Status</b></td></tr>"

' Binde an Computer
Set oComp = GetObject("WinNT://" & domain & "/" & computer &",computer")
oComp.Filter = Array("Service")

For Each oService In oComp
 txt = txt & "<tr><td><i>" & oService.Name & "</i></td>" & _
            "<td>" & oService.DisplayName & "</td>"
' Decodiere Dienstestatus
 Select Case oService.Status
 Case ADS_SERVICE_STOPPED
   txt = txt & "<td>angehalten</td></tr>"
 Case ADS_SERVICE_RUNNING
    txt = txt & "<td>gestartet</td></tr>"
 Case ADS_SERVICE_PAUSED
   txt = txt & "<td>angehalten</td></tr>"
 Case ADS_SERVICE_ERROR
   txt = txt & "<td>*** Fehler ***</td></tr>"
 Case Else
    txt = txt & "<td>unbekannt</td></tr>"
 End Select
Next

txt = txt & "</table>"
ShowMSIE txt, "Liste der Dienste"

'### Helfer ###
Sub ShowMSIE (txt, title)
```

```
 Dim oIE, oDoc
' Internet Browser Application-Objekt
 Set oIE = WScript.CreateObject("InternetExplorer.Application")
' Setze Fenstereigenschaften
 oIE.left=20
 oIE.top = 50
 oIE.height = 280
 oIE.width = 580
 oIE.menubar = 0
 oIE.toolbar = 0
 oIE.statusbar = 0
 oIE.navigate ("about:blank")   ' Leeres HTML-Dokument
 oIE.visible = 1                ' MSIE sichtbar

 While(oIE.Busy)                ' Warte, bis MSIE fertig
  WScript.sleep 50
 Wend
 Set oDoc = oIE.Document        ' Hole Document-Objekt
 oDoc.open                      ' Dokument öffnen
                                ' HTML-Code schreiben
 oDoc.writeln ("<html><head><title>" & title & "</title></head>")
 oDoc.writeln ("<body>" & Txt & "</body></html>")
 oDoc.close
End Sub
'*** Ende
```

Listing 16.20: ServiceEnumerate.vbs

HINWEIS: Die Beispieldatei *ServiceEnumerate.vbs* finden Sie im Ordner *\Beisp\Kap16* auf der Begleit-CD-ROM.

Dienst starten, beenden und anhalten

Über ADSI können Sie Dienste auch starten (falls diese angehalten bzw. beendet sind), anhalten und beenden. Hierzu muss das Skript sich an den Computer binden:

```
Set oComp = GetObject("WinNT://" & computer & ",computer")
```

Die Objektvariable *oComp* zeigt anschließend auf das Objekt des Computers (das Schema, welches den Computer abbildet). Anschließend kann sich das Skript über das in *oComp* referenzierte Objekt an einen Dienst binden:

```
Set oService = oComp.GetObject ("Service", service)
```

Die Variable *service* definiert den Namen des gewünschten Diensts, der auf dem System bekannt sein muss. Sie können ja das Skript *ServiceEnumerate.vbs* verwenden, um diese Namen herauszufinden. Die Namen tauchen in der ersten Spalte auf. Sobald Sie über eine Objektreferenz zum Dienst verfügen, stellt das betreffende Objekt Methoden zum Ändern des Status dieses Diensts bereit:

- *oService.Status*: Die *Status*-Methode liefert den aktuellen Status des Diensts (des Objekts) zurück. Den Statuscode müssen Sie anschließend decodieren (z.B. steht *ADS_SERVICE_STOPPED = 1* für einen angehaltenen/gestoppten Dienst). Die Konstante wurden im Skript *ServicesEnumerate.vbs* (siehe oben) aufgelistet.

- *oService.Start*: Die Methode startet einen Dienst, der gestoppt (beendet) wurde.
- *oService.Pause*: Die Methode hält den laufenden Dienst an.
- *oService.Stop*: Ein laufender Dienst wird mit dieser Methode gestoppt (beendet).

Alle Methoden werden ohne weitere Parameter aufgerufen. Der Versuch, eine Methode aufzurufen, die vom Dienst nicht unterstützt wird (z.B. Starten eines laufenden Diensts), löst einen Laufzeitfehler aus.

HINWEIS: Bei Versuchen habe ich festgestellt, dass die *Stop*-Methode bereits die Kontrolle an das Skript zurückgibt, bevor ein asynchroner Prozess den Status des Diensts umgesetzt hat. Der Versuch, im Skript sofort den Status nach Ausführen der *Stop*-Methode abzufragen, löst meist einen Laufzeitfehler aus. Es wird gemeldet, dass der Dienst für Abfragen nicht bereit sei. Daher müssen Sie das Skript ggf. zwischen zwei Methodenaufrufen (z.B. mit *Sleep*) etwas verzögern.

Das nachfolgend gezeigte Listing demonstriert, wie sich der Indexdienst starten, anhalten und beenden lässt. Jeder Schritt wird durch Meldungfelder, die den Status des Diensts anzeigen, begleitet. Dies erlaubt Ihnen parallel den Status über Werkzeuge wie die Microsoft Management Console (MMC) unter Windows 2000 zu verfolgen. Weiterhin sorgt das Meldungfeld für eine Verzögerung des Skriptablaufs zwischen den Methodenaufrufen. Weitere Details sind dem folgenden Listing zu entnehmen.

```
'************************************************
' File:  StartStopService.vbs (WSH-Beispiel in VBScript)
' Autor: G. Born
'
' Dienste eines Computers starten/stoppen etc.
'************************************************
Option Explicit

Const service = "cisvc"          ' Indexdienst
Const computer = "Wien"
Dim oService, oComp
Dim sState

sState = array ("", "Beendet", "Versuche zu starten", _
                "Versuche anzuhalten", _
                "Gestartet", "Versuche fortzusetzen", _
                "Versuche anzuhalten", _
                "Angehalten", "Fehler")

' Binde an Service-Objekt
Set oComp = GetObject("WinNT://" & computer & ",computer")

Set oService = oComp.GetObject ("Service", service)

' versuche Dienst zu starten
If MsgBox ("Dienst '" & service & "' Status: " & _
           sState(oService.Status), vbYesNo + vbQuestion, _
           "Starte Dienst auf Computer //" & computer& "?") _
           = vbYes Then
   oService.start                ' Starte
   WScript.Echo "Dienst wird gestartet" ' Warte ...
End if
```

```
' Versuche Dienst anzuhalten
If MsgBox ("Dienst '" & service & "' Status: " & _
          sState(oService.Status), vbYesNo + vbQuestion, _
          "Dienst anhalten auf Computer //" & computer& "?") _
          = vbYes Then
   oService.pause                  ' Anhalten
   WScript.Echo "Dienst wird angehalten"  ' Warte ...
End if

' Versuche Dienst zu beenden
If MsgBox ("Dienst '" & service & "' Status: " & _
          sState(oService.Status), vbYesNo + vbQuestion, _
          "Dienst beenden auf Computer //" & computer& "?") _
          = vbYes Then
   oService.stop                   ' anhalten
   WScript.Echo "Dienst wird beendet" ' Warte ...
End if

WScript.Echo "Dienst '" & service & " Status: '" & _
     sState(oService.Status) & "' auf Computer //" & computer

Set oService = Nothing
'*** Ende
```

Listing 16.21: StartStopService.vbs

HINWEIS: Die Beispieldatei *StartStopService.vbs* finden Sie im Ordner *\Beisp\Kap16* auf der Begleit-CD-ROM.

Freigaben verwalten

ADSI erlaubt Ihnen zusätzlich Freigaben auf einem Computer anzuzeigen und auch zu verändern. Ein Skript kann sich hierzu über ADSI an den lokalen Computer binden:

```
Set oComp = GetObject("WinNT:" & computer & ",computer")
```

Die Objektreferenz erlaubt dem Skript die Anbindung an das Schema *LanmanServer*, dessen Objekte die Freigaben verwalten.

```
Set oServer = GetObject(oComp.ADsPath & "/" & "LanmanServer")
```

Hier verwendet das Skript die *ADsPath*-Eigenschaft des in der Objektvariablen *oComp* referenzierten Objekts, um den Pfad zu den Active Directory services des *Computer*-Objekts abzufragen. Anschließend wird dieser Pfad um den *LanmanServer*-Unterpfad ergänzt. Die *GetObject*-Methode liefert dann eine Objektreferenz auf ein Objekt zurück, welches alle Freigaben des angegebenen Computers als Auflistung enthält. Sie können die *Name-Eigenschaft* zum Lesen der Freigabenamen verwenden. Die *CurrentUserCount-Eigenschaften* gibt die Zahl der aktuell mit der freigegebenen Ressource verbundenen Benutzer an. Die *Path*-Eigenschaft listet den Freigabepfad der Ressource auf. Die folgende Schleife bearbeitet alle Auflistungselemente und speichert deren Eigenschaften in einer Zeichenkette.

```
On Error Resume next       ' Letztes Element erzeugt Laufzeitfehler
For Each share In oServer
  txt = txt & share.Name  & vbTab & _
        " (Aktuelle Benutzer: " & share.CurrentUserCount & _
       ") Path " & share.Path & vbCRLF
Next
On Error Goto 0
```

HINWEIS: Die obige Codesequenz verwendet den Befehl *On Error Resume next*, um Laufzeitfehler in der *For Each*-Schleife abzufangen. Dies ist erforderlich, da bei meinen Tests mit der Urversion auf einigen Maschinen das letzte Auflistungselement kein gültiges Objekt enthielt und einen Laufzeitfehler auslöste. Nachdem der Befehl *On Error Resume next* eingeführt wurde, konnte das Skript auf allen Testmaschinen ausgeführt werden.

Um eine neue Freigabe anzulegen, kann ein Skript die folgende Codesequenz verwenden. Hierbei wird angenommen, dass die Objektvariable *oServer* gemäß den obigen Ausführungen an *LanmanServer* gebunden ist:

```
Set oShare = oServer.Create("FileShare", "Test")
 oShare.Path = "c:\"
 oShare.SetInfo
```

Der Pfad zur freizugebenden Ressource wird über die *Path-Eigenschaft* gesetzt. Die Eigenschaft wird dann über eine Commit-Operation mittels der *SetInfo*-Methode aus dem Cache in das Active Directory übertragen. Um eine Freigabe wieder aufzuheben, lässt sich dann folgender Befehl nutzen:

```
oServer.Delete "FileShare", "Test"
```

Beide Methoden lassen sich aber nur anwenden, wenn dies auch Sinn macht. Die *Create*-Methode schlägt fehlt, falls die Freigabe bereits existiert. Analog dazu funktioniert der *Delete*-Aufruf nicht, falls keine entsprechende Freigabe vorliegt. Ich habe an dieser Stelle auf eine entsprechende Fehlerbehandlung verzichtet, um die relevanten Programmteile herauszustellen. Sie können den Code leicht um entsprechende Anweisungen zur Fehlerbehandlung erweitern.

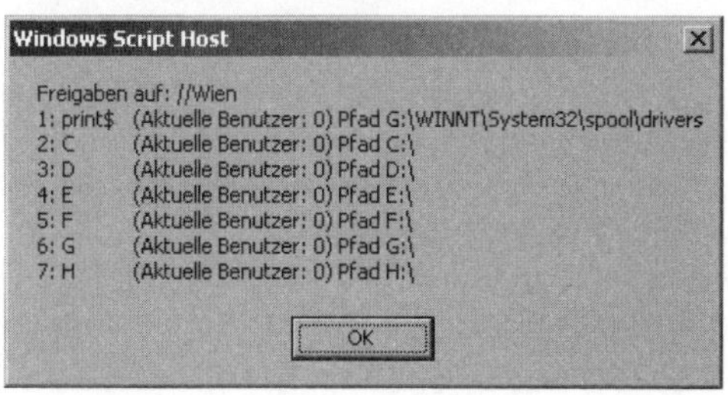

Abbildung 16.12: *Freigaben auf //*Wien

Das folgende Listing fragt den Pfad zu einer Maschine ab. Dann werden die auf dieser Maschine gefunden Freigaben (Shares) in einem Dialogfeld aufgelistet (Abbildung 16.12). Details entnehmen Sie bitte dem Quellcode.

```
'************************************************
' File:  EnumerateShares.vbs (WSH-Beispiel in VBScript)
' Autor: G. Born
```

```
'
' Demonstriert, wie sich Freigaben auf einer Maschine
' per ADSI auflisten lassen.
'**************************************************
Option Explicit

Dim oComp, oServer
Dim share, computer
Dim txt, i, Message

computer = "//Wien"
txt = "Freigaben auf: " & computer & vbCRLF
Message = "Bitte Computername eingeben" & vbCRLF & _
          "(z.B. //Rom) oder Abbrechen anklicken," & vbCRLF & _
          "um mit " & computer & " zu verbinden."

' Frage Cmputername ab
computer = GetName (computer, Message, "Computername")

' binde an Computer
Set oComp = GetObject("WinNT:" & computer & ",computer")

' binde an LanmanServer auf Computer
Set oServer = GetObject(oComp.ADsPath & "/" & "LanmanServer")

i = 0
For Each share In oServer
 i = i + 1
 txt = txt & i & ": "      ' Zähler erhöhen
 On Error Resume next      ' Letzter Eintrag verursacht Fehler
 txt = txt & share.Name  & vbTab & _
       " (Aktuelle Benutzer: " & share.CurrentUserCount & _
       ") Path " & share.Path & vbCRLF
 On Error Goto 0
Next

WScript.Echo txt

' ### Helfer
Function GetName (Value, Message, Title)
Dim tmp
' Frage Computername ab, wird Eingabedialog per
' Abbrechen-Schaltfläche geschlossen, verwende
' Standard-Computer.
 tmp = inputbox (Message, Title , Value)
 If tmp = "" Then
   GetName = Value
 Else
   GetName = tmp
 End if
End Function
'*** Ende
```

Listing 16.22: EnumerateShares.vbs

HINWEIS: Die Beispieldatei *EnumerateShares.vbs* finden Sie im Ordner *\Beisp\Kap16* auf der Begleit-CD-ROM. Im gleichen Ordner findet sich die zweite Beispieldatei *AlterShares.vbs*, mit der sich die Freigabe *Test* auf der angegebenen Maschine einrichten und wieder löschen lässt. Dieses Programm verwendet eine benutzerdefinierte Funktion zum Auflisten der aktuellen Freigaben.

Abfrage der Druckerwarteschlange

Die Druckerwarteschlange lässt sich ebenfalls per ADSI abfragen. Im ersten Schritt ist eine Verbindung zum gewünschten Computer und dann zur Druckerwarteschlange aufzubauen:

```
Set oComp = GetObject("WinNT://" & computer & ",computer")
Set printQueue = oComp.GetObject("PrintQueue", "Kyocera FS-1750 (KPDL-2)")
```

Die Eigenschaften der Druckerwarteschlange lassen sich über die *Name-* und *Status*-Eigenschaft des *PrintQueue*-Objekts abfragen. Die Referenz auf dieses Objekt lässt sich mittels der *GetObject*-Methode holen, wobei im ersten Parameter die Zeichenkette *PrintQueue* und im zweiten Parameter der Name der Druckerwarteschlange zu übergeben sind. Die Druckaufträge werden über die *PrintJobs*-Auflistung des Druckerwarteschlangenobjekts zurückgegeben. Details sind nachfolgendem Listing zu entnehmen.

```
'************************************************
' File:  PrintQueue.vbs (WSH-Beispiel in VBScript)
' Autor: G. Born
'
' Binde an Druckerwarteschlange und liste Einträge.
'************************************************
Option Explicit

' muss angepasst werden
Const computer = "Rom"
Const printQueueName = "Kyocera FS-1750 (KPDL-2)"  ' lokaler Drucker

Dim oComp
Dim printQueue
Dim printQOps
Dim printJob
Dim printJobOps
Dim txt

' Binde an Computer ...
Set oComp = GetObject("WinNT://" & computer & ",computer")
' ... und jetzt an die Wartschlange (printer queue)
Set printQueue = oComp.GetObject("PrintQueue", printQueueName)

' Hole Charakteristiken (Eigenschaften) der Warteschlange
txt = printQueue.Name & " " & printQueue.Description & _
      " (" & printQueue.PrinterPath & ")" & vbCRLF
txt = txt & "Status: " & printQueue.status & vbCRLF & vbCRLF

' Umschalten auf "Print Queue"-Operation
Set printQOps = printQueue
```

```
' Hole Druckaufträge für Warteschlange
txt = txt &  "--- Aufträge in Warteschlange ----- " & vbCRLF
For Each printJob In printQOps.PrintJobs
 txt = txt & printJob.Description & _
       " " & printJob.User & " " & printJob.Priority & vbCRLF
Set printJobOps = printJob
 txt = txt & "  Seite gedruckt: " & printJobOps.PagesPrinted _
    & " Seite(n) " & printJobOps.status & vbCRLF
 txt = txt & vbCRLF & vbCRLF
Next

WScript.Echo txt
'*** Ende
```

Listing 16.23: *PrintQueue.vbs*

HINWEIS: Sie finden die Datei *PrintQueue.vbs* im Ordner *\Beisp\Kap16* der Begleit-CD.

Zugriffsrechte verwalten

Unter Windows NT lassen sich für NTFS-Datenträger Zugriffsrechte auf Dateien und Ordner festlegen. Nachfolgender Abschnitt skizziert, wie Sie diese Zugriffsrechte über WSH-Skripte verwalten

Arbeiten mit CACLS.EXE

Eine Möglichkeit zur Anpassung der Zugriffsrechte von Dateien und Ordnern besteht darin, dass DOS-Programm *Cacls.exe* über die *Run*-Methode aufzurufen. Dies wird im folgenden Listing gezeigt. Das Skript entzieht dem in der Konstanten *file* angegebenen Ordner alle Zugriffsrechte für den angegebenen Benutzer. In einem zweiten Schritt wird dem Ordner der Vollzugriff erteilt. Details sind nachfolgendem VBScript-Listing zu entnehmen.

```
'************************************************
' File:   RunCacls.vbs (WSH-Beispiel in VBScript)
' Autor:  Günter Born
'
' Zweck: Zeigt die Zugriffsrechte über Cacls.exe an.
'************************************************
Option Explicit

Const file = "H:\Test"
Const user = "Born"

Dim oShell

Set oShell = WScript.CreateObject("WScript.Shell")
' Zugriff auf Objekt entziehen
If MsgBox ("Zugriff auf " & file & " entziehen?", _
           vbYesNo + vbQuestion, "Cacls-Beispiel") _
           = vbYes Then _
 oShell.Run "Cacls.exe " & file & " /D " & user

' Vollzugriff auf Objekt zulassen
If MsgBox ("Vollzugriff auf " & file & " erteilen?", _
```

```
        vbYesNo + vbQuestion, "Cacls-Beispiel") _
        = vbYes Then _
oShell.Run "Cacls.exe " & file & " /E /G " & user & ":F"

WScript.Echo "Fertig"
'*** Ende
```

Listing 16.24: *RunCacls.vbs*

HINWEIS: Sie finden die Datei *RunCacls.vbs* im Ordner *\Beisp\Kap16* der Begleit-CD.

Zugriffsrechte per ADSI auflisten

Um die Zugriffsrechte auf eine Datei abzufragen, ist das DOS-Programm *Cacls.exe* nicht sonderlich geeignet. Mit dem ADSI-SDK wird aber eine Datei *ADsSecurity.dll* mitgeliefert, die ein Objekt zum Zugriff auf die Access Control Lists (ACL) des NTFS-Dateisystems bereitstellt. Mit dieser Bibliothek lassen sich die Zugriffsrechte komfortabel per Skript verwalten.

HINWEIS: Um die nachfolgenden Beispiele auszuführen, müssen Sie daher die Datei *ADsSecurity.dll* in ein Verzeichnis der Zielmaschine kopieren und mit *RegSvr32.exe ADsSecurity.dll* registrieren. Anschließend können Sie die Security Descriptoren aller lokal oder per Netzwerk erreichbarer NTFS-Dateisystemelemente (Ordner, Dateien) ansprechen.

Die Zugriffsrechte eines Ordners oder einer Datei lassen sich über das *ADsSecurity*-Objekt ermitteln. Eine Referenz auf das Objekt lässt sich mit folgender VBScript-Anweisung anlegen:

```
Set oSec = WScript.CreateObject("ADsSecurity")
```

Danach kann der *Security*-Descriptor des Dateiobjekt über die *GetSecurityDescriptor*-Methode geholt werden:

```
Set oSd = oSec.GetSecurityDescriptor("FILE://" & file)
```

Die Methode erwartet als Parameter den Pfad zum betreffenden Objekt. Dies kann eine lokale Datei (mit dem Präfix "*file://*") sein. Sie können aber auch Netzwerkpfade gemäß der UNC-Konvention verwenden, um über das Netzwerk auf das Objekt zuzugreifen. Im nächsten Schritt muss dann die Zugriffsliste (Discretionary Access Control List) abgefragt werden. Dies erfolgt über eine eigene Methode gemäß folgender Anweisung:

```
Set dacl = oSd.DiscretionaryAcl
```

Die Objektvariable *dacl* enthält anschließend eine Auflistung, die die Zugriffsrechte für Benutzer/Gruppen beschreibt. Die Auflistung lässt sich über eine Schleife auswerten:

```
For Each ace In dacl
 WScript.Echo ace.AceType               ' Zugriffstyp
 WScript.Echo Hex(ace.AccessMask) & "H" ' Maske in Hex
 WScript.Echo ace.Trustee &             ' Benutzername
Next
```

Die Eigenschaft *AceType* gibt an, ob die Eigenschaft zugelassen (Wert = 0) oder verweigert (Wert = 1) wird. Die Eigenschaft *AccessMask* liefert ein Bitfeld, welches die einzelnen Zugriffsberechtigungen für den in *Trustee* gelieferten Benutzer beschreibt. Nachfolgendes VBScript-Listing demonstriert den Einsatz der Methoden. Es werden die Zugriffseigenschaften einer Datei oder eines Ordners abgefragt. Der Name samt Pfad lässt sich entweder über einen Eingabedialog eingeben oder Sie können das Objekt per Drag&Drop zur Skriptdatei ziehen. Details sind nachfolgendem Listing zu entnehmen.

```
'************************************************
' File:  FileSecurityShow.vbs (WSH-Beispiel in VBScript)
' Autor: G. Born
'
' Zeige die Security-Einstellungen einer Datei.
' Achtung: ADsSecurity.dll muss registriert sein.
'************************************************
Option Explicit

Dim oArgs
Dim oSec, oSd, dacl, ace
Dim txt, file
Dim typ (2)

typ(0) = "Zulassen" & vbTab      ' Art des Zugriffsrechts
typ(1) = "Verweigern"

' Wurde Datei als Argument übergeben?
Set oArgs = Wscript.Arguments    ' Hole Arguments-Auflistung
If oArgs.Count > 0 Then  ' Argumente gefunden
 file = oArgs(0)
 WScript.Echo "Accessliste von " & file & _
             " wird abgefragt"
Else
 file = "H:\Test\Test.txt"
 file = InputBox ("Datei wählen", _
       "Zugriffsrechte abfragen", file)
 If file = "" Then WScript.Quit
End if

' Erzeuge Objektreferenz auf ADsSecurity-Objekt
Set oSec = WScript.CreateObject("ADsSecurity")

' Hole den Security-Descriptor des Elements
Set oSd = oSec.GetSecurityDescriptor("FILE://" & file)

Set dacl = oSd.DiscretionaryAcl   ' Hole DACL-Liste

txt = "Zugriffsliste von: " & file & vbCRLF & _
  "Zugriffstyp      Zugriffsmaske  Gruppen-/Benutzername" & vbCRLF
For Each ace In dacl    'alle ACE in der DACL auflisten
 txt = txt & typ(ace.AceType) & vbTab     ' Zugriffstyp
 txt = txt & Hex(ace.AccessMask) & "H" & vbTab  ' Maske in Hex
 txt = txt & ace.Trustee & vbCRLF         ' Benutzername
Next

WScript.Echo txt
' Ende
```

Listing 16.25: *FileSecurityShow.vbs*

HINWEIS: Sie finden die Datei *FileSecurityShow.vbs* im Ordner *\Beisp\Kap16* der Begleit-CD.

Zugriffsrechte per ADSI setzen

Die Zugriffsrechte einer Datei können ebenfalls über das *ADsSecurity*-Objekt geändert werden. Erzeugen Sie wie im vorherigen Beispiel gezeigt eine Referenz auf das Objekt und holen dann den *Security*-Descriptor des Objekts. Nachdem Sie die die Zugriffsliste DACL abgefragt haben, lässt sich ein neuer Access-Control-Eintrag mit folgender Anweisung anlegen:

```
Set oACE = WScript.CreateObject("AccessControlEntry")
```

Dieser Objektvariable *oACE* lassen sich dann die Zugriffsrechte zuweisen. Falls Sie sowohl Zugriffsrechte zulassen als auch Zugriffsrechte verweigern möchten, benötigen Sie getrennte Access-Control-Einträge. Ein Zugriffsrecht lässt sich folgendermaßen setzen:

```
oACE.Trustee = "Rom\Born"
oACE.AccessMask = ADS_RIGHT_GENERIC_READ Or ADS_RIGHT_GENERIC_EXECUTE
oACE.AceType = ADS_ACETYPE_ACCESS_ALLOWED
```

Die Eigenschaft *Trustee* gibt den Benutzer oder die Gruppe an, für den das Zugriffsrecht gilt. Der Eigenschaft *AccessMask* ist dann der Wert für das Zugriffsrecht zuzuweisen. Die betreffenden benannten Konstante finden Sie in der ADSI-Hilfe (oder in der Datei *ADSI.inc* im Ordner *\Beisp\Kap16\AddOn* der Begleit-CD). Die Änderungen werden dann mit folgender Anweisung:

```
oDACL.AddAce oACE
```

zum Access-Control-Eintrag (ACE) hinzugefügt. Die folgenden Anweisungen legen die Änderungen in der NTFS-Rechteverwaltung ab:

```
oSD.DiscretionaryAcl = oDACL
oSec.SetSecurityDescriptor oSD
```

Details sind nachfolgendem VBScript-Listing zu entnehmen. Das Skript erlaubt die Lage einer NTFS-Datei über eine InputBox einzugeben. Anschließend werden dieser Datei Schreib-/Ausführungsrechte übertragen sowie die Änderungsrechte entzogen.

```
'************************************************
' File:  FileSecuritySet.vbs (WSH-Beispiel in VBScript)
' Autor: G. Born
'
' Setzt die Security-Einstellungen einer Datei.
' Achtung: ADsSecurity.dll muss registriert sein.
' Benutzt die Testdatei H:\Test\Test.txt, bitte
' Pfad anpassen und Datei unter NTFS anlegen
'************************************************
Option Explicit

Const Trustee = "Rom\Born"       '### Anpassen
Const ADS_RIGHT_GENERIC_READ = &H80000000
Const ADS_RIGHT_GENERIC_WRITE = &H40000000
Const ADS_RIGHT_GENERIC_EXECUTE = &H20000000
Const ADS_RIGHT_GENERIC_ALL = &H10000000
Const ADS_ACETYPE_ACCESS_ALLOWED = 0
```

```
Const ADS_ACETYPE_ACCESS_DENIED = 1

Dim oSec, oSD, oDACL, oACE1, oACE2
Dim file

file = "H:\Test\Test.txt"          '### Anpassen
file = InputBox ("Datei wählen", _
       "Zugriffsrechte setzen", file)
If file = "" Then WScript.Quit

' Erzeuge Objektreferenz auf ADsSecurity-Objekt
Set oSec = WScript.CreateObject("ADsSecurity")

' Hole den Security-Descriptor des Elements
Set oSD = oSec.GetSecurityDescriptor("FILE://" & file)

Set oDACL = oSD.DiscretionaryAcl   ' Hole oDACL-Liste

' Hole neue Access-Control-Entries
Set oACE1 = WScript.CreateObject("AccessControlEntry")
Set oACE2 = WScript.CreateObject("AccessControlEntry")

' Setze die Zugriffsberechtigungen (Lesen und Ausführen erlauben)
oACE1.Trustee = Trustee
oACE1.AccessMask = ADS_RIGHT_GENERIC_READ Or ADS_RIGHT_GENERIC_EXECUTE
oACE1.AceType = ADS_ACETYPE_ACCESS_ALLOWED

' Zugriffsberechtigung "Schreiben" entziehen
oACE2.Trustee = Trustee
oACE2.AccessMask = ADS_RIGHT_GENERIC_WRITE
oACE2.AceType = ADS_ACETYPE_ACCESS_DENIED

oDACL.AddAce oACE1           ' 1. Rechtesatz zu ACE-Objekt hinzufügen
oDACL.AddAce oACE2           ' 2. Rechtesatz zu ACE-Objekt hinzufügen

oSD.DiscretionaryAcl = oDACL
oSec.SetSecurityDescriptor oSD
WScript.Echo "Zugriffsrechte angepasst"
' Ende
```

***Listing 16.26:** FileSecuritySet.vbs*

HINWEIS: Sie finden die Datei *FileSecuritySet.vbs* im Ordner *\Beisp\Kap16* der Begleit-CD. Die Datei *FolderSecuritySet.vbs* im gleichen Ordner demonstriert, wie sich die Zugriffsrechte auf einen Ordner verwalten lassen. Im Gegensatz zu Dateien lässt sich bei einem Ordner über die *AceFlags*-Eigenschaft angeben, ob die Eigenschaften vererbbar sind. Details sind dem betreffenden Quellcode zu entnehmen.

Mit diesen Ausführungen möchte ich die Einführung in ADSI beenden. Sie haben in Grundzügen gesehen, was alles mit dieser Technik möglich ist. ADSI bietet Ihnen viele weitere Features. Die ausführliche Behandlung aller ADSI-Facetten sprengt aber den Umfang dieses Buches bei weitem. Mit den hier gegebenen Beispielen und den Informationen aus dem »Active Directory SDK« sollten Sie aber eine solide Basis zum Arbeiten mit ADSI haben.

17 Windows Management Interface (WMI)

Dieses Kapitel befasst sich mit Windows Management Instrumentation (WMI). Dies ist eine faszinierende neue Technologie zur Verwaltung unternehmensweiter verteilter Computersysteme.

- Informieren Sie sich im Einführungsteil über die Grundlagen dieser Technologie und lesen Sie nach, was es Grundsätzliches über WMI zu wissen gibt.
- Im Beispielteil finden Sie dann praktische Lösungen, wie Sie per WSH-Skript und WMI auf Rechnerdaten innerhalb eines unternehmensweiten Netzwerks zugreifen können.

WMI erlaubt Ihnen einen gänzlich neuen Ansatz zur Verwaltung Ihrer Rechner. Sie können auf BIOS-Daten, auf Festplatten, auf den Speicher und viele weitere Komponenten eines Rechners zugreifen.

HINWEIS: Verfügbar ist WMI ab Windows 2000. Die älteren Windows-Versionen lassen sich per WMI SDK mit WMI-Providern nachrüsten. Die Beispiele in diesem Buch wurden allerdings ausschließlich mit Windows 2000/XP getestet.

Einführung

Falls Sie bisher noch nichts mit WBEM/WMI zu tun hatten, finden Sie im Folgenden eine kurze Einführung in die Konzepte und das Microsoft Windows Management Instrumentation-(WMI-) Objektmodell.

Was ist WBEM?

Sobald Sie sich mit WMI beschäftigen, stoßen Sie früher oder später (neben vielen anderen Abkürzungen) auch auf diesen Begriff. WBEM steht hierbei für »Web-Based Enterprise Management«. Vielleicht stellen Sie sich jetzt die Frage, was ist WBEM? Gemäß den Ausführungen im ADSI-Kapitel wird die Verwaltung unternehmensweiter verteilter Computersysteme in Netzwerken immer komplexer. Während sich ADSI mehr auf die Verwaltung von Benutzerkonten etc. konzentriert, fehlt eigentlich ein Ansatz, um die Komponenten der Computersysteme zu verwalten. Typischerweise finden sich in Unternehmensnetzen Maschinen mit unterschiedlichen Betriebssystemplattformen, auf diesen sind unterschiedliche Anwendungen installiert, die Rechner verwenden unterschiedliche Hardware etc. Vermutlich weiß jeder Computeranwender, wie schwierig es ist, allein die Informationen zur Hardware eines Einzelplatzsystems zu ermitteln. Um wie viel komplexer wird es, wenn Sie Computersystem mit mehreren hundert oder tausend Rechnern unternehmensweit verwalten müssen. Eigentlich ist es dann nicht mehr möglich, die Konfigurationsdaten dieser Maschinen mit vernünftigem Aufwand zu ermitteln. Dies liegt noch nicht mal an der Zahl der Rechner, viel problematischer ist, dass Sie fast für jede Rechnerplattform unterschiedliche Werkzeuge benötigen, die meist nur einen Teil der Informationen liefern. Sie brauchen Programme von Drittherstellern, um BIOS-Daten abzurufen. Dann kommen Betriebssystemfunktionen zum Einsatz, wenn Sie sich über logische Laufwerke auf einem Rechner informieren möchten. Bei installierten Programmen verwenden Sie wieder andere Werkzeuge zur Verwaltung. Hier sei nur einmal der Fall skizziert, dass jemand mehrere Rechner mit Windows 98, Windows 2000 und Linux im Netzwerk verwalten soll. Der Mann/die Frau muss schon ganz schön fit sein, um überhaupt die Betriebssystemfunktionen zu beherrschen. Der Ansatz, wirklich alle Daten der Systeme zentral abzurufen, ist kaum denkbar.

Der Ruf nach Reduzierung der »Total Cost of Ownership (TCO)« zielt genau in die gegensätzliche Zielrichtung. Allein, ohne einen entsprechenden Hersteller- und Plattform-unabhängigen Ansatz ist diese Ansinnen ehrbar, aber letztendlich nur ein frommer Wunsch. Daher gründete die »Desktop Management Task-Force« (DMTF) vor einigen Jahren die »Web-Based Enterprise Management« (WBEM)-Initiative, um die unternehmensweite Verwaltung von Windows-Plattformen zu vereinheitlichen. WBEM erweitert das »Common Information Model« (CIM) um Möglichkeiten, Management-Objekte in einer Windows-Managementumgebung darzustellen und zu verwalten. Klingt kompliziert, ist aber ganz einfach: Eigentlich soll ein Administrator eine Schnittstelle haben, über die er auf alle im Netzwerk erreichbaren Windows-Plattformen zugreifen kann, um Konfigurationsdaten zu lesen und ggf. zu ändern.

CIM ist mittlerweile ein DMFT-Standard (eine Norm) und CIM stellt ein offenes und erweiterbares Modell zur Beschreibung der Komponenten innerhalb der Systeme dar. Das »Common Information Model« stellt einen standardisierten Ansatz zum Zugriff auf Managementinformationen in unternehmensweiten Netzwerken bereit. WBEM erlaubt Entwicklern das Bereitstellen von Werkzeugen, mit denen sich die Komplexität und die Kosten zur Verwaltung unternehmensweiter verteilter Computersysteme reduzieren lassen. Ein Anwender (Administrator) benötigt nur noch ein Werkzeug bzw. nutzt eine standardisierte Schnittstelle, um die Systeme zu verwalten.

Die WBEM-Initiative wurde von verschiedenen namhaften Firmen, darunter Microsoft, unterstützt. Der entsprechende Standard ist mittlerweile in der Industrie akzeptiert. Aber dieser Standard ist leider kein fertiges Produkt. Was wir letztendlich benötigen, ist eine WBEM-Implementierung für die Windows-Umgebung.

...und was bitte ist WMI?

Aus meiner Sicht ist WMI »die beste Erfindung seit geschnitten Brot«. Spaß beiseite, WMI ist Microsofts Implementierung von WBEM für Windows-basierte Systemumgebungen. WMI ist ab Microsoft Windows 2000 im Betriebssystem enthalten, und es gibt einen WMI SDK, der WMI-Erweiterungen für Windows NT 4.0 (mit Service Pack 3) und (eingeschränkt) für Windows 9x bietet. WMI ist daher eine Management-Infrastruktur, die die »Common Information Model« (CIM)-Syntax benutzt. Weiterhin stellt WMI eine allgemeine Schnittstelle (»common programming interface«) für Softwareentwickler bereit. Diese Schnittstelle lässt sich auch aus WSH-Skripten heraus ansprechen.

HINWEIS: CIM benutzt dabei das »Managed Object Format« (MOF), um die Struktur und den Inhalt des CIM-Schemas zu modellieren. Das Schema beschreibt die Komponenten eines Systems und liefert die Informationen über deren hierarchische Zusammenhänge. Dieses Schema bzw. die Beschreibung im MOF lässt sich sowohl vom Menschen als auch von Maschinen lesen. Die Schemata werden in *.mof*-Dateien im Windows-Unterordner *\System\WBEM* hinterlegt. Sie können diese Dateien direkt im Texteditor öffnen.

Gehen wir einen Schritt weiter: WMI erlaubt Ihnen die CIM-Datenbank (Repository – oder einfacher, die Informationen aus den *.mso*-Dateien) mit verschiedenen Technologien abzufragen. Und Sie können Daten über unterschiedliche Anwendungen mit verschiedenen WMI-Providern abrufen. Die CIM-Repository definiert das Schema (eine Struktur, die die unternehmensweiten Komponenten beschreibt). Ein Provider liefert dann mittels des Schemas die angeforderten Daten zur gewünschten Komponente (z.B. zu einer Hauptplatine oder zu einer Maschine). Voraussetzung ist dabei, dass ein WMI-Provider existiert und ein Schema für die betreffende Komponente angelegt wurde. Solche Schemen werden zukünftig wohl von den Rechnerherstellern bereitgestellt.

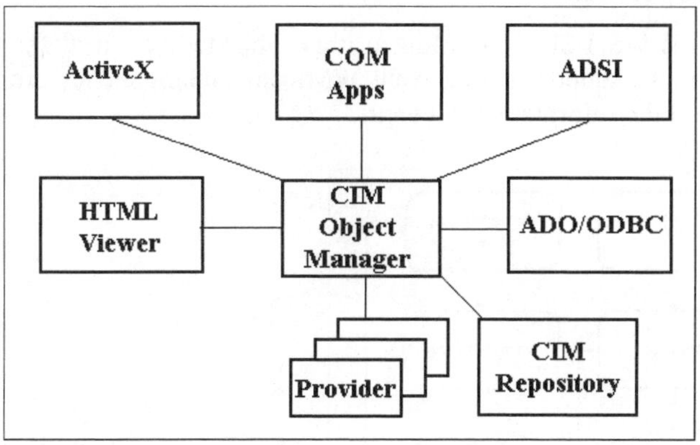

Abbildung 17.1: *Zugriff auf die Informationen des CIM-Objektmanagers*

Gemäß Abbildung 17.1 ist der CIM-Objektmanager die zentrale Instanz zum Datenaustausch mit der CIM-Repository. Dieser CIM-Objektmanager stellt ein COM Application-Programming Interface (API) zur Verfügung, das eine einfache Verwaltung der Managementinformationen erlaubt. Entwickler haben die Möglichkeit, CIM zu erweitern, um neue Geräte, oder Anwendungen abzubilden. Sie können zusätzlich WMI-Provider entwickeln und bereitstellen, die dem Anwender den Zugriff auf diese Informationen erlauben. Dies ist aber nicht Thema dieses Buches.

Abbildung 17.1 zeigt andererseits, dass ein Anwender bzw. ein Programmierer mit verschiedenen Technologien auf den CIM-Objektmanager zugreifen kann, um Daten zu lesen oder ggf. sogar zu schreiben. Im einfachsten Fall genügt eine HTML-Seite mit einer ActiveX-Komponente zum Zugriff bzw. zur Verwaltung der Daten. Aus der Abbildung geht auch hervor, dass sich der CIM-Objektmanager über ADSI und/oder ADO/ODBC ansprechen lässt. Sie benötigen lediglich die entsprechenden Provider. Das von Microsoft kostenlos erhältliche WMI SDK stellt die entsprechenden Treiber zur Nutzung von WMI bereit. Dies erlaubt Anwendungen, eine Schnittstelle bereitzustellen, über die sich einfache Abfragen (Queries) an den CIM-Objektmanager absetzen lassen. Informationen aus der CIM-Datenbank (Repository) lassen sich daher ähnlich wie Anfragen an konventionelle SQL-Datenbanken formulieren (Sie werden dies in den Beispielen noch sehen).

HINWEIS: Eine detaillierte Diskussion der CIM/WBEM-Philosophie sprengt den Rahmen dieses Buches. Unter *www.microsoft.com/management/wbem/* stellt Microsoft die neuesten Dokumente zu WBEM bereit. Weiterhin können Sie sich unter *www.dmtf.org* über die neuesten CIM-Entwicklungen informieren. Auf der Begleit-CD-ROM dieses Buches habe ich zusätzliches Material zu CIM/WBEM bereitgestellt.

Die WMI-Skripting-Schnittstelle

Windows 2000/XP unterstützen bereits eine Schnittstelle zum Zugriff auf WMI mittels Skriptsprachen wie VBScript und JScript. Windows NT 4.0 lässt sich nachträglich durch Installation des WMI SDK auf diese Schnittstelle hochrüsten. Die Möglichkeiten, die die WMI API bereitstellt, erlauben Ihnen, Skripte für Server, Arbeitsstationen und zum Systemmanagement zu erstellen. Über WMI können Sie Computer, Dienste, Treiber, Geräte, Drucker, Dateisysteme, DNS/DHCP-Server und Windows NT-Ereignisprotokolle verwalten. WMI erlaubt Ihnen auch, Informationen zu Benutzerkonten spezieller Benutzer oder Gruppen abzufragen, die Zugriffsprivilegien von Verzeichnissen etc. zu ermitteln oder die Konfiguration Ihrer Netzwerkadapter abzufragen. Einige dieser Funktionen lernen Sie in den Beispielen dieses Kapitels kennen.

Das WMI-Skripting-Objektmodell

Sie kennen dies bereits, alle Zugriffe aus WSH-Skripten erfolgen über Objekte, d.h. in diesem Fall über das WMI-Objektmodell. Gemäß Abbildung 17.2 stellt WMI ein umfangreiches und komplexes Objektmodell zum Zugriff auf die Informationen bereit.

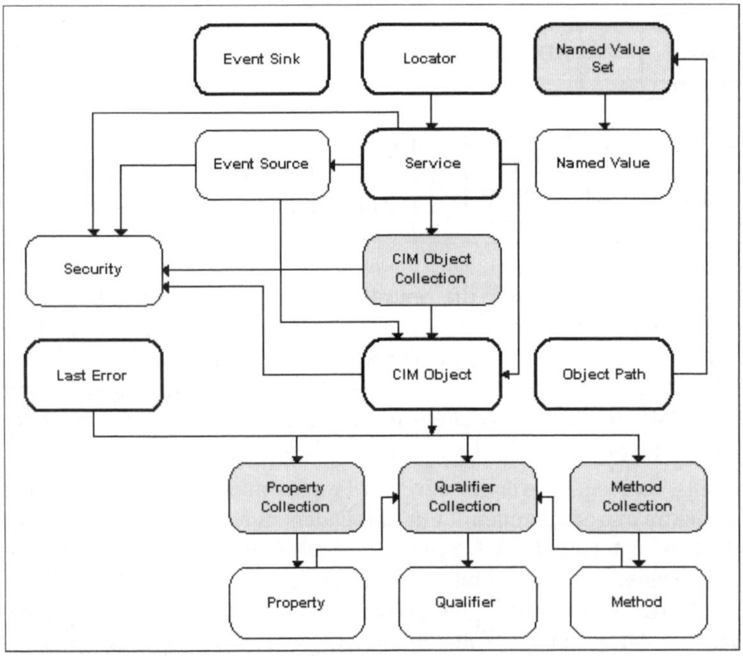

***Abbildung 17.2:** WMI-Objektmodell*

Die betreffenden Objekte können Sie per WSH-Skript über die Methoden *CreateObject* und *GetObject* referenzieren. Um eine Objektreferenz zu diesen Objekten zu erzeugen, benötigen Sie die *ProgID* für folgende Interfaces: *SWbemLocator, SWbemObjectPath, SWbemLastError, SWbemSink* und *SWbemNamedValueSet.*

Zusätzlich erlaubt Ihnen die WMI-Skripting-API, die Objekte *SWbemObject* und *SWbemServices* über so genannte »Moniker Display Names« zu erzeugen. Ein Moniker ist ein COM-Standardmechanismus, um den Pfad (Location) und das Binden (Binding) zu einem anderen

COM-Objekt zu kapseln. Die textuelle Darstellung eines Monikers wird dann als »Display Name« bezeichnet. Klingt etwas verwirrend, erleichtert aber die Skriptprogrammierung mit WMI ungemein, Beispiele lernen Sie weiter unten kennen.

Einige Eigenschaften geben Auflistungsobjekte zurück, die sich dann über die Funktionen der jeweiligen Skriptsprache bearbeiten lassen. Zusätzlich gibt es Möglichkeiten, die Ihnen einen direkten Zugriff auf die CIM-Eigenschaften einer CIM- oder WMI-Klasse über das *SWbemObject*-Objekt erlauben (d.h. Sie brauchen nicht über die *Properties_y*-Auflistung auf das Objekt zuzugreifen). Weiterhin lassen sich Methoden auf diese Objekte über die Möglichkeiten der Skriptsprache anwenden (anstatt mit *SWbemServices.ExecMethod*- oder *SWbemObject.ExecMethod*-Aufrufen zu hantieren).

Kommen wir noch kurz zur Fehlerbehandlung in WMI. Tritt ein Fehler als Ergebnis eines Aufrufs des CIM-Objektmanagers über die WMI-Skripting-API auf, lässt sich dieser Fehler über die Funktionen der Skriptsprache abfangen.

Die WMI-Skripting-API verwendet viele optionale Parameter. Fehlen diese Parameter beim Aufruf, werden Standardwerte eingesetzt. Nachfolgend möchte ich Ihnen noch eine kurze Übersicht über die von WMI unterstützten Objekte geben.

SWbemLocator-Objekt

Das Objekt wird über die *ConnectServer*-Methode erzeugt und lässt sich verwenden, um ein *SWbemServices*-Objekt zu erzeugen. Das Objekt besitzt keine Eigenschaften.

SWbemSink-Objekt

Dieses Objekt stellt eine »Senke« für WMI-Ereignisse dar (ist für asynchrone API-Aufrufe erforderlich). Das Objekt lässt sich direkt als Co-Klasse (Co-Class) erzeugen. Das Objekt unterstützt die *Cancel*-Methode (die alle ausstehenden asynchrone Aufrufe, die an die Objektinstanz gebunden sind, beendet). Das Objekt unterstützt folgende Ereignisse:

- *OnObjectReady*: Das Ereignis wird ausgelöst, wenn ein CIM-Objekt von einem asynchronen Aufruf zurückgeliefert wird.
- *OnCompleted*: Wird beim Beenden eines asynchronen Aufrufs ausgelöst.
- *OnProgress*: Meldet den Fortschritt eines asynchronen Aufrufs.
- *OnPut*: Das Ereignis tritt auf, falls ein CIM-Objekt nach einem asynchronen Aufruf der *Put*-Methode gespeichert wird.

Details bezüglich der Ereignisse entnehmen Sie bitte der Hilfe des WMI SDK.

SWbemServices-Objekt

Dieses Objekt repräsentiert eine authentifizierte (authenticated) Verbindung zum Namensraum (Namespace). Das Objekt besitzt nur die Eigenschaft *Security_*. Diese ist vom Typ *SWbemSecurity* und liefert ein *SWbemSecurity*-Objekt für das *SWbemServices*-Objekt zurück. Die Eigenschaft lässt sich lesen und schreiben.

Das *SWbemServices*-Objekt unterstützt jedoch die folgenden Automatisierungs-Methoden (sowohl synchron als auch asynchron aufrufbar):

- *Get*: Diese Methode holt eine CIM-Klasse (CIM-Klasse) oder eine Instanz.
- *Delete*: Eine Methode, mit dem sich eine CIM-Klasse oder Instanz löschen lässt.
- *SubclassesOf*: Listet die Subklassen einer CIM-Klasse auf.
- *InstancesOf*: Listet die Instanzen einer CIM-Klasse auf.

- *ExecQuery*: Führt einen WQL-Query-Befehl aus und gibt die Ergebnisse der Abfrage zurück.
- *ExecNotificationQuery*: Führt einen WQL Notification Query-Befehl aus und gibt das Objekt *SWbemEventSource* zurück.
- *ExecMethod*: Führt eine Methode auf einer CIM-Instanz oder Klasse aus.
- *AssociatorsOf*: Gibt die Assoziatoren (Associators) einer CIM-Instanz oder Klasse zurück.
- *ReferencesTo*: Liefert Referenzen zu einer CIM-Instanz oder Klasse.

SWbemEventSource-Objekt

Das Objekt repräsentiert eine Quelle für Ereignisse, die von der Windows Management-Instrumentation erzeugt werden. Das Objekt wird von der *ExecNotificationQuery*-Methode (des *SWbemServices*-Objekts) zurückgegeben. Das Objekt unterstützt die *Security*-Eigenschaft (die das *SWbemSecurity*-Objekt des aktuellen *SWbemEventSource*-Objekts zurückgibt).

Das Objekt unterstützt nur die *NextEvent*-Methode, die das nächste Ereignis von der Ereignisquelle holt.

SWbemObjectPath-Objekt

Ein »Hilfs«-Objekt, welches zum Konstruieren von WMI-Objekt-Pfaden verwendet werden kann. Das Objekt unterstützt folgende Eigenschaften:

- *Path*: Die Eigenschaft repräsentiert den vollständigen WMI-Pfad (als String). Die Eigenschaft lässt sich lesen/schreiben.
- *RelPath*: Spezifiziert den relativen Pfad (zum Namensraum) als Zeichenkette. Die Eigenschaft lässt sich lesen/schreiben.
- *Server*: Die Eigenschaft gibt den Servernamen zurück. Die Eigenschaft lässt sich lesen/schreiben.
- *Namespace*: Die Eigenschaft gibt den Namespace-Pfad als Zeichenkette zurück. Die Eigenschaft lässt sich lesen/schreiben.
- *ParentNamespace:* Liefert den Parent-Namespace als String. Die Eigenschaft lässt sich nur lesen.
- *DisplayName*: Über diese Eigenschaft lässt sich der *Display Name* im Moniker-Stil als Zeichenkette abfragen. Die Eigenschaft lässt sich lesen/schreiben.
- *Class*: Liefert den Namen der Klasse als Zeichenkette und lässt sich lesen oder schreiben.
- *IsClass*: Boolean Wert; gibt an, ob sich ein Pfad auf eine Klasse bezieht (nur lesbar).
- *IsSingleton*: Boolean-Wert; gibt an, ob sich ein Pfad auf eine Singleton-Instanz bezieht (nur lesbar).
- *Key*: Ein Wert vom Typ *SWbemNamedValueSet.* Liefert einen Satz an Schlüsselwerten mit Bindungen (Key Value Bindings) für den Pfad (nur lesbar).

Das *SWbemObject Path*-Objekt unterstützt zusätzlich die folgenden Methoden:

- *SetAsClass*: Erzwingt, dass ein Pfad auf eine Klasse verweist.
- *SetAsSingleton*: Erzwingt, dass der Pfad eine Singleton-Instanz adressiert.

SWbemNamedValue-Objekt

Wird verwendet, um einen benannten Wert (named value, eine Kombination aus Name und *Variant*-Wert) abzubilden. Benannte Werte werden in einem *SWbemNamedValueSet*-Auflistungsobjekt gesammelt. Das *SWbemNamedValue*-Objekt unterstützt folgende Eigenschaften:

- *Name*: Zeichenkette, die den Namen des Werts angibt (nur lesbar).
- *Value*: Ein Variant-Wert, der den Wert selbst enthält (lesbar/schreibbar).

SwbemNamedValueSet-Auflistung

Dieses Auflistungsobjekt wird aus *SWbemNamedValue*-Objekten zusammengesetzt. Die Auflistung wird benutzt, um eine Auflistung benannter Werte abzubilden. Diese werden zur Bereitstellung von Zusatzinformationen zu einer Methode der Objekte *SWbemServices*, *SWbemObject* oder *SWbemLocator* verwendet.

Die *SWbemNamedValueSet*-Auflistung unterstützt die Auflistungseigenschaften *Count* und *_NewEnum*. Weiterhin unterstützt das Objekt die Standardmethoden für Auflistungen *Add*, *Item* und *Remove*. Die Implementierung der Methode *Item* erlaubt die Verwendung des Werts *Name* als Index für die Auflistung. Die *DeleteAll*-Methode entfernt alle benannten Werte aus der Auflistung.

SwbemObject-Objekt

Ein Objekt, welches zur Darstellung einer einzelnen CIM-Instanz oder Klasse benutzt wird. Das Objekt bietet die folgenden Eigenschaften:

- *Derivation_*: Nur lesbare Eigenschaft, ein Feld von (möglicherweise leeren) Klassennamen, die die Hierarchieabhängigkeiten beschreiben. Der Eintrag (erster Index) des Felds ist *__SUPERCLASS*, und der letzte Eintrag im Feld ist *__DYNASTY*.
- *Path_*: Gibt die Lage (Location) und die Benennungsinformationen (Naming information) eines CIM-Objekts an (und ist vom Typ *SWbemObjectPath*). Die Eigenschaft lässt sich nur lesen (Ausnahme: die *Class*-Eigenschaft des Objektpfads lässt sich auch schreiben).
- *Qualifiers_*: Repräsentiert eine Auflistung von Object-Level-Qualifier (Typ *SWbemQualifierSet*, nur lesbar).
- *Properties_*: Repräsentiert eine Auflistung von Objekteigenschaften (Typ *SWbemPropertySet*, nur lesbar).
- *Methods_*: Repräsentiert eine Auflistung von Objektmethoden (Typ *SWbemMethodSet*, nur lesbar).
- *Security_*: Gibt ein Sicherheits- (Security-) Objekt für das angegebenen Objekt (als ein *SWbemSecurity*-Objekt) zurück.

HINWEIS: CIM-Eigenschaften (die in der MOF-Datei auftreten aber keine WMI-Systemeigenschaften sind) und Methoden werden entweder direkt über die Punktnotation (*objekt.name*) als Methode oder Eigenschaft bereitgestellt, oder die Bereitstellung erfolgt indirekt über die Eigenschaften- bzw. Methodenauflistungen des Objekts.

Das *SWbemObject*-Objekt unterstützt die folgenden Methoden:

- *Clone_*: Erzeuge eine Kopie des Objekts.
- *GetObjectText_*: Hole die MOF-Repräsentation des Objekts.
- *SpawnDerivedClass_*: Erzeugt ein Subclass-Objekt.
- *SpawnInstance_*: Erzeugt ein Instanz-Objekt.
- *CompareTo_*: Vergleich mit einem anderen Objekt.

- *Put_*: Sendet ein Objekt zum CIM-Objektmanager.
- *Delete_*: Löscht ein Objekt vom CIM-Objektmanager.
- *ExecMethod_*: Wendet eine Methode auf das Objekt an.
- *Instances_*: Auflistung von Instanzen des Objekts (Objekt muss eine Klasse sein).
- *Subclasses_*: Auflistung der Subklassen des Objekts (Objekt muss eine Klasse sein).
- *Associators_*: Auflistung der Assoziatoren eines Objekts.
- *References_*: Auflistung der Referenzen zum Objekt.

Die Methoden *Put_*, *Delete_*, *ExecMethod_*, *Instances_*, *Subclasses_*, *Associators_* und *References_* besitzen zusätzlich asynchron aufrufbare Äquivalente.

SWbemObjectSet-Auflistung (Collection)

Ein Auflistungsobjekt, welches aus *SWbemObject*-Objekten aufgebaut wird (dient zur Abbildung der Ergebnisse, die aus einer Auflistung oder einer Abfrage resultieren). Das Objekt unterstützt die Auflistungseigenschaften *_NewEnum* und *Count*. Weiterhin unterstützt das Objekt die *Security_*-Eigenschaft, die das *SWbemSecurity*-Objekt der Auflistung zurückliefert. Die Auflistungsmethode *Item* und die WMI *Clone*-Methode werden auch unterstützt (aber nicht die Methoden *Add* und *Remove*).

SWbemLastError-Objekt

Ein Objekt, welches sich direkt erzeugen lässt (es ist ein *SWbemObject*-Objekt). Das Objekt wird benutzt, um das zuletzt aufgetretene WMI Extended Error-Objekt zu lesen. Der Fehler wird (falls vorhanden) beim Lesen gelöscht.

SWbemQualifier-Objekt

Das Objekt repräsentiert den Qualifier für die folgenden Eigenschaften:

- *Name*: Qualifier-Name als nur lesbarer Test.
- *Value*: Dies ist die Standard-Eigenschaft, es wird der Wert als Variant zurückgeliefert (schreib- und lesbar).
- *IsLocal*: Gibt an, ob ein Qualifier lokal zum besitzenden Objekt ist oder bereits abgeleitet wurde (Typ ist BOOL, nur lesbar).
- *PropagatesToSubclass*: Kontrolliert das Vererbungsverhalten für Subklassen (Typ BOOL, schreib-/lesbar).
- *PropagatesToInstance*: Kontrolliert die Vererbung der Qualifier zu Instanzen (Typ BOOL, schreib-/lesbar).
- *IsOverridable*: Bestimmt, ob ein Qualifier beim Vererben überschreibbar ist (Typ BOOL, schreib-/lesbar).
- *Origin*: Repräsentiert den Namen der Ursprungsklasse als String und kann nur gelesen werden.

SWbemQualifierSet-Auflistung

Ein Auflistungsobjekt, welches aus *SWbemQualifier*-Objekten zusammengestellt wird. Repräsentiert einen Satz von Qualifiern, die an ein CIM-Element angehängt sind (class, instance, property, method oder method-Parameter). Das Objekt unterstützt die Standardmethoden für Auflistungsobjekte (*Add*, *Item* und *Remove*), sowie die Standardeigenschaften für Auflistungen (*Count* und *_NewEnum*).

SWbemProperty-Objekt

Das Objekt repräsentiert eine Eigenschaft und besitzt folgende Eigenschaften:

- *Name*: Repräsentiert die Eigenschaft *Name* als String (nur lesbar).
- *Value*: Standard-Eigenschaft, gibt den Wert als Variant zurück, lässt sich lesen und schreiben.
- *IsLocal*: Spezifiziert, ob die Eigenschaft lokal zum besitzenden Objekt ist oder vererbt wurde (Typ ist BOOL, nur lesbar).
- *Origin*: Enthält den Namen der Ursprungsklasse als Text (nur lesbar).
- *Qualifiers_*: Repräsentiert Eigenschaften-Qualifier (Typ ist *Collection*, nur lesbar). Die Auflistung *Qualifiers_* ist ein *SWbemQualifierSet*-Auflistungsobjekt.
- *CIMtype*: CIM-Typ einer Eigenschaft (Typ ist *SWbemCimtypeEnum*, nur lesbar).
- *IsArray*: Bestimmt, ob die Eigenschaft vom Typ Array ist (Typ ist BOOL, nur lesbar).

SWbemPropertySet-Auflistung

Ein Auflistungsobjekt aus *SWbemProperty*-Objekten. Das Objekt unterstützt die Standard-Auflistungsmethoden (*Add*, *Item* und *Remove*) sowie die Standard Auflistungseigenschaften (*Count* und *_NewEnum*).

SWbemMethod-Objekt

Dieses Objekt repräsentiert eine Methode und unterstützt die folgenden Eigenschaften:

- *Name*: Repräsentiert den Methodennamen als String und lässt sich nur lesen.
- *Origin*: Enthält den Namen der Ursprungsklasse als String, der nur gelesen werden kann.
- *Qualifiers_*: Repräsentiert den Qualifier der Methode (Typ ist *SWbemQualifier*, nur lesbar).
- *InParameters*: Definiert Eingangsparameter der Methode (Typ ist *SWbemObject*, nur lesbar).
- *OutParameters*: Definiert Ausgabeparameter der Methode (Typ ist *SWbemObject*, nur lesbar).

SWbemMethod-Auflistung

Auflistungsobjekt, welches *SWbemMethod*-Objekte enthält. Das Objekt unterstützt die Standard-Auflistungsmethode *Item* und die Eigenschaften *_NewEnum* sowie *Count*.

SWbemSecurity-Objekt

Das Objekt repräsentiert die DCOM-Sicherheitsattribute eines Objekts. Es wird als Eigenschaft von jedem Objekt, welches einen Remote-Zugriff auf die Windows Management Services unterstützt, per API bereitgestellt. Es handelt sich um folgende Objekte: *SWbemObject*, *SWbemObjectSet* und *SWbemServices*. Alle diese Objekts stellen ein *SWbemSecurity*-Objekt über die Eigenschaft *Security_* bereit. Das Objekt unterstützt die Eigenschaften *ImpersonationLevel* und *AuthenticationLevel* für Lese- und Schreibzugriffe.

HINWEIS: Aus Platzgründen konnte an dieser Stelle nur eine knappe Übersicht über die Objekte gegeben werden. Detaillierte Informationen zu Objekten und zum WMI-Scripting-Interface finden Sie in der Hilfe des WMI SDK. Einige dieser Objekte werden in den Beispielen der nachfolgenden Seiten benutzt.

WMI-Begriffe und -Notation

WMI benutzt Begriffe und die Notation, die von der Distributed Management Task Force (DMTF) zur Beschreibung verwaltbarer Objekte verwandt wird. Hierbei kommen auch die Notation des Standard-»Component Object Model« (COM), sowie WBEM-spezifische Begriffe zum Einsatz. Nachfolgend finden Sie einige Hinweise zu verschiedenen Begriffen:

- *WMI-Class*: Definiert die verwaltbaren Basiseinheiten (jede Klasse ist quasi eine Vorlage, die ein verwaltbares Objekt eines bestimmten Typs beschreibt). Alle Instanzen dieses Typs werden dann von der Vorlage abgeleitet. Beispielsweise beschreibt die *Win32_LogicalDisk*-Klasse alle logischen Laufwerke (Disks), die auf einem Windows Computer existieren können. Für jedes physikalisch oder logisch vorhandene Laufwerk auf der Maschine existiert dann eine Instanz der *Win32_LogicalDisk*-Klasse, die das betreffende logische Laufwerk beschreibt. Klassen können Eigenschaften besitzen, die die Daten der Klasse beschreiben. Klassen dürfen auch Methoden unterstützen, die das Verhalten der Klasse definieren.

HINWEIS: WMI setzt aber verschiedene Einschränkungen bezüglich der Operationen, die sich auf eine Klasse, die Kind-Klassen (child-classes) oder Instanzen besitzt, beziehen. Bei Instanzen lässt sich der Typ einer Eigenschaft nicht ändern, oder Sie können keine Eigenschaft hinzufügen oder entfernen.

- Eine Klasseninstanz (Class Instance) einer WMI-Klasse repräsentiert ein spezifisches verwaltetes Objekt. Der Objekttyp wird durch die Klasse beschrieben (beispielsweise die Instanz eines Laufwerks repräsentiert das Laufwerksobjekt, welches die Eigenschaften und Methoden besitzt, die durch die Klasse *Win32_LogicalDisk* beschrieben wird).
- *Qualifiers* (Qualifizierer) enthalten Informationen, die zur Beschreibung einer Klasse, einer Klasseninstanz, einer Eigenschaft, einer Methode oder eines Parameters herangezogen werden können. Beim Anlegen einer Klasse oder Instanz kann die kreierende Einheit auf diese Qualifier der Klasse bzw. Instanzdefinition zurückgreifen und dem Benutzer zusätzliche Details liefern. Die Verwendung von Qualifiern ist in der aktuellen WMI-Version aber lediglich informal. *Qualifier Flavors* bieten zusätzliche Informationen zu einem Qualifier.
- *Class Type Information*, dies sind Informationen über verschiedene Typen von WMI-Klassen wie: *Singleton*-Klassen (eine Klasse, die nur eine Instanz haben kann), *Association*-Klassen (beschreiben die Beziehung zwischen zwei Klassen, zwischen Instanzen zweier Klassen oder zwischen einer Klasse und Instanzen einer anderen Klasse) und *System*-Klassen (eine Sammlung vordefinierter Klassen, die im WMI SDK enthalten sind; System-Klassen werden im Namen durch einen doppelten Unterstrich identifiziert wie beispielsweise *__SystemClass*).
- *Specifier* (Bezeichner) werden durch *Key properties* (Schlüsseleigenschaften) identifiziert. Schlüsseleigenschaften erlauben die Unterscheidung von Instanzen einer Klasse, ähnlich wie dies für die Datensätze einer Tabelle einer relationalen Datenbank gilt, die per Schlüsselfeld verwaltet werden.
- *Namespaces* (Namensräume) sind logische Einheiten, die zur Gruppierung von Klassen und Klasseninstanzen dienen sowie die Gültigkeit (Scope) und die Sichtbarkeit der Elemente kontrollieren.
- *Objektpfade*: WMI-Objektpfade (Object Paths) werden benutzt, um Namensräume (Namespaces), oder Klassen in einem Namensraum sowie Instanzen einer Klasse eindeutig auf dem Server zu identifizieren.

Für alle Komponenten einer WMI-Klasse gilt, dass bei der Schreibweise keine Groß-/Kleinschreibung unterschieden wird. Detaillierte Informationen zu diesen Begriffen und zur Nomenklatur können Sie auch der im WMI SDK enthaltenen WMI-Hilfe entnehmen.

Wo gibt's Informationen zur CIM-Hierarchie?

Beim Erstellen von WSH-Skripten, die auf WMI zugreifen, benötigen Sie ausreichende Informationen über Klassen, die Klassennamen, die Objekte und deren Eigenschaften bzw. Methoden. Die WMI-Hilfe liefert lediglich Informationen über die durch WMI bereitgestellten (und auf den vorhergehenden Seiten kurz erwähnten) Objekte. Aber die Hilfe kann Ihnen leider nichts zu Namen im Namensraum oder zu Klassennamen mitteilen. Auch die Objekte, die Sie im Unternehmensnetzwerk vorfinden, sowie deren Eigenschaften und Methoden, sind spezifisch und nicht in der WMI-Hilfe dokumentierbar.

Der WMI SDK stellt Ihnen aber die richtigen Werkzeuge bereit, mit denen Sie die benötigten Informationen abrufen können. Der SDK installiert einige ActiveX-Steuerlemente, die die erforderlichen Funktionen zum Navigieren in Klassen sowie zur Abfrage der Klassen und Objekte im CIM-Repository bieten.

- *WMI CIM Studio*: Es handelt sich um ein HTML-Dokument mit eingebundenem ActiveX-Steuerelement, welches die Anzeige aller in der Netzwerkumgebung gefundenen Klassen erlaubt.
- *WMI-Objekt Browser*: Ebenfalls ein HTML-Dokument mit integriertem ActiveX-Steuerelement, welches alle in der Netzwerkumgebung gefundenen Objekte auflistet (Abbildung 17.3).

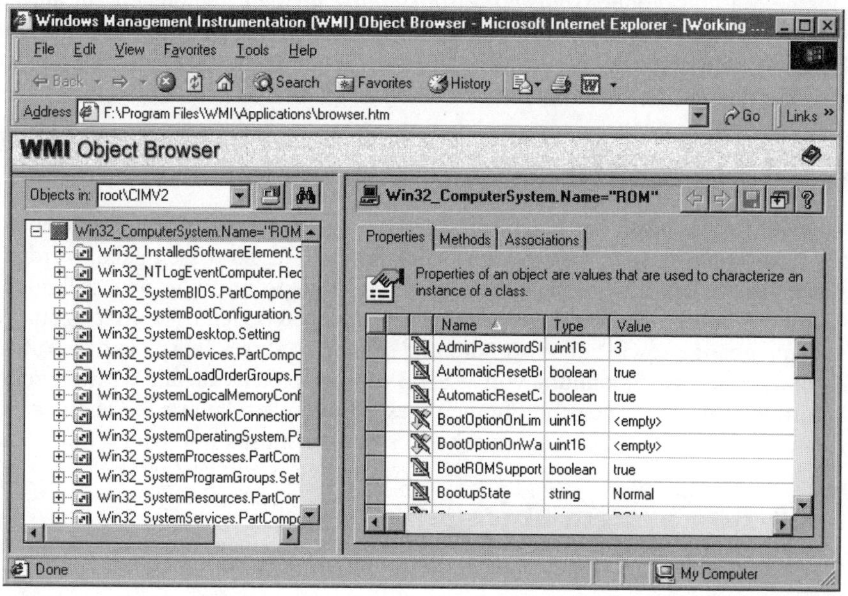

Abbildung 17.3: WMI-Objektbrowser mit der Klassen-/Objekthierarchie (linkes Fenster) und den Eigenschaften (rechts)

Sobald Sie den WMI SDK installiert haben, können Sie über das Startmenü auf die beiden Werkzeuge zugreifen. Die betreffende Gruppe im Startmenü enthält auch Einträge zum Aufrufen der WMI-Hilfe sowie den WMI-Event-Viewer (WMI-Ereignisanzeige).

Nutzen des Programms WBEMTest

In Windows 2000/XP ist das Programm *WBEMTest.exe* enthalten. Sie können das Programm über den Befehl *Ausführen* des Startmenüs aufrufen. Das Programm meldet sich mit einem Dialogfeld (Abbildung 17.4).

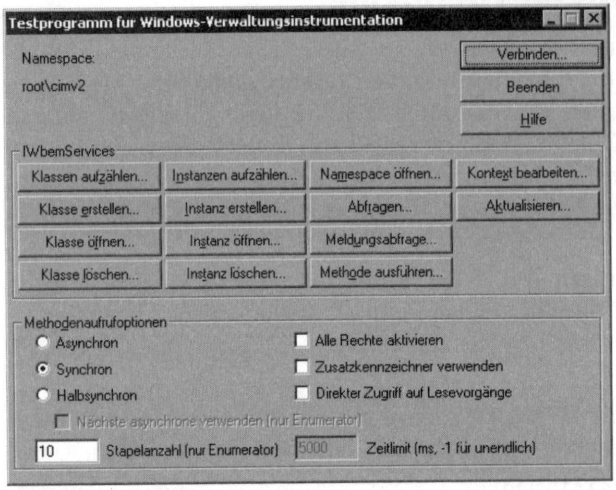

Abbildung 17.4: *WBEMTest-Dialog*

Klicken Sie auf die Schaltfläche *Verbinden* und geben Sie beispielsweise *root\cimv2* für den Zugriff auf die lokale Maschine oder *\\maschine\root\cimv2* für den Remote-Zugriff auf eine Maschine im Netz ein. Anschließend können Sie die Schaltflächen der Gruppe *IwbemServices* benutzen, um Klassen und Instanzen aufzuzählen. Über die Schaltfläche *Hilfe* erhalten Sie weitere Informationen zur Bedienung des Programms.

WMI-Skriptbeispiele

Finden Sie die obigen Erläuterungen etwas zu abstrakt? Dann geht es Ihnen wie mir. Als ich zum ersten Mal in der WMI-Hilfe nachlas, was es zum Objektmodell etc. zu wissen gäbe, wurde ich von den vielfältigen neuen Begriffen, von der Vielzahl der Objekte und von den trickreichen Facetten zum Aufruf von Methoden und Eigenschaften »erschlagen«. Den besten Weg zum Verständnis der Zusammenhänge sowie zur WMI-Nutzung stellen konkrete Beispiele dar. Auf den folgenden Seiten finden Sie eine Sammlung von WSH-Skriptbeispielen, die auf WMI zugreifen, um bestimmte Informationen abzurufen. Im Rahmen dieser Beispiele erläutere ich auch, warum bestimmte Schritte erforderlich sind. Sie werden sehen, es ist alles nur halb so wild.

Informationen zum System abfragen

Der folgende Abschnitt diskutiert einige Beispiele, die Informationen bezüglich einer Maschine abfragen.

Die WMI-Eigenschaften abfragen

Das erste Skript prüft, ob der CIM-Objektmanager überhaupt vorhanden ist. Falls ja, zeigt das Skript verschiedene WMI-Eigenschaften der betreffenden Maschine in einem Dialogfeld an (Abbildung 17.5).

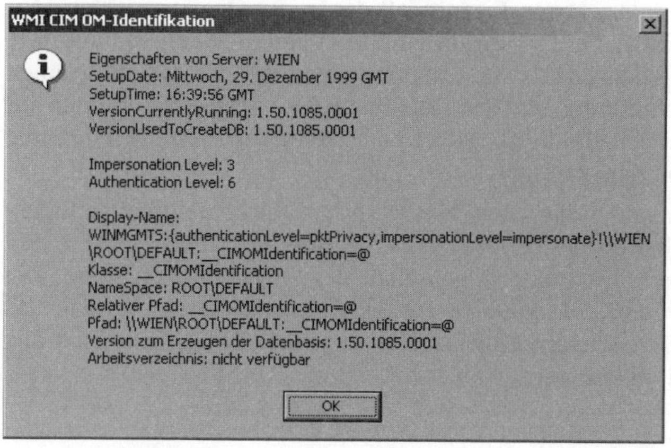

Abbildung 17.5: *WMI-Eigenschaften*

Dem Dialogfeld können Sie entnehmen, dass viele der Eigenschaften nicht lokalisiert sind, obwohl auf dem System ein deutsches Windows 2000 mit einem WMI-Provider und CIM-Objektmanager lief.

Lassen Sie uns die Anweisungen diskutieren, mit denen ein WSH-Skript über WMI Informationen vom CIM-Objekt Manager abrufen kann. Wir benötigen zunächst einige Informationen über den CIM-Objektmanager. Diese Informationen sind im Pfad:

```
\root\default:__cimomidentification
```

der angegebenen Maschine hinterlegt. Um eine Objektreferenz anzulegen, verwenden wir die *GetObject*-Methode zusammen mit dem Moniker *winmgmts:* und dem Pfad zum Objekt. Die folgende VBScript-Anweisung:

```
Set oCimOmId = GetObject("winmgmts:"& _
       "\root\default:__cimomidentification=@")
```

erzeugt beispielsweise eine Objektreferenz zur Klasse *__cimomidentification*, die eine Unterklasse (sub-class) von *_SystemClass* ist. Die Zeichenkette "=@" bewirkt, dass alle Daten von der Instanz zurückgegeben werden.

HINWEIS: Im Beispielskript habe ich den *On Error Resume next*-Befehl benutzt, um Laufzeitfehler im Skript abzufangen, denn bei einem fehlenden WMI CIM-Objektmanager auf der angegebenen Maschine schlägt der Aufruf der *GetObject*-Methode fehl.

In den ersten Schritten sind die Methoden des von *GetObject* zurückgelieferten Objekts nicht relevant. Das WSH-Skript soll lediglich die Eigenschaften des Objekt untersuchen, um Details zum Objekt herauszufinden. Dies zeigt auch, wie sich das *SWbemObject*-Objekt verwenden lässt, denn die WMI-Programmierung unterscheidet sich leicht vom Umgang mit anderen WSH-Objekten.

Lassen Sie uns direkt in die Details einsteigen. Zuerst soll das Skript die Eigenschaften des vorliegenden Objekts *__cimomidentification* lesen. Diesen Ansatz kennen Sie bereits aus den vorhergehenden Kapiteln: Sie kombinieren lediglich den Namen einer Objektvariablen mit den Eigenschaftennamen. Dies kann beispielsweise so aussehen:

```
WScript.Echo oCimOmId.VersionCurrentlyRunning
```

Der obige Befehl liefert den Wert der angegebenen Eigenschaft des in der Objektvariablen *oCimOmId* referenzierten Objekts und gibt diese per *Echo*-Methode in einem Dialogfeld aus. Wie lässt sich aber herausfinden, welche Eigenschaften das Objekt unterstützt und welche Namen diese haben? Da das Schema zur Beschreibung der CIM-Datenbank sehr flexibel ist, können auf jeder Maschine unterschiedliche Eigenschaften vorliegen. Der beste Ansatz besteht darin, alle Eigenschaften des Objekts sowie deren Namen aufzulisten.

Und hier kommen die Details zu diesem Ansatz. Das *SWbemObject*-Objekt stellt einige Eigenschaften bereit. Eine dieser Eigenschaften besitzt den Namen *properties_* (beachten Sie den Unterstrich am Ende des Namens, der eine *System*-Eigenschaft des Objekts auszeichnet). Die *properties_*-Eigenschaft liefert die *Properties*-Auflistung zurück. Diese Auflistung enthält das Objekt mit den Eigenschaften des referenzierten Objekts. Die folgende *For*-Schleife listet alle Eigenschaften samt deren Namen und Werten auf.

```
For Each i in oCimOmId.properties_
  txt = txt & i.name & ": " & i.value & vbCRLF
Next
```

Die Namen der Eigenschaften und deren Werte werden in Abbildung 17.4 in der oberen Gruppe wiedergegeben. Obwohl wir uns in obigen Anweisungen keine Gedanken um das Thema Sicherheitsattribute bzw. Zugriffsprivilegien gemacht haben, besitzt jedes WMI-Objekt Sicherheitsattribute (Security-Attributes). Wir können die *Security_*-Eigenschaft des *SWbemObject*-Objekts verwenden, um ein *Security*-Objekt zu erhalten. Dieses Sicherheitsobjekt stellt die Sicherheitseigenschaften *Impersonation Level* und *Authentication Level* bereit. Beide Eigenschaften lassen sich mit folgendem Befehl lesen und anzeigen:

```
WScript.Echo "Impersonation Level: " & _
             oCimOmID.Security_.ImpersonationLevel, _
             "Authentication Level: " & _
             oCimOmID.Security_.AuthenticationLevel
```

In einem weiteren Schritt soll das Skript einige Informationen über die Klasse des *SWbemObject*-Objekts abfragen. Hierzu lässt sich die *Path_*-Eigenschaft des Objekts verwenden. Diese Eigenschaft gibt ein *SWbemObjectPath*-Objekt zurück, welches den Pfad zum aktuell referenzierten Objekt angibt. Das Objekt verfügt über weitere Eigenschaften wie *Class*, *DisplayName*, *Server* und so weiter. Eine vollständig Beschreibung dieser Eigenschaften finden Sie in der WMI-Hilfe (siehe unter *SWbemObjectPath*-Objekt). Der Zugriff auf diese Eigenschaften lässt sich mit folgenden Anweisungen durchführen:

```
WScript.Echo "Displayname: " & oCimOmId.path_.DisplayName
WScript.Echo "Klasse: " & oCimOmId.path_.Class
```

Das folgende WSH-Skript wurde aus einem Beispiel des WMI SDK abgeleitet. Das Skript fragt den Namen eines Computers ab. Dann nimmt es Verbindung zur betreffenden Maschine auf und listet die Eigenschaften der Klasse *_cimomidentification* in einem Dialogfeld auf. An dieser Stelle sollte ich erwähnen, dass die *WorkingDirectory*-Eigenschaft des Objekts nicht auf allen Maschinen implementiert ist. Daher habe ich die *On Error Resume Next*-Anweisung eingeführt, um Laufzeitfehler beim Zugriff auf diese Eigenschaft per Skript abzufangen. Weitere Details entnehmen Sie bitte dem folgenden Listing.

```
'***********************************************
' Datei:  WMICheck.vbs (WSH-Beispiel in VBScript)
' Autor: G. Born
'
' Beispiel aus dem WMI SDK abgleitet. Prüft, ob
' WMI vorhanden ist und gibt Version aus.
'***********************************************
'Option Explicit
Const Title = "WMI CIM OM-Identifikation"

Dim oCimOmId, txt, computer
Dim i

computer = "//Wien"
' Computername abfragen
computer = GetName (computer)

On Error Resume Next          ' Fehlerbehandlung aus
' erzeuge Objektreferenz, binde an Namespace root\default
Set oCimOmId = GetObject("winmgmts:"& computer & _
        "\root\default:__cimomidentification=@")

' Is WMI vorhanden
If Err <> 0 then
 MsgBox "Fehler: " & ErrNumber & vbCRLF & _
        "Quelle: " & Err.Source & vbCRL & _
        Err.Description, vbOkOnly + vbCritical, _
        Title
Else
 On Error Goto 0              ' Laufzeitfehlerbehandlung zulassen

 txt = "Eigenschaften von Server: " & _
       oCimOmId.path_.Server& vbCRLF

' Versuche alle Eigenschaften des Objekts aufzulisten
 For Each i in oCimOmId.properties_
  txt = txt & i.name & ": " & i.value & vbCRLF
 Next

' Jetzt Security-Objekt anzeigen
 txt = txt & vbCRLF
 txt = txt & "Impersonation Level: " & _
             oCimOmID.Security_.ImpersonationLevel & vbCRLF
 txt = txt & "Authentication Level: " & _
             oCimOmID.Security_.AuthenticationLevel & vbCRLF & vbCRLF

 txt = txt & "Display-Name: " & oCimOmId.path_.DisplayName & vbCRLF
 txt = txt & "Klasse: " & oCimOmId.path_.Class & vbCRLF
 txt = txt & "NameSpace: " & oCimOmId.path_.NameSpace & vbCRLF

 txt = txt & "Relativer Pfad: " & oCimOmId.path_.Relpath  & vbCRLF
 txt = txt & "Pfad: " & oCimOmId.path_.Path & vbCRLF
```

```
 txt = txt & "Version zum Erzeugen der Datenbasis: " & _
           oCimOmId.VersionUsedToCreateDb & vbCRLF
 On Error Resume Next         ' Fehlerbehandlung aus
 txt = txt & "Arbeitsverzeichnis: " & oCimOmId.WorkingDirectory & vbCRLF
 If Err <> 0 Then
  txt = txt & "Arbeitsverzeichnis: nicht verfügbar"
 End if
 On Error Goto 0

 MsgBox txt, vbOkOnly + vbInformation, Title
end if

' ### Helfer
Function GetName (name)
Dim tmp, Message

' Variablen initialisieren
Message = "Bitte Computername eingeben " & vbCRLF & _
          "(z.B. " & name & ") oder Abbrechen wählen"

' Benutzer nach Namen fragen, bei Abbrechen Standard nehmen
tmp = inputbox (Message, "Computername" , name)
If tmp <> "" Then
 If Left (tmp,2) <> "//" Then
  GetName = "//" & tmp
 Else
  GetName = tmp   ' Nur Eingabewert
 End if
Else
 GetName = name   ' Abbrechen gewählt
End if

End Function
'*** Ende
```

Listing 17.1: WMICheck.vbs

HINWEIS: Die Datei *WMICheck.vbs* finden Sie im Ordner *\Beisp\Kap17* der Begleit-CD-ROM.

Beispiel zum Auflisten von Klassen

WMI-Klassen definieren die Grundeinheiten zur Verwaltung der Daten, d.h. eine Klasse ist quasi eine Vorlage für die verwalteten Objekte. Klasseninstanzen werden zum Zugriff auf die Eigenschaften der zugehörigen Objekte benutzt. Der WMI SDK bietet das WMI CIM-Studio zur Anzeige von Klassen. Im folgenden Skript sehen Sie, wie Sie Unterklassen einer gegebenen Klasse auch direkt per WSH-Skript auflisten können.

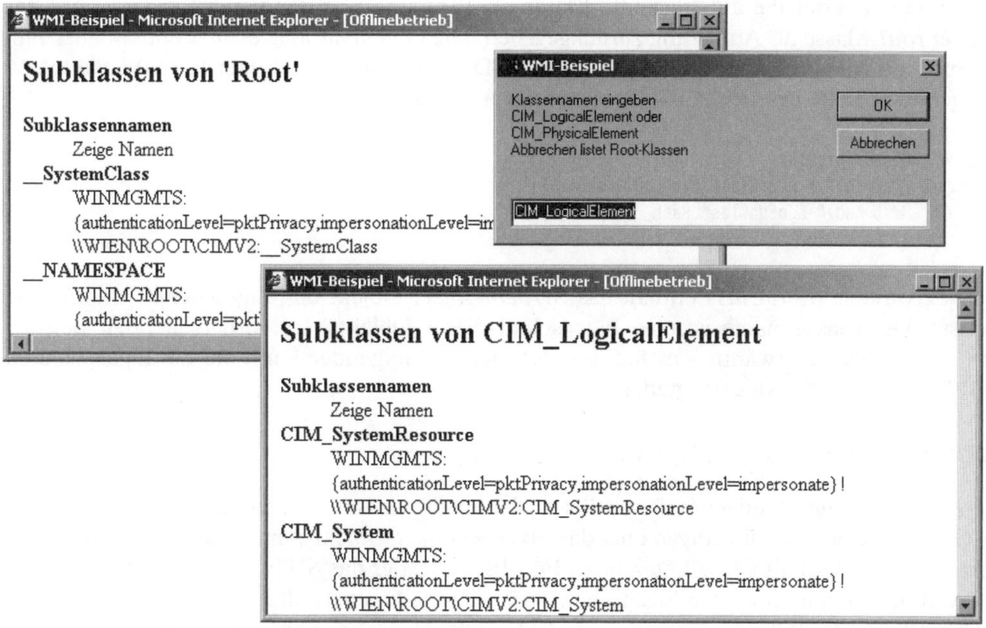

Abbildung 17.6: *WMI-Klassen*

Das Skript fragt vom Benutzer einen Klassennamen ab (Abbildung 17.6, oben rechts). Nach Eingabe des Klassennamens (z.B. CIM_LogicalElement), baut das Skript eine Verbindung zur angegebenen Klasse mittels des CIM-Objektmanagers auf, ruft die Klassen ab und zeigt die Namen in einem Browserfenster an (Abbildung 17.6, oben links, unten rechts). Die Liste zeigt nicht nur den Klassennamen, sondern die zweite Zeile liefert den WMI-Namespace-Eintrag. Dieser Eintrag wird in vielen Beispielen als Displayname zum Zugriff auf die Klasse oder Subklasse benutzt.

TIPP: Klicken Sie auf die Schaltfläche *Abbrechen*, bleibt der Klassenname leer. Dies führt dazu, dass das WSH-Skript alle Klassen des Zweigs *\root* auflistet. Sie können das Browserfenster ja geöffnet lassen und eine zweite Instanz des Skripts starten. Dann entnehmen Sie dem noch geöffneten Fenster einen Klassennamen (z.B. mit Strg+C in die Zwischenablage kopieren) und geben diesen (z.B. mit Strg+V) im Eingabefeld ein. Das Skript gibt dann den Inhalt dieser Klasse aus. Auf diese Weise können Sie die CIM-Hierarchie abrufen.

Der Code zum Auflisten aller Unterklassen einer angegebenen Klasse ist recht einfach. Ein Aufruf der *GetObject*-Methode stellt eine WMI-Verbindung her. Die folgende Zeile benutzt den Moniker *winmgmts:*, um die WMI-Verbindung aufzubauen. Die Methode liefert eine Objektreferenz zum *SWbemServices*-Objekt zurück.

```
Set oWMI = GetObject("winmgmts:")
```

In einer zweiten Anweisung wird dann die *SubclassesOf*-Methode des *SWbemServices*-Objekts aufgerufen. Diese Methode liefert ein Auflistungsobjekt mit allen Unterklassen der CIM-Klasse zurück.

```
Set oClass = oWMI.SubclassesOf (classx)
```

Die Methode erwartet die aufzulistende Klasse als Parameter. Ist der Parameter leer, wird der Inhalt der *root*-Klasse als Auflistung zurückgegeben. Die Objektvariable *oClass* enthält anschließend eine Auflistung mit allen Subclass-Objekten. Diese Elemente sind vom Typ *SWbemObject*. Die folgende Schleife bearbeitet alle Elemente der Auflistung:

```
For Each oSubClass in oClass
 txt = txt & "<dt><b>" & oSubClass.Path_.Class & _
            "</b><dd>" & oSubClass.Path_.DisplayName
Next
```

Die Objektvariable *oSubClass* enthält das *SWbemObject*-Objekt der angegebenen Unterklasse (subclass). Der Klassenname ist eine Eigenschaft dieses Objekts. Im vorhergehenden Beispiel wurde es aber bereits erwähnt – es funktioniert nicht, in folgender Form auf die Eigenschaften des *SWbemObject*-Objekts zuzugreifen:

```
WScript.Echo oSubClass.Class
```

Diese Zeile wird einen Laufzeitfehler auslösen, der angibt, dass die Eigenschaft nicht unterstützt wird. Gemäß meinen Ausführungen über das *SWbemObject*-Objekt weiter oben wird von diesem Objekt keine Eigenschaft *Class* unterstützt. Im Abschnitt, der das *SWbemObject*-Objekt behandelt, erwähnte ich allerdings die Eigenschaft *Path_*. Diese Eigenschaft liefert Informationen wie den Ort (Location) und den Namen eines CIM-Objekts. Daher wird der nachfolgende Code benutzt, um den Klassennamen (der in der Eigenschaft *Class* hinterlegt ist) und den Display-Namen (der in der *DisplayName*-Eigenschaft zu finden ist), abzufragen:

```
WScript.Echo oSubClass.Path_.Class, oSubClass.Path_.DisplayName
```

Die Anweisung benutzt die Hierarchie des Objektmodells, um zuerst auf das in der Objektvariablen *oSubClass* referenzierte Objekt zuzugreifen. Von diesem Objekt wird die Eigenschaft *Path_* gelesen, die ein Objekt zurückgibt, welches die gewünschten Eigenschaften anzeigt.

Kommen wir nochmals auf die weiter oben gezeigte Schleife zurück. Die Anweisungen in dieser Schleife holen den Klassennamen und den Display-Namen (DisplayName). Da ich die Ergebnisse in einer HTML-*Definition List* im Internet Explorer anzeigen möchte, habe ich die HTML-Tags *<dt>* und *<dd>* vor den Einträgen eingefügt. Der Eintrag *DisplayName* ist übrigens recht hilfreich, falls Sie eine direkte Verbindung zu diesem Eintrag im CIM-Namensraum herstellen möchten. Weitere Details sind dem nachfolgenden Listing zu entnehmen.

```
'************************************************
' File:  EnumerateClasses.vbs (WSH-Beispiel in VBScript)
' Autor: G. Born
'
' Zeigt, wie sich alle Klassen einer Subklasse auflisten lassen.
'************************************************
Option Explicit

Const Title = "WMI-Beispiel"

Dim oWMI, oClass, oSubClass
Dim txt, tmp, classx

' Hole Klassennamen
classx = "CIM_LogicalElement"
```

```
' Auch leeren Klassennamen akzeptieren -> liste dann Root
classx = Inputbox ("Klassennamen eingeben" & vbCRLF & _
                "CIM_LogicalElement oder" & vbCRLF & _
                "CIM_PhysicalElement" & vbCRLF & _
                "Abbrechen listet Root-Klassen", _
                Title, classx)

Set oWMI = GetObject("winmgmts:")   ' An Provider binden
Set oClass = oWMI.SubclassesOf (classx)

If classx = "" Then
 txt = "<h2>Subklassen von 'Root'</h2>"
Else
 txt = "<h2>Subklassen von " & classx & "</h2>"
End if
' erzeuge Definition List in HTML
txt = txt & "<dl>"
txt = txt & "<dt><b>Subklassennamen</b><dd>Zeige Namen<br>"

For Each oSubClass in oClass
 txt = txt & "<dt><b>" & oSubClass.Path_.Class & _
           "</b><dd>" & oSubClass.Path_.DisplayName
Next

 txt = txt & "</dl>"

' Zeige Ergebnisse
ShowMSIE txt, Title

'### Helfer ###
Sub ShowMSIE (txt, title)
 Dim oIE, oDoc
' Erzeuge Internet Browser Application-Objekt
 Set oIE = WScript.CreateObject("InternetExplorer.Application")
' Setze Browser-Fenstereigenschaften
 oIE.left=20                  ' Position
 oIE.top = 50                 ' etc.
 oIE.height = 280
 oIE.width = 580
 oIE.menubar = 0
 oIE.toolbar = 0
 oIE.statusbar = 0
 oIE.navigate ("about:blank")  ' Leeres HTML-Dokument
 oIE.visible = 1               ' MSIE sichtbar

 While(oIE.Busy)               ' Warte bis MSIE fertig
  WScript.sleep 50
 Wend
 Set oDoc = oIE.Document       ' Hole Document-Objekt
 oDoc.open                     ' Dokument öffnen
                               ' Code schreiben
 oDoc.writeln ("<html><head><title>" & title & "</title></head>")
 oDoc.writeln ("<body>" & Txt & "</body></html>")
 oDoc.close                    ' Für Schreiben schließen
End Sub
'*** Ende
```

Listing 17.2: EnumerateClasses.vbs

HINWEIS: Die Datei *EnumerateClasses.vbs* finden Sie im Ordner *\Beisp\Kap17* der Begleit-CD-ROM. Auf JScript-Beispiele habe ich an dieser Stelle verzichtet. Der WMI SDK enthält aber solche JScript-Beispiele. Sie finden zum Beispiel nach der WMI SDK-Installation die Datei *classenum.js* im Unterordner *\WMI\samples\Scripting\WSH\JScript* des Ordners *\Program Files* (der WMI SDK verwendet die englischen Ordnerbezeichnungen). Ich habe diese Datei als Basis zur Implementierung des obigen VBScript-Beispiels benutzt.

Systeminformationen einer Maschine abfragen

Sie können per WSH-Skript über WMI eine Verbindung zur Klasse *Win32_ComputerSystem* aufnehmen. Diese Klasse finden Sie im CIM-Zweig */root/cimv2:*.

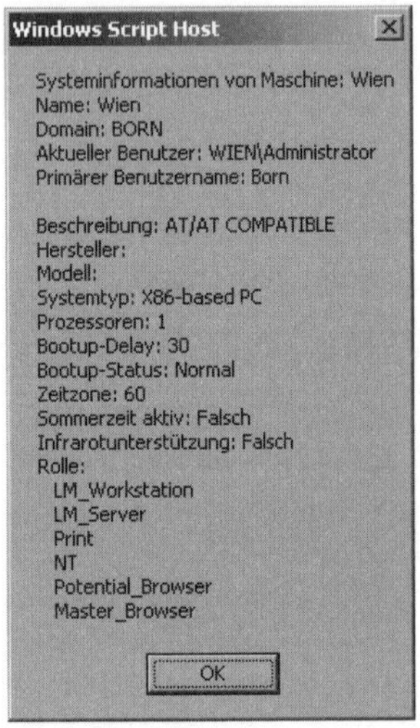

Abbildung 17.7: *Systeminformationen einer bestimmten Maschine*

Die Klasse erlaubt Ihnen einige Informationen bezüglich einer bestimmten Maschine abzufragen (Abbildung 17.7). Neben dem Namen der Maschine liefert das Skript auch den aktuell angemeldeten Benutzer, eine Beschreibung des Systemtyps, den Hersteller, den Besitzer (primärer Benutzername) etc.

HINWEIS: In der Abbildung können Sie aber auch erkennen, dass einige Werte auf der von mir benutzten Testmaschine leer sind. Ob Werte für bestimmte Eigenschaften angezeigt werden, hängt von den WMI-Providern bzw. von den auf der Maschine hinterlegten Informationen ab. Auf dem Testsystem wurde von Windows 2000 offensichtlich das BIOS des Herstellers nicht hundertprozentig erkannt. Daher fehlen die Angaben zum Hersteller und zum Modell. Auf neueren Maschinen liefert das Skript diese Angaben mit.

Lassen Sie uns noch untersuchen, wie sich die gewünschten Informationen per Skript abfragen lassen. Um per WSH-Skript per WMI mit einer bestimmten Maschine Verbindung aufzunehmen, lässt sich die *GetObject*-Methode verwenden. Die folgende Anweisung ist eine vereinfachte Variante des im Skript verwendeten Befehls:

```
Set oSys = GetObject("winmgmts:!/root/cimv2:" & _
          "Win32_ComputerSystem=""Wien""")
```

Der Befehl verwendet den Moniker *winmgmts:* mit dem Pfad zur gewünschten Klasse */root/cimv2:Win32_ComputerSystem*. Der Name der Klasse *Win32_ComputerSystem* wird hier konkret auf den Namen der aktuellen Maschine (hier "Wien") gesetzt. Durch die Angabe des Namens machen wir darauf aufmerksam, dass wir eine Instanz dieser Klasse (und nicht die Klasse selbst) referenzieren möchten. Beachten Sie auch, dass der Maschinenname in doppelte Anführungszeichen gesetzt wurde.

Der Befehl zwingt die *GetObject*-Methode, eine Verbindung mit der Instanz der *Win32_ComputerSystem*-Klasse auf der angegebenen (d.h. der aktuellen) Maschine aufzubauen. Soll sich das Skript mit jeder im Netzwerk erreichbaren Maschine verbinden können, ist die Pfadangabe folgendermaßen zu modifizieren:

```
Set oSys = GetObject("winmgmts:!//machine/root/cimv2:" & _
         "Win32_ComputerSystem=""machine""")
```

wobei der Platzhalter *machine* durch den Maschinennamen zu ersetzen ist. Dieser Maschinenname kommt gleich zweimal vor. Einmal muss die Maschine im Pfad, der auf die *CIM2*-Definitionen weist, angegeben werden. Weiterhin benötigen wir den Maschinennamen als Wert des Schemas *Win32_ComputerSystem,* um auf die Instanzdaten zuzugreifen. Falls Sie den Maschinennamen in einer Variable *machine* hinterlegen, wird der obige Befehl folgendermaßen geschrieben:

```
Set oSys = GetObject("winmgmts:!//" & _
         machine & "/root/cimv2:" & _
         Win32_ComputerSystem=""" & machine & """")
```

Auch hier taucht die Variable *machine* zweimal im Befehlstext auf. Der erste Eintrag fügt den Maschinenamen zum CIM2-Pfad hinzu. Die zweite Stelle setzt den Namen der Klasseninstanz *Win32_ComputerSystem*.

HINWEIS: Beachten Sie hier die Zahl der doppelten Anführungszeichen, die zum Einfügen des Variablennamens verwendet wird. Diese »Orgie« an Anführungszeichen ist notwendig, um den Wert der Variablen selbst in der resultierenden Zeichenkette in Anführungszeichen einzuschließen. Die Sequenz """" erzeugt in VBScript nichts anderes als eine Zeichenkette, die nur das Anführungszeichen beinhaltet. Sind Sie an dieser Stelle etwas verunsichert? Ich brauchte auch drei Anläufe, bis das Skript fehlerfrei übersetzt wurde. O.k., hier ein paar zusätzliche Erläuterungen: Das Muster "" erzeugt in VBScript lediglich ein Anführungszeichen innerhalb der Zeichenkette. Drei doppelte Anführungszeichen """ sind erforderlich, um eine Zeichenkette anzulegen, die mit einem " endet (die ersten zwei "" erzeugen das doppelte Anführungszeichen im String, das dritte " schließt die Zeichenkettendefinition ab). Die Steigerung in Form von vier doppelten Anführungszeichen bewirkt Folgendes: Das erste und das letzte doppelte Anführungszeichen definieren die Zeichenkette. Die beiden "" in der Mitte erzeugen dann ein doppelte Anführungszeichen im Text.

Der oben gezeigte *GetObject*-Aufruf wird auf der lokalen Maschine und vermutlich auch auf Remote-Maschinen im Netzwerk funktionieren. Wenn wir uns jedoch daran erinnern, dass Windows NT (und nachfolgende Versionen) über ausgefeilte Sicherheitsmechanismen verfügen, fehlt an dieser Stelle noch etwas: Der Befehl kümmert sich nicht um die erforderlichen Sicherheitseinstellungen und Zugriffsprivilegien.

Sicherheitseinstellungen *Authentication* und *Impersonation*

Die Windows Management Instrumentation (WMI)-Implementierung verwendet das Distributed Component-Objekt Model (DCOM). Daher darf WMI-Anwendungen nicht einfach der Zugriff auf die Informationen einer (Remote) Maschine ohne vorherige Zertifizierung erlaubt werden. Dies läuft in WMI unter den beiden Schlagworten Authentication und Impersonation.

HINWEIS: Authentication (Authentifizierung) bedeutet: ein Prozess identifiziert sich gegenüber einem anderen Prozess. Impersonation (Personifizierung) legt fest, wie viele Privilegien (Autorität) ein Client dem Server zugesteht, um im Namen des Clients Informationen von anderen Prozessen anzufordern. Die DCOM Authentication-Levels reichen dabei von keiner Authentifizierung (»no authentication)« bis hin zur Authentifizierung pro Datenpaket (»per-packet encrypted authentication«). Details zu den DCOM-Authentication-Levels finden Sie in der COM-Referenz-Dokumentation des »Platform SDK« (unter *msdn.microsoft.com* abrufbar). Um die Erläuterungen der nächsten Schritte nicht zusätzlich durch die Eindeutschung dieser Begriffe zu verkomplizieren, habe ich die Fachbegriffe im nachfolgenden Text sowie in den Kommentaren der Listings belassen.

DCOM unterstützt vier Impersonation-Stufen (Levels) zur Zertifizierung des aufrufenden Prozesses bzw. zur Beeinflussung der Rechte, die die WMI-Aufrufe an unterlagerte Objekte weitergeben. Die nachfolgende Tabelle listet die Impersonation-Werte gemäß den Angaben in der WMI-Hilfe des SDK auf.

Name	Wert	Moniker-Name	Meaning
wbemImpersonationLevelAnonymous	1	Anonymous	Anonymer Aufruf vom Client (die Identität des Aufrufenden ist unbekannt). WMI-Anfragen mit diesem Impersonation-Level scheitern häufig.
wbemImpersonationLevelIdentify	2	Identify	Erlaubt Objekten Anfragen mittels der Identifikation des aufrufenden Prozesses. WMI-Aufrufe mit dieser Stufe können scheitern.
wbemImpersonationLevelImpersonate	3	Impersonate	Erlaubt Objekten, alle Zeugnisse (Identität und Privilegien) des aufrufenden Prozesses zu verwenden. Dies ist der empfohlene Impersonation-Level für WMI-Skripting-API-Aufrufe.
wbemImpersonationLevelDelegate	4	Delegate	Erlaubt Objekten, die Zertifizierung des Aufrufenden an andere Objekte weiterzureichen. Die Impersonation, die bei WMI-Skripting-API-Aufrufen zulässig ist, bringt jedoch ein unnötiges Risiko mit sich. Diese Stufe wird daher nur unter Windows 2000 unterstützt.

Tabelle 17.1: *Impersonation-Levels*

DCOM stellt dabei Standard-(Default) Sicherheitsstufen (Security Levels) bereit, die direkt aus der Registrierung des Systems entnommen werden. Leider setzen die Standard-Sicherheitsprivilegien der Registrierung den Impersonation Level für viele WMI-Funktionen zu niedrig. Falls ein Skript WMI-Aufrufe durchführt, muss es den Impersonation Level vor dem WMI-Aufruf auf »impersonate« setzen. Hierzu lassen sich entweder die Sicherheits-Eigenschaften eines Objekts anpassen, oder Sie verwenden das Wort *impersonate* im *DisplayName* eines Moniker beim Aufruf der *GetObject*-Methode (dies ist die gewöhnlich benutzte Variante).

Zum Personifizieren (Impersonate) eines Skripts reicht es daher aus, wenn Sie folgende Zeichenkette an die *GetObject*-Methode weiterreichen:

```
Set oSys = GetObject("winmgmts:" & _
  "{impersonationLevel=impersonate}!//" & machine & _
  "/root/cimv2:Win32_ComputerSystem=""" & machine & """")
```

Das Textmuster *{impersonationLevel=impersonate}* verwendet den *impersonate*-Moniker, um die Personifizierungsstufe (Impersonation Level) definiert zu setzen. In diesem Beispiel habe ich auf die Authentifizierung (Authentication) verzichtet, wir nehmen einfach an, dass das Skript mit Administratorrechten ausgeführt wird.

Sobald die Objektreferenz zur Instanz der Klasse *Win32_ComputerSystem* angelegt wurde, kann das Skript auf die Eigenschaften des von *GetObject* zurückgelieferten Objekts zugreifen. Der Objektbrowser des WMI SDK gibt an, dass die Klasse 51 Eigenschaften aufweist, die sich alle direkt ansprechen lassen. Obwohl nicht alle Eigenschaften Werte enthalten (ich hatte auf diesen Umstand bereits weiter oben hingewiesen), kann das Skript in der Regel sehr viele hilfreiche Daten von der Maschine abfragen.

- Die Eigenschaft *Name* liefert den Computernamen, *Domain* enthält die Domäne oder den Namen der Arbeitsgruppe. *CurrentUser* enthält den Namen des aktuell angemeldeten Benutzers. *PrimaryOwnerName* wird während der Windows-Installation gesetzt und identifiziert den Besitzer des Betriebssystems (den Lizenznehmer der Software).
- Die Eigenschaften *Description* und *Manufacturer* enthalten Texte, die den Maschinentyp und den Maschinenhersteller angeben. Es gibt weitere Eigenschaften wie *Model* und *System Type*, die dem Skript die Identifizierung des Computermodells und des Prozessortyps (z.B. x86) ermöglichen – allerdings sind diese Eigenschaften nicht auf allen Maschinen zwingend definiert.
- *NumberOfProcessors* liefert die Anzahl der Prozessoren zurück, *SystemStartUpDelay* enthält die Wartezeit in Sekunden, die ein System beim Booten das Bootmenü anzeigt.

Weitere Eigenschaften beziehen sich auf die Zeitzone, Infrarotunterstützung etc. Einige Eigenschaften enthalten keine einfachen Werte, sondern Felder mit Zeichenketten. Solche Felder lassen sich mit einer Schleife auswerten:

```
For i = LBound(oSYS.Roles) to UBound(oSYS.Roles)
 WScript.Echo oSYS.Roles(i)
Next
```

oSYS.Roles ist die *Roles*-Eigenschaft, die ein Feld mit Zeichenketten-Daten enthält, welches die Rolle der Maschine innerhalb eines Netzwerks (Arbeitsstation, Server etc.) beschreibt. Eine detaillierte Auflistung aller Eigenschaften liefert Ihnen der WMI-Objektbrowser (der im WMI SDK enthalten ist). Das folgende VBScript-Listing fragt vom Benutzer einen Maschinennamen ab. Anschließend versucht es Verbindung mit dieser Maschine aufzunehmen und liefert dann einige Eigenschaften dieser Maschine aus der Klasse *Win32_SystemName* in einem Dialogfeld.

```
'************************************************
' File:  WMISystemInfo.vbs (WSH-Beispiel in VBScript)
' Autor: G. Born
'
' Lese Systeminformationen per WMI.
'************************************************
```

```
Option Explicit

Const Title = "Maschinen-Info"
Dim oSys
Dim txt, tmp, machine
Dim i
machine = "Wien"
' Auch leere Klassennamen akzeptieren -> liste Root
tmp = Inputbox ("Computername eingeben" & vbCRLF & _
               "z.B. ROM" & vbCRLF & _
               "Abbrechen wählt " & machine, _
               Title, machine)
If tmp <> "" Then machine = tmp  ' Benutzereingabe?

On Error Resume Next          ' Fehlerbehandlung aus
Set oSys = GetObject("winmgmts:" & _
           "{impersonationLevel=impersonate}" & _
           "!//" & machine & "/root/cimv2:Win32_ComputerSystem=""" & _
           machine & """")
If err <> 0 then              ' Fehler aufgetreten?
 WScript.Echo "Fehler: " & err.number & vbCRLF & _
           err.description
 WScript.Quit                 ' Kein Objekt vorhanden, exit
End if
On Error Goto 0

' Lese Daten der Maschine
txt = "Systeminformationen von Maschine: " & machine & vbCRLF
txt = txt & "Name: " & oSYS.Name & vbCRLF
txt = txt & "Domain: " & oSYS.Domain & vbCRLF
txt = txt & "Aktueller Benutzer: " & oSYS.UserName & vbCRLF
txt = txt & "Primärer Benutzername: " & oSYS.PrimaryOwnerName & vbCRLF & vbCRLF
txt = txt & "Beschreibung: " & oSYS.Description & vbCRLF
txt = txt & "Hersteller: " & oSYS.Manufacturer & vbCRLF
txt = txt & "Modell: " & oSYS.Model & vbCRLF
txt = txt & "Systemtyp: " & oSYS.SystemType & vbCRLF
txt = txt & "Prozessoren: " & oSYS.NumberOfProcessors & vbCRLF
txt = txt & "Bootup-Delay: " & oSYS.SystemStartUpDelay & vbCRLF
txt = txt & "Bootup-Status: " & oSYS.BootUpState & vbCRLF
txt = txt & "Zeitzone: " & oSYS.CurrentTimeZone & vbCRLF
txt = txt & "Sommerzeit aktiv: " & oSYS.DayLightInEffect & vbCRLF
txt = txt & "Infrarotunterstützung: " & oSYS.InfraredSupported & vbCRLF
txt = txt & "Rolle: "  & vbCRLF
For i = LBound(oSYS.Roles) to UBound(oSYS.Roles)
 txt = txt & "   " & oSYS.Roles(i) & vbCRLF
Next

WScript.Echo txt
'*Ende
```

Listing 17.3: WMISystemInfo.vbs

HINWEIS: Die Datei *WMISystemInfo.vbs* finden Sie im Ordner *\Beisp\Kap17* der Begleit-CD-ROM.

Wie lassen sich Speicherdaten per WMI abfragen?

WMI ist das richtige Werkzeug, falls Sie sich über den auf einer Maschine installierten physikalischen Arbeitsspeicher informieren möchten.

Abbildung 17.8: *Speichereinstellungen einer Maschine*

Abbildung 17.8 zeigt den Speichereinstellungen einer konkreten Maschine an. Neben der Größe des installierten physikalischen Speichers wird auch die Größe des virtuellen Speichers und die Größe der Auslagerungsdatei angezeigt. Aber wie gelangen wir an diese Informationen?

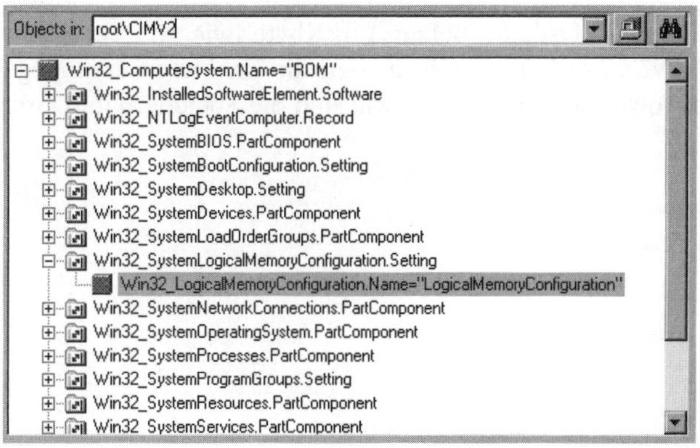

Abbildung 17.9: *Objekte (Klasse) in* Win32_ComputerSystem

Das WMI CIM-Schema definiert verschiedene Klassen, die Eigenschaften zur Speicherbelegung enthalten. Die bereits im vorhergehenden Beispiel benutzte Klasse *Win32_ComputerSystem* stellt beispielsweise die Eigenschaft *TotalPhysicalMemory* bereit, die die Größe des physikalischen Arbeitsspeichers in Byte zurückgibt.

Mehr Informationen bezüglich der Speicherdaten sollte die Klasse *Win32_LogicalMemoryConfiguration* liefern. Diese Klasse enthält die Eigenschaften *TotalPhysicalMemory*, *TotalVirtualMemory*, *AvailableVirtualMemory* und *TotalPageFileSpace*. Ein Skript kann mittels der *GetObject*-Methode eine Verbindung zu dieser Klasse herstellen:

```
Set oMem = GetObject("winmgmts:" & _
          "{impersonationLevel=impersonate}" & _
          "!//" & machine & "/root/cimv2:" & _
          "Win32_LogicalMemoryConfiguration=""" & _
          "LogicalMemoryConfiguration""")
```

Der Befehl enthält einfach den Pfad zu der aktuellen Maschine und bindet an *Win32_LogicalMemoryConfiguration*. Wichtig ist hier nur, dass der *Name*-Wert der Klasse auf:

```
Win32_LogicalMemoryConfiguration="LogicalMemoryConfiguration"
```

gesetzt wird. Durch diese Zuweisung an den *Name*-Wert legen wir fest, dass nicht die Klasse (die ja nur eine Vorlage darstellt), sondern eine Instanz dieser Klasse als Objekt referenziert werden soll. Falls Sie diesen Instanznamen vergessen, erhalten Sie die Eigenschaften des Objekts der Klasse, die dann aber leer sind (die Vorlage bezieht sich ja nicht auf etwas Konkretes, sondern definiert nur die Struktur mit Methoden und Eigenschaften).

HINWEIS: Die Information, ob Sie nun eine Klasse oder eine Instanz als Name angeben, liefert Ihnen der WMI-Objektbrowser. Abbildung 17.9 zeigt die Objekte der Klasse *Win32_ComputerSystem*. Beide Klassen *Win32_ComputerSystem* und *Win32_LogicalMemoryConfiguration* besitzen die *Name*-Eigenschaft, die auf einen Wert gesetzt wurde – also handelt es sich um Instanzen.

Sobald das Skript über eine Referenz zum *Win32_LogicalMemoryConfiguration*-Objekt verfügt, kann das Skript direkt auf die Eigenschaften dieses Objekts zugreifen. Der Befehl:

```
WScript.Echo "Totaler physikal. Speicher (KByte): " & _
      FormatNumber(oMem.TotalPhysicalMemory,0)
```

zeigt die Speichergröße des Arbeitsspeichers (physikal. Speicher) in Kbyte (wie von der Eigenschaft geliefert) an. Die VBScript-*FormatNumber*-Funktion formatiert die Zahl in einer vorgegebenen Weise (siehe VBScript-Hilfe). Das folgende Listing zeigt, wie sich die Speicherdaten einer Maschine abfragen lassen.

```
'************************************************
' File:   WMIMemoryInfo.vbs (WSH-Beispiel in VBScript)
' Autor: G. Born
'
' Zeigt, wie mit WMI der Speicher abgefragt wird.
'************************************************
Option Explicit

Const Title = "Speicher-Information"
Dim oMem
Dim txt, tmp, machine

machine = "Wien"
' akzeptiere auch leeren Klassennamen -> liste Root
tmp = Inputbox ("Computername eingeben" & vbCRLF & _
               "z.B. Rom" & vbCRLF & _
               "Abbrechen verbindet mit " & machine, _
               Title, machine)
If tmp <> "" Then machine = tmp  ' Benutzereingabe testen

On Error Resume Next          ' Fehlerbehandlung im Skript
Set oMem = GetObject("winmgmts:" & _
          "{impersonationLevel=impersonate}" & _
          "!//" & machine & "/root/cimv2:" & _
          "Win32_LogicalMemoryConfiguration=""" & _
          "LogicalMemoryConfiguration""")
If err <> 0 then              ' Fehler?
 WScript.Echo "Fehler: " & err.number & vbCRLF & _
          err.description
 WScript.Quit                 ' Kein Objekt, beenden
End if
On Error Goto 0
```

```
' Lese Speicher der Maschine
txt = "Speicher auf: " & machine & vbCRLF
txt = txt & "Totaler physikal. Speicher (KByte): " & _
      vbTab & FormatNumber(oMem.TotalPhysicalMemory,0) & vbCRLF
txt = txt & "Totaler virtueller Speicher (KByte): " & _
      vbTab & FormatNumber(oMem.TotalVirtualMemory,0) & vbCRLF
txt = txt & "Verfügbarer virtueller Speicher (KByte): " & _
      vbTab & FormatNumber(oMem.AvailableVirtualMemory,0) & vbCRLF
txt = txt & "Total-Page-File Größe (KByte): " & _
      vbTab & FormatNumber(oMem.TotalPageFileSpace,0) & vbCRLF

WScript.Echo txt
'*** Ende
```

Listing 17.4: WMIMemoryInfo.vbs

HINWEIS: Die Datei *WMIMemoryInfo.vbs* finden Sie im Ordner *\Beisp\Kap17* der Begleit-CD-ROM.

ExecQuery zum Abfragen von Speicherdaten nutzen

Das vorhergehende Beispiele benutzt den Pfad zu einer Klasse, um eine Objektreferenz zu holen. Anschließend werden die Eigenschaften des Objekts ausgewertet. Dies bringt Vorteile, falls ein Skript mehrere Eigenschaften eines Objekts analysieren möchte.

Das WMI-Objekt *SWbemServices* stellt alternativ auch Methoden bereit, mit denen sich CIM-Daten per Abfrage (Query) ermitteln lassen. Microsoft hat dabei für Abfragen die WQL (WMI Query Language) definiert, die Abfragen ähnlich wie SQL-Abfragen zulässt. Wir können folgenden Befehl zum Anlegen eines *SWbemServices*-Objekt nutzen:

```
Set oWMI = GetObject( &_
  "winmgmts:{impersonationLevel=impersonate}!//" & machine)
```

Der Moniker definiert Impersonation-Level und Pfad zur Maschine. Anschließend lässt sich eine Abfrage als Befehl erstellen:

```
Select TotalPhysicalMemory From Win32_LogicalMemoryConfiguration
```

TotalPhysicalMemory lässt sich dabei quasi als Feld und *Win32_LogicalMemoryConfiguration* als logische Tabelle der CIM-Datenbank (Repository) interpretieren. Die folgende Anweisung demonstriert die Anwendung der *ExecQuery*-Methode:

```
Set oSet = oWMI.ExecQuery( & _
     "Select TotalPhysicalMemory From Win32_ComputerSystem"
```

Beachten Sie an dieser Stelle, dass ich hier die Klasse *Win32_ComputerSystem* anstelle von *Win32_LogicalMemoryConfiguration* verwende. Beide Klassen liefern die *TotalPhysicalMemory*-Eigenschaft, aber *Win32_ComputerSystem* gibt die Speichergröße in Byte an.

Die *ExecQuery*-Methode liefert eine *SWbemObjectSet*-Auflistung zurück. Die Objekte dieser Auflistung lassen sich in einer *For Each*-Schleife auswerten:

```
For Each oItem in oSet
 WScript.Echo & "Memory: " oItem.TotalPhysicalMemory
Next
```

Das komplette Beispiel ist in folgendem Listing enthalten. Ich habe an dieser Stelle auf eine Behandlung von Laufzeitfehlern verzichtet, um die relevanten Skriptteile nicht zusätzlich zu komplizieren. Sie können aber eine Behandlung auf Laufzeitfehler in der *For*-Schleife einfügen:

```
If oItem Is nothing Then WScript.Quit
```

Das Listing enthält zwei Query-Befehle, um die Größe des installierten Arbeitsspeichers abzufragen, wobei ein Befehl auskommentiert wurde. Sie können die Kommentare ja umsetzen, um das Verhalten der beiden Query-Befehle zu untersuchen. Weitere Details finden Sie im folgenden Listing.

```
'************************************************
' File:  WMIGetMem.vbs (WSH-Beispiel in VBScript)
' Autor: G. Born
'
' Zeigt, wie die WMI ExecQuery-Methode zur Abfrage
' des physikalischen Speichers genutzt wird.
'************************************************
Option Explicit

Const Title = "Physikal. Speicher auf "
Const Machine = "Wien"

Dim strQuery, moniker
Dim oWMI, oSet, oItem
Dim txt

' Erzeuge Moniker mit Impersonation Level und
' Pfad zur Maschine
moniker = "winmgmts:{impersonationLevel=impersonate}!//" & machine

' Referenz zu WMI erzeugen
Set oWMI = GetObject(moniker)

' definiere Query-String
'strQuery = "Select TotalPhysicalMemory From " & _
'           "Win32_LogicalMemoryConfiguration"

strQuery = "Select TotalPhysicalMemory From  " & _
           "Win32_ComputerSystem"

' Query ausführen, Ergebnis ist eine SWbemObjectSet-Auflistung
Set oSet = oWMI.ExecQuery(strQuery)

txt = ""

' Auflistung mit Ergebnissen (wir bekommen hier nur einen Wert)
For Each oItem in oSet
```

```
 txt = txt & "Physikal. Speicher: " & _
 FormatNumber(oItem.TotalPhysicalMemory, 0) & " Byte" & vbCRLF
Next

' Ergebnis anzeigen
MsgBox txt, vbOkOnly + vbInformation, Title & " " & machine
'*** Ende
```

Listing 17.5: WMIGetMem.vbs

HINWEIS: Die Datei *WMIGetMem.vbs* finden Sie im Ordner *\Beisp\Kap17* der Begleit-CD-ROM.

Verfügbaren und freien Speicher anzeigen

WMI erlaubt neben der Größe des verfügbaren physikalischen Speichers auch die Menge des noch freien physikalischen Speichers abzufragen. Während der verfügbare physikalische Speicher über die Klasse *Win32_LogicalMemoryConfiguration* beschrieben wird, lässt sich der freie physikalische Speicher nur über das Schema *Win32_OperatingSystem* ermitteln. Aus dem vorhergehenden Beispiel wissen wir, dass sich der verfügbare physikalische Speicher mit folgenden Befehlen abfragen lässt:

```
Set oMem = GetObject("winmgmts:" & _
          "{impersonationLevel=impersonate}" & _
          "!//" & machine & "/root/cimv2:" & _
          "Win32_LogicalMemoryConfiguration=""" & _
          "LogicalMemoryConfiguration""")
WScript.Echo oMem.TotalPhysicalMemory
```

und der WMI-Objektbrowser zeigt gemäß Abbildung 17.10, dass die Klasse *Win32_OperatingSystem* die *FreePhysicalMemory*-Eigenschaft unterstützt.

Daher müssten wir ähnliche Anweisungen zur Abfrage des freien physikalischen Speichers formulieren können:

```
Set oMem = GetObject("winmgmts:" & _
          "{impersonationLevel=impersonate}" & _
          "!//" & machine & "/root/cimv2:" & _
          "Win32_OperatingSystem")
' lese freien Speicher
txt = txt & "Freier physikalischer Speicher (KByte): " & _
     oMem.FreePhysicalMemory & vbCRLF
```

Wenn Sie diese Befehle in einem Skript verwenden, liefert WMI leider einen leeren Wert für die Speichergröße zurück.

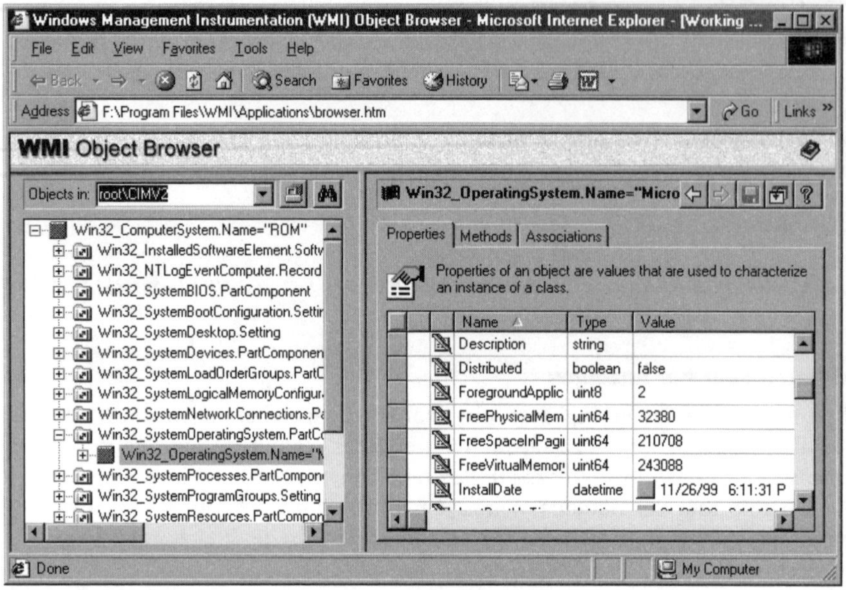

Abbildung 17.10: Win32_OperatingSystem-*Eigenschaften*

HINWEIS: Sie können dies mittels der Datei *WMIFreeMemWrong.vbs* im Ordner *\Beisp\Kap17* der Begleit-CD-ROM testen. Das Beispiel liefert keinen Wert für den freien Speicher (Abbildung 17.11).

Abbildung 17.11: *Fehlerhafte Speicheranzeige*

Der Grund: *Win32_OperatingSystem* ist ein Schema, d.h. eine Vorlage, die Methoden und Eigenschaften beschreibt, aber keine Werte enthält. Um wirklich an die Daten heranzukommen, benötigen wir die Instanz dieses Objekts.

Da der obige Ansatz nicht funktioniert, benötigen wir eine neue Strategie. Offenbar gibt es die Eigenschaft, sonst ließe sich der freie Speicher ja nicht abfragen. Aber wie kommen wir jetzt an den Wert der Instanz?

Ich hatte im Beispiel eine Abfrage zur Ermittlung des verfügbaren physikalischen Speichers benutzt. Irgendwie sollte sich der freie Speicher doch auch ermitteln lassen. Dies nutzen die folgenden Anweisungen aus, um den freien physikalischen Speicher abzufragen.

```
strQuery = "Select FreePhysicalMemory From " & _
           "Win32_OperatingSystem"
Set oSet = oWMI.ExecQuery(strQuery) ' Abfrage ausführen

' Ergebnisse auswerten (es liegt max. 1 Wert vor)
For Each oItem in oSet
 If oItem Is nothing Then
```

```
  txt = txt & "Freier physikal. Speicher: unbekannt"
 Else
  txt = txt & " Freier physikal. Speicher: " & _
   FormatNumber(oItem.FreePhysicalMemory, 0) & " Bytes" & vbCRLF
 End if
Next
```

Die *ExecQuery*-Methode fordert über WMI die Größe des verfügbaren physikalischen Speichers an. Die zurückgegebene Auflistung enthält dann ein Objekt, welches über die Eigenschaft *oItem.FreePhysicalMemory* den gewünschten Wert liefert. Das folgende Listing demonstriert, wie sich die Werte für den Arbeitsspeicher sowie den freien Speicher über WMI ermitteln lassen.

```
'************************************************
' File:  WMIGetFreeMem.vbs (WSH-Beispiel in VBScript)
' Autor: G. Born
'
' Nutzt WMI, um auf Schema-Information zuzugreifen. Liefert
' freien Speicher. Verwendet die WMI ExecQuery-Methode
' zur Abfrage des physikal. Speichers und des
' verfügbaren freien Speichers.
'************************************************
Option Explicit

Const Title = "Speicher auf Maschine"
Const Machine = "Wien"

Dim strQuery, moniker
Dim oWMI, oSet, oItem
Dim txt

' Erzeuge Moniker mit Impersonation Level und
' Pfad zur Maschine
moniker = "winmgmts:{impersonationLevel=impersonate}!//" & machine

' Jetzt Referenz zu WMI erzeugen
Set oWMI = GetObject(moniker)

' definiere Query-String
strQuery = "Select TotalPhysicalMemory From " & _
           "Win32_LogicalMemoryConfiguration"

' Query ausführen
Set oSet = oWMI.ExecQuery(strQuery)
txt = ""
' Ergebnisse auflisten (max. 1 Wert wird zurückgegeben)
For Each oItem in oSet
 If oItem Is nothing Then
  txt = txt & "Physikal. Speicher: unbekannt"
 Else
  txt = txt & "Physikal. Speicher: " & _
   FormatNumber(oItem.TotalPhysicalMemory, 0) & " Byte" & vbCRLF
 End if
Next

' Query für freien Speicher erzeugen
strQuery = "Select FreePhysicalMemory From " & _
           "Win32_OperatingSystem"
```

```
' Query ausführen
Set oSet = oWMI.ExecQuery(strQuery)

' Ergebnisse auflisten (max. 1 Wert wird zurückgegeben)
For Each oItem in oSet
 If oItem Is nothing Then
  txt = txt & "Freier physikal. Speicher: unbekannt"
 Else
  txt = txt & "Freier physikal. Speicher: " & _
   FormatNumber(oItem.FreePhysicalMemory, 0) & " Byte" & vbCRLF
 End if
Next

' Ergebnis zeigen
MsgBox txt, vbOkOnly + vbInformation, Title & " " & machine
'*** Ende
```

Listing 17.6: WMIGetFreeMem.vbs

HINWEIS: Die Datei *WMIGetFreeMem.vbs* finden Sie im Ordner *\Beisp\Kap17* der Begleit-CD-ROM.

Wie lässt sich auf Objektinstanzen zugreifen?

Haben Sie sich die obigen Beispiele angesehen und die Erläuterung verfolgt? Das letzte Beispiel führte Ihnen sicherlich drastisch vor Augen, dass es Unterschiede zwischen einem Schema (welches als Vorlage ein bestimmtes Objekt beschreibt) und der eigentlichen Instanz, die eine Abbildung des Objekts darstellt, gibt. Im obigen Beispiel habe ich als Notnagel die *ExecQuery*-Methode benutzt, um letztendlich die benötigten Daten zu lesen. Falls ein Skript jedoch mehrere Eigenschaften eines Objekts lesen möchte, ist die *ExecQuery*-Methode nicht sonderlich effizient. Wir benötigen einen Mechanismus, um alle Eigenschaften des Objekts der Instanz des angegebenen Schemas zu bearbeiten. Glücklicherweise bietet WMI die erforderlichen Methoden.

Ein Beispiel soll diesen Ansatz demonstrieren, ein Skript liest verschiedene Eigenschaften des Betriebssystems (dies muss ja eine Instanz sein, da das Schema ja nur global beschreibt, welche Eigenschaften das Betriebssystem bereitstellt). Die Eigenschaften finden sich in der Klasse *Win32_OperatingSystem*; diese Klasse hatten wir im vorhergehenden Beispiel bereits zur Abfrage des freien Speichers kennen gelernt. Die Klasse enthält weitere interessante Eigenschaften wie die Build-Nummer des Betriebssystems, die Version des Service Packs, den Namen des registrierten Benutzers etc.

Abbildung 17.12: *Betriebssystemdaten*

Ich hatte es bereits erwähnt, wir müssen auf eine Instanz dieses Schemas zurückgreifen. Der folgende Befehl verwendet die *InstancesOf*-Methode, um eine Referenz auf die Instanz eines angegebenen Klassenobjekts zu erzeugen:

```
Set oWMI = GetObject( _
  "winmgmts:{impersonationLevel=impersonate}//" & Machine _
   ).InstancesOf("Win32_OperatingSystem")
```

Machine enthält den Maschinennamen. Nach Ausführung des Befehle enthält die Objektvariable *oWMI* ein Auflistungsobjekt mit allen Instanzen des Schemas. Die Instanz der Klasse *Win32_OperatingSystem* enthält allerdings nur einen Eintrag. Sobald dieser Eintrag gelesen wird, können wir die Eigenschaften des Instanzenobjekts lesen:

```
For Each oItem In oWMI
 WScript.Echo "Typ: " & oItem.Caption  ' OS Name
 WScript.Echo "Version: " & oItem.Version
...
Next
```

Die *Win32_OperatingSystem*-Objektinstanz bietet die interessierenden Eigenschaften. Das nachfolgende Listing greift auf diese Eigenschaften zu und zeigt diese in einem einfachen Dialogfeld an (Abbildung 17.12). Weitere Details entnehmen Sie bitte dem folgenden Listing.

```
'************************************************
' File:  WMIGetOSData.vbs (WSH-Beispiel in VBScript)
' Autor: G. Born
'
' Holt Betriebssystemdaten (OS-Daten) per WMI.
'************************************************
Option Explicit

Const Machine = "Wien"
'Const Machine = "Rom"
Const Title = "Betriebssystemdaten von "

Dim oWMI, oItem, txt

' Erzeuge Referenz zur WMI-Betriebssysteminstanz
Set oWMI = GetObject( _
  "winmgmts:{impersonationLevel=impersonate}//" & Machine _
   ).InstancesOf("Win32_OperatingSystem")

txt = ""                 ' init String
' Auflistung bearbeiten (enthält nur ein Objekt!)
For Each oItem In oWMI
 txt = txt & "Typ: " & oItem.Caption & vbCRLF  ' OS-Name
 txt = txt & "Version: " & oItem.Version & vbCRLF
 txt = txt & "Build: " & oItem.BuildNumber & vbCRLF
 txt = txt & "Hersteller: " & oItem.Manufacturer & vbCRLF
 txt = txt & "Registr. Benutzer: " & oItem.RegisteredUser & vbCRLF
 txt = txt & "Firma: " & oItem.Organization & vbCRLF
 txt = txt & "Service Pack Hauptversion: " & _
             oItem.ServicePackMajorVersion & vbCRLF
 txt = txt & "Service Pack Unterversion: " & _
```

```
                oItem.ServicePackMinorVersion & vbCRLF & vbCRLF

 txt = txt & "Totaler Speicher: " & oItem.TotalVisibleMemorySize & vbCRLF
 txt = txt & "Freier Speicher: " & oItem.FreePhysicalMemory & vbCRLF
 txt = txt & "Boot-Einheit: " & oItem.BootDevice & vbCRLF
 txt = txt & "Windows-Verzeichnis: " & oItem.WindowsDirectory & vbCRLF
 txt = txt & "System-Verzeichnis: " & oItem.SystemDirectory & vbCRLF
Next
' Zeige Ergebnisse
MsgBox txt, vbOkOnly + vbInformation, Title & " " & machine
'*** Ende
```

Listing 17.7: WMIGetOSData.vbs

HINWEIS: Die Datei *WMIGetOSData.vbs* finden Sie im Ordner *\Beisp\Kap17* der Begleit-CD-ROM.

BIOS-Daten per WMI lesen

Nach den obigen Beispielen ist es nur noch ein kleiner Schritt, um auch BIOS-Daten mit WMI per Skript abzufragen (Abbildung 17.13).

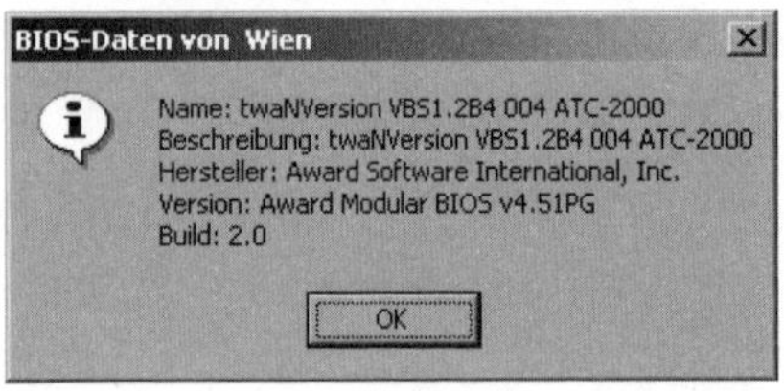

Abbildung 17.13: *BIOS-Daten*

Wir müssen nur die Klasse im obigen Quellcode austauschen und ggf. die Eigenschaftennamen anpassen. Anstelle der Klasse *Win32_OperatingSystem* verwenden wir die Klasse *Win32_BIOS* (bzw. deren Instanzen). Diese Klasse enthält die Eigenschaften des BIOS. Die Eigenschaftennamen sind teilweise sogar mit den Namen der Betriebssystemeigenschaften identisch. Abbildung 17.13 zeigt das Dialogfeld, welches von einem Beispielskript ausgegeben wird. Dieses Skript erlaubt Ihnen, eine Verbindung zu beliebigen Maschinen innerhalb eines Netzwerks aufzunehmen. Details zur Implementierung entnehmen Sie bitte dem folgenden Listing.

```
'**************************************************
' File:  WMIGetBIOSData.vbs (WSH-Beispiel in VBScript)
' Autor: G. Born
'
' Hole BIOS-Daten mit  WMI.
'**************************************************
Option Explicit

Const Title = "BIOS-Daten von "

Dim oWMI, oItem, txt, Machine, tmp

Machine = "Wien"  ' Maschinenname
tmp = InputBox ("Computername eingeben" & vbCRLF & _
                "z.B. Paris", "BIOS-Daten", _
```

```
                Machine)
If tmp <> "" Then Machine = tmp

' Erzeuge Referenz auf BIOS-Instanz
Set oWMI = GetObject( _
  "winmgmts:{impersonationLevel=impersonate}//" & Machine _
   ).InstancesOf("Win32_BIOS")

txt = ""                ' init String
' Auflistung bearbeiten (wir haben nur ein Objekt!)
For Each oItem In oWMI
 txt = txt & "Name: " & oItem.Name & vbCRLF
 txt = txt & "Beschreibung: " & oItem.Description & vbCRLF
 txt = txt & "Hersteller: " & oItem.Manufacturer & vbCRLF
 txt = txt & "Version: " & oItem.Version & vbCRLF
 txt = txt & "Build: " & oItem.SMBIOSMajorVersion & "." & _
              oItem.SMBIOSMinorVersion
Next
' Zeige Ergebnisse
MsgBox txt, vbOkOnly + vbInformation, Title & " " & machine
'*** Ende
```

Listing 17.8: WMIGetBIOSData.vbs

HINWEIS: Die Datei *WMIGetBIOSData.vbs* finden Sie im Ordner *\Beisp\Kap17* der Begleit-CD-ROM. Im Unterordner *\Addon* finden Sie die Datei *WMICPUInfo.vbs*, die Informationen zum aktuellen Prozessor der Maschine liefert.

Abfrage der IP-Adresse

In der WSH-Newsgroup gibt es häufiger Anfragen von Leuten, die nach Wegen suchen, um die IP-Adresse des Netzwerkadapters einer Maschine abzufragen. In den Antworten wurden verschiedene Lösungen skizziert. Dies reichte von der Nutzung der Microsoft ActiveX-Komponente *MSWinSock.ocx* bis hin zum Zugriff auf die Windows 9x-Registrierung oder zum Hinweis, Komponenten von Drittherstellern zu nutzen. Die IP-Adresse finden sich in der Registrierung bei den Daten, die den Netzwerkadapter spezifizieren. Der direkte Zugriff auf die Registrierung ist aber mit Risiken behaftet, da die Lage der Schlüssel von den Betriebssystemversionen abhängt. Mit WMI ist es allerdings sehr einfach, die IP-Adresse eines vorgegebenen Netzwerkadapters abzufragen.

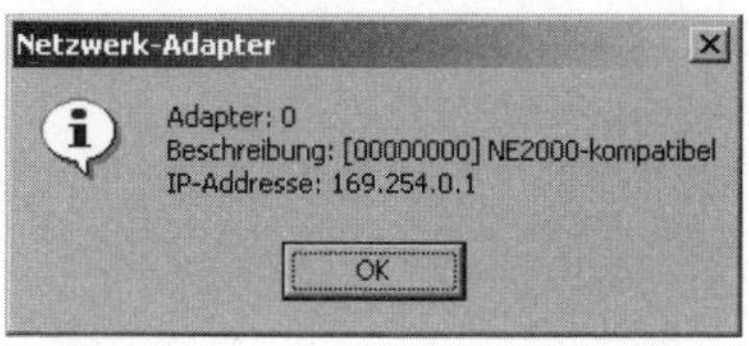

Abbildung 17.14: *IP-Adresse und Adapterdaten*

Die Daten finden Sie in der Klasse *Win32_NetworkAdapterConfiguration*. Ein Skript kann den folgenden Query-Befehl zur Abfrage dieser Adapterdaten verwenden:

```
Select * from Win32_NetworkAdapterConfiguration
    Where IPEnabled=TRUE
```

Die *Where*-Bedingung filtert die Adapter heraus, bei denen eine IP-Adressierung verwendet wird. Das Skript stellt eine WMI-Verbindung über die *GetObject*.Methode her. Gleichzeitig wird über das betreffende Objekt die *ExecQuery*-Methode aufgerufen:

```
Set oWMI = GetObject( _
  "winmgmts:{impersonationLevel=impersonate}" & _
  "!" & Machine).ExecQuery (strQuery)
```

Der Aufruf dieser Methode liefert ein Auflistungsobjekt zurück, welches die Daten aller Netzwerkadapter als Objekte enthält. Diese lassen sich über eine *For Each*-Schleife bearbeiten. Anschließend können Sie auf die Eigenschaften eines Elements der Auflistung zugreifen:

```
For Each oAdapter In oWMI
 txt = txt & "Adapter: " & oAdapter.Index & vbCRLF
 txt = txt & "Beschreibung: " & oAdapter.Caption & vbCRLF
 txt = txt & "IP-Adresse: "
 If Not IsNull(oAdapter.IPAddress) Then         ' IP-Adresse gefunden
  For i = LBound(oAdapter.IPAddress) To UBound(oAdapter.IPAddress)
   txt = txt & oAdapter.IPAddress(i) & vbCRLF
  Next
 End if
Next
```

Die Eigenschaft *Index* des Objekts liefert die Nummer des Adapters. Die *Caption*-Eigenschaft enthält die NetBIOS-Beschreibung. Die IP-Adresse finden Sie in der *IPAddress*-Eigenschaft. Die Daten liegen als Feld vor, d.h. Sie müssen die Felddaten über eine *For*-Schleife auslesen. Das folgende Beispielprogramm zeigt, wie Sie die Daten des Netzwerkadapters lesen und die gefundenen IP-Adressen anzeigen.

```
'************************************************
' File:  WMIGetIPAddress.vbs (WSH-Beispiel in VBScript)
' Autor: G. Born
'
' Lese IP-Adresse eines Netzwerkadapters per WMI.
'************************************************
Option Explicit

Dim oAdapter, oWMI
Dim txt, Machine, tmp, strQuery, i

'  Maschinenname
Machine = "//Wien"
tmp = InputBox ("Computername eingeben", _
               "IP-Adresse", Machine)
If tmp <> "" Then Machine = tmp

' Query zur Auswahl des Netzwerkadapters
strQuery = "Select * from Win32_NetworkAdapterConfiguration " & _
             "Where IPEnabled=TRUE"

' Query ausführen
Set oWMI = GetObject( _
  "winmgmts:{impersonationLevel=impersonate}" & _
  "!" & Machine).ExecQuery (strQuery)
```

```
txt =" "
For Each oAdapter In oWMI
 txt = txt & "Adapter: " & oAdapter.Index & vbCRLF
 txt = txt & "Beschreibung: " & oAdapter.Caption & vbCRLF
 txt = txt & "IP-Addresse: "
 If Not IsNull(oAdapter.IPAddress) Then        ' IP-Addresse gefunden
  For i = LBound(oAdapter.IPAddress) To UBound(oAdapter.IPAddress)
   txt = txt & oAdapter.IPAddress(i) & vbCRLF
  Next
 End if
Next
MsgBox txt, vbOkOnly + vbInformation, "Netzwerk-Adapter"
'* Ende
```

Listing 17.9: WMIGetIPAddress.vbs

HINWEIS: Die Datei *WMIGetIPAddress.vbs* finden Sie im Ordner *\Beisp\Kap17* der Begleit-CD-ROM.

Arbeiten mit Laufwerksdaten

Die Beispiele im folgenden Abschnitt zeigen, wie Sie per Skript und WMI auf die Daten logischer Laufwerke zugreifen und diese ggf. ändern können.

Beispiel: Daten eines Laufwerks anzeigen

Im folgenden kleinen VBScript-Beispiel werden die Daten des Laufwerks (C:) gelesen und in einem Dialogfeld angezeigt (Abbildung 17.15).

Abbildung 17.15: *Laufwerksdaten*

Die Informationen bezüglich der Laufwerksdaten finden Sie im Schema *Win32_LogicalDisk*. Dieses Schema beschreibt prinzipiell ein Laufwerksobjekt mit seinen Eigenschaften. Da das System mehrere Laufwerke enthalten kann, benötigen Sie die Instanz des *Win32_LogicalDisk*-Objekts, die ein konkretes Laufwerk beschreibt. Der Zugriff auf Laufwerksdaten erfordert daher, dass Sie die Laufwerksbezeichnung angeben. Dies lässt sich mit folgendem Befehl erreichen:

```
Set oDisk = GetObject("winmgmts:" & _
          "{impersonationLevel=impersonate}" & _
          "!Win32_LogicalDisk=""C:""")
```

Der Wert von *Win32_LogicalDisk* wird auf den Laufwerksbuchstaben gesetzt. Beachten Sie an dieser Stelle auch, dass dieser Name in doppelte Anführungszeichen (") einzufassen ist. In VB-Script ist dazu die obige Sequenz an "-Zeichen erforderlich. Führt das Skript den Befehl aus, enthält die Objektvariable *oDisk* eine Referenz auf die Objektinstanz, die die Daten des Laufwerks beschreibt. Dann kann das WSH-Skript die Eigenschaften des Objekts direkt lesen:

```
WScript.Echo "Volumenname: " & oDisk.VolumeName
WScript.Echo "Seriennummer: " & _
             oDisk.VolumeSerialNumber
```

Die für ein Laufwerk verfügbaren Informationen können Sie über den WMI-Objektbrowser (ist Teil des WMI SDK) ermitteln. Das folgende Beispielskript liest verschiedene Informationen des Laufwerks C: und zeigt diese in einem Dialogfeld an (Abbildung 17.15).

```
'************************************************
' File:  WMIGetDiskInfo.vbs (WSH-Beispiel in VBScript)
' Autor: G. Born
'
' Hole Drive-Info mit WMI.
'************************************************
Option Explicit

Const Title = "WMI-GetDiskInfo"
Dim oDisk, drive, txt

drive = """C:"""                ' Laufwerk
txt = "Eigenschaften Logical-Disk " & drive & vbCRLF

' Hole Referenz auf Instanz Win32_LogicalDisk
Set oDisk = GetObject("winmgmts:" & _
           "{impersonationLevel=impersonate}" & _
           "!Win32_LogicalDisk=" & drive)

txt = txt & "Volumenname: " & oDisk.VolumeName & vbCRLF
txt = txt & "Seriennummer: " & _
            oDisk.VolumeSerialNumber & vbCRLF
txt = txt & "Laufwerkstyp: " & oDisk.DriveType & vbCRLF
txt = txt & "FileSystem: " & oDisk.FileSystem & vbCRLF
txt = txt & "Komprimiert: " & oDisk.Compressed & vbCRLF
txt = txt & "Max. Komponentenlänge: " & _
            oDisk.MaximumComponentLength & vbCRLF
txt = txt & "Providername:" & _
            oDisk.ProviderName & vbCRLF

MsgBox txt, vbOkOnly + vbInformation, Title
'*** Ende
```

Listing 17.10: WMIGetDiskInfo.vbs

HINWEIS: Die Datei *WMIGetDiskInfo.vbs* finden Sie im Ordner *\Beisp\Kap17* der Begleit-CD-ROM.

Wie erhalten Sie Informationen zu einer Klasse?

Ein Skript, welches eine Klasse verwendet, kann über das zugehörige Objekt auf die Eigenschaften und Methoden dieser Klasse zugreifen. Weiter oben hatte ich bereits erwähnt, dass Sie den WMI-Objektbrowser verwenden können, um festzustellen, welche Eigenschaften von einer Klasse bereitgestellt werden. Der WMI-Objektbrowser ist Teil des WMI SDK. Mit diesem Werkzeug können Sie auch herausfinden, welche Methoden von einer Klasse unterstützt werden.

1. Starten Sie den WMI-Objektbrowser und stellen Sie eine Verbindung mit der geforderten Klasse her.
2. Nach der Auswahl der Klasse finden Sie alle Eigenschaften dieser Klasse auf der Registerkarte *Properties* (siehe Abbildung 17.3 weiter oben).
3. Klicken Sie auf den Registerreiter *Methods*, um die von der Klasse bereitgestellten Methoden abzurufen (Abbildung 17.16, Hintergrund).
1. Benötigen Sie weitere Hilfe bzw. Zusatzinformationen zu einer Methode, klicken Sie auf die Schaltfläche *Help for-Class*.

Der WMI-Objektbrowser öffnet ein Hilfefenster (Abbildung 17.16, Vordergrund), welches die Beschreibung aller Einträge der jeweiligen Klasse enthält. Dort finden Sie dann auch Informationen zur Methode und zur Bedeutung der einzelnen Parameter.

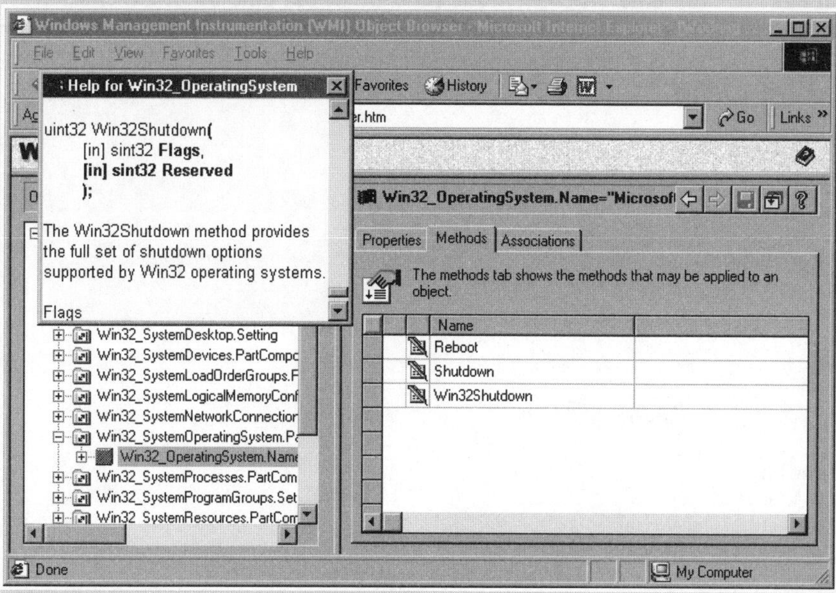

***Abbildung 17.16:** WMI-Objektbrowser mit Registerkarte* Methods und der Methodenbeschreibung

Wie lässt sich die Laufwerksbezeichnung ändern?

Das vorherige Beispiel lässt sich als Basis verwenden, um per Skript die *VolumeLabel*-Eigenschaft eines Laufwerks per WMI zu aktualisieren. Nehmen wir an, Sie haben mit folgender Anweisung eine Referenz zum Objekt mit den Laufwerksdaten aufgebaut:

```
Set oDisk = GetObject("winmgmts:" & _
          "{impersonationLevel=impersonate}" & _
          "!Win32_LogicalDisk=" & drive & """")
```

Dann lässt sich folgendermaßen auf die *VolumeLabel*-Eigenschaft zugreifen:

```
WScript.Echo oDisk.VolumeName
oDisk.VolumeName = "Laufwerksname"
```

Die erste Zeile gibt die Laufwerksbezeichnung aus, während die zweite Anweisung die Eigenschaft *VolumeName* setzt. Leider reicht dies nicht ganz aus. Die *GetObject*-Methode liefert lediglich einen Verweis auf das Objekt. Möchte ein Skript die Eigenschaften ändern, erfordert dies zweierlei. Zuerst muss es sich um eine beschreibbare Eigenschaft handeln. Das CIM-Repository enthält verschiedene nur lesbare Eigenschaften (bei denen Schreibzugriffe nicht sinnvoll sind oder nicht implementiert wurden, z.B. *Registered Owner*). Nehmen wir einmal an, die *VolumeLabel*-Eigenschaft ist änderbar. Dann muss das Skript auch noch die *Put_*-Methode ausführen, um alle Einträge des Objekts zu aktualisieren.

```
oDisk.Put_
```

Beachten Sie den Unterstrich, der den Namen der Methode abschließt. Dieser Unterstrich signalisiert, dass es sich bei *Put_* um eine WMI-Methode (und nicht um eine Methode eines WMI-Schemas) handelt. Das folgende VBScript-Beispiel liest die Laufwerksbezeichnung des Laufwerks C:, fragt den Benutzer nach einer neuen Bezeichnung und schreibt diese zurück. Details entnehmen Sie bitte dem Listing.

```
'************************************************
' File:  WMISetDiskVolume.vbs (WSH-Beispiel in VBScript)
' Autor: G. Born
'
' Setze Volumename eines Laufwerks über WMI.
'************************************************
Option Explicit

Dim oDisk, drive, txt

drive = """C:"""               ' Laufwerk

' hole Referenz auf WinCIMV2
Set oDisk = GetObject("winmgmts:" & _
          "{impersonationLevel=impersonate}" & _
          "!Win32_LogicalDisk=" & drive)

txt = InputBox ("Laufwerk " & drive & vbCRLF &_
             "Bitte neue Bezeichnung angeben", _
             "Ändere Laufwerksbezeichnung ", _
             oDisk.VolumeName)

If txt = "" Then
 WScript.Echo "Keine Änderungen..."
Else
 oDisk.VolumeName = txt
 oDisk.Put_
```

```
  MsgBox "Bezeichnung in '" & oDisk.VolumeName & _
        "' geändert", vbOKOnly + vbInformation, _
        "Laufwerksbezeichnung ändern" & drive
End if
'*** Ende
```

Listing 17.11: WMISetDiskVolume.vbs

HINWEIS: Die Datei *WMISetDiskVolume.vbs* finden Sie im Ordner *\Beisp\Kap17* der Begleit-CD-ROM.

So ermitteln Sie alle Laufwerke mit geringer freier Kapazität

Möchten Sie wissen, bei welchen Laufwerken die freie Kapazität unter eine angegebene Schwelle gesunken ist? Genau dies löst das folgende Beispiel. Sobald die freie Laufwerkskapazität die angegebene Schwelle unterschreitet, meldet das Skript den Laufwerksnamen in einem Dialogfeld (Abbildung 17.17).

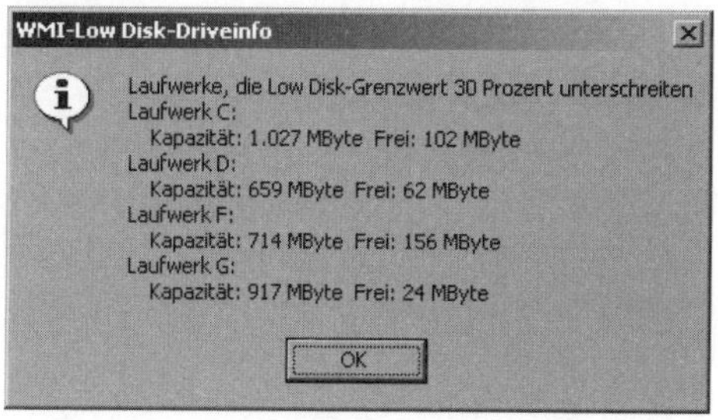

Abbildung 17.17: *Laufwerksliste mit unterschrittener freier Kapazitätsgrenze*

Die Implementierung benötigt nur einige wenige Befehle, falls wir die *ExecQuery*-Methode zur Ermittlung der Laufwerksobjekte benutzen (genauer: es werden natürlich Instanzen abgefragt). Das Skript benötigt die Laufwerkskapazität, die freie Kapazität und den Laufwerksnamen. Die Abfrage soll sich nur auf Festplatten beziehen, daher muss der Laufwerkstyp 3 angegeben werden. Der Query-Befehl zur Abfrage aller Festplatten wird in der SQL-Notation definiert:

```
Select FreeSpace, Size, Name
 From Win32_LogicalDisk
   Where DriveType=3
```

Hier wird das Schema *Win32_LogicalDisk* verwandt, und als Felder werden *FreeSpace, Size* sowie *Name* abgefragt (dies sind alles Eigenschaften des Laufwerksobjekts, und die Werte liegen in den Laufwerksinstanzen vor, was automatisch durch die Abfrage berücksichtigt wird). Der folgende Befehl führt die Abfrage auf der lokalen Maschine aus:

```
Set oDisks = GetObject("winmgmts:" & _
   "{impersonationLevel=impersonate}").ExecQuery(strQuery)
```

Anschließend enthält die Objektvariable *oDisks* eine Auflistung mit den Daten aller Laufwerke vom Typ 3. Die Auflistung lässt sich mit einer *For Each*-Schleife bearbeiten. In der Schleife prüft das Skript dann, ob die freie Kapazität den Grenzwert unterschreitet und gibt die Laufwerke gegebenenfalls in einem Dialogfeld an. Details sind folgendem Listing zu entnehmen:

```
'***********************************************
' File:  WMIGetLowDiskInfo.vbs (WSH-Beispiel in VBScript)
' Autor: G. Born
'
' Alle Laufwerke mit niedriger freier
' Speicherkapazität per WMI auflisten.
'***********************************************
Option Explicit

Const Title = "WMI-Low Disk-Driveinfo"
Const Limit = 0.3          ' Limit = 30%
Const Machine = "//Wien"

Dim oDisks, oDisk, txt
Dim strQuery

txt = "Laufwerke, die Low Disk-Grenzwert " & _
      (limit * 100) & " Prozent unterschreiten" & vbCRLF

strQuery = "Select FreeSpace, Size, Name " & _
           "from Win32_LogicalDisk where DriveType=3"

' Hole Referenz auf Win32_LogicalDisk-Auflistung
Set oDisks = GetObject("winmgmts:" & _
          "{impersonationLevel=impersonate}" & _
          "!" & Machine).ExecQuery(strQuery)

' Bearbeiten alle Laufwerke der Auflistung
For Each oDisk in oDisks
' Fällt Freespace unter Limit
 If (oDisk.FreeSpace/oDisk.Size) < limit Then
  txt = txt & "Laufwerk " & oDisk.Name & vbCRLF & _
     "    Kapazität: " & FormatNumber (oDisk.Size/1024^2,0) & _
     " MByte  Frei: " & FormatNumber(oDisk.FreeSpace/1024^2,0) & _
     " MByte" & vbCRLF
 End If
Next

MsgBox txt, vbOkOnly + vbInformation, Title
'*** Ende
```

Listing 17.12: WMIGetLowDiskInfo.vbs

HINWEIS: Die Datei *WMIGetLowDiskInfo.vbs* finden Sie im Ordner *\Beisp\Kap17* der Begleit-CD-ROM.

Dateien per WMI abfragen

Mit dem *FileSystemObject*-Objekt können Sie auf das Dateisystem zugreifen und die Dateien eines Ordners abfragen. Möchten Sie einen bestimmten Dateityp ausfiltern, müssen Sie dies über geeignete Filterkriterien durchführen. Mit WMI lässt sich eine Abfrage aller Dateien eines bestimmten Typs auf einem Laufwerk mit folgender Codesequenz erreichen:

```
Set oWMI = getobject("winmgmts:")
sWQL = "Select * From cim_datafile Where Drive='C:'" & _
```

```
       "AND Extension='exe'"
Set oResult = oWMI.ExecQuery(sWQL)
For Each oFile In oResult
 txt = txt & oFile.name & vbCRLKF
Next
```

Die erste Zeile stellt eine Bindung zum WMI-Provider her. In der Folgeanweisung wird eine WQL-Anweisung definiert, die alle Elemente in *cim_datafile* abruft, wobei als Filterbedingung das Laufwerk C: und die Dateinamenerweiterung *exe* spezifiziert werden. Die *ExecQuery*-Methode liefert dann eine Auflistung zurück, die alle *.exe*-Dateien eines Laufwerks enthält. Sie können die einzelnen Dateinamen durch eine *For Each*-Schleife extrahieren. Durch Variation des WQL-Ausdrucks lässt sich die Abfrage auf alle Dateien eines Typs in einem Ordner begrenzen:

```
strQuery = "Select * from cim_datafile " & _
           "Where Drive='" & drive & "'" & _
           "AND Path ='" & path & "'" & _
           "AND Extension='" & ext & "'"
```

Hier werden alle Dateien des betreffenden Typs im angegebenen Ordner abgefragt. Das Wildcard-Zeichen * im Select-Befehl bewirkt, dass WMI alle Eigenschaften (Dateinamen etc.) zurückgibt. Sie können die Abfrage beschleunigen, indem Sie anstelle des Sternchens einen Begriff wie *Name* einsetzen. Das folgende Listing demonstriert, wie sich alle *.log*-Dateien im Windows-Verzeichnis per WMI-Skript ermitteln lassen.

```
'************************************************
' File:  WMIGetFiles.vbs (WSH-Beispiel in VBScript)
' Autor: G. Born
'
' Dateien per WMI auflisten.
'************************************************
Option Explicit

Const Title = "WMI-Dateiinfo"
Const Machine = "//Rom"
Const drive = "C:"
Const path = "\\Windows\\"
Const ext = "log" ' "exe"

Dim oResult, oFile, txt
Dim strQuery

txt = ext & "-Dateien auf " & drive & path & vbCRLF

' bastle Query zusammen (Laufwerk, Pfad und Extension)
strQuery = "Select * from cim_datafile " & _
           "Where Drive='" & drive & "'" & _
           "AND Path ='" & path & "'" & _
           "AND Extension='" & ext & "'"

' Hole Referenz auf Win32_LogicalDisk-Auflistung
Set oResult = GetObject("winmgmts:" & _
         "{impersonationLevel=impersonate}" & _
         "!" & Machine).ExecQuery(strQuery)
```

```
' Extrahiere alle Dateien aus der Auflistung
For Each oFile in oResult
 txt = txt & oFile.Name & vbCRLF
Next

MsgBox txt, vbOkOnly + vbInformation, Title
'*** Ende
```

Listing 17.13: *WMIGetFiles.vbs*

HINWEIS: Sie finden die Datei *WMIGetFiles.vbs* im Ordner *\Beisp\Kap16* der Begleit-CD.

Arbeiten mit Prozessen und Diensten

Ein WSH-Skript kann per WMI eine Liste aller laufenden Prozesse einer Maschine ausgeben, bestimmte Prozesse gezielt beenden, Befehle auf Remote-Computern ausführen sowie Dienste starten und beenden. Es ist auch möglich, einen Remote-Computer per Skript über WMI herunterzufahren. Der folgende Abschnitt befasst sich mit diesen Themen.

Laufende Prozesse auflisten

Mit WMI ist es sehr leicht, eine Liste der laufenden Prozesse auf einer vorgegebenen Maschine abzufragen. Das folgende Beispiel zeigt wie dies geht. Das Skript fragt vom Benutzer den Maschinennamen ab und zeigt dann die Liste der Prozesse in einem Browserfenster an (Abbildung 17.18).

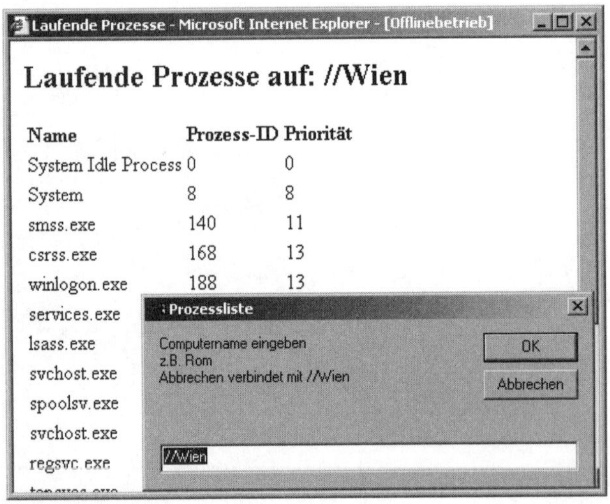

Abbildung 17.18: *Liste der laufenden Prozesse sowie Eingabedialog für den Maschinennamen*

Das WSH-Skript verwendet die *GetObject*-Methode, um eine Referenz auf das *Win32_Process*-Schema anzulegen. Da dieses Schema lediglich das Layout der Prozesseigenschaften beschreibt, wird zusätzlich die *InstancesOf*-Methode angewandt, um die Objektinstanz zu holen. Der folgende Befehl zeigt, wie sich diese Objektinstanz für die aktuelle Maschine auslesen lässt. Die Objektreferenz zeigt dann auf ein *SWbemObjectSet*-Auflistungsobjekt, welches alle Prozessobjekte enthält.

```
set oWMI = _
   GetObject("winmgmts:{impersonationLevel=impersonate}" & _
          "!" & Machine).InstancesOf("Win32_Process")
```

Die Eigenschaften der einzelnen Prozessobjekte innerhalb der Auflistung können über eine Schleife bearbeitet werden:

```
For Each oProcess in oWMI
 WScript.Echo oProcess.Name, oProcess.ProcessID
Next
```

Das Beispielskript verwendet dabei die bereits mehrfach erläuterten Techniken, um die Ergebnisse in einer HTML-Tabelle auszugeben. Das folgende Listing demonstriert, wie sich die Prozesse auflisten und per Browserfenster anzeigen lassen.

```
'************************************************
' File:  WMIProcessList.vbs (WSH-Beispiel in VBScript)
' Autor: G. Born
'
' Zeige, wie sich die Prozessliste per WMI lesen lässt.
'************************************************
Option Explicit

Const Title = "Laufende Prozesse"
Dim oWMI, oProcess
Dim Machine, txt, tmp

Machine = "//Wien"
tmp = InputBox ("Computername eingeben" & vbCRLF & _
                "z.B. Rom" & vbCRLF & _
                "Abbrechen verbindet mit " & machine, _
                 "Prozessliste", machine)
If tmp <> "" Then Machine = tmp

' Erzeuge Instanzen aller Prozesse
set oWMI = _
   GetObject("winmgmts:{impersonationLevel=impersonate}" & _
          "!" & Machine).InstancesOf("Win32_Process")

txt = "<h2>Laufende Prozesse auf: " & Machine & "<h2>"
txt = txt & "<table>" & _
         "<tr><td><b>Name</b></td>" & _
         "<td><b>Prozess-ID</b></td>" & _
         "<td><b>Priorität</b></td></tr>"

' Alle Prozesse auflisten
For Each oProcess in oWMI
 txt = txt & "<tr><td>" & oProcess.Name & _
       "</td><td>" & oProcess.ProcessID & _
       "</td><td>" & oProcess.Priority & _
       "</td></tr>"
Next

txt = txt & "</table>"
```

```
ShowMSIE txt, Title    ' Zeige Ergebnisse im IE

'### Helfer ###
Sub ShowMSIE (txt, title)
' Text im Internet Explorer-Fenster ausgeben
 Dim oIE, oDoc
' Erzeuge Internet Browser Application-Objekt
 Set oIE = WScript.CreateObject("InternetExplorer.Application")
' Fenstereigenschaften
 oIE.left=20
 oIE.top = 50
 oIE.height = 380
 oIE.width = 480
 oIE.menubar = 0
 oIE.toolbar = 0
 oIE.statusbar = 0
 oIE.navigate ("about:blank")   ' Leeres HTML-Dokument
 oIE.visible = 1                ' MSIE sichtbar

 While(oIE.Busy)                ' Wichtig: Warte, bis MSIE fertig
  WScript.sleep 50
 Wend
 Set oDoc = oIE.Document        ' Hole Dokumentobjekt
 oDoc.open                      ' Öffne Dokument
                                ' HTML-Code schreiben
 oDoc.writeln ("<html><head><title>" & title & "</title></head>")
 oDoc.writeln ("<body>" & Txt & "</body></html>")
 oDoc.close                     ' Schließe für Schreibzugriffe
End Sub
'*** Ende
```

Listing 17.14: WMIProcessList.vbs

HINWEIS: Die Datei *WMIProcessList.vbs* finden Sie im Ordner *\Beisp\Kap17* der Begleit-CD-ROM.

Prozess ausführen und beenden

Neben der *Run*-Methode des *WScript.Shell*-Objekts kann ein WSH-Skript auch WMI nutzen, um einen Prozess zu starten. Der Vorteil dieses Ansatzes: Der Prozess lässt sich auf einer beliebigen Maschine innerhalb des Netzwerks starten (natürlich nur, sofern die Maschine WMI unterstützt). Und das Skript erhält von der betreffenden WMI-Methode den *ProcessID*-Code, der sich anschließend zum Beenden des Prozesses nutzen lässt. Neben der *ProcessID* können Sie natürlich auch den Prozessnamen (z.B. *Notepad.exe*) zum Beenden des Prozesses verwenden. Aber auf die Probleme bei der Identifizierung des richtigen Elements (hier ist es ein Prozess) bin ich bereits in Kapitel 13 beim Arbeiten mit Fenstern eingegangen. Das folgende Skript demonstriert wie sich eine Anwendung starten und der dann laufende Prozess wieder beenden lässt. Das Skript nutzt folgenden Befehl, um eine Objektinstanz der WMI-Klasse *Win32_Process* als Objekt abzurufen.

```
Set oWMI = GetObject("winmgmts:" & _
    "{impersonationLevel=impersonate}!" & Machine & _
    "/root/CIMV2:Win32_Process")
```

Diese Klasse beschreibt den Prozess und bietet über das Objekt verschiedene Methoden zur Verwaltung von Prozessen. Ein Prozess lässt sich beispielsweise mit folgendem Befehl erzeugen (d.h. die Anwendung wird gestartet):

```
result = oWMI.Create ("Notepad.exe",null,null,procID)
```

Der erste Parameter der Methode spezifiziert die Befehlszeile zum Starten der Anwendung (Anwendungsnamen ggf. Pfad und Parameter zum Aufruf). Der zweite und dritte Parameter werden hier auf *null* gesetzt. Der zweite Parameter definiert das aktuelle Verzeichnis und der dritte Parameter enthält die Startinformationen (Fenstermodus, Einstellungen des Konsole-Modus, und Fehlerbehandlungsmodi). Der vierte Parameter dient zur Rückgabe der *ProcessID*. Diese *ProcessID* ist auf der betreffenden Maschine vom Zeitpunkt, an dem der Prozess gestartet wurde, bis zum Beenden des Prozesses gültig. Die *Create*-Methode gibt einen Statuscode zurück. Ist dieser Wert 0, wurde der Prozess gestartet. Weitere Details bezüglich der Parameter entnehmen Sie bitte der Hilfe zur betreffenden Klasse, die sich im WMI-Objektbrowser abrufen lässt.

Eine Anwendung per ProcessID-Code aktivieren

Das *WScript.Shell*-Objekt unterstützt ab WSH 2.0 die *AppActivate-Methode*, mit der sich eine laufende Anwendung erneut aktivieren (in den Vordergrund schalten) lässt. Diese Methode akzeptiert entweder den Titeltext des Anwendungsfensters oder die ProcessID. Leider bietet WSH 2.0 keine Methode, die einen *ProcessID*-Code zurückliefert (erst die *Exec*-Methode aus WSH 5.6 erlaubt die ProcessID abzufragen – siehe auch ▶Kapitel 18). Ein Skript kann zwar die *WSHShell*-Methode (aus *WSHExtend.ocx*) zum Starten einer Anwendung nutzen (die Methode liefert die *ProcessID* zurück). Wenn Sie jedoch auf WMI zum Starten einer Anwendung zurückgreifen, liefert diese ebenfalls den *ProcessID*-Code, mit dem das Skript das Anwendungsfenster in den Vordergrund holen kann. Dies wird in den folgenden Befehlen genutzt:

```
Set oWShell = WScript.CreateObject ("WScript.Shell")
oWShell.AppActivate procID    ' setze Fokus auf Prozess
```

Die erste Zeile erzeugt eine Objektreferenz auf das *WScript.Shell*-Objekt. Die Variable *procID* enthält bereits den *ProcessID*-Code, der von der *Create*-Methode zurückgeliefert wurde. Beachten Sie aber, dass die obigen Anweisungen sich nur auf Prozesse der aktuellen Maschine anwenden lassen. Sie können den Code des vorhergehenden Beispiels nutzen, um die *ProcessID* eines bereits laufenden Prozesses zu ermitteln (verwenden Sie notfalls den Prozessnamen, um diesen in der Auflistung zu identifizieren).

Möchte ein WSH-Skript einen laufenden Prozess beenden, kann es auf die *Terminate*-Methode zurückgreifen. Diese Methode wird vom *Win32_Process*-Objekt bereitgestellt, daher benötigt das Skript eine Objektreferenz. Diese lässt sich über zwei Wege erzeugen. Erste Möglichkeit: Sie verwenden eine Abfrage (Query), die alle Prozesse, die den betreffenden Namen aufweisen (z.B. *Notepad.exe*), zurückliefert:

```
Set oProc = GetObject("winmgmts:" & _
    "{impersonationLevel=impersonate}!" & Machine _
     ).ExecQuery ("Select * from Win32_Process " & _
                 "Where Name ="'Notepade.exe'")
```

Die Objektvariable *oProc* erhält anschließend ein Auflistungsobjekt, welches alle Prozesse mit dem Namen enthält. Der Vorteil dieser Vorgehensweise: Das Skript muss nicht notwendigerweise den Prozess gestartet haben und die *ProcessID* kennen. Der Befehl erlaubt alle Instanzen einer angegebenen Anwendung auf der Maschine zu beenden. Der Nachteil: Die Abfrage liefert alle Instanzen des Prozesses mit diesem Namen. Möchte das Skript nur eine Instanz beenden, benötigt es zwingend den *ProcessID*-Code.

Nehmen wir an, dass das Skript vom Prozess gestartet wurde und sich die *ProcessID* gemerkt hat. Dann kann das Skript folgenden Befehl anwenden, um das mit dem Prozess assoziierte Objekt zu holen.

```
Set oProc = GetObject("winmgmts:" & _
    "{impersonationLevel=impersonate}!" & Machine _
     ).ExecQuery ("Select * from Win32_Process " & _
                 "Where ProcessID =" & procID)
```

Die Variable *Machine* gibt den Maschinennamen an und *procID* enthält den *ProcessID*-Wert, der von der *Create*-Methode zurückgegeben wurde. Die Abfrage liefert dann immer nur ein Objekt (oder keines, falls der Prozess nicht existiert) in der Auflistung zurück. Die Objektvariable *oProc* enthält die Auflistung der Objekte dieses Prozesses. Diese(s) Objekt(e) lässt (lassen) sich in folgender Schleife handhaben:

```
For Each oInstance in oProc
  oInstance.Terminate 0
Next
```

Die *Terminate*-Methode benötigt einen Parameter, der den *Exit*-Code enthält. Dieser Parameter wird immer auf den Wert 0 gesetzt. Führen Sie den Befehl innerhalb der Schleife aus, enthält *oInstance* die richtige Objektreferenz, der Prozess mit der in der Abfrage angegebenen *ProcessID* wird beendet.

Das folgende in VBScript geschriebene Beispiel fragt den Benutzer nach dem Maschinennamen. Dann wird das Programm *Notepad.exe* gestartet. Anschließend zeigt das Skript verschiedene Dialoge, in denen der *ProcessID*-Wert angezeigt und zwischen verschiedenen Fenstern umgeschaltet wird. Dann wird gefragt, ob der Prozess zu beenden ist. Details entnehmen Sie dem folgenden Listing.

```
'************************************************
' File:  WMILaunchAndKill.vbs (WSH-Beispiel in VBScript)
' Autor: G. Born
'
' Verwendet WMI, um ein Programm zu starten und
' wieder zu beenden.
'************************************************
Option Explicit

Dim oWMI, oProc, oInstance, oWShell
Dim Machine, txt, tmp, result, procID

Machine = "//Wien"
tmp = InputBox ("Bitte Maschinennamen eingeben" & vbCRLF & _
               "(z.B. //Rom", "Verbindung zu Maschine", Machine)
If tmp <> "" Then Machine = tmp
```

```
' Erzeuge Prozess-Instanz
Set oWMI = GetObject("winmgmts:" & _
    "{impersonationLevel=impersonate}!" & Machine & _
    "/root/CIMV2:Win32_Process")

' ### Benutze Create-Methode zum Programmstart
result = oWMI.Create ("Notepad.exe", null, null,procID)
If result = 0 Then
 WScript.Echo "Prozess Notepad.exe gestartet" & vbCRLF &_
        "Rückgabewert Create-Methode: " & result & vbCRLF & _
        "Rückgabewert Prozess-ID: " & procID
Else
 WScript.Echo "Prozess nicht gestartet, Code " & result
 WScript.Quit
End if

' ### Zeige, wie Process ID in AppActivate verwendet wird
WScript.Echo "Fokus auf anderes Fenster setzen" & vbCRLF & _
             "Aktiviere Prozess " & procID
Set oWShell = WScript.CreateObject ("WScript.Shell")
oWShell.AppActivate procID   ' setze Fokus auf Prozess

' ### Versuche den Prozess zu beenden
If MsgBox ("Versuche, Prozess zu beenden", vbYesNo, _
           "Terminiere Prozess") = vbYes Then
' Hole Prozess-Objekt
 Set oProc = GetObject("winmgmts:" & _
    "{impersonationLevel=impersonate}!" & Machine _
     ).ExecQuery ("Select * from Win32_Process " & _
                  "Where ProcessID =" & procID)
 For Each oInstance in oProc
  oInstance.Terminate 0
  WScript.Echo "Prozess " & oInstance.Name, _
             " ID: " & oInstance.ProcessID, " beendet"
 Next
End if
'*** Ende
```

Listing 17.15: WMILaunchAndKill.vbs

HINWEIS: Die Datei *WMILaunchAndKill.vbs* finden Sie im Ordner *\Beisp\Kap17* der Begleit-CD-ROM. Bedenken Sie, dass Sie zum Ausführen dieses und anderer WMI-Beispiele über die Administratorberechtigungen auf der Zielmaschine verfügen müssen.

Beispiel zum Beenden eines Prozesses

Als Ergänzung zu obigem Beispiel möchte ich noch ein Skript präsentieren. Wird dieses Skript aufgerufen, fragt es den Namen einer Maschine und in einem weiteren Schritt den *ProcessID*-Code oder den Prozessnamen einer Anwendung ab (Abbildung 17.19).

***Abbildung 0.1:** Prozess-ID-Code abfragen*

TIPP: Sie können das Skript *WMIProcessList.vbs* zur Anzeige der Prozessnamen bzw. der *ProcessID*-Codes auf der laufenden Maschine verwenden.

Sobald Sie einen Wert im Eingabedialog eintippen, der die Kriterien erfüllt, und dann das Dialogfeld schließen, wird der zugehörige Prozess beendet. Tippt der Benutzer den *ProcessID*-Code ein, wird maximal ein Prozess beendet. Verwenden Sie einen Prozessnamen, terminieren alle Instanzen dieser Anwendung. Wählt der Benutzer die *Abbrechen*-Schaltfläche oder wird ein Wert eingetippt, der zu keinen Prozess passt, passiert nichts.

Um alle Instanzen des Prozesses auf der angegebenen Maschine zu filtern, lässt sich folgender Befehl verwenden:

```
Set oWMI = GetObject( _
   "winmgmts:{impersonationLevel=impersonate,(Debug)}" & _
   "!" & Machine).InstancesOf("win32_Process")
```

Die Auflistung in *oWMI* lässt sich mit einer *For Each*-Schleife bearbeiten:

```
For Each oProcess In oWMI
 If IsNumeric (tmp) Then           ' ProcessID angegeben?
  If oProcess.ProcessID = Eval(tmp) Then
   oProcess.Terminate 0
   WScript.Echo oProcess.Name & " beendet auf " & Machine
  End if
 Else                              ' Prozessname angegeben?
  If UCase(oProcess.Name) = UCase(Trim(tmp)) Then
   oProcess.Terminate 0
   WScript.Echo oProcess.Name & " beendet auf " & Machine
  End if
 End if
Next
```

Innerhalb der Schleife testet der äußere *If*-Befehl, ob der Benutzer einen Prozessnamen oder einen *ProcessID*-Code eingegeben hat. Bei einem *ProcessID*-Code ist der Eingabewert numerisch, was sich mit der VBScript-Funktion *IsNumeric* prüfen lässt. In diesem Fall testet die innere *If*-Anweisung den vom Benutzer eingetragenen *ProcessID*-Code auf Übereinstimmung mit den *ProcessID*-Codes der Auflistungsobjekte. Da die *InputBox*-Funktion nur Zeichenketten zurückliefert, wird die *Eval*-Funktion zur Konvertierung des *ProcessID*-Codes in einen numerischen Wert verwendet. Wurde eine Übereinstimmung gefunden, wendet das Skript die *Terminate*-Methode auf das aktuelle Objekt an.

Bei Eingabe eines Prozessnamens ist der Wert in der Variablen *tmp* nicht numerisch. Dann wird der *Else*-Zweig der äußeren *If*-Abfrage ausgeführt. Das Skript testet jetzt den eingegebenen Prozessnamen gegen den Prozessnamen des Auflistungsobjekts. Um Groß-/Kleinschreibungsfehler auszuschließen, werden beide Namen mittels der VBScript *Ucase*-Funktion vor dem Vergleich in

Großbuchstaben konvertiert. Wird eine Übereinstimmung im Prozessnamen gefunden, wendet das Skript die *Terminate*-Methode auf den Prozess an. Details entnehmen Sie bitte dem folgenden Listing.

```
'************************************************
' File:  Kill.vbs (WSH-Beispiel in VBScript)
' Autor: G. Born
'
' Zeige, wie sich ein Prozess über den Prozessnamen
' oder per Prozess-ID beenden lässt, benötigt WMI.
'************************************************
Option Explicit

Dim tmp, tmp1, oWMI, oProcess, Machine

Machine = "//Wien"
tmp1 = InputBox ("Computername eingeben", _
               "Kill-Prozess", Machine)
If tmp1 <> "" Then Machine = tmp1

' Frage nach Prozessnamen oder ID-Code
tmp = InputBox ("Prozess-ID-Code" & vbCRLF & _
               "oder Prozessname", "Kill-Prozess", "")

If tmp = "" Then WScript.Quit      ' Skript beenden

' Hole Objektreferenz von Win32_Process Klasse
Set oWMI = GetObject( _
   "winmgmts:{impersonationLevel=impersonate,(Debug)}" & _
   "!" & Machine).InstancesOf("win32_Process")

' Alle Prozesse auflisten
For Each oProcess In oWMI
 If IsNumeric (tmp) Then           ' Prozess-ID angegeben?
  If oProcess.ProcessID = Eval(tmp) Then
   oProcess.Terminate 0
   WScript.Echo oProcess.Name & " beendet auf " & Machine
  End if
 Else                              ' Prozessname angegeben?
  If UCase(oProcess.Name) = UCase(Trim(tmp)) Then
   oProcess.Terminate 0
   WScript.Echo oProcess.Name & " beendet auf " & Machine
  End if
 End if
Next
'*** Ende
```

Listing 17.16: Kill.vbs

HINWEIS: Die Datei *Kill.vbs* finden Sie im Ordner *\Beisp\Kap17* der Begleit-CD-ROM. Sie benötigen Administratorrechte auf der betreffenden Maschine, damit das Skript die Aktion ausführen kann.

Alle laufenden Dienste auflisten

Das obige Beispiel zum Auflisten aller laufenden Prozesse kann als Basis dienen, um auch laufende Dienste einer Maschine anzugeben. Der Hauptunterschied zwischen der Auflistung von Prozessen und Diensten besteht lediglich darin, dass unterschiedliche Klassen benutzt werden. Während sich die Klasse *Win32_Process* auf eine Auflistung mit laufenden Prozessinstanzen bezieht, beschreibt die Klasse *Win32_Service* Dienste. Eine Instanz von *Win32_Service* zeigt auf einen laufenden Dienst. Daher kann ein Skript die bereits oben erwähnten Anweisungen verwenden, um eine Referenz auf ein Auflistungsobjekt mit allen Diensteobjekten anzulegen.

```
set oWMI = _
   GetObject("winmgmts:{impersonationLevel=impersonate}" & _
          "!" & Machine).InstancesOf("Win32_Service")
```

Sobald das Auflistungsobjekt vorliegt, kann das Skript über folgende Schleife alle Dienste auflisten:

```
For Each oService in oWMI
 WScript.Echo oService.Name
 WScript.Echo oService.DisplayName
 WScript.Echo oService.State
Next
```

Informationen zu den Eigenschaften eines Diensts lassen sich über den WMI-Objektbrowser (verfügbar im WMI SDK) abrufen.

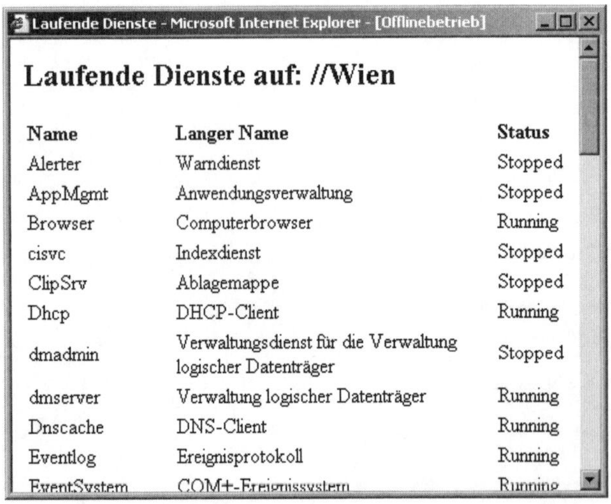

***Abbildung 17.19:** Liste der laufenden Dienste*

Das folgende Beispielskript fragt den Benutzer nach einem Maschinennamen. Dann nimmt das Skript mit der Maschine Verbindung auf, liest alle laufenden Prozesse und gibt die Ergebnisse in einem HTML-Dokument per Internet Explorer aus (Abbildung 17.20). Die benutzten Techniken wurden bereits auf den vorhergehenden Seiten diskutiert, daher erspare ich mir eine erneute Analyse. Details entnehmen Sie bitte dem folgenden Listing.

```
'************************************************
' File:  WMIServicesList.vbs (WSH-Beispiel in VBScript)
' Autor: G. Born
'
' Zeigt, wie sich die laufenden Dienste per WMI lesen lassen.
'************************************************
Option Explicit

Const Title = "Laufende Dienste"
Dim oWMI, oService
Dim Machine, txt, tmp

Machine = "//Wien"
tmp = InputBox ("Computername eingeben" & vbCRLF & _
                "z.B. Rom" & vbCRLF & _
                "Abbrechen verbindet mit " & machine, _
                 "Diensteliste", machine)
If tmp <> "" Then Machine = tmp

' Erzeuge Instanzen aller Dienste
set oWMI = _
   GetObject("winmgmts:{impersonationLevel=impersonate}" & _
            "!" & Machine).InstancesOf("Win32_Service")

txt = "<h2>Laufende Dienste auf: " & Machine & "<h2>"
txt = txt & "<table>" & _
            "<tr><td><b>Name</b></td>" & _
            "<td><b>Langer Name</b></td>" & _
            "<td><b>Status</b></td></tr>"

' Alle Dienste auflisten
For Each oService in oWMI
 txt = txt & "<tr><td>" & oService.Name & _
       "</td><td>" & oService.DisplayName & _
       "</td><td>" & oService.State & _
       "</td></tr>"
Next

txt = txt & "</table>"

ShowMSIE txt, Title    ' zeige Ergebnisse im Browser

'### Helfer ###
Sub ShowMSIE (txt, title)
' Text im Internet Explorer-Fenster ausgeben
 Dim oIE, oDoc
' Erzeuge Internet Browser Application-Objekt
 Set oIE = WScript.CreateObject("InternetExplorer.Application")
' Fenstereigenschaften
 oIE.left=20
 oIE.top = 50
 oIE.height = 380
 oIE.width = 480
 oIE.menubar = 0
 oIE.toolbar = 0
 oIE.statusbar = 0
```

```
oIE.navigate ("about:blank")   ' Leeres HTML-Dokument
oIE.visible = 1                ' MSIE sichtbar

While(oIE.Busy):               ' Wichtig: Warte, bis MSIE fertig
wscript.sleep 50
Wend
Set oDoc = oIE.Document        ' Hole Dokumentobjekt
oDoc.open                      ' Öffne Dokument
                               ' HTML-Code schreiben
oDoc.writeln ("<html><head><title>" & title & "</title></head>")
oDoc.writeln ("<body>" & Txt & "</body></html>")
oDoc.close                     ' Schließe für Schreibzugriffe
End Sub
'*** Ende
```

Listing 17.17: WMIServicesList.vbs

HINWEIS: Die Datei *WMIServicesList.vbs* finden Sie im Ordner *\Beisp\Kap17* der Begleit-CD-ROM.

Dienste ausfiltern

Ein Skript kann auch eine Abfrage verwenden, um alle Dienste abzurufen, die einen definierten Status aufweisen. Beispielsweise ruft das folgende Skript alle Dienste ab, deren Status auf »angehalten« gesetzt ist.

```
'**********************************************
' File:  WMIStoppedServices.vbs (WSH-Beispiel in VBScript)
' Autor: G. Born
'
' Benutzt WMI zur Abfrage aller gestoppten Dienste
' auf lokaler Maschine.
'**********************************************
Option Explicit

DIM oService, oWMI
Dim strQuery, txt

strQuery = "Select * From Win32_Service " & _
              "Where State='Stopped' "

' Query ausführen
Set oWMI = GetObject("winmgmts:{impersonationLevel=impersonate}" _
           ).ExecQuery (strQuery)

If oWMI.Count = 0 Then
  WScript.Echo "Keine beendeten Dienste gefunden"
  WScript.Quit
End if

txt = "Beendete Dienste " & vbCRLF
' Ergebnisse anzeigen
For Each oService in oWMI
```

```
 txt = txt & oService.Description & " (Startmodus: " _
          & oService.StartMode & ")" & vbCRLF
Next

Wscript.Echo txt
'*** Ende
```

Listing 17.18: WMIStoppedServices.vbs

HINWEIS: Den Code dieses Beispiels finden Sie in der Datei *WMIStoppedServices.vbs* im Ordner *\Beisp\Kap17* der Begleit-CD-ROM.

Dienste mit WMI starten und beenden

WMI erlaubt einem Skript auch, Dienste zu starten und zu beenden. Das Skript kann eine Objektreferenz zu einem Diensteobjekt mittels folgender Abfrage erzeugen:

```
strQuery = "Select * From Win32_Service " & _
           "Where Name = 'cisvc'"
set oWMI = _
   GetObject("winmgmts:{impersonationLevel=impersonate}" & _
            "!" & Machine).ExecQuery(strQuery)
```

Die Abfrage liefert alle Eigenschaften des Diensts *cisvc* (dies ist der Indexdienst). Die *ExecQuery*-Methode liefert eine Auflistung zurück, die ein mit dem Dienst assoziiertes Objekt enthält. Das Skript kann die Auflistung bearbeiten und auf die Methoden des Skripts zugreifen:

```
For Each oService in oWMI
 Code = oService.StartService()
 Code = oService.StopService()
Next
```

Die *StartService*-Methode startet den Dienst, sofern dieser beendet ist. Mit *StopService* beenden Sie einen laufenden Dienst. Beide Methoden geben einen Statuscode zurück. Ist der Wert 0, wurde die Methode erfolgreich ausgeführt. Das folgende Skript demonstriert den Umgang mit den Methoden. Es aktiviert den (nicht laufenden Indexdienst), holt den Status und falls der Dienst ausgeführt wird, lässt er sich (in einer zweiten Sitzung) wieder beenden. Details entnehmen Sie folgendem Listing.

```
'************************************************
' File:  WMIStartStopService.vbs (WSH-Beispiel in VBScript)
' Autor: G. Born
'
' Startet und stoppt den Windows 2000 Indexdienst
' einer Maschine per WMI.
'************************************************
Option Explicit

Dim oWMI, oService
Dim Machine, txt, tmp
Dim strQuery
```

```
Machine = "//Wien"
tmp = InputBox ("Maschine angeben" & vbCRLF, _
                "Indexdienst starten/beenden", Machine)
If tmp <> "" Then Machine = tmp

' Query-Befehl definieren
strQuery = "Select * From Win32_Service " & _
           "Where Name = 'cisvc'"

' Query zum Holen des Diensteobjekts ausführen
set oWMI = _
   GetObject("winmgmts:{impersonationLevel=impersonate}" & _
            "!" & Machine).ExecQuery(strQuery)

' Alle Dienste auflisten (Query liefert nur cisvc)
For Each oService in oWMI
 If oService.State = "Stopped" Then
  If MsgBox ("Dienst " & oService.Name & " Status " _
             & oService.State, vbYesNo, _
           "Starte Dienst ?") = vbYes Then
   WScript.Echo "Rückgabecode: " & oService.StartService()
  End if
 Else
  If MsgBox ("Dienst " & oService.Name & " " _
             & oService.State, vbYesNo, _
            "Dienst beenden ?") = vbYes Then
    WScript.Echo "Rückgabecode: " & oService.StopService()
  End If
 End If
Next
'*** Ende
```

Listing 17.19: WMIStartStopService.vbs

HINWEIS: Die Datei *WMIStartStopService.vbs* finden Sie im Ordner *\Beisp\Kap17* der Begleit-CD-ROM. Beachten Sie, dass sich bestimmte Dienste nicht einfach starten oder beenden lassen, da bestimmte Abhängigkeiten bestehen können. Dies kann der Grund sein, falls das Skript für andere Dienste angepasst wird und dann nicht funktioniert. Ich hatte beispielsweise in der Urfassung den Fax-Dienst auf einer Windows 2000-Maschine ohne Modem angegeben. Die *StartService*-Methode gab zwar den Statuscode 0 zurück, aber der Dienst wurde nicht gestartet. Eine Kontrolle mittels der Microsoft Management Console (MMC) lieferte dann den Hinweis, dass der Dienst wegen interner Konflikte nicht gestartet werden konnte (da fiel mir ein, dass die Faxfunktionen wegen des fehlenden Modems auf der Testmaschine nicht konfiguriert waren). Auch ein in der MMC deaktivierter Dienst kann die Ursache für einen zurückgelieferten Fehlercode sein.

Maschine per WMI herunterfahren oder neu starten

WMI stellt geeignete Mechanismen bereit, um eine Remote-Maschine per Skript zu steuern. Sie können die Maschine neu starten, herunterfahren oder den Benutzer abmelden. Die Maschine muss nur per Netzwerk erreichbar sein. Die Methoden zum Herunterfahren, zum Neustarten oder zum Abmelden einer Maschinen werden von der Klasse *Win32_OperatingSystem* bereitgestellt.

- *Shutdown*: Diese Methode besitzt keine Parameter und fährt das angegebene System herunter.
- *Reboot*: Die Methode verwendet keine Parameter, veranlasst aber einen Neustart der Maschine.
- *Win32Shutdown*: Die Methode verwendet zwei Parameter; der erste Parameter enthält den Shutdown-Code, der zweite Parameter ist reserviert. Die Werte für den ersten Parameter sind folgendermaßen definiert: 0 = logoff, 1 = shutdown und 2 = reboot.

Das Ausführen dieser Methoden erfordert aber, dass das Skript über das *RemoteShutdown*-Privileg auf der Remote-Maschine oder über das *Shutdown*-Privileg auf einer lokalen Maschine verfügt. Diese Privilegien lassen sich im Befehl zur Verbindungsaufnahme mit WMI setzen. Normalerweise verwenden wir folgenden Test:

```
winmgmts:{impersonationLevel=impersonate}
```

zum Setzen des Impersonation-Levels. Gemäß der WMI-Hilfe lassen sich Privilegien setzen und überschreiben, indem Sie folgenden Ansatz verwenden:

```
winmgmts:{impersonationLevel=impersonate,(privilege)}
```

Das Wort *privilege* ist ein Platzhalter für das gewünschte Privileg. Eine Liste der Privilegien finden Sie in der WMI-Hilfe (nach *WbemPrivilegeEnum* suchen). Die für *WbemPrivilegeEnum* angezeigten Namen (z.B. *wbemPrivilegeRemoteShutdown*) können Sie aber nicht direkt im Displaynamen des Monikers angeben. Lassen Sie das Präfix *wbemPrivilege* im Namen weg (ergibt dann beispielsweise *RemoteShutdown*) für den Displaynamen im Moniker. Der Moniker Displayname wird dann mit folgender Anweisung auf das Impersonation-Level *impersonate* und das Privileg *RemoteShutdown* gesetzt:

```
winmgmts:{impersonationLevel=impersonate,(RemoteShutdown)}
```

Das Skript muss mit einer Instanz der *Win32_OperatingSystem*-Klasse Verbindung aufnehmen. Am einfachsten ist es, eine Abfrage für diesen Zeck einzusetzen. Die folgenden Befehle erzeugen eine Abfrage und führen diese per *ExecQuery*-Methode aus.

```
strQuery = "Select * From Win32_OperatingSystem " & _
             "Where Primary=true"
Set oWMI = GetObject( _
 "winmgmts:{impersonationLevel=impersonate,(RemoteShutdown)}!" & _
  Machine).ExecQuery (strQuery)
```

Die Abfrage selektiert nicht nur alle Objektinstanzen der Klasse *Win32_OperatingSystem*, es filtert gleichzeitig auch die Instanzen, bei denen die *Primary*-Eigenschaft gesetzt ist. Diese Eigenschaft signalisiert, dass es sich um das primäre Betriebssystem handelt. Sobald die *oWMI*-Objektreferenz vorliegt, kann das Skript die Auflistung per Schleife bearbeiten.

```
For Each oSys in oWMI
  oSys.Reboot()                ' Reboot
' oSys.Shutdown()              ' Shutdown
' oSys.Win32Shutdown 0, 0      ' Logoff
Next
```

Der obige Codeausschnitt zeigt drei mögliche Befehle zum Aufrufen der Methoden *Reboot*, *Shutdown* oder *Win32Shutdown* des angegebenen Objekts. Der *Win32Shutdown*-Aufruf übergibt den Wert 0, um eine Abmeldung des aktuellen Benutzers zu erzwingen.

HINWEIS: Das Ausführen dieser Methoden auf einer Maschine (lokal, remote) erfordert, dass das Skript unter dem Benutzerkonto des Administrators ausgeführt wird. Der Benutzer muss daher ein Mitglied der Gruppe der Administratoren sein, und er muss über die Berechtigungen zum Ausführen der Operation verfügen. Bei einer Remote-Maschine wird auch das Dialogfeld *Task beenden* von den Methoden aktiviert.

Das folgende Listing zeigt die Implementierung des Shutdown-Skripts, welches dem Administrator ein Herunterfahren verschiedener Maschinen im Netzwerk erlaubt.

```
'************************************************
' File:  Shutdown.vbs (WSH-Beispiel in VBScript)
' Autor: G. Born
'
' Angegebene Maschine herunterfahren (Shutdown).
' Skript benötigt Administratorenrechte auf Maschine.
'************************************************
Option Explicit

Dim tmp, Machine, strQuery
Dim oWMI, oSys

' Machinenname
Machine = "//Wien"
tmp = InputBox ("Computername eingeben", _
                "Machine herunterfahren", Machine)
If tmp <> "" Then Machine = tmp

' Definiere Query-Kommando
strQuery = "Select * From Win32_OperatingSystem " & _
              "Where Primary=true"

' Abfrage, setzt (RemoteShutdown) Privileg
Set oWMI = GetObject( _
 "winmgmts:{impersonationLevel=impersonate,(RemoteShutdown)}!" & _
  Machine).ExecQuery (strQuery)

' Alle Objekte der Auflistung
For Each oSys in oWMI
 If MsgBox ("Shutdown?", vbYesNo, Machine) = vbYes Then
  oSys.Shutdown()          ' Shutdown ausführen
  WScript.Echo Machine & " wird heruntergefahren"
 End if
Next
WScript.Echo "Fertig"
'*** Ende
```

Listing 17.20: Shutdown.vbs

HINWEIS: Die Datei *Shutdown.vbs* finden Sie im Ordner *\Beisp\Kap17* der Begleit-CD-ROM. Dieser Ordner enthält auch die Dateien *Logoff.vbs* und *Reboot.vbs*, die einen Neustart oder ein Abmelden der Maschine ermöglichen. Details finden Sie in den Listings.

Ereignisse in WMI verwalten

Der folgende Abschnitt zeigt noch zwei Beispiele, die sich mit der Windows-Ereignisverwaltung befassen. Eines liest die Ereignisprotokolldateien. Das zweite Beispiel wartet auf Ereignisse und zeigt diese an.

Lesen einer Ereignisprotokolldatei

WMI stellt die *Win32_NTLogEvent*-Klasse bereit, die die Strukturen einer Logdatei beschreibt. Die Instanzen dieser Klasse repräsentieren die Einträge in den Logdateien. Daher können Sie WMI benutzen, um per WSH-Skript auf die Windows-Protokolldateien zuzugreifen. Der Befehl:

```
Set oEvents = GetObject( _
  "winmgmts:{impersonationLevel=impersonate}" & _
  "!" & Machine).InstancesOf ("Win32_NTLogEvent")
```

verbindet das Skript mit der aktuellen Maschine und liefert ein Auflistungsobjekt mit allen eingetragenen Ereignissen der Protokolldateien zurück. Die Auflistung lässt sich mit einer einfachen *For Each*-Schleife bearbeiten:

```
For Each oEvent In oEvents
 WScript.Echo oEvent.SourceName, oEvent.Message
Next
```

Innerhalb der obigen Schleife werden die Eigenschaften *SourceName* und *Message* des betreffenden *Event*-Objekts in einem Dialogfeld angezeigt. Windows gruppiert die Ereignisse in drei Kategorien: Anwendung (Application), Sicherheit (Security) und System. Sie können das Skript anweisen, nur Ereignisse einer Kategorie zu lesen, indem eine Prüfung per *If*-Anweisung verwendet wird:

```
If oEvent.LogFile = "Application" Then

End if
```

Die *LogFile*-Eigenschaft enthält den Namen der Kategorie. Die obige Abfrage selektiert nur die Protokolldateien der Kategorie *Application*.

Im folgenden Skriptbeispiel soll der Protokolltyp, die Quelle sowie die Nachricht aus der Protokolldatei gelesen und in einem Browserfenster ausgegeben werden (Abbildung 17.21). Der Typ des Ereignisses wird dabei durch ein kleines Symbol sowie einen Text angezeigt. Die Symbole finden Sie im Ordner *\Beisp\Kap17\images* auf der Begleit-CD-ROM. Da die Ergebnisse im HTML-Dokument angezeigt werden, ist der *<img>*-Tag zum Einbinden der Grafikdateien zu verwenden. Leider gibt es noch ein Problem: Der HTML-Code wird dynamisch (»on the fly«) per Skript in das Browserfenster (den Dokumentbereich) geschrieben. Daher muss das *src*-Attribut des *<img>*-Tags auf einen Wert mit absoluter Pfadangabe gesetzt werden. Die folgende Codesequenz verwendet die benutzerdefinierte *GetPath()*-Funktion, um den Pfad zur Skriptdatei zu ermitteln. Dann wird das Präfix "*File:///*" vorangestellt und die relative Pfadangabe "*images/name.gif*" angehängt. Die folgende Befehlssequenz erzeugt die notwendigen HTML-Tags zur Anzeige der unterschiedlichen Ereignistypen.

```
Select Case UCase(oEvent.Type)
 Case "ERROR"
  txt = txt & "<img src='File:///" & GetPath() & _
       "images/Error.gif'>" & _
       " Type: " & oEvent.Type & "<BR>"
 Case "INFORMATION"
  txt = txt & "<img src=' File:///" & GetPath() & _
       "images/Information.gif'>" & _
       " Type: " & oEvent.Type & "<BR>"
 Case "WARNING"
  txt = txt & "<img src=' File:///" & GetPath() & _
       "images/Warning.gif'>" & _
       " Type: " & oEvent.Type & "<BR>"
 Case Else
  txt = txt & "* Type: " & oEvent.Type & "<BR>"
End Select
```

Sobald der Eintrag für ein Ereignis im Dokument angelegt wurde, liest das Skript die Eigenschaften *SourceName* und *Message* des Ereignisobjekts und schreibt die Werte in das HTML-Dokument. Weitere Details können Sie dem folgenden Listing entnehmen.

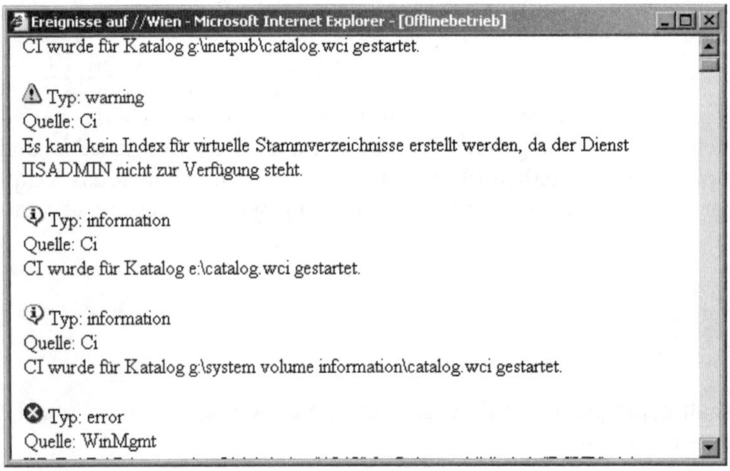

Abbildung 17.20: *Anzeige der Ereignisse einer Protokolldatei im Browserfenster*

```
'************************************************
' File:  ListEvents.vbs (WSH-Beispiel in VBScript)
' Autor: G. Born
'
' Liste die Ereignisse der Kategorie "Application"
' in der Log-Datei, erfordert WMI.
'************************************************

Const Title = "Ereignisse auf "
Const Category = "Application"

Const Info = "INFORMATIONEN"  ' Fehlertypen lokalisiert
'Const Info = "INFORMATION"
Const warn = "WARNUNG"
'Const warn = "WARNING"
Const Error = "FEHLER"
```

```
'Const Error = "ERROR"

Dim oEvent, oEvents
Dim txt, Machine, tmp

' Maschinenname
Machine = "//Rom"
tmp = InputBox ("Computername eingeben", _
                "Ereignisliste", Machine)
If tmp <> "" Then Machine = tmp

' Erzeuge Objektinstanz zu den Ereignissen
Set oEvents = GetObject( _
  "winmgmts:{impersonationLevel=impersonate}" & _
  "!" & Machine).InstancesOf ("Win32_NTLogEvent")

For Each oEvent In oEvents
 If oEvent.LogFile = category Then
  Select Case UCase(oEvent.Type) ' Typ-Symbol und Text addieren
   Case error
    txt = txt & "<img src='file:///" & GetURLPath() & _
         "images/Error.gif'>" &_
         " Typ: " & oEvent.Type & "<br>"
   Case info
    txt = txt & "<img src='file:///" & GetURLPath() & _
         "images/Information.gif'>" & _
         " Typ: " & oEvent.Type & "<br>"
   Case warn
    txt = txt & "<img src='file:///" & GetURLPath() & _
         "images/Warning.gif'>" & _
         " Typ: " & oEvent.Type & "<br>"
   Case Else
    txt = txt & "<img src='file:///" & GetURLPath() & _
         "images/Unknown.gif'>" & _
         " Typ: " & oEvent.Type & "<br>"
  End Select
  txt = txt & " Quelle: " & oEvent.SourceName & "<br>"
  txt = txt & oEvent.Message & "<br><br>"
 End if
Next

ShowList Txt, Title & Machine   ' Ergebnisse in IE zeigen

'### Helfer ###
Sub ShowList (txt, Title)
' Zeige txt in IE-Fenster an
 Dim oIE, oDoc
' Internet Browser Application-Objekt erzeugen
 Set oIE = WScript.CreateObject("InternetExplorer.Application")
' Eigenschaften Browserfenster
 oIE.left=20
 oIE.top = 50
 oIE.height = 300
 oIE.width = 580
 oIE.menubar = 0
 oIE.toolbar = 0
```

```
oIE.statusbar = 0
oIE.navigate ("about:blank")   ' leere Seite
oIE.visible = 1                ' MSIE sichtbar

While(oIE.Busy)
 WScript.Sleep 50
Wend          ' Wichtig: Warte bis MSIE fertig

Set oDoc = oIE.Document        ' Dokumentobjekt holen
oDoc.open
' HTML-Dokument erstellen
oDoc.writeln ("<html><head><title>" & title & "</title></head>")
oDoc.writeln ("<body>" & Txt & "</body></html>")
oDoc.close                     ' für Schreibzugriffe schließen
End Sub

Function GetURLPath()
' Hole Skriptpfad, drehe \ in /
 DIM path
 path = WScript.ScriptFullName
 path = Left(path, InstrRev(path, "\"))
 GetURLPath = Replace(path, "\", "/")
End Function
'*** Ende
```

Listing 17.21: ListEvents.vbs

HINWEIS: Die Datei *ListEvents.vbs* finden Sie im Ordner *\Beisp\Kap17* der Begleit-CD-ROM.

Warten auf NT-Ereignisse

WMI bietet auch eine Methode, über die sich ein WSH-Skript direkt an die Ereignisverwaltung von Windows NT/2000 binden kann. Dann kann das Skript auf Ereignisse warten. Der *GetObject*-Aufruf zur Verbindung mit der Ereignisverwaltung lässt sich folgendermaßen angeben:

```
Set oEvents = GetObject( _
  "winmgmts:{impersonationLevel=impersonate,(Audit)}" & _
  "!" & Machine).ExecNotificationQuery (strQuery)
```

Der Befehl führt die *ExecNotificationQuery*-Methode. Diese Methode liefert ein *SWbemEventSource*-Objekt zurück, welches eine Quelle für Ereignisse repräsentiert, die von WMI geliefert werden. Der Query-Befehl zur Auswahl von NT-Protokollereignissen lässt sich folgendermaßen angeben:

```
strQuery = "Select * From __InstanceCreationEvent " & _
           "Where TargetInstance ISA 'Win32_NTLogEvent'"
```

Die Klasse *__InstanceCreationEvent* ist für das Erzeugen der Ereignisse zuständig. Die *Select*-Klausel liefert alle Daten einer Ereignisinstanz. Das Ereignis wird dann zum Ziel geschrieben. Dieses Ziel (target) ist in der *Win32_NTLogEvent*-Klasse beschrieben. Die *Where*-Klausel filtert nur die Ereignisse, die Einträge in den NT-Protkolldateien eintragen.

Sobald das *SWbemEventSource*-Objekt vorliegt, kann das Skript auf das Eintreffen neuer Ereignisse warten bzw. diese abfragen. Das Objekt unterstützt hierzu die *NextEvent*-Methode. Der

Aufruf dieser Methode suspendiert das Skript so lange, bis das Ereignis auftritt. Dann liefert die Methode das Ereignisobjekt zurück. Das Skript benutzt folgende Schleife, um auf Ereignisse zu warten und diese auszuwerten:

```
Do While true             ' Endlosschleife
 Set oNTEvent = oEvents.NextEvent.TargetInstance ' hole Ereignis
 MsgBox "Typ: " & oNTEvent.Type & " " & oNTEvent.Message, _
        vbOkOnly + vbInformation, " Ereignis gefunden auf " & Machine
Loop
```

Die Endlosschleife benutzt die *NextEvent*-Methode zum Lesen der Objekte der *Target*-Instanz. Wird ein Ereignisobjekt zurückgegeben, zeigt das Skript den Meldungstext sowie den Ereignistyp in einem Dialogfeld an. Da das Skript eine Endlosschleife benutzt, habe ich folgenden undokumentierten Befehl im Hauptprogramm eingeführt:

```
WScript.Timeout = 300
```

Der Befehl setzte die *Timeout*-Eigenschaft des Skripts. Nach 300 Sekunden terminiert das Skript, unabhängig von eintreffenden Ereignissen. Das folgende Skript fragt nach dem Start den Maschinennamen ab, verbindet mit WMI und führt die *ExecNotificationQuery*-Methode aus. Ereignisse auf der Maschine werden dann angezeigt (die in Abbildung 17.22 gezeigten Ereignisdialoge weisen englischen Text auf, da auf der betreffenden Testmaschine die US-Version von Windows 2000 lief).

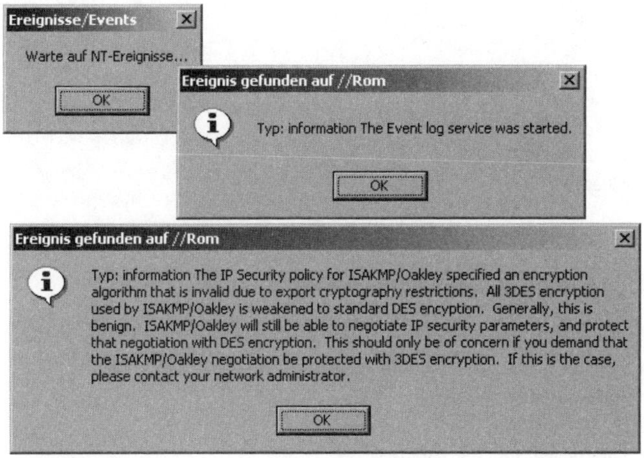

Abbildung 17.21: *Beispiele für Dialoge des Skripts*

HINWEIS: Der Ursprungscode stammt aus dem White Paper »Microsoft Windows Management Instrumentation«. Obwohl das Original-Beispiel entworfen wurde, um Ereignisse einer lokalen Maschine anzuzeigen, ist es mir nicht gelungen, das Skript auszuführen. Jeder Versuch, auf die Ereignisverwaltung der lokalen Maschine zuzugreifen, wurde mit einem »Zugriff verweigert« Fehler abgewiesen. Nachdem ich das Skript so erweitert hatte, dass eine Verbindung mit Remote-Maschinen möglich war, ließ sich das Beispiel auf Remote-Maschinen anwenden. Allerdings habe ich bei Tests festgestellt, dass das Skript Probleme macht, sobald auf den Maschinen ein Reboot oder Logoff ausgeführt wird (dann stürzte die Ereignisprotokollierung auf den Maschinen ab). Weitere Details sind dem nachfolgenden Listing zu entnehmen.

```
'**************************************************
' File:  ListenToEvents.vbs (WSH-Beispiel in VBScript)
' Autor: G. Born
'
' Events in Windows 2000 Event-Protokoll überwachen.
' Benötigt WMI und Windows 2000.
' Skript endet nach 300 Sekunden.
'**************************************************
Option Explicit

Dim strQuery
Dim Machine, tmp
Dim oEvents, oNTEvent, oWShell

' Maschinenname
Machine = "//Wien"
tmp = InputBox ("Computername", _
                "List Events", Machine)
If tmp <> "" Then Machine = tmp

' ### Undokumentiert, setze Skript-Timeout ###
WScript.Timeout = 300  ' 300 Sekunden

' Definiere Query für __InstanceCreationEvent,
' welches auf Win32_NTLogEvent zeigt
strQuery = "Select * From __InstanceCreationEvent " & _
           "Where TargetInstance ISA 'Win32_NTLogEvent'"

' Erzeuge Objektinstanz zur Event-Handling-Klasse
' (Klasse der Ereignisbehandlung) und führe dann die
' EventNotificationQuery-Methode aus.
Set oEvents = GetObject( _
  "winmgmts:{impersonationLevel=impersonate,(Audit)}" & _
  "!" & Machine).ExecNotificationQuery (strQuery)

' Erzeuge Popup-Meldung, die nach 5 Sek. verschwindet
Set oWSHell = WScript.CreateObject("WScript.Shell")
 oWSHell.Popup "Warte auf NT-Ereignisse...", 5, "Ereignisse/Events"

' Warte jetzt auf die Ereignisse (Events) ...
Do While true             ' Endlosschleife
 Set oNTEvent = oEvents.NextEvent.TargetInstance ' Hole Ereignis
 MsgBox "Typ: " & oNTEvent.Type & " " & oNTEvent.Message, _
        vbOkOnly + vbInformation, "Ereignis gefunden auf " & Machine
Loop

WScript.Quit
'*** Ende
```

Listing 17.22: ListenToEvents.vbs

HINWEIS: Die Datei *ListenToEvents.vbs* finden Sie im Ordner *\Beisp\Kap17* der Begleit-CD-ROM.

Zugriff auf die Registrierung

Alternativ zu den in ▶ Kapitel 11 beschriebenen Methoden bietet WMI ebenfalls einen Provider zum Zugriff auf die Registrierung. Dieser Provider bietet dabei Methoden, um Schlüsselinhalte (Unterschlüssel oder Werte) aufzulisten, Schlüssel und Werte anzulegen oder zu lesen und um Schlüssel oder Werte zu löschen.

Auflisten installierter Software

In einem ersten Beispiel soll ein VBScript den Inhalt des Schlüssels:

```
SOFTWARE\Microsoft\Windows\CurrentVersion\Uninstall
```

auflisten. Die Unterschlüssel dieses Zweigs enthalten jeweils die Namen der deinstallierbaren Programme. Im Wert *DisplayName* eines solchen Unterschlüssels erscheinen die Texte, die im Dialogfeld zum Deinstallieren angezeigt werden (siehe auch /2/ im Literaturverzeichnis).

Um auf die WMI-Methoden der Registrierung zuzugreifen, muss erst eine Referenz auf den WMI-Provider *StdRegProv* erzeugt werden. Dies lässt sich mit folgender Anweisung erreichen:

```
Set oRegistry = GetObject("winmgmts://./root/default:StdRegProv")
```

Das Objekt *oRegistry* bietet dann mehrere Methoden zum Zugriff auf die Registrierung.

HINWEIS: Die Namen der unterstützten Methoden sowie deren Ein-/Ausgabeparameter können Sie mit Programmen wie *WBEMTest.exe* ermitteln. Sobald das Programm mit dem Namensraum *root\default* verbunden ist, wählen Sie die Schaltfläche *Klassen aufzählen* und schließen Sie das nächste Dialogfeld über die *OK*-Schaltfläche. Im Dialogfeld *Ergebnis der Abfrage* sehen Sie den Eintrag »StdRegProv«, den Sie per Doppelklick anwählen. Im nächsten Dialogfeld *Objekt-Editor* finden Sie die unterstützten Methoden. Ein Doppelklick auf den Namen einer Methode öffnet ein Dialogfeld *Methoden-Editor*. Wählen Sie die Schaltflächen *Eingabeargumente bearbeiten* und *Ausgabeargumente bearbeiten*, um einen Überblick über die Parameter zu erhalten. Auf diese Weise wurden die Parameter der hier benutzten Methoden ermittelt.

Um die Unterschlüssel eines Schlüssels aufzulisten, lässt sich folgende Anweisung verwenden:

```
oRegistry.EnumKey HKLM, key, sKeys
```

Die *EnumKey*-Methode erwartet im ersten Parameter eine Konstante, die den Hauptschlüssel angibt (siehe folgendes Listing). Im Parameter *key* ist der Zweig zum gewünschten Unterschlüssel anzugeben. Der Parameter *sKeys* dient zur Aufnahme der aufzulistenden Schlüssel. Diese lassen sich über eine *For Each*-Schleife auflisten.

Zum Lesen eines Werts vom Typ *String* verwenden Sie die *GetStringValue*-Methode.

```
status = oRegistry.GetStringValue(HKLM,key ,name , tmp)
```

Der zweite Parameter definiert den Unterschlüssel, der dritte Parameter den Namen des Werts. Das Ergebnis wird in der Variablen *tmp* zurückgegeben. Die Methode liefert zudem einen Status (wahr oder falsch) zurück. Das folgende Listing zeigt die Details der Implementierung.

```
'**********************************************
' File:  WMIRegistryEnum.vbs (WSH-Beispiel in VBScript)
' Autor: G. Born
'
' Zugriff auf die Registrierung per WMI auflisten.
'**********************************************
Option Explicit

Const Title = "WMI-Registrierungsabfrage"

Const HKCR = &H80000000
Const HKCU = &H80000001
Const HKLM = &H80000002

Const key = "SOFTWARE\Microsoft\Windows\CurrentVersion\Uninstall"
Const name = "DisplayName"

Dim oRegistry, oKey
Dim sKeys, txt, tmp

txt = "Schlüssel" & vbCRLF   ' Init Ausgabetext

' Hole Registry-Provider von WMI
Set oRegistry = GetObject("winmgmts://./root/default:StdRegProv")

' Hole Auflistung mit Unterschlüsseln -> Rückgabe in sKeys
oRegistry.EnumKey HKLM, key, sKeys

On error Resume Next            ' Fehlerbehandlung aus
For Each oKey In sKeys          ' Alle Schlüssel
 txt = txt & oKey & vbTab       ' Schlüsselname
 tmp = ""                       ' lösche Variable
' Jetzt DisplayName-Wert des Schlüssels lesen
 status = oRegistry.GetStringValue(HKLM,key & "\" & oKey ,name , tmp)
 If tmp = "" Then tmp = "---"   ' bei leerem Wert
 txt = txt & tmp & vbCrLF
Next
On Error Goto 0

MsgBox txt, vbOkOnly + vbInformation, Title
'*** Ende
```

***Listing 17.23:** WMIRegistryEnum.vbs*

HINWEIS: Sie finden die Datei *WMIRegistryEnum.vbs* im Ordner *\Beisp\Kap17\Addons* der Begleit-CD.

Registrierung Schreiben und Lesen per WMI

Das nächste Beispiel demonstriert, wie sich über den WMI-*StdRegProv*-Provider schreibend und lesend auf die Registrierung zugreifen lässt. Das VBScript-Programm legt den Schlüssel *HKCR\.1Gborn* an, fügt einzelne Werte hinzu, liest diese Werte zurück und löscht dann jeweils einen Wert sowie den Schlüssel samt Inhalt. Der Zugriff auf das *StdRegProv*-Objekt erfolgt in diesem Beispiel über folgende Anweisungen:

```
Set oLocator = WScript.CreateObject("WbemScripting.SWbemLocator")
Set oServices = oLocator.ConnectServer(strServer, "root\default", _
                strUsername,strPassword)
Set oRegistry = oServices.Get("StdRegProv")
```

Dies ermöglicht es, in den Variablen *strServer*, *strUsername* und *strPassword* eine Maschine, ein Benutzerkonto und das Kennwort einzutragen. Die folgende Anweisung:

```
status = oRegistry.CreateKey(HKCR, key)
```

legt den im Parameter *key* angegebenen Schlüssel in dem durch die Konstante *HKCR* angegebenen Zweig *HKEY_CLASSES_ROOT* an. Der zurückgegebene Status signalisiert, ob das Anlegen des Schlüssels erfolgreich war. Zum Anlegen eines String-Werts lässt sich dann folgende Anweisung verwenden:

```
status = oRegistry.SetStringValue(HKCR, key, name, wert)
```

Der Parameter *name* enthält den anzulegenden Namen und in *wert* findet sich der Stringwert. Für die restlichen Wertetypen gibt es entsprechende Methoden. Den Lesezugriff auf einen Wert haben Sie bereits im vorherigen Beispiel kennen gelernt. Das Löschen eines Werts oder eines Schlüssels lässt sich über folgende Anweisungen durchführen:

```
status = oRegistry.DeleteValue(HKCR, key, name)
status = oRegistry.DeleteKey(HKCR, key)
```

Die Parameter dieser Methoden sind weitgehend selbsterklärend. Weitere Details entnehmen Sie nachfolgendem Listing.

```
'************************************************
' File:  WMIRegistryWrite.vbs (WSH-Beispiel in VBScript)
' Autor: G. Born
'
' Zugriff auf die Registrierung per WMI auflisten.
'************************************************
Option Explicit

' Zugriffsparameter für Maschine, Nutzer, Kennwort
Const strServer = "Rom" ' Maschine
Const strUsername = ""  ' oder Benutzername
Const strPassword = ""  ' oder Kennwort

' Konstante für Hauptschlüssel
Const HKCR = &H80000000  ' HKEY_CLASSES_ROOT
Const HKCU = &H80000001  ' HKEY_CURRENT_USER
Const HKLM = &H80000002  ' HKEY_LOCAL_MACHINE
Const HKU = &H80000003   ' HKEY_USERS

Const key = ".1GBorn"    ' der Schlüssel
Const name = "Test"      ' Name des Werts
Const name1 = "Wort"     ' "
Const wert = "Hallo"     ' Wert
Const wert1 = &H2000     ' "
```

```
Dim oLocator, oServices, oRegistry, txt

' Erzeuge Objektreferenz auf WMI-Registry-Provider
Set oLocator = WScript.CreateObject("WbemScripting.SWbemLocator")
Set oServices = oLocator.ConnectServer(strServer, "root\default", _
                strUsername,strPassword)
Set oRegistry = oServices.Get("StdRegProv")
' oder folgende Anweisung für aktuelle Maschine verwenden
'Set oRegistry = GetObject("winmgmts://./root/default:StdRegProv")

On Error Resume Next
' ### Jetzt den neuen Schlüssel anlegen
status = oRegistry.CreateKey(HKCR, key)
If (status = 0) And (Err.Number = 0) Then
 WScript.Echo "Schlüssel " & key & " angelegt"
Else
 WScript.Echo "Fehler beim Anlegen des Schlüssels"
End If

' Jetzt einige Werte schreiben
status = oRegistry.SetStringValue(HKCR, key, name, wert)
If (status = 0) And (Err.Number = 0) Then
 WScript.Echo "Wert '" & name & "' geschrieben"
Else
 WScript.Echo "Fehler beim Schreiben von " & name
End If

status = oRegistry.SetDWORDValue(HKCR, key, name1, wert1)
If (status = 0) And (Err.Number = 0) Then
 WScript.Echo "Wert '" & name1 & "' geschrieben"
Else
 WScript.Echo "Fehler beim Schreiben von " & name1
End If

' Jetzt Werte lesen
status = oRegistry.GetStringValue(HKCR, key, name, txt)
If (status = 0) And (Err.Number = 0) Then
 WScript.Echo "Wert '" & name & "'= " & txt
Else
 WScript.Echo "Fehler beim Lesen von " & name
End If

status = oRegistry.GetDWORDValue(HKCR, key, name1, txt)
If (status = 0) And (Err.Number = 0) Then
 WScript.Echo "Wert '" & name1 & "'= " & txt
Else
 WScript.Echo "Fehler beim Lesen von " & name1
End If

' Jetzt einen Wert löschen
status = oRegistry.DeleteValue(HKCR, key, name)
If (status = 0) And (Err.Number = 0) Then
 WScript.Echo "Wert '" & name & "' gelöscht"
Else
 WScript.Echo "Fehler beim Löschen von " & name
End If
```

```
' Jetzt Schlüssel samt Inhalt löschen
status = oRegistry.DeleteKey(HKCR, key)
If (status = 0) And (Err.Number = 0) Then
 WScript.Echo "Schlüssel " & key & " gelöscht"
Else
 WScript.Echo "Fehler beim Löschen von " & key
End If

WScript.Echo "Fertig"

'*** Ende
```

Listing 17.24: *WMIRegistryWrite.vbs*

HINWEIS: Sie finden die Datei *WMIRegistryWrite.vbs* im Ordner *\Beisp\Kap17\Addons* der Begleit-CD.

TIPP: Im Ordner *\Beisp\Kap17\Addons* der Begleit-CD finden Sie weitere VBScript-Beispiele, mit denen per WMI auf verschiedene Informationen des Computers (Partitionen, die Performance-Counter etc.) zugegriffen wird.

An dieser Stelle möchte ich die Einführung in Windows Management Instrumentation (WMI) schließen. In diesem Kapitel haben Sie einige Grundlagen sowie Beispiele kennen gelernt, die den Umgang mit WMI-Objekten, Methoden und Eigenschaften per WSH-Skript zeigen. Aber WMI bietet wesentlich mehr. Hier möchte ich Sie auf den WMI SDK, dessen Werkzeuge und die Hilfedatei verweisen. Der SDK enthält auch eine Sammlung an VBScript- und JScript-Programmen, die einen tiefergehenden Einblick in diese Funktionen vermitteln (z.B. Erweiterung von Klassen etc.).

18 WSH-Fragen, Tipps und Antworten

Dieses Kapitel enthält zusätzliche Informationen zur Gestaltung von Skripten und zum Umgang mit dem WSH.

- Lesen Sie die Antworten auf häufig gestellte Fragen im Zusammenhang mit dem WSH.
- Schlagen Sie nach, wenn Sie Lösungen zu bestimmten Fragestellungen suchen.
- Lernen Sie Tricks kennen, mit denen sich bestimmte Aufgaben per WSH lösen lassen.

Mit dem in diesem Kapitel enthaltenen Material sollte die Skriptprogrammierung noch mehr vereinfacht werden.

Programmiertechniken

Hier finden Sie eine kurze Zusammenfassung zu (teilweise bereits behandelten) Themen der Programmierung.

Fehlerbehandlung in Skripten

Zur Behandlung von Laufzeitfehlern per Skript bieten VBScript ab der Version 3.0 und JScript ab der Version 5.0 bestimmte Features, die hier kurz skizziert werden.

Laufzeitfehlerbehandlung in VBScript

In VBScript ist das Abfangen von Laufzeitfehlern in der Sprache integriert (siehe VBScript-Hilfe und ▶ Kapitel 3). Mit der folgenden Anweisung bewirken Sie, dass die Script-Engine bei einem Laufzeitfehler die nächste Anweisung ausführt.

```
On Error Resume Next
```

Löst die folgende Anweisung einen Fehler aus, lässt sich dieser Fehlercode über das *Err*-Objekt direkt im Skript abfragen.

```
Wert = WSH.RegRead ("....", "xxxx")
If Err <> 0 Then
....
```

Bei einem aufgetretenen Fehler ist der Wert des *Err*-Objekts ungleich 0. Den Fehlercode erhalten Sie über die *Number*-Eigenschaft (*Err.Number*). Die folgende Anweisung:

```
On Error GoTo 0
```

bewirkt, dass die Behandlung von Laufzeitfehlern im Skript abgeschaltet wird, die Script-Engine übernimmt die Fehlerbehandlung wieder.

HINWEIS: Beispiele zu dieser Technik finden Sie in den vorhergehenden Kapiteln dieses Buches.

Laufzeitfehlerbehandlung in JScript

In JScript wird die Behandlung von Laufzeitfehlern erst ab der Script-Engine Version 5.0 unterstützt (siehe JScript-Online-Hilfe). Hierzu verwenden Sie die *try .... catch (e)*-Anweisungen in der Form:

```
try
{
 var Wert = WSH.RegRead ("....", "xxxx");
}
catch(e)
{
 if (e != 0)
  WScript.Echo ("Fehler beim Registrierungszugriff);
}
```

Die Anweisung *try* kommt vor der Anweisung zu stehen, die potentiell zu Laufzeitfehlern führen kann. Die Anweisung muss dabei in *{ ... }* gesetzt werden. Nach der Anweisung lässt sich der Fehlerstatus über die Anweisung:

```
catch(e)
{ ...
}
```

abfragen. Die (Objekt-) Variable *e* erhält den Fehlerwert und darf beliebige Namen aufweisen. Auch die Anweisungen im *catch*-Zweig müssen mit den Zeichen *{ ... }* eingehüllt werden. Weitere Informationen finden Sie in der JScript-Hilfe. Außerdem enthalten die vorhergehenden Kapitel Beispiele zum Einsatz dieser Technik.

HINWEIS: Auf der Begleit-CD-ROM finden Sie die Datei *VBScriptError.vbs* im Ordner *\Beisp \Kap18*. Diese Datei fragt einen Fehlercode ab und löst anschließend diesen Laufzeitfehler in VBScript aus. Dadurch können Sie eine Fehlerbeschreibung der VBScript-Laufzeitfehler abrufen.

Wie erhalten Sie Informationen zu Windows-Fehlern?

Die von der Eigenschaft *Err.Number* zurückgelieferten Fehlercodes sind teilweise in der VBScript-/JScript-Hilfe beschrieben. Allerdings können diese Hilfedateien nur auf Laufzeitfehler eingehen, die durch die Sprache begründet sind (falsche Syntax etc.).

Fehler, die durch das Betriebssystem oder andere (OLE/COM) Komponenten ausgelöst werden, sind dort natürlich nicht beschrieben. Dann ist guter Rat teuer, wenn es darum geht, die Fehlerbeschreibung zu einem Fehlercode zu finden. WSH 2.0 wurde hier bereits verbessert, gibt er doch teilweise Fehlermeldung im Klartext aus. Aber wäre es nicht schön, wenn Sie über ein Werkzeug verfügen, welches den Fehlercode abfragt und dann eine Fehlerbeschreibung liefert? Windows führt intern Tabellen, die die Fehlerbeschreibung verwenden. Mit den richtigen Windows-API-Calls ist es möglich, diese Fehlerbeschreibungen auch per Skript abzurufen. Die Abbildung 18.1 zeigt links oben einen Eingabedialog, in dem ein Fehlercode entweder als Hexadezimalzahl oder als Dezimalzahl abgefragt wird. Im Dialogfeld sind zwei Fehlercodes in diesen Zahlensystemen als Beispiel angegeben. Das Skript ermittelt dann die Windows-Fehlerbeschreibung und zeigt diese in einem Dialogfeld an.

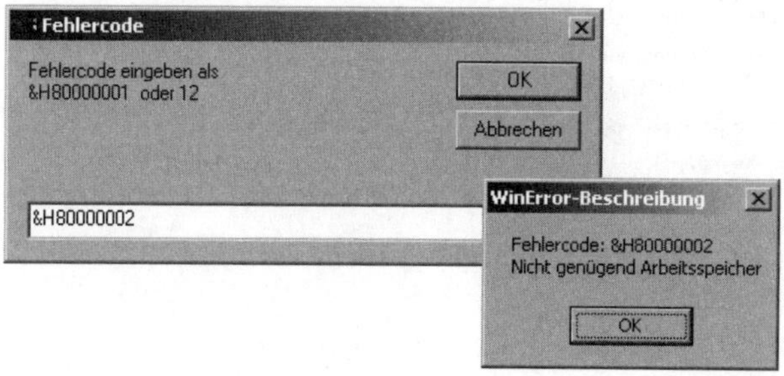

Abbildung 18.1: *Abfrage Fehlercode und Anzeige Fehlerbeschreibung*

TIPP: Von Brad Martinez gibt es ein kleines Freeware-Programm »Win32 Error Codes«, welches in Visual Basic verfasst ist *http://www.mvps.org/btmtz*. Das Programm fragt einen Fehlercode ab und zeigt die Windows-Fehlerbeschreibung in einem Dialogfeld.

Das Programm von Brad Martinez brachte mich auf die Idee, ein entsprechendes ActiveX-Steuerelement zu implementieren, welches eine Methode zum Abfragen der Fehlerbeschreibung bereitstellt. Die Methode lässt sich von VBScript oder JScript nutzen. Der folgende Codeausschnitt demonstriert, wie sich Fehlerbeschreibungen vom Betriebssystem abrufen lassen.

```
' Objektreferenz auf WinError.ErrMsg-Objekt
Set oWinErr = CreateObject ("WinError.ErrMsg")
Err = 15    ' setze Fehlercode (hier dezimal)
' Zeige die Fehlerbeschreibung über GetWinError
WScript.Echo oWinErr.GetWinError (Clng(err))
```

Die erste Anweisung erzeugt eine Objektreferenz auf *WinError.ErrMsg* (das Objekt wird per ActiveX-Komponente *WinError.ocx* bereitgestellt). Die Fehlerbeschreibung lässt sich dann über die *GetWinError*-Methode abfragen. Der Parameter dieser Methode muss einen gültigen Fehlercode enthalten. Die Methode liefert eine Zeichenkette zurück, die entweder den Fehlertext enthält oder leer ist. Bei einer leeren Zeichenkette ist der Fehlercode nicht implementiert.

HINWEIS: Der Ordner *\Beisp\Kap18* enthält die Dateien *ShowWinError.vbs*, *ShowWinError.js* und *ShowWinError.wsf*. *ShowWinError.js* zeigt den Fehlertext für den Fehlercode 12. *ShowWinError.vbs* öffnet einen Eingabedialog (Abbildung 18.1), über den Sie den Fehlercode vorgeben können. Bei Hexadezimalzahlen müssen Sie die Eingabe in der Form &H0C vornehmen. Die Datei *ShowWinError.wsf* demonstriert, wie sich Eingaben des Fehlercodes per JScript vornehmen und die *GetWinError*-Methode aufrufen lässt. Die Skripte benötigen die ActiveX-Komponente *WinError.ocx* aus dem Ordner *\Beisp\Kap18\Tools\Error*.

Zugriff auf die Windows-Fehlerbeschreibungen per API-Aufruf

Interessiert es Sie, wie sich die internen Windows Fehlertabellen mit den Fehlerbeschreibungen per API-Aufruf lesen lassen? Leider haben die Entwickler die betreffende Funktion etwas versteckt, und auf die Lösung kommt man nur beim intensiven Studium der API-Schnittstelle mit allen Aufrufvarianten: Die API-Funktion *FormatMessage* dient normalerweise zur Formatierung von Texten. Die Funktion besitzt dabei folgende API-Deklaration:

```
Declare Function FormatMessage Lib "kernel32" Alias "FormatMessageA" _
              (ByVal dwFlags As Long, lpSource As Any, _
               ByVal dwMessageId As Long, ByVal dwLanguageId As Long, _
               ByVal lpBuffer As String, ByVal nSize As Long, _
               Arguments As Long) As Long
```

Im ersten Parameter wird ein Flag übergeben, welches die verwendete Funktionalität bestimmt. Mit dem Wert:

```
FORMAT_MESSAGE_FROM_SYSTEM = &H1000
```

wird die Funktion angewiesen, eine Systemnachricht (deren Fehlercode im dritten Parameter übergeben wird) zu holen. Die formatierte Nachricht (hier die Windows Fehlerbeschreibung) wird dann in den im fünften Parameter *lpBuffer* übergebenen Puffer zurückgegeben. Diese Erkenntnis nutzt die *GetWinError*-Methode der *WinError.ocx* ActiveX-Komponente. Im Modul *APIDeclarations* sind die API-Schnittstelle und die Konstanten definiert. Im User Control *ErrMsg* finden Sie den Code der Methode (Listing 18.1).

```
' File: ErrMsg.cls
' Autor: G. Born
'
' Methode, die die Beschreibung eines Windows-Fehlers bereitstellt.
' Die Anregung zu dieser Implementierung kam durch das von Brad Martinez
' geschriebene Win32Err.exe-Programm (http://members.aol.com/btmtz/vb)
Public Function GetWinError(ByVal err)

Dim buf As String         ' Internen Puffer benutzen
Dim strLen As Long        ' Zeichenzähler
Dim errcode As Long       ' Fehlercode

 errcode = err            ' Variant konvertieren
 buf = String(257, 0)     ' init internen String-Puffer auf 256+1
```

```
 ' FormatMessage mit FORMAT_MESSAGE_FROM_SYSTEM aufrufen
 ' um Fehlertext zu holen (siehe API-Beschreibung im Platform SDK)
  strLen = FormatMessage(FORMAT_MESSAGE_FROM_SYSTEM _
                         Or FORMAT_MESSAGE_IGNORE_INSERTS _
                         Or FORMAT_MESSAGE_MAX_WIDTH_MASK, ByVal 0, _
                         errcode, LANG_USER_DEFAULT, _
                         ByVal buf, Len(buf), 0)

  GetWinError = Trim(Left(buf, strLen))  ' Fehlercode zurückgeben
 End Function
```

Listing 18.1: *Code der* GetWinError-Methode

Die detaillierte Beschreibung der API-Funktionen können Sie im Platform SDK zu Win 32 nachlesen (siehe auch *msdn.microsoft.com*). Die Methode benutzt interne Variablen und Puffer, um mögliche Konflikte durch falsche vom Skript übergebene Parameter auszuschließen. Sobald der *FormatMessage*-API-Aufruf abgeschlossen wurde, gibt die Methode den Pufferinhalt als Rückgabewert zurück (die Methode ist als Funktion implementiert). Die *Trim*- und *Left*-VB-Funktionen sorgen dafür, dass ggf. vorangehende oder angehängte Leerzeichen oder Nullbytes entfernt werden. Den Quellcode des ActiveX-Moduls finden Sie auf der Begleit-CD-ROM im Ordner *\Beisp\Kap18\Tools\Error*. Laden Sie diesen in die VB 5 CCE, um Details zu studieren.

Wie erhält man den Skriptpfad?

Manchmal ist es hilfreich, den Pfad zum aktuellen Skript zu kennen. Sie können diese Information beispielsweise verwenden, um eine im gleichen Ordner hinterlegte Dokumentdatei zu laden. Dies ist eleganter als das Arbeiten mit absoluten Pfadangaben innerhalb des Skripts, da Sie das Skript samt Dokumentdatei jederzeit in einen anderen Ordner verschieben können. WSH bietet leider keine Funktion, mit der sich der Pfad abfragen lässt. In den vorhergehenden Kapiteln habe ich daher in verschiedenen Beispielen Hilfsfunktionen zum Ermitteln des Pfads genutzt. Idee: Es wird die Eigenschaft *ScriptFullName* des *WScript*-Objekts benutzt und dann der Name der Skriptdatei entfernt. In VBScript lässt sich dies mit folgender Funktion erledigen:

```
Function GetPath
' Ermittle Skriptordner
 DIM path
 path = WScript.ScriptFullName  ' Pfad mit Dateiname Skript
 GetPath = Left(path, InstrRev(path, "\"))
End Function
```

Listing 18.2: Listing 18.2:
VBScript GetPath

In JScript sieht die betreffende Funktion so aus:

```
function GetPath ()
// Ermittle Skriptordner
{
 var path = WScript.ScriptFullName;  // Pfad + Name Skript
 path = path.substr(0,path.lastIndexOf("\\")+1);
```

```
  return path;
}
```

***Listing 18.3:** JScript* GetPath

Beide Funktionen benutzen die Annahme, dass der Pfad den Dateinamen mit einem Backslash-Zeichen (\) abtrennt. Falls WSH einmal auf anderen Plattformen (Macintosh oder Unix) verfügbar ist, versagen die obigen Methoden. Dann können Sie aber folgende Konstruktion verwenden, um den Pfad in VBScript zu ermitteln:

```
path = Left(Wscript.ScriptFullName, _
       Len(Wscript.ScriptFullName) - Len(Wscript.ScriptName))
```

Die Anweisung entfernt den Dateinamen im Pfad durch eine einfache Subtraktion des Skript-Dateinamens vom Pfad mit dem Dateinamen. Daher ist diese Lösung unabhängig von den Dateinamenskonventionen des Betriebssystems. Falls Sie solche Tricks vermeiden möchten, besteht weiterhin die Möglichkeit, den Pfad per *FileSystemObject*-Objekt abzufragen. Dieses Objekt bietet eine Methode, mit dem sich der übergeordnete Ordner (Parent) eines gegebenen Ordners abfragen lässt. Die folgenden Anweisungen ermitteln daher ebenfalls den Pfad:

```
Dim fso
Set fso = CreateObject("Scripting.FileSystemObject")
Path = fso.GetParentFolderName(Wscript.ScriptFullName)
```

Vorteil dieser Konstruktion: Solange Microsoft die *GetParentFolderName*-Methode korrekt implementiert, wird der richtige Pfad (unabhängig vom Betriebssystem) zurückgegeben. Nachteil: Sie legen ein weiteres Objekt an, was zusätzlichen Speicher und Laufzeit kostet.

Wie lässt sich der aktuelle Ordner abfragen?

Manche Skriptentwickler fragen nach Code, mit dem sich der aktuelle Windows-Ordner abfragen lässt (diese Funktion gibt es in VB/VBA). In WSH ist die Lösung einfach: Das aktuelle Verzeichnis ist identisch mit dem Verzeichnis, aus dem das Skript aufgerufen wurde. Sie können daher entweder den Code aus dem vorhergehenden Abschnitt verwenden, oder Sie greifen auf den folgenden Befehl zurück:

```
Dim fso
set fso = WScript.CreateObject("Scripting.FileSystemObject")
' CurrentDir = fso.GetAbsolutePathName("")   ' dies oder ...
CurrentDir = fso.GetAbsolutePathName(".")
```

Die Sequenz benutzt ebenfalls das *FileSystemObject*, um den Pfad über die *GetAbsolutePathName*-Methode, allerdings mit dem Parameter "." zu ermitteln.

HINWEIS: Der Ordner *\Beisp\Kap18* enthält die Datei *CurrentDir.vbs*, die den aktuellen Ordner sowie den Skriptordner in einem Dialogfeld anzeigt. Die Pfade sind identisch. Sie können weiterhin die nachfolgend vorgestellte *GetDir*-Methode für diesen Zweck verwenden.

Wie lässt sich der Standardordner setzen?

Manchmal möchte man als Skriptprogrammierer den Standard-Ordner für ein Programm vorgeben können. Der Windows Script Host liefert erst ab Version 5.6 Hilfestellung in dieser Angelegenheit. In WSH 1.0/2.0 es gibt mehrere Alternativen (Workarounds), um dieses Problem zu lösen.

- Der einfache Ansatz: Sie legen die benötigten Dateien einfach mit im Ordner der Skriptdatei ab. Dieser Ordner wird beim Aufruf der Skriptdatei automatisch zum aktuellen Ordner. Mit den oben vorgestellten *GetPath*()-Funktionen können Sie die Lage des Skriptordners abfragen.
- Sie können eine Verknüpfung für das Programm anlegen und über deren Eigenschaften den Ausführungspfad sowie das Arbeitsverzeichnis vorgeben. Rufen Sie die Verknüpfungsdatei per *Run*-Methode auf, wird die in der Verknüpfung angegebene Datei samt den Vorgaben aufgerufen.
- Sie erzeugen eine BAT-Datei, die einen *cd*-Befehl und den Aufruf der Anwendung enthält. Auch diese BAT-Datei lässt sich per Skript mittels der *Run*-Methode aufrufen.

Ab WSH 5.6 existiert die *CurrentDirectory*-Methode des Shell-Objekts, die das aktuelle Verzeichnis lesen und setzen kann. Die nachfolgenden VBScript-Anweisungen demonstrieren, wie Sie diese Methode verwenden können. Hier wird das aktuelle Verzeichnis, die Eigenschaft *Path* des *WScript*-Objekts sowie der Skriptpfad ermittelt.

```
Set oShell = WScript.CreateObject("WScript.Shell")
' Zeige aktuelles Verzeichnis, aktueller Pfad, Skriptpfad
WScript.Echo _
   "Aktuelles Verzeichnis: " & oShell.CurrentDirectory & vbCRLF & _
   "Aktueller Pfad: " & WScript.Path & vbCRLF & _
   "Skript Pfad: " & GetPath
```

Die Funktion *GetPath* wurde explizit im Skript definiert. Um das aktuelle Verzeichnis auf den Unterordner *TestData* zu setzen, wird folgende Anweisung benutzt:

```
oShell.CurrentDirectory = GetPath & "TestData"
```

Nach dieser Vorbereitung lässt sich und lädt die Datei *t.txt* im Windows-Editor laden, ohne dass Sie einen Pfad angeben.

```
oShell.Run "Notepad " & " t.txt"
```

Windows verwendet bei der *Run*-Methode den aktuellen Ordner zum Zugriff auf die Textdatei.

HINWEIS: Sie finden die Datei *ChangeDirWSH56.vbs* im Ordner *\Beisp\Kap18* auf der Begleit-CD.

HINWEIS: Beachten Sie aber immer, dass Windows mehrere Programme gleichzeitig ausführen kann. Starten Sie ein weiteres Programm über die Windows-Benutzeroberfläche, findet dieses Programm ggf. gänzlich andere Einstellungen vor. Nur die im Kontext des Skripts gestarteten Programme »sehen« den aktuellen Ordner.

Aktuelles Verzeichnis per ActiveX-Modul setzen

Abschließend möchte ich noch eine vierte Lösung vorstellen, mit der sich der Standardordner (das aktuelle Verzeichnis) für das Skript vorgeben lässt: Sie verwenden die ActiveX-Komponente *ShellExtension.ocx* im Ordner *\Beisp\Kap18\Tools\Shell* der Begleit-CD-ROM. Die ActiveX-Komponente stellt das *ShellExtension.ShellObjects*-Objekt mit verschiedenen Methoden bereit:

- *SetDir (path)*: Setzt das Standardverzeichnis (default directory) des aktuellen Laufwerks auf einen neuen Pfad. Die Methode gibt die Werte 0 (Erfolg) oder 1 (Fehler) zurück. Der Pfad lässt sich allerdings nur für das aktuelle Laufwerk als Parameter übergeben. Sie können die *SetDrive*-Methode verwenden, um das aktuelle Laufwerk umzustellen.
- *GetDir(drive)*: Diese Methode gibt eine Zeichenkette mit dem aktuellen Laufwerk zurück. Wird als Parameter eine leere Zeichenkette übergeben (z.B: *oSh.GetDir("")*), liefert die Methode den aktuellen Pfad des aktuellen Laufwerk zurück. Mit *oSh.GetDir("C:")* gibt die Methode das aktuelle Verzeichnis des Laufwerks C: der lokalen Maschine zurück.
- *SetDrive (drive)*: Die Methode ändert die Einstellung für das aktuelle Laufwerk. Der Aufruf der Methode ist zwingend erforderlich, bevor Sie *SetDir* auf ein Laufwerk, welches nicht das aktuelle Laufwerk ist, anwenden können. Die Methode gibt die Werte 0 (Erfolg) oder 1 (Fehler) zurück. Die Methode lässt sich nicht mit UNC-Netzwerkpfaden verwenden!

Durch Einsatz dieser Methoden kann ein Skript die Standardvorgaben für aktuelles Laufwerk und aktuellen Ordner ändern. *SetDir* erlaubt dem Skript das aktuelle Verzeichnis für die Skriptumgebung vorzugeben. Benutzt das Skript die *Run*-Methode ohne Pfadangabe, durchsucht Windows den aktuellen Ordner nach der angegebenen Anwendung. Dies wird in folgendem Codeausschnitt genutzt:

```
' Objektreferenz auf ShellExtensions.ShellObjects
Set oShExt = WScript.CreateObject("ShellExtension.ShellObjects")
' Objektreferenz auf WScript.Shell
Set oWSHShell = WScript.CreateObject("WScript.Shell")
path = oShExt.GetDir("")         ' Aktuelles Verzeichnis des Laufwerks
If oShExt.SetDir(path & "\Test") = 0 Then ' Ändere Verzeichnis
 oWSHShell.Run "Test.vbs"
 oWSHShell.Run "Notepad Test.vbs"
End if
```

Der erste Befehl erzeugt die notwendige Objektreferenz auf die Shellerweiterung und hinterlegt diese in der Objektvariablen *oShExt*. Die zweite Anweisung erzeugt die Objektreferenz auf *WScript.Shell* – da diese für die *Run*-Methode benötigt wird. Die dritte Anweisung fragt den aktuellen Ordner (des aktuellen Laufwerks) ab. In der vierten Anweisung setzt die *SetDir*-Methode den aktuellen Ordner des aktuellen Laufwerks auf den Unterordner *\Test*. Ich habe hier angenommen, dass der Ordner existiert und die benötigten Dateien enthält. *SetDir* liefert 0 (Erfolg) oder 1 (Fehler) zurück. In den nächsten Schritten wird die *Run*-Methode aufgerufen, um ein Skriptprogramm im Unterordner *\Test* aufzurufen. Die zweite Anweisung startet den Windows-Editor *Notepad* und weist diesen an, den Quellcode der Datei *Test.vbs* im Standardordner zu laden. Beide Anweisungen enthalten keine Pfadangaben und funktionieren trotzdem, denn neben dem aktuellen Ordner durchsucht Windows beim Programmstart auch den Windows- und den Systemordner.

Die obigen Anweisungen setzen den aktuellen Ordner des aktuellen Laufwerks um. Um den aktuellen Ordner eines anderen Laufwerks zu setzen, müssen Sie zuerst die *SetDrive*-Methode anwenden.

```
If oShExt.SetDrive("D:") = 0 Then ' anderes Standardlaufwerk
 If oShExt.SetDir("D:\Test") = 0 Then ' anderes Standardverzeichnis
  ...
```

Beide Methode verwenden das gleiche Laufwerk, um den Standardordner zu setzen. Verwenden Sie einen vom Standardlaufwerk abweichenden Laufwerksbuchstaben im *SetDir*-Parameter, wird der Standardordner nicht umgesetzt. Die *SetDrive*-Methode versagt, falls Sie UNC-Netzwerkpfade (z.B: \\Chicago\D) als Parameter angeben.

HINWEIS: Die Datei *ChangeDirTest.vbs* im Ordner *\Beisp\Kap18* auf der Begleit-CD-ROM demonstriert, wie sich aktuelles Laufwerk und aktueller Ordner per Skript ändern lasen. Das Skript führt die Datei *Test.vbs* in Unterordner *\Test* aus, benötigt aber die ActiveX-Komponente *ShellExtension.ocx* aus dem Ordner *\Beisp\Kap18\Tools\Shell.*

Wie lässt sich das aktuelle Laufwerk ermitteln?

Benötigen Sie im Skript das aktuelle Laufwerk, könnten Sie diesen Namen über die *ScriptFullName*-Eigenschaft des *WScript*-Objekts extrahieren. Dies kann aber etwas komplizierter werden, wie Sie in Abbildung 18.2 sehen können (es können ja auch UNC-Pfad auftreten).

***Abbildung 18.2:** Aktuelles Laufwerk anzeigen*

Eine wesentlich elegantere Methode, die auch UNC-Pfade akzeptiert, lässt sich mit folgender Codesequenz realisieren.

```
Set oFS = WScript.CreateObject("Scripting.FileSystemObject")
oldDrive = oFS.GetDriveName (WScript.ScriptFullName)
```

Das *FileSystemObject*-Objekt stellt die *GetDriveName*-Methode bereit. Übergeben Sie dieser Methode den von der Eigenschaft *ScriptFullName* gelieferten Wert, extrahiert die Methode das aktuelle Laufwerk.

HINWEIS: Bedenken Sie aber, dass die obige Codefolge immer das Laufwerk zurückliefert, von dem das Skript gestartet wurde. Ändern Sie das aktuelle Laufwerk im Skript mittels der *SetDrive*-Methode, wird das obige Ergebnis natürlich falsch.

Falls Sie das *Scripting.FileSystemObject*-Objekt nicht direkt verwenden möchten, bietet Ihnen die *GetCurDrive*-Methode des *ShellExtension.ShellObjects*-Objekts eine zuverlässigere Alternative. Die Methode *GetCurDrive* im ActiveX-Modul greift ebenfalls intern auf das *FileSystemObject*-Objekt zurück, um das aktuelle Laufwerk zu ermitteln. Ich habe diesen Ansatz gewählt, um zu zeigen, wie sich WSH-Objekte aus VB ansprechen lassen. Der folgende Code zeigt, wie sich die Methode im Skript einsetzen lässt.

```
Set oShExt = WScript.CreateObject("ShellExtension.ShellObjects")
WScript.Echo "Aktuelles Laufwerk: " & oShExt.GetCurDrive()
```

Die Methode liefert immer das aktuelle Laufwerk zurück. *GetCurDrive* ist daher sehr hilfreich, falls Sie bereits andere Methoden aus *ShellExtension.ShellObjects* im Skript benutzen (z.B: um den aktuellen Ordner umzusetzen).

HINWEIS: Die Datei *GetCurrentDrive.vbs* im Ordner *\Beisp\Kap18* der Begleit-CD-ROM demonstriert den Einsatz der *GetCurDrive*-Methode per Skript. Die ActiveX-Komponente *ShellExtensions.ocx* muss allerdings registriert sein.

Methoden für Laufwerks-/Pfadanpassung implementieren

Interessiert Sie die Implementicrung der auf den vorhergehenden Seiten gezeigten Methoden zur Anpassung der Ordner- und Laufwerkseinstellung sowie zur Abfrage von aktuellem Ordner und aktuellem Laufwerk? Alle Methoden wurden mit der VB 5 CCE erstellt und benutzen einfachen VB-Code. Teilweise kommen dabei sogar VB-Funktionen zum Einsatz. Der nachfolgende Quellcode zeigt die Implementierung der Methoden. Bei *GetCurDrive* lernen Sie sogar, wie sich aus einem VB-Modul auf Objekte des *FileSystemObject* zugreifen lässt.

```
' ### Hier folgen einige Methoden zur Manipulation von
' Laufwerken und Ordnern
Public Function SetDir(path)
' Setze aktuellen Ordner(current directory)
On Error GoTo Errorx
 ChDir path
 SetDir = 0              ' Erfolg zurückmelden
 Exit Function
Errorx:
 SetDir = 1             ' Fehler zurückmelden
End Function
Public Function GetDir(drive)
' Hole aktuellen Ordern (current directory)
 GetDir = CurDir(drive)
End Function

Public Function SetDrive(drive)
' Setze aktuelles Laufwerk (current drive)
On Error GoTo Errorx
 ChDrive drive
 SetDrive = 0             ' Erfolg zurückmelden
 Exit Function
Errorx:
 SetDrive = 1             ' Fehler zurückmelden
End Function

Public Function GetCurDrive()
' Hole aktuelles Laufwerk (benutze WSH FileSystemObject)
Dim fso As Object
' Binde an FileSystemObject-Objekt
 Set fso = CreateObject("Scripting.FileSystemObject")
 GetCurDrive = fso.GetDriveName(CurDir(""))
End Function
```

Listing 18.4: *Methoden zur Anpassung von Laufwerken und Ordnern*

HINWEIS: Sie finden den Quellcode im VB 5-Projekt *ShellExtension.vbp* des Ordners *\Beisp\Kap18\Tools\Shell* auf der Begleit-CD-ROM. Laden Sie das Projekt in die VB 5 CCE, um die Details der Implementierung zu studieren.

Arbeiten mit Datumsdifferenzen

Müssen Sie in einem Skript Datumsdifferenzen berechnen? In VBScript steht Ihnen beispielsweise die *DateDiff*-Funktion für diesen Zweck zur Verfügung. Die VBScript-Hilfe gibt an, dass Sie das Datumsintervall im ersten Parameter übergeben. Die beiden anderen Parameter enthalten die beiden Datumswerte, deren Differenz zu berechnen ist.

```
WScript.Echo DateDiff("d", Now, "1/1/2020") & _
   " Tage bis 2020..."
```

Hier wird das Intervall "*d*" (days bzw. Tage) zur Berechnung der verbleibenden Tage bis zum Jahr 2020 benutzt. Die Funktion *Now* liefert das aktuelle Datum und im letzten Parameter wird ein festes Datum (im US-Format) übergeben. Sie können das Datum aber auch in der lokalisierten Schreibweise (z.B: 1.1.2030) angeben. Abbildung 18.3 zeigt ein Dialogfeld mit verschiedenen Zeitdifferenzen.

Abbildung 18.3: *Beispiele für Zeitdifferenzen*

Irgendetwas scheint aber bei der Berechnung falsch gelaufen zu sein, denn der letzte Eintrag ist negativ. Lassen Sie uns nochmals diskutieren, wie die Zeitdifferenz zum ersten Januar 2020 per Skript berechnet wird:

```
MsgBox DateDiff("d", Now, "1/1/2020")& " Tage bis 2020..."
MsgBox DateDiff("d", Now, "1/1/20")& " Tage bis 2020..."
```

Obwohl die zweite Anweisung eine Jahreszahl mit zwei Ziffern (20) verwendet, liefern beide Anweisungen das gleiche Ergebnis (Abbildung 18.3). Das Hantieren mit zweiziffrigen Jahreszahlen in Skripten ist aber riskant. Sehen wir uns die folgenden zwei Anweisungen an:

```
MsgBox DateDiff("d", Now, "1/1/2030")& " Tage bis 2030..."
MsgBox DateDiff("d", Now, "1/1/30")& " Tage bis 2030..."
```

Die letzte Anweisung gibt den in Abbildung 18.3 gezeigten negativen Wert zurück. Was ist hier schief gelaufen, die Angabe "*1/1/20*" veranlasst *DateDiff* doch auch, die verbleibenden Tage bis zum 1.1.2020 richtig anzugeben? Grund: Die Angabe "*1/1/30*" veranlasst *DateDiff* leider, die Datumsdifferenz zum 1.1.1930 zu bestimmen.

HINWEIS: Dies ist die Stelle, wo der »Millenium-Bug« zuschlägt (bzw. wo Microsoft einen Trick benutzt, um ältere Programme doch noch zum Laufen zu bringen). Um Datumsdifferenzen zwischen 19xx und 20xx mit zweiziffrigen Datumsangaben korrekt abzuwickeln, benutzen Windows 98 und Windows 2000 einen internen Bias-Wert. Alle Jahresangaben zwischen 0 und 29 werden einfach als Jahreszahlen zwischen 2000 und 2029 interpretiert. Dies ist ja im aktuellen Kontext ganz sinnvoll, wir haben ja den Jahrtausendwechsel hinter uns gebracht. Jahresangaben zwischen 30 und 99 werden dann als Jahre zwischen 1930 und 1999 gewertet. Und genau dieses Problem tritt in obigen Anweisungen auf. Es entspricht daher einem guten Programmierstil, in Ihren Skriptprogrammen grundsätzlich mit vierziffrigen Jahreszahlen zu arbeiten. Dann tritt das Problem erst gar nicht auf. Sie können dieses Verhalten mit dem Programm *DateTest.vbs* im Ordner *\Beisp\Kap18* der Begleit-CD-ROM testen.

Ereignisbehandlung in Skripten

Der WSH erlaubt Ihnen in Skripten auf Ereignisse externer Komponenten zu reagieren. Hierzu können Sie CallBack-Funktionen an die Exportschnittstelle des betreffenden Automatisierungsobjekts anbinden. Beim Erzeugen des Objekts mit *CreateObject* ist dabei der Präfix für die Ereignisprozedur als zweiter Parameter anzugeben. Die folgende Anweisung benutzt den Präfix *Window_* beim Erzeugen des Internet Explorer-Objekts:

```
Set oIE = WScript.CreateObject("InternetExplorer.Application", _
      "Window_")
```

Die Prozeduren zur Ereignisbehandlung müssen diesen Präfix im Namen aufweisen. In VBScript sieht dann eine Ereignisprozedur zum Abfangen eines Ereignisses folgendermaßen aus:

```
Sub Window_OnUnload()
' Wird beim Schließen des Dokuments ausgelöst
End Sub
```

Der Prozedurname besteht aus dem definierten Präfix, dem Unterstrich und dem Namen des Ereignisses (hier *OnUnload()*). Voraussetzung ist allerdings, dass das externe Objekt ein solches Ereignis ausliest.

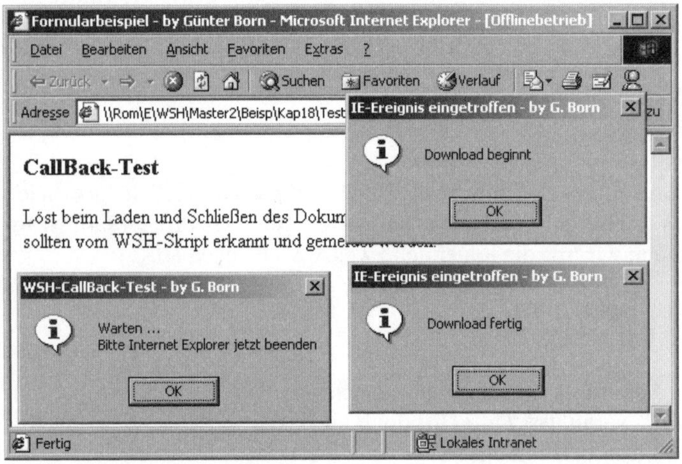

Abbildung 18.4: *Anzeige des Dokuments, der Verzögerungsmeldung und der Ereignismeldung (Beispiel* IEEventHandling.vbs*)*

In ▶ Kapitel 9 habe ich diese Technik bereits einmal vorgestellt. Das nachfolgend gezeigte kleine Skriptprogramm demonstriert, wie sich Ereignisse in JScript handhaben lassen. Konkret wird der Internet Explorer gestartet und die im Ordner des Skripts gespeicherte Dokumentdatei *TextForm.htm* geladen (Abbildung 18.4). Dieser Schritt löst jeweils zweimal ein Ereignis beim Beginn (*DownloadBegin*) und beim Beenden (*DownloadComplete*) des Downloads aus. Schließen Sie das Dokumentfenster des Internet Explorers, wird ein *OnQuit*-Ereignis ausgelöst. Sobald Sie das Skript starten, werden Sie beim Programmablauf über die Ereignisse informiert. Der *MsgBox*-Aufruf am Ende des Programms dient dazu, das Skript anzuhalten. Obwohl die Anzeige des Dialogfelds die Skriptausführung anhält, werden von den Ereignissen weiterhin Meldungen angezeigt (Abbildung 18.4). Die Einzelheiten der Implementierung sind dem folgenden Listing zu entnehmen.

```
//************************************************
// File:    IEEventHandling.js (WSH-Beispiel in VBScript)
// Autor:   (c) G. Born
//
// Ereignisbehandlung in VBScript, benutzt Internet Explorer
// als Ereignisquelle.
//************************************************

// *** Hole aktuellen Skriptpfad (für HTML-Datei)
var path = GetPath() + "TestForm.htm";   // Testdatei

// *** starte Internet Explorer, definiere CallBack-Präfix ***
var oIE = WScript.CreateObject(
 "InternetExplorer.Application", "Window_");
 oIE.navigate (path);              // Formular laden
 oIE.visible = 1;                  // sichtbar

// Skript durch Dialogfeldanzeige anhalten. Die Dialoge
// der Ereignisprozeduren erscheinen trotzdem
 WScript.Echo ("Warten ...\n",
       "Bitte Internet Explorer jetzt beenden");

// Benutzer hat OK-Schaltfläche angeklickt

//******************************************
// Hier kommen die Ereignisprozeduren
// (Event Handler)
//******************************************

function Window_DownloadBegin()
// Ausgelöst beim Laden des IE-Dokuments
{
 WScript.Echo ("Download beginnt");
}
function Window_DownloadComplete()
// Ausgelöst beim Download-Ende
{
 WScript.Echo ("Download fertig");
}

function Window_OnUnload()
// Ausgelöst beim Schließen des IE-Dokuments
{
 WScript.Echo ("Dokument schließen");
}

function Window_OnQuit()
// Ausgelöst beim Beenden des IE
{
 WScript.Echo ("Internet Explorer beenden");
}
```

```
//###########################
function GetPath ()
// Hole Skriptpfad
{
 var path = WScript.ScriptFullName;
 path = path.substr(0,path.lastIndexOf("\\")+1);
 return path;
}
// Ende
```

Listing 18.5: IEEventHandling.js

HINWEIS: Sie finden das Programm *IEEventHandling.js* auf der Begleit-CD-ROM im Ordner *\Beisp\Kap18*. Dieser Ordner enthält auch die HTML-Datei *TestForm.htm*. Die Datei *IEEventHandling.vbs* im Ordner zeigt die Implementierung in VBScript. Ein Beispiel für den Einsatz einer *CallBack*-Funktion finden Sie auch in ▶ Kapitel 9 im Abschnitt »Formulareingabe mit *CallBack*-Funktion«.

Skriptaufrufe und Argumente

Der folgende Abschnitt enthält Hinweise zu häufigen Fragestellungen im Hinblick auf Skriptaufrufe, die Auswertung von Parametern oder das Starten anderer Programme.

Ein Skript per Drag & Drop starten

Ab WSH 2.0 können Sie ein Skript direkt per Drag & Drop starten, indem Sie eine Dokumentdatei über das Symbol eines Skripts ziehen. Sobald Sie die Maustaste loslassen, wird das Skript gestartet und übernimmt die gezogene Datei als Argument. Bei WSH 1.0 müssen Sie zu einer »List« greifen, und die Ausführung des Skripts per Stapelverarbeitungsprogramm erzwingen. Um beispielsweise das Skript *Param.vbs* im Ordner *E:\Beisp\Kap18* auszuführen, legen Sie eine BAT-Datei *Param.bat* mit folgender Anweisung an:

```
@Start WScript.exe E:\Beisp\Kap18\Param.vbs %1 %2 %3
```

Weiterhin können Sie die Eigenschaften des Batchprogramms so einstellen, dass das Fenster der Eingabeaufforderung minimiert ausgeführt und anschließend automatisch geschlossen wird. Das in diesem Beispiel aufgeführte Skript gibt die Parameter des Aufrufs aus.

Abbildung 18.5: *Anzeige beim Aufruf des Skripts per Drag & Drop*

Ziehen Sie beispielsweise die Datei *DateTest.vbs* per Maus zur Stapelverarbeitungsdatei *Param.bat*, ruft diese den WSH-Host auf und übergibt diesem den Namen des auszuführenden Skripts sowie die Aufrufparameter des BAT-Programms. Das Programm *Param.vbs* wertet die Aufrufparameter aus und zeigt diese in einem Dialogfeld an (Abbildung 18.5). Da Sie gerade eine

Datei zur BAT-Datei gezogen haben, ist dieser Aufrufparameter aber nichts anderes als der Name des Drag & Drop-Objekts.

HINWEIS: Sie finden die Dateien *Param.bat, Param.pif* und *Param.vbs* im Ordner *\Beisp \Kap18* auf der Begleit-CD-ROM. Zum Testen müssen Sie die Beispieldateien in einen lokalen Ordner kopieren und die Laufwerksangabe in der BAT-Datei anpassen. Die obige Lösun zeigt Ihnen auch, wie Sie im Skript auf die übergebenen Parameter zugreifen.

WSH-Skriptaufruf per Windows NT-Scheduler

Unter Windows NT können Sie den Scheduler verwenden, um ein Skript auszuführen:

```
AT 18:00:00 /interactive "C:\Beisp\Kap18\RunExit.vbs"
```

Hierbei muss jedoch darauf geachtet werden, dass Sie den kompletten Pfad zum Skript mit angeben. Weiterhin ist das */interactive*-Flag zwingend erforderlich, falls das Skript Interaktionen mit dem Benutzer benötigt.

HINWEIS: Ab Windows 98 und ab Windows 2000 können Sie auch den Taskplaner zum Ausführen des Skripts verwenden. Der Taskplaner stellt sogar ein API für andere Programme bereit. Aber diese Schnittstelle unterstützt leider keine WSH-Skriptaufrufe. Der Windows Site Server wird aber mit einer DLL-Datei ausgeliefert, die die notwendige COM-Schnittstelle bereitstellt. Beachten Sie beim Taskplaner, dass das Skript unter dem Konto eines Administrators eingeplant wird, um die betreffenden Benutzerberechtigungen zu erhalten.

Skriptausführung in CScript erzwingen

Manchmal ist es zwingend erforderlich, ein Skript im Host *Cscript.exe* auszuführen (z.B. um auf die Ein-/Ausgabegeräte per *StdIn*-Eigenschaft zuzugreifen). Das Skript kann die *FullName*-Eigenschaft des *WScript*-Objekts zur Prüfung des Hosts verwenden. Die folgende *If*-Anweisungen ist wahr, falls *CScript.exe* als Host aktiviert ist:

```
If (Instr(UCase(WScript.FullName), "CSCRIPT") <> 0) Then
```

Trifft dies nicht zu, kann das Skriptprogramm terminieren oder die Ausführung einen zweiten Instanz in *CScript.exe* erzwingen. Hierzu muss das Skript lediglich einen geeigneten Aufruf der *Run*-Methode verwenden. Wie dies geht, demonstriert das folgende Beispiel. Startet der Benutzer ein Skript per Doppelklick, wird standardmäßig *WScript.exe* benutzt (ich gehe davon aus, dass die Standardeinstellungen gültig sind). Das Skript erkennt den »falschen« Host und startet eine zweite Instanz, in der *CScript.exe* als Host benutzt wird. Das VBScript-Listing zeigt die Details.

```
'************************************************
' File:  ForceCScript.vbs (WSH 2.0-Beispiel in VBScript)
' Autor: G. Born
'
' Erzwingt die Skriptausführung in CScript.exe
' (benötigt WSH 2.0).
'************************************************
Option Explicit
Dim tmp, WshShell
```

```
' Teste, ob CScript.exe der Host ist
If (Not IsCScript()) Then
 Set WshShell = WScript.CreateObject("WScript.Shell")
' Zweite Instanz ausführen
 WshShell.Run "Cscript.exe " & WScript.ScriptFullName
 WScript.Quit            ' Zweite Instanz beenden
End If

WScript.StdOut.WriteLine "Wir benutzen CScript.exe"

WScript.StdOut.WriteLine "Bitte Eingabetaste drücken"
tmp = WScript.StdIn.ReadLine ' Warte auf Tastendruck

'###########################
Function IsCScript()
' Prüfe, ob CScript.exe der Host ist
 If (Instr(UCase(WScript.FullName), "CSCRIPT") <> 0) Then
  IsCScript = true
 Else
  IsCScript = false
 End if
End function
'*** Ende
```

Listing 18.6: ForceCScript.vbs

HINWEIS: Die Datei *ForceCScript.vbs* finden Sie im Ordner *\Beisp\Kap18*. Zum Starten doppelklicken Sie auf die Datei. Trotzdem erscheint das Fenster der Eingabeaufforderung. Das Skript benutzt WSH 2.0-Funktionen. Weiter unten erfahren Sie, wie Sie die WSH-Version im Skript prüfen können.

Aufruf fremder Anwendungen

Zum Aufrufen fremder Anwendungen lässt sich die *Run*-Methode des *WSHShell*-Objekts nutzen.

```
Set WSHShell = WScript.CreateObject ("WScript.Shell")
WSHShell.Run "Notepad.exe", 1
```

Der erste Parameter gibt den Namen und den Pfad der auszuführenden Anwendung an. Ich habe hier auf den Pfad verzichtet, da der Editor von Windows immer gefunden wird. Im zweiten Parameter hinterlegen Sie den Fensterstil. Um einen MS-DOS-Befehl aufzurufen, müssen Sie die folgende Konstruktion verwenden:

```
var WSHShell = WScript.CreateObject ("WScript.Shell");
WSHShell.Run ("%comspec% /k dir C:\");
```

Diese in JScript verfassten Anweisungen zeigen den Inhalt des Laufwerks *C:* im MS-DOS-Fenster per *DIR*-Befehl an. Ich habe übrigens hier die *%comspec%* Umgebungsvariable benutzt, um den Befehlsprozessor anzugeben. Dies stellt sicher, dass der Befehl sowohl unter Windows 9x als auch unter Windows NT funktioniert.

Soll das Skript auf das Beenden des aufgerufenen Programms warten, muss als dritter Parameter der Wert *true* übergeben werden:

```
Set WSHShell = WScript.CreateObject ("WScript.Shell")
WSHShell.Run "Notepad.exe", 1, true
```

Dann wartet das Skript, bis der Prozess wieder terminiert.

HINWEIS: Beim Aufruf des Windows-Explorers klappt das Warten auf das Beenden des wartenden Prozesses nicht. Sie können dies testen, indem Sie das im Ordner *\Beisp\Kap18* enthaltene Skript *RunWait.vbs* im Editor öffnen und den Excel-Aufruf gegen den Befehl zur Aktivierung des Explorers austauschen. Dies ist auch erklärbar, da der Explorer als Teil der Shell immer aktiv ist. Der Aufruf der Datei *Explorer.exe* blendet dann nur eine Instanz der Shell ein.

Lange Dateinamen in Skripten

Verwenden Sie lange Dateinamen in Skripten oder beim Skriptaufruf, müssen Sie diese ggf. in Anführungszeichen setzen:

```
WSHShell.Run """C:\Programme\Microsoft Office\Office\Excel.exe""", 1, -1
```

Anführungszeichen in einer Zeichenkette sind in VBScript als `"""` anzugeben. Das erste Anführungszeichen markiert den Anfang der Zeichenkette. Die beiden folgenden Anführungszeichen `""` signalisieren, dass ein Anführungszeichen in die Zeichenkette einzufügen ist. In JScript wird ein Anführungszeichen mit den Zeichen "\" im Text markiert:

```
WSHShell.Run _
  "\"C:\\Programme\\Microsoft Office\\Office\\Excel.exe\"", 1, -1
```

HINWEIS: Verwenden Sie einen Variablennamen, der den Pfad enthält, müssen Sie bei langen Dateinamen im Pfad diesen in Anführungszeichen setzen (siehe auch ▶ Kapitel 1). Dies kann als *oWSH.Run* `""""` *& path &* `""""`*, 3, true* geschrieben werden. Die vier doppelten Anführungszeichen " sind erforderlich, um ein "-Zeichen vor den Inhalt der Variablen zu erzeugen.

Prozess-ID abfragen

Die *Exec*-Methode in WSH 5.6 erlaubt Ihnen nicht nur Prozesse zu starten. Die Methode liefert zudem ein Objekt zurück, über welches Sie den Prozessstatus ermitteln sowie über die *ProcessID*-Eigenschaft die Prozess-ID abfragen können. Die folgenden Anweisungen demonstrieren diesen Sachverhalt:

```
Set oShell = WScript.CreateObject ("WScript.Shell")
' Aktiviere Prozess1
Set oExec1 = oShell.Exec ("%Windir%\Notepad.exe")
id1 = oExec1.ProcessId     ' erste Prozess-ID
```

Sie können dann diesen Prozess-ID-Wert als Parameter bei der *AppActivate*-Methode verwenden. Vorteil: Der ID-Wert ändert sich im Gegensatz zum Fenstertitel nicht.

HINWEIS: Die Datei *ExecTest*.vbs im Ordner *\Beisp\Kap18* startet den Editor und den Windows-Rechner, listet die Prozess-IDs, schaltet zwischen den Fenstern um und schließt die Anwendungen wieder.

Nutzen der *Run*-Methode für Systemaufrufe

In ▶ Kapitel 13 haben Sie gelernt, wie Sie mittels einer ActiveX-Komponente Windows API-Aufrufe per WSH-Skript absetzen können. Windows 9x und auch Windows NT (was auch Windows 2000/XP einschließt) bietet dem Skriptprogrammierer einige Hintertürchen, über die sich auch ohne ActiveX-Module direkt auf ausgesuchte API-Funktionen zugreifen lässt. Der nachfolgende Abschnitt demonstriert einige dieser Techniken.

Windows 9x mit *RunDLL32.exe* herunterfahren

In ▶ Kapitel 13 haben Sie eine ActiveX-Komponente kennen gelernt, die Ihnen die *WSHExitWindows*-Methode zum Abmelden, Beenden oder Neustarten von Windows zur Verfügung stellt. Auch ohne diese Erweiterung können Sie Windows 9x beenden. Setzen Sie den folgenden Aufruf mit der *Run*-Methode ein:

```
WSHShell.Run _
   "%windir%\RunDll32.exe user,ExitWindows", 1, -1
```

Das Programm *RunDll32.exe* fungiert als Hilfe zum Aufruf diverser Windows-API-Funktionen. In dieser konkreten Anweisung greift *RunDll32* auf das Modul *User.exe* zu und ruft die von diesem Modul exportierte Funktion *ExitWindows* auf.

WICHTIG: Beachten Sie bei dieser Anweisung die Groß-/Kleinschreibung im Funktionsnamen. Weiterhin dürfen auch keine Leerzeichen zwischen dem Modul- und dem API-Namen stehen und Sie können bei den meisten API-Funktionen keine Parameter übergeben (da die Funktionen diese schlicht nicht auswerten).

HINWEIS: Sie finden ein Beispiel in der Datei *RunExit.vbs* im Ordner *\Beisp\Kap18* auf der Begleit-CD-ROM. Weitere Hinweise zu solchen Systemaufrufen liefert Ihnen der im Literaturverzeichnis unter /5/ aufgeführte Titel.

Hintertüren zum Herunterfahren von Windows 9x

Der im vorhergehenden Abschnitt gezeigte Trick lässt sich nur zum Herunterfahren von Windows 95/98 verwenden, ein Neustart ist nicht möglich. Aber es gibt einen alternativen Weg, wie Sie einen Neustart einleiten können. Windows 9x kennt den MS-DOS-Einzelanwendungsmodus, bei dem der komplette Windows-Kern entladen und MS-DOS geladen wird. Nach dem Beenden des MS-DOS-Modus lädt Windows automatisch den Kern, was im Verhalten einem Neustart gleichkommt. Sie können daher eine BAT-Datei mit folgender Anweisung erzeugen:

```
@Exit
```

Stellen Sie die Eigenschaften der BAT-Datei so ein, dass diese im MS-DOS-Modus ausgeführt wird (Rechtsklick auf das Dateisymbol, Befehl *Eigenschaften* im Kontextmenü wählen). Beim Ausführen des Stapelverarbeitungsprogramms wird dieses den MS-DOS-Modus aufrufen (wobei Windows beendet wird). Die *Exit*-Anweisung bewirkt, dass der MS-DOS-Modus sofort beendet und der Windows-Kern erneut geladen wird. Anschließend brauchen Sie im WSH-Skript nur noch die BAT-Datei per *Run*-Methode auszuführen.

Diese Ansätze funktionieren aber nicht unter Windows NT. In ▶ Kapitel 13 habe ich daher eine Lösung vorgestellt, die die Windows API-Funktion *ExitWindowsEx* verwendet (und unter allen Betriebssystemversionen funktioniert). Leider ist es nicht möglich, diese API-Funktion per *RunDll32.exe* aufzurufen, da diese keine übergebenen Parameter auswertet. Beim Experimentieren mit Microsoft Windows 98 für die erste Fassung dieses Buches bin ich aber Ende 1998 auf eine undokumentierte Hintertür der Microsoft Windows-Entwickler gestoßen, mit der sich *ExitWindowsEx* trotzdem per Shell aufrufen lässt.

Windows 98 kennt eine API-Funktion *SHExitWindowsEx*, die in der Datei *Shell32.dll* hinterlegt ist. Diese Funktion fungiert als Zwischenstück und ruft intern die API-Funktion *ExitWindowsEx* auf. Das Interessante: *SHExitWindowsEx* wertet einen Parameter in der Befehlszeile aus, setzt diesen in einem numerischen Wert um und übergibt ihn an *ExitWindowsEx*. Sie können daher folgende Anweisungen von der Windows-Befehlszeile (z.B: im Dialogfeld *Ausführen*) absetzen:

```
RunDll32.exe Shell32.dll,SHExitWindowsEx 0x0
```

Das Programm *RunDll32.exe* aktiviert die Funktion *SHExitWindowsEx* in *Shell32.dll*. Die Funktion erwartet einen Parameter, der den hexadezimalen Wert für den Exit-Modus in der Form 0xn angibt. Der Text 0x0 definiert den Wert 0, 0x01 definiert den Wert 1 etc. *SHExitWindowsEx* liest den Parameter und reicht diesen entsprechend aufbereitet an die API-Funktion *ExitWindowsEx* weiter. Die folgende Tabelle enthält die unterstützten Werte:

Befehl	Bemerkung
Shell32.dll,SHExitWindowsEx,0x0	Logoff
Shell32.dll,SHExitWindowsEx,0x1	Shutdown
Shell32.dll,SHExitWindowsEx,0x2	Restart

Tabelle 18.1: SHExitWindowsEx-Parameter

Offenbar können wir per *RunDLL32.exe* die Operationen Shutdown (Herunterfahren), Restart (Neustarten) oder Logoff (Abmelden) unter Windows 98 ausführen. Weiterhin gibt es Rückmeldungen von Administratoren, dass diese Funktion bei einigen Windows 95-Systemen auch unterstützt wird (vermutlich wurde dort die *Shell32.dll* aktualisiert oder in einer neueren Version mitgeliefert). Das folgende Listing demonstriert, wie Sie dieses Wissen in einem WSH-Skript nutzen können.

```
'************************************************
' File:   RunExitEx.vbs (WSH-Beispiel in VBScript)
' Autor:  Günter Born
'
' Benutzt die Run-Methode, um die undokumentierte
' Windows 98 SHExitWindowsEX-API-Funktion aufzurufen.
' Erlaubt das Herunterfahren, Neustarten und Abmelden.
'
' Shell32.dll,SHExitWindowsEx,0x0 Logoff
' Shell32.dll,SHExitWindowsEx,0x1 Shutdown
' Shell32.dll,SHExitWindowsEx,0x2 Restart
'************************************************
Option Explicit

Dim Shell, Title, obj

Title = "WSH-Beispiel - by Günter Born"

' Erzeuge Shell-Objektreferenz (für Run)
Set Shell = WScript.CreateObject ("Shell.Application")
```

```
Set obj = WScript.CreateObject("WScript.Shell")

' Logoff-Mode aufrufen
If (MsgBox("Abmelden von Windows (Logoff)?", _
  vbYesNo + vbQuestion, Title) = vbYes) Then
  obj.Run "RunDll32.exe Shell32.dll,SHExitWindowsEx 0x0"
Else
' Shutdown-Mode aufrufen
 If (MsgBox("Windows herunterfahren (Shutdown)?", _
     vbYesNo + vbQuestion, Title) = vbYes) Then
   obj.Run "RunDll32.exe Shell32.dll,SHExitWindowsEx 0x01"
 Else
' Restart-Mode aufrufen
  If (MsgBox("Windows neustarten (Restart)?", _
    vbYesNo + vbQuestion, Title) = vbYes) Then
    obj.Run "RunDll32.exe Shell32.dll,SHExitWindowsEx 0x02"
  End if
 End if
End if
' Ende
```

Listing 18.7: RunExitEx.vbs

HINWEIS: Die Beispieldatei *RunExitEx.vbs* finden Sie im Ordner *\Beisp\Kap18*. Das Skript sollte auf allen Windows 98-Systemen funktionieren. Beim Aufruf der Funktionen prüft Windows 98 übrigens, ob noch ungesicherte Daten von Anwendungsprogrammen vorliegen und veranlasst diese Anwendungen, Dialoge zum Sichern der Daten einzublenden.

TIPP: Von einigen Programmierern wurde die Bibliotheksdatei *dynacall.dll* geschrieben, mit der sich direkt API-Funktionen samt Parametern per Skript aufrufen lassen. Der Originalcode wurde im Windows Developers Journal (WDJ, *www.wdj.com*) von Ton Plooy und Jeff Stong publiziert. Der Quellcode sowie einige Beispiele lassen sich von C. Washingtons Webseite *cwashington.netreach.net* herunterladen. Sie könnten dann *dynacall.dll* benutzen, um *ExitWindowsEx* per Skript aufzurufen. Allerdings ist die Nutzung des Moduls nicht sonderlich einfach und die Dokumentation ist so gut wie nicht vorhanden. In dem von mir verwalteten WSH Bazaar gibt es einige Hinweise zur Nutzung von *dynacall.dll*. Persönlich bevorzuge ich jedoch die Verwendung von ActiveX-Steuerelementen zum Zugriff auf API-Funktionen. Diese lassen sich komfortabel per VB 5 CCE erstellen (siehe ▶ Kapitel 13).

Windows 2000 Professional Arbeitsstation sperren

Obwohl Windows 2000 kein Herunterfahren per *Rundll32*-Aufruf erlaubt (es fehlen die Shutdown-Privilegien, siehe ▶ Kapitel 13), bietet das Betriebssystem einen API-Call, um eine Windows 2000-Arbeitsstation zu sperren. Es handelt sich dabei um die *LockWorkStation*-API-Funktion des Moduls *user*. Der folgende Skriptcode verwendet *Rundll32.exe* zum Aufruf dieser API-Funktion und sperrt die aktuelle Arbeitsstation. Zum Weiterarbeiten muss der Benutzer eine Taste drücken und sich mit seinem Kennwort anmelden.

```
'************************************************
' File:   LockWorkstation.vbs (WSH-Beispiel in VBScript)
' Autor:  G. Born
'
' Sperrt die Arbeitsstation in Windows 2000 Professional.
'************************************************
```

```
Option Explicit

Dim WshShell

' Erzeuge Shell-Objektreferenz (für Run)
Set WshShell = WScript.CreateObject("WScript.Shell")

' Abfrage zur Sperre
If MsgBox("Arbeitsstation sperren?", vbYesNo, _
        "WSH-Beispiel") = vbYes Then
' LockWorkStation API-Aufruf
 WshShell.Run "Rundll32.exe user32.dll,LockWorkStation"
End If
' Ende
```

Listing 18.8: LockWorkstation.vbs

HINWEIS: Die Datei *LockWorkstation.vbs* finden Sie im Ordner *\Beisp\Kap18* auf der Begleit-CD-ROM. Ein Doppelklick auf die Datei zeigt einen Dialog, über den Sie die Arbeitsstation sperren können. Zum Weiterarbeiten drücken Sie eine Taste und geben das Benutzerkennwort ein. Dann wird der alte Desktop-Zustand wiederhergestellt. Dieser Aufruf funktioniert auch unter Windows XP und bringt Sie zum Anmeldebildschirm. Sie können diese Funktion daher nutzen, um einen schnellen Benutzerwechsel einzuleiten.

Dialog *Datenträger kopieren* aktivieren

Windows verwendet intern die Datei *DiskCopy.dll*, um Datenträger wie Disketten zu kopieren (Abbildung 18.6).

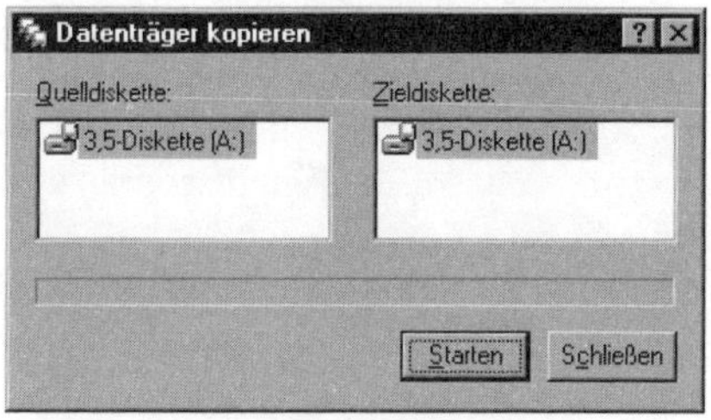

Abbildung 18.6: *Dialog* Datenträger kopieren

Diese DLL lässt sich auch von anderen Programmen verwenden. Sie können beispielsweise *RunDll32.exe* zum Aufruf der undokumentierten *DiskCopyRunDll*-Funktion in *Diskcopy.dll* aus WSH-Skripten nutzen. Der eigentliche Befehl sieht dann so aus:

```
RunDll32.exe Diskcopy.dll,DiskCopyRunDll
```

Der Befehl aktiviert den *Datenträger kopieren*-Dialog. Das folgende Skript nutzt dies und aktiviert diesen Dialog direkt per WSH.

```
'************************************************
' File:  CopyDisk.vbs (WSH-Beispiel in VBScript)
' Autor: (c) G. Born
'
' Skript öffnet den Dialog "Datenträger kopieren".
'************************************************
```

```
Option Explicit

Dim WshObj

' Objekt für Run-Methode holen
Set WshObj = Wscript.CreateObject("WScript.Shell")

WshObj.Run "RunDll32.exe Diskcopy.dll,DiskCopyRunDll", _
           1, true ' Dialog anzeigen
' Ende
```

Listing 18.9: CopyDisk.vbs

HINWEIS: Die Beispieldatei *CopyDisk.vbs* finden Sie im Ordner *\Beisp\Kap18*.

Wie lässt sich der Format-Dialog aufrufen?

Ähnlich wie im vorhergehenden Beispiel können Sie auch das Dialogfeld *Formatieren* zum Formatieren einer Diskette aufrufen. Die Formatfunktion befindet sich in der Datei *Shell32.dll* und wird über die Funktion *SHFormatDrive* aufgerufen. Dann erscheint automatisch das Dialogfeld. Der folgende Befehl zeigt, wie der Aufruf aussehen kann.

```
RunDll32.exe Shell32.dll,SHFormatDrive
```

Das folgende Skript demonstriert, wie sich der Windows *Format*-Dialog per WSH aktivieren lässt:

```
'************************************************
' File:   Format.vbs (WSH-Beispiel in VBScript)
' Autor:  Günter Born
'
' Aktiviert den Format-Dialog für Disketten
'************************************************
Option Explicit

Dim WshObj      ' für Run-Methode
Set WshObj = Wscript.CreateObject("WScript.Shell")

WshObj.Run "RunDll32.exe Shell32.dll,SHFormatDrive", _
                1, true ' Dialog anzeigen
' Ende
```

Listing 18.10: Format.vbs

HINWEIS: Die Beispieldatei *Format.vbs* finden Sie im Ordner *\Beisp\Kap18*.

Wie lässt sich der *Öffnen mit*-Dialog anzeigen?

Das Dialogfeld *Öffnen mit* lässt sich in Windows verwenden, um eine Dokumentdatei mit unregistriertem Dateityp mit einer Anwendung zu öffnen. Der Dialog kann auch über den folgenden Befehl angezeigt werden:

```
RunDll32.exe Shell32.dll,OpenAs_RunDLL
```

Das folgende Listing verwendet diesen Befehl, um den Dialog aus einem WSH-VBScript-Programm anzuzeigen.

```
'************************************************
' File:  OpenWith.vbs (WSH-Beispiel in VBScript)
' Autor: (c) G. Born
'
' Aktiviert den Öffnen mit-Dialog.
'************************************************
Option Explicit

Dim WshObj
' Objekt für die Run-Methode
Set WshObj = Wscript.CreateObject("WScript.Shell")

WshObj.Run "RunDll32.exe Shell32.dll,OpenAs_RunDLL", _
           1, true ' Dialog anzeigen
'* Ende
```

Listing 18.11: OpenWith.vbs

HINWEIS: Die Beispieldatei *OpenWith.vbs* finden Sie im Ordner *\Beisp\Kap18*.

Die Registerkarte *Bildschirmschoner* aufrufen

Über *RunDll32* können Sie auch die Registerkarte *Bildschirmschoner* aufrufen. Hierzu ist der folgende Befehl per *Run*-Methode abzusetzen:

```
RunDll32.exe desk.cpl,InstallScreenSaver
```

Das folgende Listing nutzt diese Tatsache, um die Registerkarte aus VBScript aufzurufen:

```
'************************************************
' File:  ScreenSaver.vbs (WSH-Beispiel in VBScript)
' Autor: (c) G. Born
'
' Aktiviert die Registerkarte "Bildschirmschoner".
'************************************************
Option Explicit

Dim WshObj
' Objekt für Run-Methode
Set WshObj = Wscript.CreateObject("WScript.Shell")

WshObj.Run "RunDll32.exe desk.cpl,InstallScreenSaver", _
           1, true ' Registerkarte anzeigen
'* Ende
```

Listing 18.12: ScreenSaver.vbs

HINWEIS: Die Beispieldatei *ScreenSaver.vbs* finden Sie im Ordner *\Beisp\Kap18*.

Module der Systemsteuerung aufrufen

Im vorhergehenden Beispiel habe ich demonstriert, wie Sie die Registerkarte *Bildschirmschoner* per *RunDLL32.exe* aus einem Skript heraus aufrufen. Auf ähnliche Weise lassen sich auch weitere Module der Systemsteuerung aufrufen. Hierzu verwendet das Skript das Programm *Control.exe*, um die zu den Systemsteuerungsmodulen gehörende *.cpl*-Datei aufzurufen. Mit etwas Detailwissen können Sie über einfache Befehle jede per Systemsteuerung erreichbare Registerkarte anzeigen. Die folgende Anweisung zeigt die Registerkarte *Schaltfläche* des Eigenschaftenfensters *Eigenschaften von Maus*:

```
Control.exe main.cpl,@0,0
```

Die auf den Namen der *.cpl*-Datei folgenden Parameter steuern dabei, welche Registerkarte eines Moduls im Vordergrund anzuzeigen ist. Die folgende Tabelle enthält eine Aufstellung der *.cpl*-Dateinamen samt den Aufrufparametern.

Module	Name	Index	Bemerkungen
Appwiz.cpl	–	0 to 3	Öffnet die in *index* angegebene Registerkarte des Moduls *Eigenschaften von Software:* `Control.exe Appwiz.cpl,,1`
Desk.cpl	–	0 bis 3	Öffnet die in *index* angegebene Registerkarte des Eigenschaftenfensters *Eigenschaften von Anzeige*. Der Befehl: `Control.exe desk.cpl,,1` öffnet die Registerkarte *Bildschirmschoner*.
Intl.cpl	–	0 bis 4	Öffnet die in *index* angegebene Registerkarte des Eigenschaftenfensters *Ländereinstellungen*. Der zweite Parameter definiert die Registerkarte: `Control.exe int.cpl,,1`

Main.cpl	@0 bis @5	0 to x	Eigenschaften für Maus, Tastatur, Energieverwaltung und PCMCIA abrufen. Der erste Parameter wählt das Modul. Sie können Namen wie *Maus* oder einen Indexwert der Form @x (x = 0 bis 5) verwenden.
			`Control.exe Main.cpl,@0,1`
			`Control.exe Main.cpl,Mouse,1`
			Die Namen sind lokalisiert. Der zweite Parameter definiert die Registerkarte im Eigenschaftenfenster.

Mmsys.cpl	@0, @1	0 to x	Öffnet das Eigenschaftenfenster mit der gewünschten Registerkarte für Sound und Multimedia. Der erste Parameter definiert das Eigenschaftenfenster (0 = Multimedia, 1 = Sound). Der zweite Parameter definiert die Registerkarte: `Control.exe Mmsys.cpl,@0,1`

Module	Name	Index	Bemerkungen
Sysdm.cpl	–	0 bis 3	Öffnet *Eigenschaften von System* mit der angegebenen Registerkarte. Der Befehl: `Control.exe Sysdm.cpl,,0` öffnet die Registerkarte *Allgemein*.
Timedate.cpl	–	0, 1	Öffnet das Eigenschaftenfenster für Datum und Zeit: `Control.exe Timedate.cpl,,0`

***Tabelle 18.2:** Systemsteuerungsmodule und deren Aufrufparameter*

HINWEIS: Beachten Sie, dass die Modulaufrufe aus obiger Tabelle etwas von der Betriebssystemplattform abhängen. Einige Aufrufe stehen nur in einer Betriebssystemversion bereit, oder die Registerkarten unterscheiden sich zwischen Windows 9x und Windows NT.

Netzlaufwerkszuordnung mit *Run*

Das *WSHNetwork*-Objekt erlaubt Ihnen das Zuweisen von Laufwerksbuchstaben zu Netzwerkressourcen. Manchmal ist es jedoch einfacher die aus MS-DOS bekannten *Net*-Befehle per *Run*-Methode abzusetzen. Um eine Netzlaufwerkszuordnungen aufzuheben, können Sie folgende Befehle verwenden:

```
Set objSh = WScript.CreateObject("WScript.Shell")
objSh.Run "NET USE * /DELETE /YES", 0, true
```

Der Befehl NET USE bearbeitet dann die Netzlaufwerkszuordnungen. Das Wildcard-Zeichen * signalisiert, dass alle Verbindungen zu bearbeiten sind, der Schalter /DELETE hebt die Zuordnung auf. Die Option /YES erzwingt die Durchführung ohne Benutzereingriff.

HINWEIS: Weitere Informationen zum NET-Befehl erhalten Sie, wenn Sie NET /? Oder NET USE /? im Fenster der Eingabeaufforderung eintippen.

Skripte suspendieren

Mit WSH 2.0 wurde die *Sleep*-Methode beim *WScript*-Objekt eingeführt. Dieses Methode erlaubt eine Suspendierung des Skripts für eine angegebene Zeit in Millisekunden. Die Anweisung:

```
WScript.Sleep 500
```

verzögert den Skriptablauf um eine halbe Sekunde (500 Millisekunden). Die *Sleep*-Methode wurde bereits in verschiedenen Beispielen der vorhergehenden Kapitel benutzt, um die CPU-Belastung in Schleifen zu reduzieren oder um beim Arbeiten mit der *SendKeys*-Methode den Skriptablauf zu verzögern.

HINWEIS: Sie finden die Dateien *Sleep.vbs* und *Sleep.js* im Ordner *\Beisp\Kap18* der Begleit-CD. In WSH 1.0 können Sie auf die *WSHWait*-Methode der *WSHExtend.ocx*-Komponente zurückgreifen, die die gleiche Funktionalität bereitstellt.

Benutzerdialoge und Ausgaben

Der nachfolgende Abschnitt enthält einige Hinweise, wie Sie Benutzerausgaben und Dialoge in Skriptprogrammen beeinflussen können.

Zeilenwechsel und Tabulatoren

Eine an die Methoden *Echo* oder *Popup* oder an *MsgBox* übergebene Zeichenkette wird automatisch im Dialogfeld eingepasst. Sie haben aber die Möglichkeit, Tabulatorzeichen oder Zeilenumbrüche zur Formatierung der Anzeige zu verwenden. VBScript benutzt dabei die Konstanten *vbTab* (Tabulator) und *vbCrLf* (Zeilenumbruch). In VBScript lässt sich ein Zeilenwechsel in einer Zeichenkette folgendermaßen angeben:

```
WScript.Echo "Erste Zeile" & vbCrLf & "Zweite Zeile"
```

Die Konstante *vbCrLf* ist in VBScript vordefiniert. In JScript sieht der Aufruf eines mehrzeiligen Dialogs folgendermaßen aus:

```
WScript.Echo ("Erste Zeile \nZweite Zeile");
```

In dieser Sprache ist das Steuerzeichen für den Zeilenwechsel in der Form "*\n*" in die Zeichenkette einzufügen. Ein Tabulator wird in JScript mit "*\t*" in eine Zeichenkette eingefügt. Beachten Sie aber, dass die Tabulatorpositionen in den Dialogfeldern fest vorgegeben sind. Sie müssen daher ggf. mehrere Tab-Zeichen einfügen, um eine Listenaufteilung mit »sauber« formatierten Spalten zu erreichen.

TIPP: Bei der *Echo*-Methode können Sie die Steuercodes für Zeilenumbrüche als eigene Parameter (z.B: *WScript.Echo "Hallo", vbCrLf, "Welt"*) angeben. Dann erscheint die zweite Zeile um ein Zeichen nach rechts verschoben. Fügen Sie einfach vor der ersten Zeichenkette ein Leerzeichen (z.B: " *Hallo*") ein, oder verketten Sie die Teilzeichenketten (z.B: *WScript.Echo "Hallo" & vbCrLf & "Welt"*)).

Wie lässt sich die Konsole für Ein-/Ausgaben nutzen?

Manchmal ist es hilfreich, wenn das Fenster der Ein-/Ausgabeaufforderung für Benutzer-Ein-/Ausgaben genutzt werden kann. In WSH 2.0 steht Ihnen die *StdIn/StdOut-Streams*-Eigenschaft zur Verfügung (siehe ▶ Kapitel 9). In WSH 1.0 gibt es keine äquivalente Funktion. Aber mit einigen Tricks lässt sich die Eingabeaufforderung doch zur Ein-/Ausgabe heranziehen (Abbildung 18.7).

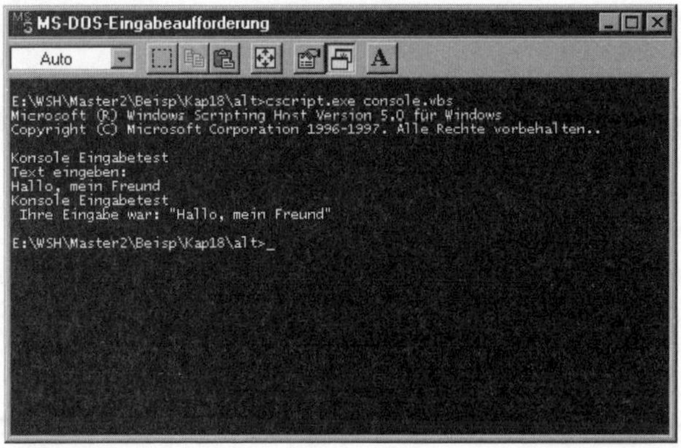

Abbildung 18.7: *Nutzen der Eingabeaufforderung*

Aber wie geht dies genau? Wer noch mit MS-DOS intensiv gearbeitet und programmiert hat (wie zum Beispiel der Autor), kennt sicherlich noch die MS-DOS Geräte wie CON:, LPT1: etc. Diese Ein-/Ausgabegeräte lassen sich wie Dateien ansprechen (was sowohl in WSH 1.0 als auch in WSH 2.0 auf allen Windows-Plattformen funktioniert). Sie müssen nur als Host *CScript.exe* verwenden und die Geräte (Devices) als Datei für Schreib-/Lesezugriffe öffnen. Daher legen wir ein *FileSystemObject*-Objekt in VBScript an:

```
Set fso = CreateObject("Scripting.FileSystemObject")
```

Anschließend lässt sich dieses Objekt für den Zugriff auf die Konsole als Datei benutzen.

Zum Schreiben auf die Konsole lässt sich das Gerät *CON* über die *OpenTextFile*-Methode im Write-Access-Mode öffnen.:

```
Set Con = fso.OpenTextFile("CON", ForWriting)
```

Dann ließe sich die *Write*-Methode auf die *Con*-Objektvariable anwenden, um beliebige Texte im Fenster der Eingabeaufforderung auszugeben:

```
Con.Write "Hallo Welt"
```

Dies ist aber recht kompliziert. Daher habe ich den folgenden Trick benutzt, der das gleiche Ergebnis bringt:

```
WScript.Echo " Hallo Welt"
```

Die *Echo*-Methode bietet den einfachsten Weg, um Ausgaben an die Konsole zu schicken (falls das Skript in *CScript.exe* ausgeführt wird, *WScript.exe* öffnet dagegen ein Dialogfeld).

Warum habe ich den obigen trickreicheren Code überhaupt erwähnt? Weil dies die halbe Miete zum Lesen von Benutzereingaben auf der Konsoleebene der Eingabeaufforderung ist. Sobald wir ein *FileSystemObject*-Objekt haben, brauchen wir nur noch aus dem Gerät *Con* wie aus einer Textdatei zu lesen. Das Öffnen des Geräts als Textdatei zum Lesen wird mit folgendem Befehl eingeleitet:

```
Set Con = fso.OpenTextFile("CON", ForReading)
```

Zum Lesen einer Benutzereingabe lässt sich dann folgender Code nutzen:

```
ConsoleInput =  Con.ReadLine
```

Die Anweisung weist die Tastatureingaben des Benutzers der Variablen zu. Die *ReadLine*-Methode wird beendet, sobald der Benutzer die Eingabetaste drückt. Mit diesem Wissen lässt sich ein kleines VBScript-Programm erstellen, welches die Benutzereingaben im Fenster der Eingabeaufforderung liest und wieder anzeigt (Abbildung 18.7). Im folgenden Listing wurde der Code zur Handhabung der Benutzereingaben in eine Funktion *ConsoleInput(Prompt)* verlagert. Die Funktion wird mit einem Text als Parameter aufgerufen. Der Text wird auf der Befehlszeile angezeigt. Die Funktion wartet auf die Benutzereingabe und liefert dieses nach dem Drücken der Eingabetaste als Wert zurück. Dies erlaubt einen recht komfortablen Einsatz.

Leider gibt es noch ein Problem: Das Skript verursacht einen Systemabsturz, wenn es nicht unter dem Host *CScript.exe* ausgeführt wird (*WScript.exe* kennt keine Ein-/Ausgabegeräte wie *Con*).

Dies wird im Beispiel so gelöst, dass die Funktion *IsCScript* prüft, ob der richtige Host gewählt wurde. Die Funktion besitzt folgenden Code und liefert den Wert *true* oder *False* zurück.

```
Function IsCScript()
' ist CScript.exe der Host
 If (Instr(UCase(WScript.FullName), "CSCRIPT") <> 0) Then
  IsCScript = true
 Else
  IsCScript = false
 End if
End function
```

Die Funktion liest die *WScript.FullName*-Eigenschaft und prüft, ob die Zeichenkette *CSCRIPT.EXE* im Namen vorkommt. Wird *CScript* nicht gefunden, terminiert das Beispielskript. Sie können das Beispiel aber auch so erweitern, dass eine zweite Instanz unter *CScript.exe* ausgeführt wird (siehe vorhergehende Seiten). Weitere Details sind dem nachfolgenden Listing zu entnehmen.

```
'************************************************
' File:  Console.vbs (WSH-Beispiel in VBScript)
' Autor: G. Born
'
' Demonstriere, wie sich die Konsole für Ein-/Ausgaben
' verwenden lässt.
' Wichtig: Skript unter MS-DOS mit dem Befehl
' "CScript.exe console.vbs" ausführen. Sonst gibt
' es einen Systemabsturz!!!
'************************************************
Option Explicit
Dim Test

' teste, ob CScript.exe Host ist
If (Not IsCScript()) Then
 WScript.Echo "Sorry, nur CScript.exe zulässig"
 WScript.Quit            ' beenden
End If

' Keine zusätzlichen Methoden erforderlich,
' informiere Benutzer, was wir tun möchten
WScript.Echo "Konsole Eingabetest"

' Versuche etwas von Konsole zu lesen
Test = ConsoleInput("Text eingeben: ")

' Zeige die Eingabe an
WScript.Echo "Konsole Eingabetest", vbCRLF, _
  "Ihre Eingabe war:", chr(34) & Test & chr(34)

'###############################
' Helfer zum Lesen von Konsole
'###############################
Function ConsoleInput(Prompt)
' Nutzt FileSystemObject zum Lesen von MS-DOS
 Const ForReading = 1, ForWriting = 2  ' File-Access-Modus
 Dim fso, Con                 ' Objektvariable
```

```
' Erzeuge FileSystemObject-Objekt
 Set fso = CreateObject("Scripting.FileSystemObject")

' Fertig zum Lesen von der Konsole. Es ließe sich folgender
' Befehl zum Anlegen des Objekts verwenden, um auf
' MS-DOS CON: schreibend zuzugreifen
' Set Con = fso.OpenTextFile("CON", ForWriting)
' Dann können wir folgenden Befehl zum Schreiben nutzen
' Con.Write Prompt   ' zeigte Prompt Text
' Dies ist aber kompliziert, daher "Arme Leute"-Fassung:
 WScript.Echo Prompt

' Jetzt CON zum Lesen öffnen
 Set Con = fso.OpenTextFile("CON", ForReading)

' Lese Benutzereingabe
 ConsoleInput =  Con.ReadLine

' Aufräumen
 Con.Close          ' Schließe Gerät
 Set Con = Nothing  ' Objekt freigeben
End Function

Function IsCScript()
' Prüfe, ob CScript.exe der Host ist
 If (Instr(UCase(WScript.FullName), "CSCRIPT") <> 0) Then
  IsCScript = true
 Else
  IsCScript = false
 End if
End Function
' Ende
```

Listing 18.13: Console.vbs

HINWEIS: Die Datei *Console.vbs* finden Sie im Ordner *\Beisp\Kap18*.

Erzeugen einer Logdatei (auch mit WSH 1.0)

Einige Benutzer stehen vor der Frage, eine Protokolldatei (Logdatei) per Skript anzulegen. Mit WSH 2.0 steht eine entsprechende Funktion bereit, die Ereignisse in den Windows NT/2000-Protokolldateien ablegen kann. Alternativ haben Sie die Möglichkeit, über das *FileSystemObject* in Textdateien zu schreiben (siehe ▶ Kapitel 12). Aber es gibt noch eine wesentlich einfachere Möglichkeit: Sie können die Ausgaben der *Echo*-Methode im Host *Cscript.exe* in eine Datei umleiten. Hierzu wenden Sie lediglich die Ein-/Ausgabeumleitung in MS-DOS an. Der folgende MS-DOS-Befehl:

```
CScript.exe log.vbs
```

bewirkt, dass die *Echo*-Ausgaben im Fenster der Eingabeaufforderung erscheinen. Mit:

```
CScript.exe log.vbs > log.txt
```

leitet MS-DOS die Ausgaben in die Datei *log.txt* um. Mit:

```
CScript.exe //nologo log.vbs > log.txt
```

lässt sich sogar das Logo unterdrücken, die reinen Ausgaben von *Echo* gehen in die Zieldatei. Bei jeder Ausführung überschreibt das Skript dann die Datei *log.txt*. Zum Anhängen der neuen Ausgaben an die existierenden Datei verwenden Sie folgenden Befehl zur Umleitung der Ausgabe:

```
CScript.exe //nologo log.vbs >> log.txt
```

Die Zeichen >> veranlassen, MS-DOS Texte an die bestehende Datei anzuhängen.

Ein UserLog-Beispiel in VBScript

Das folgende Beispiel ist in VBScript verfasst und zeichnet jede Anmeldung eines Benutzers an einer Windows-Maschine mit Datum/Uhrzeit und Benutzername auf. Das Beispiel funktioniert dabei sowohl in WSH 1.0 als auch in WSH 2.0. Die Informationen zum Benutzernamen finden wir als Eigenschaft im *Network*-Objekt. Wir können daher eine Textvariable anlegen, die die notwendigen Daten enthält:

```
Set WshNet = WScript.CreateObject("WScript.Network")
Text = date & "  " & time & ": Computer: " & _
      WshNet.ComputerName & vbTab & "Domain: " & _
      WshNet.UserDomain & vbTab "Benutzer: " & _
      WshNet.UserName
```

Die Zeichenkette wird mit der benutzerdefinierten Funktion *AddLog(text)* in die Protokolldatei geschrieben. Die Funktion benutzt das *FileSystemObject*-Objekt zum Zugriff auf die Textdatei im Append-Modus. Der dritte an die *OpenTextFile*-Methode übergebene Parameter zwingt das Objekt die Logdatei anzulegen, falls diese nicht mehr existiert. Weitere Infos finden Sie in ▶ Kapitel 12.

```
Sub AddLog (txt)
Const file1 = "C:\UserLog.txt"    ' Logfile-Nname
Const ForAppending = 8            ' Append-Mmodus
Dim fso, fi                       ' Objektvariable

' Erzeuge FileSystemObject-Objekt
 Set fso = CreateObject("Scripting.FileSystemObject")

' Öffne Datei, Anlegen erzwingen, falls Datei nicht existiert
 Set fi = fso.OpenTextFile(file1, ForAppending, true)

 fi.WriteLine (txt)               ' Log anhängen
 Set fi = Nothing
End Sub
```

Abschließend müssen wird ein weiteres Problem lösen: Wie kann erreicht werden, dass Windows das Skript bei jedem Start ausführt? Ich habe eine Technik im Skript verwendet, die den Pfad und Namen der Skriptdatei in der Registrierung im Wert *UserLog* im Schlüssel:

```
HKLM\Software\Microsoft\Windows\CurrentVersion\Run
```

einträgt. Der Inhalt dieses Schlüssels wird bei jeder Anmeldung ausgeführt (d.h. die eingetragenen Anwendungen werden gestartet). Jetzt haben wir das Werkzeug, um Logdateien mit *UserLog.vbs* anzulegen. Das Skript trägt sich bei jeder Ausführung selbst in den Registrierungsschlüssel *Run* ein. Daher reicht ein manueller Start, um das Skript zu installieren. Zum Entfernen des Registrierungseintrags können Sie den Registrierungseditor, den Systemrichtlinien-Editor oder in Windows 98 das Systemkonfigurationsprogramm nutzen. Details entnehmen Sie bitte folgendem Listing.

```
'************************************************
' File:   UserLog.vbs (WSH-Beispiel in VBScript)
' Autor:  Günter Born
'
' Schreibt den Benutzernamen sowie Datum/Uhrzeit
' bei jeder Anmeldung in eine Protokolldatei.
' Das Skript installiert sich selbst im Run-
' Schlüssel der Registrierung.
'************************************************
Option Explicit

Dim Text
Dim WshNetwork         ' Objektvariable Netzwerk

'# Skript in Run-Schlüssel eintragen !!!
'# Damit wird es zukünftig automatisch beim Login ausgeführt
AddRun

' Erzeuge WshNetwork-Objekte (stellt Benutzername bereit)
Set WshNetwork = WScript.CreateObject("WScript.Network")

Text = date & "  " & time & ": Computer: " & _
      WshNetworK.ComputerName + vbTab
Text = Text & "Domain: " + _
      WshNetworK.UserDomain + vbTab
Text = Text + "Benutzer: " + _
      WshNetworK.UserName

AddLog (Text)            ' Schreibe Log-Eintrag

' Auskommentieren für "silent" mode !!!!
WScript.Echo Text        ' Ergebnis anzeigen

'#### Helfers ####
Sub AddRun()
' Füge Skriptdatei zum Starten des Skripts in den
' Run-Schlüssel der Registry ein
DIM Root, key, valname, Command
Dim WshShell

 Root = "HKEY_LOCAL_MACHINE"
 key = "\Software\Microsoft\Windows\CurrentVersion\Run\"
 valname = "UserLog"
 Command = WScript.ScriptFullName
 Set WshShell = WScript.CreateObject("WScript.Shell")
 WSHShell.RegWrite Root+Key+valname, Command, "REG_SZ"
End Sub

Sub AddLog (txt)
' Log-Eintrag erzeugen
```

```
Const file1 = "C:\UserLog.txt"      ' Log-Datei
Const ForAppending = 8              ' Append-Mode
Dim fso, fi                         ' Objektvariable

' Erzeuge FileSystemObject-Objekt
 Set fso = CreateObject("Scripting.FileSystemObject")

' Datei öffnen, anlegen, falls nicht existiert
 Set fi = fso.OpenTextFile(file1, ForAppending, true)

 fi.WriteLine (txt)                 ' Log-Datensatz anhängen
 Set fi = Nothing
End Sub
' Ende
```

Listing 18.14: UserLog.vbs

HINWEIS: Die Datei *UserLog.vbs* finden Sie im Ordner *\Beisp\Kap18*.

Hilfe in WSH-Skripten

Bei umfangreicheren WSH-Skripten wäre es sicherlich hilfreich, wenn der Benutzer Hilfeseiten angezeigt bekommt bzw. diese per Schaltfläche abrufen kann. Sie können die in den vorhergehenden Kapiteln beschriebenen Techniken nutzen, um beispielsweise eine HTML-Seite mit Hilfeanweisungen im Hintergrund einzublenden. Die Alternative: In *MsgBox*-Dialogfeldern und Eingabedialogen lässt sich die Schaltfläche *Hilfe* einblenden. Über diese Schaltfläche kann der Benutzer eine Hilfedatei im HLP-Format einblenden. Nachfolgend lernen Sie, wie sich diese Technik nutzen lässt und wie Sie Hilfedateien erstellen.

Hilfe in *MsgBox*-Dialogfeldern

In Dialogfeldern, die mit *MsgBox* erzeugt werden, lässt sich optional die Schaltfläche *Hilfe* einblenden (Abbildung 18.8). Klickt der Benutzer auf diese Schaltfläche, wird die Hilfedatei im Hilfefenster angezeigt (Abbildung 18.8, Hintergrund).

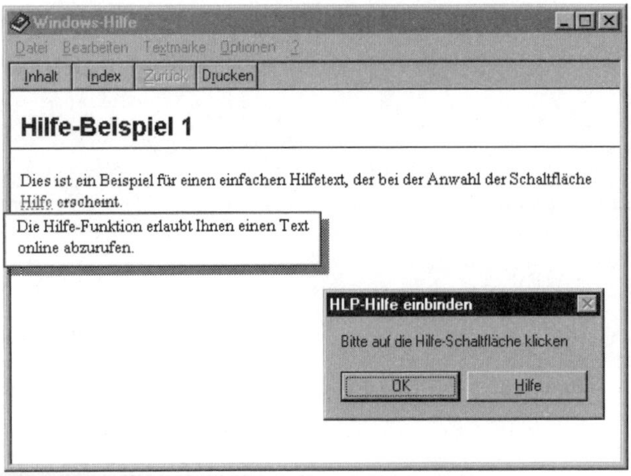

Abbildung 18.8: *Dialogfeld mit Schaltfläche* Hilfe *und Hilfefenster*

Um die *Hilfe*-Schaltfläche zu nutzen, müssen Sie die *MsgBox* mit weiteren Parametern aufrufen:

```
MsgBox "Hallo", vbOkOnly + vbInformation, "Titel", _
          C:\Hilfe.hlp, 1
```

Die obige Anweisung benutzt die drei bekannten Parameter, um das Dialogfeld zu gestalten. Neu sind der vierte und fünfte Parameter. Im vierten Parameter wird der Pfad und Name der Hilfedatei übergeben. Der fünfte Parameter ist ein numerischer Wert, der den anzuzeigenden Kontext der Hilfedatei festlegt. Diese Kontext-ID-Werte werden beim Erstellen der Hilfedatei festgelegt und sind bestimmten Seiten zugeordnet. Über den ID-Wert bestimmen Sie folglich, welche Seite der Hilfedatei beim Anklicken der Schaltfläche *Hilfe* angezeigt wird. Das folgende Listing demonstriert das Einbinden der im Unterordner \Hilfe des Skriptordners enthaltenen Hilfedatei *Hilfe.hlp*.

```
'************************************************
' File:   MsgBoxHlp.vbs (WSH-Beispiel in VBScript)
' Autor:  Günter Born
'
' Demonstriert, wie sich die Schaltfläche Hilfe
' im MsgBox-Dialogfeld anzeigen und eine Hilfedatei
' anbinden lässt.
'************************************************
Option Explicit

Const Hilfe = "Hilfe\Hilfe.hlp"  ' Sub-Pfad Hilfedatei

' Alle Parameter verwenden, um HLP-Datei anzubinden
MsgBox "Bitte auf die Hilfe-Schaltfläche klicken", _
        vbOKOnly, _
        "HLP-Hilfe einbinden", _
        GetPath() & Hilfe, 1

'### Hilfsroutine ###
Function GetPath()
' Hole den Skriptpfad
 DIM path
 path = WScript.ScriptFullName  ' Skriptname
 GetPath = Left(path, InstrRev(path, "\"))
End Function
' Ende
```

Listing 18.15: MsgBoxHlp.vbs

HINWEIS: Sie finden die Datei *MsgBoxHlp.vbs* im Ordner *\Beisp\Kap18*. Die Hilfedatei ist im Unterordner *Hilfe* hinterlegt. Leider erlaubt die aktuelle Version von VBScript 5.1 nicht das Einbinden von CHM- oder HTM-Hilfedateien (wie dies in VB/VBA 6 der Fall ist). Der Versuch, eine solche Datei einzubinden, wird mit einem Fehlerdialog, dass die Hilfedatei beschädigt sei, abgebrochen. Im Ordner *\Beisp\Kap18* finden Sie die Datei *MsgBoxChm.vbs*, mit der Sie diesen Sachverhalt testen können. Entsprechende Hilfedateien sind im Unterordner *Hilfe* hinterlegt.

Hilfe in *InputBox*-Eingabedialogen

Ähnlich wie bei *MsgBox*-Dialogfeldern können Sie in mit *InputBox* erzeugten Eingabedialogen die Schaltfläche *Hilfe* einbinden. Klickt der Benutzer auf die Schaltfläche, wird die angebundene Hilfedatei angezeigt (Abbildung 18.9).

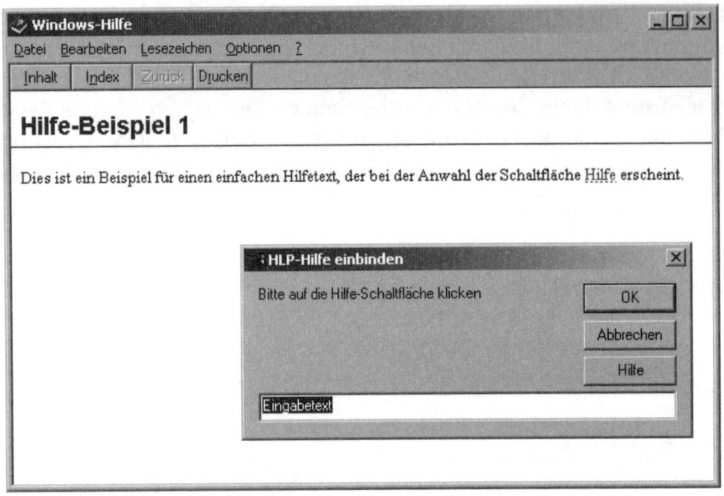

Abbildung 18.9: *Eingabedialog mit Schaltfläche* Hilfe und Hilfefenster

Die *Hilfe*-Schaltfläche wird bei der *InputBox*-Funktion über die letzten beiden Parameter eingebunden:

```
tmp = InputBox ("Bitte auf die Hilfe-Schaltfläche klicken", _
                "HLP-Hilfe einbinden", "Eingabetext", _
                200, 300, _
                GetPath() & "Hilfe\Hilfe.hlp", 1)
```

Die obige Anweisung benutzt die drei bekannten Parameter, um den Eingabedialog zu gestalten. Der vierte und fünfte Parameter definiert die Lage der linken oberen Ecke des Dialogfelds auf dem Desktop. Der sechste Parameter gibt den Pfad und den Namen der Hilfedatei an, während der letzte Parameter den Code der Kontext-ID festlegt. Das folgende Listing demonstriert das Einbinden der Hilfedatei *Hilfe.hlp* per VBScript.

```
'************************************************
' File:   InputBoxHlp.vbs (WSH-Beispiel in VBScript)
' Autor:  Günter Born
'
' Demonstriert, wie sich die Schaltfläche Hilfe
' im InputBox-Eingabedialog anzeigen und eine
' Hilfedatei anbinden lässt.
'************************************************
Option Explicit

Dim tmp

' Alle Parameter verwenden, um HLP-Datei anzubinden
```

```
tmp = InputBox ("Bitte auf die Hilfe-Schaltfläche klicken", _
                "HLP-Hilfe einbinden", "Eingabetext", _
                200, 300, _
                GetPath() & "Hilfe\Hilfe.hlp", 1)


MsgBox "Ihre Eingabe war " & tmp, vbOKOnly, "Eingabe"

'### Hilfsroutinen ###
Function GetPath()
' Hole den Skriptpfad
 DIM path
 path = WScript.ScriptFullName  ' Skriptname
 GetPath = Left(path, InstrRev(path, "\"))
End Function
' Ende
```

Listing 18.16: InputBoxHlp.vbs

HINWEIS: Sie finden die Datei *InputBoxHlp.vbs* im Ordner *\Beisp\Kap18*. Die Hilfedatei ist im Unterordner *\Hilfe* hinterlegt. Auch hier ist das Einbinden von Hilfedateien im *CHM*-Format oder als HTML-Datei (.HTM) nicht zulässig.

TIPP: Wenn Sie mit ActiveX-Formularen arbeiten, können Sie auch Hilfeschaltflächen im Formular einbinden. Dann steht Ihnen sogar die Möglichkeit zum Aufruf der Windows-API-Hilfe zur Verfügung. Der im Literaturverzeichnis unter /5/ aufgeführte Microsoft Press-Titel demonstriert den Zugriff auf die API-Funktion. In dem in /4/ aufgeführten Microsoft Press-Titel zeige ich zusätzlich, wie sich CHM-Hilfedateien per API-Aufruf einbinden lassen. Sie können diese Techniken bei Bedarf in der VB 5 CCE anwenden.

HLP-Hilfedateien entwickeln

Die Verwendung von Hilfedateien in *MsgBox*- und *InputBox*-Dialogen macht nur Sinn, wenn Sie deren Inhalte selbst erstellen. Um HLP-Dateien zu erzeugen, benötigen Sie folgende Werkzeuge:

- Ein Programm zur Erfassung der Texte für die Hilfedateien. Wichtig ist, dass dieses Programm die Texte im RTF-Format abspeichern kann. Weiterhin muss es die für die Hilfedateien benötigten Optionen wie Fußnoten unterstützen. Microsoft Word 97/2000 ist ein solches Programm.
- Den *Help Workshop* mit den Programmen zur Erstellung von Hilfedateien. Der Help Workshop ist unter anderem Bestandteil der *Microsoft Office 97 Developers Edition* (ODE). Sie können das Programm aber auch aus dem Internet laden oder von der Begleit-CD-ROM installieren.

Zum Erstellen einer HLP-Datei wird im Wesentlichen nur das Programm *Hcw.exe* (der Help Compiler) aus dem *Help Workshop* benötigt. Sofern Sie über einen Help Compiler aus einem anderen Paket verfügen, können Sie dieses Programm für die folgenden Erläuterungen versuchsweise einsetzen.

HINWEIS: Der Help Compiler wurde in der Vergangenheit verschiedenen Paketen beigelegt. Leider existieren unterschiedliche Versionen dieses Produkts. Falls Sie noch über die Microsoft Office 97 Developers Edition verfügen, sollten Sie den Help Compiler dieser Version verwenden. Alternativ können Sie den Microsoft Help Workshop von der Webseite des Microsoft-Softwareservice herunterladen. Die Webseite besitzt die folgende URL: *http://support.microsoft.com/download/support/mslfiles/hcwsetup.exe*

WICHTIG: Beachten Sie, dass der Microsoft Help Workshop weder von Microsoft noch von Microsoft Press oder vom Autor supported werden. Falls Sie also Schwierigkeiten mit dem Erstellen der Hilfedateien haben, sind Sie auf sich alleine gestellt. Anfragen bezüglich dieses Werkzeugs bleiben unbeantwortet!

Das Entwickeln einer Hilfedatei erfolgt in mehreren Schritten:

- Im ersten Schritt müssen Sie die Texte der Hilfedatei in einem Programm erfassen und in der für den Help Compiler vorgesehenen Weise formatieren. Das Ergebnis wird dann in einer Datei im RTF-Format gespeichert. Diese Datei wird auch als *Themendatei* bezeichnet.
- Anschließend wird der Help Workshop (*Hcw.exe*) geladen und eine Projektdatei (**.hpj*) angelegt. Diese Datei enthält alle Steuerinformationen zum Erstellen der Hilfedatei.
- Im nächsten Schritt wird die RTF-Datei mit den Hilfetexten durch den Help Compiler in eine HLP-Datei überführt. Die Projektdatei **.hpj* steuert dabei die Übersetzung.

Nach diesen Vorbereitungen können Sie die Hilfedatei im VBScript *MsgBox*- oder *InputBox*-Dialog einbinden. Wie dies geht, wurde am Anfang dieses Abschnitts erläutert.

Die Informationen zur Erstellung von Hilfedateien mussten aus Platzgründen leider in dieser Auflage des Buches entfallen. Sie finden den betreffenden Text in der Datei *HilfeInfo.pdf* des Ordners *\Beisp\Kap18\Hilfe* auf der Begleit-CD. Zur Anzeige dieser Datei benötigen Sie den Adobe Acrobat Reader.

Drucken in WSH-Skripten

Das Drucken aus WSH-Skripten wird im WSH bis zur Version 2.0 nicht unterstützt. Trotzdem gibt es bestimmte Möglichkeiten, die Druckausgabe von Dokumenten aus WSH-Skripten zu gestalten. Nachfolgend möchte ich Ihnen einige dieser Techniken vorstellen.

Wie lässt sich per WSH-Skript drucken?

Sofern Sie nur eine einfache Textdatei ausgeben möchten, lässt sich der Windows Editor *Notepad.exe* verwenden. Notepad unterstützt beim Aufruf den Schalter /p, der eine Textdatei lädt, diese druckt und dann den Editor automatisch beendet. Der folgende Befehl:

```
Notepad /p C:\Test\Text.txt
```

startet den Editor, dieser sucht die angegebenen Textdatei, lädt diese ggf. in den Speicher und beginnt mit dem Ausdruck auf dem Standarddrucker. Nach Abschluss dieser Aktion terminiert der Editor. Die folgende Codesequenz zeigt die Anwendung dieser Technik in einem Skript.

```
Set oWSHShell = WScript.CreateObject("WScript.Shell")
' Starte Druckauftrag mit Notepad
oWSHShell.Run "Notepad /p " & WScript.ScriptFullName, 7, true
```

Die erste Zeile erzeugt die Objektinstanz des *WScript.Shell*-Objekts, welches für die *Run*-Methode benötigt wird. Der zweite Befehl aktiviert Notepad und veranlasst den Ausdruck der angegebenen Datei. Da wir hier die *ScriptFullName*-Eigenschaft verwenden, wird der Quellcode der Skriptdatei geladen und gedruckt. Der zweite Parameter der *Run*-Methode setzt den Fensterstil auf minimiert. Der letzte Parameter bewirkt, dass das Skript auf das Beenden des Editors wartet, bis der Ablauf fortgesetzt wird.

HINWEIS: Die Datei *PrintTxt.vbs* finden Sie im Ordner *\Beisp\Kap18* der Begleit-CD-ROM.

Drucken mit MSHTML

Die obige Lösung funktioniert mit einfachen Textdateien ganz gut. Aber wir können den Drucker nicht wechseln. Daher möchte ich hier die Lösung mit Anzeige eines Dialogfelds *Drucken* präsentieren. Der Benutzer kann dann den Drucker sowie die Druckoptionen wählen. Der folgende Codeausschnitt demonstriert den Einsatz der betreffenden Druckfunktion:

```
Set oWSHShell = WScript.CreateObject("WScript.Shell")
' Drucke Quelltext Skript mit MSHTML
oWSHShell.Run "Rundll32.exe MSHTML.dll,PrintHTML " & _
              WScript.ScriptFullName, 7, true
' Drucke HTML-Dokument mit MSHTML
oWSHShell.Run "Rundll32.exe MSHTML.dll,PrintHTML " & _
              GetPath() & "TestForm.htm", 7, true
```

Die erste Zeile erzeugt die für die *Run*-Methode benötigte Objektinstanz. Dann enthält der Code zwei Aufrufe der *Run*-Methode. Ein Befehl veranlasst den Ausdruck des Quellcodes der Skriptdatei. Der zweite *Run*-Aufruf gibt ein HTML-Dokument auf dem Drucker aus. Beide Befehle benutzen *Rundll32.exe* zum Aufruf einer Hilfs-DLL. Die Bibliothek *MSHTML.dll* exportiert verschiedene API-Funktionen. Eine Funktion ist *PrintHTML* (beachten Sie Groß-/Kleinschreibung). Diese API-Funktion liest einen Parameter mit dem Pfad bzw. Dateinamen der Dokumentdatei aus der Befehlszeile. Nach dem Aufruf wird der Dialog *Drucken* angezeigt. Der Benutzer kann dann die Druckoptionen wählen. Beim Schließen des Dialogfelds beginnt die Druckausgabe.

HINWEIS: Die Datei *PrintDocs.vbs* finden Sie im Ordner *\Beisp\Kap18*. Das Beispiel demonstriert die Ausgabe von Dokumenten im Text-, HTML- und RTF-Format. MSHTML kann aber keine Grafiken oder andere Dokumentformate ausdrucken. Ausserdem funktioniert die Ausgabe nicht bei allen Browser-Versionen.

TIPP: Zum Ausdrucken von Office-Dokumenten können Sie per Skript auf die betreffenden Office-Anwendungen wie Word, Excel etc. zugreifen. Diese Anwendungen bieten eine vollständige COM-Schnittstelle, die sich per Skript ansprechen lässt (siehe ▶ Kapitel 14).

Drucken per Internet Explorer

Neben MSHTML bietet der Internet Explorer ebenfalls die Möglichkeit per Skript zu drucken. Sie müssen aus dem Skript den Internet Explorer starten, die betreffende Dokumentdatei im Browserfenster laden und dann die *ExecWB*-Methode des *Application*-Objekts aufrufen. Der folgende Codeausschnitt zeigt, wie sich so etwas zum Drucken eines Dokuments nutzen lässt.

```
Set oIE = WScript.CreateObject("InternetExplorer.Application")
oIE.visible = 1
oIE.navigate GetPath() & "TestForm.htm" ' Dokument laden
Do While (oIE.Busy)      ' Warte bis MSIE fertig
 WScript.sleep 50
Loop
oIE.ExecWB 6, -1  ' ... und Dokument drucken
WScript.Echo "Druckt?"
```

HINWEIS: Die Datei *PrintIE.vbs* finden Sie im Ordner *\Beisp\Kap18*. Das Beispiel druckt die im gleichen Ordner befindliche Datei *TestForm.htm*. Die Datei *IEDialogeTest.vbs* demonstriert übrigens, wie Sie *ExecWB*-Konstante zum öffnen von Dialogen verwenden können.

Ein Shell-Extender für den WSH

Der Nachteil der obigen Ansätze besteht darin, dass Sie nicht alle registrierten Dokumenttypen drucken können. Auf der anderen Seite kann der Benutzer unter Windows jede registrierte Dokumentdatei mit der rechten Maustaste anklicken und über den Kontextmenübefehl *Drucken* ausgeben. Windows benutzt die für den Dateityp registrierte Anwendung zur Druckausgabe. Wäre es nicht schön, wenn diese Funktionalität per WSH-Skript zur Verfügung steht?

Diese Funktionalität wird durch die ActiveX-Komponente *ShellExtension.ocx* in Form von Methoden bereitgestellt. Lassen Sie uns einen Blick auf den folgenden Codeausschnitt werfen:

```
Set oShExt = WScript.CreateObject("ShellExtension.ShellObjects")
code = oShExt.WSHShellExecute ( _
    "print", GetPath() & "TestImg.bmp", "", "", 1)
If code > 32 Then MsgBox "Wir drucken ... "
```

Die erste Zeile erzeugt eine Referenz auf die Objektinstanz von *ShellExtension.ShellObjects*, die durch das ActiveX-Steuerelement bereitgestellt wird. Sobald die Referenz in der Objektvariablen vorliegt, lässt sich die *WSHShellExecute*-Methode anwenden. Diese Methode unterstützt verschiedene Parameter, um einen Befehl auszuführen

- Der erste Parameter wird auf das auszuführende Verb gesetzt. Hier können Sie Texte mit Verben wie "*open*", "*print*", "*explore*" etc. übergeben. Sind diese Verben für den registrierten Dateityp gültig, führt die Windows-Shell den Befehl aus. Nach meinen Erfahrungen können Sie dabei die englischen Verben (nicht die lokalisierten Verben der Windows-Version) angeben. Die Anwendung des *print*-Verbs auf eine Dokumentdatei aktiviert die zugehörige Anwendung und fordert diese zum Ausdrucken des Dokuments auf. Mit dem "*open*"-Verb werden eine Anwendung ausgeführt, eine Dokumentdatei oder ein Ordner geöffnet. "*explore*" öffnet einen Ordner im Explorer-Modus. Sie können weitere Verben wie "*edit*", "*install*" etc. auf Dokumentdateien (z.B: *.vbs*, *.inf*) anwenden. Die Verben lassen sich nur verwenden, falls diese in der Windows-Shell für den Dateityp registriert sind. Wird der Parameter auf eine leere Zeichenkette gesetzt, wird das *open*-Verb (oder das im Kontextmenü fett angezeigte Verb) von der Shell angewandt.
- Der zweite Parameter übergibt den Pfad und den Namen der gewünschten Datei. Es darf dabei eine ausführbare Datei sein. Dann startet das *open*-Verb die betreffende Anwendung. Ist die Datei ein Dokument, öffnet das *open*-Verb das Dokument in der zugehörigen Anwendung.
- Der dritte Parameter erlaubt die Übergabe von Startparametern für die zu startende Anwendung. Bei Dokumenten kann eine leere Zeichenkette übergeben werden.
- Der vierte Parameter ist optional und kann das Arbeitsverzeichnis der Anwendung enthalten, oder es wird ein leerer String übergeben.
- Der fünfte Parameter definiert den Fenstermodus für die Anwendung. Die folgende Tabelle enthält die Werte für diese Modi:

Wert	Bedeutung
0	Fenster verstecken und Fokus auf anderes Fenster setzen.
1	Aktiviere Anwendung und zeige Fenster. Ist das Fenster minimiert bzw. maximiert, restauriert Windows die vorherige Größe und Position (wie bei 9). ▶

Wert	Bedeutung
2	Aktiviere Anwendung und zeige als Symbol (minimiert).
3	Aktiviere Anwendung und zeige Fenster (maximiert).
4	Zeige Fenster in der letzten Größe und Position. Das aktuelle aktive Fenster bleibt aktiv.
5	Aktiviere Fenster und zeige aktuelle Größe und Position.
6	Minimiere spezifiziertes Fenster, aktivierte Top-Level-Fenster aus der Fensterliste.
7	Fenster als Symbol anzeigen. Aktuelles Fenster bleibt aktiv.
8	Fenster im aktuellen Status anzeigen. Aktuelles Fenster aktiv lassen.
9	Fenster aktivieren und anzeigen. Minimierte oder maximierte Fenster werden auf die ursprüngliche Größe zurückgesetzt (wie 1).

Tabelle 18.3: *Fenstermodi*

Nach Aufruf der Methode *WSHShellExecute* gibt diese entweder einen Fehlercode oder den *ProzessID*-Code des ausgeführten Prozesses zurück. Werte unterhalb 32 stellen Fehlercodes dar, die in folgender Tabelle entschlüsselt sind:

Code	Bedeutung Fehlercode
0	System verfügt nicht über genügend Speicher (out of memory). Die ausführbare Datei ist defekt oder die Relokation ist ungültig.
2	Datei nicht gefunden.
3	Pfad nicht gefunden.
5	Versuch, eine Task dynamisch zu linken, oder eine Schutzverletzung im Netzwerk wegen benutzter oder geschützter Dateien.
6	Bibliothek benötigt ein separates Datensegment für jede Task.
8	Nicht genügend Speicher zum Starten der Anwendung.
10	Windows-Version unkorrekt.
11	Ausführbare Datei ungültig. Kein Windows-Programm oder ein Fehler in der .EXE-Datei.
12	Anwendung für anderes Betriebssystem vorgesehen.
13	Anwendung für MS-DOS 4.0 vorgesehen.
14	Typ der ausführbaren Datei unbekannt.
15	Versuch, Real-Mode Anwendung zu laden (wurde für frühere Windows-Versionen entwickelt).
16	Versuch, eine zweite Instanz der ausführbaren Anwendung zu laden, die aber mehrere nicht als nur lesbar markierte Datensegmente enthält.
19	Versuch, eine komprimierte ausführbare Datei zu laden. Die Datei muss vor dem Laden entpackt werden.
20	Dynamic Link Library- (DLL-) Datei ungültig. Eine der DLLs für die Anwendung ist defekt.
21	Anwendung erfordert Microsoft Windows 32-Bit-Extensionen.

Tabelle 18.4: WSHShellExecute-*Fehlercodes*

Der weiter oben gezeigte Befehl veranlasst Windows den Inhalt der Datei *TestImg.bmp* zu drucken. Das folgende VBScript-Beispiel demonstriert, wie sich das ActiveX-Modul zum Drucken von .bmp und .pdf-Dokumenten nutzen lässt.

```
'************************************************
' File:  PrintExtender.vbs (WSH-Beispiel in VBScript)
' Autor: G. Born
'
' Zeigt, wie sich .bmp und .pdf-Dokumente per
' ActiveX drucken lassen. Benötigt ShellExtension.ocx.
'************************************************
Option Explicit

Dim oShExt, code, tmp

' Erzeuge Objektreferenz
Set oShExt = WScript.CreateObject("ShellExtension.ShellObjects")

If MsgBox ("Drucke .BMP-Datei?", vbYesNo + vbQuestion, _
          "Druck-Extender") = vbYes Then
' Drucke BMP-Datei
 code = oShExt.WSHShellExecute ( _
    "print", GetPath() & "TestImg.bmp", "", "", 1)
 If code > 32 Then
  MsgBox "Datei wird gedruckt ... "
 Else
  MsgBox "Fehlercode ist " & code
 End if
End if

If MsgBox ("Drucke .PDF-Datei", vbYesNo + vbQuestion, _
          "Druck-Extender") = vbYes Then
' Drucke PDF-Datei (benötigt installierten Acrobat Reader)
 code = oShExt.WSHShellExecute ( _
    "print", GetPath() & "TestDoc.pdf", "", "", 1)
 If code > 32 Then
  MsgBox "Datei wird gedruckt  ... "
 Else
  MsgBox "Fehlercode ist " & code
 End if
End if

'##########################
Function GetPath
' Hole Skriptpfad
 DIM path
 path = WScript.ScriptFullName
 GetPath = Left(path, InstrRev(path, "\"))
End Function
'*** Ende
```

Listing 18.17: PrintExtender.vbs

HINWEIS: Die Datei *PrintExtender.vbs* finden Sie im Ordner *\Beisp\Kap18*. Das ActiveX-Modul *ShellExtension.ocx* finden Sie im Ordner *\Beisp\Kap18\Tools\Shell*. Dieses Steuerelement muss auf dem Zielsystem installiert sein. Die Visual Basic 5 Run-Time-Dateien werden übrigens installiert, indem Sie die Datei *Setup.exe* im Ordner *\Beisp\Kap18\Tools\Dummy* ausführen (sollte aber nur getan werden, falls die *.ocx*-Datei sonst nicht läuft).

WICHTIG: Unter Windows XP ist mir aufgefallen, dass das Verb *print* für Bitmap-Dateien nicht registriert ist. Stattdessen wird die Bild- und Faxanzeige aufgerufen. In diesem Fall können Sie die obige Lösung natürlich nicht verwenden.

WSHShellExecute anwenden

Nachdem *WSHShellExecute* bereits zum Drucken von Dokument im vorhergehenden Beispiel benutzt wurde, soll noch eine andere Anwendung diskutiert werden. Das Skript erzeugt eine Objektinstanz des *ShellExtension.ShellObjects*-Objekts. Dann öffnet das Skript eine Textdatei, zeigt den Quellcode in Notepad, druckt die Quelldatei, öffnet einen Ordner und startet den Windows-Rechner. Alle diese Features sind über die *WSHShellExecute*-Methode zugänglich. Details sind nachfolgendem VBScript-Listing zu entnehmen.

```
'************************************************
' File:  ShellExecute.vbs (WSH-Beispiel in VBScript)
' Autor: G. Born
'
' Zeigt die Anwendung von ShellExecute zum Öffnen
' und Drucken von Dateien per ActiveX-Modul.
'************************************************
Option Explicit

Dim oShExt, code, tmp

' Objektreferenz auf Modul
Set oShExt = WScript.CreateObject("ShellExtension.ShellObjects")

If MsgBox ("Öffne Textdatei?", vbYesNo, "ShellExecute") _
     = vbYes Then
' Öffne Textdatei in Notepad per open-Verb
 code = oShExt.WSHShellExecute ( _
    "Open", GetPath() & "\Tools\Test.txt", "", "", 1)
 If code > 32 Then
  MsgBox "Notpad mit Test.txt gestartet, Process-ID ist " & code
 Else
  MsgBox "Fehlercode ist " & code
 End if
End if

If MsgBox ("Edit Skriptdatei?", vbYesNo, "ShellExecute") _
     = vbYes Then
' Öffne Skriptdatei in Notepad per edit-Verb
' Warnung: Niemals OPEN verwenden, da Skript rekursiv
' aufgerufen wird!
 code = oShExt.WSHShellExecute ( _
    "Edit", GetPath() & "ShellExecute.vbs", "", "", 1)
 If code > 32 Then
  MsgBox "Notpad mit Skript gestartet, Process-ID ist " & code
 Else
  MsgBox "Fehlercode ist " & code
 End if
```

```
End if

If MsgBox ("Drucke Skriptdatei?", vbYesNo, "ShellExecute") _
     = vbYes Then
' Drucke Skriptdatei
 code = oShExt.WSHShellExecute ( _
       "Print", GetPath() & "ShellExecute.vbs", "", "", 1)
 If code > 32 Then
  MsgBox "Drucke Skript, Process-ID ist " & code
 Else
  MsgBox "Fehlercode ist " & code
 End if
End if

If MsgBox ("Calc starten?", vbYesNo, "ShellExecute") _
     = vbYes Then
' Calc starten
 code = oShExt.WSHShellExecute ("Open", "Calc.exe", "", "", 1)
 If code > 32 Then
  MsgBox "Calc gestartet, Process-ID ist " & code
 Else
  MsgBox "Fehlercode ist " & code
 End if
End if

If MsgBox ("Öffne Skriptordner?", vbYesNo, "ShellExecute") _
     = vbYes Then
' Öffne Skriptordner im Explorer-Mode
 code = oShExt.WSHShellExecute ("Explore", GetPath(), "", "", 1)
 If code > 32 Then
  MsgBox "Skriptordner geöffnet, Process-ID ist " & code
 Else
  MsgBox "Fehlercode ist " & code
 End if
End if

'##########################
Function GetPath
' Hole Skriptpfad
 DIM path
 path = WScript.ScriptFullName
 GetPath = Left(path, InstrRev(path, "\"))
End Function
'*** Ende
```

Listing 18.18: ShellExecute.vbs

HINWEIS: Die Datei *ShellExecute.vbs* findet sich im Ordner *\Beisp\Kap18*. Lesen Sie die Anmerkungen im vorhergehenden Abschnitt zur Installation des ActiveX-Moduls *ShellExtension.ocx* im Ordner *\Beisp\Kap18\Tools\Shell*.

TIPP: An dieser Stelle sei noch ein Vorteil der Methode erwähnt: Diese liefert die ProzessID zurück, die sich mit der WSH 2.0 *AppActivate*-Methode zur Prozessumschaltung nutzen lässt.

Die Implementierung von *WSHShellExecute*

Die *WSHShellExecute*-Methode ist als ActiveX-Modul in VB implementiert. Die Methode greift auf die API-Funktion *ShellExecute* der Windows-Shell zu. Diese API-Funktion besitzt folgende Schnittstelle:

```
Declare Function ShellExecute Lib "shell32.dll" Alias "ShellExecuteA" _
                   (ByVal hwnd As Long, ByVal lpszOp As String, _
                    ByVal lpszFile As String, ByVal lpszParams As String, _
                    ByVal LpszDir As String, ByVal FsShowCmd As Long) _
                    As Long
```

Im ersten Parameter wird das Handle für das Anwendungsfenster übergeben. In Ermangelung eines Fensters bei WSH-Skripten verwenden wir das Handle des Desktops. Die restlichen Parameter geben die an *WSHShellExecute* übergebenen Werte weiter. Details sind folgendem Listing zu entnehmen.

```
Function WSHShellExecute(ByVal verb As String, _
     ByVal file As String, ByVal params As String, _
     ByVal dir As String, ByVal mode As Long) As Long
' Aufruf der Funktion ShellExecute in Shell32 API
' Starte Anwendung oder öffnet Dokument (führt das
' angegebene Verb aus).
' verb:   auszuführendes (registriertes) Verb
' file:   Dateinamen +Pfad ausführbare Datei
' params: optional (Startparameter Anwendung oder ""
' dir:    Arbeitsverzeichnis oder ""
' mode:   Fenstermode (0 = hidden, 1 = normal etc.)

 Dim hwndDC As Long
 On Error GoTo Errx
 hwndDC = GetDesktopWindow()   ' Hole Desktop-Handle
' Aufruf API-Funktion
 WSHShellExecute = ShellExecute(hwndDC, verb, file, _
             params, dir, mode)
 Exit Function
Errx:
 MsgBox "Error: " & Err.Number & " " & Err.Description & _
        " in WSHShellExecute"
End Function
```

Listing 18.19: WSHShellExecute-Methode

HINWEIS: Den Quellcode sowie die Projektdateien finden Sie auf der Begleit-CD-ROM im Ordner *\Beisp\Kap18\Tools\Shell*. Laden Sie das Projekt in die VB 5 CCE, um Details zu studieren.

Dateibehandlung

In diesem Abschnitt finden Sie einige Hinweise zur Handhabung der Dateifunktionen.

Feststellen, ob eine Datei/ein Ordner existiert

Zur Prüfung, ob eine Datei vorhanden ist, lässt sich die *FileExists*-Methode des *FileSystemObject*-Objekts verwenden. Die folgende Sequenz zeigt den Einsatz in VBScript:

```
Set fso = CreateObject("Scripting.FileSystemObject")
If (fso.FileExists("C:\Autoexec.bat")) Then  ' Existiert Datei?
```

Die *FileExists*-Methode liefert den Wert *true*, falls die Datei existiert. Analog lässt sich die Existenz eines Ordners über die *FolderExists*-Methode prüfen.

```
Set fso = WScript.CreateObject("Scripting.FileSystemObject")
If (fso.FolderExists(path)) Then    ' Existiert Ordner?
```

Detaillierte Beispiele finden Sie in ▶ Kapitel 12 im Abschnitt »Zugriff auf Dateien und Ordner«.

Tipp: Prüfen, ob eine Access-Datenbank geöffnet ist

Möchten Sie auf eine Access-Datenbank zugreifen, aber sicherstellen, dass diese nicht gerade durch Access geöffnet ist? Hier lässt sich die Prüfung auf eine existierende Datei recht gut verwenden. Sobald Access eine Datenbank öffnet, wird automatisch eine LDB-Datei erzeugt. Diese Datei verschwindet wieder, sobald Access die Datenbank freigibt. Sie können folglich über die LDB-Datei herausfinden, ob Access die Datenbank gerade benutzt. Das folgende Programm nutzt diese Tatsache zur Prüfung aus. Im ersten Schritt wird geprüft, ob überhaupt eine MDB-Datei im Ordner vorhanden ist. Anschließend testet das Programm, ob die LDB-Datei vorliegt und meldet das Ergebnis in einem Dialogfeld.

```
'************************************************
' File:   MDBOpen.vbs (WSH-Beispiel in VBScript)
' Autor:  Günter Born
'
' Zweck:  Testet, ob eine Datenbank in Access
'         geöffnet ist.
'************************************************
Option Explicit

Dim fso, path, txt

' *** Ermittle den Pfad zur Datenbank, die
' *** im Skript-Ordner liegen muss!!!
path = WScript.ScriptFullName
path = Left(path, InstrRev(path, "\"))

txt = "Datenbank existiert nicht"
Set fso = WScript.CreateObject("Scripting.FileSystemObject")

If (fso.FileExists(path & "Test1.mdb")) Then ' Datenbank da?
 If (fso.FileExists(path & "Test1.ldb")) Then
  txt = "Datenbank in Access geladen"
```

```
  Else
   txt = "Datenbank frei"
  End if
End if

WScript.Echo txt
' Ende
```

Listing 18.20: MDBOpen.vbs

HINWEIS: Sie finden das Programm *MDBOpen.vbs* auf der Begleit-CD-ROM im Ordner *\Beisp\Kap18*. Dieser Ordner enthält auch eine Access-Datenbank *Test1.mdb*. Zum Testen müssen Sie aber diese beiden Dateien in ein lokales Verzeichnis der Festplatte kopieren, da auf der CD-ROM keine LDB-Datei angelegt werden kann.

Kopieren von Dateien

Über das *File*-Objekt können Sie direkt Dateien kopieren. Hierzu benötigen Sie das *FileSystemObject*-Objekt, aus dem Sie mit *GetFile* das Objekt holen. Dann lässt sich die *Copy*-Methode anwenden:

```
Set fso = CreateObject("Scripting.FileSystemObject")
Set fi = fso.GetFile(file1)       ' Hole Dateiobjekt
fi.Copy file2' Kopiere die Datei file1 nach file2
```

Weitere Hinweise zum Umgang mit Dateien und Ordnern finden Sie in ▶ Kapitel 12.

Wie lässt sich eine Datei suchen?

Sie können das *FileSystemObject*-Objekt und seine Unterobjekte bzw. Methoden zum Suchen nach Ordnern und Dateien verwenden. Durch rekursive Bearbeitung aller Ordner ausgehend vom Hauptverzeichnis lassen sich alle Dateisystemeinträge per Skript lesen. In einer Schleife können Sie dann die gelesenen Einträge mit dem Suchbegriff vergleichen. Diese Aufgabe ist zwar zu schaffen, aber recht umständlich. Mit dem guten alten MS-DOS *dir*-Befehl geht die Suche einfacher. Verwenden Sie einfach den folgenden Befehl per *Run*-Methode:

```
DIR filename /s > list.txt
```

Anschließend können Sie die Datei *list.txt* mit dem *ReadTextFile*-Objekt und dessen Methoden auswerten.

Alle Verknüpfungsdateien auflisten

Manchmal ist es hilfreich, alle Verknüpfungsdateien in den Spezialordnern (Desktop, Startmenü etc.) zu kennen. Zur Demonstration, wie sich in Ordnern nach *.LNK*-Dateien suchen lässt, habe ich ein kleines VBScript-Programm geschrieben.

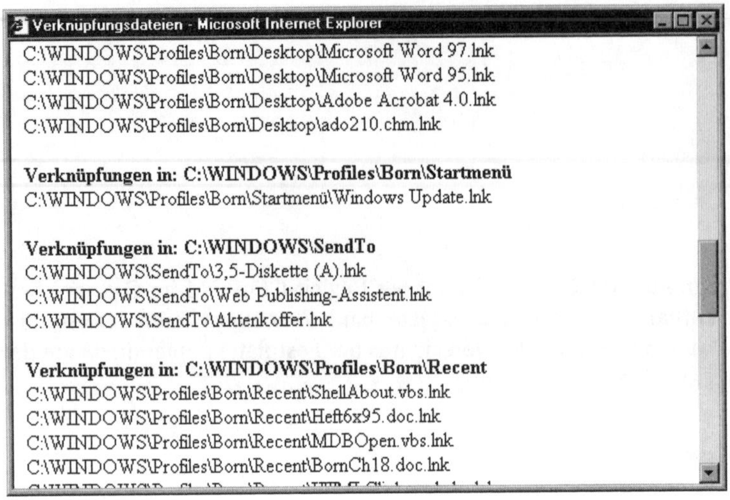

Abbildung 18.10: *Liste der Verknüpfungsdateien*

Das Skript erhält den Namen des Spezialordners über die *SpecialFolders*-Eigenschaft, die ein Auflistungsobjekt mit den Ordnerpfaden zurückgibt. Jeder Eintrag im Auflistungsobjekt lässt sich über die *Files*-Auflistung nach Verknüpfungsdateien durchsuchen. Die Prüfung, ob es sich um eine Verknüpfungsdatei handelt, erfolgt in folgender Anweisung:

```
InstrRev(UCase(name), ".LNK")
```

Die Funktion *InStrRev* liefert einen Wert <> 0, falls die Dateinamenerweiterung ungleich *.LNK* ist. Das folgende Listing zeigt die Details der Suche nach *.LNK*-Dateien in den Spezialordnern. Die Ergebnisse werden per Internet Explorer angezeigt (Abbildung 18.10).

```
'************************************************
' File:   ListShortcuts.vbs (WSH-Beispiel in VBScript)
' Autor:  Günter Born
'
' Liste alle Verknüpfungsdateien in den Spezialordnern
' (special folders wie Desktop, Startmenü) auf.
'************************************************
Option Explicit

Const Title = "Verknüpfungsdateien"
Dim WshShell
Dim fso, fi, fc, f
Dim text, sysf, fldr

set WsHShell = WScript.CreateObject("WScript.Shell")

set fso = Wscript.CreateObject("Scripting.FileSystemObject")

text = ""
For Each sysf in Wshshell.SpecialFolders
 text = text & "<b>Verknüpfungen in: " & sysf & "</b><br>"
 Set fldr = fso.getfolder(sysf)
```

```
 Set fc = fldr.files
 For Each f In fc
  If IsLnk(f) Then text = text &  f & "<br>"
 Next
 text = text & "<br>"
Next

ShowMSIE text, Title    ' Zeige Ergebnisse im Browser

'### Helfer ###
Function IsLnk(name)
' Prüfe, ob es eine LNK-Datei ist
IsLnk = (InstrRev(UCase(name), ".LNK")<>0)
End Function

Sub ShowMSIE (txt, title)
' Text im Browserfenster des IE ausgeben
 Dim oIE, oDoc
' Erzeuge Internet Browser Application-Objekt
 Set oIE = WScript.CreateObject("InternetExplorer.Application")
' Browserfenster-Eigenschaften
 oIE.left=20
 oIE.top = 50
 oIE.height = 380
 oIE.width = 580
 oIE.menubar = 0
 oIE.toolbar = 0
 oIE.statusbar = 0
 oIE.navigate ("about:blank")   ' Leeres HTML-Dokument
 oIE.visible = 1                ' MSIE sichtbar

 While(oIE.Busy):               ' Wichtig: Warte bis MSIE fertig
 wscript.sleep 50
 Wend
 Set oDoc = oIE.Document        ' Hole Dokumentobjekt
 oDoc.open                      ' Dokumen öffnen & beschreiben
 oDoc.writeln ("<html><head><title>" & title & "</title></head>")
 oDoc.writeln ("<body>" & Txt & "</body></html>")
 oDoc.close                     ' Für Schreiben schließen
End Sub
'* Ende
```

Listing 18.21: ListShortcuts.vbs

HINWEIS: Sie finden die Datei *ListShortcuts.vbs* im Ordner *\Beisp\Kap18* auf der Begleit-CD-ROM.

Zugriffe auf die Windows-Shell

Falls der Microsoft Internet Explorer 4.0 (oder eine höhere Version) auf der Zielmaschine installiert ist, können Sie per WSH-Skript auf die Funktionen der Windows-Shell zugreifen. Nachfolgend möchte ich einige Techniken demonstrieren, was sich mit dem Windows *Shell*-Objekt anstellen lässt.

HINWEIS: Die nachfolgend diskutierten Beispiele benötigen die Shell Version 4.71 oder höher. Diese Version wird mit dem Internet Explorer 4.0 eingerichtet, falls bei der Installation die Active Desktop-Option gewählt wird (wichtig für Windows 95 und Windows NT). Microsoft Windows 98 wird bereits mit der Shell Version 4.72 ausgeliefert und Windows 2000 benutzt die Version 5.0. Windows 95- und Windows NT 4.0-Benutzer sollten aber die Version der Datei *Shell32.dll* testen, da die Installation des Internet Explorer 5.0x keine Aktualisierung vornimmt. Sie müssen erst den Internet Explorer 4.0x mit Active Desktop installieren, bevor Sie auf den Internet Explorer 5.0x aktualisieren können.

Wie lässt sich die Shell-Version testen?

Zur Überprüfung, welche Shell-Version bei Ihnen installiert ist, habe ich ein kleines VBScript-Programm geschrieben. Das Skript benutzt die WSH 2.0-Möglichkeiten zur Abfrage einer Dateiversion. Der Pfad zu *Shell32.dll* ist zwischen Microsoft Windows NT/Windows 2000 und Windows 9x unterschiedlich. Daher ermittelt das Skript automatisch die Lage des Windows-Systemordners mittels der *GetSpecialFolders*-Methode des *FileSystemObject*-Objekts. Weitere Details sind nachfolgendem Listing zu entnehmen.

```
'************************************************
' File:  GetShellVersion.vbs (WSH 2.0-Beispiel in VBScript)
' Autor: G. Born
'
' Ermittle Version der Datei Shell32.dll.
'************************************************
Option Explicit

Const sysFolder = 1             ' Systemordner

Dim fso, oShell                 ' Objektvariable
Dim file, tmp                   ' Dateiname

Set oShell = WScript.CreateObject("WScript.Shell")
file = oShell.ExpandEnvironmentStrings(file)

' Erzeuge FileSystemObject-Objekt für Dateizugriffe
Set fso = CreateObject("Scripting.FileSystemObject")

' Ermittle Pfad zu Shell32.dll (liegt im Ordner \System)
' Hole Pfad zum System-Unterordner per GetSpecialFolder-Methode
file = fso.GetSpecialFolder(sysFolder) & "\Shell32.dll"

' Existiert Datei Shell32.dll
If fso.FileExists(file) Then
 tmp = fso.GetFileVersion (file)    ' Hole Version
 If len(tmp) > 0 Then
   WScript.Echo " Datei: " & file, vbCRLF, _
             "Version: " & tmp
 Else
   WScript.Echo " Datei " & file, vbCRLF, _
             "Version: unbekannt"
 End if
Else
 WScript.Echo "Datei '" & file & "' nicht gefunden"
End if
'*** Ende
```

Listing 18.22: GetShellVersion.vbs

HINWEIS: Die Datei *GetShellVersion.vbs* finden Sie im Ordner *\Beisp\Kap18.*

Den About-Dialog der Shell 5.0/6.0 aufrufen

Windows 2000 wird mit der Shell Version 5.0 und Windows XP wird mit der Shell Version 6.0 ausgeliefert. In dieser Version können Sie den *Info*-Dialog (*About*) direkt per *RunDll32.exe* aktivieren:

```
Rundll32.exe Shell32.dll,ShellAboutW
```

Windows zeigt dann das Dialogfeld mit der Windows-Version, dem Lizenznehmer sowie dem verfügbaren Speicher.

HINWEIS: Die Datei *ShellAbout.vbs* im Ordner *\Beisp\Kap18* zeigt, wie sich der obige Befehl einsetzen lässt.

Wie lassen sich Desktop-Fenster anordnen?

Der in Windows integrierte Internet Explorer 4.0 (und auch auf den Internet Explorer 5/6 aktualisierte oder mit dieser Version ausgelieferte Systeme) stellt verschiedene Objekte und Methoden zum Zugriff auf die Shell zur Verfügung. Als Benutzer können Sie beispielsweise per Kontextmenü der Taskleiste Desktop-Fenster anordnen, alles minimieren und wiederherstellen. Das Gleiche lässt sich per Skript durchführen. Das nachfolgende Skript demonstriert, wie Sie einige dieser Methoden nutzen können, um die auf dem Desktop angezeigten Fenster zu manipulieren. Das betreffende Objekt lässt sich über die folgende Anweisung holen:

```
Set oShell = WScript.CreateObject ("Shell.Application")
```

Beachten Sie, dass es sich hier nicht um das *WScript*-Objekt *Shell*, sondern um das *Shell.Application*-Objekt der Shell handelt. Das zurückgelieferte Objekt stellt die folgenden Methoden zur Manipulation der Desktop-Fenster zur Verfügung:

- *MinimizeAll*: Die Methode minimiert alle Fenster des Desktop zu Schaltflächen und ordnet diese in der Taskleiste an.
- *UndoMinimizeAll:* Diese Methode hebt die letzte Aktion wieder auf. Minimierte Fenster werden wieder geöffnet.
- *TileHorizontally*: Die Methode ordnet alle geöffneten Fenster horizontal auf dem Desktop an.
- *TileVertically*: Die Methode ordnet alle geöffneten Fenster vertikal auf dem Desktop an.
- *CascadeWindows*: Die Methode ordnet alle geöffneten Fenster vertikal auf dem Desktop an.

Diese Erkenntnis macht sich das folgende VBScript-Programm zunutze. Nach dem Start werden Sie über verschiedene Dialogfelder gefragt, ob die Fenster zu minimieren, horizontal oder vertikal auszurichten sind. Wählen Sie einen Befehl, wird die Änderung im nächsten Schritt wieder zurückgesetzt. Hierzu wende ich einen Trick an: Wurden die Fenster beispielsweise mit *TileVertically* vertikal angeordnet, lässt sich dies mit der *UndoMinimizeAll*-Methode wieder zurücksetzen (auch wenn der Name etwas anderes suggeriert). Einzelheiten entnehmen Sie dem folgenden Listing.

```
'************************************************
' File:   Shell.vbs (WSH-Beispiel in VBScript)
' Autor:  Günter Born
'
' Zweck: Demonstriert den Zugriff auf die Funktionen
'        der Windows-Shell. Die Fenster auf dem Desktop
'        werden minimiert bzw. horizontal/vertikal
'        angeordnet.
'************************************************
Option Explicit

Dim Shell, Titel

Titel = "WSH-Beispiel - by Günter Born"

' Hole die Objektreferenz auf die Shell
Set Shell = WScript.CreateObject ("Shell.Application")

If (MsgBox("Alle Fenster minimieren?", _
           vbYesNo + vbQuestion, Titel) = vbYes) Then
 Shell.MinimizeAll            ' MinimizeAll-Methode

 WScript.Echo "Rückgängig machen?"
 Shell.UndoMinimizeAll    ' Erst Fenster wiederherstellen
End if

If (MsgBox("Alle Fenster vertikal anordnen?", _
           vbYesNo + vbQuestion, Titel) = vbYes) Then
 Shell.TileVertically    ' Vertikal anordnen
 WScript.Echo "Rückgängig machen?"
 Shell.UndoMinimizeAll    ' Erst Fenster wiederherstellen
End if

If (MsgBox("Alle Fenster horizontal anordnen?", _
           vbYesNo + vbQuestion, Titel) = vbYes) Then
 Shell.TileHorizontally

 WScript.Echo "Rückgängig machen?"
 Shell.UndoMinimizeAll    ' Erst Fenster wiederherstellen
End if

If (MsgBox("Alle Fenster überlappend anordnen?", _
           vbYesNo + vbQuestion, Titel) = vbYes) Then
 Shell.CascadeWindows

 WScript.Echo "Rückgängig machen?"
 Shell.UndoMinimizeAll    ' Erst Fenster wiederherstellen
End if

WScript.Echo "Fertig?"
'*** Ende
```

Listing 18.23: Shell.vbs

HINWEIS: Sie finden das Beispielprogramm *Shell.vbs* auf der Begleit-CD-ROM im Ordner *\Beisp\Kap18.* Eine Übersicht über die Methoden der Shell können Sie sich im Objektkatalog der VB 5 CCE abrufen, wenn Sie vorher die Bibliothek *Shdocvw.dll* (im Systemordner) als Referenz geladen haben (siehe auch ▶ Kapitel 2).

Ordner als Shell- oder Explorer-Fenster öffnen

Sie können über die *Run*-Methode den Explorer starten, um einen Ordnerinhalt anzuzeigen. Alternativ haben Sie aber die Möglichkeit, die Methoden *Open* und *Explore* des *Shell*-Objekts anzuwenden, um einen Ordner im Shell-Modus oder als Explorer-Fenster zu öffnen. Beide Methoden erwarten den Pfad zum Ordner als Argumente. Das folgende Beispiel demonstriert die Anwendung dieser Methoden. Das Skript öffnet den Windows-Ordner im Explorer-Fenster und stellt anschließend den Windows-Systemordner als Ordnerfenster dar.

```
'************************************************
' File:   Shell1.vbs (WSH-Beispiel in VBScript)
' Autor:  Günter Born
'
' Zweck: Demonstriert den Zugriff auf die Funktionen
'        der Windows-Shell. Ein Ordnerfenster wird
'        geöffnet.
'************************************************
Option Explicit

Dim Shell, wsh, Titel, path

Titel = "WSH-Beispiel - by Günter Born"

' Hole die Objektreferenz auf das WSH-Shell-Objekt
Set wsh = WScript.CreateObject ("WScript.Shell")

path = wsh.ExpandEnvironmentStrings("%windir%")

' Hole die Objektreferenz auf die Shell
Set Shell = WScript.CreateObject ("Shell.Application")

' Zuerst öffnen wir den Ordner im Explorer-Fenster
 WScript.Echo "Windows-Ordner im Explorer-Fenster anzeigen"
 Shell.Explore path

' Jetzt wird der Ordner C:\ als Fenster gezeigt
 WScript.Echo "Ordner C:\ anzeigen"
 Shell.Open "C:\"

WScript.Echo "Fertig?"
'*** Ende
```

Listing 18.24: Shell1.vbs

HINWEIS: Sie finden das Beispielprogramm *Shell1.vbs* auf der Begleit-CD-ROM im Ordner *\Beisp\Kap18.*

Zugriff auf die Dialoge der Shell

Die Windows-Shell besitzt eine Reihe integrierter Dialoge (z.B: Suchen nach, Ausführen etc.). Das *Shell*-Objekt stellt Ihnen die Methoden zum Öffnen der Systemsteuerung, des Dialogfelds *Ausführen* oder des Fensters *Suchen nach* im WSH zur Verfügung. Zum Zugriff auf die Systemsteuerung verwenden Sie die *ControlPanelItem*-Methode. Diese erwartet als Parameter eine Zeichenkette mit dem Namen der gewünschten Komponente (z.B: *Desk.cpl*). Geben Sie eine leere Zeichenkette an, wird dagegen das Fenster der Systemsteuerung geöffnet. Mit:

```
Shell. TrayProperties
```

öffnen Sie die Registerkarte mit den Optionen der Taskleiste. Möchten Sie das Dialogfeld *Ausführen* öffnen, wenden Sie die *FileRun*-Methode auf das *Shell*-Objekt an. Mit:

```
Shell.FileRun
```

wird das Dialogfeld *Ausführen* mit dem zuletzt vom Benutzer eingetragenen Befehl geöffnet. Möchten Sie das Ordnerfenster *Suchen nach* öffnen, haben Sie die Auswahl zwischen zwei Methoden. Mit:

```
Shell.FindFiles
```

öffnen Sie das Fenster zum Suchen nach Dateien und Ordnern. Um den Benutzer nach einem Computer suchen zu lassen, verwenden Sie die folgende Anweisung:

```
Shell.FindComputer
```

Das Eigenschaftenfenster zum Einstellen der Uhrzeit und des Datums lässt sich mit der *SetTime*-Methode aufrufen:

```
Shell.SetTime
```

In ▶ Kapitel 13 und weiter oben in diesem Kapitel hatten Sie verschiedene Techniken zum Beenden von Windows kennen gelernt. Das *Shell*-Modul des Internet Explorers stellt Ihnen ebenfalls zwei Methoden zur Verfügung, um den PC zu suspendieren und Windows 9x zu beenden. Mit der Anweisung:

```
Shell.Suspend
```

erreichen Sie, dass Windows in den *Suspend*-Modus geht. Das Dialogfeld *Windows beenden* öffnen Sie mit folgender Anweisung:

```
Shell.ShutdownWindows
```

Einzelheiten zur Anwendung dieser Methoden sind dem nachfolgenden Listing zu entnehmen. Dieses führt den Anwender schrittweise durch verschiedene Dialoge, in denen die einzelnen Optionen gewählt werden können.

```
'**********************************************
' File:   Shell2.vbs (WSH-Beispiel in VBScript)
' Autor:  Günter Born
'
' Zweck: Demonstriert den Zugriff auf die Funktionen
'        der Windows-Shell. Es weden verschiedene Dialoge
'        geöffnet.
'**********************************************
Option Explicit

Dim Shell, wsh, Titel, path

Titel = "WSH-Beispiel - by Günter Born"

' Hole die Objektreferenz auf das WSH-Shell-Objekt
Set wsh = WScript.CreateObject ("WScript.Shell")

' Hole die Objektreferenz auf die Shell
Set Shell = WScript.CreateObject ("Shell.Application")

' Zuerst öffnen wir den Ordner der Systemsteuerung
If (MsgBox("Ordnerfenster Systemsteuerung anzeigen", _
           vbYesNo + vbQuestion, Titel) = vbYes) Then
 Shell.ControlPanelItem ""  ' Mit leerem Argument
End if

' Jetzt das Modul Desk.cpl aufrufen
If (MsgBox("Eigenschaften von Anzeige öffnen?", _
           vbYesNo + vbQuestion, Titel) = vbYes) Then
Shell.ControlPanelItem "Desk.cpl"
End if

' Eigenschaften Taskleiste aufrufen
If (MsgBox("Eigenschaften Taskleiste abrufen?", _
           vbYesNo + vbQuestion, Titel) = vbYes) Then
 Shell.TrayProperties
End if

' Jetzt das Dialogfeld Ausführen öffnen
If (MsgBox("Dialogfeld Ausführen öffnen?", _
           vbYesNo + vbQuestion, Titel) = vbYes) Then
 Shell.FileRun
End if

' Jetzt das Dialogfeld Suchen öffnen
If (MsgBox("Dialogfeld Suchen öffnen?", _
           vbYesNo + vbQuestion, Titel) = vbYes) Then
 Shell.FindFiles
End if

' Jetzt das Dialogfeld Computer suchen öffnen
If (MsgBox("Dialogfeld Suchen nach: Computern öffnen?", _
           vbYesNo + vbQuestion, Titel) = vbYes) Then
 Shell.FindComputer
End if
```

```
' Jetzt den Uhrzeit-Dialog öffnen
If (MsgBox("Uhrzeit ändern?", _
           vbYesNo + vbQuestion, Titel) = vbYes) Then
 Shell.SetTime
End if

' Jetzt die Suspend-Methode aufrufen
If (MsgBox("Windows suspendieren?", _
           vbYesNo + vbQuestion, Titel) = vbYes) Then
 Shell.Suspend
End if

' Jetzt die Exit-Methode aufrufen
If (MsgBox("Windows beenden?", _
           vbYesNo + vbQuestion, Titel) = vbYes) Then
 Shell.ShutdownWindows
End if
'*** Ende
```

Listing 18.25: Shell2.vbs

HINWEIS: Sie finden das Beispielprogramm *Shell2.vbs* auf der Begleit-CD-ROM im Ordner *\Beisp\Kap18.*

Löschen in den Papierkorb

Windows bietet zum Löschen von Dateien und Ordnern den Papierkorb. Der WSH stellt aber dummerweise keine entsprechenden Funktionen zum Zugriff auf den Papierkorb bereit. Auch im *FileSystemObject*-Objekt ist kein entsprechender Befehl vorhanden, die *Delete*-Methode entfernt eine Datei gänzlich vom Datenträger. Wäre es nicht schön, trotzdem per Skript eine Funktion zum Löschen von Dateien per Papierkorb nutzen zu können?

Die Windows-Shell erlaubt einen entsprechenden Ansatz. Die Anregung für das folgende Skript stammt von Michael Harris. Die Informationen zu den Methoden der Shell finden Sie im *Shell*-Abschnitt des Platform SDK (*msdn.microsoft.com*). Lassen wir uns einmal ansehen, wie sich der Papierkorb zum Löschen von Dateien und Ordnern verwenden lässt.

Die Verwaltung des Papierkorbs erfolgt über die Windows-Shell, die sich per Skript über das *Shell.Application*-Objekt ansprechen lässt. Die folgende Anweisung erzeugt eine entsprechende Objektreferenz:

```
Set oShell = WScript.CreateObject("Shell.Application")
```

Dann fragt das Skript im Namensraum der Shell ab, ob der Container (der Ordner, der das zu löschende Objekt enthält) existiert. Es wird quasi ein Objekt aus dem Namensraum der Shell geholt, welches den Ordner repräsentiert.

```
path = "C:\BornTest"
Set oSHFolder = oShell.Namespace(path)  ' Ordnerobjekt
```

Mit dieser Objektreferenz kann das Skript sich den Inhalt des Objekts als Auflistung zurückgeben lassen:

```
Set oSHFItems = oSHFolder.Items
```

Die Auflistung enthält sowohl Ordner als auch Dateien. Beachten Sie aber, dass es sich um kein *FileSystemObject*-Objekt, sondern um ein *Shell*-Objekt handelt. Daher die etwas anderen Methoden. Wir könnten jetzt alle Einträge der Auflistung per *For Each*-Schleife bearbeiten (was Vorteile beim Löschen mehrerer Objekte bringt). Hier soll jedoch eine Datei *TestDel.txt* gezielt gelöscht werden. Das Objekt lässt sich dann direkt über den Indexwert aus der Auflistung herausziehen.

```
name = "TestDel.txt"
Set oSHFItem = oSHFItems.Item(name) ' Objekt ableiten
```

Anschließend liegt in *oSHFItem* eine Objektreferenz auf die Datei vor. Auf dieses Objekt kann jetzt ein Verb der Shell angewandt werden. Verben sind die Befehle, die beim Anklicken einer Datei oder eines Ordners im Kontextmenü erscheinen. Die folgende Anweisungsfolge wendet das Verb zum Löschen an.

```
verb = "&Löschen"     ' oder "&Delete" in US-Windows-Version
oSHFItem.InvokeVerb(verb)
```

Leider benötigt die Shell die lokalisierten Verben, das &-Zeichen steht für die Abkürzungstaste im Kontextmenü (z.B: *Löschen*). Die Reaktion des Betriebssystems auf dieses Verb hängt von den Papierkorbeinstellungen ab. In der Standardeinstellung erscheint die Sicherheitsabfrage zum Löschen eines Objekts. Dann sehen Sie nach Bestätigung der Abfrage die Animation beim Verschieben des Objekts in den Papierkorb. Das gelöschte Objekt lässt sich per Papierkorb wiederherstellen.

Das folgende Beispielskript demonstriert die Verwendung dieser Technik. Das Skript führt Sie durch Dialogfelder, die Ihnen in jedem Schritt die Inspektion der erzeugten/gelöschten Dateien erlauben. Im ersten Schritt wird der Ordner *C:\BornTest* mit der Datei *TestDel.txt* mittels der Prozedur *MakeTestFile (folder, file)* erzeugt. Der Parameter *folder* gibt Laufwerk und Ordner an, *file* enthält den Dateinamen. Dann verwendet das Skript die Prozedur *DeleteToRecycle (path, name)* zum Löschen der Datei und des Ordners. Der Parameter *path* enthält den Order, der das zu löschende Objekt beinhaltet (z.B: *C:\BornTest* zum Löschen der Datei oder *C:* zum Löschen des Ordners *C:\BornTest*). Im Parameter *name* ist der Name des zu löschenden Objekts anzugeben (z.B: *TextDel.txt* oder *BornTest*). Weitere Details sind dem nachfolgenden Listing zu entnehmen.

```
'************************************************
' File:   DeleteToRecycle.vbs (WSH-Beispiel in VBScript)
' Autor:  G. Born
'
' Lösche Datei über Papierkorb-Funktion der Shell,
' die Anregung stammt von Michael Harris.
' Achtung: Damit das Skript funktioniert, muss eine
' Testdatei vorhanden sein. Das Skript legt daher
' die Datei C:\BornTest\TestDel.txt an und löscht
' diese in den Papierkorb. Auf eine Behandlung von
' Laufzeitfehlern wurde hier verzichtet.
'************************************************
Option Explicit

Const title = "Löschen in Papierkorb-Demo"
Const drive = "C:\"           ' Laufwerk
Const path = "BornTest"       ' Testordner
```

```
Const file = "TestDel.txt"      ' Testdatei

Dim deleted

deleted = false                 ' Nichts gelöscht
If MsgBox ("Anlegen der Testdatei " & drive & path & _
      "\" & file, vbYesNo + vbInformation, title) _
      = vbYes Then _
   MakeTestFile drive & path, file ' Testdatei anlegen

' DeleteToRecycle-Funktion aufrufen, um Datei zu löschen
If MsgBox ("Testdatei " & drive & path & _
      "\" & file & " löschen", vbYesNo + vbInformation, _
      title) = vbYes Then
 DeleteToRecycle drive & path, file
 deleted = true
End if

' DeleteToRecycle-Funktion aufrufen, um Ordner zu löschen
If MsgBox ("Testordner " & drive & path & " löschen", _
      vbYesNo + vbInformation, title) = vbYes Then
 DeleteToRecycle drive, path
 deleted = true
End if

If deleted Then _
 MsgBox "Datei '" & file & "' und ggf. Ordner '" & _
       drive & path & "' in Papierkorb verschoben"

'### Helfer ####
Sub DeleteToRecycle (path, name)
' Lösche über Papierkorb-Funktion der Shell.
' Benutzt die InvokeVerb-Methode zum Löschen
' Achtung: Leider benötigt die Methode lokalisierte
' Verben, wie diese im Kontextmenü erscheinen
' ("&Delete" oder "&Löschen", & steht für Abkürzungstaste).
 Const verb = "&Löschen"       ' Verb
' Const verb = "&Delete"        ' Verb

Dim oShell, oSHFolder, oSHFItems, oSHFItem

' Erzeuge Objektreferenz zur Windows Shell (Version 4.71
' und höher). "Shell.Appliation" ist ungleich "WScript.Shell".
 Set oShell = WScript.CreateObject("Shell.Application")

' Jetzt Namespace-Methode verwenden, um das Folder-Objekt
' zu holen. oSHFolder ist kein FileSystemObjekt-Objekt!
' Daher nur Shell-Methoden auf das Objekt anwendbar.
 Set oSHFolder = oShell.Namespace(path)  ' Ordnerobjekt

' Jetzt die Einträge des Ordners als Auflistung holen
 Set oSHFItems = oSHFolder.Items

 Set oSHFItem = oSHFItems.Item(name) ' Objekt ableiten
 oSHFItem.InvokeVerb(verb)           ' Verb anwenden

 Set oShell = Nothing        ' Objekte freigeben
 Set oSHFolder = Nothing
 Set oSHFItems = Nothing
```

```
 Set oSHFItem = Nothing
End Sub

Sub MakeTestFile (folder, file)
' Erstelle Testordner und Testdatei
Const ForAppending = 8
Dim fso, f, fi
 On Error Resume Next
' Ordner ggf. anlegen
 Set fso = CreateObject("Scripting.FileSystemObject")
 Set f = fso.CreateFolder(folder)
On Error Goto 0
' Textdatei ggf. erzeugen
 Set fi = fso.OpenTextFile(folder & "\" & file, _
                          ForAppending, true)
' Jetzt die Zeile anhängen
 fi.WriteLine "Dies ist ein Text1"
 fi.WriteLine "Dies ist ein Text2"

 Set fi = Nothing ' Rückzug, Objektvariable freigeben
 Set fso = Nothing
 Set f = Nothing
End Sub
' Ende
```

Listing 18.26: DeleteToRecycle.vbs

HINWEIS: Sie finden das Beispielprogramm *DeleteToRecycle.vbs* auf der Begleit-CD-ROM im Ordner *\Beisp\Kap18.* Beachten Sie, dass in Windows 2000 die Shell ein etwas anderes Verhalten als Windows 98 zeigt, Sie können gelöschte Objekte nicht per Kontextmenü restaurieren, sondern nur über die Funktion *Wiederherstellen* des Papierkorbs.

Papierkorb leeren

Mit den im vorhergehenden Beispiel gezeigten Tricks können Sie den Papierkorb zum Löschen aus WSH-Skripten nutzen. Was jetzt noch fehlt, ist eine Möglichkeit, den Papierkorb per WSH-Skript zu leeren. Die Windows-Shell bietet zwar entsprechende Funktionen, diese lassen sich aber nicht direkt per WSH-Skript ansprechen. Nachfolgend wird aber eine Lösung mit Hilfe einer ActiveX-Komponente entwickelt.

Implementierung der *WSHEmptyRecycleBin*-Methode

Um per WSH-Skript den Papierkorb zu löschen, benötigen Sie eine entsprechende Methode. Die Windows-Shell bietet die API-Funktion *SHEmptyRecycleBin* mit folgender Schnittstelle:

```
Declare Function SHEmptyRecycleBin Lib "shell32.dll" _
    Alias "SHEmptyRecycleBinA" _
   (ByVal hwnd As Long, ByVal path As String, ByVal dwFlags As Long) As Long
```

Im ersten Parameter ist ein Handle auf das Fenster der Anwendung zu übergeben, der zweite Parameter enthält den Pfad zum Papierkorbordner (oder eine leere Zeichenkette). Der dritte Parameter erlaubt die Übergabe einiger Flags, die das Leeren steuern (z.B: mit Benutzerabfrage und Animation). Die betreffende Schnittstelle wird nun als Methode in einem ActiveX-Steuerelement *ShellExtension.ocx* bereitgestellt. Der Quellcode zur Implementierung der eigentlichen Methode sieht folgendermaßen aus:

```
Public Function WSHEmptyRecycleBin(bin As String, flags)
' Aufruf API-Funktion SHEmptyRecycleBin in Shell32
' Leert den Papierkorb
' bin:     Pfad zum Papierkorb oder "" (alle Laufwerke)
' flags: definiert Operationsmodus
Dim hwndDC As Long

 On Error GoTo Errx
 hwndDC = GetDesktopWindow()   ' hole Desktop Handle
' now call the API function
 WSHEmptyRecycleBin = SHEmptyRecycleBin(hwndDC, bin, flags)
 Exit Function
Errx:
 MsgBox "Error: " & Err.Number & " " & Err.Description & _
       " in WSHEmptyRecycleBin"
End Function
```

Listing 18.27: WSHEmptyRecycleBin

Der Methode wird im ersten Parameter ein String mit dem Pfad auf den Papierkorbordner übergeben. Diesen sollten Sie auf "" setzen, damit die Methode den Papierkorb für alle Laufwerke löscht. Der zweite Parameter enthält die Flags, die die Operation steuern. Intern setzt die Methode diese Angaben einfach in einen API-Aufruf um. Das von der API-Funktion benötigte Handle wird über die API-Funktion *GetDesktopWindow* vom Desktop abgeleitet.

HINWEIS: Sie finden die Projektdatei *ShellExtend.vbp* im Ordner *\Beisp\Kap18\Tools\Shell* auf der Begleit-CD-ROM. Laden Sie das Projekt in die VB 5 CCE, um den Quellcode zu analysieren. Die API-Deklarationen sind in einem getrennten Modul hinterlegt.

Nutzen der *WSHEmptyRecycleBin*-Methode per Skript

Die Anwendung der *WSHEmptyRecycleBin*-Methode in einem Skript wird in folgendem Listing demonstriert. Mit der Anweisung:

```
Set oShExt = WScript.CreateObject("ShellExtension.ShellObjects")
```

wird eine Objektreferenz auf das *ShellObjects*-Objekt erzeugt. Dann lässt sich die Methode mit folgender Anweisung aktivieren:

```
code = oShExt.WSHEmptyRecycleBin ("", 0)
```

Hier wird eine leere Zeichenkette als Ordnerpfad genutzt, um alle Laufwerke im Papierkorb zu leeren. Das Flag ist auf 0 gesetzt, um die Abfragen vor dem Leeren anzuzeigen. Details sind folgendem Listing zu entnehmen.

```
'************************************************
' File:  EmptyRecycleBin.vbs (WSH-Beispiel in VBScript)
' Autor: G. Born
'
' Nutzt die Shell API-Funktion SHEmptyRecycleBin,
' um den Papierkorb (Recycle Bin) zu leeren.
' Benötigt ActiveX-Modul ShellExtension.ocx.
'************************************************
```

```
Option Explicit

' Konstante für SHFileOperation
Const SHERB_NOCONFIRMATION = &H01   ' Ohne Abfrage
Const SHERB_NOPROGRESSUI = &H02     ' Keine Fortschrittsanzeige
Const SHERB_NOSOUND = &H04

Dim oShExt, code
Dim source, destin

' Erzeuge Objektreferenz
Set oShExt = WScript.CreateObject("ShellExtension.ShellObjects")

'### Versuche Papierkorb zu leeren
If MsgBox ("Papierkorb leeren?", vbYesNo + vbQuestion, _
      "Papierkorb (Recycle Bin) leeren") = vbYes Then
' Aufruf der Methode zum Leeren des Papierkorbs.
' Dieser Befehl fordert keine Bestätigung an
' code = oShExt.WSHEmptyRecycleBin ("", SHERB_NOCONFIRMATION)
' Für Testzwecke Bestätigung erlauben
 code = oShExt.WSHEmptyRecycleBin ("", 0)
 If code <> 0 Then
  MsgBox "Fehlercode: " & code, vbCritical, "Recycle Bin"
 Else
  MsgBox "Papierkorb geleert", vbInformation, "Recycle Bin"
 End if
End if
'*** Ende
```

Listing 18.28: EmptyRecycleBin.vbs

HINWEIS: Sie finden die Datei *EmptyRecycleBin.vbs* im Ordner *\Beisp\Kap18* auf der Begleit-CD-ROM. Nach dem Aufrufen löscht dieses Skript den Papierkorb. Bei Windows NT gibt es einen Fehler, der dazu führt, dass ggf. die Aktualisierung des Desktop/Papierkorbs nach dem Leeren nicht mehr korrekt funktioniert. Weiterhin hatte ich Probleme, gezielt Laufwerke zum Leeren den Papierkorbs anzugeben. Das obige Beispiel stellt daher so etwas wie eine experimentelle Version dar, die sich aber weiterentwickeln lässt.

Dateioperationen der Shell nutzen

Die Shell besitzt intern die API-Funktion *SHFileOperation*, über die sich Dateien sehr einfach kopieren, verschieben, umbenennen oder löschen lassen. Mit einem ActiveX-Steuerelement lässt sich auch per Skript auf diese API-Funktion zugreifen. Als Alternative zum *FileSystemObject*-Objekt möchte ich hier die *WSHFileOperation*-Methode in ihrer Implementierung in ihrer Anwendung zeigen.

WSHFileOperation-Methode implementieren

Die Implementierung der *WSHFileOperation*-Methode ist recht einfach. Das Steuerelement muss dem Skript lediglich die betreffende API-Schnittstelle bereitstellen. Die API-Funktion verwendet folgende Schnittstelle:

```
Declare Function SHFileOperation Lib "shell32.dll" _
                 Alias "SHFileOperationA" _
                 (lpFileOp As SHFILEOPSTRUCT) As Long
```

Der API-Funktion, die in *Shell32.dll* exportiert wird, muss lediglich eine Datenstruktur übergeben werden. Diese Datenstruktur besitzt folgenden Aufbau:

```
Public Type SHFILEOPSTRUCT
    hwnd As Long
    wFunc As Long
    pFrom As String
    pTo As String
    fFlags As Integer
    fAnyOperationsAborted As Boolean
    hNameMappings As Long
    lpszProgressTitle As String '  nur für FOF_SIMPLEPROGRESS
End Type
```

In *wFunc* wird die gewünschte Operation spezifiziert, *pFrom* und *pTo* legen Quelle und Ziel fest. Dann gibt es noch einige Flags und Hilfsvariablen. Das folgende Listing zeigt, wie die Methode in VB als Funktion unter Verwendung der obigen Struktur implementiert wurde:

```
Public Function WSHFileOperation(operation, source, dest, flags) As Long
' Ruft API-Funktion ShFileOperation in Shell32 auf
' operation:  Konstante für Operation (copy, move, ...)
' source:     Quelle
' destin:     Ziel
' flags:     (undo, silent etc.)
Dim SHellProp As SHFILEOPSTRUCT

 If Not IsNumeric(operation) Then
  MsgBox "First Parameter for operation is not numeric"
  WSHFileOperation = -1
  Exit Function
 End If

 If Not IsNumeric(flags) Then
  MsgBox "Last Parameter with flags is not numeric"
  WSHFileOperation = -1
  Exit Function
 End If

 On Error GoTo Errx
 With SHellProp
  .hwnd = GetDesktopWindow()     ' Hole Desktop Handle
  .wFunc = operation
  .pFrom = source
  .pTo = dest
  .fFlags = flags
 End With
 WSHFileOperation = SHFileOperation(SHellProp)
 Exit Function
Errx:
 MsgBox "Error: " & Err.Number & " " & Err.Description & _
       " in WSHFileOperation"
End Function
```

Listing 18.29: WSHFileOperation

HINWEIS: Sie finden die Projektdatei *ShellExtend.vbp* im Ordner *\Beisp\Kap18\Tools\Shell* auf der Begleit-CD-ROM. Laden Sie das Projekt in die VB 5 CCE, um den Quellcode zu analysieren. Die API-Deklarationen sind in einem getrennten Modul hinterlegt.

WSHFileOperation-Methode per Skript nutzen

Die *WSHFileOperation*-Methode vereinfacht Dateioperationen in WSH-Skripten ungemein. Sie müssen sich nicht Objekten herumschlagen, sondern Sie können die Methode mit den benötigten Parametern aufrufen:

```
code = oShExt.WSHFileOperation ( _
      FO_MOVE, source, destin, _
      FOF_FILESONLY)
```

Der erste Parameter setzt eine Konstante, die die Dateioperation festlegt. Daran schließen sich die Pfadangaben für Quelle und Ziel an. Im letzten Parameter kommt noch ein Flag, welches Einschränkungen bezüglich der Dateioperation (z.B: nur Dateien kopieren) spezifiziert. Die Methode liefert einen Wert zurück, der als Fehlercode interpretiert werden kann. Es werden die üblichen Fehler für Dateioperationen zurückgeliefert. Das Beispielskript kopiert, verschiebt, benennt um und löscht die Datei *T.txt* im Unterordner *\TestData* des Skripts. Sie müssen die Skriptdatei samt Unterordner aber von der CD-ROM auf die Festplatte kopieren, um das Beispiel auszuführen. Durch Dialogfelder teilt das Skript mit, welche Aktion gerade ausgeführt wurde. Dadurch können Sie die Operationen in einem Ordnerfenster verifizieren. Details sind dem folgenden VB-Script-Listing zu entnehmen.

```
'************************************************
' File:  ShellFileOperation.vbs (WSH-Beispiel in VBScript)
' Autor: G. Born
'
' Zeigt den Zugriff auf die Shell API-Funktion
' SHFileOperation zur Nutzung von Dateioperationen.
' Benötigt das ActiveX Control ShellExtend.ocx.
'************************************************
Option Explicit

' Definiere Konstanten für SHFileOperation
Const FO_MOVE = &H1
Const FO_COPY = &H2
Const FO_DELETE = &H3
Const FO_RENAME = &H4
Const FOF_MULTIDESTFILES = &H1
Const FOF_CONFIRMMOUSE = &H2
Const FOF_SILENT = &H4              ' kein progress/report
Const FOF_RENAMEONCOLLISION = &H8
Const FOF_NOCONFIRMATION = &H10     ' kein User-Prompt

Const FOF_ALLOWUNDO = &H40
Const FOF_FILESONLY = &H80   ' bei *.* (nur Dateien/keine Ordner)
Const FOF_SIMPLEPROGRESS = &H100    ' keine Dateinamen
Const FOF_NOCONFIRMMKDIR = &H200    ' keine Bestätigung

Dim oShExt, code
Dim source, destin

' Objektreferenz erzeugen
```

```
Set oShExt = WScript.CreateObject("ShellExtension.ShellObjects")

' Hole Quell- und Zieldateien
 source = GetPath() & "T.txt"      ' Testdatei im aktuellen Ordner
 destin = GetPath() & "CopyTest.txt"   ' Zieldatei

'### Versuche Copy-Operation
If MsgBox ("Kopieren: " & source & vbCRLF & "nach: " & destin, _
           vbYesNo + vbQuestion, "SHFileOperation")  = vbYes Then
' Kopiere Textdatei
 code = oShExt.WSHFileOperation ( _
      FO_COPY, source, destin, _
      FOF_FILESONLY + FOF_ALLOWUNDO + FOF_SIMPLEPROGRESS)
 If code <> 0 Then
  MsgBox "Fehlercode: " & code
 Else
  MsgBox "Datei " & source & " nach " & destin & " kopiert", _
         vbInformation, "Dateioperation"
 End if
End if

'### Versuche Move-Operation
' Hole Source und Destination
 source = GetPath() & "CopyTest.txt"  ' Testdatei im aktuellen Ordner
 destin = GetPath() & "MyTest.txt"
If MsgBox ("Verschiebe: " & source & vbCRLF & "nach: " & destin, _
           vbYesNo + vbQuestion, "SHFileOperation") = vbYes Then
' Textdatei verschieben
 code = oShExt.WSHFileOperation ( _
      FO_MOVE, source, destin, _
      FOF_FILESONLY)
 If code <> 0 Then
  MsgBox "Fehlercode: " & code
 Else
  MsgBox "Datei " & source & " nach " & destin & " verschoben", _
         vbInformation, "Dateioperation"
 End if
End if

'### Umbenennen versuchen
' Hole Source und Destination
 source = GetPath() & "MyTest.txt"  ' Testdateifolder
 destin = GetPath() & "CopyTest.txt"
If MsgBox ("Umbenennen: "& source & vbCRLF & "in: " & destin, _
           vbYesNo + vbQuestion, "SHFileOperation") = vbYes Then
' Datei umbenennen
 code = oShExt.WSHFileOperation ( _
      FO_MOVE, source, destin, _
      FOF_FILESONLY)
 If code <> 0 Then
  MsgBox "Fehlercode: " & code
 Else
  MsgBox "Datei " & source & " in " & destin & " umbenannt", _
         vbInformation, "Dateioperation"
 End if
End if

'### Löschen versuchen
' Hole source, destination leer
```

```
 source = GetPath() & "CopyTest.txt"  ' Testdatei
 destin = GetPath() & ""
If MsgBox ("Lösche: " & source, _
           vbYesNo + vbQuestion, "SHFileOperation") = vbYes Then
' Löschen versuchen
 code = oShExt.WSHFileOperation ( _
      FO_DELETE, source, destin, _
      FOF_FILESONLY + FOF_ALLOWUNDO)
 If code <> 0 Then
  MsgBox "Fehlercode: " & code
 Else
  MsgBox "Datei " & source & " gelöscht", _
        vbInformation, "Dateioperation"
 End if
End if

'##########################
Function GetPath
' Hole Skriptpfad und hänge \Testdata an
Dim path
 path = WScript.ScriptFullName
 GetPath = Left(path, InstrRev(path, "\")) & _
          "TestData\"
End Function
'*** Ende
```

Listing 18.30: ShellFileOperation.vbs

HINWEIS: Sie finden die Datei *ShellFileOperation.vbs* im Ordner *\Beisp\Kap18* auf der Begleit-CD-ROM. Der Unterordner *\TestData* enthält eine einfache Testdatei.

Titel der Shell-Fenster abfragen

Die Windows-Shell bietet die Möglichkeit, die Fenstertitel aller geöffneten Fenster der Shell abzufragen. Es kann sich dabei sowohl um Browserfenster des Internet Explorer als auch um Ordnerfenster handeln. Der Fenstertitel wird durch folgende Anweisung ermittelt:

```
Set oShell = WScript.CreateObject("Shell.Application")
For Each win In oShell.Windows
 Wscript.Echo "Fenstertitel", win.locationURL
Next
```

Die Datei *ShellWindowTitelInfo*.vbs im Ordner *\Beisp\Kap18* listet die geöffneten Fenstertitel der Shell auf.

Verschiedenes

Die nachfolgenden Seiten enthalten einige Hinweise zum Zugriff auf Netzwerk- und Internetdienste bzw. deren Informationen.

Aufruf einer DFÜ-Verbindung

Der Aufbau einer DFÜ-Verbindung lässt sich direkt über ein Skript initiieren. Sie müssen die *Run*-Methode des *Shell*-Objekts verwenden, um per *RunDll32.exe*-Aufruf das DFÜ-Netzwerk anzusprechen. Der Aufruf besitzt das folgende Format:

```
%windir%\RunDll32.exe rnaui.dll,RnaDial name
```

%windir% steht hier als Platzhalter für den Windows-Ordner. Der Platzhalter *name* steht für die gewünschte DFÜ-Verbindung. Sie können diesen Aufruf direkt über das Dialogfeld *Ausführen* testen. Das nachfolgende Skript startet das DFÜ-Netzwerk mit einer Verbindung mit dem Namen »CompuServe«.

```
'************************************************
' File:   Dun.vbs (WSH-Beispiel in VBScript)
' Autor:  Günter Born
'
' Zweck: Ruft das DFÜ-Netzwerk auf.
'************************************************
Option Explicit

Dim wsh

Set wsh = WScript.CreateObject("WScript.Shell")

wsh.run "%windir%\RunDll32.exe rnaui.dll,RnaDial CS3 Connection", _
        1, true

WScript.Echo "Fertig"
'*** Ende
```

Listing 18.31: DUN.vbs

HINWEIS: Sie finden das Programm *DUN.vbs* auf der Begleit-CD-ROM im Ordner *\Beisp \Kap18*.

WICHTIG: Beachten Sie, dass der Aufruf der DFÜ-Verbindung unter Windows NT etwas anders abläuft. Richten Sie eine Verknüpfung auf den betreffenden DFÜ-Eintrag ein. Anschließend verwenden Sie den Befehl *obj.run "rasphone.exe -t xx", 1, true*. Die Buchstaben *xxx* geben dabei den Namen der Verknüpfungsdatei an.

Ermitteln der IP-Adresse

Benötigen Sie die IP-Adresse der aktuellen Maschine in einem Skript? Diese Information lässt sich über die Winsock-Bibliothek abrufen (sofern deren Schnittstelle als COM-Objekt registriert ist).

```
Dim sock
Set sock = WScript.CreateObject("MSWinsock.Winsock")
MsgBox "Lokale IP-Adresse: " & sock.LocalIP
```

Die obigen Anweisungen definieren eine Referenz auf das Objekt der *Winsock*-Klasse. Anschließend können Sie die *LocalIP*-Eigenschaft mit der IP-Adresse abfragen.

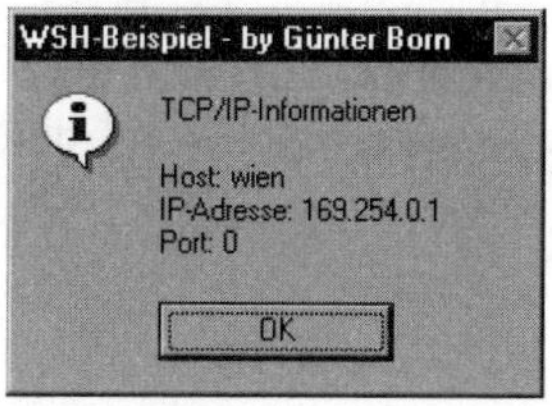

Abbildung 18.11: *Anzeige der lokalen IP-Adresse*

In Abbildung 18.11 sehen Sie ein Dialogfeld, welches einige lokale Informationen zum IP-Netzwerk anzeigt. Die Einzelheiten sind dem nachfolgenden Listing zu entnehmen.

```
'*********************************************
' File:   IPAddress.vbs (WSH-Beispiel in VBScript)
' Autor:  Günter Born
'
' Zweck: Ermittelt die IP-Adresse der aktuellen
'        Maschine.
' Achtung: Benötigt das MSWinsck.ocx-Steuerelement.
'*********************************************
Option Explicit

Dim sock, Title, Text

Title = "WSH-Beispiel - by Günter Born"

Set sock = WScript.CreateObject("MSWinsock.Winsock")

' Abrage der IP-Parameter
Text = "TCP/IP-Informationen" & vbCrLf & vbCrLf & _
       "Host: " & Sock.LocalHostName & vbCrLf & _
       "IP-Adresse: " & Sock.LocalIP & vbCrLf & _
       "Port: " & Sock.LocalPort & vbCrLf

MsgBox Text, vbOkOnly & vbInformation, Title
'*** Ende
```

Listing 18.32: IPAddress.vbs

HINWEIS: Sie finden das Programm *IPAddress.vbs* auf der Begleit-CD-ROM im Ordner *\Beisp \Kap18*.

WICHTIG: Beachten Sie aber, dass das obige Beispiel nur läuft, falls die Komponente *MSWinsck.ocx* auf dem System lizenziert ist. Dies ist beispielsweise der Fall, wenn Visual Studio oder Microsoft Office Developers Edition installiert sind. Andernfalls erhalten Sie beim Ausführen der *CreateObject*-Methode in WSH 1.0 den Laufzeitfehler »Win32-Fehler 0x80040112«, der auf eine fehlende Lizenzierung für das Steuerelement hinweist. Bei WSH 2.0 erscheint die Fehlermeldung im Klartext. Dummerweise gibt es bei der nachträglichen Installation von Komponenten die Situation, dass die Installationsprogramme die Lizenzierung nicht aktualisieren, falls die Komponente bereits vorhanden ist. Daher bereinigt eine Installation eines solchen Pakets auch nicht die fehlende Lizenzinformationen. In den Microsoft Supportseiten (*www.microsoft.com*) gibt es Knowledge Base-Artikel (Q181854, Q194751), die auf Probleme beim Upgrade neuer Steuerelemente mit VB 5.0/VB 6.0 verweisen. Das auf der Internetseite angebotene Hilfsprogramm *Vbe.exe* beseitigt zwar einige Installationsprobleme von VB 5.0-Steuerelementen, löst aber leider nicht alle auftretenden Probleme. Hier empfiehlt sich ein Umstieg auf Visual Basic 6.0. Eventuell fehlende Lizenzierungsinformationen lassen sich dann mit dem Werkzeug *VB6Cli.exe* (welches ebenfalls auf den Supportseiten angeboten wird) nachtragen.

Benutzerdefinierten Dateidialog nutzen

In ▶ Kapitel 12 finden Sie Hinweise, wie Sie die Windows-Dateidialoge zur Auswahl von Dateien verwenden können. Je nach installierten Steuerelementen wird sich dieser Dialog aber nicht immer aufrufen lassen (falls die Lizenzierungsinformationen fehlen, bricht das System mit einem Laufzeitfehler ab). Aus diesem Grunde habe ich einen eigenen Dialog zur Dateiauswahl als ActiveX-Komponente realisiert. Sie können dieses Steuerelement direkt per WSH-Skript ansprechen.

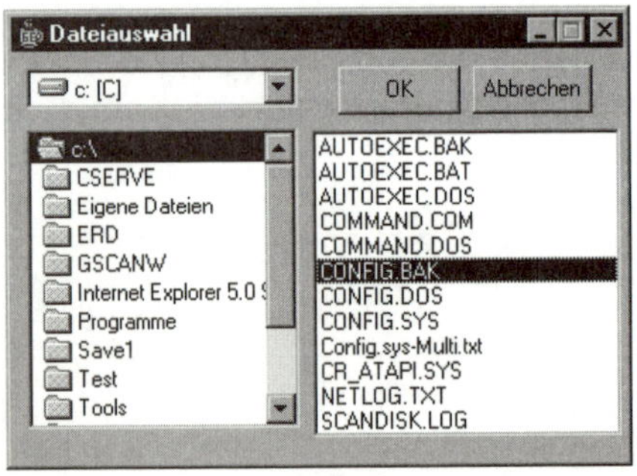

Abbildung 18.12: *Eigenes Dialogfeld zur Dateiauswahl per WSH-Skript*

Das Dialogfeld wurde als Formular in der ActiveX-Komponente *WinExtend.ocx* realisiert. Um auf das betreffende Steuerelement und seine Methoden zugreifen zu können, ist folgende Anweisung erforderlich:

```
Set dlg = WScript.CreateObject ("WSHExtend.WinExt")
```

Anschließend können Sie über die Objektvariable *dlg* auf die *WSHFileDialog*-Methode zugreifen. Diese Methode erwartet als Parameter den Pfad zum gewünschten Laufwerk. Dieses Laufwerk wird dann im Dialogfeld voreingestellt. Beim Schließen des Dialogfelds gibt die *WSHFileDialog*-Methode einen booleschen Wert zurück. Der Wert *true* signalisiert die erfolgreiche Auswahl einer Datei. Dies wird in folgender Anweisung genutzt:

```
If (dlg.WSHFileDialog("C:\")) Then
...
End if
```

Die ActiveX-Komponente stellt für das *dlg*-Objekt drei Eigenschaften zur Verfügung, über die Sie die Auswahl abfragen können:

- *DriveName:* Diese Eigenschaft gibt den Namen des ausgewählten Laufwerks zurück.
- *FolderName:* In dieser Eigenschaft finden Sie den Pfad zum gewählten Ordner. Um also das Laufwerk sowie den Ordner zu erhalten, benötigen Sie diese Eigenschaft.
- *FileName:* Die Eigenschaft enthält den vom Benutzer im Dialogfeld ausgewählten Namen der Datei.

Das Dialogfeld kann über die *Abbrechen*-Schaltfläche geschlossen werden. Dann liefert die *FileName*-Eigenschaft keinen gültigen Wert zurück. Die folgenden Anweisungen geben die vom Dialogfeld ermittelten Eigenschaften in einem Meldungsfeld aus:

```
text = "Laufwerk: " & dlg.DriveName & vbCrLf & _
       text & "Ordner: " & dlg.FolderName & vbCrLf & _
       text & "Datei: " & dlg.FileName
MsgBox text, vbOKOnly + vbInformation, Title
```

Abbildung 18.13: *Anzeige der Dialogfeld-Eigenschaften*

Die Einzelheiten zum Einsatz dieses Steuerelements entnehmen Sie dem folgenden Listing.

```
'**********************************************
' File:   CustomDialog.vbs (WSH-Beispiel in VBScript)
' Autor:  (c) Günter Born
'
' Zweck: Demonstriert, wie sich ein Dateidialog
'        per Formular nutzen lässt.
'**********************************************
Option Explicit

Const Title = "WSH-Beispiel by Günter Born"
DIM dlg, text

Set dlg = WScript.CreateObject ("WSHExtend.WinExt")

' Wir arbeiten mit der WSHFileDialog-Methode
If (dlg.WSHFileDialog("C:\")) Then
 text = "Laufwerk: " & dlg.DriveName & vbCrLf & _
        text & "Ordner: " & dlg.FolderName & vbCrLf & _
        text & "Datei: " & dlg.FileName
 MsgBox text, vbOKOnly + vbInformation, Title
Else
 MsgBox "Dialog abgebrochen"
End if
'*** Ende
```

Listing 18.33: CustomDialog.vbs

HINWEIS: Sie finden das Beispielprogramm *CustomDialog.vbs* auf der Begleit-CD-ROM im Ordner *\Beisp\Kap18.*

Hinweise zur Implementierung der ActiveX-Komponente

Das Dialogfeld wurde als Formular in der ActiveX-Komponente *WinExtend.ocx* realisiert. Im Formular wurden verschiedene Steuerelemente (*DriveListBox, DirListBox, FileListBox*) zur Anzeige der Datei-, Laufwerks- und Ordnerauswahl untergebracht. Der Code der Ereignisprozeduren sorgt für die Synchronisierung der Dialogfelder (d.h. wenn der Benutzer das Laufwerk wechselt, muss auch das Ordnerfenster die Anzeige aktualisieren). Die *Command1_Click*-Prozedur reagiert beispielsweise auf das Anklicken der *OK*-Schaltfläche des Dialogfelds. In diesem Fall wird der Wert *status* (die Variable ist im Modul *Globals* als global vereinbart) auf *true* gesetzt. Das Gleiche passiert in der Doppelklick-Ereignisprozedur des *FileListBox*-Steuerelements (*File1_DblClick*). Beim Anklicken eines Dateinamens wird dieser in die Variable *file* übertragen. Gleichzeitig wird die *OK*-Schaltfläche freigegeben (vorher macht dies keinen Sinn, da keine Datei ausgewählt wurde). Das folgende Listing zeigt den Code der entsprechenden Ereignisprozeduren sowie die Details der Implementierung.

```
Private Sub Command1_Click()
' Dateiname speichern und Formular schließen
 status = True
 Unload Me
End Sub

Private Sub Command2_Click()
' Formular schließen und abbrechen
 status = False
 Unload Me
End Sub

Private Sub Dir1_Change()
' Ordner speichern und Dateiauswahl setzen
 folder = Dir1
 File1.path = folder
End Sub

Private Sub Drive1_Change()
' Laufwerk speichern und Ordnerauswahl auf Laufwerk setzen
 On Error Resume Next
 If Err <> 0 Then MsgBox "Fehler"
 drive = Drive1
 Dir1 = drive
End Sub

Private Sub File1_Click()
' Gewählten Dateinamen speichern
 file = File1
 Command1.Enabled = True  ' OK-Schaltfläche aktivieren
End Sub

Private Sub File1_DblClick()
' Gewählten Dateinamen speichern und Formular schließen
 file = File1
 status = True          ' Datei gültig
 Unload Me
End Sub

Private Sub Form_Load()
 Drive1 = drive
 Dir1 = folder
 File1 = file
 Command1.Enabled = False  ' OK-Schaltfläche deaktivieren
End Sub
```

***Listing 18.34:** Ereignisprozeduren des Dateidialogfeld*

Zusätzlich enthält die Komponente noch einige Methoden sowie die Eigenschaften des Dialogfelds. Die Methode *WSHFileDialog* wurde als Funktion im User Controls-Steuerelement *WinExt* implementiert. Die Eigenschaften lassen sich nur lesen und werden über die Anweisungen:

```
Public Property Get FolderName() As Variant
...
End Property
```

vereinbart. Das folgende Listing zeigt die Details der Implementierung in Visual Basic.

```
Public Function WSHFileDialog(dr1 As Variant) As Boolean
Dim dr As String
 dr = dr1
 drive = dr          ' Werte initialisieren
 folder = dr
 file = ""
 Dialog.Show (vbModal)
 WSHFileDialog = status
End Function

Public Property Get FileName() As Variant
' FileDialog Dateiname
 FileName = file
End Property

Public Property Get FolderName() As Variant
' FileDialog Ordnername
 FolderName = folder
End Property

Public Property Get DriveName() As Variant
' FileDialog Laufwerksbezeichnung
 DriveName = drive
End Property
```

Listing 18.35: *Methoden und Eigenschaften des Dateidialogs*

HINWEIS: Sie finden die OCX-Datei sowie die VB-Projektdatei auf der Begleit-CD-ROM im Ordner *\Beisp\Kap13\ActiveX\ExtAPI*.

Windows-Dialog *Öffnen/Speichern unter*

In Kapitel ▶ 12 wird gezeigt, wie Sie über von Microsoft in Windows installierte ActiveX-Komponenten auf den Windows-Dialog *Öffnen* zugreifen können. Leider scheitert die Nutzung per Skript häufig an der fehlenden Lizenzierung dieser Komponente. Da Windows andererseits dieses Dialogfeld als interne Ressource bereitstellt, habe ich im ActiveX-Modul *ShellExtend.ocx* die Methoden *WSHShowOpen* und *WSHShowSave* implementiert. Diese Methoden erlauben per Skript die (lizenzfreie) Nutzung der beiden Dialogfelder *Öffnen* und *Speichern unter*.

Kurze Implementierungshinweise zu den Methoden

Die beiden Methoden nutzen die Tatsache, dass Windows API-Funktionen wie *GetOpenFileName* und *GetSaveFileName* über die Datei *Comdlg.dll* bereitstellt. Die API-Deklarationen für die beiden Funktionen sehen folgendermaßen aus:

```
Public Type OPENFILENAME        ' für Dialoge Open und Save As
    lStructSize As Long
    hwndOwner As Long
    hInstance As Long
    lpstrFilter As String
    lpstrCustomFilter As String
    nMaxCustFilter As Long
    nFilterIndex As Long
    lpstrFile As String
    nMaxFile As Long
    lpstrFileTitle As String
    nMaxFileTitle As Long
    lpstrInitialDir As String
    lpstrTitle As String
    flags As Long
    nFileOffset As Integer
    nFileExtension As Integer
    lpstrDefExt As String
    lCustData As Long
    lpfnHook As Long
    lpTemplateName As String
End Type
Public strucOpen As OPENFILENAME
Public Declare Function GetSaveFileName Lib "comdlg32.dll" _
    Alias "GetSaveFileNameA" (pOpenfilename As OPENFILENAME) As Long
Public Declare Function GetOpenFileName Lib "comdlg32.dll" _
    Alias "GetOpenFileNameA" (pOpenfilename As OPENFILENAME) As Long
```

Die betreffenden Deklarationen finden Sie in den Projektdateien des Moduls *ShellExtension.vbp.* Beide API-Funktionen erwarten eine Datenstuktur, die alle Parameter für die betreffende Operation beinhaltet. Um die Nutzung der Methoden per Skript zu erleichtern, habe ich neben den Methoden zusätzlich einige Eigenschaften implementiert, die das Setzen und Lesen von Optionen per WSH-Skript erlauben. Ein Eigenschaft lässt sich mit folgendem Code schreiben und lesen.

```
Public Property Get WSHDialogTitle() As Variant
 WSHDialogTitle = strucOpen.lpstrTitle
End Property

Public Property Let WSHDialogTitle(ByVal vNewValue As Variant)
 strucOpen.lpstrTitle = vNewValue    ' set dialog title
End Property
```

Liest das Skript die Eigenschaft *WSHDialogTitle*, wird die *Property Get*-Konstruktion in obiger Sequenz angesprochen. Diese weist der Eigenschaft einfach einen internen Wert zu. Zum Setzen der Eigenschaft kommt die *Property Let*-Konstruktion zum Tragen. Dort wird der als Parameter übergebene Wert der internen Variablen der Datenstruktur zugewiesen. Details zur Implementierung der Eigenschaften entnehmen Sie bitte dem VB-Quellcode des Moduls. Nachfolgend finden Sie den Quellcode, mit dem die Methoden implementiert werden.

```
Public Function WSHShowOpen()
' Methode ruft die API-Funktion des Windows Open-Dialogs auf
Const MAX_PATHLEN = 260    ' max. 265 Zeichen, Pfad 260 Zeichen(?)

 Dim l As Long  ', strucOpen As OPENFILENAME

 With strucOpen
  .hInstance = App.hInstance
  .hwndOwner = GetDesktopWindow()   ' Hole Desktop-Handle
  .lpstrFile = Chr(0) & Space(MAX_PATHLEN - 1)
  .nMaxFile = MAX_PATHLEN
  .lStructSize = Len(strucOpen)
 End With
' Dialog aufrufen und Status zurückgeben
 WSHShowOpen = GetOpenFileName(strucOpen)
End Function

Public Function WSHShowSave()
' Methode ruft Windows Speichern unter-Dialog der Shell auf
Const MAX_PATHLEN = 260    ' max. 265 Zeichen, Pfad 260 Zeichen(?)
 With strucOpen
  .hInstance = App.hInstance
  .hwndOwner = GetDesktopWindow()   ' Hole Desktop-Handle
  .lpstrFile = Chr(0) & Space(MAX_PATHLEN - 1)
  .nMaxFile = MAX_PATHLEN           ' Puffer
  .lStructSize = Len(strucOpen)     ' Größe der Struktur
 End With
' Dialog aufrufen und Status zurückgeben
 WSHShowSave = GetSaveFileName(strucOpen)
End Function
```

Listing 18.36: *Methoden* WSHShowOpen und WSHShowSave

HINWEIS: Die Methoden und Eigenschaften sind im Modul *ShellObjects* hinterlegt. Um Details zu studieren, laden Sie die Projektdatei *ShellExtension.vbp* aus dem Ordner *\Beisp\Kap-18\Tools\Shell* in die VB 5 CCE. Im Modul *APIDeclare* finden Sie die Definitionen der API-Schnittstellen und der benötigten Datenstrukturen.

Nutzen des Öffnen Dialogs per Skript

Die Nutzung des Windows-Öffnen-Dialogs per WSH-Skript ist mit der *WSHSHowOpen*-Methode recht einfach. Sobald Sie eine Referenz auf das betreffende Objekt angelegt haben, lassen sich die Eigenschaften zum Aufruf der *WSHShowOpen*-Methode setzen. Die folgende Anweisung setzt den Titeltext des Dialogfelds:

```
oShExt.WSHDialogTitle = "Borns Öffnen-Dialog"  ' Titel
```

Die Methode unterstützt verschiedene Flags, mit denen sich die Darstellung des Dialogfelds beeinflussen lässt. Die nächste Anweisung setzt beispielsweise das Attribut, um Dateien schreibgeschützt zu öffnen (Kontrollkästchen im Dialogfeld):

```
oShExt.WSHDialogFlags = OFN_READONLY
```

Das Beispielsprogramm enthält die möglichen Konstanten im Programmkopf. Durch Addition der Werte lassen sich verschiedene Optionen setzen. Beim Aufruf des Dialogfelds soll dieses einmal einen Ordner voreingestellt anzeigen. Dies wird über folgende Eigenschaft realisiert:

```
oShExt.WSHDialogInitDir = "C:\"  ' "" = Leerer Startordner
```

Weiterhin soll ein Filter für die Auswahl der Dateitypen definiert und ein Standardtyp festgelegt sein. Die Filterkriterien werden als Textstring angegeben.

```
oShExt.WSHDialogFilter = "All files (*.*)" & chr(0) & _
                         "*.*" & chr(0) & _
                         "VBScript files (*.vbs)" & chr(0) & _
                         "*.vbs" & chr(0) & _
                         "JScript files (*.js)" & chr(0) & _
                         "*.js" & chr(0) & _
                         "WSC files (*.wsc)" & chr(0) & _
                         "*.wsc" & chr(0)
```

Die Anweisung:

```
oShExt.WSHDialogFilterIndex = 2  ' 2. Dateityp auswählen
```

legt fest, dass der zweite Dateityp (hier *.vbs*) im Filterstring vorauszuwählen ist. Nach dieser Vorbereitung können Sie die Methode folgendermaßen aufrufen:

```
If oShExt.WSHShowOpen () <> 0 Then
```

Die Methode liefert einen Wert <> 0 zurück, wenn eine Datei ausgewählt wurde. Dann lässt sich der Name und der Pfad der Auswahl über:

```
MsgBox "Datei " & oShExt.WSHDialogFile
```

abfragen. Nachfolgend sehen Sie den gesamten Quellcode des VBScript-Beispiels.

```
'************************************************
' File:  Open.vbs (WSH-Beispiel in VBScript)
' Autor: G. Born
'
' Zeigt die Anwendung der WSHShowOpen-Methode zum
' Zugriff auf den Öffnen-Dialog in comdlg.dll.
' Benötigt die ActiveX-Komponente ShellExtension.ocx.
'************************************************
Option Explicit

'File Open/Save Dialog-Flags
Const OFN_READONLY = &H1
Const OFN_OVERWRITEPROMPT = &H2
Const OFN_HIDEREADONLY = &H4
Const OFN_NOCHANGEDIR = &H8
Const OFN_SHOWHELP = &H10
Const OFN_NOVALIDATE = &H100
```

```
Const OFN_ALLOWMULTISELECT = &H200
Const OFN_EXTENTIONDIFFERENT = &H400&
Const OFN_PATHMUSTEXIST = &H800
Const OFN_FILEMUSTEXIST = &H1000
Const OFN_CREATEPROMPT = &H2000
Const OFN_SHAREAWARE = &H4000
Const OFN_NOREADONLYRETURN = &H8000

Dim oShExt, code

' Erzeuge Objektreferenz
Set oShExt = WScript.CreateObject("ShellExtension.ShellObjects")

' Sezte die Eigenschaften für den Dialog
oShExt.WSHDialogTitle = "Borns Öffnen Dialog"  ' Titel

oShExt.WSHDialogFlags = OFN_READONLY  + _
                        OFN_FILEMUSTEXIST  + OFN_ALLOWMULTISELECT
' Filter
oShExt.WSHDialogFilter = "All files (*.*)" & chr(0) & _
                         "*.*" & chr(0) & _
                         "VBScript files (*.vbs)" & chr(0) & _
                         "*.vbs" & chr(0) & _
                         "JScript files (*.js)" & chr(0) & _
                         "*.js" & chr(0) & _
                         "WSC files (*.wsc)" & chr(0) & _
                         "*.wsc" & chr(0)

oShExt.WSHDialogFilterIndex = 2  ' 2. Dateityp auswählen

oShExt.WSHDialogInitDir = "C:\"  ' "" = leerer Startordner

' Methode aktivieren
If oShExt.WSHShowOpen () <> 0 Then
 MsgBox "Datei " & oShExt.WSHDialogFile
Else
 MsgBox "Sorry, keine Datei ausgewählt"
End if
'*** Ende
```

Listing 18.37: Open.vbs

HINWEIS: Sie finden die Datei *Open.vbs* der Begleit-CD-ROM im Ordner *\Beisp\Kap18*. Die Datei *Open.js* im gleichen Ordner zeigt das Beispiel in JScript. Das Dialogfeld *Speichern unter* lässt sich auf ähnliche Weise aufrufen. Die Datei *SaveAs.vbs* im gleichen Ordner demonstriert den Einsatz dieser Methode.

Spezialthemen

Im folgenden Abschnitt werden noch einige spezielle Fragestellungen rund um das Thema Skriptprogrammierung angerissen.

Anmeldeskripte

In den vorherigen Kapiteln haben Sie die Methoden zum Zugriff auf Netzwerkressourcen, zum Mappen von Netzwerkressourcen etc. kennen gelernt. Skripts erlauben eine Konfiguration der Benutzerumgebung. Es bleibt die Frage, wie Skripte bei der Benutzeranmeldung, ggf. bei der Abmeldung sowie beim Starten einer Maschine oder beim Herunterfahren des Rechners ausgeführt werden können.

Unter Windows 9x gibt es nur zwei Möglichkeiten, um ein Skript beim Starten bzw. bei der Benutzeranmeldung auszuführen:

- Tragen Sie eine Verknüpfung auf das Skript in der *Autostart*-Gruppe des Startmenüs ein. Sie können hierzu das Symbol der Skriptdatei per Drag&Drop zur Schaltfläche *Start* und dann zum Eintrag *Programme/Autostart* ziehen.
- Tragen Sie den Befehl der Art *WScript.exe path\scriptfile* zum Ausführen des Skripts in der Registrierung im Schlüssel *Run* des Zweigs *HKEY_LOCAL_MACHINE\SOFTWARE\Microsoft\Windows* ein. Das Programm *UserLog.vbs* im Ordner *\Beisp\Kap18* der Begleit-CD zeigt, wie sich so etwas per Skript

Ab Windows NT bieten sich dem Administrator andere Möglichlichkeiten. So lässt sich jedem Benutzerkonto ein Logo-Skript zuweisen. Hierzu sind folgende Schritte auszuführen:

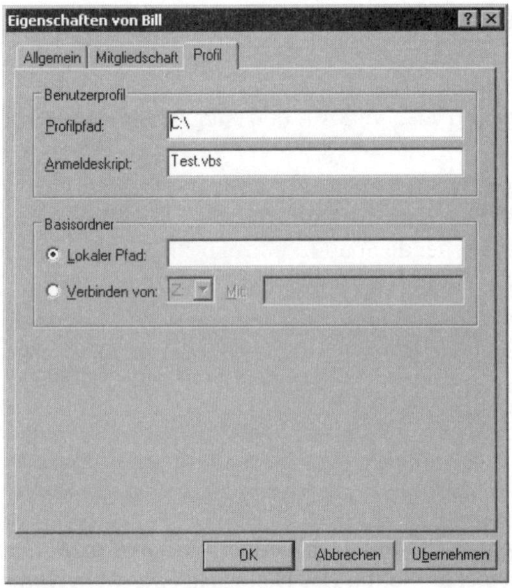

Abbildung 18.14: *Registerkarte Profil*

1. Kopieren Sie die Anmeldeskripte in den vom Betriebssystem vorgegebenen Ordner (siehe auch folgende Erläuterungen).
2. Melden Sie sich als Administrator am System an und starten Sie das Programm zur Verwaltung der Benutzerkonten. In Windows 2000 und Windows XP ist dies die Microsoft Management Console (MMC, erreichbar über das Symbol *Verwaltung* der Systemsteuerung). In Windows NT 4 verwenden Sie die Funktion zur Verwaltung der Benutzerkonten.
3. Wählen Sie das gewünschte Benutzerkonto an und rufen Sie das Dialogfeld mit den Eigenschaften des Kontos auf. In der MMC wählen Sie den Zweig *System/Lokale Benutzer und Gruppen/Benutzer* und doppelklicken auf den Eintrag für das Benutzerkonto.

4. Im Eigenschaftenfenster wählen Sie die Registerkarte *Profile* und tragen dann den Namen des Anmeldeskripts ein (Abbildung 18.35). (In Windows NT 4 klicken Sie auf die Schaltfläche *Profile*, um den Dialog zur Eingabe des Anmeldeskripts zu öffnen).

Nach dem Schließen der Dialogfelder und Registerkarten werden die Einträge für das Benutzerkonto gespeichert. Mit diesen Schritten wird das Skript ausgeführt, sobald sich der Benutzer anmeldet.

Die Lage des Anmeldeskripts hängt von der Anmeldestrategie ab. Wird das Anmeldeskript in einem Unterverzeichnis des Domain-Controlles hinterlegt, verwendet Windows den Pfad *sysvol\domainname\scripts*. Bei lokalen Benutzerkonten ist das Anmeldeskript im Pfad *systemroot\system32\repl\import\scripts* zu hinterlegen (wobei *systemroot* für den Pfad zum Windows-Verzeichnis steht). Dieser Pfad wird in allen auf Windows NT basierenden Versionen (auch Windows 2000/XP) verwendet. Sofern sich das Skript in diesem Ordner befindet, reicht es, im Benutzerkonto nur den Skriptnamen einzutragen. Sie können aber auch Unterordner im Skriptpfad zur Speicherung verwenden. Geben Sie dann den relativen Pfad in der Form *admins\Logon.vbs* auf der Registerkarte an (hier wird der Unterordner *\admins* zur Speicherung des Skripts genutzt).

WICHTIG: In Microsoft Windows 2000/XP können Sie direkt WSH-Skriptdateien mit Erweiterungen wie *.vbs*, *.js*, *.wsf* eintragen. Windows NT 4 unterstützt nur Anmeldeprogramme mit den Erweiterungen *.exe*, *.cmd* und *.bat*. Daher müssen Sie eine *.bat*-Datei anlagen, in der das WSH-Skript aufgerufen wird.

Globale Anmelde- und Abmeldeskripte

Ab Windows 2000 gibt es eine Alternative zum Spezifizieren von An- und Abmeldeskripten. Gehen Sie folgendermaßen vor:

1. Speichern Sie das WSH-Skript in einem lokalen Ordner, melden sich unter einem Administratorenkonto an und starten Sie die MMC. Wichtig ist, dass die MMC Benutzer- und Gruppenrichtlinien unterstützt (notfalls müssen Sie das betreffende Snap-In hinzufügen).
2. Wählen Sie in der MMC den Zweig *Richtlinien für lokalen Computer/Benutzerkonfiguration/Windows-Einstellungen/Skripts (Anmelden/Abmelden)* und doppelklicken Sie dann im rechten Teilfenster auf das Symbol *Anmelden* (Abbild 18.36).
3. Im dann geöffneten Eigenschaftenfenster tragen Sie auf der Registerkarte *Skripts* die gewünschten Anmeldeskripte ein. Sie können hierzu die Schaltfläche *Hinzufügen* verwenden.

Sobald Sie die geöffneten Dialoge schließen, wird das Skript in den Ordner *systemroot\system32\GroupPolicy\User\Scripts\Logon* kopiert. Die Skripte in diesem Ordner werden automatisch ausgeführt, sobald sich ein Benutzer anmeldet (unabhängig vom gewählten Konto).

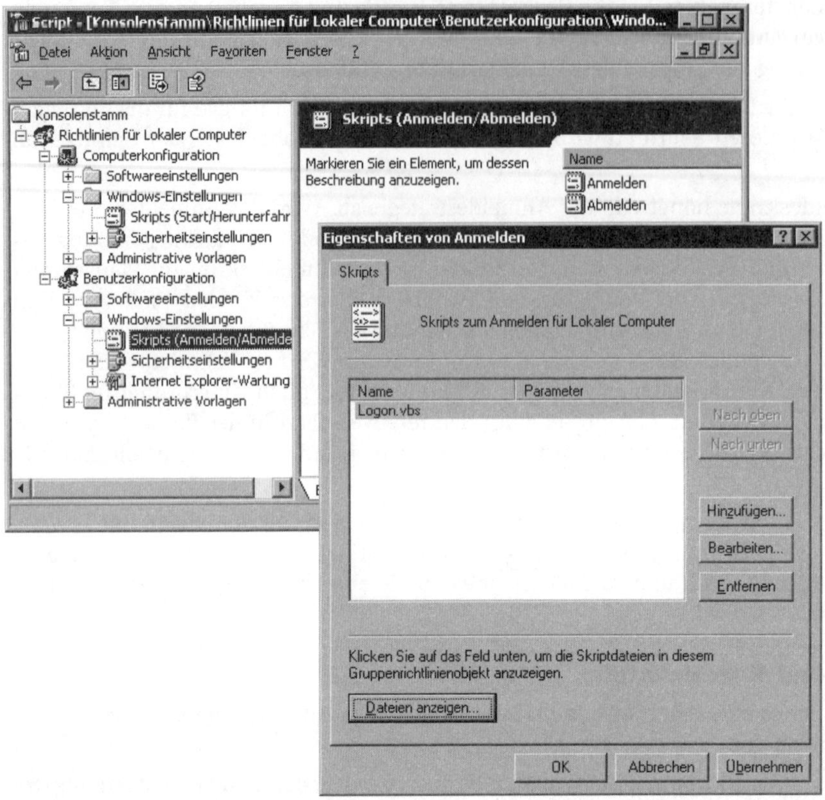

Abbildung 18.15: *MMC mit Richtlinien für lokale Computer und Eigenschaften der Anmeldung*

HINWEIS: Alternativ können Sie auch das Symbol *Abmelden* im rechten Fenster wählen, um Skripte einzutragen. Diese Skripte werden bei der Abmeldung jedes Benutzers ausgeführt.

TIPP: Möchten Sie Skripte beim Hochfahren der Maschine oder beim Herunterfahren ausführen lassen? Dann führen Sie die obigen Schritte aus, wählen aber anstelle des Zweigs *Benutzerkonfiguration* den Zweig *Computerconfiguration*. Im Unterzweig *Windows-Einstellungen/Skripts (Starten/Herunterfahren)* finden Sie zwei Einträge, mit denen Sie Start- und Shutdown-Skripte festlegen können.

Skriptsicherheit

Seit dem Aufkommen von Skriptviren kommt der Absicherung gegen unbeabsichtigte Ausführung von WSH-Skripts eine hohe Bedeutung zu. Bereits unter WSH 1.0 und WSH 2.0 stand Administratoren von Windows NT basierten Systemen die Möglicheit offen, die Ausführungsrechte für *Cscript.exe* und *WScript.exe* auf bestimmte Benutzerkonten zu begrenzen (z.B. ein neu angelegtes Konto *Scriptuser*). Über die Windows-2000-Funktion *RunAs* ließ sich ein Skript von jedem beliebigen Konto unter dem angegebenen Anmeldekonto ausführen (siehe auch *WSH-ScriptSicherheit.pdf* im Ordner *\Infos\other\Sicherheit* der Begleit-CD).

Ab WSH 5.6 wurden von Microsoft zusätzliche Sicherheitsmechanismen eingeführt. Unter Windows 9x sowie unter Windows NT/2000 lässt sich in der Registrierung im Schlüssel:

```
HKEY_CURRENT_USER\Software\Microsoft\Windows Script Host\Settings
```

der Wert *TrustPolicy* anpassen. Setzen Sie den DWORD-Wert *TrustPolicy* von 0 auf 1, um die Sicherheitsstufe einzustellen. Eine Warnung bei unsignierten WSH-Skripten zu generieren. Beim Wert 2 werden unsignierte WSH-Skripte nicht mehr ausgeführt.

TIPP: In Windows XP bleibt der Wert von *TrustPolicy* normalerweise ohne Wirkung. Der Grund: Die Entwickler sind der Meinung, dass Administratoren bei diesem Betriebssystem die Ausführung von unsignierten Skripten über Systemrichtlinien blockieren können. Leider werden solche Systemrichtlinien unter Windows XP Home Edition nicht in der MMC unterstützt. Außerdem besitzt nicht jeder die Möglichkeit, Skripte zu signieren. Soll *TrustPolicy* wirksam werden, muss der Wert *UseWINSAFER* im gleichen Schlüssel von 1 auf 0 gesetzt werden. Im Ordner *\Infos\other\Sicherheit* der Begleit-CD finden Sie die Datei *TrustPolicy.hta*. Starten Sie das Programm per Doppelklick, öffnet sich ein Formular mit den aktuellen Einstellungen. Zusätzlich können Sie die Optionen komfortabel umsetzen.

Sofern Sie über entsprechende Signaturdateien verfügen, lassen sich die Skripte mit geeigneten Werkzeugen signieren. Auf der Begleit-CD finden Sie das Skript *Sign.wsf* von Microsoft, mit dem Sie Skriptdateien anhand einer gültigen Signaturdatei mit einer Signatur versehen können.

HINWEIS: Aus Platzgründen finden Sie einige Artikel, zusätzliche Informationen und die betreffenden Skripte im Ordner *\Infos\other\Sicherheit* auf der Begleit-CD.

Remote Skripting

Ab WSH 5.6 wurde das *WshRemote*-Objekt sowie die *Execute*-Methode eingeführt, um eine Instanz eines Remote-Skripts auszuführen. Der folgende JScript-Code zeigt den Einsatz der betreffenden Methode:

```
var oController = new ActiveXObject("WSHController");
var oProcess = oController.CreateScript("C:\Tmp\Test.wsf", "Wien");
oProcess.Execute();
while (oProcess.Status != 2) WScript.Sleep(100);
WScript.Echo("Done");
```

Die erste Anweisung instantiiert das *WSHController*-Objekt, um auf Remote-Maschinen zuzugreifen. Anschließend lässt sich die *CreateScript*-Methode dieses Objekts benutzen, um ein Skript auf der Remote-Maschine zu instantiieren. Das Skript muss im angegebenen Pfad auf der angegebenen Maschine vorhanden sein. Mit der *Execute*-Methode lässt sich dann die Ausführung des Skripts anstoßen. Der Status dieses Skripts wird über die *Status*-Eigenschaft des betreffenden Objekts abgefragt.

HINWEIS: Um Skripte auf Remote-Rechnern auszuführen, muss das Skript über die entsprechenden Berechtigungen verfügen. Sie können diese Berechtigungen über das Programm *dcomcnfg* bzw. über die MMC verwalten. Weisen Sie dem *WSHController*-Objekt des Zielsystems die entsprechenden Zugriffsberechtigungen zu. Weiterhin muss auf der Remote-Maschine der Registrierungswert *Remote* auf 1 gesetzt sein (siehe auch vorhergehender Abschnitt). Hinweise zu diesem Thema und Skriptbeispiele finden Sie in der WSH-Hilfe. Zwei Testskripte finden Sie im Ordner *\Beisp\Unsupported\Remote*.

An dieser Stelle möchte ich das Kapitel schließen. Sie haben jetzt einen guten Überblick über einige Techniken zur Skriptprogrammierung erhalten. Weiterhin wurden Ihnen einige interessante Techniken zur Erweiterung der Shell vorgestellt. Sicherlich ließe sich nochmal so viel an Material zur Skriptprogrammierung an dieser Stelle wiedergeben. Um aber den Umfang des Kapitels nicht gänzlich zu sprengen, muss auf die Diskussion weiterer Themen verzichtet werden.

Teil IV
Anhang

Der Anhang enthält Hinweise zu Windows Script Components, zur Begleit-CD-ROM und zu weiterführender Literatur.

A Windows Script Components

Der nachfolgende Abschnitt stellt Ihnen kurz die Technik der »Microsoft Script Components« vor.

- Lesen Sie, was »Microsoft Script Components« sind und wofür diese benutzt werden.
- Erstellen Sie ein Beispiel, in dem eine »Microsoft Script Komponente« angelegt und dann aus JScript genutzt wird.

Mit diesem Wissen können Sie ggf. Skriptcode in eigenen Objekten hinterlegen und in anderen Skripten zugänglich machen.

Grundlagen

Im nächsten Abschnitt finden Sie eine globale Übersicht, was Scriptlets bzw. Microsoft Script Components sind und wie diese angelegt werden.

Was sind »Microsoft Script Components«?

Windows Script Components (auch als Scriptlets bezeichnet) stellen Ihnen eine Möglichkeit zur Verfügung, um eigene Objekte unter Verwendung von Skriptcode zu erstellen und unter Windows zu registrieren.

Eine Microsoft Script Component ist dabei nichts anderes als eine Textdatei im XML-Dokumentformat, die in einer Datei mit der Dateinamenerweiterung *.wsc* hinterlegt ist. Innerhalb der Datei finden sich dann XML-Elemente, um die Komponente zu registrieren sowie die Methoden und Eigenschaften des betreffenden Objekts zu implementieren. Die Registrierung der Komponente erfolgt im *<registration>*-Element. In diesem Element werden Attribute wie *progid* (die ProgID zur Identifikation des Objekts im WSH-Skript), die *classid* (zur Identifizierung der Komponente in der Windows-Registrierung) und die Version hinterlegt. Dieses Element kann beispielsweise folgende Einträge aufweisen:

```
<registration
        description="JScriptInput"
        progid="JScriptInput.WSC"
        version="1.00"
        classid="{e01a7b40-ffe2-11d3-a49d-0000cb7304e3}">
</registration>
```

In einem weiteren XML-Element *<public>* werden dann die Schnittstellen der Komponente, d.h. die Namen der Eigenschaften und Methoden hinterlegt. Die folgende XML-Sequenz definiert eine Eigenschaft und eine Methode.

```
<public>
        <property name="name">
                <put/>
        </property>
        <method name="Test">
        </method>
        <event name="MyEvent"/>
</public>
```

Hier werden die Eigenschaft *name* und die Methode *Test* sowie das Ereignis *MyEvent* für das Objekt vereinbart. Das *<public>*-Element bewirkt, dass diese Definitionen auch von außerhalb zu sehen sind. Was sich hinter diesen Eigenschaften und Methoden letztendlich verbirgt, müssen Sie dann als Skriptanweisungen implementieren. Dies erfolgt im *<script>*-Element der Datei, der ein *<implements>*-Element vorangestellt wird. Das *<implements>*-Element legt nur eine ID und den Typ fest. Ein *<script>*-Element ist wie bei den *.wsf*-Dateien des WSH 2.0 aufgebaut und enthält – eingeschlossen in einer CDATA-Anweisung – den eigentlichen Skriptcode.

```
<script language="VBScript">
<![CDATA[

dim title
test = "Born "

function put_name(newValue)
        name = newValue
end function

function get_name()
        get_name = name
end function

function Test()
 Test = "Hallo"
end function

]]>
</script>

</component>
```

Die betreffenden Anweisungen im *<script>*-Element vereinbaren *get-* und *put*-Funktionen, mit denen sich die Werte einer Eigenschaft lesen bzw. setzen lassen (z.B. *get_name()* liest den Wert der Eigenschaft *name*). Die Funktion *Test()* implementiert hier eine Methode *Test*, die das Scriptlet bereitstellt. Das nachfolgende Listing zeigt den gesamten Quellcode einer Microsoft Script Component, die eine *InputBox1*-Funktion bereitstellt. Diese Funktion lässt sich als Methode aufrufen, wobei die Eigenschaften wie Titeltext, Dialogfeldtext und Vorgabewert als Eigenschaften zu definieren sind.

```
<?xml version="1.0"?>
<component>

<?component error="true" debug="false"?>

<registration
        description="JScriptInput"
        progid="JScriptInput.WSC"
        version="1.00"
        classid="{e01a7b40-ffe2-11d3-a49d-0000cb7304e3}"
>
</registration>

<public>
        <property name="title">
                <put/>
        </property>
        <property name="message">
                <put/>
        </property>
        <property name="value">
                <get/>
                <put/>
        </property>
        <method name="InputBox1">
        </method>
        <event name="Input"/>
</public>

<implements type="Behavior" id="Behavior"/>

<script language="VBScript">
<![CDATA[

dim title
title = "Borns InputBox"
dim message
message = ""
dim value
value = ""

function put_title(newValue)
        title = newValue
end function

function put_message(newValue)
        message = newValue
end function

function get_value()
        get_value = value
end function

function put_value(newValue)
        value = newValue
end function
```

```
function InputBox1()

 InputBox1 = Inputbox (message, title, value)
end function

]]>
</script>

</component>
```

Listing A.1: *JScriptInput.wsc*

HINWEIS: Sie finden die Datei *JScriptInput.wsc* im Ordner *\Beisp\KapA* auf der Begleit-CD-ROM.

Scriptlet-Gerüst automatisch erstellen

Windows Script Components (Scriptlets) ließen sich prinzipiell zwar von Hand erzeugen. Problem hierbei: Sie müssen den *classid*-Code zur Registrierung vorgeben, und dieser Code muss weltweit eindeutig sein, da zwei verschiedene *.wsc*-Anwendungen zwingend unterschiedliche *classid*-Codes verwenden müssen. Von Microsoft gibt es daher einen Assistenten (Windows Script Component Wizard), der Sie interaktiv durch die Schritte zur Gestaltung einer Windows Script Component führt und am Ende eine gültige *.wsc*-Datei mit gültigem *classid*-Code generiert.

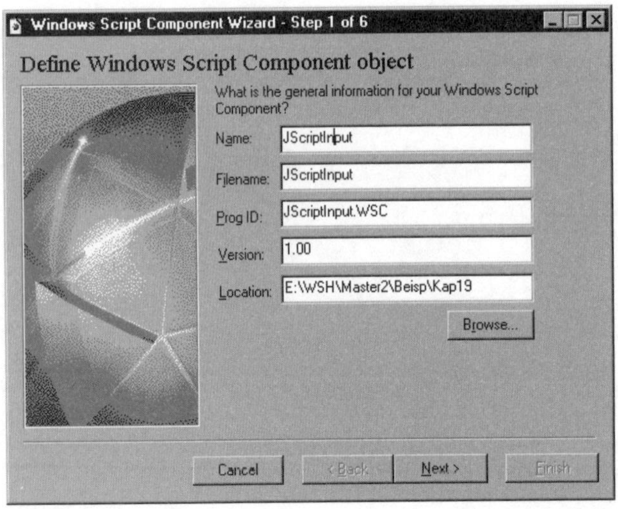

Abbildung A.1: *Schritt 1 des Windows Script Component-Wizards*

Der Assistent lässt sich nach der Installation über das Startmenü (Zweig *Microsoft Windows Script/Microsoft Windows Script Wizard*) aufrufen. Im ersten Dialog geben Sie den Komponentennamen (Feld *Name*) sowie den Pfad für die *.wsc*-Datei an (Abbildung A.1). Der Assistent legt dann bereits automatisch den Dateinamen etc. für die Komponente fest.

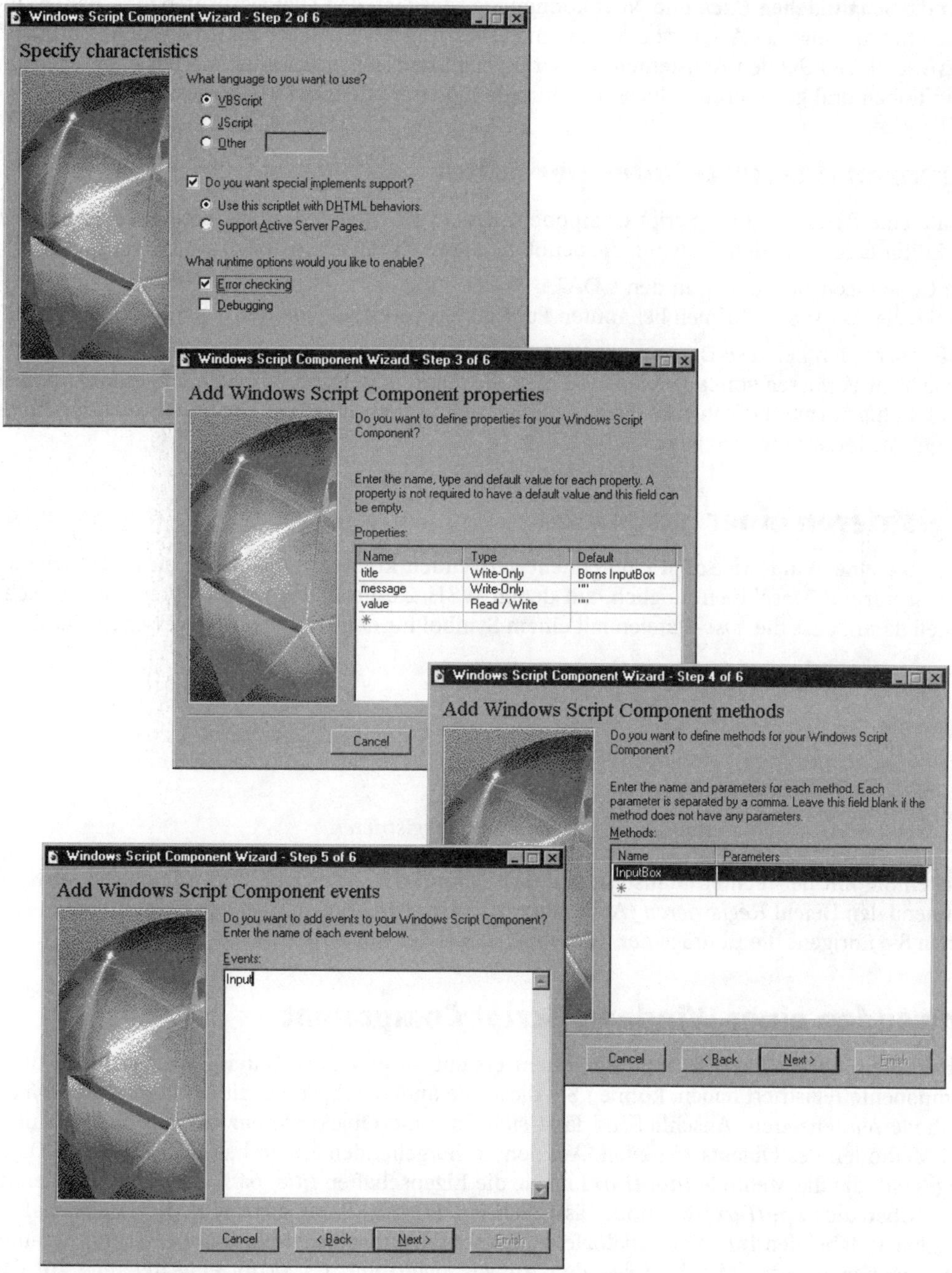

Abbildung A.2: *Schritte zum Festlegen der Scriptlet-Eigenschaften*

In weiteren Schritten fragt der Assistent die Sprache für die *.wsc*-Datei (VBScript, JScript) ab und erlaubt Ihnen dann die Eigenschaften- und Methodennamen anzugeben. Weiterhin lassen sich Ereignisnamen festlegen (Abbildung A.2).

Über die Schaltflächen *Back* und *Next* können Sie zwischen den Dialogschritten umschalten. Im letzten Schritt zeigt der Assistent eine Zusammenfassung der Eingaben an. Über die Schaltfläche *Finish* schließen Sie den Assistenten. Dieser erzeugt dann die *.wsc*-Datei mit den erforderlichen Definitionen und generiert den Basiscode für alle Eigenschaften und Methoden.

Ergänzen des *.wsc*-Codes per Editor

Sobald eine Basis Windows Script Component-Datei vorliegt, können Sie diese in einen beliebigen Editor laden und den Code um die benötigten Anweisungen ergänzen.

Den Code fügen Sie einfach in den CDATA-Abschnitten der *<script>*-Elemente ein. Dabei können Sie die von WSH-Skripten bekannten Funktionen verwendet werden.

TIPP: Da es sich bei *.wsc*-Dateien um XML-Dokumente handelt, gelten die gleichen Richtlinien wie beim Verfassen von *.wsf*-Dateien. Lesen Sie daher in ▶ Kapitel 1 nach, was es im Hinblick auf wohlgeformte Dokumente oder bezüglich der Verwendung von Umlauten bzw. des *encoding*-Attributs zu wissen gibt.

Registrieren einer *.wsc*-Datei

Bevor Sie eine Windows Script Component verwenden können, müssen Sie diese registrieren. Dies ist nur auf Maschinen möglich, auf denen WSH 2.0 installiert ist. Sie erkennen dies sehr schnell daran, dass die *.wsc*-Dateien mit einem Symbol für den Dokumenttyp versehen sind.

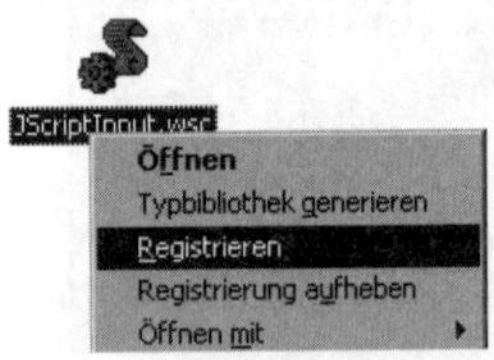

***Abbildung A.3:** .wsc-Datei registrieren*

Klicken Sie mit der rechten Maustaste auf das Symbol der *.wsc*-Datei und wählen Sie im Kontextmenü den Befehl *Registrieren* (Abbildung A.3). Über den Befehl *Registrierung aufheben* entfernen Sie übrigens die Einträge der Komponente aus der Registrierung.

Anwenden einer Windows Script Component

Sobald Sie eine Windows Script Component erstellt, in eine *.wsc*-Datei gespeichert und diese Komponente registriert haben, können Sie diese wie andere Objekte auch mit der *CreateObject*-Methode referenzieren. Anschließend lässt sich über die Objektreferenz auf die Eigenschaften und Methoden des Objekts zugreifen. Auf den vorhergehenden Seiten hatte ich eine *.wsc*-Datei vorgestellt, die die Methode *InputBox1* sowie die Eigenschaften *title, message* und *value* bereitstellt. Über die *InputBox1*-Methode lässt sich ein Eingabedialog anzeigen. Die Eigenschaften bestimmen dabei den Inhalt des Dialogfelds. Dieses Objekt soll jetzt per JScript-Skriptprogramm angesprochen werden. Mit der folgenden Anweisungen holt das Skript eine Referenz auf das Windows Script Component-Objekt:

```
var oInp = WScript.CreateObject("JScriptInput.WSC");
```

Anschließend können Sie über die Objektvariable *oInp* auf die Eigenschaften und Methoden des Scriptlets zugreifen. Das Setzen der Eigenschaften ist mit folgenden Anweisungen möglich:

```
oInp.message = "Bitte Eingabe tätigen";  // Dialogfeldtext
oInp.title = "JScript Eingabe"; // Titel definieren
```

Anschließend können Sie die in diesem Beispiel benutzte Methode *InputBox1* wie gewohnt aufrufen:

```
Tmp = oInp.InputBox1();
```

Einziger Unterschied zu den in den vorhergehenden Kapiteln vorgestellten Methoden ist, dass der Methode keine Parameter übergeben werden (ich hatte mich hier entschlossen, die Angaben über Eigenschaften zu setzen). Das nachfolgend gezeigte JScript-Listing enthält die Details zur Nutzung. Das Skript ruft den Eingabedialog der *.WSC*-Komponente für eine Benutzereingabe auf und zeigt das Ergebnis an.

```
//************************************************
// File:   JScriptInput.js (WSH 2.0-Beispiel in JScript)
// Autor:  G. Born
//
// Zeigt, wie sich eine Benutzereingabe in JScript
// über ein entsprechendes Skriptlet nutzen lässt.
// Das WSH-Skript benötigt das Scriptlet
// JScriptInput.wsc, welches installiert sein muss.
//************************************************

// Objektreferenz auf das Skriptlet holen
var oInp = WScript.CreateObject("JScriptInput.WSC");

// Das Objekt ist so implementiert, dass die InputBox1-
// Methode keine Parameter erhält. Vielmehr werden
// Eigenschaften message, title und value definiert.

 oInp.message = "Bitte Eingabe tätigen";  // Dialogfeldtext
 oInp.title = "JScript Eingabe"; // Titel definieren
 oInp.value = "1000";            // Eingabewert
WScript.Echo (oInp.InputBox1()); // Methode aufrufen

//*** Ende
```

***Listing A.2:** JScriptInput.js*

HINWEIS: Sie finden die Datei *JScriptInput.js* im Ordner *\Beisp\KapA* auf der Begleit-CD-ROM. Die Datei *Input.vbs* im gleichen Ordner zeigt den Aufruf aus VBScript. Auf der Begleit-CD-ROM finden Sie den Assistenten zum Erstellen von *.wsc*-Dateien.

B Die Begleit-CD-ROM

In diesem Buch werden zahlreiche Beispiele zur WSH-Skript-Programmierung vorgestellt. An den jeweiligen Textstellen finden Sie Hinweise, wo Sie den Quelltext dieser Beispiele auf der diesem Buch beigelegten CD-ROM finden. Alle Beispiele wurden im Ordner *\Beisp* zusammengefasst. Zur besseren Orientierung ist dieser Ordner in weitere Unterordner mit den Beispieldateien unterteilt. Im Ordner *\Beisp\Kap02* finden Sie beispielsweise die Quellcodes der Programme aus Kapitel 2. Weiterhin wird auf zusätzliche Dateien wie VBScript-/JScript-Hilfe, SDKs etc. verwiesen. Auf der dem Buch beiliegenden Begleit-CD-ROM mit den Beispielen finden Sie hilfreiches Zusatzmaterial zur Skriptprogrammierung. Rufen Sie nach dem Einlegen der CD-ROM in das Laufwerk die Datei *_start.htm* auf. Eine Benutzeroberfläche erlaubt Ihnen das Navigieren auf der CD-ROM.

WICHTIG: Beachten Sie beim Einsatz der auf dieser CD-ROM enthaltenen Beispiele und Informationen, dass diese auf der Basis AS-IS weitergegeben werden. Für enthaltene Software wird kein Support geleistet. Der Code und die Dokumente können daher noch Fehler enthalten, für die der Autor keine Haftung oder Gewährleistung übernimmt. Es kann auch keine Unterstützung bei der Fehlersuche oder dem Implementierung gegeben werden. Für Hinweise auf Fehler bin ich aber dankbar. Denken Sie auch daran, dass einige Beispiele vor dem Test an Ihre Entwicklungsumgebung anzupassen sind. Vor allem Pfadangaben in den Modulen dürften selten auf die Verhältnisse Ihres Systems zugeschnitten sein. Falls also ein Laufzeitfehler wegen einer fehlenden Datei gemeldet wird, überprüfen Sie die Pfadangaben im Code. In den meisten Modulen wurden die Pfade als Konstanten im Modulkopf vereinbart.

C Literatur

/1/ Günter Born: Jetzt lerne ich XML, Markt & Technik Verlag, München, 2001, 422 Seiten, ISBN 3-8272-5924-x

/2/ Günter Born: Arbeiten mit der Registrierung von Windows 98, Microsoft Press, Unterschleißheim, 1998, 498 Seiten, ISBN 3-86063-453-4.

/3/ Günter Born: Office 97 Visual Basic Programmierung, Microsoft Press, Unterschleißheim, 1997, 600 Seiten, ISBN 3-86063-446-1.

/4/ Günter Born: Microsoft Office 2000 Programmierung, Microsoft Press, Unterschleißheim, 1999, 651 Seiten, ISBN 3-86063-469-0.

/5/ Günter Born: Microsoft Windows 98 Power Toolkit, Microsoft Press, Unterschleißheim, 1998, 1000 Seiten, ISBN 3-86063-483-6.

/6/ Günter Born: HTML 4 Kompendium, Markt & Technik Verlag, Haar bei München, 1998, 913 Seiten, ISBN 3-8272-5354-3.

/7/ David Sceppa: ADO-Programmierung, Microsoft Press, Unterschleißheim, 2000, ISBN 3-86063-618-9.

Stichwortverzeichnis

A

B

C

D

E

F

G

H

I

J

K

L

M

N

O

P

Q

R

S

T

U

V

W

X

Z